中国审判案例要览

（1997年经济审判暨行政审判案例卷）

中国高级法官培训中心
中国人民大学法学院　编

编审委员会主任　祝铭山
编审委员会副主任　曾宪义　单长宗　梁宝俭

中国人民大学出版社
一九九八年·北京

祝贺中国审判案例要览出版

健全法制案例可鉴

一九九三年五月

任建新

前　言

十多年来，随着中国改革开放的深入发展，社会主义民主和法制建设有了长足的进步，与此同时，人民法院的审判工作也有很大的进展。除了刑事审判和民事审判外，又逐步开展了经济审判、行政审判、交通运输审判。全国法院每年审结各类一审案件已达300万件左右。审判程序日趋完善，审判工作质量不断提高。我们认为，有必要系统地选编法院审判案例，向海内外介绍中国审判实践的情况，展示中国法制建设的成就；同时，也为中国司法工作者、立法工作者和教学、科研人员提供一些有价值的参考资料。为此，中国高级法官培训中心和中国人民大学法学院共同合作，从1992年起逐年选编一部审判案例综合本，分别收入前一年审结的案例。每部分为刑事审判案例卷、民事审判案例卷、经济审判案例卷、行政审判案例卷，共四卷。由于交通运输审判案例数量少，不足以独立成卷，故按案例性质分别编入经济和刑事卷。书名定为《中国审判案例要览》。

在本书编写过程中，对案件事实、审判过程、裁判理由、处理结果等，都完全尊重办案实际，具有客观性、真实性。为了便于读者了解具体的审判过程，收入了各审级的审判组织、诉讼参与人、审结时间、诉辩双方的主张、认定的案件事实、采信的证据和适用的法律条文。为了使读者易于理解适用法律的理由和涉及的法学理论观点，由编者写了解说，并对裁判的不足之处，加以评点，有的版本还以附录形式加了少量必要的法律名词解释。

我们奉献给读者的这部案例要览，希望能够对读者有所帮助，得到读者的喜爱。这是我们的初次尝试，疏漏不足之处在所难免，诚恳地欢迎各界人士提供宝贵的意见，帮助我们改进编写工作，以使今后出版的案例要览日臻完善。

我们在编写工作中，得到了各级人民法院的领导与工作人员、中国人民大学法学院师生和有关方面的关心和帮助，美国福特基金会及其驻中国办事处也给予了很大的支持。在此谨致谢意。

《中国审判案例要览》编审委员会

1992年12月

《中国审判案例要览》编审委员会

学研究会副总干事

林榕年　中国人民大学法学院教授、外国法制史研究会会长

郑　立　中国人民大学法学院教授、中国法学会民法学经济法学研究会顾问

赵中孚　中国人民大学法学院教授、中国法学会民法学经济法学研究会副总干事

赵秉志　中国人民大学法学院副院长、教授、中国法学会刑法学研究会副总干事

祝铭山　中华人民共和国最高人民法院副院长、中国高级法官培训中心委员会副主任兼教授

梁书文　中华人民共和国最高人民法院民事审判庭庭长、中国高级法官培训中心兼职教授

梁宝俭　中国高级法官培训中心委员会委员兼办公室主任、高级经济师

徐有毅　中国高级法官培训中心副教授

奚晓明　中华人民共和国最高人民法院经济审判庭副庭长、中国高级法官培训中心兼职教授

高铭暄　中国人民大学法学院教授、中国法学会刑法学研究会总干事

郭寿康　中国人民大学法学院教授、中国国际经济法研究会副会长

傅旭梅　中国高级法官培训中心兼职教授

曾宪义　中国人民大学法学院院长、教授、教育部全国高等学校法学教育指导委员会主任委员

程晓霞　中国人民大学法学院教授

解士明　中国高级法官培训中心副教授、中国老年法律工作者协会理事

《中国审判案例要览》编辑部

主　编　曾宪义　中国人民大学法学院院长、教授、教育部全国高等学校法学教育指导委员会主任委员

　　　　　单长宗　中国高级法官培训中心委员会委员兼教授、中国法学会刑法学研究会副总干事

副主编　梁宝俭　中国高级法官培训中心委员会委员兼办公室主任、高级经济师

　　　　　赵秉志　中国人民大学法学院副院长、教授、中国法学会刑法学研究会副总干事

　　　　　王利明　中国人民大学法学院副院长、教授、中国法学会民法学经济法学研究会副总干事

　　　　　孙际泉　中国高级法官培训中心教研室主任

　　　　　黄京平　中国人民大学法学院副教授、法学博士

主编助理　高绍安　中国高级法官培训中心教师

编辑部工作人员　（以姓氏笔画为序）杨崇英　韩　松　谭文辉

《中国审判案例要览》各卷正副主编及编辑

（一）刑事审判案例卷

主　　编　高铭暄　中国人民大学法学院教授、中国法学会刑法学研究会总干事

单长宗　中国高级法官培训中心委员会委员兼教授、中国法学会刑法学研究会副总干事

副 主 编　王作富　中国人民大学法学院教授、中国法学会刑法学研究会顾问

程荣斌　中国人民大学法学院教授

解士明　中国高级法官培训中心副教授、中国老年法律工作者协会理事

张　军　中华人民共和国最高人民法院刑事审判第一庭庭长、中国高级法官培训中心兼职教授

主编助理　黄京平　中国人民大学法学院副教授、法学博士

编　　辑　宁东升　朱云三　刘　远　肖中华

李　妮　杜　强　周恩海　郝银钟

郭海英　谢玉童　樊学勇　王光峰

孙本鹏

（二）民事审判案例卷

主　　编　赵中孚　中国人民大学法学院教授、中国法学会民法学经济法学研究会副总干事

梁书文　中华人民共和国最高人民法院民事审判庭庭长、中国高级法官培训中心兼职教授

副 主 编　江　伟　中国人民大学法学院教授、中国法学会诉讼法学研究会副总干事

杨大文　中国人民大学法学院教授、中国法学会婚姻法学研究会副总干事

陈文浩　中国高级法官培训中心副教授

主编助理　姚　辉　中国人民大学法学院副教授、法学博士

编　　辑　贾林青　邢海宝　王自豪　高绍安

（三）经济审判案例卷

主　　编　王益英　中国人民大学法学院教授

梁宝俭　中国高级法官培训中心委员会委员兼办公室主任、高级经济师

副 主 编　潘静成　中国人民大学法学院教授、中国经济法研究会常务理事

刘文华　中国人民大学法学院教授

奚晓明　中华人民共和国最高人民法院经济审判庭副庭长、中国高级法官培训中心兼职教授

姜联润　中华人民共和国最高人民法院审判员、《最高人民法院公报》副总编

冯立奇　中华人民共和国最高人民法院交通运输审判庭副庭长

主编助理　李艳芳　中国人民大学法学院副教授

编　　辑　吴胜春　应苏萍　孟雁北　殷少平　王　立

（四）行政审判案例卷

主　　编　许崇德　中国人民大学法学院教授、中国法学会宪法学研究会副总干事

副 主 编　皮纯协　中国人民大学法学院教授、中国法学会行政法学研究会副总干事

江必新　中华人民共和国最高人民法院行政审判庭副庭长

张正钊　中国人民大学法学院教授

徐有毅　中国高级法官培训中心副教授

主编助理　胡锦光　中国人民大学法学院副教授、法学博士

编　　辑　赵大光　罗锁堂

《中国审判案例要览》通讯编辑

（以姓氏笔画为序）

丁寿兴　上海市第二中级人民法院
王正平　辽宁省高级人民法院
王华山　上海市第二中级人民法院
王琼芬　云南省昆明市中级人民法院
王前生　海南省海口市中级人民法院
王康寒　海南省高级人民法院
王敬飞　陕西省高级人民法院
叶春霞　广东省深圳市中级人民法院
尹德坤　云南省高级人民法院
石佳宏　贵州省高级人民法院
石登盈　天津市高级人民法院
田晓薇　宁夏回族自治区高级人民法院
冯彦彬　吉林省高级人民法院
刘才光　福建省高级人民法院
刘天兴　江苏省高级人民法院
刘志远　湖南省高级人民法院
刘希星　福建省高级人民法院
江金贵　河南省郑州市中级人民法院
闫万春　河北省石家庄市中级人民法院
任雅芳　山西省太原市中级人民法院
李凤鸣　四川省成都市中级人民法院
冀怀民　山东省高级人民法院
奇牡丹　内蒙古自治区高级人民法院
陈全国　上海市高级人民法院
陈翠银　上海市高级人民法院
陈春和　新疆维吾尔自治区高级人民法院

张兴苗　浙江省绍兴市中级人民法院
张兆平　甘肃省高级人民法院
张宏伟　浙江省宁波市中级人民法院
张桂云　广东省惠州市中级人民法院
张　健　辽宁省辽阳市中级人民法院
阎泉水　河南省高级人民法院
杨桂芳　湖北省高级人民法院
朱孝池　安徽省高级人民法院
罗书平　四川省高级人民法院
罗明举　湖北省武汉市中级人民法院
汪家乾　湖北省宜昌市中级人民法院
贺　堤　中华人民共和国最高人民法院
侯建英　贵州省贵阳市中级人民法院
柴学伟　辽宁省高级人民法院
杜仁初　天津市高级人民法院
高洪宾　浙江省金华市中级人民法院
黄昭能　广西壮族自治区高级人民法院
麻胜利　河北省高级人民法院
傅　强　黑龙江省哈尔滨市中级人民法院
傅放临　重庆市高级人民法院
蔡绍祥　上海市第一中级人民法院
董　华　北京市宣武区人民法院
谭建林　广东省广州市中级人民法院
熊继前　江西省九江市中级人民法院
魏东哲　山东省济南市中级人民法院

目　录

经济审判案例卷

行政案例审判卷

经济审判案例卷

一、违反经济合同案例

1. 海门市对外贸易公司诉南通市东方饲料供应公司购销合同案

（一）首部

1. 判决书字号

一审判决书：江苏省南通市中级人民法院（1994）通经初字第41号。

二审判决书：江苏省高级人民法院（1994）苏经终字第206号。

再审判决书：江苏省高级人民法院（1996）苏经再终字第6号。

2. 案由：购销合同案。

3. 诉讼双方

原告（反诉被告、被上诉人、原审被上诉人）：江苏省海门市对外贸易公司。

法定代表人：陈锦新，总经理。

委托代理人：张佐元，副总经理。

委托代理人：尹秀刚，江苏省海门市律师事务所律师。

被告（反诉原告、上诉人、原审上诉人）江苏省南通市东方饲料供应公司。

法定代表人：魏俊高，经理。

委托代理人：李卫平，江苏省南通市沿海经贸律师事务所律师。

委托代理人：孙勇，江苏省南通市沿海经贸律师事务所律师。

4. 审级：二审、再审。

5. 审判机关和审判组织

一审法院：江苏省南通市中级人民法院。

合议庭组成人员：审判长：洪伟；代理审判员：徐文泉、王平。

二审法院：江苏省高级人民法院。

合议庭组成人员：审判长：迟佳民；代理审判员：王国华、白新莲。

再审法院：江苏省高级人民法院。

合议庭组成人员：审判长：黄锡宁；审判员：印敏莉、张毅平。

6. 审结时间

一审审结时间：1994年7月22日。

二审审结时间：1995年4月16日。

再审审结时间：1996年4月10日。

（二）一审情况

1. 一审诉辩主张

（1）原告江苏省海门市对外贸易公司（以下简称外贸公司）诉称：我公司和被告南通市东方饲料供应公司于1994年2月18日订立了一份购销2000吨棉粕的合同。依照合同约定，被告所供棉粕应于同年3月20日前全部进入南通市商业储运公司仓储分公司仓库（以下简称商业储运库）内，检验合格后于3月25日前运往我公司指定外轮平仓交付。然而被告却于2月28日、3月2日两次向我公司发出电报和函件，明确表示撕毁合同，不再履行交货义务，使我公司订立该合同的目的落空。据此，被告公司已构成违约，请求判令其承担违约责任。偿付违约金36万元。

（2）被告江苏省南通市东方饲料供应公司（以下简称饲料公司）辩称：①外贸公司2月22日来人看货时，我公司即提出应先付50万元货款，但其未按约支付，已违约在先。②在我公司与外贸公司合同履行期间，棉粕每吨单价上涨了100元，情势发生变更，我公司依法有权解除合同。③我公司虽然开始表示解除合同，但在合同履行期限内，外贸公司数次来人来电要求继续履行合同过程中，我公司没有拒绝，原合同仍然有效。我公司依约履行了棉粕进库义务，且数次通知对方履约，外贸公司却拒不告知单位增值税号、平仓交货船期等，致使我公司不能交货，责任在原告一方，请求判决驳回原告的诉讼请求。

（3）被告饲料公司反诉称：外贸公司无故拒收我公司棉粕属中途退货，构成违约，依法应承担违约责任，请求判令外贸公司偿付违约金37.2万元。外贸公司提起诉讼后法院根据其申请，将我公司400吨棉粕先予执行，但货款至今未付，请求判令外贸公司偿付该400吨棉粕款及逾期付款违约金。

（4）外贸公司对反诉辩称：我公司没有违约，不同意支付违约金。对先予执行的棉粕款，我公司同意支付，可从原告的诉讼请求中扣除。

2. 一审事实和证据

南通市中级人民法院经审理查明：1994年1月23日，外贸公司与上海申宏公司签订了一份棉粕购销合同，该合同载明：外贸公司向上海申宏公司供应棉粕3500吨，交货期为同年3月25日至4月15日。之后，为履行该购销合同的交货义务，外贸公司于同年2月18日和饲料公司签订了一份棉粕购销合同。合同约定：饲料公司供给 外贸公司棉粕2000吨，单价为每吨930元；饲料公司在3月20日前应将全部棉粕进入商业储运库内；外贸公司在饲料公司开出入库单和增值税发票后先按每吨850元付款，余款凭商、植检两证和平仓后清结提单在三天左右付清，合同履行的最后期限为4月20日。此外，合同还对棉粕的质量标准、验收办法、交货地点、运输方式和费用负担及违约责任等作了明确规定。合同签订后，饲料公司陆续组织到400吨棉粕存放于指定的商业储运库。2月22日，饲料公司与外贸公司有关人员同去商业储运库看货。当时双方没有交接入库单和增值税发票，也未谈及付款事宜。2月28日，饲料公司突然电告外贸公司："2月22日你公司业务员去商业储运库看货回来，叫他汇款50万元，你公司未汇，所以合同不能执行，作废。"因双方在合同中并未约定给付预付款，故外贸公司回电："请按原合同条款执行。"此后，外贸公司两次派员前往饲料公司要求履行合同并告之外轮平仓船期为3月25日。饲料公司则明确表示拒绝履行合同，于3月2日函告外贸公司："关于我们两家公司签订的1994年2月18日（购销）棉粕2000吨合同，因市场价格上涨，无法履行。如果履行，我公司亏大本，决定不再履行1994年2月18日合同，已电告你方（时间为2月28日），今再特此通知你公司。"外贸公司见该合同履行无望，自己面临与上海申宏公司订立的合同落空、申宏公司即将提出巨额索赔的境地，为减少损失，外贸公司于3月3日向法院申请对饲料公司存于商业储运库的400吨棉粕进行诉前财产保全，并于3月22日提起诉讼，请求法院判令饲料公司承担违约责任。诉讼中法院根据外贸公司的申请，对该400吨棉粕裁定先予执行。4月12日，本案在审理中，饲料公司突然致电外贸公司，称："我司已按约备足货源，请贵司提供税号，并立即付清货款170万元，入库单已函寄。"外贸公司对饲料公司提出先看货后付款，饲料公司未允诺。4月20日，饲料公司又致电外贸公司："今天为合同有效期最后一天，请贵公司尽快提货，否则逾期将另行处理。"饲料公司作出了要求继续履行合同的意思表示，而外贸公司则对饲料公司是否有棉粕在商业储运库提出质疑。经法院查证，在合同规定棉粕入库的最后期限3月20日前，饲料公司在商业储运库共有棉粕400.07吨，而在购销合同履行期限4月20日前，入库棉粕共计970.09吨，并非其数次申报所称"已备足货源"，因而无法按约如数交货。5月6日，饲料公司与上海申宏公司订立棉粕购销合同，将2100吨棉粕以每吨1040元的价格卖给申宏公司，高出其卖给外贸公司的价格110元。

以上事实有下列证据证明：

(1) 外贸公司与上海申宏公司订立的购销3500吨棉粕合同书。

(2) 外贸公司与饲料公司订立的购销2000吨棉粕合同书。

(3) 外贸公司与饲料公司围绕是否履行合同所发的函件、电报等。

(4) 外贸公司与饲料公司有关经办人的证言。

(5) 受诉法院的调查笔录、开庭笔录。

(6) 当事人的陈述。

3. 一审判案理由

南通市中级人民法院基于上述事实和证据，认为：

(1) 外贸公司与饲料公司于1994年2月18日订立的购销2000吨棉粕的合同合法有效，双方均应按约全面适当履行。饲料公司在合同履行期限内无正当理由，明确表示不履行合同，宣布合同作废，属故意违约行为。

(2)诉讼期间，饲料公司在没有足量的棉粕存入指定仓库，又无法证明其有履行能力的情况下，即表示要继续履行合同，未得到外贸公司的认可，应认定饲料公司不能按期交货。

(3) 饲料公司故意违约的主要原因是要加价自销获取高利，其行为不仅使外贸公司签订合同的目的落空，而且已严重违反了我国有关经济法规，理应承担民事责任。

(4) 饲料公司请求支付先予执行的400吨棉粕款的反诉理由成立，应予采纳。其余反诉理由缺乏事实和法律依据，不予采纳。

4. 一审定案结论

南通市中级人民法院依照《农副产品购销合同条例》第十三条、第十七条第一项第二目之规定，作出判决：

(1) 饲料公司向外贸公司支付不能交货部分违约金人民币297600元。

(2) 外贸公司向饲料公司支付先予执行的400吨棉粕款人民币34万元（每吨单价850元），该款扣除饲料公司支付给外贸公司的违约金，外贸公司应向饲料公司支付人民币42400元，于判决发生法律效力之日起十日内一次性付清。

本案诉讼费人民币7910元，财产保全费人民币2320元，由饲料公司承担；反诉受理费人民币8440元，由饲料公司自行承担。

（三）二审情况

1. 二审诉辩主张

（1）饲料公司上诉称：①我公司 1994 年 3 月 2 日出具终止合同函件是应外贸公司的要求，用于外贸公司向上海申宏公司提价的凭证，而非我方故意违约。外贸公司获取我公司中止合同函后即向一审法院提出诉前财产保全，其行为实属欺诈。②在合同有效期 1994 年 4 月 20 日以前，我公司已按约备足货源。只是为防止外贸公司滥用诉权，而未将棉粕存入原先约定的商业储运库。外贸公司在合同履行期到来之前一直未提出交货的要求或明确交货日期，因此我公司没有不能交货的违约行为。③外贸公司不按约提供增值税税号，并对我公司的提货要求置之不理，已构成中途退货的违约行为。④一审法院认定先予执行 400 吨棉粕单价为每吨 850 元，依据不足，合同价格应为每吨 930 元，外贸公司应对先予执行的 400 吨棉粕承担逾期付款的违约责任。⑤外贸公司应当退还 400 吨棉粕的包装物。

（2）被上诉人外贸公司辩称：一审认定事实清楚、证据确凿、程序合法，请求二审法院驳回上诉，维持原判。

2. 二审事实和证据

江苏省高级人民法院经审理确认了一审法院认定的有关饲料公司与外贸公司于 1994 年 2 月 18 日订立 2000 吨棉粕购销合同后，至 2 月 22 日、3 月 2 日饲料公司两次明确表示不再履行合同，3 月 3 日外贸公司向一审法院申请诉前财产保全，进而于 3 月 22 日提起诉讼的事实。

此外，二审法院另查明：1994 年 3 月 12 日，饲料公司写了一份函件给外贸公司，对 3 月 2 日出具的解除合同的函件解释为该函是应外贸公司要求发的，用以和上海申宏公司商谈加价问题，同时解释函中要求外贸公司提供增值税发票税号。外贸公司对此解释予以否认，并要求饲料公司按 1994 年 2 月 18 日合同履行。之后，饲料公司又组织了部分货源，未按合同要求进入商业储运库，而是存入南通口岸的另一个仓库临江仓库，但由商业储运库开出入库单。4 月 15 日，饲料公司派员去外贸公司交付棉粕入库单和增值税发票并要求付款。外贸公司则对商业储运库内是否存有棉粕提出质疑。4 月 20 日饲料公司又致电外贸公司称："今天为合同有效期最后一天，请贵司尽快提货，否则逾期将另行处理。"外贸公司在饲料公司 3 月 2 日要求解除合同之后，即另行组织货源，向上海申宏公司履行供货义务。5 月 6 日，饲料公司亦与上海申宏公司订立合同，以每吨 1040 元的价格将 2096.33 吨棉粕卖给上海申宏公司。外贸公司未能归还先予执行的 400 吨棉粕的包装物。

3. 二审判案理由

江苏省高级人民法院认为：

（1）饲料公司与外贸公司签订的购销合同合法有效，应当依法予以保护。饲料公司在合同履行期到来之前提出解除合同之要求，由于未得到外贸公司承诺，对合同双方没有约束力，不影响双方按原合同履行，故饲料公司的解约要求不构成违约。

（2）外贸公司在合同履行期限尚未届满之时，即以饲料公司不履行合同为由，向南通市中级人民法院提起诉讼并申请财产保全，使合同项下的权利义务须待法院加以确认，此时饲料公司的货物未按合同要求进入商业储运库也不应认定为不能交货，一审判决令其承担违约责任不当。

（3）一审法院对先予执行的 400 吨棉粕按每吨 850 元计价缺乏依据，应按合同规定价格每吨 930 元计算，扣除由饲料公司承担的有关费用 30040 元，该 400 吨棉粕款应为 341960 元。此外，一审未判令外贸公司提货以后归还棉粕包装物不当，应予纠正。

4. 二审定案结论

江苏省高级人民法院根据《中华人民共和国民事诉讼法》第一百五十三条第一款第（三）项之规定，作出判决：

（1）撤销南通市中级人民法院（1994）通经初字第 41 号民事判决。

（2）驳回外贸公司对饲料公司的诉讼请求。

（3）外贸公司已先予执行的 400 吨棉粕，扣除应由饲料公司承担的有关费用 30040 元，应向饲料公司支付货款 341960 元。

（4）外贸公司应返还先予执行的 400 吨棉粕的包装物 6540 件，无法返还的按每件 2 元折价赔偿。

本案一审案件受理费人民币 7910 元，由外贸公司承担 3955 元，饲料公司承担 3955 元；诉讼保全费人民币 2320 元，由外贸公司承担 1160 元；饲料公司承担 1160 元；一审反诉案件受理费人民币 8440 元，由饲料公司承担；二审案件受理费人民币 7910 元，由外贸公司承担 3955 元，饲料公司承担 3955 元。

（四）再审诉辩主张

1. 原审被上诉人外贸公司诉称：我公司为履行与上海申宏公司的合同，与饲料公司签订了棉粕购销合同，其中“饲料公司于 1994 年 3 月 20 日前将 2000 吨棉粕进入商业储运仓库”是合同对交货期限和地点的特殊约定，以确保我公司与上海申宏公司合同履行期内 1994 年 3 月 20 日至 4 月 20 日中的任何一天，上海方能顺利提货装船。饲料公司却于 2 月 28 日和 3 月 2 日两次明确表示不再履行合同，构成了先期违约。为避免损失扩大，我公司才向法院申请诉前财产保全并提起诉讼。在一审法院受理案件前所作的协调中，饲料公司仍表示不愿履行合同。而法院审理过程中，饲料公司虽然表示继续履行合同，但至合同履行期届满之日为止，一直未按约定将 2000 吨棉粕进入商业储运库，已构成实际违约。江苏省高级人民法院所作的二审判决，在驳回饲料公司要求我公司承担中途退货的违约责任的同时，又回避了饲料公司不能交货的客观情况，在认定事实和适用法律方面显属错误，请求再审予以改判。

2. 原审上诉人饲料公司辩称：江苏省高级人民法院所作的二审判决是正确的，请求再审维持二审判决。

（五）再审事实和证据

江苏省高级人民法院经再审确认了二审认定的事实和证据。

（六）再审判案理由

江苏省高级人民法院认为：

1. 外贸公司和饲料公司 1994 年 2 月 18 日所订的购销合同合法有效。合同约定“1994 年 3 月 20 日前 2000 吨棉粕全部进入商业储运库”是双方当事人对交货期限和地点的特殊约定，双方理应按约履行各自的义务。

2. 饲料公司在合同履行期届满前，先后两次明确表示不履行合同，外贸公司为保证履行与上海申宏公司所订的合同的义务及减少因饲料公司不履行合同造成的损失，向法院申请诉前财产保全，进而提起诉讼并无不当。

3. 饲料公司一方面明确表示不履行合同，另一方面未按约于 3 月 20 日前将 2000 吨棉粕全部进入 商业储运库，违反特殊约定，应承担未入库部分不能交货的违约责任。

4. 外贸公司在提取 400 吨棉粕后，未及时给付货款，应承担逾期付款的违约责任。饲料公司要求外贸公司偿付先予执行 400 吨棉粕款和承担逾期付款违约金及返还 400 吨棉粕包装物之反诉理由成立应予支持。

（七）再审定案结论

再审江苏省高级人民法院依照《中华人民共和国民事诉讼法》第一百八十四条、第一百五十三条第一款第（二）项和《农副产品购销合同条例》第十三条、第十七条第一款、第十八条第五款之规定，作出判决：

1. 撤销本院（1994）苏经终字第 206 号民事判决和江苏省南通市中级人民法院（1994）通经初字第 41 号民事判决。

2. 饲料公司应支付外贸公司不能交货违约金 176800 元。

3. 外贸公司应支付饲料 400 吨棉粕货款 297600 元（已扣除外贸公司已支付的 42400 元），承担逾期付款违约金 38051.44 元。

4. 外贸公司退还饲料公司已提取 400 吨棉粕的包装物 6540 件，每件按 2 元折价计算计 13080 元。

上述 2、3、4 项折抵，外贸公司应支付饲料公司人民币 171931.44 元，于本判决送达后十日内付清。

一审案件诉讼费人民币 7910 元，外贸公司承担 2633 元，饲料公司承担 5277 元；诉讼保全费人民币 2320 元，外贸公司承担 775 元，饲料公司承担 1545 元；反诉案件受理费人民币 8400 元，外贸公司承担 2800 元，饲料公司承担 5600 元；二审案件受理费人民币 7910 元，外贸公司承担 2633 元，饲料公司承担 5277 元；申请再审案件受理费人民币 3955 元，外贸公司承担 1320 元，饲料公司承担 2635 元。

（八）解说

审理本案的关键在于确认被告饲料公司在合同履行期限届满前所作的拒绝履行的表示及未将足量棉粕进入指定仓库的行为是否构成违约。主要有两种分歧意见，一种意见认为，饲料公司在合同履行期届满之前多次表示不再履行合同并宣布合同作废的行为，只能视为合同有效成立后一方向另一方发出的要求变更或解除合同的新要约。对此，另一方是不同意的，该新要约不生效力，双方仍应按原合同履行。因此，饲料公司在合同履行期限届满前拒绝履行的意思表示不构成违约。同时由于法院受理，使得合同项下的权利义务须待法院确认，故饲料公司在法院受理本案以后在履行期届满之前不再将棉粕进入合同指定地点，也不能视为饲料公司交货不能，不应承担违约责任。江苏省高级人民法院所作的二审判决采纳了这种意见。另一种意见认为，被告在合同规定的履行期限届满前，明确表示不再履行合同，构成了先期违约，对先期违约的，对方可追究其违约责任。南通市中级人民法院一审判决以及江苏省高级人民法院的再审判决采纳了这种意见。

综观全案，确认被告饲料公司之行为构成违约，应承担民事责任是正确的。

1. 被告在履行期届满之前多次书面表示不再履行合同的行为，符合先期违约的特征。

依法成立的合同受法律的保护，无论在履行期后，还是在履行期前都应如此。理论上在合同履行期届满后一方当事人不履行或拒绝履行合同的称为“现实违约”或“实际违约”。而在合同规定的履行期届满前一方当事人无正当理由表示将不履行合同或无能力履行合同的，称之为“先期违约”。依违约的形式不同，先期违约又分为“明示毁约”和“默示毁约”两种。所谓“明示毁约”是指在合同履行期届满前，一方当事人无正当理由而明确肯定地向另一方当事人表示他将不再履行合同；所谓“默示毁约”是在履行期届满前，一方当事人有确切证据证明另一方当事人在履行期限到来时，将不履行或不能履行合同，且另一方当事人不愿提供必要的履行担保。显然本案被告饲料公司表示不履行合同属先期违约中的明示毁约。

2. 先期违约的后果之一就是债权人有权立即中止合同履行并提起赔偿损失之诉。

合同一方当事人如果先期违约将产生如下后果：(1) 债权人有权拒绝承认先期违约。这种情况下原合同依然有效成立并对双方具有拘束力，债务人仍应按合同履行义务。(2) 债权人承认先期违约。这种情况下，债权人有权提起诉讼，要求解除合同并要求债务人承担违约责任。债权人对债务人先期违约的拒绝和承认是选择性的，债权人可以选择拒绝，也可以选择承认，但是一旦承认，债权人的权利则仅限于要求解除合同、请求损害赔偿、承担违约责任而无权提出强制实际履行合同的请求。本案中外贸公司在饲料公司先期违约的情况下，提起赔偿违约金的诉讼与先期违约制度中的有关规则是相吻合的。

3. 在法律、政策没有具体明确规定的情况下人民法院可依照诚实、信用原则作出判决。

无论在国内或是国外，合同当事人先期违约的现象在经济生活中普遍存在，但先期违约作为一项完备的法律制度则是英美法中独有的制度。我国《经济合同法》仅对合同履行期届满后现实违约的法律后果作出规定，对履行期届满之前的先期违约行为产生的后果缺乏相应的规定，应当说这是立法上的欠缺。但是这并不意味着我国的法律是排斥先期违约制度的，相反，由于先期违约制度对于督促当事人履行合同、减少损失、保护受害人利益和维护正常交易秩序等方面具有重要作用，所以该项制度正在逐渐为我国颁布的一些法律法规所吸收。例如我国《涉外经济合同法》就有条件地采纳了英美法中默示毁约的规则。

就本案来说，被告饲料公司先期违约是一个客观存在、不容否认的事实，且给外贸公司造成了经济损失，应该追究其民事责任，却苦于没有相应的法律条文可供适用。没有具体的法律规定，不等于就不追究违约方的责任了。在这种情况下，人民法院可以根据《中华人民共和国民法通则》中有关民事活动应当遵循“诚实信用原则”的规定作出判决。因为“诚实信用原则”要求当事人双方订立合同以后，信守合同规定，按合同全面履行义务。当事人一方在合同履行期届满之前无正当理由先期违约，直接破坏了当事人之间的合同关系，侵犯了另一方当事人对合同利益的期待权，损害了另一方当事人利益，从而也违背了诚实信用原则。诚实信用原则是民事主体必须遵循的原则，民事主体的任何一方违背了这一原则，人民法院都可以据此追究其相应的民事责任。所以江苏省南通市中级人民法院一审判决、江苏省高级人民法院再审判决，在认定饲料公司先期违约并造成外贸公司损失这一事实基础上，在法律没有具体明确规定情况下，依照诚实信用的原则精神判令饲料公司承担违约责任是正确的。欠缺的是一审及再审判决书中均没有具体援引有关“诚实信用原则”的法律条款。

（樊建兵　刘天兴）

2. 玉溪市滇中石油公司诉新疆区洋实业有限公司购销燃料油合同案

（一）首部

1. 判决书字号

一审判决书：云南省玉溪地区中级人民法院（1995）玉中经初字第43号。

二审判决书：云南省高级人民法院（1996）云高经终字第199号。

2. 案由：购销合同案。

3. 诉讼双方

原告（反诉被告、被上诉人）：云南省玉溪市滇中石油有限公司（简称石油公司）。

法定代表人（一审）：高连武，总经理。

法定代表人（二审）：祁学舜，总经理。

委托代理人（一、二审）：康保坤，云南省玉溪地区涉外经济律师事务所律师。

委托代理人（一、二审）：王惠兴，云南省玉溪地区涉外经济律师事务所律师。

被告（反诉原告、上诉人）：新疆区洋实业有限公司（以下简称实业公司）。

法定代表人：欧阳平，总经理。

委托代理人：杨学海，新疆乌鲁木齐市第一律师事务所律师。

4. 审级：二审。

5. 审判机关和审判组织

一审法院：云南省玉溪地区中级人民法院。

合议庭组成人员：审判长：业宁州；代理审判员：张玉虹、向颖。

二审法院：云南省高级人民法院。

合议庭组成人员：审判长：马浩；审判员：张文、张宏心。

6. 审结时间

一审审结时间：1995年12月20日。

二审审结时间：1996年12月17日（依法延长审限）。

（二）一审情况

1. 一审诉辩主张

（1）原告石油公司诉称：1995年7月9日，原告（需方）与被告（供方）在乌鲁木齐市订立关于购销燃料油的供需协议书及0031号工矿产品购销合同，约定双方建立常年燃料油供需关系，供方应在同年7月供给需方0号柴油2000吨，每吨包干单价1990元；供给70号汽油2000吨，每吨包干单价2280元，结算方式为“批款、批货、批清”。合同签订后，石油公司于同年7月10日付款40万元、7月14日付款778.24万元给实业公司。被告收款后于1995年8月14日、9月5日、9月25日三次供给原告0号柴油1461.349吨、5号柴油956.521吨。被告于1995年9月7日以传真件函告原告，要求0号柴油每吨按2280元结算。原告复函要求按合同约定的1990元结算，双方发生争议。被告拒不供油，也不退还余款。故请求法院判令被告退还货款3347651.42元，退还原告垫付的运杂费223681.09元，双倍退还定金60万元，承担本案的诉讼费，并依法解除双方签订的协议和合同。

（2）被告实业公司答辩称：在履行合同过程中将0号柴油的价格提升为每吨2280元，是依据双方订立的供需协议书约定的"价格依随行就市"的条款执行的。在合同的实际履行过程中，对供货厂家、供货品种、数量等方面都作了变更，并且原告接受了一张被告以每吨2280元价格开出的增值税发票。另外，合同中未规定7月份供货的条款，被告不存在逾期供货的问题。相反合同规定8月份计划供货7000吨燃料油，9月份以后每月计划供货8000吨。然而原告8月份和9月份的货款至今没有付给被告，原告应对此承担违约责任，故提起反诉，要求法院判令原告偿付被告94.5万元的违约金。

2. 一审事实和证据

云南省玉溪地区中级人民法院经公开审理查明：1995年7月9日，原、被告双方在乌鲁木齐市签订了建立常年燃料油供需关系的供需协议书，主要内容是：1995年7月9日至1996年7月9日，由实业公司（供方）向石油公司（需方）每月供2000吨至4000吨燃料油，价格以双方协商能够接受为依据（签订合同）。"价格依随行就市，但必须在供需双方接受的情况下确定。"结算方式为批款、批货、批清。同日双方又签订了0031号工矿产品购销合同。约定第一批货为：0号柴油2000吨，每吨单价为1990元；70号汽油2000吨，每吨单价2280元，总计价款为854万元。生产厂家为独山子炼油厂。8月份计划供货7000吨；9月份以后每月供货8000吨。交货地点为云南玉溪市南站，运输费用由供方承担。罐车返空费用由供方承担，需方垫付。结算方式为批款、批货、批清。违约责任为双方协商解决。

合同签订后，石油公司于同年7月10日预付给实业公司40万元，7月14日又预付7782400元给被告。总计预付款8182400元，其中80万元为定金（原预计该笔款应发80个油罐，每个油罐定金为1万元），被告给原告开具的定金收据将"定"字写为"订"。被告收款后，将其中的100余万元转到中国平安保险公司乌鲁木齐证券交易部购买股票，100余万元用作流动资金用于购买房屋、汽车等，510万元转到乌鲁木齐铁路局火车头工贸公司用于向原告供油。1995年8月15日，被告供给原告20个油罐的0号柴油。被告向原告报重量为975.191吨。原告收货后计量为967.976吨，相差7.215吨。实际重量为975.141吨（按炼油厂计量单位计）。同年9月6日，被告供给原告20个油罐的5号柴油。被告向原告谎报为0号柴油（5号柴油比0号柴油每吨单价低30元），被告向原告谎报重量为972.021吨，原告收货后计量为956.39吨，相差15.63吨。按炼油厂计量单计算，实际为956.521吨。9月29日，被告供给原告10个油罐的0号柴油，被告向原告报为491.157吨，原告收货后计量为484.181吨，相差6.976吨。根据炼油厂计量结果，实际为486.158吨。同年9月7日，被告向原告发传真件称：9月20日前50个油罐走完，望贵单位务必将油款400万元或500万元汇来公司，如耽搁10月份车皮计划，则停发油，定金不退回。如愿长年合作，第一批货即50个油罐的油结算单价为每吨2280元（我公司亏损），如不能长年合作，结算价按每吨2450元（我公司持平），望贵单位速与本公司联系。9月12日，原告以传真件回复：贵单位提出拨10月份油款一事，我方根据合同有关条款、价格计算，现我公司在你单位余款大约还够发40个油罐。10月份铁路运输计划下达后，如我公司余款不够，我公司会及时补足差额。贵公司提出的结算价格我公司不能接受，我公司油款在7月14日前就已付清，不存在价格变动问题，望贵单位信守合同及口头承诺，按双方订立的合同执行。同年10月，原告副总经理到乌鲁木齐市同被告交涉，要求按合同约定的价格结算，或继续履行合同，或退还剩余货款及垫付的运杂费。被告要求按每吨2280元的价格结算，双方发生争执。被告拒不退回剩余货款，也不继续供货。原告被迫按每吨2280元的价格开走了第一批20个油罐的0号柴油的增值税专用发票。

以上事实有下列证据在卷证实：

（1）双方当事人签订的供需协议书、工矿产品购销合同。

（2）发运货物、提货单据及存根。

（3）证人证言。

（4）双方当事人提供的传真函件。

（5）双方当事人的陈述及辩解。

（6）被告开给原告的增值税专用发票。

（7）炼油厂提供的该批柴油的计量依据。

3. 一审判案理由

云南省玉溪地区中级人民法院认为：原、被告双方签订的供需协议书及工矿产品购销合同，意思表示真实，内容合法，依法应认定为有效。但供需协议书的内容不具备合同的主要条款，应视为是意向性协议，对原、被告双方没有约束力。双方所享有的权利及应承担的义务和法律责任只能以购销合同为依据。按照合同约定，原告首先履行了付款义务，被告却未按约定及时履行供货义务。7月份未供货，8月份只供货900余吨，不足合同约定供货数量的七分之一，并虚报、谎报供货数量及规格，应承担违约责任。被告收到原告的预付款以后，将货款挪作他用，致使履约困难，要求变更结算价格的理由依据不足，不予支持。由于被告单方违约，原告要求解除合同，被告按合同约定的价格结算后退回剩余货款及垫付的运杂费，并承担违约责任，双倍返还未履行部分的定金的诉讼请求，应予支持。被告在尚有大量剩余预付款的情况下，要求原告继续付款，原告拒绝，被告以此提起反诉，要求原告承担违约责任的请求，无事实和法律依据，应予驳回。双方已履行的部分，数量应以炼油厂的计量结果为据，单价0号柴油应以合同约定的价格结算，5号柴油每吨以0号柴油的单价减少30元计算。

4. 一审定案结论

云南省玉溪地区中级人民法院根据以上事实、证据和判案理由，依照《中华人民共和国经济合同法》第十二条、第十四条、第十七条、第二十六条、第二十七条、第三十一条、第三十三条第一款第一项之规定，作出如下判决：

（1）解除原告与被告签订的0031号工矿产品购销合同。

（2）驳回被告实业公司的反诉请求。

（3）被告实业公司供给原告石油公司0号柴油1461.299吨，每吨单价1990元，合人民币2907985元；供5号柴油956.521吨，每吨单价1960元，合人民币1874781.10元。扣除已先予执行给原告的1447831.14元，被告实业公司应退还原告石油公司剩余货款本金1951802.76元。

（4）由被告实业公司偿还原告石油公司为其垫付的运杂费223681元。

（5）由被告实业公司双倍返还未履行部分的定金60万元给原告石油公司。

以上第三、四、五项合计，由被告实业公司付给原告2775483.85元，限判决生效后一个月内付清。

案件受理费 4 万元，反诉费 14460 元，合计 54460 元，由被告实业公司负担。

（三）二审诉辩主张

1. 上诉人实业公司上诉称：原审认定石油公司首先履行了预付货款的义务，但实际上少付了 1157600 元；合同根本未约定定金条款，也未规定 7 月份要供货，而 8 至 9 月份石油公司也未向我方付足油款；变更供油地点及油种是双方同意的，价格是依“随行就市”的约定办的；石油公司副总经理李国富接受了每吨 2280 元的发票，就表示接受了此价格，而不是像原审法院认定的有“被迫”的行为。请求二审法院以事实为依据，以法律为准绳，作出裁判。

2. 被上诉人石油公司答辩称：按合同约定我方 7 月份应预付货款 854 万元，合同签订后我方共付货款 8182400 元，需要为实业公司垫付返空费 40 万元，已在先全面履行了付款义务；实业公司逾期发货，占用我方资金，不按合同约定的期限、质量、数量履行，给我方造成重大损失；双方为保证合同的履行，约定每个油罐车皮 1 万元的定金；实业公司在事先违约的情况下，错开发票，使双方不能就已发货进行结算。

（四）二审事实和证据

二审法院确认的事实和证据与一审相同。

（五）二审判案理由

云南省高级人民法院认为：

1. 实业公司与石油公司签订的供需协议书及 0031 号工矿产品购销合同内容不违反法律规定，应认定为有效。但工矿产品购销合同约定的交货日期不明确，应以供方发运产品承运部门签发戳记的日期为准，即乌鲁木齐石油化工总厂 1995 年 8 月 14 日发货日期为交货日期。合同履行中，双方对供油地点及油种进行了部分变更，庭审中双方当事人均认可。

2. 实业公司收到货款后，擅自将 200 万元挪作他用是错误的。

3. 1995 年 10 月中旬，石油公司副总经理拿走了第一批 20 个油罐以每吨 2280 元为单价的 0 号柴油的增值税专用发票，应视为接受此价格。其余 30 个油罐 0 号、5 号柴油的价格按原合同履行。

4. 双方所签订的合同没有明确约定给付定金的条款，本院不予认定。

5. 由于双方所签合同履行期限不明，造成没有正确、全面履行全同，双方都有一定责任。双方已履行部分的数量应以炼油厂的计量单为依据。未履行部分的货款由实业公司退还给石油公司，并支付垫付的运杂费。

6. 双方已无合作基础，均要求解除合同，应予支持。

（六）二审定案结论

根据以上事实、证据和判案理由，云南省高级人民法院依照《工矿产品购销合同条例》第二十五条、第二十六条、《中华人民共和国民事诉讼法》第一百五十三条第一款第（三）项之规定，作出如下判决：

1. 撤销（1995）玉中经初字第 43 号民事判决。

2. 实业公司供给石油公司 0 号柴油共 1461.299 吨，其中 975.141 吨，每吨单价按 2280 元计算，合币 2223321.40 元；其余 486.158 吨，每吨单价按 1990 元计算，合币 967454.40 元。5 号柴油 956.521 吨，每吨按 1960 元计算，合币 1874781.10 元。扣除先予执行给石油公司的 1447831.14 元，实业公司应退还石油公司剩余货款 1669012 元。

3. 由实业公司偿还石油公司为其垫付的运杂费 223681.90 元。

4. 定金不予认定。

5. 解除双方签订的协议、合同。

以上第二、三项共计 1892693.90 元，由实业公司在判决生效后一个月内付清。

一审案件受理费 4 万元，反诉费 14460 元，合计 54460 元，由实业公司承担 27230 元，石油公司承担 27230 元；二审案件受理费 54460 元，由实业公司承担 27230 元，石油公司承担 27230 元。

本判决为终审判决。

（七）解说

本案是一起工矿产品购销合同纠纷案，正确处理本案的关键在于如何看待合同约定的履行期限不明确的问题。一审法院根据合同的有效日期，确定供方从合同生效之日起就有供货义务，供方没有在合同生效以后就履行供货义务，而是在生效后一个月的有效期内才履行了部分供货义务，因此确定供方违约。二审法院则根据《中华人民共和国经济合同法》第十二条、《工矿产品购销合同条例》第二十五条的规定，确认供方和需方在签订工矿产品购销合同时都有义务明确约定合同的履行期限，即具体的供货、交货期限。合同对此内容约定不明，双方都有责任。合同双方因约定的履行期限不明确而导致争执，并影响合同的履行，不能确认任何一方违反合同约定。由于协议中对结算价格的规定也是“依随行就市，并在供需双方接受的情况下确定”，双方在协商结算价格时，需方又接受了供方开出的比原合同价格更高的单价的增值税专用发票。因此，二审法院认定需方接受了供方的价格条件，确认第一批供货中增值税专用发票载明的货物结算单价按发票执行。而一审法院则忽视这一情节，称之为“被逼”接受此发票，二审根据查明的事实作出改判是正确的。关于定金的问题，二审法院查明合同中没有定金条款，而且由于合同约定的履行期限不明，不能明确地认定供方构成违约，因此，也没有判决双倍返还需方支付的定金。这一处理也是正确的。

（张文　尹德坤）

3. 宁德地区宁侨石材厂诉厦门中林联合有限公司等角石购销合同案

（一）首部

1. 判决书字号

一审判决书：福建省宁德地区中级人民法院（1995）宁中法经初字第 012 号。

二审判决书：福建省高级人民法院（1996）闽经终字第 8 号。

2. 案由：购销合同案。

3. 诉讼双方

原告（被上诉人）：宁德地区宁侨石材厂。

法定代表人：彭仕成，厂长。

委托代理人：林文庆，福建市正联律师事务所律师。

委托代理人：叶建洪，宁德从信律师事务所律师。

被告（上诉人）：厦门中林联合有限公司。

法定代表人：陈百钧，总经理。

委托代理人：洪秋生、李航，厦门市洪秋生律师事务所律师。

被告：厦门湖里龙升实业公司。

法定代表人：连东升，经理。

4．审级：二审。

5．审判机关和审判组织

一审法院：福建省宁德地区中级人民法院。

合议庭组成人员：审判长：苏建平；审判员：兰平苍；代理审判员：毋文杰。

二审法院：福建省高级人民法院。

合议庭组成人员：审判长：江碧珍；审判员：谢荣斌；代理审判员：叶贞。

6．审结时间

一审审结时间：1995年8月16日。

二审审结时间：1996年10月17日（依法延长审限）。

（二）一审情况

1．一审诉辩主张

（1）原告诉称：1993年2月，原告与被告厦门中林联合有限公司（下称中林公司）签订一份角石购销合同。之后，双方又部分修改合同条款达成了补充协议书。原告依约付给被告中林公司定金125万元，被告付给原告定金162万元，原告在合同约定的试产期内按质量生产了5万余吨角石。同年9月，原告与两被告签订协议书。约定首船3万吨角石出口由被告厦门湖里龙升实业公司（下称龙升公司）办理。被告方派来货轮，原告为顺利装船组织了驳运工具，并开始驳运，因被告方未付运费，船长拒绝装货并撤离。因被告方不履约给原告造成巨大经济损失，请求判令被告中林公司双倍返还定金250万元；判令两被告偿付原告违约金1137322.1元；赔偿经济损失7621413.7元；判令两被告继续履行合同。

（2）被告中林公司在庭审中对原告的诉讼请求进行否定的答辩。

（3）被告龙升公司在庭审后来函答辩称：被告龙升公司从未与中林公司签订角石转让协议，所谓协议上的龙升公司公章是何转生私自刻制的，龙升公司不承担该协议法律责任，请求驳回原告对答辩人的诉讼请求。

2．一审事实和证据

宁德地区中级人民法院经公开审理查明，1993年2月5日原告与被告厦门中林公司进出口二部签订一份CF－90－0101号角石购销合同。合同约定：原告供给被告建筑工程用花岗岩毛角石5万吨，吨价108元，总价值540万元；验收方式为港方派员实地检验，最终以口岸进出口商品检验局检验证书为准；交货期从同年3月开始，原告按数量总额提交被告中林公司每吨25元作保证金（以防违约之保证），满3个月试供期即全部退还供方，被告中林公司按货款总额30％付给供方作定金，待最后一期交货扣还；违约责任：原告集港货物因数量不足或不按期或无法供货而影响装船，由此造成的损失由原告负担，反之，由被告负担。该合同最后一条约定，完成任务后继续，尚有条件的情况下可以增加数量。同年 3 月 13 日，双方经协商签订了对 CF－90－0101 号角石购销合同的补充协议书。补充协议约定：供货期从 1993 年 4 月 20 日至 1995 年 4 月 20 日，在此期间若供方所供货物超出原订合同数量，需方按实际超出量付款，若供方货量不足，需方按实际供货量付款。此项增减数量，待 3 个月试供期后，按供方实际供货能力予以确定等。合同签订后，原告按约支付保证金 125 万元。被告中林公司支付定金 162 万元，同时原告即着手准备货源。1993 年 3 月 8 日，原告与黄妙平签订组织生产花岗岩角石任务合同书。由黄妙平以原告名义组织生产。之后，黄妙平以原告名义分别与六个厂家签订了联营合同，共同开采花岗岩毛角石。在原告方提供的样品经省进出口商品检验局、泉州华侨大学检验合格，并得到被告中林公司开采通知后，原告方在各矿点修建了矿山道路、堆场、码头及定制了装运的斗，着手开采毛角石，在合同约定的试供期内生产了 5 万余吨毛角石，并将毛角石集港待运。1993 年 9 月 16 日，在几经原告催促后，被告中林公司派青岛远洋运输公司“铜山海”轮，驶抵三都城澳港等待装货。同日，被告中林公司将租船等有关情况电告原告方。1993 年 9 月 18 日，被告中林公司把被告龙升公司、原告及宁德地区外运公司连同自己列为四方当事人，形成一份转让 3 万吨角石出口协议书，其内容是：由“铜山海”轮承运的 3 万吨毛角石出口任务转让给龙升公司履行。原告收到该协议电传件后，注明协议生效条件，再回传给被告方。同日，原、被告双方与厦门中福公司签订了出口代理合同。在此期间，原告约请当地驻军及有关单位，运用驳运、平仓所需的海吊、车吊、驳船等驳吊设备，并将角石装上驳船，靠泊“铜山海”轮边待平仓。9 月 22 日，因被告方未支付运费，“铜山海”轮拒绝开仓装货，并撤离装运港。11 月 15 日，被告中林公司还致函原告表示继续履行 CF－90－0101 号合同，直至合同履行期限届满，被告方仍未履约。

因被告方未履行合同，给原告及各生产矿点、驳运单位造成经济损失，据宁德市人民法院（1994）宁法经初字第 080 号民事判决，该院审理判决生效的黄妙平诉原告宁侨石材厂承包合同纠纷案，原告应支付给黄妙平货款 5522426.8 元，违约金 1137322.1 元，合计 6709751 元。此外，原告方为完成角石的驳运平仓，分别与海军 37592 部队、湖北天门市航运公司等单位签订了合作合同或租航协议，上述单位均派人、派船，动用吊装设备投入“铜山海”轮的装运准备，或租用外地单位的船舶等驳运工具，为完成合同约定的驳运任务而调往装运港待命。海军 37592 部队主张：因宁侨石材厂未履行双方的驳运合同，给其造成的损失达 1352361.71 元，其他合同当事人未主张。

另查明：被告龙升公司是连东升个人开办的企业，其注册资金为 98 万元，实际未到位。被告中林公司在进行本案纠纷的角石业务期间，由具体负责角石业务的其下属进出口二部经理何转生承包龙升公司，龙升公司开办人连东升此时为被告中林公司业务员，正从事该笔角石购销业务。在本案“铜山海”轮到装运港前，由被告中林公司在其他地区组织出口的同类角石，在货物出口后，货款结算等方面出现问题，货款至今未能收回。

上述事实有下列证据证明：

（1）原告与被告中林公司于 1993 年 2 月 5 日签订的 CF－90－0101 号角石购销合同及 1993 年 3 月 13 日签订的补充协议书。

（2）原告与黄妙平签订的组织生产花岗角石任务合同书。

（3）原、被告及龙升公司、宁德地区外运公司四家签订的 3 万吨角石出口任务转让协议书。

(4) 原告与被告中林公司的往来函件。

(5) 宁德市人民法院 (1994) 宁法经初字第 080 号民事判决书。

(6) 海军 37592 部队致原告的要求赔偿的信件。

(7) 被告龙升公司工商注册登记底册复印件。

(8) 与中林公司有贸易往来的部分客户关于中林公司出口角石，货款结算出现问题的证言。

(9) 双方当事人陈述及庭审笔录。

3. 一审判案理由

宁德地区中级人民法院审理认为：原告与被告中林公司签订的角石购销合同合法有效，被告中林公司不履行合同约定义务，应承担违约责任和赔偿原告经济损失，其支付给原告的定金不予返还；原告付给被告中林公司的“供货保证金”，双方将其作为定金的意思表示明确，应认定为定金，应双倍返还。被告龙升公司因注册资金不到位，不具备承担民事责任的能力，即不具备法人资格，亦即不具备民事行为能力，其对外签订的合同应为无效。同时，因被告中林公司在其他地区组织出口的同订单同类角石，货款无法按约收回，故其在派船达原告方装运港后，随即将该船出口任务转给其下属承包的“皮包”公司办理，其逃避风险责任的故意是明显的。基于上述两项原因，3 万吨角石转让协议应认定无效，该转让协议无效且未实际履行，故其权利义务主体应还原为被告中林公司。被告龙升公司无承担责任能力，其仅作为被告中林公司逃避责任的借口，故其可不承担责任，原告根据合同及补充协议的约定，投入的大于 5 万吨生产能力的前期准备的损失以及驳运、平仓所支付的费用，应属本案纠纷的实际损失。本院对原告已确定的损失予以先行判决，其余部分损失待确定后另行判决。

4. 一审定案结论

宁德地区中级人民法院根据《中华人民共和国民事诉讼法》第六十七条、第一百三十九条、《中华人民共和国民法通则》第八十九条、《中华人民共和国经济合同法》第七条、第十四条、第二十九条的规定，作出如下判决：

(1)被告厦门中林联合有限公司应赔偿原告宁德地区宁侨石材厂经济损失 6709751 元，双倍返还原告定金 250 万元，合计 9209251 元。该款应在本判决生效后十日内偿付，逾期应支付迟延履行期间的双倍利息。

(2) 原告宁德地区宁侨石材厂的其他损失待确定后另行判决。

(3) 被告厦门湖里龙升实业公司不承担责任。

诉讼费 58500 元，由被告厦门中林联合有限公司负担。

(三) 二审诉辩主张

1. 上诉人 (原审被告) 厦门中林公司上诉称：(1) 1993 年 9 月 18 日，3 万吨角石转让协议已实际履行，且是四方当事人的真实意思，应合法有效。厦门龙升公司是企业法人，具有完全的民事权利和行为能力，厦门中林公司没有转嫁风险的故意。(2) 宁侨石材厂未在约定的交货时间履行合同，也未能提交合同规定的商检证书；1993 年 3 月 13 日，双方当事人签订的补充协议是附条件的协议，所附条件没有成就，不能作为定案的根据。本案所涉合同总金额 540 万元，原审判令赔 670 多万元的经济损失，明显不公，且判决认定经济损失是拼凑而成的，没有证据。(3) 125 万元是供货保证金，而不是定金，原审判令双倍返还，无视客观事实，违背当事人的意思表示。1993年3月13日补充协议，双方已约定162万元定金变更为预付款，原审认定为定金不妥。请求二审法院驳回原告的诉讼请求。

2. 被上诉人（原审原告）宁侨石材厂答辩称：上诉人上诉理由均没有任何依据，原审认定事实清楚，判决正确，请求二审法院驳回上诉，维持原判。

（四）二审事实和证据

福建省高级人民法院经审理查明：一审认定事实清楚，证据属实。

（五）二审判案理由

福建省高级人民法院经审理认为：1993年2月5日，双方当事人签订的CF－90－0101号购销合同及1993年3月13日补充协议合法有效。1993年3月13日补充协议约定，供货期从1993年4月20日至1995年4月20日，在此期间供货量以供方提供量为准，因此，宁侨石材厂在合同约定期间内提供51133.6吨角石应予认定。厦门中林公司没有履行合同约定的义务，属违约，应承担违约责任。厦门中林公司应接收上述毛角石，并按合同约定支付货款。鉴于合同继续履行没有必要，双方协议未履行部分终止履行。由于厦门中林公司未履行合同约定义务，其支付给宁侨石材厂的162万元定金无权请求返还。宁侨石材厂支付给厦门中林公司的125万元供货保证金，当事人没有明确约定是定金，不应以定金认定。宁侨石材厂已按约供货，厦门中林公司没有履行合同义务，该笔保证金应退还给供方。原审法院认定购销合同有效正确，但推定宁侨石材厂支付给厦门中林公司的供货保金为定金，并以定金罚则处理不当。厦门龙升公司因注册资金不到位，不具备承担民事责任的能力，其对外签订的合同应为无效。厦门中林公司在其他地区组织出口的同订单同类角石，货款无法按约收回，故其在派船抵达供货方装运港后，随即将该船出口任务转给不具备民事责任能力的厦门龙升公司履行，其转嫁风险责任的故意明显。因此，原审法院认定3万吨角石转让协议无效，且未实际履行，其权利义务主体应还原为厦门中林公司，厦门龙升公司不承担责任并无不当。厦门中林公司上诉请求125万元系供货保证金不是定金之理由成立，其余上诉理由均不成立，上诉请求不予支持。

（六）二审定案结论

福建省高级人民法院根据《中华人民共和国经济合同法》第六条、第七条、第十四条、第二十九条和《中华人民共和国民事诉讼法》第一百五十三条第一款第（三）项的规定，作出如下判决：

1. 维持宁德地区中级人民法院（1995）宁中法经初字第012号民事判决第三项。

2. 撤销宁德地区中级人民法院（1995）宁中法经初字第012号民事判决第一、二项。

3. 宁侨石材厂已组织开采的51133.6吨角石由厦门中林公司接收，厦门中林公司应按合同约定每吨108元支付给宁侨石材厂货款5522428.8元。

4. 厦门中林公司应退还宁侨石材厂保证金125万元。

5. 厦门中林公司支付给宁侨石材厂定金162万元，无权请求返还。

上述第三、四项，应在本判决生效后30日内履行，逾期付款按《中华人民共和国民事诉讼法》第二百三十二条规定执行。

二审诉讼费58500元，由厦门中林公司承担40950元，宁侨石材厂承担17550元。原审诉讼费按原判执行。

（七）解说

本案审理主要涉及到两个问题。

1. 关于协议的履行。

原告宁侨石材厂在一、二审中，坚持被告应按约接收货物、支付货款并继续履行合同；被告中林公司也表示同意接收原告已组织开采出来的5万吨货物，但对协议未履行部分，是否继续履行，则措词含糊。对此，一审判决认为，由于被告在其他地区组织出口的同订单同类货物，在货物出口后，货款不能按约收回，被告在本案中的违约情事，已足够说明被告已丧失履约能力。故从保护原告合法权益的角度，判决解除双方协议，协议不再履行。二审判决则认为，认定预期违约并解除合同应基于当事人的主张，本案由于原、被告均未提出该项事实，一审法院依职权作出的解除合同的判决没有法律依据。在原、被告均同意的情况下，已开采出来的5万吨毛角石的买卖交易，可继续履行。二审同时认为，即使被告确已丧失履约能力，原告仍可在今后履行中以预期违约为由提出不安抗辩，并视被告能否提供履约担保，再决定合同是否履行，但这已是另一层法律关系，超出本案的调整范围，本案一、二审法院均无权对此作出认定。至于协议未履行部分是否继续履行，二审判决维持了一审终止履行的结论，这是考虑到协议有关违约的保证条款，通过本案认定的处理已救济完毕，除非双方当事人另有协议，今后继续履行将没有保证，并且双方纠纷的事实，已足以说明继续履行没有必要，因此，在本案中显然不宜再判决继续履行。

2. 关于供货保证金性质的认定。

本案双方协议中约定供方按供货数总额付给需方每吨25元的保证金，并注明是以防违约之保证。原告实际支付了125万元。对这笔保证金性质，一审判决从定金的法律属性着眼，认为定金是指当事人为保证合同的履行，在订立合同时，由一方支付给另一方的一定数额货币，其基本属性是保证合同的履行，故而本案双方当事人约定的这笔供货保证金，虽没有明确指明是定金，但双方用于保证合同的意思明确，完全可认定为定金。二审判决则从定金成立的形式要件着手，认为定金属要式合同，必须有当事人的明确意思表示，方可成立，故一审采取推定的方式，将其推定为定金的判决没有法律依据。应该说现代法制的基本法理内涵之一就是实质（实体）与形式（程序）要求并重，因此，二审判决从形式要件欠缺的角度而不论实质考虑问题，是符合法制现代化要求的。故而现代法制的发展，对当事人签约水平的要求也相应提高了，只重实质，忽视形式无疑是要吃亏的。

（苏建平）

4. 湘潭电机厂开关厂海南三亚经销部诉三亚市经济实用房开发公司供电设备材料购销合同案

（一）首部

1. 判决书字号

一审判决书：海南省三亚市中级人民法院（1995）三亚经初字第24号。

二审判决书：海南省高级人民法院（1996）琼经终字第18号。

2. 案由：购销合同案。

3. 诉讼双方

原告（上诉人）：湘潭电机厂开关厂海南三亚经销部（以下简称湘潭厂经销部）。

法定代表人：谭湘宁，经理。

委托代理人（一审）：陈兆琛，该经销部副经理。

委托代理人（一、二审）：欧能昌，三亚欧家律师事务所律师。

被告（被上诉人）：三亚市经济实用房开发公司（以下简称实用房公司）。

法定代表人（一审）：孙健，经理。

法定代表人（二审）：毛为民，经理。

委托代理人（一审）：毛为民，三亚市房改办主任。

委托代理人（一、二审）：林如果，三亚市第一律师事务所律师。

委托代理人（二审）：刘远生，晋天元律师事务所律师。

4. 审级：二审。

5. 审判机关和审判组织

一审法院：海南省三亚市中级人民法院。

合议庭组成人员：审判长：唐建国；审判员：陈森扬；代理审判员：陈德雄。

二审法院：海南省高级人民法院。

合议庭组成人员：审判长：张明安；代理审判员：李继勇、刘嘉。

6. 审结时间

一审审结时间：1995 年 11 月 8 日。

二审审结时间：1996 年 4 月 10 日。

（二）一审诉辩主张

1. 原告湘潭厂经销部诉称：1994 年 9 月 28 日，原告与被告签订一份供货合同书，约定由原告向被告提供高压开关柜、低压配电屏等电器设备及外线材料。签约后原告将第一批货物运至三亚，但被告却拒绝收货和支付货款，造成该批货物长期库存。故诉请法院判令被告继续履行合同，验收货物，支付货款 2548850 元，并赔偿各项损失合计 798290 元。

2. 被告实用房公司辩称：原告未经被告同意，私自通过三亚市供电公司，指定被告必须购买其经销的产品。被告迫于无奈，才与原告签订供货合同书。因而该合同书系不正当竞争的产物，并非被告真实的意思表示，应确认无效。

（三）一审事实和证据

三亚市中级人民法院经公开审理查明：被告为购买丹州小区电器设备材料，于 1994 年 7 月 8 日向省电力工业局申请用电并表示该电器设备材料将由福州第二开关厂供货。该申请获得批准后，被告于 7 月 18 日与福州第二开关厂海南分厂签订工矿产品购销合同，约定由该厂提供丹州小区所需的高低压柜、电缆、干式变压器、箱式变压器等供电设备，总价值为 2039650 元。同年 9 月 8 日，原告未经被告同意，向三亚市供电公司递交《关于请求选用我厂设备的报告》，请求三亚市供电公司指定被告在其丹州小区电气工程中选用该厂产品。三亚市供电公司领导于同日在该报告上批示同意。原告凭借三亚市供电公司的指示，要求被告与其签订合同，被告不予接受，并于 9 月 11 日向三亚市供电公司出具证明称：丹州小区所需电器设备，我公司已于 7 月 18 日与福州第二开关厂签订供货合同并正在履行中。后由于三亚市供电公司的再次干预，被告于 9 月 16 日致函三亚市供电公司表示：丹州小区电气工程，决定执行9月8日供电公司领导的批示意见。同年9月19日，三亚市供电公司领导主持召开由原告、被告、市房改办、设计单位参加的会议，决定中止被告与福州第二开关厂签订的供货合同并执行9月8日供电公司领导批示意见，同时决定电缆也由原告提供。福州第二开关厂对此决定不服，于同年9月21日向省电力工业局有关领导反映情况，省电力工业局领导批示：高低压柜由海南电力设备厂供货，箱式变压器由福州第二开关厂供货。同年9月24日，三亚市供电公司又主持召开由原告、被告、福州第二开关厂参加的会议，决定：两台箱式变压器由福州第二开关厂供货；高低压柜由海南开关厂提供，原告代签协议；电缆由原告提供。据此，原、被告于同年9月28日签订一份供货合同书，约定由原告向被告提供高压开关柜、低压电气屏、电缆等设备，总价值为2683000元；合同生效后四个月供货；合同签订后被告应预付50%货款，货到验收合格后五日内付足货款的95%。签约后，原告先后三次要求被告预付货款，均遭到拒绝。1995年4月13日，原告将第一批货运到三亚，但被告拒绝验收。原告遂将该批货物寄存在三亚市供电公司仓库。

上述事实有下列证据证明：

1. 被告向省电力工业局递交的申请用电报告。
2. 被告与海口浩银实业有限公司(福州第二开关厂海南分厂)签订的工矿产品购销合同
3. 原告向三亚市供电公司提交的《关于请求选用我厂设备的报告》。
4. 被告向三亚市供电公司出具的证明。
5. 被告向三亚市供电公司出具的关于同意执行9月8日指示的函。
6. 两次会议纪要。
7. 原、被告签订的供货合同书。
8. 三业市供电公司于1995年4月13日开具的器材物资收料单。
9. 原、被告的陈述。

（四）一审判案理由

三亚市中级人民法院经审理认为：

依照有关法律法规的规定，合同的订立必须遵循公平合理、平等自愿的原则，任何一方不得将自己的意志强加于另一方。本案原告事先未经被告同意，私自通过有关公用企业(即三亚市供电公司)限定被告购买其经销的产品，排挤其他经营者的公平竞争，其行为属于法律禁止的不正当竞争行为，因而原、被告于1994年9月28日签订的供货合同书应确认无效。对于合同的无效，原告负有过错，故其应对无效合同所产生的后果承担责任。原告诉求被告履行合同并赔偿损失，理由不能成立，不予采纳。被告提出双方诉争的合同系不正当竞争的产物，应确认无效的主张，理由成立，证据充分，应予支持。

（五）一审定案结论

三亚市中级人民法院依照《中华人民共和国经济合同法》第七条第一款第一项、《中华人民共和国反不正当竞争法》第六条、《海南经济特区反不正当竞争条例》第十七条的规定，作出如下判决：

1. 原、被告签订的供货合同书无效。
2. 驳回原告的诉讼请求。

本案诉讼费26746元，由原告承担。

（六）二审情况

1. 二审诉辩主张

（1）上诉人湘潭厂经销部诉称：原审判决认定事实错误。三亚市供电公司并未指定被上诉人购买上诉人经销的产品，双方签订的供货合同书是经上诉人、被上诉人、市房改办、设计单位四方共同协商的结果，系双方真实的意思表示。被上诉人于1994年7月8日、9月11日分别递交给省电力工业局、三亚市供电公司的申请用电报告和证明，本质上是虚伪的。上诉人与被上诉人签订供货合同书，系正当的经营行为，而非不正当竞争的产物，请求二审法院确认合同有效。

（2）被上诉人实用房公司辩称：上诉人与被上诉人签订的供货合同书，并非双方自愿签订的，而是三亚市供电公司指定、干预的产物，所谓协商的过程，也正是该公用企业利用职权进行干预的过程。因此上诉人通过公用企业的指定而取得供货权，系不正当竞争的行为。原审判决确认合同无效并判令终止履行，无疑是正确的。

2. 二审事实和证据

海南省高级人民法院经审理查明：1994年7月18日，被上诉人为购买丹州小区电器设备，与海口浩银实业有限公司签订一份工矿产品购销合同，而一审法院认定该购销合同系被上诉人与福州第二开关厂海南分厂所签订，与事实不符，二审法院对此予以更正。二审查明的其他事实与一审相同。

二审同意一审认定的证据。

3. 二审判案理由

海南省高级人民法院经审理认为：

被上诉人就购买丹州小区电器设备一事，已与海口浩银实业有限公司签订了工矿产品购销合同，而上诉人为取得该小区电器设备的供货权，在未经被上诉人同意的情况下，通过公用企业（即三亚市供电公司）以批示、会议等形式中止被上诉人与海口浩银实业有限公司业已订立的合同，限定被上诉人购买其经销的产品，其行为属不正当竞争行为。上诉人与被上诉人签订的供货合同书违反了法律和行政法规，并且违反了当事人平等自愿的原则，应确认为无效合同。上诉人对合同无效负有过错，应对无效合同所产生的后果承担责任。上诉人上诉称合同系经各方协商，自愿签订的，理由不能成立。至于上诉人上诉所称被上诉人出具的申请用电报告和证明，是该公司应海口浩银实业有限公司要求所写，并非其真实的意思表示，经查，该主张仅有被上诉人原法定代表人的证言印证，而无其他相关证据佐证，且该证人对于案件事实还作了完全相反的证明，经庭审质证，确认其证言无证据效力。因此，该上诉理由不能成立。原审判决认定的基本事实清楚，适用法律正确，处理适当。

4. 二审定案结论

海南省高级人民法院依照《中华人民共和国民事诉讼法》第一百五十三条第一款第（一）项的规定，作出如下判决：

驳回上诉，维持原判。

二审案件受理费26746元，由上诉人负担。

（七）解说

本案争议的焦点是原告取得供货权的行为是否属于不正当竞争以及原、被告双方所签订的供货合同书是否具有法律效力。

1. 原告所取得的供货权是不正当竞争行为的产物。什么是不正当竞争行为？依照《中华人民共和国反不正当竞争法》第六条规定，凡是公用企业或其他依法具有独占地位的经营者，实施限定他人购买其指定的经营者的商品以排挤其他经营者的公平竞争的行为，即属于不正当竞争行为。国家工商局关于《禁止公用企业限制竞争行为的若干规定》第二条明确界定了公用企业的范围，供电公司即属于其中的一种。就本案而言，三亚市供电公司作为公用企业，违反了法律的禁止性规定，超越其职权范围，利用自身优势，实施了限定被告购买原告经销的产品的行为，在客观上妨碍了其他经营者的公平竞争，其行为显然具有不正当竞争的性质。而本案原告正是依据这种不正当竞争行为取得了丹州小区电器设备的供货权。由此可见，原告所取得的供货权是不正当竞争的产物。

2. 原、被告所签订的供货合同书应确认无效。民事法律行为是产生、变更和消灭民事权利义务的依据。《民法通则》规定，民事权利的取得必须以合法有效的民事行为为依据。本案原告所取得的供货权是不正当竞争的产物，也是不受法律保护的无效行为。由这种无效的民事行为而设定的民事权利和义务，显然不具有法律约束力。因此，原、被告双方签订的供货合同书，违反了有关法律和行政法规的规定，也违反了平等自愿的原则，应确认为无效合同。由此可见，一、二审法院对本案所作的判决，无疑是正确的。

（黄学文）

5. 邢台市医用塑料器械厂诉邢台市百货公司购销“回春牌”注射器合同案

（一）首部

1. 判决书、调解书字号

一审判决书：河北省邢台市中级人民法院（1995）邢经初字第3号。

二审调解书：河北省高级人民法院（1996）冀经终字第16号。

2. 案由：购销合同案。

3. 诉讼双方

原告（被反诉人、上诉人）：邢台市医用塑料器械厂（以下简称塑料厂）。

法定代表人：张宝印，厂长。

委托代理人：李建伟，该厂进出口处处长。

委托代理人：甄达胜，该厂进出口处副处长。

被告（反诉人、被上诉人）：邢台市百货公司（以下简称百货公司）。

法定代表人：吕朝发，经理。

委托代理人：褚秀峰，该公司干部。

委托代理人：陈廷明，该公司边境贸易科科长。

4. 审级：二审。

5. 审判机关和审判组织

一审法院：河北省邢台市中级人民法院。

合议庭组成人员：审判长：石长善；代理审判员：张建英、王为林。

二审法院：河北省高级人民法院。

合议庭组成人员：审判长：宋瑞良；代理审判员：杜清建、赵建亮。

6. 审结时间

一审审结时间：1995 年 8 月 29 日。

二审审结时间：1996 年 4 月 3 日。

（二）一审诉辩主张

1. 原告塑料厂诉称：1994 年 9 月 10 日、19 日，百货公司边境贸易科与我厂签订合同和协议书，约定由我厂销售给百货公司边境贸易科“回春牌”一次性使用无菌注射器 4639 件，价值 138.66 万元，货款于 1994 年 11 月 20 日前付清。之后，1994 年 9 月 23 日百货公司边境贸易科从我厂提货 826 件，合款 27.25 万元。被告除付定金 10 万元、运费 4 万元和抵押部分商品外，货款未予偿付。另外由于百货公司边境贸易科的欺诈行为，致使我厂价值 111.42 万元的货物滞留黑河，造成十几万元经济损失。为此请求依法判令被告偿付货款 27.25 万元，偿付违约金 41.6 万元，偿还运费 3.85 万元，并判令被告不得追要定金 10 万元。

2. 被告百货公司答辩并反诉称：原告方在收到我方定金后至今没有按合同规定数量向我方交货，已交的 826 件注射器是过期产品，至今不能销售，给我方造成了很大经济损失。为此请求驳回原告诉讼请求，依法判令原告承担我方因不能交货对外商的违约赔款 12.6 万元，判令原告偿付违约金 41.6 万元，双倍返还定金 20 万元，赔偿我方各种损失 22 万元，退还我方垫付运费 4 万元。

3. 被反诉人（原告）塑料厂针对反诉答辩称：我厂产品“回春牌”一次性使用无菌注射器，都是经严格消毒的合格产品，我厂已按合同向被告履行了交货义务，请求驳回反诉人的反诉请求，支持我厂的诉讼请求。

（三）一审事实和证据

邢台市中级人民法院经公开审理查明：为了通过黑龙江省黑河口岸外销和部分内销一次性使用无菌注射器，1994 年 9 月 10 日百货公司边境贸易科与塑料厂签订购销合同一份，同日该贸易科又与塑料厂进出口处签订协议书一份；9 月 19 日双方因购销数量变化又重新签订合同一份，并约定旧合同废止，协议书继续有效。合同主要内容是：供方塑料厂供给需方百货公司边境贸易科“回春牌”一次性使用无菌注射器 4639 件，计款 138.66 万元；产品须符合国家专业技术标准；供方负担四辆汽车自邢台至黑河的运费，其余运费由需方负担；提出质量异议期限为交货日起 5 日内；结算办法是自合同签订之日起 5 日内将 10 万元定金汇至供方账中，其余货款按协议书执行；如一方未按合同全部履行，需向对方支付全部货款 30%的违约金；质量问题由供方负责。双方均在合同上加盖公章并签有委托代理人名字。协议书主要内容是：乙方百货公司边境贸易科在合同签订后 5 日内付给甲方塑料厂款 10 万元，剩余款于 1994 年 11 月 20 日前分批付清；提货前乙方押给甲方合同货款金额 130%的商品，价格以进货发票为准；如乙方不能如期付款，甲方有权处理抵押物品。协议书甲方签章：邢台市医用塑料器械厂进出口处，代表人窦松林；乙方签章：邢台市百货公司边境贸易科，代表人陈廷明。

签订合同和协议书之前，塑料厂曾两次派人到百货公司查验抵押物品及进货发票，并口头约定以羽绒被 3900 条、羽绒服 1500 件、电扇等商品作为抵押担保。合同签订后，1994

年 9 月 15 日百货公司边境贸易科将 10 万元定金转入塑料厂账户，同日黑河市海兰外贸公司也按照邢台市百货公司的指定将其与俄罗斯签订的外销注射器合同和商检委托书电传至塑料厂。1994 年 9 月 28 日塑料厂派业务员黎明安，会同百货公司边境贸易科科长陈廷明前往黑河落实销售情况；29 日百货公司边境贸易科按合同付给塑料厂运费 4 万元；1994 年 10 月 3 日百货公司边境贸易科与黑河市海兰外贸公司正式签订了 240 万支“回春牌”一次性使用无菌注射器购销合同，约定 1994 年 10 月 12 日前在黑河市内验货，货款结算方式是交货后 10 天内付 30%现款，70%以铝锭、钢材易货，若违约则向对方支付合同货款金额 10%的违约金。与此同时，1994 年 9 月 23 日、24 日百货公司边境贸易科从塑料厂拉取预定内销的注射器 826 件，计款 27.25 万元。当塑料厂也开始从对方提取价值达 26.92 万元的抵押物品时，塑料厂要求压低抵押物品价格，对方不同意，便没有继续再拉。1994 年 9 月 30 日塑料厂根据百货公司边境贸易科交付定金、外销合同以及本厂业务员在黑河考察的情况，决定不再从百货公司拉抵押物品。1994 年 10 月 9 日双方派员、双方负担运费将 3813 件共 240 万支注射器运往黑河。货到后，以邢台市百货公司名义存入黑河中化仓库，但仓储提货单一直由塑料厂方持有，未交给百货公司。塑料厂方代表提出要看铝锭和钢材，百货公司边境贸易科以铝锭和钢材是百货公司与海兰公司业务问题为由不许看货。百货公司边境贸易科到仓库提货不能，于是双方发生争执。10 月 24 日塑料厂将货转给邢台市驻黑河边境贸易公司暂收，并到仓库办理了交接手续。随后塑料厂代表离开黑河，百货公司边境贸易科代表也返回邢台。

关于百货公司边境贸易科所取 826 件注射器产品质量问题，1994 年 9 月 26 日百货公司边境贸易科在山西开箱销售时，发现与塑料厂提供样品及该厂陈列柜中样品不符，包装标识上有两个有效期，怀疑是过期产品，即向塑料厂提出，塑料厂否认，便继续出售。本案审理期间 1995 年元月在河南省出售时，被信阳市工商局以“更改生产日期和有效期”为由，将在该地出售的 318 件注射器予以查扣，经本院两次出函交涉，至 4 月中旬才放行移交本院处理。由于未确定质量问题，本院已通知百货公司在本案审结前不得继续出售。根据国家专业标准规定：“一次性使用无菌注射器经消毒后，在遵守贮存规定的条件下，从消毒之日起，有效期为两年”。该批产品是 1991 年生产，1994 年 9 月出厂时未进行消毒处理，属过期产品。并且一次性使用无菌注射器属限期使用的产品，在其包装标识上应标明生产日期和安全使用期或者失效日期，而该批注射器包装标识上标有两个生产日期和有效期，实际是没有明确的安全使用期或失效日期。

又查明：百货公司边境贸易科和塑料厂进出口处均未在工商部门进行营业登记。在这次购销注射器的业务活动中，塑料厂损失 18.28 万元，百货公司损失 20.78 万元。

上述事实有下列证据证明：

1.1994 年 9 月 10 日、19 日双方签订的工矿产品购销合同、协议书。

2. 百货公司边境贸易科交付 10 万元定金进账单及预付运费 4 万元凭证。

3. 百货公司边境贸易科从塑料厂提取注射器 826 件发货明细表。

4. 塑料厂提供的黑河中化仓库 3813 件注射器商品入库单原件。

5.1994 年 10 月 3 日邢台市百货公司边境贸易科与黑龙江省黑河市海兰外贸公司签订的购销注射器供货合同。

6. 信阳市工商行政管理局对该批商品的查扣单。

7. 法院对该批商品的勘查笔录、调查笔录及塑料厂消毒车间提供的消毒工作原始记录。

8. 塑料厂业务员黎明安证言证明："该批商品已过有效期，出厂时未消毒"。

9. 塑料厂业务员史贵军证言证明："我厂运到黑河一次性注射器 3813 件，没有交邢台百货公司边贸科"。

10. 双方提供的有关本次业务的费用单据。

（四）一审判案理由

邢台市中级人民法院经过审理认为：

1. 百货公司边境贸易科和塑料厂进出口处之间的经销行为属无效民事行为，所签合同和协议书无效，理由有二：一是签订合同的双方不具备合同主体资格，分别是各自企业法人下设的职能科室，并且未在工商部门进行营业登记，不具有独立的民事权利能力和行为能力，无权以自己的名义对外签订经济合同；二是塑料厂进出口处经销假冒伪劣商品的行为是违法行为。根据《民法通则》第五十八条第一款第（一）、（五）项的规定，无民事行为能力人实施的行为，违反法律或社会公共利益的行为是无效的民事行为，由此而产生的经济责任应由各自企业的法人承担。对于上述无效民事行为，塑料厂应负主要责任，双方依据合同和协议书取得的对方财产应该返还。

2. 塑料厂 3813 件货物滞留黑河是由于双方对抵押担保问题没有充分协商一致所致，向黑河发货之前，百货公司方曾反复向塑料厂方说明购货单位名称、经济状况、购货目的，塑料厂方也派代表进行了考察核实，而货到黑河后一直没有向百货公司方交货，因此塑料厂主张是由于百货公司的欺诈行为导致货物滞留黑河的证据不足，理由不成立，本院不予支持。

3. 塑料厂向百货公司边境贸易科销售 826 件过期产品，不但不向购方作出说明，而且还在包装标识上弄虚作假，不利于保障人的身体健康，有可能危害社会公共利益，是违法行为。因此，百货公司对该批产品质量问题的反诉成立，对其要求塑料厂赔偿损失的请求应予支持。塑料厂除应向百货公司赔偿给对方所造成的损失外，还应受到经济处罚。并且根据最高人民法院《关于审理经济纠纷案件必须严肃执法的通知》第二条的规定，本院可对其直接进行依法处理，不再移交行政 执法部门处理。考虑到该批产品尚未对消费者人身造成实际损害和其他严重危害，可对其免除经济处罚。百货公司在发现所经销的商品可能是过期产品后仍继续进行销售活动，其行为也是错误的，对因经销该商品所造成的损失也应承担一定责任。在本案中塑料厂受损失 18.3 万元，百货公司受损失 20.7 万元，其中因注射器质量问题造成的直接经济损失 3.2 万元。

（五）一审定案结论

邢台市中级人民法院根据《中华人民共和国民法通则》第五十八条第一款第（一）项、（五）项、第六十一条第一款，《中华人民共和国产品质量法》第八条、第二十七条、第二十八条，最高人民法院《关于审理经济纠纷案件必须严肃执法的通知》第二条的规定，作出如下判决：

1. 1994 年 9 月 10 日、19 日双方所签协议书、工矿产品购销合同均属无效，依法予以解除。

2. 邢台市医用塑料器械厂返还给邢台市百货公司定金 10 万元、运费 4 万元、羽绒被

665条、羽绒服440件、电扇20台。邢台市百货公司返还给邢台市医用塑料器械厂注射器826件，已售出部分以原约定价格计款折抵。

3. 责令邢台市医用塑料器械厂将邢台市百货公司所退注射器，按国家有关规定进行无害化处理，否则不得出厂销售。

4. 邢台市医用塑料器械厂赔偿邢台市百货公司经济损失3.2万元，其他损失双方自行负担。

以上第二、三、四项于判决书生效后十日内履行完毕。

本案案件受理费13410元，反诉受理费13910元，共计诉讼费27320元，由塑料厂负担16392元，百货公司负担10928元。

（六）二审情况

一审判决后，原告（被反诉人）塑料厂不服，仍以一审诉辩理由提出上诉。河北省高级人民法院在认定一审所查事实的基础上，经调解，双方当事人自愿达成如下协议：

1. 上诉人邢台市医用塑料器械厂于1996年4月30日前返还被上诉人邢台市百货公司定金及运费共计14万元，返还抵押的羽绒被665条、羽绒服440件、电扇20台，如无法返还实物则按进价返还价款。

2. 上诉人邢台医用塑料器械厂于1996年4月30日前赔偿被上诉人邢台市百货公司1万元整。

3. 被上诉人邢台市百货公司 于1996年4月30日前返还上诉人邢台市医用塑料器械厂注射器826件，如无法返还实物则以合同约定价格返还价款。

4. 其他互不追究。

5. 一审案件受理费27320元，由上诉人塑料厂负担16392元，被上诉人百货公司负担10928元，二审案件受理费16392元由上诉人塑料厂负担。

（七）解说

一次性使用无菌注射器，是使用性比较广泛的医疗器械，产品质量要求极其严格，1987年经该厂起草，国家制订了《一次性使用无菌注射器、一次性使用无菌注射针——中华人民共和国专业标准（ZBC31009－31010－87）》简称国家87标准，该标准规定："注射器经消毒后，在遵守贮存规定的条件下，从消毒之日起，有效期为两年。"塑料厂这批产品是1991年所产，至1994年出厂时已逾两年，但该厂举证证明，关于该类产品有效期问题，国家医药局已召开座谈会，准备将二年改为三年，并着手制订新的国家标准。据此该厂在该批产品包装标识原已印有"产品质量执行ZBC31009－31010－87标准，有效期两年"的情况下，于1994年出厂时未经重新消毒又印上了"有效期三年"字样。法院审理认为，塑料厂在产品上明示执行国家87标准，这既是一项约定，又是该项产品必须执行的惟一标准，因此在新的国家标准没有颁布之前，就应该严格遵守和执行国家87标准；国家医药局的座谈会纪要并不能取代国家标准，国家标准的起草单位也无权擅自变更国家标准；该批产品出厂时已超过两年有效期，就不能认定为符合国家标准。根据《河北省对生产经销假冒伪劣商品行为处罚暂行规定》、《河北省产品质量监督条例》、《中华人民共和国产品质量法》的规定，塑料厂经销过期产品的行为属违法行为，因此判定经销该批产品的行为为无效民事行为，并判令塑料厂承担过错责任是正确的，充分体现了社会主义法律的严肃性。

（张建英）

6. 唐山市宏运煤炭经销处诉山西联达储运公司、太原市桃园城市信用社购销煤炭合同案

（一）首部

1. 判决书字号

一审判决书：河北省唐山市中级人民法院（1996）唐经初字第52号。

二审判决书：河北省高级人民法院（1996）冀经终字第214号。

2. 案由：购销合同货款案。

3. 诉讼双方

原告（被上诉人）：唐山市宏运煤炭经销处（简称经销处）。

法定代表人：姚有根，经理。

委托代理人：赵丽菁，唐山市第二律师事务所律师。

被告（被上诉人）：山西联达储运公司（简称储运公司）。

法定代表人：王中秋，经理。

委托代理人：李振湘，该公司业务员。

被告（上诉人）：太原市桃园城市信用社（简称信用社）。

法定代表人：张淑珍，主任。

委托代理人：董玉田，太原市工商银行法律顾问室干部。

委托代理人：赵东胜，该信用社会计。

4. 审级：二审。

5. 审判机关和审判组织

一审法院：河北省唐山市中级人民法院。

合议庭组成人员：审判长：王建民；代理审判员：常荣印、刘志和。

二审法院：河北省高级人民法院。

合议庭组成人员：审判长：刘庄；代理审判员：张建国、杨建玲。

6. 审结时间

一审审结时间：1996年6月26日。

二审审结时间：1996年11月7日。

（二）一审诉辩主张

1. 原告经销处诉称：1996年1月3日，原告与被告储运公司经协商签订精煤购销合同，合同对精煤的质量、验收方法、收款方式等均作了明确规定。1996年1月4日，原告与被告储运公司按约定在被告信用社办理了临时账户，同日原告存入100万元，但被告人始终未予供货。后经了解，此款已被信用社划走抵偿了储运公司的贷款，给原告方造成很大损失。为保护原告方利益请求法院依法判决，解除原、被告签订的购销精煤合同，判令二被告归还原告货款100万元，并赔偿经济损失，承担本案诉讼费。

2. 被告储运公司辩称：原告诉我方自始至终没有履行合同供货，无事实依据，原告和我单位联营方已将煤发回唐山。

3. 被告信用社辩称：原告依据其与储运公司的购销合同，将预付款划至储运公司账户后，即丧失该款所有权，我社从储运公司账户中扣取其所欠贷款行为合理、合法，不构成侵权。原告将我社诉至法院无事实和法律依据，我社不应成为本案当事人。

（三）一审事实和证据

唐山市中级人民法院经审理查明：原告唐山市宏运煤炭经销处与被告山西联达储运公司签订了以原告为需方，被告为供方的购销精煤合同，合同规定，购销精煤6000吨，单价为每吨300元，合计总额1800万元，分期付货，每月供货500吨；合同还约定对需方进入的货款实行双控手段，并对精煤质量和结算方式等均作了明确规定。合同签订后，原告即按合同约定于1996年1月4日将预付款100万元存入了原、被告在太原市桃园城市信用社共同建立的的临时账户，并对此款按合同约定进行了双控，同时将盖有双方印章的预留印鉴和购销精煤合同交给信用社。货款存入手续办妥后，储运公司告诉原告回去等候，并说马上发货，但始终未履约。原告见储运公司迟迟不发货，分别在1996年3月19日和22日上午两次前去信用社问100万元货款情况，并提出要将此货款提出，信用社主任两次告诉原告此款还在账上，并以货款为原、被告的双控款，任何一方都无权单独取走为由拒绝原告提款。原告无奈诉至太原市中级人民法院。1996年3月22日下午5点20分，太原市中级人民法院到信用社对此笔货款依法冻结时，该社主任对法院办案同志说，此款还在账上，经办人不在，你们下周一（因当日是星期五）再来吧。1996年3月25日上午9点，法院同志再次进行冻结时，发现此笔货款100万元已被信用社划走，抵偿了储运公司在该社的贷款，划款时间为1996年3月22日，并向法院出示了储运公司的还贷申请。以上事实，有购销合同、当事人双方举证材料、本院调查笔录、当事人陈述为证。

（四）一审判案理由

唐山市中级人民法院认为：

1. 原告经销处与被告储运公司签订了购销合同，双方应按合同约定履行各自义务。在原告按约履行了付款义务之后，被告储运公司未按约履行给原告发煤的义务，其行为属违约，应承担违约责任。

2. 被告信用社明知被告临时账户上100万元的存款是原、被告约定双控的货款，款的所有权并非被告储运公司所有；同时明知司法机关正在追查此款，为使自己的利益不受损失，与被告储运公司共同合谋将原告100万元货款划收抵顶被告储运公司的贷款。被告信用社的扣划行为，侵害了原告的合法权益。

（五）一审定案结论

唐山市中级人民法院依据《中华人民共和国民法通则》第一百一十七条第三款、第一百三十四条第一款第（八）项，《中华人民共和国经济合同法》第二十七条第一款第三项、第三十五条，《工矿产品购销合同条例》第三十四条、第三十五条之规定，于1996年6月26日作出判决：

1. 解除原告唐山市宏运煤炭经销处与被告山西联达储运公司签订的购销精煤合同。

2. 被告山西联达储运公司因违约向原告唐山市宏运煤炭经销处偿付违约金7.5万元。

3. 被告太原市桃园城市信用社返还原告唐山市宏运煤炭经销处100万元货款及利息（按银行同期贷款利率自1996年3月22日起至付清之日止）。

案件受理费15010元，由被告山西联达储运公司负担10500元，被告太原市桃园城市信用社负担4510元。

（六）二审情况

1. 二审诉辩主张

一审判决后，太原市桃园城市信用社不服，提起上诉。

（1）上诉人信用社诉称：山西联达储运公司在我社贷款100万元已逾期，按规定我社可从公司账户划款；山西联达储运公司在我社开设临时账户时，并未向上诉人言明所开账户为双控户，也未向上诉人送交合同，上诉人根本不知道其账户为双控户，扣款行为不构成侵权。

（2）被上诉人经销处辩称：上诉方否认不知在其处开设的临时账户是双控户没有尊重客观事实。合同第九条对双控手段有明确约定，第十三条规定合同一式三份双方各执一份，交银行一份；临时账户与储运公司在上诉人处的存款户账号不同，且预留印鉴法人代表章不同；在答辩人多次到上诉人处要求提款时，上诉人法人代表明确以款为双控，单方不能提取为由拒绝给付，上述事实确凿。上诉方应返还我方100万元货款及利息，其在诉讼期间的扣划行为侵犯了我方合法权益。

2. 二审事实与证据

二审法院查明：1996年1月3日，经销处与储运公司签订了购销精煤协议，协议第九条明确规定："需方（经销处）将货款全数进入双方指定的太原市银行127特户，并加盖双方印章实行双控手段，供方按合同要求及时将货如数发到需方，如货发不到需方，供方控制手段失效（从双控之日起时效为15天）并负责补足需方货款利息损失"。协议签收后，经销处依约与储运公司共同将预付款100万元存入在桃园信用社建立的临时账户上，并在预留印鉴上加盖了储运公司公章和经销处法人代表的手章，同时将购煤协议交给了信用社。因储运公司未履约，经销处于1996年3月19日和22日到桃园信用社查询100万货款并要求提走。同月20日储运公司致函信用社，让将100万元划走还其在信用社的贷款。1996年3月22日下午，太原市中级人民法院依法查封100万元货款时，信用社主任称："款在账上，经办人不在，下周一再来"。1996年3月25日再去查封时，此款已于1996年3月22日被桃园信用社划走，抵偿了储运公司在该社的贷款。

3. 二审判案理由

河北省高级人民法院认为：宏运经销处与联达储运公司签订的购销协议有效。储运公司未按协议履行，在明知经销处预付款100万元为双控款情况下，仍致函信用社用于还其贷款，实属违约，应承担违约责任。上诉人太原桃园信用社在双方建立临时账户时和经销处查询100万元货款时及太原市中级人民法院诉讼保全时已知该笔款项的所有权不属于储运公司，且未提出足够证据证明该货款所有权已为储运公司取得，即将该款划走，侵害了货款所有人经销处的合法权益，故原审判决认定事实清楚，适用法律正确，应予维持。

4. 二审定案结论

河北省高级人民法院依照《中华人民共和国民法通则》第一百一十七条第一款、第五款，《中华人民共和国经济合同法》第三十四条，最高人民法院法复（1994）1号批复第一项，《中华人民共和国民事诉讼法》一百五十三条第一款第（一）项之规定，作出判决：

驳回上诉，维持原判。

一审案件受理费15010元，由山西联达储运公司负担10500元，桃园信用社负担4510

元；二审诉讼费 15010 元，由桃园信用社负担。

本判决为终审判决。

（七）解说

本案特殊之处就在于在一个典型的购销合同纠纷中，金融机构——太原市桃园城市信用社却加入其中，并承担责任。信用社究竟该不该被卷入这起纠纷，并在其中处于何种地位，成为本案关键。首先，此购销合同为有效合同，双方均应按约定履行义务。唐山宏运经销处作为需方依约将 100 万元预付款存入了在桃园信用社共同建立的临时账户上。山西联达储运公司未按约供货，违约责任不可推卸。在此购销关系中，责任是明确的。其次，在信用 社这个环节，合同约定了对需方打入的预付货款实行双控手段，在法律无明文规定时，对于当事人的约定应予尊重。信用社的过错有二，一是在明知是双控款的情况下，为维护自己的利益，不允许经销处提款，却应储运公司单方要求，将款划归信用社偿还储运公司贷款，侵犯了经销处对 100 万元预付款的所有权，属一种侵权；二是信用社在太原市中级人民法院进行查询，欲查封账户时，扣划此款抵还贷款的行为，显属违反《民事诉讼法》和最高人民法院、中国人民银行联合通知的规定，应责成其将款追回，还可依《民事诉讼法》第一百零三条规定对直接人员追究责任。信用社的过错是有警戒性的：有协助调查、执行义务的单位应积极支持、配合人民法院的工作，加强法制观念，树立全局观点，严格遵守和执行有关法律和法规，不得利用职权，采取不适应手段造成不应有的损失。

（李　炜）

7. 云南施普瑞有限责任公司诉云南新大陆科工贸发展公司购车合同案

（一）首部

1. 判决书字号

一审判决书：云南省昆明市五华区人民法院（1995）五法经初字第 588 号。

二审判决书：云南省昆明市中级人民法院（1996）昆法经二终字第 61 号。

2. 案由：借款合同案。

3. 诉讼双方

原告（上诉人）：云南施普瑞有限责任公司（简称施普瑞公司）。

法定代表人：胡志祥，经理。

委托代理人：张向云，云南欣诚律师事务所律师。

被告（被上诉人）：云南新大陆科工贸发展公司（简称新大陆公司）。

法定代表人：王通明，经理。

委托代理人：王北川，北川律师事务所律师。

4. 审级：二审。

5. 审判机关和审判组织

一审法院：云南省昆明市五华区人民法院。

独任审判：审判员：张帅克。

二审法院：云南省昆明市中级人民法院。

合议庭组成人员：审判长：宋伟伽；代理审判员：安静、何英。

6. 审结时间

一审审结时间：1996 年 3 月 6 日。

二审审结时间：1996 年 6 月 25 日。

（二）一审诉辩主张

1. 原告施普瑞公司诉称：1994 年 5 月 4 日，原、被告双方签订了一借款合同，约定由原告借给被告新大陆公司人民币 45 万元，借期 3 个月。借款到期后，原告多次催收无果。为此请求法院判决被告立即归还所欠借款人民币 45 万元及占用借款银行利息，并承担本案诉讼费用。

2. 被告新大陆公司辩称：原、被告之间不存在借贷关系，而是购车关系，被告将自有的一辆日产皇冠轿车卖给原告，车价 45 万，但原告方找理由拒不付款。被告为了尽快索回购车款被迫与原告签订了一份借款协议。双方实质是购车关系，故请求法院驳回原告的诉讼请求。

（三）一审事实和证据

昆明市五华区人民法院审理确认：1994 年 5 月 4 日，原、被告双方协商签订一份借款合同，约定：因被告资金困难，由原告借给被告人民币 45 万元，月息 1.5%，借期 3 个月。为保证被告按期还款，被告以价值 47 万元的日产丰田皇冠 3.0 轿车一辆向原告作抵押，被告如到期不能还款，则以此车充抵。合同签订后，原告于同年 8 月 30 日分两次经银行转账将 30 万元交付被告（其中注明 26 万元为购车款，4 万元为贷款），被告亦将车交付原告使用，但被告所出具的收款专用发票却载明收到原告款 45 万元，实际原告尚欠 15 万元未交付。被告多次催要，原告以资金周转困难，于同年 9 月 1 日双方又签了一份借款协议，约定原告因周转资金暂缺，特向被告借款 15 万元。实际该借款行为并未发生。而在同年 11 月 30 日，原告将原来未交付的 15 万元交付被告收讫。至此，被告共收到原告款项 45 万元。同时查明：被告曾于 1994 年 11 月 23 日向原告出具一份承诺书，言明在原告付清车款的 3 个月内被告帮助原告办理一个烟草专卖店，以补偿原告所购车价差的亏损。该承诺作出后，被告并未认真履行。原告催要借款无果，故诉讼到法院。

上述事实有下列证据证明：

1. 原、被告签订的借款合同。

2. 收付款凭证。

3. 被告方出具的承诺书。

（四）一审判案理由

昆明市五华区人民法院鉴于上述事实和证据认为：原、被告双方所签订的借款合同，违反国家法律规定，系无效合同，双方所签订的借款合同实为购车行为，且实际履行，但该车尚未办理过户手续，其所有权尚未随车转移。根据本案的实际情况及有利于社会经济的稳定，对双方已完成的购车行为，原审予以确认。至于原告主张借款，因该借款合同系名为借款，实为购车，故其主张于法无据，法院不予支持。被告承诺的帮助原告办理烟草专卖店非真实意思表示，且无能力履行。

（五）一审定案结论

昆明市五华区人民法院依照《中华人民共和国经济合同法》第十六条，《中华人民共和国民法通则》第四条、第一百零六条，《中华人民共和国民事诉讼法》第六十四条、第一百零七条之规定，判决如下：

1. 由云南施普瑞有限责任公司与云南新大陆工贸公司继续履行 1995 年 5 月 4 日双方所签订的名为借款实为购车的协议。

2. 由双方共同办理车辆的过户手续，其产生的费用按有关规定办理。

3. 原、被告其他诉讼请求不予准许。

案件受理费 11012 元，由原告承担 5556 元，被告承担 5556 元。

（六）二审情况

1. 二审诉辩主张

（1）上诉人施普瑞公司称：一审判决认定事实不清，划分责任不明。其上诉的主要理由是上诉人与被上诉人签订的是借款协议，并没有购车行为，若双方签订的借款协议违反法律规定，也只能按无效合同处理，故要求退车还款。

（2）被上诉人新大陆公司未作书面答辩。

2. 二审事实和证据

二审法院经审理确认了一审法院认定的事实和证据。

3. 二审判案理由

昆明市中级人民法院认为：上诉人施普瑞公司与被上诉人新大陆公司在 1994 年 5 月 4 日订立借款协议后，双方并未按协议履行。在双方约定借款期限逾期后，双方才发生交车和支付部分购车款的行为。1994 年 9 月 1 日在施普瑞公司并未向新大陆公司实际借款情况下，双方又签订一份借款协议，至该协议将到期时施普瑞公司反将 15 万元支付给新大陆公司。双方上述行为已反映其相互之间发生的是一购车关系，因此，车价应为 45 万元，该购车关系更为双方提交的承诺书所明确。现施普瑞公司使用车辆达两年之久，且按承诺的使用费若以市场租赁价计已超出购车款时才提出退车还款显已成为不可能，故上诉人要求确认双方之间为借款关系并要求退车还款的上诉理由不成立。原审判决并无不当。

4. 二审定案结论

昆明市中级人民法院根据《中华人民共和国民事诉讼法》第一百五十三条第一款第（一）项之规定，判决如下：

驳回上诉，维持原判。

二审案件受理费 11012 元，由上诉人云南施普瑞有限责任公司承担。

（七）解说

1. 关于本案的性质即本案究竟是借款还是购销关系的问题。从双方当事人签订的借款合同来看，似乎可以认定为借款，但双方实际均未按借款关系履行各自的权利义务，而是在借款期限逾期后才发生付款交车的行为，且有上诉人转账付给被上诉人注明为购车款的付款凭证加以证实。其间又订立过一个未实际履行的借款协议，该协议订立后上诉人反将款项交付被上诉人。另有被上诉人出具的承诺书证实。从这些实际行为上看，该借款关系已发生了转换，双方当事人实际进行的应是一起购销行为。

2. 关于企业间借贷的问题。根据我国有关金融法规的有关规定，禁止非金融机构从事金融机构业务，企业间的这种借贷是国家明文规定禁止的。本案若定性为一起借款纠纷，则该借款合同也是无效的，对此双方当事人均有过错。

3. 从本案的实际情况来看，该借款合同是在两年前签订，被上诉人也已将轿车交付上诉人使用长达两年的时间，对此上诉人并不否认。若两年后再判决退车还款，则给被上诉人造成损失，对被上诉人实属不公平。鉴于该交车付款行为已产生两年，且若按市场租赁价计两年来费用也与车价相差无几，为维护双方当事人的权益，故判双方继续履行名为借款实为购车的协议更能体现人民法院公平、合理的办案原则。

（何　英）

8. 上海华意贸易公司诉上海现代国际展览公司等借款案

（一）首部

1. 判决书字号

一审判决书：上海市黄浦区人民法院（1994）黄经初字第1200号。

二审判决书：上海市第二中级人民法院（1996）沪二中经终字第1087号。

2. 案由：借款案。

3. 诉讼双方

原告（被上诉人）：上海华意贸易公司。

法定代表人：吴志伟，经理。

委托代理人（一、二审）：同乐舜，该公司副经理。

委托代理人（一审）：李家麟，上海市徐汇律师事务所律师。

被告（上诉人）：上海现代国际展览公司。

法定代表人：付尚清，总经理。

委托代理人（一、二审）：陈锦康，该公司项目部经理。

委托代理人（一、二审）：阮石平，上海市第四律师事务所律师。

被告（被上诉人）：上海海城实业公司。

法定代表人：王可贵，总经理。

委托代理人：（一审）：韩峰，上海市明鸿律师事务所律师。

4. 审级：二审。

5. 审判机关和审判组织

一审法院：上海市黄浦区人民法院。

合议庭组成人员：审判长：庄健；人民陪审员：黄烈、王秀娟。

二审法院：上海市第二中级人民法院。

合议庭组成人员：审判长：李佩玲；代理审判员：陈士芸、张晓菁。

6. 审结时间

一审审结时间：1996年7月10日（依法延长审限）。

二审审结时间：1996年9月26日。

（二）一审诉辩主张

1. 原告上海华意贸易公司诉称：上海现代国际展览公司为举办首届独联体、东欧国家商品展览会，于 1994 年 8 月 16 日以“首届独联体、东欧国家商品展览会组织委员会”名义与原告签订合作协议，规定组织委员会向原告暂借款 6 万元，还款期限为 15 天；还无偿提供给原告包括纪念品、午餐券的入场卡 250 份。同年 8 月 18 日，原告按约将 6 万元汇给组织委员会，而该组织委员会借口资金紧张没有归还，也没有提供 250 份入场卡。现展览会已经结束，组织委员会亦解散，故提起诉讼，要求两被告偿还借款 6 万元和赔偿入场卡损失 2.5 万元。

2. 被告上海现代国际展览公司辩称：1994 年 8 月 10 日，与上海海城实业公司签订举办首届独联体、东欧国家商品展览会协议书，明确了双方的权利义务和职责。上海现代国际展览公司未参加“首届独联体、东欧国家商品展览会组织委员会”，亦未向原告借过款。该组织委员会在展览会被批准举办前就与同乐舜个人签订合作协议，与其没有法律上的关系，且原告不具备诉讼主体资格，故要求驳回原告的起诉。

3. 被告上海海城实业公司辩称：1994 年 8 月 10 日关于举办首届独联体、东欧国家商品展览会的协议系金辉、夏鹏飞未经其授权签订的，该展览会由上海现代国际展览公司申报举办，应由申报单位负法律责任。上海海城实业公司不同意承担偿还借款和赔偿损失的责任。

（三）一审事实和证据

上海市黄浦区人民法院受理本案后，经公开开庭审理查明：

1994 年 8 月 10 日，案外人金辉、夏鹏飞 持上海海城公司合同专用章，与上海现代国际展览公司签订举办首届独联体、东欧国家商品展览会的协议书，规定了双方的职责和费用的负担。在筹备展览会初期，金辉、夏鹏飞组成了首届独联体、东欧国家商品展览会组织委员会，并于 1994 年 8 月 16 日以组织委员会名义与上海华意贸易公司签订合作协议，约定上海华意贸易公司借给组织委员会 6 万元，为期 15 天；组织委员会无偿提供给上海华意贸易公司 250 份展览会入场卡并另协助划拨上海海城实业公司的应付款。上海海城实业公司则在协议上签署同意将其款项划拨上海华意贸易公司的意见。嗣后，上海华意贸易公司交付了一张金额为 6 万元的转账支票，组织委员会出具了盖有财务专用章的借据。该款被用于支付组织委员会租用办公场所的租金。1994 年 8 月 25 日和 9 月 7 日，上海现代国际展览公司先后两次在《解放日报》上刊登举办展览会的广告，其中第二次广告中发布了组织委员会继续招商的通知。1994 年 9 月 9 日，上海现代国际展览公司、上海海城实业公司作为主办单位召开新闻发布会，并发送宣传展览会的材料，这些材料中写明展览会的常设机构为组织委员会以及组织委员会的办公地点。1994 年 10 月 5 日，上海现代国际展览公司与上海海城实业公司因故签订补充协议后，由上海海城实业公司法定代表人重新组成其负责的组织委员会继续筹备展览会。1994 年 9 月 15 日，原告函催组织委员会归还借款，该组织委员会答复待会议结束后由主办单位协商解决，并证明展览会入场卡售价为每份 400 元。首届独联体、东欧国家商品展览会于 1994 年 10 月 18 日结束，组织委员会随之解散。为此，原告诉诸法院。

另查明：1994 年 8 月 8 日，上海现代国际展览公司向上海市对外经济贸易委员会申报其与上海海城实业公司以及哈尔滨龙丰科工贸实业开发总公司、香港其乐国际有限公司、上海凯托纺织制衣集团公司联合主办展览会，同年8月27日上海市对外经济贸易委员会批复同意，但上海现代国际展览公司除上海海城实业公司外未与前述公司签订过联合主办展览会的协议。

以上事实有下列证据证明：

1. 上海华意贸易公司与首届独联体、东欧国家商品展览会组织委员会的合作协议。

2. 上海华意贸易公司付款凭证。

3. 首届独联体、东欧国家商品展览会组织委员会的借据。

4. 上海华意贸易公司催款函及首届独联体、东欧国家商品展览会组织委员会的答复。

5. 上海现代国际展览公司与上海海城实业公司的协议书、补充协议书。

6. 上海现代国际展览公司关于联合主办展览会的申请报告。

7. 上海市对外经济贸易委员会对上海现代国际展览公司联合主办展览会的批复。

8.1994年8月25日和9月7日刊登在《解放日报》上首届独联体、东欧国家商品展览会的广告。

9. 关于上海现代国际展览公司等单位举行首届独联体、东欧国家商品展览会的新闻报道。

10. 关于首届独联体、东欧国家商品展览会组织委员会为展览会常设机构的宣传材料。

11. 关于首届独联体、东欧国家商品展览会组织委员会使用6万元的调查材料。

12. 证人孟某某的证言。

13. 当事人的陈述。

（四）判案理由

上海市黄浦区人民法院认为：

1. 组织委员会是展览会的工作机构。案外人金辉、夏鹏飞以上海海城实业公司名义与上海现代国际展览公司签订联合举办展览会协议，后又签订补充协议，两被告是展览会的实际主办单位。虽未规定成立组织委员会，但金辉、夏鹏飞组成组织委员会进行展览会筹备工作，两被告事后不仅知晓，而且在对外宣传中公开认可，故应认定组织委员会是展览会的工作机构。

2. 未经金融管理部门许可的借款行为无效。上海华意贸易公司系企业法人，没有从事金融业务的许可证，其与组织委员会签订借款协议，出借资金，而组织委员会亦未经金融管理部门许可，向原告融资，双方的行为均违反了国家金融管理法规，依据《中华人民共和国民法通则》第五十八条第一款第（五）项的规定，应予确认无效。

3. 两被告是展览会主办单位，负有返还责任。当时组织委员会向原告借入的资金用于展览会，以后原告催讨时组织委员会未能归还，现该借款行为被确认无效，组织委员会因此取得的财产应返还给对方，但组织委员会随着展览会结束已经解散，展览会的债权债务自然由主办单位清理，作为组织委员会负有的返还责任，亦理所当然地由两被告承担。

4. 原告请求之损失不予支持。原告请求入场卡损失与借款行为相关联，是原告通过借款所获对价，借款行为无效，有关获取入场卡的约定亦归于无效，对此不应予支持。

（五）一审定案结论

上海市黄浦区人民法院依照《中华人民共和国民法通则》第一百零六条第一款的规定，判决如下：

1. 被告上海现代国际展览公司、上海海城实业公司应共同返还原告上海华意贸易公司借款 6 万元。

2. 对原告其他诉讼请求不予支持。

案件受理费 3060 元（原告已预交），由原告负担 750 元，由两被告共同负担 2310 元（被告负担部分直接付给原告）。

上列款项，两被告应在本判决生效后十日内履行完毕。

（六）二审情况

1. 二审诉辩主张

一审判决后，上海现代国际展览公司不服判决，提出上诉，认为：其与上海海城实业公司所签举办展览会协议中未约定成立组织委员会，该组织委员会系上海海城实业公司组成，故组织委员会所欠借款应由上海海城实业公司负担。

2. 二审事实和证据

二审法院经审理查明原审法院认定事实属实，予以确认。

3. 二审判案理由

上海现代国际展览公司与上海海城实业公司签订协议联合主办首届独联体、东欧国家商品展览会后，该展览会筹备机构组织委员会即与原告签订合作协议，因该合作协议实为借款协议且显属违法，故应确认无效；上海海城实业公司与上海现代国际展览公司作为展览会主办单位理应依法对上述借款承担共同偿还之责。原审法院认定事实清楚，适用法律正确，所作判决并无不当；上诉人所提上诉理由依据不足，二审法院不予支持。

4. 二审定案结论

上海市第二中级人民法院根据《中华人民共和国民事诉讼法》第一百五十三条第一款第（一）项之规定，判决如下：

驳回上诉，维持原判。

二审诉讼费 3060 元，由上诉人负担。

（七）解说

本案当事人争议之焦点，是组织委员会借款行为的法律后果应当由谁来承担。一般地讲，举办展览会除须报经有关主管机关批准外，应有一定的机构负责具体的筹备工作。上海现代国际展览公司、上海海城实业公司在签订举办展览会的协议中没有规定成立组织委员会，但是，整个展览会的筹备工作都由上海海城实业公司经办人组成的组织委员会负责进行，特别是上海现代国际展览公司、上海海城实业公司召开新闻发布会，宣布展览会的常设机构为组织委员会，说明组织委员会事实上是存在的，而且得到主办单位的认可。目前我国对举办展览会的机构设置、法律责任等未作明文规定，依据《民法通则》有关民事主体的要求，组织委员会不具有独立的民事主体资格，其对外从事的活动以展览会为目的，体现了主办单位的意志，因此，组织委员会在展览会期间所从事的行为实质上是主办单位的行为，组织委员会向上海华意贸易公司借款就是主办单位向上海华意贸易公司借款。此一借款行为属企业间借款，违反了国家金融管理法规，是无效民事行为。上海现代国际展览公司、上海海城实业公司作为展览会的主办单位，理所当然地对所借资金负有共同返还责任。上海华意贸易公司向上海现代国际展览公司、上海海城实业公司提出共同返还之请求并无不当。

本案在解决返还财产过程中，考虑到划款协议未明确约定利息，上海华意贸易公司亦未因此获取入场卡，故不存在已经取得或尚未取得约定利息之情形，所以未作收缴利息的处罚。

（庄　健）

9. 湖南省信托投资公司诉湖南省金属回收有限责任公司等借款合同案

（一）首部

1. 判决书字号

一审判决书：湖南省长沙市南区人民法院（1996）南经初字第151号。

二审判决书：湖南省长沙市中级人民法院（1996）长中经终字第295号。

2. 案由：借款合同案。

3. 诉讼双方

原告（被上诉人）：湖南省信托投资公司。

法定代表人：张美霞，总经理。

委托代理人（一审）：刘壮武，该公司业务一部经理。

委托代理人：谭孝傲、康笃华，湖南省第一律师事务所律师。

被告（上诉人）：湖南省金属回收有限责任公司。

法定代表人：虞文根，总经理。

委托代理人：钟琼武，湖南省金融经济律师事务所律师。

被告（上诉人）：湖南省机电设备总公司。

法定代表人：周黎明，总经理。

委托代理人：缪电益，该公司总经理顾问。

委托代理人：肖诗孝，该公司清欠办主任。

被告：湖南省物资再生利用总公司。

法定代表人：王海珊，总经理。

委托代理人：邓亚明，该公司副总经理。

委托代理人：董其干，该公司总会计师。

被告：湖南省物资贸易中心。

法定代表人：熊彦章，总经理。

委托代理人：徐旦初，汤忠一，该公司干部。

委托代理人：刘政，该公司法律顾问。

4. 审级：二审。

5. 审判机关和审判组织

一审法院：湖南省长沙市南区人民法院。

合议庭组成人员：审判长：文彩；审判员：胡精华、王晓斌。

二审法院：湖南省长沙市中级人民法院。

合议庭组成人员：审判长：陈佳；审判员：葛宇进；代理审判员：蔡旭辉。

6. 审结时间

一审审结时间：1996 年 4 月 24 日。

二审审结时间：1996 年 8 月 22 日。

（二）一审情况

1. 一审诉辩主张

（1）原告湖南省信托投资公司（以下简称投资公司）诉称：原告于 1993 年 11 月 16 日和 1994 年 3 月 7 日与被告湖南省物资再生利用总公司（以下简称再生公司）签订流动资金贷款合同。合同规定由原告分两次各借给被告再生公司流动资金 100 万元（共计 200 万元），借款期均为 6 个月，月利率为 1.098%，被告再生公司以其公司财产作抵押，并由被告湖南省物资贸易中心（以下简称物贸中心）和湖南省机电设备总公司（以下简称机电公司）进行担保，以保证归还借款。合同还规定，若被告再生公司不能按期还款，逾期则加收 20%的利息，并由担保单位承担代为归还本息的经济责任。合同签订后，原告按约履行了放款义务，但被告再生公司未按约履行还款义务，仅于 1995 年 7 月付给原告利息 5 万元。1995 年 11 月 23 日，被告湖南省金属回收有限责任公司（以下简称回收公司）经湖南省计划委员会、湖南省经济贸易委员会讨论研究，以湘计物（1995）487 号文件批准，兼并了被告再生公司。根据被告回收公司与被告再生公司的兼并协议，被告再生公司的债权债务由被告回收公司负责，但被告回收公司也未按约履行还款义务。鉴于上述情况，请求法院判令被告回收公司归还贷款本息 2575845.75 元，被告机电公司、贸易中心承担连带责任，以保护原告的合法权益。

（2）被告回收公司辩称：本公司不是原告的债务人。再生公司系独立的法人，有法人代表，有营业执照。根据本公司与再生公司 1995 年 11 月 10 日签订的兼并协议和 11 月 20 日的补充协议规定，在乙方（指再生公司，下同）法人“没有经工商行政管理部门注销前，仍为自主经营，自亏盈亏，独立承担民事责任和其他法律责任的经济实体，乙方经注销工商执照文下达之日丧失主体资格；甲方（指回收公司，下同）从即日承担乙方原承担的合法债务”。尽管省计委、经贸委联合下达了（1995）487 号文，但再生公司的工商登记尚未办理注销手续，仍是独立存在的法人。因此，本公司不是原告的债务人，再生公司的债务仍由再生公司承担。

（3）被告再生公司辩称：本公司欠原告贷款属实。回收公司兼并再生公司属实，但根据兼并协议和补充协议，我公司尚未注销工商登记，属于独立的法人。请求原告继续给予本公司支持，营造还贷环境，争取早日归还贷款本息。

（4）被告物贸中心辩称：担保属实，但已过时效。

（5）被告机电公司辩称：我方作为被告再生公司借款担保单位，在再生公司未还清借款之前，仍承担担保责任。但要求债权人放宽还款期限，以确保债务人在生存的基础上，陆续还清欠款。

2. 一审事实和证据

长沙市南区人民法院经审理查明，1993 年 11 月 16 日，原告投资公司与被告再生公司签订借款合同，再生公司向原告借款 100 万元用于购生铁，期限 6 个月，月利率 1. 098%，逾期罚息 20%，该合同由被告物贸中心为再生公司作了担保。再生公司以公司的汽车 8 辆、房屋5629平方米和土地24亩向原告作了抵押。尔后，原告投资公司向被告再生公司发放了贷款100万元。1994年3月7日，原告投资公司又与被告再生公司签订借款合同，被告再生公司向原告借款100万元用于购钢材，期限6个月，月利率1.098%，逾期罚息20%，该合同由被告机电公司担保。被告再生公司又将公司的土地、加工车间、仓库、办公楼、地磅房、地中衡、围墙、打包机等财产向原告作了抵押。原告按约向被告再生公司放贷100万元。被告贷款后分别付给原告利息121731.6元，被告回收公司帮助被告再生公司付息5万元，被告再生公司尚欠原告投资公司本息2603879元。

1995年11月10日，被告回收公司与被告再生公司签订兼并协议书，由被告回收公司兼并被告再生公司，承担其债权债务，约定兼并协议签订之日始，再生公司的人、财、物、债权债务即为回收公司接收。再生公司自注销工商登记手续下达之日丧失法人资格。为此，湖南省计委、经贸委于1995年11月23日以（1995）487号文件向湖南省物资产业集团总公司作了《关于同意省金属回收有限责任公司兼并省物资再生利用总公司的批复》。被告回收公司又于1995年12月7日向原告提出《关于落实兼并企业贷款免、停、减息挂账政策的申请》，明确指出，现回收公司采取承担债务方式已对再生公司实行了兼并，请求给予免息、停息，并承诺5年内还清贷款本金。但原告认为本公司并非专业银行，没有这方面的政策，故未同意免息、停息。而被告回收公司则以尚未兼并再生公司以及再生公司工商登记尚未注销为由，不同意承担再生公司债务责任。再生公司则称已被回收公司兼并，无力偿还债务，故酿成纠纷。1996年3月7日原告投资公司向长沙市中级人民法院提出诉讼，3月25日长沙市中级人民法院指定管辖，由长沙市南区人民法院审理。

上述事实有下列证据证明：

(1) 原告投资公司与被告再生公司于1993年11月16日、1994年3月7日签订的借款合同。

(2) 被告再生公司抵押物品清单。

(3) 被告物贸中心、机电公司担保责任书。

(4) 原告投资公司放贷200万元的凭证。

(5) 被告再生公司付息凭证。

(6) 被告回收公司付息凭证。

(7) 被告回收公司与再生公司签订的兼并协议书及补充协议。

(8) 湖南省计委、经贸委（1995）487号文件。

(9) 被告回收公司向原告投资公司申请减、免、停息的报告。

(10) 受诉法院的调查笔录、开庭笔录。

3. 一审判案理由

长沙市南区人民法院认为：

(1) 被告回收公司兼并被告再生公司的法律事实成立，被告回收公司应承担偿还债务的责任；被告再生公司曾被评为全国同行业百强企业之一，后由于盲目投资，不善管理，导致该企业严重亏损。被告回收公司根据国家优化企业资本结构的相关政策，以及本公司的经济实力，于1995年11月提出兼并被告再生公司的设想，并组织有关专家对其可行性报告进行了论证。兼并的形式十分明确，即为承担债务式的兼并。1995年11月10日，双方法人代表签订了兼并协议书，并上报湖南省计委和省经贸委。1995年11月23日湖南省计委、经贸委联合发文，同意回收公司兼并再生公司。至此，回收公司兼并再生公司的法律事实确立。兼并协议规定：“回收公司从本协议签订之日始接收再生公司的全部资产（包括再生公司的房屋、资金、设备、交通工具、通讯工具、股票证券、投资红利、对下属公司应收的管理费、承包费等），享有原再生公司依法应得之债权，承担原再生公司应依法承担之债务。”根据兼并的法律事实和兼并协议规定，再生公司已是名存实亡（因尚未注销工商登记），债权债务已转移至回收公司。事实上，回收公司已开始着手履行其义务。首先，向原告申请减、免、停息和还款承诺，其次，偿还利息5万元。因此，被告回收公司应依职责承担被告原再生公司的债务。

（2）被告回收公司与再生公司签订的补充协议，规避了有关的法律法规的规定，其内容违法。在诉讼过程中，被告回收公司反复强调兼并补充协议书的法律效力。该协议约定：“（一）在再生公司法人没有经工商行政管理部门注销之前，仍为自主经营、自负盈亏、独立核算、独立承担民事和其他法律责任的经济实体。（二）再生公司自注销工商登记手续下达之日丧失法人资格，回收公司从即日起享有原再生公司依法应得之债权，承担应依法承担之债务。（三）原兼并协议有关条款与上述条款相违背时，执行上述条款。”被告回收公司强调补充协议第一条的真正目的，是否认兼并的事实，推诿应承担的法律责任。《关于国有企业兼并若干问题的规定》第五条指出：“兼并协议一经批准，被兼并企业原法人财产权归兼并企业享有或控股，其法人资格随即取消或变更。兼并方要在协议生效后10天内办好被兼并方财产过户手续，并向工商行政管理部门办理注销或变更登记手续。”由此可见，补充协议完全规避了这一规定，是无效的。

（3）被告物贸中心、机电公司的担保责任不可免除。物贸中心、机电公司是再生公司贷款的担保人。再生公司被兼并后，物贸中心、机电公司的担保责任不是因担保主体消失而免除，而是继续承担再生公司债务转移后新的债务人的担保责任。在被告回收公司无力偿还的情况下，则由担保人代为偿还。

4. 一审定案结论

一审法院依照《中华人民共和国民法通则》第八十四条、第四十四条、第八十九条、第九十条，《借款合同条例》第四条、第十四条的规定，作出如下判决：

(1) 由被告回收公司偿还原告贷款本金200万元。偿付息金603879元（计息至1996年4月20日止）。

(2) 由被告再生公司以其名下的资产承担上述债务的清偿责任。

(3) 由被告物贸中心对其所担保的（93－流54号借款合同）本金100万元和息金251730元承担连带责任。

(4) 由被告机电公司对其所担保的（94－流11号借款合同）本金100万元和息金352149元承担连带责任。

上述款项，限被告于判决书发生法律效力之日起十日内付清。

本案诉讼费37600元，由被告承担。

（三）二审诉辩主张

1. 上诉人回收公司诉称：回收公司对再生公司的兼并没有完成，双方仍为独立的法人。只有待再生公司注销后，回收公司才能承担其对外的债务。

2. 上诉人机电公司诉称：机电公司担保是在再生公司提供了抵押财产的前提下才对其

借款作了一般担保，在清偿债务时应先以抵押物偿还所欠债务，不足部分再由机电公司承担代为偿还的责任。一审判决机电公司承担连带责任是错误的。

（四）二审事实和证据

二审法院在认定一审事实与证据的基础上，对被告再生公司用于抵押的财产进行了查证。再生公司用于抵押的 8 辆汽车，再生公司已擅自处理卖给他人 3 辆，报废 2 辆，只剩下 3 辆在再生公司。高桥加工场的 24 亩土地已于 1993 年初在长沙市上大垅信用社借款 500 万元时抵押给了上大垅信用社，土地使用证也在该社。1993 年 12 月再生公司从中国人民建设银行湖南省电力支行贷款 500 万元，也将这 24 亩土地作抵押，土地红线图押在电力支行。

（五）二审判案理由

二审法院认为：投资公司与再生公司、物贸中心、机电公司签订的借款及抵押担保合同除抵押部分无效外其他均有效。投资公司按合同履行了义务，再生公司不按期归还贷款，对纠纷应承担全部责任。《中华人民共和国民法通则》第四十四条第二款规定：“企业法人分立、合并，它的权利和义务由变更后的法人享有和承担。”回收公司兼并再生公司已经审批机关批准生效。按照《中华人民共和国企业法人登记管理条例》第十九条的规定，企业法人分立、合并、迁移，应当在主管部门或者审批机关批准后 30 日内，向登记主管机关申请办理变更登记、开出登记或注销登记。虽回收公司没有依法申请办理再生公司的注销登记，但回收公司对再生公司的兼并已成立，再生公司的债权债务应由回收公司享有和承担，回收公司应偿还投资公司的贷款本息，故回收公司的上诉理由不能成立。由于再生公司在此次抵押前后多次将抵押物抵押给他人，且擅自处理部分抵押物，故抵押无效。双方当事人在合同中约定是承担代为履行的责任，一审判决机电公司、物贸中心承担连带责任不妥。机电公司的上诉理由成立。

（六）二审定案结论

湖南省长沙市中级人民法院依照《中华人民共和国民事诉讼法》第一百五十三条第一款第（二）项之规定，判决如下：

1. 撤销长沙市南区人民法院（1996）南经初字第 151 号民事判决。

2. 由回收公司于本判决送达之日起一个月内偿还投资公司贷款本金 200 万元，及截至 1996 年 4 月 20 日的利息 603879 元。1996 年 4 月 21 日至执行完毕之日止的利息按同期同档的利率另行计算。

3. 由物贸中心对其所担保的（93－流 54 号借款合同）本金 100 万元及利息承担代为偿还的责任。

4. 由机电公司对其所担保的（94－流 11 号借款合同）本金 100 万元及利息承担代为偿还的责任。

本案一、二审诉讼费共计 61110 元，由回收公司承担。

本判决为终审判决。

（七）解说

本案虽是借款合同纠纷，从某种意义上讲，是企业兼并后对被兼并企业合法债务是否承担的纠纷，因此，本案焦点是回收公司兼并再生公司的法律事实是否成立；被兼并后的再生公司尚未注销工商登记，回收公司是否应承担再生公司的合法债务。从本案的事实和法律规定来看，回收公司应当承担偿还被兼并的再生公司的合法债务。

优化企业资本结构是企业深化改革的一项重要内容。回收公司主动兼并亏损严重的再生公司，这一举措是值得提倡的。企业兼并，是指企业取得他企业的法人产权，使其失去法人资格或改变法人实体的一种产权变更行为，又称企业的合并。企业兼并的目的是通过兼并，转换经营机制，优化组织结构，盘活存量资产，实现资产重组，改革和加强内部经营管理，用好、用活、用够国家对现代企业制度试点的优惠政策，解脱被兼并企业的沉重包袱，壮大企业实力，增强抗御市场经济风险能力，达到企业繁荣发展的目的。兼并的原则，是资产合理配置，自主自愿，有偿有效，不受行业、所有制、隶属关系和行政区域限制。兼并形式，分承担债务式、购买式、吸收股份制和控股式。兼并程序：兼并双方通过协商，签订兼并协议；兼并方报主管部门备案、报主管部门审批。兼并协议一经批准，被兼并企业原法人财产权归兼并企业享有或控股，其法人资格随即取消或变更。兼并方要在协议生效后10天内办好被兼并方财产过户手续，并向工商行政管理部门办理注销或变更登记手续。

回收公司兼并再生公司是根据国家法律和政策规定，经过充分协商，双方职代会讨论通过的，双方法人代表签订了兼并协议。同时，兼并方向省计委、省经贸委作了请示报告，省计委、省经贸委给予批准。兼并协议规定，兼并的形式为承担债务式。

根据国家法律法规的规定和兼并程序，回收公司已完成对再生公司的兼并工作，形成了新的法律关系。

回收公司反复强调被兼并企业再生公司未注销工商登记，兼并工作并未完成，这一说法不能成立，换句话说是混淆了时间界限。企业兼并不是以被兼并企业注销工商登记为界限，而是经主管部门批准之日为界限，因为“兼并协议一经批准，被兼并企业的法人财产权归兼并企业享有或控股”（见《关于国有企业兼并若干问题的规定》）。

不注销或变更被兼并企业的工商登记，是规避法律、逃避债务的违法行为，其责任在回收公司。我国《企业法人登记管理条例》第十九条规定指出：“企业法人分立、合并、迁移，应当在主管部门或者审批机关批准后三十日内，向登记主管机关申请办理变更登记、开出登记或者注销登记。”该管理条例施行细则第六十六条规定：“不按规定申请办理注销登记的，责令限期办理注销登记。拒不办理的，处以三千元以下罚款，并可追究企业主管部门的责任。”《民法通则》第四十九条规定：企业法人“变更、终止时不及时申请办理登记和公告，使利害关系人遭受重大损失的”，“除法人承担责任外，对法定代表人可以给予行政处分、罚款，构成犯罪的，依法追究刑事责任”。我国法律法规对被兼并企业必须及时注销或变更工商登记，已作出了明确规定，那么回收公司不依法办事，其目的只有一个：逃避债务。

综上所述，回收公司兼并再生公司是法律事实，原再生公司不注销工商登记，并不影响回收公司承担原再生公司依法承担债务的法律责任。法院判决是正确的、公正的。

（杨迪善）

10. 中国农业银行信阳分行房地产信贷部诉信阳富达物资经销中心等借款合同案

（一）首部

1. 判决书字号

一审判决书：河南省信阳地区中级人民法院（1995）信中法经初字第53号。

二审判决书：河南省高级人民法院（1996）豫经终字第124号。

2. 案由：借款合同案。

3. 诉讼双方

原告（被上诉人）：中国农业银行信阳分行房地产信贷部（简称信贷部）。

法定代表人：陈茂杰，经理。

委托代理人（一、二审）：朱学军，该部干部。

委托代理人（一审）：李涛先，信阳地区律师事务所律师。

被告（被上诉人）：信阳富达物资经销中心（简称富达中心）。

法定代表人：陈强，经理。

委托代理人（二审）：李涛先，信阳地区律师事务所律师。

被告（上诉人）：空军第一航空技术专科学校军人服务社（现改称空军第一航空学院军人服务社，简称军人服务社）。

法定代表人：方信生，主任。

委托代理人（一、二审）：高代伟，空军第一航空学院干部。

委托代理人（一审）：周家胜，空军第一航空学院干部。

委托代理人（二审）：刘德法，郑州大学副教授。

被告（被上诉人）：信阳地区个体劳动者协会（简称个体劳协）。

法定代表人：澹台家禹，该协会负责人。

委托代理人（二审）：陆振才，该协会工作人员。

被告（被上诉人）：信阳地区豫丰贸易总公司（简称豫丰公司）。

法定代表人：王大兰，经理。

被告（被上诉人）：信阳地区顺华建材公司（简称建材公司）。

法定代表人：张强，经理。

委托代理人（一、二审）：杜一江，信阳地区司法处律师工作中心律师。

委托代理人（一审）：时新章，信阳地区司法处律师工作中心律师。

被告（被上诉人）：信阳市轻纺工业局煤厂（简称煤厂）。

法定代表人：崔宝水，厂长。

被告（被上诉人）：信阳地区审计师事务所（简称审计事务所）。

法定代表人：王国民，该所负责人。

委托代理人（一审）：石焰，该所业务主任。

4. 审级：二审。

5. 审判机关和审判组织

一审法院：河南省信阳地区中级人民法院。

合议庭组成人员：审判长：徐万朝；审判员：李伟、周高峰。

二审法院：河南省高级人民法院。

合议庭组成人员：审判长：张国明；代理审判员：封齐生、马胜军。

6. 审结时间

一审审结时间：1995 年 12 月 19 日。

二审审结时间：1996 年 5 月 25 日。

（二）一审情况

1. 一审诉辩主张

(1) 原告诉称：富达中心于 1994 年 9 月 12 日、10 月 21 日，两次从我部贷款 20 万元、15 万元，月息分别为 1.098%、0.915%，用于购建材建房。两笔贷款都由军人服务社担保，于 1995 年 3 月 20 日到期。贷款到期后，经三方协商，还款时间延至 1995 年 5 月 20 日，后逾期数月仍未偿还。要求上述两被告立即偿还贷款本金 35 万元，利息 13233.46 元，罚息 2188.68 元，合计 365422.14 元，并承担全部诉讼费用。个体劳协系富达中心的主管单位，现富达中心无力清偿债务，依法应由个体劳协承担清偿全部贷款本息的责任。豫丰公司、建材公司、煤厂分别出具保证书为富达中心的注册资金进行担保，审计事务所对富达中心注册资金进行审验，担保审验时富达中心银行账户已无分文，在主债务人不能清偿债务时，上列四被告依法应承担连带清偿责任。

(2) 被告富达中心、豫丰公司、煤厂未作答辩。

(3) 被告军人服务社答辩称：杜建设是我社一名业务员，在我社法定代表人没有授权的情况下，利用我社名义与原告签订担保贷款合同无效。原告在发放贷款过程中对借款方的资信、担保人的资格、贷款去向等不进行审查，造成贷款流失应负主要责任。因此我社不应承担任何责任。

(4) 被告个体劳协答辩称：富达中心是独立的法人单位，谁贷款、谁担保，由谁承担全部责任。

(5) 被告建材公司答辩称：本案是借款合同纠纷，本公司既不是借款人，又不是担保人，只是对富达中心注册资金在 25 万元的范围内进行担保，因此不应承担该案的连带责任。

(6) 被告审计事务所答辩称：受信阳地区工商局专业市场管理所委托对富达中心注册资金进行审验，审验时该中心在信阳市农业银行湖东开发区营业所暂存自有流动资金 60 万元，有该营业所提供的资信证明为证。因此在本案中不应承担连带责任。

2. 一审事实和证据

信阳地区中级人民法院经审理查明：本案关系人杜建设系军人服务社业务员。1993 年，军人服务社实行独立经营，自负盈亏之后，杜建设承包该服务社对外部分。承包形式是在原服务社门店、部分遗留商品的基础上，杜向学院交纳风险抵押金作为利润上交，杜可以军人服务社的名义对外开展经营活动。由于军办企业不允许单位或个人在地方银行开设账号或贷款，杜建设便成立富达中心，并以富达中心的名义于 1994 年 9 月 12 日从信贷部贷款 20 万元，月息 1.098%，10 月 21 日贷款 15 万元，月息 0.915%，用于购建材建房。两笔贷款到期时间均为 1995 年 3 月 20 日。贷款到期后，借贷双方经协商，还款时间延至 1995

年5月20日。上述两笔贷款，军人服务社在借款申请书、保证担保借款合同、延期还款协议书上盖章，杜建设在担保法定代表人栏内加盖私章。杜建设将贷款用于经营活动，逾期后一直没有偿还。1995年7月25日杜建设意外死亡，军人服务社主管部门一航院企业管理局将杜承包经营的门店查封。

上述事实有下列证据证明：

（1）由杜建设于1994年9月2日领取的富达中心的营业执照。

（2）借款申请书、保证担保借款合同以及延期还款协议书。

（3）1995年7月25日杜建设意外死亡，一航院企业管理局将杜承包经营门店查封。

上述事实经当庭核实质证，双方当事人均无异议，提取的书证经与原件核实无误，本案事实足以认定。

3. 一审判案理由

信阳地区中级人民法院认为：杜建设自承包军人服务社后，为了贷到款，即成立所谓的“富达中心”，并以该中心的名义从信贷部贷款，又以军人服务社的名义进行担保。实际上“富达中心”并不存在，而是杜建设个人贷款用于经营活动。因此，信贷部与“富达中心”、军人服务社签订的担保借款合同有欺诈行为，所签合同无效。信贷部在签订合同时审查不严，盲目放贷，造成贷款不能及时收回亦有一定责任。由于杜建设贷款用于承包期间的经营活动，而且杜死后一航院又将杜承包经营的门店予以查封，因此杜对外发生的民事行为所产生的后果应由军人服务社承担。鉴于本案审理的是借款合同纠纷，个体劳协、豫丰公司、建材公司、煤厂、审计事务所不是借款的当事人，因此不再承担偿还借款的责任。

4. 一审定案结论

信阳地区中级人民法院根据《中华人民共和国民法通则》第一百零八条、《借款合同条例》第十三条之规定，判决如下：

由被告军人服务社偿还原告信贷部贷款35万元及利息13233.46元，合计363233.46元，于判决生效后15日内付清。

案件受理费7992元，信贷部承担3996元，军人服务社承担3996元。

（三）二审诉辩主张

1. 军人服务社不服原判向河南省高级人民法院上诉称：（1）富达中心是个体劳协开办的，原判认定为杜建设所成立错误；（2）杜建设只承包我方一个皮货柜组，其不能以服务社的名义对外活动；（3）原判认定杜以军人服务社的名义对外活动无根据，杜无权代表军人服务社进行担保，杜的担保行为由杜个人负责；（4）原判认定杜建设将款用于服务社的经营活动无根据；（5）服务社将杜承包的门店查封是因为杜为非正常死亡，这样做是对死者负责，与本案贷款无关；（6）富达中心依法成立，具备法人资格，应独立承担民事责任，个体劳协作为主管单位，应承担责任，豫丰公司、建材公司、煤厂为富达中心注册资金进行担保，应该承担连带责任，审计事务所对富达中心资金审验不实，亦应承担责任，请求依法改判。

2. 信贷部辩称：军人服务社的上诉理由缺乏根据，原判认定事实清楚，处理正确，应予维持。

3. 个体劳协辩称：富达中心为独立法人，谁贷款、谁担保，谁承担责任。

4. 建材公司辩称：本案是借款合同纠纷，我方不是借款人和担保人，不应承担责任。

5. 审计事务所辩称：我方是依据金融机构出具的资信证明审验的，我方不应该承担责任

6. 豫丰公司、煤厂未作答辩。

（四）二审事实和证据

河南省高级人民法院二审经审理查明：富达中心于1994年9月由个体劳协开办成立，注册资金为60万元，陈强为该公司的法定代表人，豫丰公司为其注册资金在20万元的范围内进行担保，建材公司为其注册资金在25万元的范围内进行担保，煤厂为其注册资金在15万元的范围内进行担保。中国农业银行信阳市支行湖东开发区营业所为其出具资信证明称该中心在其处存有流动资金60万元整，审计事务所据此出具了60万元的审验报告。但此60万元注册资金实际并未到位，该中心无资产、无场地。35万元贷款系富达中心所贷，由该中心法定代表人陈强支配用于该中心的经营，因对外债权尚未收回，故此贷款无法清偿。其他事实与一审查明的相同。

上述事实有下列证据证明：

1. 富达中心于1994年9月由个体劳协开办成立的注册登记证明，陈强为该公司的法定代表人，注册资金为60万元。

2. 为富达中心注册资金担保证明：豫丰公司在20万元、建材公司在25万元、煤厂在15万元范围内进行担保。

3. 中国农业银行信阳市支行湖东开发区营业所为富达中心出具的资信证明，和审计事务所据此出具的审验报告。

（五）二审判案理由

河南省高级人民法院认为：富达中心虽已领取了企业法人营业执照，但注册资金并未到位，其既无财产又无场地，故该中心在实质上并不具备法人资格，不具有民事权利能力和民事行为能力，以其名义所签的借款合同应认定无效。因富达中心实质上不具备法人资格，以其名义所实施的借款行为实际上系陈强所为，故陈应对该中心的财产、债权、债务进行清理以偿还信贷部的贷款。个体劳协作为开办单位应在富达中心注册资金不实的范围内对信贷部的贷款承担连带责任。豫丰公司、建材公司、煤厂在富达中心成立时为其注册资金进行了担保，故此三方应在各自担保的范围内对信贷部的贷款承担连带责任。因主合同无效，担保合同亦应认定无效，军人服务社并不知道富达中心实际不具法人资格，对此并无过错，故该社不应承担责任，原判认定所贷款项用于服务社经营活动缺乏证据。审计事务所依据银行所出具的富达中心的资信证明出具审计报告，其并无过错，故不应对本案的贷款承担责任。综上，军人服务社的主要上诉理由成立，原判认定部分事实有误，适用法律和处理错误。

（六）二审定案结论

河南省高级人民法院根据《中华人民共和国民法通则》第四条、第三十六条，最高人民法院《关于审理经济合同纠纷案件有关保证的若干问题的规定》第二十条，《中华人民共和国民事诉讼法》第一百五十三条第一款第（二）项之规定，判决如下：

1. 撤销信阳地区中级人民法院（1995）信中法经初字第53号经济判决。

2. 富达中心于本判决生效后10日内向信贷部支付贷款本息363233.46元。

3. 个体劳协在60万元范围内、豫丰公司在20万元范围内、建材公司在25万元范围内、煤厂在15万元范围内对上述款项承担连带责任。

一、二审案件受理费各7992元，分别由个体劳协、豫丰公司、建材公司、煤厂各负担1998元。

本判决为终审判决。

（七）解说

本案借款合同的签订有欺诈行为，故该合同属无效合同；主合同无效，作为从合同的担保合同亦属无效。一、二审法院在案件的审理中，由于对部分事实的认定不一致，导致了适用法律和处理上的差别。该案关键是查清富达中心的主体地位，即富达中心是否具备法人资格。从二审查明的事实可以知道，富达中心的前身，为杜建设1993年承包军人服务社的对外部分。由于军办企业不允许单位或个人在地方银行开设账号或贷款，为获得法人资格并得以开设账号和贷款，杜建设便于1994年9月通过个体劳协开办成立了富达中心，由其聘用人员陈强担任法定代表人，徐娟任会计。富达中心虽然已经领取企业法人营业执照，但其注册资金并未到位，既无财产又无场地，富达中心实质上不具备法人资格，也不具有民事权利能力及民事行为能力。故以其名义所签的借款合同无效，而以富达中心名义进行的借款行为实际上是陈强所为。

陈强为富达中心法人代表，陈应对该中心的财产、债权、债务进行清理以偿还信贷部。富达中心开办成立，注册资金不实，个体劳协、豫丰公司、建材公司、煤厂为富达中心注册资金担保，因而应在担保的范围内，对信贷部的贷款承担连带责任。二审法院据此纠正一审要求军人服务社承担责任的判决是正确的。

（阎泉水）

11. 湖南省经济发展实业公司诉粤港信息日报社长沙策划推广公司等借款担保合同案

（一）首部

1. 判决书字号

一审判决书：湖南省长沙市中级人民法院（1994）长中经初字第92号。

二审判决书：湖南省高级人民法院（1995）湘高经终字第173号。

2. 案由：借款担保合同案。

3. 诉讼双方

原告（被上诉人）：湖南省经济发展实业公司。

法定代表人：周步成，总经理。

委托代理人：谢良六，该公司法律顾问。

被告（被上诉人）：粤港信息日报社长沙策划推广公司。

原法定代表人：张晓华，总经理。

被告（被上诉人）：湘江宾馆有限公司。

法定代表人：文济资，总经理。

委托代理人：费湘瑶，该公司干部。

委托代理人：聂辉平，湖南省第一律师事务所律师。

被告（上诉人）：粤港信息日报社。

法定代表人：黄计钧，社长。

委托代理人：李光辉，广东广信律师事务所律师。

委托代理人：周旋，湖南巨洲酒店有限公司干部。

4. 审级：二审。

5. 审判机关和审判组织

一审法院：湖南省长沙市中级人民法院。

合议庭组成人员：审判长：张丽娟；代理审判员：蔡旭辉、刘英。

二审法院：湖南省高级人民法院。

合议庭组成人员：审判长：曾新田；代理审判员：徐林彬、吴扬宏。

6. 审结时间

一审审结时间：1995 年 6 月 7 日。

二审审结时间：1996 年 1 月 6 日（依法延长审限）。

（二）一审诉辩主张

1. 原告湖南省经济发展实业公司（以下简称实业公司）诉称：1993 年 10 月 15 日，被告粤港信息日报社长沙策划推广公司（以下简称推广公司）发出函件，请求我实业公司为其主办的“93 金秋港台影视歌星长沙演唱会”提供资金。当天我公司就与推广公司签订了借款 60 万元的协议，湘江宾馆为推广公司提供了经济担保。根据协议原告于次日（16 日）将 60 万元人民币汇入推广公司的账户上，但是至今被告推广公司未归还分文本息。

2. 被告推广公司口头答辩称：我公司主办的“93 金秋港台影视歌星长沙演唱会”没有达到预期的效果，发生了严重亏损，现工商局又将公司的营业执照吊销，故无力偿还。

3. 被告湘江宾馆答辩称：推广公司是不具有法人资格的公司，根本不具有法人构成的条件，实属四无公司；所谓粤港 信息日报社在推广公司注册时投入 30 万元属谎报，其目的在于对付验资，验资后 13 天就抽回注册资金 20 万元；湖南省湘司审计事务所的审计报告证实，粤港信息日报社湖南办事处与推广公司系两块牌子一套人马，对该机构的行为，粤港信息日报社应承担全部法律责任；借款合同系无效合同，湘江宾馆不承担保证责任。

4. 被告粤港信息日报社答辩称：推广公司系依法注册登记，具有独立法人资格的公司。1992 年 7 月申报时，我社大力支持，一次性划拨 30 万元人民币作为注册资金，这是实实在在有账可查的投入，该资金完全由推广公司管理和使用，后因社里资金紧张暂向推广公司借款 20 万元。该公司留有 10 万元资金，仍符合《企业法人登记管理条例施行细则》之规定，推广公司产生的债务应以其经营管理的财产承担责任。企业法人资格认定的首要条件是其注册资金问题，我社会依法补足所借的 20 万元。

（三）一审事实和证据

长沙市中级人民法院经审理查明：1993 年 10 月 15 日，实业公司与推广公司签订借款协议一份，协议规定：实业公司同意借 60 万元人民币给推广公司作为“93 金秋港台影视歌星长沙演唱会”的费用，借款期限 15 天，从 1993 年 10 月 16 日至 10 月 30 日止，到期还款 65 万元整，如到期未还款，推广公司按借款总额 65 万元，以每日 1%计息。10 月 16 日湘江宾馆在协议上写明：推广公司借实业公司 60 万元人民币如不能如期偿还，由我公司承担经济责任。16 日实业公司通过市建行付到推广公司在市中行解放路分理处账上 60 万元整。演唱会举办完后，推广公司未能如期归还借款，实业公司诉至法院。诉讼中本院依法追加了粤港信息日报社为本案共同被告人。

又查明：推广公司系粤港信息日报社在长沙开办的公司，与该报社驻长沙办事处两块牌子，一套人员。1992 年 8 月 22 日推广公司在办理工商注册登记时，注册资金 30 万元由粤港信息日报社拨入。9 月 5 日推广公司用汇票汇给报社资金 20 万元。其余 10 万元中报社驻长沙办事处用于 1992 年 8 月由报社主办的庆祝报社创刊八周年“中国明星歌星演唱会”的开支三笔，共计 71001 元。该公司的办公场所是租赁的，设施仅有办公桌椅，从业人员除张晓华外，另只有一人，所发工资名册，多无签收人。该公司举办此次演唱会后，即自行歇业。诉讼中，本院就推广公司法人主体资格问题提请工商行政管理机关复核和吊销其营业执照，长沙市工商行政管理局东塘分局作出（94）工商案字 19 号处罚决定书，吊销了推广公司企业法人营业执照。

以上事实有下列证据证明：

1. 粤港信息日报社粤信报（1992）社字第 032 号文件《关于同意成立湘粤市场策划推广公司的批复》。

2. 1993 年 10 月 15 日签订的借款协议。

3. 1993 年 10 月 15 日中国人民建设银行进账单（受理回单）。

4. “93 金秋港台影视歌星长沙演唱会”合同书。

5. 中华人民共和国文化部文外函（1993）1730 号《关于同意黎明等港台歌手赴长沙演出的批复》。

6. 湖南省文化厅湘文函（1993）75 号《关于同意温碧霞等歌星来长沙演出的批复》。

7. 1994 年 7 月 18 日湘江宾馆有限公司提出关于粤港信息日报社长沙策划推广公司不具备法人资格，其民事责任应由粤港信息日报社承担的报告。

8. 湖南省湘司审计事务所湘司审事字（1994）第 49 号《关于对长沙策划推广公司主办“93 金秋港台影视歌星长沙演唱会”经营情况的审计鉴定报告》。

9. 湖南省长沙市中级人民法院参加诉讼通知。

10. 长沙市工商行政管理局东塘分局（1994）工商案字第 19 号处罚决定书。

11. 原、被告陈述、调查询问材料等。

（四）一审判案理由

长沙市中级人民法院鉴于上述事实和证据认为：

实业公司与推广公司签订借款协议违背国家“企业之间不得相互借贷，不得牟取高额利润”的规定，因此，该协议为无效合同，但依据该合同所取得的财产应予返还。湘江宾馆系担保单位，应承担连带赔偿责任。推广公司虽领取了企业法人营业执照，但实际投入的自有资金达不到《中华人民共和国企业法人登记管理条例实施细则》第十五条第七项规定之数额，且不具备企业法人某些条件，故推广公司不具备企业法人资格，其民事责任由其开办和主管的粤港信息日报社承担。

（五）一审定案结论

一审法院依照《中华人民共和国民法通则》第四十一条、第五十五条、第六十一条，《中华人民共和国经济合同法》第四条，最高人民法院 1994 年 4 月 15 日《关于审理经济合同纠纷案件有关保证的若干问题的规定》第二十条及（94）4 号《关于企业开办的企业被撤销或者歇业后民事责任承担问题的批复》之规定，并经本院审判委员会讨论决定，作出如下判决：

1. 实业公司与推广公司所签订的借款协议无效。

2. 由粤港信息日报社退还由推广公司向实业公司的借款60万元本金及银行利息（银行利息比照国家流动资金贷款利率计算，从1993年10月16日至付清为止）。

3. 由湘江宾馆在保证数额内承担连带赔偿责任。

本案受理费11500元，由粤港信息日报社和湘江宾馆各承担二分之一。

（六）二审情况

1. 二审诉辩主张

（1）上诉人粤港信息日报社上诉称：原判否定推广公司法人资格不当，推广公司注册资金30万，报社资金紧张借走20万元，仍留有10万元。该推广公司性质属信息服务公司，法人成立要求资金以10万元为基数，推广公司尚有资金10万元，其法人资格具备。在长沙市中级人民法院发函致工商局就推广公司企业法人资格审查中，工商局亦没有认定其不具备法人资格（仅是由于1993年度未年审而吊销执照，也就是说明其从开始成立到吊销执照期间仍具备法人资格）。湘江宾馆明知推广公司与实业公司的借款协议违背法律而仍然为之提供担保，应承担推广公司的连带赔偿责任。请求依法判决。

（2）被上诉人湘江宾馆辩称：粤港信息日报社利用投入资金开办推广公司，而后很快抽逃资金，其行为是一种规避法律的行为，属于无效的民事行为。该报社所开办的推广公司应该是更不具备法人资格的粤港信息日报社所属机构。对该机构的行为，粤港信息日报社应该承担全部的法律责任。我们请求省高级人民法院以审计报告为依据，依据法律判定粤港信息日报社承担推广公司的全部法律责任。

（3）被上诉人实业公司辩称：推广公司虽领取了企业法人营业执照，但实际投入的自有资金达不到《中华人民共和国企业法人登记管理条例实施细则》第十五条第七项规定之数额，不具备企业法人条件和资格，其民事责任由其开办和主管单位粤港信息日报社承担。湘江宾馆系担保单位，应对推广公司承担连带赔偿责任。故请求二审法院依法维持一审判决。

2. 二审事实和证据

湖南省高级人民法院确认了一审法院认定的事实和证据。

3. 二审判案理由

二审法院认为：实业公司与推广公司所签订的借款协议违反了国家金融管理法规，该借款关系应属无效，担保合同亦随之无效。推广公司依据无效借款关系取得的款项应予返还并承担相应的银行利息损失。湘江宾馆应知道不具有经营金融业务资格的企业互相贷款违反金融管理法规，还为其担保，应承担连带赔偿责任。推广公司成立时，报社拨款30万元办理注册登记，推广公司领取法人营业执照后，报社即抽回资金20万元，使用该拨款71001元，共计实际抽资为271001元，致推广公司虽领取了法人营业执照，实际已不具备法人条件，故推广公司法人资格不予认可。推广公司在上述情况下进行民事活动，所产生的民事责任应由其主管单位粤港信息日报社承担。原判认定事实清楚，适用法律正确，处理恰当。

4. 二审定案结论

湖南省高级人民法院依照《中华人民共和国民事诉讼法》第一百五十三条第一款第（一）项的规定，判决如下：

驳回上诉，维持原判。

（七）解说

本案在借款担保合同纠纷案件中，具有一定的特殊性和代表性，因为本案涉及到以下三个问题：企业之间发生的借款合同是否有效；企业的主管部门抽逃企业注册资金应否承担责任；在保证合同无效的情况下担保人是否应承担连带赔偿责任。

1. 企业之间发生的借款合同应为无效合同。《中华人民共和国银行管理条例》第四条规定：非金融机构不准经营信贷业务。《中国工商银行关于国营企业流动资金管理暂行办法》第八条第三款规定：不准企业之间相互借贷收取利息。实业公司系非金融机构，不能经营信贷业务，但实业公司从银行贷款的200万元中抽出60万元借给推广公司，借款期限为15天，到期后推广公司偿还本息共计65万元，实属转借牟取高额利息，故应认定其借款合同无效。推广公司依据无效借贷关系取得的款项应予返还并承担相应的银行利息损失。

2. 推广公司不具备法人条件，其责任应由粤港信息日报社承担。一审中，法院就推广公司法人主体资格问题提请工商行政管理机关复核和吊销其营业执照，长沙市工商行政管理局东塘分局依法吊销了推广公司的企业法人营业执照。根据最高人民法院《关于企业开办的企业被撤销或者歇业后民事责任承担问题的批复》第一条第五项："企业开办的企业虽然领取了企业法人营业执照，但实际没有投入自有资金，或投入的自有资金达不到《中华人民共和国企业法人登记条例实施细则》第十五条第七项或其他有关法规规定的数额，以及不具备企业法人其他条件的，应当认定其不具备法人资格，其民事责任由开办该企业的法人承担。"据此，推广公司的法人资格不予认可，推广公司与实业公司进行的民事活动，所产生的民事责任应由其主管单位粤港信息日报社承担。

3. 保证合同无效，但湘江宾馆仍然应承担连带赔偿责任。湘江宾馆应知道不具有经营金融企业资格的实业公司与推广公司签订的借款协议违反国家金融管理法规，还为其提供担保，根据最高人民法院《关于审理经济合同纠纷案件有关保证的若干问题的规定》第三条第二项之规定："主合同无效，保证合同也无效，保证人不承担保证责任。但保证人知道或者应当知道主合同无效而仍然为之提供保证的，主合同被确认无效后，保证人与被保证人承担连带赔偿责任。"因此，湘江宾馆在保证合同无效的情况下仍然还应承担连带赔偿责任。

（冷罗生）

12. 重庆南岸金鑫合作基金会诉重庆市南岸区第五建筑工程公司等借款担保合同案

（一）首部

1. 判决书字号：重庆市南岸区人民法院（1996）南经初字第256号。

2. 案由：借款担保合同案。

3. 诉讼双方

原告：重庆南岸金鑫合作基金会。

法定代表人：周良瑛，董事长。

委托代理人：丁小彬，该会副总经理。

被告：重庆市南岸区第五建筑工程公司。

法定代表人：牟思学，经理。

委托代理人：莫新跃，重庆市中力律师事务所律师。

委托代理人：陈渝，重庆市中力律师事务所法律工作者。

被告：重庆市南岸区房地产管理分局。

法定代表人：田为春，局长。

4. 审级：一审。

5. 审判机关和审判组织

审判机关：重庆市南岸区人民法院。

合议庭组成人员：审判长：曹廷中；代理审判员：王剑波、陈伟道。

6. 审结时间：1996 年 8 月 15 日。

（二）诉辩主张

1. 原告诉称：1995 年 12 月 1 日，原告与被告重庆市南岸区第五建筑工程公司下属的第四分公司订立了 24 万元的借款协议，重庆市南岸区第五建筑工程公司第四分公司用房屋作抵押，被告重庆市南岸区房地产管理分局下属的危房改造工程办公室为该笔借款提供了保证。其后，原告依约贷款 24 万元给重庆市南岸区第五建筑工程公司第四分公司。借款期限届满后，第四分公司仅结清了 1996 年 4 月 16 日以前的利息，经催收无果，依照《经济合同法》及《民事诉讼法》的有关规定，原告起诉来院，要求被告重庆市南岸区第五建筑工程公司偿付款息，若重庆市南岸区第五建筑工程公司无力还款，则由重庆市南岸区房地产管理分局承担偿还责任，或用抵押房屋抵偿。

2. 被告重庆市南岸区第五建筑工程公司辩称：借款抵押属实，但原告不是金融机构，不具备贷款主体资格，该合同应确认无效。

3. 被告重庆市南岸区房地产管理分局辩称：保证属实，但保证人不具备担保资格，保证无效，不应承担保证责任。

（三）事实和证据

重庆市南岸区人民法院经公开审理查明：1995 年 12 月 1 日，原告与重庆市南岸区第五建筑工程公司第四分公司（该分公司未领取营业执照）订立了借款合同，约定：原告贷款 24 万元给重庆市南岸区第五建筑工程公司第四分公司，月利率 1.4%；借款期限为 1995 年 12 月 1 日至 1996 年 2 月 27 日；贷款期间，若国家调整贷款利率，则按调整后的利率执行；逾期偿还，则加收原利率 20%的利息；第四分公司以位于南岸区南坪东路新华小区五嘉大楼 B 栋中若干房屋作抵押；重庆市南岸区房地产管理分局危房改造工程办公室（属于被告重庆市南岸区房地产管理分局的职能部门）予以担保，在重庆市南岸区第五建筑工程公司第四分公司未按期还款时，由重庆市南岸区房地产管理分局危房改造工程办公室承担连带责任等。1995 年 11 月 29 日，原告即贷出 24 万元，第四分公司收用该款后，仅结清了 1996 年 4 月 16 日以前的利息，尚欠本金 24 万元及 1996 年 4 月 16 日之后的利息；重庆市南岸区房地产管理分局危房改造工程办公室亦未履行保证责任。原告无人民银行颁发的经营金融业务许可证。第四分公司亦未办理抵押物登记。

上述事实有下列证据证明：

1.1995 年 12 月 1 日原告与第四分公司及重庆市南岸区房地产管理分局危房改造工程办公室订立的借款担保合同，证明重庆市南岸区房地产管理分局危房改造工程办公室提供了保证，原告与第四分公司订立了借款合同。

2.1995 年 11 月 29 日第四分公司出具的借款支取凭证，证明第四分公司收到原告的贷款。

3. 庭审中原告及重庆市南岸区第五建筑工程公司的陈述，证明利息支付情况属实。

（四）判案理由

重庆市南岸区人民法院认为：

1. 原告与第四分公司订立的借款及担保合同无效。原告虽属金融机构，但没有中国人民银行颁发的经营金融业务许可证。国家为了维护正常的金融秩序，规定从事金融业务须取得人民银行颁发的许可证，因此，原告无从事金融业务的资格，无权发放贷款。《中华人民共和国经济合同法》第七条第一款第一项规定，“违反法律和行政法规的合同无效”。原告与第四分公司订立借款合同、发放贷款的行为，违背了国家有关金融管理法规，因此无效。

重庆市南岸区第五建筑工程公司第四分公司的借款抵押行为亦无效。第四分公司因没有领取营业执照，既非法人，又不具备其他经济组织条件，没有以其名义从事经济活动的能力；其用以抵押的房屋，虽属合法建造中的房屋，按照《中华人民共和国担保法》第四十一条规定：“当事人以本法第四十二条规定的财产抵押的，应当办理抵押物登记，抵押合同自登记之日起生效。”第四十二条第二款规定：“以城市房地产等建筑物抵押的”，办理抵押物登记的部门“为县级以上地方人民政府规定的部门”。因而抵押行为由于没有登记亦无效。所以被告重庆市南岸区第五建筑工程公司辩称的借款合同无效的主张成立。

2. 重庆市南岸区房地产管理分局危房改造工程办公室的保证亦无效。该办公室作为重庆市南岸区房地产管理分局的职能部门，属于国家行政机关，《中华人民共和国担保法》第八条规定“国家机关不得为保证人”。因此，危房改造工程办公室所提供的保证，因违背了国家法律，依照《中华人民共和国经济合同法》第七条第一款第一项的规定，也属无效；并且本纠纷的主合同即借款合同无效，保证合同作为从合同，依照《中华人民共和国担保法》第五条“担保合同是主合同的从合同，主合同无效，担保合同无效”的规定，亦属无效合同。故被告重庆市南岸区房地产管理分局辩称的因保证人不具备担保资格，保证无效的理由成立。原告的诉讼请求则不能成立。

由于原告没有从事金融活动的资格，重庆市南岸区第五建筑工程公司第四分公司没有领取营业执照，没有以其名义进行经济活动的资格，且抵押物未经登记，故本纠纷的主合同即借款合同及抵押合同因违背国家有关法律法规而无效。重庆市南岸区第五建筑工程公司第四分公司作为重庆市南岸区第五建筑工程公司的内部分支机构，不具备承担民事责任的资格和能力，其民事责任应由重庆市南岸区第五建筑工程公司承担。由于双方均有过错，各自应承担相应责任。重庆市南岸区第五建筑工程公司应承担返还 24 万元，并赔偿原告的贷款按人民银行确定的利率的利息损失的责任；对于超过人民银行确定利率外的利息损失，由原告承担。由于保证人重庆市南岸区房地产管理分局危房改造工程办公室属于重庆市南岸区房地产管理分局的职能部门，其所提供的保证，因违背国家法律，并且保证合同作为从合同，因主合同即借款合同无效，因而无效。由于其有过错，亦应承担相应责任；其民事责任应由被告重庆市南岸区房地产管理分局承担。

（五）定案结论

重庆市南岸区人民法院根据《中华人民共和国经济合同法》第七条第一款第一项、第二项、第十六条第一款，《中华人民共和国担保法》第五条、第八条、第四十一条、第四十二条，作出如下判决：

1. 确认重庆南岸金鑫合作基金会与重庆市南岸区第五建筑工程公司、重庆市南岸区房地产管理分局之间的借款担保合同无效。

2. 重庆南岸金鑫合作基金会要求重庆市南岸区第五建筑工程公司偿还借款本息、重庆市南岸区房地产管理分局承担保证责任的诉讼请求不予支持。

3. 重庆市南岸区第五建筑工程公司偿还重庆南岸金鑫合作基金会借款 24 万元及利息（计息时间自 1996 年 4 月 17 日起至付清之日止，利率按日万分之四计算），限于本判决生效后五日内履行。

4. 重庆市南岸区房地产管理分局对重庆市南岸区第五建筑工程公司的前述义务承担连带赔偿责任。

本案案件受理费 6110 元，其他诉讼费 1190 元，合计 7300 元，由重庆南岸金鑫合作基金会承担 2700 元，重庆市南岸区第五建筑工程公司承担 4600 元。

（六）解说

1. 城市合作基金会亟待清理整顿。

从事金融业务实行的是许可证制度，即凡从事金融业务，均须取得中国人民银行颁发的许可证。城市合作基金会作为一种互助性质的组织，在其成员之间临时周转资金，还可在一定范围内予以准许。但是现在城市合作基金会发展得极为普遍，并且在其业务经营中，存在着大量问题。城市合作基金会大多由政府部门开办，基本上均未经中国人民银行许可，其经营的违法性是显而易见的；其从业人员的素质及其营业场所、安全防范措施等也不符合从事金融业务的要求，而其贷款利率均要超过人民银行确定的利率水平，极大地扰乱了正常的金融秩序，而且也没有相应的业务主管部门予以制约。由于城市合作基金会大多由政府部门出资兴办，一旦发生信用危机，资不抵债，按照有关法律规定，应由出资人员负责还债，而政府部门付此类债务，依照有关规定，只能用其预算外收入清偿，在国家日益加强预算外资金管理的情况下，政府部门又有多少预算外收入用以偿债呢？因此势必影响债权人、存款人的利益，甚至影响社会的稳定。所以对城市合作基金会的问题，社会各方面应引起足够的重视，并及时予以清理、取缔，以维护正常的金融秩序。

2. 抵押物登记问题亦不容忽视。

依照《担保法》第四十一条，以第四十二条规定的几类财产抵押的，应当到相应部门办理抵押物登记，抵押合同自登记之日起生效。因此用《担保法》第四十二条所列的几类财产抵押的，抵押登记为抵押合同的生效要件。而自《担保法》施行以来，据了解，除房地产的抵押登记较普遍外，其他的如车辆、设备等财产的抵押登记，大多没有实行。虽然法律明文规定了车辆、设备等财产抵押登记的部门，但由于一些部门对法律知识，尤其是新法律法规的忽视，往往没有履行法律规定的职责。因此，就使债权人的合法利益没有切实保障；并且为一些债务人逃避债务提供了可乘之机。现在“三五”普法已正进行当中，有关部门应切实加强学习，不断提高法律知识水平。法律的实施涉及社会各方面，需要有关部门协调配合、统一行动。只有这样才有利于提高人们守法的自觉性，规制不法行为，推动我国的法制建设。

3. 国家机关的担保问题也应引起足够重视。

对于国家机关尤其是行政机关为经济活动提供担保的问题，以前国务院曾三令五申，但有一些部门根本就不考虑国家有关法规的禁止性规定，依然我行我素。《担保法》于1995年10月1日起施行，其中第八条明确规定“国家机关不得为保证人”，但是仍有少数国家机关对此置若罔闻。我国已逐步走向法治轨道，国家行政机关实行公务员制度，公务员制度也明确规定，公务员履行职责中，应严守国家法律法规，而一些行政机关的公务员，并且大多数为领导干部，仍然不学法、不知法，或者说是知法犯法，盲目地为企业的经济活动提供担保。尽管只是在少数人中存在此类问题，但在国家不断普法，提高全民法律知识的今天，这种现象的存在，确实使人感到遗憾，令人深思。这样的情况看似局部问题，但从中不难看出我国公民的法律知识、法律意识的淡薄，因此在当前的普法教育中，应把法律知识的普及落实到实处，才能适应我国法制建设的需要。

（王剑波　曹廷中）

13. 常德市城东信用合作社诉阳振东等借款合同案

（一）首部

1. 判决书字号

一审判决书：湖南省常德市武陵区人民法院（1995）武经初字第230号。

二审判决书：湖南省常德市中级人民法院（1996）常经终字第140号。

2. 案由：借款抵押、确权案。

3. 诉讼双方

原告（被上诉人）：湖南省常德市城东信用合作社（以下简称信用社）。

法定代表人：姚良苗，主任。

委托代理人：熊汉清，湖南洞庭律师事务所律师。

委托代理人：荣一平，常德市人民政府法制办干部。

被告（被上诉人）：阳振东，男，1964年出生，住常德市电业局宿舍。

第三人（有独立请求权，上诉人）：中国农业银行常德市分行国际业务部（以下简称业务部）。

4. 审级：二审。

5. 审判机关和审判组织

一审法院：湖南省常德市武陵区人民法院。

合议庭组成人员：审判长：伍劲松；审判员：伍华明；代理审判员：秦晓东。

二审法院：湖南省常德市中级人民法院。

合议庭组成人员：审判长：詹子华；审判员：王国丽；代理审判员：朱传和。

6. 审结时间

一审审结时间：1996 年 5 月 20 日。

二审审结时间：1996 年 12 月 6 日。

（二）一审情况

1. 一审诉辩主张

（1）原告诉称：1995 年 3 月 20 日，被告以账号为 081100909 的 30 万元存款存单抵押，向我社借款 25 万元。但至今尚欠 14 万元借款及利息，请求法院判令被告以抵押存单上的存款偿还借款。

（2）被告未作答辩。

（3）第三人述称：账号为 081100909 的 30 万元存款存单系我部所有。阳振东借款时所持的以我部名义出具的证明存单系其所有的函件是我部工作人员刘康强利用工作之便非法提供的，我部一概不知，因此，我部不承担任何责任。阳振东以其并不享有所有权的存单抵押借款，具有欺诈性，故应确认抵押担保无效。为此，我部申请以有独立请求权的第三人参加诉讼。

2. 一审事实和证据

湖南省常德市武陵区人民法院经审理查明：

1995 年 3 月 20 日，阳振东持账号为 081100909 的 30 万元无户名一年期存款存单和加盖了业务部公章及储蓄专用章的证明此存单为阳振东所有的函件到信用社抵押借款 25 万元，约定借款期限为 8 天。借款到期后，阳振东分别于同年 3 月 29 日和 5 月 5 日分两次共偿还借款 11 万元及利息，余款 14 万元及利息至今未偿还。还查明：刘康强系业务部工作人员。根据信用社的申请，法院于 1995 年 12 月 6 日以（1995）武经初字第 166 号民事裁定对账号为 081100909 的 30 万元存单存款予以冻结。业务部则以该款是该部以贾明的名义存入本单位的一笔公款为由，以有独立请求权的第三人参加了本案诉讼。

上述事实有原告、第三人的陈述及借款契约等证据证明。

3. 一审判案理由

湖南省常德市武陵区人民法院鉴于上述事实认为：

阳振东拖欠信用社借款，应承担清偿并赔偿经济损失的责任。业务部称 081100909 账号上的存款系其所有的理由成立，但业务部在阳振东向信用社贷款时出具了证明，证实 081100909 账号上的存款属阳振东所有，故应向信用社赔偿经济损失。

4. 一审定案结论

湖南省常德市武陵区人民法院依照《中华人民共和国民法通则》第一百零六条、第一百零八条和《中华人民共和国经济合同法》第四十条第二项的规定，作出判决如下：

（1）阳振东偿还信用社借款 14 万元并支付利息（按银行借款利率计算）。

（2）上述款项由业务部承担连带清偿责任。

（3）付款时间为判决生效后十日内一次性付清。

诉讼费 4700 元，由阳振东负担。

（三）二审诉辩主张

1. 上诉人业务部上诉称：刘康强将其保管的本单位的存单交付他人，并以业务部的名义私自出具假证明，是超越代理权限的非职务行为，应自行承担责任，请求二审法院改判。

2. 被上诉人信用社辩称：我社凭阳振东交付的无记名存单和业务部的证明，按规定发放借款，其行为有效，且我社无过错。业务部工作人员利用职务之便进行违法活动，业务部应首先承担责任。至于业务部对刘康强的追究与本案无关。

（四）二审事实和证据

二审法院受理后确认了一审法院查证的事实，另查明：

业务部的公章系业务部交刘康强（现在服刑）负责保管的，函件上业务部的公章是刘康强擅自加盖的，储蓄专用章是刘康强乘人不备偷盖的。账号为 081100909 存单上 30 万元存款系业务部违反中国人民银行有关贷款利率规定的一笔利息收入，于 1994 年 12 月 27 日，以化名贾明的名义存入该部储蓄专柜，存单交由刘康强保管。

（五）二审判案理由

湖南省常德市中级人民法院认为：

1. 账号为 081100909 的 30 万元存款存单系业务部所有的情况属实，应确认业务部对存单的所有权。

2. 阳振东与信用社之间的借款、抵押行为因阳振东的行为具有欺诈性而无效。

3. 业务部的工作人员将其负责保管的业务部的存单作借款抵押，同时以业务部的名义出具证明，给信用社造成的损失，应由业务部在 30 万元存单存款范围内承担赔偿责任。

（六）二审定案结论

湖南省常德市中级人民法院依照《中华人民共和国民法通则》第一百零六条，《中华人民共和国经济合同法》第七条第一款第二项、第十六条第一款以及《中华人民共和国民事诉讼法》第一百五十三条第一款第（二）、（三）项之规定，作出如下判决：

1. 维持湖南省常德市武陵区人民法院（1995）武经初字第 230 号民事判决第三项及诉讼费负担部分，即付款时间为判决生效后十日内一次性付清；诉讼费 4700 元由阳振东负担。

2. 撤销湖南省常德市武陵区人民法院（1995）武经初字第 230 号民事判决第一、二项。

3. 阳振东返还信用社借款 14 万元，并赔偿利息损失 39900 元（以每日万分之五计至判决之日止）。

4. 确认账号为 081100909 的 30 万元存款存单系业务部所有。业务部在该存款金额内对信用社 14 万元借款及因借款造成的利息损失 39900 元承担赔偿责任。

二审受理费 4000 元，由业务部负担。

（七）解说

本案争议的焦点有两个：一是阳振东与信用社抵押借款行为是否有效，二是业务部工作人员刘康强利用职务之便进行违法活动给信用社造成的损失，应由谁承担赔偿责任。

对第一个问题虽然一、二审法院的认定截然相反，但稍加分析，较易得出结论。最高人民法院《关于人民法院审理借贷案件的若干意见》第十条明确规定：一方以欺诈等手段，使对方在违背真实意思的情况下所形成的借贷关系，应认定为无效。最高人民法院《关于贯彻执行〈中华人民共和国民法通则〉若干问题的意见（试行）》第一百一十三条规定：以自己不享有所有权或者经营管理权的财产作抵押物的，应当认定抵押无效。本案阳振东掩盖事实，以其并不享有所有权的 30 万元无记名存单作抵押，使信用社在不明真相的情况下给其借款 25 万元，其行为具有欺诈性，阳振东与信用社之间的借款、抵押行为理应认定无效。显然二审法院的认定是正确的。

对第二个问题的认定争议较大，主要存在着两种分歧意见：第一种意见认为业务部不应承担民事责任，应追加业务部工作人员刘康强为被告，由刘康强承担责任。理由是：刘康强的违法行为并非履行职务行为，且他实施这一行为，业务部并不知情，事后也未追认，他的行为超越代理权限。因此，根据《中华人民共和国民法通则》第六十六条第一款的规定和最高人民法院《关于灵山县公安局对其工作人员擅自以所在单位名义对外提供财产保证应否承担民事责任问题的答复》(该局干部违法动用其负责掌管的单位公章，在他人购销合同保证栏内盖章，最高人民法院答复：其后果由该干部自负，公安局不承担民事责任。以下简称《答复》)的精神，刘康强行为的后果应由其自负。另外，业务部并无参与借款抵押的主观意思，亦没有实施借款抵押行为，因此，业务部不应承担民事责任。另一种意见，也就是二审判决采纳的意见认为，业务部应承担民事责任。理由是：1. 业务部在本案中有过错：(1) 刘康强保管单位存单和公章是执行职务的行为，刘康强利用职务之便进行违法活动，是信用社管理不严所致；(2) 业务部将违规利息收入公款私存，违反了我国金融法规，也是造成本案纠纷的原因之一。2. 信用社按规定向阳振东办理抵押借款手续，善意占有了阳振东用于抵押的存单，在本案中无过错。据此，根据最高人民法院以法发（1993）8号文件下发的《全国经济审判工作座谈会纪要》(以下简称《纪要》)第五条第一项："企业法人的工作人员利用职务之便进行经济犯罪活动给他人造成经济损失的，除追究有关人员的刑事责任外，企业法人应当承担赔偿责任"的规定，业务部应对信用社的损失在30万元存款金额内承担赔偿责任。以上两种观点所依据的最高人民法院的《答复》的结论与《纪要》的精神似有矛盾，深刻剖悉其法理，发现两者其实都贯彻了对善意取得动产（或担保）实行法律保护的法理。《答复》中灵山县公安局属行政机关，不具备保证人的主体资格。接受所谓"担保"的一方汽车商应知公安机关无担保能力，仍接受"无效"的担保，汽车商有过错，因此，最高人民法院答复公安局不应承担民事责任。本案与《答复》的事实性质存在着显著区别，信用社占用阳振东用于抵押的存单是善意的，所以处理时就不能生搬硬套。《纪要》第五条除上述规定外还规定：他人明知企业法人的工作人员利用职务之便进行违法犯罪而仍与之来往的，无权要求企业法人对其经济损失承担赔偿责任。很显然，与职务违法犯罪人往来者，只有善意的，才能要求企业法人承担赔偿责任；有过错，则无权要求企业法人承担民事责任。本案中信用社善意占有了阳振东用于抵押的存单，但阳振东的抵押行为因具有欺诈性而无效，信用社因此要将存单返还业务部，按《纪要》规定，业务部则必须对信用社的损失予以赔偿。二审法院依据《纪要》第五条处理本案是正确的。

善意取得动产在我国《民法通则》中无专款规定。在发达的资本主义国家和地区，从既注重所有权的保护，又有利于动产物的利用的角度，相继建立了善意取得动产的法律制度。台湾法学学者史尚宽先生所著《物权法论》中（第505页）下的定义为："善意取得，亦称即时取得，谓动产让与人纵无让与之权利，以所有权之转移或其他物权之设定为目的，善意受让该动产之占有者，取得其所有权或其他权利。"也就是说要构成善意取得动产，受让人必须是通过诚实合法的交易（买卖、赠与或其他以设定转移为目的的法律行为）而继受取得占有，占有物必须是动产（不动产所有权转移，通常实行登记制度，不是即时取得），在这种情况下，导致占有物所有权或占有权等权利转移，也就是承认有条件地转移动产，导致所有权的转移。原所有权人则通过向恶意让与人提起损害赔偿之诉，挽回损失。善意取得动产制度既保护了善意取得者，又维护了原所有人利益，同时也制裁了恶意侵权者。

善意取得动产，符合我国《民法通则》第四条、第五条规定的民法原则，它作为一种特殊形式的财物流转，应受到法律保护。在我国，随着市场经济的发展，民事流转加速，为确立安全交易的市场秩序，同时与国际法制接轨，就有必要给予善意取得动产法律地位，因此建议全国人大在修订、完善民法时，借鉴国外立法经验，对善意取得动产予以立法。在《民法通则》未修订前，最高人民法院应当就善意取得动产作出司法解释。《民法通则》第七十二条规定："财产所有权的取得，不得违反法律规定。按照合同或者其他合法方式取得财产的，财产所有权从财产交付时起转移，法律另有规定或者当事人另有约定的除外。"可以对"按照其他合法方式取得财产的"作扩大解释，将善意取得动产作为"其他方法取得财产"对待。如属善意取得动产所有权的，可借《民法通则》第一百三十五条和一百三十六条的时效规定，解释为所有权人丧失所有权时效与恶意转让人（刑事犯罪除外）取得时效，从而善意受让人取得所有权或其他权利，以此解决此类案件的法律适用问题。

（姜德安　赵昌华）

14. 中国农业银行海南省分行营业部诉海南华厦制药有限公司、海南发展银行海口华厦支行借款合同案

（一）首部

1. 判决书字号：海南省海口市中级人民法院（1996）海中法经初字第300号。

2. 案由：借款合同案。

3. 诉讼双方

原告：中国农业银行海南省分行营业部（以下简称农行营业部）。

法定代表人：于宙然，主任。

委托代理人：许文高，该营业部科长。

委托代理人：黄忠，新世纪律师事务所律师。

被告：海南华厦制药有限公司（以下简称华厦公司）。

法定代表人：孔中如，董事长。

委托代理人：蔡泓，该公司董事会秘书。

委托代理人：李晓光，海口嘉华咨询公司经理。

被告：海南发展银行海口华厦支行（以下简称华厦支行）。

法定代表人：张豫风，行长。

委托代理人：刘秉明，该行信贷部经理。

委托代理人：朱孟禾，广东太平洋律师事务所律师。

4. 审级：一审。

5. 审判机关和审判组织

审判机关：海南省海口市中级人民法院。

合议庭组成人员：审判长：叶能强；审判员：李必雄；代理审判员：杨雪冬。

6. 审结时间：1996 年 12 月 17 日。

（二）诉辩主张

1. 原告农行营业部诉称：被告华厦公司于 1995 年 12 月 23 日与我部订立保证担保借款合同，由我部借款 300 万元给被告华厦公司，还款期限为 1996 年 9 月 20 日，被告华厦支行为此出具不可撤销担保函。我部在签约后依约支付借款 300 万元，但被告华厦公司未依约履行还款义务，至今尚欠借款 300 万元、利息 534682 元。请求判令被告华厦公司付还所欠借款 300 万元、利息 534682 元；判令被告华厦支行对被告华厦公司所欠债务承担连带责任。

2. 被告华厦公司辩称：(1) 借款合同订立后，我公司同意原告农行营业部将还款期限提前至 1996 年 9 月 20 日，并为此达成协议和修改了有关贷款文件，但原告农行营业部仍按一年期贷款利率 1.206%计息。由于我公司借款九个月，故适用一年期贷款利率显属不合理；(2) 我公司于 1995 年 12 月 18 日向原告农行营业部申请借款时，曾出具抵押担保函，将车牌号为琼 A－12728 的轿车交给原告农行营业部质押，后该车被盗，原告农行营业部仅支付保险公司赔付的 23 万元作为补偿，故质物原值与保险赔款间的差额部分应由原告农行营业部补偿。请求驳回原告农行营业部不合理的利息请求并扣除质物损失款项后，合理判决我公司承担归还借款本息的责任。

3. 被告华厦支行辩称：我行担保的还款期限为一年，即至 1996 年 12 月 22 日，但原告农行营业部与被告华厦公司将还款期限提前至 1996 年 9 月 20 日，我行对此并不知道，故我行对该笔借款不再承担保证责任。

（三）事实和证据

海口市中级人民法院经审理查明：

1995 年 12 月 18 日，被告华厦支行因被告华厦公司向原告农行营业部申请借款而向原告农行营业部出具不可撤销担保函一份，被告华厦支行在该担保函中表示，其愿为被告华厦公司向原告农行营业部借款 300 万元提供担保，并承诺在被告华厦公司不能按时偿还借款本息时，由其负责偿还，且该函在借款未还清前都有效。此后，原告农行营业部与被告华厦公司、被告华厦支行订立保证担保借款合同。合同规定：原告农行营业部从同年 12 月起向被告华厦公司提供贷款人民币 300 万元用于生产周转；被告华厦公司如不按合同规定用款，原告农行营业部有权停止发放贷款或提前收回等，对违约部分加收 20%利息；被告华厦支行愿作为被告华厦公司对合同载明的全部贷款的正当使用和按期还款的保证人，被告华厦公司不按期归还借款本息，由被告华厦支行承担代偿责任。同年 12 月 25 日，原告农行营业部根据其内部审批结果，与被告华厦公司将合同原规定的还款时间“1996 年 12 月”更改为“1996 年 9 月”，并将合同中未规定的还款日期和借款月利率确定为“20 日”和“1.206%”。对此，原告农行营业部未能举证证明曾经征得被告华厦支行同意，被告华厦支行所持保证担保借款合同亦未作修改。同年 12 月 26 日，原告农行营业部将借款 300 万元付给被告华厦公司，借款期限届满，被告华厦公司未依约还款。1996 年 11 月 8 日，被告华厦公司付给原告农行营业部利息 24202 元。原告农行营业部因索款未果，遂诉诸本院。

另查：被告华厦公司于 1995 年 12 月 18 日向原告农行营业部出具抵押担保函一份，该函载明：被告华厦公司向原告农行营业部借款 300 万元，现已逾期，因诸多因素，不能按期偿还利息，鉴此，将其车牌号码为琼 A－12728 的公爵王轿车交原告农行营业部抵押。在本案审理过程中，原告农行营业部承认其确曾收到该车及该车后已被盗，但否认其曾与被告华厦公司商定将该车作为本案借款的抵押物或质物，认为该车与本案无关。被告华厦公司对其辩称的该车系本案借款的质物未能举证证明。

上述事实有下列证据证明：

1. 被告华厦公司出具的借款申请书。

2. 被告华厦支行出具的不可撤销担保函。

3. 原告农行营业部与被告华厦公司、被告华厦支行订立的保证担保借款合同。

4. 付款凭证。

5. 被告华厦公司出具的抵押担保函。

6. 原告农行营业部及被告华厦公司、被告华厦支行的陈述。

（四）判案理由

海口市中级人民法院依据上述事实认为：

1. 原告农行营业部与被告华厦公司、被告华厦支行订立的保证担保借款合同，系三方当事人的真实意思表示，且合同内容合法，属有效合同，应受法律保护。被告华厦公司在据约取得原告农行营业部借款后，未依约还款付息，违反了《中华人民共和国经济合同法》第六条之规定，被告华厦公司应负逾期付款的违约责任。

2. 被告华厦支行在出具不可撤销担保函后，与原告农行营业部、被告华厦公司订立保证担保借款合同时，将还款期限确定为1996年12月，但原告农行营业部及被告华厦公司在合同订立后未经被告华厦支行同意，将还款期限变更为1996年9月，故被告华厦支行对此不再承担保证责任。原告农行营业部主张被告华厦支行应对被告华厦公司所欠借款本息承担连带责任的理由不能成立，不予支持。

3. 被告华厦公司答辩提出不能适用一年期贷款利率计息的问题，因中国人民银行未规定贷款九个月的贷款利率，而被告华厦公司与原告农行营业部确定按一年期贷款利率计息，业经双方协商一致，系双方的真实意思表示，故被告华厦公司在借款期限届满后方提出利率不合理问题显属无理，不予采纳。

4. 被告华厦公司答辩提出质押财产灭失赔偿的问题，因被告华厦公司交付汽车的行为发生在保证担保借款合同订立之前，该合同中亦未规定以车作借款抵押或质押，而被告华厦公司又未能举证证明该车系本案借款的抵押物或质物，故被告华厦公司辩称的质押问题与本案无关，不属本案审理范围。

（五）定案结论

根据《中华人民共和国经济合同法》第二十九条第一款、第四十条第一款第二项第一目，《中华人民共和国担保法》第二十四条之规定，海口市中级人民法院于1996年12月17日作出如下判决：

1. 被告华厦公司应将所欠借款300万元如数付还给原告农行营业部。

2. 被告华厦公司至1996年12月17日止，应付给原告农行营业部借款利息433638元，扣除被告华厦公司已付利息24202元，被告华厦公司尚应付给原告农行营业部借款利息409436元；被告华厦公司自1996年12月18日起，至本判决限定的还款期限内付清借款前一日止的利息，应按逾期贷款月利率1.2%计付给原告农行营业部。

3. 以上第一、二项，限被告华厦公司于判决发生法律效力之日起十日内如数付清给原告农行营业部。被告华厦公司如逾期付清，应按中国人民银行规定的同期贷款最高利率加倍支付迟延履行期间的债务利息。

4. 驳回原告农行营业部要求被告华厦支行对被告华厦公司所欠借款本息承担连带偿还责任的诉讼请求。

案件受理费27683元，由被告华厦公司负担。

本案当庭宣判后，三方当事人均服判，未提出上诉。

（六）解说

本案系一起涉及担保的借款合同纠纷，就案情本身而言，情节比较简单清楚，债权人与债务人之间的争议亦不大，本案主要争议的系保证人应否承担保证责任。

我国《担保法》第二十四条规定："债权人与债务人协议变更主合同的，应当取得保证人书面同意，未经保证人书面同意的，保证人不再承担保证责任。保证合同另有约定，按照约定。"在合同订立后，协议变更主合同关于权利义务的约定，乃主合同当事人之权利，但对于从属主合同的保证合同，这种主合同权利义务内容的变更，必然对保证人所承担的保证责任产生影响。这是因为，随着主合同的权利义务内容的变更，保证合同约定的保证责任范围亦就发生了变化。由于保证人所负的保证责任源于其与债权人之间的保证合同，而保证人在与债权人订立保证合同，承诺为债务人承担保证责任时，系在全面衡量了债务人的财产状况，其所应当履行的债务的情况及其履行能力等各方面综合情况后最终决定承担保证责任的。既然保证责任的产生离不开保证人的意思表示，保证责任的变更亦就同样离不开保证人的意思表示。因此，在没有保证人意思表示加入的情况下，债权人与债务人变更主合同权利义务内容的行为，不能为保证人设定新的保证责任。况且，由于债权人和债务人对主合同权利义务内容进行变更后，主合同双方当事人已不再按原合同内容履行而按变更后的合同内容履行，因而，债权人与债务人实质上已在主合同内容变更的范围内，取消了双方原设定的债权债务关系而重新设定了新的债权债务关系，因此保证人没有义务对未经其同意的新生债务承担保证责任。本案被告华厦支行向原告农行营业部出具不可撤销担保函后，与原告农行营业部、被告华厦公司在三方订立的保证担保借款合同中将借款期限确定为"1996年12月"。而原告农行营业部与被告华厦公司在该合同订立后，在被告华厦支行未知的情况下，自行将借款期限变更为"1996年9月"，原告农行营业部与被告华厦公司对借款期限的这一变更，使被告华厦支行原承诺的保证责任范围发生了变化，加重了被告华厦支行的保证责任，因此被告华厦支行对未经其同意而变更了借款期限的借款合同不应再承担保证责任。据此，本案判决驳回原告农行营业部要求被告华厦支行对被告华厦公司所欠借款本息承担连带偿还责任的诉讼请求是正确的。

（叶能强）

15. 海南西北国际投资有限公司诉海南银海工贸发展公司、海南龙华实业联合总公司抵押借款合同案

（一）首部

1. 判决书字号：海南省海口市振东区人民法院（1995）振经初字第223号。

2. 案由：抵押借款合同案。

3. 诉讼双方

原告：海南西北国际投资有限公司。

法定代表人：侯剑，总经理。

委托代理人：侯恩友，该公司副经理。

委托代理人：高翔，新时代律师事务所律师。

被告：海南银海工贸发展公司（下称银海公司）。

法定代表人：张卫和，总经理。

被告：海南龙华实业联合总公司（下称龙华公司）。

法定代表人：王庆旺，总经理。

委托代理人：张贵学，该公司部门经理。

委托代理人：蔡锦云，中国兴南集团部门经理。

4. 审级：一审。

5. 审判机关和审判组织

审判机关：海南省海口市振东区人民法院。

合议庭组成人员：审判长：李瑛；审判员：高楠；代理审判员：杨少球。

6. 审结时间：1996年7月5日。

（二）诉辩主张

1. 原告诉称：1994年7月29日，被告银海公司以其向被告龙华公司购买的银海大厦第四至十二层的房产作为抵押，向我公司贷款人民币200万元，期限三个月，利息及手续费每月人民币6.7万元。为此，银海公司提供了龙华公司同意其转让或抵押该房产的证明和已付购房款人民币17208045.3元的收据。签约后，我公司依约借给银海公司人民币200万元。银海公司至今未还分文本息，特诉请判令银海公司返还借款本金200万元并偿付利息、手续费和罚金；判令龙华公司承担连带赔偿责任。

2. 被告银海公司未答辩。

3. 被告龙华公司辩称：银海公司与我公司签订购房合同后，只付我公司200万元，后来由于银海公司无法付清后续房款而要求我公司协助其贷款用来付房款。在此情况下，我公司才向银海公司出具了收据和证明。但当时双方签订了一份协议书，明确该收据和证明发生的一切经济责任和法律责任与我公司无关。因此，我公司与原告之间没有任何法律关系，原告将我公司列为第二被告并要求我公司承担赔偿责任，理由不成立。此外，原告与银海公司之间的借贷关系不合法，且利率过高，抵押亦未办理有关法律手续，因此，原告

的过错行为应承担由此产生的法律后果和经济责任。

（三）事实和证据

海口市振东区人民法院受理本案后，由于银海公司下落不明，因此依法予以公告并进行缺席审理，查明：

1993年4月28日，银海公司与龙华公司签订了华隆商厦商品房转让合同书，约定：龙华公司将其从海南茂隆房地产开发公司购买的华隆商厦（又名银海大厦）第四至十二层全部转让给银海公司，总价款31148720元。签约当天，银海公司付给龙华公司购房款人民币200万元，余款一直未能支付。为此银海公司向龙华公司提出以上述房产抵押贷款，以便付清尚欠购房款。龙华公司同意后于1994年4月28日出具一份证明：我公司在海甸岛沿江三路至四路之间的银海大厦四至十二层房产于1993年4月28日转让给银海公司，面积为7787.18平方米，截至今日该公司已付款17208045.3元，我公司同意银海公司有权转让或抵押。之后，连同两张银海公司付房款的收据（一张付200万元，是真实的，一张付15208045元，是虚构的）交给银海公司。银海公司遂将该证明及两份收据以及与龙华公司签订的华隆商厦商品房转让合同书交给原告提出抵押贷款，双方于1994年7月29日签订了典当抵押贷款合同，约定：原告借给银海公司人民币200万元，期限从1994年7月29日至1994年10月28日，共三个月，月息及手续费每月按人民币6.7万元计；银海公司以购买银海大厦房产作为本项贷款的抵押，并签署不可撤销全权委托销售书作为本项贷款的还款保证。如到期无能力清偿贷款本息，出借方有权转让和拍卖此房产，如转让拍卖不成，则按每平方米500元收购。签约后，原告于7月29日、31日分别付给银海公司177.2万元和22.8万元。借款期限届满后，银海公司未能还款，遂于1994年11月3日给原告出具了一份承诺书，承诺赔偿违约金5万元，并保证在11月4日前归还借款。期限届满未能兑付后，双方又于同年11月14日、12月12日分别签订了补充协议和银海大厦典当合同补充协议，约定了还款期限和罚金标准。但期限届满后，银海公司又未履行，至今本息分文未还。

银海公司在龙华公司出具同意其抵押贷款的证明的同一天，也向龙华公司出具了一份证明，双方还于1994年5月10日签订了一份协议书。该证明与协议书均约定：龙华公司出具的证明与收据只作为银海公司贷款的一份证明，而不能说明银海公司实际拥有此价值的房产权，抵押物只限于双方购房合同中的第六层和第七层半层，贷款只用于付购房拖欠款，因此证明和收据发生的一切经济责任和法律责任与龙华公司无关，概由银海公司承担。

另查，原告营业执照及特种行业许可证均有典当和抵押贷款的经营范围，但无中国人民银行核批的经营金融业务许可证。银海公司所抵押的房产仅为期房，尚未投入使用，也未办理产权证。

以上事实有以下证据证明：

1. 原告与银海公司签订的典当抵押贷款合同、补充协议、银海大厦典当合同补充协议。

2. 原告的付款凭证二份。

3. 龙华公司与银海公司签订的华隆商厦商品房转让合同书、房屋转让补充合同、协议书。

4. 银海公司出具的证明、不可撤销全权委托销售书、承诺。

5. 龙华公司出具的证明、收据。

6. 原告的营业执照及特种行业许可证。

7. 法院的调查笔录、开庭笔录。

（四）判案理由

海口市振东区人民法院鉴于上述事实认为：原告与银海公司签订的是名为典当实为抵押借款合同，违反了国家关于企事业之间不能相互借贷的规定，根据《经济合同法》第七条的规定，该合同无效，不受法律保护。双方对此都有过错，均应承担相应的责任。合同约定期限内的利息，原告不能取得，期限届满后，银海公司继续占用原告资金，致使原告利息损失应予赔偿。因主合同无效，后来双方签订的补充协议等也一律无效。龙华公司出具不实付款额和房屋可转让、抵押的虚假证明，导致原告误假为实而与银海公司签订抵押借款合同，应对此过错承担赔偿责任。

（五）定案结论

海口市振东区人民法院根据所认定的事实、证据和上述判案理由，依照《中华人民共和国民法通则》第六十一条、《中华人民共和国经济合同法》第七条第一款第一项、第十六条第一款之规定，判决如下：

1. 银海公司须于判决发生法律效力之日起十日内返还原告借款人民币200万元。同时从1994年10月29日起至判决确定应付清款之日止，按中国人民银行规定的同期流动资金一年贷款利率标准偿付原告的利息损失。如逾期付清，则加倍支付迟延履行期间的债务利息。

2. 龙华公司对银海公司尚欠原告的上述债务承担连带赔偿责任。

本案诉讼费用41458元，由银海公司负担。

宣判后，原、被告均没有上诉。

（六）解说

本案事实部分比较清楚，争议不大，但在处理上必须把握两个关键问题。一是合同的性质和效力问题，是典当合同还是借款合同，是有效合同还是无效合同。因典当的利率和罚息较借款要高得多，可在借款利率基础上上浮150%，其综合费率可达当价的4.5%，确认这一问题涉及到原告要求被告按典当合同规定支付高额利息、罚息、违约金是否应予支持。二是没有与原告签订书面保证合同的龙华公司是否与原告构成担保关系，应否承担连带赔偿责任。由于第一被告已下落不明，龙华公司是否应承担连带责任涉及到本案判决后，能否实际执行，对原告而言，是非常关键的。

1. 关于典当和抵押借款的法律特征。

典当，指典权人支付典价，占有出典人的典物，而取得使用和收益的权利。其有三个法律特征。其一，典权人必须向出典人支付典价。其二，典权必须转移，即出典人必须将典物移交典权人占有，在特殊情况下即双方协议不转移占用的，才可不转移占用。其三，典权人对典物有权使用和收益。抵押，指债务人或者第三人向债权人提供一定的财产作为抵押物，用以担保债务的履行。它不同于典当的特征在于：其一，抵押物可以转移占有，也可以不转移占有。其二，在债务清偿期以前，抵押权人不得对抵押物进行处分，即无权使用和收益，只有妥善保管的责任。本案中，银海公司用于典当借款的典物为银海大厦四至十二层房产，该房产是期房，且银海公司也未拥有所有权或者管理权，换言之，出典人对典物并不具备典权，这是一方面。另一方面，银海公司也未将出典的房产交由原告占有，即典权人原告实际上并未能行使对出典房产的占有、使用和收益的权利。因此，双方签订的典当抵押贷款合同不具备典当的法律特征，而实为抵押借款法律关系。应按照抵押借款合同进行处理。

2. 关于典当抵押贷款合同的效力和处理原则。

无论从典当或借款方面论，原告均不具备合法主体资格。根据中国人民银行有关规定，从事典当行业必须同时具备“三证”即工商部门核批的企业法人营业执照，人民银行核批的经营金融业务许可证以及公安部门核发的特种行业许可证。而作为信贷的合法主体，亦必须同时具备“二证”，即企业法人营业执照和经营金融业务许可证。由于本案名为典当，实为抵押借款，而原告没有取得经营金融业务许可证，其出借资金的行为违反了“企业之间不准相互借货”的有关法律规定，应根据《中华人民共和国经济合同法》第七条规定，确认合同无效，并依照《中华人民共和国经济合同法》第十六条、最高人民法院法（经）发[1990]29号《关于审理联营合同纠纷案件若干问题的解答》第四条第二项的规定作出处理意见。因此，原告请求被告按典当合同约定支付高额利息、罚息、违约金的请求不应支持。

3. 龙华公司承担赔偿责任的法律依据。

龙华公司虽然未与原告签订保证合同，但龙华公司对银海公司向原告提供的抵押物出具了准许该抵押物转让或抵押的证明以及银海公司已付购房款17208045.3元（实际只付200万元定金）的收据的行为，实际是对原告取得抵押权的保证。该抵押物虽是银海公司向龙华公司购买的，但银海公司仅付了定金，尚未对抵押物具有管理权或所有权，无权设定抵押权，而龙华公司的行为，是默许以其财产作为抵押物，换言之，龙华公司才是实际上的抵押人，与原告构成了担保关系。这种担保关系由于主合同无效而无效。根据最高人民法院《关于审理经济合同纠纷案件有关保证的若干问题的规定》第二十条规定，保证人（龙华公司）应与被保证人（银海公司）承担连带赔偿责任。此其一。其二，根据最高人民法院《关于贯彻执行〈中华人民共和国民法通则〉若干问题的意见（试行）》第六十八条规定：“一方当事人故意告知对方虚假情况，或者故意隐瞒真实情况，诱使对方当事人作出错误意思表示的，可以认定为欺诈行为。”《民法通则》第五十八条规定，一方以欺诈等手段使对方在违背真实意思的情况下所为的民事行为，属无效民事行为，从行为开始起就没有法律效力；第六十一条规定，对于因无效民事行为而取得的财产，应该返还，由此造成的损失，应由过错的一方赔偿。龙华公司的行为对原告具有明显的欺诈性，换言之，龙华公司向原告提供了虚假的情况，使原告在违背真实意思的情况下将资金出借给银海公司，造成了出借资金无法回收引起讼争的后果。因此，龙华公司应承担过错责任。综上所述，无论从保证责任或从民事欺诈行为上论，龙华公司均应承担赔偿责任。

（李　瑛）

16. 王树坤诉辽阳市宏伟区人民政府新村街道办事处、辽阳市试剂总厂企业租赁经营合同案

（一）首部

1. 判决书字号

一审判决书：辽宁省辽阳市中级人民法院（1995）辽经初字第149号。

二审判决书：辽宁省高级人民法院（1996）辽经终字第539号。

2. 案由：企业租赁经营合同案。

3. 诉讼双方

原告（被上诉人）：王树坤，男，43岁，原系辽阳市宏伟区化学试剂厂（现名辽阳市试剂总厂）厂长。

被告：辽阳市宏伟区人民政府新村街道办事处。

法定代表人：杨颂，主任。

委托代理人：孟庆余，该办事处法律顾问。

被告（上诉人）：辽阳市试剂总厂。

法定代表人：李喜坤，厂长。

委托代理人（二审）：孟庆余，该厂法律顾问。

委托代理人（二审）：夏晓峰，该厂厂办主任。

4. 审级：二审。

5. 审判机关和审判组织

一审法院：辽宁省辽阳市中级人民法院。

合议庭组成人员：审判长：刘玉峰；代理审判员：孙宝冀、年铁鹏。

二审法院：辽宁省高级人民法院。

合议庭组成人员：审判长：张德生；审判员：刘铁男；代理审判员：张秀军。

6. 审结时间

一审审结时间：1995年11月30日。

二审审结时间：1996年12月4日。

（二）一审情况

1. 一审诉辩主张

（1）原告王树坤诉称：原告从1987年1月1日起开始租赁宏伟区化学试剂厂（现名辽阳市试剂总厂），租赁期四年。在租赁期间，原告将其构思成功的聚脂树脂粘合剂技术带到了宏伟区化学试剂厂无偿使用，给企业赚得了几十万元利润。1987年9月，原告向外转让此技术，共得技术转让费17万元。由于当时企业资金非常紧张，原告将此17万元全部投入到该厂用于开发新产品和扩大再生产。1989年12月13日，被告宏伟区人民政府新村街道办事处（宏伟区化学试剂厂的上级主管部门）单方终止了租赁经营合同。原告于1991年12月向辽阳市中级人民法院起诉，要求被告赔偿其损失。辽阳市中级人民法院（1992）辽经初字第1号民事判决书解决了因租赁引起的民事纠纷，对于聚脂树脂粘合剂技术转让费收入问题，判决其属技术成果权属争议，应另行起诉。为保护知识产权不受他人侵犯，原告于1995年3月28日起诉到辽阳市中级人民法院，要求被告返还原告聚脂树脂粘合剂技术转让费17万元及利息。

（2）被告辽阳市宏伟区人民政府新村街道办事处辩称：被告不应是本案当事人，17万元技术转让费没入被告单位账户；此案已超过《技术合同法》规定的诉讼时效；粘合剂技术成果是该厂工人侯志远作为单位交给的工作而研制开发出来的，所用资金、厂房、设备等都是企业承担的，原告只是发明该技术成果的组织管理人员，粘合剂属职务技术成果，使用权、转让费应属于单位。

辽阳市中级人民法院在审理期间，将辽阳市试剂总厂追加为被告。

被告辽阳市试剂总厂未作答辩。

2. 一审事实和证据

辽阳市中级人民法院经审理查明：被告宏伟区化学试剂厂是集体企业，其上级主管部门为辽阳市宏伟区人民政府新村街道办事处。1987 年 2 月 24 日，原告王树坤与被告辽阳市宏伟区人民政府新村街道办事处签订了租赁宏伟区化学试剂厂的企业租赁经营合同，租期为四年，从 1987 年 1 月 1 日起至 1990 年 12 月 31 日止。王树坤租赁宏伟区化学试剂厂后，组织该厂工人王力、张跃安、曾洪厚、侯志远等人进行粘合剂的研制和开发工作。1987 年 4 月从沈阳东北制药厂购买了生产粘合剂的设备。1987 年 5 月 24 日，粘合剂一次投料试车成功。王树坤等五人以非职务发明申请了专利，但未获批准。1987 年，王树坤以宏伟区化学试剂厂的名义向开原化工原料厂等六家企业转让该技术成果，并获技术转让费 17 万元。1989 年 12 月 13 日，宏伟区人民政府新村街道办事处单方终止同王树坤的租赁合同。1991 年 12 月，王树坤向受诉法院提起诉讼，要求辽阳市宏伟区人民政府新村街道办事处给付其租赁宏伟区化学试剂厂期间的利润分成款和技术转让费。受诉法院（1992）辽经初字第 1 号民事判决书驳回了王树坤对聚脂树脂粘合剂技术转让费的诉讼请求，认为聚脂树脂粘合剂技术属技术成果权属争议，应另行起诉。王树坤遂于 1995 年 6 月 26 日重新提起诉讼，要求宏伟区人民政府新村街道办事处给付其技术转让费 17 万元。在诉讼中，受诉法院把辽阳市试剂总厂追加为被告。另查，1990 年，宏伟区化学试剂厂赔偿开原化工原料厂因技术转让而造成的经济损失 43736.10 元。

以上事实有下列证据证明：

（1）租赁合同书。

（2）聚脂树脂粘合剂的有关技术资料和研制总结报告。

（3）宏伟区化学试剂厂的往来账目、凭证。

（4）受诉法院的调查笔录、开庭笔录。

3. 一审判案理由

辽阳市中级人民法院鉴于上述事实和证据认为：

（1）王树坤是宏伟区化学试剂厂的租赁厂长，其开发研制聚脂树脂粘合剂的工作，不是本单位的任务，从东北制药厂买来的设备是王树坤专为生产粘合剂而购买的。此项技术成果应属非职务技术成果。根据《中华人民共和国技术合同法》第六条第二款的规定，非职务技术成果的使用权、转让权属于完成技术成果的个人，完成技术成果的个人有权就该项非职务技术成果订立技术合同。因此，对于该项技术的转让费收入应归转让者王树坤所有。

（2）技术转让过程中，宏伟区化学试剂厂赔偿开原化工原料厂的 43736.10 元，是因技术转让而造成的，应从技术转让费中扣除。

（3）宏伟区人民政府新村街道办事处单方终止同王树坤的租赁协议，致使王树坤没有获得技术转让费。作为企业的上级主管部门，宏伟区人民政府新村街道办事处应负连带责任。

4. 一审定案结论

辽阳市中级人民法院根据《中华人民共和国技术合同法》第六条第二款、《中华人民共和国民事诉讼法》第一百二十八条的规定，判决如下：

(1) 辽阳市试剂总厂于判决发生法律效力后立即给付王树坤技术转让费 126263.90 元及利息。

(2) 宏伟区人民政府新村街道办事处负连带责任。

案件受理费 6260 元，由辽阳市试剂总厂承担。

(三) 二审诉辩主张

上诉人（原审被告）辽阳市试剂总厂及其委托代理人诉称：王树坤的诉讼请求已超过《技术合同法》规定的诉讼时效；一审判决认定聚脂树脂粘合剂属非职务技术成果无法律根据。

(四) 二审事实和证据

辽宁省高级人民法院审理查明：

1987 年 2 月 24 日，被上诉人王树坤与原审被告签订了租赁宏伟区化学试剂厂的合同，此租赁合同规定了承租期内产值、利润和租金等各项指标，还规定承租期间，承租者对企业的生产经营管理负全部责任，对固定资产、流动资金有使用权，对企业的生产、经营、人员调动、职工工资等遵照国家的规定执行。承租者必须认真发展试剂产品或搞好试剂产品的联合，增加新产品。如完不成合同规定的指标，借用的生活费年终扣回，并按合同规定受罚；如超额完成指标，税后去掉租金和按规定提留后三七分成，即承租者分三成，企业分七成。租赁经营期间，王树坤组织研制了聚脂树脂粘合剂，并以辽阳市试剂总厂的名义对外转让了该项技术，收入技术转让费 17 万元。期间赔偿因转让技术而给开原化工原料厂造成的损失 43736.10 元。1989 年 12 月 13 日，宏伟区人民政府新村街道办事处单方终止同王树坤的租赁合同。1991 年 12 月，王树坤向辽阳市中级人民法院提起诉讼，要求辽阳市宏伟区人民政府新村街道办事处给付其租赁宏伟区化学试剂厂期间的利润分成款和技术转让费。辽阳市中级人民法院在（1992）辽经初字第 1 号民事判决书中已解决了租赁合同引起的民事纠纷，但并未对 17 万元技术转让费作出处理，而让王树坤另行起诉。王树坤便以技术转让合同纠纷为由重新起诉至该院。

证据同一审证据。

(五) 二审判案理由

辽宁省高级人民法院认为：

1. 王树坤与原审被告辽阳市宏伟区人民政府新村街道办事处签订的企业租赁经营合同有效。在王树坤租赁经营辽阳市试剂总厂期间，研制成功了聚脂树脂粘合剂，并以辽阳市试剂总厂的名义对外转让了粘合剂技术，收入技术转让费 17 万元。这笔技术转让费收入在扣除赔偿开原化工原料厂 43736.10 元后，其余按企业租赁经营合同的具体规定，参与利润分成。本案案由应定为企业租赁经营合同纠纷。一审定技术转让合同纠纷不妥。因其技术转让合同的主体不对，技术转让合同应是一方转让技术，另一方接受技术，付转让费，而本案中王树坤和原审被告间并没有技术转让合同，因此，王树坤应得的是利润分成，而不是技术转让费。

2. 因为双方是租赁合同法律关系，无技术合同法律关系，所以上诉人辽阳市试剂总厂认为此案已超过《技术合同法》规定的诉讼时效的理由不能成立。

3. 王树坤在本案中未提起过确权之诉，所以，关于聚脂树脂粘合剂是职务技术成果还是非职务技术成果的问题，二审法院不予审理。

（六）二审定案结论

辽宁省高级人民法院根据《中华人民共和国民事诉讼法》第一百五十三条第一款第（三）项之规定，判决如下：

1. 撤销辽阳市中级人民法院（1995）辽经初字第149号民事判决书。

2. 原审被告辽阳市宏伟区人民政府新村街道办事处于本判决生效后十日内给付被上诉人王树坤37879.17元利润分成款及利息（利率按中国人民银行同期贷款利率计算，从1990年起至给付之日止）。

一、二审案件受理费各6260元，原审被告辽阳市宏伟区人民政府新村街道办事处负担10000元，王树坤负担2520元。

（七）解说

本案的审理主要应处理好以下两个问题：

1. 纠纷性质如何认定是本案的关键。

原审法院根据双方争议的17万元是技术转让费而将此案认定为技术转让合同纠纷，是不正确的。因为技术转让合同的构成，必须是转让方将拥有的技术成果提供给受让方，明确相互之间技术成果的使用权和转让权，由受让方来支付约定的使用费。本案的诉讼当事人之间没有转让技术和受让技术的关系，也没有签订任何技术转让合同，产生的争议只是对已获得的技术转让费归属的争议。诉讼双方签订的企业租赁经营合同是合法有效的，王树坤按照合同的规定发展试剂产品，为辽阳市试剂总厂赚取了利润，由于辽阳市宏伟区新村街道办事处单方终止租赁合同使其无法获得合同规定的三成利润分配，双方由此发生争议，本案是企业租赁经营合同纠纷。

2. 技术成果所有权的确定是违约方如何承担责任的依据。

人民法院审理案件是针对诉讼当事人的诉讼请求而进行的，对于诉讼双方在本案中未提起的技术成果确权问题，人民法院不予审理。但是本案必须在确定技术成果及技术转让费所有权归属的基础上，才能判定辽阳市宏伟区新村街道办事处如何承担违约责任。根据《中华人民共和国技术合同法》第六条的规定，执行本单位的任务或者主要是利用本单位的物质技术条件所完成的技术成果，是职务技术成果。职务技术成果的使用权、转让权属于单位，单位有权就该项职务技术成果订立技术合同。单位应当根据使用和转让该项职务技术成果所得的收益，对完成该项技术成果的个人给予奖励。同时规定，凡属于在职科技人员或企业职工，接受本单位的科研任务和技术开发课题或者履行本职工作而完成的技术成果归单位所有；凡在职科研人员或企业职工，其科研任务虽不是本单位下达的任务，但进行该科研时是用正式上班时间，并且主要是利用本单位提供的物质技术条件的，完成的技术成果亦以职务技术成果对待。本案中王树坤按照租赁经营合同的规定，履行租赁厂长的职责，利用辽阳市试剂总厂的资金、设备，组织研制开发了聚脂树脂粘合剂，完全符合职务技术成果的标准，该成果属单位，转让该技术所得的技术转让费归单位所有，参与利润分配。王树坤未就聚脂树脂粘合剂技术是个人技术成果提供符合法律规定的充足证据，所以其诉讼主张无法得到全部的支持。王树坤应按合同的规定，获得三成利润，而不是技术转让费。二审法院的判决是正确的。

（王易夫）

17. 林晓西诉四川鼎地股份有限公司、成都电视台劳务输出合同案

（一）首部

1. 判决书字号

一审判决书：四川省成都市青羊区人民法院（1995）青经初字第400号。

二审判决书：四川省成都市中级人民法院（1996）成经终字第178号。

2. 案由：劳务输出合同案。

3. 诉讼双方

原告（上诉人）：林晓西，女，汉族，生于1973年3月26日，住成都市建设路54号。

委托代理人：华肃容，女，汉族，生于1941年1月5日，住成都市建设路54号，系林晓西之母。

委托代理人（一审）：蒲杰，成都开元律师事务所律师。

被告（被上诉人）：四川鼎地股份有限公司（下称鼎地公司）。

法定代表人：李琼璋，总经理。

委托代理人：王刚，成都市第四律师事务所律师。

被告（被上诉人）：成都电视台（下称电视台）。

法定代表人：黄长军，台长。

4. 审级：二审。

5. 审判机关和审判组织

一审法院：四川省成都市青羊区人民法院。

合议庭组成人员：审判长：胡华元；代理审判员：王东、程为清。

二审法院：四川省成都市中级人民法院。

合议庭组成人员：审判长：徐科荣；审判员；李伟，代理审判员：谷金霞。

6. 审结时间

一审审结时间：1996年3月18日。

二审审结时间：1996年8月2日。

（二）一审情况

1. 一审诉辩主张

（1）原告林晓西诉称：1995年6月至7月，鼎地公司在电视台发布广告，称可以办理出国务工劳务输出业务，并称其有国家一级外派指标，办理有劳务输出许可证。由此我与鼎地公司于1995年7月6日签订了协议，据此协议我向该公司交纳了各种费用计3.8万元，并辞去工作，准备在接受了鼎地公司的培训等后出国务工。嗣后得知鼎地公司根本不具备办理出国务工的能力与资格，经找鼎地公司协商，该公司退还我交的3.8万元，但对我的损失以我们双方协议未约定为由，拒绝赔偿。故要求鼎地公司按照《消费者权益保护法》，加倍赔偿我的损失3.8万元及承担资金利息损失和工资损失计4910元，并由电视台承担连带责任，二被告还应在电视台公开向我赔礼道歉。

（2）被告鼎地公司辩称：我公司没有国际劳务输出业务的资格和能力属实，但我公司是接受有外派劳务输出资格的单位委托后与林晓西签订的合同。我公司已将所收林晓西的3.8万元归还了，现在我公司可以赔偿3.8万元的利息损失，但要按《消费者权益保护法》加倍赔偿其3.8万元及在电视台上向其赔礼道歉无法律依据。林晓西辞去工作，与履行出国务工合同无必然联系，不是我公司要求其辞职，故我公司不能承担林晓西辞去工作的工资损失。

（3）被告电视台未作答辩，也未到庭参加诉讼。

2．一审事实和证据

成都市青羊区人民法院经审理查明：1995年6至7月，林晓西在成都电视台等新闻媒体上看到了鼎地公司在该台播出的广告，称可以办理到日本、澳大利亚等国的劳务输出业务，并称其享有国家一级外派指标，办理有劳务输出许可证。同年7月6日，林晓西与鼎地公司签订了国际劳务输出协议，该协议约定：鼎地公司在签约后90天左右将林晓西送到澳大利亚务工，时间3年，并在此90天内完成对林晓西进行的出国前的培训、技术考核和工种确认、体检、政审等；鼎地公司保证林晓西在外务工的月工资扣除税金、保险等不少于300美元；林晓西应向鼎地公司交纳外派务工保证金人民币3万元，出国务工前培训等综合杂费8000元。合同签订后，林晓西按约定于同月5日和6日向鼎地公司交纳了综合杂费8000元及保证金3万元，合计3.8万元。后由于鼎地公司无外派劳务输出许可证等，不具备履行合同的能力，致双方合同无法履行。经双方协商，鼎地公司除将所收林晓西3.8万元于同年10月31日予以退还外，对于其他事项，双方一直协商未果，林晓西遂于1995年12月14日向法院起诉。

上述事实有下列证据证明：

（1）1995年7月6日双方签订的国际劳务输出协议。

（2）1995年7月5日和6日林晓西的交款凭证及1995年10月31日鼎地公司的退款凭证。

（3）庭审笔录及各方当事人陈述等证据。

3．一审判案理由

一审法院经审理认为：林晓西与鼎地公司签订的劳务输出合同，因鼎地公司无外派劳务输出许可证，亦无国际劳务输出业务的营业范围，应属无效合同。造成合同无效，鼎地公司应承担全部责任。鼎地公司应对因其过错给林晓西造成损失予以赔偿。

4．一审定案结论

一审法院依照《中华人民共和国民法通则》第五十八条第一款第（三）项、第（五）项，第六十一条第一款的规定，作出如下判决：

（1）鼎地公司应在判决发生法律效力之日起十日内赔偿林晓西的损失4881元。

（2）驳回林晓西对电视台的起诉。

（3）驳回林晓西的其他诉讼请求。

案件受理费1610元，其他诉讼费800元，共计2410元，由鼎地公司负担。

（三）二审诉辩主张

1．上诉人林晓西诉称：鼎地公司未经国家经贸部批准，无外派劳务人员许可证，其营业执照中也无国际劳务输出的经营范围，却通过电视台等新闻媒体作虚假的广告，骗取我的信任，鼎地公司提供服务时已构成欺诈行为，应按照《消费者权益保护法》第四十九条规定，按消费者的要求增加赔偿损失，增加赔偿金额为消费者接受服务的费用的一倍；电视台在明知或应知情况下，发播内容虚假的广告，应按照《广告法》第三十八条的规定，承担连带责任。故请求二审法院依法改判，判令鼎地公司赔偿经济损失4万元，电视台承担连带责任，并共同在电视台公开向我赔礼道歉。

2. 被上诉人鼎地公司和电视台均未作答辩。

（四）二审事实和证据

二审法院经审理查明：原审认定事实清楚属实，证据充分。此外，二审还查明，鼎地公司占用林晓西3.8万元款期间的资金利息为1627元（从1995年7月6日起至同年10月31日止，按人民银行规定利率计算）。

（五）二审判案理由

二审法院认为：鼎地公司违反国家法律规定，在无劳务输出许可证和国际劳务输出业务经营范围的情况下与林晓西签订的国际劳务输出合同应属无效；鼎地公司的行为具有欺诈性，应承担本案全部责任，该公司除已将所取费用退还林晓西外，还应偿付占用该款期间的资金利息，并赔偿一定经济损失。本案实系中介服务合同关系，应由我国《民法通则》和《经济合同法》调整，加之因林晓西请求赔偿辞职造成的损失证据不足，故林晓西所述本案应适用我国《消费者权益保护法》的规定，由鼎地公司加倍赔偿因提供具有欺诈行为的中介服务所造成损失以及赔偿其辞职造成的经济损失等上诉理由不能成立；电视台虽为鼎地公司播出过广告，但本案中林晓西系与鼎地公司直接签订合同，并以此确定了双方间的权利义务关系，故林晓西所述电视台应对本案无效合同造成后果承担连带责任的上诉理由亦不能成立。原判认定事实清楚，但在判决中驳回林晓西对电视台的起诉不当。

（六）二审定案结论

成都市中级人民法院根据《中华人民共和国民事诉讼法》第一百五十三第一款第（三）项的规定，判决如下：

1. 维持原审判决第一、三项，即鼎地公司应在判决发生法律效力后十日内赔偿林晓西的损失4881元；驳回林晓西的其他诉讼请求。

2. 撤销原审判决第二项，即驳回林晓西对电视台的起诉。

本案第一审案件诉讼费负担不变；第二审案件受理费1610元，其他诉讼费800元，合计2410元，由林晓西负担1025元，鼎地公司负担1025元。

（七）解说

本案是一起典型的国际劳务输出合同纠纷案。按照国家经贸部有关规定："组织对外劳务人员的单位必须是经过经贸部批准，并经工商行政管理部门核发营业执照的具有对外承包工程和劳务合作经营权的公司"，"外派劳务人员必须持有经贸部颁发的、有效的外派劳务人员许可证及与外国机构、经济组织和企业等签订的合同，方可组织派出劳务人员"。而本案中，鼎地公司在无劳务输出许可证和国际劳务输出业务经营范围的情况下与林晓西签订国际劳务输出合同，违反了上述规定，应属无效，鼎地公司的行为具有欺诈性，应承担造成合同无效的全部责任，该公司除已将收取费用返还林晓西外，还应赔偿一切经济损失。两级法院如此认定是正确的，无可非议的。但是，前述认定只是确立了本案审理的大前提和总原则，如何正确处理实体部分，关键还在于对鼎地公司赔偿幅度的确定和对电视台在本案中法律责任的划分。

1. 对鼎地公司赔偿幅度的确定应围绕着对林晓西的身份准确认定以及由此而引起的法律适用问题进行。林晓西在一、二审过程中，一直以消费者身份自居，并依据《消费者权益保护法》第四十九条的规定，要求鼎地公司按其要求增加赔偿其受到的损失，增加赔偿金额为其交纳给该公司费用3.8万元的一倍。笔者认为，林晓西的此一认识，混淆了消费者和合同当事人两个不同概念的区别，是错误的。这是因为，消费者这一概念，专指为满足个人生活需要，且往往处于孤立无援状态的一般生活消费品和普通消费服务的不特定购买者和享受者，其消费渠道往往是间接的，大多插入了批发商、零售商、进口商等中间环节，割断了生产者与消费者的联系，从而导致消费者在并不了解所购商品或获得服务的品质状态和瑕疵缺陷的情况下草率交易。为了保护消费者的合法权益，弥补这种约束机制的空白，需要法律予以特别补救，我国《消费者权益保护法》的颁布正是体现了这种立法思想。而与之不同的是，经济合同的双方当事人则是特定的权利享有者和特定的义务承担者，双方的签约过程及对对方主客体综合情况的审查过程是直接而透明的，合同标的物是比生活消费品和普通消费服务更为广泛的有形物或无形物，在合同不违反国家法律和社会公共利益的前提下，合同对双方当事人均具有约束力，双方当事人则应严格按照合同约定的条款履行，在合同无效时，则应按合同法的规定予以处理。本案中，林晓西与鼎地公司签订国际劳务输出协议，双方明确约定的标的物是由鼎地公司提供的劳务输出服务，这种服务不同于一般的消费服务，其取得不是以林晓西享受消费的形式出现，而是以林晓西提供劳务的状态呈现，因此，林晓西不是消费者，而是国际劳务输出合同的一方当事人，不能适用《消费者权益保护法》，而应归入《经济合同法》和《民法通则》调整的范畴。故而对鼎地公司赔偿额的确定不能按照对消费者权益保护加倍赔偿的方法计算，而应根据实际损失情况酌情赔偿。

2. 对电视台在本案中的法律地位和法律责任的确定问题应围绕着本案主要案由性质和电视台在本案中的作用加以分析。本案是因林晓西与鼎地公司签订国际劳务输出合同而引发的双方当事人之间的经济纠纷，虽涉及广告法律关系，但此民事法律关系并不是本案的主线。电视台因发布虚假广告的过错而应承担连带实体责任的惟一依据是《广告法》第三十八条，但此条明确限定的虚假广告的受欺骗者、受害者是消费者，损害对象是消费者的合法权益，而笔者在前一问题中已经阐明了林晓西的身份不是消费者，因而不能适用对消费者予以保护的相关法律。因此，即使因电视台未加审查发布虚假广告负有过错而可以将其列为本案被告，但要判令电视台承担连带赔偿责任仍无法律依据。加之，从电视台在本案中所起的作用而言，与其他大多数广告一样，电视台作为广告发布者发布虚假广告所针对的对象是广大不特定的主体，林晓西本人作为其中的一个不特定主体，在看到这则虚假广告并产生想法时，还未成为真正意义上的最后的受害者，而仅仅是一个被蒙蔽者、被欺骗者。与《广告法》中所规定的情形不同之处是，从林晓西半信半疑到开始相信再到最后签约，从林由广告对象中的不特定主体到合同一方当事人这种特定主体的转变，存在着一段给林晓西直接接触合同另一方当事人的审查阶段。此期间，林晓西享有查询权、审查权、决定权，有权并有条件审查鼎地公司的营业执照及经营范围，让其出示劳务输出许可证，并向有关部门咨询出国劳务的政策规定，但由于林晓西自己当时对相关知识的缺乏和主观上的疏忽大意，加之鼎地公司对其直接的宣传，使其造成误信。从此时直到林晓西直接与鼎地公司签约前为止，还未给林晓西造成任何损害。应该说，电视台的虚假广告虽起到了一定误导作用，但这种作用是有限而间接的，并不是决定性的、惟一的因素，真正造成林晓西损害的环节是在其后来与鼎地公司签约并交纳费用的行为过程。因此电视台对造成林晓西的损失无直接过错，不应承担实体赔偿责任。尽管如此，由于电视台发布虚假广告，在广大的广告对象中确起到了一定程度的误导作用，根据《广告法》的有关规定，二审法院将其列为被告是可以的，一审法院剥夺林晓西对电视台享有的诉权本身错误，还使用判决书的形式驳回起诉更是错上加错。二审法院将电视台列为被告，却不判令其承担实体责任并对一审判决部分改判的裁决是正确的。

（喻宇红）

18. 陈英生诉奉化市裘村镇马头村村民委员会农村承包合同案

（一）首部

1. 判决书字号

一审判决书：浙江省奉化市人民法院（1996）奉经初字第583号。

二审判决书：浙江省宁波市中级人民法院（1996）甬经终字第619号。

2. 案由：农村承包合同案。

3. 诉讼双方

原告（被上诉人）陈英生，男，1952年7月24日出生，汉族，农民，住奉化市裘村镇马头村。

委托代理人：方善康，锦屏律师事务所（浙江奉化）律师。

被告（上诉人）：奉化市裘村镇马头村村民委员会。

委托代理人：鲍其储，惠政律师事务所（浙江奉化）律师。

委托代理人：黄志达，信德律师事务所（浙江宁波）律师。

4. 审级：二审。

5. 审判机关和审判组织

一审法院：浙江省奉化市人民法院。

合议庭组成人员：审判长：叶志伟；代理审判员：葛跃明、蒋伟琦。

二审法院：浙江省宁波市中级人民法院。

合议庭组成人员：审判长：施阿伟；审判员：童国梁；代理审判员：曹炜。

6. 审结时间

一审审结时间：1996年8月24日。

二审审结时间：1996年12月31日。

（二）一审情况

1. 一审诉辩主张

（1）原告诉称：1995年9月4日，原告与被告签订了一份奉化特种耐火纤维厂承包临时协议书。原告根据该协议书的约定，将9万元押金交付被告，但被告在签订正式的承包合同时提出该厂所有的“马头牌”注册商标不属于承包范围，并向国家工商行政管理局商标局提出转让申请，要求将该注册商标转让给他人，致使双方无法签订正式合同。原告认为，被告的这种做法旨在使原告无法承包和生产，严重侵害了原告的合法权益。原告已多次向被告索还押金9万元而未果，为此，要求被告退还押金9万元，并按月利率2%赔偿原告利息损失。

（2）被告辩称：奉化特种耐火纤维厂所有的“马头牌”注册商标是原承包人出资申请注册来的，应属原承包人所有，其要求转让是允许的。在与原告签订临时承包协议时，已经明确承包经营的28项财产中不包括商标使用权。由于原告未按约将27万元承包款交进，致使合同未能签订，责任在原告方，所以9万元押金应予没收。

2. 一审事实和证据

浙江省奉化市人民法院经公开审理查明：奉化特种耐火纤维厂系马头村村办集体，原由陈英硕（现任马头村书记、村长）承包。1995年9月4日，奉化特种耐火纤维厂准备重新承包过程中，原告与被告签订了承包临时协议书，约定：承包期限为4年，承包款为每年9万元，原告先预付押金9万元，并于9月12日下午4点钟之前付清全部承包款36万元，如超过时间，没收押金，陈英生放弃签合同权利；财产根据会计师事务所28项财产登记和1991年登记为准。同日，原告将9万元押金交付被告。9月5日，被告根据原承包人陈英硕的要求向奉化市工商行政管理局出具证明同意办理奉化特种耐火纤维厂的“马头牌”商标过户手续。9月6日，奉化特种耐火纤维厂提交转让注册商标申请书，要求将“马头牌”注册商标转让给奉化市特种耐火材料厂。9月12日，原告带了27万元现金支票到被告处要求签订正式承包合同，被告提出“马头牌”注册商标是原承包人出资申请的，应归出资者所有，且签临时协议时也讲明是登记的28项财产，商标不属于承包范围。原告提出被告向法庭提供的28项财产登记，当时自己没有看到过，而且商标作为企业的无形资产，应属承包范围内。双方终因商标问题认识不一而未签订正式承包合同。后原告向被告要求退还押金9万元，被告以原告违约为由，不同意退还押金，双方遂引起纠纷。本案在开庭审理中，被告以临时协议书显失公平为由，要求撤销。

以上事实有下列证据证明：

（1）陈英生与奉化市裘村镇马头村村民委员会于1995年9月4日签订的奉化特种耐火纤维厂承包临时协议书。

（2）马头村村民员委会1995年9月4日出具的收到陈英生9万元押金款收据。

（3）马头村村民委员会1995年9月5日出具的同意转让“马头牌”商标的证明。

（4）奉化特种耐火纤维厂和奉化市特种耐火材料厂1995年9月6日出具的转让注册商标申请书。

（5）奉化锦屏会计师事务所奉锦评（95）03号资产评估报告书，该报告书（附件一）固定资产评估汇总表第三项无形资产包括执照、商标等评估价值10000元。

（6）奉化市特种铸造厂证明1995年9月12日开现金支票一张计人民币27万元，是借给村恒孝（准备与陈英生合伙承包）去承包特种耐火纤维厂之用，后因未用退回作废。

（7）奉化市锦屏律师事务所董国宏律师、奉化市公证处李卫平公证员证明1995年9月12日董国宏律师受原告方委托到马头村，准备与该村洽淡、签订承包协议，同时李卫平公证员受奉化市公证处指派去马头村准备对将要签订的承包协议进行公证。当时原告方随带

27 万元支票，后因双方对商标使用权等问题未达成一致意见，致使承包协议未能达成，承包方也未交付 27 万元支票。

3．一审判案理由

（1）原、被告之间签订的承包临时协议书显失公平。从该协议书内容看，原告方只有义务没有权利，被告方利用其作为发包方的地位，规定原告在未签合同前预付 9 万元的巨额押金，而且规定原告必须先付清全部的承包款后才有签正式合同的权利，如未按期付进全部的承包款则丧失签合同的权利，同时没收 9 万元押金。按理应在正式合同签订后才支付承包款。所以该协议书明显违反公平原则，对这一民事法律行为，应予撤销。

（2）被告在原告方已明确表示要承包奉化特种耐火纤维厂并已预付 9 万元押金的情况下，于临时协议书签订的次日即向工商部门出具证明，同意该厂将其所有的“马头牌”注册商标转让给他人，导致纠纷的发生，被告方是有过错的，应承担主要责任。被告方提出临时协议书没有商标一项，那么该财产中也没有营业执照、企业名称等，是否也不包括？原告要承包的是整个企业而不是该企业的某几项财产，何况原告方也未确认被告提供的 28 项财产清单，没有在该清单上签字，所以被告提出的理由不能成立。

（3）原告方未认真审查临时协议，对自己的行为认识不足，在未弄清具体承包内容的情况下，盲目签订临时协议，对该纠纷的产生，也应承担一定的民事责任。

（4）对损失的计算，比照购销合同中有关逾期付款违约金的规定，以日万分之五从 1995 年 9 月 5 日起算至 1996 年 8 月 4 日，计 14850 元，双方各承担一半为 7425 元。

4．一审定案结论

浙江省奉化市人民法院根据认定的事实和证据，于 1996 年 8 月 24 日依照《中华人民共和国民法通则》第五十九条第一款第（二）项、第二款、第六十一条第一款的规定，判决如下：

（1）被告应返还给原告押金 9 万元。

（2）被告应赔偿原告经济损失 7425 元。

（3）原告的其他诉讼请求不予支持。

上述一、二项限被告于本判决生效后十日内履行完毕。

本案受理费 3906 元，原告承担 440 元，被告承担 3466 元。

（三）二审诉辩主张

1．上诉人马头村民委员会诉称：（1）原审认定事实不清，被上诉人对“马头牌”商标不属承包范围是认可的；（2）原审认定证据不足，判决结论不当，临时协议书并未违反公平原则；（3）要求撤销原判，发回重审或改判。

2．被上诉人陈英生未予书面答辩。

（四）二审事实和证据

浙江省宁波市中级人民法院经审理查明：1995 年 9 月 4 日，上诉人奉化市裘村镇马头村村民委员会因下属奉化特种纤维厂需重新承包，与被上诉人陈英生签订了承包临时协议书。协议约定：奉化特种耐火纤维厂由陈英生承包，承包期 4 年，承包款每年 9 万元，双方在未签合同前预付押金 9 万元，并于 9 月 12 日下午 4 点之前付清全部承包款 36 万元，如超过时间没收押金，陈英生放弃签合同权利，财产根据市会计事务所 28 项财产登记和 1991 年财产登记附件为准。签订协议同日，被上诉人即将 9 万元押金交付给上诉人。9 月 12 日，被上诉人带27万元现金支票到上诉人处签订正式承包合同，双方为“马头牌”商标归属发生争执，因而未再签订正式承包合同。后被上诉人要求上诉人退还9万元并支付利息损失，上诉人不同意退还，被上诉人遂向原审法院起诉。

以上事实有承包临时协议书押金款收据、借条、及双方当事人陈述为证，证据充分。

（五）二审判案理由

浙江省宁波市中级人民法院认为：上诉人与被上诉人所签订的承包临时协议书对“马头牌”商标归属不明确，上诉人要求被上诉人在未签合同之前预付押金并在不具体明确承包合同内容情况下要求被上诉人付清全部承包款后订合同，且协议内容违反了公平原则，故该承包临时协议书的民事行为应予撤销，上诉人应将押金退还给被上诉人。原审认定基本事实清楚，判决并无不当。上诉人上诉理由不足，不予支持。

（六）二审定案结论

浙江省宁波市中级人民法院依照《中华人民共和国民事诉讼法》第一百五十三条第一款第（一）项的规定，判决如下：

驳回上诉，维持原判。

二审案件受理费3906元，由上诉人负担。

（七）解说

本案的审理主要解决以下三个问题：

1. 原、被告之间的承、发包关系是否成立。经济合同的成立是指当事人双方就经济合同的主要条款协商一致，达成协议。国家农业部于1990年4月13日发布的《乡镇企业承包经营责任制规定》第二十三条规定：承包经营合同一般应当包括下列主要条款：(1) 承包形式；(2) 承包期限；(3) 固定资产和流动资金数额；(4) 各项承包指标；(5) 厂房设备、运输工具和其他附属设施的维修办法及承包期满后的完好程度等12项。1995年9月4日，原、被告之间签订的承包临时协议书只规定了承包期限、承包金的数额和上缴办法，根本没有涉及其他一些主要条款，更谈不上对主要条款协商一致。所以说临时承包协议书只能是原、被告之间签订的承包经营意向书，而不是承包经营合同，原、被告之间的承、发包关系没有成立。

2. 关于押金的性质与效力问题。临时协议书中的押金从字面上解释是抵押金，但从双方当事人在当时的意思表示来看，这里押金是带有定金性质的。不管是抵押金还是定金，两者都是担保的一种形式。我们知道经济合同的担保是指当事人双方约定的，共同采取的保证经济合同切实履行的一种法律形式。设置担保的目的，在于保障当事人在合同履行前，因顾忌对方不履行或不完全履行，或者造成一定损失而得不到偿付，即可确保其经济权利的实现。担保具有附属性，它是以经济合同的存在为前提，而不能独立设立。所以陈英生与马头村之间在没有签订正式的承包合同之前，担保是不存在的。设置担保是为了保证合同的履行，而不是为了保证合同的签订，合同的签订只能是建立在双方自愿基础上，经过协商一致而订立。

3. 关于承包临时协议书是否显失公平。《中华人民共和国民法通则》第四条规定：民事活动应当遵循自愿、公平、等价有偿、诚实信用的原则。《民法通则》还规定对于显失公平的民事行为，一方可请求人民法院或者仲裁机关予以变更或者撤销。临时协议书规定双方在尚未就合同的主要条款达成一致前提下，须由原告先预付9万元押金，并交清全部承包款后方有签订合同的权利，否则 9 万元押金没收。这完全是属发包方利用优势，致使双方的权利义务明显违反公平、等价有偿原则，应该认定显失公平。

基于以上的分析，一、二审法院就该案的判决是正确的。类似于本案的纠纷在企业承包（租赁）、财产租赁过程中常有发生，本案的成功经验对于法院在审理这类案件时是有益的借鉴。

（竺建芳）

19. 广西西江木材水运局诉伍柏强承包合同案

（一）首部

1. 判决书字号

一审判决书：广西壮族自治区梧州市蝶山区人民法院（1996）蝶经初字第 87 号。

二审判决书：广西壮族自治区梧州市中级人民法院（1996）梧经终字第 68 号。

2. 案由：承包合同案。

3. 诉讼双方

原告（反诉被告、被上诉人）：广西西江木材水运局（以下简称西江水运局）。

法定代表人：覃钦年，经理。

委托代理人：谭振承，梧州市经济律师事务所公明分所律师。

委托代理人（一审）：霍寿延，梧州市经济律师事务所公明分所律师。

被告（反诉原告、上诉人）：伍柏强，男，34 岁，汉族，广东省中山市小榄镇人，原中山市小榄镇埒西一综合木材厂业主。

委托代理人：赵法，梧州市弘法律师事务所律师。

4. 审级：二审。

5. 审判机关和审判组织

一审法院：广西壮族自治区梧州市蝶山区人民法院。

合议庭组成人员：审判长：彭福宗；审判员：尹映雪；代理审判员：华汉武。

二审法院：广西壮族自治区梧州市中级人民法院。

合议庭组成人员：审判长：黄明清；审判员：周放、吴大平。

6. 审结时间

一审审结时间：1996 年 5 月 15 日。

二审审结时间：1996 年 9 月 10 日。

（二）一审情况

1. 一审诉辩主张

（1）原告西江水运局诉称：伍柏强 1995 年承包我局的第二购销部期间，欠下我局承包金、投资款等共 399496 元，请求法院判令被告伍柏强归还欠款并承担违约责任。

（2）被告伍柏强辩称：原告违反承包合同约定，应承担违约责任，无权要求全额承包金。由于原告违反合同约定，现提出反诉，要求西江水运局赔偿我的经济损失 30.5 万元。

（3）反诉被告西江水运局辩称：反诉原告的损失与我局无关，法院应驳回其反诉请求。

2. 一审事实和证据

梧州市蝶山区人民法院经审理查明：1994年12月30日，西江水运局与伍柏强（伍柏强以广东省中山市小榄镇埒西一综合木材厂名义）签订承包合同一份。合同约定，伍柏强从1995年2月1日起至1996年2月1日止，承包西江水运局第二购销部，承包期间实行自主经营，自担风险，自负盈亏，照章纳税；发包方西江水运局应于1995年2月1日拨流动资金40万元，5月1日前拨20万元，如承包方需要向银行贷款，发包方负责帮助办理并担保；发包方拨办公室一间供承包方使用，发包方派一名领导、一名职工协助承包方工作；1996年2月1日前承包方一次性交回发包方拨给的流动资金60万元，上交承包费20万元，支付发包方派出的法定代表人工资、福利等费用，一般不低于西江水运局职工的平均水平等等。合同生效后，伍柏强于1995年2月依约承包西江水运局第二购销部，西江水运局拨办公室一间供承包人使用，同时派副局长李继南到第二购销部工作并任负责人。同年2月14日，西江水运局拨流动资金20万元给承包人，同时于同年3月10日、15日及4月27日为承包人办理贷款共180万元并作贷款担保。同年5月13日发包方派到购销部协助工作的李继南副局长向西江水运局作了书面汇报。汇报中指出，尚欠拨流动资金40万元及要求及时办理贷款事宜。同年10月31日伍柏强函告发包方，函中指出发包方没有依约全面履行义务，只拨20万元流动资金，尚欠40万元，因而造成承包人严重损失，同时要求，为挽回损失，发包方应在下月10日前将40万元流动资金拨给承包人，否则要承担违约责任。同年11月2日，发包方对承包人10月31日的来函作了答复，同年11月9日伍柏强对发包方11月2日的复函进行书面说明并交发包方。书面说明指出，发包方拨流动资金未全部到位，造成我方所签合同违约，赔偿10余万元，要求共同分担；承包费的缴付问题要在解决纠纷的前提下，再商谈。此后，双方没有就承包问题进行协商。1996年2月14日，伍柏强将第二购销部办公室及有关印章等物移交给发包方，但没有交承包金，也没有归还发包方拨给的流动资金20万元和支付发包方派出协助工作人员的工资福利等费用。另查明：1995年2月1日起至1996年2月，发包人派李继南协助伍柏强工作，发包人代垫支李继南工资补贴等款共9788.80元。

再查明：1995年4月27日伍柏强以西江水运局第二购销部名义与新会市荷塘镇篁湾木器厂签订购销松圆木合同一份，合同标的为95万元。1995年4月29日又与中山市小榄星辉木器厂签订购销松圆木合同一份，合同标的为75万元。1995年5月7日，伍柏强以广东中山市小榄镇埒西一综合木材厂名义与昭平县桂平有限公司签订购销松圆木合同，交易松圆木3000立方米。伍柏强认为签订上述三份合同因发包方不付足流动资金，致使其无法履行合同，造成损失30.5万元，所以要求发包方赔偿损失30.5万元。伍柏强签订上述合同没有要求发包方办理贷款去解决资金不足。

上述事实有下列证据证明：

（1）双方签订的承包合同。

（2）双方来往的信函、汇报材料。

（3）西江水运局拨款单。

（4）贷款合同及担保合同。

（5）西江水运局代垫支李继南工资补贴证明。

（6）承包人与他人签订购销松圆木的合同及赔偿的收款收据。

（7）移交清单。

（8）受诉法院的调查笔录、开庭笔录。

3. 一审判案理由

梧州市蝶山区人民法院依据上述事实和证据认为：

（1）原、被告双方签订的承包合同，符合有关法律规定，为有效合同。

（2）原告西江水运局不依约拨流动资金，应承担违约责任。

（3）被告伍柏强在承包期满后没有依约归还发包方的拨款，没有依约交纳承包金及发包方代垫款，显属违约，必须在交清款项的同时承担违约责任。

（4）被告伍柏强要求原告西江水运局赔偿损失 30.5 万元，因没有证据证实其损失是发包方造成的，故不予支持。

4. 一审定案结论

一审法院依照《中华人民共和国民法通则》第一百零六条的规定，作出如下判决：

（1）确认伍柏强欠原告西江水运局款 20 万元。

（2）确认伍柏强欠原告西江水运局承包金及代垫款 199788.8 元。

（3）伍柏强应承担逾期归还款项违约金（违约责任计算为：从 1996 年 2 月 2 日起至判决书规定付清款之日止按上述一、二项欠款总额日万分之五计）。

（4）原告西江水运局承担逾期拨款违约金 7.03 万元（可与伍柏强欠款冲销）。

（5）伍柏强应支付给西江水运局的款项必须在判决书生效后五天内付清。

本案诉讼费 19104 元，西江水运局负担 3000 元，伍柏强负担 16104 元。

（三）二审诉辩主张

1. 上诉人伍柏强诉称：(1) 违约责任没有分清。西江水运局没有全面依约定履行合同。其一是西江水运局拨款不足，仅于 1995 年 2 月 14 日拨 20 万元，尚有 40 万元直到合同期满亦未拨到位；其二是拨款时限超期，按约定西江水运局须在 1995 年 2 月 1 日拨付的 40 万元流动资金，西江水运局所拨的 20 万元的时间却是 2 月 14 日，已拨的款项超期 13 天；其三是停止提供贷款担保。西江水运局仅于 3 月 10 日、3 月 15 日、4 月 27 日三次担保贷款，尔后虽有上诉人口头要求担保贷款，但均未如愿。正是由于西江水运局没有全面履行合同，致使上诉人承包业务受阻，可图之利没法得到，西江水运局应负违约的主要责任。(2) 反诉与原诉存在着直接的利害关系。上诉人向法庭提交了被索赔的三份购销合同，证实了这些合同均是在上诉人与被上诉人签订承包合同以后所签订的，其标的物属于第二购销部的有效经营项目，履行时间在承包期限内。造成这些合同违约，主要原因是西江水运局应拨之款不能如期拨出，上诉人无款提货所致，要货的追究无货可供的违约责任，供货的以有货无款提货，所交定金被没收。请求二审法院撤销原判，根据事实和法律，作出公正判决。

2. 被上诉人西江水运局答辩称：我局依约于 1995 年 2 月 14 日拨 20 万元给伍柏强，后来又分三次为伍柏强提供贷款担保共 180 万元，至今伍柏强还有 50 万元贷款未还。我局不能拨足 60 万元流动资金给伍柏强，不是我局主观错误造成的，而是由于国家加强宏观调控，政策性的变化带给我们的困难。根据《经济合同法》第三十条及其他合同条例的有关规定，根据过错责任原则，应予免除我局的违约责任；我局已依约履行了合同义务的 66%以上，但上诉人在承包期间没给一份财务报表，不退回投资款，不交承包金，不给我局派出人员的工资福利费，应承担违约责任。另外，反诉与本诉不存在直接的利害关系，因为合同约定是上诉人承包后实行自主经营、自担风险、自负盈亏的，请求二审法院维持原判。

（四）二审事实和证据

二审法院认定了一审查明的事实和依据。此外还查明：1994年12月30日，西江水运局与广东省中山市小榄镇埒西一综合木材厂签订承包合同一份，其中约定，甲方（西江水运局）给乙方（埒西一综合木材厂）办公室一间，所需设备和装修费用由乙方负责；甲方派一名局领导作购销部法人代表，负责管理工作和协助乙方完成承包任务；乙方配备财务专职人员，认真做好财务工作，每季度上送一份财务核算报表。同年2月14日，西江水运局拨20万元给承包人后，承包人用该款购买了捷达轿车一辆，移动电话一部，装修了办公室，购买了一些办公用品，共用去了153956.18元。1995年3月10日、3月15日、4月27日，西江水运局为承包人办理了贷款180万元并担保了130万元。2月至4月间，承包人揽得生意六单，做成二单。4月底，购销部基本无流动资金。5月2日，副局长李继南向西江水运局原局长刘水胜汇报购销部工作。刘表示局里不再拨款，担保贷款一二十万元可以，但要修改协议。同月13日，西江水运局领导收到购销部的书面汇报后，没作研究，也没依约拨40万元流动资金给承包人，更没有向承包人发出修改承包合同的书面通知。4月27日承包人所贷的50万元，西江水运局也没有签字盖章担保。同年5月27日，西江水运局原局长刘水胜因车祸死亡。嗣后，经李继南及财务科林庆强多次向接手刘水胜局长工作的局书记黄沛忠汇报4月27日贷款担保的事情，黄沛忠于6月份在4月27日的贷款担保书上补签字盖章。

另查明：第二购销部与广东省新会市荷塘镇篁湾木器厂、中山市小榄星辉木器厂签订的购销松圆木合同，购销部需在同年的5、6、7月份三批供松圆木1500立方米和1200立方米给两个木器厂，到货一船结算一船，订金20万元（两个单位各20万元）到最后一批扣除。落实买方之后，同年5月7日承包人以埒西一综合木材厂名义与昭平县桂丰有限公司签订购销松圆木合同，供方桂丰有限公司在同年5、6、7月分三批供松圆木共3000立方米给需方埒西一综合木材厂，需方需付20万元作定金。伍柏强在埒西一综合木材厂的账户提取现金20万元，交付定金。由于承包人没有足够资金去提货，致使三个连环合同无法履行。承包人支付给桂丰有限公司的定金20万元，桂丰有限公司不退还。付给篁湾木器厂、星辉木器厂违约金共10万元，合共经济损失为30万元。

再查明：1995年10月31日，承运人向西江水运局发出关于要求全面履行承包合同的报告。指出，承包费用的上缴只能在分清责任的前提下，合理承担；拨付的20万元现金，减除购买办公设备、装修门面、购买汽车等费用及赔偿经济损失外，采取多还少补的办法。同年11月2日，西江水运局复函伍柏强，认为合同必须继续履行，也可以商谈中途终止，但我局不再投入资金。同年11月9日，伍柏强针对西江水运局的上述复函又去函作了说明，并提出继续履行合同或终止的具体意见。自此之后，西江水运局再没有作出答复，双方当事人也没就合同履行等问题再协商。1996年2月1日合同期满，伍柏强以双方未协商好解决纷争的方案为由，没有上缴承包金及退回20万元给西江水运局。同日，西江水运局正式收回房子。2月14日，接收购销部移交的办公用品等物件，经梧州市物价局估价为9386元。还查明：1995年第一季度第二购销部财务报表已送李继南副局长收。副局长李继南于1995年11月份不在购销部工作，正式回局上班。西江水运局在册职工人均年收入为6174元。埒西一综合木材厂原为伍柏强开办，1996年4月至5月间，出卖了该厂。

上列事实有下列证据证实：

1. 二审法院询问西江水运局李继南副局长、财务科林庆强的笔录。

2. 第二购销部会计账本。

3. 储蓄所证明材料。

4. 西江水运局出具的在册职工人均年收入证明。

5. 二审庭审笔录。

（五）二审判案理由

二审法院经审理认为：

1. 西江水运局在合同生效之日，就未依约按时按量拨足流动资金 40 万元，已构成违约。日后，承包人多次要求依约拨足尚未到位的大部分流动资金，西江水运局明确表态不再拨款显属故意毁约行为，应承担违约责任。

2. 西江水运局认为不依约拨足流动资金，是由于国家加强宏观调控，政策性带来的困难，应免责的主张不予支持。因为其所主张的原因不属于不可抗力。

3. 一审法院判罚西江水运局按 40 万元的日万分之五的违约金支付给承包人，缺乏依据。当事人双方在承包合同中并无违约金罚则的规定，法律法规对承包合同也无具体规定，而且一审法院认定逾期拨款失实。

4. 承包人在承包期间因签订三份连环合同所受到的损失与发包人的违约不拨 40 万元的行为有着直接的因果关系，西江水运局应负主要责任，承包人负次要责任。

5. 根据承包人实际经营时间（3 个月）及投入产出率的概算为依据，确定承包金为 5 万元。

6. 根据《民法通则》关于取得财产有合法根据的原则，承包人移交的办公用品及已装修的房间，在折旧之后，由西江水运局补偿给承包人。

7. 承包期满之后，在是非责任不清，双方又未协商出解决纷争的办法的情况下，承包人没交付承包金及退回 20 万元流动资金，不应认定承包人违约。

（六）二审定案结论

梧州市中级人民法院依照《中华人民共和国经济合同法》第六条、第二十九条、第三十一条和《中华人民共和国民事诉讼法》第一百五十三条第一款第（二）、（三）项的规定，作出如下判决：

1. 撤销梧州市蝶山区人民法院（1996）蝶经初字第 87 号民事判决。

2. 伍柏强返还 20 万元给西江水运局。

3. 伍柏强支付承包金 5 万元和李继南的工资补贴等 4630.50 元给西江水运局。

4. 西江水运局赔偿 20 万元，补偿办公用品、装修房间、门面费用共 9386 元给伍柏强。

上述三项相折抵，伍柏强应支付 45244.50 元给西江水运局。

本案一审诉讼费 19104 元（包括财产保全费），西江水运局负担 11452 元，伍柏强负担 7642 元；二审诉讼费 16584 元，伍柏强负担 6634 元，西江水运局负担 9950 元。

上述应付款项，义务人应于本案判决书送达之日起十日内付清。逾期则应加倍支付迟延履行期间的债务利息。权利人可在本判决规定的履行期限届满的最后一日起一年内向一审法院申请执行。

（七）解说

本案的处理有一个难点和一个新的问题。

1. 本案处理的难点是承包金的数额如何确定。本案的被上诉人西江水运局履行了合同约定拨款的三分之一，担保贷款了180万元。而承包人仅实际经营三个月，以后因缺资金而无法经营。一审法院依照发包人西江水运局在诉讼中的请求，按合同约定20万元承包金减1万元来判决，按局领导的工资、福利水平判决承包人支付9788.80元，两项加起来，差不多是20万元。20万元的投入，一年后就回报20万元的纯利润，显然是不符合商业习惯和投入产出的一般规律的，也不符合权利义务对等的原则。据了解，做木材生意，最佳为10%的毛利和5%的纯利润。承运人要完成承包任务和自己要赚同等的钱，最起码要做840万元的生意。而现在，承包人只做200万元左右的生意，是840万元的四分之一。实际经营时间为3个月，又为承包期的四分之一，故二审法院确定承包金为5万元加上给付西江水运局派出的一名副局长的工资福利（局在册职工年均水平，9个月计）为5.5万元。二审法院根据商业习惯和投入产出的一般规律、实际经营时间和权利义务对等的原则确定承包金数额是正确的。

2. 承包人能不能行使诉前抗辩权，即在发包人违约、毁约，双方尚未就承包金数额、赔偿损失等问题达成协议情况下，承包人能否在承包期满之后暂不交纳承包金及退回拨款。这个问题，是目前法律法规没有规定，在审判实践中各地法院又认定和处理不大一致的问题。本案的承包人在发包人不依约拨足流动资金的情况下，多次要求发包人全面履行合同义务和协商处理承包善后问题但终未果。承包人在长达9个月时间内无资金运作。承包期届满后，以未协商解决纷争为由，暂不交纳承包金及退回发包方已拨的20万元，承包方的行为算不算违约？笔者认为，承包人实际上在行使抗辩权不应认定为违约。因为是非责任未分清，承包金数额、要不要赔偿损失、赔偿损失的数额等尚处在一个不确定状态，故二审法院的判决是正确的，也是符合"上海会议纪要"第六条规定精神的，即"一方当事人在对方严重违约时采取合理的自我保护措施的，应当给予支持"。在当前的经济交往中出现的商业信用不大好，企业资金体外循环，诈钱骗财，躲债逃债，拖欠不还严重的局面下，一方当事人在对方违约时行使抗辩权显得十分重要。

3. 发包方西江水运局以国家加强宏观调控为由认为应免除己方的违约责任，证据不足，于法无据。国家加强宏观调控并不能构成法律上可以免责的不可抗力，发包方援用法律不当，法院不予支持是正确的。

（黄明清）

20. 蜀兴信托投资公司诉成都兴华建筑工程公司等融资租赁合同案

（一）首部

1. 判决书字号

一审判决书：海南省海口市中级人民法院（1995）海中法经初字第24号。

二审判决书：海南省高级人民法院（1996）琼经终字第1号。

2. 案由：融资租赁合同案。

3. 诉讼双方

原告（被上诉人）：蜀兴信托投资公司（以下简称蜀兴公司）。

法定代表人（一审）：王立新，总经理。

法定代表人（二审）：王兴琦，总经理。

委托代理人（一审）：陈卫国，该公司职员。

委托代理人（一、二审）：丁馨，海口市第一律师事务所律师。

被告（上诉人）：成都兴华建筑工程公司（以下简称兴华公司）。

法定代表人：曾令生，总经理。

委托代理人（一、二审）：许汝才，新都县经济律师事务所律师。

委托代理人（二审）：谭兵，海南大学法学院教授。

被告：新都县桂湖水泥厂（以下简称桂湖水泥厂）。

法定代表人：李兴成，厂长。

委托代理人（一审）：胡本林，四川省东方律师事务所律师。

被告：海南成海房地产开发有限公司（以下简称成海公司）。

法定代表人：张贵书，总经理。

委托代理人（一、二审）：杨达华，四川省思创律师事务所律师。

4. 审级：二审。

5. 审判机关和审判组织

一审法院：海南省海口市中级人民法院。

合议庭组成人员：审判长：黄文侦；代理审判员：郭朝阳、刘立卓。

二审法院：海南省高级人民法院。

合议庭组成人员：审判长：崔兰；审判员：王志刚；代理审判员：皮修雁。

6. 审结时间

一审审结时间：1995 年 8 月 8 日。

二审审结时间：1996 年 3 月 14 日。

（二）一审诉辩主张

1. 蜀兴公司诉称：1991 年 11 月 14 日和 25 日，我公司与兴华公司签订了两份租赁合同，约定我公司租给兴华公司红岩牌自卸车 22 辆，租赁期限 2 年，租金额为人民币 4966966 元；租赁期满时，兴华公司再支付租赁物件概算成本的 0.05%残值后，租赁物件归兴华公司所有。桂湖水泥厂和成海公司为兴华公司出具了担保书。签约后我公司依约将 22 辆自卸车交给兴华公司，但兴华公司未履行还款义务，请求依法判令兴华公司支付租赁物件本息，并由担保方承担连带清偿责任。

2. 兴华公司辩称：蜀兴公司所称签订的租赁合同属实，但该公司无融资租赁经营权，应确认合同无效；同时，该公司交付的 22 辆汽车存在质量问题，亦未办理营运证，给我公司造成重大损失。我公司曾多次书面函告蜀兴公司，要求退车并妥善处理，但其置之不理，造成的损失由蜀兴公司承担。另外，我公司已支付给蜀兴公司租金人民币 118 万多元。

3. 桂湖水泥厂辩称：我厂出具的不可撤销还款担保书，内容清楚，只为兴华公司的 423 万元借款作担保，没有租赁担保内容，而蜀兴公司与兴华公司之间是租赁关系，没有借款关系，因此我厂出具担保书无效，不承担担保责任。退一步说，不管是借款还是租赁，均已超过了担保时效。

4. 成海公司未作书面答辩，在庭审中的辩称内容与桂湖水泥厂意见相同。

（三）一审事实和证据

经审理查明：1991年11月14日，蜀兴公司及其代理方海南蜀海租赁贸易公司（以下简称蜀海公司）与四川省新都县城镇建筑建材公司（后更名为成都兴华建筑工程公司，其债权债务不变）签订了一份租赁合同（编号为［91］蜀租字第24号）。合同约定：蜀兴公司根据兴华公司的要求购买四川汽车制造厂生产的载重量为9.5吨和15吨的红岩牌自卸汽车分别为7辆和5辆，共计12辆，价值为人民币2437600元，然后再出租给兴华公司使用；租赁期限2年，即从1991年11月25日至1993年11月25日；租金总额为人民币2860491元（其中本金2437600元，利息422891元，按月利率1.26%计息）；兴华公司应于租赁期满日前分八次付清，并以转账方式付给原告的代理方蜀海公司；手续费85815元，由兴华公司于签约后10日内付给蜀兴公司代理方蜀海公司；交货地点为海口市；交货日期为1991年11月25日；兴华公司应在租赁物件收据上签字、盖章，租赁物件的索赔权随之转让给兴华公司；租赁物件在质量保证期内发生质量问题，由卖方负责，蜀兴公司及其代理方不负责任；租赁期内，租赁物件的所有权属于蜀兴公司；租赁期间，兴华公司应负责维修，并承担维修费；兴华公司应以蜀兴公司名义对租赁物件投保；兴华公司应在签约后10天内向蜀兴公司代理方蜀海公司支付保证金人民币243760元；若兴华公司延迟交付租金，则按月利率1.26%的1.5%计算延迟利息；租赁期满时，兴华公司向蜀兴公司代理方蜀海公司支付租赁物件概算成本的0.05%残值后，取得租赁物件的所有权；未经对方书面同意，任何一方不得中途变更或解除合同；如兴华公司违约，蜀兴公司可终止合同，收回租赁物件，并提出赔偿要求。

1991年11月25日，蜀兴公司及其代理方蜀海公司与兴华公司又签订一份租赁合同，合同格式与同年11月14日所签订的租赁合同完全相同。合同约定：蜀兴公司根据兴华公司的要求购买四川汽车制造厂生产的载重量为9.5吨红岩牌自卸汽车10辆，价值为人民币179.3万元，然后再出租给兴华公司。租赁期限2年，即从1991年11月28日至1993年11月28日。租金总额为人民币2106475元（其中本金179.3万元，利息313475元，按月利率1.26%计息），于租赁期满日前分八次付清，并以转账方式付给蜀兴公司代理方蜀海公司手续费53790元，由兴华公司于签约4日内付给蜀兴公司代理方蜀海公司；交货地点为深圳市；交货日期为1991年11月28日；兴华公司应在签约后4天内将保证金179300元付给蜀兴公司代理方蜀海公司；其他条款与同年11月14日所签订的合同相同。

签约后，蜀兴公司的代理方蜀海公司与兴华公司于1991年11月25日办理了22辆红岩牌自卸车的交接手续，兴华公司在租赁物件交货收据上签字、盖章。同年11月27日，蜀兴公司的代理方蜀海公司代表祁新、兴华公司法人代表曾令生以及四川汽车制造厂代表朱凡和丛永利对22辆红岩牌自卸车进行了验收，验收结果是：14辆可投入使用；6辆可启动到现场，但无法使用；2辆无法启动。三方代表达成了在1991年12月5日前修复的一致意见。之后，兴华公司未就租赁车辆的质量问题和营运手续问题向原告提出书面意见。兴华公司依约向蜀兴公司的代理方蜀海公司支付保证金人民币423060万元、支付手续费人民币126918元，并在租赁期限内向蜀兴公司支付租金人民币63.5万元。

1991年11月10日，桂湖水泥厂向蜀兴公司出具担保书，同意用全部资金857万元为兴华公司租赁设备作担保。同年11月12日，杨开田受桂湖水泥厂的委托向原告出具了担保书，同意为兴华公司租赁红岩牌自卸车22辆作担保，期限2年。同年11月19日，桂湖水泥厂又用原告固定格式的不可撤销的还款担保书填写担保，同意为兴华公司的423万元贷款及（91）蜀租字第24号借款合同项下所发生的利息和费用进行担保。

1989年11月12日，成海公司向原告出具了担保书，同意为被告兴华公司租赁红岩自卸车22辆作担保，期限2年。1991年11月18日，成海公司用原告固定格式的不可撤销的还款担保书填写担保，同意为兴华公司的423万元贷款及（91）蜀租字第24号借款合同项下所发生的利息和费用进行担保。

1992年6月20日、7月5日和8月3日，兴华公司三次致函蜀兴公司及其代理方称：由于深圳土石方工程项目无法实施，造成经济损失，要求退车，并愿意承担租赁期间的设备折旧费用，要求免收管理费和租金利息；或将车辆交汽车交易市场估价，所亏部分由兴华公司承担，车辆由蜀兴公司收回。1994年4月13日，兴华公司再次致函蜀兴公司及其代理方，承认尚欠租金423万元，要求处理红岩车用于还款，或将红岩车作价退回蜀兴公司作抵偿，或以其他资产抵债。蜀兴公司收到兴华公司上述函件后，均没有给予答复。

以上事实有下列证据予以证明：

1.1991年11月14日，蜀兴公司、蜀海公司与兴华公司签订的租赁合同。

2.1991年11月25日，蜀海公司、蜀海公司与兴华公司签订的租赁合同。

3.1991年11月10日、12日和19日，桂湖水泥厂向蜀兴公司出具的六份担保书。

4.1989年11月12日、1991年11月18日，成海公司向蜀兴公司出具的两份担保书。

5.1992年6月20日、7月5日、8月3日和1994年4月13日，兴华公司四次发给蜀兴公司有关处理租赁物的函件。

6.1991年11月25日，蜀海公司与兴华公司办理22辆红岩车交接手续的凭证。

7.1991年11月27日，蜀海公司、兴华公司与四川汽车制造厂对22辆红岩车的验收结果和修复意见。

8. 兴华公司向蜀海公司支付保证金、手续费和租金共计1184978元的凭证。

（四）一审判案理由

海南省海口市中级人民法院认为：蜀兴公司与兴华公司签订的租赁合同，属融资租赁合同，合法有效，应受法律保护。兴华公司未依约支付租金，属违约行为，应负违约责任，所欠蜀兴公司租金3908906元应偿还，并赔偿利息损失。兴华公司支付给原告2115.3元的残值款后取得租赁物的所有权。桂湖水泥厂和成海公司出具的不可撤销担保书，该担保函虽是固定格式的还款担保，但实际为兴华公司与蜀兴公司的（91）蜀租字第24号租赁合同进行担保，其真实意思表示是为兴华公司的融资租赁合同进行担保。因此，桂湖水泥厂及成海公司的不可撤销担保，是有效的，应对兴华公司所欠蜀兴公司的租金及其利息等承担担保责任。三被告的诉讼请求，理由不能成立，不予支持。

（五）一审定案结论

根据《中华人民共和国民法通则》第八十四条、第八十五条、第八十八条第一款、第八十九条，《中华人民共和国经济合同法》第六条、第十五条之规定，海南省海口市中级人民法院于1995年8月8日作出判决：

1. 兴华公司应偿还尚欠蜀兴公司租金人民币3908906元，并赔偿利息损失901315元

（从 1993 年 11 月 28 日暂计至 1995 年 8 月 28 日，按合同约定的月利率 1.26%计），共计人民币 4810221 元，于判决生效之日起 30 天内付清，逾期按同期银行贷款利率双倍计付赔偿金。

2. 兴华公司支付给蜀兴公司 2115.3 元的残值款后取得租赁物的所有权，双方于判决生效后 30 天内办理过户手续。

3. 桂湖水泥厂和成海公司对兴华公司所欠蜀兴公司的上述债务负连带清偿责任。

本案受理费 21670 元，由兴华公司负担。

（六）二审情况

1. 二审诉辩主张

一审宣判后，兴华公司不服向海南省高级人民法院提起上诉。兴华公司上诉称：兴华公司与蜀兴公司签订的合同属一般租赁合同，非融资租赁合同；蜀兴公司对兴华公司四次发函未予答复，应免除兴华公司就此行为之后扩大的损失责任；蜀兴公司未办理租赁车辆营运证手续，应向兴华公司赔偿损失；蜀兴公司实际未按期交付租赁车辆，且交付的部分车辆存在质量问题，应对合同约定的租金数额作相应变更。蜀兴公司答辩认为兴华公司的上诉理由均不能成立。成海公司和桂湖水泥厂未作书面陈述。

2. 二审调解结果

二审诉讼期间，兴华公司与蜀兴公司经协商，就本案双方之间的债权债务关系于 1996 年 3 月 8 日达成调解协议：（1）兴华公司保证于 1996 年 6 月 30 日以前再归还蜀兴公司欠款共计 390 万元，具体还款日期如下：1996 年 3 月 30 日前归还 50 万元；1996 年 4 月 30 日前归还 100 万元；1996 年 5 月 30 日前归还 100 万元；1996 年 6 月 30 日前归还 140 万元。（2）兴华公司如有任何一期未按协议第一条约定归还欠款，则协议第一条作废，兴华公司必须按原租赁合同的约定履约，即归还本金数额为 423.06 万元，月利率 1.26%，罚息 6.3%。（3）兴华公司按期归还欠款后，蜀兴公司租赁给兴华公司的 22 辆红岩自卸车所有权随之转让给兴华公司，兴华公司无须再付残值费。（4）本案诉讼费由兴华公司支付。蜀兴公司、兴华公司均在调解协议上加盖了公章，蜀兴公司法定代表人王兴琦、委托代理人丁馨，兴华公司法定代表人曾令生，兴华公司主管部门新都镇党委书记张云祥，在调解协议上签字。

3. 二审判案理由

二审法院认为：

（1）蜀兴公司与兴华公司于 1996 年 3 月 8 日达成的关于本案双方之间的债权债务关系的调解协议，意思表示真实，未损害本案担保人成海公司和桂湖水泥厂的利益，不违反法律规定，应予确认。

（2）鉴于担保人成海公司和桂湖水泥厂未参与调解及未在调解协议上签字，且两担保人有关其担保责任不成立之主张无事实和法律依据，蜀兴公司和兴华公司同意以判决书的形式确认双方调解协议的内容，予以认可，为此应对原审判决第一、二项作相应变更。

4. 二审定案结论

海南省高级人民法院根据《中华人民共和国民事诉讼法》第一百五十三条第一款的规定，判决如下：

（1）维持海口市中级人民法院（1995）海中法经初字第 24 号民事判决第三项。

（2）变更海口市中级人民法院（1995）海中法经初字第24号民事判决第一、二项为：兴华公司于1996年6月30日前归还蜀兴公司欠款共计390万元。其中，1996年3月30日前归还50万元；1996年4月30日前归还100万元；1996年5月30日前归还100万元；1996年6月30日前归还140万元。兴华公司如有任何一期未按上述规定归还欠款，则必须按原租赁合同的约定履约，即归还本金数额为423.06万元，月利率1.26%，罚息6.3%；兴华公司按期归还欠款后，22辆红岩自卸车所有权随之转让给兴华公司，兴华公司无须再付残值费。

本案一、二审案件受理费共43340元，均由兴华公司负担。

（七）解说

处理本案的关键是确定合同的性质即本案属融资租赁合同纠纷案件，还是一般租赁合同纠纷。

根据最高人民法院《关于审理融资租赁合同纠纷案件若干问题的规定》的有关精神，融资租赁合同是指出租人根据承租人对租赁物的特定要求和对供货人的选择，出资向供货人购买租赁物，并租给承租人使用，承租人按约定的币种支付租金，在租赁期满时，按约定的办法取得租赁物所有权的协议。它与传统租赁合同有着显著的区别。第一，融资租赁中，承租人对租赁物和供货人有选择的权利；传统租赁中，承租方只在出租方现有财产中选择租赁物，不涉及租赁物的买卖。第二，融资租赁中，涉及三方当事人，即出租人、承租人和供货人，诉讼中供货人是否列为当事人，则根据具体案情而定；传统租赁中，只有两方当事人，即出租人和承租人。第三，融资租赁中，承租人承担租赁物的维修、管理、保险以及其他风险责任；传统租赁中，则一般由出租人负责安装、维修、保险，并承担租赁物灭失、毁损等其他风险责任。第四，融资租赁中，租赁物出现瑕疵时，由承租人行使对供货厂家的索赔权；传统租赁中则由出租人行使索赔权。第五，融资租赁中，租期届满后，可按约定的办法由承租人留购、续租或退租；传统租赁中，承租人在租期届满后，应将租赁物返还给出租人。本案蜀兴公司和兴华公司之间签订的两份合同所约定的双方权利义务均符合融资租赁法律特征。因此，人民法院按融资租赁合同处理是正确的。

（郭朝阳）

21. 中国对外贸易租赁公司诉博兴县棉纺织厂等融资租赁合同案

（一）首部

1. 判决书字号

一审判决书：山东省滨州地区中级人民法院（1993）滨中法经初字第34号。

二审判决书：山东省高级人民法院（1994）鲁经终字第215号。

2. 案由：融资租赁合同案。

3. 诉讼双方

原告（上诉人）：中国对外贸易租赁公司。

法定代表人：杨振友，总经理。

委托代理人：管驰步，中国出口商品建设基地山东公司业务四部经理。

委托代理人（一审）：徐文洲，山东省滨州地区律师事务所律师。

委托代理人（二审）：张士进，北京市大公律师事务所律师。

被告（被上诉人）：山东省博兴县棉纺织厂。

法定代表人：吕友学，厂长。

委托代理人：郝高芬，山东省博兴县律师事务所律师。

被告（被上诉人）：中国农业银行博兴县支行。

法定代表人：高向民，行长。

委托代理人：袁闽江，该行副行长。

委托代理人（一审）：王健全，山东省博兴县律师事务所律师。

委托代理人（二审）：孟少华，滨州地区经济律师事务所律师。

被告（被上诉人）：山东省纺织品进出口公司。

法定代表人：夏鸿恩，总经理。

委托代理人：刘元田，青岛市律师事务所律师。

委托代理人：段存波，该公司企管部副经理。

第三人（上诉人）：山东省机械进出口公司。

法定代表人：刘学才，总经理。

委托代理人：曲坤山，青岛市经济律师事务所律师。

委托代理人：宋湘清，该公司部门经理。

第三人（被上诉人）：山东省滨州地区计划委员会。

法定代表人：刘振新，主任。

委托代理人：李景安，该委员会科长。

委托代理人（一审）：孟少华，滨州地区经济律师事务所律师。

委托代理人（二审）：高士恒，滨州地区经济律师事务所律师。

4. 审级：二审。

5. 审判机关和审判组织

一审法院：山东省滨州地区中级人民法院。

合议庭组成人员：审判长：许明山；审判员：马明海；代理审判员：李同义。

二审法院：山东省高级人民法院。

合议庭组成人员：审判长：孙延禄；审判员：吴和、王淑丽。

6. 审结时间

一审审结时间：1994 年 5 月 3 日（依法延长审限）。

二审审结时间：1996 年 3 月 28 日（依法延长审限）。

（二）一审情况

1. 一审诉辩主张

（1）原告中国对外贸易租赁公司（以下简称中租公司）及其委托代理人诉称：1988 年 3 月 15 日与被告博兴县棉纺织厂（以下简称博兴棉厂）签订了棉纺设备租赁合同，被告博兴棉厂收到租赁设备后，至今尚欠租金 699804.43 美元未付，请求法院判令被告偿付租赁费 699804.43 美元，承担延付利息和罚息，并判令被告中国农业银行博兴县支行（以下简称博兴农行）、山东省纺织品进出口公司（以下简称纺织公司）承担担保的连带责任。

（2）被告博兴棉厂辩称：原告要求我厂支付699804.43美元的租金无法律依据，我厂只收到450万元人民币，原告根本没把合同约定的73台设备交给我厂使用。原告让我厂支付租金无法律依据，本租赁合同从形式上是国际融资租赁合同，但实际履行上不具备国际融资租赁合同的特征，属借贷纠纷，应按《经济合同法》的规定处理。

（3）被告博兴农行辩称：我方向原告出具的人民币担保书，仅是我单方的意向，作为担保合同不能成立，在原告与被告博兴棉厂订立的合同上，虽将我行列为担保人，但我行并未在该合同上签字、盖章。再者我行已于1990年3月30日向原告发出担保作废的声明，原告未提出任何异议。

（4）被告纺织公司辩称：原告所诉我公司担保情况属实，但因原告与被告博兴棉厂构不成国际融资租赁，租金不应用美元支付，因此，我公司的担保无实际意义。且原滨州地区对外经济贸易办公室（后该办公室取消，其职能由地区计委行使）为我公司出具了反担保，请求追加其作为第三人参加诉讼。

（5）第三人山东省机械进出口公司（以下简称机械公司）、滨州地区计划委员会（以下简称滨州计委）在答辩期内未作答辩。

2. 一审事实和证据

山东省滨州地区中级人民法院经公开审理查明：博兴棉厂与中租公司于1988年3月15日签订了（88）委字第G10/013号租赁委托书。同日，双方又签订了（88）中贸租G08字第20G013号租赁合同。约定：中租公司根据博兴棉厂的要求租进或购进1万纱锭绵纺设备出租给博兴棉厂使用。在租赁期内租赁物件所有权属中租公司，博兴棉厂只有使用权，没有所有权，全部租金及名义货价付清后，所有权转归博兴棉厂。租金以租赁物件的总成本为基础计算，在每期期末五日内通过开户行汇付，迟付租金时，每日加收延付金额万分之三的利息。博兴棉厂委托博兴农行、纺织公司为本合同的经济担保人。本租赁合同附表约定：租赁物件为棉纺设备，数量73台；制造厂商为国内制造；卖方为中国机械进出口公司山东分公司（机械公司前身），预定交货期为1988年4月30日；交货方式和地点，FOB博兴县；租赁期限36个月；租金支付方式，半年一期后付；租金总额1217331.53美元；手续费55971元人民币，名义货价10元。1988年3月15日，中租公司为买方，机械公司为卖方，双方签订了880COAG－20G013合同。约定：由买方购进卖方73台棉纺设备，FOB博兴县；价格100万美元，制造国别为中国；交货期为1988年4月30日。该合同经承租人博兴棉厂确认后签字。中租公司于1988年4月19日向机械公司支付了100万美元的货款。1988年3月28日，博兴棉厂与机械公司签订了鲁机字第55/010号出口机电产品供货合同及55/010合同附加条款，约定：由博兴棉厂向机械公司提供棉纺设备73台，价款450万元，1988年4月底交货。该合同作为880COAG－20G013合同的附加部分。1988年4月25日，博兴棉厂向中租公司出具了收到租赁设备73台的收据。1988年5月4日，博兴棉厂收到机械公司付给的450万元人民币的货款，并于1989年5月收到机械公司付给的设备差价及出口奖励25万元。1988年2月3日博兴农行向中租公司出具了偿还租金人民币担保书。1988年2月15日，纺织公司向中租公司出具了关于博兴棉厂租赁设备外汇额度担保函，同时，原滨州地区对外经济贸易办公室（其被滨州地区行署撤销后，其外汇业务归滨州计委管理）为纺织公司出具了反担保。原告多次向被告博兴棉厂索要租金，被告博兴棉厂于1990

年5月5日付给原告117624美元，1991年元月9日付原告20万美元，1991年9月2日付原告20万美元。另查明机械公司没有按照与原告签订的买卖合同将租赁物交付给承租方博兴棉厂。

上述事实有下列证据证明：

(1)(88)委字第G10/013号租赁委托书：博兴棉厂委托中租公司办理租赁棉纺设备事宜。

(2)1988年3月15日，原告中租公司与被告博兴棉厂签订的(88)中贸租G08字第20G013号租赁合同。

(3)被告博兴农行、纺织公司为原告出具的担保书。

(4)原告与第三人机械公司签订的供货合同。

(5)被告博兴棉厂与第三人机械公司签订的出口机电产品供货合同以及有关付款凭证。

3. 一审判案理由

滨州地区中级人民法院鉴于上述事实和证据认为：

(1)原告与被告博兴棉厂虽已签订租赁合同，但没有将租赁物交付承租方使用，融资租赁合同没有实际履行，而是明为租赁合同实为借贷，为博兴棉厂提供450万元人民币资金。

(2)中租公司与机械公司签订的中英文买卖合同属国内贸易，使用外汇计价结算违反法律规定，该条款无效。

(3)机械公司与博兴棉厂签订的机电产品出口供货合同是一个假合同，该合同无效。据此，机械公司付给博兴棉厂的450万元人民币应予返还，设备差价及出口奖励计25万元人民币应予退缴。

(4)山东省高级人民法院经济庭与滨州地区中级人民法院审委会统一意见：在本案中，山东省博兴棉厂与机械公司恶意串通签订假进出口合同，租赁物没有实际交付，中租公司与机械公司的买卖合同也未实际履行，在本案中的有关几份合同应按无效合同处理，根据过错责任原则由各方当事人分担责任。

滨州地区中级人民法院认为：原告与被告博兴棉厂签订的融资租赁合同，第三人机械公司分别与原告中租公司、被告博兴棉厂签订的棉纺设备合同均为无效合同。被告博兴棉厂签订合同的目的在于套取资金，与第三人机械公司签订的买卖合同为假合同，双方恶意串通、进行欺诈是造成合同无效的重要原因。原告中租公司与第三人机械公司签订的租赁物件买卖合同，约定的交货口岸、到货口岸均为博兴县城，而博兴县根本没有生产棉纺设备的企业，不能作为交货的口岸，对于造成合同的无效也负有一定的责任。合同无效，当事人依据合同所取得的财产，应返还给对方。第三人机械公司付给博兴棉厂的设备差价及出口奖励金25万元，系恶意串通搞假出口，损害了国家利益，应予收缴。被告博兴农行、纺织公司为博兴棉厂出具的担保书因主合同融资租赁合同无效而无效。第三人滨州计委对纺织公司的反担保，在纺织公司不承担责任时，亦不再承担反担保责任。

4. 一审定案结论

山东省滨州地区中级人民法院根据《中华人民共和国经济合同法》第七条、第十六条之规定，作出如下判决：

(1)原告中国对外贸易租赁公司与被告山东省博兴县棉纺织厂签订的融资租赁合同,原告与第三人山东省机械进出口公司签订的棉纺设备供货合同，第三人山东省机械进出口公司与被告博兴县棉纺织厂签订的出口机电产品合同，均为无效经济合同。

(2) 被告山东省博兴县棉纺织厂返还第三人山东省机械进出口公司人民币450万元及赔偿损失2956500元人民币。

(3) 第三人山东省机械进出口公司返还原告中国对外贸易租赁公司100万美元及赔偿损失682200美元。

(4)原告中国对外贸易租赁公司返还被告博兴县棉纺织厂已交租金517624美元及赔偿损失184048.74美元。

以上款项，于本判决生效后十日内付清。

案件受理费238078元，原告中国对外贸易租赁公司负担47615元，被告山东省博兴县棉纺织厂负担95231元，第三人山东省机械进出口公司负担95231元。

（三）二审诉辩主张

1. 上诉人中租公司（原审原告）上诉称：我方与博兴棉厂签订的融资租赁合同不违反法律法规，合同应为有效合同，原审认定无效并令我方返还已交租金不当；我方并未参与博兴棉厂与机械公司恶意串通骗取资金，不应承担任何责任；原判免除担保人的连带责任不当，请求二审法院依法改判。

2. 上诉人机械公司（原审第三人）上诉称：原审认定我方与博兴棉厂恶意串通，没有事实和依据。租赁合同与供货合同均应是有效合同，担保人应当依据担保承担连带责任，判决我方返还美金赔偿损失不当；原审认定我方“以出顶进”购买设备是套汇行为，并裁定罚我方30万美元不当，请求依法改判。

3. 被上诉人博兴棉厂（原审被告）辩称：融资租赁合同是在省外贸在我县挂职的干部协调下与中租公司签订的，通过机械公司将450万元人民币借到手，用于厂房建筑和购买部分设备，原审认定签订合同是形式，借款是目的，合同无效是正确的；我方通过纺织公司偿还租赁公司部分外汇的行为，不能影响本案的性质，也不能证明融资租赁合同为有效合同。原审判决正确，应予维持。

4. 被上诉人博兴农行（原审被告）辩称：博兴棉厂与中租公司、与机械公司，中租公司与机械公司分别签订的合同均是假合同，我方对博兴棉厂不再承担担保责任；博兴棉厂已归还部分租金并与中租公司达成延期还款协议，我方不知道，也不应再承担担保责任。

5. 被上诉人纺织公司（原审被告）辩称：我方为博兴棉厂提供担保时并不知该合同为无效合同，现在外汇额度也无实际意义，因此，我方不应承担连带偿还责任。

6. 被上诉人滨州计委（原审第三人）未作答辩。

（四）二审事实和证据

山东省高级人民法院经公开审理查明：博兴棉厂为解决1万纱锭设备问题，经与中租公司协商，双方于1988年3月15日签订了(88)委字第G10/013号租赁委托书。同日，双方又签订了(88)中贸租G08字第20G013号租赁合同。合同约定，中租公司根据博兴棉厂的要求租进或购进1万纱锭棉纺设备出租给博兴棉厂使用。在租赁期间内所有权属租赁公司，租赁期36个月，租金总额共1217331.53美元，名义货价10元人民币，手续费55971元人民币，半年一期租金，每期租金为202888.59美元，逾期按日万分之三计付利息，租金于1991年4月15日付清，全部租金及名义货价付清后所有权归博兴棉厂。租赁合同附表约定租赁的设备共计73台，国内制造的棉纺设备，预定交货期为1988年4月30日，FOB博兴县。博兴农行在1988年2月3日为博兴棉厂提供了偿还租金人民担保书。纺织公司也于1988年2月15日为博兴棉厂提供了外汇额度担保。滨州计委对纺织公司的外汇额度担保提供了反担保。在签订租赁合同的同日，中租公司与机械公司签订了880COAG－20G013购销合同，由中租公司购买机械公司73台棉纺设备，制造国别为中国制造，价格条件为FOB100万美元，1988年4月30日在博兴县交货。该合同经博兴棉厂确认并签字。同年3月28日，博兴棉厂与机械公司签订了鲁机字第55/010号出口机电产品供货合同及55/010合同附加条款，约定由博兴棉厂向机械公司提供棉纺设备73台，价款450万元人民币，4月底交货。附加条款约定本合同项下的所有设备及零部件由博兴棉厂负责向制造厂家订购。该合同作为880COAG－20G013合同的附加部分。在此之前，博兴棉厂该项目已经当地县、地、省主管部门批准立项，并由山东省纺织厅下属的省纺织机械公司向博兴棉厂供应了部分设备。1988年4月19日中租公司向机械公司交付100万美元。4月25日博兴棉厂向中租公司出具了收到租赁设备73台的收据，5月4日博兴棉厂收到机械公司付给的450万人民币货款。机械公司将鲁机字第55/010号合同按“以出顶进”作了出口统计。1989年5月机械公司付给博兴棉厂设备差价及出口奖金共计25万元人民币。博兴棉厂用机械公司支付的款项购齐了1万纱绽的纺织设备。1990年5月5日，博兴棉厂付给中租公司租金117624美元，1991年元月9日付20万美元，同年9月2日付20万美元。此后，中租公司多次向博兴棉厂索要租金未果，诉至法院。

上述事实有下列证据证明：

1.（88）委字第G10/013号租赁委托书：博兴棉厂授权委托中租公司办理租赁棉纺设备。

2.(88)中贸租G08字第20G013号租赁合同：中租公司与博兴棉厂签订融资租赁合同。

3. 博兴农行、纺织公司为中租公司出具的担保书及滨州计委为纺织公司提供的反担保：明确担保责任。

4. 中租公司与机械公司签订880COAG－20G013购销合同：中租公司将从机械公司购入承租者博兴棉厂所需棉纺设备73台。

5. 鲁机字第55/010号出口机电产品供货合同及其附加条款：约定博兴棉厂向机械公司提供73台棉纺设备，价款450万元人民币，其作为880COAG－20G013合同的附加部分。

6.1988年4月25日博兴棉厂向中租公司出具的收据：收到租赁设备73台。

7. 机械公司1988年5月4日签发的450万元人民币的限额支票：支付博兴县棉纺设备款。

8. 其他有关证据。

（五）二审判案理由

山东省高级人民法院认为：中租公司与博兴棉厂签订的融资租赁合同，中租公司与机械公司、机械公司与博兴棉厂签订的供货合同，是几方当事人在自愿基础上经协商达成的协议，不损害国家利益和几方当事人的利益，应为有效合同。在实际履行中，机械公司采取“以出顶进”的方式，将博兴棉厂的原有棉纺设备以450万元人民币购进，交付博兴棉厂，博兴棉厂向中租公司出具了收据，履行了融资租赁合同标的物的交付，从而解决了博兴棉厂所需设备。中租公司按约定收取租金，实现了融资租赁的目的。机械公司用“以出顶进”的方式履行购销合同，虽未事先报批，但事后已经主管部门认可。因此，原审法院将供货合同与融资租赁合同割裂开，仅以机械公司交付450万元人民币认定双方恶意串通，套取资金，搞假出口，合同无效，理由不充分，应予纠正。博兴农行为博兴棉厂提供的偿还租金人民币担保，纺织公司为博兴棉厂提供的偿还租金的外汇额度担保，山东滨州计委为山东纺织公司提供的反担保，都是在自愿基础上作出的承诺，其担保的内容不违反法律规定，也不损害国家利益，担保合同均为有效合同。在被担保人到期不能履行义务的情况下，担保人应承担担保责任。外汇额度是我国当时对外汇管理的一种制度，现国家这种管理制度虽已并轨，但鉴于当时外汇额度有一定的人民币价格，故纺织公司应按原外汇额度的人民币价格范围内对博兴棉厂承担担保责任，滨州计委对纺织公司承担反担保责任。该租赁合同早已到期，博兴棉厂应向中租公司交清全部租金，并按合同约定承担违约责任。机械公司已按合同约定交付了设备，履行了合同规定的义务，不应再承担责任。原审法院认定事实有误，适用法律不当，应予纠正。

（六）二审定案结论

山东省高级人民法院根据《中华人民共和国经济合同法》第六条、第十五条、第二十九条第一款及《中华人民共和国民事诉讼法》第一百五十三条第一款第（三）项，作出如下判决：

1. 撤销滨州地区中级人民法院（1993）滨中法经初字第34号民事判决。

2. 博兴棉纺厂向中国对外贸易租赁公司支付租金699707.53美元，并承担按日万分之三计算从合同到期之日至判决生效之日的违约金，于本判决送达之日起十日付清。

3. 博兴棉纺厂到期不能履行，由中国农业银行博兴县支行对博兴棉纺厂的义务承担人民币担保责任，山东省纺织品进出口公司对博兴棉纺厂在原外汇额度的人民币价格范围内承担担保责任。

4. 滨州地区计划委员会在原外汇额度的人民币价格范围内对山东省纺织品进出口公司承担担保责任。

一审案件受理费63960元人民币，由博兴县棉纺厂负担。

二审案件受理费63960元人民币，博兴县棉纺厂负担44772元，中国农业银行博兴县支行负担12792元，山东省纺织品进出口公司负担6396元。

（七）解说

在法院受理的经济合同纠纷案件中，融资租赁合同纠纷逐年增多，每年上升比例在30%左右，审理好这类案件，越来越成为人民法院经济审判的一项重要任务。由于融资租赁纠纷是近年来才逐渐大量出现的新类型案件，在审判实践中，经验不足，法律依据也不很充分，在1996年5月27日最高人民法院印发《关于审理融资租赁合同纠纷案件若干问题 的规定》之前，主要是参照《中华人民共和国经济合同法》、《中华人民共和国民法通则》、《中华人民共和国民事诉讼法》等法律法规进行实体上和程序上的处理，结果是往往造成对融资租赁纠纷中出现的新问题、新情况认定事实不清，适用法律不当。

随着审理融资租赁纠纷案件经验的积累，1996年5月27日最高人民法院下发了《关于审理融资租赁合同纠纷案件若干问题的规定》，为各级法院审理该类案件提供了实体上和程序上的法律依据。各级法院在审理该类案件时应依照该规定，着重加强对当事人签订的融资租赁合同有效性、出租人和承租人及供货人间的法律关系、担保责任、租赁物的交付和使用、租赁产生纠纷后约定的受理机关等的审查，严格把握以事实为依据，以法律为准绳的原则，及时、合法处理该类纠纷，切实保护各方当事人的合法权益。在本案中，博兴县棉纺厂与山东省机械进出口公司签订的出口机电产品供货合同，是属于双方恶意串通，套取资金，还是一份合法的有效合同，一、二审法院考虑出发点不同，认定的事实不同，适用的法律不同，因而产生两种不同的判决结果。在本案中产生两种不同判决结果的主要原因就是原审法院将供货合同与融资租赁合同割裂开来，分别进行审查认定，而没有从全局、从融资租赁行为操作的整个过程进行审查认证，仅以山东机械公司交付450万元人民币认定双方恶意串通，套取资金，搞假出口，各份合同无效，没有充分的理由和法律依据，枉下判决，自然会产生错误的判决结果。从融资租赁合同操作的整个过程来把握和认定事实，正确适用法律，是处理融资租赁合同纠纷的关键所在。

（马广亮）

22. 德化县可达陶瓷研究所实验厂诉德化嵩岭瓷业有限公司租赁、技术服务合同案

（一）首部

1. 判决书字号

一审判决书：福建省德化县人民法院（1994）德经初字第003号。

二审判决书：福建省泉州市中级人民法院（1995）泉经终字第008号。

2. 案由：租赁、技术服务合同案。

3. 诉讼双方

原告（被上诉人）：德化县可达陶瓷研究所实验厂（以下简称可达厂）。

法定代表人：许兴文，厂长。

委托代理人：曾昭助，德化县律师事务所律师。

被告（上诉人）：德化嵩岭瓷业有限公司（以下简称嵩岭公司）。

法定代表人：吴国章，董事长。

委托代理人：陈小平，德化县律师事务所律师。

4. 审级：二审。

5. 审判机关和审判组织

一审法院：福建省德化县人民法院。

合议庭组成人员：审判长：陈淑贤；审判员：罗大贯、林翠雅。

二审法院：福建省泉州市中级人民法院。

合议庭组成人员：审判长：张庭芬；代理审判员：郭立新、李小兴。

6. 审结时间

一审审结时间：1994年10月24日。

二审审结时间：1996年1月10日。

（二）一审情况

1. 一审诉辩主张

(1) 原告可达厂诉称：嵩岭公司自1992年12月1日起至1993年12月31日止尚欠其厂房租金140833.30元。请求判令嵩岭公司偿还厂房租金及逾期付款的银行利息；若嵩岭公司要求解除租赁合同，应交清解除前的全部租金，并赔偿损失。

(2) 被告嵩岭公司辩称：1993年7月6日我方正式书面通知，聘请可达厂为本公司技术管理，可达厂表示接受，但未履约，要求按1990年8月1日双方签订的租赁合同补充协议支付1993年7月7日以后的租金没道理；由于可达厂无诚意履约，要求解除合同；合同解除后，我方投资购买的、能拆回的机械设备等部分由我方拆回，不能拆回的土建等部分，可达厂应折价补偿。

2. 一审事实和证据

一审法院经审理查明：1990年3月29日，可达厂与吴国章签订厂房租赁合同一份，约定：吴国章向可达厂承租址在德化县城关土坂坝口乾的厂房1320平方米开办独资企业；租金每年35000元，应于每年12月30日前支付；租赁期15年等。合同签订后，吴国章经工商部门登记核准，开办嵩岭公司。同年7月15日，双方又签订关于厂房租赁合同的补充协议一份。同年8月1日，双方再达成厂房租赁合同再次详细补充的协议一份，约定：嵩岭公司聘请可达厂为技术管理，可达厂负责提供中温瓷土为1200℃至1250℃、最高温度不得超过1280℃的瓷土配方；如符合嵩岭公司的要求，嵩岭公司应付给可达厂每吨瓷土管理费50元(包括租金及工资)，嵩岭公司不再付任何费用；嵩岭公司如没有聘请可达厂，应付每年租赁费13万元；如果可达厂(被聘请的技术人员)没经嵩岭公司同意擅自离职，嵩岭公司不付任何费用；租赁及聘请期间，因生产需要应扩建项目的款项由嵩岭公司先投资，后从其应付可达厂的报酬按50%扣回，扩建投资金额需双方同意等。嗣后，嵩岭公司开始投资改建厂房，陆续购进球磨机等机械设备进行安装调试。1992年10月12日，可达厂以嵩岭公司未按期交纳租金为由诉至法院。福建省德化县人民法院以(1992)德法经字第097号民事判决书判决：嵩岭公司应偿付自1990年3月29日起至1992年11月30日止的租金316041.65元给可达厂，该款扣除50%即158020.83元给可达厂抵作嵩岭公司对租赁厂房进行改建的投资外，尚欠租金158020.82元应偿付可达厂，并承担逾期付款违约金；双方自1992年12月1日起继续履行原签订的厂房租赁合同和补充协议。嵩岭公司不服该判决，向福建省泉州市中级人民法院提起上诉，二审法院以(1993)泉经终字第014号民事判决维持原判。判决书送达后，嵩岭公司即于1993年7月6日致函可达厂称：根据合同、协议及判决书，我公司自即日起聘请你厂为技术管理，你厂应履行合同，提出瓷土配方，否则，后果自负。可达厂于同年7月7日函复嵩岭公司称：据补充协议，我有接受你聘任为技术管理的意向，但你应按判决书付给我厂租金及利息后，双方协商聘任的具体条款，并经正式签字，聘任方能成立，否则，凭你单方意愿聘任仍是不能成立的。此后，双方对聘请技术管理问题达不成一致意见。自1992年12月1日始，嵩岭公司没有生产，租金也没交纳。可达厂于1994年3月8日再次起诉。另查，嵩岭公司因扩建厂房及设施已付工程款162000元，根据(1992)德法经字第097号民事判决，可达厂已在应得租赁费中扣抵158020.83元投资款，尚欠嵩岭公司该部分投资款3979.17元。此外，嵩岭公司还进行了另外添置和投资，在本案一审诉讼中经双方协商，同意以下折价：(1) 主楼门口水泥埕535.43平方米折价为6382.33元；(2) 主楼二楼及瓷土库二楼砖砌花格护栏119.5米折价3585元；(3) 卫生设施三套（包括三化池）折价 6000 元；（4）160 千瓦变压器 1 架及其配套设施折价 55000 元；（5）可达厂原有简易搭盖车间 360 平方米，后嵩岭公司将此拆除改建在球磨车间二楼，并筑有钢筋混凝土环梁 23 米，此项互抵不计。以上设施共计折款 70967.33 元，由可达厂接受，并以租金抵扣。

上述事实有下列证据证实：

（1）1990 年 3 月 29 日可达厂与吴国章签订的厂房租赁合同。

（2）1990 年 7 月 15 日可达厂与嵩岭公司签订的关于厂房租赁合同的补充协议。

（3）1990 年 8 月 1 日可达厂与嵩岭公司签订的关于厂房租赁合同再次详细补充的协议。

（4）福建省德化县人民法院（1992）德法经字第 097 号民事判决书。

（5）福建省泉州市中级人民法院（1993）泉经终字第 014 号民事判决书。

（6）1993 年 7 月 6 日嵩岭公司出具给可达厂的信函。

（7）1993 年 7 月 7 日可达厂致嵩岭公司的信函。

（8）当事人的陈述等。

3. 一审判案理由

福建省德化县人民法院认为：

可达厂与嵩岭公司签订的财产租赁合同及补充协议书合法有效，受法律保护。在履行合同过程中，嵩岭公司未能按期交纳租金，应负违约责任。该公司提出解除合同，鉴于合同继续履行已无可能，为减少双方损失，同意解除。嵩岭公司尚欠可达厂 1992 年 12 月 1 日起至 1993 年 7 月 6 日止的租金 77970.30 元，应偿付给可达厂。1993 年 7 月 6 日嵩岭公司向可达厂发出聘请可达厂为技术管理的通知后，在形式要件上已经成立，但由于嵩岭公司实际无生产经营，使合同无法实际履行，但又实际占用厂房，嵩岭公司应付可达厂厂房占用费，其数额参照租金数额计付，时间从 1993 年 7 月 7 日起计算。可达厂尚欠嵩岭公司在租赁期间的投资款 3979.17 元，应偿付给嵩岭公司。关于厂房扩建和设施投资，同意双方协商折价数额。嵩岭公司自行购置的设备，除双方协商由可达厂接受的外，球磨机等由嵩岭公司拆回。

4. 一审定案结论

福建省德化县人民法院根据《中华人民共和国经济合同法》第三十九条第一项第四目、第二十六条第一款第三项之规定，作出如下判决：

（1）解除可达厂、嵩岭公司双方于 1990 年 3 月 29 日签订的厂房租赁合同，同年 7 月 15 日签订的关于厂房租赁合同的补充协议和同年 8 月 1 日签订的厂房租赁合同再次详细补充的协议。

（2）嵩岭公司欠可达厂自 1992 年 12 月 1 日起至 1993 年 7 月 6 日止的租金 77970.30 元。该租金扣除按合同规定可达厂尚欠嵩岭公司投资款 3979.17 元后，实欠租金 73991.13 元，嵩岭公司应偿付给可达厂，并从 1994 年 1 月 1 日起至还款日止按日万分之三计付逾期付款违约金给可达厂。

（3）嵩岭公司应从 1993 年 7 月 7 日起支付厂房占用费给可达厂，自 1993 年 7 月 7 日起至 1994 年 10 月 31 日止共 170840.15 元，该款扣除可达厂同意接受嵩岭公司添置投资折款 70968.08 元后，尚应支付给可达厂 99872.07 元。

上述第二、三项之款，限判决生效后20天内偿付完毕。

(4) 嵩岭公司添置的可达厂没折价接受的球磨机等设备，由嵩岭公司搬回，限判决生效后30天内搬迁完毕。自1994年11月1日起至搬迁完毕日止，按日356.16元支付厂房占用费给可达厂。嵩岭公司在搬迁球磨机时应把球磨机房恢复原状。

本案受理费5122元，由嵩岭公司负担；诉讼活动费500元，由嵩岭公司、可达厂各负担250元。

(三) 二审诉辩主张

一审判决后嵩岭公司不服向泉州市中级人民法院提起上诉。

1. 上诉人嵩岭公司上诉称：1990年8月1日协议约定的年租金13万元，不是单纯的厂房租金，而带有违约惩罚的性质；(1993) 泉经终字第014号民事判决书送达前，合同并无实际履行，这半年的租金，一审按年13万元判决支付，并计付逾期付款违约金不合理；1993年7月6日，嵩岭公司发函聘请可达厂为技术管理后，可达厂没有实际履行合同、提供技术管理和瓷土配方，根据协议规定，嵩岭公司无须支付租金。一审法院判决违背事实和法律，请求二审法院查清事实，依法改判。

2. 被上诉人可达厂辩称：双方所订合同、协议有效，嵩岭公司上诉无理；1993年7月6日嵩岭公司聘请可达厂为技术管理的函，只是单方行为，双方没有达成任何具体聘请技术管理的合同；嵩岭公司提出解除合同应赔偿可达厂损失；嵩岭公司添建8个球磨机座，非经双方同意，其添建费8000多元，应自行承担。请求二审法院维持一审正确判决，纠正一审错、漏的部分。

(四) 二审事实和证据

福建省泉州市中级人民法院经审理查明：

嵩岭公司系台商吴国章开办的外商独资企业，注册资本为65万美元，经营范围为生产美术装饰瓷及精制瓷土。可达厂系许兴文集资创办挂靠集体所有制性质的企业，注册资金为45万元，主营美术瓷，兼营日用瓷器。1990年7月15日双方签订的租赁合同补充协议，将每年租赁费由3.5万元提高为6万元。同年8月1日双方达成的再次详细补充协议规定，嵩岭公司聘请可达厂为技术管理，可达厂应负责提供瓷土配方（要求：中温瓷土为1200℃至1250℃，最高温度不得超过1280℃），若符合要求，嵩岭公司应付可达厂每吨瓷土50元的管理费（包括租金及工资）；嵩岭公司若没有聘请可达厂，应付每年租赁费13万元；如可达厂私自离职，嵩岭公司不付任何费用；协议自签字之日起生效等。嗣后，可达厂没有为嵩岭公司提供瓷土配方，嵩岭公司不能进行投产，厂房长期闲置。自1992年12月1日起，嵩岭公司没有再付给可达厂租赁费、管理费。双方没有按原判决继续履行合同。1994年3月8日可达厂再次诉至福建省德化县人民法院。其他事实与一审法院认定的事实相同。

(五) 二审判案理由

福建省泉州市中级人民法院认为：

本案双方当事人先后签订的三份合同及补充协议，主体合法，意思表示真实，其内容没有违反有关法律规定，原审确认有效是正确的。但由于三份合同、协议的主要内容和争议的标的涉及租赁和技术服务合同的法律关系，且两个法律关系具有密切的联系，应并案审理，故本案应认定为租赁、技术服务合同纠纷，原审仅认定为财产租赁合同纠纷不妥，应予纠正。鉴于双方继续履行合同已无可能，原审判令解除是合理的。双方在履行合同过程中，由于8月1日的再次详细补充协议对有关聘请技术管理问题的规定不够规范、明确，致使双方签订的租赁、技术服务合同未能实际履行。对此，双方均有责任，应共同承担所造成的经济损失。自1992年12月1日至1993年7月6日的租金损失，参照（1992）德法经字第097号民事判决书及（1993）泉经终字第014号民事判决书认定的年租金13万元计算，共计77970.30元，由双方各半承担。1993年7月6日嵩岭公司根据协议发函聘请可达厂为技术管理后，可达厂没有积极配合、予以接受聘请是不对的。但鉴于嵩岭公司实际占用厂房，其占用费参照年租金6万元计算，并由双方各半负担。原审在认定聘请技术管理形式要件成立的前提下，又参照没有聘请技术管理的违约性合同条款计付年租金13万元的占用费是不当的。双方其他损失各自承担。原审认定事实基本清楚，但定性、适用法律不够准确，处理欠妥，应予纠正；嵩岭公司上诉理由成立，应予支持。

（六）二审定案结论

福建省泉州市中级人民法院依照《中华人民共和国民法通则》第五十六条、第五十七条、第一百一十三条，《中华人民共和国经济合同法》第二十三条第四款、第二十九条第一款，《中华人民共和国技术合同法》第十条、第十二条、第十六条、第四十七条、第四十九条第二款和《中华人民共和国民事诉讼法》第一百五十三条第一款第（二）项的规定，作出如下判决：

1. 维持德化县人民法院（1994）德经初字第003号民事判决第一项。

2. 撤销德化县人民法院（1994）德经初字第003号民事判决第二、三、四项。

3. 1992年12月1日至1993年7月6日止的厂房租金（以年租金13万元计算），共计77970.30元，嵩岭公司、可达厂各承担38985.15元。

4. 1993年7月7日至1994年10月31日止的厂房占用费（以年租金6万元计算），共计77958.84元，嵩岭公司、可达厂各承担38979.42元。

5. 上述三、四项合计，嵩岭公司应付给可达厂租金及占用费77964.57元，该款扣除可达厂同意接受嵩岭公司添置设施的投资折款70967.33元及尚欠嵩岭公司投资款3979.17元，嵩岭公司尚应付给可达厂3018.07元，限判决生效后十日内付清。

6. 可达厂没有接受嵩岭公司添置的球磨机等设备，嵩岭公司应于判决生效后30日内搬迁完毕，并将球磨机房恢复原状。逾期不搬迁，按日租金164.38元计付占用费给可达厂。

本案受理费5122元，嵩岭公司、可达厂各负担2561元；原审受理费也按此比例收取。

（七）解说

本案事实较为繁杂，涉及法律关系多，当事人争议大，又是涉台案，影响较大，且有过诉争，正确处理本案应主要解决以下三个问题：

1. 关于本案纠纷性质的界定问题。

本案涉及三种法律关系，即租赁合同、投资合同及技术服务合同。前二种法律关系较为显见，在此不赘述，后一种法律关系则较隐蔽。为什么说本案包含有技术服务合同法律关系呢？我国《技术合同法》规定："技术服务合同是指当事人一方以技术知识为另一方解决特定技术问题所订立的合同"。双方当事人于1990年8月1日补充协议约定："嵩岭公司聘请可达厂为技术管理，可达厂应为嵩岭公司负责提出瓷土配方，要求：中温瓷土为1200℃至1250℃，最高温度不得超过1280℃。该条款对可达厂提供瓷土温度的特殊约定，符合技术合同法规定的"一方以技术知识为另一方解决特定技术问题"的性质。此外，该协议还对技术服务的报酬及违约责任等进行了约定。所以，本案包含技术服务合同法律关系是完全可以认定的。这也是本案的一大特点。

本案的另一大特点是三种法律关系相互依托、紧密联系，贯穿于当事人先后签订的合同、协议的条款及互致的函件中。如 8 月 1 日补充协议约定："嵩岭公司聘请可达厂（为技术管理）的报酬，可达厂符合嵩岭公司的要求，嵩岭公司应付给可达厂 50 元人民币/每吨瓷土的管理费（包括租金及工资），嵩岭公司不再付任何（租赁）费用。"该条款即包含技术服务合同、租赁合同二种法律关系。又如该协议还规定：在租赁及聘请期间，嵩岭公司因生产需要应扩建的成型车间和车间办公室、陈列室的装修，款项由嵩岭公司先投资，然后由嵩岭公司付给可达厂所得的报酬金额按 50%扣回，扩建投资金额，需双方同意。该条款则包含租赁、技术服务、投资三种法律关系。可见，三种法律关系融为一体，不可分割，必须并案审理。但鉴于当事人争议焦点主要在于租赁、技术服务合同二种法律关系。因此，本案应确定为租赁、技术服务合同纠纷。

2. 关于本案合同效力的认定问题。

首先，是合同主体资格的确认问题。1990 年 3 月 29 日签订厂房租赁合同的主体为可达厂和台商吴国章个人。但 1990 年 4 月 2 日吴国章即领取了嵩岭公司的企业法人营业执照，该公司系吴国章独资开办的外商企业。在此之后，吴国章均以嵩岭公司的名义与可达厂发生业务关系，互致函件，签订补充协议承接、补充 3 月 29 日合同的权利义务，所以，本案合同和当事人的主体应认定为可达厂和嵩岭公司。

其次，是合同的合法性问题。可达厂与嵩岭公司先后签订的合同、补充协议的主体资格合法，整体内容没有违反国家法律规定，是当事人的真实意思表示。虽然也有个别条款（如违约性条款）约定不够规范、明确，但并不影响合同的整体效力，所以一、二审法院均认定双方当事人签订的合同、补充协议有效。但是，鉴于当事人对合同个别条款理解不一，长期诉争不止，合同无法实际履行，也无继续履行的可能，为减少损失的扩大，两审法院均判令合同解除。

3. 关于本案责任的确定和实体处理问题。

8 月 1 日补充协议第三条规定，嵩岭公司如没有聘请可达厂，应付可达厂每年租赁费 13 万元，如可达厂（被聘请的技术人员）没经嵩岭公司同意私自离职，嵩岭公司不付任何费用。该条款带有违约惩罚性质，是界定违约责任，租赁费（或占用费）是否应付及如何计付的重要条款，也是本案双方当事人争执的焦点。嵩岭公司称该协议签订生效之日，也就是嵩岭公司聘请可达厂为技术管理之时，但可达厂没有按约提供瓷土配方，故嵩岭公司依约不付给可达厂任何费用。可达厂则称该协议只体现嵩岭公司有聘请可达厂为技术管理的意向，而不能说明嵩岭公司已经聘请其为技术管理。如聘请应有一定的形式如发聘书或函件等。故嵩岭公司应依约支付年 13 万元的租赁费。我国《技术合同法》规定："技术合同自当事人在合同上签名、盖章后成立。"8 月 1 日补充协议也约定："本协议自签字之日起生效。"且没约定聘请成立的条件或形式。因此，8 月 1 日补充协议双方当事人签字生效后，应即视为嵩岭公司聘请可达厂成立，但是，由于该协议违约性条款的约定，又使这个问题变得不够明确，并埋下了纠纷的根源。对此，双方均有责任。二审法院在考虑前后相关两案判决相对统一的基础上，参照（1992）德法经字第 097 号民事判决及（1993）泉经终字第 014 号民事判决的租金计付标准，判令年租金 13 万元由双方共同承担。

1993年7月6日嵩岭公司致函给可达厂明确聘请其为技术管理。该函件弥补了8月1日补充协议聘请意思不够明确的缺陷。可达厂接此函件后，理应积极配合，接受聘请，并按协议规定提供瓷土配方。遗憾的是，可达厂并没有这样做。根据协议规定，嵩岭公司可免支付可达厂任何费用。但是，鉴于嵩岭公司长期实际占有、使用租赁标的物，依照民法"等价有偿"和"公平原则"，应适当补偿可达厂的厂房占用费。因此二审参照当事人没有带惩罚性的最后约定即7月15日协议，按每年6万元计算租赁物占用费，并依责任由双方共同负担。一审在认定聘请技术管理形式要件成立的前提下，又参照没有聘请技术管理的违约性合同条款计付年租金13万元的占用费，显然不当，二审予以纠正是正确的。

（郭立新）

23. 厦门市集美区南星发展公司诉厦门象屿保税区大洋国际贸易有限公司外贸代理合同案

（一）首部

1. 判决书字号

一审判决书：福建省高级人民法院（1995）闽经初字第7号。

二审判决书：最高人民法院（1996）经终字第3号。

2. 案由：外贸代理合同案。

3. 诉讼双方

原告（反诉被告、上诉人）：厦门市集美区南星发展公司。

法定代表人：李水程，总经理。

委托代理人（一审）：李文章，厦门市第一律师事务所律师。

委托代理人（一审）：颜云青，厦门对外经济律师事务所律师。

委托代理人（二审）：马昆，该公司法律顾问。

被告（反诉原告、上诉人）：厦门象屿保税区大洋国际贸易有限公司。

法定代表人：陈榕生，董事长。

委托代理人（一审）：李明，厦门天地律师事务所律师。

委托代理人（一、二审）：李万林，厦门天地律师事务所律师。

委托代理人（二审）：冉志江，北京市赛普律师事务所律师。

4. 审级：二审。

5. 审判机关和审判组织

一审法院：福建省高级人民法院。

合议庭组成人员：审判长：孙亦闽；代理审判员：林毅、高子才。

二审法院：最高人民法院。

合议庭组成人员：审判长：李健；审判员：王玧；代理审判员；付金联。

6. 审结时间

一审审结时间：1995年11月14日。

二审审结时间：1996年5月21日。

（二）一审诉辩主张

1. 原告厦门市集美区南星发展公司（下称南星公司）诉称：1994 年 5 月 25 日，原告与被告厦门象屿保税区大洋国际贸易有限公司（下称大洋公司）订立一份代理进口定货合同。依据合同约定，原告委托被告进口 1 万吨土耳其钢材，单价每吨 288 美元，原告付给被告每吨 50 元人民币，装船期为 1994 年 6 月 20 日前。原告依约支付定金 250 万元人民币给被告，并于合同货物到港时，支付港口费、商检费等人民币 626205.89 元。按正常船期，货物应于 7 月 20 日左右到港，而该货轮迟至 9 月 7 日到港，被告迟延交货构成违约，且原、被告双方均怀疑外商倒签提单，但被告对外索赔 31 万美元拒不归还原告，并擅自将所有权属于原告的钢材削价销售，构成违约。故请求法院判令被告：（1）立即双倍返还原告定金 500 万元；（2）返还原告支付的港口费、商检费等共计 626205.89 元；（3）归还对外索赔款 31 万美元给原告；（4）支付占用原告定金及港口费等 3126205.89 元的银行利息；（5）承担本案全部诉讼费。

2. 被告大洋公司答辩并反诉称：被告依据合同约定已完成合同规定义务，迟延到货是外商倒签提单所致，不是被告过错。9 月 7 日货物到达厦门港时，原告未依据合同规定在货到当天支付代理费和提供有关进口手续，构成违约，依据合同约定，原告所付定金和港口费等应作为被告处理货物损失的补偿，不予返还。同时，被告取得合同项下货物完整所有权，对外商提起倒签提单诉讼所得 31 万美元应归自己所有，以弥补处理钢材的市场跌价损失，并要求原告赔偿损失。被告提出反诉请求：（1）确认因反诉被告南星公司违约而取得合同货物完整所有权；（2）判令反诉被告赔偿反诉原告对外诉讼、处理货物经济损失人民币 360 万元（包括销售货物差价损失及公司营业税、城建税、教育附加费、公司管理费等）；（3）由反诉被告承担一切诉讼费用。

3. 反诉被告南星公司辩称：反诉原告在外贸合同、信用证与代理合同中确定不同装船期，导致货物延迟到港，构成违约。9 月 7 日货到厦门港后，双方均怀疑外商倒签提单，缓慢卸货，我方积极协助反诉原告对外诉讼，不支付手续费是完全合理的。进口货物在出保税区前，尚不属进口，反诉原告要求我方提供必要进口手续属多余。合同货物是我方委托反诉原告进口的，其所有权只能属于反诉被告的我方，其对外索赔款项应归反诉被告所有。

（三）一审事实和证据

福建省高级人民法院经审理查明：1994 年 5 月 18 日，大洋公司与外商签订 4ES2400019WS 进口合同一份，约定大洋公司进口钢材 1 万吨，价格条件 CNF 厦门，货款总计 285.1 万美元，装船期为 1994 年 6 月。根据该合同，大洋公司与南星公司于 1994 年 5 月 25 日签订一份代理进口定货合同，并在该代理合同中注明对外合同号为 4ES2400019WS。该代理合同约定：南星公司委托大洋公司代理进口土耳其产钢材 1 万吨，单价每吨 288 美元，货款总计 288 万美元。手续费每吨人民币 50 元，共计人民币 50 万元。大洋公司承担代理定货责任，负责舱底交货。南星公司自理必要的进口手续及海关费用和运输费、杂费等。南星公司须于合同签订后五日内支付大洋公司 10%货款的定金即 28.8 万美元，其余 90%货款自提单签发后 90 天内付清。货款以外手续费在船到港口当天付清；若南星公司未能按时按量付款，则所付定金、船费等作为补偿大洋公司的损失，大洋公司有权对合同项下货物全部进行削价销售，若不足补偿损失，南星公司尚应承担赔偿责任。合同中约定的装船期为 1994 年 6 月 20 日前，到货港为厦门。合同还对钢材质量、规格、外汇调剂、解决合同纠纷方式等作了约定。

代理合同签订后，南星公司于1994年5月28日将定金人民币250万元汇至大洋公司账户。大洋公司向中国农业银行厦门分行申请开立信用证后，中国农业银行厦门分行于1994年6月2日开出不可撤销远期信用证，金额为285.1万美元，信用证中规定装船期为1994年6月30日前。1994年9月7日，外商将货物运至厦门港，由南星公司缴付了港口费、商检费、理货费等人民币626205.89元，并由南星公司将钢材运至厦门市湖里区储运公司以大洋公司名义仓储。因货物逾期到港，南星公司与大洋公司均怀疑外商倒签提单，故大洋公司于1994年9月10日、9月13日以外商倒签提单为由，向厦门海事法院申请诉前证据保全和诉前财产保全。1994年9月22日，大洋公司正式向厦门海事法院提起诉讼。厦门海事法院依据大洋公司申请冻结了信用证项下2721132.67美元。1994年10月26日，大洋公司与外商达成和解协议，由外商支付给大洋公司经济损失31万美元，同时对信用证付款期限作了延期。1994年11月3日，厦门海事法院裁定准予大洋公司撤诉，并由大洋公司承担诉讼费、诉讼保全费人民币30.11万元，律师代理费20万元。大洋公司还向厦门市保险公司支付该批钢材保险费共计1622.15美元，向中国农业银行厦门分行支付开证、改证费人民币37765.55元，向厦门湖里区储运公司支付该批钢材仓储费人民币254227.87元。另外，根据厦门商检局商品重量检验书，该批钢材短重损失5396.07美元。1994年11月2日，大洋公司将合同钢材2865.48吨以每吨285美元的价格销售给厦门华源工程材料公司，实际付款时以人民币结算，共得货款人民币6952685.44元；1994年11月29日，大洋公司将合同钢材6660.16吨以每吨人民币2400元销售给福建三星建材厦门分公司，共得货款人民币15984384元。大洋公司分别于1995年2月和3月对外支付货款共计2721132.67美元，折合人民币22939148.41元（按付款当日美元与人民币1：8.43计算）。

上述事实有下列证据证实：

1. 大洋公司与外商签订的外贸合同。

2. 原告与被告签订的代理进口定货合同。

3. 南星公司支付的定金、港口费、商检费等凭证。

4. 大洋公司支付的保险费、开证、改证费等凭证。

5. 厦门海事法院裁定书及大洋公司对外诉讼中支付的诉讼费、诉讼保全费、律师代理费等凭证。

6. 大洋公司销售钢材合同及财务账单。

7. 受诉法院调查笔录、庭审笔录等。

（四）一审判案理由

福建省高级人民法院审理后认为：南星公司与大洋公司之间订立的代理进口定货合同，其主体、内容、形式等符合外贸代理合同特征，该外贸代理合同是在当事人双方协商 致、平等互利基础上签订的，其内容、形式符合《民法通则》、《关于对外贸易代理制暂行规定》的有关规定，应认定有效。大洋公司在外贸合同、代理合同和信用证中规定不同装船期，虽在代理合同中注明外贸合同号，但未将外贸合同提供给南星公司，也未将有关情况告知南星公司，构成违约。大洋公司提出所收定金不予返还的理由，不予支持。南星公司在与大洋公司订立委托进口钢材合同前，未依据有关规定办理特定商品进口自动登记，违反国家计委等五部委发布的《特定商品进口自动登记管理暂行办法》。南星公司未能依据合同规定在货物到港当天及提单签发日90天内支付代理费与货款，也未依据合同规定提供有关进口手续，南星公司要求大洋公司双倍返还定金理由不足，对大洋公司依据合同规定处理钢材损失应承担责任。大洋公司怀疑外商倒签提单，依据代理合同规定由南星公司授权委托而提起的对外索赔诉讼，因未能依据代理合同及有关法律规定及时将有关情况告知南星公司，南星公司在没有明示放弃对外索赔情况下，对大洋公司的对外索赔享有追认权，大洋公司的对外索赔款应归属南星公司，但南星公司应承担相应的费用。大洋公司提出南星公司未据合同规定提供有关费用，对外索赔产生的权利与义务应由其自行承受的证据与理由不足，不予支持。大洋公司提出处理钢材损失尚应包括公司管理费、公司营业税、城建税、教育附加等，因证据不足，不予认定。大洋公司作为外贸代理合同的受托方，其对外签订的合同权利与义务直接由委托方南星公司承受，对外合同货物所有权转移时，南星公司取得货物所有权。大洋公司在南星公司未在合同规定期限内支付代理费和货款时，依据合同规定取得合同销售权以对外付款，属于享有合同货物所有权的部分权能，不是完整货物所有权的本身，对此，大洋公司提出因南星公司违约而合法取得合同项下货物所有权的主张，没有法律依据，应予驳回。本案代理合同因双方当事人违约，造成合同无法履行，依据法律规定应予终止。

（五）一审定案结论

一审法院依照《中华人民共和国民法通则》第六十六条第一款、第八十八条第一款、第一百十三条，《中华人民共和国经济合同法》第十三条第一款、第十四条第一款、第二款、第二十六条第一款第三项，对外经济贸易部《关于对外贸易代理制度的暂行规定》第一条、第二条、第二十条第一款之规定，作如下判决：

1. 南星公司与大洋公司签订的代理进口定货合同予以终止。

2. 大洋公司应于本判决生效后十日内返还南星公司定金、港口费等人民币3126205.89元及其利息。

3. 大洋公司应于本判决生效后十日内归还南星公司对外索赔款31万美元及利息。

4. 南星公司应于本判决生效后十日内偿付给大洋公司对外索赔费用、销售钢材损失人民币2095617.2元及其利息。

5. 驳回大洋公司享有合同项下2721132.7美元货物所有权的请求。

本案案件诉讼费199020元，由大洋公司、南星公司各承担99510元；诉讼保全费34700元，由大洋公司承担。

（六）二审情况

1. 二审诉辩主张

(1) 南星公司与大洋公司均不服福建省高级人民法院判决，向最高人民法院提起上诉。

南星公司上诉称：大洋公司在外贸代理合同与进口合同中规定不同装船期，导致货物推迟装船，且在货物到达厦门港之前已将属于南星公司的货物据为己有，构成违约；南星公司没有依据代理合同向大洋公司支付代理费，是行使履行抗辩权。原审认定大洋公司处理货物造成的56565.2美元经济损失及律师代理费、仓储费等由南星公司承担没有事实依据。原审没有认定南星公司因大洋公司的违约行为导致无法履行其与下家厦信国际租赁发展公司签订的销售合同的违约损失，判决内容显失公正。故请求：撤销原审判决第四项；判令大洋公司双倍返还定金500万元；判令确认南星公司因大洋公司的违约行为导致无法履行与厦信国际租赁发展公司签订的销售合同的违约损失赔偿的追偿权；大洋公司应承担两审全部诉讼费用。

(2)大洋公司上诉称：原审法院在大洋公司不存在违约行为而南星公司拒付手续费、没有按合同规定提供进口手续、结清货款的违约行为给大洋公司造成严重损失的情况下，判令大洋公司返还南星公司定金、港口费等及利息，明显适用法律不当。判令大洋公司将对外索赔款 31 万美元及利息归还南星公司，没有法律依据。原审法院在计算大洋公司损失上有明显遗漏和不合理之处。请求二审法院予以改判或撤销原判发回重审。

2. 二审事实和证据

二审法院经审理查明：原审判决认定的事实属实。

3. 二审判案理由

最高人民法院认为：南星公司与大洋公司签订的代理进口定货合同，是双方当事人在平等协商的基础上签订的，是双方真实意思的表示，其内容符合外贸代理合同的特征，不违反法律规定，应认定有效。大洋公司在对外合同、代理合同及信用证中规定不同装船期，也未将上述情况告知南星公司，属于未尽代理人职责。由于外商违约，致使货物无法按合同约定时间正常到港，双方当事人协商一致对外索赔，索赔所得及索赔费用应由南星公司享有和承担。南星公司虽依据合同支付了理货费、港口费等，但在货物逾期到港，代理合同不能正常履行情况下，未与大洋公司协商如何继续履行合同，也未及时支付代理费，存在一定过错。大洋公司未将索赔结果告知南星公司，在索赔之后，也没有向南星公司就代理费提出要求，也未按代理合同第六条的规定在发生纠纷时与对方协商解决，而是在距对外付款尚有 4 个月的时间时，擅自将代理南星公司进口的货物削价销售，其行为违反了诚实信用的原则，对于因销售货物而产生的各种费用和损失，应由大洋公司自行承担，其主张收取南星公司的定金不予返还的诉讼请求无理，不予支持。因南星公司也存在一定过错，其要求大洋公司双倍返还定金的诉讼请求亦不予支持。南星公司请求判令确认其因大洋公司违约导致无法履行与下家厦信国际租赁发展公司签订的销售合同的违约损害赔偿的追偿权，因其未能举出确凿的证据证明该损失已实际发生，不予认定。本案中的代理合同现已无继续履行的必要和可能，应予解除。原审法院判决因大洋公司销售货物而产生的各种费用和损失由南星公司承担不当，应予纠正。

4. 二审定案结论

最高人民法院根据《中华人民共和国民事诉讼法》第一百五十三条第一款第（一）项、第（二）项之规定，判决如下：

(1) 维持福建省高级人民法院（1995）闽经初字第 7 号民事判决第一、二、三、五项；撤销该判决第四项。

(2) 厦门市集美区南星发展公司应于本判决生效后十日内偿付给厦门象屿保税区大洋国际贸易有限公司对外索赔费用人民币 501100 元及利息（自 1994 年 11 月 14 日起，至判决生效之日止，按中国人民银行同期贷款利率计算）。

(3) 驳回双方当事人的其他诉讼请求。

一审案件受理费人民币 199020 元，由厦门市集美区南星发展公司承担人民币 59706 元，厦门市象屿保税区大洋国际贸易有限公司承担人民币 139314 元；诉讼保全费人民币 34700 元，由厦门象屿保税区大洋国际贸易有际公司承担。

二审案件受理费人民币 199020 元，由厦门市集美区南星发展公司承担人民币 59706 元，厦门象屿保税区大洋国际贸易有限公司承担人民币 139314 元。

（七）解说

1. 案件性质及合同效力问题。

本案中，被代理人南星公司为不具有对外贸易经营权的集体所有制企业，代理人大洋公司为国家保税区内外贸企业，拥有进出口钢材经营权，双方订立代理合同的依据是代理人大洋公司对外签订的外贸合同。外贸代理合同应采用书面形式并涉及有关进出口商品状况、信用证、外汇调剂、对外索赔等内容。依据对外经济贸易部《关于对外贸易代理制的暂行规定》（下称《暂行规定》）第二条“无对外贸易经营权的公司、企业、事业单位及个人需要进出口商品，须委托有该类商品外贸经营权的公司、企业依据国家有关规定办理。双方权利义务适用本暂行规定”及第五条关于外贸代理合同应采用书面形式并应包括委托商品情况、支付方式、委托授权范围、争议解决、代理费、对外索赔等条款之规定，南星公司与大洋公司订立的代理进口定货合同，其主体、内容、形式等均符合外贸代理合同特征，则该案应为外贸代理合同纠纷。该外贸代理合同是当事人双方在平等协商的基础上签订的，是双方真实意思的表示，其内容、形式符合有关法律规定，应属有效合同。南星公司未依据 1994 年 4 月 27 日国家计委等五部委发布的《特定商品进口自动登记管理暂行办法》规定，向厦门市计委办理特定商品进口登记证明，没有违反国家法律强制性规定，并不影响外贸代理合同的效力。因此，一、二审法院认定本案属有效外贸代理合同纠纷无疑是正确的。

2. 定金法律后果及损失承担问题。

大洋公司作为代理人，在外贸合同、代理合同和信用证中规定不同装船期，未将上述情况告知南星公司，构成违约；南星公司虽依据合同规定支付定金，但未能依据合同规定支付代理费，也构成违约。定金是担保合同履行的一种形式，我国《经济合同法》第十四条第二款规定：“给付定金的一方不履行合同的，无权请求返还定金。接受定金的一方不履行合同的，应双倍返还定金。”由此看出，定金是惩罚违约方的制裁方式，只有一方违约时，才产生无权要求或双倍返还定金的罚则。本案中代理合同双方均有违约，所以，南星公司请求双倍返还定金和大洋公司请求不予返还定金，均没有法律依据。大洋公司既未将索赔情况告知南星公司，也不积极与南星公司协商解决，而是擅自将代理南星公司进口货物削价处理，存在过错是明显的；南星公司未及时支付代理费也有一定过错。依据《经济合同法》第二十九条第一款规定，“由于当事人一方的过错，造成经济合同不能履行或不能完全履行，由有过错的一方承担违约责任；如属双方过错，根据实际情况，由双方分别承担各自应负的违约责任”，即双方违约的，谁的过错直接造成的损失就应由谁负责承担。本案中双方当事人均有过错，但大洋公司的过错直接造成处理货物的损失，所以，应由其承担该损失。南星公司的责任在定金不予双倍返还中得以体现。一审法院认定处理货物损失由南星公司承担欠妥。另据我国《民事诉讼法》第六十四条第一款“当事人对自己提出的主张，有责任提供证据”的规定，南星公司请求确认其因大洋公司违约导致无法履行与其下家签订的销售合同的违约损害的追偿权，因未能举证证明，其主张不予认定。

3. 对外索赔归属及费用承担问题。

合同双方当事人均怀疑外商倒签提单，大洋公司向外商提起诉讼时，虽未与南星公司协商有关事宜，但因代理合同已明确规定南星公司授予其对外索赔权，则大洋公司对外索赔诉讼应视为由南星公司授权而提起的。依据《暂行规定》第二十三条、第二十四条规定，代理人应及时向委托人通报索赔进程，转付索赔所得款项，由此产生的损失及利益由委托人承担或享有。大洋公司未能依据有关规定及时将有关情况告知南星公司，在南星公司未明示变更合同规定或拒绝提供有关费用而放弃对外索赔情况下，南星公司对于大洋公司对外索赔结果享有追认权，即其所得和费用应由委托人南星公司享有和承担。

4. 合同项下货物所有权归属问题。

外贸代理合同属间接代理，是指对外贸易经营者根据委托人的要求，以自己的名义同外商谈判并签订货物或技术进出口合同及向委托人收取一定手续费（据现有规定收取交易金额3%以内）的合同。依据《暂行规定》及其解释的通知精神，代理人以自己名义对外订立的外贸合同，其权利与义务直接由委托人享有和承担。大洋公司作为代理合同的代理人，在外贸合同货物所有权转移之时，委托人南星公司就取得合同货物所有权，因此，大洋公司主张依法取得合同项下货物完整所有权无法律依据，应予驳回。

综上，二审法院对处理货物损失改判由大洋公司承担，使该案处理结果更准确。

（董碧仙）

24. 海口华日工贸实业联合公司诉中国有色金属进出口总公司贵州公司出口代理合同案

（一）首部

1. 判决书字号

一审判决书：贵州省贵阳市中级人民法院（1995）筑法经初字第66号。

二审判决书：贵州省高级人民法院（1996）黔经终字第13号。

2. 案由：出口代理合同案。

3. 诉讼双方

原告（被上诉人）：海口华日工贸实业联合公司（简称海华公司）。

法定代表人：罗宁，总经理。

委托代理人：申马季，贵州省贵阳市第三律师事务所律师。

委托代理人：刘保光，贵州省贵阳市第三律师事务所律师。

被告（上诉人）：中国有色金属进出口总公司贵州公司（简称贵州公司）。

法定代表人：戴占忠，总经理。

委托代理人：吴凡，该公司一部经理。

委托代理人：贾平，贵州省经济律师事务所律师。

4. 审级：二审。

5. 审判机关和审判组织

一审法院：贵州省贵阳市中级人民法院。

合议庭组成人员：审判长：刘继普；审判员：宁德黔；代理审判员：穆爱萍。

二审法院：贵州省高级人民法院。

合议庭组成人员：审判长：姚毅；代理审判员：金华、俞贤强。

6. 审结时间

一审审结时间：1995 年 11 月 14 日。

二审审结时间：1996 年 5 月 13 日。

（二）一审情况

1. 一审诉辩主张

（1）原告诉称：1995 年 2 月 15 日其公司将 120 吨锑锭交被告代理出口。合同约定，被告收提单后 15 日内付货款，收增值税发票后一月内付退税款。原告于同年 3 月 3 日、4 日先后将提单、增值税发票交给被告。同年 6 月 19 日前被告才分五次付款共计 3364388.20 元，尚欠 2163636.63 元迄今未付，已构成违约，为维护合法权益，诉请判令被告偿付所欠款项及利息。

（2）被告辩称：为原告代理出口锑锭是实，代理义务是收取货款后转交货款，因外商对该批锑锭的商检单据、货物数量及质量提出异议，致使履行延迟。出现这一结果，是原告过错造成的，故不存在欠付原告款项问题。被告还认为：由于原告方的原因，外商才延迟履行，为与外商磋商交涉，被告已垫付了大量费用，并以此为由，提出反诉，请求判令由原告偿付其已垫付和可能再发生的费用损失约计 30 万元。

（3）反诉被告（即原告）辩称：原、被告之间仅是见提单 15 日内和见增值税发票 30 日内付款，外商延迟履行是外贸合同发生的问题，且垫付损失并无证据证实，请求驳回反诉请求。

2. 一审事实和证据

贵阳市中级人民法院经调查和审理查明：1995 年 2 月 8 日，被告与英国 AMC 公司签订一购销合同，约定由被告供给英国 AMC 公司锑锭 120 吨，单价：USD4800/吨，CIF，总值：USD576000，SE（硒）为 50PPM。另约定了交货期、目的口岸、纠纷处理等等事宜。合同经双方签字生效。同月 9 日被告将英国 AMC 公司的装船指令传真给海南有色金属进出口公司（简称海南公司），11 日又将核销单及出口许可证等文件寄交海南公司，13 日被告用电传告知海南公司装船指令上的错处及修正内容。同月 15 日原告与被告签订代理出口合同。主要约定：（1）原告委托被告对外报价成交，对外成交价每吨 4800 美元，CIF，国际各主要港口，已成交；（2）原告委托被告出口锑锭，货源由原告组织，运输、集港、商检、保险均由原告办理，2 月 24 日前货物到港，2 月底前被告负责将货物装船出口；（3）报关、外运由被告办理，所办理的代理费每吨为人民币 300 元，由原告付给被告，结汇后由货款中扣除，另外每吨 150 元为加工增值费，港口费用均由原告承担；（4）被告拿到提单后 15 日内付款给原告（按结汇当日结汇牌价结算）；（5）被告拿到退税报关单和厂家供货增值税发票后一月内，将退税款付给原告，如果货款及退税出现风险一切损失由被告承担（因增值税发票不实而使退税出现风险，损失由原告自己承担）；（6）违约方承担一切经济损失。当日，合同即经双方签章生效。随后，原告为履约，将所购独峰牌二号锑锭 120 吨送交贵州进出口商品检验局检验，结论为合格。杂质测定中硒（SE）的含量为 49PPM。该局于同月 21 日出具了出口商品检验换证凭单。原告将该单交海南公司，海南公司以其名义更换了商检证。23 日原告将货物运抵海口，海南公司出具收讫单，并按被告所托办理了报关、外运等手续。25 日货物装船出口。同年 3 月 3 日被告拿到原告所交商检证、提单、保险证。次日被告又收到原告所交增值税发票（面额为人民币 674188.03 元）。同月 5 日被告方的单证人员对单证审核后，制单交中国银行转寄外商。18 日货款给付期过后，被告未依约付货款。24 日货物运抵目的口岸。4 月 4 日退税款给付期到后，被告亦未依约定将退税款付给原告。经原告多次催要，被告于 4 月 27 日支付人民币 50 万元；5 月 18 日支付人民币 100 万元；5 月 24 日支付 30 万元；5 月 29 日支付 20 万元；6 月 19 日支付1364388.20元，前述五次被告共支付原告货款人民币 3364388.20 元。尚拖欠人民币 2163636.63 元（其中货款 1489448.6 元；退税款 674188.03 元），为此产生讼争。

上述事实有下列证据证明：

（1）被告与外商签订的外贸合同，原、被告签订的代理出口合同。

（2）被告托请海南公司办理出口事宜的各种传真资料，以及经办人员的证人证言。

（3）对外贸易所需商检证、提单、保险证等凭据。

（4）原、被告之间经济往来的付款票据、收款收据等财会凭证。

（5）增值税发票，国家关于出口退税的系列文件。

（6）受诉法院的调查笔录、开庭笔录。

3. 一审判案理由

贵州省贵阳市中级人民法院认为：原告无出口经营权，被告享有出口经营资格，双方签订合同之目的，是将 120 吨二号锑锭出口卖给外商。合同约定的事宜涉及较多出口行为，符合我国外贸代理法律规范的特征。因此，合同性质应当确认为外贸出口代理合同。该合同双方当事人的意思表示真实，约定的行为并不被国家法律法规禁止或限制，而且双方已实际履行了绝大部分条款。故此，应确认该合同合法有效，对双方当事人均具法律约束力。根据《对外贸易法》的规定，在委托代理进出口法律关系中，委托方与受托方的权利义务由合同约定。原告已依约定全部履行了义务，在其交给被告提单及增值税发票后，经过一定时间即享有收取货款及退税款的权利；被告则未按时如数支付货款及退税款，已违背约定，应承担违约责任。关于风险责任，双方已在合同中约定，被告承担货款及退税出现的风险，原告仅承担增值税发票不实出现的风险。因此，被告的主张不能成立。关于反诉，因被告未按本院指定的时间，依有关规定交纳反诉费，故不予受理。

4. 一审定案结论

根据《中华人民共和国对外贸易法》第十三条及《中华人民共和国民事诉讼法》第一百四十七条的规定，贵阳市中级人民法院作出判决如下：

由被告贵州公司在判决生效后五日内偿付原告海华公司货款 1489448.6 元，退税款 674188.03 元及利息（货款的计息时间：自 1995 年 3 月 19 日起至付清为止；退税款的计息时间：自 1995 年 4 月 4 日起至付清为止；利率：按同期银行贷款利率）。

诉讼费 34027 元（其中案件受理费 21800 元，诉讼保全费 12229 元），由被告贵州公司承担。

（三）二审诉辩主张

1. 上诉人贵州公司诉称：原判将委托方产品数量、质量不符合合同要求，使外商不能如期付款作为风险强加给代理方，判令代理方代外商付款，是对风险的曲解；代理方仅收取 36000 元代理费，却要承担近 500 万货款和不论国家是否退税，都要支付退税款的责任，严重违背了权利义务相一致的原则。请求贵州省高级人民法院依法改判。

2. 被上诉人海华公司答辩称：贵州公司先与外商签订出口合同，后与其签订代理合同，贵州公司是出口直接供货方，要海华公司代替贵州公司向外商承担违约责任，不合法理，不合逻辑。有关外贸法规并无不得约定货款和退税款风险的禁止性规定，其约定只要符合《民法通则》就是合法有效的，贵州公司就应按约定给付货款和退税款及利息。

（四）二审事实和证据

二审法院除肯定一审认定的事实外，还查明：

1. 1995 年 3 月 5 日海华公司交给贵州公司的增值税专用发票，载明销售单位为海南东峰有色矿业有限公司，购货单位为贵州公司。贵州公司收到后，即持该增值税发票和相关单证向贵州省国家税务局进出口税收管理分局申请办理出口退税，但未获退税。7 月 3 日贵州公司函请该分局说明原因，该分局处理通知指出：代理业务中的被代理方与实际提供用于退税的增值税专用发票上注明的单位不一致，决定暂不退税，待查证落实后，再按有关规定处理。至今，该批出口锑锭尚未退税。

2. 1995 年 3 月 23 日，英国 AMC 公司称出口商检证无合同号，不能证明经商检的锑锭即是合同项下的锑锭，拒绝付款并拒收单证。贵州公司告知海华公司后，海南公司重新办理了出口商检证，但英国 AMC 公司对重办的商检证仍有异议，并将单证退回贵州公司。经贵州公司多方协商，英国 AMC 公司又提出货物质量和重量异议，贵州公司同意其复检，由其暂扣 10 万美元作为质量和重量异议的保证金。英国 AMC 公司则接受单证并给付其余货款。6 月 18 日贵州公司收到英国 AMC 公司给付的部分货款 474000 美元，次日结汇为人民币 3924388.2 元。6 月 27 日贵州公司收到英国 AMC 公司的质量复检，其中硒（SE）含量为 55PPM。至今，英国 AMC 公司仍未给付扣下的 10 万美元。

（五）二审判案理由

贵州省高级人民法院认为：贵州公司享有出口贸易经营权，具备代理出口贸易的主体资格，其与海华公司自愿协商的代理出口合同，意思表示真实，并不违反国家有关法律法规的禁止性或限制性规定，应属有效。贵州公司作为专业外贸公司，应当知道在代理出口贸易中可能发生收汇风险，仍然在代理出口合同中承诺拿到提单后 15 日内付款，其自愿承担收汇风险，并不违反权利与义务相一致的原则。英国 AMC 公司就代理出口货物的质量和重量提出异议后，贵州公司未告知海华公司即擅自同意外商暂扣 10 万美元作为异议保证金，其后果应由贵州公司自己承担，贵州公司以此为由拒绝向海华公司支付货款，理由不能成立。依照双方代理出口合同约定，货款的给付是按结汇当日结汇牌价结算，贵州公司实际于 6 月 18 日收汇 474000 美元，次日结汇为人民币 3924388.2 元，按此计算，576000 美元，则应结汇人民币 4768876.6 元，贵州公司已给付海华公司人民币 3364388.2 元，尚欠人民币 1368488.6 元，贵州公司应在扣除收取的代理费 36000 元后给付海华公司，并支付利息。本案货物已实际出口，增值税专用发票也属真实，虽然国家税务机关以被代理人（委托人）与实际用票单位不一致而暂未退税，但是贵州公司与海华公司已经在代理出口合同中明确约定，除增值税发票不实出现的风险由海华公司承担外，其他风险由贵州公司承担，因此，贵州公司应支付该批货物的出口退税款。鉴于贵州公司未占用该税款，且未能退税与海华公司提供的增值税专用发票名称不一致有一定联系，故不应付税款利息。贵州公司提出的上诉理由不能成立，原审判决认定事实清楚，但汇率和利息的计算不当，应予纠正。

（六）二审定案结论

贵州省高级人民法院根据《中华人民共和国民事诉讼法》第一百五十三条第一款第（二）项的规定，作出如下判决：

1. 撤销贵州省贵阳市中级人民法院（1995）筑法经初字第66号民事判决。

2. 贵州公司给付海华公司货款人民币1368488.6元及利息（按中国工商银行同期流动资金贷款利率，从1995年6月19日起计算至付清之日止）。

3. 贵州公司给付海华公司退税款人民币674188.03元。

一、二审案件受理费共计55827元，由贵州公司负担45827元，由海华公司负担1万元。

（七）解说

这一出口代理合同货款及退税款纠纷，一、二审都是适用《中华人民共和国对外贸易法》审结的。该法第二章第十三条规定："没有对外贸易经营许可的组织或个人，可以在国内委托对外贸易经营者在其经营范围内代为办理其对外贸易业务。接受委托的对外贸易经营者应当向委托方如实提供市场行情、商品价格、客户情况等有关的经营信息。委托方与被委托方应当签订委托合同，双方的权利义务由合同约定。"该规定的法律特征是：1. 未获准对外贸易经营许可者，不得直接从事对外贸易；2. 具有外贸经营资格者可在其经营范围内，接受无对外贸易资格者的委托，代为办理对外贸易业务；3. 委托人与受委托人之间的权利义务由合同约定。委托人的义务一般为：依法办理商品进出口报批手续；向受托人详细说明商品的情况；依约按时保质保量交货；未经受托人同意，不得参加对外谈判，并不得擅自对外承诺；向受委托人支付代理费和其他约定的费用等等。受委托人的义务一般为：以自己的名义与外商签订合同，并及时将合同副本送交委托人；办理进出口合同所需的各种手续；保证进出口合同条款符合我国法律法规，并符合国际惯例和能维护委托人的利益；通报对外业务情况等等。这一规定，使得人民法院在审理外贸代理纠纷中，只要当事人的行为或者用于交易的标的物不为国家法律法规所禁止和限制，即可依当事人意思表示真实的合同所约定的权利义务，确认纠纷各方的法律责任。据此规定，一、二审法院以贵州公司与海华公司签订的出口代理合同约定的权利义务内容，确认贵州公司违约，判决由贵州公司履行约定义务，支付货款及退税款是正确的。从中也可以看出，在我国的司法实践中，对双方当事人的合意司法机关持维护的态度，因此合同当事人在签订合同时一定要慎重。另外，本案在汇率及退税款利息应否支付这两个问题的处理上，一、二审有分歧，可深入进行研究。

（刘继普）

25. 高连英诉河北省烟草公司大城县公司居间合同案

（一）首部

1. 判决书字号

一审判决书：云南省昆明市五华区人民法院（1995）五法经初字第028号。

二审判决书：云南省昆明市中级人民法院（1995）昆法经终字第84号。

2. 案由：居间合同案。

3. 诉讼双方

原告（被上诉人）：高连英，男，54岁，山东冠县人，住昆明市弥勒寺新村。

委托代理人：郑培明，云南经济律师事务所律师。

被告（上诉人）：河北省烟草公司大城县公司。

法定代表人：黄福元，经理。

委托代理人：王北川、卢本庆，云南天元律师事务所律师。

4. 审级：二审。

5. 审判机关和审判组织

一审法院：云南省昆明市五华区人民法院。

独任审判：代理审判员：寇斌。

二审法院：云南省昆明市中级人民法院。

合议庭组成人员：审判长：邓杰；代理审判员：安静、何英。

6. 审结时间

一审审结时间：1995年7月31日。

二审审结时间：1996年1月9日。

（二）一审情况

1. 一审诉辩主张

（1）原告高连英诉称：被告河北省烟草公司大城县公司（以下简称大城公司）委托原告中介办理向楚雄卷烟厂投资1000万元的业务，承诺业务办妥后即支付原告报酬40万元。原告中介办理的1000万元汇到楚雄卷烟厂，被告拿到供烟手续后却拒付报酬，为此，请求法院判决被告支付劳动报酬40万元并承担相应利息、诉讼费用。

（2）被告大城公司辩称：原告出示证据虽有被告公司的合同专用章，但被告公司从未委托原告代办向楚雄卷烟厂投资1000万元的业务，也未承诺支付中介费40万元，请求法院驳回原告的起诉。

2. 一审事实和证据

昆明市五华区人民法院审理确认：1994年上半年，辽宁省阜新烟草公司有意转让一项向楚雄卷烟厂融资1000万元的的补偿贸易业务。经原告高连英中介联系，并与被告口头约定有关中介条件后，辽宁省阜新烟草公司将该项业务转让给被告。尔后，被告与楚雄卷烟厂签订了94－040号协议，约定由被告采用到期还本、利息用卷烟差价抵补的补偿贸易方式向楚雄卷烟厂融资1000万元，约定融资期限12个月，期满第二个月一次性还本，融资款必须于1994年10月11日汇入烟厂。自款入账户之日的第七个月起半年内，楚雄卷烟厂均衡供给被告各类卷烟……

1994年10月11日，被告按期将款1000万元汇入卷烟厂账户，被告又与楚雄卷烟厂订立了确认书，双方确认汇款1000万元的事实，并再次确认按94－040号协议执行，双方认可将该确认书的日期填写为1994年5月30日。

同时，法院还确认：原告为被告中介联系向楚雄卷烟厂融资1000万元的业务过程中，被告于1994年9月29日立下承诺书交由原告保管，承诺书称：待手续完毕后，将于两日内付清中介手续费40万元。该承诺书未标明向谁支付。1994年9月30日，原、被告双方又签订委托书，载明：被告委托原告为被告办理向楚雄卷烟厂投资1000万元的业务，待款入烟厂账户，即算完成任务，被告拿到供烟手续，两日内付清原告40万元劳务费。该委托书盖有被告单位的合同专用章。1994年10月27日，被告从原告处将承诺书收回。

此间，原告高连英一直未获40万元的报酬，于1994年12月诉至法院。

上述事实有下列证据证明：

（1）被告与卷烟厂所签订的94－040号协议。

（2）1994年9月29日被告写给原告的承诺书。

（3）1994年9月30日，原、被告双方签订的委托书。

3. 一审判案理由

一审法院鉴于上述事实和证据认为：

原、被告双方的民事行为，是基于双方自愿的基础上进行的，是合法有效的。原告与被告之间口头商定进行中介活动，且该中介合同已按双方约定的条件全部履行完毕。原告在被告向楚雄卷烟厂融资1000万元的补偿贸易业务过程中，确实起了中介联系的作用，并帮助被告达到了预期的经济目的，原告高连英的居间行为应予确认，作用应予肯定。被告理应按与原告的约定，支付原告中介费用40万元。庭审中，被告仅举证证实已支付1.25万元，尚欠部分仍应支付给原告。

4. 一审判案结论

昆明市五华区人民法院依照《中华人民共和国民法通则》第五十六条、第八十四条、第一百零八条之规定，判决如下：

（1）由被告河北省烟草公司大城县公司于判决生效后十日内支付给原告高连英中介服务费38.75万元。

（2）原告其他请求不予准许。

案件受理费10212元，由被告承担。

（三）二审诉辩主张

1. 上诉人大城公司上诉称：原审法院对证据审查有误，认定事实不清，判决显失公正。一是承诺书是上诉人向阜新烟草公司作出，所承诺的内容与被上诉人高连英无关，该承诺书不能作为被上诉人请求的依据；二是委托书虽盖有上诉人单位的合同专用章，但并无法人代表签字，高连英所举之证据根据不存在，原审法院不应轻易肯定，更不应否定大城公司所举之证。请求二审法院查清事实，予以改判。

2. 被上诉人高连英答辩称：一是上诉人的上诉已过法定上诉期，应视为无效；二是其所提上诉理由，一审法院均已审查核实，上诉人称被上诉人一审所提供证据为假冒、伪造无事实依据，被上诉人所提证据均被原审法院确认。请求二审法院驳回上诉，依法维持原判。

（四）二审事实和证据

昆明市中级人民法院经审理确认：1994年10月，上诉人大城公司与楚雄卷烟厂签订了一份融资1000万元以作补偿贸易的94－040号协议。协议约定：由上诉人大城公司采用到期还本、利息用卷烟差价抵补的补偿贸易方式向楚雄卷烟厂融资1000万元，该款项于1994年10月11日汇入楚雄卷烟厂账户，融资期限为12个月。此后，双方又订立了确认书。该融资协议于1995年11月履行完毕。上诉审理中，大城公司称此融资协议是自己与楚雄卷烟厂直接协商签订，没有任何居间关系。经法庭到楚雄卷烟厂查证，卷烟厂证实协议系双方自愿签订，并不存在居间因素。被上诉人高连英持承诺书、委托书等证据向法庭陈述，据以证实其实施了居间行为，居间关系存在，居间行为合法有效。法庭认为，高连英作为公民个人，从事经纪活动中的居间服务，其居间行为的主体资格需经国家有关管理机关审查认可，其居间行为自然受监督和管理约束。因此，高连英首先须向法庭举证证实其具有从事居间服务的资格，并举证证实其居间的具体内容以及其合法性。只有具备了居间服务的主体资格，居间服务的内容合法，其居间行为才受法律保护。审理过程中，高连英对此所举出的证据，并不能证实其居间行为的存在和具有合法性。

上述事实有下列证据证实：

1. 大城公司与楚雄卷烟厂所签订的94－040号合同书。

2. 法院从楚雄卷烟厂调取的有关案情的调查笔录。

3. 高连英所持的承诺书、委托书等证据，仅只能证实居间关系的发生，但不能证实居间行为和内容的真实和合法。

（五）二审判案理由

昆明市中级人民法院认为：我国公民、法人及其他组织的合法民事权益，才受法律保护。本案中，上诉人大城公司与楚雄卷烟厂订立的融资合同，被上诉人高连英称在其中从事居间，但被上诉人高连英作为个人，并未经国家有关部门批准认可，可以从事经纪活动中的居间活动，诉讼中亦不能向法庭陈述该居间行为的过程并证明其居间行为具有合法性。况且烟草是国家专卖商品，未经特许，不允许个人之间进行买卖。因此，高连英向法庭请求判令大城公司付居间费用的主张，因无充分依据证实，法院不予保护。原审法院仅审查了居间关系是否成立，未对居间行为本身的合法性进行审查和确认，作出判决显属不当，二审应予改判。

（六）二审定案结论

昆明市中级人民法院根据《中华人民共和国民法通则》第六条、第七条，《中华人民共和国民事诉讼法》第一百五十三条第一款第（三）项之规定，判决如下：

1. 撤销昆明市五华区人民法院（1995）五法经初字第028号民事判决。

2. 驳回被上诉人高连英的诉讼请求。

一、二审案件受理费共计20424元，均由被上诉人高连英承担。

（七）解说

本案属一起典型的民间居间合同纠纷案。其焦点则是高连英是否在大城公司与楚雄卷烟厂之间签订的94－040号融资1000万元的协议中有居间行为，以及该行为是否合法的问题。

根据《经济合同法》的规定，“经济合同除即时清结者外，应当采用书面形式”。居间合同不属即时清结，因此，一般情况下应签订书面合同，对于自然人居间的也应如此。本案中，高连英与大城公司之间即使有居间关系存在，但因未订立书面合同，融资后又对口头签订的居间合同内容陈述不相一致，原、被告之间口头商定的民间民事行为应属无效。

本案中，高连英作为公民个人，即以自然人的身份从事居间活动即为经纪人，既未经过培训，也未持有合格的登记注册证，不是法定的居间人主体资格；高连英从事居间的烟草业务，又属国家专控，不是居间业务范围，其从事居间行为，与国家的有关法规相抵触，因而，其居间行为属非法，法律不予保护。

居间活动，在计划经济时代作用不明显，在市场经济条件下，从事居间的自然人和法人越来越多，而我国法律对此尚无明确规定，对于居间行为合法与否尚无法律规定。实践中，因居间引起的纠纷越来越多地反映到审判实践中来，这就要求我们审理案件时，要严格依照居间行业的行政规定，不仅要审查居间双方的约定内容是否符合行业规定，更需审查居间行为以及居间的内容是否与法律规定相悖。行为的合法性是民事行为有效的首要条件，只有合法的行为才受法律保护，因此，在审理居间行为引起的纠纷案时，要注重审查居间行为的合法性。

（王琼芬）

26. 张爱华诉青岛市西海岸房地产开发公司等居间合同案

（一）首部

1. 判决书字号

一审判决书：山东省青岛市中级人民法院（1995）青经三初字 43 号。

二审判决书：山东省高级人民法院（1996）鲁经终字第 320 号。

2. 案由：居间合同案。

3. 诉讼双方

原告（被上诉人）：张爱华，女，1956 年出生，汉族，青岛人防灯具厂工人，现住青岛市四方区嘉定路 53 号。

委托代理人（一审）：卢来明，青岛市兴田律师事务所律师。

委托代理人（二审）：于春荣，山东金桥律师事务所律师。

被告（上诉人）：青岛市西海岸房地产开发公司。

法定代表人：扈本学，经理。

委托代理人（一审）：李萍，青岛市德恒律师事务所律师。

委托代理人（一审）：李湛，青岛市德恒律师事务所律师。

委托代理人（二审）：刘振江，该公司工作人员。

委托代理人（二审）：李欣，该公司副总经理。

被告：青岛市经济技术开发区西海岸实业总公司。

法定代表人：扈本学，总经理。

委托代理人（一审）：李萍，青岛市德恒律师事务所律师。

委托代理人（一审）：李湛，青岛市德恒律师事务所律师。

4. 审级：二审。

5. 审判机关和审判组织

一审法院：山东省青岛市中级人民法院。

合议庭组成人员：审判长：王存吉；审判员：高关祥；代理审判员：许凌屏。

二审法院：山东省高级人民法院。

合议庭组成人员：审判长：刘平；审判员：尹佐海、冀怀民。

6. 审结时间

一审审结时间：1996 年 2 月 15 日。

二审审结时间：1996 年 7 月 26 日。

（二）一审诉辩主张

1. 原告张爱华诉称：1994 年 8 月 31 日，原告应被告邀约为青岛市西海岸房地产开发公司促销商品房。此后，原告利用业余时间经多方介绍与联系，为被告青岛市西海岸房地产开发公司销售霓裳城房产 11939994 元，买方太原五方装潢公司已交付全部房款。按照约定原告可提取酬金 3%～5%，可是被告以种种借口不履行合同义务。为此，使原告在精神上受到很大损害，并在精力和财力上受到较大损失。请求法院判令被告承担违约责任，赔偿经济损失。

2. 被告青岛市西海岸房地产开发公司（以下简称开发公司）和青岛市经济技术开发区西海岸实业总公司（以下简称实业总公司）辩称：当时我方委托四方区招商办促销霓裳城，属于四方区重大项目，而原告张爱华在四方区重大项目办公室工作，销售霓裳城并非经纪人所为。我方销售房地产虽经原告张爱华介绍，但主要是由于我方与买方洽谈而成。因此，原告并非起到居间人的作用，应当驳回其诉讼请求。

（三）一审事实和证据

青岛市中级人民法院经审理查明：原告张爱华是四方区人防灯具厂工人，1994 年在四方区重大项目办公室临时帮助工作。1994 年 8 月 30 日原告张爱华经人介绍认识被告开发公司经销处李处长以及实业总公司总经理扈本学。1994 年 8 月 31 日原告张爱华与扈本学取得联系，并由扈本学交给原告张爱华一份西海岸房地产开发公司青西房经字（94）第 001 号文件《关于在商品房促销活动中对有成绩人员的劳务费提取办法的规定》，其中第一条规定：对于本公司以外人员或本公司非专职销售人员在协助公司实现商品房销售并已收取全部房款后，以销售总额的 3%～5%计提取劳务费。其发放办法为一事一议。此后，原告张爱华带着被告开发公司经销处李欣处长和王宇昆到海天大酒店找到霓裳城房产买主闫琦董事长住处，双方交谈初步达成了售房意向。闫琦回太原后，原告又多次从太原、广州与闫琦联系，直至 1994 年 10 月 25 日使双方达成了销售房产合同，1994 年 11 月 23 日太原五方装潢有限公司（以下简称太原五方公司）交付了全部房款。1994 年 10 月 17 日李欣为原告张爱华出具经其介绍销售房产洽谈成功，同意提取 3%～5%劳务费的书面材料，并盖有西海岸实业总公司的公章。原告张爱华曾于 1994 年 3 月参加青岛市经纪人事务所学习，经考试合格，并于 1994 年 5 月取得经纪人服务许可证。

上述事实有张爱华是普通工人的书面材料、张爱华为被告介绍销售房产的书面材料、西海岸房地产开发公司规定提取劳务费的标准（94）001 号文件等证据证明。

（四）一审判案理由

一审法院认为：原告张爱华作为工人取得经纪人资格证书，并持有经纪人服务许可证，在借调工作期间，应被告青岛市西海岸房地产开发公司邀约为该公司销售房产，居间合同成立。被告青岛市西海岸房地产开发公司经原告张爱华介绍销售房产洽谈成功，并收回全部售房款，原告张爱华要求提取双方约定的劳务费并无不当。被告西海岸实业总公司同意给付售房劳务费，应视为共同债务人。两被告拒不支付劳务费属于违约行为，应承担违约责任。

（五）一审定案结论

青岛市中级人民法院根据《中华人民共和国民法通则》第八十四条规定，判决如下：

1. 被告青岛市西海岸房地产开发公司向原告张爱华偿付劳务费477599.76元。

2. 被告青岛市西海岸实业总公司负连带清偿责任。

以上两项于本判决生效后十日内付清，逾期加倍支付迟延履行期间的债务利息。

案件诉讼费10000元，由被告青岛西海岸房地产开发公司承担。

（六）二审情况

1. 二审诉辩主张

一审判决后，青岛市西海岸房地产开发公司不服，上诉称：被上诉人张爱华的身份不是工人，是四方区政府部门的工作人员，不能从事居间活动；张爱华未曾为上诉人售房从事过居间活动，也没有与其签订过居间合同；即使有居间合同，则购房方交清房款是居间人获取报酬的先决条件；实业总公司与被上诉人张爱华之间不存在任何关系，不应承担连带清偿责任。要求撤销原判，依法改判。

被上诉人张爱华辩称：原审判决认定事实正确，证据确凿，要求维持原审判决。

2. 二审事实和证据

山东省高级人民法院经审理查明：被上诉人张爱华系青岛人防灯具厂工人，在1994年7月至1995年5月期间，曾被借调到青岛市四方区政府重大项目办公室工作。张爱华于1994年5月取得青岛市工商行政管理局颁发的经纪人服务许可证，服务范围为：业务中介，房地产、信息；有效期为1994年5月19日至1997年12月18日。1994年10月17日，上诉人开发公司李欣出具了经原审被告实业总公司加盖公章的书面材料，内容为："我公司经四方区重大项目办公室张爱华女士介绍与太原五方装潢有限公司闫琦董事长洽谈购买我公司所有霓裳城房产事宜，经洽谈成功后，我公司根据有关规定向张爱华女士支付劳务费（在太原方面付清全部房款后），数量为总房款3%～5%（其中不含新兴公司应获益部分）。因此问题的特殊性，以我公司收到房款具实结算。"1994年10月25日、11月5日，上诉人开发公司与太原五方公司分别签订霓裳商字第008号、第009号售房合同，分别规定成交房屋为地上一层和地下一层，分期付款，1995年10月底前付清，两份合同总价款为11939994元。在签订两份合同的同时，上诉人开发公司与太原五方公司又签订补充合同，规定两份合同总价款为11935700元，比原合同减少了4294元。1994年11月23日，上诉人开发公司开出客户为太原五方公司，编号为"9673"、"9674"两张发票，金额分别是7021526元和4918468元，但该发票原件仍存于上诉人开发公司处，并注明"作废"。1996年5月22日，上诉人在给太原五方公司的催款通知单上说明，太原五方公司已付款777.35万元。另查明：青岛市四方区新兴农工商公司作为甲方，上诉人开发公司作为乙方，就双方联建的霓裳城房屋分配于1994年9月28日签订协议。其中第二条规定，地下室部分由乙方整体对外销售，其销售收入扣除手续费、税金等剩余部分各方以50%分配。国家计委、建设部于1995年7月17日下发了计价格（1995）971号文件，即《关于房地产中介服务收费的通知》，规定房屋买卖代理收费，按成交价格总额的0.5%～2.5%计收。

上述事实有下列证据证明：

(1) 青岛市四方区人防灯具厂关于张爱华身份的证明。

(2) 青岛市工商局颁发给张爱华的经纪人服务许可证。

(3) 开发公司与太原五方公司签订的霓裳商字第008号、009号售房合同及补充协议。

(4) 开发公司开出的编号为“9673”、“9674”的两张发票。

(5) 开发公司1996年5月22日给太原五方公司的催款通知单及太原五方公司欠款的说明。

2. 二审判案理由

山东省高级人民法院经审理认为：被上诉人张爱华是青岛人防灯具厂工人，领取了经纪人服务许可证，其借调到青岛市四方区政府重大项目办公室帮助工作并未改变其工人身份，因而其从事经纪人服务许可证规定范围内的经纪居间活动并不违法。上诉人开发公司出具的证明证实，被上诉人张爱华为上诉人开发公司售房从事了居间活动，应当按售房合同标的3%～5%支付居间劳务费，该约定幅度在国家计委、建设部的通知下发之前，并不违反当时的法律规定。原审被告实业总公司在证明上加盖公章，实际上是对被上诉人张爱华支付劳务费的承诺，应当负连带清偿责任。证明规定支付劳务费的时间是“在太原方面付清全部房款后”，在当时情况下应理解为售房合同规定的最后付款期限为准，但考虑到该售房款因故未按期全部收回，上诉人开发公司应在已收到房款的范围内先行支付，余款待房款全部收回后再行支付。上诉人开发公司与联建单位青岛市四方区新兴农工商公司的协议明确约定，在扣除各种费用后各方分配50%售房款。各种费用应包括售房居间款，因此，上诉人要求重新计算售房总值支付劳务费的理由不成立。被上诉人张爱华在二审中提出售房总值应包括地下二层的主张，因没有证据证明是其参与了上诉人开发公司售出该地下二层的居间活动，本院不予支持。

4. 二审定案结论

依照《中华人民共和国民事诉讼法》第一百五十三条之规定，山东省高级人民法院判决如下：

(1) 维持山东省青岛市中级人民法院（1995）青经三初字第43号民事判决。

(2) 上诉人青岛市西海岸房地产开发公司在本判决生效后先向被上诉人张爱华支付310940元；剩余166659.76元由上诉人青岛市西海岸房地产开发公司于太原五方装潢有限公司向上诉人青岛市西海岸房地产开发公司付清全部购房款后支付给上诉人张爱华。

一审案件诉讼费、二审案件诉讼费各10000元，由上诉人青岛市西海岸房地产开发公司分别负担8000元，被上诉人张爱华分别负担2000元。

（七）解说

这是一件涉及到房地产中介的纠纷案件，因本案中介费数额较大，在审判实践中容易出现模糊的认识，故应进行认真的分析。

1. 国家保护合法的居间活动。我们通常所称的中介（也有的称为经纪），在法律上称之为居间法律关系，就是居间人通过中介活动，促成当事人订立合同，当事人给付居间费所形成的法律关系。根据这种法律关系订立的合同称之为居间合同。目前，我国尚未制定有关居间的法律，但在一些部门规章中已对中介活动作出了一些规定，其主要内容是：中介人必须经过专业培训、持有经纪人资格证书及中介服务费比例、依法纳税、国家机关工作人员不得从事中介活动等。因此，对依法进行居间活动的，应当依法予以保护。

2. 居间费数额的确定。居间费（也称为中介服务费）数额的确定，应当在国家有关规定的范围内由当事人约定，如果当事人约定的数额超过了国家规定的范围，其超过部分无效。本案中，双方当事人约定按售房合同标的 3%～5%，此约定虽然违反了国家计委、建设部《关于房地产中介服务收费的通知》中规定的 0.5%～2.5%的幅度，但此约定发生在该通知下达之前，并不违反当时的有关法律规定。因此，仍可按当事人的约定，不宜按无效民事行为处理。

3. 居间费的给付。居间费的给付，通常是在居间人促成当事人订立合同后，也就是达到居间目的后给付，主要是根据当事人的约定。在未成就居间活动时，居间人无权要求当事人给付居间费。本案中，原、被告之间约定支付劳务费的时间是在"付清全部房款之后"，在当时情况下，应理解为售房合同规定的最后付款期，但考虑到该售房款因故未按期全部收回，被告应在已收到房款的范围内先行支付。余款等房款全部收回后再行支付，受诉法院既坚持了按约定的原则，又考虑到变化了的实际情况，其处理符合法律公平、公正原则。

（冀怀民）

27. 寿宁县梦龙春酒厂诉闽东广告公司福安市分公司等广告合同案

（一）首部

1. 判决书字号

一审判决书：福建省宁德地区中级人民法院（1995）宁地法经初字第 32 号。

二审判决书：福建省高级人民法院（1996）闽经终字第 78 号。

2. 案由：广告合同案。

3. 诉讼双方

原告（上诉人）：寿宁县梦龙春酒厂（下称梦龙春厂）。

法定代表人：郑义堂，厂长。

委托代理人：李海亮、高建平，福州天正律师事务所律师。

被告（被上诉人）：闽东广告公司福安分公司（下称广告公司）。

法定代表人：黄秋容，经理

委托代理人：李伟民，福州大中律师事务所律师。

委托代理人：李国雄，福安市工商局干部。

被告（被上诉人）：福安市酒厂（下称福安酒厂）。

法定代表人：郭旺东，厂长。

委托代理人：周联东，福州三通律师事务所律师。

委托代理人：黄强，宁德三顾律师事务所律师。

被告（被上诉人）：福安市人民政府（下称福安政府）。

法定代表人：康建民，市长。

委托代理人：游劝荣，福州三通律师事务所律师。

被告（被上诉人）：福安市工商行政管理局。

法定代表人：陈安松，局长。

委托代理人：林丹，福州三通律师事务所律师。

4. 审级：二审。

5. 审判机关和审判组织

一审法院：福建省宁德地区中级人民法院。

合议庭组成人员：审判长：毋文杰；代理审判员：陈新、李建峰。

二审法院：福建省高级人民法院。

合议庭组成人员：审判长：魏光钰；代理审判员：陈锋、薛琦。

6. 审结时间

一审审结时间：1996 年 1 月 29 日。

二审审结时间：1996 年 12 月 28 日（依法延长审限）。

（二）一审诉辩主张

1. 原告诉称：1994 年 5 月 1 日，原告与被告广告公司签订了一份委托制作梦龙春酒路牌广告的广告协议书。在此前，广告公司通过与福安市果品公司签订租赁合同合法取得广告位置的三年使用权。广告协议书规定双方权利义务及违约责任，其中规定三年内广告牌的产权及广告位置的使用权归属梦龙春厂所有。协议生效后，由广告公司代理梦龙春厂向福安市工商局申报设置该广告的手续，领取了闽安广许字 002 号许可证。1994 年 5 月上旬，广告公司将梦龙春广告制作完毕，原告验收合格后依约付款。1994 年 7 月 18 日，广告公司未经原告许可，违约将梦龙春酒广告内容拆除，且于 1994 年 8 月 1 日，与福安酒厂签订一份广告协议书，利用原告所有的闽安广许字 002 号许可证，在属原告所有的广告底板上设置了福安酒厂的红福啤酒广告。1994 年 11 月 8 日，红福啤酒广告被撤。11 月 9 日，福安市政府在明知该广告底板所有权和位置使用权归原告所有的情况下，在梦龙春广告的底板上设置了“发扬老区精神，振兴闽东经济”题词，至今仍存。福安市工商局是福安广告公司注册资金 30 万元的投资担保人，广告公司开办时，注册资金未到位。鉴于以上事实，请求法院判令：（1）福安市政府立即停止侵权行为；（2）广告公司继续履行合同，立即恢复广告牌原状；（3）广告公司、福安酒厂、福安市政府连带赔偿原告经济损失 30 万元，名誉损失 50 万元；（4）广告公司、福安酒厂、福安市政府在《福建日报》上刊登启事向原告赔礼道歉，以消除影响，恢复名誉；（5）福安市工商局在担保额 30 万元内承担广告公司应负的赔偿责任。

2. 被告广告公司、福安酒厂、福安市政府、福安市工商局均未作书面答辩。

（三）一审事实和证据

宁德地区中级人民法院经公开审理查明：1994 年 5 月 1 日，梦龙春厂与广告公司签订了一份制作梦龙春酒路牌广告的广告协议书，协议期限三年。协议书主要约定：1. 广告公司为梦龙春厂在福安市果品公司大楼正面设置高 7 米、宽 16 米的梦龙春酒广告牌（该位置使用权已由广告公司与福安果品公司签订租赁合同合法取得），广告总造价为 5.6 万元；2. 梦龙春酒厂必须于广告制作完成验收后 10 天内付清 60%造价等；3. 广告使用期出现客观损坏如广告油漆脱落、变形等应由广告公司负责无偿维修恢复；4. 若厂方在使用期内需要小部分重新制作，应由厂方提供设计，广告公司按重新制作的部分面积的材料成本价计算金额；5. 三年内广告牌的产权及广告位置使用权归属梦龙春厂所有，未经厂方同意，广告公司不得更作他用，否则赔偿厂方未用期折占广告费用双倍金额；6. 福安市果品公司大楼正面只允许放置梦龙春广告一面，不允许出现第二家，否则赔偿当年本厂广告费用。协议还对广告使用材料、底板底架使用材料以及双方权利义务作了规定。协议生效后，广告公司按业务惯例代理梦龙春酒厂向福安市工商局申报设置该广告的手续，经福安市工商局审核后，给梦龙春广告颁发了闽安广许字 002 号许可证，同意按报批的内容制作梦龙春户外广告。广告公司即于 1994 年 5 月初着手制作梦龙春广告，于同月上旬将该广告制作完毕。梦龙春厂对广告验收合格后，依约于 1994 年 5 月 24 日前付清广告造价的 60%，计 3.36 万元整。1994 年 7 月 18 日广告公司在未经广告主梦龙春厂同意的情况下，将梦龙春酒路牌广告内容拆除。梦龙春厂得知后当天去函要求停止侵权立即修复，否则，广告公司将承担因此而造成的经济损失。但广告公司于 1994 年 8 月 1 日与福安酒厂签订广告制作合同，决定在原梦龙春广告的位置上设置红福啤酒广告，合同期限三年。合同签订后，广告公司在红福啤酒广告未经福安市工商局审批的情况下在梦龙春广告底板加大的基础上制作了红福啤酒广告，且继续使用闽安广许字 002 号许可证。同年 11 月 5 日广告公司退还梦龙春厂未使用到期的已付广告费 26327 元。1994 年 11 月 8 日，红福啤酒广告因违法设置被福安市政府拆除，之后福安市政府在原广告底板上设置李鹏总理“发扬老区传统，振兴闽东经济”的题词。

另查明：广告公司于 1988 年底成立，其开办单位与主管单位是福安市工商局工会，注册资金 10 万元。1990 年 4 月 15 日，注册资金变更为 30 万元，由福安市工商局担保。广告公司 1992 年度、1993 年度未参加年检，但仍正常经营，福安市工商局也未吊销其企业法人营业执照，未办理注销登记手续。

基于上述事实，梦龙春厂在与有关单位协商无果的情况下，诉至法院请求法院根据广告公司的违约行为与侵权行为，福安酒厂与福安市政府侵权行为以及福安市工商局对广告公司注册资金的担保行为，判令各被告承担诉状所述的法律责任。

上述事实有下列证据证明：

1. 1991 年 5 月 1 日梦龙春厂与广告公司签订的制作梦龙春酒路牌广告的协议书。

2. 1994 年 8 月 1 日梦龙春厂与福安酒厂签订的制作红福啤酒路牌广告的协议书。

3. 1994 年 3 月 28 日广告公司与福安果品公司签订的租赁协议书。

4. 福安市工商局闽安广许字 002 号许可证。

5. 1994 年宁经初字第 33 号关于调查广告公司工商登记情况函回执。

6. 梦龙春厂与广告公司的往来函件。

7. 当事人陈述及庭审笔录。

（四）一审判案理由

宁德地区中级人民法院审理认为：梦龙春厂与广告公司在平等互利、诚实信用基础上签订的广告合同内容真实、合法，应认定有效。广告公司违约拆除梦龙春酒广告是有过错的，应承担违约责任，支付合同约定的违约金。梦龙春厂对其主张广告被拆导致重大经济损失和名誉损失不能提供充分的证据也不能证明梦龙春厂因广告被拆导致的损失超过约定违约金，故对其主张的经济损失和名誉损失请求不予支持。鉴于广告公司现已停业，无继续履行合同的能力，梦龙春厂要求其继续履行合同的请求不予采纳。广告公司盗用广告许可证号属广告行政管理范围，不属本院管辖。梦龙春厂认定福安酒厂与福安政府侵占其广告底板所有权与广告位置使用权理由不足，不予采纳。福安市工商局为广告公司注册资金30万元提供担保，其应在30万元范围内对广告公司的债务承担连带责任。

（五）一审定案结论

宁德地区中级人民法院根据《中华人民共和国民法通则》第一百一十二条、《中华人民共和国经济合同法》第二十六条第一款第三项、第二十九条第一款、第三十一条、第三十二条以及国发（1990）68号《关于在清理整顿公司中被撤并公司债权债务清理问题的通知》第四条的规定，作出如下判决：

1. 解除梦龙春酒厂与广告公司签订的广告协议书。

2. 广告公司应在本判决生效后十日内一次性支付给梦龙春酒厂违约金104656.36元，逾期支付滞纳金。

3. 福安市工商局对广告公司的债务在30万元范围内承担连带清偿责任。

4. 驳回梦龙春厂的其他诉讼请求。

诉讼费13000元，由梦龙春厂负担11294元，广告公司负担1706元。

（六）二审情况

1. 二审诉辩主张

（1）上诉人（原审原告）上诉称：由于广告公司的违约及广告公司、福安酒厂、福安市政府的侵权行为，造成其重大经济损失和名誉损失，要求撤销原判，判决广告公司赔偿违约造成的经济损失30万元；由广告公司、福安酒厂、福安市政府赔偿其名誉损失50万元并在《福建日报》上赔礼道歉，消除影响，恢复名誉；由福安工商局在广告公司债务的30万元范围内承担连带责任；由被上诉人承担一、二审诉讼费用。

（2）被上诉人（原审被告）广告公司答辩称：该公司没有依法年检，已不具备合法的主体资格，其与梦龙春酒厂签订的合同无效，不应对上诉人承担违约责任，更不存在对上诉人的侵权。

（3）被上诉人（原审被告）福安酒厂答辩称：其与梦龙春酒厂不存在任何民事法律关系，不是适格的当事人，且未实施过针对上诉人的侵权行为，无须对上诉人承担任何侵权的民事责任。

（4）被上诉人（原审被告）福安市政府答辩称：其未实施过针对上诉人的侵权行为，且与上诉人不存在任何民事法律关系，其非本案适格当事人，上诉人提出“侵权之诉”不能成立。

（5）被上诉人（原审被告）福安工商局答辩称：其对广告公司注册资金的担保，是无效担保，不应由其承担连带责任。

2. 二审事实和证据

福建省高级人民法院经审理查明：原审查明的事实属实。另查明：广告公司经理李国雄称：上红福啤酒广告的事已在拆除梦龙春酒广告前就定下来了。另梦龙春酒厂提供的损益表1994年比1993年利润减少173145元系概算数据。在二审审理期间，梦龙春酒厂的法定代表人更换为蔡晓林。

上述事实有下列证据证明：

（1）梦龙春酒厂提供的1993年度至1994年度资产损益表。

(2）广告公司经理李国雄陈述。

3．二审判案理由

福建省高级人民法院审理认为：广告公司虽未依法年检，但工商局未吊销其营业执照，及办理注销登记，并且在本案合同签订后工商局准许其经营，签发了广告许可证，原审认定合同有效正确；广告公司擅自拆除广告，违反合同，应依合同约定承担违约责任；梦龙春酒厂提供的利润损失系概算数据，不能认定，故其诉请广告公司赔偿其经济损失30万元，不予采纳；福安酒厂的广告系依其与广告公司签订的合同，原告提出福安酒厂损害其名誉，依据不足，不予支持；福安市政府拆除的是福安酒厂的广告，未针对梦龙春酒厂实施侵权行为，梦龙春酒厂要求赔偿名誉损失，依据不足，不予支持；福安工商局为广告公司的注册资金提供担保，原审判决其在担保范围内对广告公司债务承担连带责任正确。原审事实清楚，适用法律正确。

4．二审定案结论

福建省高级人民法院根据《中华人民共和国民事诉讼法》第一百五十三条第一款第（一）项之规定，经合议庭评议并经院审委会讨论决定，作出如下判决：

驳回上诉，维持原判。

二审诉讼费13000元，由梦龙春酒厂负担；一审诉讼费按原判决执行。

（七）解说

因擅自拆除广告牌而引发的违约、侵权纠纷，在审判实践中尚不多见。本案被告广告公司未经原告许可，擅自拆除原告委托其设置的广告路牌，既违反了双方事先的约定，构成违约；又侵犯了原告的合法权益，构成侵权。在违约与侵权竞合的情况下，本案应如何确定案由、认定被告承担责任的方式，在案件审理过程中，产生了较大的争议。

由于原告起诉时同时提起了违约和侵权之诉，一、二审法院审理认为，按照责任竞合原理，原告在两种请求权中只能行使一个请求权，当一个请求权得到满足后，另一个请求权也就随之消灭。本案由于原告能够举证的被告侵权对其造成的损失，没有超过双方事先约定的违约金数额，故基于民事责任的惩罚性与补偿性的要求，一、二审判决选择对原告更有利的责任方式，确定本案案由为违约纠纷，判决被告支付违约金，而驳回原告的其他诉讼请求，从效果上显然比较合理。

（陈明祥　苏建平）

28．厦门国际信托投资公司诉厦门市开元区开元制衣厂等回租合同案

（一）首部

1．判决书字号

一审判决书：福建省厦门市开元区人民法院（1995）开经初字第430号。

二审判决书：福建省厦门市中级人民法院（1996）厦经终字第19号。

2．案由：回租合同案。

3．诉讼双方

原告（上诉人）：厦门国际信托投资公司。

法定代表人：游永华，总经理。

委托代理人：王前清，该公司干部。

委托代理人：陈月辉，该公司干部。

被告（被上诉人）：厦门市开元制衣厂。

法定代表人：黄佳庆，厂长。

被告（被上诉人）：厦门市开元区恒盛服饰织造厂。

法定代表人：邹安国，厂长。

4. 审级：二审。

5. 审判机关和审判组织

一审法院：福建省厦门市开元区人民法院。

合议庭组成人员：审判长：郑金鹏；审判员：单为民；代理审判员：陈锦璇。

二审法院：福建省厦门市中级人民法院。

合议庭组成人员：审判长：周红岩；审判员：吕子良；代理审判员：何培明。

6. 审结时间

一审审结时间：1995 年 12 月 6 日。

二审审结时间：1996 年 4 月 15 日。

（二）一审诉辩主张

1. 原告诉称：我方与被告厦门市开元制衣厂（下称开元制衣厂）签订一份回租合同，回租物为开元制衣厂的厂房一幢，租赁期限届满，承租方开元制衣厂未能依约支付租赁款及租息，故请求判令收回租赁物厂房或由承租方归还租赁款 70 万元及租息，并要求担保方厦门市开元区恒盛服饰织造厂（下称恒盛织造厂）承担连带清偿责任。

2. 被告开元制衣厂未作出书面答辩。

3. 恒盛织造厂辩称：该厂注册资金 20 万元，不能作为标的 70 万元回租合同的担保人，回租合同手续不完整，原告及开元制衣厂均有责任。厦门国际信托投资公司（下称国托公司）可以收回或者拍卖租赁物，不足部分才由担保方负担。

（三）一审事实和证据

厦门市开元区人民法院经审理查明：1994 年 1 月 24 日，国托公司与开元制衣厂签订一份由恒盛织造厂提供担保的回租合同。合同规定开元制衣厂（乙方）为筹集资金，发展企业生产，愿意将自有的厂房一幢折现值 70 万元让售给国托公司（甲方）；甲方并于第一次付款的同时取得租赁物件的所有权，乙方则同时向甲方承租和使用该租赁物件；租赁期限为从甲方第一次付款之日起 6 个月，即 1994 年 1 月 27 日至同年 7 月 27 日；租金以月利率 0.837％计算；租赁物件的交付和验收日期为签订合同日期，乙方既是让售租赁物件交货方，又是租赁物件收货验收方，双方确认将以完整无缺的租赁物件支付给乙方使用；若乙方不交付租金违反合同任何条款时，甲方有权采取要求乙方及时付清租金等一切费用或终止合同收回租赁物件并可向乙方提出赔偿损失的其中一项措施；担保方承担担保责任，如乙方不能缴纳租金，担保人应按照合同规定在收到甲方书面通知三天内，无异议代替乙方向甲方支付包括迟延利息在内的租金余款；乙方偿还全部应缴租金及费用后，租赁物件所有权随即转移给乙方，终止租赁合同。合同还规定了租赁物件的维修、保险等条款。合同签订后，国托公司即于1994年1月28日提供给开元制衣厂70万元的租赁款，租赁物件厂房由开元制衣厂使用。回租合同规定的租赁期限届满，开元制衣厂未按约归还租赁款及支付租息。一审法院还查明：国托公司与开元制衣厂、恒盛织造厂签订的回租合同规定的租赁物件厂房，系开元制衣厂主管部门厦门市开元区人民政府梧村街道办事处投资兴建的临时建筑，供开元制衣厂使用，尚未办理产权证。

以上事实有下列证据佐证：

1.1994年1月27日回租合同。

2.国托公司特种转账付出传票。

3.厦门市人民政府（1988）综010号文件。

4.法院调查材料。

（四）一审判案理由

一审法院认为：国托公司与开元制衣厂、恒盛织造厂签订的回租合同规定的租赁物件厂房所有权不属开元制衣厂，不能作为回租合同的租赁物件，应确认为无效合同。对此，开元区制衣厂负有主要责任，担保人恒盛织造厂应承担连带责任。

（五）一审定案结论

根据《中华人民共和国经济合同法》第十五条、第十六条第一款之规定，厦门市开元区人民法院于1995年12月6日判决如下：

1.国托公司与开元制衣厂、恒盛织造厂之间签订的厦信租字第94012号回租合同无效。

2.开元制衣厂应于本判决生效后十日内偿还国托公司70万元及利息（利息以月利率0.837%计算，从1994年1月18日起计至判决生效之日止。

3.以上第二项还款由恒盛织造厂承担连带清偿责任。

案件受理费17584元，由开元制衣厂负担。

（六）二审情况

1.二审诉辩主张

（1）国托公司上诉称：本案回租合同的租赁物件厂房从申请、征地到报批等有关手续均是以开元制衣厂名义进行，不存在梧村街道办事处兴建厂房一事。厦门市人民政府厦府（1988）综010号文《关于开元区制衣厂简易厂房临时用地批复》明确将厂房用地批给开元制衣厂。梧村街道办事处将厂房折价作为开元制衣厂的注册资金投入，从法律上讲厂房已属开元制衣厂。请求撤销原审判决第一项，改判回租合同有效；维持判决第二、三项，但租金利息应算至还款日止。

（2）被上诉人开元制衣厂、恒盛织造厂未作书面答辩。

2.二审事实和证据

福建省厦门市中级人民法院查明：1994年1月27日，国托公司（甲方）与开元制衣厂（乙方）签订了一份由恒盛织造厂担保的回租合同。合同约定：乙方为筹集资金将自有的物件厂房一幢折现值70万元让售给甲方，甲方并于第一次付款的同时取得厂房的所有权，乙方则同时向甲方承租和使用该租赁物件；期限从1994年1月27日至1994年7月27日；租金以月利率0.837%计算，1994年2月27日至6月27日每月应还本金116670元；1994年7月27日应还本金116650元；在租赁期间，租赁物件的所有权属于甲方，未经甲方书面同意，乙方不能将租赁物件出售、转让、转租、抵押或采取其他任何侵犯租赁物件所有权的行为；若乙方未能按合同规定支付到期租金给甲方，乙方应付给甲方迟延支付期间的利息。该项迟延利息，在迟延一个季度以内的，按原规定的利息率的150%计算，超过一个季度的，超过部分按原规定利息率的200%计算。合同还对租赁物件的品质、保险、违约处理、担保等条款作了约定。国托公司于1994年1月28日支付70万元给开元制衣厂。合同期届满，开元制衣厂只偿付利息688.81元给国托公司，本金70万元及其他利息均未支付。

还查明：1992年8月厦门市开元区人民政府梧村街道办事处将本案回租合同的租赁物件厂房作为开元制衣厂的部分注册资金。

二审法院查明事实的证据除了一审法院认定的外，还有厦大所验字（92N）第407号验资报告及工作底稿；本院调查笔录。

3. 二审判案理由

二审法院认为：本案回租合同的租赁物件厂房系由开元区政府梧村街道办事处投资兴建的临时建筑物，虽未办理产权证，但开元区政府梧村街道办事处已将厂房折价作为开元制衣厂的部分注册资金，并经工商行政管理局认可，故开元制衣厂应依法以此厂房对外独立承担民事责任。国托公司与开元制衣厂签订的回租合同未违反法律规定，应为有效合同。开元制衣厂未依约归还本金、租金构成违约，应承担相应的违约责任。恒盛织造厂作为担保人应对开元制衣厂的上述债务负连带清偿责任。原审法院认定事实基本清楚，但适用法律不当。

4. 二审定案结论

二审法院依照《中华人民共和国经济合同法》第六条、第十五条、第三十一条、第三十二条及《中华人民共和国民事诉讼法》第一百五十三条第一款第（二）项之规定判决如下：

（1）维持厦门市开元区人民法院（1995）开经初字第430号判决第二、三项。

（2）撤销厦门市开元区人民法院（1995）开经初字第430号判决第一项。

（3）国托公司与开元制衣厂签订的厦信租字第94012号回租合同有效。

（4）开元制衣厂已归还的利息688.81元从上述款项中扣除。

二审案件受理费17584元，由开元制衣厂、恒盛织造厂各负担8792元。

（七）解说

本案的事实虽然比较简单，但一、二审法院对该回租合同的法律效力作出了截然相反的判决。为什么二审法院判决回租合同有效呢？主要从三个方面考虑。

首先，回租合同是一种新兴的融资方式。它一般约定：承租人为了筹集资金，将自有的物件套值让售给出租人，取得价款后再向出租人承租，分期偿付租金。租赁期届满后，承租人支付全部租金及其他费用，租赁物件所有权又归还承租人。回租合同与融资租赁合同有相同之处又有所区别。融资租赁合同存在着租赁物的买卖和租赁两个不同的过程和阶段。它是出租人根据承租人的需要以自己的名义向第三人购买租赁物，然后再出租给承租人。租赁期间，出租人对租赁物拥有明确的完全的所有权。而回租合同的租赁物件并不是由出租人向第三人购买所得，而是承租人将自有的物件“套值让售”给出租人，所有权在形式上是没有设定给出租人。可是，出租人往往不像融资租赁合同中的出租人享有租赁物件实质上的所有权。也正是这个原因，出租人要求承租人提供担保。就本案回租合同看，不宜简单地以房屋买卖合同、房屋租赁合同的有效条件来审查回租合同的法律效力。应从回租合同的目的出发，抓住回租合同的实质，即资金的融通使用，来认定其法律效力。因此，在我国法律对此未作禁止性规定之前，承认其相应的法律效力，有助于金融体制的改革，有利于我们去借鉴探索外国的先进经验。

其次，本案的厂房是由开元区政府梧村街道办事处投资兴建的，经市人民政府等有关单位、部门批准的临时建筑物，手续齐全，合法有效。虽未办理产权证（实际上因为是临时建筑物,并不产生办产权证一事),但开元制衣厂已实际取得使用该临时建筑物的使用权，并将其作为部分注册资金。根据我国法律规定，注册资金系企业对外承担民事责任的物资基础，主管部门不得抽回。也就是说，企业可以自主支配，使用其注册资金。因此，开元制衣厂在法律规定的范围内将厂房回租使用并无不当。二审法院认定该回租合同有效是正确的。

再次，恒盛织造厂作为本合同的担保人，并未详细约定具体担保事宜，因此根据有关法律，该厂应对本合同承担连带清偿责任。该厂辩称不能成立，应予驳回。

（陈朝阳）

29. 无锡市丝绸公司诉江阴市对外贸易公司等补偿贸易合同案

（一）首部

1. 判决书字号

一审判决书：江苏省无锡市中级人民法院（1995）锡经初字第6号。

二审判决书：江苏省高级人民法院（1995）苏经终字第346号。

2. 案由：联营合同案。

3. 诉讼双方

原告（上诉人）：无锡市丝绸公司（以下简称丝绸公司）。

法定代表人：孙建新，经理。

委托代理人：张士刚，无锡市太湖律师事务所律师。

委托代理人：夏可，该公司科员。

被告：江阴市对外贸易公司（以下简称外贸公司）。

法定代表人：郑元，总经理。

委托代理人：奚海清，江阴市涉外经济律师事务所律师。

委托代理人：卞武彪，该公司办公室主任。

被告（上诉人）：江阴市多种经营管理局（以下简称多管局）。

法定代表人：戴金华，局长。

委托代理人：沈惕镛，该局副局长。

委托代理人：邱亚芬，江阴市蚕桑指导站站长。

4. 审级：二审。

5. 审判机关和审判组织

一审法院：江苏省无锡市中级人民法院。

合议庭组成人员：审判长：华晓东；代理审判员：邱必友、羊羚。

二审法院：江苏省高级人民法院。

合议庭组成人员：审判长：朱春燕；审判员：杨茂有；代理审判员：白新莲。

6. 审结时间

一审审结时间：1995 年 9 月 7 日。

二审审结时间：1996 年 3 月 29 日。

（二）一审诉辩主张

1. 原告丝绸公司诉称：1988 年 11 月 22 日、1989 年 12 月 12 日、1990 年 12 月 19 日，丝绸公司与两被告订立开发蚕茧基地合同三份，合同规定丝绸公司应投资 70.4 万元，两被告应开发 3000 亩蚕茧基地，并在 1989 年至 1999 年十年间按计划调拨价销售蚕茧给丝绸公司。丝绸公司履行了投资义务，但被告多管局仅开发了 2840 亩蚕茧基地，外贸公司从 1989 年至 1994 年，调拨给丝绸公司 3096.266 担蚕茧，仅完成了合同规定数（13730 担）的 22.6%，致使丝绸公司造成重大损失。因而请求终止合同，判令两被告偿还投资款 70.4 万元及利息 33.5 万元。

2. 被告外贸公司辩称：其与丝绸公司签订的三份合同是计划经济和行政干预的产物，随着社会主义市场经济体制的建立，产品投向市场，蚕茧的收购和销售从 1994 年起已放开；另合同仅规定了外贸公司的义务而没有权利，违背了法律原则，因而合同是无效的。履行合同过程中，外贸公司在 1989 年、1990 年超额完成了任务，1991 年、1992 年因洪水影响未完成任务属法定免责条件，丝绸公司从外贸公司解交的 4914.808 担蚕茧中已获得一定的利润。因而丝绸公司收回投资款的诉讼请求属无理，请求予以驳回。

3. 被告多管局辩称：其从 1989 年至 1991 年共计栽桑 3059.58 亩，完成了合同规定的 98.7%；为了建好基地，其组织市、镇、村、户各级共投入配套资金 1189890 元，超出丝绸公司投资 71.4%；执行合同过程中，其将收购的蚕茧全部解交给丝绸公司，而丝绸公司却扣留应付的生产组织费等计 213045 元；从丝绸公司获得的利润看，其投资已全部得到回收。

（三）一审事实和证据

无锡市中级人民法院经审理查明：1988 年 11 月 22 日，丝绸公司、多管局、外贸公司签订关于在江阴建立蚕桑生产基地的协议一份，约定由丝绸公司投资 13 万元购买桑苗（不足部分资金由多管局解决），在江阴市建立 500 亩桑田生产基地；多管局负责新桑田的落实、计划、管理工作，保证新栽桑的正常生产；外贸公司负责收烘蚕茧，保质保量解交给丝绸公司，丝绸公司按江苏省丝绸公司规定给多管局、外贸公司事业改进费、收烘费、经营费、组织管理费；1989 年开始交蚕茧，按每亩 30 斤，第二年按每亩 60 斤，第三年按每亩 120 斤，以后按全市平均亩产茧计算，协议有效期为十年等。1989 年 12 月 12 日及 1990 年 2 月 12 日，三方又签订开发蚕茧基地合同及补充协议，约定丝绸公司于 1989 年 12 月底投资 15 万元，建蚕茧基地 2200 亩，合同期限为十年，至 1999 年 12 月 10 日；其余条款同上。1990 年 12 月 19 日，三方再签订一份“开发蚕茧生产基地合同”，商定再开发 3000 亩基地；期限为十年，至 2001 年止；丝绸公司投资 63 万元，不再回收；若丝绸公司不按时投入而延误栽桑季节，由其赔偿经济损失；若多管局不落实种植量而影响解交蚕茧量以至影响丝绸公司正常生产，由其赔偿经济损失等。上述四份协议均经无锡市公证处公证。从1989年1月至1990年12月，丝绸公司共汇给外贸公司、多管局94万元。多管局从1989年至1991年共计栽桑3059.58亩，实际使用丝绸公司投资70.4万元，余款23.6万元退回丝绸公司。根据多管局组织栽桑的实际面积，三方确认外贸公司、多管局1989年应交蚕茧150担，1990年交960担，1991年交2000担，1992年交3480担，1993年后每年交3600担。1989年外贸公司实际交茧239.4518担，完成159.6%；1990年实际交茧1087.2402担，完成113.3%；1991年因特大洪灾，江阴市蚕茧基地半数以上受淹，部分蚕桑死亡，外贸公司交茧量为1206.378担，完成60.3%；1992年因受上年水灾影响，交茧量为992.78担，完成28.5%。四年共计交茧3525.85担。1993年至1994年，根据中共江苏省委、江苏省人民政府的有关规定，茧丝流通从逐步放开到取消指令性调拨计划，放开蚕茧购销，价格随行就市，多管局不能按计划价收购茧，外贸公司无茧交给丝绸公司，故未再履行合同。其间丝绸公司应支付给外贸公司的整修费、改建费等已全部结清，应支付给多管局的事业改进费、组织费应为71222.17元，于1990年12月25日支付了27227.72元，尚欠43994.45元未付。

上述事实有下列证据证实：

1. 原、被告三方1988年11月22日、1989年12月12日、1990年12月19日合同及1990年2月补充协议。

2. 丝绸公司投资及多管局退还部分投资凭证。

2. 丝绸公司与多管局确认栽桑亩数。

4. 外贸公司交蚕茧清单及丝绸公司付款凭证。

5. 多管局关于1991年水灾后要求核减蚕茧上交任务的报告。

6. 中共江苏省委、江苏省人民政府关于放开蚕茧购销价格的政策性文件。

7. 丝绸公司付给多管局事业改进费、组织费凭证等。

（四）一审判案理由

江苏省无锡市中级人民法院经审理认为：丝绸公司与外贸公司、多管局签订的四份协议，是在特定计划经济条件下，为鼓励发展蚕桑生产，经三方协商一致后签订的。履行过程中，既缓解了丝绸公司原料茧供应不足的矛盾，又为多管局解决了部分蚕农购桑资金；外贸公司在解交蚕茧过程中，也从丝绸公司支付的整修、改进、包干等费用中得到了补偿，因而协议符合合法、公平、合理的法律原则，应认定为有效。1989年和1990年，外贸公司、多管局超额完成了合同规定的义务，丝绸公司也支付了相应的费用。1991年和1992年外贸公司、多管局未交足蚕茧，是由于特大洪灾造成，属不可抗力，且及时通知了丝绸公司，因而多管局、外贸公司不承担违约责任。丝绸公司未按约付清多管局组织费、事业费欠妥，应予补足并承担相应的利息。1993年后因蚕茧价格放开，致使履行合同已不切实际，三方当事人均同意解除合同，对此三方均无过错。鉴于合同有效期从1989年至2001年达12年，对丝绸公司的投资款应根据按年度均分的原则，由外贸公司及多管局返回未履行部分份额并承担相应的利息。丝绸公司的部分诉讼请求有理。

（五）一审定案结论

江苏省无锡市中级人民法院根据《中华人民共和国经济合同法》第八条、第二十六条第一款第二项、第三十条，《中华人民共和国民事诉讼法》第一百二十八条之规定，于1995

年 9 月 7 日作出（1995）锡经初字第 6 号民事判决：

1. 终止履行丝绸公司与外贸公司、多管局于 1988 年 11 月 22 日、1989 年 12 月 12 日、1990 年 2 月 12 日、1990 年 12 月 19 日签订的协议。

2. 外贸公司、多管局应返还丝绸公司投资款 469334 元及利息 164905.19 元。

3. 丝绸公司应支付多管局组织费、事业费 43994.45 元及利息 15457.89 元。均于判决生效后十日内支付。

案件受理费 15206 元，由丝绸公司承担 7603 元，多管局、外贸公司承担 7603 元。

（六）二审情况

1. 二审诉辩主张

（1）上诉人丝绸公司上诉称：①一审判决没有追究多管局及外贸公司的违约责任；②原审判决认定事实有偏差，四份协议不是计划经济走向市场经济的产物，组织费、改进费上诉人给付已超过总额等；③因对方无调解诚意，要求恢复原诉讼请求。望二审法院依法改判。

（2）上诉人多管局上诉称：①协议是计划经济的产物，所产生的纠纷应由行政部门协调处理；②判决违反了公平原则，多管局为基地配套投资损失惨重；③丝绸公司尚有 2000 余担蚕茧未付组织费、改进费，判决认定改进费、组织费数额有偏差；④丝绸公司 1991 年扣留风险金 6 万余元没有给付等。请求二审法院改判。

2. 二审事实和证据

二审法院确认了一审法院认定的事实和证据。

3. 二审判案理由

江苏省高级人民法院经审理认为：丝绸公司与多管局、外贸公司签订的四份发展蚕茧基地合同，是三方协商一致后签订的，系当事人的真实意思表示，且并不违反国家的法律、政策，故应认定有效。合同签订后，丝绸公司支付了相应的费用，多管局、外贸公司也超额完成了 1989 年、1990 年合同规定的交茧任务。1991 年和 1992 年外贸公司、多管局未交足蚕茧，是由于自然灾害造成的，属不可抗力，并已及时通知了丝绸公司，故不应承担该两年度交茧不足的违约责任。丝绸公司未按约付清多管局的组织费、改进费欠妥，应按约补足，并承担相应的利息。由于当事人之间的协议是在计划经济向市场经济转轨过程中形成的，1993 年后因蚕茧价格放开，继续履行合同已不切实际，故合同应当解除，三方当事人对此均无过错。由于合同有效期为 12 年，合同解除后，对丝绸公司的投资应按年度均分的原则，由多管局、外贸公司返还未履行部分款额，并承担相应的利息。丝绸公司上诉称三方签订的协议不是计划经济的产物，多管局、外贸公司应按合同约定履行交茧义务的上诉理由不能成立。多管局关于原判决认定交茧数量有出入，应该计算的风险金、组织费没有计算等的上诉理由，因证据不足，不予采纳。原审法院认定事实清楚，判决并无不当，应当维持。

4. 二审定案结论

江苏省高级人民法院根据《中华人民共和国民事诉讼法》第一百五十三条第一款第（一）项之规定，于 1996 年 3 月 29 日作出（1995）苏经终字第 346 号民事判决：

驳回上诉，维持原判决。

二审案件受理费 15206 元，由丝绸公司、多管局各半承担。

（七）解说

1. 正确认定合同的性质。

本案立案案由为联营合同纠纷，但从三方当事人之间的几份合同内容来看，并不符合联营合同的特征。合同约定丝绸公司与多管局均对蚕桑基地有投资，但丝绸公司并不参与经营，亦不承担经营风险。丝绸公司投入资金，但又不是定期定额从对方收取利息或变相收取利息，而是按计划价从多管局与外贸公司处购得蚕茧，以解决其原材料供应的矛盾，从而弥补其投资。虽然不是单纯的两个购销关系的结合，但实事求是地看，合同更加符合补偿贸易合同的特征，而不是联营合同或单纯的借贷关系。

2. 正确认定违约责任及适用免责条件。

对于补偿贸易合同一方的丝绸公司，对每份合同约定的投资均已按约投足，已履行了合同义务。对于多管局则应当按约组织蚕桑的种植等工作，外贸公司则应当按约提供计划价蚕茧。多管局实际种植蚕桑面积已达到合同约定数的 98.7%，可视为已完成合同约定的义务；外贸公司 1989、1990 年的交茧量均已超额完成合同规定数，1991、1992 年未能完成合同规定数，系由于特大洪灾所致，按民法原理，此属不可抗力。根据《民法通则》第一百零七条，“因不可抗力不能履行合同或者造成他人损害的，不承担民事责任，法律另有规定的除外”。而《经济合同法》第三十条则又规定，“当事人一方由于不可抗力的原因不能履行经济合同，应及时向对方通报不能履行或者需要延期履行、部分履行经济合同的理由，在取得有关证明后，允许延期履行、部分履行或者不履行，并可根据情况部分或全部免予承担违约责任”。本案中，特大洪灾确属事实，蚕茧大面积受损亦有确切证据，且多管局、外贸公司均及时通知了丝绸公司，故其并无过错，不再承担部分履行合同的违约责任。

3. 正确适用政策，妥善解决纠纷。

由于 1993 年后，蚕茧市场放开，不再有调拨价蚕茧，这是由计划经济走向市场经济转轨过程中所形成的，属于当事人意志以外的因素，是不可归责于当事人的原因使作为合同基础的客观情况起了当事人所不能预见的变化，这虽不属于不可抗力，但其出现使合同陷于不能履行，按民法原理，此种合同应当允许当事人解除。且在案件审理过程中，三方当事人均同意解除合同，从国家和社会公共利益来看，合同的解除均无不良影响，因此解除合同既符合民法原理，亦不违反《经济合同法》的有关规定，并符合当事人意愿及实事求是的司法原则。由于三方当事人对合同的不能再予履行及解除均无过错，故不再追究当事人解除合同的违约责任。但合同解除后，当事人间的权利义务关系应当恢复原状，在本案中，即应当回复到 1993 年（蚕茧市场放开之时），其后的投资应按合同约定每年的比例计算后返还给丝绸公司，利息也应一并返还。一、二审法院处理均是正确的，较好地处理了转轨过程中产生的纠纷。

（俞宏雷）

二、企业破产案例

30. 福建电子计算机公司破产案

（一）首部

1. 裁定书字号：福建省高级人民法院（1996）闽经破字第1—166号。

2. 案由：企业破产案。

3. 破产主体：福建电子计算机公司。

4. 破产申请人：福建电子计算机公司。

清算组组长：傅作祺，福建省电子工业厅副厅长。

清算组副组长（主持清算工作）：许先丛，福建省高级人民法院经济庭副庭长。

5. 审级：一审。

6. 审判机关和审判组织

审判机关：福建省高级人民法院。

合议庭组成人员：审判长：何鸣；审判员：许先丛、孙亦闽；代理审判员：高子才、刘炳荣。

7. 审结时间：1996年12月26日。

（二）破产申请

福建电子计算机公司（以下简称计算机公司）是福建省中型国有企业（在1986年曾被国家有关部门判定为国有大型企业），原有在册职工1183人（以下数字均系经清算组核实过的数字）。其中临时工68人，劳动合同工11人，全民固定工1104人（含已退休职工）。公司注册资金2260万元。计算机公司的基本组织除公司总部外，下设的全资公司和部门（部门为相对独立的经济实体）有：福建省计算机软件技术公司、福州百灵电子设备发展公司、福建电子计算机研究所、福建省百灵电子厂、计算器事业部、福建百灵电子信息技术公司、工作站事业部、福建省百灵磁记录厂、磁记录事业部、福建百灵电脑厂、部件厂、福建省计算机系统工程公司、电脑事业部、厦门东南贸易公司等15个单位。80年代是该公司最辉煌的时期，享有“南有百灵，北有长城”的佳誉。“百灵”计算器和微机在国内的市场占有率名列前茅，多种产品获国家级、省部级的大奖，企业效益好，曾连续数年创利超千万元，是福建省七个税利大户之一。但自90年代初期以来，由于市场竞争日趋加剧，企业经营机制不活、经营决策失误、管理不善、投入太少等多种原因致使公司的经济效益严重滑坡，亏损不断增大。企业统计结果表明：截至1995年5月累计亏损已近10417.25万元，加上拖欠省内外客户款项，合计不能清偿到期债务金额已达13681.9万元，而企业现有资产仅6207.8万元，企业难以维持。1995年5月以后，该公司开始了破产申请前的准备工作，经主管部门福建省电子工业厅同意后，1995 年 6 月 23 日福建电子计算机公司向福建省高级人民法院申请破产还债。

（三）破产宣告

福建省高级人民法院受理该公司破产申请后，立即委托福建省审计师事务所对企业财产状况进行审计，审计结果表明该公司已严重资不抵债，经院审判委员会研究，福建省高级人民法院于 1995 年 7 月 25 日依法作出（1995）闽经破字第 1－1 号民事裁定书宣告福建电子计算机公司破产，随后又于同年 10 月 6 日正式宣告该公司所属各部、全资公司共 16 个单位破产还债。

（四）破产债权的确认

计算机公司宣告破产后，省高院依照法律规定在报刊上进行了公告。根据企业提供的债务清册，向已知债权人发出通知，并告知申报债权的最后期限。已知债权人在收到通知书的一个月内，未收到通知的债权人在公告以后的三个月内均向法院和清算组申报了债权。至 1995 年 10 月 31 日省高院召开第一次债权人会议，共有 40 个债权人向法院申报了债权。申报的债权总额有人民币 199823441.39 元，美元 1840705.26 元。美元以宣告破产之日的外汇调剂价折算，申报的债权总额共计人民币 215287096.75 元。经本院审查，共确认申报的有效债权总额为 214215017.17 元。其中：有财产抵押担保的债权 2571 万元（后实现变现值 14353682.75 元）；无财产担保的债权 199861334.42 元（含为其他单位担保的债权本金 19510000 元，利息 15829512.32 元；欠税收 1565895.53 元。其中欠国税 1275050.41 元；地税 290845.12 元。）随后，法院对各债权人的有效债权进行了确认，并分别向各债权人发出了债权确认书（含债权人对法院确认的债权额均无异议），为各债权人的公平受偿提供了依据。

（五）破产财产变现

清算组经核实发现破产财产因报废、折旧、增值、减少等多种原因，实有财产与账面值严重背离。为彻底弄清企业的财产状况，清算组在进一步深入调查、核实、摸底的基础上，委托福建省国有资产评估中心对企业的实有财产进行清算评估。并以评估价为基础，委托福建省招标公司对破产企业的固定资产和存货进行公开招标拍卖。福建省招标公司接受委托后，根据省高院的要求，坚持“公开、公平、效益”的原则，在清算组的配合下，依照招标拍卖的有关规定做了大量的工作，共组织 13 期 13 次拍卖和 2 期 50 次现场拍卖，将评估价为 10576455.47 元的可变现固定资产和存货变现为 6058895.63 元。经过委托招标拍卖，使破产财产在市场疲软的情况下实现了最佳的经济价值。

破产企业原厂区综合用地属国家划拨土地。为了妥善安置职工，最大限度地保护各方的合法权益，取得最大的变现价值，经省政府决定，改变土地用途（由工业用地改为商住综合用地，提高地价），原厂区土地经委托福州市土地规划管理局进行规划设计后，扣除红线外的土地，尚有 31.60 亩土地使用权可转让。经对有关客商进行市场预测后，果断决定将上述地块分割为三块进行出让。省政府还在土地的出让方面实施了多种优惠政策，地块使用权购买者可享有 3 年免费开发的权利，在土地的容积率等方面也对开发商给予适当优惠。为了使地价升值，将地上建筑物作“0”记录处理。拍卖后如有关购买者需要，不另收取费用；如有关购买者不需要，或不愿接收，则在一定的期限内由清算组予以免费拆除。由于采取以上各种措施，使地价大为升值。加之福州市土地局接受委托后，广泛招揽国内外客商进行投标，在1996年5月22日福州市招商月土地现场拍卖会议上公开开标，三个地块的使用权分别被三家客户以高出评估价421万元买走，使清算组获得土地出让金4972.715万元。

（六）依法清欠，收回债权

由于破产企业债权债务长期未得清理，财务管理混乱，在清算期间委托福建省中兴会计师事务所对企业财务状况进行终结审计。审计结果表明：企业共有债权17045136.32元（含债权13266156.18元，长期投资的股权3778980.14元）。从审计列明的欠款单位和个人的情况来看，债权遍布全国各省、市、自治区，债权金额分散，收回债权工作量大，难度高。在全部债权中，个人欠83笔，外单位欠207笔。省高院依法向各欠款单位和个人发出还款通知后，在规定的时间内，部分单位和个人向清算组交还了财物或与清算组结清了债务。对拒不清偿和置之不理的152个欠款单位和个人，在逐笔查明欠款事实、获取有关证据后，依法制作152件民事裁定书，运用法律手段催收欠款。为解决职工安置中所需资金，加快清欠进度，1996年春节前，省高院经济庭全体同志组成7个执行小组分赴全国各地执行清欠任务。春节后又先后派出多人次前往外地清收欠款。在清算过程中，法院和清算组的同志尽心尽力，克服重重困难，采取多种措施，共收回和追回现金5547704.29元（含收回的各种投资款），收回其他资产账面值1293169.79元。

计算机公司的长期投资体现在过去的多年中同国内外客商举办中外合资、联营、股份制企业10个。计算机公司破产后，这些企业不属于破产范围，原在这些企业中的投资应作为债权收回。清算组在对10个企业的经济状况进行调查摸底后，分别采取了以下几种办法进行清理：1.对能够进行正常经营的企业，对该企业进行资产评估、审计，以评估审计结果为依据确定计算机公司股权实有金额，由主管部门福建省电子工业厅出面邀请有关企业进行收购；2.对已名存实亡、严重亏损的企业作清盘处理，收回残值；3.对已严重亏损、尚未歇业的企业，虽无债权收回，但为了扶持其发展，允许挂靠行业主管部门；4.对计算机公司享有一定的股权，在破产宣告半年以前已正常转让，但未办妥手续的企业，对已转让的股权依法确认，理顺关系。

（七）依法安置职工

省委、省政府对破产职工的安置工作十分关心，主管部门福建省电子厅为此专门成立了破产职工安置小组。法院在审理该案的过程中，十分注意维护社会的安定和稳定，在省委的领导下注意解决职工生活中的实际问题，并进行法制宣传和疏导工作；省劳动厅多次派员向职工介绍安置方案；省电子工业厅的领导还与部分职工座谈企业破产后的重组构想。省财政厅在困难的情况下，向清算组借出1000万元职工安置专款，省高院还将先期追回的100万元款项优先安置职工，解决职工安置期间的生活费用。在省委、省政府的关心下，经过各有关部门的多次研究，出台了《福建电子计算机公司破产职工安置方案》。该方案以灵活的措施，做好职工分流工作，首先根据《劳动法》的规定清退临时工，解除劳动合同制职工的劳动合同，按其工作年限的长短给予适当的经济补助；距离退休年龄不足五年的原固定工允许其提前退休，按国家统一规定计发养老金；对其他职工一般采取买断工龄（买断国有企业职工身份）方法进行安置。其安置标准根据当地生活水准进行测算，再以总安置费除以需安置的固定工的总工龄，得出年工龄补偿人民币1400元。人安置费上封顶至3万元，下保底至5000元（对工龄未满3年的青工采取此办法），进行一次性安置，使他们买断自己的国有企业职工身份，走自谋职业的道路。由于省直各有关部门的大力支持配合，经过破产清算组和职工安置小组深入细致的工作，使破产职工得到了妥善安置。

（八）依法分配，圆满结案

1996 年 12 月 26 日上午，福建电子计算机公司破产清算第二次债权人会议在省高院的组织下在榕如期举行。40 家债权单位（个人）除 3 家外，均派员出席了会议。会议由债权人会议主席主持，清算组负责人向债权人会议通报了福建电子计算机公司破产清算情况，并向债权人会议提出了《福建电子计算机公司破产财产分配方案》供债权人会议讨论。福建省审计厅所属的福建省审计师事务所向会议通报了破产清算终结审计结论。债权人会议围绕福建电子计算机公司破产清算组提出的《破产财产分配方案》进行了讨论和表决。表决结果是 34 家债权人赞同，占出席会议的有表决权的债权人的 94.40%，其所代表的债权额占无财产担保债权总额的 96.4361%；弃权的 2 家，占无财产担保债权额的 1.6009%，根据《破产法（试行）》的有关规定，由于参加表决的债权人人数和所代表的债权额均超过半数，《破产财产分配方案》获得通过。依照法律规定债权人会议将此表决结果提交省高院依法裁定。省高院审理该案的合议庭在审判长的主持下，经过评议后，开庭宣布：《福建电子计算机公司破产财产分配方案》事实清楚，符合国家法律和政策之规定，依法确认，并自即日起执行。破产财产评估总值 73722139.21 元（含固定资产和存货、被拆除的地上建筑物、债权等），总变现值 61333749.92 元，共欠债务 214215017.17 元。破产财产变现值扣除偿还有抵押担保债权的变现值 14353682.75 元，别除权 50000 元，财产拍卖费用 1180949.03 元，清算及诉讼费用 1424661.30 元，为债权人利益而支付的其他费用 14636.26 元，职工安置费 32838280.17 元，偿还国家税收款 1565895.53 元（上述各项总支出 51878105.04 元），余 9455644.88 元可供一般债权分配。债务总额扣除已偿还抵押债权额后，一般债权总额为 199861334.42 元，按可供分配财产与一般债权的比例，计算出一般债权的受偿率为 4.73%，各债权人的一般债权均按此比率受偿。破产债权的总偿债率为 12.08%。当日下午，清算组即办妥了大部分债权的清偿手续。与会债权人代表对福建省委、省政府以及省直有关部门的关心、支持表示感谢，对省高院以及福建电子计算机公司破产清算组尽最大可能依法保护各方的合法权益表示满意。

（九）解说

1. 依法办案、规范破产是本案成功审理的关键。

福建电子计算机公司破产案是福建省最大的破产案件。省高院在办理此案的过程中，从职工安置、破产财产拍卖变现、债权债务清理到财产分配等诸环节都严格按照《破产法（试行）》及其他有关法律、政策规定进行，不搞假破产。达到了“破产企业必须关门走人，实现结构调整、转换机制，妥善安置职工”的要求。通过该案的审理，使国家税收、银行的抵押财产、债权人和职工的合法权利都得到了最大限度的保护，取得了较为明显的社会效果。从该案的圆满审结可以看出，依法审理好破产案件在当前的情况下，具有以下几个方面的积极意义：（1）有利于维护社会的稳定。通过安置破产职工，消除这部分职工中的不稳定因素，并能使破产企业的资产、人员重新得到优化组合，有利于促进经济发展，推动企业改制工作的顺利进行。（2）有利于保护国有资产不再流失。计算机公司破产后通过财产变现方法，使企业拖欠国家的税收得到了偿还。由于破产企业所欠的债务多为银行贷款，通过破产，使国有财产不再被侵蚀、流失，使国家银行的贷款适当受偿，抵押权得到保护，堵塞了国有财产流失的漏洞。(3) 有利于保护债权人的合法利益。企业经营状况恶化，职工仍需要维持原生活水平，这就只能使企业的财产日渐减少，坐吃山空。如果不及时破产，债权人利益必将受到更大的损害。企业破产后，保护了抵押权、担保权的优先受偿，一般债权也能得到适当的保护。(4) 有利于维护职工的合法权益。企业破产后，政府通过各种途径安置职工，使他们得到适当的经济补偿，放下包袱，重新就业。使年老职工老有所养，感受社会主义制度的优越性。如果对已达破产界限的企业欠拖不破，职工的合法权益将难以得到充分的保护。

2. 维护稳定大局，优先安置职工是办理破产案件首先应解决好的重要难题。由于我国自建国以来长期实行计划经济，职工吃企业的大锅饭已成为习惯。计算机公司的职工在过去的多年里过着稳定的生活，在企业辉煌时期，他们的生活水平相应提高。1995 年 7 月 27 日省高院审理该案的合议庭在分管院长的带领下，依照法律规定的程序到该公司宣布(1995) 闽经破字第 1－1 号民事裁定书时，已经停产的职工闻讯从四面八方赶到会场；正在生产的职工放下了手中的工件；不能离岗的职工派代表参加了旁听……企业破产必将对他们日后的生活产生一定的影响，听了公司被宣告破产的消息后，大部分职工思想情绪波动较大，他们为自己今后的工作和生活而忧虑；他们为自己将得到怎样的安置而担心；已临近退休年龄和已经离退休的职工为自己能否享受相应待遇而着急……偌大的企业在破产宣告日前半年职工的工资已难以按时发放，职工的旅差费、医疗费早已停止报销。针对破产职工复杂的心态和资金严重匮乏的局面，中共福建省委、省政府、省高院领导十分关心，原省委书记贾庆霖同志亲自带领省直有关领导专程前往看望，并解决实际问题。省财政厅在资金困难的情况下，向破产清算组借出 1000 万元职工安置款。省高院自受理该案后就十分重视维护职工的安定稳定工作，密切注意势态发展，及时向有关部门通报情况，还将先期追回的 100 万元款项用于优先安置职工。经过有关部门的大力支持配合，终于较为顺利地解决了这一难题。

3. 依法把好资产拍卖关。计算机公司破产财产件数多、门类杂。清算组在进行财产变现过程中，始终坚持“公开、公平、竞争、效益”的原则，依法办理招标拍卖手续。在处理土地使用权出让方面，既考虑抵押物的优先受偿性，又考虑财产的整体价值，并采取多种措施，使破产财产在变现过程取得了最大的经济效能，从而也为最大限度地维护国家、债权人和破产职工的合法权益打下了坚实的基础。

4. 在清欠过程中坚持既要收回债权，又不搞连带破产。对计算机公司所举办的合资、联营、股份制企业，清算组根据各种不同的具体情况，采取各种不同的办法进行回收。既收回了债权，又扶持了有关企业的发展，使各有关企业不再依附“百灵”而能独立存在。依法破产带来了经济发展的社会效益。

5. 依法分配，公平受偿。在破产财产分配方面严格依法，在偿还抵押权、别除权后，按《破产法（试行)》第三十七条规定的清偿顺序，首先支付职工安置费用；其次全额偿还所欠的国家税收；再次对一般债权按比例清偿，从而使国家利益、债权人和破产职工的合法权益均得到了公平的受偿。

（何鸣　许先丛）

31. 上海针织品总公司破产还债案

（一）首部

1. 裁定书字号：上海市黄浦区人民法院（1994）黄经初字第1150—1至1150—430号。

2. 案由：企业破产还债案。

3. 当事人

申请人：上海针织品总公司。

法定代表人：王宇志，总经理。

清算组组长：王迪荪，上海市第一商业局审计处处长。

4. 审级：一审。

5. 审判机关和审判组织

审判机关：上海市黄浦区人民法院。

合议庭组成人员：审判长：罗卫平；审判员：施浩；代理审判员：李升昕。

6. 审结时间：1996年10月31日。

（二）诉讼主张

申请人诉称：该公司始建于1949年10月，注册地：上海市南京东路233号，现址：上海市九江路218弄19号3楼，注册资金278.8万元。该公司系计划经济体制下以经营针棉织品为主的国有大型批发企业，年销售额在人民币10亿元左右。1950年至1989年共为国家创利税15亿元。随着商业流通体制改革的逐步深入，该公司经营不断萎缩，效益每况愈下，商品滞销，库存大量积压，每年承受巨额削价销售损失和银行巨额贷款利息。受"三角债"困扰，至1992年应收款达2.8亿元，欠银行贷款3.54亿元，积压库存2.43亿元，虽经多方努力，仍未能走出困境，1993年经上级批准实行一年停业整顿，但仍复苏无望。经审计：至1994年8月该公司现有资产1.11亿元（含除西藏外遍及全国各省、市、自治区的883家客户应收款近0.7亿元），负债总额3.06亿元（含欠银行贷款2.61亿元和欠150余家工厂货款），加上潜亏0.45亿元（含参与投资六家联营企业559万元，均因亏损，难以收回），预计资不抵债额达2.25亿元。在职职工1103人，离退休职工721人（均已大部另行安置）。申请人提交了有关审计报告、会计报表、债权债务清册，以及上级主管部门上海市第一商业局同意破产的批复，向法院申请破产还债。

（三）事实和证据

上海市黄浦区人民法院经审理查明：申请人始建于1949年10月，原名中国百货公司针棉织品上海采购供应站，系商业部设在上海的一级批发站之一，1984年10月与上海市百货公司针棉织品批发部合并，成立上海针织品批发公司，归上海市第一商业局主管，1992年经上海市工商行政管理局核准，更名为上海针织品总公司。注册地：南京东路233号，主要经营场所：九江路218弄19号3楼，法定代表人：王宇志，注册资金278.8万元。该公司是计划经济体制下以经营针棉织品为主的国有大型批发企业，以向国家商业银行贷入巨款为流动资金，统购包销企业产品，向全国各地的二、三级批发站和零售商场批发销售，年销售额在10亿元左右，1950年至1989年共为国家创利税15亿元。随着商业流通体制改革的不断深入，各下级批发站和零售商场直接向工厂进货，该公司经营规模不断萎缩，企业效益每况愈下，商品严重滞销，库存大量积压，巨额应收款无法收回，每年承受巨额削价销售损失和银行巨额贷款利息，受“三角债”困扰，至1992年应收款达2.8亿元，欠银行贷款3.54亿元，积压库存商品2.43亿元，虽经多方努力，仍未能走出困境，1993年7月经上级批准实行一年停业整顿，但仍复苏无望。经上海市审计师事务所审计：至1994年8月该公司账面资产1.11亿元（含除西藏外遍及全国各省、市、自治区的883家客商应收款近0.7亿元）。经债权人会议确认：负债总额3.0937亿元（含欠银行贷款2.61亿元和欠150余家工厂货款），资产负债率达278.71%。该公司于1992年经上级批准划拨了部分财产，另成立一公司，将大部分职工另行安置。

在本案审理过程中，合议庭重点做了以下几个方面的工作：

1. 收到破产申请后依照《企业破产法（试行）》的规定对该公司的申请进行审查，因该公司系上海市工商行政管理局核准登记企业，根据最高人民法院《关于贯彻执行〈中华人民共和国企业破产法〉（试行）若干问题的意见》有关规定，本案一般应由上海市中级人民法院管辖，个别案件的级别管辖，可以依照《中华人民共和国民事诉讼法》第三十九条的规定办理，经请示上海市中级人民法院批复同意交区人民法院审理。合议庭经审查，认为符合有关法律规定，及时立案受理并裁定宣告申请人进入破产还债程序，在立案10日内通知已知债权人在30天内申报债权，同时在《人民法院报》发布公告，告知未收到通知的债权人在3个月内申报债权。在申报期内，共有中国工商银行上海分行、交通银行上海分行、上海新丰印染厂等48家债权人申报了债权。法院对各债权人申报的债权内容、性质、有无财产担保和申报日期登记造册，逐一进行审查。

2. 主动联系，争取有关部门的配合和支持。立案前后，曾多方与申请人上级主管部门及市政府有关部门取得联系，受到支持和重视。裁定宣告该企业破产后，立即依法决定由上海市第一商业局、市财贸办、市国资办、市审计局、财政局、工商局、物价局、审计师事务所、律师事务所派员共10人组成清算组，其中高级会计师、高级经济师3人，经济师5人，助理经济师和律师各1人，接管该公司的财产、账册、文书、资料和印章等，负责破产财产的保管、清理、估价、处理和分配。

3. 依照法律规定，在申报债权期限届满3个月后的第五日，主持召开了第一次债权人会议，审查各债权人的主体资格和委托代理人的资格和权限，通报清算工作的情况和进程。指定最大的债权人中国工商银行上海分行营业部为债权人会议主席。1995年5月15日召开第二次债权人会议，讨论了债权额审查和清算工作。同年11月28日召开了第三次债权人会议，通过和确认了各债权人的资格和债权数额。

4. 经审理确认申请人资不抵债额后，法院认为，申请人因经营不善及其他原因，造成严重亏损，不能清偿到期债务，及时依法裁定宣告申请人破产，并发布公告；依照《企业破产法（试行）》的有关规定，向监察、审计等有关部门发出司法建议，建议查明并追究造成申请人破产的有关人员的责任。

5. 指导清算组对申请人的破产财产进行清理、估价和变卖，依法追索申请人债权和财产。对申请人的债务人，经法院通知后，仍不归还的，依法先后共作出420余份裁定，标的额2464万元，交执行庭立案后强制执行，总计共收回退货350万元，现金160.94万元，收回率为20.73%；对长期积压的库存商品进行变卖，清算组接管后的库存商品1843.12万元，加上收回退货共956.43万元，总计变卖处理2799.55万元，回笼资金为671.11万元，变现率为23.97%。

6. 在第三次债权人会议上，各主要债权人要求追究该破产企业在申报破产前拨付部分财产成立新公司问题。经调查和促使市政府、市商委等有关部门与主要债权人银行进行协调，使双方达成谅解，认为该行为发生在申报破产12个月以前，并已安置了大批职工，为维持社会稳定，保护职工利益，对已拨付财产不再追回，依法应安置职工的1200余万元劳动保险费用亦不在破产财产中列支，经第四次债权人会议讨论通过，法院予以认可。

7. 对申请人长期投资进行清理。至1996年8月，长期投资额为932.039万元，其中各种债券为67.51万元，股票投资846.52万元（均为法人股）。对向六家联营企业的投资559.82万元，委托上海立信会计师事务所审计，因各联营厂均已停办，亏损多年名存实亡，经多方努力转让和变卖，收回12.5万元。

8. 对申请人的房屋使用权进行调查、评估和交涉。该企业的用房系1983年华东电管局建造大楼时作为拆迁安置而获得永久使用权，建筑面积1069.61平方米、使用面积980平方米。在市高级法院的关心指导下，经与华东电管局、市国资办、市商委等部门多次协商，由华东电管局有偿收回，获补偿款150万元。

9. 经过指导清算组进行了22个月的艰苦努力，清算工作完成，编制了财产分配方案。经1996年8月和9月第四、第五次债权人会议充分讨论，终于一致通过了清算组提交的破产财产分配方案，原申请人破产财产总额清理、变卖所得共计25776908.71元，优先拨付破产费用和按顺序上缴欠税共计1352262.76元后，余额24424645.95元（其中货币14104255.95元；各类证券计价9320390元），分配方式采取货币和证券兼分，对各债权人的破产债权按照比例（清偿率为7.89%）分配。

10. 法院裁定准予执行第五次债权人会议通过的分配方案，清算组按法院裁定将破产财产分配完毕后，依法于1996年10月31日裁定终结了破产程序，由清算组向工商局办理企业注销登记手续。

（四）判案理由

上海市黄浦区人民法院鉴于上述事实认为：

1. 申请人因严重亏损，不能清偿到期债务，向法院申请破产还债，经审查属实，符合法定条件，应及时依法裁定宣告申请人进入破产还债程序。

2. 申请人经审查，确已资不抵债，不能清偿到期债务，应及时宣告其破产，立即依法组成清算组，接管该企业，进行清算工作。

3. 对于申请人的债务人，经法院依法通知后，仍不清偿的，经清算组申请，逐一作出裁定强制执行。

4. 对于破产财产中确难以及时转变成货币的证券类商品，可依法计价后经债权人会议认可，采取货币与证券兼分的方式，按比例分配给各债权人。

（五）定案结论

上海市黄浦区人民法院依照《中华人民共和国企业破产法（试行）》第十一条、第十二条、《中华人民共和国民事诉讼法》和一百九十九条、第二百条第一款之规定，于1994年10月12日裁定：

1. 宣告申请人上海针织品总公司进入破产还债程序。

2. 对申请人的其他民事执行程序必须中止。

3. 申请人对部分债权人的清偿无效，但是申请人正常生产经营所必须的除外。

依照《中华人民共和国企业破产法（试行）》第三条第一款、第二十三条第一项之规定，于 1994 年 11 月 11 日裁定：宣告申请人上海针织品总公司破产。

依照《中华人民共和国企业破产法（试行）》第二十四条之规定，于 1994 年 11 月 7 日决定成立清算组，接管该企业，负责破产财产的保管、清理、估价、处理和分配，对人民法院负责并报告工作，列席债权人会议并受债权人会议监督。

对破产企业的债务人经法院通知后，仍不清偿的依照《中华人民共和国民法通则》第一百零六条、《中华人民共和国企业破产法（试行）》第二十五条第二款之规定，裁定强制执行。

依照《中华人民共和国企业破产法（试行）》第二十四条、第三十四条第一款、第三十七条之规定，认为清算组提交的第五次债权人会议通过的破产财产分配方案符合法律规定，于 1996 年 9 月 27 日裁定准予执行。

裁定书送达后，各当事人均未提出异议，破产财产分配得以顺利执行。

（六）解说

国有企业法人破产还债案是我国经济体制改革中出现的新类型经济纠纷案件。审理好这类案件，直接关系到经济审判为调整社会主义市场经济，建立现代企业制度提供法律保障的重大问题，受诉法院充分适用现行法律及时受理和精心审结这一案件，取得了较好的社会效果。

1. 正确适用法律，经充分协商确定或依法指定由有关部门中的专业人员组成清算组，克服困难，多方协调、努力工作，按市场经济规律并严格依法办事，做好艰苦细致的清算工作，保证了破产财产的清算工作妥善完成。

2. 在现行法律对破产企业的债权追索尚无详尽明确规定的情况下，充分适用现行的《民法通则》、《破产法（试行）》、《民事诉讼法》的有关规定，在院审判委员会的支持下，对拒不清偿所欠破产企业债务的债务人，逐一作出裁定，由执行庭强制执行，注意防止国有资产的流失，取得了较好的经济效益和社会效益。

3. 对破产企业房屋使用权，用市场经济的办法进行评估，确认其价值并经多方协调，促使该产权人有偿收回，进行了一次可贵的偿试。

4. 对破产企业的职工安置即第一清偿顺序的劳动保险问题，因申请人经上级批准在申请破产 12 个月前已划拨部分财产进行就业安置，为维护社会稳定，经促成清算组与债权人充分协商，决定职工安置的劳动保险费用不再拨付，故已划拨的部分财产亦不再收回。

5. 精心组织，精心审理。本案标的大，情况复杂，涉及面广，许多问题法无明文规定，审理缺乏经验。受诉法院审委会多次听取合议庭汇报，研究案情，决定全院执行庭等各部门全力配合，并主动争取市高级法院和市政府有关部门的大力支持，合议庭深入调查研究，对诸多问题逐一理清头绪，充分适用现行法律和政策，具体问题具体分析解决，既充分体现法院的国家干预职能，又充分发挥清算组和债权人会议的作用，努力协调二者之间的关系，经耐心细致工作，反复协商讨论，取得了各方面的支持和配合，终于使债权人会议一致通过清算组提出的分配方案，裁定认可后得以顺利执行，从而取得了较好的社会效果，并为完善破产法律制度和日后审理破产案件积累了一定的经验。

（罗卫平）

三、商标、专利、不正当竞争案例

32. 长沙市康乐制药厂诉长沙市制药三厂“血康宝”商标侵权案

（一）首部

1. 判决书字号

一审判决书：湖南省长沙市中级人民法院（1996）长中经初字第95号。

二审判决书：湖南省高级人民法院（1996）湘高法经二终字第31号。

2. 案由：商标侵权案。

3. 诉讼双方

原告（上诉人）：长沙市康乐制药厂（以下简称康乐制药厂）。

法定代表人：谭耀国，厂长。

委托代理人：苏孝沛，该厂副厂长。

委托代理人（一审）：李玉明，湖南省蓝天律师事务所协盛分所律师。

委托代理人（二审）：庞圣祥，湖南省第三律师事务所律师。

被告（被上诉人）：长沙制药三厂。

法定代表人：黄春陆，厂长。

委托代理人：陈文斌，该厂副厂长。

委托代理人（一、二审）：谭孝敖，湖南省第一律师事务所律师。

委托代理人（二审）：尹相南，湖南省第一律师事务所律师。

4. 审级：二审。

5. 审判机关和审判组织

一审法院：湖南省长沙市中级人民法院。

合议庭组成人员：审判长：李晴；审判员：肖平、杨文军。

二审法院：湖南省高级人民法院。

合议庭组成人员：审判长：张湘成；代理审判员：陈玉林、王春平。

6. 审结时间

一审审结时间：1996年7月17日。

二审审结时间：1996年12月23日。

（二）一审诉辩主张

1. 原告诉称：我厂生产的“血康宝”产品，经国家商标局批准注册，依法为我厂所独用。但被告长沙制药三厂亦生产“血康宝”产品，其产品颜色、重量、产品名称、外包装与我厂出产的“血康宝”冲剂相同或近似。被告的行为系不正当竞争行为，请求法院依法判令被告停止对我厂的侵权的行为，赔偿我厂经济损失人民币30万元，并承担本案的诉讼费。

2. 被告辩称：“血康宝”三字是法定药品名称（即通用名称），原告将通用药品名称作为商标注册，违反了有关法律规定。原告生产的药品“血康宝”不是知名商品，我厂生产的“血康宝”与原告产品的包装根本不相近似。请求法院依法驳回原告的诉讼请求，并由原告承担本案的全部诉讼费用。

（三）一审事实和证据

长沙市中级人民法院审理查明：1984年11月11日，长沙市康乐饮料厂与湖南医学院附一院药剂科协作研制了复方赖氨酸补血冲剂。1985年，长沙市康乐饮料厂向湖南省药政局提出报告，申请生产复方赖氨酸补血冲剂，该产品同时又命名为“血康宝”。同年4月11日，湖南省药政局以（1985）湘卫药标字第74号文件，批准康乐饮料厂生产该产品，并随文附发了血康宝（复方赖氨酸补血冲剂）质量标准。1987年，康乐饮料厂经批准，变更为长沙市康乐制药厂。1992年5月20日，长沙市康乐制药厂向湖南省工商行政管理局提出“血康宝”商标注册申请，并由湖南省工商行政管理局核转国家工商行政管理局商标局。1993年6月，其注册申请获得批准，注册证为第644295号，注册有效期从1993年6月7日至2003年6月6日止，核定使用的商标为“血康宝”，核定使用的商品为第五类“人用药”。长沙市康乐制药厂将该产品继续投入生产和使用。

1994年，长沙制药三厂向湖南省药政局提出申请，要求生产血康宝（复方赖氨酸补血冲剂）。同年5月31日，湖南省药政局以（94）湘卫药标字第082号文件批准其申请，批准文号为：湘卫药准字（1994）72—029，并规定其按（85）湘卫药标字第74号文件所附质量标准进行生产和使用。该文所确定的质量标准，即为长沙市康乐制药厂所使用的标准。1995年4月，长沙制药三厂即将“血康宝”投入生产和销售，其注册商标为“春旺”。原告长沙市康乐制药厂发现被告长沙制药三厂生产与自己血康宝相同的产品，采用与自己注册商标“血康宝”相同的三字作为产品名称，使用与本厂相类似的包装、装潢，即以不正当竞争纠纷为由起诉到法院，双方酿成纠纷。

经将原、被告所生产的“血康宝”的内包装、装潢相比较，具有以下特点：1. 两厂产品均用铝箔膜作为内包装，采用红色为底。2. 两厂产品包装均采用汉字、拼音、图案相结合的组构方式。原告产品内包装袋上部中心位置印有“血康宝”三字，采黄色小体字，并注明“R”；中部由“X、K、Bao”三字拼音与弧形五彩图案组成，字体较大；下部的左方为“防治营养性贫血有特效”汉字及拼音，右方注明厂家及经销单位。被告产品内包装袋上部左方注明批准文字、质量标准，右方为注册商标“春旺”；中部为“血康宝”三字及四彩图案组成，“血康宝”三字采铝箔膜底色，字体较大；下部左方为“X、K、Bao”拼音及“防治营养性贫血有特效”字样，字较小，右方注明生产厂家。原、被告双方产品内包装在字体选用、形状大小、排列方式、色泽搭配上有不同。

以上事实，有原告提供的商标注册证书、产品内包装样品及其他证据材料；有被告提供的文件、调查记录及其他材料，有法庭的开庭记录等在案佐证，足以认定。

（四）一审判案理由

长沙市中级人民法院认为：原告长沙市康乐制药厂与被告长沙制药三厂经湖南省药政局批准，均具有“血康宝”（复方赖氨酸补血冲剂）的生产、销售等经营权。“血康宝”药品于1985年由湖南省药政局确定了地方质量标准，并多次随文附发，“血康宝”实际为湖南省药品标准收载的药品名称，即法定药品名称，可以为该类产品的生产者所通用。原告长沙市康乐制药厂所生产的血康宝产品之“血康宝”三字，虽经国家工商行政部门核准注册，但不能为长沙市康乐制药厂所独占，被告长沙制药三厂亦有使用该名称的权利。被告生产的“血康宝”所启用的包装，其构图尺度、字体形状、字形大小、图文排列等主要部分，均与原告所使用的血康宝包装、装潢存在显著的区别，两相比较，不能得出相同或近似的结论。且原告长沙市康乐制药厂未提供证明其生产的血康宝产品为知名商品的证据，亦未提供由于被告使用该包装，造成与自己血康宝产品相混淆而使人误认的证据，被告的行为不构成不正当竞争行为。对原告的诉讼请示，本院不予支持。

（五）一审定案结论

依照《中华人民共和国反不正当竞争法》第二条之规定，长沙市中级人民法院于1996年7月17日作出判决：

驳回原告长沙市康乐制药厂对被告长沙制药三厂的诉讼请求。

本案受理费7010元，由原告长沙市康乐制药厂负担。

（六）二审情况

1. 二审诉辩主张

一审判决后，原告康乐制药厂不服长沙市中级人民法院（1996）长中经初字第95号民事判决，向湖南省高级人民法院上诉称：“血康宝”是商标名称而非药品名称，“血康宝”是上诉人合法的注册商标，上诉人的血康宝是知名商品，被上诉人已构成不正当竞争。要求撤销原判，判决被上诉人停止商标侵权和不正当竞争行为，赔偿经济损失30万元。

制药三厂针对原告的上诉称：其行为未构成商标侵权和不正当竞争，要求驳回上诉，维持原判。

2. 二审事实和证据

湖南省高级人民法院经审理确认了一审法院认定的事实和证据。

3. 二审判案理由

湖南省高级人民法院认为：长沙市康乐制药厂和长沙市制药三厂经湖南省药政局批准，均是“血康宝”（复方赖氨酸补血剂）的合法生产厂家。根据（1985）湘卫药标字第74号文件所附质量标准以及省药政局的证明，“血康宝”是法定的药品名称，即通用名称。根据我国《商标法》第八条第（五）项的规定，商品通用名称不得作为商标注册。按卫生部的通知，凡将药品名称作为商标注册的厂家必须撤销商标注册或者更换商标注册名称。因此，长沙制药三厂经批准生产和使用“血康宝”作药品名称有法律和政策依据，不构成对康乐制药厂的商标侵权。至于两厂血康宝的包装装潢，由于两者有较明显区别，一般识别能力不致造成混淆误认且无混淆误认证据，故康乐制药厂要求按《反不正当竞争法》对长沙市制药三厂予以追究理由不足。原判在认定事实和适用法律方面均无错误，上诉人上诉理由不成立，不予支持。

4. 二审定案结论

依照《中华人民共和国民事诉讼法》第一百五十三条第一款第（一）项的规定，湖南省高级人民法院于1996年12月23日作出终审判决：

驳回上诉，维持原判。

本案一、二审受理费各7010元，由康乐制药厂负担。

（七）解说

1993年6月13日，长沙市中级人民法院正式开庭审理这桩"血康宝"商标侵权案，庭审中，原、被告双方各执一词。原告康乐制药厂在列举了《商标法》及工商行政管理部门关于商标注册和商标管理的一些行政法规后，认为："血康宝"商标依法获准注册，应当受到法律保护。被告制药三厂则认为：血康宝是法定的药品名称即通用名称，原告将通用药品名称作为商标注册，违反了《商标法》及实施细则的规定，不具有法律效力。纠纷的焦点显而易见。对于药品的通用名称，即法定名称，卫生部早在1991年曾下文指出：中华人民共和国药典、卫生部部颁药品标准和省、自治区、直辖市药品标准中收载的药品名称为法定药品名称（通用名称）。那么血康宝是否为药品通用名称？本案中湖南省医药界权威部门药政管理局专函证明：根据《中华人民共和国药品管理法》的规定，药政局批准执行的"血康宝"质量标准属于法定的省、自治区、直辖市的药品标准，血康宝是法定药品名称（即通用名称）。关于法定的药品名称能否作为商标注册保护，卫生部曾针对国家工商局将"三九胃泰"、"二十一金维他"、"前列康"等药品法定名称作为商标注册提出异议，并三令五申，药品通用名称不得作为商标注册。1990年8月，卫生部还针对一些药品生产厂家将药品通用名称作为商标注册的情况行文指出："凡将药品名称作为商标注册的厂家，必须在本年底前撤销或更换商标注册名称"。同年12月，卫生部再次行文重申上述规定，并限药品生产企业于1991年3月底前作出最终决定，逾期者，以该药品无药品名称通报全国查处。

由此可以看出：《商标法》和《药品管理法》在执行中存在一定的偏差。药品是一种特殊的商品，根据我国《药品管理法》的规定，制药企业生产新药应经过国家卫生部门批准，同时，药品必须获得注册商标后方能销售。而《商标法》又规定商标不能使用本商品的通用名称和图形。就药品的通用名称而言，《商标法》、《药品管理法》以及一些相关法律、法规对此都未作明确具体的规定，这样导致有关行政部门对药品通用名称的范围界定和断定药品商标侵权与否的标准不统一，使得有的企业不知所从，卷入不必要的商标纷争当中，也使得工商、药政、司法等部门难以统一协调。因此，对于"药品通用名称"的法律界定和对药品商标注册的一些模糊问题加以明确已十分必要。

（杨文军　李晴）

33. 荆沙市荆州区粮油食品工业公司诉鄂州市方方饮料厂侵犯商标权案

（一）首部

1. 判决书字号：湖北省鄂州市中级人民法院（1996）鄂州法经初字第61号。

2. 案由：侵犯商标权案。

3. 诉讼双方

原告：荆沙市荆州区粮油食品工业公司。

法定代表人：陈厚林，经理。

委托代理人：周圣国，该公司干部。

委托代理人：杨恒敏，湖北省第二律师事务所律师。

被告：鄂州市方方饮料厂。

法定代表人：蔡胜安，厂长。

委托代理人：张祖应，该厂干部。

委托代理人：余军，鄂州市人民政府经济行政法律服务中心副主任。

4. 审级：一审。

5. 审判机关和审判组织

审判机关：湖北省鄂州市中级人民法院。

合议庭组成人员：审判长：王少锋；审判员：郑晓冬、李汉波。

6. 审结时间：1996 年 11 月 12 日。

（二）诉辩主张

1. 原告诉称："力源泉"饮料是原告于 1990 年研制生产的一种果糖低糖营养运动无色饮料。1992 年 3 月 22 日，原、被告双方签订一份联营生产合同，约定：原告同意被告在合同规定日期使用"力源泉"牌商标，被告在生产该饮料时必须使用原告的"力源泉"底料，如被告不使用原告底料，或协议期满终止，商标的使用许可则一并停止。合同签订后，原告即依合同履行了自己的义务，而被告自 1992 年 10 月以后，拒绝使用原告的"力源泉"饮料专用底料，且无视合同规定，从 1992 年 10 月至今，仍大量生产以"力源泉"为商标的饮料投放市场。原告认为，"力源泉"饮料系由原告投入大量人力物力研制而成，生产这种饮料须用原告的专门配方，才能保证产品质量。被告既不采用原告的饮料底料，更不可能按原告的配方生产，因此产品质量低劣。而被告却使用"力源泉"商标，将此种产品投放市场，既侵犯了原告的商标专用权，使原告造成较大的经济损失，同时也极大地影响了原告"力源泉"产品的声誉。鉴于上述理由，原告要求法院依法判令被告立即停止对原告"力源泉"商标的侵权行为并赔偿因其侵权行为给原告造成的直接经济损失 69.5 万元人民币。

2. 被告辩称："力源泉"促销活动是在武昌会议上达成协议后开展的，"力源泉"当时是起步产品，不是原告所说驰名中外。由于原告底料不合格，饮料厂亏损严重，饮料厂不存在侵权行为。

（三）事实和证据

鄂州市中级人民法院经审理查明：1991 年 5 月 10 日，江陵县粮油食品工业公司（现更名为荆州区粮油食品工业公司）对"力源泉"饮料取得商标注册权，证号为 551292 号。1992 年 3 月 22 日，原告与被告签订联营生产"力源泉"饮料合同一份，合同约定：1. 工业公司同意饮料厂生产"力源泉"牌运动饮料，由工业公司提供"力源泉"饮料专用底料及产品标准等有关技术资料，饮料厂组织生产，自营销售。2. 饮料厂生产使用工业公司"力源泉"饮料底料，工业公司同意饮料厂在合同规定日期使用"力源泉"牌商标，如饮料厂不使用工业公司底料，或协议期满终止，商标的使用许可一并停止。合同还约定，被告生产"力源泉"饮料，其产品包装商标上必须标有"中国湖北力源泉饮料集团公司（筹），江陵粮油食品工业公司、鄂州市方方饮料厂”字样。合同约定联营期限自1992年5月1日起至1994年5月底止。合同还对底料质量要求、卫生条件等均作了约定。合同签订后，原告工业公司根据合同约定向被告提供“力源泉”底料，被告在此期间，从江苏省镇江市订购印有“力源泉”标识的瓶子40余万个，总价款20余万元。被告饮料厂从1992年10月起以原告工业公司提供的“力源泉”底料质量不合格为由，拒绝使用其“力源泉”底料，被告饮料厂在未使用原告工业公司“力源泉”底料的情况下，继续生产以“力源泉”为商标的饮料，并投放市场。从1993年1月起至1996年6月止，被告共生产“力源泉”饮料1531893瓶。原告得知这一情况后，于1996年6月份向鄂州市中级人民法院提起诉讼。

本案在审理过程中，经鄂州市中级人民法院委托湖北会计师事务所对被告于1993年1月至1996年6月使用“力源泉”牌注册商标生产饮料的经营所得进行审计。湖北会计师事务所于1996年7月20日以（96）鄂会师内审字第223号审计报告审计结论为：经审计方方饮料厂1993年1月至1996年6月“力源泉”饮料销售利润共计302070.22元。该审计报告送达被告后，被告提出异议，鄂州市中级人民法院于1996年8月20日召集原、被告双方及审计单位对审计报告中的有关问题由审计单位进行解答。由于被告进一步提供了有关证据，湖北会计师事务所于当天对审计报告有关数据进行了调整，调整后“力源泉”生产利润为279550.28元。

（四）判案理由

鄂州市中级人民法院鉴于上述事实认为：

1. 原、被告双方签订的联营生产“力源泉”饮料合同实际是有偿使用商标合同，是当事人平等主体间签订的合同，属当事人真实意思表示，其内容符合《中华人民共和国经济合同法》、《中华人民共和国商标法》的规定，应为有效合同。

2. 被告提出其使用“力源泉”商标是湖北省粮食局的行政行为造成，根据《中华人民共和国民事诉讼法》第六十四条第一款，当事人对自己提出的主张，有责任提供证据，被告对此不能举出有效证据，法院不予认定。

3. 被告违反合同规定，在没有使用原告底料及合同到期后继续使用商标，应承担侵权的主要责任。原告明知被告订做了印有“力源泉”商标标识的瓶子，而在被告不使用其底料和合同到期后，一直未向被告提出异议，原告对被告的侵权行为没有采取有效措施，对损失的扩大负有相应的责任。

（五）定案结论

根据《中华人民共和国经济合同法》第六条、第二十九条，《中华人民共和国商标法》第三十八条之规定，鄂州市中级人民法院判决如下：

由被告饮料厂赔偿原告工业公司195685.19元，在本判决生效后30日内付清。

本案案件受理费12160元，保全费4095元，诉讼活动费5000元，合计人民币21255元，由原告承担6376.30元，由被告承担14878.50元；本案审计费16713.02元，由被告承担。

（六）解说

本案纠纷的实质是商标侵权损失赔偿。在案件合议时大家对原、被告签订的合同的有效性及被告构成侵权是无异议的，但对处理结果有两种倾向性意见。第一种认为：合同中约定被告使用原告商标的期限为1992年5月至1994年5月，而被告在停止使用原告的底料时一直使用原告的商标，原告应该知道被告的行为，却直至1996年6月份才起诉，所以原告请求被告赔偿起诉前的损失，因其超过诉讼时效，应予驳回。即使没有超过诉讼时效，根据《中华人民共和国民法通则》第一百一十四条规定，当事人一方因另一方违反合同遭受损失，应当及时采取措施防止损失的扩大，没有及时采取措施致使损失扩大的，无权就扩大的损失要求赔偿，因此原告无权就损失扩大部分请求赔偿。第二种意见认为：原、被告签订的合同中原告附条件地许可被告使用其注册商标，即被告在生产饮料时必须使用原告提供的底料，被告不能达到这一要求，即可视为原告没有许可被告使用其商标。被告在没有实现原告所附条件的情况下，一直使用原告的商标，就侵犯了原告的商标权。但是合同签订后不久被告就停止使用原告的底料，而被告又经原告同意订制了大量印有“力源泉”商标的瓶子，所以原告不是“应该知道”，而是“知道”被告的侵权行为。被告使用原告的商标长达几年时间，原告一直未提出异议，责任很大，原、被告应3：7分担责任。

第二种意见的理由比较充分。商标权是一种无形财产权，具有独占性，权利人依法有权排斥任何他人未经其许可而使用其商标。同时，商标象征着商品信誉，起着保证商品质量的作用，原告在许可被告使用其商标时要求被告使用其指定的底料，便是为了保证商品质量。被告不能实现原告的意图，即可视为原告没有许可被告使用其商标，被告在此情况下，仍继续使用原告的商标，构成侵权，理应承担相应的民事责任。

本案中原告对商标管理不善，未尽到应有的监督、保护义务，所以理应承担由自己的过错造成的损失。商标权的双重性，决定了商标权既是财产权利，也是精神权利；商标是企业信誉的标志，市场竞争实质上是企业之间各种商标信誉之争。企业商标的管理，直接关系到企业的经营运作，企业只有正确使用商标，不断提高商标信誉，才能在激烈的市场竞争中，站稳脚跟，追求更大的经济效益和社会效益。不密切注视市场情况，不监督、保护好自己的商标，就会带来损失。

（王少锋）

34. 成都彩虹（电器）集团股份有限公司诉夹江县彩印厂侵犯注册商标专用权、企业名称使用权、名优产品荣誉权案

（一）首部

1. 判决书字号

一审判决书：四川省成都市武侯区人民法院（1995）武经初字第265号。

二审判决书：四川省成都市中级人民法院（1996）成经终字第210号。

2. 案由：侵犯注册商标专用权、企业名称使用权、名优产品荣誉权案。

3. 诉讼双方

原告（被上诉人）：成都彩虹（集团）股份有限公司（下称彩虹公司）。

法定代表人：刘荣富，董事长。

委托代理人（一审）：孙波，成都市第三律师事务所律师。

委托代理人（一审）：黄祥林，成都市第三律师事务所律师。

被告（上诉人）：夹江县彩印厂（下称彩印厂）。

法定代表人：万建华，厂长。

委托代理人：李文学，四川博绅律师事务所律师。

4. 审级：二审。

5. 审判机关和审判组织

一审法院：四川省成都市武侯区人民法院。

合议庭组成人员：审判长：洪磊；审判员：古剑；代理审判员：史继红。

二审法院：四川省成都市中级人民法院。

合议庭组成人员：审判长：王忠熔；审判员：张立；代理审判员：吴晋。

6. 审结时间

一审审结时间：1996 年 4 月 10 日。

二审审结时间：1996 年 6 月 10 日。

（二）一审诉辩主张

1. 原告彩虹公司诉称：我公司的“彩虹”牌灭蚊药片等注册商标产品，1993 年被中国名牌评比组委会授予“中国名牌”产品称号，被四川省政府授予“四川名牌”产品称号，该注册商标于 1995 年经成都市鸿达会计师事务所评估，并经成都市工商行政管理局确认，其价值达 1 亿元人民币，在广大消费者中享有极高的信誉和极大的购买率。1995 年 7 月下旬，四川省技术监督局和成都市公安局现场查获彩印厂正在印制假冒“彩虹”牌灭蚊药片的包装盒，当场缴获印版两套及印制好的包装盒 19664 个和装箱单 1000 张，在缴获的印版及包装盒上印有我公司的名称、产品条码及注册商标标识等工业产权标志和标识。彩印厂行为违反了我国《民法通则》和《商标法》的规定，属于“盗用、冒用”他人企业名称和产品荣誉的侵权行为及“伪造、擅自制造他人注册商标标识”的侵权行为。该厂明知违法但为谋取高额非法利润，而故意实施违法行为，不仅侵害了我公司的合法权益，也对广大消费者的健康造成了潜在的威胁和危害。因其侵害行为，我公司不得不重新设计、更换新的灭蚊药片包装盒，报废被假冒过的灭蚊药片包装盒 747848 个，造成我公司 179483.52 元的损失；按公司注册商标许可证使用费比例赔偿应在 40 万元以上；彩印厂非法所得利润总额，按 1000 张装箱单所涉及的灭蚊药片达 10 万盒，以每盒销售后可获利 3 元计，已达 30 万元以上；1995 年我公司全年投入的广告费为 519 万元，为打假支出费用为 21182 元，律师代理费 4500 元。考虑彩印厂实际承受能力，请求依法判决该厂停止对我公司名称权及“彩虹”牌注册商标专用权的侵害，消除影响，恢复名誉，赔偿我公司损失 15 万元，并承担本案诉讼费。

（2）被告彩印厂口头辩称：1995 年 7 月，自称是彩虹公司负责乐山片区的业务员徐宏与我厂洽谈印刷业务，我厂要求徐取货时必须出示介绍信等有关手续。同时双方约定：由徐宏提供纸张，我厂只负责印刷，印刷费为每个 0.35 元。我厂印制印有“彩虹”牌商标标识的灭蚊药片包装盒行为，虽侵害了彩虹公司商标专用权，但我厂主观上无过错，且印制出来的包装盒未销售流通到市场上，没有直接造成社会影响，也无非法所得，故我厂只应承担相应责任，请求法院根据实际情况判决。

（三）一审事实和证据

成都市武侯区人民法院经公开审理查明：

1995 年 7 月 20 日，彩印厂在未经彩虹公司许可的情况下，自行印制标有“彩虹”牌商标标识的电热灭蚊药片包装盒及“彩虹”牌灭蚊药片的装箱单。同月28日，四川省技术监督局接到举报后，当即派员到现场查获彩印厂已印制好的印有“彩虹”牌商标标识，彩虹公司名称、地址等内容的电热灭蚊药片包装盒19664个，“彩虹”牌灭蚊药片装箱单1000张（每张显示可作为100盒药片的装箱单），以及印版两套，并当场查封。彩虹公司遂诉至法院。

另查明：1. 成都市电热器厂于1987年12月20日经中华人民共和国国家工商行政管理局核准，取得灭蚊药片包装盒上使用“彩虹”牌注册商标的使用权，展期十年。1993年该厂更名为彩虹公司。2. “彩虹”牌注册商标于1995年10月1日经成都市鸿达会计师事务所评估，成都市商标价值专家评审委员会审查通过，成都市工商行政管理局核定和确认，其评估价值为100033600元。3. 彩虹公司的“彩虹”牌灭蚊药片在1993年被四川省人民政府授予“四川名牌”产品称号，1994年8月26日被中国名牌产品认定及明星企业评选活动组织委员会认定为“中国名牌”产品。4. 成都市电热器厂（即现彩虹公司）于1991年被国务院企业管理指导委员会和国务院生产委员会命名为国家二级企业，并于1992年4月被中华全国总工会授予“全国先进集体”称号。彩印厂印制的“彩虹”牌电热灭蚊片包装盒上标明“彩虹牌新配方强力长效型灭蚊药片”，而彩虹公司举证的上面标明“彩虹第三代新配方强力长效灭蚊药片”电热灭蚊片包装盒是该公司于1995年3月15日委托成都九兴印刷包装有限公司印制（交货时间为同年4月至5月），并从1996年启用。彩虹公司为此次制止彩印厂侵权行为而实际支出费用为10135元。

以上事实有下列证据证明：

1. 四川省技术监督局稽查一队的调查笔录及证明材料。

2. 假冒“彩虹”牌电热灭蚊药片包装盒样品。

3. 彩虹公司的商标注册证、荣誉证书、注册商标价值评估书。

4. 彩虹公司委托成都九兴印刷包装有限公司印制的拟于1996年启用的新电热灭蚊药片包装盒样品及双方合同。

5. 受诉法院的开庭笔录、调查笔录。

6. 双方当事人的工商档案材料等证据。

（四）一审判案理由

一审法院经审理认为：彩印厂在未经彩虹公司许可的情况下，擅自印制标有“彩虹”牌注册商标标识的包装盒的行为，侵犯了彩虹公司的注册商标专用权，应对由此而给彩虹公司造成的实际损失即该公司为制止此侵权行为而实际支出的费用予以赔偿。同时，彩印厂未经彩虹公司许可，故意在其印制该批包装盒上印上彩虹公司的企业名称，侵犯了彩虹公司的企业名称使用权。鉴于彩印厂印制的该批包装盒在印制过程中被查封，尚未流入市场，其行为后果尚不严重，故其应对给彩虹公司造成的损失适当予以赔偿。彩虹公司提出的要求彩印厂赔偿造成其原电热灭蚊片包装盒积压库存损失和广告费用损失及侵害名优产品荣誉权损失，以及比照彩虹公司商标许可费，予以赔偿和按推算的彩印厂销售额计算损失进行赔偿的主张，因下列理由不能成立：（1）彩虹公司委托成都九兴印刷包装有限公司印制新电热灭蚊药片包装盒系为原电热灭蚊药片的第三代换代产品所作，双方签约及履行时间均发生在彩印厂侵权事实之前，不是因彩印厂侵权行为后加以改进的新包装盒，故其积压库存的原电热灭蚊药片包装盒系彩虹公司正常生产经营活动中产生的必要损耗；（2）彩虹公司全年支出的广告费不是彩印厂侵权行为发生后增加的额外费用，而是该公司正常经营活动的必要开支；(3) 彩印厂印制的该批包装盒上虽注明了“中国名牌”、“轻工部优质产品”等称号，但此批包装盒在印制时被查获，所印制的包装盒尚未被公众知晓，不能认定该行为已侵犯了彩虹公司的名优产品荣誉权；(4) 彩印厂仅为印制单位而非使用单位，故比照彩虹公司商标使用许可费予以赔偿的主张于法无据，不能参照；(5) 彩印厂在印制过程中被查获尚未获得非法利润，对此彩虹公司也不能举证，故不能比照推算的非法所得利润予以赔偿。彩印厂提出其主观上无过错的主张，因其举证不能证明系受“徐宏”之委托，故不能成立而不予支持。

（五）一审定案结论

成都市武侯区人民法院依照《中华人民共和国民法通则》第九十六条、第九十九条第一款、第一百一十八条、第一百二十条第二款，《中华人民共和国商标法》第三十八条第三款、第三十九条，《中华人民共和国民事诉讼法》第一百二十条之规定，判决如下：

1. 彩印厂于判决发生法律效力之日起 15 日内，以书面形式向彩虹公司赔礼道歉。

2. 彩印厂因侵犯彩虹公司注册商标专用权，应于本判决发生法律效力之日起十日内，赔偿彩虹公司 10135 元。

3. 彩印厂因侵犯彩虹公司企业名称使用权，应于本判决发生法律效力之日起十日内，赔偿彩虹公司 5 万元。

4. 驳回彩虹公司的其他诉讼请求。

案件受理费 4510 元，其他诉讼费 3608 元，财产保全费 1500 元，共 9618 元，由彩印厂负担。

（六）二审情况

1. 二审诉辩主张

上诉人彩印厂不服一审判决，于 1996 年 4 月 22 日向成都市中级人民法院提起上诉。

(1) 上诉人彩印厂诉称：原审判决我厂因商标侵权行为向彩虹公司赔偿的损失不是我厂在侵权期间所获得利润，也非彩虹公司在被侵权期间所受损失，原判认定是彩虹公司为制止我厂侵权行为而实际支付费用，这些费用未经我方质证，于法无据，不能成立。只有盗用、假冒企业名称造成损害的行为，才能认定为侵犯企业名称权。本案中，我厂不存在“盗用、假冒”后造成损害的事实，不构成对彩虹公司企业名称权的侵害。我厂印制的这批灭蚊药片包装盒主要是以注册商标标识为核心，其上印企业名称、地址、生产日期、条形码、质量说明等是对该注册商标指向的产品介绍，注册商标中的企业名称只是作为注册商标专用权享有人而存在，不能从注册商标中游离出去，离开注册商标而独立存在。注册商标侵权所侵犯客体是商标管理秩序，而非人身权的企业名称使用权，因此把企业名称使用权从注册商标侵权中割裂出来作为独立诉权起诉无法律依据，应予驳回。原审判决赔偿 5 万元更是于法无据，故请求二审法院撤销原审判决第二、三项。

(2) 被上诉人彩虹公司答辩称：关于注册商标侵权的赔偿，我公司有权选择赔偿被侵权的实际损失，故原审判决彩印厂赔偿我公司为制止侵权而支付的实际费用于法有据，此部分费用一审庭审中已经彩印厂质证。彩印厂印制的灭蚊药片包装盒上不仅有注册商标标识，而且在不同位置还印有独立于注册商标标识之外的企业名称，企业名称并非存在于注册商标中，客观上我公司企业名称具有极高的价值含量，原审判决彩印厂因盗用、假冒我公司企业名称，侵犯我方企业名称权的赔偿金 5 万元是有依据的。故请求驳回上诉，判令上诉人承担相应赔偿责任。

2. 二审事实和证据

二审法院针对上诉人的上诉理由进行了全面审理。对原审判决认定事实和证据进行了核实，认为认定事实清楚，证据确实充分，没有错误和失当之处，故二审认定了一审查明的事实和依据。

3. 二审判案理由

二审法院认为：企业的名称权与企业注册商标专有权属两种不同的权利，且均可独立存在使用。彩印厂未经彩虹公司许可，在擅自印制的彩虹公司“彩虹”牌电热灭蚊药片包装盒上不仅印有“彩虹”牌注册商标标识，而且印有彩虹公司的企业名称，故彩印厂在该包装盒上同时侵犯了彩虹公司的注册商标专用权和企业名称使用权，彩印厂应对因侵犯注册商标专用权而给彩虹公司造成的实际损失承担赔偿责任，对因侵犯企业名称权而给彩虹公司造成的损失适当予以赔偿。上诉人彩印厂所述未侵犯彩虹公司名称权以及不能以彩虹公司为制止此次商标侵权而造成实际损失作为商标侵权赔偿依据等上诉理由，与本案事实和法律规定相悖，而不予支持。原判认定事实清楚，适用法律正确，应予维持。

4. 二审定案结论

二审法院依照《中华人民共和国民事诉讼法》第一百五十三条第一款第（一）项之规定，判决如下：

驳回上诉，维持原判。

二审案件受理费 4510 元，其他诉讼费 3608 元，共计 8118 元，由彩印厂负担。

（七）解说

本案是“夹江打假系列案”中的一例，由此衍生出一起侵犯注册商标专用权和企业名称权纠纷案。其法律价值不在于案件附带的新闻效应，而关键在于案件本身法律关系的多重性和新颖性。

本案中双方当事人争议的焦点是：

1. 彩印厂在侵犯彩虹公司注册商标专用权的同时，是否还侵犯了该公司的企业名称使用权和名优产品荣誉权的问题。此问题的提出，源于彩虹公司起诉时，对彩印厂主张了三个方面（或三种）侵权行为造成的赔偿损失请求，即侵犯注册商标专用权、侵犯企业名称使用权、侵犯名优产品荣誉权的赔偿损失请求，但彩印厂只承认对彩虹公司注册商标的侵权，而否认后两种性质的侵权。对此，笔者的观点是：(1) 对彩印厂侵犯注册商标专用权事实的认定。从理论上讲，商标标识是商标的物质表现形式，商标注册人对其注册商标享有占有、使用和处分的权利，只有注册商标的所有者才有权制造或授权委托他人制造其注册商标标识，否则即为侵权行为。对此，我国《商标法》第三十八条明确规定，伪造、擅自制造他人注册商标标识的是侵害他人注册商标专用权的行为。本案中，彩印厂未经商标所有人彩虹公司许可，擅自印制标有“彩虹”牌注册商标标识的电热灭蚊药片包装盒及装箱单，其行为违反《商标法》的前述规定，确已构成对彩虹公司注册商标专用权的侵权。(2) 对彩印厂侵犯企业名称使用权事实的认定。分析这一问题时，应首先划清商标侵权与企业名称侵权的界限，弄清楚商标标识与企业名称、商标专用权与企业名称权不论在性质、特征、表现形式、取得方式上，还是在法律依据上，都是完全不同且相互独立的两个概念。

企业法人名称，是它作为民事主体而存在，并区别于其他法人的特点化标志。企业法人名称权是企业法人人身权的一种，本身不直接具有财产内容，却与财产利益密切联系，若名称附着于营利性企业主体时，企业名称也附着了一种无形财产性质的财产权，若名称受到侵害，往往导致财产上的损失。因此，我国《民法通则》第九十九条规定，法人享有名称权，有权使用、依法转让自己的名称；《工商企业名称登记管理暂行规定》第二条规定，企业名称经工商行政管理机关核准后，在规定范围内享有专用权，受国家法律保护。实践中，有的企业法人注册商标与企业名称相同或包含了企业名称，有的则不相同或不包含。属前一种情况时，对注册商标权的侵害，必然侵害企业名称权，反之亦然。但这并不能说明商标专用权与名称权绝对不分离，两类性质的侵权之诉也不能独立进行，而是恰恰给予了受害主体选择起诉的权利。诉讼时，受害主体可就商标权受到侵害而单独起诉，也可就名称权受到侵害而单独起诉，还可以二者均受到侵害而共同起诉。属后一种情况时，两种权利均遭侵害后，受害主体可分别对侵犯商标专用权和侵害企业名称权请求保护或综合具体情况具体处理。本案中，彩印厂未经彩虹公司许可或授权，擅自在其印制的电热灭蚊药片包装盒的不同位置印上了独立于注册商标标识之外的彩虹公司的名称的行为则属于后一种情况，彩印厂破坏了彩虹公司企业名称的排他行使，并拟以彩虹公司名义或拟放任怂恿第三者以彩虹公司名义，从事不利于彩虹公司经营的活动，从而在侵犯彩虹公司商标专用权的同时，又构成了对该公司企业名称使用权的侵害。鉴于前述两种侵权行为发生的牵连性及侵权主体、载体和时间的同一性，处理上可将两案合并审理。(3) 对起诉彩印厂构成侵犯名优产品荣誉权主张的否定。企业的荣誉权主要指商誉权，是名誉权中的一种，它与企业的信誉、可能的盈利有直接关系，取决于企业活动成果、信用、企业的产品质量、服务态度及对社会贡献。企业的荣誉权受到侵害，就可能使生产经营受到严重影响甚至导致企业的破产倒闭，因此，我国《民法通则》第一百零二条、第一百二十条规定，法人享有荣誉权，法人荣誉权受到侵害的，有权要求停止侵害，恢复名誉，消除影响，赔礼道歉，并可要求赔偿损失。《产品质量法》第四条也明确规定，禁止伪造或冒用认证标志、名优标志等质量标志。但是，与前面认定的两类侵权不同是，在此侵权构成案件中，除需具备损害的行为、主观过错两要素外，还特别强调损害后果以及后果与损害行为间的因果关系，四大要素缺一不可。本案中，彩印厂明知违法仍擅自印制标有彩虹公司的注册商标、企业名称及名优产品标志的电热灭蚊药片包装盒及装箱单，虽已实际实施了损害彩虹公司荣誉权的行为，但由于彩印厂印制的上述包装盒及装箱单还在印制过程中，尚未流入销售渠道为社会公知时，即被四川省技术监督局现场查获，从而避免了使彩虹公司荣誉权受损的后果，故彩印厂尚未构成对彩虹公司名优产品荣誉的侵权。

2. 如何确定彩印厂侵犯商标专用权、企业名称使用权的损失赔偿金额问题是本案审理的难题。关于侵犯商标专用权损失赔偿额确定，最高人民法院《关于商标侵权如何计算损失赔偿和侵权期间问题的批复》[法经复（1985）53 号] 规定："商标侵权案中，被侵权人可按其所受的实际损失额请求赔偿，也可请求将侵权人在侵权期间因侵权所获利润作为赔偿额。对于两种计算方法，被侵权人有选择权"。本案原告彩虹公司提出的比照该公司商标使用许可费计算及对侵权产品在未进入流通渠道时推算可能获得利润的方法均不符合最高法院前述规定。两级法院将经双方质证核实的彩虹公司为制止此次侵权而实际支出费用作为其被侵权后的实际损失加以确定，是恰当的。关于侵犯企业名称使用权损失赔偿额的确定，现行法律中没有明确规定，《民法通则》第一百二十条也只是规定了原则，具体确定时难度较大，但同时也给法官行使自由裁量权一个较大的空间。审理中，有观点认为彩虹公司据其企业本身所具的较高的商业价值含量而提出索赔15万元的请求是客观的，应予支持。最后两级法院参照彩虹公司计算的损失，在充分体现对侵权人惩罚的同时，根据法学理论中关于最高赔偿额限制及损害后果公平分担原则，酌情平衡确定赔偿5万元。此认定虽无固定的法律依据，但也并无不当。一、二审法院的判决是正确的。

（喻宇红）

35. 上海影星色光厂诉钱焕章专利权属案

（一）首部

1. 判决书字号

一审判决书：上海市第二中级人民法院（1995）沪二中经初（知）字第10号。

二审判决书：上海市高级人民法院（1996）沪高经终（知）字第55号。

2. 案由：专利权属案。

3. 诉讼双方

原告（上诉人）：上海影星色光厂。

法定代表人：罗茂光，厂长。

委托代理人（一审）：严新德，上海市专利信息中心法律部干部。

委托代理人（一审）：李忠，上海市专利信息中心法律部干部。

委托代理人（二审）：张盈东，上海市泸南律师事务所律师。

委托代理人（二审）：童志诚，上海影星色光厂专利顾问。

被告（被上诉人）：钱焕章，男，汉族，1934年3月27日出生，浙江省杭州市人，原上海影星色光厂厂长（已退休）。

委托代理人（一、二审）：倪晔，上海市一平律师事务所律师。

4. 审级：二审。

5. 审判机关和审判组织

一审法院：上海市第二中级人民法院。

合议庭组成人员：审判长：杨均；代理审判员：薛春荣、窦少武。

二审法院：上海市 高级人民法院。

合议庭组成人员：审判长：姚荣民；代理审判员：土海明、邓思聪。

6. 审结时间

一审审结时间：1996年1月4日。

二审审结时间：1996年11月5日。

（二）一审情况

1. 一审诉辩主张

（1）原告诉称：1986年10月至1987年10月，原告自行设计和开发了彩色即时贴膜以及生产制造这种彩色即时贴膜的方法、配方和设备，并于1988年1月23日向中国专利局提出专利申请，申请号为88100384。被告在1985年10月至1994年11月间，担任原告的厂长及法定代表人。在被告1994年11月退休时，原告发现该专利的申请人和专利权人都变更为被告。由于被告长期担任原告的法定代表人，致使原告无法得知专利申请后的任何情况。因此，请求法院判令“彩色即时贴膜及其制造方法”的专利权归原告所有，并要求被告向原告返还以专利产品提成费名义获取的人民币149200.48元。

（2）被告辩称：原告是上海市浦东中学与上海电影制片厂的联营厂，该两上级主管单位于1988年6月共同以书面形式肯定了即时贴膜专利技术是被告个人发明，原告亦于1988年7月11日出具了申请权转让证明，在以后公开和公告的发明专利申请说明书中都清楚地记载被告是该专利的申请人。此后，被告又按两上级主管单位的意图，就该专利技术与原告签订了待批专利许可证贸易合同并履行了6年，原告对专利权的归属问题从无任何异议，且在被告开发该专利技术前，原告并不生产即时贴膜。据此，请求法院驳回原告的起诉。

2. 一审事实和证据

一审法院经审理查明：被告钱焕章自1985年10月至1994年11月止，担任原告上海影星色光厂的厂长，系法定代表人，并于1988年1月23日代表原告向中国专利局申请“彩色即时贴膜及其制造方法”的发明专利。1988年7月11日，加盖原告公章的证明载明：彩色即时贴膜系非职务发明，在申请时，误填成职务发明，现特予以更正，该专利的申请人应为钱焕章。1988年10月，被告向中国专利局提出申请，要求变更专利申请人及权利人。1991年6月26日中国专利局授予被告专利号为88100384·0的“彩色即时贴膜及其制造方法”发明专利权并颁发了第10657号专利证书。

以上事实有下列证据可以证明：

（1）原告具有的中国专利局授予的“彩色即时贴膜及其制造方法”的专利证书及缴纳该专利费用的清单，说明所争议专利一直归被告钱焕章所有。

（2）原告两上级主管机关（即浦东中学和上海电影制片厂）曾于1988年6月联合出具公函，以书面形式肯定了彩色即时贴膜技术是钱焕章个人发明。

（3）原告上海影星色光厂1988年7月11日加盖了公章的证明，证实了本案争议专利的申请人由原告变更为被告钱焕章这一节事实。

（4）被告钱焕章与原告上海影星色光厂签订的待批专利许可贸易合同共履行了6年未发生过争议，说明原告对本案所争议专利权的归属从未产生过异议。

3. 一审判案理由

一审法院认为：原告主张“彩色即时贴膜及其制造方法”的专利权属原告所有，原告应提供相应证据。现原告所提供的证据，不足以否定该专利权属于被告；而被告举出的证据（专利证书、原告两上级主管单位出具的关于即时贴膜委托代理技术转让合同的函、原告出具的证明、待批专利许可证贸易合同、专利费用缴纳清单等），足以证明“彩色即时贴膜及其制造方法”专利权属被告所有。

因此，原告的诉讼请求法院不予支持。

4. 一审定案结论

上海市第二中级人民法院依照《中华人民共和国专利法》第六条第一款的规定，判决如下：

原告上海影星色光厂的诉讼请求不予支持。

本案受理费人民币 4494 元，由原告上海影星色光厂负担。

（三）二审诉辩主张

上诉人上海影星色光厂上诉称：(1) 被上诉人钱焕章在任上海影星色光厂法定代表人期间，主要利用本单位的物质条件所完成的职务发明创造，申请专利的权利属于本单位。原审判决认定事实错误。(2) 原审判决认定系争专利权属被上诉人所有，系适用法律不当。(3) 原审判决对被上诉人所提供的证据未能查证属实，故不能作为认定事实的根据。上诉人请求二审法院依法改判。

2. 被上诉人钱焕章答辩称：上诉人并未提供必要的证据证明讼争专利应归其所有。而被上诉人提供的证据却充分证明事实。因此，一审法院判决讼争专利归被上诉人所有是完全合乎事实与法律的。故请求二审依法维持原审判决。

（四）二审事实和证据

二审法院查明：上诉人上海影星色光厂系上海浦东中学的校办工厂，属集体所有制性质，主要生产经营滤色片、彩色灯光纸等日用化学产品。被上诉人钱焕章自 1985 年至 1994 年 11 月退休止担任上诉人上海影星色光厂的厂长，系法定代表人。上诉人根据上海市电影总公司 1986 年 10 月下达的研制任务，由厂长钱焕章会同副厂长朱伟英等开始研制彩色即时贴膜技术。1987 年 10 月，由上海市电影局对彩色即时贴膜作出了沪影鉴字（87）第 003 号即时贴膜技术鉴定证书。嗣后，上诉人将彩色即时贴膜向市有关部门申报优秀新产品一等奖，申报表中确认“技术开发单位系上海影星色光厂，主要开发人员为钱焕章、朱伟英”。1988 年 1 月 20 日，被上诉人代表上诉人将“彩色即时贴膜及其制造方法”委托上海专利商标事务所代为申请发明专利，并缴纳了相应费用。同年 2 月 9 日中国专利局向上诉人发出了受理通知书，同年 5 月 10 日又向上诉人发出了发明专利申请初步审查合格通知书。此后被上诉人钱焕章于同年 7 月 11 日亲笔书写证明一份，加盖了由其掌管的上海影星色光厂公章，称彩色即时贴膜系非职务发明，该专利申请人应为钱焕章，并通过上海专利商标事务所将“彩色即时贴膜及其制造方法”发明的申请人由上海影星色光厂变更为钱焕章个人。而此后的同年 7 月 20 日和 8 月，钱焕章在亲笔填写的上海科技进步奖申报登记表和申报书中，均确认彩色即时贴膜的开发单位是上海影星色光厂。1989 年 5 月，上海市政府科技评审委员会授予上海影星色光厂“彩色即时贴膜项目 1988 年度上海市科学技术进步三等奖”，钱焕章、朱伟英也分获个人三等奖。1991 年 6 月 26 日，中国专利局授予钱焕章“彩色即时贴膜及其制造方法”发明专利，专利号为 88100384·0。上诉人上海影星色光厂在被上诉人钱焕章退休后查知上述情况，遂诉至原审法院。

二审法院在审理中委托上海司法审计师事务所对影星色光厂用于“彩色即时贴膜及其制造方法”专利研制费用进行审计鉴定。上海司法审计师事务所经审计，作出沪司审事业字（1996）第 1554 号审计鉴定报告，结论为：在 1986 年至 1987 年研制期间，上海影星色光厂用于研制该专利项目的各类费用共计 42354.58 元。

另查明：在本案系争专利待批期间，被上诉人钱焕章以个人身份作为甲方，与乙方上海影星色光厂（由朱伟英作为代表）于 1988 年 7 月 18 日签订了待批专利许可证贸易合同一份，钱焕章与上海影星色光厂双方因此引起的合同纠纷已由上海市浦东新区人民法院

(1995) 浦经初字第 183 号案审理在案。故上诉人因该合同纠纷而要求被上诉人返还以专利产品提成费名义获取的款项的诉讼请求非本案处理范围，可另案处理。

以上事实有上海电影总公司函件、发明专利申请书、上海市科学技术进步奖奖状等证据及上海市司法审计师事务所出具的审计鉴定报告予以佐证。

（五）二审判案理由

二审法院认为：在专利权属纠纷中，区别职务发明或非职务发明的关键在于发明人是否执行本单位的任务或是否利用本单位的物质条件。被上诉人钱焕章在担任上海影星色光厂厂长期间，为完成上海电影总公司下达的研制彩色即时贴膜任务所进行的所有科研活动系职务行为；被上诉人钱焕章等在研制中主要利用了本单位的物质条件，上诉人上海影星色光厂支付了研制所需各种费用。被上诉人钱焕章在任上海影星色光厂法定代表人期间，为自己出具将职务发明变更为非职务发明的证明，不具有法律效力。被上诉人向法院提供的个别未能说明其合法来源且与事实明显不符的证据不足以证明“彩色即时贴膜及其制造方法”的专利权归其所有，本院不予采信。原审法院对事实认定不清，应予纠正。

（六）二审定案结论

上海市高级人民法院依照《中华人民共和国专利法》第六条第一款，《中华人民共和国民事诉讼法》第六十四条、第一百五十三条第一款第（三）项、第一百五十八条的规定，判决如下：

1. 撤销上海市第二中级人民法院（1995）沪二中经初（知）字第 10 号民事判决。

2. 专利号为 88100384·0 的“彩色即时贴膜及其制造方法”发明专利的专利权归上诉人上海影星色光厂所有。

本案一、二审诉讼费人民币 8988 元和审计费用人民币 6000 元，均由被上诉人钱焕章负担。

（七）解说

本案是一起前任厂长（法定代表人）与厂方因专利权属而发生的纠纷，二审法院之所以改判本发明专利归上海影星色光厂所有，是基于下列原因：

1. 职务发明或是非职务发明，是本案专利权属的关键所在。若属前者，本案应为上海影星色光厂所有，若是后者，则系钱焕章个人所有。我国《专利法》第六条明文规定：执行本单位的任务或者主要是利用本单位的物质条件所完成的职务发明创造，申请专利的权利属于该单位。由此可见，职务发明有两种情况，一是执行本单位的任务，二是主要利用单位的物质条件。就本案而言，彩色即时贴膜的研制任务，是上海电影总公司下达给上海影星色光厂的，钱焕章本身为上海影星色光厂厂长，显然属于执行本单位的任务。本案更关键的是，彩色即时贴膜的研制费用是谁支付的。本案原告上海影星色光厂提供了一系列的研制费用清单，而本案被告钱焕章则未能就研制费用方面举证，二审法院为慎重起见，特委托了上海司法审计师事务所就本案专利项目研制费用进行审计鉴定，审计结论证实：上海影星色光厂直接用于该专利项目的研制费用达 42354.84 元，另外计 12644.10 元的原材料聚酯薄膜中的一部分也用于本案专利项目的研制。由此显而易见，从本案专利权属纠纷的焦点职务发明或是非职务发明来分析，显然属于前者，故上海影星色光厂应为彩色即时贴膜的专利权人。

2. 从证据的角度来辨析，我国《民事诉讼法》规定的举证责任是指当事人对自己的主张，有责任提出证据并加以证明。第一，当事人对自己所主张的事实，应当提供证据。第二，当事人所提供的证据，应能证明其主张具有事实性。第三，当事人对其主张不能提供证据，或所提证据不能证明其主张具有真实性，而且人民法院依职权收集不到证实其主张的证据的，要承受不利的法院裁判。就本案而言，原告上海影星色光厂所提供的主要证据有七份，被告钱焕章提供的主要证据有三份。从双方提供的证据来分析，被告的证据显然无法与原告的证据相对抗。其理由是，首先原告提供的证据从时间上来分析，从1986年10月上海电影总公司下达研制任务至1989年5月上海市政府有关部门将彩色即时贴膜授予上海影星色光厂“上海市1988年度科技进步三等奖”止，证实了本案专利是职务发明。而被告所提供的三份证据，则局限于1988年的6月至7月间。其次，从内容、形式上来分析，原告提供的证据具有连贯性、一致性，各个证据之间能互相印证和联系。而被告所提供的证据或无法说明其合法来源（例如由上海浦东中学和上海电影制片厂所出具的函，既无任何人的签字，又遭到上述单位领导的否认），或不符合法律规定（例如由钱焕章亲笔为自己出具的证明），或自相矛盾（例如钱焕章既在其证据中认为是非职务发明，又在以后原告的证据中亲笔承认是职务发明）。再次，由法院所委托的审计部门所作出的审计结论更能说明本案的要害问题。由此可见，即使二审法院未委托审计鉴定，查明本案专利的研制费用的承担问题，就证据而言，被告钱焕章所提供的证据也无法与原告上海影星色光厂所提供的证据相抗衡而处于不利的地位。

3. 厂长要成为与本单位业务有关的非职务发明人应慎之又慎。这是因为这个问题虽然在我国现行的法律、法规中尚未明文具体规定，过去也一度有过争议，例如1990年10月《中国专利报》曾为此展开过讨论，但随着时间的推移和司法实践的实际过程，目前专利司法系统中理论上已趋向于一致意见，即答案是：厂长一般不宜成为与本单位业务有关的非职务发明人。其理由主要是：厂长是企业的法定代表人，全权负责企业各方面的工作，故不能仅理解为厂长只作行政领导工作，而业务和技术问题则不在厂长的职责范围之内，厂长搞出的发明创造，只要目的在于解决本厂生产技术上的问题，就应认定为职务发明。这是因为为了完成本厂的生产任务，无论采取何种措施，都在厂长的职责范围之内。再者厂长的法律地位决定了其可以了解和参与本厂的各项科研、生产活动，这种特殊的便利条件是其他人所不具备的，特别是可以随意利用单位不向外公开的技术图纸、资料及各种设施等物质条件。若认可厂长利用这些便利条件完成的与本厂业务有关的发明创造为非职务发明，显然是不公正的。

（邓思聪）

36. 国家海洋局天津海水淡化与综合利用研究所诉牛自得专利权属及侵犯技术权益案

（一）首部

1. 判决书字号

一审判决书：天津市第一中级人民法院（1995）中知初字第18号。

二审判决书：天津市高级人民法院（1996）高知终字第9号。

2. 案由：专利权属及侵犯技术权益案。

3. 诉讼双方

原告（被上诉人）：国家海洋局天津海水淡化与综合利用研究所（以下简称海水所）。

法定代表人：于效群，所长。

委托代理人（一、二审）：袁俊生，该所综合利用研究室主任。

委托代理人（一、二审）：王里歌，天津市第一律师事务所律师。

被告（上诉人）：牛自得，中国石油天然气总公司工程技术研究院工程师。

委托代理人（一审）：刘冀湘，天津市第一律师事务所律师。

委托代理人（二审）：李滨，天津市恒信律师事务所律师。

第三人（上诉人）：中国石油天然气总公司工程技术研究院（以下简称石油院）。

法定代表人：冯星安，院长。

委托代理人（一、二审）：赵修杰，该院总工程师。

委托代理人（一审）：刘冀湘，天津市第一律师事务所律师。

委托代理人（二审）：李滨，天津市恒信律师事务所律师。

第三人（上诉人）：王宗玉，中国石油天然气总公司工程技术研究院高级工程师。

委托代理人（一审）：刘冀湘，天津市第一律师事务所律师。

委托代理人（二审）：李滨，天津市恒信律师事务所律师。

4. 审级：二审。

5. 审判机关和审判组织

一审法院：天津市第一中级人民法院。

合议庭组成人员：审判长：谷淑娟；代理审判员：李国忠、郭捷。

二审法院：天津市高级人民法院。

合议庭组成人员：审判长：李砚芬；审判员：张妍；代理审判员：秦立军。

6. 审结时间

一审审结时间：1996 年 4 月 30 日。

二审审结时间：1996 年 11 月 29 日。

（二）一审情况

1. 一审诉辩主张

（1）原告海水所诉称：海水所系专门从事海水化学资源提取技术研究与开发的专业研究机构，自 1976 年至 1983 年即开始从事海水中提取氯化钾方面的研究工作，且已取得阶段性成果。1987 年被告牛自得调入海水所，在该所硫酸钾课题组从事研究工作，先后参加了“用混合盐和氯化钾制取硫酸钾的方法”、“高温盐分离成工业盐和硫酸镁的方法”、“苦卤与氯化钾制取硫酸钾的方法”等几项发明创造的研制工作。1992 年 12 月被告从海水所调出时向海水所出具了保证书，其中特别注明对“苦卤与氯化钾制取硫酸钾的方法之工艺技术”有关权益不侵犯。同时被告调入第三人石油院，并在其调离海水所仅 5 个月之后就公然违反保证书，于 1993 年 5 月以其为主要发明人，以第三人石油院为申请人申报了名称为“一种用苦卤与氯化钾制取硫酸钾的方法”之发明专利。被告的一系列行为已构成对原告海水所权益的侵犯，第三人石油院由于对有关法律规定不了解导致其从被告的侵权行为中获取不应得到的荣誉和经济利益。据此，请求法院判令：将发明专利“一种用苦卤与氯化钾制取硫酸钾的方法”专利权归原告所有；被告向原告公开赔礼道歉，消除影响；被告及第三人石油院赔偿因侵权或过错给原告造成的经济损失合计人民币 18 万元。

（2）被告牛自得及第三人石油院答辩称：被告调离海水所前出具的保证书不能理解为对被告今后的科研工作中不得从事其本专业工作的限制，该保证书显然是违反法律规定的。另外，被告牛自得调入石油院后是协助开展用卤水与氯化钾制取硫酸钾的研究工作，石油院为此项目的研究、开发投入了大量的人力、物力、财力。石油院对该发明专利的申请与专利权的取得都是合法的，且石油院在以上发明创造的研究过程中，采用了与海水所的科研成果和已经申请专利的发明内容不同的工艺路线和工艺条件。综上，原告海水所的诉讼请求及理由不能成立，应予驳回。

（3）第三人王宗玉答辩称：其作为石油院材料室主任，主持和指导了本案讼争专利的课题计划、课题报告的编写等工作，并作为该课题组一员参加了实验研究工作。特别是在本课题的实验过程中，王宗玉提出采用材料筛分中常用的振荡筛来分离硫酸镁、无水钾镁钒和氯化钠三种物质的新工艺，且经实验室小试取得了充分的试验数据。据此，王宗玉在本案讼争专利发明的核心技术的实质性特点中作出了创造性贡献，作为该专利的发明人是无可非议的。原告海水所提出的诉讼目的及理由是没有事实依据的，应予驳回。因此给王宗玉在社会上造成的不良影响，原告海水所应当公开赔礼道歉。

2. 一审事实和证据

天津市第一中级人民法院经公开审理查明：

海水所主要从事海水卤水中钾、溴、镁盐提取技术的研究和开发，从 1980 年即开始对制取硫酸钾的工艺方法进行研究。先后完成了“硫酸镁与氯化钾制取硫酸钾”工艺技术的研制和“混合盐与氯化钾制取硫酸钾”工艺技术的研制（已获国家发明专利），在上述技术基础上，又进一步研究“苦卤与氯化钾制取硫酸钾”的工艺方法。在用“苦卤与氯化钾制取硫酸钾”的工艺方法的研制过程中，首先完成了小试并形成第一个关于“苦卤与氯化钾制取硫酸钾”的工艺方案，随后对该工艺方案中的分离工艺环节采用了浮选法、沉降法和旋流法三种分离工艺进行了实验研究。1992 年 8 月，海水所将其中的“浮选法”运用在“苦卤与氯化钾制取硫酸钾的方法”中，并对此申请了专利，尚未授权。

牛自得于 1987 年 9 月至 1992 年 12 月在海水所从事制取硫酸钾的研究工作，在此期间曾作为主要研究人员之一参与过“混合盐制取硫酸钾”、“苦卤与氯化钾制取硫酸钾”等五个方面的研究工作。1992 年 12 月 25 日牛自得从海水所调入石油院，调离前曾给海水所出具保证书一份，主要内容是牛自得在海水所期间从事的上述五个方面的研究涉及的有关技术、思路、数据和信息保证不使用，不对外扩散。

牛自得调入石油院后，石油院针对牛自得所学专业和曾从事的工作，在该院资料室为其专门成立了一个“钻遇资源综合利用”的课题组。于 1993 年 5 月牛自得研究完成了“苦卤与氯化钾制取硫酸钾”的工艺技术，同时石油院将该技术作为职务发明创造申报专利。1995 年 2 月被国家专利局授予发明专利。名称为“一种用苦卤与氯化钾制取硫酸钾的方法”。该专利发明人为牛自得、王宗玉。

另查，王宗玉作为该发明专利的发明人之一，是因其担任石油院材料室主任，对该发明的研制给予配合，参加了小试、中试。且王宗玉诉前曾承认该发明的工艺方法的思路是牛自得提出的。

上述事实有下列证据证明：

（1）石油院申请“苦卤与氯化钾制取硫酸钾”专利，1995 年 2 月中国专利局授予石油院专利权，专利号为 93105556·3。

（2）海水所在 1980 年至 1987 年期间完成的制取硫酸钾专题研究报告。采用浮选法、沉降法和旋流法分离混合盐工艺的实验记录。

（3）牛自得在海水所期间（1990 年 5 月至 8 月）撰写的用苦卤和氯化钾制取硫酸钾工艺研究论文。

（4）牛自得在海水所工作期间参与完成的氯化钾与混合盐制取硫酸钾技术获得部级二等奖证书；牛自得获奖证书。

（5）1992 年 12 月 21 日牛自得向海水所出具的保证书。

（6）海水所委托代理人诉前询问王宗玉的调查笔录。

3. 一审判案理由

天津市第一中级人民法院审理后认为：

（1）牛自得在海水所工作期间，对制取硫酸钾的多种工艺方法参与了研究，掌握了大量的技术数据、思路和信息。牛自得在调至石油院后五个多月时间，运用自己的思路完成了“一种用苦卤与氯化钾制取硫酸钾的方法”研究成果，石油院以职务发明将该项研究成果申报专利。依据法律规定，牛自得在调离海水所不满一年内作出的与其在海水所承担的本职工作有关的发明创造应属职务发明，专利权应归海水所持有。

牛自得向海水所出具的保证书合法有效。牛自得将“苦卤与氯化钾制取硫酸钾的工艺技术”的有关思路等运用在该项发明专利中，违反了保证书中的约定，牛自得应承担相应的法律责任。

海水所要求牛自得赔偿经济损失，因证据不足，不予支持。

（2）王宗玉主张该专利技术中分离环节的筛选法是其独立的构思。经查证和王宗玉本人在诉前的陈述，均说明王宗玉在该项专利的工艺技术中只负责组织和参与一些辅助性工作，对该专利技术的实质性特点作出创造性贡献的证据不足，不是该专利的发明人。

（3）牛自得在海水所从事其本职工作时已将沉降、旋流等物理分离方法使用在大量的实验工作中，并已取得相应的数据记录。故此，石油院称该项专利与海水所的研究成果和已经申请专利的发明内容存在不同的工艺路线和工艺条件的主张不能成立。

石油院因该专利的申请和专利权的维持而产生的费用，海水所应如数给付。石油院对该专利的完成所提供的物质条件，海水所应依法予以适当补偿，由于石油院对此项要求未提供相应的证据，无法予以确认。

海水所要求石油院赔偿经济损失的请求，因证据不足，不予支持。

4. 一审定案结论

天津市第一中级人民法院，依据《中华人民共和国专利法》第六条第一款，《中华人民共和国专利法实施细则》第十条第一款、第三款、第十一条，《中华人民共和国民法通则》第一百三十四条之规定，判决如下：

（1）“一种用苦卤与氯化钾制取硫酸钾的方法”专利权归海水所持有。

（2）海水所于本判决生效之日起十日内给付石油院因专利的申请、专利权的维持发生的费用共计人民币 5175 元，逾期不付按日万分之三计付赔偿金。

(3) 牛自得于本判决生效之日起二十日内在《中国海洋报》上刊登向海水所公开赔礼道歉的声明，声明内容须经本院审查，逾期不执行由本院公告，公告费用由牛自得负担。

(4) 驳回海水所的赔偿请求。

案件受理费及其他费用共计人民币5110元，牛自得负担300元，海水所负担4810元。

（三）二审诉辩主张

1. 上诉人（原审被告）牛自得诉称：未违反保证书的约定，请求撤销原判，不承担道歉责任。

2. 上诉人（原审第三人）石油院诉称：王宗玉对该专利的实质性特点作出了创造性贡献，石油院亦投入了人力、财力对该专利技术进行了研究，请求撤销原判，确认其专利权来源合法。

3. 上诉人（原审第三人）王宗玉诉称：作为该项专利发明人之一，请求撤销原判，确认其对讼争专利有创造性贡献。

4. 被上诉人（原审原告）海水所辩称：一审法院是在掌握了大量事实依据后依照我国法律有关规定作出的公正判决。请求驳回三上诉人的不实上诉，维持原判决。

（四）二审事实和证据

天津市高级人民法院如期对本案进行公开审理，按照《中华人民共和国民事诉讼法》的规定，对本案的事实进行核实时，三上诉人委托代理人李滨律师提出，因案外人郭智忠提出该讼争专利无创造性和实用性，三上诉人同意郭智忠意见，该专利权已被中华人民共和国专利复审委员会宣告无效；因讼争专利权已不复存在，建议法庭停止审理，终结本案，并向法庭提交了中华人民共和国专利局专利复审委员会“无效宣告请求审查决定书”一份。海水所委托代理人王里歌律师表示，不同意终结本案，建议法庭继续审理。法庭当庭裁定，专利局专利复审委员会的“无效宣告请求审查决定书”不是终局裁决，故不影响本案的审理。

天津市高级人民法院经审理认为：天津市第一中级人民法院对此案的主要事实认定属实。同时查明：牛自得代表海水所参加第二届全国镁盐技术交流会时，从长芦大清河盐场的一篇论文，及海水所收集的“高温盐制取硫酸镁和氯化钠的方法”的专利文件中，均了解到运用筛分法分离混合盐的方法。二审法院依职权向长芦盐务局有关专家调查证明，用振荡筛分离混合盐的方法在盐化工行业中属于普通技术人员已掌握的公知技术。

上述事实有下列证据证明：

1. 一审法院认定的全部证据。

2. 中华人民共和国专利局专利复审委员会“无效宣告请求审查决定书”。

3. 二审法院在长芦盐务局的调查笔录。

（五）二审判案理由

二审法院认为：对“用苦卤与氯化钾制取硫酸钾的方法”的研究，是牛自得在海水所工作期间所从事的本职工作。在此期间，牛自得参与了采用沉降、旋流等物理分离方法的实验研究，对筛分法亦有了解。牛自得调至石油院五个多月时间，即完成了“一种用苦卤与氯化钾制取硫酸钾的方法”之发明创造，且由石油院以职务发明申请并获得了专利权。该发明为牛自得调离海水所不满一年内作出的，是与其在海水所承担的本职工作有关的发明创造，依据有关法律规定属于海水所的职务发明，所获专利权应由海水所持有。牛自得违反了保证书中的承诺，将“苦卤与氯化钾制取硫酸钾的工艺技术”的有关技术信息用于讼争专利中，应承担相应的法律责任。王宗玉在讼争专利的研究中只负责组织及参与一些辅助性工作，故其要求确认对该专利的实质性特点作出创造性贡献的主张，不予支持。石油院持有的讼争专利的专利权，是海水所的职务发明，且王宗玉对该专利未作出创造性贡献，故石油院依法不应成为讼争专利的专利权人。故此，三上诉人上诉请求所依据的事实证据不足，上诉理由不能成立。

（六）二审定案结论

天津市高级人民法院依照《中华人民共和国民事诉讼法》第一百五十三条第一款第（一）项规定，判决如下：

驳回上诉，维持原判。

上诉案件受理费 5110 元，由上诉人石油院、牛自得各负担 2550 元。

（七）解说

本案的处理主要有两个问题：

1. 牛自得和石油院的行为是否构成违约和侵权。牛自得在海水所工作期间，作为主要研究人员之一参与了“苦卤与氯化钾制取硫酸钾”的研究工作。牛自得从海水所调至石油院五个多月时间，即研究完成了“苦卤与氧化钾制取硫酸钾”的工艺技术。石油院经向专利局申请获得了该项专利发明权。根据《中华人民共和国专利法》第六条第一款的规定及《中华人民共和国专利法实施细则》第十条第三款的规定，调动工作一年内作出的专利发明，与其在原单位承担的本职工作或者原单位分配的任务有关的发明创造属于原单位的职务发明创造。所以石油院以其名义向专利局申请该项专利并持有该项专利权与法律规定相悖，是一种侵权行为。

当牛自得从海水所调至石油院之前，曾向海水所出具了一份保证书，其内容之一是在海水所工作期间从事的“苦卤与氯化钾制取硫酸钾”研究所涉及的有关技术、思路、数据和信息保证不使用。保证书是牛自得向海水所允诺承担的义务，海水所通过持有保证书用以保护自己的科研秘密，维护其利益。由于保证书是牛自得真实意思表示，且保证书的内容和形式不违反法律规定，应认定保证书合法有效。故此，牛自得应履行保证书中允诺承担的义务。当牛自得调至石油院之后，未能以保证书的内容约束其行为，利用海水所的研究成果继续从事“苦卤与氯化钾制取硫酸钾”的研究，其做法属于违约行为，应依法承担民事责任。

因此，以石油院名义申请并持有的，以牛自得、王宗玉为发明人的“用苦卤与氯化钾制取硫酸钾的方法”的专利权，归海水所持有是完全正确的。

2. 如何看待中国专利局专利复审委员会“无效宣告请求审查决定书”宣告“苦卤与氯化钾制取硫酸钾”专利权无效的问题。虽然该项专利是以石油院名义申请并持有该项专利权，由于在诉讼期间，人民法院尚未对本案作出终审裁决之前，该项专利权的权属处于不确定状态，任何一方当事人均无权对该项专利权进行处分。石油院、牛自得及王宗玉擅自同意案外人提出的该项专利权无效申请，并向中国专利局专利复审委员会表示服从裁决，均属不当行为。

二审法院对三上诉人在开庭时提交的中国专利局专利复审委员会“无效宣告请求审查决定书”的处理是恰当的。根据《中华人民共和国专利法》第四十九条第二款的规定：“对专利复审委员会宣告发明专利权无效或者维持发明专利权的决定不服的，可以在收到通知之日起三个月内向人民法院起诉”。此规定说明，专利复审委员会宣告某项专利权无效不是终局裁决，专利权人可以通过行政诉讼对某项专利权是否有效最终加以确认。

（李砚芬　秦立军）

37. 重庆中亚医用保健品厂诉昆明西山康复医疗保健用品厂专利侵权案

（一）首部

1. 判决书字号

一审判决书：云南省昆明市中级人民法院（1995）昆法经初字第53号。

二审判决书：云南省高级人民法院（1996）云高经终字第2号。

2. 案由：专利侵权案。

3. 诉讼双方

原告（反诉被告、上诉人）：重庆中亚医用保健品厂。

法定代表人：王荡，厂长。

委托代理人：刘胡乐，云南律师事务所律师。

委托代理人：陆家棣，云南律师事务所律师。

被告（反诉原告、被上诉人）：昆明西山康复医疗保健用品厂。

法定代表人：顾家宝，厂长。

委托代理人：张承荣，云南方圆律师事务所律师。

委托代理人：吕卫国，云南方圆律师事务所律师。

4. 审级：二审。

5. 审判机关和审判组织

一审法院：云南省昆明市中级人民法院。

合议庭组成人员：审判长：张国维；审判员：陈斌；代理审判员：袁学红。

二审法院：云南省高级人民法院。

合议庭组成人员：审判长：王和民；代理审判员：王娟、李静。

6. 审结时间

一审审结时间：1995年11月6日。

二审审结时间：1996年4月10日。

（二）一审诉辩主张

1. 原告（反诉被告）中亚厂诉称：我厂于1992年11月与便携式特定电磁波治疗器的专利权人重庆康复医学工程研究所签订了协议书。根据此协议书我厂获得了“便携式特定电磁波治疗器”独家生产、经营、销售权。1993年10月及1994年3月，我厂获得电源控制盘和辐射治疗头两项外观设计专利，并将此两项外观设计专利用于“便携式特定电磁波治疗器”后生产了“中亚圣灯治疗器”投放市场。1995年5月昆明市场上出现了被告生产的“东方胜灯治疗器”，其产品结构、原理、外观设计与“中亚圣灯治疗器”完全相同，被告的行为严重侵犯了我方的专利权。请求判令被告停止侵权、公开赔礼道歉、赔偿损失30

万元。

2. 被告（反诉原告）辩称：我厂生产的“东方胜灯治疗器”与原告中亚厂生产的“中亚圣灯治疗器”在结构、原理、实用新型专利等方面确实相同，但我厂是经专利权人重庆康复医学工程研究所同意并签订了实施许可合同而生产的，不构成侵权。对原告的另外两项外观设计专利从专利文件到实物均与我厂产品有较大差异，不构成侵权。原告在诉讼中申请财产保全是错误的，给我厂造成巨大经济损失。为此提出反诉，请求判令驳回原告的诉讼请求，赔偿损失57万余元，并在云南和重庆两地报刊上向我厂公开赔礼道歉、恢复名誉。

（三）一审事实和证据

云南省昆明市中级人民法院公开审理查明：“一种便携式电磁波辐射治疗器”实用新型专利权人是重庆康复医学工程研究所。该所于1992年11月10日与原告签订一份协议书，授权原告全国独家生产、经营、销售其专利产品。之后，原告根据该专利技术生产了“中亚圣灯治疗器”。1994年12月6日，专利权人研究所又与被告签订一份专利技术转让合同，将其“一种便携式电磁波辐射治疗器”实用新型专利技术有偿许可被告使用，并约定双方均不得将此专利技术转让给第三方。被告按此技术生产了“东方胜灯治疗器”。1995年3月7日，研究所又与原告签订一份专利专有权转让协议，将该专利技术转让给原告全国独家所有。另经查明，原告中亚厂系集体所有制性质的企业法人，其法定代表人为王荡。运用于“一种便携式电磁波辐射治疗器”上的两项外观设计专利的专利权人均为王荡。1994年4月5日，王荡与原告中亚厂签订了专利专有权转让协议，将以上两项外观设计专利权转让给中亚厂，双方均未到国家专利局办理有关手续。1995年6月5日，原告向昆明市中级人民法院提出财产保全申请，1995年6月8日法院根据原告的申请，依法作出（1995）昆法经初字第53号裁定，对被告西山保健用品厂的银行账户、生产车间、仓库进行了冻结、查封。同年7月6日被告向昆明市中级人民法院提供了担保，法院于同年7月10日依法作出解除财产保全的裁定，并于当日解除了对被告的冻结和查封。在财产保全期间造成了利润、合同违约金、律师代理费等损失共计299139.60元。

上列事实有下列证据证明：

1. 原告中亚厂与重庆康复医学工程研究所签订的协议书。

2. 被告西山保健用品厂与重庆康复医学工程研究所签订的协议书。

3. “一种便携式电磁波辐射治疗器”的专利证书及权利要求书。

4. 两项外观设计专利权转让的协议书。

5. 重庆康复医学工程研究所所长刘伟的证人证言。

6. 原、被告双方在法庭调查中的陈述。

（四）一审判案理由

昆明市中级人民法院鉴于上述事实认为：原告中亚厂起诉要求确认被告西山保健用品厂侵权并承担侵权法律责任的请求不能成立，理由是：1.《专利法》第十一条规定，发明和实用新型专利权被授予后，除法律另有规定的以外，任何单位或者个人未经专利权人许可，不得为生产经营目的制造、使用、销售依照该专利方法直接获得的产品。依照《专利法》规定，是否经专利权人许可使用其专利技术，是确认侵权的前提要件，而被告生产的“东方胜灯治疗器”虽在结构、原理、实用新型专利等方面与原告生产的“中亚圣灯治疗器”完全相同，但被告是根据其与“一种便携式电磁波辐射治疗器”实用新型专利权人重庆康复医学工程研究所签订的实施许可合同而生产的。因此，被告生产、销售“东方胜灯治疗器”的行为不构成专利侵权。2. 应用于“一种便携式电磁波辐射治疗器”上的两项外观设计专利权人是王荡，原告虽与王荡就该两项外观设计专利权转让签有协议，但双方未到国家专利局办理有关手续。根据《专利法》关于“转让专利申请或者专利权的，当事人必须订立书面合同，经专利局登记和公告后生效”的规定，该两项外观设计专利权转让协议未生效。原告中亚厂既非此两项外观设计专利权人，又非利害关系人，其不具有诉讼主体地位，不享有诉讼权利。因此，原告认为被告侵犯其两项外观设计专利也不能成立，其请求应予驳回。诉讼期间原告申请法院对被告采取财产保全措施并提供了相应的担保，因原告的诉讼请求无法律依据，不能成立，其申请诉讼保全是错误的，应当赔偿由此给被告造成的经济损失。被告在诉讼中所提出的反诉，因其反诉请求和理由与本诉并非基于同一事实或者同一法律关系，不属于反诉。故其提出反诉不当，应承担相应责任。

（五）一审定案结论

昆明市中级人民法院根据《中华人民共和国民事诉讼法》第九十六条及有关法律规定，作出如下判决：

1. 驳回原告（反诉被告）重庆中亚医用保健品厂的诉讼请求。

2 由重庆中亚医用保健品厂于判决生效后十日内赔偿因错误申请财产保全给昆明西山康复医疗保健用品厂造成的损失 299139.60 元。

3 被告（反诉原告）昆明西山康复医疗保健用品厂的反诉请求不予支持。

本诉案件受理费及财产保全费 9030 元，由重庆中亚医用保健品厂承担；反诉案件受理费 10800 元，由昆明西山康复医疗保健用品厂承担。

（六）二审情况

1. 二审诉辩主张

（1）上诉人（原审原告）重庆中亚医用保健品厂称：我厂与重庆康复医学工程研究所签有在全国范围内排他实施本案专利权的协议，后研究所与被上诉人签订技术合同，再许可被上诉人实施该项专利，此合同属无效。被上诉人在明知研究所已许可我厂独占实施该专利，仍接受再许可实施同一专利，已构成共同侵权。我厂申请财产保全正当，一审判我厂负赔偿责任应予纠正，因此产生的损失完全应由被上诉人自负。应增列与本案处理结果有法律上利害关系的研究所为本案第三人。请求二审法院撤销原判决，确认被上诉人与研究所签订的技术转让合同无效，判令被上诉人停止生产、销售侵权产品并予销毁，赔偿侵权给我厂造成的损失 30 万元。

（2）被上诉人（原审被告）昆明西山康复医疗保健用品厂辩称：上诉人中亚厂在上诉状中的主张和理由与其在一审起诉状中的主张和理由属不同性质的法律关系，一审中中亚厂以专利侵权向法院申请财产保全，而上诉中则改以独占实施权受侵犯请求法院认定我方的转让合同无效，不承担保全错误的损失，其性质属独占实施权纠纷，应另案起诉。一审以中亚厂的诉称进行审理和判决是正确的。我方签转让协议时，中亚厂与研究所的协议已经终止，并不存在其他任何合法有效的独占实施许可协议，我方的行为不是明知，更不是侵权。本案研究所才是惟一合法的专利权人，我方所签合同合法有效，不构成侵权，请求驳回上诉，维持原判。

2. 二审事实和证据

与一审认定的事实和证据相同。

3. 二审判案理由

云南省高级人民法院审理认为：西山保健用品厂与本案专利权人研究所签订专利技术转让协议时，中亚厂并未取得该项专利的所有权，西山保健用品厂根据专利权人研究所的许可生产、销售“东方胜灯治疗器”的行为不构成侵权。一审法院驳回中亚厂的诉讼请求是正确的。因中亚厂诉讼请求不能成立，其申请诉讼保全是错误的，应当赔偿因此给西山保健用品厂的损失。至于研究所是否构成侵权属另一个法律关系，且中亚厂已另案起诉，其要求增列研究所为本案第三人的上诉请求不予支持。一审法院对本案的审理，程序合法，事实清楚，适用法律正确。

4. 二审定案结论

云南省高级人民法院根据《中华人民共和国民事诉讼法》第一百五十三条第一款第（一）项之规定，判决如下：

驳回上诉，维持原判。

二审案件受理费7010元，由上诉人重庆中亚医用保健品厂承担。

（七）解说

1. 我国《专利法》第十一条规定，发明和实用新型专利权授予后，除法律另有规定的以外，任何单位或者个人未经专利权人许可，不得为生产经营目的制造、使用、销售依照专利方法直接获得的产品。因此，是否经专利权人许可使用其专利技术，是确认侵权的前提要件。本案被告西山保健用品厂是经专利权人许可而生产的，因而对原告中亚厂不构成侵权。

2. 专利权人研究所在与原告中亚厂签订专利授权协议后，又许可被告西山保健用品厂使用同一专利技术。研究所与中亚厂的协议内容对西山厂并无约束力，这是两个法律关系，其中的权利义务内容是互不交叉影响的。至于研究所违背与中亚厂协议中关于授权给中亚厂独家生产、经营、销售的约定，则属另一法律关系，不在本案审理范围内。

3. 专利权人王荡的两项外观设计专利，虽已协议转让给中亚厂，但双方未到国家专利局按《专利法》要求办理登记和公告手续，故该两项外观设计专利权转让协议未生效。中亚厂既非专利权人，又非利害关系人，对该两项外观设计专利不享有诉讼权利。

4. 关于原告中亚厂因错误提起诉讼而给被告西山保健用品厂造成经济损失，被告应如何要求赔偿的问题。被告主张损失是否应以反诉提出？反诉的目的是为了抵消或吞并本诉原告的诉讼请求，但反诉与本诉的诉讼请求或者诉讼理由应基于同一事实或者同一法律关系。被告在案件审理中要求原告赔偿因错误提起诉讼给被告造成的损失，已经形成了一个新的诉，该诉与原告的诉并非基于同一事实或者同一法律关系，故不属反诉。被告主张损失应以新诉的方式提出，法院审查认为可以合并审理的，可以并案审理。如不符合并案审理条件的，应另案起诉。而本案原告因错误申请财产保全，根据《中华人民共和国民事诉讼法》第九十六条的规定，原告应当赔偿被告因财产保全所遭受的损失，被告对此无须提出反诉。这样就理顺了案件的法律关系和规范了当事人行使诉权的行为方式，使法院审理案件更能准确无误地理清法律关系，正确适用法律。

（屈忠义）

38. 余德武诉扬州能源通用机械厂专利侵权案

（一）首部

1. 判决书字号：江苏省南京市中级人民法院（1993）宁经初字第242号。

2. 案由：专利侵权案。

3. 诉讼双方

原告：余德武，男，汉族，1935年3月12日出生，住广东省广州市先烈中路81号大院17号703室。

委托代理人：林德纬，广东省粤高专利事务所律师。

被告：江苏省扬州能源通用机械厂（下称机械厂）。

法定代表人：张宗骞，厂长。

委托代理人：陈志明，江苏省扬州市第一律师事务所律师。

委托代理人：何润华，中咨律师事务所律师。

4. 审级：一审。

5. 审判机关和审判组织

审判机关：江苏省南京市中级人民法院。

合议庭组成人员：审判长：胡卫红；审判员：张辉；代理审判员：於小璞。

6. 审结时间：1996年5月14日。

（二）诉辩主张

1. 原告诉称：1988年11月3日，我向中国专利局提出“多功能电动旋转餐桌面”的实用新型专利申请，1989年10月11日被授予实用新型专利权，专利号88215832·5。1992年10月，我发现机械厂生产的“电动手动两用餐桌转盘”在广州市场上销售，经判断，与我专利完全相同，于是委托律师致函警告，但机械厂仍继续生产和在报纸上广告宣传，推广销售其侵权产品，给我造成巨大损失。原告要求：（1）确认机械厂生产销售的“电动手动两用餐桌转盘”系列产品侵犯88215832·5号实用新型专利权。（2）责令机械厂立即停止侵权，查封侵权产品的生产设备及成品、半成品，公开赔礼道歉。（3）机械厂赔偿经济损失50万元人民币。

2. 被告辩称：我厂生产的“电动手动两用餐桌转盘”系列产品与原告专利相比是具有实质性区别的两个技术方案，该产品所体现的技术特征没有覆盖涉讼专利独立权利要求的全部必要技术特征，因此，我厂生产的“电动手动两用餐桌转盘”没有侵犯原告的专利权，请法院依法驳回原告诉讼请求。

（三）事实和证据

江苏省南京市中级人民法院受理本案后，经公开开庭审理查明：1988年11月3日，原告余德武向中国专利局提出“多功能电动旋转餐桌面”的实用新型专利申请。1989年6月14日专利局公告公开，1989年10月11日被授予实用新型专利权，专利号为88215832·5，并颁发专利证书。该实用新型专利授权公告时的权利要求书为：“1. 一种就餐用具，称多功能电动旋转餐桌面，其特征在于旋转餐桌面是一个独立设置在任何餐桌上的多功能电动旋转餐桌面，它由一个微型电动机和齿轮变速系统，双轴承及放置在其上面的餐桌面所组成。2. 根据权利要求 1 所述的装置，其特征在于双轴承由内圈、上滚珠、中圈、下滚珠、外圈组成，且大齿轮固定在中圈上。3. 根据权利要求 1、2 所述的装置，其特征在于微型电动机及齿轮变速箱、小齿轮由安装连接片用螺丝固定在双轴承的下轴承的外圈上，且安装在餐桌面下面双轴承和大齿轮的一侧，电源开关、插头、插座和电源电池箱的导线连接放置在餐桌面旁边。”1992 年 10 月，原告发现机械厂生产的“电动手动两用餐桌转盘”在广州市场上销售，经对比，认为侵犯了自己的专利权，故于 1992 年 11 月 5 日委托律师致函警告，机械厂收函后未予答复，仍生产销售，原告于 1993 年 6 月向广东省广州市中级人民法院起诉，答辩期间，被告对管辖权提出异议，广州市中级人民法院裁定移送南京市中级人民法院审理。审理期间，机械厂于 1994 年 9 月 24 日就 88215832·5 号专利向中国专利局专利复审委员会提出宣告专利权无效请求，复审委员会于 1995 年 8 月 12 日无效宣告审查结案，以第 623 决定书宣告 88215832·5 号实用新型专利的权利要求 1 无效。在以上述专利的权利要求 2 为独立权利要求、以其原权利要求 3 为从属权利要求的基础上，维持 88215832·5 号实用新型专利权有效。原告在审理期间向法院提供了被告生产的“电动手动两用餐桌转盘”产品，使用的是双弹道滚珠轴承，是在内齿轮的圈体两侧面上和上下盘盖上设滚珠弹道，滚珠设在内齿圈和盘盖上的弹道内，采用对接螺丝螺母连接上、下外圈，内齿圈固定在轴承的中圈上。

以上事实有下列证据证明：

1. 双方当事人的诉状、答辩状。

2. 被控侵权产品。

3. 88215832·5 号实用新型专利权证书和权利要求书、说明书及附图。

4. 中国专利局专利复审委员会第 623 号无效宣告审查决定书等。

（四）判案理由

江苏省南京市中级人民法院鉴于上述事实认为：

1. “餐桌面”是 88215832·5 号专利的必要技术特征和保护范围之一。1995 年 8 月 12 日，中国专利局专利复审委员会以第 623 号决定书，宣告原告专利的权利要求 1 无效。在以上述专利的权利要求 2 为独立权利要求、以其原权利要求 3 为从属权利要求的基础上维持原告专利权有效。专利权部分无效，只是对权利要求作限制性修改，但不得改变原专利发明的主题。原告专利的主题为“多功能电动旋转餐桌面”，其餐桌面与旋转装置连为一个整体。“餐桌面”是该专利的必要技术特征，上述主题名称与必要技术特征构成原告专利独立权利要求中的前序部分，是 88215832·5 号专利的保护范围之一。

2. 机械厂生产的“电动手动两用餐桌转盘”的技术特征，仅仅覆盖的是原告 88215832·5 号专利的保护范围之二，即独立权利要求中的特征部分。审理期间，原告向法院提供了机械厂生产的“电动手动两用餐桌转盘”（红色）一台，庭审时，原、被告双方对此证物的特征进行了陈述，原告认为此证物的电机与变速装置固定在下圈上，大齿轮固定在中圈上，其双轴承是上、中、下三层相叠。机械厂认为此证物分上外圈、上滚珠、下外圈、下滚珠，并有与此相配合的另一轴承圈即中圈。双方对证物特征的陈述，虽然提法不一，但都表述了证物特征之一，即滚珠纵向作用的双轴承，这一特征，落入了原告涉讼专利的保护范围。

3. 机械厂的行为不构成专利侵权。原告在诉讼请求（1）中提出：确认机械厂生产的“电动手动两用餐桌转盘”系列产品侵犯原告专利权。根据上述查明的事实以及《中华人民共和国专利法》第五十九条第一款规定，实用新型专利权的保护范围以其权利要求的内容为准，说明书及附图可以用于解释权利要求。通过对比，本案被控侵权产品没有“餐桌面”，即它所体现的技术特征没有全面覆盖原告专利独立权利要求的全部必要技术特征。因此，原告诉机械厂专利侵权不能成立，故对原告的诉讼请求（2）、（3）不予处理。

（五）定案结论

江苏省南京市中级人民法院根据所认定的事实、证据和上述判案理由，于 1996 年 5 月 14 日依照《中华人民共和国专利法》第五十九条第一款之规定，判决：

驳回原告余德武的诉讼请求。

一审诉讼费人民币 10010 元，由原告余德武负担。

宣判后，原、被告都没有上诉。

（六）解说

本案是一起国内专利侵权案，处理本案的关键是正确认识以下三个问题：

1. 关于专利权部分无效产生的法律后果。

《专利法》第五十条第一款规定：宣告无效的专利权视为自始即不存在。一般来说，专利复审委员会就无效宣告请求所作出的决定不外有二：或者是宣告专利权全部或者部分无效，或者是维持专利权有效。因此，宣告无效包括宣告全部或部分无效两种。本案中，专利复审委以第 623 号决定书宣告权利要求 1 无效，在以上述专利的权利要求 2 为独立权利要求，以其原权利要求 3 为从属权利要求的基础上维持 88215832・5 号专利有效。基于本案这一基本事实，对《专利法》第五十条第一款中专利权部分无效的法律后果究竟应怎样理解？有的人认为“不存在”就是没有了，原权利要求 1 中所包含的全部内容没有了。有的人则认为，“不存在”只是原权利要求 1 中与现有技术的“区别点”不存在了，没有了，专利主题名称犹在。原“区别点”作为该专利相同技术领域普通技术人员熟知的技术手段，属显而易见的替换，而转入公知技术的范畴，成为与现有技术共有的必要技术特征，同实用新型专利区别于现有技术的技术特征（即原权利要求 2）合在一起，以缩小复审确权后实用新型专利要求的保护范围，其新颖性、创造性、实用性并不因此而丧失。就本案而言，专利权部分无效，只是对权利要求作限制性修改，不是对部分无效的专利权条款内容的简单抛弃。既然是对权利要求保护范围所作的限定，那么，原权利要求 1 所体现的专利主题名称和四个技术特征，即一个微型电动机、齿轮变速系统、双轴承、餐桌面作为独立权利要求的前序部分，与原权利要求 2 所体现的专利主题区别于现有技术的技术特征进行重组，构成一项完整的技术方案，两者共存则是必要的。换言之，在原告专利的独立权利要求的全部必要技术特征中，有四个是与现有技术共有的。受诉法院正是基于这种认识，将“餐桌面”作为原告 88215832・5 号专利的必要技术特征之一。

2. 关于专利权保护范围的界定。

根据《专利法》第五十九条第一款之规定，实用新型专利的保护范围以其权利要求的内容为准，说明书及附图可以用于解释权利要求。这项规定既考虑到了专利权人的利益，又照顾到了第三人的利益，是比较合理的。界定专利权保护范围，应以权利要求的内容为准，即以体现在权利要求中的全部必要技术特征构成的完整的技术方案内容为准，而不是以方案中的某一个或几个“区别点”为准，不是以权利要求的文字、措词和说明书及附图为准。原告的88215832·5号专利的独立权利要求中，前序部分包含主题名称和专利主题与现有技术共有的四个必要技术特征。特征部分在四个必要技术特征基础上，增加了双轴承、大齿轮固定在中圈上等区别于现有技术的技术特征，以缩小、限定原告专利权利要求的保护范围。它们共同维系着一个完整的受《专利法》保护的技术方案内容的新颖性、创造性、实用性。因此，界定专利权保护范围，不能仅以“双轴承”、“大齿轮固定在中圈上”等某一个或几个“区别点”为准，应以权利要求的全部内容为准，包括主题名称、全部必要技术特征等。在必要技术特征中，既包括与现有技术共有的，也包括有别于现有技术的技术特征。原告专利的主题是“多功能电动旋转餐桌面”，其餐桌面与旋转装置连为一个整体。而“餐桌面”又是该专利的必要技术特征，上述主题名称与必要技术特征等，都属88215832·5号专利的保护范围。

3. 关于专利侵权的认定。

对专利侵权的判定应从比较被控侵权产品与涉讼专利权利要求的内容入手，被控侵权产品覆盖了专利权利要求的内容，即为侵权事实成立。被控侵权产品仅覆盖专利权利要求中的某一个或几个必要技术特征，而不是全部，即没有全面覆盖专利权利要求的内容，不侵权。判定是否侵权，其着眼点在于权利要求的内容，即权利要求的全部技术特征、整个技术方案，而不是着眼于其中的“双轴承”、“大齿轮固定在中圈上”等与现有技术的“区别点”。另一方面，我国《专利法》所称的实用新型，是指对产品的形状、构造或其结合所提出的适于实用的新的技术方案。实用新型产品本身可能在原理上并不是前所未有的新发明，而是现有技术，但是对产品的形状或构造作了改进，或者把一种产品与另一种产品结合，结果使产品的使用价值有所提高，比原有产品使用方便或者使原有产品具有新的功能。因此，实用新型专利不存在部分侵权的概念，要么侵权，要么不侵权。机械厂生产的产品，仅仅覆盖的是原告专利保护范围内独立权利要求中的特征部分，不具有前序部分的必要技术特征“餐桌面”，即没有全面覆盖原告专利独立权利要求的全部必要技术特征，故机械厂的行为不构成侵权。如果仅仅是部分覆盖没有全面覆盖就认定为侵权的话，那么，就会限制人们的思维空间，阻碍技术进步，就会违背《专利法》的基本原则，就不会有实用新型专利的产生。南京市中级人民法院以机械厂的行为不构成侵权，依法判决驳回原告余德武的诉讼请求是正确的。双方当事人均服判息讼。

（迟红宁　刘天兴）

39. 上海纱林服饰有限公司诉上海越申制衣公司侵害商业秘密不正当竞争赔偿案

（一）首部

1. 调解书字号：上海市黄浦区人民法院（1996）黄经初字第614号。

2. 案由：不正当竞争赔偿案。

3. 诉讼双方

原告：上海纱林服饰有限公司。

法定代表人：朱仰高，董事长。

委托代理人：陈邦理，上海市高桥律师事务所律师。

委托代理人：虞舒琛，上海市高桥律师事务所律师。

被告：上海越申制衣公司。

法定代表人：陈英，经理。

委托代理人：毕军，上海市求实律师事务所律师。

4. 审级：一审。

5. 审判机关和审判组织

审判机关：上海市黄浦区人民法院。

合议庭组成人员：审判长：卞爱生；审判员：张惠根；代理审判员：沈文轩。

6. 审结时间：1996 年 8 月 29 日。

（二）诉辩主张

1. 原告诉称：被告通过聘请原告公司样衣制作组工艺员朱某为其技术顾问的方法，多次取得原告尚处保密的型号为 5177－1、6082、5047 的服饰设计纸样和工艺制作图，使被告得以在与原告同时期、甚至有的在原告公司还未投产完工的期间，已大批量生产出与原告公司服饰相一致的成品，并以平均每件低于原告 100 多元的价格推向市场，消费者在无法分辨产品内在质量的情况下，只根据服饰的特色拼图、钩针、绣花等外型选择被告的服饰，而使原本由原告公司设计的服饰处于滞销状态。根据《中华人民共和国反不正当竞争法》的有关规定，被告的行为已构成了对原告商业秘密的侵害，故向法院起诉，要求判令被告停止对原告产品的侵权，向原告赔礼道歉，并赔偿原告经济损失人民币 50 万元及其他费用 12 万元。

2. 被告辩称：被告仅聘用原告样衣制作组人员朱某为其技术顾问，并未从朱某处取得原告的服饰设计纸样和工艺制作图。原告诉称之型号为 5177－1 的服饰，系被告在某展示会上所见，被告默记后制成纸样加工成衣；型号为 6082 的服饰，系被告在原告委托加工的加工单位所见，亦默记取得；型号为 5047 的服饰，系被告在市场上购买原告该型号的服饰后驳样取得。被告生产、销售上述服饰获利甚微或者并未获利。原告并未对其设计的新型服饰采取严密的保密措施，且服饰本身不存在知识产权，没有商业秘密。

（三）事实和证据

上海市黄浦区人民法院经公开审理查明：原告上海纱林服饰有限公司系生产特色抽纱钩绣女式时装等服饰的中美合资企业，其生产的钩绣女式时装的手绣、编结、钩针、盘带、珠片、蜡染等工艺的镶拼组合及其款式具有较强的工艺性与特色性。原告生产的服饰在国内外市场上享有一定的知名度。原告为增强其市场竞争力，对其设计的新款服饰纸样及工艺制作图采取了相应的保密措施，如在职工手册中订立职工保密义务，及对职工进行保密教育等。1995 年至 1996 年，被告上海越申制衣公司聘用原告样衣间工艺员朱某为其技术顾问，按月发给朱某顾问费，被告从朱某处获取了原告设计的型号为 5177－1、6082 及 5047 的服饰纸样及其工艺制作图，并依此加工生产后投放市场。其中 5177－1 型号的服饰原告虽已设计完成，但尚未组织生产投放市场，市场上尚未有此款式的服饰；6082 型号的服饰原告设计后已组织生产，但被告生产的该相同型号的服饰与原告同时投放市场；5047 型号的服饰原告设计后已加工生产并投放市场，被告未通过驳样等“反向工程”取得该服饰的样式，仍通过朱某从原告处获取。被告用低于原告的价格进行销售，造成原告产品的滞销，原告遂于1996年6月25日向上海市黄浦区人民法院提起诉讼。

上述事实有下列证据证明：

1. 原告设计的型号为5177－1、6082、5047服饰的纸样及工艺及制作图。

2. 被告生产上述型号的服饰及其服饰彩色照片。

3. 证人朱某的证人证言。

4. 原告销售5177－1及6082型号服饰的发票。

5. 被告销售上述型号服饰的发票。

6. 原告采取保密措施的职工手册。

（四）判案理由

1. 商业秘密，是指不为公众所知悉，能为权利人带来经济利益，具有实用性并经权利人采取保密措施的技术信息和经营信息。原告设计的型号为5047的服饰，因已上市销售，就其服饰的样式及制作方法已失去秘密（原告对其服饰纸样及工艺制作图仍享有版权）。但原告对其设计的型号为5177－1及6082的服饰纸样及工艺制作图享有商业秘密的权利。理由为：

（1）型号为5177－1和6082的服饰是原告所设计，含有智力劳动的成果，具有相对的新颖性。原告拥有这一设计成果，在一定的时间上与空间上占有竞争上的优势。

（2）原告设计新颖服饰纸样及工艺制作图的用途，是为了投放市场，占据竞争优势。从其内容和效果看，具有实用性并体现了一定的价值性。

（3）原告通过订立职工手册等方式，对其设计成果采取了相应的保密措施。

2. 被告的行为构成对原告商业秘密的侵权。

（1）从手段上看，被告通过聘用原告样衣制作组人员朱某的方式，达到了与原告设计成果的接触，违反了《中华人民共和国反不正当竞争法》的禁止性规定。

（2）从内容上看，被告使用了与原告的设计相同的服饰。原告设计了服饰，虽未予使用，如型号为5177－1的服饰，但原告可审视市场行情随时组织生产投放市场，具有竞争上的优势，而被告获取予以使用，使原告失去了竞争上的优势。被告利用取自原告的设计成果，与原告同时将该型号的服饰投放市场，如型号为6082的服饰，减弱了原告在竞争中的优势。

（3）从目的上看，被告获取原告设计成果，是为了挤占原告的市场，与原告竞争。

（4）从结果上看，被告的行为使原告失去了一定的市场，造成损失。

（五）定案结论

上海市黄浦区人民法院依照《中华人民共和国反不正当竞争法》第十条第一款第一项、第三项、第二十条以及《中华人民共和国民事诉讼法》第八十五条的规定，根据当事人自愿的原则，在事实清楚，分清是非的基础上，主持双方当事人进行调解。本案双方当事人在法院主持下，经协商达成如下协议：

1. 被告上海越申制衣公司应立即停止生产、销售与原告上海纱林服饰有限公司所诉之相同型号的服饰（5177－1和6082），并登报向原告赔礼道歉。

2. 被告上海越申制衣公司应赔偿原告上海纱林服饰有限公司损失人民币36470元。

3. 案件受理费人民币10230元，财产保全费人民币3200元，其他诉讼费人民币100

元，合计13530元，由被告负担。

（六）解说

审理本案的关键，在于认定原告对其设计的型号为5177—1及6082的服饰纸样与工艺制作图是否享有商业秘密的权利，以及被告的行为是否构成对原告商业秘密的侵害。

1. 确认原告对其设计的型号为5177—1及6082的服饰纸样与工艺制作图享有商业秘密的权利。长期以来服饰行业被认为没有知识产权，没有商业秘密，侵权多有发生，随着社会主义市场经济的确立与不断完善，建立与完善市场规则，保护知识产权，保障正当竞争，日益显示其重要性。服饰能否作为商业秘密的客体，应视服饰本身是否具有商业秘密的内涵。新颖的服饰在其纸样及工艺制作图的设计过程中，包含了设计者对服饰的样式等的创造性的思考及对市场文化与消费观念的估测，含有智力劳动的成果，这些创造性劳动理应受到尊重，受到法律保护。我国在1993年12月实施了《反不正当竞争法》，对于商业秘密及其侵犯手段作了规定：商业秘密是指不为公众所知悉，能为权利人带来经济利益，具有实用性并经权利人采取保密措施的技术信息与经营信息。侵犯商业秘密的手段有盗窃、利诱、胁迫或其他不正当手段批露、使用或者允许他人使用以前项手段获取的权利人的商业秘密，以及违反约定或者违反权利人有关保密的要求，批露、使用或者允许他人利用其所掌握的商业秘密。就本案而言，原告对其设计的型号为5177—1及6082的服饰纸样及工艺制作图拥有商业秘密的权利。因为：

（1）原告对服饰纸样及工艺制作图的设计，体现了设计人员对服饰的行情及消费心理审度，它包括对消费的观念、审美、时尚的心理的评估，注入了设计人员的智力劳动。因此，原告的服饰纸样及工艺制作图包含有技术知识的技术方案和技术诀窍，具有相对的新颖性。原告拥有这一成果，占据了一定的时间与空间上的竞争优势；原告拥有这一成果，可适时选择入市，以获得商业利润。而一旦漏密（非原告自愿），优势顿失。

（2）原告对其设计成果所采取的保密措施，要求仅为采取一般性保密措施即可（并不排斥严密的保密措施）。原告采取的保密措施的程度并不作为其商业秘密是否被侵权的衡量标准。这里立法的精神在于限制不正当竞争的行为，以建立良好的商业风尚。所以，原告对其设计的新颖服饰纸样以及工艺制作图享有商业秘密的权利。

2. 确认被告的行为构成对原告商业秘密的侵害。被告为了市场竞争，通过聘任原告样衣组人员朱某的手段，达到与原告设计成果的接触，并且使用制作了与原告设计相同的服饰，挤占了原告的市场，造成了原告的损失，被告的行为构成了对原告商业秘密的侵害。

商业秘密不同于专利、商标，商业秘密的权利是相对的，它并不排斥其他权利主体通过研究、转让或其他合法的方式获取与权利人拥有的相同技术信息或经营信息，但经营活动应该在遵守市场规则，遵守法律法规的前提下进行，否则就要承担相应的法律责任。

（卞爱生）

40. 承德露露股份有限公司诉朝阳华新天然饮料公司等侵犯注册商标专用权及不正当竞争案

（一）首部

1. 判决书字号

一审判决书：河北省承德市中级人民法院（1996）承经初字第138号。

二审判决书：河北省高级人民法院（1996）冀经终字第262号。

2. 案由：侵犯商标专用权及不正当竞争案。

3. 诉讼双方

原告（被上诉人）：承德露露股份有限公司。

法定代表人：王宝林，总经理。

委托代理人：董定玉，该公司干部。

委托代理人：闫守平，北京市京都律师事务所律师。

被告（上诉人）：朝阳华新天然饮料公司。

法定代表人：钱波，总经理。

委托代理人：周荣，朝阳市云帆律师事务所律师。

委托代理人：郭艳侠，朝阳市云帆律师事务所律师。

被告（被上诉人）：承德市康达饮料批发部。

代表人：刘海泉，经理。

4. 审级：二审。

5. 审判机关和审判组织

一审法院：河北省承德市中级人民法院。

合议庭组成人员：审判长：杜永利；审判员：齐万里；代理审判员：王景林。

二审法院：河北省高级人民法院。

合议庭组成人员：审判长：宋瑞良；代理审判员：赵建亮、宋锡婷。

6. 审结时间

一审审结时间：1996年8月29日。

二审审结时间：1996年12月3日。

（二）一审诉辩主张

1. 原告承德露露股份有限公司诉称：该公司研制开发并投入生产的杏仁露系列产品于1991年在国家商标局注册了“露露”商标，该商标权和公司商誉权经有关部门评估现值分别为2亿元和2.8亿元。原告于1996年6月发现被告承德市康达饮料批发部经销被告朝阳华新天然饮料公司生产的带有原告专用商标和产品包装装潢的“吉露”牌杏仁露产品，严重影响了原告产品的销量，特别是原告所属东北分公司的商品销量，给原告造成经济损失百余万元。为保护原告的合法民事权利，要求受诉法院依法判令：被告康达饮料批发部立即停止销售侵权产品；被告朝阳华新天然饮料公司立即停止生产和销售侵权产品；收缴并销毁尚未使用的侵权商标及包装装潢；收缴用于印制侵权商标、装潢的模具、印版；赔偿原告经济损失108万元、商誉损失50万元、差旅费5万元。

2. 被告承德市康达饮料批发部辩称：被告承德市康达饮料批发部收到代销商品“吉露”牌杏仁露后被承德市工商行政管理局查封，未曾销售，不应承担侵权责任。

3. 被告朝阳华新天然饮料公司对实体部分未作答辩，仅称原告已申请工商行政管理机关处理不应再诉至法院。

（三）一审事实和证据

承德市中级人民法院经审理查明：承德露露股份有限公司（以下简称露露公司）于1991年11月10日在国家商标局注册了“露露”商标，核定使用商品为“果汁、杏仁乳、蔬菜汁、果子饮料”，取得注册商标专用权。其注册商标专用权、商誉权经中国社会调查事务所、北方无形资产评估事务所分别评估为2亿元和2.8亿元。露露公司产品包装为铁制易拉罐，易拉罐装潢为上部蓝色带状底色印刷白色行书“露露”，下部纯白底色印刷由装有杏仁露饮料的椭圆型玻璃杯、杏、杏叶、杏仁组成的彩色图案及蓝色中英文文字说明。产品纸箱包装装潢为蓝白两色斜向分隔的底色，分界处印刷蓝白色小圆球型水花状图案。露露公司的杏仁露商标和包装装潢已为社会公众广泛知晓，被中国保护消费者基金会、河北省人民政府授予名优产品称号。朝阳华新天然饮料公司（以下简称华新公司）于1995年10月开始在其生产的杏仁露系列饮料上使用“吉露”商标，杏仁露铁制易拉罐装潢的图案为上部蓝色带状底色印刷白色行书“吉露露吉”商标，下部纯白底色印刷由装有杏仁露饮料的椭圆型玻璃杯、杏、杏叶、杏仁组成的彩色图案及蓝色中英文说明。字型、字体及文字的排列组合、图案组成色彩均与露露公司产品的商标、包装装潢构成近似，足以造成购买者的误认。华新公司的纸箱包装装潢亦为蓝白两色小圆球型水泡状图案，也与露露公司纸箱包装构成近似，足以使购买者误认。后华新公司将其产品商标“吉露露吉”排列调整为“吉露吉露”，其字型图案色彩均未变动，依然构成近似。

华新公司“吉露”商标已向国家商标局申请注册，尚未核准注册，却在杏仁露产品上使用注册标记R。华新公司包装外观设计已向国家专利局申请外观设计专利，尚未授予其专利权，却在包装上将专利申请号标为专利号95311299·3。

承德市工商行政管理局于1996年6月初在执法检查中发现承德市康达饮料批发部经销华新公司“吉露”牌杏仁露，遂查封该杏仁露20件。

因华新公司生产商标、包装装潢与露露公司产品相近似的杏仁露，严重影响了露露公司的产品销售，特别是东北市场的销售，给露露公司造成了极大经济损失。经承德市第二审计师事务所对露露公司东北分公司1995年至1996年上半年销售账目进行审计，结果为1996年上半年比1995年同期销售额减少3369772.18元，销售利润减少846823.70元。

上述事实有下列证据证明：

1. 国家商标局颁发给露露公司的商标注册证。

2. 露露公司及华新公司生产的杏仁露产品及包装箱。

3. 承德市康达饮料批发部的陈述。

4. 承德市工商行政管理局查封、扣押承德市康达饮料批发部经销的华新公司杏仁露手续。

5. 国家商标局关于露露商标问题的答复函。

6. 承德市第二审计师事务所对承德露露股份有限公司东北分公司1996年上半年销售

额的审计报告。

（四）一审判案理由

1. 露露公司研制生产的"露露"牌杏仁露质量上乘，市场销路好，先后被河北省人民政府、中国保护消费者基金会授予名优产品称号，有一定的知名度，为公众知悉和喜爱，属知名商品。该商品的包装、装潢非为相关商品所通用，具有显著的区别性特征，为该商品所特有。露露公司在其生产的杏仁露上使用的"露露"商标业经国家商标局注册，其商标专用权受法律保护。

2. 华新公司在其杏仁露上使用的非注册商标"吉露"的文字、字型、字体及排列组合与露露公司的"露露"商标构成近似，足以使消费者误认，主观上有过错，构成在同一种商品上使用与他人注册商标近似的商标之侵权行为。华新公司生产的杏仁露易拉罐包装装潢和纸箱包装装潢与露露公司的杏仁露包装装潢构成近似，主要部分和整体印象相近，购买者极易发生误认，华新公司的行为构成将他人知名商品特有的商品包装装潢作近似使用的侵权行为。华新公司应承担侵权责任。华新公司冒充注册商标和包装外观设计专利均为违法行为。

3. 承德市康达饮料批发部销售侵犯他人注册商标专用权的商品，主观上有过错，亦构成侵权行为，应承担侵权责任。

4. 露露公司作为受害人，依法可以申请工商行政管理机关对侵权行为查处，亦可以向人民法院起诉以保护其合法权益。本案露露公司在有关工商机关尚未查处的情况下向人民法院起诉并无不当。

5. 华新公司应立即停止侵权行为，收缴其尚未使用的侵权商标、包装装潢及制作工具，赔偿因侵权行为给露露公司造成的利润损失及商誉损失。承德市康达饮料批发部尚未售出侵权产品，可免于承担赔偿责任。

（五）一审定案结论

一审法院根据《中华人民共和国商标法》第三十八条第二款、《中华人民共和国商标法实施细则》第四十一条第一、二款、第八条，中华人民共和国工商行政管理局《关于禁止仿冒知名商品特有的名称、包装装潢的不正当竞争行为的若干规定》第四条、第五条之规定，作出如下判决：

1. 承德市康达饮料批发部停止经销华新公司生产的侵权杏仁露，消除商品上的商标标识及包装装潢，若与商品难以分离应销毁侵权产品。

2. 华新公司停止生产销售"吉露"牌杏仁露，消除商品上的商标标识及包装装潢，若与商品难以分离应销毁侵权产品。

3. 收缴销毁华新公司尚未使用的"吉露"牌杏仁露侵权包装装潢及印刷模具、印版。

4. 华新公司于判决生效后赔偿露露公司经济损失 846823.70 元及商誉损失 30 万元，共计 1146823.70 元。

5. 驳回露露公司其他诉讼请求。

案件受理费 28510 元及财产保全费 8000 元，由华新公司负担。

（六）二审情况

1. 二审诉辩主张

（1）上诉人华新公司诉称：被上诉人露露公司诉前已向辽宁省朝阳市工商行政管理局

申请对上诉人的侵权行为进行查处，该局已进行了查处工作，虽未有结果，依法露露公司亦不得向人民法院起诉，人民法院亦不应立案审理；承德市康达饮料批发部未经销过上诉人生产的“吉露”牌杏仁露，原审认定证据不足，该部不明知“吉露”牌杏仁露系侵权产品，其行为构不上侵犯被上诉人注册商标专用权；判决认定露露公司损失数额依据不足，商誉损失并不存在，上诉人生产的“吉露”牌杏仁露构不上对被上诉人生产的“露露”商标侵权，故不应承担赔偿责任。请求撤销原判，依法改判。

(2) 被上诉人露露公司辩称：被上诉人露露公司在河北省廊坊市场发现上诉人生产的侵权产品后，即向辽宁省朝阳市工商局申请对上诉人的侵权行为进行查处，但该局未认真查处，后被上诉人露露公司又发现上诉人在承德市场销售侵权产品，遂向承德市中级人民法院起诉寻求法律保护，是合法的、正当的；上诉人的行为侵犯了被上诉人露露公司的注册商标专用权，也侵犯了露露公司包装装潢专用权，构成了不正当竞争，系双重侵权。

(3) 被上诉人承德市康达饮料批发部未答辩。

2. 二审事实和证据

河北省高级人民法院经审理确认，一审认定的事实正确，证据充分。

3. 二审判案理由

露露公司生产的“露露”牌杏仁露，多次在国内外获奖，为相关公众所知悉，系知名商品。“露露”商标已经国家商标局注册，露露公司享有商标专用权。“露露”杏仁露特有的包装装潢具有显著特征使之与相关商品相区别，依法受法律保护。

华新公司将其非注册商标以“吉 露露 吉”排列组合用于其生产的杏仁露商品上，其中的“露露”字型、字体、大小与露露公司的注册商标“露露”十分近似。华新公司的主观目的是使广大消费者对该两公司生产的杏仁露这一同一种商品相混淆导致误认而扩大其商品销量，侵犯了露露公司“露露”商标专用权。华新公司使用的杏仁露包装装潢，从文字、字体、大小、图形、色彩及其组合看，主要部分和整体印象与露露公司产品极相似，购买者施以一般注意不易辨别，极易导致误认误购，侵犯了露露公司的知名商品“露露”牌杏仁露的包装装潢专用权，构成了不正当竞争。华新公司的上述侵权行为给露露公司造成了经济损失，应承担侵权责任。一审判令上诉人华新公司停止侵权、消除影响、赔偿利润损失并无不当。上诉人华新公司主张其不构成侵权，不应承担赔偿责任理由不能成立，应予驳回。但一审判令华新公司赔偿露露公司商誉损失 30 万元缺乏法律依据；我国法律尚无关于商誉损失赔偿的规定，故应予纠正。

依《中华人民共和国商标法实施细则》第四十一条的规定，经销明知或应知是侵犯他人注册商标专用权商品的行为亦属商标侵权行为。本案承德市康达饮料批发部虽不明知经销的华新公司的杏仁露属侵权商品，但应知而不知不影响侵权行为的构成。因承德市康达饮料批发部进货后未售出，其行为未给露露公司造成损失，依法可不负赔偿责任。

露露公司申请朝阳市工商行政管理局对华新公司侵权行为查处，在尚未有结果的情况下，依法可向人民法院起诉，且管辖权问题已经河北省高级人民法院终审裁定，华新公司关于管辖权问题的上诉理由不成立，应予驳回。

一审应判令华新公司停止生产带有“露露”商标字样及近似于露露公司“露露”牌杏仁露包装装潢的杏仁露的侵权行为，而不应禁止其生产“吉露”牌杏仁露，判决不准确的问题应予纠正。

4. 二审定案结论

河北省高级人民法院根据《中华人民共和国民事诉讼法》第一百五十三条第一款第（一）项之规定，作出判决：

（1）维持河北省承德市中级人民法院（1996）承经初字第138号民事判决第一、三、五项。

（2）撤销河北省承德市中级人民法院（1996）承经初字第138号民事判决第二、四项。

（3）华新公司立即停止生产带有“露露”字样及近似于露露公司“露露”牌杏仁露包装装潢的杏仁露的侵权行为。

（4）华新公司于判决生效后十日内赔偿露露公司经济损失846823.7元。

一审案件受理费28510元，财产保全费8000元，二审案件受理费28510元，均由华新公司负担。

（七）解说

这是一起双重客体侵权纠纷案件。华新公司的行为，一方面侵犯了露露公司享有的受我国《商标法》保护的“露露”注册商标专用权；另一方面侵犯了露露公司的知名商品“露露”牌杏仁露特有的受我国《反不正当竞争法》保护的包装装潢专用权，构成了不正当竞争，侵犯了双重客体。露露公司基于华新公司同一侵权事实产生的双重侵权向人民法院提起侵权赔偿诉讼，人民法院应当合并审理。

露露公司的“露露”商标为注册商标，华新公司的“吉露”商标未经注册，华新公司在使用时为达到与露露公司注册商标相近似，使消费者将两家公司生产的同一种杏仁露相混淆导致误认，借以扩大销售多营利的目的，故意将其“吉露”商标作“吉露露吉”排列，其中的“露露”两字字型、字体、大小与露露公司的“露露”商标构成近似，构成了近似商标侵权。

露露公司的“露露”商标为河北省著名商标，“露露”牌杏仁露多次在国内外获奖，为市场畅销名牌，为知名商品，其特有的包装装潢受我国《反不正当竞争法》保护。华新公司生产的“吉露”牌杏仁露擅自将露露公司的“露露”牌杏仁露特有的包装装潢作近似使用，造成与露露公司这一知名商品相混淆，足以使购买者误认为是知名商品，侵犯了露露公司的“露露”牌杏仁露的包装装潢专用权，构成了不正当竞争。基于上述侵权事实，华新公司应承担侵权责任。除应停止侵权行为外，还应负赔偿责任。因华新公司的产品主要在东北市场销售，故将露露公司东北分公司的利润损失作为赔偿依据是正确的。关于商誉损失问题，目前我国尚无法律规定和相应的司法解释，故以不判商誉损失赔偿为宜。

（宋瑞良）

41. 石家庄格林高营养技术开发公司诉河北大学不正当竞争案

（一）首部

1. 判决书字号

一审判决书：河北省高级人民法院（1994）冀经初字第20号

二审判决书：中华人民共和国最高人民法院（1996）经终字第204号。

2. 案由：不正当竞争案。

3. 诉讼双方

原告（反诉被告、被上诉人）：石家庄格林高营养技术开发公司（以下简称格林公司）。

法定代表人：孙正，总经理。

委托代理人：李益民，河北省第二律师事务所律师。

委托代理人：冀超，河北省第二律师事务所律师。

被告（反诉原告、上诉人）：河北大学（简称河大）。

法定代表人：吴家骧，校长。

委托代理人：毕武卿，河北大学教授。

委托代理人：王庆生，河北大学副教授。

委托代理人：覃桂生，中凯律师事务所律师。

委托代理人：翟存柱，中凯律师事务所律师。

4. 审级：二审。

5. 审判机关和审判组织

一审法院：河北省高级人民法院。

合议庭组成人员：审判长：宋悦来；代理审判员：丁振海、杨建玲。

二审法院：最高人民法院。

合议庭组成人员：审判长：杨金琪；代理审判员：董天平、程永顺。

6. 审结时间

一审审结时间：1996年4月25日。

二审审结时间：1996年12月9日。

（二）一审诉辩主张

1. 原告格林公司诉称："赛福奥生命蛋"（简称"赛蛋"）是我公司独家研究、开发的高新技术成果，在1993年12月第四届全国抗衰老科学技术大会上获两项金奖，同年12月通过中国轻工部组织的鉴定。1993年5月27日向国家工商局申请了注册商标。该蛋问世后在社会上反应强烈，供不应求。不料河大于1994年4月29日在《河北科技日报》及1994年5月31日在《天津日报》刊登了"关于'赛蛋'的严正声明"。"声明"诱导读者误认为"赛蛋"即是"蒋氏高能蛋"，诱导读者误认为"赛蛋"的生产者是河大，并称欢迎国内外有识之士赴河大科技处洽谈合作业务。河大的行为致使与我公司有业务往来的单位、个人纷纷来电质询，或暂停接触，给我公司造成无法估量的损失。河大的行为违反了《中华人民共和国反不正当竞争法》第九条、第十四条之规定，要求判令河大停止侵权行为，赔偿经济损失500万元。

2. 河大答辩并反诉称：(1)"赛蛋"并非格林公司独家研究开发的技术成果。因为格林公司是1993年4月3日才成立，而该项技术申报鉴定的项目书申报日期却是1990年5月，可见原告主张的独家研究开发属欺骗之说。1993年12月格林公司在轻工部组织的鉴定会上使用的"赛蛋"技术鉴定材料中的绝大部分是河大为申请PAPHE促进剂技术成果鉴定所准备的材料，因此鉴定会所鉴定的技术成果权应归河大所有。(2) 河大在"声明"中申明"赛蛋"是蒋守规博士发明的，这并非虚假宣传，不是捏造、散布虚伪事实，因此不属不正当竞争。故要求依法将“赛蛋”技术成果权判归河大；驳回格林公司起诉；判令格林公司立即停止侵权行为；并赔偿河大经济损失500万元。

3. 格林公司对河大的反诉辩称：其通过鉴定的材料中没有河大的材料，其使用和受让的技术是以中草药为主要原料的特种鸡饲料添加剂，与河大的PAPHE促进剂不同，因此不存在格林公司侵犯河大技术成果权的问题。

（三）一审事实和证据

河北省高级人民法院审理查明：河大于1990年10月5日就PAPHE促进剂向国家专利局申报了“一种饲料添加剂”的发明专利，1994年10月9日取得专利证书，发明人为河大环境化学研究室主任、教授蒋守规博士和其夫人赵瑾，专利权人为河大。1993年3月初，石家庄长城新技术公司经理孙正找到蒋守规教授要求共同开发高能蛋市场（河大用PAPHE促进剂喂鸡生产的蛋称为“高能蛋”），经协商，双方口头约定由蒋守规提供PAPHE促进剂，按每公斤188元价格卖给格林公司，由蒋负责派人（非格林公司人员）到鸡场喂鸡，所产鸡蛋由格林公司售出，收入归格林公司。商定后，孙正将6万元现金付给蒋守规，蒋的女婿张浩代蒋写借款条一张。1993年3月12日石家庄长城新技术公司投资50万元兴办的格林公司成立，蒋守规征得河大领导同意被任命为该公司总经理、法定代表人，月工资1500元。尔后，双方按照孙正和蒋守规口头商定的协议开始履行。格林公司给所产鸡蛋定名为“赛蛋”并出资请广州白马公司为该商品设计了商标标识等，又于1993年5月27日向国家工商局商标局申请商标注册。后在经营中蒋守规因与公司发生矛盾，于1993年9月28日辞去格林公司总经理职务，同时停止向格林公司供应PAPHE促进剂。1993年7月29日《首都经济信息报》刊登了北京大兴县农民乔凤祥研制出保健鸡蛋的消息，同年9月继任格林公司总经理的孙正与乔凤祥签订了一份以中草药为主要原料的特种鸡饲料添加剂的技术转让合同，格林公司付10万元人民币买断了该技术。1993年12月格林公司将“赛蛋”技术申请中国轻工部所属中国轻工部新技术组织研究中心（简称“中心”）进行鉴定，1993年12月25日通过鉴定。尔后，格林公司开始在报上刊登转让“赛蛋”专有技术广告。蒋守规看到格林公司的宣传广告之后，怀疑格林公司在鉴定会上使用了河大的技术资料，向中国轻工总会提出咨询（此时中国轻工部改称中国轻工总会）。中国轻工总会成果专利处将格林公司送“中心”鉴定时所依据的鉴定材料交蒋守规查阅。蒋发现该资料与河大研制PAPHE促进剂技术的资料有很多重复之处，于是将情况向河大领导进行了反映。河大于1994年4月29日在《河北科技日报》及5月31日在《天津日报》刊登了一则“关于‘赛蛋’的严正声明”，其中写到，蒋守规发明了一种新型高能鸡蛋，曾用名“赛蛋”，现名“蒋氏高能蛋”，欢迎国内外有识之士来我校科研处洽谈合作业务。格林公司看到河大的“声明”之后认为河大的“声明”是不正当竞争行为，其理由是：“赛蛋”是格林公司生产的产品并已向工商局申请商标注册，而河大并没有生产过“赛蛋”，也未在注明由河大生产的商品上使用过“赛蛋”商标，而其称“蒋氏高能蛋”原名为“赛蛋”则属虚假宣传，其结果致使用户误认为“蒋氏高能蛋”即“赛蛋”，使格林公司客户中断了与其签订的合同，使其蒙受了重大损失。河大则认为格林公司在“中心”通过“赛蛋”技术鉴定时使用了大量河大技术资料，“中心”鉴定通过的技术成果权属河大，格林公司侵犯了其技术成果权。

又查，蒋守规离开格林公司时，留下了一些河大有关PAPHE促进剂的资料。1993年12月，格林公司在向“中心”申请鉴定其从北京市大兴县农民乔凤祥处受让的促进剂及用该种促进剂饲料喂鸡产蛋的技术成果时，使用了河大有关PAPHE促进剂的部分技术资料。鉴定会后，格林公司根据鉴定会上专家的意见将材料修改完善后于1994年4月20日交到“中心”存档。该份材料删去了有关河大技术资料内容。本案审理期间，格林公司提出，其生产使用的配方和受让的技术是其买断乔凤祥的以中草药为主要原料的技术，而河大发明的添加剂是以化学成分为主，二者毫不相干。为证明此观点，要求法院对两种添加剂技术构成进行鉴定。对此河大认为，格林公司在“中心”通过鉴定时使用了河大大量材料，因此该技术成果属于河大，至于格林公司目前使用的到底是什么配方制作添加剂并不影响因其使用河大材料而构成侵犯河大技术成果权这一事实的成立，故无必要对添加剂进行技术鉴定。

以上事实有如下证据证明：

1. 格林公司1993年12月23日在“中心”通过鉴定的科学技术成果鉴定证书。

2. 中国轻工总会给一审法院“关于‘赛蛋’技术鉴定情况调查函”的回函。

3. 一审法院调查冶金部物化探测测试中心的调查记录。

4. 河大提交的其在石家庄市河北省科委通过的派啡苏坡高能蛋技术成果鉴定书。

5. 《天津日报》1994年5月31日有关报道。

6. 北京大兴县农民乔凤祥证明将添加剂配方及技术资料卖给格林公司的书证。

（四）一审判案理由

河北省高级人民法院认为：河大在《河北科技日报》、《天津日报》刊登的“关于‘赛蛋’的严正声明”中称其用蒋守规博士发明的PAPHE促进剂饲料喂鸡所产鸡蛋，曾用名“赛蛋”或原名叫“赛蛋”并非虚假宣传和捏造事实。因为格林公司是在蒋守规担任公司法人代表期间使用河大的PAPHE促进剂喂鸡，此时给鸡产的蛋定为“赛蛋”，并向工商局申请了注册商标。因此，格林公司以河大在报纸上刊登上述声明违反《中华人民共和国反不正当竞争法》第九条、第十四条为由起诉河大的行为对其构成不正当竞争缺乏事实根据。

格林公司在向“中心”申请鉴定其从北京市大兴县农民乔凤祥处受让的促进剂喂鸡产蛋的技术成果时，确实使用了河大有关PAPHE促进剂的部分技术资料，但这并不因此而改变所鉴定技术成果的权属，因此，河大以格林公司在技术成果鉴定中使用了自己的部分技术资料为由即主张鉴定会上所鉴定通过的技术成果应归自己所有，理由不能成立。综上，格林公司诉河大不正当竞争，河大反诉格林公司侵犯技术成果权均缺乏事实根据，本院不予支持。

（五）一审定案结论

根据《中华人民共和国民事诉讼法》第六十四条第一款、第一百二十六条之规定，判决如下：

驳回格林公司和河大的诉讼请求。

案件受理费70020元，由格林公司和河大各负担35010元。

（六）二审情况

1. 二审诉辩主张

被告（反诉原告）河大不服一审判决提起上诉，上诉称：（1）原审法院认定事实有错误。被上诉人申请“赛蛋”技术成果鉴定时，不是“使用了河大有关PAPHE促进剂的部分技术资料”，而是绝大部分，尤其是作出鉴定意见的支柱技术资料都是河大的。被上诉人向

"中心"申请鉴定的技术成果，是利用河大 PAPHE 促进剂喂鸡产蛋的技术成果，而不是被上诉人从北京大兴县农民乔凤祥处受让的促进剂及用该种促进剂饲料喂鸡产蛋的技术成果。(2) 原审法院支持、保护违法行为。被上诉人盗用河大的技术资料，将利用 PAPHE 促进剂喂鸡产蛋的技术成果，以鉴定的形式非法据为己有。对此违法行为，原审法院以"这种使用只影响对技术成果的评价，并没有改变被鉴定的技术成果的权属"为由公开予以支持和保护。被上诉人申请鉴定时，伪造了计划项目书，盗用河大的技术资料，欺骗鉴定委员会，对此弄虚作假骗取的鉴定证书，原审却予以保护。要求撤销原判关于驳回河大诉讼请求的判决，依法撤销格林公司骗取的鉴定证书。

被上诉人格林公司辩称：(1) 河大在上诉状中请求二审法院撤销鉴定证书，超出了上诉人在一审时提出的诉讼请求和人民法院受理民事纠纷案件的范围。(2) 格林公司申请"赛蛋"技术成果鉴定及所提供的鉴定材料均由其独立完成，河大认为格林公司使用河大的支柱材料通过鉴定而不是从北京大兴县农民乔凤祥处受让的技术通过鉴定的主张均无事实依据。请求二审法院驳回河大上诉。

2. 二审事实和证据

最高人民法院经审理，除确认原审认定的事实外还进一步查明：(1) 河大用 PAPHE 促进剂喂鸡生产的鸡蛋名为"蒋氏高能蛋"，又名"派啡苏坡蛋"(简称高能蛋)。其主要技术指标为：高能蛋的 17 种氨基酸含量比普通蛋高 47.24%；7 种必需氨基酸含量比普通蛋高 67%；支/芳比值比普通蛋高 24%；锌、铁、钙、镁 4 种微量元素含量 (MG/G) 分别为 9.85、13.36、1180 和 103.58；SRC 值为 94.81；支连氨基酸含量比普通蛋高 60%；食用后能使贫硒患者的血清硒含量达正常范围 77～120UG/ML。(2) 1993 年 12 月，格林公司就中草药鸡饲料添加剂及用该添加剂喂鸡所产的"赛蛋"技术成果在中国轻工总会通过的技术鉴定证书载明：本项研究成果系以中草药为原料的鸡饲料添加剂。以该饲料添加剂喂鸡所产鸡蛋的主要技术指标为：18 种氨基酸比普通蛋高 32%；8 种必需氨基酸含量比普通蛋高 37%；支/芳比值比普通蛋高 26%；锌、铁、钙、镁 4 种微量元素含量 (MG/G) 分别为 11～14、17～22、480～550 和 100～130；食用后可使贫硒患者的血清硒含量达正常范围 75～120UG/ML。鉴定意见认为，该项技术成果是"以中华民族传统的方法研制出新型的饲料添加剂，提供的鉴定资料基本齐全，数据可信，符合发展保健食品的方向。(3) 1993 年 12 月，格林公司在向"中心"申请鉴定其从北京大兴县农民乔凤祥处受让的特种鸡饲料添加剂及用该饲料添加剂喂鸡产蛋的技术成果所提交的鉴定材料中，含有河大高能蛋的三份检测分析报告等技术资料。但是经过对照验证和核实，通过鉴定的"赛蛋"技术成果的主要技术指标与河大的上述资料中的数据并不相同，而与格林公司自己的"赛蛋"技术报告中的数据基本一致。

3. 二审判案理由和定案结论

最高人民法院认为：技术成果鉴定所需要的主要技术资料是体现该成果技术方案的产品设计、产品配方、制造工艺等技术文件和体现技术成果水平的主要技术指标。格林公司通过"中心"鉴定的"赛蛋"技术成果，其所使用的鸡饲料添加剂的主要原料为中草药，用该种添加剂喂鸡所产鸡蛋的氨基酸含量，支/芳比值，钙、镁、锌、铁 4 种微量元素含量等主要技术指标与格林公司自己的"赛蛋"技术报告中的数据基本一致，与河北大学的以化学促进剂为饲料添加剂的技术方案及用此饲料喂鸡所产高能蛋的主要技术指标不同，应视为两种不同的技术成果。格林公司在向“中心”申请“赛蛋”技术成果鉴定时所提交的鉴定材料中，虽含有河北大学高能蛋的三份检测分析报告等技术资料，但在通过鉴定的“赛蛋”主要技术指标中并未抄袭其中的任何数据。河北大学上诉称格林公司申请“赛蛋”技术成果鉴定时，使用的支柱性技术资料是河大的，缺乏事实依据。技术成果鉴定是我国评价技术成果的成熟可靠性及其水平的一种方式，不决定成果的权属问题。河北大学仅据格林公司向“中心”申请“赛蛋”技术成果鉴定时使用了河北大学高能蛋的有关技术资料，即认为通过“中心”鉴定的“赛蛋”技术成果为高能蛋技术成果，其成果权应归河北大学所有，缺乏法律依据。对其主张“赛蛋”技术成果权归其所有，格林公司转让该技术成果侵犯了河北大学技术成果权的诉讼请求，本院不予支持。原审法院认为使用了他人的部分技术资料鉴定技术成果，“只影响对技术成果的评价，并没有改变被鉴定的技术成果的权属”，并无不当。格林公司在申请“赛蛋”技术成果鉴定时，将河北大学高能蛋的三份检测分析报告等技术资料列入鉴定材料中，并提交鉴定会，是缺乏科学态度的。对于这种在鉴定中缺乏科学态度的行为，依照国家科委《科学技术成果鉴定办法》第十条规定，应由组织鉴定单位处理，不属人民法院受理民事纠纷案件的范围。河北大学以格林公司在申请“赛蛋”技术成果鉴定中弄虚作假为由，主张本院撤销“赛蛋”技术成果鉴定证书的诉讼请求，本院不予采纳。综上，原审判决认定事实清楚，适用法律正确。本院依照《中华人民共和国民事诉讼法》第一百五十三条第一款第（一）项之规定，判决如下：

驳回上诉，维持原判决。

二审案件受理费 35010 元，由上诉人河北大学承担。

（七）解说

本案争议的焦点有两个，一是河大的行为是否构成不正当竞争，二是格林公司在“中心”通过其技术鉴定时使用了河大部分资料，这能否因此而改变该项技术的权属，是否应将该技术成果判归河大所有。对此原审法院认为河大的行为尚构不成不正当竞争，其主要依据是《中华人民共和国反不正当竞争法》第九条规定：“经营者不得利用广告或其他方法，对商品的质量、制作成分、性能、用途、生产者、有效期限、产地等作引人误解的虚假宣传”。这里的“引人误解”，指的是导致消费者误解，而导致消费者误解的宣传内容大部分是虚假的，即宣传的内容与实际不符，如把腈纶布说成是“全毛”，糖水加颜料说成果汁，目的是为了欺骗消费者，非法获利。而本案中的河大教授蒋守规博士首先发明的派啡促进剂，用该技术饲养鸡产蛋开始被河大称为“蒋氏高能蛋”。后于蒋在格林公司任职期间，格林公司将该种鸡蛋定名为“赛福奥生命蛋”，即“赛蛋”。蒋回河大后又将该种蛋恢复原名称“蒋氏高能蛋”，其在声明中称“蒋氏高能蛋”原名或曾用名“赛蛋”并非虚假宣传。当时蒋亦不知格林公司已使用新的添加剂喂鸡产蛋仍称“赛蛋”的事实，主观上也无造假的故意，因此不宜轻易将河大的广告称为虚假宣传。故河大的行为构不成不正当竞争。

关于格林公司是否构成技术侵权问题，二审法院认真研究分析了格林公司向“中心”申请“赛蛋”鉴定材料和河大申请鉴定“蒋氏高能蛋”的材料的相同点和主要区别，由此判定，格林公司鉴定的添加剂的主要原料是中草药，其主要技术指标和其申请鉴定报告中的数据基本一致，与河大材料中的技术指标不同，这是主要的区别，据此应视为两种不同技术成果。尽管格林公司的鉴定材料中含有河大高能蛋的三份检测报告等技术资料行为是缺乏科学态度的，但在通过鉴定的主要技术指标中没有抄袭其中的任何数据，因此河大称格林公司使用其支柱材料通过鉴定无事实根据。河大据此要求将该项技术成果权判归其所有，缺乏法律依据，不予支持。

（宋悦来）

42. 徐州有色金属合金厂诉程增强、新沂市新华合金厂侵犯商业秘密案

（一）首部

1. 判决书字号：江苏省徐州市中级人民法院（1996）徐经初字第155号。

2. 案由：侵犯商业秘密案。

3. 诉讼双方

原告：徐州有色金属合金厂（以下简称徐州合金厂）。

法定代表人：杨春明，厂长。

委托代理人：夏玉坤，该厂副厂长。

委托代理人：汤茂灵，徐州光亚律师事务所律师。

被告：程增强，男，1965年生，现任新沂市新华合金厂厂长。

委托代理人：张太顺，徐州非园律师事务所律师。

被告：新沂市新华合金厂（以下简称新沂合金厂）。

法定代表人：程增强，厂长。

委托代理人：张太顺，徐州非园律师事务所律师。

4. 审级：一审。

5. 审判机关和审判组织

审判机关：江苏省徐州市中级人民法院。

合议庭组成人员：审判长：王以安；代理审判员：张杰、张向东。

6. 审结时间：1996年4月15日。

（二）诉辩主张

1. 原告诉称：自1985年开始，我厂投入大量的人力和物力，组织技术人员研究再生铅技术，获得成功后一直为本厂所利用，且带来了可观的经济效益，多次受到有关部门的奖励。因该技术是本厂赖以存在和发展的基础，故采取了多种保密措施。1994年在我厂生产销售十分看好的情况下，原研制再生铅技术人员之一程增强不辞而别，将我厂的技术秘密非法转卖他人，从中获利17万元，并在新沂开办了新沂合金厂，利用在我厂掌握的技术秘密生产合金铅，并销售给我方的经营客户，给我厂造成了极为惨重的损失和不可挽回的影响，故要求二被告立即停止其侵权行为，挽回影响并赔偿经济损失200万元。

2. 二被告辩称：碱性精炼法技术早已在各种报刊杂志上登过，是为公众所知悉的，并非原告的商业秘密，故我们不构成侵权，更谈不上赔偿损失的问题。

（三）事实和证据

江苏省徐州市中级人民法院受理本案后，经公开开庭审理查明：徐州合金厂研制出碱性精炼法的新工艺——再生铅锭生产电缆护套铅合金工艺，简称再生铅精炼技术。采用该

技术生产的产品定名为二号精铅，通过多家权威部门在不同时间对产品进行检测和鉴定，认为该产品质量指标明显优于国内先进技术标准，此工艺及其产品目前在国内尚无可比厂家。徐州合金厂利用该技术生产的电缆合金铅，1988年开始批量投入生产，当年该产品产值突破2000万元大关，实现利税100余万元。1994年该厂产值逾亿元，产品需求量逐年递增，开辟了良好的市场。为了保守工艺配方和秘密，徐州合金厂用不同的方式采取了各种保密措施，经常教育全厂职工遵守本厂的各项保密制度；1988年、1994年期间还与本厂职工签订了保密约定，并经公证部门予以公证。程增强自建厂之日起就在该厂工作，在试制二号精铅再生技术过程中，是完成该技术的主要人员之一。1994年初，再生二号精铅锭的形势看好，程增强不辞而别，于同年9月开办了新沂合金厂，于当月批量生产出再生铅锭。截止到1995年8月底，新沂合金厂生产再生铅锭2600余吨，以最低盈利计共获利润在100万元以上。新沂合金厂的再生铅锭大部分销售给徐州合金厂的长期客户，直接影响了徐州合金厂的销售市场，使徐州合金厂利润大幅度降低。程增强还将其在徐州合金厂掌握的工艺配方卖给河北省徐水县长虹杂铅厂，收取现金7万元。

程增强及新沂合金厂的行为被发现后，徐州合金厂多次劝阻其立即停止侵权行为，新沂合金厂置之不理，徐州合金厂遂起诉至法院，要求程增强及新沂合金厂停止侵害，赔偿损失。

1995年12月，徐州市中级人民法院根据双方当事人的申请，委托国家科委对原告的碱性精炼技术方法作出技术鉴定，其结论是：徐州有色金属合金厂的再生铅精炼技术，其再生铅工艺制度全面，技术细节和操作经验具体，从公开的渠道中是不可能得到的，是不为公众所知悉的技术秘密。

以上事实有下列证据证明：

1.1987年7月至1992年，国家物资再生利用研究所等多家部门对徐州合金厂再生铅精炼技术所作的鉴定。

2.1988年至1995年徐州合金厂每年的利润核算及销售渠道。

3.1992年以来，徐州合金厂制定的各项保密制度，徐州合金厂与职工签订的保密约定。

4.新沂合金厂的营业执照。

5.新沂合金厂建厂后的产品数量及每年利润。

6.新沂合金厂的销售渠道。

7.国家科委受徐州市中级人民法院委托对徐州合金厂的再生铅精炼技术所作的鉴定。

（四）判案理由

徐州市中级人民法院鉴于上述事实认为：徐州合金厂从1985年开始，就投入了大量的人力物力，大胆设想，反复实验，经过上百次实验，终于摸索出一套用碱性精炼方法生产再生铅的新技术，并通过了有关部门的技术鉴定。徐州合金厂所掌握的碱性精炼技术与国内外碱性精炼技术相比，存在着本质的不同，是国内外其他厂家所未采用的，是不为公众所知悉的，形成了徐州合金厂的技术诀窍，并依靠该技术将徐州合金厂发展到年产值在亿元以上，证实了该技术的实用价值和竞争优势。且该厂对其采取了相应的保密措施，严格了保密规定。徐州合金厂的再生铅精炼技术应属法律保护的技术秘密。任何单位和个人未经权益人许可不得非法获取、披露和使用。被告程增强是研制和完成该技术的主要人员之一，完全掌握了其技术诀窍，又能体验到利用该技术的产品所带来的可观的经济效益，其不辞而别，将掌握的技术诀窍卖售给他人，非法获利7万元，其另立门户办厂生产合金铅，且将产品大部分卖给原告的客户，影响了原告的销售渠道，大大降低了原告的正常利润，给徐州合金厂造成了严重的经济损失。新沂厂辩称碱性精炼法早已在有关报刊杂志上作过报道和介绍，故是公众知悉的技术理由不能成立，因徐州合金厂正是借鉴了这方面报道中的有关理论知识，投入了相当的人力物力，经过数百次的实验后，摸索出一套自己所有的碱性精炼新工艺，如果没有这一实践活动，仅凭有关杂志上的简要介绍是不能掌握这一套新工艺技术上的具体内容的。新沂合金厂从办厂到生产出产品，在短短的时间内根本就没有做过实验，也提供不出参数配方和取得过程，故不能证实其技术的真实来源，其抗辩自己未侵权的理由不成立，不予支持。故上列二被告的行为违反了徐州合金厂的保密规定和有关法律法规，侵犯了原告的技术秘密和经营信息，是一种不正当竞争行为。二被告应立即停止侵权，赔礼道歉并赔偿原告的经济损失（其数额以新沂合金厂生产产品的数量乘以原告产品的最低平均利润予以确定）。

（五）定案结论

徐州市中级人民法院根据所认定的事实、证据和上述判案理由，于1996年4月15日依据《中华人民共和国民法通则》第一百一十八条、《中华人民共和国技术合同法》第二十三条、《中华人民共和国反不正当竞争法》第十条、第二十条之规定，判决：

1. 被告程增强、新沂新华合金厂立即停止使用原告拥有的再生铅精炼技术进行合金铅的生产和销售，对其已经掌握的技术秘密负有保密义务，不得擅自扩大知悉范围。并于本判决书生效后十日内向徐州合金厂在省级以上报刊中登报赔礼道歉（登报内容需经本院审查）。

2. 被告程增强将非法所得7万元赔偿给原告。

3. 被告新沂市新华合金厂赔偿原告损失1022753.1元。

上列款项于本判决书生效后十日内付清。

案件受理费35440元，被告程增强负担5440元，被告新沂合金厂负担3万元；财产保全费10520元，由新沂合金厂负担；鉴定费22000元，程增强负担2000元，新沂合金厂负担15000元。

宣判后，原、被告都未上诉。

（六）解说

本案是一起侵犯商业秘密纠纷案，处理好本案的关键是弄清以下问题：

1. 徐州合金厂研制并使用的再生铅精炼技术属于商业秘密。商业秘密是指不为公众所知悉的，能为权利人带来经济利益，具有实用性并经权利人采取保密措施的技术信息和经营信息。其具有秘密性，即不为公众所知悉；价值性，即具有经济价值能为权利人带来经济利益；保密性，即处于权利人采取保密措施进行保护的状态等三个特点。首先，碱性精炼法的原理是为公众所知悉的，徐州合金厂正是借鉴这一基本原理，从1985年开始，投入了大量的人力物力使再生铅精炼技术获得成功，在具体的工艺参数的选取，具体的操作程序，特定设备的组合，加料方式，各工序所需的温度等方面均不为公众所知悉。而且这种工艺与国内外碱性工艺相比，存在着本质的不同，是国内外其他厂家在再生铅精炼技术过程中所未采用的，具备了秘密性的特点。其次，徐州合金厂凭借再生铅精炼技术生产电缆合金铅，使产品产值从低到高，由1988年的产值2000万元上升到1994年的1亿元，显然，再生铅精炼技术的技术优势给该企业带来了可观的经济效益，具备价值性的特点。再次，徐州合金厂采取了严格的技术秘密保护措施，先后与职工签订了经公证机关公证的保密协议，严格了保密制度，明确了企业职工保守商业秘密的义务，使再生铅精炼技术处于采取保密措施进行保护的状态。可见，徐州合金厂研制使用的再生铅精炼技术具备了商业秘密的三个要件，应属于商业秘密，任何单位和个人未经权益人许可不得非法获取、披露和使用（受诉法院委托国家科委对此作出的鉴定，亦认定该技术为徐州合金厂的商业秘密）。

2. 新沂合金厂的行为构成了侵权。根据《反不正当竞争法》第十条的规定，商业秘密侵权行为表现为：非法窃取商业秘密；非法泄露或公开商业秘密；非法使用商业秘密。认定侵权人侵害商业秘密，须证明其行为与损害结果之间有因果关系。通常情况下，应采取等同原则来确定商业秘密侵权因果关系，即将诉讼当事人双方所举各自的信息进行比较，如两者相同，则可以认定被动者（被告）的信息构成成分包含在主动者（原告）的商业秘密之中，即被告构成侵权；反之，如诉争双方所举信息有本质不同，则被告不构成侵权。本案中下述三点可以证明被告侵权：

（1）新沂合金厂非法使用了徐州合金厂的技术诀窍。如果没有一系列实践活动，单凭有关杂志上的简要介绍，是不能掌握碱性精炼新工艺技术上的具体内容的。程增强是研制完成再生铅锭主要技术人员之一，完全掌握了其技术诀窍。在开办新沂合金厂后，当月办厂，当月就生产成品近100吨。如果不靠程增强在徐州合金厂掌握的技术诀窍，在未经任何培训和试制的情况下，当月办厂当月出成品是完全不可能的。依据等同原则，新沂合金厂举不出其生产再生铅锭与徐州合金厂有本质不同的工艺配方、操作程序及独特的工艺流程和设备，就可认定其构成侵权。

（2）新沂合金厂侵犯了徐州合金厂的经营信息、销售渠道。新沂合金厂厂长程增强在离开徐州合金厂之前对徐州合金厂的销售客户了如指掌。程离职开办新厂后，将其生产的产品以低于徐州合金厂的销售价格直接推销给徐州合金厂的长期客户，影响了徐州合金厂的销售渠道，减少了徐州合金厂的销售量，给徐州合金厂造成了经济损失，构成侵权。

（3）程增强除了自己使用徐州合金厂技术生产再生铅锭外，还违反保密约定将工艺配方出卖给河北省徐水县长虹杂铅厂等，非法获利，仅徐水一家就获利7万元。

3. 由于被告的侵权给徐州合金厂造成的经济损失应予赔偿。

（1）关于新沂合金厂赔偿徐州合金厂损失的计算方法，《反不正当竞争法》第二十条第一款规定：经营者违反本法规定，给被侵害的经营者造成损害的，应当承担赔偿责任，被侵害的经营者的损失难以计算的，赔偿额为侵权人在侵权期间因侵权所获得的利润。本案中，权利人产品销售量的减少有多种因素，而非单一的因为侵权人的侵权，故其计算缺乏科学性。因此按新沂市合金厂所获的利润进行赔偿是适当的。

（2）参照《技术合同法》第二十三条之规定：当事人一方违反保密义务的，除承担违反合同的责任外，应当停止侵害，采取补救措施并赔偿损失。该赔偿额应当相当于侵权人侵权期间的非法所得或者被侵权人被侵权期间的实际损失。本案中，程增强违反了与徐州合金厂的保密约定，将徐州合金厂的技术配方出卖给徐水县长虹杂铅厂使用，获利7万元，属非法所得，应当退赔给徐州合金厂。

（姚仁甫　王以安　刘慎辉）

43. 北京力美达生物工程有限公司诉霸州市通用机械总厂等商业秘密侵权案

（一）首部

1. 判决书字号

一审判决书：河北省霸州市人民法院（1996）霸经初字第10号。

二审判决书：河北省廊坊市中级人民法院（1996）廊经终字第145号。

2. 案由：商业秘密侵权案。

3. 诉讼双方

原告（被上诉人）：北京力美达生物工程有限公司。

法定代表人：陈蜀伟，董事长。

委托代理人：张昕，该公司总经理。

委托代理人（一审）：葛延珉，该公司法律顾问。

委托代理人（二审）：王沛，霸州市明正律师事务所律师。

被告：霸州市通用机械总厂。

法定代表人：李向尊，厂长。

委托代理人：王东升，该厂副厂长。

委托代理人（一审）：李健，霸州市华章律师事务所律师。

被告（上诉人）：北京欣耘印刷包装机械公司。

法定代表人：曹佩芳，经理。

委托代理人（一审）：李洪积，北京中伦律师事务所律师。

委托代理人（一审）：康铧，北京中伦律师事务所律师。

委托代理人（二审）：牛建琳，该公司副经理。

委托代理人（二审）：张威，北京中伦律师事务所律师。

被告：北京欣耘广告公司。

法定代表人：曹佩芳，董事长。

委托代理人（二审）：牛建琳，北京欣耘印刷包装机械公司副经理。

委托代理人（二审）：张威，北京中伦律师事务所律师。

4. 审级：二审。

5. 审判机关和审判组织

一审法院：河北省霸州市人民法院。

合议庭组成人员：审判长：吴江；审判员：许根茂；代理审判员：李红燕。

二审法院：河北省廊坊市中级人民法院。

合议庭组成人员：审判长：陈振春；代理审判员：牛志清、刘君。

6. 审结时间

一审审结时间：1996年6月5日。

二审审结时间：1996年12月10日（依法延长审限）。

（二）一审情况

1．一审诉辩主张

（1）原告北京力美达生物工程有限公司（简称力美达公司）诉称：1995 年 8 月，原告发现被告霸州市通用机械总厂（简称霸州机械厂）违反双方定作合同关于保守 BTL 系列涂布机图纸资料技术秘密的约定，为被告北京欣耘印刷包装机械公司（简称欣耘机械公司）制作与原告 BTL 系列涂布机相同的产品；被告欣耘机械公司复制原告 BTL 系列涂布机图纸和说明书，向被告霸州机械厂定作与原告 BTL 系列涂布机相同产品，在市场销售；被告北京欣耘广告公司（简称欣耘广告公司）以剽窃的 BTL 系列涂布机制作技术申请专利权。三被告以不正当手段获取、披露、使用原告商业秘密的行为，给原告造成 40 万元的经济损失。原告请求判令被告立即停止侵权行为，消除影响并赔偿 40 万元的损失。

（2）被告霸州机械厂辩称：霸州机械厂为增加工厂的生产量，而违背定作合同保密条款的约定，为被告欣耘机械公司加工了 7 台涂布机。但是，霸州机械厂是采用欣耘机械公司的图纸加工的，没有将原告的图纸提供给欣耘机械公司或将二者图纸互换。所以，霸州机械厂没有侵犯原告的商业秘密。

（3）被告欣耘机械公司辩称：欣耘机械公司交付霸州机械厂用于制作 420、560 型热熔胶涂布机的图纸是欣耘机械公司法定代表人曹佩芳 1993 年委托他人开发设计的，并非不正当获取原告的技术秘密。所以，原告提出被告欣耘机械公司侵犯其商业秘密的主张，不能成立。

2．一审事实和证据

河北省霸州市人民法院经审理查明：原告是 1992 年 9 月开业的京港合资经营企业。合资京方自 1991 年起研制热熔胶涂布机。1992 年样机问世，并陆续研制成功 BTL－420、560、820 型三种机型。1992 年 10 月起，原告多次参加展览会和印发材料、刊发广告，宣传热熔胶涂布机。1994 年，原告总经理张昕在《粘接》杂志发表介绍热熔胶涂布机特点的学术论文。1994 年 1 月，原告制定了 BTL 系列涂布机设计图纸等技术资料非经总经理允许不得查阅、复制和带出公司住所；签订要求加工厂负责保密的合同和不向加工厂发放装配图的保密守则。1995 年 3 月至 8 月，原告与被告霸州机械厂陆续订立定作 9 台 BTL－420、560、820 型涂布机合同。定作合同约定，被告霸州机械厂对 BTL 系列涂布机技术资料负有保密责任。

1995 年 6 月 12 日、7 月 18 日，被告霸州机械厂与被告欣耘机械公司订立 420 型、560 型热熔胶涂布机加工合同。被告欣耘机械公司交付标有 XY 标记的热熔胶涂布机加工图纸。被告霸州机械厂加工了 3 台 XY－420 型、4 台 XY－560 型热熔胶涂布机。1995 年 8 月，原告发现被告霸州机械厂制作与 BTL－420、560 型涂布机相同产品后，于 8 月 4 日与被告霸州机械厂订立不再给第二家加工涂布机系列产品的协议。但被告霸州机械厂仍利用原告传授的技术为被告欣耘机械公司装配热熔胶涂布机，且允许被告欣耘机械公司工作人员到装配现场参观 BTL－820 型涂布机。

被告欣耘机械公司 1994 年 5 月由北京市崇文区张力控制设备厂变更而来。被告欣耘机械公司称，1993 年 1 月，曹佩芳委托北京一步机电技术研究所开发设计热熔胶涂布机。设计人陈雪熊。1993 年 10 月完成 XY－420、560 型涂布机图纸。一审法院将 BTL 和 XY 涂布机草图、底图、蓝图送交中华人民共和国公安部进行技术鉴定。（95）公刑鉴字第 2570 号科学技术鉴定结论是，XY 图纸是按 BTL 图纸为本绘制成的。（95）公刑鉴字第 2641 号科学技术鉴定的结论是，XY 系列底图上设计、校对、审核人的签字和年月系事后添加的。(96) 公刑鉴字第 85 号科学技术鉴定的结论是，XY 系列 10 张底图上填写的自由体字迹是付风德所写；辊子、摩擦副、滑块等 9 张草图上填写的字迹是徐天平所写。就 XY 系列底图、草图上填写设计、校对、审核人之事，被告欣耘机械公司称，设计人一栏签书“史小平”的是欣耘机械公司经理曹佩芳丈夫付风德；审核人一栏签书“陈”的是徐天平。经查，徐天平 1995 年 5 月以前在西安南丁新型卫生材料有限责任公司工作，此后擅自离职到欣耘机械公司工作。1995 年 11 月 22 日，被告欣耘机械公司提交的 6 盘涂布机设计图软盘，最早输入时间是 1995 年 6 月 6 日，最晚输入时间是 1995 年 11 月 21 日。这与被告欣耘机械公司 1993 年即制作完成该软盘的辩述相矛盾。再有，被告欣耘机械公司 XY 涂布机装配图画出的传动链条和纠偏条轮装配位置是错误的。

被告欣耘广告公司 1995 年 7 月 12 日用被告欣耘机械公司抄袭复制的图纸向中华人民共和国专利局提出热熔胶涂布机实用新型专利申请。

原告和被告霸州机械厂提交了涂布机成本、售价的证据。被告欣耘机械公司则未提供此类证据。

上述事实有以下证据证明：

(1) BTL 涂布机图纸及产品，XY 涂布机图纸及产品。

(2) 力美达公司的广告、产品介绍书、学术论文、保密守则。

(3) 力美达公司与霸州机械厂、欣耘机械公司与霸州机械厂订立的涂布机定作合同。

(4) (95) 公刑鉴字第 2570 号、(95) 公刑鉴字第 2641 号、(96) 公刑鉴字第 85 号刑事科学技术鉴定书。

(5) 曹佩芳与北京一步机电技术研究所订立的开发设计合同及陈雪熊的证言。

(6) 欣耘机械公司的产品介绍书、计算机软盘。

(7) 西安南丁新型卫生材料有限责任公司对徐天平的通报及书面证明。

(8) 力美达公司、欣耘广告公司关于涂布机实用新型专利申请文件。

(9) 力美达公司、霸州机械厂关于涂布机成本费用、销售价格的证明材料。

(10) 双方当事人陈述。

3. 一审判案理由

河北省霸州市人民法院鉴于上述事实和证据认为：

(1) 原告历经数年研制成功的 BTL 系列涂布机制作技术具有显见的实用性，并给其带来经济效益。原告针对 BTL 系列涂布机图纸资料制定和实施了保密措施。而且，其公布于众的广告词、产品介绍书、学术论文并未涉及处于保密状态的 BTL 系列涂布机制作技术。

所以，原告 BTL 系列涂布机图纸和工艺属于《中华人民共和国反不正当竞争法》第十条第三款规定的商业秘密。

(2) 根据《中华人民共和国反不正当竞争法》第十条第一款第三项关于经营者不得采用“违反约定或者违反权利人有关保守商业秘密的要求，披露、使用或者允许他人使用其所掌握的商业秘密”的手段侵犯商业秘密的规定，被告霸州机械厂违反与原告定作合同保密条款的约定向被告欣耘机械公司披露其所掌握的 BTL 系列涂布机制作技术和使用原告传授的装配技术为被告欣耘机械公司装配与 BTL 系列涂布机相同产品的行为，侵犯了原告力美达公司的商业秘密。

(3)被告欣耘机械公司XY图纸及相关的计算机软盘，除自身相互矛盾外，也与其1993年委托他人开发设计获得热熔胶涂布机图纸之辩述矛盾重重。而且，技术鉴定结论是XY图纸抄袭复制于BTL图纸。所以，被告欣耘机械公司委托开发设计获取与原告BTL涂布机相同的图纸之主张，法院不予支持。

(4) 根据《中华人民共和国著作权法》第二条第一款、第三条第（六）项关于“中国公民、法人或者非法人单位的作品不论是否发表，依照本法享有著作权”、“本法所称的作品”包括“工程设计、产品设计图纸及其说明”和《中华人民共和国反不正当竞争法》第十条第一款第一项、第二项关于经营者不得“以盗窃、利诱、胁迫或者其他不正当手段获取权利人的商业秘密”和“披露、使用或者允许他人使用以前项手段获取的权利人的商业秘密”的手段侵犯商业秘密的规定，被告欣耘机械公司以抄袭复制的图纸定作、销售与BTL涂布机相同产品和允许被告欣耘广告公司使用此技术申请专利权的行为，侵犯了原告的商业秘密和著作权。

(5) 根据《中华人民共和国反不正当竞争法》第十条第二款关于“第三人明知或者应知前款所列违法行为，获取、使用或者披露他人的商业秘密，视为侵犯商业秘密”的规定，被告欣耘广告公司明知被告欣耘机械公司以不正当手段获取原告BTL系列涂布机图纸及制作技术而使用该技术申请热熔胶涂布机实用新型专利权的行为，侵犯了原告的商业秘密。

(6) 根据《中华人民共和国民法通则》第一百三十条和第一百三十四条第一款第（一）、（七）、（九）、（十）项关于“二人以上共同侵权造成他人损害的，应当承担连带责任”和承担民事责任的方式有“停止侵害”、“赔偿损失”、“消除影响”、“赔礼道歉”的规定，被告霸州机械厂、欣耘机械公司、欣耘广告公司对其共同侵权行为应承担停止侵害、消除影响、赔礼道歉和赔偿损失的责任。赔偿额根据霸州机械厂为欣耘机械公司加工的涂布机台数、加工成本费和欣耘机械公司销售涂布机的台数，参照原告利润率计算。

4. 一审定案结论

河北省霸州市人民法院根据认定事实、判案理由并依照有关法律规定作出如下判决：

(1) 被告霸州市通用机械总厂、北京欣耘印刷包装机械公司、北京欣耘广告公司立即停止侵权行为，禁止其使用原告北京力美达生物工程有限公司BTL系列涂布机制作技术和擅自扩大知悉范围。

(2) 被告北京欣耘印刷包装机械公司、北京欣耘广告公司登报向原告北京力美达生物工程有限公司赔礼道歉（登报内容需经本院审查）。

(3) 被告霸州机械厂向原告北京力美达生物工程有限公司给付赔偿金16.85万元。

(4) 被告北京欣耘印刷包装机械公司向原告北京力美达生物工程有限公司给付赔偿金326856.86元。

上述各项于本判决生效之日起十日内履行。

案件受理费12292.86元，财产保全申请费1584.35元，其他诉讼费2100元，由被告霸州市通用机械总厂负担4880元，被告北京欣耘印刷包装机械公司和北京欣耘广告公司负担11097.21元。

（三）二审诉辩主张

1. 上诉人欣耘机械公司诉称：一审判决认定欣耘机械公司和欣耘广告公司侵犯了力美达公司商业秘密和著作权及专利权，而一审法院对著作权侵权及专利权争议案件没有管辖权。力美达公司通过展销和发表论文已将热熔胶涂布机技术推向公知领域。具有一般技术常识的人，可以通过公知技术资料研制出类似产品，也可以通过购买和拆卸该机械产品获取热熔胶涂布机工艺资料。所以，原告力美达公司热熔胶涂布机技术并非商业秘密。上诉人拥有的热熔胶涂布机制作技术是1993年委托北京一步机电技术研究所开发设计图纸获得的，并由与上诉人相关连的欣耘广告公司申请了专利权。所以，上诉人和欣耘广告公司使用自有技术的行为并未侵犯被上诉人力美达公司的权益。一审判决以公安部门的技术鉴定结论认定上诉人抄袭复制被上诉人力美达公司图纸，有失客观性。被上诉人不能证明上诉人采取了何种不正当手段，就不能认定上诉人侵犯了商业秘密。被上诉人与霸州机械厂之间的保密条款并不约束上诉人使用、转让热熔胶涂布机技术。上诉人认为，被上诉人为垄断市场之目的，无理起诉；一审判决认定事实偏差，适用法律错误。故请求二审法院撤销原判，驳回力美达公司诉讼请求。

2. 被上诉人力美达公司辩称：被上诉人刊发广告、发表学术论文，并未将自己历经数年研制成功的国内首创的BTL系列涂布机制作技术公之于众。BTL系列涂布机设计图纸、加工装配工艺是被上诉人的商业秘密之载体。为此，被上诉人制定和实施了保密措施。上诉人所举证据与其委托他人开发设计的辩述自相矛盾，而且公安部门鉴定XY图纸抄袭复制于BTL图纸。所以，上诉人不能证明自己以正当手段获取上诉人商业秘密的情况下，其定作、销售与被上诉人BTL系列涂布机相同产品的行为，即侵犯了被上诉人的商业秘密。

（四）二审事实和证据

BTL系列涂布机制作技术作为技术投资是京方投入合资经营企业力美达公司的部分股份。1992年10月至1994年8月，被上诉人在BTL系列涂布机试制选型期间，为开发市场，多次参加展览会，散发简要说明和广告。参加展览的是热熔胶涂布机原型机和图片。简要说明和广告讲述的是力美达公司研制成功国内首创的BTL热熔胶涂布机，其适用范围广，价格低廉。1994年8月，被上诉人首次销售定型的BTL－420型涂布机，并配发产品介绍书。产品介绍书只介绍了热熔胶涂布机主要性能参数和结构特点。1994年第2期《粘接》杂志刊登了力美达公司总经理张昕撰写的关于热熔胶涂布机系统设计的论文。论文概要论述了热熔胶涂布机系统设计时应注意的技术问题和BTL－420型涂布机熔胶箱、涂布器、胶液输送、胶液流量调控、胶液温度调控及安全保护等机构、装置的性能特点。1994年1月，被上诉人将BTL系列涂布机设计参数、设计图纸、加工装配工艺作为技术秘密制定了保密守则。保密守则规定，公司工作人员未经总经理允许不得查阅、复制和将涂布机的技术资料带出公司；外加工时，要事先与加工厂家签订要求对方保密的定作合同；不向加工厂家发放装配图纸，现场面授装配技术要点和工艺。1995年3月11日至8月22日，被上诉人与霸州机械厂陆续订立5份BTL系列涂布机机械部分的定作合同。合同约定，霸州机械厂对定作物的图纸和技术负有保密责任。被上诉人依约向霸州机械厂交付BTL－420、560、820型涂布机零部件图纸，并派总工程师岳占仓向工人面授涂布机装配技术要点和工艺要求。被上诉人将霸州机械厂交付的涂布机机械部分运回住所配装电器控制部分和进行整机调试后，向用户销售。1995年1月18日，上诉人向被上诉人订购1台BTL－420型涂布机。5月6日付款交货。1995年6月12日和7月18日，上诉人与霸州机械厂签订定作8台420型和8台560型热熔胶涂布机合同，并交付标记XY的图纸。霸州机械厂的工人作证称，“由于欣耘机械公司定作的涂布机与力美达公司的涂布机基本相同，所以我们按照力美达公司岳占仓工程师传授的装配技术为欣耘机械公司装配涂布机”。1995年8月，被上诉人发现霸州机械厂准备交付上诉人的2台XY－420型涂布机与BTL－420型涂布机相同，即于8月4日与霸州机械厂订立不再给第二家加工的协议。嗣后，上诉人的副经理牛建琳对霸州机械厂副厂长王东升说，“你厂不再加工的话，我公司另找其他厂家加工”。霸州机械厂决定，继续为上诉人加工涂布机。霸州机械厂先后为上诉人加工3台XY－420型和4台XY－560型涂布机。

上诉人就XY－420、560型涂布机图纸的来源举证并述称，1993年1月曹佩芳委托北京一步机电技术研究所开发设计并买断设计底图获得的。北京一步机电技术研究所陈雪熊作证称，我作为XY涂布机设计人，参考北京航空学院1974年6月编印的《金属胶接工艺和设备》讲义和其他相关资料独立完成图纸设计，没有测绘力美达公司的涂布机和抄袭复制BTL图纸，而且，1993年10月即绘制完成XY－420、560型涂布机底图。研究所和设计人向曹佩芳交付全套底图前，没有进行试制样机、修正图纸工作。曹佩芳陈述，1993年10月，我个人买断图纸后未经试制鉴审图纸即交由欣耘机械公司存档。1995年6月，上诉人取出全套图纸交由霸州机械厂制作，一次成功。上诉人没有拆卸实测过被上诉人BTL涂布机。陈雪熊提到的《金属胶接工艺与设备》讲义，简要介绍了金属胶接设备一般工作原理和主要机构基本构造。

欣耘广告公司是欣耘机械公司经理曹佩芳投资70%，曹佩芳的丈夫付凤德和曹佩芳的哥哥曹江投资30%开办的股份制企业。曹佩芳任董事长兼总经理。

其他未述事实，如一审判决认定。

上述事实，除一审所列证据外，还有以下证据证明：

1. 力美达公司BTL系列涂布机加工装配技术要点。

2. 霸州机械厂工人的证言、陈雪熊证言。

3. 北京航空学院1974年6月编印的《金属胶接工艺及设备》讲义。

4. 开庭笔录、调查笔录中双方当事人陈述。

（五）二审判案理由

二审法院认为：被上诉人投入大量劳动和资金，历经数年，通过创意设计、试制样机、修正图纸、确定机型等开发研制工作，将相对抽象、不完整的技术信息转化为具体、实用的BTL系列涂布机制作技术，并完整地固定于图纸和加工装配工艺之中。被上诉人使用该项制作技术生产出处于国内领先地位的BTL系列涂布机，销售于市场获得较高的收益。被上诉人在定型产品的图纸完成之前，即针对BTL系列涂布机的图纸资料和加工装配工艺等技术信息制定了保密守则和实施了合理的防范措施。就上诉人所称被上诉人的展销行为将BTL系列涂布机技术推向公知领域的理由，本院注意到，BTL系列涂布机作为一种比较直观的机械产品，其制作技术有随产品上市而解密的可能性。但是，这种可能性在被上诉人所散发的广告、产品介绍书和发表的学术论文中未将载于图纸和加工装配工艺之中的完整确定的制作技术公之于众的情况下，非保密义务人只有对合法取得的产品实施反向工程获取准确的技术信息才能使被上诉人BTL系列涂布机图纸和加工装配工艺丧失秘密性。然而，上诉人获取和使用的能够制作出与BTL系列涂布机相同产品的XY图纸，一是上诉人不是通过拆卸实测BTL涂布机复制的；二是经技术鉴定认定是以BTL系列图纸为本绘制的。因此，上诉人关于BTL涂布机既已销售其制作技术即公知的上诉理由不成立。由于上诉人掌握的BTL系列涂布机制作技术信息符合《反不正当竞争法》关于商业秘密的规定，且销售后未解密，所以，一审判决认定BTL系列涂布机图纸和加工装配工艺属于被上诉人拥有的商业秘密，并无不当。再有，上诉人将处于秘密状态的BTL系列涂布机制作技术信息这一构成商业秘密的条件更换概念为业已处于公知领域的胶接涂布机一般工作原理和基本构造方面的理论性技术信息，提出被上诉人BTL系列涂布机制作技术不属于商业秘密的上诉理由，违背推论逻辑。

尽管非保密义务人可以自行或者委托他人利用公知的胶接设备工作原理、基本构造及其他相关技术信息独立开发设计出热熔胶涂布机或者是与BTL系列涂布机相类似的机械设备，但是，相互独立开发设计的两种确定的图纸的画图手法、视图布局、尺寸标注不可能相同，也不可能制作出结构造型、机械构造、零部件结构尺寸及材质等诸方面均相同的产品。然而，上诉人XY图纸摹自BTL图纸；XY涂布机与BTL涂布机相同，上诉人所举证据自相矛盾。所以，上诉人关于委托他人设计完成XY系列图纸之上诉理由，本院不予采信。由于获取权利人商业秘密的不正当手段不可究尽，上诉人不举证证明其制作与BTL系列涂布机相同产品的XY图纸是从合法渠道以正当手段取得，即视为是采取了《反不正当竞争法》规定的“其他不正当手段”获取被上诉人商业秘密。故上诉人以不正当手段获取商业秘密并使用、扩散之行为，侵犯了被上诉人的合法权益。再有，由于上诉人交付霸州机械厂的XY涂布机装配图存在显见错误，不可能装配出与实物相符的合格产品，所以，上诉人与霸州机械厂串通获取、使用、披露保密义务人知悉的技术秘密，装配与BTL涂布机相同产品的行为，构成共同侵犯商业秘密之事实。

本案中BTL系列涂布机图纸所包含的制作技术信息是享有著作权的商业秘密。上诉人侵犯商业秘密的同时也侵犯了著作权，二者竞合。一审法院并未审理力美达公司与欣耘广告公司之间的专利权属案，所以，上诉人关于一审法院无权审理著作权、专利权属案的上诉理由不成立。

欣耘广告公司股东即曹佩芳和其亲属，上诉人也承认欣耘广告公司是与上诉人相关连的公司，欣耘广告公司明知上诉人以不正当手段获取被上诉人商业秘密、故意使用的行为，一审法院根据《中华人民共和国反不正当竞争法》第十条第二款的规定认定共同侵权，并无不当。

综上所述，一审判决认定事实清楚，适用法律正确。

（六）二审定案结论

河北省廊坊市中级人民法院依照《中华人民共和国民事诉讼法》第一百五十三条第一款第（一）项的规定，于1996年12月10日作出判决：

驳回上诉，维持原判。

二审案件受理费12292.86元，由上诉人负担。

（七）解说

1. 本案争议的焦点是BTL系列热熔胶涂布机上市销售后，其商业秘密是否必然消灭。一般而言，机械产品包含的商业秘密通常表现为比较直观的某种装置、工艺或者改进技术。一旦上市销售，具有专业技术知识和能力的非保密义务人可以通过反向工程复制商业秘密。所谓反向工程，是指非保密义务人通过对市场销售的产品或者合法取得的产品进行解析、实测，从中得出准确的、具体的构造、成分和制造方法、加工工艺的行为。通常，反向工程被认为是具有法律意义的不经权利人允许即可获取市场销售产品商业秘密的惟一正当竞争手段。由于反向工程获取商业秘密具有合法性，所以该行为不属于侵权行为。权利人也无权干涉行为人使用、披露其以反向工程获取的商业秘密或者作为行为人自己的商业秘密。审判实践中，须由获取权利人商业秘密的行为人举证证明自己合法取得市场销售产品并确实实施了反向工程。否则，不能认定包含商业秘密的机械产品上市销售即丧失秘密性。例如，本案原告研制开发的BTL系列热熔胶涂布机上市销售后，没有被他人作为反向工程对象，复制出准确的图纸、工艺之前，其所包含的商业秘密即没有消灭。此时，其商业秘密必须给予法律保护。

2. 我国《反不正当竞争法》保护经营者商业秘密的目的。一方面鼓励人们以自己的劳动研究开发具有新颖性的实用技术信息和经营信息，促进社会生产力的发展。例如，保护本案原告商业秘密，使其在一定时期内处于领先的竞争地位，有利于增强研究开发的积极性和能力，促进社会生产力水平的提高。另一方面，要求经营者在法律规范下遵守商业道德，禁止以不正当手段获取、使用、披露他人商业秘密。本案被告违背商业道德，以非法手段获取、使用原告商业秘密的行为受到法律制裁的结果，不仅警诫了侵权人，而且有助于扼制剽窃、仿制他人产品获取暴利的不良竞争行为，弘扬诚实信用公正竞争的商业道德，维护社会主义市场经济秩序。

（陈振春）

44. 山东沂源玉德酿酒饮料有限公司诉山东沂源林前酒厂不正当竞争案

（一）首部

1. 判决书字号

一审判决书：山东省沂源县人民法院（1996）源经初字第376号。

二审判决书：山东省淄博市中级人民法院（1996）淄中法经终字第608号。

2. 案由：不正当竞争案。

3. 诉讼双方

原告（上诉人）：山东沂源玉德酿酒饮料有限公司。

法定代表人：杨泽铭，总经理。

委托代理人：傅振生，该公司副总经理。

委托代理人：周国敬，淄博民意律师事务所律师。

被告（上诉人）：山东沂源林前酒厂。

法定代表人：史俊才，厂长。

委托代理人：史俊生，该厂工作人员。

4. 审级：二审。

5. 审判机关和审判组织

一审法院：山东省沂源县人民法院。

合议庭组成人员：审判长：刘晓明；审判员：孙兴俊、葛庆水。

二审法院：山东省淄博市中级人民法院。

合议庭组成人员：审判长：鞠战廷；审判员：郭宏；代理审判员：吕兴勇。

6. 审结时间

一审审结时间：1996 年 8 月 6 日。

二审审结时间：1996 年 12 月 12 日。

（二）一审情况

1. 一审诉辩主张

(1) 原告诉称：我公司于 1994 年 10 月 13 日经沂源县工商局登记注册，主营“二房佳酿”低度白酒，外包装为流线酒壶型陶瓷瓶，外加草编提篮，封口为红布包顶，草绳扎口。该产品以其质优价廉、包装独具特色而畅销，深受广大消费者欢迎，赢得了商业信誉。被告为了推销自己的产品，仿制我公司的包装装潢，且采用与我公司商品近似的名称，在与我公司相同的市场上销售，造成了消费者的误认误购。被告的行为严重危害了我公司的市场信誉，侵犯了我公司的合法权益，违反了《反不正当竞争法》的有关规定，诉请法院判令被告立即停止侵害，赔偿经济损失 40 万元，并支付我公司因调查被告的侵权行为而支付的合理费用 5.4 万元。

(2) 被告辩称：原告所生产的“二房佳酿”低度白酒不属于知名商品，我厂的白酒外包装与原告的产品包装有明显的区别，没有造成误认。原告于 1996 年 4 月就停止生产“二房佳酿”，侵犯的客体已不存在了，更谈不上侵权。因此，原告诉讼请求是不符合事实的，也没有法律依据。请求法院驳回原告的诉讼请求，并赔偿因原告采取保全措施而给我厂造成的经济损失 6494 元。

2. 一审事实和证据

沂源县人民法院经调查和审理查明：原告山东沂源玉德酿酒饮料有限公司于 1994 年 10 月 13 日注册成立，同年底开始生产“二房佳酿”低度白酒，价格为每瓶 28 元。该产品外包装为流线酒壶型陶瓷瓶，外加草编提篮，封口为红布包顶，草绳扎口，用红纸印刷的黑色图案商标，呈棱形贴于草编提篮上，外而用 PVC 收缩膜包裹提篮与陶瓷瓶。这种包装装潢在同类产品中属首创。该产品投放市场后因其质量稳定，包装质朴、实用而受到消费者的欢迎，同时也由于原告投入巨额资金进行广告宣传，使该产品在青岛、大连、哈尔滨、安徽等城市和地区畅销。一年多实现产值 600 余万元，利税 100 余万元。被告于 1996 年 1 月 18 日成立并生产“三房玉液”、“三房特曲”和“紫藤园佳酿”低度白酒，其产品外包装也采流线酒壶型陶瓷瓶，外加草编提篮，封口为红布包顶，草绳扎口，用红纸印刷的黑色图案商标，呈棱形贴于提篮上，外面用 PVC 收缩膜包裹提篮和陶瓷瓶。该包装与原告所使用的包装在瓶型、提篮花色、商标尺寸上稍有不同。此外，被告在其“三房特曲”商标上注 明为“紫藤园系列”，在“紫藤园佳酿”商标上注明为“三房姊妹”，并在“紫藤园佳酿”产品介绍书中表明与“二房佳酿”同产于山清水秀的林前村。被告所生产的白酒 主要销售在大连、哈尔滨和安徽等城市和地区。自 1996 年 4 月至 5 月，被告销售白酒 11520 瓶，售价为每瓶 20 元至 24 元，销售额为 23.04 万元，实现利润 143577.38 元，截至 1996 年 7 月 10 日，被告共销售白酒 3 万瓶。

另查明：原告于 1996 年 4 月因擅自使用商标注册标记而受到工商行政管理部门的处罚，并于同年 4 月将“二房佳酿”更名为“二坊佳酿”。此外，原告因本案调查而支付各种费用 31620.2 元。

上述事实有下列证据证明：

（1）双方所生产的白酒与商标实样、产品说明书。

（2）沂源县地税局检察室的处理报告。

（3）原告调查取证的各种费用单据。

（4）有关本案的调查笔录、庭审笔录、照片等。

3. 一审判案理由

沂源县人民法院鉴于上述事实和证据认为：原告所生产的白酒的包装、装潢是特有的，已成为区别于其他同类商品的明显标志，其所生产的“二坊佳酿”以质量稳定、包装独具特色而在青岛、大连、哈尔滨等地畅销，并为当地公众所熟知，足以认定该产品为知名商品。被告作为生产经营同类产品的生产经营者，故意使用与原告产品相近似的包装、装潢，虽然二者的包装、装潢在局部上有差异，但从整体上看，这种差异不能改变人们对整个包装的视觉效果，购买者不好明显加以区分，必然导致公众的混淆。客观上已对原告的合法权益造成了损害，影响了原告产品的信誉。被告这种竞争手段是《反不正当竞争法》所禁止的，其行为是不正当竞争行为，应当禁止，并承担相应的民事责任。

4. 一审定案结论

一审法院根据《中华人民共和国反不正当竞争法》第五条、第二十条，《中华人民共和国民法通则》第四条、第六条、第七条之规定，判决如下：

（1）被告自判决生效之日起停止使用以“流线酒壶型陶瓷瓶，外加草编提篮，封口为红布包顶，草绳扎口”为主要标志的白酒包装、装潢。

（2）被告赔偿原告经济损失 303800 元（按销售 3 万瓶，每瓶利润 12.46 元计算），支付原告因调查被告的不正当竞争行为所付的费用 31620.2 元，两项合计 405420.2 元，被告于本判决生效后十日内付清。

案件受理费 8591.3 元，财产保全费 1520 元，由被告山东沂源林前酒厂负担。

（三）二审诉辩主张

1. 上诉人山东沂源林前酒厂诉称：被上诉人的“二房佳酿”并非知名商品；上诉人的商品与被上诉人的商品的包装、装潢具有明显的区别；上诉人商品因违法使用商标注册标识及构成商标的文字与图案有损社会主义道德风尚而受到工商行政部门的处罚，不应受到法律的保护；原审计算上诉人违法所得有误；请求二审法院依法撤销原判，维护上诉人的合法权益。

2. 被上诉人山东沂源玉德酿酒饮料有限公司辩称：原审认定事实清楚，证据充分，适用法律正确。

（四）二审事实和证据

淄博市中级人民法院针对上诉人的上诉理由进行了全面审理。对原审判决认定事实和证据进行了核实，认为原审认定事实基本清楚，证据确实充分，只是认定上诉人在侵权期间销售数量 3 万瓶有误，更改为 8800 瓶。另委托沂源县物价信息事务所对被上诉人每瓶白酒的毛利润进行了鉴定，结论为每瓶毛利润为 12.41 元。

（五）二审判案理由

淄博市中级人民法院认为：被上诉人的“二房佳酿”白酒在青岛、大连、哈尔滨等地畅销，并为当地公众所熟知，应当认定其为知名商品。上诉人在其白酒上采用与被上诉人的白酒近似的名称与包装、装潢，构成仿冒行为，为《反不正当竞争法》所禁止。上诉人的商品因违法使用商标注册标识及构成商标的文字与图案有损社会主义道德风尚而受到工商行政部门的处罚，但其合法权益依法应受到保护。被上诉人的商品虽更名，但原商品的“二房佳酿”的内容完全被新命名的商品“二坊佳酿”继承，再者被上诉人也未明确声明放弃使用原商品名称，被上诉人合法权益不容侵犯。原审认定的上诉人的赔偿数额不当，应予纠正。

（六）二审定案结论

淄博市中级人民法院依照《中华人民共和国反不正当竞争法》第五条第二项、第二十条、第二十一条第二款，《中华人民共和国民法通则》第四条、第六条、第七条、第一百三十四条第一款第（一）、（七）项，《中华人民共和国民事诉讼法》第一百五十三条第一款第（三）项之规定，判决如下：

1. 撤销沂源县人民法院（1996）源经初字第376号民事判决。

2. 上诉人停止使用与被上诉人白酒相近似的名称与包装、装潢。

3. 上诉人赔偿被上诉人经济损失109208元（按销售8800瓶，每瓶毛利润12.41元计算），支付被上诉人因调查上诉人的不正当竞争行为所支付的费用31620.20元，两项共计140828.20元，上诉人于本判决生效后十日内付清。

一审案件受理费8591.30元，上诉人负担3500元，被上诉人负担5091.30元；一审财产保全费1520元，由上诉人负担。二审案件受理费8591.30，由上诉人负担3500元，被上诉人负担5091.30元；鉴定费1500元，由上诉人负担。

（七）解说

1. 上诉人的仿冒行为是否构成不正当竞争行为。

首先必须确定“二房佳酿”白酒是否知名商品。对“知名商品”的正确理解应当是：某种商品在某一个或几个地区畅销，并为当地公众悉知。如1990年第3期《最高人民法院公报》首次公布的“喜风牌酒”仿冒“喜凰牌酒”包装、装潢、名称的不正当竞争纠纷的案例，被仿冒的“喜凰牌酒”在东北三省和北京密云县畅销，法院依法认定其为知名商品。“二房佳酿”白酒以其质量稳定，包装质朴、实用而受到消费者的欢迎，该商品在青岛、大连、哈尔滨、芜湖等城市畅销。“二房佳酿”在一定区域内具有良好的商业信誉，应当认定为知名商品。

其次，必须确定“二房佳酿”白酒的包装、装潢是否其特有。上诉人称被上诉人所使用的酒瓶是参照湖南省湘西湘泉酒厂生产的“湘泉酒”的酒瓶制做的，草编提篮参照山西省喜凤酒厂生产的“华人牌”酒的草篮而改制，红布包顶是参照孔府宴酒、孔府家酒等白酒的装潢式样，但法院认为“流线酒壶型陶瓷瓶，草编提篮，红布包顶”是一个整体包装，虽然博采众家，但自成一体；在该种商品上市前，未有同类商品有同样的包装、装潢出现。故此，这种包装、装潢是“二房佳酿”白酒所特有的。

再次，上诉人的仿冒行为是否使消费者误认为是被上诉人的知名商品。上诉人采用与被上诉人的“二房佳酿”近似的包装、装潢，其部分商品采用与被上诉人商品相近似的名称（三房玉液、三房特曲），在其商品说明书上故意与被上诉人的知名商品相联系，这一系列仿冒及误导行为，已使消费者误认为上诉人的商品为被上诉人的知名商品。

综上所述，根据《中华人民共和国反不正当竞争法》第五条第二项的规定，上诉人的行为构成不正当竞争行为中的仿冒行为。根据该条文的字面意思，仿冒行为即使仿冒的不是被仿冒者的特有的名称、包装、装潢，只要“近似”并且导致“误购”即可构成该不正当竞争行为。

2．“二房佳酿”白酒更名为“二坊佳酿”白酒后，是否还存在侵权问题。

上诉人的仿冒行为侵犯的客体是社会主义市场经济秩序与被上诉人的合法权益，无论被仿冒商品是否更名，其侵犯的客体依然存在。被上诉人虽然把其商品更名，但其知名商品的良好信誉，必然被其重新命名的商品所继承，因为该知名商品的名称只是由“二房佳酿”改为“二坊佳酿”，该商品的装潢、包装及其白酒的配方未有改变，实际为同一商品。再者，上诉人未明确声明放弃使用原知名商品名称的权利，按照“原始取得”的原则，暂不使用的“二房佳酿”名称权，依然归被上诉人所有。故此，不论“二房佳酿”是否更名，只要上诉人采用仿冒该知名商品的行为，就构成侵权。

3．被上诉人因“二房佳酿”白酒未经注册擅自使用商标注册标记及构成商品的文字、图案有损社会主义道德风尚，而被有关地市工商局处罚，该商品被仿冒是否应受保护。从青岛市工商局及淄博市工商局的两份处罚决定书的内容看，被处罚人违法在其部分商品上使用商标标识“R”而受处罚比较明确，而对被处罚人的商品的商标文字及图案有损社会主义道德风尚的认定却比较模糊。“二房佳酿”白酒的商标图案为二间茅草房，一台碾子，一位碾米的农村妇女。该酒上市后，被社会上一些低级趣味之人戏称为“小老婆”酒，被上诉人为避免造成社会负面效应，及时将“二房佳酿”更名为“二坊佳酿”。其实“二房”并非“小老婆”的意思。“二房佳酿”特有的包装、装潢及其良好的商业信誉是其生产者的劳动成果，商标标识只是该商品的部分内容，绝不能因部分违法而推断全部违法或其他部分违法，其合法权益理应受到法律的保护。法院审理案件是独立审判，其他国家机关所作的具体决定，只能参考，不可照搬。故此“二房佳酿”白酒的合法名称权及其特有的包装、装潢不容侵犯，理应受到法律的保护。

4．关于赔偿数额如何计算的问题。《中华人民共和国反不正当竞争法》第二十条的规定：“经营者违反本法规定，给被侵害的经营者造成损害的，应当承担赔偿责任，被侵害的经营者的损失难以计算的，赔偿额为侵权人在侵权期间因侵权所获得利润，并应当承担被侵害的经营者因调查该侵害其合法权益的不正当竞争行为所支付的合理费用。”在司法实践中，在被侵害人的损失难以计算，侵权人在侵权期间出现亏损时，侵权人的赔偿数额参照下列公式确定：被侵害人单位产品税前利润（毛利润）乘以侵害人侵权期间的销售数量，加上被侵害人调查该侵权行为的合理支出。本案由于侵害人沂源县林前酒厂在侵权期间未建立财务账，其是否亏损难以确定，为充分保护被侵害人沂源玉德酿酒饮料有限公司的合法权益，二审法院亦采取了上述公式。

（吕兴勇）

四、股票、期货、票据、证券、储蓄案例

45. 中国农业银行江苏省信托投资公司淮阴市办事处诉刘志宏股票交易透支案

（一）首部

1. 判决书字号

一审判决书：江苏省淮阴市清河区人民法院（1996）清法经初字第503号。

二审判决书：江苏省淮阴市中级人民法院（1996）经终字第365号。

2. 案由：股票交易透支案。

3. 诉讼双方

原告（被上诉人）：中国农业银行江苏省信托投资公司淮阴市办事处（简称办事处）。

法定代表人：金训其，主任。

委托代理人：江华，该办事处经理。

委托代理人：钱先兵，淮阴明星律师事务所律师。

被告（上诉人）：刘志宏，男，1967年8月30日生，淮阴纺织学校教师。

4. 审级：二审。

5. 审判机关和审判组织

一审法院：江苏省淮阴市清河区人民法院。

独任审判：审判员：丁华山。

二审法院：江苏省淮阴市中级人民法院。

合议庭组成人员：审判长：钱晓明；审判员：王大勇；代理审判员：李涛。

6. 审结时间

一审审结时间：1996年7月25日。

二审审结时间：1996年10月22日。

（二）一审情况

1. 一审诉辩主张

(1) 原告诉称：被告刘志宏1995年5月5日在我处证券部开设资金账号，存入2万元资金进行股票买卖，5月17日经允许成为大户。同年5月22日上海股市行情火爆，被告乘我部工作人员繁忙之机，在无任何资金的情况下，先后买进股票琴岛海尔80000股，成都商场63000股，合计透支1137050.66元。我部发现后，当即通知被告刘志宏，此后又多次书面通知被告，要求归还我部资金，但被告均未补入任何资金。1995年10月23日，被告

填单卖出成都商场股票5000股，但仍占用我部资金740807.11元。1996年4月30日，琴岛海尔股票面临配股除权，我部在通知被告补入资金未果后，采取了强制平仓措施，卖出被告账户上琴岛海尔股票84000股，但被告仍占用我部资金221383.24元。现被告股票账户上股票市值（1996年5月16日）为121000.00元。故诉请法院判令被告偿还原告资金100383.24元（扣除按1996年5月16日市值计算的被告股票），由被告承担本案诉讼费。

（2）被告辩称：原告下属证券部利用被告刚入市缺乏经验，为收取高额利息和佣金，在被告资金未达到大户规定要求10万元的情况下，主动为被告办理了大户手续，引诱被告到大户室进行融资交易。此后在未经本人同意又无任何法律手续的情况下，违规操作强行平仓以致造成亏损。原告的行为违反了有关规定，侵犯了被告的个人财产所有权，要求原告立即纠正其违法行为，归还被告股票，并对强行平仓造成的损失负主要民事赔偿责任。

2. 一审事实和证据

淮阴市清河区人民法院经审理查明：被告刘志宏于1995年5月5日在原告下属证券部开立股东账号A156558549和资金账户824，存入2万元资金进行股票买卖，并于同年5月17日进入大户室。1995年5月18日，被告刘志宏透支原告资金18334.27元，至5月19日透支达21274.95元。5月22日，在股市行情火爆，证券部未及审查委托买卖单的情况下，又透支1137050.66元。在三个交易日中，被告累计透支额为1158325.61元。由于股市行情持续火爆，江苏省证券交易中心清算部5月22日当天值班员提醒淮阴农行场内红马甲（交易员）注意防止超买，造成透支。该交易员当即将情况汇报证券部，证券部经查，被告透支已达上述金额。同年5月24日，原告向淮阴市公安局清河区分局长西派出所报案，该所认为属经济纠纷，应由有关部门处理。嗣后，原告下属证券部多次书面通知被告要求其归还资金，被告仅于1995年10月23日填单卖出成都商场股票50000股，但仍占用原告资金740807.11元。1996年4月30日，青岛海尔股票面临配股除权，原告在4月15日提前通知被告要求其补入资金予以配股而未得的情况下，采取强制性平仓措施，卖出被告股票青岛海尔84000股后，被告仍占用原告资金221383.24元。1996年5月16日，被告股票账户上股票市值121000元，扣除后尚欠原告透支款100383.24元。

上述事实有下列证据证明：

（1）经与原件核对无误后被告刘志宏在原告处开立的股东账户和资金账户复印件。

（2）原告举证的经核证的被告买入股票委托书计9份（复印件）。

（3）原告举证经核证的证明刘志宏透支1158325.61元的对账明细表。

（4）淮阴市公安局清河区分局长西派出所报案记录。

（5）原告强行平仓卖出被告名下股票交割单。

（6）1995年5月18日至5月22日、1996年4月30日、1996年5月16日上海股市行情。

3. 一审判案理由

江苏省淮阴市清河区人民法院认为：被告刘志宏在股市行情火爆，原告未及审单的情况下，透支炒股，对纠纷的产生负有过错责任，尚欠透支款应予返还。原告对被告填写的委托买卖单未能认真审查，对透支事实的形成亦应承担相应的过错责任。但原告在被告未能及时补入资金返还透支款的情况下，考虑到双方实际利益，采取强制性平仓措施并无过错。故被告要求原告返还已被平仓的股票，理由不能成立，本院不予支持。

4. 一审定案结论

依照《中华人民共和国民法通则》第六十一条之规定，淮阴市清河区人民法院作出如下判决：

被告欠原告透支款 100383.24 元，于判决生效后十日内返还。

本案案件受理费 3670 元，原告承担 734 元，被告承担 2936 元。

（三）二审诉辩主张

一审判决后，被告刘志宏不服，提起上诉称：认定我单方透支与事实不符，证券部强行平仓无法律依据，判决我承担全部责任明显不公。请求改判由被上诉人返还被平仓的股票并承担赔偿责任。被上诉人办事处未作答辩。

（四）二审事实和证据

二审法院经审理确认了一审的事实和证据。

（五）二审判案理由

江苏省淮阴市中级人民法院审理认为：

1. 被上诉人办事处下属证券部在上诉人刘志宏资金账户无款的情况下接受其委托使其短期内买入大额股票，形成透支交易，双方行为均违反证券交易管理的有关法规、规章。基于透支事实而形成的借贷关系亦因双方行为违法而无效，刘志宏应返还证券部透支款。

2. 透支事实形成后，刘志宏未及时返还全部欠款，对纠纷的产生应负主要责任。当青岛海尔股票面临配股除权之际，刘志宏仍未按证券部通知要求补入资金，为避免除权后造成的损失，证券部于股权登记日闭市前强行卖出刘志宏名下股票以收回借款并无不当，但因此而形成的差价损失系因双方的违法透支行为造成，双方均应负担。刘志宏上诉请求证券部返还被平仓的股票无法律依据，本院不予支持。

3. 原判决认定主要事实清楚，但鉴于股票价格的不确定性，判决将刘志宏名下现有股票以固定市价折抵欠款及刘志宏承担全部平仓损失不当，应予纠正。

（六）二审定案结论

江苏省淮阴市中级人民法院依照《中华人民共和国民法通则》第六十一条第一款、《中华人民共和国民事诉讼法》第一百五十三条第一款第（二）项之规定，作出如下判决：

1. 撤销淮阴市清河区人民法院（1996）河法经字第 503 号民事判决。

2. 刘志宏返还办事处欠款 221383.24 元。

3. 办事处承担平仓差价损失 44697.11 元。

以上二、三项冲抵后，刘志宏应付给办事处 176686.13 元，于本判决生效后三日内付清。

一审案件受理费 3620 元，办事处、刘志宏各负担 1835 元；上诉案件受理费 3670 元，刘志宏负担 1835 元，办事处负担 1835 元。

（七）解说

本案是一起股民透支炒股、证券商强行平仓引发的股票纠纷，法院主要从三个方面进行了审理。

1. 关于透支炒股的性质。一、二审法院均认定这一行为是违法的，这一认定是正确的。国务院在《股票发行与交易管理暂行条例》中明确规定，任何证券经营机构不得为股票交易提供融资。《上海证券交易所交易市场业务试行规则》中亦规定，证券商不得受理信用方式的证券买卖。因此，无论从国家的法律法规，还是从交易所内部业务规则看，透支炒股都是明令禁止的行为。

2. 关于透支交易的法律责任。一、二审法院均认定属双方过错，都有责任，这一认定也是正确的。首先，从作为股民的被告刘志宏来说，应该知道不准透支炒股的规定，但在巨大利润的驱使下，明知账上的资金不足，却仍频频添单要求购股，属于明知不能为而为之，具有明显的故意性。其次，作为证券商的原告本应对被告的违法行为负起管理之责，加以制止，但却在没有审查被告账户资金的情况下，盲目接受委托，致使买卖成交，对这种透支行为采取了放任的态度，因此，原告也有过错责任。即是说，造成透支是双方行为的结果（表现为被告作为，原告不作为），缺少任何一方的行为均不会造成。

3. 关于损失的承担。在本案中，表面上看损失是由原告强行平仓造成的差价损失，但实质上是由双方的违法透支行为造成的。对于原告的强行平仓行为，一、二审法院均认为并无不当，这一认定是合理的，因为原告平仓是在被告多次拒绝补齐透支款，海尔股票又面临配股的情况下采取的，既是原告自我保护的需要，也是保护被告利益的需要。但一审法院作出的由被告承担全部平仓损失的判决与其认定双方都有责任是矛盾的，判令将被告名下的股票以固定价格折抵透支款亦无法律依据。二审法院根据《民法通则》第六十一条第一款的规定作出的改判是正确的。

（薛兵　王大勇）

46. 唐玉宽诉广东广发证券公司海口义龙路营业部股票质押融资协议案

（一）首部

1. 判决书字号：海南省海口市新华区人民法院（1996）新经初字第208号。

2. 案由：股票质押融资协议案。

3. 诉讼双方

原告：唐玉宽，男，汉族，1956年3月9日出生，住海口市海甸四东路富怡小区3单元605室。

委托代理人：泰和民，实现者律师事务所律师。

被告：广东广发证券公司海口义龙路营业部。

法定代表人：张鸿翼，总经理。

委托代理人：赵剑发，华合律师事务所律师。

委托代理人：廖中山，华合律师事务所律师。

4. 审级：一审。

5. 审判机关和审判组织

审判机关：海南省海口市新华区人民法院。

合议庭组成人员：审判长：夏治强；审判员：吴杰、王晓。

6. 审结时间：1996年12月12日。

（二）诉辩主张

1. 原告唐玉宽诉称：1995 年 11 月 28 日，我将从朋友处借来的 10 万股马钢股票在被告处作了指定交易，因资金周转困难，我于同年 12 月 28 日以个人名义在被告处开设了海南中商期货的期货账户（账号为 222222），并同时与被告签订一份融资协议，以上述值市价 20 万元的马钢股票作质押融资 20 万元。签约后，我将我朋友的身份证及股东交易卡交给被告，被告也给我开设的期货账号 222222 内划进资金 10 万元，但我本人从未进行过期货交易。也未委托他人交易，至 1996 年 3 月 20 日突然接到被告通知说我的期货账号亏损，欠款 278085 元。综上所述，我认为：（1）被告超越经营范围进行营业融资业务实属违法，所签的融资协议应为无效；（2）被告擅用我的账户进行交易，是无权代理；（3）证券质押未按《担保法》规定办理登记手续，质押协议也应为无效。请法院依法判决。

2. 被告广东广发证券公司海口义龙路营业部辩称：1995 年 12 月 28 日原告委托我部为其在海南中商期货交易所开设期货交易账号（客户代码为 222222），代理其进行期货交易，并同时签订了一份股票质押融资协议是事实。但原告自 1995 年 12 月 22 日起至 1996 年 3 月 22 日其设立的账户被强行平仓为止，共亏损了 378085 元也是事实。故我部认为原告唐玉宽拖欠我部期货亏损款长达 4 个月之久，现无端挑起讼争，是为了推卸其应当承担的法律责任，从而达到逃避债务的目的。因此，请法院依法驳回原告的起诉。

（三）事实和证据

海口市新华区人民法院经公开审理查明：1995 年 12 月 28 日，原告唐玉宽因资金周转困难，自愿将其从朋友（桑振宇、傅玉莱）处借来的 10 万股马钢股票与被告签订一份融资协议，以上述股票质押融资 20 万元人民币，并于当日以其个人名义在被告处开设了海南中商期货账户（客户代码为 222222）。协议签订后，原告将其持股朋友桑振宇和傅玉莱的身份证及股东交易卡给被告。被告收取后，也给原告开设的期货账号 222222 内存入资金 10 万元，原告对此不持异议，并从中领取过部分款项。在期货交易方面，原告曾于 1996 年 3 月 14 日下达指令在海南中商期货交易所进行 10 手咖啡交易，该交易是盈利还是亏损经查无实据。被告辩称原告的期货账户被强行平仓后，其亏损 378085 元，没有举证属原告指令所为。另查，被告广东广发证券公司海口义龙路营业部是经中国人民银行海南省分行以琼银发（1996）235 号文批复由广东发展银行海南证券业务部更名的。其经营范围中没有质押融资这一项。原告将股票出质，也未向证券登记机构办理出质登记手续。

上述事实有下列证据证明：

1. 双方均承认的融资协议书。

2. 原告唐玉宽向被告融资的申请表。

3. 被告开设的户名为原告的活期储蓄存折，被告已转入人民币 10 万元。

4. 原告从保证金账户取款 1.3 万元的凭条三张。

5. 被告名称由广东发展银行海南证券业务部变更为广东广发证券公司海口义龙路营业部的批复。

6. 被告的营业执照，其经营范围中无质押融资的内容。

7. 原、被告双方的陈述。

（四）判案理由

海口市新华区人民法院根据查明的事实和证据认为：原、被告于 1995 年 12 月 28 日签订的股票质押融资协议，因被告实施该行为超越了其核准的经营范围，从而也违反了国家的金融管理制度；原告以借用的股票出质，未办理登记手续，违反了《担保法》第七十八条第一款，故该协议应确认为无效合同，不受国家法律保护。导致协议无效，双方在其中均存在过错，故双方应按《民法通则》第六十一条第一款规定，依法返还各自占有对方的财产，造成的经济损失应由双方各自承担。原告请求确认在其账户上的期货交易无效，因该请求所涉及的问题双方均未能在本院限定的时间内举证证实，本院不予认定。

（五）定案结论

海口市新华区人民法院依照《中华人民共和国民法通则》第四十二条、第六十一条第一款和《中华人民共和国担保法》第七十八条第一款之规定，作出如下判决：

1. 确认原、被告于 1995 年 12 月 28 日签订的股票质押融资协议书无效。

2. 限原、被告在本判决生效后的 10 天内将各自占有对方的财产返还（原告返还被告的融资款 10 万元人民币，被告返还原告出质的 10 万股马钢股票及相关证卡）。原告逾期返还，则按延付金额以中国人民银行规定的一年期的同期贷款利率加倍向被告支付迟延履行期间的债务利息。

3. 驳回原告的其他诉讼请求。

本案诉讼费 5510 元，原告承担 2755 元，被告承担 2755 元。

一审宣判后，本案当事人均服判未提起上诉。

（六）解说

1. 这是一起少见的以股票质押融资用以从事期货交易所产生的纠纷案。被告广发证券公司海口义龙路营业部作为证券机构，应在经证券管理部门、人民银行和工商登记管理部门核准的经营范围内从事经营活动，《中华人民共和国民法通则》第四十二条明确规定："企业法人应当在核准登记的经营范围内从事经营。"质押融资是金融机构经批准才能开展的业务，本案被告广发证券海口营业部在未经核准的情况下接受客户的股票质押，融资给客户并代理客户从事期货交易，其行为不仅违反了《民法通则》第四十二条，也违反了国家的金融管理制度。

2. 股票质押合同是一种要式合同。关于股票出质登记问题，也是确认本案原、被告之间股票质押效力的一个重要的方面。根据《中华人民共和国担保法》第七十五条的规定，依法可以转让的股票是可以质押的一种权利。《担保法》确定了担保的方式包括保证、抵押、质押、留置、定金五种，其中质押又有动产质押和权利质押之别，这是以法律的形式第一次确立了权利质押的合法性及质押合同的生效要件。所谓权利质押，是指以各类有价证券、债权、股东权等财产权利为标的物的抵押。以股票质押属于权利质押。本案中唐玉宽经股票所有人同意，可以以股票出质。但在股票质押时，必须注意两个问题：一是出质的股票应属于依法可以转让的股票，限制或禁止转让的股票则不能出质；二是出质人在与质权人订立书面合同后，应向证券登记机构办理出质登记，质押合同自登记之日起生效。本案中唐玉宽将出质的股票交与广发证券海口经营部而未登记，不能产生股票质押有效的法律后果。

（夏治强）

47. 伍关雄诉中国平安保险公司海南分公司等股票交易侵权案

（一）首部

1. 判决书字号：海南省海口市中级人民法院（1996）海中法经初字第61号。

2. 案由：股票交易侵权案。

3. 诉讼双方

原告：伍关雄，男，1954年12月19日出生，汉族，住海南省琼海市加积镇前进路11号。

委托代理人：王世杰，海南联合律师事务所律师。

被告：中国平安保险公司海南分公司（以下简称被告平保海南公司）。

法定代表人：何实，副总经理。

委托代理人：李学成，中国平安保险公司职员。

委托代理人：谢秋林，中国平安保险公司职员。

被告：深圳平安保险公司蛇口证券营业部（以下简称被告蛇口证券部）。

法定代表人：王戍，经理。

委托代理人：李学成，中国平安保险公司职员。

4. 审级：一审。

5. 审判机关和审判组织

审判机关：海南省海口市中级人民法院。

合议庭组成人员：审判长：叶能强；审判员：李必雄；代理审判员：杨雪冬。

6. 审结时间：1996年7月26日。

（二）诉辩主张

1. 原告伍关雄诉称：原告于1992年底至1993年初通过被告平保海南公司证券部在被告蛇口证券部开立账号为00900710的证券账户。尔后原告购入下列股票：深安达A股250股、深宝安A股1000股、鄂武商A股2000股、琼民源A股500股、琼港澳A股600股。原告账户中尚余现金人民币8536元。1994年4月底，原告欲使用00900710账户时，被告平保海南公司证券部告知账户内股票已被原该部经理陈世添抵押，账户已被冻结。原告当即言明原告对此不知情，要求被告平保海南公司解除冻结，归还原告股票及现金，但遭拒绝。此后股票价格上涨，原告再次要求被告平保海南公司归还原告股票及现金，但再次遭拒绝，致使原告的股票无法在高价位出售，造成原告损失49865.30元。由于陈世添未经原告同意擅自将原告的股票抵押给被告平保海南公司，故该抵押无效。被告平保海南公司根据无效的抵押行为要求被告蛇口证券部冻结原告证券账户，致使原告账户中的股票及现金不能流动，两被告共同侵犯了原告的财产所有权。故请求：（1）判令两被告归还原告现金8536元；（2）判令两被告赔偿原告股票损失49865.30元；（3）判令两被告按月利率1.5%赔偿原告利息损失；（4）判令两被告按每日万分之五赔偿原告罚息损失。

2. 被告平保海南公司辩称：以原告伍关雄名义开立的00900710证券账户实际系陈世

添个人的账户，该账户内的资金一部分为陈世添个人投入，一部分系陈世添挪用第一被告的公款。原告伍关雄在该账户内未投入任何资金，该账户与原告伍关雄本人无任何联系，故原告关雄所诉无事实根据，请求驳回原告的诉讼请求。

3. 被告蛇口证券部辩称：陈世添被逮捕后，第二被告从未接到过有关原告伍关雄或陈世添关于 00900710 账户内股票交易的任何指令，故第二被告并未侵犯原告伍关雄的财产所有权。

（三）事实和证据

海口市中级人民法院经审理查明：

1993 年 1 月，原告伍关雄的妹夫，亦即被告平保海南公司原证券部经理陈世添，以原告伍关雄的名义，在被告蛇口证券部处设立证券账户，该账户代码为 00900710，在据以设立 00900710 证券账户的平安保险公司蛇口证券营业部电话自动委托交易开户申请表上，仅载明以下内容：股东代码：900710；姓名：伍关雄；通讯地址：海南海口海秀路鞍海大厦平保公司。该申请表上的“身份证号码”、“签名式样”、“工作单位”等栏均为空白。户名为“伍关雄”的 00900710 证券账户卡上的“身份证号码”、“通讯地址”等栏亦均为空白。该证券账户设立时，账户内亦无开户保证金。同年 2 月 1 日，陈世添通过 00900710 证券账户进行第一笔股票交易。同年 3 月 2 日，陈世添以其个人名义将保证金 5.8 万元汇入 00900710 证券账户。嗣后，00900710 证券账户均由陈世添操作进行股票交易。同年 6 月 24 日，陈世添从 00900710 证券账户将款 2001 元转入以原告伍关雄名义开立在中国银行蛇口支行的 0153110005217 账户。同年 9 月 4 日，陈世添因动用公款进行期货交易亏损，向被告平保海南公司出具还款计划称：00900710 账户的股票在其未还清欠款之前，亦作为抵押物。同年 9 月 27 日，陈世添在 00900710 证券账户进行了其操作的最后一笔股票交易。在此期间，原告伍关雄从未亲自在 00900710 证券账户进行过股票交易，亦未以其个人名义向该账户汇入保证金。同年 10 月 8 日，被告平保海南公司下属的证券交易营业部通知被告蛇口证券部从 00900710 证券账户划款 16304.40 元到其指定的银行账户。1994 年 1 月 20 日，被告平保海南公司下属的证券部再次通知被告蛇口证券部从 00900710 证券账户划款 8536.10 元到其账户。由此，被告蛇口证券部先后两次从 00900710 证券账户划款共计 24840.50 元给被告平保海南公司。同年 4 月 7 日，陈世添因涉嫌挪用公款，被海口市公安局刑事拘留，并于同年 4 月 19 日被海口市人民检察院逮捕。此后，原告伍关雄向被告平保海南公司下属证券部要求动用 0090710 证券账户，但遭拒绝，遂引起讼争。

另查明：00900710 证券账户自 1993 年 9 月 27 日陈世添进行最后一笔股票交易后，至 1996 年 2 月 16 日，尚存有下列股票：深安达 A412 股、深宝安 A1062 股、鄂武商 A2400 股、琼港澳 A1062 股，且至 1996 年 2 月 16 日，该证券账户尚存资金 993.16 元。在审理期间，海口市中级人民法院经提审被告平保海南公司原证券部经理陈世添，陈世添称 00900710 证券账户系其根据原告伍关雄的委托，为原告伍关雄设立的证券账户，其汇入该账户的资金 5.8 万元亦系原告伍关雄交其进行股票交易的资金，其以 00900710 证券账户内的股票作为其归还欠款的抵押物，并未经原告伍关雄同意。陈世添尚称，被告平保海南公司先后两次通知被告蛇口证券部划拨 00900710 证券账户资金，其并未知道。被告平保海南公司在法庭调查时称，其两次通知被告蛇口证券部划款系经陈世添同意，但被告平保海南公司未能举证证明。在法庭调查过程中，原告伍关雄承认，其未曾直接向被告蛇口证券部下达 00900710

证券账户的股票交易指令。

上述事实有下列证据证明：

1. 平安保险公司蛇口证券营业电话自动委托交易开户申请表。

2. 00900710 证券账户卡。

3. 付款凭证。

4. 资金流动申请表。

5. 00900710 证券账户对账单。

6. 划款通知书。

7. 证人陈世添的陈述。

8. 当事人的陈述。

（四）判案理由

海口市中级人民法院依据上述事实和证据认为：

1. 被告平保海南公司原证券部经理陈世添根据原告伍关雄的委托，以原告伍关雄的名义在被告蛇口证券部设立 00900710 证券账户，该证券账户在设立时虽然原告伍关雄的个人资料不全，资金亦系在账户设立并进行股票交易后方汇入，但这些开户时的不规范行为并非股民即原告伍关雄的过错，被告蛇口证券部作为证券商，应对自己在为股民设立证券账户时的违规行为承担责任。由于 00900710 证券账户系用原告伍关雄的身份证并以原告伍关雄的名义设立，且行为人陈世添亦言明该账户系根据原告伍关雄的委托设立并以原告伍关雄交付的资金进行股票交易，故 00900710 证券账户的权利人应为原告伍关雄。被告平保海南公司以 00900710 证券账户设立的行为不规范、资金系由陈世添支付及该账户的一切交易指令均为陈世添下达为由，辩称 00900710 证券账户与原告伍关雄无关，其理由不足，不予采纳。

2. 被告平保海南公司未经原告伍关雄同意，擅自通知被告蛇口证券部将 00900710 证券账户内的资金 24840.50 元划入其指定的银行账户，其行为侵犯了原告伍关雄的合法权益，已构成侵权。被告平保海南公司对此应承担侵权的过错责任。被告平保海南公司应将擅自划走的 24840.50 元及其法定孳息如数返还给原告伍关雄。

3. 被告蛇口证券部作为证券商，未经股民即原告伍关雄同意，擅自为被告平保海南公司划拨原告伍关雄所有的 00900710 证券账户内的资金，已构成共同侵权。被告蛇口证券部应对被划拨款项及其法定孳息的偿还承担连带责任。

4. 原告伍关雄诉称其在 1994 年间曾多次向被告平保海南公司要求动用 00900710 证券账户进行股票交易但遭拒绝一节，因 00900710 证券账户并非设立在被告平保海南公司处，而原告伍关雄又未曾向该账户的证券商即被告蛇口证券部下达交易指令，故原告伍关雄诉称被告平保海南公司及被告蛇口证券部不准其对 00900710 证券账户内的股票进行交易的理由不足，不予采信。

（五）定案结论

根据《中华人民共和国民法通则》第一百一十七条之规定，海口市中级人民法院于 1996 年 7 月 26 日作出如下判决：

1. 被告平保海南公司应于判决发生法律效力之日起十日内，将擅自通知划走的 00900710 证券账户资金 24840.50 元及其法定孳息如数返还给原告伍关雄。孳息计算为：资金 16304.40 的孳息，从 1993 年 10 月 8 日至 1995 年 10 月 7 日按中国人民银行规定的城乡居民储蓄存款定期半年期利率计算，1995 年 10 月 8 日至 1996 年 4 月 7 日按中国人民银行规定的城乡居民储蓄存款定期二年期利率计算，1996 年 4 月 8 日至 1996 年 7 月 7 日按中国人民银行规定的城乡居民储蓄存款定期三个月期利率计算，1996 年 7 月 8 日至该款还清前一日按中国人民银行规定的城乡居民储蓄存款活期利率计算；资金 8536.10 元的孳息，从 1994 年 1 月 20 日至 1996 年 1 月 19 日按中国人民银行规定的城乡居民储蓄存款定期二年期利率计算，1996 年 1 月 20 日至 1996 年 7 月 19 日按中国人民银行规定的城乡居民储蓄存款定期半年期利率计算，1996 年 7 月 20 日至该款还清前一日按中国人民银行规定的城乡居民储蓄存款活期利率计算。

2. 上列款项，被告平保海南公司如逾期付清，被告蛇口证券部应承担连带清偿责任。被告蛇口证券部清偿后，有权向被告平保海南公司追偿。

3. 驳回原告伍关雄其他诉讼请求。

案件受理费 3162 元，由原告伍关雄负担 2213 元，由被告平保海南公司、被告蛇口证券部各负担 474.50 元。

本案当庭宣判后，当事人均服判未上诉，且已按判决自动履行。

（六）解说

本案纠纷主要涉及 00900710 证券账户的权属问题，如何认定 00900710 证券账户的权利人，系处理本案纠纷的关键。

根据证券交易市场业务规则规定，投资者欲进行证券投资，首先必须亲自与证券经纪商确立委托买卖证券关系，即办理开户登记手续。投资者在办理开户登记时，应真实、详细地向证券经纪商填报自己的姓名、性别、身份证号码、家庭地址、职业和联系电话等个人资料，如投资者有委托代理人，尚须在证券经纪商处留存书面授权书。证券经纪商在接受投资者委托前，应核验投资者填报的个人资料以确认投资者的信用。证券经纪商一旦准许投资者在其处开户，双方便正式确立了具有法律效力的委托代理关系。本案争议的 00900710 证券账户，系由原告伍关雄的妹夫，亦即被告平保海南公司原证券部经理陈世添以原告伍关雄的名义设立。陈世添在申请设立该证券账户时，除了填写原告伍关雄姓名外，原告伍关雄的其他个人资料均未填写。被告蛇口证券部在此情况下，不仅同意设立该证券账户，且允许该账户在尚无资金存入的情况下便进行股票交易。被告蛇口证券部的前述行为，明显违反了深圳交易所关于证券商受托买卖证券准则的有关规定，被告蛇口证券部应对其违规行为承担过错责任。然而，00900710 证券账户设立的行为不规范，且无原告伍关雄的书面授权书，是否就表明该证券账户属于行为人陈世添所有？不能。因为设立 00900710 证券账户及通过该账户进行股票交易的行为人系陈世添，但该证券账户系以原告伍关雄的名义设立并以原告伍关雄的名义下达股票交易指令，原告伍关雄对此明知而一直无异议，且行为人陈世添亦言明该证券账户的设立系受原告伍关雄的委托并以原告伍关雄交付的资金进行股票交易，故根据《中华人民共和国民法通则》第六十三条“公民、法人可以通过代理人实施民事法律行为”及第六十六条第一款“本人知道他人以本人名义实施民事行为而不作否认表示的，视为同意”等有关规定，应该认定陈世添以原告伍关雄名义设立 00900710 证券账户并通过该账户进行的股票交易行为均属代理行为。故人民法院认定 00900710 证券账户的权利人为原告伍关雄是正确的。

（叶能强）

48. 朱丽云诉中国建设银行广州市信托投资公司同富证券部等股票、保证金损失赔偿案

（一）首部

1. 判决书字号

一审判决书：广东省广州市东山区人民法院（1995）东法经初字第 65 号。

二审判决书：广东省广州市中级人民法院（1995）穗中法经终字第 503 号。

2. 案由：损失赔偿案。

3. 诉讼双方

原告（被上诉人）：朱丽云，女，34 岁，汉族，住广州市宝成新街 17 号。

委托代理人：程滨涛、杨文军，广州金融海商律师事务所律师。

被告（上诉人）：中国人民建设银行广州市信托投资公司同富证券业务部。

委托代理人：刘军、樊爱华，广州市经济贸易律师事务所律师。

被告：中国人民银行广州市信托投资公司。

委托代理人：刘军、樊爱华，广州市经济贸易律师事务所律师。

4. 审级：二审。

5. 审判机关和审判组织

一审法院：广东省广州市东山区人民法院。

合议庭组成人员：审判长：郑采莲；审判员：李胜英；代理审判员：李涛。

二审法院：广东省广州市中级人民法院。

合议庭组成人员：审判长：冰可；审判员：陆幸平；代理审判员：许群。

6. 审结时间

一审审结时间：1995 年 10 月 12 日。

二审审结时间：1996 年 7 月 17 日。

（二）一审情况

1. 一审诉辩主张

（1）原告诉称：我是同福证券部大户室的股民，1994 年 7 月 28 日下午约 2 时填好买入股票单叫该部的工作人员刘先生入单时，刘先生说我的保证金只有 800 多元，几分钟前有人用工商银行的存折转出 12.9 万元。我们立即出示所有的证件，叫刘先生把我余下的钱和股票冻结起来，但刘先生没有采取冻结措施，致使我的股票被人卖掉。由于被告工作人员的过错，致使我的保证金被别人用假身份证、股东卡和一个新开的存折转走，股票也在中国股市最低潮时被盗卖，蒙受巨大的损失。因此，要求二被告按 1994 年 7 月 28 日被盗卖股票价和 1994 年 9 月 13 日股票升至最高价之间的平均价再减去已退回的盗卖价，以及因保证金被转走导致下单买进股票不能成交而造成的损失二项共计赔偿人民币 239141 元。

（2）两被告辩称：原告指责我证券部没有采取冻结措施，致使其所有股票被人卖掉并非事实。1994 年 7 月 28 日下午 2 时许，原告的丈夫以原告名义递单准备买入股票时，我部工作人员按单输入后发现原告保证金账户上只有 800 多元。原告当时很惊慌，根本没有向

我工作人员提出过冻结其股票的要求。我部得知原告保证金被他人转走后，即到工商银行拟采取措施，但为时已晚，案犯已在10分钟前把款提走。与此同时，根据资料显示，案犯将原告深圳粤富华、辽房天、川长钢等几种股票卖出，并用卖股票的钱买入上海界龙实业股票3100股，经分析并和上海证交所取得联系，连夜部署了一个抓获案犯的计划，次日，将前来提款的案犯抓获，并把12.9万元保证金及抛售原告上海股所得的款项共14万余元全部退回。原告的保证金、股票被盗卖，其本人有不可推卸的责任，原告的身份证、股东卡号码等资料是案犯在其身边偷窥分多次记下后伪造的。原告的诉讼请求无理无据，其本人应对自己的过错承担责任，要求驳回原告的诉讼请求。

2. 一审事实和证据

广州市东山区人民法院经审理查明：

1994年5月16日，原告持身份证、股东卡和中国建设银行存折与被告同福证券部签订了一份证券交易协议，该协议书上留存了原告的身份证号码及深圳、上海股东卡号码等。此后原告在进行股票交易的过程中，常带股民杨某某（原告的朋友）进大户室，杨某某偷看了原告的个人资料，凭所盗的资料伪造了原告的身份证以及上海、深圳股东卡，于同年7月26日到中国工商银行开设了一本银行存折，以原告名义与被告同福证券部签订一份证券交易协议，并办理了电话委托项目。1994年7月28日下午1时46分，杨某某用假的身份证、股东卡将原告的保证金12.9万元转入其冒名开设的中国工商银行账户，随后分两次将该款提走。下午2时左右，原告填单准备买股票时方知出现问题。2时08分至2时10分，杨某某用电话委托又将原告辽房天15000股、川长钢8900股、粤富华3500股三种深圳股票盗卖，用回笼资金买入上海股票界龙实业3100股；2时38分，又将该3100股界龙实业及原告原有的5000股重庆万里卖出。次日，杨某某再去提款时，被有准备的被告及有关人员抓获，追回被杨某某提走的保证金和抛售股票所得款共272230元。1994年10月27日，广州市公安局将该款交还原告。案发后，深圳、上海股票综合指数不断攀升，由1994年7月28日的96点、339点升至9月13日最高点225点、1033点；退还款的10月27日回落至159点、703点。原告的身份证、股东卡与杨某某伪造的假身份证、股东卡在照片、地址、有效日期、签发日期、代码位数、电话号码位数等方面均有不同。被告同福证券部是经中国人民银行广州分行批准、具有独立财产、能承担民事责任的主体，被告投资公司是其上级部门。

上列事实有下列证据证明：

（1）案犯杨某某的供述。

（2）广州市建设银行信托投资公司的报案材料。

（3）广州市建设银行信托投资公司对真假股东卡的鉴别材料。

（4）市公安局刑警大队关于真假身份证的对比说明。

（5）案犯在工商银行的存取款凭条。

（6）法院调查笔录及庭审笔录。

3. 一审判案理由

广州市东山区人民法院认为：

（1）案犯杨某某多次利用与原告留存的资料有明显漏洞的假证买入卖出股票及从不同的开户行提款，并利用与身份证照片不同的其他人去签协议等，被告同福证券部均未发现，说明被告对“三证”的审查是不严谨的。在发现原告的保证金账户和股票出现异常后，亦未依职责立即向登记公司或交易结算中心提出冻结要求，工作上存在一定的疏忽大意和过失，是产生纠纷的主要原因。但其在事后能准确判断，对及时破案追回款项起到积极作用，挽回了不必要的损失。

（2）案发后股票指数不断上升，确有原告的一定预期收益，故被告同福证券部应对自己过错造成原告的损失给予适当的补偿。

（3）原告在股票交易过程中，不注意保密个人资料，给了罪犯可乘之机，亦有一定的过错。

（4）被告同福证券部是能独立承担民事责任的主体，所产生的后果由其自行承担。

4. 一审定案结论

广州市东山区人民法院依照《中华人民共和国民法通则》第一百零六条、第一百二十一条、第一百三十一条的规定，作出如下判决：

（1）本判决生效之日起十日内，被告同福证券部支付4万元给原告作损失补偿。

（2）驳回原告的其他诉讼请求。

本案受理费6098元，由被告同福证券部负担1020元，原告负担5078元。

（三）二审诉辩主张

1. 上诉人同福证券部诉称：证券商仅登记客户身份证号码、股东卡号码及签名，其他家庭住址、电话号码、领息代码等资料均不是必要记载事项，也不是法定审查事项。因此，我们无法根据这些内容进行审查。被上诉人发现保证金被转走时，其三种深圳股票正在委托卖出，处在“买卖冻结”状态，无法进行“事故冻结”，故上诉人不存在疏忽和过失。被上诉人向案犯泄露关键资料，也有过失。原判决判令赔偿4万元，缺乏依据。原判适用《民法通则》第一百二十一条不当。

2. 被上诉人朱丽云辩称：同福证券部不按章办事，造成我的损失，理应承担赔偿责任。我没有泄露资料，是案犯杨某某偷看我的资料，造成损失责任不应由我承担。一审法院仅判决赔偿我4万元，远远不能补偿我的损失，且我的股票多次被人买入卖出，所交的手续费和税费都应计入损失。

（四）二审事实和证据

二审法院肯定了一审法院认定的事实和证据，另查明：1994年7月29日各股票价格均低于7月28日。买入卖出辽房天、川长钢、粤富华、界龙实业、重庆万里的佣金、印花税、过户费合计2510.61元，12.9万元保证金从被盗至发回日止的利息3870元，全部损失共计6380.61元。

上述事实有下列证据证实：

1. 朱丽云从1994年4月5日至9月2日所有交易股票明细表。

2.《中国证券报》关于1994年1月至9月的上海股票综合指数收盘线。

3. 证券所关于深圳、上海股市手续费、税金、过户费的收费标准。

（五）二审判案理由

二审法院根据以上事实和证据认为：

被上诉人疏于保密，给犯罪分子可乘之机，对造成经济损失有一定过错。上诉人对犯罪分子所持假证件审查不严，亦有过错，对造成纠纷负有相应的责任，对被上诉人的损失应予赔偿。被上诉人的实际损失有：被罪犯盗卖股票所交纳的佣金、印花税、过户费以及保证金被非法转走不能获取的银行利息。被上诉人以股票1994年7月28日的低价与同年9月27日之间最高价的平均价计算其损失不合理，原审判决不予认定是正确的。原审判决认定事实清楚，但认定损失数额及适用《中华人民共和国民法通则》第一百二十一条不当，应予更正。

（六）二审定案结论

广州市中级人民法院依据《中华人民共和国民事诉讼法》第一百五十三条之规定，判决如下：

1. 维持原审判决主文第二项。

2. 变更原审判决主文第一项为：接到本判决之日起十日内，上诉人支付6380.61元给被上诉人作损失补偿。

本案一审受理费6098元，上诉人承担163元，被上诉人承担5935元；二审受理费6098元，上诉人承担973元，被上诉人承担5125元。

（七）解说

本案主要涉及三个问题：

一是本案法律关系的性质。首先，自1994年4月原告朱丽云持身份证等与被告同福证券部签订证券交易协议，二者之间就产生了委托代理的合同关系。双方各自享有协议所规定的权利和义务，如双方对交易密码均有保密的义务，被告对原告委托的交易有严格审查“三证”（身份证、股东卡、保证金账号）的义务等等。本案中，一方面，被告证券部未能严格审查“三证”，即未能按约定要求履行义务，构成违约，依法应承担违约赔偿责任；另一方面，由于被告未能严格审查“三证”，致使案犯杨某某利用假身份证、假股东卡等办理了电话委托交易，利用假委托提走了原告的保证金，盗卖了原告的股票，造成原告的经济损失，依法应承担侵权损害赔偿责任。这种因被告实施某一违法行为符合多种责任形式的现象，称为责任竞合。在这种情况下，原告有多个请求权，既可提起违约之诉，亦可提起侵权之诉，但不能同时或先后实现两项请求权。

二是原告有无过错。对此有两种不同的意见。一种意见认为，原告没有过错。因为保证金的密码并非原告主动泄露，而是案犯偷窥所得，二者之间有质的区别，因此原告没有过错。另一种意见认为，保证金账号只有证券公司和原告知道，如果原告不泄露出去，盗卖股票的事绝不可能发生。并且，原、被告双方在协议中约定了保密的义务，而原告方没有做到合理的谨慎，常带案犯出入大户室，在下单填写密码时亦未回避，给了案犯以可乘之机，显然有过于自信的过失，因此原告是有过错的。法庭采纳了第二种意见。

三是赔偿数额的确定。根据《民法通则》的规定，侵权损害赔偿的责任承担方式有赔偿损失、恢复原状等。赔偿损失分为两类，一是直接损失，二是间接损失，并且损害结果与违法行为之间有必然的因果关系。在本案中，7月28日证券公司得知客户股票被盗卖，7月29日抓住案犯，追回全部保证金和被盗卖股票款，至此，证券公司为破案追回损失尽了自己应尽的责任。被告因其失职行为给原告造成的直接损失有股票被盗卖所支出的佣金、印花税、过户费，为恢复原状买入其原有股票支付的佣金、印花税、过户费，12.9万元保证金自被盗走至发回之日的利息，共6380.61元。至于原告要求以1994年7月28日的低价与同年10月31日的最高价的平均价为其损失，一审法院认定原告有一定的预期利益是不合理的。因为第一，股票交易是一种充满投机性和风险性的行业，它往往受企业经营状况、经济、市场等方面的影响，股票价格时涨时落，瞬息万变。在交易中，即使下了单，也未必能按指定的价格成交。正是由于股票交易的特殊性、波动性，在该类案件中，不宜也无法预定其有可得利益。第二，原告股票被盗卖，证券部有部分过错，但已于29日追回赃款，且29日的全部股票价格均低于28日，原告不存在差价损失。至于公安局在三个月后才发回款项，这是公安办案的需要，与证券公司的过错没有因果关系。且原告的请求在事实上和法律上均无依据，法院不予支持是正确的。

（江秀兰）

49. 金岩成诉中行吉林信托投资公司上海证券业务部委托买卖股票案

（一）首部

1. 判决书字号

一审判决书：上海市南市区人民法院（1994）南经初字第1023号。

二审判决书：上海市第一中级人民法院（1995）沪中经终字第1181号。

2. 案由：委托买卖股票案。

3. 诉讼双方

原告（被上诉人）：金岩成，男，汉族，1934年3月14日出生，上海真空电子公司电子二厂退休职工。

委托代理人：胡枝东，上海市弘安律师事务所律师。

委托代理人：穆世明，上海市弘安律师事务所律师。

被告（上诉人）：中行吉林信托投资公司上海证券业务部。

法定代表人：宋玮妍，副总经理。

委托代理人：卢立祥，上海市第一律师事务所律师。

4. 审级：二审。

5. 审判机关和审判组织

一审法院：上海市南市区人民法院

合议庭组成人员：审判长：杨启成；审判员：史晓东；代理审判员：洪慧奋。

二审法院：上海市第一中级人民法院。

合议庭组成人员：审判长：王珊；代理审判员：卢进、岑佳欣。

6. 审结时间

一审审结时间：1995年3月28日。

二审审结时间：1996年4月12日。

（二）一审情况

1. 一审诉辩主张

（1）原告诉称：原告与被告曾订立指定交易股票协议。1994年9月26日，原告要求被告撤销指定交易，被告接受撤销指定。9月29日上午，原告委托广东农行信托公司卖出8900

股凌桥股票，4000股隧道股票，300股城乡股票，均未成交。原告即至被告处询问，被告再次发出撤销指定指令。9月30上午，原告再次委托广东农行信托公司卖出上述三种股票，仍未能申报出。经原告至上海证券交易所查询，得知原告的股票账号仍在被告处锁定。原告即至被告处试委托卖出100股城乡股票，当即成交。原告再次要求被告撤销指定。至10月5日，原告得知已撤销指定。由于被告未及时为原告撤销指定，造成9月29日至10月5日股价下跌造成差价损失65325元。现请求法院判令被告赔偿上述损失及利息。

（2）被告辩称：1994年9月26日，原告向被告提出撤销指定后，被告即予办理。9月29日，原告来询问为何未办妥撤销事宜，被告再次发出指令撤销，并提醒原告如要抛售股票可在被告处委托卖出，但原告看好大势而未抛售。30日，原告又来被告处称仍未能撤销指定，被告再次为原告办理撤销指定，并接受原告委托卖出100股城乡股票，当即成交。因原告看好行情会上涨，未卖出其他股票。由此造成的股价落差的损失，应由原告自负。被告根据原告的要求，几次撤销指定而未撤成是证交所电脑原因，被告并未违约，故不承担责任。

2. 一审事实和证据

上海市南市区人民法院经公开审理查明：原告系股民，在被告处开立资金账户买卖股票。1994年8月29日，原、被告签订指定交易协议书，约定，被告接受原告的指定交易申请，指定交易席位号码13095；在履行清算交割义务后，原告有权撤销或变更交易地点；在指定交易期间，如发生违约纠纷而导致对方的损失，由责任方承担责任等。同年9月26日，原告向被告提出撤销指定，被告接受原告的申请。9月29日，原告在农行广东信托投资公司上海证券部委托卖出2000股隧道股份，卖出价每股20.60元（开盘价20.80元）；卖出8900股凌桥股份，卖出价每股24.50元（开盘价24.64元），均未成交。原告即至被告处查询，被告再次接受原告撤销指定。9月30日上午10时，原告再次委托农行广东信托投资公司上海证券部卖出4000股隧道股份，卖出价每股19.28元；凌桥股份8900股，卖出价22.40元，但仍未能成交。原告即至上海证券交易所查询，得知股票账号仍为被告处锁定，遂至被告处交涉，并在被告处委托卖出100股城乡股票，随即成交。原告第三次要求被告撤销指定。至第二个交易日，即10月5日，原告的指定交易才被撤销。10月5日收盘价凌桥股份每股18.90元，隧道股份每股17.40元，城乡股份每股6.38元。原告以9月29日的开盘价与10月5日的收盘价之差乘以持有的凌桥股份8900股，隧道股份4000股，城乡股份300股，计差价损失65325元及利息损失要求赔偿。

上述事实有下列证据证明：

（1）原、被告双方于1994年8月29日签订的指定交易协议书。

（2）1994年9月30日上海证券交易所股票查询申请书的查询结果。

（3）原告于1994年9月29日、30日在农行广东信托投资公司上海证券部委托卖出凌桥股份、隧道股份的委托单。

（4）原告于1994年9月30日委托被告卖出100股城乡股份的委托单及交割单。

（5）1994年9月29日、30日及10月5日股票价格表。

（6）当事人的陈述笔录、庭审笔录。

3. 一审判案理由

上海市南市区人民法院根据上述事实和证据认为：

原、被告双方订立的指定交易协议书依法成立。合同是当事人之间设立、变更、终止民事关系的协议。依法成立的合同，受法律保护。原告向被告提出撤销指定交易，被告也接收原告的要求，但被告在实际操作过程中未能及时为原告撤销指定交易显属过错。公民、法人由于过错侵害国家的、集体的财产，侵害他人财产、人身的，应当承担民事责任。被告应承担由此造成的原告经济损失。当原告知道被告未能为其撤销指定交易，于9月29日、30日至被告处查询交涉时，如确有卖出所持有的股票意愿，仍有机会在被告处抛售所持股票，但原告未予抛售以减少损失，故在9月30日以后的损失应由原告自负。因为法律规定，当事人一方因另一方违反合同受到损失的，应当及时采取措施防止损失的扩大；没有及时采取措施致使损失扩大的，无权就扩大的损失要求赔偿。另原告所持300股城乡股票，未曾有委托卖出的表示，故对该股票的损失赔偿请求不予支持。

4. 一审定案结论

根据《中华人民共和国民法通则》第一百零六条第二款以及第一百一十四条，上海市南市区人民法院于1995年3月28日作出判决：

（1）被告中行吉林信托投资公司上海证券业务部应在本判决生效之日起十日内赔偿原告金岩成43516元。

（2）原告其他诉请不予支持。

案件受理费2469.70元，由原告负担824.52元，被告负担1645.18元。

（三）二审诉辩主张

1. 上诉人（原审被告）诉称：上诉人未能撤销被上诉人指定交易并不会产生被上诉人不能抛售股票的结果，因被上诉人仍可以在上诉人处抛售股票，也就不会产生损失。故上诉人对被上诉人的损失根本无因果关系。被上诉人在有机会至上诉人处抛售股票时放弃抛售股票的机会，对其权利已经处分，事后又要求赔偿是无理由的。一审法院判决赔偿43516元的计算没有依据。为此，请求二审法院依法撤销原判，重新作出判决。

2. 被上诉人（原审原告）答辩称：被上诉人与上诉人之间的指定交易协议规定被上诉人只能委托上诉人买卖股票。被上诉人要求上诉人撤销指定，并得到上诉人的承诺指定交易已解除。但上诉人实际上未能撤销指定，造成被上诉人数次在股价上涨适当时未能委托其他证券机构卖出，上诉人理应赔偿被上诉人由此造成的损失。

（四）二审事实和证据

上海市第一中级人民法院经审理查明：原判认定的事实清楚，证据充分，予以确认。

（五）二审判案理由

上海市第一中级人民法院认为：上诉人未依约撤销指定，以致被上诉人二次在广东信托投资公司上海证券部委托卖出股票均未能成交。故上诉人应对股价下跌给被上诉人造成损失承担相应的赔偿责任。上诉人明确得知其股票账号仍锁定在被上诉人处后，未及时从被上诉人处抛售全部股票，故此后的损失由被上诉人自行承担。原审法院认定的本案纠纷事实清楚，但对本案损失的计算不合理，应予纠正。

（六）二审定案结论

上海市第一中级人民法院根据《中华人民共和国民事诉讼法》第一百五十三条第一款第（二）项的规定，作出如下判决：

1. 维持上海市南市区人民法院（1994）南经初字第1023号民事判决的第二项，即被上诉人其他诉请不予支持。

2. 撤销上海市南市区人民法院（1994）南经初字第1023号民事判决的第一项，即上诉人赔偿被上诉人43516元。

3. 上诉人应于本判决生效之日起十日内赔偿被上诉人28234元。

一、二审案件受理费各计人民币2469.70元，均由上诉人负担987.88元，被上诉人负担1481.82元。

本判决为终审判决。

（七）解说

1994年9月29日至10月7日之间，中国股市正值巨幅震荡之际。沪深股市在短短的四个半交易日连续跌幅累计近41%和39%，又在半个交易日中爆涨，涨幅为39%和24%。如此巨幅震荡的背景下，本案原、被告之间产生了委托买卖股票的纠纷。

本案被告是否有过错？原、被告之间的指定交易协议书依法成立，属有效的协议。依法成立的合同，受法律保护。合同是当事人之间设立、变更、终止民事关系的协议。原告根据该协议的规定有权撤销或变更交易地点。当本案原告口头向被告提出撤销指定，被告也接受原告的请求，应视为双方终止指定交易口头协议成立。被告应在接受原告请求后及时为原告撤销指定，使原告能在第二个交易日起易地委托买卖股票。而被告未能正确履行其义务，其行为已明确构成违约。至于被告强调系其他因素造成没有及时撤销指定，未能提供证据证实，所以应承担违约责任，而不能免责。因股价在巨幅下跌之中，如本案被告及时履行义务，那么原告在他处能顺利委托卖出股票，使盈利得以实现。被告的过错同原告的损失有直接的因果关系。故一审、二审法院认定被告承担过错责任是正确的。

由于股票的价格始终处于动态中，如何确定赔偿金额，也是本案的关键之一。这个问题看来简单，但实际操作并非易事。要考虑到原告作为一个投资者在获知被告未及时撤销指定后，根据股市变化，有责任采取合理措施尽量减少经济损失。而在什么时候采取措施，采取什么样的措施，其标准是一个有理智的普通投资者在相应的情况下所能作出的合理反应。因为在股票价格持续下跌的情况下，作为一个有理智的投资者是不会等待长时间再作出决定的。故一审法院根据差价计算方式确定原告的经济损失，即以9月29日的开盘（原告在开盘前即行委托，而且价格低于开盘价），和9月30日的收盘价之差价为损失金额予以赔偿，而没有按原告的诉请，计算到10月5日收盘之差价（其中隧道股份分为9月29日、9月30日各为2000股计算）。二审法院综合考虑上述事实，认为一审判决的计算方式有失公允。应以原告填单的委托卖出价与9月30日股票平均价之差价计算损失作为赔偿金额。在目前证券法规尚不完善，处理股票纠纷确有难度的现状下，二审法院根据《民法通则》的公平原则，依法部分改判是正确的，做到了确保双方当事人的合法权益。

（史晓东）

50. 海口农工贸（罗牛山）股份有限公司诉浙江省证券公司海口营业部等股票侵权案

（一）首部

1. 判决书字号

一审判决书：海南省海口市中级人民法院（1995）海中法经初字第108号。

二审判决书：海南省高级人民法院（1996）琼经终字第67号。

2. 案由：股票侵权案。

3. 诉讼双方

原告（被上诉人）：海口农工贸（罗牛山）股份有限公司（以下简称罗牛山公司）。

法定代表人：吴伟雄，董事长。

委托代理人（一审）：张宁，海口方园律师事务所律师。

委托代理人（二审）：刘远生，晋天元律师事务所律师。

被告（被上诉人）：浙江省证券公司海口营业部（以下简称浙证营业部）。

法定代表人：张军辉，总经理。

委托代理人：汤坚，海南省第三律师事务所律师。

被告（被上诉人）：长沙市湘财城市信用社（以下简称湘财信用社）。

法定代表人：曹和平，总经理。

委托代理人（一审）：廖圣俊、王欣乐，深圳市天成律师事务所律师。

被告（上诉人）：海南汇通国际信托投资公司证券营业部（以下简称汇通证券部）。

法定代表人：吴德超，总经理。

委托代理人（一审）：陈浙川，华天律师事务所律师。

委托代理人（二审）：邓步韵，华天律师事务所律师。

4. 审级：二审。

5. 审判机关和审判组织

一审法院：海南省海口市中级人民法院。

合议庭组成人员：审判长：符策能；审判员：王曼莉；代理审判员：郭朝阳。

二审法院：海南省高级人民法院。

合议庭组成人员：审判长：崔兰；代理审判员：李继勇、皮修雁。

6. 审结时间

一审审结时间：1996年2月6日。

二审审结时间：1996年7月23日。

（二）一审诉辩主张

1. 原告罗牛山公司诉称：1994年9月，我公司在浙证营业部开设股票账户，进行上海和深圳两个证券交易所的股票买卖，户名和账号为：上海，沈昌林A134165493、孙琦A134165485；深圳，沈昌林140338、孙琦114654，股票买卖具体操作由孙琦和王昭全负责。同年10月至11月，孙琦受我公司委托用沈昌林上海账户A134165493在浙证营业部买进了下列股票：北京北旅 50000 股（其中卖出 10000 股）、鞍山信托 10000 股、厦门汽车 15000 股、凌桥股份 4000 股，按买入价计算，上述股票票额为人民币 46.5 万元。然而，原告的上述股票被化名为“王军”的人先后在汇通证券部和湖南省湘财实验银行深圳证券业务部（以下简称湘财证券部）卖掉大部分，并提走现金。由于浙证营业部在我公司开户时，未履行向我公司明示上海股市交易已实行指定交易制度和提请我公司办理指定交易手续的法定义务，未为我公司采取防范措施；汇通证券部和湘财证券部在“王军”盗用我公司“沈昌林”上海股东代码 A134165493 开户时，对“王军”的身份证、交易卡不作验证，致使“王军”将我公司的股票盗卖。三被告均有过错，应连带赔偿给我公司经济损失 44.1 万元及其利息。

2. 被告浙证营业部辩称：我部并无向原告履行明示上海证券交易所已实行指定交易制度和提请原告进行股票委托买卖的法定义务，原告股票被盗期间上交所实行的是“可选择性指定交易制度”，是否选择指定交易方式，决定权在于原告本身；原告买进的股票在我部以外的证券营业机构被盗卖这一结果，与我部没有任何法律上的因果关系，我部对此也没有任何过错，不应承担民事责任。因此，原告将我部列为被告，属错列当事人。

3. 被告汇通证券部辩称：原告的股票被盗卖是“王军”的诈骗行为所致，与我部没有直接的权利义务关系，我部不具备本案当事人的条件。我部是在对“王军”的身份证、交易卡进行验证之后才为其开户的，股票买卖是通过自助终端操作的，我部没有违规操作行为。按规定机构炒股应以机构名义开户，而原告以个人名义开户，又不及时指定交易，为“王军”作案提供了可能。本案涉及刑事诈骗犯罪，应按照先刑后民的原则处理。

4. 被告湘财信用社辩称：罗牛山公司不具备作为原告诉讼主体资格，本案被盗卖股票所属股东代码卡的户主是沈昌林，整个股票操作过程也是以沈昌林的名义进行的，因此，沈昌林才与本案的诉讼标的有直接利害关系。我单位下属的深圳证券部在接受“王军”开户时基本上按规定查验了有关证件，但不能要求证券商具有专业的辨伪能力。“王军”在我单位下属的深圳证券部开户之前，沈昌林所拥有的股票绝大部分已被成功地盗卖完毕，这一部分股票被盗卖与我深圳证券部毫无关系；沈昌林所拥有的股票，仅有价值 2.8 万元的部分是在我深圳证券部被盗卖的，因此起诉我深圳证券部对 44.1 万元的损失承担连带责任是没有法律依据的。至于“王军”在我深圳证券部卖出的大众出租、中华企业等股票并不属于沈昌林的股票，而是“王军”用赃款购买的股票，只能由沈昌林按追查赃款的方式来主张权利。股票被盗，原告也负有很大的责任，首先原告开户时未向证券商进行名册登记，而是以沈昌林个人的名义进行登记的，其次股票操作人员没有妥善保管好股东代码或其他交易资料。

（三）一审事实和证据

海口市中级人民法院审理查明：1994 年 9 月 13 日，原告罗牛山公司以沈昌林和孙琦的名义在被告浙证营业部开设上海股票交易账户，股东编号为：沈昌林 A134165493、孙琦 A134165485，并授权孙琦和王昭全具体操作股票买卖。同年 10 月 25 日至 11 月 30 日，孙琦接受原告委托以沈昌林上海交易账户在浙证营业部买卖了下列股票：10 月 25 日，买入北京北旅 50000 股（4.28 元/股）；11 月 16 日，卖出北京北旅 10000 股（3.7 元/股）；11 月 25 日，买入鞍山信托 10000 股（8.36 元/股）和厦门汽车 10000 股（8.06 元/股）；11 月 30 日，买入厦门汽车 5000 股（7.98 元/股）和凌桥股份 4000 股（22.93 元/股）。同年 12 月

16日，原告罗牛山公司以沈昌林名义在浙证营业部又买进厦门汽车20000股(7.8元/股)。同年12月1日，化名为“王军”的人利用伪造的“王军”身份证和盗用“沈昌林”名义开户的股东代码A134165493伪造的股票户卡以“王军”的名义在被告汇通证券部开户，并先后将原告以沈昌林名义购买的北京北旅29000股、厦门汽车14500股、鞍山信托9900股、凌桥股份4000股卖出，上述股票按沈昌林名义买入时价格计人民币415474元，“王军”盗卖时得款共计人民币386829.81元。同年12月2日，“王军”取出现金38万元，当天又存入现金35.99万元，并在汇通证券部买进大众出租10000股(24.94元/股)、中华企业5100股（21元/股），计价人民币35.65万元。

同年12月14日至19日，“王军”又利用上述伪造证件在湘财证券部开户，并将在汇通证券部买进的大众出租10000股，中华企业5000股股票卖出，同时，又买进北京北旅39000股，卖出北京北旅41000股，买进鞍山信托100股，卖出鞍山信托100股，买进凌桥股份100股，卖出厦门汽车2500股。至此，“王军”在湘财证券部的买卖结果是：将在汇通证券部转买的大众出租10000股、中华企业5000股卖出，余中华企业100股；将原告以沈昌林名义在浙证营业部购买的北京北旅2000股卖出（按买入价4.28元/股计算，价值人民币8560元）；将原告以沈昌林名义在浙证营业部购买的厦门汽车2500股卖出（其中500股是同年11月30日以7.98元/股的价格买进，2000股是同年11月16日以7.8元/股的价格买进，按买入价计算，价值人民币19590元）；买进凌桥股份100股，价格22.86元/股，未卖出；“王军”提取现金35万元。案发后，原告从湘财证券部追回被“王军”盗卖股票的部分款项人民币64949.78元。

诉讼期间，湘财证券部被依法注销，其债权债务由湘财信用社负责清理。

（四）一审判案理由

海口市中级人民法院认为：原告罗牛山公司以沈昌林名义在浙证营业部购买的股票，属原告罗牛山公司所有，应受法律保护。汇通证券部和湘财证券部在接受“王军”的开户和委托卖出时，未对“王军”所持身份证及股票账户卡的真实性进行严格审核，也未与原购买股票的证券经营机构取得联系、核实股票持有人的基本情况，违反了中国证券监督管理委员会（1994）78号文件《关于健全查验制度防范股票盗卖的通知》第五条规定，致使原告罗牛山公司以沈昌林名义购买的股票被盗卖。由于汇通证券部和湘财证券部的过错，造成共同侵犯了原告的合法权益，应承担民事赔偿责任。“王军”在汇通证券部盗卖原告股票计价人民币415474元，其中“王军”用33.65万元转买大众出租10000股、中华企业5100股后，又在湘财证券部将大众出租10000股、中华企业5000股卖出，计价人民币33.44万元，因此，汇通证券部和湘财证券部对原告损失415474元中的33.44万元各赔偿16.72万元及其利息，并相互承担连带责任；汇通证券部还应对415474元中的81074元及其利息承担赔偿责任。“王军”在湘财证券部盗卖原告股票计价人民币28150元及其利息，由湘财证券部承担赔偿责任。案发后，原告从湘财证券部追回的64949.78元，可从湘财证券部应赔偿原告的款额中扣除。由于湘财证券部被依法注销，其债权债务由湘财信用社负责清理，因此，湘财证券部的上述债务由湘财信用社清偿。浙证营业部在原告股票被盗卖过程中，没有过错，不应承担民事责任。被告汇通证券部和湘财信用社的诉讼请求，理由不成立，不予支持。

（五）一审定案结论

海口市中级人民法院依照《中华人民共和国民法通则》第一百零六条第二款之规定，判决如下：

1. 被告汇通证券部应赔偿原告罗牛山公司损失人民币248274元及其利息（按年利率10.98%，从1994年12月1日计至付清之日止），被告湘财信用社应赔偿原告罗牛山公司损失人民币130400.22元及其利息（按年利率10.98%，从1994年12月14日计至付清之日止），并于本判决发生法律效力之日起十天内付清，逾期按年利率10.98%双倍计息。

2. 汇通证券部对湘财信用社的上述债务承担连带清偿责任；湘财信用社对汇通证券部的上述债务中的167200元及其利息承担连带清偿责任。

案件受理费9125元，由汇通证券部负担5900元，湘财信用社负担3225元。

（六）二审情况

1. 二审诉辩主张

一审判决后，被告汇通证券部不服提起上诉称：原审判决认定事实有误，适用法律不当，请二审法院根据过错责任的轻重大小，判决罗牛山公司、浙证营业部、湘财信用社分别承担相应的责任。

罗牛山公司答辩称：原审判决认定事实清楚，适用法律正确，请求驳回上诉，维持原判。

浙证营业部和湘财信用社未作书面答辩。

2. 二审事实和证据

海南省高级人民法院审理查明：1994年9月13日，罗牛山公司以沈昌林和孙琦的名义在浙证营业部开设上海股票交易账户，并授权孙琦和王昭全具体操作股票买卖；同年10月25日至11月30日，孙琦以沈昌林上海交易账户在浙证营业部买卖了北京北旅、鞍山信托、厦门汽车、凌桥股份等股票；同年12月16日，罗牛山公司以沈昌林名义在浙证营业部又买进厦门汽车股票。同年12月1日，化名为“王军”的人利用伪造的身份证件和盗用沈昌林股东代码A134165493伪造的股票账户卡以“王军”名义在汇通证券部开户，并先后将罗牛山公司以沈昌林名义购买的北京北旅、厦门汽车、鞍山信托、凌桥股份等股票卖出（上述股票按买入价计共415474元），“王军”盗卖款项计386829.81元；次日“王军”从汇通证券部提现金20100元并将35.99万元转入工商银行汇通储蓄所，当天又存入35.99万元，同时买进大众出租、中华企业股票，计价35.65万元。

同年12月14日至19日，“王军”又利用上述伪造证件在湘财证券部开户并进行交易，卖出其在汇通证券部购入的大众出租、中华企业股票和罗牛山公司在浙证营业部购入的北京北旅、厦门汽车等股票；同时买进凌桥股份等股票并提现金35万元。

3. 二审判案理由

海南省高级人民法院认为：罗牛山公司以沈昌林名义在浙证营业部购入的股票，属罗牛山公司所有，应受法律保护。汇通证券部和湘财证券部在接受“王军”开户和提现时，未严格贯彻落实中国证券监督管理委员会《关于健全查验制度防范股票盗卖的通知》的有关规定和建立健全查验制度，并未对“王军”所持身份证件和股票账户卡的真实性进行严格仔细审核，致使罗牛山公司的股票在汇通证券部和湘财证券部被连续盗卖和提现；由于汇通证券部与湘财证券部的上述过错，导致了罗牛山公司的合法权益受到侵害并遭受损失，其应承担民事赔偿责任。罗牛山公司被盗卖股票损失415474元中的33.44万元由汇通证券部和湘财证券部各承担赔偿16.72万元及其利息，并对此债务互相承担连带责任；汇通证券部还应对415474元中的81074元及其利息承担赔偿责任；湘财证券部已被依法注销，其债权债务由湘财信用社承担，湘财信用社应对其上述债务承担清偿责任；浙证营业部在罗牛山公司的股票被盗卖过程中，没有过错，不应承担民事责任。原审判决认定事实清楚，适用法律正确，上诉人上诉理由不能成立，本院不予支持。

4. 二审定案结论

海南省高级人民法院依照《中华人民共和国民事诉讼法》第一百五十三条第一款第（一）项的规定，判决如下：

驳回上诉，维持原判。

二审案件受理费9125元，由汇通证券部承担。

（七）解说

本案主要涉及三方面的法律问题。

1. 法律适用问题。本案是一起典型的股票侵权纠纷案件，是新类型的案件。随着市场经济的发展，推动了股票市场的繁荣，股票交易活跃频繁，而股票市场缺少必要的法律规范，特别是股票侵权方面的立法滞后，只有中国证券监督管理委员会（1994）78号文《关于健全查验制度防范股票盗卖的通知》。人民法院审理此类案件时困难很大，只能根据上述《通知》及我国《民法通则》的关于侵权赔偿的规定来处理。

2. 关于涉嫌刑事犯罪与民事责任承担问题。本案中双方对这个问题争议很大，证券商认为，这是一起利用假身份证、假股东代码卡等进行诈骗的刑事案件，应将其列为刑事案件处理。罗牛山公司认为证券商未经其同意和委托，竟将其股票卖出，属股票侵权赔偿纠纷。法院该如何认定这个问题呢？本案中的股票被盗卖，“王军”的行为已构成犯罪，但“王军”盗卖股票的犯罪行为得逞的原因是汇通证券部和湘财证券部建反规定办理开户和卖出手续，本案的审理结果无需以涉嫌犯罪部分事实和侦查结果为前提，根据最高级人民法院、最高人民检察院、公安部法（研）发［1987］7号文《关于审理经济纠纷案件中发现经济犯罪必须及时移送的通知》中关于经济纠纷与经济犯罪可以分案审理的规定，法院的这种认定是正确的。

3. 本案中股票被盗卖的责任承担问题。在股票交易市场中，股票的所有权不受任何组织和个人的侵犯，股票被盗卖，其所有权受到不法侵犯，这个责任是由客户还是证券商承担呢？解决责任承担问题，就要认清在交易过程中谁有过错及过错大小的事实，这是处理本案纠纷最关键的问题。首先看浙证营业部是否有过错。罗牛山公司开户时，上海交易所实行的是可选择性指定交易制度，是否选择指定交易方式，由客户决定，证券商没有提醒的义务。因此，浙证营业部在罗牛山公司交易过程中没有违规行为，罗牛山公司的股票在其他证券机构被盗卖，与浙证营业部没有任何法律关系，浙证营业部没有过错，不应承担民事责任。而汇通证券部和湘财证券部是否有过错呢？罗牛山公司的股票被盗卖的原因是多方面的，但被“王军”盗卖成功的根本原因是汇通证券部和湘财证券部在“王军”开户和卖出股票时，没有认真查验身份证和股东代码卡的真实性和有效性，也未与原购买股票的证券机构浙证营业部取得联系，核实股票持有人的基本情况，违反了中国证券监督管理委员会（1994）28号文《关于健全查验制度防范股票盗卖的通知》第五条规定：“证券经营机构遇到投资者新开设资金账户并委托卖出从其他证券经营机构购入的股票时，应在查验身份证、股东账户卡后，将其复印留底，并应尽量与购入股票的证券经营机构联系核实后方可处理。”因此汇通证券部与湘财证券部应负过错责任，在汇通证券部买进又在湘财证券部卖出的股票损失由其两家各赔偿50%并相互承担连带责任。人民法院认定过错责任及责任承担的处理是正确的。

（郭朝阳　王小龙）

51. 北京市云野经济发展公司诉海南省航空进出口贸易公司股权转让协议案

（一）首部

1. 判决书字号：海南省海口市中级人民法院（1996）海中法经初字第161号。

2. 案由：股权转让协议案。

3. 诉讼双方

原告：北京市云野经济发展公司。

法定代表人：李宝祥，经理。

委托代理人：关绥武，北京市京朝法律事务所律师工作者。

委托代理人：杨永清，中国人民大学法学院博士研究生。

被告：海南省航空进出口贸易公司。

法定代表人：王健，总经理。

委托代理人：曾凡光，该公司法律顾问。

委托代理人：刘晔，该公司法律顾问。

4. 审级：一审。

5. 审判机关和审判组织

审判机关：海南省海口市中级人民法院。

合议庭组成人员：审判长：冯瑞华；审判员：李经学；代理审判员：胡曙光。

6. 审结时间：1996年10月31日。

（二）诉辩主张

1. 原告诉称：1993年4月15日，被告与原告前法定代表人王益飞签订委托进口协议和抵押协议，约定：原告委托被告进口钢材5000吨，并同意向被告支付预付款人民币880万元，被告以其持有的海南省航空公司400万法人股股权及应得的股息和红利作抵押。同年6月20日，被告与王益飞就股权抵押转让一事达成股权抵押转让协议，约定：委托进口钢材协议已到期，被告无力执行，按协议约定，被告将所有的400万海航法人股转归原告所有。1994年4月15日，被告与王益飞又签订委托进口协议和抵押协议，该协议内容同1993年4月15日的协议相同。6月20日，双方再签订股权抵押转让协议，该协议内容同样与1993年6月20日的协议相同。被告将拥有的480万海航法人股转归原告所有。6月21日，被告与王益飞等在海南经济特区产权交易中心办理了产权成交手续。经审计和调查发现，上述协议均属虚构，事实是被告与王益飞为规避法律，达到非法转让股权的目的而订立的根本不准备履行的假合同。理由如下：第一，海南省航空公司于1993年1月股份制改造完毕，被告系发起人之一，根据《股份有限公司规范意见》第三十条之规定，禁止股份制公司发起人一年内转让股份，而被告却在禁止的期限内即1993年7月将其400万海航法人股以人民币880万的价款出让给了原告。第二，1993年度被告所持的400万海航法人股应得80万配股和人民币12万元的股息。这就是为什么1994年4月的委托进口协议和抵押协议约定被告以400万海航法人股作抵押，而同年6月的股权抵押转让协议被告却将480万海航法人股转给原告的原因。被告已将1993年度400万海航法人股应得的80万配股和人民币12万元的股息交付了原告。这一事实充分表明，原、被告早在1993年就已进行了非法的股权买卖。第三，原告自1993年4月15日至今，从未为委托进口钢材向被告支付过任何款项。第四，1994年6月21日海南经济特区产权交易中心出具的产权协议成交确认书是以上述几个无效协议为依据的，因而亦是无效的。第五，原、被告非法买卖股权的行为除以上事实和证据外，还有原告前法定代表人王益飞于1994年3月前往海口参加海南省航空公司1993年度的股东大会为证。

综上，原、被告以合法形式掩盖非法目的的行为属无效民事行为，请求法院确认1993年的委托进口协议和抵押协议、股权抵押转让协议和1994年的委托进口协议和抵押协议、股权抵押转让协议为无效合同；确认原、被告于1993年7月买卖股权的行为无效；确认海南经济特区产权交易中心于1994年6月21日出具的产权协议成交确认书无法律效力；原告将1993年度的400万海航法人股返还给被告，被告将人民币880万元返还给原告。

2. 被告辩称：第一，原告起诉状中所言原告以人民币880万元购买被告的400万海航法人股、进行非法买卖股票一事纯属无稽之谈。事实是原告根据1993年4月15日的委托进口协议和抵押协议向被告支付了购买钢材的预付款人民币880万元，该协议有效，应受法律保护。第二，委托进口协议和抵押协议是1993年4月15日签订的，而原告收到被告的法人股权证的时间是1993年7月6日，距原告起诉时的1996年6月2日已有近三年时间，根据《中华人民共和国民法通则》第一百三十五条规定，原告向法院起诉被告已超过诉讼时效，依法不予保护，请求法院依法判决。

（三）事实和证据

海口市中级人民法院经公开审理查明：1993年4月15日，原、被告双方签订委托进口协议和抵押协议，约定：原告委托被告于1993年6月10日前进口钢材5000吨，到岸海口市。商品的规格、数量、价格和运输等条款详见销售确认书，原告为此向被告支付预付款人民币880万元，考虑到风险，被告将持有的海南省航空公司400万法人股股权抵押给原告（股权证号0002101至0002180，连号80张），若到期被告未执行或逾期执行合同，原告有权自然获得被告抵押给原告的海南省航空公司的400万股权等。同年7月5日，原告将人民币880万元转至被告指定收款单位：北京国际信托进出口公司，汇款用途：投资往来款。北京国际信托进出口公司于次日开出发票，注明：代海南航空进出口贸易公司收往来款。7月12日，被告为确认收到此款又向原告开具收据："今收到北京市云野经济发展公司交来的购买股票款捌佰捌拾万元整"。同年7月6日，原告收到被告交来的400万海航法人股股权证。7月7日，原、被告签订股权抵押转让协议，约定：根据委托进口协议和抵押协议，现被告无力执行协议，愿按抵押协议执行，将拥有的400万海航法人股归原告所有（包括股息和红利），并负责办理过户手续。在办理过户期间，原告应承担股东的责任、义务并享有股东的权益，被告将原告所享有的股息和红利汇到原告指定账户等。1994年4月

15日，原、被告双方又签订一份名称、内容与1993年4月15日委托进口协议和抵押协议相同的协议，同年6月20日，双方再签订一份名称、内容与1993年7月7日股权抵押转让协议基本一致的协议，只是在这份协议中将抵押转让的海航法人股由原来的400万股再增加了80万股（股权证号0000711至0000790，连号80张）。6月21日，原、被告双方在海南经济特区产权交易中心办理了海航400万法人股权转让手续，海南经济特区产权交易中心为此出具了成交确认书。

又查：海南省航空公司改组后于1993年1月1日正式创立为股份制企业，被告系发起人之一，海南省航空公司法人股于1993年6月3日在STAQ系统上市流通。1994年6月20日，原、被告协议转让的480万海航法人股中除了在1993年协议转让的400万外，增加的80万股系400万海航法人股1993年度的红股。400万海航法人股1993年的股息人民币12万元，海南省航空公司于1995年1月3日向被告转付。1994年3月，原告前法定代表人王益飞代表公司来海口参加海南省航空公司第二届股东大会，并接着参加了海南省航空公司1994年度的股东大会。1994年度海南省航空公司的分红派息，原告已尽数收取。

另查：原告系经北京市朝阳区工商行政管理局核准登记注册的国有企业法人；被告系经海南省工商行政管理局核准登记注册的国有企业法人。

上述事实有下列证据证明：

1. 原告与被告签订的委托进口协议和抵押协议两份。
2. 股权抵押转让协议两份。
3. 原告付款凭证。
4. 北京国际信托进出口公司发票。
5. 被告收款收据。
6. 海南经济特区产权交易中心成交确认书。
7. 海航法人股上市的说明。
8. 海南省航空公司股权证。
9. 海南省航空公司1993年度报告。
10. 被告支付红利凭证。
11. 原、被告企业法人营业执照。
12. 当事人的陈述笔录。

（四）判案理由

海口市中级人民法院认为：原、被告双方先后签订两份内容相同的委托进口协议和抵押协议及股权抵押转让协议之后，原、被告双方从未按协议履行自己的义务，相反在协议签订之初，双方就为日后转让股权在形式上作好了准备。根据有关规定，股份公司的发起人在公司设立一年内不得转让自己持有的发起股份。双方的行为名为委托进口钢材和股票抵押，实为非法转让股权。依照《股份有限公司规范意见》第三十条及《中华人民共和国经济合同法》第七条第一款第一项之规定，以上协议均应确认为无效。造成协议无效，双方均有过错，应由双方各自承担相应的责任。鉴于双方股份转让已实际履行完毕，并办理了必要的成交确认的手续，双方在相当长的时间内也无任何异议，且原告在向本院起诉之前已作为海南省航空公司的股东享受了权利，并承担了相应的义务，故双方不应适用无效返还原则。再者，原、被告转让股份并实际履行完毕的时间是在1993年7月，尽管股份转让成交确认手续是在1994年6月办理的，但这是双方为规避法律所必需的。而在此期间，原告已作为海南省航空公司的股东行使了权利并承担了义务。《中华人民共和国民法通则》第一百三十五条和第一百三十七条规定：向人民法院请求保护民事权利的诉讼时效期间为二年，从知道或者应当知道权利被侵害时起计算。原告在1993年7月受让被告非法转让股份之时就已明知自己的民事权利被侵害，但直至1996年6月11日才向法院起诉，这期间，原告从未向被告主张过自己的民事权利。原告起诉被告主张自己民事权利的诉讼时效已过，人民法院依法不予保护。

（五）定案结论

海口市中级人民法院根据《中华人民共和国民法通则》第一百三十四条及《中华人民共和国民事诉讼法》第一百二十八条之规定，作出如下判决：

驳回原告的诉讼请求。

本案案件受理费人民币54010元，由原告负担。

一审宣判后，原、被告均未上诉。

（六）解说

处理好本案有几个关键性问题需要解决。

1. 规避法律问题。此系本案双方当事人争议之协议有效与否的决定性因素。本案是股权转让纠纷。股权转让属企业产权交易的范畴，正是由于它的新颖性、特殊性，在某种程度上导致了某些企业为谋取各自的私利从事规避法律行为的隐蔽性。本案原、被告在相隔一年时间里先后签订两份内容相同的委托进口协议和抵押协议、股权抵押转让协议。当事人双方反复签订内容相同的协议和根本不准备履行的两份委托进口协议，并迫不及待地将股权及红股、股息转让，显然，委托进口钢材并用股权抵押是虚，双方买卖股权是实。被告是海南省航空公司的发起人之一，对于国家经济体制改革委员会《股份有限公司规范意见》第三十条“股份公司的发起人在公司设立一年内不得转让自己持有的发起股份”的规定是明知的。海南省航空公司于1993年1月1日创立，被告却在1993年7月将自己持有的发起股份转让原告。为达到规避法律的目的，原、被告间前后反复签约，其行为当属无效。

2. 无效民事行为的法律后果。《中华人民共和国民法通则》第六十一条第一款规定“民事行为被确认无效或者被撤销后，当事人因该行为取得的财产，应当返还给受损失的一方”，这是原则。有关法规之所以限制股份公司的发起人在一定时期内转让自己持有的发起股份，并不是禁止转让，而是为了增强发起人在股份公司设立中的责任心。产权交易可以活跃市场，促进企业的活力，但要规范。本案双方当事人转让股权行为被确认无效后，本应依法实施无效返还原则，但由于从双方转让行为发生至原告向本院起诉的几年间，原告已作为股份公司的股东享受了权利并承担了义务，且双方转让行为已经产权交易中心确认，持续状态已久。原告或者被告或者国家在股权转让后并未受损，相反受益。原告之所以向法院起诉，并非转让行为给自己造成损失，而是经济形势发生变化，原告出于私利想通过此一行之有效的合法途径达到自己的目的，此举是违反公平原则的。为避免产权交易的回转造成产权市场的再一次波动，保障股份公司健康、有序发展，本案不适用无效返还原则。

3. 诉讼时效问题。诉讼时效对于想通过法律途径主张自己民事权利的当事人来说是一个十分重要的问题，它直接影响当事人的实体胜诉权。《中华人民共和国民法通则》第一百三十五条及一百三十七条规定，当事人向人民法院请求保护民事权利的诉讼时效期间为二年，从知道或应当知道权利被侵害时起计算。本案原、被告转让股权之行为发生在1993年7月，1994年6月办理了产权交易确认手续，1996年6月原告向本院起诉。很显然，如果说原告有效权利被侵害，那么也是从股权转让行为发生之时开始的，之后双方办理产权交易确认手续只是这一侵害事实的延续，是过程，且是双方为达到规避法律的目的所必需的。也就是说，原告在受让被告股权之时对自己权利被侵害就是明知的。原告受让股权后直至向法院起诉近三年时间里未向被告提出异议并主张自己的民事权利，原告在受让被告股权、充分享受股东之权益的同时亦丧失了对本案的胜诉权。

（胡曙光）

52. 湖北外轮供应公司诉湖北省汉川县对外经济贸易总公司中外合资经营企业股权转让合同案

（一）首部

1. 判决书字号

一审判决书：湖北省汉川县人民法院（1996）川经初字第705号。

二审判决书：湖北省孝感市中级人民法院（1996）孝经终字第104号。

2. 案由：中外合资经营企业股权转让合同案。

3. 诉讼双方

原告（被上诉人）：湖北外轮供应公司。

法定代表人：胡国栋，经理。

委托代理人：闵咬奇，该公司副经理。

委托代理人：程思培，汉川县第一律师事务所律师。

被告（上诉人）：湖北省汉川县对外经济贸易总公司。

法定代表人：雷全生，总经理。

委托代理人：朱睦堂，该公司副总经理。

委托代理人：刘东升，汉川县第二律师事务所律师。

4. 审级：二审。

5. 审判机关和审判组织

一审法院：湖北省汉川县人民法院。

独任审判：审判员：龚新成。

二审法院：湖北省孝感市中级人民法院。

合议庭组成人员：审判长：潘玉安；审判员：孙伟；代理审判员：叶天林。

6. 审结时间

一审审结时间：1996年9月4日。

二审审结时间：1996年11月18日。

（二）一审情况

1. 一审诉辩主张

(1) 原告诉称：1993年2月，原告、被告及香港三雄实业有限公司共同组建成立了汉川江川饮食服务实业有限公司。三方在合资经营中，原告申请退出合资，经董事会研究同意将原告的出资额179831.90元和债权13430.94元，合计193262.84元转让给被告，并分别二次签订了还款协议书，但被告未按约定履行义务。请求判令被告偿还原告股权193262.84元并赔偿经济损失。

(2) 被告辩称：原告的股权转让未经原审批机构批准和办理有关变更登记手续，其股权转让合同无效，原告应继续承担合资经营中的风险责任。

2. 一审事实和证据

汉川县人民法院审理查明：1993年2月15日，原告、被告及香港三雄实业有限公司合资成立汉川江川饮食服务实业有限公司。根据三方的合同和章程规定，合资期限为10年，注册资本25万美元，其中原告认缴2.5万美元，被告认缴10万美元，香港三雄实业有限公司认缴12.5万美元。合同签订后，实收资本65万元，其中原告出资人民币20万元，被告出资人民币20万元，香港三雄实业有限公司出资人民币25万元。合资企业成立后经营10个月，因经营亏损于1994年3月经汉川县审计事务所对该企业经营的情况进行了审计，确认经营亏损65544.67元。同年6月2日，经董事会会议研究，一致同意将原告的股权转让给被告，并于7月20日合资三方共同签订了一份出资额转让及还款协议书，约定原告分摊亏损后的股权为179831.90元，连同其应收债权13430.94元转让给被告，共计193262.84元，此款由被告分别于1994年年终和1995年年终各还96631.42元，被告逾期不还款则按年度欠款金额处罚25%滞纳金。该协议签订后，未向原审批机构办理审批手续。被告以协议书无效为由拒不付款而成讼。

3. 一审判案理由

汉川县人民法院鉴于上述事实认为：

1. 根据《中华人民共和国经济合同法》第五条“订立经济合同，应当遵循平等互利、协商一致的原则”的规定，合资三方所签订的出资额转让及还款协议书是经董事会会议研究同意，合资三方协商一致的意见，符合有关法律规定，属有效协议。原告与被告间的合资法律关系已转化成双方之间的债权债务关系。

2. 根据《中华人民共和国民法通则》第一百零六条“公民、法人违反合同或不履行其他义务的，应当承担民事责任”的规定，被告未按该协议书偿还原告的欠款属违反合同的行为，应承担违约责任。

3. 根据《中华人民共和国中外合资经营企业法实施条例》(1983年9月20日国务院发布)第二十三条第二款“合营一方转让其全部或部分出资额时，合营他方有优先购买权”的规定，合营一方向另一方转让股权，不需要主管部门的审批，因而被告称该转让协议无效的理由不成立。

4. 一审定案结论

汉川县人民法院根据《中华人民共和国民法通则》第一百零六条第一款之规定，于1996年9月4日作出判决：

限被告于本判决生效之日起15日内偿付原告的出资额193262.84元。

案件受理费 5375 元，由被告承担。

（三）二审诉辩主张

一审宣判后，被告不服，以出资额转让及还款协议书不成立，合营各方应在清产核资分担盈亏后继续合资经营为由向湖北省孝感市中级人民法院提起上诉，请求二审法院予以改判。

（四）二审事实和证据

二审法院经审理查明：原审判决认定事实属实。

（五）二审判案理由

湖北省孝感市中级人民法院认为：合资三方根据董事会会议纪要所签订的出资额转让及还款协议书，是对原三方合资合同的变更，其法律关系的主体、客体均已发生变化，根据《中华人民共和国中外合资经营企业法实施条例》第十七条“合营企业协议、合同和章程经审批机构批准后生效，其修改时同”和第二十四条“合营企业注册资本的增加、转让或以其他方式处置，应由董事会会议通过，并报原审批机构批准，向原登记管理机构办理变更登记手续”等规定，由于该合资企业并未将股权转让协议向原审批机构孝感市经济贸易委员会申报，亦未向原登记机构办理工商变更登记手续，因而其股权转让协议并未产生法律效力。对此合营各方均有责任，合营三方应根据原合资合同约定在清产核资分担亏损后继续合资经营。

（六）二审定案结论

湖北省孝感市中级人民法院依照《中华人民共和国中外合资经营企业法》第十三条、《中华人民共和国民事诉讼法》第一百五十三条第一款第（二）项之规定，作出如下判决：

1. 撤销汉川县人民法院（1996）川经初字第 705 号民事判决。

2. 驳回被上诉人湖北外轮供应公司的诉讼请求。

一、二审案件受理费，分别由上诉人、被上诉人各承担一半。

（七）解说

此案一、二审产生了两种完全相反的处理结果，其根本原因在于对该股权转让协议是否生效的认定不一致。

首先，该案中的出资额转让及还款协议书的性质应如何认定。一审法院认为该协议书的约定只是两个中方投资者间的股权转让，而不涉及香港方投资者的股权转让，因此，原合资经营合同和企业章程并没有发生根本性变化，仍为中外合资经营企业。二审法院则认为该案中虽然是两个中方投资者间的股权转让，其性质也是对原合资经营合同确立的法律关系的变更，在主体上由三方变为二方（中港双方），其客体亦随之发生变化。因此，此案的股权转让协议属于对原合同的修改。

其次，该股权转让是否需原审批机构批准才生效。一审法院认为《中华人民共和国中外合资经营企业法实施条例》第二十三条第一款所称的“合营一方向第三者转让出资额，应报审批机构批准”是指合资者以外的当事人，从而错误地推断合资者间的股权转让就不需要原审批机构的批准。二审法院认为中外合资经营企业合同不同于国内的一般经济合同，虽然是中方投资者间的股权转让亦应适用《中华人民共和国中外合资经营企业法》，而不应适用《中华人民共和国经济合同法》，因此，根据《中华人民共和国中外合资经营企业法实施条例》第二十四条之规定，对股权转让，无论是向第三者还是合资者之间，也不论是中方之间还是中外双方之间，都属于改变注册资金的结构，变更了原合资合同的法律关系，因而均应报原审批机关审批后股权转让合同方才成立。鉴于此，二审法院认为原审原告的权利主张没有法律依据，从而驳回了其诉讼请求。

综上，此案并不复杂，亦非疑难案，只是一件涉港的合资经营合同纠纷案，法律规范性条款亦很明确，但我们从此案中可以看到当事人在执行合同中存在着极大的随意性，合同意识不很强，往往不按合同约定履行自己的义务而随意变更、终止法律关系造成违约、毁约。随着我国对外开放的进一步扩大，外商投资会不断增加，中外合资经营企业亦会大量增加，只有进一步增强经营者的合同观念，使市场经济中合同的纽带作用不断得到强化，才能使社会主义市场经济朝着健康有序的方向发展。

（叶天林）

53. 上海国际信托投资公司浦东证券营业部诉李建忠期货案

（一）首部

1. 判决书字号：上海市浦东新区人民法院（1995）浦经初字第571号。

2. 案由：期货案。

3. 诉讼双方

原告：上海国际信托投资公司浦东证券营业部。

法定代表人：席翔德，经理。

委托代理人：龚德雄，该营业部副主任。

委托代理人：章国荣，该营业部办公室主任。

被告：李建忠，男，1955年7月27日出生，汉族，宝山钢铁总厂职工，住上海市国年路261弄16号。

委托代理人：尹卫东，上海市沪中律师事务所律师。

委托代理人：周士炯，上海市沪中律师事务所律师。

4. 审级：一审。

5. 审判机关和审判组织

审判机关：上海市浦东新区人民法院。

合议庭组成人员：审判长：王雪燕；人民陪审员：阙波、杨华。

6. 审结时间：1996年9月27日。

（二）诉辩主张

1. 原告诉称：1995年2月16日，被告在原告处开户进行期货交易，于2月23日开仓卖出“319”品种350口，平均成交单价为人民币144.40元。1995年3月6日上海证券交易所颁发了调整国债期货交易保证金的通知，被告为此出具书面保证书要求推迟追加保证金期限，但后来未追加保证金。原告于1995年3月15日对被告原持仓合约强行平仓。强行平仓后，被告除原有账户资金全部损失外，尚亏欠原告人民币184282元。故诉诸法院，要求确认原告强行平仓行为有效，并由被告赔偿原告损失人民币184282元，负担诉讼费。

2. 被告辩称：1995 年 2 月 23 日，被告期货账户资金尚存人民币 179668 元。当日卖出“319”品种 350 口，开仓单价为人民币 144.40 元。同年 2 月 27 日至 3 月 7 日，期货市场成交价均在每口人民币 145.50 元以上，按每口保证金人民币 500 元且最低为每口人民币 300 元的规定，被告理应追加保证金。虽然 1995 年 3 月 6 日有关部门明确期货保证金提高到每口人民币 2000 元，且被告于 1995 年 3 月 10 日出具保证书要求将追加保证金的期限延至同年 3 月 13 日，已违反规定，但是原告并未及时强行平仓。现造成损失人民币 184282 元系原告未及时平仓而致，故被告不承担任何责任。

（三）事实和证据

上海市浦东新区人民法院经公开审理查明：被告在原告处开设国债期货账户，账号为 299A000100720，双方在期货交易风险揭示声明书、期货交易协议书中约定，若因国债期货价格发生不利波动而出现浮动亏损，致使被告交纳的保证金低于每个合约最低维持保证金 300 元时，原告有权向被告追收至 500 元，若追收失败，营业部有权强行平仓。至 1995 年 2 月 22 日止，被告账户资金为人民币 179668 元，次日，被告卖出“319”品种 350 口，成交单价为人民币 144.40 元。扣除每口保证金等，该户尚余资金人民币 3618 元。1995 年 2 月 26 日，国家颁布《国债期货交易管理暂行办法》，同年 3 月 2 日，该《办法》刊登于《证券报》。6 日，上海证券交易所发出通知，并且原告当日转告被告：国债期货保证金由原来每口人民币 500 元提高至每口人民币 2000 元；对现在持仓合约，各会员单位最迟须在 3 月 10 日下午按新标准将保证金划至本所国债期货清算账户，否则本所按保证金追收失败，于 13 日作出强行平仓处理。原、被告在《国债期货管理暂行办法》公布后，未重新订立期货交易协议书和期货交易风险揭示声明书。1995 年 3 月 10 日上午，被告向原告出具保证书言明：持空仓“319”品种 350 口，在今日平仓时因涨停板而无法及时平仓，故请求将强行平仓权宽限至 3 月 13 日该品种场内交易时价 146.70 元后，否则原告有权强行平仓，一切损失和责任由被告承担。到 1995 年 3 月 10 日下午收盘，被告未按规定追交保证金。原告追收保证金失败，于 1995 年 3 月 15 日以每口人民币 149.57 元涨停板对被告持仓合约“319”品种 350 口强行平仓。被告账户资金全部损失，尚亏人民币 184282 元。

另查：1995 年 3 月 11 日、12 日系国定假日；1995 年 3 月 13 日期货市场“319”品种成交均价为每口人民币 147.50 元；1995 年 3 月 14 日全日涨停板，1995 年 3 月 15 日最高价每口为人民币 149.57 元，最低价每口为人民币 147.57 元。

以上事实有如下证据证实：

1. 原、被告签订的期货交易协议书、期货交易风险揭示声明书。

2. 期货开户登记资料。

3. 被告出具的书面保证书。

4. 原、被告陈述等。

（四）判案理由

上海市浦东新区人民法院鉴于上述事实认为：被告在原告处开设期货交易账户，进行期货交易，至 1995 年 2 月 26 日止，其持仓合约的保证金均未低于每口人民币 300 元，未违反约定。《国债期货交易管理暂行办法》颁布后，上海证券交易所通知期货交易保证金从原每口人民币 500 元增加至每口人民币 2000 元，最后追交保证金期限为 1995 年 3 月 10 日。此时起，原有规定及双方签订的期货交易协议书、期货交易风险揭示声明书中规定的保证金标准及强行平仓的内容均无效，且原、被告双方又未对这项内容重新进行约定，故被告只须按《暂行办法》及上海证券交易所通知，在1995年3月10日前追加保证金至每口人民币2000元即可。之后，被告未按规定追加保证金，只是于1995年3月10日上午出具保证书要求将追加保证金期限推迟至13日，但由于此保证书违反了《暂行办法》等有关规定，故系无效民事行为。原告追收保证金失败后，即应在1995年3月13日对被告持仓合约进行强行平仓，此前因违反《暂行办法》造成损失由被告负担。现因原告未及时按规定行使强行平仓权，致使损失扩大，故1995年3月13日后平仓造成扩大的损失，由原告承担。

（五）定案结论

根据《中华人民共和国民法通则》第四条、第一百零六条之规定，上海市浦东新区人民法院于1996年9月27日作出以下判决：

1. 原告上海国际信托投资公司浦东证券营业部强行平仓行为有效。

2. 被告李建忠应支付给原告上海国际信托投资公司浦东证券营业部经济损失人民币39900元。

3. 驳回原告上海国际信托投资公司浦东证券营业部其余诉讼请求。

本案受理费人民币5195元，由原告上海国际信托投资公司浦东证券营业部负担人民币4052元，被告李建忠负担人民币1143元。

判决后，原、被告均未上诉，被告自觉履行了判决。

（六）解说

1. 关于双方对期货交易保证金约定的效力问题。原、被告双方在期货交易风险揭示声明书和期货交易协议书中对保证金作过明确约定，该约定对双方均有约束力。但由于期货交易具有很大的风险性和投机性，对金融市场影响较大，因此，期货市场一直是在国家严格监督、管理之下发展，国家可根据期货市场发展的需要，及时采取调整期货交易上市品种、保证金交纳的比例等措施，以保证我国期货市场健康、有序地发展。《国债期货交易管理暂行办法》颁布后，上海证券交易所提高了国债期货保证金的数额，并由原告转告了被告。此时，原、被告对保证金的约定即因违反了国家的强制性规定而无效，双方应严格执行《国债期货交易管理暂行办法》的有关规定，即由被告按每口合约人民币2000元的标准追加保证金，如追加失败，原告有权强制平仓。

2. 关于因强制平仓造成的损失如何分担的问题。经纪公司的强行平仓权是指在期货交易过程中，当客户保证金不足时，经纪公司有权将客户所持未平仓合约进行平仓的行为。期货经纪公司行使强行平仓行为是一种权利，还是一种义务，取决于法律对透支交易行为的规定。如果法律明确规定禁止透支交易，则期货经纪公司的强行平仓行为既是权利又是义务；如果法律没有明确规定禁止透支交易，则强行平仓行为可视为一种权利。我国期货交易法还未出台，但从我国目前的法规及有关政策来看，在期货交易中是禁止透支交易的。因此，经纪公司的强行平仓权既是权利也是义务，经纪公司没有履行这一义务，就要承担相应的责任。此案中，原告在1995年3月10日向被告追收保证金失败的情况下，应按照上海证券交易所的规定，于3月13日一开市即就被告未平仓的期货合约强行平仓，造成的损失全部由被告承担。但原告没有及时履行强行平仓的义务，直到3月15日才强行平仓，致使损失进一步扩大，这一扩大的损失应由原告承担。法院在分清责任的基础上，判决原、被告双方各自承担相应的责任是正确的。

（王雪燕　茆荣华）

54. 莫海光诉梧州地区太阳商品交易代理有限公司返还期货保证金案

（一）首部

1. 判决书字号：广西壮族自治区梧州市中级人民法院（1996）梧经初字第57号。

2. 案由：返还期货保证金案。

3. 诉讼双方

原告：莫海光，男，33岁，汉族，广西梧州市人，个体户，住梧州市云盖路石鼓冲224号。

委托代理人：杨礼诚，梧州市顺景律师事务所律师。

被告：梧州地区太阳商品交易代理有限公司。

委托代理人：瞿德战，梧州地区律师事务所律师。

4. 审级：一审。

5. 审判机关和审判组织

审判机关：广西壮族自治区梧州市中级人民法院。

合议庭组成人员：审判长：梁凤珍；审判员：严家鹏；代理审判员：黄柱桓。

6. 审结时间：1996年12月13日。

（二）诉辩主张

1. 原告诉称：1995年10月23日，原告与被告签订梧州地区太阳商品交易代理有限公司客户合约一份，该合约内含风险公开声明、偿还债务保证书、调拨资金授权书、法人授权书、账户处理权声明、客户资料声明等，被告给原告指定的账户为28001，被告指定账户处理权人（经纪人）为该公司的职员徐奇岳。签订合同后，原告向28001账号注入资金5万元。经过一段时间，原告发现自己的专用账户上的保证金明显减少，出现亏损，经了解，是被告擅自挪用该账号上的保证金做生意亏损，和被告将其他客户账上的亏损转嫁给原告所造成。原告因此提出终止合约，要求退回保证金，但被告拒不同意。被告不具备期货经营业务的主体资格，亦无代理经纪人的资格，请求法院判令被告返还保证金5万元，支付保证金利息1万元，责令被告承担本案诉讼费、律师费。

2. 被告辩称：被告是政府开办的全民制企业，经过工商登记，其经营的是期货商品的交易经过代理业务，代理客户进入市场交易，并不是自己的期货市场。根据本案合约，莫海光全权委托徐奇岳进行期货买卖，原告将经营亏损推给被告是不合理的。订合约时被告安排给原告的账户是28001，但签约后进款（保证金）开始操作时就已变换为28002账号给莫海光使用，之后在全交易过程中指令下单、结算、平仓、回单和提款都实际用28002账号，莫海光亦无异议，莫海光签收领款单时的账号是28002，并特别注明“此证明在本人户口之交易正确无误”。退一步，即使被告注册登记手续不全，也是行政上的过错，只有民事过错才和民事损失有直接的因果关系。本案原告的亏损是市场行情变化的正常现象，不应由被告负担。请求法院驳回原告的诉讼请求。

（三）事实和证据

梧州市中级人民法院经公开审理查明：1995年10月23日，原告与被告签订客户合约一份，该合约包含风险公开声明、客户合约、偿还债务保证书、调拨资金授权书、法人授权书、账户处理权声明、投资交易代理人授权声明、客户资料声明。该合约指定的客户代理人为徐奇岳，账户为28001。1995年10月25日，原告注资5万元。因被告方的原因，莫海光的账户变更为28002。至1996年2月1日，该账户上剩下9750元，莫海光签提款单，要求提走9750元，因被告的账户被冻结而提款不成。另查明：被告的经营范围为商品交易代理、信息咨询。

上述事实有下列证据证明：

1. 客户合约。

2. 收据。

3. 提款单。

4. 庭审笔录。

（四）判案理由

梧州市中级人民法院根据上述事实和证据认为：被告未进行期货经纪注册，无权代理原告从事期货交易，双方签订的客户合约无效，原告请求被告返还保证金合理合法，本院予以支持。原告应该知道被告不具备期货经纪资格，却委托被告代理期货交易，也有一定的过错，因而对原告请求被告支付保证金利息的诉讼请求不予支持。被告认为已代理原告进行了期货交易，但举不出相应的证据证实，故其理由不成立，本院不予支持。

（五）定案结论

梧州市中级人民法院根据《中华人民共和国民法通则》第六十一条第一款规定，作出如下判决：

1. 被告梧州地区太阳商品交易代理有限公司在本判决生效之日起十日内返还5万元给原告莫海光。

2. 驳回原告莫海光的其他诉讼请求。

本案诉讼费2810元，由被告负担2390元，原告负担420元。

（六）解说

1. 管辖权的确定。本案标的为6万元，如属一般的经济纠纷案件，应由基层人民法院审理，但本案为期货纠纷案件，根据最高人民法院《关于审理期货纠纷案件座谈会纪要》规定："这类案件专业性较强，审理难度大，因此一般应由被告所在地或期货交易所、经纪公司及领取营业执照的期货经纪公司的分支机构所在地的中级人民法院管辖。"根据以上规定，梧州市中级人民法院受理本案并进行审理。

2. 合同效力的认定。有关部门对期货经纪公司控制较严格，期货经纪公司必须经中国证监会审核批准后，再进行工商登记，才具备经营期货业务的主体资格。本案被告的经营范围内没有期货经纪，因此，本案原、被告所签订的客户合约无效，被告应对合同无效负主要责任；原告应该知道被告不具备期货经纪资格，但其对此没作审查，便与被告签订合约，因此，原告对合约无效也应负一定责任。综上，本案仅判决被告返还保证金给原告，对原告要求被告支付利息的诉讼请求予以驳回。

3. 举证责任的承担。本案被告辩称已代理原告进入期货市场进行期货买卖，所造成的亏损是正常的市场风险，应由原告承担，根据《民事诉讼法》"谁主张，谁举证"原则，被告对此应负举证责任，但被告举不出相应的证据，所以，被告应全额返还保证金给原告。

4. 适用法律。我国目前尚无制订单行的期货方面的法律，本案合约被确认无效，因此只能适用《民法通则》第六十一条第一款关于无效民事行为的处理的有关规定。司法实践有时对立法工作提出新的要求。例如本案所涉及的期货方面的纠纷在现实生活中越来越多，但我国却没有关于期货的单行法律法规，这无疑给司法审判活动带来了一定的难度。

（黄柱桓）

55. 俞元楼、俞冬青诉南京中期期货经纪有限公司期货经纪案

（一）首部

1. 判决书字号

一审判决书：江苏省南京市中级人民法院（1996）宁经初字第9号。

二审判决书：江苏省高级人民法院（1996）苏经终字第320号。

2. 案由：期货经纪案。

3. 诉讼双方

原告（被上诉人）：俞元楼，男，1942年2月11日出生，汉族，江苏省如东县物资局干部。

委托代理人：王成荣，南京第一律师事务所律师。

原告（被上诉人）：俞冬青，女，1970年6月2日出生，汉族，江苏省南通市房改办物业公司干部，住江苏省南通市城北新村过渡房12幢204室。

委托代理人：王成荣，南京第一律师事务所律师。

被告（上诉人）：南京中期期货经纪有限公司（下称南京中期公司）。

法定代表人：杜海燕，总裁。

委托代理人：丁捷，南京第二律师事务所律师。

委托代理人：许敏，该公司经理。

4. 审级：二审。

5. 审判机关和审判组织

一审法院：江苏省南京市中级人民法院。

合议庭组成人员：审判长：姚志坚；代理审判员：方红、曹艳。

二审法院：江苏省高级人民法院。

合议庭组成人员：审判长：朱春燕；代理审判员：申本岭、汤小夫。

6. 审结时间

一审审结时间：1996年6月10日。

二审审结时间：1996年11月22日。

（二）一审诉辩主张

1. 原告俞元楼、俞冬青诉称：1995 年 10 月 19 日我们在南京中期公司南通分部追加保证金 22500 元，因南通分部未及时通知南京中期公司，南京中期公司在 20 日开盘后即对我们在仓的 45 手红小豆全部斩仓，造成我 42600 元经济损失。南通分部因其过错，于 10 月 27 日给我们赔偿现金 1 万元，并作出了优惠手续费 3 万元的承诺。因我们已不愿意在南京中期公司继续从事期货交易，故诉请将优惠 3 万元手续费的赔偿改为现金赔偿，并承担诉讼费。

2. 被告南京中期公司辩称：原告 1995 年 10 月 19 日追加 22500 元保证金的情况我方是知晓的，但因原告追加保证金后，其保证金数额仍低于初始保证金的 100%，加上 10 月 20 日红小豆开盘后，价格呈明显下跌趋势，故我公司决定对原告所持红小豆头寸平仓。此次平仓的操作符合公司规定和双方约定，亏损属正常风险损失，我公司不负有赔偿责任，请求法院依法驳回原告的诉讼请求。

（三）一审事实和证据

江苏省南京市中级人民法院经审理查明：1995 年 7 月 27 日原告俞元楼、俞冬青与被告南京中期公司签订了国内期货、期权、远期合约及现货业务委托代理协议书等文件。约定：乙方（俞元楼、俞冬青）在进行期货、期权、远期合约及现货交易时，应按照甲方（南京中期公司）的要求在其账户内存有足够数额的保证金，并随时按甲方的要求存入追加保证金；甲方提出追加保证金要求后，乙方应及时和充分地执行，否则甲方在不事先通知的情况下，有权对乙方的部分或全部开口头寸予以强行平仓；甲方在制定和修改保证金水平方面拥有绝对自主权等。同年 9 月 12 日，南京中期公司发出《关于降低交易保证金，提高强行平仓标准的通知》，规定：强行平仓标准调整为南京中期公司规定的初始保证金的 100%；当客户保证金达到或低于公司初始保证金的 120%时，向客户发出追加保证金通知，客户需在通知规定的时间内将追加资金打入南京中期公司，在追加资金到账前，客户不得开新仓；当客户保证金低于初始保证金的 100%时，南京中期公司有权在不通知客户的情况下，对该客户所持有头寸进行强制性部分或全部平仓。10 月 18 日，原告账户上尚存保证金 19724.64 元，未平合约所需保证金 18908.53 元，保证金低于初始保证金的 120%。根据双方约定及南京中期公司的规定，在此情况下，南京中期公司应向原告发出追加保证金通知书。但南京中期公司未能提供合法有效的证据，证明其在 10 月 18 日履行了上述义务。10 月 19 日原告在未收到追加保证金通知书的情况下，自行在南京中期公司南通分部追加保证金 22500 元，并成交了 6 手绿豆，当时其实际可运用资金应为负 583.18 元。但原告的入金未能在其当日账单上反映出来，致使其 19 日账面上的可运用资金为负 23083.18 元。10 月 19 日 13 时 30 分，南京中期公司以电报形式向俞元楼发出了一份未明示期限及金额的追加保证金通知。10 月 20 日开盘后，南京中期公司即对俞元楼仓内的 45 手红小豆进行了强制平仓，此次强制平仓给俞元楼、俞冬青造成经济损失 42600 元。此后，经原告多次与南京中期公司所属的南通办事处交涉，双方于 10 月 27 日达成协议，南通办事处支付给俞元楼 1 万元人民币，并承诺对其继续交易的手续费给予优惠，累积至 3 万元为止。俞元楼和俞冬青收取 1 万元后不愿再继续交易，南通办事处承诺优惠的 3 万元手续费未能兑现。

上述事实有下列证据证明：

1. 关于被告未能提供合法有效的证据证明其在 18 日履行追加保证金通知义务的认

定：经主审人一再敦促，被告提供了 1995 年 10 月 18 日其电脑管理系统产生的追加保证金或部分强迫平仓通知作为其履行义务的证据，此通知系向客户代理发出，又没有经纪人签字，内容和形式都不能证明被告在 18 日履行了追加保证金通知义务。

2. 关于 19 日原告追加保证金却未反映在其账单上等的认定：原告提供被告出具的客户保证金到款凭证和被告提供原告 19 日账单足以证明。

3. 其他证据：

原告提供：南京中期期货经纪有限公司合同文件。

原告提供：南京中期公司南通分部出具申明两份。

被告提供：（1995）中期宁总字（81）号文件。

被告提供：1995 年 10 月 19 日电报复印件。

被告提供：被告法人营业执照、期货业务许可证。

被告提供：苏体改通（1995）480 号文件。

被告提供：南京中期公司南通办事处许可证。

被告提供：原告 1995 年 10 月 18 日、1995 年 10 月 20 日账单。

以上证据均经当庭质、核。

（四）一审判案理由

南京市中级人民法院经审理认为：原告俞元楼、俞冬青与被告南京中期公司之间因签订国内期货、期权、远期合约及现货业务委托代理协议书等文件而形成的期货经纪合同关系合法有效，双方均应按约定及有关法律规定、期货业惯例以适当的方式履行合同义务。本案被告在 1995 年 10 月 18 日即负有追加保证金通知义务，19 日方以电报形式发出了一份未明示追加期限和金额的追加保证金通知，既不及时，又不明确，不符合双方约定和惯例，应属未正确履行追加保证金通知义务；且被告在原告可运用资金为负 538.18 元的情况下，对原告在仓的 45 手红小豆一次全部强制平仓，既不符合期货业习惯做法，又有悖于公平原则，被告在 20 日对原告的强制平仓显属不当，由此造成原告 42600 元的经济损失应予赔偿。现原告已获取 1 万元经济赔偿，其在诉讼请求中虽要求依其和南通分部达成的协议将手续费优惠 3 万元改为赔偿 3 万元，但在事实叙述时已提到被告强制平仓不合法，给其造成损失，要求再赔偿 3 万元。原告的请求并不超出被告方的过错给原告方造成的实际损失数额，合理合法，应予支持。

（五）一审定案结论

一审法院依照《中华人民共和国民法通则》第四条、第一百一十一条、第一百一十二条第一款的规定，判决如下：

南京中期公司赔偿俞元楼、俞冬青经济损失 3 万元。此款于判决生效后十日内给付。

本案受理费 1210 元，由南京中期公司承担。

（六）二审情况

1. 二审诉辩主张

（1）上诉人南京中期公司诉称：南京中期公司于 1995 年 10 月 18 日、19 日由计算机打印的追加保证金通知单，已明示追加金额和期限，19 日又以明码电报发出追加保证金通知，故南京中期公司确已履行了通知义务。客户虽未在 18 日通知单上签字，但其已于 19 日上午追加了保证金 22500 元，故要求南京中期公司证明在 18 日履行通知义务已无意义。按交易所规则及惯例，追加保证金期限应为第二交易日开盘前，因此，南京中期公司19日的通知是及时和明确的。南京中期公司在客户保证金不足的情况下，对其45手红小豆强行平仓，并无不当，请求驳回俞元楼、俞冬青的诉讼请求。

(2) 被上诉人俞元楼、俞冬青辩称：南京中期公司所述18日和19日追加保证金通知，从未收到，故其未履行通知义务。南京中期公司在客户保证金仅低于初始保证金583.18元的情况下，对客户在仓的45手红小豆全部强行平仓，也是不当的。因此，原审法院判决南京中期公司赔偿损失并无不当，应予维持。

2. 二审事实和证据

二审法院确认了一审法院认定的事实和证据。

3. 二审判案理由

江苏省高级人民法院经审理认为：南京中期公司与俞元楼、俞冬青签订的委托代理协议等有关文件，系双方当事人的真实意思表示，其内容也不违反有关法律法规的规定，属有效协议。1995年10月18日，在俞元楼、俞冬青账户上尚存保证金低于初始保证金的120%的情况下，南京中期公司未向客户发出追加保证金通知，违背了其于同年9月12日所发《关于降低交易保证金，提高强行平仓标准的通知》所规定的通知义务。南京中期公司虽于10月19日以电报形式发出追加保证金通知，但该通知未明示追加金额和期限，应属未适当履行通知义务。此外，南京中期公司在原告账上保证金仅缺583.18元的情况下，对客户在仓45手红小豆全部强制平仓，其平仓数额明显高于客户所缺保证金数额，显属不当。因此，南京中期公司应对因其强制平仓给俞元楼、俞冬青造成的经济损失，承担赔偿责任。上诉人南京中期公司的上诉理由不能成立，应予驳回。原审判决认定事实清楚，适用法律正确，应予维持。

4. 二审定案结论

江苏省高级人民法院根据《中华人民共和国民事诉讼法》第一百五十三条第一款第(一)项的规定，判决如下：

驳回上诉，维持原判决。

二审案件受理费1210元，由南京中期公司负担。

本判决为终审判决。

(七) 解说

本案是一件较为典型的因强制平仓引起的国内期货经纪纠纷案件。强制平仓作为期货交易中的一项基本制度，是控制期货交易风险的重要措施之一。强制平仓必须遵守一定的规则，除了保证金必须达到强制平仓的标准这一实质条件外，还必须遵守两条规则，即强制平仓必须以适当履行追加保证金通知义务为前提，强制平仓应以维持在仓合约为限。处理本案的关键即是对上述两条规则的理解和应用。

1. 强制平仓应以适当履行追加保证金通知义务为前提。

追加保证金通知义务，是指当客户的保证金因交易亏损或开新仓等原因低于期货经纪公司规定的保证金水平时，期货经纪公司应及时发出追加保证金通知书，将应追加的保证金数额及追加的时间限制通知客户。强制平仓应以期货经纪公司履行这一义务为前提，首先是保护客户权益的需要。这实际上是强制平仓前对客户的一种警示，通过提醒客户采取补救措施来保护客户的利益。其次，这是期货经纪公司进行风险防范、控制的需要。发出追加保证金通知本身即是一种风险防范措施，同时也是期货经纪公司进行保证金管理的内在要求。因此，无论是从客户的利益，还是从期货经纪公司的利益来看，强制平仓以履行追加保证金通知义务为前提都是必要的。这一义务必须履行，而且应当以适当的方式正确履行。实践中，由于期货交易法尚未制定，这一规则主要是以合同义务的形式出现，由客户和经纪公司约定在契约中。最高人民法院《关于审理期货纠纷案件座谈会纪要》对此作了规定。实际上，这已是期货业的惯例。

本案中，原、被告签订的契约中即约定了此项义务。按双方约定，当客户保证金达到或低于公司初始保证金的120%时，南京中期公司有义务向客户发出追加保证金通知。客户在收到追加保证金通知后需在通知规定的时间内追加保证金，否则，南京中期公司在客户保证金达到强制平仓标准时有权对客户在仓合约强制平仓。也就是说，本案被告在1995年10月18日就负有向客户俞元楼、俞冬青发出追加保证金通知的义务，但事实上被告至19日方以电报形式发出一份未明示追加保证金金额和期限的追加保证金通知，该通知既不及时又缺乏明确的内容，应属未适当履行追加保证金通知义务。被告在未适当履行追加保证金通知义务的情况下，对原告进行强制平仓显属不当。

2. 强制平仓应以维持在仓合约为限。

强制平仓应以保证金足以维持在仓合约为限，是指期货经纪公司应当依据客户保证金短缺的数额决定强制平仓的合约量，被强制平仓的合约所占用的价款数额应和客户保证金短缺的数额大体相当，强制平仓的后果为结余的保证金足以维持在仓的合约。也就是说，期货经纪公司不能随意决定强制平仓的合约量。这是对期货经纪公司强制平仓的一种必要的限制，是诚信原则在期货交易中的体现，是强制平仓作为风险控制措施的内在要求。只有按照这一规则进行强制平仓，才符合强制平仓制度的本义。当然，这更是保护客户合法权益的制度保障。实践中，这一规则目前主要以期货业惯例的形式出现。

本案中，原、被告双方约定的强制平仓标准为客户保证金不低于初始保证金的100%。即南京中期公司在客户保证金低于初始保证金的100%时可进行强制平仓，而强制平仓的目的是为了维持客户保证金达到"100%初始保证金"这一标准，以维持客户尚在仓的合约。按照上述规则，本案被告在原告可运用资金为负583.18元的情况下，只需对原告在仓合约部分予以强制平仓，就足以使原告账户上结余的保证金达到不低于初始保证金的100%这一标准。而被告却在10月20日一开盘即对原告在仓的45手红小豆一次性全部强制平仓，显属不当。

根据上述分析，受诉人民法院判令被告赔偿原告因强制平仓不当造成的经济损失是正确的。而且受诉人民法院在期货交易法尚未制定，对强制平仓制度缺乏法律规定的情况下，能够根据双方当事人的约定和期货业惯例，从《民法通则》的相关规定出发，参照最高人民法院《关于审理期货纠纷案件座谈会纪要》的有关规定，正确运用上述两条规则较好地处理了纠纷，既保护了客户的合法权益，又通过审判活动对期货经纪业的规范起到了良好的作用，具有一定的代表性。

（朱怀平）

56. 张克等 27 人诉四川金鹏经济事务代理股份合作公司国际期货与外汇按金交易案

（一）首部

1. 判决书字号

一审判决书：四川省成都市中级人民法院（1994）成经初字第 179 号。

二审判决书：四川省高级人民法院（1996）川高法经一终字第 99 号。

2. 案由：国际期货与外汇按金交易案。

3. 诉讼双方

原告（被上诉人）：张克、李廷星、杨波等 27 人。

代表人：张克，男，汉族，1949 年 10 月 20 日出生，住成都市一环路南三段 13 号 2 幢 2 单元 2 楼 1 号。

代表人：李廷星，男，汉族，1958 年 1 月 12 日出生，住成都市金华街 168 号 4 幢 2 号。

代表人：杨波，男，汉族，1964 年 12 月 20 日出生，住成都市一环路北三段 10 幢 1 单元 7 号。

委托代理人：冯松林，南京东南律师事务所律师。

委托代理人：吴建斌，南京东南律师事务所律师。

被告（上诉人）：四川金鹏经济事务代理股份合作公司（下称金鹏公司）。

法定代表人：黄世鹏，总经理。

委托代理人：黄学，该公司业务顾问。

委托代理人：倪中惠，该公司副总经理。

4. 审级：二审。

5. 审判机关和审判组织

一审法院：四川省成都市中级人民法院。

合议庭组成人员：审判长：梁群；代理审判员：陈苹、张洪。

二审法院：四川省高级人民法院。

合议庭组成人员：审判长：颜桂芝；代理审判员：吴洪讯、黄剑。

6. 审结时间

一审审结时间：1996 年 6 月 14 日。

二审审结时间：1996 年 12 月 24 日。

（二）一审诉辩主张

1. 原告诉称：被告进行欺骗性宣传，套取原告保证金；被告没有合法从事国际金融期货经纪业务的主体资格；被告没有合法专单通道，进行场外交易；被告故意欺诈客户。请求法院判令被告返还保证金 271.01 万元并承担本案诉讼费及全部经济损失。

2. 被告辩称：原、被告签约是双方自愿的意思表示，被告不存在欺诈行为，原、被告明知违规而进行外汇按金买卖均属违规行为；被告主体合法；被告不存在私下对冲和场外交易。

（三）一审事实和证据

四川省成都市中级人民法院经公开开庭审理查明：原告方 27 人于 1993 年 4 月至 1994 年 6 月，先后与被告签订国际商品期货买卖协议书及补充协议书，约定：原告委托金鹏公司代理美国、日本期货市场的商品期货买卖，由金鹏公司委托其香港代理公司到美国、日本期货交易所进行交易。协议签订后，从 1993 年 7 月 8 日起，原告在被告处开设 32 个账户。原告委托被告进行了恒生指数、英镑、日元、马克、法郎、红豆等国际金融、农产品期货和外汇按金交易。1994 年 7 月 16 日，原告方全部平仓出场，共计亏损交易保证金 2606863.31 元。原告交易账户上尚结存保证金，其中王荣安为 3995.91 元，夏清萍为 3295.44 元，董良为 3052.12 元，黄贵学为 18.30 元，江涛为 3058.77 元，鲁里程盈利 2895.68 元，收取佣金 22130 元。

该院另查明：被告未与美国、日本任何一家期货交易所的会员单位签订有关期货经纪业务的协议。被告在代理国际金融、农产品期货和外汇按金交易期间未取得国家工商局、外汇管理局核发的经营金融业务许可证、经营外汇业务许可证、经营外汇期货业务许可证和境外期货业务许可证。被告在诉讼期间未举证证明其为原告代理的交易单据进入国际期货市场和国际外汇市场。

该院还查明：被告是由黄世鹏等 8 人共同集资设立的公司，于 1993 年 4 月 17 日领取了四川省工商局核发的企业法人营业执照，注册资金 10 万元，经营范围为兼营期货代理业务。1993 年 7 月 28 日被告变更注册资金为 1080 万元（未实际投入）。1995 年 3 月 22 日，中国证券监督管理委员会批准被告符合期货经纪公司标准。但被告未到国家工商局申请注册登记，亦未领期货经纪业务许可证。

上述事实有下列证据证明：

1. 国际商品期货买卖协议书及补充协议书。

2. 原告在被告处开设的 32 个账户及交易单据。

3. 亏损统计表及原、被告双方的对账清单。

4. 被告有关工商登记及中国证券监督管理委员会批文。

（四）一审判案理由

成都市中级人民法院鉴于上述事实认为：

1. 根据《中华人民共和国经济合同法》第七条第一款第二项关于“采取欺诈、胁迫等手段所签订的合同”为无效的规定，本案被告违反国际期货交易惯例，在明知自身和为其代理的（香港）汇丰投资发展有限公司均不具有美国、日本期货交易所会员单位资格的情况下，仍与原告签订国际商品期货买卖协议书及补充协议书，其行为具有欺诈性，故合同无效。对此，被告应承担主要责任，原告审查不严亦有一定责任。

2. 根据《中华人民共和国经济合同法》第七条第一款第一项关于“违反法律和行政法规的合同”为无效的规定，本案在合同实际履行中，原、被告之间就国际金融期货和外汇按金交易构成的委托代理关系，因违反国家金融管理和外汇管理法规，并因被告不具备经营国际金融期货及外汇按金交易的主体资格，故委托代理关系无效。对此被告应承担“组织经营”的违法责任；原告应承担“参与买卖”的违法责任。

3. 被告不能举证证明代理原告进行的国际商品、金融期货及外汇按金交易单据进入国际期货市场及国际外汇市场，从而已实际进行了交易，故应返还原告保证金，原告其余损失应自行承担。

4. 根据《中华人民共和国民法通则》第一百三十四条第三款关于"人民法院审理民事案件……还可以……收缴进行非法活动的财物和非法所得"的规定，此案的盈利款和双方收取的佣金系非法收入，应予以追缴。

（五）一审定案结论

四川省成都市中级人民法院根据所认定的事实、证据和上述判案理由，于 1996 年 6 月 14 日依照《中华人民共和国经济合同法》第七条第一款第一、二项、第十六条，《中华人民共和国民法通则》第一百三十四条第一、二、三款的规定，判决：

1. 金鹏公司在判决发生法律效力之日起十日内返还原告人民币保证金 2620283.85 元（其中含原告账上剩余的人民币保证金 13420.54 元），由各原告按应得数额进行分配。逾期未付，由被告按中国人民银行逾期付款的规定支付违约金。

2. 原告其余损失自行承担。

本案件受理费 22220 元，其他诉讼费 1000 元，合计 23220 元，由被告负担 16254 元，原告负担 6966 元。

（六）二审情况

1. 二审诉辩主张

（1）上诉人（原审被告）诉称：原判推定金鹏公司没有入市交易显属不当，金鹏公司已入市交易，没有进行私下交易及场外交易；原判划分责任有误，适用法律不当，张克等 27 人的损失为正常风险，不应由金鹏公司赔偿；张克等 27 人的亏损金已由金鹏公司全部付给了香港代理公司，如判令返还，也应由香港公司返还；请求撤销原判，驳回原告的诉讼请求。

（2）被上诉人（原审原告）辩称：金鹏公司不具备期货代理业务的主体资格，其故意隐瞒实情，诱使原告与之签订了不真实的期货买卖协议，故协议无效；金鹏公司进行场外交易及私下对冲，应由其赔偿给原告造成的损失；请求驳回上诉，维持原判。

2. 二审事实和证据

四川省高级人民法院经审理查明：1993 年 4 月至 1994 年 6 月，张克等 27 人先后与金鹏公司签订国际商品期货买卖协议书及补充协议书。同时，该买卖协议书还附有客户开户须知、风险揭示声明书、慎重声明及客户同意书等。从 1993 年 7 月 8 日起，张克等 27 人委托金鹏公司进行国际商品、金融期货及外汇按金交易。至 1994 年 7 月 16 日，张克等 27 人陆续平仓出场，共亏损交易保证金 2606863.31 元。金鹏公司交易账户上尚存保证金 13420.54 元，鲁里程盈利 2895.68 元，收取佣金 22130 元。

该院还查明：1993 年 5 月 12 日，金鹏公司与（香港）汇丰投资发展有限公司（下称汇丰公司）签订一份代理协议书，约定由汇丰公司代理金鹏公司的有关国际商品期货交易业务。汇丰公司又与香港发景期货有限公司签订代理协议书，发景公司系香港期货交易所会员单位。以后金鹏公司未与日本、美国期货交易所会员单位签订有关合同，也不能举出其代理张克等 27 人的有关交易单据进入国际期货及外汇市场，从而已实际进行了交易的有关凭据。发景公司亦不是日本、美国期货交易所的会员单位。

上述事实有下列证据证明：

（1）客户开户须知、风险揭示声明书、慎重声明及客户同意书。

（2）金鹏公司与汇丰公司的代理协议书。

（3）汇丰公司与发景公司的代理协议书。

3. 二审判案理由

四川省高级人民法院鉴于上述事实认为：金鹏公司明知其自身和为其代理的香港公司不具有日本、美国期货交易所会员单位资格，却与张克等 27 人签订有关代理国际商品期货买卖协议书，其行为具有欺诈性，故合同无效。对此，金鹏公司应承担全部责任。在实际履行中，双方就国际金融期货及外汇按金交易形成的委托代理关系，也因金鹏公司违反国家金融及外汇管理法规，不具备代理国际金融期货及外汇按金交易的主体资格而无效。对此，金鹏公司应承担主要责任，张克等 27 人对金鹏公司主体资格审查不严，参与国际金融期货及外汇按金交易买卖亦有过错，应承担次要责任。因金鹏公司不能举证证明代理张克等 27 人进行的国际商品、金融期货及外汇按金交易单据进入国际期货市场及国际外汇市场，从而已实际进行了交易，故应赔偿由此给张克等 27 人造成的交易保证金损失。

4. 二审定案结论

四川省高级人民法院认为原判认定事实清楚，审理程序合法，适用法律正确。依照《中华人民共和国民事诉讼法》第一百五十三条第一款第（一）项之规定，判决：

驳回上诉，维持原判。

一审案件受理费 22220 元，其他诉讼费 1000 元，合计 23220 元，由金鹏公司负担 16254 元，张克等 27 人负担 6966 元；二审案件受理费 22220 元，其他诉讼费 1000 元，合计 23220 元，由金鹏公司负担。

（七）解说

本案是前一时期在我国期货市场盲目、无序状态下所形成的一起典型的国际期货及外汇按金交易案。处理本案的关键是解决好以下三个问题：

1. 关于合同的效力。

按照国际惯例，代理客户进行国际期货交易必须通过相应国际期货交易所的会员公司，再由会员公司将交易单送入交易所场内，即二级代理：客户→国内期货经纪公司→会员公司→某国际期货交易所。

根据国家工商行政管理局 1993 年 4 月 28 日印发的《期货经纪公司登记管理暂行办法》第六条第六项规定："从事国际期货业务的，应提交与相应的国际期货交易会员公司签订的有关期货经纪业务的协议意向书。"该规定表明国内期货经纪公司与相应的国际期货交易所会员公司之间应为直接关系。若二者之间为间接关系，表现为：客户→国内期货经纪公司→非会员公司→会员公司→某国际期货交易所，即三级或三级以上代理，应认定为无效。如核准从事某甲期货交易所代理业务而进行某乙期货交易所的代理业务的，均应认定为无效。

本案中，金鹏公司明知自身和为其代理的汇丰公司、发景公司均不具有日本、美国期货交易所会员单位资格，而且属三级代理的情况下，却与张克等 27 人签订代理国际商品期货协议书，诱骗对方违背真实意思所为之行为具有欺诈性，故合同无效。

2. 关于合同实际履行中，双方就国际商品、金融期货和外汇按金交易构成的委托代理关系。

被告于 1993 年 4 月 27 日取得四川省工商局核发的企业法人营业执照；1995 年 3 月 22

日，中国证监会批准被告符合期货经纪公司标准。根据国家工商局1993年4月28日11号文第十二条的规定："本办法发布之日前已经签订注册的期货经纪公司，应当于本办法发布之日起90日内，依照本办法第三条至第六条的规定，申请重新登记注册。"但金鹏公司未获得国家工商局核准办理的注册登记，未取得期货经纪业务许可证。在其代理国际商品（红豆）、金融（恒生指数）期货及外汇按金（英镑、日元、马克等）交易期间，未取得国家外汇管理局和中国证监会核发的经营金融业务许可证、经营外汇业务许可证、经营外汇期货业务许可证、境外期货业务许可证。因此，在合同实际履行中，双方就国际商品、金融期货和外汇按金交易形成的委托代理关系因金鹏公司违反国家金融及外汇管理法规，不具备代理此项业务的主体资格而无效。

3. 合同无效后民事责任的划分。

根据最高人民法院1995年10月27日印发的《关于审理期货纠纷案件座谈会纪要》第七条规定："无效行为给当事人造成保证金或佣金等损失的，应当根据无效行为与损失之间的因果关系确定责任的承担。"

无效合同从合同订立时起即不发生法律约束力。但是无效合同并不必然导致期货经纪公司应对客户的保证金负赔偿责任。客户保证金亏损有两种可能：一是由于期货经纪公司的行为所致；一是入市交易后的正常风险损失。在第一种情况下，客户损失确系期货经纪公司所为，则无效行为是"因"，损失是"果"，应判令经纪公司赔偿损失；在第二种情况下，期货经纪公司若已按客户指令入市交易，则客户损失属于正常风险损失，期货经纪公司对此不应承担民事责任。

本案争议的焦点和定案关键就在于被告是否已按客户指令入市交易。根据《纪要》第九条规定："如果客户主张经纪公司未入市交易，经纪公司否认的，应由经纪公司负举证责任。如果经纪公司提供不出相应的证据，就应推定没有入市交易。"在诉讼期内，被告未能举证证明其交易单据进入国际期货和外汇市场，故应推定金鹏公司未入市交易。在交易不真实的条件下，经纪公司的无效行为与客户的损失之间构成了因果关系，故应由金鹏公司返还张克等27人亏损的保证金。

在无效代理中，张克等27人对金鹏公司的主体资格审查不严，参与违规交易，亦应承担一定责任，依据过错和责任相一致的原则。故原告其余损失（如保证金利息损失）自行承担。

（曾　英）

57. 大重集团公司（大连）诉大连经济技术开发区龙兴经贸公司返还期货交易盈利案

（一）首部

1. 判决书字号：辽宁省大连市西岗区人民法院（1996）经初字第541号。

2. 案由：返还期货交易盈利案。

3. 诉讼双方

原告人：大重集团公司（大连）。

法定代表人：刘永盛，总经理。

委托代理人：曲丰，该公司期货部经理。

委托代理人：郭玲，大连天合律师事务所律师。

被告人：大连经济技术开发区龙兴经贸公司。

法定代表人：王秀江，经理。

委托代理人：鲁力，大连华夏律师事务所律师。

4. 审级：一审。

5. 审判机关和审判组织

审判机关：辽宁省大连市西岗区人民法院。

合议庭组成人员：审判长：李慧英；代理审判员：于韦、王丽明。

6. 审结时间：1996 年 12 月 30 日。

（二）诉辩主张

1. 原告诉称：1995 年 8 月 24 日，我公司经与被告口头协商，由被告期货部代理我方进行当日的玉米期货交易。我方在当日刚开市时交给被告期货部交易保证金 1000 万元，由于当时期货交易马上开市，来不及办理开户手续，被告即同意我方以 201 客户的名义下单，由被告方出市代表接受我方代表的电话指令进行操作。交易完毕后，被告期货部向我方交付了由其出市代表签名的 201 客户成交确认单，平仓盈亏表和保证金清算表。我方当日交易盈利为 767040 元，扣除手续费 39440 元，尚余 727600 元。被告期货部于当日下午只返还我方交易保证金 1000 万元，交易盈利 727600 元被告至今不还，请求法院判令被告立即支付交易盈利款 727600 元及占用期间利息。

2. 被告辩称：我方未给原告代理任何期货交易。我公司期货部 201 号客户是其他客户撤户后的空闲客户编码，我公司有时使用该客户编码进行自营交易。1995 年 8 月 24 日该客户号的全部交易指令均由我公司法定代表人王秀江下达，当日该客户号的盈利 70 余万元应归我公司所有。原告交到我公司的 1000 万元是双方往来款，虽然进入我公司期货部银行账户，但未调入交易席位作为保证金使用。原告持有的 201 客户 8 月 24 日的成交确认书等单证并非原件且没有加盖我公司期货部的公章，属于无效证据。因此，我方不同意原告的要求。

（三）事实和证据

大连市西岗区人民法院经公开审理查明：原、被告均系大连商品交易所（以下简称大商所）的会员单位，原告席位号为 116 号，被告席位号为 148 号。1995 年 8 月 24 日，原告持有一笔客户资金 1000 万元，因受大商所开户规定的限制，不能于当日投入原告期货部进行期货交易，便于当日上午 9 时许以自己的名义将上述 1000 万元客户资金作为交易保证金交给被告期货部，要求其代理进行当日的玉米期货交易。由于双方均在大商所指定的交通银行大连高新产业园区支行商品交易所分理处开立银行账户，往来资金可以即时划拨，被告收款后，即同意原告以已撤户的 201 客户编号的名义进行交易，原告即通过电话直接向被告期货部出市代表下达指令进行玉米期货交易。至当日闭市时，原告以被告期货部 201 号客户的名义进行的期货交易全部平仓，被告清退给原告交易保证金 1000 万元，并向原告开具了 201 号客户资金清退单。当日下午，通过大商所结算，确认被告期货部的 201 客户卖单开仓 3944 手，买单平仓 3944 手，平仓盈利 767040 元。被告期货部即制作了 201 客户的保证金清算表、平仓盈亏表、成交确认单，由出市代表签名，将上述单证交付原告，确认原告交易盈利 767040 元，扣除应付被告的交易手续费 39440 元，尚余盈利 727600 元。该盈利款被告以原告的交易给其他客户造成损失为由，至今未付给原告。

上述事实有下列证据证明：

1. 被告向原告出具的客户资金清退单及本院在大商所调取被告的成交确认单，均说明被告会员编号为 148 号。

2. 原告提交的该单位在大商所进行交易的记录及向客户出具的客户资金清退单，均说明其会员编号为 116 号。

3. 大连商品交易所提供的会员名单。

4. 原告提供的资金来源证词（大重进出口公司）及原告收款 1000 万元的收款证据。

5. 被告出具给原告的 1000 万元收款收据。

6. 大商所证词。

7. 交通银行大连高新技术产业园区支行商品交易分理处王彦证词。

8. 被告出具给原告的客户资金清退单。

9. 大商所结算部 1995 年 8 月 24 日被告期货部成交确认单。

10. 被告方出市代表李萍、费宏宇签字交付原告的保证金清算表、成交确认单、平仓盈亏表，其中李萍的签名已经本院调取大商所有关单据上李萍的签名，经核实同为一人。

11. 大商所出市代表守则第三条规定：出市代表的交易行为，即视为所代表的交易会员的行为。

12. 原告、被告及其代理人陈述。

（四）判案理由

大连市西岗人民法院认为：

1. 被告关于不返还交易盈利的主张无理，交易盈利款系原告取得，被告无权占有。

第一，原告已在交易当日向被告支付了 1000 万元保证金，该款项可以即时转入被告的银行账户，被告亦同意原告以 201 客户的编号进行交易，因此，被告提出的原告所交付的 1000 万元未调入其交易席位不能作为保证金使用只能视为往来款的主张是无理的；被告在大商所的银行账户及交易席位上的保证金账户系自有账户，被告已经取得了 1000 万元资金的支配权，如何调拨两个账户内的资金是被告自己的权利，与原告无关；只要被告期货部按照原告的指令操作，即应视为原、被告的期货代理行为已经发生。

第二，被告在第二次庭审中提出：1995 年 8 月 24 日其期货部 201 客户名下全部交易系自营，对此被告未能提供任何证据，而且在第一次庭审中被告已认可其出市代表按原告的指令进行了操作。据此，被告的主张没有证据，而有相反证据证明当日被告 201 客户是由原告下达指令交易。由此可见，被告这一主张属于无理强辩，不能成立。

第三，关于原告提交的被告 201 客户 1995 年 8 月 24 日的保证金清算表、成交确认单、平仓盈亏表等证据，被告认为不是原件且未加盖其期货部公章应视为无效。该证据为电脑打印件，复印后由被告方出市代表签名，应当视为原件。该证据既有被告出市代表签名，又经本院调取大商所结算部有关证据核对无误，且被告在庭审中已承认其出市代表按照原告的指令操作了。根据《大连商品交易所出市代表守则》第三条的规定，出市代表的交易行为，即视为所代表的交易会员的行为。据此可以认定双方期货代理行为及取得盈利的事实是存在的。被告未加盖公章，并不等于交易事实本身不存在。

因此，被告的辩解和反驳均属无理，且被告已经三次变更不返还交易盈利的理由。第一次被告在大商所协调此事时提出：原来双方口头约定只许做多不许做空，但被告擅自做空，造成期货部其他客户损失；这一理由第一次庭审时被告也有陈述。第二次是被告在第一次庭审时主张：原告的 1000 万元未调入交易席位，不能作为保证金使用，所以被告出市代表虽然按原告的指令操作，但使用的是被告的保证金，故原告无权取得交易盈利。第三次是被告在第二次庭审时主张：交易当日 201 客户的所有指令不是原告下达，而是被告法定代表人王秀江下达，交易盈利是被告自己取得的。

综上所述，合议庭对被告的反驳主张不予支持，确认被告期货部 201 客户名下 1995 年 8 月 24 日交易盈利系原告取得，被告无权占有。

2. 双方争议款项系原告非法所得，应当依法予以收缴。

原告作为大商所会员，在明知大商所控制大户开仓的情况下，为逃避监管，将客户资金通过被告席位进行交易，该行为属于借仓交易。对于这一事实，原告在第一次开庭时两次陈述“因大商所控制大户分仓，这 1000 万元拨不到我户……”，“由于我公司无大户开户手续……”在第二次开庭时原告又改称：“由于我公司来不及办理大户开户手续……”，即使如此，根据大商所［1995］18 号文件第三条第一款的规定：交易所需对大额资金来源进行审查，据此规定，原告 1000 万元客户资金未经大商所审查，就通过其他会员借仓交易，同样也属于逃避大商所监管的违法行为。

根据国家证监会证监发字［1995］29 号文件第二条的规定：要严格按照交易规则进行运作，严禁借仓交易、联手交易。一旦发现违规行为，要从严处理。该规定系证监会 1995 年 3 月 4 日发布的《关于加强风险管理，从严处理违规行为的通知》。对此，大连商品交易所于 1995 年 5 月 4 日发布了《关于禁止分散资金借仓交易及加强交易资金管理补充规定的公告》，第一条规定，会员和客户不得以各种名目和形式分散资金到多个席位借仓交易，以回避净持仓限额控制；其中第一款规定，会员不得以任何形式在其他会员处开户交易，第七款规定，不允许会员之间资金划拨。对此，原、被告作为大商所会员在证监会及大商所明令禁止借仓交易的情况下，仍然违法借仓交易，扰乱了期货交易秩序，大商所未对双方进行制裁处理，并不等于原、被告的行为合法。

因此，根据《中华人民共和国民法通则》第五十八条第五款：违反法律或社会公共利益的民事行为无效；第一百零六条第一款：公民、法人违反合同或者不履行其他义务的，应当承担民事责任；第一百三十四条第三款：人民法院审理民事案件，可以予以收缴进行非法活动的财物和非法所得；中国证券监督管理委员会《关于加强风险管理，从严处理违规行为的通知》第二条：要严格按照交易规则进行运作，严禁借仓交易、联手交易，一旦发现违规行为要从严处理等法律法规的规定，原、被告间的期货代理行为因违反期货交易管理法规而无效。原告通过借仓交易取得的盈利款属于非法所得，应当依法予以收缴。此外，被告代理原告交易获取的手续费 39940 元及占用原告交易盈利期间所获得的利息也属于非法所得，亦应予以收缴，上缴国库。

（五）定案结论

原、被告间的期货代理行为存在。原告在交易当日，向被告交付的 1000 万元保证金已转入被告的银行账户，被告即取得了对该笔资金的支配权，且被告亦同意原告以 201 客户的名义下单；被告出市代表接受原告电话指令为其交易的行为，根据《大连商品交易所出市代表守则》第三条的规定，出市代表的交易行为，即视为所代表的交易会员的行为。所以，被告以原告保证金未到位及201客户当日的交易系自营等理由否认代理原告进行了1995年8月24日的期货交易均属无理，且被告关于不返还交易盈利的依据已数易其词，也未能提供相应证据，其主张本院不予支持。因此，被告期货部201号客户名下1995年8月24日的交易盈利系原告取得，被告无权占有。但是，原告作为大商所会员单位，在明知大商所控制大户开仓的情况下，为规避监管，将客户资金通过被告的席位进行交易，该行为属于借仓交易。根据国家证监会证监发字［1995］29号文件的规定，借仓交易系禁止性行为，因此，原、被告间的期货代理行为无效，原告通过借仓交易取得的盈利属于非法所得，被告代理原告交易获取的交易手续费及占用原告交易盈利款期间所获得的利息亦属于非法所得，均应依法予以收缴。

大连市西岗区人民法院根据《中华人民共和国民法通则》第五十八条第五款，第一百零六条第一款、第一百三十四条第三款的规定，作出如下判决：

1. 收缴原告大重集团公司（大连）在被告大连经济技术开发区龙兴经贸公司取得的交易盈利款727600元及利息（利息自1995年8月25日起至决定执行之日止按中国人民银行同期贷款利率计算）。

2. 收缴被告大连经济技术开发区龙兴经贸公司交易手续费39440元（以上民事制裁决定书另行制作）。

3. 驳回原告大重集团公司（大连）的诉讼请求。

诉讼费18560元，原、被告各负担9280元。

（六）解说

本案系期货代理纠纷案件，在本省系新类型案件，且本案的审理结果是对双方当事人进行民事制裁，对争议标的近80万元全部收缴，上缴国库。这在历年来本地区判例中是少有的。

大连商品交易所自1993年成立以来，至1995年逐渐正规化，但客户、会员之间的纠纷也日渐增多，笔者在审理多起期货纠纷案件中了解到，进行期货交易的一些会员单位管理混乱，违反期货法规及大商所规定的情况时有发生，有的甚至习以为常。

就全国期货市场情况看，自1995年以来，不少交易所出现了少数会员单位及客户企图操纵市场，牟取暴利的问题，严重损害了广大客户和投资者的利益，干扰了期货市场的正常进行。在期货交易这种投机性极强的行业中，急需强化执法、严格制裁，国家证监委在1995、1996年开始整顿期货交易市场，发布了大量法规，说明国家已经着手强化期货市场管理。本案涉及到的会员之间借仓交易是证监会于1995年明文严厉禁止的行为，中国证监会5月18日又下发了证监发字［1996］63号《关于严格控制风险从严查处违规行为的紧急通知》，内容为：《关于暂停国债期货交易试点的紧急通知》（证监发字［1995］62号）发出后，大量投机资金可能转入其他品种进行炒作，各试点期货交易所务必严格控制风险，防止并从严查处违规行为，避免恶性事态发生。其中第三条规定：严格按照交易规则进行运作，严禁透支交易，借仓交易，联手交易，一旦发现上述违规行为，要从严从快查处，取消会员资格。本案原、被告不顾证监会三令五申，在1995年8月仍违规操作。法院通过判案的形式，对双方当事人的违法行为予以民事制裁，充分体现了国家法律法规的严肃性；维护了期货市场秩序。

（李慧英）

58. 邢向明诉海口运通企业公司期货交易案

（一）首部

1. 判决字号

一审判决书：海南省海口市振东区人民法院（1996）振经初字第60号。

二审判决书：海南省海口市中级人民法院（1996）海中法经终字第134号。

2. 案由：期货交易案。

3. 诉讼双方

原告（被上诉人）：邢向明，住海南省海口市解放东路39号。

委托代理人：邢向勇，海口消防局干部。

被告（上诉人）：海口运通企业公司（以下简称运通公司）。

法定代表人：吕有珍，总经理。

委托代理人（一审）：谷辽海、贾翠琳，海南辽海律师事务所律师。

委托代理人（二审）：王源，该公司部门经理。

委托代理人（二审）：张卫，海南省第二律师事务所律师。

4. 审级：二审。

5. 审判机关和审判组织

一审法院：海南省海口市振东区人民法院。

合议庭组成人员：审判长：李瑛；审判员：高楠、杨少球。

二审法院：海南省海口市中级人民法院。

合议庭组成人员：审判长：黄文侦；代理审判员：郭朝阳、陈伟。

6. 审结时间

一审审结时间：1996年8月30日。

二审审结时间：1996年12月16日。

（二）一审情况

1. 一审诉辩主张

（1）原告邢向明诉称：1995年10月10日，被告采用种种欺骗手段使原告与之签订了运通公司海南中商期货交易所委托代理协议书。同日，原告将开户款人民币20万元交给被告。次日，被告开始为原告做单，但在做单时，被告根本不听原告指令，擅自下单，甚至反向下单，致使同年10月16日爆仓。后据了解，被告只是期货交易所会员，不具备期货经纪资格，只能做自营单而不能代理客户做单，因此其与我签订的代理协议无效，依约收取我的款额应予以返还。特诉请判令被告返还开户款人民币20万元，并偿付利息损失。

（2）被告运通公司辩称：我公司具有海南中商期货交易所的会员资格，从事期货经纪业务，符合国家证监会和工商局所规定的六条要求，在1995年12月31日之前所从事的期货经纪行为应视为有效。假设我公司没有从事期货经纪的主体资格，根据最高人民法院司法解释，如果有证据证明公司已经按照客户的指令，进入期货交易市场进行交易，客户的损失属于正常风险损失。因此，我公司对此也不应承担民事赔偿责任。根据原告的陈述，从1995年10月11日开始代理经纪交易，至同年10月16日我公司都是按照原告的指令进行交易的，因而原告保证金亏损属正常的交易风险损失，与被告主体资格没有任何关系。因此，无论被告主体资格如何，均不构成向原告承担民事赔偿责任的条件。此外，原告自愿全权委托我公司从事期货交易，其主观上也存在过错，应承担相应的民事责任。原告的诉讼请求无法律依据，请予以驳回。

2. 一审事实和证据

海口市振东区人民法院经审理查明：1995年10月10日，原、被告双方签订了运通公司海南中商期货交易所委托代理协议书一份，约定：原告委托被告代理原告在海南中商期货交易所进行上市期货合约的买卖。委托形式为指令性委托或全权委托代理；原告应于协议签订10天后将基础保证金人民币10万元汇入被告账户开户，以此为协议生效的必要条件；原告为便于与被告联系，除当面填写期货交易定单外，可再确认传真、电报、信函、录音电话中的任何一种方式作为法律认可的委托方式，但原告应立即以书面形式向被告予以确认等。签约当天，原告向被告签署了授权书，全权委托被告的工作人员刘健为其从事期货交易的代理人，代理期限为1995年10月10日至1996年3月1日。同一天，原告填写了期货开户登记表，并交纳了保证金人民币20万元。被告确认原告的客户代码为000036号。同月12日，原、被告签订了补充协议一份，约定：橡胶单边手续费24元/手，036客户邢向明清退、划转在被告的资金，被告必须在三天内完成不得扣压资金。从同年10月11日起，被告即通过刘健代理原告在海南中商期货交易所入市进行期货交易。但至同月16日，因原告保证金账户上资金不足被强行平仓。为此，原告以被告未按其指令进行交易，擅自下单以及反向下单等造成保证金全部亏损，要求被告如数赔偿。为此双方交涉未果，遂成讼。

另查：被告于1994年4月15日取得海南中商期货交易所会员证，成为该所会员。但被告从未经工商部门批准取得经营期货交易经纪业务的资格。

以上事实有如下证据证明：

(1) 原、被告双方签订的期货交易委托代理协议及其补充协议。

(2) 原告填写的授权书、期货开户登记表。

(3) 被告出具的收款收据。

(4) 当日交易记录表。

(5) 被告取得的海南中商期货交易所会员证。

3. 一审判案理由

一审法院认为：1994年5月16日，国务院办公厅的国办发（1994）69号文件已明确规定代理进行期货交易的经纪活动必须经国家工商行政管理局登记注册以及证券委批准。被告虽然取得海南中商期货交易所的会员资格，但未经国家工商行政管理部门登记注册及证券委批准登记，不具有经营期货经纪业务的主体资格，故其代理原告进行期货交易，属无权代理，违法经营。因此，其与原告签订的期货交易委托代理协议无效，不受法律保护。对此被告负有主要过错责任。此外，在实际代理期货交易时，被告无任何证据证明其系完全按照原告的指令入市交易的，从而说明原告的保证金亏损属正常风险损失。再则，被告在未书面通知原告追加保证金的情况下，擅自强行平仓，也违反有关规定。因此，造成原告保证金全部亏损，根据最高人民法院《关于审理期货纠纷案件座谈会纪要》有关规定，被告应承担赔偿责任。原告的诉讼请求于法有据，应予支持。

4. 一审定案结论

一审法院依照《中华人民共和国民法通则》第五十八条第一款第（五）项、第六十一条第一款之规定，判决如下：

被告海口运通企业公司须于判决发生法律效力之日起十日内，赔偿原告邢向明保证金损失人民币 20 万元，并自 1995 年 10 月 7 日起至判决确定应付清款之日止，按中国人民银行规定的企事业同期流动资金一年贷款利率偿付原告利息损失。如逾期付清，则加倍支付迟延履行期间的债务利息。

本案受理费人民币 5510 元，由被告负担。

（三）二审诉辩主张

1. 上诉人运通公司上诉称：我公司是中商所会员，经该所推荐，已向证券委申报经纪业务资格，该所认可我公司在推荐期间开展期货经纪业务，故不应草率地确认双方当事人签订的合同无效。我公司接受被上诉人的委托，完全依其指令从事交易，被上诉人在原审调查中，承认交易中部分指令，而否认另一部分指令，没有道理。我公司认为被上诉人的行为完全符合法律规定的正常风险，按有关法律规定，不应由我公司承担赔偿责任，要求撤销原判，驳回邢向明的诉讼请求。

2. 被上诉人邢向明以原审诉讼请求理由进行答辩。

（四）二审事实和证据

海口市中级人民法院查明：除运通公司每次的交易行为均得到过邢向明确认外，原审判决认定事实及相关证据，与本院二审质证无异。另查，1995 年 10 月 13 日，期货市场收市时，邢向明保证金透支 48567.5 元；同月 16 日，期货市场收市时，邢向明保证金透支达 531170 元；同年 10 月 11 日、13 日运通公司将当日交易结算单送达给邢向明；同月 16 日，运通公司将当日交易结算单传真给邢向明；同月 17 日，因海南中商期货交易所 市场内合约总持仓量超过限额，海南中商期货交易所统一对市场内的持仓强行平仓；10 月 19 日，运通公司将 10 月 17 日强行平仓结算单传真给邢向明。邢向明对 10 月 17 日结算单外其他结算单均未有书面异议。

（五）二审判案理由

根据以上事实，海口市中级人民法院认为：运通公司未经工商部门核准和国家证券委的批准，获得期货经纪业务资格，擅自与被上诉人签订期货交易代理协议，违反了我国有关证券交易管理法规，应确认双方签订的期货交易代理协议及其补充协议无效。协议无效，运通公司负有主要责任，应依法将其非法收取的代理费予以没收，并上缴国库。被上诉人指示上诉人代其进行期货 交易，在收到有关交易单据后未提出异议，应视为其对上诉人代其进行交易的事实和结果的默认。后因其进行交易的保证金严重透支被中商所强行平仓，造成的损失属正常的风险。其以上诉人未按其指令进行交易，而要求上诉人承担其保证金赔偿责任的请求无理，不予支持。按照最高人民法院《关于审理期货纠纷案件座谈会纪要》第五条第五、六项、第七条第二款之规定，运通公司不应对此承担赔偿责任。

（六）二审定案结论

综上所述，海口市中级人民法院根据《中华人民共和国民事诉讼法》第一百五十三条第一款第（三）项之规定，判决如下：

撤销海口市振东区人民法院（1996）振经初字第 60 号民事判决。

没收上诉人运通公司非法收取的手续费 8065 元，上缴国库。

驳回被上诉人邢向明的诉讼请求。

案件受理费一、二审各 5510 元，由运通公司负担 8816 元，由邢向明负担 2204 元。

本判决为终审判决。

（七）解说

本案系一宗期货纠纷案件，因两审法院对本案事实、适用法律有不同理解，因此作出两种截然不同的判决。正确处理该案主要应明确三个问题：

1. 本案双方当事人之间的委托协议是否有效。期货经纪行业属国家规定的特种行业，必须同时具备期货交易所会员资格和依国家法律、法规设立的经纪业务资格的企业才能从事代他人进行期货交易行为。运通公司仅取得海南中商期货交易所（以下简称中商所）会员资格，但未依法经工商机关及证券管理机关批准，不具备期货交易经纪业务的主体资格。虽然邢向明与运通公司签订期货交易代理协议后，双方形成了民事法律关系意义上的代理，但这种代理关系的约定违反了国家对期货交易经纪业务的有关管理法规，依照我国《民法通则》的有关规定，应确认双方签订的委托协议无效。运通公司非法收取的佣金应依法没收上缴国库。

2. 本案双方当事人签订的代理协议被确认无效后是否适用《民法通则》无效返还的原则。期货纪经公司代理他人从事期货交易的行为不是民事法律上的代理，而是行纪行为或信托行为。经纪公司的性质应是行纪公司也就是该期货经纪公司对交易行为产生的后果不承担风险，既不享受利润也不负担亏损，其过错责任仅限于对各户指令执行的正确与否，故不能适用《民法通则》和《经济合同法》中关于委托代理的规定，来处理客户与经纪公司之间的期货代理纠纷。

3. 本案双方争执的核心实质上是损失的保证金 20 万元由哪方承担，确定它的依据，必须分析运通公司代邢向明进行期货交易的结果是否属正常风险。本案中，作为交易者的邢向明对期货交易的投机性、风险性及全部交易过程具备常识，其于 1995 年 3 月 1 日在运通公司设在海南中商期货交易所的账户上存入 20 万元保证金，并于同年 10 月 11 日、13 日、16 日进行了三天交易，运通公司则于每个交易日结束后的同日将当日交易结算单派员或传真送达给邢向明，邢向明收到这些当日交易记录表后均未表示异议。同年 10 月 17 日，因邢向明保证金严重透支及交易市场内合约总持仓量超过中商所规定额度，中商所强行平仓，该日交易结算单显示邢向明的保证金全部亏损，且亏损透支达 151010 元。期货交易的时间概念极强，瞬间交易品种的价位变动，均导致不同的交易结果。邢向明以运通公司不具备期货经纪业务主体资格，且运通公司未遵照其指令进行交易，造成其保证金全部亏损为由，向法院起诉，要求判令运通公司返还其保证金本金及利息。诉讼期间，双方各持一词，且双方均未能举证证实运通公司的交易价位是否为邢向明的指令，但邢向明作为完全具备期货交易常识的交易者，在其于每次收到当日交易记录表后，本可行使对交易记录表中非自己指令的异议权，亦完全有能力在保证金不足的情况下，采取某些补救措施，如书面通知运通公司停止交易或限定交易数量品种或抽回资金，防止损失扩大。然而邢向明自身投机心理太强，置隔夜单的高度风险不顾，放任了保证金不足，被强行平仓的事实发生，造成持仓价位与强行平仓价位不利时，亏损了全部保证金。其上述行为完全符合民事法律规定的默认特征，其损失依照最高人民法院《关于审理期货纠纷案件座谈会纪要》第七条第二款之规定，属于正常风险，运通公司对此不应承担赔偿责任。综上，二审海口市中级人民法院作出的判决是正确的。

（石宇权）

59. 刘春友诉中国人民保险公司沧州中心支公司新华区办事处等票据案

（一）首部

1. 判决书字号

一审判决书：河北省沧州市运河区人民法院（1995）运经初字第 65 号。

二审判决书：河北省沧州市中级人民法院（1995）沧经终字第 326 号。

2. 案由：票据案。

3. 诉讼双方

原告：刘春友，男，54 岁，汉族，河北省沧州市人，沧州市化肥厂职工。

委托代理人：李岩峰，沧州市涉外律师事务所律师。

被告（被上诉人）：中国人民保险公司沧州中心支公司新华区办事处。

法定代表人：蔡学帮，主任。

委托代理人：张金台，沧州市涉外律师事务所律师。

被告（上诉人）：中国人民建设银行天津南开支行。

法定代表人：孙立国，行长。

委托代理人（一审）：周长友，该行行长助理。

委托代理人（一、二审）：王津成，男，该行科员。

被告（被上诉人）：天津市津华城市信用社。

法定代表人：高润田，主任。

委托代理人：李克恭，该信用社副主任。

委托代理人：汪源熙，天津市河西区司法局法律事务所律师。

4. 审级：二审。

5. 审判机关和审判组织

一审法院：河北省沧州市运河区人民法院。

独任审判：审判员：胡树宏。

二审法院：河北省沧州市中级人民法院。

合议庭组成人员：审判长：周书宪；审判员：杜金生；代理审判员：张凤梅。

6. 审结时间

一审审结时间：1995 年 8 月 31 日。

二审审结时间：1996 年 2 月 7 日。

（二）一审情况

1．一审诉辩主张

（1）原告刘春友诉称：1994 年 1 月，刘春友交给中国人民保险公司沧州中心支公司新华区办事处（下称沧州新华办）现金 8 万元，委托该处办理汇票，汇往中国人民建设银行天津南开支行（下称南开建行），收款人为刘春友。而沧州新华办却擅自将汇票交给天津港保税区天建房地产开发公司（下称天建公司），该公司在 1994 年 1 月将汇款取走。南开建行违反了银行结算制度。请求判令被告沧州新华办及南开建行承担汇款的损失。

（2）被告沧州新华办没有答辩。

（3）被告南开建行辩称：我行严格执行《银行结算办法》和中国人民银行天津市分行《关于结算工作中几个问题的通知》的规定，付款是合法的，应由天津津华城市信用社（下称津华社）承担损失。

（4）追加被告津华社辩称：按照中国人民银行天津市分行《关于结算工作中几个问题的通知》规定，南开建行应拒绝解付，予以退票。南开建行违反规定应承担损失，我社对汇款损失没有责任。

2．一审事实和证据

河北省沧州市运河区人民法院经审理查明：1994 年 1 月，刘春友将 8 万元现金交给沧州新华办，委托其办理汇票。1994 年 1 月 18 日，该处办理汇票一张（四联）载明：汇款人沧州新华办；收款人刘春友；总付地点南开建行，汇款金额 8 万元。沧州新华办派人持票到天津交刘春友。到津后，该办人员将汇票交给天建公司经理并委托其转交刘春友。1994 年 1 月 19 日天建公司开具了刘春友系其单位业务人员的证明，并在汇票的背面被背书人栏内加盖了该公司的财务章，向津华社请求结算。津华社 1994 年 1 月 20 日在汇票上加盖了清算章，通过同城票据交换向南开建行提出清算。南开建行将该汇票解付。天建公司从津华社将 8 万元汇款提出。

上述事实有下列证据证明：

（1）中国人民建设银行汇票委托书一张，载明：委托日期 1994 年 1 月 18 日；汇款人沧州新华办；收款人刘春友；兑付行南开建行；汇款金额 8 万元。

（2）中国人民建设银行河北Ⅶ00219171 号银行汇票一张，载明：正面与汇款委托书所载相同；另载明：1994 年 1 月 20 日津华社加盖了清算章。背面背书人栏内为空白；被背书人栏内加盖了天建公司的财务专用章。

（3）天建公司开具的证明函：证明刘春友系其单位业务人员，外出未归，随身携带身份证等一切证件。

（4）沧州新华办人员刘新甲、姜风国证言：1994 年 1 月 18 日刘、姜二人到天津未找到刘春友，将汇票交给天建公司经理张军并委托其转交刘春友。

（5）受诉法院的调查笔录和开庭笔录。

3．一审判案理由

（1）《银行结算办法》规定：未在银行开立账户的收款人持银行汇票向银行支取款项时必须交验本人身份证件和兑付地有关单位足以证明收款人身份的证明，在银行汇票的背面盖章或签字，注明证件名称、号码及发证机关，才能办理支取手续。津华社未按以上规定对汇票及收款人进行认真审查即加盖清算章提出清算，故津华社对汇款的损失应承担主要赔偿责任。

(2) 中国人民银行天津市分行规定：跨系统银行汇票由解付行审查有无背书和除背书之外的票据本身问题。南开建行作为解付行对该汇票的背书亦未认真审查，对汇款的损失应承担部分赔偿责任。

(3) 沧州新华办接受刘春友的委托办理汇票，未经收款人的许可擅自将汇票交予他人，对汇款的损失应承担部分赔偿责任。

4. 一审定案结论

河北省沧州市运河区人民法院根据《中华人民共和国民法通则》第六十六条第一款、第二款、第一百零六条第二款及银行结算有关规定，作出判决：

原告汇款8万元及银行利息损失计14171.52元（自1994年1月21日至1995年5月25日，月息1.098%）共计94171.52元，被告津华社承担7万元，被告南开建行、沧州新华办各承担12085.76元。

案件受理费5650元，被告津华社承担4200元，被告南开建行、沧州新华办各承担725元。

（三）二审诉辩主张

1. 上诉人南开建行诉称：根据中国人民银行天津市分行津银会（1992）1号文件《关于结算工作中几个问题的通知》第五条规定："跨系统的银行汇票的背书与收款人是否为本单位，由收款行审查，凡收款行加盖清算章提出清算，解付行即可认定背书与收款人为本单位。收款行应认真审查背书，如认为应有单位出具证明的，可要求单位出具证明，证明函件由收款行专夹保管备查。凡因背书所发生问题由收款行负责，解付行审查有无背书和除背书之外的票据本身问题。"上诉人按照上述文件要求审查了票据，应不负责任。而津华社违反该文件，没有审查背书，由此产生的结算责任应由津华社承担。另，天建公司是实际取款人，要求追加天建公司承担责任。

2. 被上诉人津华社辩称：按照上述文件规定，由解付行审查该汇票有无背书及票据本身问题。该汇票没有背书人的签字、盖章，故该汇票无背书。该汇票的解付是由于上诉人的过失造成的。

3. 被上诉人沧州新华办辩称：上诉人与津华社构成共同过错，本案主要原因是结算问题，我公司不应承担责任。

（四）二审事实和证据

河北省沧州市中级人民法院经审理查明：原审法院认定事实无误。

（五）二审判案理由

1. 津华社违反了《银行结算办法》和中国人民银行天津市分行的规定，没有认真审查汇票收款人与背书是否一致，造成汇款被冒领，因此，对汇款的损失应承担主要赔偿责任。

2. 南开建行解付该汇票不违反《银行结算办法》及中国人民银行天津市分行的有关规定，对该汇票的损失不承担责任。

3. 沧州新华办接受汇款人的委托办理汇票，却没按汇款人的要求将汇票交给汇款人，擅自将汇票交与他人，致使汇款被他人冒领，应承担汇款损失的部分赔偿责任。

（六）二审定案结论

河北省沧州市中级人民法院参照《银行结算办法》及中国人民银行天津市分行津银会(1992) 1号文件《关于结算工作中几个问题的通知》第五条的规定，根据《中华人民共和国民事诉讼法》第一百五十三条第一款第（二）项之规定，作出判决：

1. 撤销沧州市运河区人民法院（1995）运经初字第65号判决。

2. 被上诉人津华社赔偿汇款损失8万元；被上诉人沧州新华办赔偿汇款利息损失（自1994年1月21日至执行之日止按银行同期贷款利率计算）。

一审案件受理费5650元，二审案件受理费5250元，共计10900元，由被上诉人津华社承担8720元，由沧州新华办承担2180元。

（七）解说

本案的关键是法律适用问题。由于本案发生在1994年，即《中华人民共和国票据法》颁布实施以前，而该法是没有溯及力的，本案应当依照当时的有关法律法规的规定。有关票据的具体法律规定很少，只有中国人民银行制定的部门规章《银行结算办法》。在无票据法可依的情况下，应当按照这个规章的规定处理。

该规章第十二条规定：中国人民银行省、自治区、直辖市分行根据统一的结算制度制定实施细则，并报总行备案。中国人民银行分、支行负责组织、管理、协调和裁决本地区的结算工作。第十三条第三款就银行汇票的签发和解付规定：省、自治区、直辖市内和跨省、市的经济区域内按照有关规定办理。这就是说对于各省、自治区、直辖市中国人民银行各分行制定的本辖区内关于银行汇票的签发和解付的地方性规章可以参照适用。在实际中，各省、自治区、直辖市的中国人民银行各分行的规定不尽一致。本案的主要争议是票据的兑付问题，而有义务兑付的银行在天津市，即票据支付地在天津市，因此，天津市是对本案有管辖权的法院所在地之一。本案应当参照中国人民银行天津市分行的规定。

本案是跨系统银行汇票的支付纠纷。津华社受理该汇票的前提不是汇款的代取，因为汇款的代取应由代取人持收款人的身份证明到南开建行办理。那么它受理汇款的前提只能是汇票的背书转让，而跨系统银行汇票的背书的合法性由谁审查的问题在《银行结算办法》中没有规定。中国人民银行天津市分行津银会（1992）1号文件中作了具体规定，背书的合法性由收款行负责审查。在本案中，应由津华社负责审查。而该汇票没有背书人的签字、盖章，显然，背书是不合法的。所以，本案的主要责任在津华社。这个文件规定：凡收款行加盖清算章提出清算，解付行即可认定背书与收款人为本单位。凡因背书所发生问题由收款行负责。因此，南开建行不应承担责任。沧州新华办是该汇票的发票人，有把汇票交付收款人刘春友的义务，却擅自将汇票交与他人，为汇款被冒领提供了条件，对其过错应承担相应责任。

是否追加天建公司的问题涉及到票据法理论，对这个问题，当时的法律法规及规章中没有规定。该问题是基础关系问题。按照理论，基础关系是指依票据法、民法等法律的规定，在当事人相互之间所产生的票据价款以外的债权债务关系。这种基础关系包括对于因恶意或重大过失而取得票据者的票据返还请求权（参见《深圳市票据管理暂行办法》第七条）。由于票据是无因证券，即基础关系无效或被撤销，票据关系不受影响，据此可以不追加天建公司承担责任。但这并不意味着天建公司享有票据上的权利。法院告知了本案承担票据责任的当事人可向天建公司追偿汇款损失，不能纵容不法行为扰乱市场秩序。

本案处理时票据法律制度不健全，给适用法律带来了困难。所幸的是《中华人民共和国票据法》已颁布实施，票据案件的审理也必将出现新的局面。

（新凤梅）

60. 厦门高宁电子有限公司诉中国电子物资厦门公司支票背书转让案

（一）首部

1. 判决书字号

一审判决书：福建省厦门市中级人民法院（1995）厦经初字第176号。

二审判决书：福建省高级人民法院（1996）闽经终字第43号。

2. 案由：支票背书转让案。

3. 诉讼双方

原告（被上诉人）：厦门高宁电子有限公司（下称高宁公司）。

法定代表人：赵树阁，董事长。

委托代理人：吕金朝、白劭翔，厦门今朝律师事务所律师。

被告（上诉人）：中国电子物资厦门公司（下称中电厦门公司）。

法定代表人：张一康，总经理。

委托代理人：万齐锋，该公司干部。

委托代理人：刘鹭华，厦门天翼律师事务所律师。

4. 审级：二审。

5. 审判机关和审判组织

一审法院：福建省厦门市中级人民法院。

合议庭组成人员：审判长：陈锦清；审判员：屈海鹏；代理审判员：李桦。

二审法院：福建省高级人民法院。

合议庭组成人员：审判长：李光荣；代理审判员：张卫红、黄宁。

6. 审结时间

一审审结时间：1995年12月25日。

二审审结时间：1996年5月24日。

（二）一审诉辩主张

1. 原告诉称：被告中电厦门公司将两张依照《香港票据条例》成立的有效香港支票背书转让给原告，即应承担背书人的责任。现两张支票由于出票人的过错被拒付，原告有权依照香港票据法律的规定行使追索权，要求判令被告中电厦门公司支付两张支票票款431860元，逾期利息35379.30元（暂计算至起诉之日），并赔偿原告支票托收费用1595.06元。

2. 被告辩称：其对两张支票被拒付事实无异议，但认为票据的背书行为发生在中国境内，应适用我国法律。原、被告之间系代理出口关系，被告只向原告收取货款总额1%的代理费。原告取得支票没有给付对价，这两张支票的取得转让违反诚实信用原则，不具有真实的债权债务关系，本案票据转让无效。且在票据被拒付后，原、被告双方又签订新的协议，明确双方之间的事宜按以前的协议处理，因此双方的票据关系已经解除。

（三）一审事实和证据

厦门市中级人民法院经调查和审理查明：1994年12月15日，高宁公司与中电厦门公司签订一份代理协议，约定由中电厦门公司代理高宁公司向涌峰电子实业有限公司（系香港公司）出口机芯1.9万套至香港，单价为每套港币（下同）33.22元。高宁公司应于1994年12月13日前交6000套至深圳指定工厂，12月23日前交7000套，1995年1月3日前交6000套，并约定中电厦门公司按货款总额如期收回后按1%以人民币向高宁公司收取代理费用。高宁公司发货后，1995年2月19日，中电厦门公司将由涌峰电子实业有限公司签发的以中电厦门公司为收款人，香港恒生银行为付款人，金额为232540元，到期日为1995年5月18日的第752770号支票背书转让给高宁公司。高宁公司于1995年5月11日委托厦门渣打银行托收，中电厦门公司为此还向银行出具付款指示，请银行将外汇收妥后转入高宁公司在该行的账户。中电厦门公司并向银行提供一份代理协议，载明高宁公司于1995年3月10日前所交7000套机芯总货款232540元，该货款已开支票号码为752770，由收益人中电厦门公司转让给高宁公司。香港恒生银行于1995年5月27日发出退票通知，理由为“账户关闭（ACCOUNT CLOSED）”。同年6月2日，厦门渣打银行将退票事宜告知高宁公司，并于同年6月6日将香港恒生银行退还的支票退还高宁公司，高宁公司亦将此事通知中电厦门公司。1995年3月31日，中电厦门公司又将涌峰电子实业有限公司签发的以中电厦门公司为收款人，香港恒生银行为付款人，金额为199320元，到期日为1995年4月10日的第773266号支票背书转让给原告。高宁公司于1995年4月3日委托厦门渣打银行收款，中电厦门公司向银行提供一份双方签订的代理协议，内容是高宁公司于1995年1月3日发6000套机芯，总货款199320元，该货款已开支票号码为773266，由收益人中电厦门公司转让给高宁公司。1995年4月20日香港恒生银行发出退票通知，载明退票理由为“出票人撤回付款（PAYMENT COUNTERMANDED BY THE DRAWER）”。1995年4月28日，厦门渣打银行将香港恒生银行退回的支票及退票通知转交高宁公司，高宁公司亦将此事告知中电厦门公司。高宁公司委托银行办理上述两笔托收，交纳银行费用共计1595.06元。1995年7月14日，以涌峰电子实业有限公司为甲方，中电厦门公司为乙方，高宁公司为丙方在深圳签订一份还款协议，内容为“由于甲方至今仍欠乙方出口的高宁公司机芯13000套，总货款金额431860元，扣除在乙方的退货2317套，价值为76970.74元。甲方定于1995年8月份付清尾数……”，并约定“丙方与乙方之间的事宜按双方之间以前的协议处理”。

以上事实有下列证据佐证：

1. 中电厦门公司与高宁公司签订的代理协议三份。
2. 涌峰电子实业有限公司签发的号码为752770、773266支票二份。
3. 香港恒生银行退票通知二份。
4. 厦门渣打银行致高宁公司函二份。
5. 中电厦门公司付款指示一份。
6. 涌峰电子实业有限公司与中电厦门公司、高宁公司签订的还款协议一份。
7. 庭审笔录等。

（四）一审判案理由

厦门市中级人民法院鉴于上述事实认为：

1. 涌峰电子实业有限公司签发的两张支票虽出票地、付款地均在香港，但支票的背书人、被背书人均系中国法人，背书行为地亦在中国，根据法律适用的最密切联系原则，应适用我国有关法律规定。

2. 本案两张票据票面要素完备，形式齐全，属有效票据。收款人中电厦门公司根据代理协议将支票背书转让给原告，背书连续，行为有效。

3. 高宁公司依背书而善意取得这两张支票，其票据权利应受保护，中电厦门公司作为背书人，必须承担相应的票据义务。中电厦门公司关于原告取得支票未给付对价，支票的背书转让无效之主张不予支持。高宁公司在支票被银行拒付后有权向中电厦门公司行使追索权，中电厦门公司应承担付款责任，并偿付原告的利息、银行费用等损失。

4. 涌峰电子实业有限公司与原、被告于深圳签订的还款协议，系涌峰电子实业有限公司的还款保证，并不影响原、被告之间票据关系的存在，被告抗辩理由不能成立。

（五）一审定案结论

厦门市中级人民法院根据《银行结算办法》第二十二条、《中华人民共和国民法通则》第五十七条、第八十四条第二款，第一百零六条第三款之规定，于1995年12月25日作出判决：

1. 被告中电厦门公司应于本判决生效后十日内支付两张支票款431860元及逾期利息50643.81元（暂计算至1995年12月25日），以后利息按每月万分之五计算至付款之日止。

2. 被告中电厦门公司应于本判决生效后十日内偿付原告银行费用1595.06元。

（六）二审情况

1. 二审诉辩主张

一审判决后，被告中电厦门公司不服，认为本案票据转让行为无效，因为背书转让给上诉人的两张票据不具备真实的债权债务关系，被上诉人取得支票没有给付对价，即上诉人与被上诉人之间仅存代理关系，上诉人所享有的权利也仅是收取货款总额1%的代理费。因此向福建省高级人民法院提起上诉，请求二审法院撤销原审判决。

2. 二审事实和证据

福建省高级人民法院经审理查明：原审认定事实属实。

3. 二审判案理由

福建省高级人民法院经审理认为：代理关系亦是一种债权债务关系，根据代理协议上诉人有向第三人收回货款的义务。被上诉人依约向第三人发货，上诉人将自己为收益人，第三人为出票人的两张支票431860元（货款）背书转让给被上诉人，其间具有当事人双方认可的对价。背书行为系上诉人真实意思表示，背书连续，该行为合法有效。原审依法保护被上诉人依背书而善意取得的票据权利正确，上诉人上诉理由不能成立。

4. 二审定案结论

福建省高级人民法院根据《中华人民共和国民事诉讼法》第一百五十三条第一款第（一）项之规定，于1996年5月24日作出如下判决：

驳回上诉，维持原判。

（七）解说

1. 关于处理本案应适用的法律。

本案涉及的两张支票由于出票及付款行为均发生在香港，而成为涉港票据，审理该案适用的法律成为首要解决的问题。原告高宁公司主张应适用香港法律即《1985年香港票据条例》，理由是：本案性质是票据追索权争议，与之联系最为密切的是付款地法律即香港法律；在《中华人民共和国票据法》（下称《票据法》）实施之前，我国现行的法律法规都未有关于涉外票据的任何规定，适用中国法律只能导致案件无法可依。

一审法院认为从本案具体情况分析，高宁公司在支票不获付款而遭退票时向中电厦门公司行使追索权，是基于中电厦门公司的背书转让行为而要求其承担背书人的担保责任。中电厦门公司以背书转让行为无效进行抗辩。案件实质是背书转让纠纷，应适用背书行为地——中国的法律。理由有四：（1）本案两张票据的背书人中电厦门公司，被背书人高宁公司均系中国法人，背书行为发生在中国，根据我国法律适用的最密切联系原则，应适用我国有关法律。（2）票据的背书、承兑、付款、保证等票据行为适用行为地法是各国处理涉外票据法律冲突所奉行的原则，我国也不例外。（3）1996年1月1日正式实施的《票据法》第九十九条亦明确规定：票据的背书，承兑、付款和保证行为，适用行为地法律。（4）适用我国法律，并非如高宁公司所称的那样无法可依。事实上，1988年12月19日中国人民银行颁发的《银行结算办法》就确立了以汇票、本票、支票为主体的结算制度，明确了结算责任，为票据争议的处理提供了一定的法律依据。此外，我国《民法通则》中关于民事活动的一些原则性规定也使人民法院审理票据纠纷案件有章可循。综上，一审法院在适用《银行结算办法》及《中华人民共和国民法通则》的有关规定的基础上，对案件作出判决是正确的。

2. 关于本案票据取得和转让的效力问题。

“票据的签发、取得和转让，应当遵循诚实信用的原则，具有真实的交易关系和债权债务关系”。票据的取得，必须给付对价，即应当有给付票据双方当事人认可的相对应的代价。这是我国《票据法》关于票据权利善意取得的原则性规定。该原则要求受让人善意取得票据，首先必须有以买卖、互易为目的的法律行为；其次要支付一定的代价。本案被告中电厦门公司认为其背书转让的两张支票不具备真实的债权债务关系，高宁公司取得支票时未给付对价，票据的取得和转让无效，是不正确的。事实上，该案这两张票据的基础关系是中电厦门公司和高宁公司的代理关系。双方在代理协议中约定由中电厦门公司代理高宁公司向第三人涌峰电子实业有限公司出口机芯，并约定中电厦门公司在货物出口后有向第三人收取货款的义务并从中收取代理费用。这说明在该代理关系中，高宁公司以出口机芯收取货款为目的，中电厦门公司以赚取代理费用为目的进行交易，双方形成了真实的债权债务关系。此外，中电厦门公司是在高宁公司支付对价后，才将支票背书转让的。所谓对价，是指票据双方当事人约定的相对应的代价。该对价既可包括商品、资金，也可包括劳务行为。本案中高宁公司向第三人的发货行为，本身就是给付对价的表现，第三人正是在收货后才签发支票，中电厦门公司又据约定将支票背书转让。因此，这两张票据的取得和转让，并未违背民法的基本原则，是有效的。被告的主张显然不能成立。

3. 本案支票被拒付的法律后果。

高宁公司在支票被银行拒付后，依法行使追索权，向支票背书人中电厦门公司追还支票金额及其他法定款项，从而形成双方当事人间的权利义务关系。这是本案两张支票被付款人香港恒生银行拒付后所产生的法律后果。追索权制度是《票据法》上的特设制度，是指持票人在票据到期不获付款或到期前不获承兑或有其他法定原因，并在实施行使或保全票据上权利的行为后，可以向其前手请求偿还票据金额、利息及其他法定款项的一种制度。这说明行使追索权必须同时具备两个条件，一是实质要件，即票据到期被拒绝付款；二是形式要件，即持票人履行一定的手续以保全其追索权不致丧失。这里指的手续包括在法定期限内提示付款以及在不获付款时，付款人必须出具拒绝证明或退票理由书。持票人在取得拒绝证明或退票理由书后，即可将被拒绝的事由通知其前手，并请求偿还。本案中，持票人高宁公司虽未直接向付款人香港恒生银行提示付款，但其委托厦门渣打银行收款，因此厦门渣打银行要求付款人支付的行为即可视为高宁公司的提示付款行为。在提示付款遭拒绝后，香港恒生银行分别以出票人账户关闭及撤回付款为由发出退票通知并退回支票。至此，高宁公司已经具备行使追索权的两个要件。因此，当高宁公司将支票被拒付的事由通知其前手即背书人中电厦门公司，而中电厦门公司又没有自行清偿时，高宁公司即向人民法院提起诉讼，要求法院判令中电厦门公司支付两张支票票款港币431890元，逾期利息35379.3元，并赔偿其支票托收费用1595.06元。根据《票据法》规定，持票人行使追索权时，可以请求被追索人支付票据金额、利息及相关费用，因此高宁公司的上述诉讼请求全部得到一、二审法院的支持。人民法院的这一判决，在查清事实的基础上明确了各票据当事人的票据责任，合法全面地保护了持票人（被背书人）高宁公司依背书而善意取得的票据权益，严肃了票据制度。

（李　桦）

61. 绍兴市光电技术发展公司诉中国农业银行浙江省嵊州市支行票据案

（一）首部

1. 判决书字号：浙江省绍兴市中级人民法院（1996）绍中法经初字第252号。

2. 案由：票据案。

3. 诉讼双方

原告：绍兴市光电技术发展公司。

法定代表人：章小放，副总经理。

委托代理人：沈国明，绍兴四野律师事务所律师。

被告：中国农业银行浙江省嵊州市支行。

法定代表人：吕钢，行长。

委托代理人：董小平，该行营业部主任。

委托代理人：王建南，中国农业银行浙江省绍兴市分行干部。

4. 审级：一审。

5. 审判机关和审判组织

审判机关：浙江省绍兴市中级人民法院。

合议庭组成人员：审判长：邹三元；审判员：郭黎帆；代理审判员：彭丽莉。

6. 审结时间：1996 年 11 月 2 日。

（二）诉辩主张

1. 原告诉称：1996 年 5 月 20 日，江苏省华宁国际技术贸易公司委托其所在单位开户行江苏省中国银行开具给原告绍兴市光电技术发展公司票面金额为 50 万元的银行汇票一份。银行汇票上明确载明：收款人为绍兴光电技术发展公司；兑付地点为绍兴；兑付行为中行。但被告却将此汇票在背书栏中被盖章为“绍兴市光电技术发展公司嵊县分公司”后把 50 万元面额的汇票转汇给了被背书人嵊州市供销社储运公司。原告曾多次与被告交涉，但无果，致使原告蒙受了较大的经济损失。原告诉请法院判令被告立即无条件支付 1996 年 5 月 20 日由江苏华宁国际技术贸易公司汇给原告的银行汇票上所载的 50 万元并支付利息，要求被告赔偿因此而给原告造成的经济损失 2 万元。

2. 被告辩称：1996 年 5 月 20 日的银行汇票中收款人名称与账号不一致，该票据是一份无效票据；原告与绍兴市光电技术发展公司嵊县分公司是上下级关系，且有原告的法定代表人王星光的书面委托，被告经过形式审查后进行的背书转让是没有过错的。被告对原告没有赔偿义务，原告的起诉请求不能成立，被告不承担返还款项义务。

（三）事实和证据

绍兴市中级人民法院经公开审理查明：1996 年 5 月 20 日，江苏省华宁国际技术贸易公司开具了 IXIV64255294 银行汇票一份。该份银行汇票载明事项：收款人绍兴光电技术发展公司；兑付地点为绍兴；兑付行为中行；账号或地址 018100534000；汇票金额 50 万元；汇款人为江苏省华宁国际贸易公司。该份汇票背面，收款人栏内加盖“绍兴市光电技术发展公司嵊县分公司”公章；背书人栏内加盖“嵊州市供销社储运公司”公章。1996 年 5 月 21 日，绍兴市光电技术发展公司的原法定代表人王星光向被告嵊州市农行营业部出具了一份证明，称：“今有绍兴市光电技术发展公司法人代表王星光向江苏省华宁国际技术贸易公司结货款 50 万元整，以汇票支付形式归还嵊州市供销储运公司借款，请给予结算方便。”中国农业银行嵊州市支行据此证明及上述汇票，即实际结算兑付给嵊州市供销社储运公司 50 万元。原告发现上述汇票被兑付，即向被告追款，因无果遂向本院起诉。

另查明：1996 年 5 月 6 日，中共绍兴经济开发区工作委员会绍开党（1996）第 19 号文件任命章小波为绍兴市光电技术发展公司副总经理，免去王星光总经理职务。绍兴市光电技术发展公司于 1996 年 5 月 28 日向工商行政管理部门申请变更法定代表人，绍兴市工商行政管理局绍兴经济开发区分局于 1996 年 6 月 27 日变更核发企业法人营业执照。

同时查明：绍兴市光电技术发展公司嵊县分公司系绍兴市光电技术发展公司在嵊州市工商行政管理局登记注册的企业法人。

上述事实有下列证据证明：

1. 1996 年 5 月 20 日号码为 IXIV64255294 华东三省一市银行汇票一份（含正反两面）。

2. 1996 年 5 月 21 日王星光出具给嵊州市农行营业部的证明。

3. 1996 年 6 月绍兴市光电技术发展公司给嵊州市农业银行的函，该函证明：原告发现汇票被兑付后即向被告追款。

4. 企业法人申请开业、申请变更登记注册书，该注册书证明：绍兴市光电技术发展公司嵊县分公司系绍兴市光电技术发展公司在嵊州市工商行政管理局登记注册的企业法人；

绍兴市光电技术发展公司于 1996 年 5 月 28 日向工商行政管理部门申请变更法定代表人，绍兴市工商行政管理局绍兴经济开发区分局于 1996 年 6 月 27 日变更核发企业法人营业执照。

5. 中共绍兴经济开发区工作委员会绍开党（1996）第 19 号文件，证明：1996 年 5 月 6 日，中共绍兴经济开发区工作委员会任命章小放为绍兴市光电技术发展公司副总经理，免去王星光总经理职务。

（四）判案理由

绍兴市中级人民法院审理认为：本案所涉 IXIV64255294 华东三省一市银行汇票中票据的必要记载事项完备，该汇票应认定有效。被告中国农业银行浙江省嵊州市支行接收该汇票后明知该汇票的背书不连续而仍然予以兑付，应自行承担责任。原告要求被告支付该银行汇票上所载的 50 万元并支付利息，理由正当。但其要求被告赔偿经济损失 2 万元因未提供相应的证据，不予支持。

（五）定案结论

绍兴市中级人民法院根据《中华人民共和国票据法》第三十一条、第五十七条的规定，作出如下判决：

1. 被告中国农业银行浙江省嵊州市支行应支付给原告绍兴市光电技术发展公司 IXIV64255294 华东三省一市银行汇票所载 50 万元票款。

2. 被告中国农业银行浙江省嵊州市支行应赔偿原告利息损失 10800 元。

3. 上述第一、二项均应在本判决书发生法律效力后十日内付清。

4. 驳回原告其余诉讼请求。

本案案件受理费 10310 元，由原告负担 412 元，由被告负担 9898 元。

该案在宣判前，原、被告双方自行和解，原告向法院申请撤诉获准。

（六）解说

本案焦点在于 1996 年 5 月 20 日 IXIV64255294 银行汇票的效力，及由该汇票引起的背书转让是否连续。

我国 1996 年 1 月 1 日起施行的《中华人民共和国票据法》对汇票的绝对应记载事项进行了规定。该规定明确收款人名称为汇票的必要记载事项，而未提到账号。纵观整部《票据法》，也未出现“账号”字样。笔者认为，账号既然非必要记载事项，汇票中有否账号、账号的记载是否正确，并不影响汇票的效力。如果出现收款人名称与账号不一致时，银行应根据收款人名称入账。绍兴市中级人民法院据此认定 IXIV64255294 银行汇票有效，是符合法律规定的。

《中华人民共和国票据法》第三十一条第一款规定：“……背书转让的汇票，背书应当连续……”第二款规定：“前款所称背书连续，是指在票据转让中，转让汇票的背书人与受让汇票的被背书人在汇票上签章依次前后衔接。”《中华人民共和国票据法》第五十七条第一款规定：“付款人及其代理人付款时，应当审查汇票背书的连续并审查提示付款人的合法身份证明或者有效证件。”从上述规定来看，我国《票据法》赋予付款人及其代理付款行两项审查义务：一是对票据的形式审查义务，二是对持票人资格的形式审查。对票据的形式审查包括：票据的格式是否合法；票据必须记载的事项是否齐全；票据背书是否连续。对持票人资格的形式审查，主要表现为：看该持票人是否为背书连续的票据的最后被背书人；

看该持票人是否持有合法身份证明或者有效证件。

从本案IXIV64255294银行汇票分析，汇票正面收款人栏记载收款人名称：绍兴光电技术发展公司，汇票背面收款人（背书人）栏却盖有“绍兴市光电技术发展公司嵊县分公司”公章。该汇票本身背书不连续非常明显，持票人也非为背书连续的票据的最后被背书人。虽则被告出具了一份原告原法定代表人王星光要求被告将汇款背书转让被背书人嵊州市供销社储运公司的函这份证据，但笔者认为，被告并不能据此函件将汇票兑付被背书人。因为从我国《票据法》的规定看，票据具有文义性的特征，即票据行为的内容完全取决于票据上所记载的文字。即便文字记载与实际情况不符，也不允许当事人以票据上所载文字之外的证据对所载文字予以变更。

汇票属于流通证券，快捷是其内在要求。因此，法律只要求付款人及其代理付款人履行形式上的审查义务。然而，如只求流通快捷而不顾流通安全，则不是法律的本意，难以达到立法者所要求的目的。各国票据法除了要求付款人在付款前对持票人及其所持票据进行形式审查外，还要求付款人及其代理付款人在付款时履行一定的注意义务，以合理的谨慎态度付款，即不得有恶意或重大过失。所谓恶意，是指付款人及其代理付款人明知持票人（提示付款人）不是正当持票人，不是真正的票据权利人，或者很容易审查出而故意不调查或者同出票人、持票人串通实施票据欺诈行为。所谓重大过失，是指稍加留心即可发现背书不连续或身份证明不合法、证件的无效等而疏于注意。据此，我国《票据法》第五十七条第二款规定：“付款人及其代理付款人以恶意或者有重大过失付款的，应当自行承担责任。”从本案案情分析，由于本案被告在付款时没有履行一定的注意义务，应该发现背书不连续而未发现或虽发现背书不连续而仍予以付款，因此，应由其自行承担责任。

（郭黎帆）

62. 绍兴市光明纺织品经营部诉中国银行牟平支行等票据案

（一）首部

1. 判决书字号：浙江省绍兴市越城区人民法院（1996）越经初字第249号。

2. 案由：票据案。

3. 诉讼双方

原告：绍兴市光明纺织品经营部。

法定代表人：周婉如，经理。

委托代理人：王伟民，绍兴市工业供销总公司办公室主任。

被告：中国银行牟平支行。

法定代表人：孙向阳，行长。

委托代理人：杨健，该行会计科科长。

委托代理人：李延宽，山东烟台前卫律师事务所律师。

被告：绍兴县人丝纺织厂。

法定代表人：胡正炎，厂长。

委托代理人：陆仙中，该厂供销员。

委托代理人：俞阿千，绍兴县齐贤法律事务所律师。

4．审级：一审。

5．审判机关和审判组织

审判机关：浙江省绍兴市越城区人民法院。

独任审判：代理审判员：盛亚。

6．审结时间：1996年6月18日。

（二）诉辩主张

1．原告绍兴市光明纺织品经营部（以下称经营部）诉称：因被告绍兴县人丝纺织厂（以下称纺织厂）欠原告货款，故纺织厂于1994年5月15日持银行承兑汇票一份，背书转让给原告，金额为5万元。兑付期到后，原告到开户银行交换，但被中国银行绍兴分行退票。因为该汇票承兑人是中国银行牟平支行（以下称牟平中行），遂要求判令两被告立即支付汇票金额5万元及利息。

2．被告牟平中行辩称：该银行承兑汇票系山东省牟平县商业日用品供应公司（以下简称日用品公司）申请，其同意承兑的。但在汇票的有效期内其未收到有关联行代付报单和解讫通知及相关银行的查询，也未收到持票人被退票的书面通知。汇票超过有效期1个多月后，汇票承兑申请人日用品公司向其出具公函，请求挂失，其根据有关规定将汇票金额退给了日用品公司，期间，其并无过错，也不再承担该票据上的任何责任。另外，该汇票的背书人、被背书人未按规定程序背书，均有过错。交通银行绍兴市分行（以下简称绍兴交行）在票据的受理、退票过程中也有过错。要求追加日用品公司、苏州益丰制衣有限公司（以下简称益丰公司）、绍兴交行等为本案共同被告。

3．被告纺织厂辩称：该汇票系其背书转让给原告属实，但其交付汇票，也即履行了付款义务，后汇票被银行拒绝兑付，责任不在其。该款应由承兑银行支付。

（三）事实和证据

法院经审理查明：原告经营部与被告纺织厂曾有购销织机及配件的业务往来。1994年5月15日，纺织厂背书转让给经营部银行承兑汇票一份，汇票金额为5万元，号码为ⅩⅡ1653081，作为其支付给经营部的货款。同年7月18日，经营部持该银行承兑汇票到其开户行绍兴交行申请兑付，同日绍兴市交行将该汇票交转汇行绍兴中行兑付。次日，绍兴中行以该汇票系旧汇票为由，予以退票。后经营部持被退的银行承兑汇票要求纺织厂履行付款义务，被纺织厂拒绝。经营部又转而向绍兴交行和绍兴中行请求兑付。同年12月12日，绍兴中行电致被告牟平支行，称该汇票系旧汇票，要求速加押证实。同月14日，牟平中行电复绍兴中行，称汇票已挂失。经营部在多方催讨未果的情况下，遂于1996年3月20日诉至本院。

另查明：所争议的银行承兑汇票，承兑申请人为日用品公司，收款人为益丰公司，承兑人为牟平中行，签发日期为1994年4月15日，汇票到期日为同年7月15日。该汇票由收款人益丰公司背书转让给被告纺织厂，纺织厂又转让给原告经营部。上述背书人在背书转让汇票时均未注明背书日期。同年8月17日，承兑申请人日用品公司以该汇票因被收款人益丰公司丢失为由，出具书函向牟平中行申请挂失，当天牟平中行即将该5万元划入日用品公司在其行开设的账户。

以上事实有下列证据证明：

1. 编号为XⅡ1653081的银行承兑汇票。

2. 被告纺织厂于1994年5月15日出具的证明。

3. 绍兴中行于1994年12月12日发给牟平中行的电报及牟平中行于同月14日给绍兴中行的复电。

4. 日用品公司于1994年8月17日给牟平中行的挂失函及当事人的陈述等。

（四）判案理由

绍兴市越城区人民法院认为：日用品公司于1994年4月15日签发的银行承兑汇票虽系旧汇票，但属人民银行统一印制的汇票，且票面记载事项齐全，文义清楚，应认定有效。原告经营部与被告纺织厂的票据背书转让行为，虽未记载背书日期，但参照《票据法》第二十九条之规定，可视为在汇票到期日前背书，背书的效力并不因此受影响。原告系该票据的合法持有者，依法享有票据权利。纺织厂因背书而成为票据的债务人，应与该票据的其他债务人承担连带责任，牟平中行系该票据的承兑人，应对该票据的最后持有人承担付款义务。原告在该银行承兑汇票到期的第三天，向开户行申请兑付，符合有关法律法规规定。牟平中行签发已经中国人民银行明确禁止使用的旧汇票凭证，事前应当预见该票据会发生退票而又不采取防范措施，致使原告不获兑付、造成损失，牟平中行应负主要过错责任。原告要求判令两被告立即支付汇票票面金额及利息，理由正当，应予支持；被告牟平中行称其在汇票的签发、退款过程中均无过错，与事实不符；要求追加日用品公司、益丰公司、绍兴交行等为共同被告，因无原告申请，本院不予采纳；被告纺织厂认为其已支付票据，不再承担责任，于法不符。

（五）定案结论

绍兴市越城区人民法院依照《中华人民共和国民法通则》第八十四条、《银行结算办法》第二十二条、第二十四条规定，判决如下：

被告中国银行牟平支行应偿付给原告绍兴市光明纺织品经营部汇票款5万元，支付利息11814.4元，合计61814.4元，于判决生效后十日内履行；被告绍兴县人丝纺织厂负连带清偿责任。

本案案件受理费2010元，由牟平中行负担，其他诉讼费用4002元，由纺织厂负担。

判决后，双方当事人均未上诉。

（六）解说

这是一桩发生在票据领域内的新型案件，案件纠纷发生在《票据法》实施前，而起诉在《票据法》实施后不久，因此，对案件的处理本身就带有探索的性质。本案在审理中着重解决了以下几问题：

1. 法律的适用。

此案发生在1994年，起诉于1996年3月22日，而《票据法》颁布于1995年5月10日，并于1996年1月1日实施。该法属于实体法，也未规定具有溯及力，因此，从原则上讲，本案不能直接适用该法。但此前我国法律对票据的规定十分欠缺，《民法通则》是审理本案的基本法律依据。同时，根据最高人民法院《关于认真学习贯彻票据法、担保法的通知》，对票据法实施前发生的票据纠纷，若在该法施行后起诉的，应适用当时的规定，当时的法律、法规、规章没有规定的，可以参照该法处理的规定，在本案的审理中，参照《票据法》的有关规定是顺理成章的。

2. 诉讼主体的确定。

由于本案系原告在行使第一次付款请求权时被拒绝，转而行使第二次请求权（追索权）而提起的诉讼，属于票据纠纷中的追索权纠纷。因此，确定本案当事人的关键在于如何认定追索关系的当事人。追索关系的当事人主要有两类，即追索权人和被追索权人。追索权人包括最终持票人和因清偿而取得票据的人；被追索权人则包括出票人、背书人、承兑人和保证人。参照《票据法》第六十八条规定，追索权人可以不按照被追索权人的先后顺序，对其中的一人、数人或全体行使追索权。因此，在本案诉讼中，原告作为汇票的最后持票人，在行使追索权时，可以根据自己的意愿，自由选择其前手背书人或承兑人、出票人为被告，也可在诉讼中追加未被起诉的被追索权人为被告。中行牟平支行在诉讼中要求追加交行绍兴分行及其他被追索权人为被告，法院不予准许是对的。交行绍兴分行并非票据追索关系的当事人，其作为原告的开户行，在本案中只是担当原告代理收款人的角色。而其他被追索权人作为票据的次债务人，因无原告的申请而不予追加。

3. 当事人责任的认定。

中行牟平支行作为银行承兑汇票的承兑人，是票据的主债务人，具有到期向持票人无条件支付票面金额的义务。其以汇票已经承兑申请人日用品公司挂失，票款已划还承兑申请人日用品公司为由拒绝付款，不构成票据抗辩。首先，挂失止付通知是失票人为保全票据权利而享有的一种救济方法，发出挂失止付通知的主体只能是真正的票据权利人。日用品公司无权申请挂失。其次，挂失止付的效力仅在于暂停票款的支付，在止付期间，票款由付款人留存，止付通知超过三天而失效后，付款人仍应向持票人付款。第三，票据本身并不因挂失止付而失效。票据作为法定的有价证券，非经审判机关除权判决，其效力不受影响。另外，纺织厂称汇票不获付款，责任不在其，也无法律依据。根据《银行结算办法》第二十二条的规定，允许背书转让的票据，因不获付款而被退票时，持票人可以对出票人、背书人和其他债务人行使追索权，票据的各债务人对持票人负连带责任。故纺织厂的辩称不构成票据抗辩。那么，二被告是否由此而必然承担票据责任呢？并非如此。因为持票人的追索权还受票据时效的限制。虽然二被告在答辩中均未提及原告行使追索权的时限，但法院在审理中并不能因此而回避。所谓追索权的时限，是指持票人向其前手或出票人、承兑人行使追索权的时间限制。期限届满，则追索权归于消灭。《票据法》实施以前，我国未规定追索权丧失的各种期限，因此，在本案的审理中，认定追索权的期限显然是适用了《民法通则》有关诉讼时效的规定，认为票据债权人在二年诉讼时效期间对所有的票据债务人享有追索权，并判令二被告承担连带责任。

（王霞辉）

63. 乌鲁木齐新穗演艺器材工程公司诉中国工商银行乌鲁木齐市沙依巴克区办事处储蓄合同案

（一）首部

1. 裁判书字号

一审判决书：新疆维吾尔自治区乌鲁木齐市中级人民法院（1996）乌中经初字第250号。

二审裁定书：新疆维吾尔自治区高级人民法院（1996）新经终字第149号。

2. 案由：储蓄合同案。

3. 诉讼双方

原告（被上诉人）：乌鲁木齐新穗演艺器材工程公司（下称新穗公司），住所地：乌鲁木齐市和平北路6号。

法定代表人：曾洪添，董事长。

委托代理人：马迎春，新疆对外经济贸易律师事务所律师。

委托代理人：吴光辉，该公司总经理。

被告（上诉人）：中国工商银行乌鲁木齐市沙依巴克区办事处（下称工行沙办），住所地：乌鲁木齐市五一路99号。

法定代表人：赵裕华，主任。

委托代理人：刘建新，新疆兵团律师事务所律师。

4. 审级：二审。

5. 审判机关和审判组织

一审法院：新疆维吾尔自治区乌鲁木齐市中级人民法院。

合议庭组成人员：审判长：王岚；审判员：库都斯；代理审判员：刘瑞东。

二审法院：新疆维吾尔自治区高级人民法院。

合议庭组成人员：审判长：高元厚；代理审判员：税成疆、普加。

6. 审结时间

一审审结时间：1996年6月24日。

二审审结时间：1996年11月11日。

（二）一审诉辩主张

1. 原告新穗公司诉称：1994年8月，我公司与工行沙办下属的具备独立法人资格的中国工商银行乌鲁木齐市沙依巴克区办事处融通公司（下称融通公司）签订舞厅器材设备购置安装合同，依据该合同，融通公司应向我公司支付工程款500万元，已支付150万元，余款350万元以存款的方式支付，即融通公司向我公司提供以我公司的名义存入工行沙办的一张整存整取储蓄存单，存款期限为1年，自1994年9月12日至1995年9月12日，月利率为1.35%。存款期届满，我公司要求工行沙办支付存款，工行沙办却以我公司所承包的融通公司工程存在质量问题为由拒绝支付。请求法院判令工行沙办给付存款350万元，并支付存款利息及延期付款的违约金1097743.5元。

2. 被告工行沙办辩称：新穗公司与融通公司签订的舞厅器材设备购置安装合同明确规

定：融通公司出具信用担保或定期存单作为资金偿还保证。新穗公司所持有的存单是基于其与融通公司签订的合同，工行沙办以新穗公司的名义签发存单是附条件的，只有在合同履行完毕后才能生效。兑付存单即意味着支付工程款。因新穗公司所承包的工程存在明显的质量问题，不能交付使用。新穗公司应尽的合同义务未履行，尚未取得收取工程款的权利。尽管存单中承诺的期限届满，工行沙办仍不能向新穗公司支付存款及利息。

（三）一审事实和证据

新疆维吾尔自治区乌鲁木齐市中级人民法院经审理查明：新穗公司与融通公司于1994年8月16日签订舞厅器材设备购置安装合同，合同约定融通公司除向新穗公司预付150万元工程款外，还应付新穗公司350万元，付款方式为融通公司向新穗公司提供以新穗公司名义存入工行沙办的储蓄存单。合同签订后融通公司以新穗公司名义存入工行沙办350万元，并办理了有关存款手续。工行沙办应融通公司要求于1994年9月12日向新穗公司签发一张整存整取储蓄存单，金额为350万元，利率为月1.35%，期限自1994年9月12日至1995年9月12日。储蓄存单期届满，新穗公司持储蓄存款单到工行沙办提取存款本息，工行沙办却以新穗公司为融通公司承包的工程质量不合格为由拒绝兑付。

以上事实有下列证据证明：

1. 工行沙办于1994年9月12日签发的新穗公司的一年期350万元整存整取定期储蓄存单。

2. 新穗公司与融通公司于1994年8月16日签订的舞厅器材设备购置安装合同。

3. 中国人民银行《关于严禁非法提高利率的公告》利率表。

4. 双方当事人的陈述。

（四）一审判案理由

新疆维吾尔自治区乌鲁木齐市中级人民法院经审理认为：工行沙办给新穗公司签发的储蓄存单真实有效，双方的存储关系成立。工行沙办作为储蓄机构应当在存款到期后保证储蓄存款本金和利息的支付，不得以任何理由拒付。工行沙办延期支付新穗公司的存款本息的行为应承担延期付款的违约责任。新穗公司与融通公司之间的合同关系跟工行沙办与新穗公司之间的存储关系不是同一法律关系，工行沙办不得以此作为理由对抗新穗公司对存款的提取。故工行沙办拒绝兑付储蓄存单的理由不能成立，本院不予支持。工行沙办给新穗公司出具的储蓄存单，利率虽高于银行同期存款利率，但根据中国人民银行关于执行《储蓄管理条例》的若干规定，仍应按存单所标明的利率向新穗公司支付利息。

（五）一审定案结论

新疆维吾尔自治区乌鲁木齐市中级人民法院依照《中华人民共和国民法通则》第一百零八条之规定，判决如下：

1. 工行沙办向新穗公司支付存款本金350万元，利息56.7万元（本金350万元自1994年9月12日至1995年9月12日，共12个月，按月息1.35%计算）合计406.7万元。

2. 工行沙办向新穗公司支付延期付款的违约金530743.50元（406.7万元自1995年9月13日至1996年6月4日，共计261天，按日万分之五计算）。

案件受理费32998.72元，由工行沙办负担。

（六）二审情况

一审判决后，工行沙办不服，以原审认定事实不清，适用法律欠妥，向新疆维吾尔自治区高级人民法院提出上诉。在二审审理过程中，工行沙办以其“上诉请求缺乏事实依据，原判并无不当”为由申请撤回上诉，二审法院认为原审判决并无不当，准许工行沙办撤回上诉。

（七）解说

储蓄存单是储蓄机构与储户之间的书面协议，储蓄机构一经签发储蓄存单，储户与储蓄机构的存储关系即告成立，双方的权利义务也因此而确立。存单成为储户提取存款的有效凭证。经国务院批准、中国人民银行颁布的《储蓄管理条例》规定，存款到期，储蓄机构应当保证储蓄存款的支付，不得以任何理由拒付。本案中，署名为新穗公司的一年期储蓄存单虽然是工行沙办依新穗公司与融通公司签订的合同签发的，但该储蓄存单一经签发，则无论新穗公司与融通公司是否存在合同纠纷，均不影响工行沙办与新穗公司之间的存储关系的成立。工行沙办与新穗公司之间是存储关系，新穗公司与融通公司之间是承包关系，两者非同一法律关系，不管新穗公司所承包融通公司的工程质量是否合格，工行沙办都不得对抗新穗公司对到期存款的提取。为保护储户的合法权益，工行沙办应向新穗公司支付存款本息。

中国人民银行规定自 1993 年 7 月 11 日起一年期整存整取利率按月 0.915%执行。储蓄机构应按中国人民银行规定的利率标准确定存款利率，不得擅自提高。本案中，工行沙办将一年期整存整取利率提高到月 1.35%，采取不正当手段吸收存款，其行为违反了国家行政法规，扰乱了正常的金融秩序，根据中国人民银行制定的关于执行《储蓄管理条例》的若干规定第三十二条的规定，对于擅自提高利率的储蓄机构，仍应按储蓄合同约定的利率向储户支付利息。依照此规定，工行沙办应按月 1.35%的利率向新穗公司支付利息。工行沙办未按期支付存款本息还应向新穗公司支付延期付款的违约金。

（王岚　陈晶晶）

64. 盐城市信托投资公司诉江西省证券公司有价证券成交合同违约案

（一）首部

1. 判决书字号：江苏省盐城市中级人民法院（1995）盐法经初字第 84 号。

2. 案由：有价证券成交合同案。

3. 诉讼双方

原告：盐城市信托投资公司（下称信托公司）。

法定代表人：梁秀生，总经理。

委托代理人：顾亚平、涂正隆，盐城市第一律师事务所律师。

被告：江西省证券公司（下称证券公司）。

法定代表人：施军迈，总经理。

4. 审级：一审。

5. 审判机关和审判组织

审判机关：江苏省盐城市中级人民法院。

合议庭组成人员：审判长：黄德海；代理审判员：倪广权：平正亚。

6. 审结时间：1996年6月20日。

（二）诉辩主张

1. 原告诉称：1994年7月28日，我公司与被告证券公司签订了1994年二年期国库券有价证券成交合同。合同签订后，我公司按约履行了义务，而被告在合同届满后未按约交券，构成违约，给我公司的经营和信誉造成了巨大损害。原告请求法院判令被告向原告交付1994年二年期国库券面值1200万元或其现行市价的人民币；判令被告按合同约定支付券面每天万分之十的罚息和券面20%的违约金。

2. 被告证券公司辩称：本案是辽国发诈骗案的一个组成部分，该诈骗案公安部门已立案查处，因此应将本案移送公安部门查处。辽国发诈骗案所形成的恶性债务链非我公司一家所能解决，亦非诉讼所能解决，只有在国家有关部门解开金融“三角链”后，才能最大限度地保护债权人的合法权益。原告与在我方席位上的辽国发人员所从事的国债回购是一种卖空买空行为，所获利差是非法的，法院不应认可。

（三）事实和证据

江苏省盐城市中级人民法院受理本案后，经公开开庭审理查明：原、被告双方均系武汉证券交易中心的正式会员单位，在交易中心场内均有合法的交易席位。1994年6月6日，原、被告分别向武汉证券交易中心派驻了授权交易员从事有关证券业务。原告的授权书载明：“武汉证券交易中心：我单位特派郭为荣、杨海明为中心场内交易出市代表，所有场内交易和资金划拨经上列代表之一签字即具有法律效力，我单位承诺对上述交易和划拨资金行为及可能产生的后果承担一切责任。”盐城市信托投资公司及其法定代表人在授权书上分别加盖了印章。被告的授权书载明：“武汉证券交易中心：刘英杰、陈虹为我单位派中心场内出市代表，为交易方便特授权交易专用章供其两人使用，所有场内交易和资金划拨加盖交易专用章和交易员名章即具有法律效力，除此无效。”江西省证券公司的公章、法定代表人施军迈、交易专用章“江西省证券公司驻武汉证券业务部”、交易员名章刘英杰、陈虹的章印均盖在授权书中的相应位置。同日，被告在另一份授权书中还载明：“武汉证券交易中心：我单位特派刘英杰、陈虹为中心场内交易出市代表，所有场内交易和资金划拨经上列代表之一签字即具有法律效力。”江西省证券公司及其法定代表人施军迈均在授权书上加盖了印章。1994年7月28日，原、被告在武汉证券交易中心的授权交易员郭为荣、陈虹签订了一份有价证券成交合同。合同约定：原告向被告购买1994年二年期国库券，每百元成交价格为92.8元，成交时间为1994年7月28日，交券时间为1995年7月28日，成交面额为1200万元，成交金额为1113.6万元（即原告在1994年7月29日上午9时前将1113.6万元人民币汇出，被告应于1995年7月28日向原告送交1200万元1994年二年期国库券）。划款方式为电子联行，交券方式为被告送券；原告购券款一经汇出，被告即应开出有价证券免费代保管单，并用邮政快件寄达原告；原告提券时，须持被告开具的代保管单提券，数量与券种当面点清，交接工作完成后，如再出现问题由原告负担；原告应按期汇款，逾期则按汇款金额的日万分之十支付罚息，超过约定时间5天未划款即为违约，按汇款金额的20%向被告支付违约金；被告应按时提供现券，逾期每天按券面金额万分之十计罚息，超过约定时间5天不提供现券即为违约，按券面金额20%向原告支付违约金。合同签订后，被告驻武汉证券业务部授权交易员陈虹于7月29日向原告出具划款委托书，委托书除陈虹签名外，还加盖了江西省证券公司驻武汉证券业务部交易专用章。同日，原告即将其在武汉证券交易中心集中户上的1113.6万元资金电汇至被告指定的账户内，被告驻武汉证券业务部当日将1200万元1994年二年期国库券代保管单交给原告。一年后，即合同届满后，原告多次要求被告按约付券，被告一直未向原告交付到期现券。原告于1995年9月诉至法院。

以上事实有下列证据证明：

1. 原、被告于1994年7月28日签订的有价证券成交合同。

2. 原、被告分别对其派驻在武汉证券交易中心的交易员开具的授权委托书。

3. 被告预留在武汉证券交易中心的印鉴卡。

4. 被告向原告出具的划款委托书，原告电汇1113.6万元给被告的电汇凭证。

5. 被告开出的票面金额为1200万元的1994年二年期国库券代保管凭证等。

（四）判案理由

盐城市中级人民法院鉴于上述事实认为：

原、被告双方在武汉证券交易中心派设的证券分支机构所从事的证券业务均系其法人行为。双方于1994年7月28日所签订的有价证券成交合同，除违约条款的约定无法律依据不予保护外，其余内容均不违反法律和国家政策的规定，依法应确认有效。原告按约全面履行了付款义务，被告因此享受了合同约定的权益，却在约定期限届满后未按约定履行自己的义务，违反了民事活动应当遵循的诚实信用原则，依法应承担其违约的民事责任。对所欠原告到期债券，理应偿付，并应赔偿逾期付券给原告所造成的经济损失。被告辩解的理由没有依据，本院不予支持。

（五）定案结论

盐城市中级人民法院根据所认定的事实、证据和上述判案理由，于1996年6月20日依照《中华人民共和国民事诉讼法》第一百二十八条、第一百三十条，《中华人民共和国民法通则》第一百一十一条，《中华人民共和国经济合同法》第二十九条的规定，判决：

被告江西省证券公司在判决生效后十日内偿还原告盐城市信托投资公司1994年二年期国库券1200万元，或按市价折算偿还资金1399.8万元（根据《金融时报》1995年7月30日武汉证券交易中心证券交易行情表中收盘价计算），并按中国人民银行规定的同期银行贷款利率承担逾期付款的利息（从1995年7月29日起算至判决生效之日止）。

案件受理费82010元，财产保全费72500元，合计154510元，由被告江西省证券公司负担。

（六）解说

本案是一起有价证券成交合同违约纠纷。审理该案的关键是对合同性质和效力的认定。

关于合同的性质。首先，本案双方当事人签订的合同，无论从标题还是内容看，都没有涉及回购的问题。合同的标题为有价证券成交合同；合同的内容，当事人双方也只就1994年二年期国库券的买卖，双方通过协商，约定价格、数额，以及交款和交券的日期、方式等，达成了一致意见，丝毫也没有提到回购的问题。因此说，该合同肯定不是国库券回购。其次看此合同是否实质上的借贷。所谓实质“借贷”其最本质的特征，就是不管合同的名义是什么，双方当事人之间最终实际交往的是资金。而在本案合同中，证券公司先获得约定资金，到期交付约定国库券，信托公司则先支付约定资金，后获得约定的国库券。即一方的权利是获得资金（义务是交付国库券），另一方的权利是获得国库券（义务是支付资金)。很显然，当事人之间的关系并非单纯的资金借贷关系，而是一种证券买卖的融资关系。

关于合同的效力。这关系到本案实体处理的法律适用问题。当事人之间签订的是有价证券成交合同，也即国库券买卖合同。因此，合同是否有效，要看当事人是否具有进行这种买卖的资格，也即合同的主体资格是否合法。首先据本案已查实的情况，双方当事人均系武汉证券交易中心的正式会员单位，在交易中心场内有合法的交易席位，而国库券交易是证券交易的一种，可以说，原、被告均具有进行国库券交易的资格。其次看签订合同的行为人是否具有签订该项合同的资格。原告方人员的资格没有异议。据被告辩称，本案中与原告签订合同的陈虹是辽国发人员，因此本案是辽国发诈骗案的一部分，这个理由是完全站不住脚的。因为：第一，被告方签订合同的行为人陈虹是经过被告的法定代表人授权而专门代表被告进行场内交易的，也即陈虹是被告方签订证券交易合同的委托代理人。第二，陈虹的这种代理权的取得并非骗取，而是被告方经过合法手续授予的。因此，陈虹作为签订本案合同的行为人的资格也是合法有效的。即使陈虹确系辽国发的人员，那也只是被告方的用人问题，与本案无关。至少陈虹在本案中没有诈骗行为，他与原告签订证券交易的行为是被告方委托代理的法人行为。

本案合同是否有效，还要看合同的内容和签订合同的程序。首先，从本案当事人签订的合同的内容看，除约定的违约金的支付违反了有关规定，其他条款均不违反法律和国家政策规定。其次，当事人双方进行交易时，是在证券交易中心场内进行的，并且，双方达成交易意向后的交易情况和手续都向交易中心备案交经其核准。可见，合同从内容到签订及其交易的程序均合法。综上所述，本案当事人双方签订的合同是有效合同，法院以有效合同认定被告违约进行审理定案是正确的。

（黄德海　王凤珠）

65. 烟台证券公司诉烟台市典当公司国库券回购合同案

（一）首部

1. 判决书字号

一审判决书：山东省高级人民法院（1995）鲁法经初字第31号。

二审判决书：中华人民共和国最高人民法院（1996）经终字第57号。

2. 案由：国库券回购合同案。

3. 诉讼双方

原告（被上诉人）：烟台证券公司。

法定代表人：王新官，总经理。

委托代理人（一审）：郭晓东，烟台市平和律师事务所律师。

委托代理人（一、二审）：张太琪，该公司副总经理。

委托代理人（二审）：张为华，中央民族大学教师。

被告（上诉人）：烟台市典当公司。

法定代表人：卢国庆，经理。

委托代理人（一审）：陈积寿，该公司干部。

委托代理人（二审）：茅万觉，福州信得律师事务所律师。

委托代理人：郝心琳，烟台市芝罘区律师事务所律师。

4. 审级：二审。

5. 审判机关和审判组织

一审法院：山东省高级人民法院。

合议庭组成人员：审判长：李长荣；审判员：赵斌；代理审判员：宫恩全。

二审法院：中华人民共和国最高人民法院。

合议庭组成人员：审判长：宋晓明；代理审判员：赵姝平、王爱琴。

6. 审结时间

一审审结时间：1995 年 11 月 17 日。

二审审结时间：1996 年 8 月 13 日。

（二）一审诉辩主张

1. 原告烟台证券公司诉称：我公司与被告烟台市典当公司于 1994 年 6 月 1 日、6 月 9 日分别签订了购买 1992 年第二期国库券面值 500 万元和 1992 年第一期国库券面值 300 万元合同书。并约定，国库券由被告负责代保管，保管期 3 个月，至 1994 年 9 月 1 日被告将国库券全部购回。合同签订后，我公司按合同规定付款给被告 800 万元，被告开出三张有价证券代保管单（500 万元、100 万元、200 万元）。合同到期后，我公司凭代保管单多次向被告要求提券或被告将国库券购回，被告均予以拒绝。请求法院判令被告付给我公司 1992 年第二期国库券 500 万元，1992 年第一期国库券 300 万元，并承担全部诉讼费用。

2. 被告烟台市典当公司辩称：国库券回购协议书规定：乙方（烟台典当公司）应于 1994 年 9 月 2 日收回因该国库券给开发区木材公司出具的 791 万元担保书，并于当天将该国库券全部购回，若因未收回出具给开发区木材公司的担保书而延期回购，不视为违约。因给开发区木材公司的担保书至今未收回，我公司不回购国库券并不违约。

（三）一审事实和证据

山东省高级人民法院经审理查明：原告与被告分别于 1994 年 6 月 1 日和 6 月 9 日签订两份国库券回购协议书，约定原告向被告购买 1992 年第二期面值 500 万元和 1992 年第一期面值 300 万元国库券，双方并约定购买的国库券由被告免费代保管 3 个月，1994 年 9 月 1 日将国库券回购。合同签订后，原告将 800 万元人民币转入被告指定的账户，被告开出有价证券代保管单三张（金额 500 万元、100 万元、200 万元）交予原告。合同到期后，原告持代保管单提取国库券时被告不给，被告也未将国库券回购。

上述事实有下列证据证明：

1. 1994 年 6 月 1 日和 6 月 9 日，原、被告签订的两份国库券回购协议书。

2. 原告付给被告 800 万元的凭证。

3. 被告给原告开出的三张有价证券代保管单。

（四）一审判案理由

山东省高级人民法院认为：

1. 原告与被告于 1994 年 6 月 1 日、6 月 9 日签订的两份国库券回购协议书，是双方当事人的真实意思表示，且并不违反当时的有关规章政策，因此，该协议合法有效。

2. 原告已按合同规定履行了付款义务，被告收款后也开具了三张有价证券代保管单。

合同到期后，原告要求被告将国库券交付或回购，理由正当，本院应予支持。

3. 被告未收回出具给开发区木材公司的担保书，与本案无关，其因此而拒绝承担责任的理由不能成立，本院不予支持。

（五）一审定案结论

山东省高级人民法院根据《中华人民共和国民法通则》第一百零六条第一款以及《中华人民共和国经济合同法》第二十九条之规定，作出如下判决：

被告烟台市典当公司将1992年第二期面值500万元、1992年第一期面值300万元的国库券于判决生效之日起十日内交付原告烟台证券公司或支付相应价款。

案件诉讼费110010元（包括案件受理费60010元，财产保全费50000元），由被告承担。

（六）二审情况

1. 二审诉辩主张

(1) 烟台市典当公司上诉称：双方签订的回购国库券协议书明确规定了烟台典当公司回购国库券的条件是收回因该款而给木材公司出具的担保书后才能回购，烟台典当公司没有收到担保书，就可以不回购国库券，也不视为违约。再则，提券违反中国人民银行等部门的有关证券回购的规定。原审认定事实不清，适用法律不当，请求二审撤销原判，判令烟台证券公司赔偿其经济损失。

(2) 烟台证券公司答辩称：双方签订的回购国库券的协议与烟台市典当公司同木材公司之间的担保法律关系是两个各自独立的法律关系。上诉人以未收回其出具给木材公司的担保书而拒绝付券是错误的。债券回购合同不搞实物交割无法律依据，烟台证券公司要求将烟台市典当公司代保管的国库券提回由自己保管理由正当。原审认定事实清楚，判处正确，请求维持原判。

2. 二审事实和证据

二审法院确认一审法院认定的案件事实和采纳的定案证据，并补充了如下事实：

1994年6月10日，烟台市典当公司为烟台开发区木材公司欠威海生产资料保税中心的791万元钢材款提供担保，担保有效期自1994年6月10日至同年7月30日止。两份国库券回购协议到期后，烟台市典当公司未按约回购支付相应价款。

3. 二审判案理由

二审法院鉴于上述事实和证据，认为：

(1) 烟台证券公司与烟台市典当公司可以从事国库券回购业务，双方于1994年6月1日、6月9日签订的国库券回购协议，主体合格，内容合法，该两份协议应确认有效。

(2) 按照中国人民银行、财政部、中国证券监督管理委员会的规定，回购方至期不回购国库券，反售方可要求回购方给付国库券。因此，烟台证券公司要求烟台市典当公司给付两份协议的国库券应予支持。

(3) 烟台证券公司与案外人木材公司之间没有权利义务关系，烟台市典当公司为木材公司与威海生产资料保税中心之间的合同关系提供担保，其权利人为威海生产资料保税中心，且该中心已提回与烟台市典当公司担保数额相应的钢材。烟台典当公司以未收回担保书，回购条件未成就主张抗辩的理由不能成立，本院不予支持。

4. 二审定案结论

最高人民法院根据上述事实和理由，认为原审判决认定事实清楚，适用法律正确，应予维持，依照《中华人民共和国民事诉讼法》第一百五十三条第一款第（一）项之规定，作出判决：

驳回上诉，维持原判。

二审案件受理费60010元，由烟台市典当公司承担。

（七）解说

证券回购，是一种新的融资方式。证券回购是指债券持有人在卖出一笔债券的同时，与买方签订协议，约定一定期限和价格，买回同一笔债券的融资活动。按照中国人民银行、财政部、中国证券监督管理委员会1995年8月8日发布的《关于重申对进一步规范证券回购业务有关问题的通知》（银传［1995］60号文）的规定，证券回购具有如下特点：1. 合同主体只能是具有法人资格的金融机构，非金融机构、个人以及不具有法人资格的金融机构不得直接参与证券回购业务。2. 合同标的即证券回购券种只能是国库券和中国人民银行批准发行的金融债券，其他证券禁止回购。3. 合同当事人约定的权利义务内容不得超出有关金融法规和政策的限制性规定。如双方约定的回购期限不得超过一年；回购方应将用于交易的国库券和金融债券集中在中国人民银行省、自治区、直辖市、计划单列市指定的一家证券登记托管机构保管，代保管单只能由该机构出具，返售方在回购期内不得动用回购证券。

证券回购合同是一种新类型的民事法律关系，双方在同一合同中约定两次买卖行为，但主体不变、标的不变。证券持有人既是卖方又是回购方。买方同时又是反售方，卖方回购的是其原卖出的同一笔证券，只是回购的价格高于卖出时的价格。由于证券回购是金融机构之间的一种融资方式，受国家金融政策的严格管理和限制，因此，审理这类案件，既要适用《民法通则》、《经济合同法》和一般规定，还要参照适用国家有关行政管理规章和金融政策的规定。按照银传（1995）60号文件规定，从事证券回购交易必须以全额实物券作保证，禁止一切卖空行为，即回购方必须拥有百分之百属于自己所有的国库券和金融债券。对此规定下发前的证券回购合同卖空行为如何认定？1995年11月27日，中国人民银行、财政部、中国证券监督管理委员会联合下发的《关于认真清偿证券回购到期债务的通知》规定，“对8月8日以前签订的，10月31日之前又补不足实券的回购协议，允许双方按原定回购协议的期限到期清偿债务。对8月8日以后开展的新回购业务，必须执行百分之百实物券托管的规定。”这说明，国家政策对1995年8月8日以前签订的证券回购合同，即使回购方没有提供充足的实物券，也可以不认定合同无效。因此，本案中原、被告于1994年6月1日、6月9日签订的证券回购合同，不能因被告有卖空行为而否认合同效力。按照银传（1995）60号文件，禁止在国家批准的证券交易场所之外私下从事证券回购业务。因为，场外交易脱离了国家对证券回购交易的监管，不利于金融秩序的稳定。但是，在1995年8月8日银传（1995）60号文件下达前，国家没有明文禁止场外交易，当事人也无从遵循，所以，在此前签订的场外交易证券回购合同不认定无效。因此，案中原、被告双方签订的证券回购合同不能因是场外交易而认定无效。另外，国库券是一种有价证券，原、被告双方签订证券回购合同后，被告给原告出具代管单，此时的国库券所有权应属原告。被告逾期不购回国库券，是违约行为。双方发生纠纷后，理应责令被告承担给付国库券义务，如不能给付则应支付相应价款。一、二审法院根据法律、政策，客观公正地审结了这起证券回购合同纠纷。

（刘传慕）

66. 中国农业银行大连市金州区支行诉新中港（大连）木业有限公司信用证保证金欠款案

（一）首部

1. 判决书字号：辽宁省大连市金州区人民法院（1996）金经初字第276号。

2. 案由：信用证保证金欠款案。

3. 诉讼双方

原告：中国农业银行大连市金州区支行。

法定代表人：孙应新，行长。

委托代理人：王永伟，该行国际业务部主任。

被告：新中港（大连）木业有限公司。

法定代表人：周华盛，董事长。

委托代理人：周华光，该公司代总经理。

审级：一审。

审判机关和审判组织

审判机关：辽宁省大连市金州区人民法院。

合议庭组成人员：审判长：关茂春；审判员：齐通锋、徐广和。

审结时间：1996年4月5日。

（二）诉辩主张

1. 原告诉称：1995年7月5日，新中港（大连）木业有限公司在我行申请开立远期180天付款信用证，金额为美元21.45万元，后修改至美元76.45万元，用于从新加坡进口地板、木门等。由于流动资金紧张，该公司向我行申请并经我行同意暂不提交保证金。该公司用厂房等资产做抵押，约定信用证到期付款前一个月交足全额保证金。1996年1月28日，信用证付款期已到，而新中港（大连）木业有限公司并未交上足额保证金，给我行造成很大损失。现诉请被告偿付在我行开立的340LC951045证号不可撤销远期跟单信用证项下付款801535.3美元，支付手续费9016.41元，并赔偿借款利息。

2. 被告未提出答辩意见。

（三）事实和证据

大连市金州区人民法院经公开审理查明：1995年7月5日，被告向原告提出开证条款，申请开立一份不可撤销远期跟单信用证，该证通知行为KREDIET银行新加坡分行，受益人为新中港太平洋有限公司，金额21.45万美元，有效期1995年9月6日；被告保证向原告提供该证项下货款、手续费、费用及利息等，所需外汇被告保证在单证相符的条件下，在180天内百分之百对外付款或承兑。被告以其所有的厂房、车辆、库存密度板、刨花板、地板（包括原料、成品）、机器设备等财产，按折旧净值和60%的抵押率抵押。原告按照被告的开证要求，开立了证号为340LC951045的信用证。1995年8月29日，被告向原告书面申请修改信用证，将开证金额由 21.45 万美元增加到 76.45 万美元，新增 55 万美元。因流动资金紧张，请求暂不提交保证金，关于远期信用证应付款项，被告保证付款期前一个月内提交足额保证金，同时被告将该信用证项下全部货物包括地板、木门作为抵押，另将流动资产包括车辆、现有库存和信用证到期前将会生产出来的产成品地板、地板原料等作为抵押，价值不足部分，由厂房、机器设备、干燥窑折旧抵押，抵押率均为 60%。若信用证第一期付款前一个月仍不能存足保证金，被告愿以抵押物清偿。由于被告提供了财产抵押担保，原告按照被告的修改请求开立了信用证，有效期 1995 年 9 月 15 日。对于上述抵押财产中的厂房、机器设备，原、被告于 1996 年 2 月 13 日向有关部门办理了抵押物登记。1996 年 2 月 7 日、12 日、3 月 20 日该证项下分别付款 150150 美元、77958.66 美元和 571696.45 美元，支付罚息1730.19美元，合计801535.3美元。应付手续费9016.41元。由于被告未履行提供保证金的义务，原告支付的该证项下付款未予清偿。上述事实有下列证据证明：

1. 被告开立不可撤销跟单信用证申请书。
2. 信用证修改申请书。
3. 信用证付款保证函。
4. 抵押物清单和有关付款凭证。
5. 周华光、于忠治、吴德坤陈述笔录。

（四）判案理由

大连市金州区人民法院认为：

原告与被告之间设立的开立不可撤销远期跟单信用证和所设定财产抵押担保关系合法有效。被告因流动资金暂不足以提供开证保证金，自愿以自己所有的财产向原告提供财产抵押担保，向原告提出开证条款，原告根据与被告设定的抵押权和被告开证、修改信用证的条款，履行了为被告开证和修改信用证的义务。被告应履行在约定时间内向原告付清保证金的保证义务。信用证付款条件成就，原告承兑了该证项下付款，被告未提供信用保证金的行为，已构成逾期付款的违约行为，除应偿付原告开立信用证借款及应付手续费，还应承担偿付借款利息的违约责任。

（五）定案结论

大连市金州区人民法院根据《中华人民共和国经济合同法》第六条、第九条、第二十九条第一款、第三十一条、第四十条第二款第一项，作出如下判决：

1. 被告新中港（大连）木业有限公司偿付欠原告中国农业银行大连市金州区支行信用证项下付款 801535.3 美元和占用该款期间的借款利息。

2. 被告新中港（大连）木业有限公司偿付欠原告中国农业银行大连市金州区支行应付手续费人民币 9016.41 元和占用该款期间的借款利息。

（六）解说

本案涉及的是银行开立信用证过程中保证金或抵押必须有效到位问题。信用证是银行（开证行）根据申请人（一般是进口商）的要求，向受益人（一般是出口商）开立的一种有条件的书面付款保证。因为它是开证行以自己的信用作出的付款保证，所以开证行负有第一性付款责任。特别是不可撤销远期跟单使用证，一经开出，于有效期内未经信用证诸当事人的同意，开证银行对已开出的信用证不得作出片面的修改或撤销。只要受益人提供的诸单据符合信用证的规定，开证银行或付款银行必须履行付款责任。由此可见，信用证业务是一种单据的买卖，依据统一惯例规定的银行付款条款所示的内容，银行只要求单证相符就可以付款。开证行在被告未履行提供信用证保证金义务，已构成逾期付款违约行为的情况下，完全有必要采取自我保护措施，同时及时有效地请求国家审判机关对其进行司法保护，以最大限度地减少和避免己方利益的更大损失。

（张晓华）

67. 湖北省华雅广告装潢公司诉武汉市信托投资公司沌阳分公司兑付存款案

（一）首部

1. 判决书字号

一审判决书：湖北省孝感市中级人民法院（1996）孝经初字第52号。

二审判决书：湖北省高级人民法院（1996）鄂经终字第337号。

2. 案由：兑付存款案。

3. 诉讼双方

原告（被上诉人）：湖北省华雅广告装潢公司。

法定代表人：陈华银，经理。

委托代理人：李先卿，湖北省第六律师事务所律师。

被告（上诉人）：武汉市信托投资公司沌阳分公司。

法定代表人：任德亮，总经理。

委托代理人：左桥生，该公司信贷部经理。

委托代理人：陈作思，武汉市经济行政法律服务中心律师。

4. 审级：二审。

5. 审判机关和审判组织

一审法院：湖北省孝感市中级人民法院。

合议庭组成人员：审判长：潘玉安；审判员：孙伟；代理审判员：叶天林。

二审法院：湖北省高级人民法院。

合议庭组成人员：审判长：陈平安；审判员：杨明坤、刘光清。

6. 审结时间

一审审结时间：1996年8月6日。

二审审结时间：1996年12月3日。

（二）一审情况

1. 一审诉辩主张

(1) 原告诉称：1994年9月份原告曾与湖北大和建筑房地产开发有限公司（以下简称大和公司）为装饰工程施工合同结算发生纠纷，诉至黄石市中级人民法院，该院判决原告胜诉，判令大和公司偿付1667987.02元，该判决发生法律效力后，原告申请黄石市中级人民法院强制执行。此时，本案的被告也与大和公司发生经济纠纷，诉至武汉市中级人民法院。武汉中院与黄石中院多次协商提出，将由原告申请黄石中院查封的大和公司的金富士

(黄石)娱乐有限公司的房产，转交给武汉中院查封，由被告代大和公司向原告偿付其债务。原、被告于1994年12月7日签订了一份协议书，按此协议，原、被告又于1994年12月19日签订了存款协议书。该协议规定，原告在被告处存款1037987元，存期一年，到期一次性支付本息。被告履行了第一次付款65万元，第二次存款到期时，被告仍以原装饰工程有质量问题为由拒不支付。因此，原告请求法院判令被告立即兑付存款1037987元及利息，按协议规定承担违约责任并支付违约金，承担本案全部诉讼费用。

(2) 被告辩称：经武汉中院和黄石中院对查封娱乐城进行协调，被告与原告和湖北省第一律师事务所于1994年12月7日、12月19日分别签订了两份协议，根据协议被告已付原告65万元。后被告多次敦促原告履行与大和公司的合同条款，对金富士娱乐城装修工程质量进行保修，原告不予理睬，造成我方巨大经济损失。我方付给原告的65万元，原告应无条件将其退回并赔偿损失。因以金富士娱乐城作交换条件达成的协议不能成立，我方是该娱乐城的抵押权人。

2. 一审事实和证据

湖北省孝感市中级人民法院经调查和审理查明：黄石市中级人民法院受理的本案原告诉大和公司及第三人金富士（黄石）娱乐城有限公司装饰工程施工合同结算纠纷一案，黄石市中级人民法院于1994年11月2日以（1994）黄经初字第059号民事判决，由大和公司偿付原告工程款1667987.02元，该判决生效后，原告申请黄石市中级人民法院强制执行已被该院查封的被告金富士娱乐城有限公司的财产。此时，武汉市中级人民法院也受理了本案的被告诉大和公司债务纠纷案，武汉市中级人民法院于1994年11月22日以（1994）武民二初字第138号民事判决，由大和公司偿付被告贷款本金9998688元及利息（该案贷款是大和公司以其所属全资公司即黄石市金富士娱乐城有限公司的所有财产及经营权作为本贷款抵押物）。后经武汉市中级人民法院与黄石市中级人民法院协调，达成由原告申请黄石市中级人民法院解除查封大和公司的金富士娱乐城有限公司房产，转交武汉市中级人民法院查封，同时，由被告代大和公司偿付原告的债务。并于1994年12月7日原、被告及湖北省第一律师事务所签订了协议书，由被告代大和公司偿付原告1687987元，分二次付清，即于1994年12月15日前付65万元，余款1037987元，由原、被告签订存款协议，存期一年，年利率10.98%，同时还规定了违约责任等。协议达成后，被告按协议即付给原告65万元。余款1037987元，原、被告又于1994年12月19日签订了协议书，该协议规定，被告承认原告在被告处存款1037987元，存期一年（从1994年12月21日起至1995年12月21日止），计息期自1995年3月1日起，年利率10.98%，到期一次性支付本息，该存款为不可撤销、无条件的、不可挂失的记名存款，不可提前兑付，若违约，逾期部分在原定利率基础上加收20%罚息等。存款到期后，被告以原告装饰工程有质量问题为由拒付而成讼。

3. 一审判案理由

孝感市中级人民法院鉴于上述事实认为：

(1) 原告起诉被告兑付存款纠纷实为债务纠纷。

(2) 1994年12月7日和1994年12月19日原告与被告签订的两份协议，是当事人双方真实意思表示，未违反法律规定，且被告已履行65万元，其协议应为有效。

(3) 被告所称工程质量问题，因原告装修的是该楼一至三层，被告所述第四层楼漏水，不属原告保修范围，且黄石市中级人民法院已就此装饰工程施工结算纠纷案判决生效，并且被告认可其债务已转移给自己，故工程质量问题之理由不能成立。

(4)被告庭审后提出以抵押物金富士娱乐城作交换条件达成的还款协议，显失公平，应为无效之理由，经查黄石市中级人民法院查封、执行时及武汉市中级人民法院审理时被告均未提出异议，现被告提出此理由，依最高人民法院《关于贯彻执行〈中华人民共和国民法通则〉若干问题的意见（试行）》第七十三条第二款之规定，可变更或可撤销的民事行为，自行为成立时起超过一年当事人才请求变更或撤销的，人民法院不予保护。

(5) 被告未按协议规定的时间付款，应承担逾期付款的约定利息及罚息。

4. 一审定案结论

依照《中华人民共和国民法通则》第五十七条关于“民事法律行为从成立时即起具有法律约束力。行为人非依法律规定或者取得对方同意，不得擅自变更或者解除”；第八十四条关于“债是按照合同的约定或者依照法律的规定，在当事人之间产生的特定的权利和义务关系。享有权利的人是债权人，负有义务的人是债务人。债权人有权要求债务人按照合同的约定或者依照法律的规定履行义务”；第一百零六条第一款关于“公民、法人违反合同或者不履行其他义务的，应当承担民事责任”等规定，孝感市中级人民法院于1996年8月6日作出判决：

被告武汉市信托投资公司沌阳分公司偿付原告湖北省华雅广告装潢公司人民币1037987元及利息164308.15元（从1995年3月1日起至1996年8月1日止，按年利率10.98%计算)，逾期部分加收罚息14183.05元（从1995年12月22日起至1996年8月1日止，加收20%罚息)。

以上三项合计1216478.20元，自本判决生效后十日内一次付清。

案件受理费15200元，由被告承担；活动费10000元，由原告承担。

（三）二审诉辩主张

一审判决后，被告武汉市信托投资公司沌阳分公司不服，以本案两份协议不是上诉人的真实意思表示，金富士娱乐城及其经营权都是上诉人贷款抵押物，以其作为向被上诉人代偿付款的条件是显失公平的；可变更、可撤销的民事行为，其时效应依《民法通则》二年诉讼时效的规定；被上诉人不遵守协议，有违约行为，应予追究为由，向湖北省高级人民法院提起上诉。

（四）二审事实和证据

湖北省高级人民法院认为原审认定事实清楚，证据充分。

（五）二审判案理由

湖北省高级人民法院认为：被上诉人与上诉人所签订的两份协议有效。上诉人与大和公司签订抵押贷款合同在先，被上诉人施工的金富士娱乐城内部装饰工程竣工移交时间在后。因此，金富士娱乐城内部装饰物不包括在抵押财产之内。上诉人称金富士娱乐城的所有财产系贷款抵押物，但因在被上诉人与大和公司未正式就装饰工程竣工移交结算前，上诉人与大和公司就将该装饰物作为贷款抵押物，侵犯了第三人的权利，抵押贷款合同中将装饰物作为抵押的部分也应为无效。因此，上诉人称把抵押物作为交换条件签订的协议是重大误解，不是真实意思表示，协议显失公平的上诉理由不能成立。被上诉人施工的金富士娱乐城内部装饰工程已竣工移交，黄石中院对该娱乐城查封，后又解除查封转交由武汉中院查封，此后在清理其财物时，发现楼上住户水管渗水，浸湿了金富士娱乐城的部分财物，与被上诉人施工的工程无关，也不属被上诉人保修范围。上诉人称被上诉人违约行为的上诉理由缺乏事实根据。原审判决事实清楚，证据充分，程序合法，实体处理得当。

（六）二审定案结论

1996年12月3日，湖北省高级人民法院根据《中华人民共和国民事诉讼法》第一百五十三条第一款第（一）项的规定，作出如下判决：

驳回上诉，维持原判。

本案二审案件受理费15200元，由上诉人负担。

（七）解说

本案从表面看来，似乎是兑付存款纠纷，而实质上则是债务纠纷，两级法院对此案的判决是正确的。

本案纠纷的实质是协议的效力问题。根据《中华人民共和国民法通则》的规定：民事法律行为是公民或法人设立、变更、终止民事权利和民事义务的合法行为。民事法律行为从成立时起具有法律约束力，行为人非依法律规定或者取得对方同意，不得擅自变更或者解除。民事法律行为还应当具备下列有效条件：1. 行为人具有相应的民事行为能力；2. 意思表示真实；3. 不违反法律或者社会公共利益。从本案来看，双方签订的两份协议同时具备以上三个要件，因而协议有效。这种效力表现为双方当事人都必须承担履行协议的义务，任何一方当事人不履行或不适当履行义务时，另一方当事人则有权运用法律的武器来保护自己的合法权益，这是中国的合同法制和经济法制不断健全、发展的标志。

同时本案围绕此债务转移的协议也产生了几个民事行为的效力认定问题。

第一，抵押贷款合同中将装饰物作为抵押的部分应如何认定。一、二审法院均认为该抵押无效是正确的。抵押只能以现存的财产作抵押，而不能以未来的、将来可以得到的财产作抵押物，而且不动产作抵押必须办理登记，抵押登记是抵押权人权利生效的要件。在此对被告与大和公司的抵押贷款合同效力问题姑且不论，只就本案中将装饰物作为抵押部分效力而论，应为无效。因该抵押贷款合同签订在先，被上诉人装饰工程移交时间在后，在原告未正式就装饰工程竣工移交结算前，被告与大和公司就将该装饰物作为贷款抵押物，无形中构成侵权，侵犯了第三人的权利。因此，抵押贷款合同中将装饰物作为抵押部分应为无效。

第二，被告称把抵押物作为交换条件签订的协议是重大误解，显失公平的理由是否成立。一、二审法院均认为此理由不能成立是正确的。最高人民法院《关于贯彻执行〈中华人民共和国民法通则〉若干问题的意见（试行）》第七十一条规定："行为人因对行为的性质、对方当事人、标的物的品种、质量、规格和数量等的错误认识，使行为的后果与自己的意见相悖，并造成较大损失的，可以认定为重大误解。"第七十二条规定："一方当事人利用优势或者利用对方没有经验，致使双方的权利与义务明显违反公平、等价有偿原则的，可以认定为显失公平。"但本案中，双方当事人签订的协议不存在以上所规定的情况。而且黄石中院查封、执行时及武汉中院审理时被告均未提出异议，现被告提出此理由，依该意见第七十三条第二款之规定："可变更或者可撤销的民事行为，自行为成立时起超过一年当事人才请求变更或撤销的，人民法院不予保护。"因此，依此规定被告的请求也超过了诉讼时效，人民法院当然不予保护。

第三，被告所述工程质量问题之理由是否成立。一、二审法院均认为此理由不成立。因原告装修的是该楼一至三层，被告所述第四层楼漏水，与原告施工的工程无关，也不属原告保修范围。且黄石中院已就此装饰工程施工结算纠纷案判决生效，被告已认可其债务转移给自己。因此，工程质量问题之理由不能成立。

综上所述，一审法院经调解无效，判决被告按协议偿付原告本金及利息、罚息，二审法院判决维持原判符合法律规定，是正确的。

（孙　伟）

五、交通运输案例

68. 南海市松岗民政福利铝型材厂诉哈尔滨铁路局佳木斯站等运输铝锭重大过失赔偿案

（一）首部

1. 判决书字号

一审判决书：广州铁路运输中级法院（1995）广铁中经初字第5号。

二审判决书：广东省高级人民法院（1996）粤法经一上字第197号。

2. 案由：货物运输合同赔偿案。

3. 诉讼双方

原告（被上诉人）：广东省南海市松岗民政福利铝型材厂（简称松岗铝材厂）。

法定代表人：张智龙，厂长。

委托代理人（一、二审）：程超仁，该厂业务员。

委托代理人（一、二审）：卓伟，广东南星律师事务所律师。

被告（上诉人）：哈尔滨铁路局佳木斯站（简称佳木斯站）。

代表人：宋英洲，站长。

委托代理人（一审）：李庆余，该站安全室主任。

委托代理人（二审）：王明远，该站货运主任。

委托代理人（一、二审）：李向东，佳木斯铁路分局法律顾问。

被告（被上诉人）：广深铁路总公司广州东站（简称广州东站）。

代表人：蔡立坚，站长。

委托代理人（一审）：崔颖，该站货运安全员。

委托代理人（一审）：徐莲英，该站货运值班员。

4. 审级：二审。

5. 审判机关和审判组织

一审法院：广州铁路运输中级法院。

合议庭组成人员：审判长：姚向明；审判员：刘建平；代理审判员：洪文冰。

二审法院：广东省高级人民法院。

合议庭组成人员：审判长：李鸿鹄；代理审判员：王建平、覃旭春。

6. 审结时间

一审审结时间：1995年10月23日。

二审审结时间：1996 年 6 月 8 日。

（二）一审诉辩主张

1. 原告诉称：1994 年 12 月，原告通过广西梧州市天马贸易公司向佳木斯市金腾物资贸易公司购买 AOO 铝锭 95 吨，总货款为 1481223.06 元。12 月 8 日，金腾物资贸易公司将其中 48 吨用六个十吨集装箱分两票向被告佳木斯站托运，被告当时承运。运输合同记明发站为佳木斯站，到站为广州东站，发货人为佳木斯市金腾物资贸易公司，收货人为原告，货物运到期限为 22 天。按照此规定，该批货物最迟应于 1994 年 12 月 31 日到达广州东站，然而，从 1995 年 1 月 4 日起至 2 月上旬，原告至到站查询，均未能收到货物。在原告及有关方面多方追查后，被告佳木斯站才于 1995 年 2 月 27 日以货运事故查复书答复广州东站，承认该批铝锭在其处已办理取消托运，同时也承认这一行为是在未收回领货凭证的情况下作出的。原告认为由于佳木斯站在办理取消托运过程中，未能严格执行规章规定，存在严重的工作过失，给原告带来巨大经济损失和生产上的困难，为此，请求法院判令被告佳木斯站赔偿货款 748407.44 元，承担本案全部诉讼费用。

2. 被告佳木斯站辩称：1994 年 12 月 7 日佳木斯站承运到广州东站铝锭十吨箱两批后，托运人佳木斯市金腾物资贸易公司于 12 月 9 日派人持介绍信来站要求取消托运，我站经办人孙莉告诉来人填写货物运输变更要求书，同时将集装箱使用费、延期费、手续费收缴完毕。时隔半个月后来了两名女同志要求办理退款，由于没带经理的身份证，因此运费没有退，而将货物运输变更要求书、领货凭证、货票丙联等有关取消托运手续让来人带回，故造成该货物逾期未到事故。经查这是托运人利用铁路办理取消托运骗回领货凭证，将货取回，把领货凭证又交给了原收货人，已构成诈骗行为，我站已向公安机关报案。在庭审中又补充意见认为，发站将货物运输变更要求书、领货凭证等作废文件返给发货人是一种便民行为，车站至今未退回运费不是被告的责任，发站将领货凭证返回到发货人手里存放，即使是规章不允许的办理疏漏，也属“好心办差事”的一般行为，不构成“重大过失”，故不应该承担经济责任。

一审法院受理起诉后，追加广州车站为共同被告。

3. 被告广州东站辩称：1995 年 1 月 23 日收货人松岗铝材厂来人，拿着两张领货凭证到我站安全室查询 1994 年 12 月 7 日由发站佳木斯站承运的铝锭六个十吨箱一直未到一事，我站按照货规第五十一条规定，于当日编制了两份货运记录分别交给收货人和寄发站。2 月 16 日，我站收到发站佳木斯站货运事故查复书答复，称“经查该货在我站已办理取消托运”。此事全过程我站是按规章规定办理的，无任何过失和违约行为，该案责任与我站无关。

（三）一审事实和证据

广州铁路运输中级法院经公开审理查明：1994 年 12 月，原告松岗铝材厂通过广西梧州市天马贸易公司向佳木斯市金腾物资贸易公司购买佳木斯铝厂产 AOO 铝锭 46.279 吨，付出货款 691343.27 元。12 月 8 日，金腾物资贸易公司在被告佳木斯站用六个十吨集装箱将铝锭分两票办理托运，佳木斯站当日承运，货票号码分别为 042961、042962。货票记载：货物品名铝锭，件数 6 件，重量 41 吨，保价金额 30 万元，发站佳木斯站，托运人佳木斯市金腾物资贸易公司，到站广州东站，收货人广东省南海市松岗民政福利铝型材厂，货物运到期限 22 天。办理托运后，原告将货款转至金腾物资贸易公司账上。12 月 9 日，托运人金腾物资贸易公司到佳木斯站要求取消铝锭托运，该站由总检室货运员孙莉受理，货运室内勤收取了取消托运费、暂存费和延期费，但运费和保价费未退。12月11日，托运人金腾物资贸易公司到佳木斯站把铝锭取回后，原告付给该公司的货款已到账上，金腾物资贸易公司便将铝锭领货凭证交给了原告。1995年1月4日至2月上旬，原告松岗铝材厂持领货凭证多次到被告广州东站领取铝锭，均答复货物未到。1月23日，广州东站按照《铁路货物运输规程》的规定编制了货运记录，交给收货人和寄发站佳木斯站调查。2月8日和2月27日，佳木斯站两次以货运事故查复书答复广州东站，称“经查该货在我站已办理取消托运，但由于领货凭证未收回而造成该货至今未到”。为此，原告松岗铝材厂向本院提起诉讼，要求判令被告佳木斯站赔偿铝锭损失748407.44元。

上述事实有下列证据证明：

1. 货票。原告提供的丙联与佳木斯站提供的甲联证实该运输合同的主要条款内容相一致，可以认定铝锭运输合同依法成立。

2. 领货凭证。根据铁路规章规定，领货凭证系运单的组成部分，此证据既可以印证运输合同成立，也可以证实原告持有的是合法有效的提货凭证，运输合同还没有解除。

3. 货运记录与货运事故查复书。查复书证实虽已办理取消托运，但由于领货凭证未收回而造成货未到。

4. 运杂费收据和出库记录。证实了铝锭实际上已被领回。

5. 铝锭价格。应以国家规定的增值税发票的价格为计算依据。

6. 当事人程超仁、孙莉陈述和证人邓志生、余军威证言。均证实了铝锭托运与取消托运的过程。

（四）一审判案理由

广州铁路运输中级法院鉴于上述事实认为：本案运输合同依法成立，应受法律保护，承运人应在货物运到期限内将货物完整无损地运送至到站交付给收货人。被告佳木斯站在受理取消托运时，违反《中华人民共和国经济合同法》第二十七条和《铁路货物运输规程》第四十条的规定，在托运人金腾物资贸易公司没有提出货物运输变更要求书的情况下，便让托运人将铝锭取回去，又不将领货凭证收回，致使收货人持着托运人交给的有效的领货凭证在到站领取货物而没有收到货，并且至今仍未将运杂费和保价费退还给托运人。因此，佳木斯站在办理取消托运中与托运人实际上并未达成新的协议，运输合同尚未解除，原运输铝锭合同仍然有效。被告佳木斯站在违章办理取消托运铝锭的过程中，对承运的货物明知可能造成收货人损失而轻率地将货物让托运人取回去，造成收货人收不到货，其行为已构成重大过失。根据最高人民法院《关于审理铁路运输损害赔偿案件若干问题的解释》，本案应比照《铁路法》第十七条第一款第（二）项的规定，不受保价额的限度，应按照实际损失赔偿，佳木斯站应承担全部赔偿责任。佳木斯站答辩提出已告诉来人填写货物运输变更要求书，因无证据证实，本院不予支持。原告松岗铝材厂诉讼请求赔偿铝锭损失48吨748407.44元没有事实依据，本院不予支持，应按照运输合同记载的铝锭重量及托运时的实际价值计算赔偿。被告广州东站在处理货运事故过程中并无过错，依法不承担责任。

（五）一审定案结论

广州铁路运输中级法院根据《中华人民共和国民法通则》第八十五条、第八十八条第一款、第一百零六条第一、第二款、第一百一十一条，《中华人民共和国经济合同法》第六条、第二十七条、第二十九条和《中华人民共和国铁路法》第十七条第一款第（二）项的规定，作出如下判决：

1. 确认被告佳木斯站与佳木斯市金腾物资贸易公司于 1994 年 12 月 8 日签订的两批铝锭运输合同尚未解除，原运输合同仍然有效。

2. 被告佳木斯站按铝锭的实际价值赔偿原告损失人民币 688753.26 元。

3. 其他经济损失各方自负。

案件受理费 12500 元，由被告佳木斯站负担。

（六）二审情况

1. 二审诉辩主张

一审法院判决后，被告佳木斯站不服判决，向广东省高级人民法院提出上诉称：(1) 原审程序违法。佳木斯站提出管辖权异议，但原审法院未作出裁定，佳木斯站不属于铁路运输企业，所以此案不应由铁路运输法院管辖。本案涉及诈骗犯罪，应将全案移送侦查机关；将广州东站追加为共同被告一并审理，违背了铁路货运合同纠纷的处置程序。(2) 原审判决认定的事实不清，证据不足。托运人金腾公司确实办理了取消托运手续，佳木斯站已向托运人退回了所发铝锭货物；运费和保价费未退，客观上正是佳木斯站避免诈骗分子犯罪得手的正当保护行为。(3) 将领货凭证等取消托运手续返存在托运人手中，属一般违章过失行为，与松岗铝材厂的领货不着并不产生法律上及事实上的因果关系。原审法院认定佳木斯站构成重大过失，属于认定错误，请求撤销原判或移送至佳木斯铁路公安处处理。

被上诉人松岗铝材厂答辩称：(1) 根据《民事诉讼法》的规定，在共同管辖的情况下，松岗铝材厂选择了广州铁路运输中级法院作为一审法院有法律依据，且在一审过程中，佳木斯站已实际接受了该院的管辖。(2) 原审法院认定事实清楚，佳木斯站并未依法办理取消托运手续，导致收货人领货不着，责任在于佳木斯站。托运人将货物交给承运人，承运人承运后交付前，该批货物即为铁路运输物资，即使“诈骗”是事实，那也是佳木斯站负责运输的铁路运输物资被诈骗，应由佳木斯站通过司法机关按法律途径去解决。(3) 本案纠纷的责任在于佳木斯站。佳木斯站承认自己违章违规，是一种“习惯性违章”，“好心办差事”。按照最高人民法院对《铁路法》的司法解释，应当追究佳木斯站重大过失责任。请求二审法院驳回上诉，维持原判。

2. 二审事实和证据

二审法院受案以后，对案件进行了全面审查，确认了一审法院认定的事实。

3. 二审判案理由

二审法院同意一审法院的判案理由并认为：托运人与佳木斯站之间运输合同依法成立，佳木斯站作为承运人应在约定的期限内将货物完整无损地运送至广州东站交付给收货人松岗铝材厂。佳木斯站称托运人已办理取消托运手续，并向法院提交了注明“取消托运”字样的货票甲联以及向托运人收取取消托运费、暂存费、延期费收据，但至今无法提供托运人填写的货物运输变更要求书；佳木斯站既未退还运杂费和保价费给托运人，也没有将已经签发的领货凭证收回，应当认定原运输合同仍然有效，佳木斯站仍负有承运人的责任，松岗铝材厂持合法有效的领货凭证，有向承运人主张收货的权利。佳木斯站在违章办理取消托运铝锭的过程中，对承运的货物明知可能造成收货人损失而轻率地将货物让托运人取回去，造成收货人收不到货，其行为已构成重大过失，比照《铁路法》第十七条第一款第

（二）项的规定，佳木斯站对该批保价货物损失的赔偿，不受保价额的限制，应按照实际损失赔偿。广州东站在处理货运事故过程中并无过错，与本案货物灭失亦无因果关系，不应承担赔偿责任。佳木斯站上诉称其不是《铁路法》所称的铁路运输企业，不具有民事诉讼主体资格，因其可以作为其他组织参与民事诉讼，应认定佳木斯站具有诉讼主体资格。佳木斯站在一审期间超过答辩期间提出管辖权异议，异议不成立。因此，佳木斯站上诉理由不成立，予以驳回。原审判决认定事实清楚，适用法律正确，应予维持。

4. 二审定案结论

广东省高级人民法院根据《中华人民共和国民事诉讼法》第一百五十三条第一款第（一）项的规定，作出终审判决：

驳回上诉，维持原判。

二审案件受理费 12500 元，由佳木斯站负担。

二审判决后，佳木斯站在执行中与松岗铝材厂达成和解协议，自觉履行了债务。

（七）解说

1. 关于程序问题。本案的诉讼程序问题涉及到三个方面：一是铁路车站具不具有诉讼主体资格。根据铁路规章规定，铁路运输企业的车站是铁路运输规章授权的事故处理机构，并代表铁路运输企业起诉或应诉，因此，因铁路运输合同纠纷提起的诉讼，铁路车站是可以作为《民事诉讼法》第四十九条规定的“其他组织”参加诉讼的，佳木斯站在本案中具备诉讼主体资格。二是案件的管辖权问题。根据《民事诉讼法》第二十八条和第三十五条规定，铁路运输合同纠纷由运输始发地、目的地或者被告住所地的铁路运输法院专门管辖，两个铁路运输法院都有管辖权的诉讼，原告可以选择一个法院起诉。在本案中，原告选择了广州铁路运输中级法院作为一审法院是符合法律规定的，佳木斯站在一审期间超过答辩期间提出管辖权异议，异议是不成立的。至于将广州东站追加为共同被告一并审理，是为了便于查明案件事实，且符合铁路规章“到站处理”的原则的。三是案件是否应全案移送公安机关处理的问题。本案确实存在诈骗已经承运的铁路运输物资的犯罪，铁路公安机关已立案侦查，但不应影响本案的审理。原告行使民事权利起诉承运人，法院审理运输合同纠纷，与公安机关的侦查破案并无冲突。因此，本案将犯罪与经济纠纷分案处理，是符合 1987 年 3 月 11 日最高人民法院、最高人民检察院、公安部《关于审理经济纠纷案件中发现经济犯罪必须及时移送的通知》规定的，不能因为追究犯罪而损害了原告的合法权益。

2. 本案争议的关键是取消托运是否符合法定条件及规章要求，因而佳木斯站是否构成重大过失的问题。根据《铁路货物运输规程》第四十条规定，车站办理取消托运，托运人应提出货物运输变更要求书并留车站存查，车站退回运费和保价费；收取取消托运有关费用，收回领货凭证和货票丙联，货物运输合同即告解除。《中华人民共和国经济合同法》第二十七条规定，解除经济合同应当采取书面形式，协议未达成之前，原经济合同仍然有效。在本案中，货物运输变更要求书是解除运输合同的协议，佳木斯站在本案终审之前仍无法提供托运人填写的货物运输变更要求书，既未退还运杂费和保价费给托运人，也没有将领货凭证收回，应当认定原运输合同仍然有效，佳木斯站仍负有承运人的责任，原告仍有向承运人主张收货的权利。因此，根据最高人民法院《关于审理铁路运输损害赔偿案件若干问题的解释》对《铁路法》第十七条中的“重大过失”的界定，是指铁路运输企业或其受雇人、代理人对承运的货物、包裹、行李明知可能造成损失而轻率地作为或者不作为，佳木斯站在违章办理取消托运铝锭的过程中，对承运的铝锭明知可能造成损失而轻率地将货物让托运人取回去，造成收货人收不到货，其行为应认定为重大过失。因此，一、二审均认定了佳木斯站构成重大过失，是符合本案的实际情况的。

3. 关于本案运费、保价费和没有判决利息问题。通常，运输合同赔偿纠纷案件均判决退还运费和保价费，但由于本案特殊，运费和保价费系由购销合同的第二供货方梧州市天马贸易公司付出的，现在原告只请求赔偿铝锭货款，根据不告不理原则，本案不判决退还运费和保价费。

（姚向明）

69. 新疆维吾尔自治区基本建设运输公司劳动服务公司银海商贸公司诉乌鲁木齐铁路局二宫储运购销总公司货物运输合同赔偿案

（一）首部

1. 判决书字号

一审判决书：乌鲁木齐铁路运输法院（1996）乌经初字第28号。

二审判决书：乌鲁木齐铁路运输中级法院（1996）乌中经终字第18号。

2. 案由：铁路货物运输合同赔偿案。

3. 诉讼双方

原告（被上诉人）：新疆维吾尔自治区基本建设运输公司劳动服务公司银海商贸公司（下称商贸公司）。

法定代表人：王兰彬，经理。

委托代理人（一、二审）：王孝军，乌鲁木齐市军队干部休养所干部。

被告（上诉人）：乌鲁木齐铁路局二宫储运购销总公司（下称储运公司）。

委托代理人（一、二审）：任来珠，新疆北方律师事务所律师。

委托代理人（一审）：刘龙生，该公司工作人员。

4. 审级：二审。

5. 审判机关和审判组织

一审法院：乌鲁木齐铁路运输法院。

独任审判：审判员：徐庆荣。

二审法院：乌鲁木齐铁路运输中级法院。

合议庭组成人员：审判长：董泽民；审判员：蒋新华、李福琴。

6. 审结时间

一审审结时间：1996年6月19日。

二审审结时间：1996年8月26日。

（二）一审诉辩主张

1. 原告商贸公司诉称：1996年1月15日，我公司在上海铁路局漳州车站发运至乌鲁木齐铁路局二宫车站芦柑一车。同年1月26日，因领货凭证未到，我公司的经理王兰彬等人持公司的领货证明信前往储运公司领取货物，因该车已到二宫车站，但未进入货位，未能领取。次日，我公司经理王兰彬等人又去储运公司，储运公司称该货已由林年生持领货凭证领走。为维护我公司的合法权益，要求被告赔偿我公司的经济损失145564元及负担诉讼费用。

2. 被告储运公司辩称：1996年1月26日，我公司将该车芦柑交付给持领货凭证的林年生，是完全按章办理，是符合规定的。况且，我公司是按漳洲车站货运安全室发给二宫车站货运室电报中关于“原收货单位乌鲁木齐市银海商贸公司有误，请给协助更改为福建平和县坂仔乡市场林年生收货”的要求行事。故此，我公司不应承担责任，请求驳回原告的诉讼请求。

（三）一审事实和证据

乌鲁木齐铁路运输法院经审理查明：

1996年1月16日，托运人福建省平和县果品食杂公司给收货人商贸公司从上海铁路局漳州站发运柑桔一车，到站是乌鲁木齐铁路局二宫站，车种车号P658936号，件数5200件，货物重量45吨，保价运输金额10万元；漳州站核收运杂费22690.72元。1996年1月25日，漳州站货运安全室发给二宫车站货运室电报一封，其主要内容为该车货物“原收货单位乌鲁木齐市银海商贸公司有误，请给更改为福建平和县坂仔乡市场林年生收货”。1996年1月26日，该车货物运抵二宫车站。同日，二宫站将该车货物推送入储运公司专用线卸车。同日，商贸公司持函前往储运公司领取货物，未能领取。同日，福建平和县坂仔乡市场的林年生持领货凭证（证明收货人乌鲁木齐市银海商贸公司）将该货从储运公司全部领走。

上述事实有下列证据证明：

1. 商贸公司与储运公司签订的铁路货物运输合同。
2. 漳州站货运安全室发给二宫站货运室的电报。
3. 证明林年生持领货凭证将货物从储运公司全部领走的书证。

（四）一审判案理由

乌鲁木齐铁路运输法院经审理认为：商贸公司与储运公司签订了铁路货物运输合同后，托运人或收货人由于特殊原因，经承运人同意，对承运后的货物可以按批在货物所在的途中站或到站办理变更到站、变更收货人事宜，而漳州站属于该货物的始发站，无权变更收货人，故其变更收货人的电报应认定为无效。二宫站将该批货物交付给储运公司后，储运公司应当将该批货物交付给货票所载明的收货人商贸公司，但其将该批货物交付给林年生，实属错交付，储运公司应当承担民事责任，赔偿商贸公司货票声明的保价运输金额10万元及运杂费22690.72元；商贸公司请求赔偿其经济损失145564元，证据不足，本院不予认定。

（五）一审定案结论

乌鲁木齐铁路运输法院依照《中华人民共和国民事诉讼法》第一百四十二条，《中华人民共和国民法通则》第一百一十一条，中华人民共和国国务院《铁路货物运输合同实施细则》第十六条第一款、第十八条第二款第二项的规定，于1996年6月19日判决如下：

1. 储运公司赔偿商贸公司柑桔款10万元。
2. 储运公司赔偿商贸公司运杂费22690.72元。

本案诉讼费 4743 元，由被告储运公司负担。

（六）二审情况

1. 二审诉辩主张

（1）储运公司上诉称：我公司凭领货凭证交付货物，符合规章的要求，主观上既不存在故意，又不存在过失。被上诉人商贸公司多次声称该批货物属于自己，但自始至终没有向法庭提交有关证据，除一份证明和收条外，别无其他任何材料。在这种情况下，认定本案的损失费用，有悖司法公正。我公司再三强调，发站电报非我公司交付货物的依据，假如该电报同我公司交付货物有联系的话，也应将发站通知到庭，澄清事实，再作论断。

（2）被上诉人商贸公司辩称：上诉人储运公司在确认我公司为合法收货人后，又在规定我公司提货日期前使货物在上诉人的有效控制下灭失，并称是按章办事；且再三强调，发站变更收货人的电报并非交货依据，但又主动出示电报给法庭，很明显是自相矛盾的。上诉人说我公司自始至终没有提供证据证明该批货物属于我公司的，事实是有我公司提交的挂失公函，有上诉方刘龙生确认后的签字，同时还有上诉人出示的领货凭证、货物运单、货物保价单中的投保人，均是我公司的名称。而且纠纷发生半年来，乌鲁木齐市没有一家公司声明对该批货物有处分权。这都是最有力的事实证据。

2. 二审事实和证据

二审法院经审理查明：1996 年 1 月 16 日，商贸公司委托福建省平和县果品食杂公司代办铁路运输，由上海铁路局漳州站往乌鲁木齐铁路局二宫站发柑桔一火车皮，收货人为商贸公司，车号为 P658936 号，件数 5200 件，货重 45 吨，保价运输金额 10 万元；漳州站核收运杂费 22690.72 元（含保价费 1000 元）。1996 年 1 月 26 日下午商贸公司在未收到领货凭证的情况下，持该公司证明前往储运公司查询，如货到便办理提货手续，以防冒领。经查询证实货已到二宫车站，于是经储运公司业务主任确认商贸公司领货人身份后，同意办理提货手续。但在办理时，由于车皮还未推入储运公司专用线，无法卸车，储运公司便通知商贸公司次日来办理。商贸公司提货人走后，储运公司于 19 时 20 分收到二宫站电话，称 1 月 25 日漳州站发来电报一封，其主要内容为“原收货单位乌鲁木齐市银海商贸公司有误，请给更改为福建平和县坂仔乡市场林年生收货”。储运公司作了记录。当晚林年生持收货人为商贸公司的领货凭证将该车皮柑桔在储运公司专用线全部提走。次日上午 10 时商贸公司再来办理提货时，被工作人员告知货已被他人提走。

二审法院认定了一审法院认定的证据。

3. 二审判案理由

二审法院经审理认为：根据铁路办理货物运输的有关规定，货物在承运后，发站无权变更到站和收货人；如在到站办理交付作业中，发生问题或领货人有可疑迹象时，要向车站领导或公安部门及时报告。但漳州站却越权发电报通知到站变更收货人，而储运公司在商贸公司持证明领取货物、并在有关人员确认后，告知其次日办理的情况下，而且明知林年生不是货票和领货凭证上所记载的收货人，仍将该批柑桔凭发站的无效的变更收货人的电报将货物予以交付，应当承担民事责任。储运公司的上诉理由不能成立，本院不予认定。原审判决认定事实清楚，证据充分，适用法律正确，应予维持。

4. 二审定案结论

乌鲁木齐铁路运输中级法院依照《中华人民共和国民事诉讼法》第一百五十三条第一

款第（一）项之规定，判决如下：

驳回上诉，维持原判。

上诉案件受理费 3680 元，由上诉人负担。

（七）解说

本案处理涉及一个关键性的问题，就是始发站是否有权变更收货人。变更收货人，属于货物运输合同内容的变更。《铁路货物运输合同实施细则》第十五条规定："货物运输合同必须经双方同意，并在规定的变更范围内办理变更。"第十六条规定："托运人或收货人由于特殊原因，经承运人同意，对承运后的货物可以按批在货物运输的途中或到站变更到站、变更收货人……"按照这两条规定，有权变更货物运输合同的主体是托运人或收货人；变更货物运输合同必须经双方同意。本案原告商贸公司的货物从上海铁路分局漳州站发运，该站应为始发站，既不是托运人，也不是收货人，按照上述《细则》的规定，无权作出变更收货人的决定。二宫站作为该批货物的到达站，对有关铁路运输规章的规定应该严格执行，对漳州站发来的关于变更收货人的电报本应不予理睬，拒绝林年生领取货物，但二宫站违反规定，致使货物错误交付，给商贸公司造成了经济损失，应该承担赔偿责任。二宫站赔偿了商贸公司的经济损失后，可以向林年生进行追偿；如果追偿未果，因漳州站对造成商贸公司的货物被林年生提取有过错，可要求该站承担相应的过错责任。

（杨善明）

70. 石家庄正大有限公司诉北京铁路局石家庄铁路分局等铁路货物运输合同饲料变质案

（一）首部

1. 判决书字号：石家庄铁路运输法院（1996）石铁经初字第 6 号。

2. 案由：铁路货物运输变质赔偿案。

3. 诉讼双方

原告：石家庄正大有限公司。

法定代表人：苏向前，总经理。

委托代理人：任建设，该公司经销部经理。

委托代理人：阮林新，该公司行销部经理。

被告：北京铁路局石家庄铁路分局。

法定代表人：安路勤，分局长。

委托代理人：徐藏和，该分局邢台车务段货运组织员。

委托代理人：朱建民，河北黎明律师事务所律师。

被告：郑州铁路局武汉铁路分局。

法定代表人：邵力平，分局长。

委托代理人：王建国，该分局法律顾问室法律顾问。

委托代理人：余昌智，该分局咸宁车务段货运室主任。

4. 审级：一审。

5. 审判机关和审判组织

审判机关：石家庄铁路运输法院。

合议庭组成人员：审判长：殷申；代理审判员：康占伟、秦光伟。

6. 审结时间：1996 年 7 月 5 日。

（二）诉辩主张

1. 原告诉称：1995 年 3 月 25 日，我公司从石家庄铁路分局所属平南站发往衡阳西站饲料一车，计 1250 件，重 50 吨，保价 15 万元，收货人衡阳正大有限公司。该货在中伙铺站换装积压长达 42 天，致使饲料发生霉变，且丢失 24 件。衡阳西站与收货人衡阳正大有限公司共同鉴定损失额 42852 元。由于两被告互相扯皮，我方损失迟迟不能得到赔偿。故请求法院依法判令两被告赔偿我方货物损失 42852 元及逾期违约金、运杂费。

2. 被告石家庄铁路分局辩称：我平南站与正大公司签订的发运饲料一车的运输合同，当日装入棚车并发运，整个过程符合规章规定。此案的赔偿要求，应由收货人向到站提出，关于缺少 3 件的责任，我分局同意承担，且已赔偿完毕。

3. 被告武汉铁路分局辩称：货物变质系其本身性质所致，与逾期倒卸无内在因果关系，该货按普通货物承运，托运人未注明特定运输条件和允许运输期限，其变质发生在其标明的保质期内。因此，该货的霉变系其本身性质所致，承运人对此无过错，不应承责。短少的 24 件中伙铺站承担责任 21 件，我分局已赔付正大公司。

（三）事实和证据

石家庄铁路运输法院于 1996 年 3 月 19 日立案后，公开开庭审理查明：

1995 年 3 月 25 日，正大公司与石家庄铁路分局所辖的平南站经自愿协商，依法签订了第 10636 号铁路货物运输合同，其主要内容是：自平南站发往衡阳西站猪饲料一车，车号为 P511336，计 1250 件，重 50 吨，保价金额 15 万元，运价里程 1490 公里，运杂费 3636.52 元（其中含运费 1245 元），收货人为衡阳正大有限公司。1995 年 3 月 29 日，该车在运输途中因燃轴被 1561 次列车甩于中伙铺站（属武汉铁路分局管辖）进行换装；1995 年 5 月 10 日中伙铺站卸车清点货物并换装于 P502021 车，货物件数为 1247 件，短少 3 件，且无施封；1995 年 5 月 14 日，P502021 号货车到达衡阳西站；1995 年 5 月 15 日，衡阳西站卸车时发现货物霉变，且货物件数又短少 21 件，与实际承运的 1250 件相比，共短少 24 件。衡阳西站在编制了第 0211316 号货运记录后，即与收货人衡阳正大有限公司共同对货物进行了鉴定，鉴定认为：事故发生前货物品质良好，产品保质期 2 个月，春雨季节易霉变，因途中换装积压造成货物损失，其中丢失 24 件，293 件霉变呈小块状，其余轻微霉变，损失款额共计 42852 元。收货人衡阳正大有限公司在领取货物后，于 1995 年 5 月 23 日委托衡阳市产品质量监督检验所对该批货物又重新进行了鉴定。后石家庄正大有限公司索赔无果，致使纠纷产生。

另查明：24 件的货物损失 2880 元，石家庄铁路分局已赔付其中 3 件，计 360 元，武汉铁路分局已赔付其中 21 件，计 2520 元。

上述事实有如下证据加以证明：

1. 北京铁路局第 10636 号货物运单。

2. 北京铁路局第 010636 号货票丙联。

3. 广州铁路总公司第 0211316 号货运记录。

4. 衡阳西站第6号事故货物鉴定书。

5. 郑州铁路局第017702号货运记录。

6. 广州铁路总公司保价办公室（95）第50944号文。

7. 衡阳西站（95）字第衡57号货运事故赔款通知书及货运事故查复书。

（四）判案理由

石家庄铁路运输法院认为：

1. 石家庄正大有限公司与承运方平南站签订的铁路货物运输合同内容不违背法律和法规，因此，该合同合法有效。铁路运输企业（包括发站、到站及中途各站）应对所承运的货物负有安全、完整、及时运输到目的地的义务，在承运期间，由于其过错造成货物的短少、变质，应承担赔偿责任。

2. 发货站、中途换装站均未对货车进行施封，应对丢失的24件货物负赔偿责任。《铁路货物运输规程》第二十九条规定，使用棚车……运输的货物，由组织装车单位负责在货车上施封。平南站负责该车的承运，却未施封，违反了规定，到中伙铺站换装时短少3件，因此，石家庄铁路分局应负3件的赔偿责任。换装后，中伙铺站继续违反规定，因此，对短少的21件负有赔偿责任。

3. 该批货物的运到期限应为7日，实际运到期限超出规定44日，逾期运到，承运人应负逾期违约金。货物的逾期运到，是由于中伙铺站换装时间过长，按规定应为2日，但中伙铺站使该车积压长达42日，武汉铁路分局理所应当负逾期违约责任。

4. 武汉铁路分局应对货物的变质负赔偿责任。衡阳西站作为到站与收货人衡阳正大有限公司所作的货物事故鉴定，符合《铁路货物运输规程》的有关规定，此鉴定合法有效，而收货人在领取货物数日后单方委托衡阳市产品质量监督检验所进行的鉴定结论，不符合有关规定也不能真实反映货物在交付时的损失情况，故法院对此不予认定；武汉铁路分局辩称货物在保质期内发生霉变，系其本身质量问题，与换装积压无关，因无科学、客观的证据支持，法院对此不予采信。武汉铁路分局因其换装整理不当，时间过长，对货物的变质负有直接关系，应对货物的变质负有赔偿责任。

（五）定案结论

石家庄铁路运输法院依据《中华人民共和国铁路法》第十七条第一款、《中华人民共和国经济合同法》第三十六条第一项第二、三目的规定，判决如下：

1. 北京铁路局石家庄铁路分局赔偿石家庄正大有限公司短少货物损失360元（已赔付）。

2. 郑州铁路局武汉铁路分局赔偿石家庄正大有限公司短少货物损失2520元（已赔付）。

3. 郑州铁路局武汉铁路分局赔偿石家庄正大有限公司货物变质损失39972元，于本判决生效之日起十日内给付。

4. 郑州铁路局武汉铁路分局向石家庄正大有限公司支付逾期违约金249元，于本判决生效之日起十日内给付。

5. 郑州铁路局武汉铁路分局退还石家庄正大有限公司运杂费1030元，于本判决生效之日起十日内给付。

6. 北京铁路局石家庄铁路分局退还石家庄正大有限公司运杂费9元，于本判决生效之日起十日内给付。

案件受理费 1776 元，其他诉讼费 888 元，共计 2664 元，由郑州铁路局武汉铁路分局负担 2642 元，北京铁路局石家庄铁路分局负担 22 元。

（六）解说

1. 铁路运输企业承运成包带件、怕湿、易丢失的货物，应当用棚车装运，为保证运输安全、分清责任，还应对棚车进行施封，该批货物在始发站未施封，在中伙铺站换装后也未施封，违反了《铁路货物运输规程》第二十九条的规定，对于丢失的 24 件法院判令石家庄铁路分局与武汉铁路分局各自承担责任是正确的。

2. 本案是一起铁路运输企业因重大过失导致承运货物损失的典型案例。《中华人民共和国铁路法》第十六条规定，铁路运输企业应当按照合同约定的期限将货物运到目的地。最高人民法院《关于审理铁路运输损害赔偿案件若干问题的解释》第二条规定，铁路运输企业的"重大过失"是指铁路运输企业对承运的货物明知可能造成损失而轻率地作为或者不作为。本案中，铁路运输企业对饲料的性质、特征及运输条件应当知道，且《铁路货物运输管理规程》有明文规定，货物换装整理的时间一般不应超过 2 天。中伙铺站明知该批货物不宜在车厢内贮存时间过长，却不积极采取措施换装发运，致使该批货物在中伙铺站积压 41 天，逾期运到 43 天，导致该批货物由于在车厢内长时间超过贮存温度极限而腐烂变质，对此，铁路运输企业有重大过失行为。《解释》第三条规定，保价运输货物如果损失是因铁路运输企业的故意或者重大过失造成的，比照《铁路法》第十七条第一款第（二）项的规定，不受保价额的限制，按照实际损失赔偿。本案所运输的货物是足额保价，在实体赔偿方面，按保价额赔偿与按实际价值赔偿并无多大差异，但如果该批货物不足额保价，赔偿的数额就有很大差异。因此，不管是足额保价还是不足额保价，只要铁路运输企业有故意或者重大过失行为，都应该在判决时加以认定。

（李建伟）

六、经济损害赔偿案例

71. 李东山等 71 户村民诉河间市国欣农村技术服务总会基因抗虫棉损失赔偿案

（一）首部

1. 判决书字号

一审判决书：河北省河间市人民法院（1995）河经初字第 1041 号、第 1041－19 号至第 1041－22 号、第 1041－26 号至第 1041－40 号、第 1041－42 号（共 21 份判决书）。

二审判决书：河北省沧州市中级人民法院（1996）沧经终字第 61 号、第 61－1 号至 61－20 号（共 21 份判决书）。

2. 案由：种植基因抗虫棉损失赔偿案。

3. 诉讼双方

原告（上诉人）：李东山等 71 户村民。

代表人：李东山，男，1965 年生。

代表人：何全彬，男，1964 年生。

代表人：何全军，男，1962 年生。

代表人：李本溪，男，1959 年生。

上列李东山等 71 户均系河间市龙华店村民。

委托代理人：白光华、尚双祥，河间市光大律师所律师。

被告（上诉人）：河间市国欣农村技术服务总会（下简称农研会）。

法定代表人：卢国欣，董事长。

委托代理人：侯西峰，该会会长。

委托代理人：董汝敬，河间市长天律师所律师。

4. 审级：二审。

5. 审判机关和审判组织

一审法院：河北省河间市人民法院。

合议庭组成人员：审判长：郭顺安；审判员：田方泉、南铁良、荣群路、孙惠卿。

二审法院：河北省沧州市中级人民法院。

合议庭组成人员：审判长：王宏耀；审判员：周书宪、赵文甲、于振东、郭淑仙。

6. 审结时间

一审审结时间：1996 年 1 月 10 日。

二审审结时间：1996 年 8 月 16 日。

（二）一审诉辩主张

1. 原告李东山等 71 户农民分别诉称：1995 年春，被告农研会利用广播和宣传材料等形式，向我们宣传他们调进一批 R93－4 抗虫棉种，该抗虫棉株内存在有毒物质，二代棉铃虫基本不用药，三、四代用药 1－3 次，即便是棉铃虫连代爆发，一遍药不打，抗虫棉减产幅度不会超过 30%。在被告诱惑下，我们 71 户共从被告处以每亩 1.5 公斤 100 元的价格，购进该抗虫棉种 421.5 公斤，交棉种款 28560 元，交保证金 26650 元，共种植 283 亩。抗虫棉生长一段时间后，我们发现棉花上出现了棉铃虫，要求打药，但被告不让打。事实上并不像被告宣传的那样，抗虫棉不仅没有杀死棉铃虫，棉铃虫反而越来越多，我们多次找被告会长侯西峰，侯才广播让打药，但为时已晚。被告将处于试验示范阶段的种子出售给我们，让我们大面积试种，并以极不负责的态度，在第二代棉铃虫爆发期间不让我们打药，造成了原告方重大经济损失，请求判令被告退还购种款和保证金，每亩赔偿可得利益损失 1000 元（71 户村民分别写了 21 份起诉状，诉状的事实理由相同，标的同一种类，只是请求返还的数字不同，上述的数字是 71 户村民的综合数字）。

2. 被告农研会分别针对 21 份诉状辩称：我会是合法的群众性社团组织，棉花繁种户是我会会员，按本会章程，本会内部发生的纠纷由本会解决，原告起诉形不成民事诉讼法律关系。另外，我会引进该抗虫棉并非以营利为目的，该品种是农科院棉花研究所的新品种，处于试验示范阶段，并非推广阶段，此间存在风险，原告作为会员，理应承担风险责任。R93－4 棉种抗虫性是明显的，其分离也是正常的。至于原告列举的损失数额完全是虚构的，与我会无关。

（三）一审事实和证据

河间市人民法院经公开审理查明：被告农研会于 1995 年 3 月上旬至 4 月上旬，先后同原告签订了 21 份 R93－4 抗虫棉繁种协议书，内容是相同的，协议约定：1. 农研会免费对繁种户进行技术培训，提供技术资料，优价提供每亩 1.5 公斤棉种。2. 农研会在苗期、花铃期、吐絮前分三次对繁种户进行去杂保纯技术指导，提供综合治虫方案，优价供应农用物资。3. 预计秋后棉种外调价格每公斤 14 元，农研会、中棉所提取 2 元，付繁种户 5 元。如外调价格每公斤 5 元或 5 元以下，全部付给繁种户。4. 为保证纯度，只种一个品种，出苗不全不得补种其他棉种，定苗时必须去除杂株，保证所产种子纯度达 95%以上。

协议签订后，原告从被告处共购进棉种 421.5 公斤，付种子款 28560 元，付保证金 26650 元，种植 283 亩。在出苗期原告发现所种 R93－4 抗虫棉长势形状杂乱不一，遂向被告反映，被告称属于分离现象，并要求原告把杂株全部拔除。但因杂株分离比例大，全部拔除会影响保苗株数。1995 年 6 月 8 日，被告针对原告反映和出苗情况，给原告印发了《去杂要点》(急件一)，要求原告不要把分离大叶株当杂株去掉，R93－4 棉田中大叶株也抗虫，属分离现象，因比例大不要当杂株去掉；定苗按距离随机留苗，但叶色明显偏浅者最好不留，抗虫棉密度春播棉最好 3000 株以上，夏棉在 4000 株以上。并指出，专家对我会出苗情况和 5 次室内抗虫试验赞赏，认为第二代棉铃虫不必打药除治。

1995 年 6 月 9 日，农研会发急件二《抗虫棉要尽快追肥》，要求种棉户想办法早追、多追、深追，一般每亩追尿素 10 公斤以上。

1995 年 6 月中旬，原告发现抗虫棉出现了第二代棉铃虫，问被告是否打药，被告于 6

月 16 日给原告印发了《如何对待第二代棉铃虫》(急件三)称:“室内、田间反复试验，基因抗虫棉第二代棉铃虫不必用药除治。如发现个别株抗虫性差可拔除，或单株用药除治，当务之急是早追、多追、深追肥。”

1995 年 6 月下旬，原告发现第二代棉铃虫大量发生，纷纷找被告反映，被告农研会长侯西峰口头答复并三次在龙华店村委会用广播通知第二代棉铃虫不用打药，原告未打药。

后原告发现第二代棉铃虫大爆发，抗虫棉受到不同程度的损害，多次向被告交涉，被告于 1995 年 6 月 26 日给原告印发了《对分离大叶株注意用药除虫》(急件四)称:“据田间多次调查 R93—4 和新 3 两系分离大叶株抗虫性差，请注意用药除治。”被告会长侯西峰也于 6 月 27 日用广播通知原告进行打药。原告于 6 月 27 日开始打药。由于错过了对第二代棉铃虫除治的最佳期，致使抗虫棉受到损害，造成不同程度的减产。据河间市农业局植保站测报调查，1995 年第二代棉铃虫高发期是 6 月 20 日至 6 月 29 日。

事故发生后，原告多次找被告交涉，被告于 1995 年 7 月 5 日给原告印发了《致R93—4种植户的一封信》，称:“R93—4 株型多样化，R93—4 大叶株属分离现象，也有一定抗虫性。对 R93—4 种植户的不满情绪，我们表示理解。”有的村组意见很大，反应强烈。农研会对此提出两点意见:“1. 提前退回保证金，8 月份退清种子款，所签协议解除。2. 凡认真按农研会要求管理棉田的村组，仍按所签协议进行，明年优先供应抗虫棉最好的品系，但言行上不能有损中棉所、农研会的声誉。”由于双方分歧甚大，协商未果。

1995 年 7 月 11 日，97 户种棉户起诉到法院，后来有 26 户撤诉，现还剩 71 户。

1995 年 7 月 15 日，农研会发出《当前抗虫棉管理意见》(急件五)，称 R93—4 因分离株多，要比其他品系增加用药次数。

原审法院于 1995 年 9 月 21 日聘请沧州市农业局专家组(共 7 名专家)对原告抗虫棉进行实地考察鉴定和产品评估，考察了 10 户棉农的 10 块棉田，共取 15 点，每点 50 株，考察内容为亩株数和亩铃数。分别抽样调查亩产为 66 公斤、74 公斤、115.3 公斤、100.35 公斤。

被告提供了龙华店周围 8 个村所种 93—4 抗虫棉亩产为 114.6 公斤籽棉的证明。

河间市棉麻公司提供的 1995 年度国家皮棉收购价格分别为:129 皮棉 291.85 元/50 公斤;229 为 283.03 元;329 为 270.83 元;429 为 255.26 元;527 为 215.57 元;623 为 154.92 元;723 为 127.71 元(注:第一个数字为等级，后边两个数字是棉绒长度，单位 mm)。

(四)一审判案理由

原审法院认为:

1. 被告经营抗虫棉繁种，已经过种子监督管理机关及工商行政管理机关批准，并领有种子生产经营许可证，被告经营抗虫棉种应视为合法。

2. 原、被告签订的抗虫棉繁种协议，原告已审查了内容，没提出异议，是协商一致的意思表示，所签协议应为有效。由于双方争执甚大，事实上履行已不可能，故应依法解除。

3. 在第二代棉铃虫爆发期间，被告三次广播不让打药，后经多次反映，才发急件让用药除治，并承认 R93—4 分离大叶株抗虫性差，93—4 因分离株多，要比其他品系增加用药次数。被告在对 R93—4 抗虫棉性能的宣传介绍上，前后矛盾，在指导原告除治第二代棉铃虫方案上存在着明显的失误和过错，因而造成原告思想上的混乱和管理上的混乱，对原告种植的抗虫棉造成的减产，负有不可推卸的责任，应赔偿原告损失。

4. 赔偿依据，应根据专家组对原告所种 R93－4 抗虫棉鉴定评价产量结果对照龙华店周围 8 个村其他种植 93－4 抗虫棉棉户的平均亩产量分别计算原告的损失进行赔偿。按每亩减产数量乘以一至七级籽棉平均收购价格每公斤 4.56 元计算。

5. 被告应退还原告保证金。

（五）一审定案结论

原审法院根据《中华人民共和国农作物种子实施细则》第七十九条、《中华人民共和国民法通则》第一百零六条第二款、第一百三十四条第（七）项之规定，判决如下：

原、被告所签抗虫棉繁种协议予以解除。

1. 第 1041 号判决：赔偿李东山、何全彬、何全军、王永生四人损失 4873.50 元；返还保证金 1600 元。

2. 第 1041－19 号判决：赔偿马建文、张虎生、张占国、张占通每人 126.96 元；返还张占国、张占通保证金 400 元。

3. 第 1041－20 号判决：赔偿李本希 324.9 元，左学东 194.94 元，何富发 129.96 元，左铁伦 64.98 元；返还李本希 1000 元，左学东 600 元，何富发 400 元。

4. 第 1041－21 号判决：赔偿李景春 369.82 元，返还 400 元；赔偿王全聚、王汝桥各 184.91 元；返还王全聚 200 元。

5. 第 1041－22 号判决：驳回王会友诉讼请求，因为其放弃管理。

6. 第 1041－26 号判决：赔偿王庆华、马涛、王桂杰各 443 元；返还王桂杰 400 元。

7. 第 1041－27 号判决：赔偿何艳明 1330 元，返还 1200 元。

8. 第 1041－28 号判决：赔偿王学敏、范爱民、王胜全、王运涛、王建国每人 664.8 元；返还王胜全 600 元。

9. 第 1041－29 号判决：赔偿徐占辉 664.8 元，返还 150 元；赔偿李虎山 443.2 元，返还 400 元；赔偿王卫生 332.4 元。

10. 第 1041－30 号判决：赔偿王学华 664.8 元，马学文 1589.6 元；返还马学文 2000 元。

11. 第 1041－31 号判决：返还何文彬 400 元。

12. 第 1041－32 号判决：驳回李俊成诉讼请求。

13. 第 1041－33 号判决：驳回左连生诉讼请求；返还李雨州 200 元。

14. 第 1041－34 号判决：返还张秋生 1000 元，王汝祥 1000 元，李建华 800 元；驳回马振杰诉讼请求。

15. 第 1041－35 号判决：赔偿王建龙、刘学信各 554.7 元，何巧生 370 元，何恩普 1108 元；返还王建龙 1400 元，何巧生 800 元，刘学信 600 元，何恩普 2000 元。

16. 第 1041－36 号判决：赔偿王文献、边中秋、王义坦、白金波、李占通、李占峰、马振海、杜春进、何洪坤每人各 369.82 元；返还何洪坤 100 元，李占峰 100 元，王文献 100 元，王文献、王文坦、白金波、李占通各 400 元。

17. 第 1041－37 号判决：赔偿张明永、李开通、王南着、侯胜利、王文昌、王克刚、张桂生各 554.73 元；返还李开通、王南着、王文昌、张桂生各 600 元，王克刚 2000 元。

18. 第 1041－38 号判决：赔偿王文友、徐占华、何洪亮各 739.64 元；返还徐占华 200 元，何洪亮 800 元。

19. 第 1041－39 号判决：赔偿王占良、徐振海、徐振峰各 184.81 元；返还徐振海 200 元。

20. 第 1041－40 号判决：赔偿唐天桥、何占良、张生各 554.73 元，王文华 647 元，侯国强 924.55 元；返还张生 600 元。

21. 第 1041－42 号判决：赔偿冀永生 434.78 元，返还 1000 元。

总计赔偿 33136.52 元，返还保证金 26650 元。

宣判后，双方当事人均不服，提出上诉。

（六）二审情况

1. 二审诉辩主张

（1）上诉人 71 户棉农诉称：双方购买的种子协议无效。被告推广抗虫棉，违背《种子条例》第三十七条规定，应返还种子款。被告利用广告和宣传材料，错误指导管理，让我们多施底肥、化肥（尿素、二铵）等，要求地膜覆盖。造成损失，应赔偿农药费、地膜款及化肥款等，共计要求赔偿农药款 42655 元，地膜款 12989 元，化肥款 9430 元，返还种子款 27810 元，各项总计为 92884 元。（注：上诉状是统一印制的，内容相同由每个上诉人填一份，只填姓名和要求赔偿的具体数字。）

（2）上诉人农研会诉称：本案应由行政部门解决，法院不应受理。原告起诉书并未提指导管理不当造成损失，判决强加于双方当事人。双方是内部纠纷，不能自己告自己。1995 年 6 月 16 日即提醒会员注意分离株单株用药，1995 年 6 月 26 日再发急件，指导不存在失误。判决认定棉铃虫高发期是 6 月 20 日至 6 月 29 日，又说 6 月 26 日让打药错过了最佳除虫期，是矛盾的，实际上没错过。退一步讲，即使错过几天，也不是影响产量的主要因素；6 月下旬不是棉花产量的决定期，不同地块、不同管理，产量不同。鉴定估产不是实产，不能作依据。（注：上诉状统一印制，内容相同，分别填写 71 户棉农姓名。）

2. 二审事实和证据

沧州市中级人民法院经公开审理，确认了一审认定的事实。另查明：

1995 年 1 月 5 日农研会与中国农科院棉花研究所科技开发处、棉花研究所试验农场管理处订立了抗虫棉试种、示范协议，由农科院供给农研会抗虫棉 R93－4 棉种共 3965 公斤，单价 60 元，计款 207900 元。

1995 年 3 月 20 日，农研会印发《抗虫棉 R93－4 简介》，介绍该品种抗虫性及其他特性，并印发《怎样种好基因抗虫棉》小册子供棉农学习，但都没讲明 R93－4 抗虫棉是试种示范种子，不能进行推广。

3. 二审判案理由

二审法院认为：双方当事人争议有三点：本案是否应由法院受理；双方协议是否有效；农研会指导是否存在失误，产量是否有损失，损失由谁负担。

（1）是否应由法院受理。

农研会上诉称，与棉农之间是内部纠纷，是农研会与会员纠纷。况且，种子纠纷应由种子部门管，不该法院管。

根据农研会章程，入会要填申请书，理事会同意后要发给会员证书。农研会提供不出原告的申请书，也没有原告入会的其他手续，也承认没有发给原告会员证，因此不能认定是农研会内部纠纷。双方所订协议是繁种协议，其内容包括购销棉种、技术服务等，约定了双方的权利义务，而订立这种协议，符合《技术合同法》、《农业技术推广法》第二十二条规定，是双方所订协议将双方的经济利益联系在一起，因此是合同关系，并非是组织内部关系。棉农根据合同要求农研会赔偿损失，法院应予受理。农研会所提此项上诉理由，应予驳回。

(2) 双方所订合同是否有效问题。

棉农上诉称协议无效，理由是农研会在销售种子的宣传中有欺诈性，此种子是性能不稳定的示范试种种子，没有将此情况告诉棉农；农研会违背了《种子管理条例》及其实施细则，该《条例》规定未经种子主管部门品种审定的种子不能推广而R93－4抗虫棉就未经审定。

法院认定原、被告双方所订合同有效。该合同双方当事人主体资格合法，内容本身并无违法之处。第一，繁种协议中，答应以不低于5元的价格回购抗虫棉的种子，这对棉农是有诱惑力的，棉农是自愿同农研会签的合同（受利润的驱使），不存在欺诈、胁迫行为，是双方真实的意思表示。第二，该棉种是农研会从中棉所以60元/公斤的价格，作为繁殖种子的种子购进的，农研会仅以66.6元/公斤的价格卖给棉农，可以说并没有从中牟利，加上运杂费，有可能赔钱，这是客观事实。第三，对于R93－4抗虫棉是否经过种子主管部门品种审定，该抗虫棉性能是否稳定、是否抗虫，恐怕农研会自己也不清楚，农研会只是按照中棉所介绍，人云亦云，照本宣科。农研会并无欺诈的故意，所以以不定欺诈和违法为宜。

(3) 在棉花生长期间，农研会是否有指导失误，损失如何计算的问题。

R93－4抗虫棉是处于示范、试验阶段，但农研会在与棉农订立的协议及对抗虫棉的宣传中，均未申明这一点。因此从一开始，棉农对该品种就没有全面的认识。棉花出苗后，农民发现分离大叶株，农研会先是让拔除，后又发现大叶株多，全拔影响株数，于是又不让当杂株去除，但有的棉农已拔去一部分大叶株。在指导打药上，前后矛盾，给本来就对该棉无全面了解的棉农，思想上造成更大混乱，有的打药，有的不打药，有的缺乏信心干脆放弃管理。所以应认定农研会存在指导失误。

但这一指导失误究竟影响了多少产量？农研会称，应与前三年平均产量比较。根据《农作物种子条例实施细则》第八条“可得利益的损失是指因种子造成的该作物产量与前三年平均产量的减产损失部分”。本案是指导失误，并没涉及种子本身的原因，故不应适用该条规定，不按前三年平均产量计算损失。农研会提供的，也就是原审认定的种棉户附近8个村R93－4抗虫棉实产，可以作为计算损失的依据。

71户棉农称化肥、农药、地膜等损失，证据不足，本院不予采信。原审判决认定事实清楚，适用法律并无不当，应维持原判为宜。

4. 二审定案结论

沧州市中级人民法院依据《中华人民共和国民事诉讼法》第一百五十三条第一款第(一)项之规定，判决如下：

驳回双方上诉，维持原判决。

(七) 解说

本案是一起集团诉讼。原告71户棉农，分别以21份起诉状起诉被告农研会。因为被告分别同原告共签了21份协议，这21份起诉状的事实和理由是相同的，诉讼标的是同一种类，只是由于原告之间购买的种子数量不同，种植的亩数不同，损失不同，故请求赔偿的数目不同。法院把这21份诉状告同一个被告的案子合并成一个案子审理，符合《民事诉讼法》关于共同诉讼和集团诉讼的规定。

本案的特点是：1. 双方当事人上访人数次数多。在审理期间，原、被告双方多次向各级政府及有关部门集体上访，这不能不引起各级政府和执法机关的高度重视和极大关注。2. 新闻媒体介入多。在二审期间，《河北日报》、《河北科技报》甚至《人民日报》和中央电视台《东方时空》栏目等媒体都对本案作了大量报道。二审开庭时，诸多报社、电视台权威人士参加了旁听和采访。面对强大的舆论监督，无形中给执法机关增加了很大压力。3. 科技界人士参与多。在审理中，为被告出庭作证的，出谋划策的，或参加庭审旁听的，有农业科研部门权威人士、专家、研究员、省市各级科委、科协、省棉协负责人等。综上所述，该案震动了科技界、舆论界和执法机关。

客观讲，农业的发展离不开科学技术的应用，棉花的高产离不开棉研领域高新技术的突破和优良品种的开发和推广。科学技术就是生产力，这是谁也不能否认的真理。但是具体到一个棉花新品种的问世，要有一个试验示范的过程，如果急于求成，匆忙加以推广，难免会给棉农造成损失。另外，再好的品种如没有正确的指导，也不可能达到预期的收获，人们对新品种的认识要有一个从必然王国向自由王国演进的过程。

综观全案基本事实，被告在对棉农指导上存在着无法否认的明显的失误，在对R93－4棉的宣传上存在着明显的误导，当然这不是故意的。这种指导上的失误与减产之间存在必然的因果联系。尽管有权威论证了R93－4棉的抗虫性和增产性，但这终究是理论上的。实践是检验真理的惟一标准。法院审理案件，只能以事实为依据。

棉花权威人士亦承认R93－4抗虫棉处于示范试验阶段，该品种未经种子主管部门进行品种审定。而被告却从中科院棉花研究所以高价60元/公斤购进几十万元的种子进行繁种，打着示范试验的名义，销向河北、河南、山东各地。名为示范，实为推广。因此法院判处被告赔偿棉农经济损失是合法合理的。

（孟祥利）

72. 西宁民族五金厂诉中国工商银行青海省信托投资股份有限公司、王家齐侵权赔偿案

（一）首部

1. 判决书字号

一审判决书：青海省西宁市城中区人民法院（1996）中经初字第104号。

二审判决书：青海省西宁市中级人民法院（1996）市经终字第61号。

2. 案由：侵权赔偿案（一审损害赔偿，二审股票侵权）。

3. 诉讼双方

原告（被上诉人）：西宁民族五金厂。

法定代表人：杨天元，厂长。

委托代理人：朱金生，青海省法官协会法律咨询部教员。

委托代理人：李春艳，立达律师事务所律师。

被告（上诉人）：中国工商银行青海省信托投资股份有限公司。

法定代表人：陈燕鸣，经理。

委托代表人：刘菊兰，该公司副经理。

委托代理人：祁建国，西安市第一律师事务所律师。

委托代理人：任萱，西宁市第一律师事务所律师。

被告（被上诉人）：王家齐，男，汉族，1929 年 4 月 19 日生，西宁民族五金厂会计。

4. 审级：二审。

5. 审判机关和审判组织

一审法院：青海省西宁市城中区人民法院。

合议庭组成人员：审判长：魏玉栋；审判员：鲜德才；代理审判员：王勇。

二审法院：青海省西宁市中级人民法院。

合议庭组成人员：审判长：尹玉海；代理审判员：朱美青、张敏娟。

6. 审结时间

一审审结时间：1996 年 4 月 11 日。

二审审结时间：1996 年 11 月 13 日。

（二）一审情况

1. 一审诉辩主张

（1）原告诉称：1994 年 9 月，经主管部门批准，我厂在青海证券登记公司办理开户手续、入市账户，随后分两次转入被告证券营业部 32 万元，未办买卖报单。1995 年 4 月 18 日因我厂需款至被告处取款时发现本厂两个股东账卡被人多次盗用，短款 13.65 万元，后查明系被告违纪让股民打透支盘亏损。请求法院判令被告赔偿资金 13.65 万元，赔偿利息和因拖延付款造成的停产损失 14450 元。

（2）被告信托投资公司辩称：被告王家齐父子先后于 1994 年 8 月和 9 月间在我司证券部分别开立 105、271 户，而后原告开设 414 户并转入资金 32 万元。王家齐分两次将原告 31.9 万元资金转入 105 户。我司对从事股票交易的所有股民在办理委托买卖时只认合法手续（身份证、股东卡、资金账卡），王家齐之子王宁持合法手续动用 105、414、271 户买卖股票、存取款，且王家齐多次提款，亦不向原告汇报和办理挂失手续，显然系被告王家齐父子恶意串通，损害原告利益。我司未对原告造成侵权，不应承担侵权赔偿责任。

（3）被告王家齐辩称：我是 105、414 户的合法代表，二户手续均由我保存，从未丢失；王宁在使用 105、414 户时未持三证，又无书面委托书，证券部工作人员因与王宁熟悉从未查过三证，系券商故意违规。其在券商支持下搞融资交易造成原告亏损，故应由被告信托公司承担损失。

2. 一审事实和证据

西宁市城中区人民法院经审理查明：1994 年 9 月 26 日，原告派员持介绍信到青海证券登记公司申请开户，并委托杨天元、王家齐为入市的代表，青海证券登记公司为原告办理了股东编号为 B880007967、姓名为“民族五金”的上海证券交易所股票账户卡和户名为“民族五金”的账户代码 00630646，身份证号 22670060－8（企业法人营业执照号码）深圳证券交易所的证券账户卡，王家齐持两卡到信托公司证券营业部办理开户手续。该部在原告未提供企业法人营业执照和法人授权委托书的情况下，即将王家齐的身份证号输入资金账户，定为“民族五金”414账户的股票交易执行人。同年10月10日，原告转入414户20万元，同月12日、24日王家齐擅自从414户分别转入自己的105户10万元、9.9万元；同月31日原告又存入414户资金12万元，11月4日王家齐又擅自将此款转入105户。自1995年1月6日至4月18日，王家齐分五次从105、414户中取18.35万元给原告交回，余款13.65万元被告信托公司证券营业部以账面无款为由拒付，造成原告利息损失14742元。另查，原告始终未委托进行股票交易，414户却多次被他人用于存、取款及炒股。

原告对要求二被告赔偿因拒付款造成停产的损失未能提供证据。

上述事实有以下主要证据证明：

（1）原告给证券登记公司的介绍信，股票账户卡和证券账户卡。

（2）资金对账单和存取款凭条。

（3）王家齐的笔迹鉴定书，证人证言。

（4）双方当事人陈述。

3. 一审判案理由

西宁市城中区人民法院基于上述事实认为：

依据《上海证券交易所交易市场业务试行规则》和《深圳证券交易所业务规则》有关规定，原告对在被告处设立的资金账户上的存款支取或进行股票交易时，应向被告提供法人证明，并载明法定代表人及证券交易执行人，留存法定代表人授权证券交易执行人的书面授权书，该交易执行人方可在授权范围内办理资金的支取及买卖股票。被告信托公司在原告未提供上述规定手续的情况下，将被告王家齐定为原告414户的被授权人且将其身份证输入电脑，让其自由取、转款；被告王家齐明知自己没有代理权却擅自动用原告资金，造成原告损失。二被告之行为侵害了原告之合法权益，应承担相应的民事责任。原告主张由二被告赔偿其停产损失没有证据，法院不予支持。

4. 一审定案结论

根据《中华人民共和国民法通则》第六十六条、第七十四条、第一百零六条之规定，西宁市城中区人民法院作出如下判决：

（1）二被告偿还原告资金13.65万元；偿付利息14742元（自1995年4月18日至1996年4月18日按月利率0.9%计）。

（2）二被告承担鉴定费240元（被告信托公司预交）。

案件受理费4230元（原告已预交1568元），由二被告负担。上述款项合计155472元，二被告在判决生效后十日内付清。

（三）二审诉辩主张

1. 一审宣判后，被告中国工商银行青海省信托投资股份有限公司不服，上诉称：根据证券操作的有关规则，股民向证券登记公司登记后，由该公司出具股东卡在我司办理账户，再持本人身份证便可进行证券交易。五金厂在我司办理开户时没有指定性和限定性要求，王家齐、王宁父子持合法手续进行股票交易实际上是五金厂对二人口头委托，我司视为二人代理五金厂买卖股票是正确的。对五金厂的资金损失我司无过错，不应承担赔偿责任，而应由王家齐父子二人负责偿还。

2. 被上诉人西宁民族五金厂以原判正确，应予维持为由进行答辩。

3. 被上诉人王家齐辩称：五金厂将其414户指定我为股票交易执行人，我在该账户的存、取款行为是合法的，且我将414户的资金划至105户上，五金厂也是知情的。我未在414户、105户上运作股票交易，发生短款原判令我承担责任理由不能成立。信托公司违反有关证券法规诱导王宁在105、414户上进行股票交易，应由信托公司承担五金厂经济损失的责任。

（四）二审事实和证据

西宁市中级人民法院查明：1994年9月26日，被上诉人五金厂派员持介绍信至青海证券登记公司申办买卖股票的开户手续，同月28日，该公司为其办理了上海证券交易所股票账户卡、深圳证券交易所证券账户卡，户名为“民族五金”，身份证号为22670060－8。王家齐持两卡及五金厂介绍信到信托公司所属证券营业部办理加入股市的手续，该部将王家齐身份证号输入电脑后，被上诉人王家齐成为五金厂的股票交易执行人，资金账号为414。同年10月10日、28日，被上诉人五金厂分两次投入414户32万元，除王家齐交回五金厂18.35万元外，余款13.65万元被上诉人以账面无款为由拒付，造成五金厂损失14742元。另查明：王家齐与王宁系父子关系，王家齐先后从414账号中取31.9万元转入自己在上诉人处办理的买卖股票105资金账号上；1994年9月5日王宁亦在上诉人处办理了买卖股票的资金账户271。同年11月20日至次年4月17日间，王宁运作414户、105户、271户买卖股票及存、取款，现414户账面余额87.49元，余款均被王宁买卖股票亏损。

（五）二审判案理由

二审法院认为：上诉人系深圳证券交易所和上海证券交易所的会员之一，其经营股票的行为均应依照《深圳证券交易所业务规则》、《上海证券交易所交易市场业务试行规则》的规定进行。按上述规则，上诉人接受被上诉人五金厂的股票买卖时必须办妥五金厂的委托交易执行人的书面授权书，但王宁在未取得五金厂、王家齐的书面委托而运作414户、105户时，上诉人未按证券规则办理，造成被上诉人五金厂的股票资金损失，对此，上诉人应承担赔偿责任。其所称王宁持五金厂、王家齐的股东卡、资金卡运作414户、105户买卖股票符合有关规定，应由王家齐、王宁负责偿还五金厂的股票资金损失的理由，于法无据，且证据不足，应予驳回。被上诉人王家齐作为五金厂股票交易执行人，未经该厂同意，擅自将414户股票资金转入105户后，被王宁用于买卖股票，造成五金厂的资金无法收回，亦应承担赔偿责任。其称414户的资金转入105户业经五金厂同意和未进行股票买卖而造成损失，不应承担赔偿责任的理由不能成立，应予驳回。原审判决事实清楚，处理适当，应予维持。鉴于五金厂的股票资金已造成损失，其运作414户买卖股票已属不可能，应予注销。

（六）二审定案结论

根据《中华人民共和国民事诉讼法》第一百五十三条第一款第（一）项、第一百零七条，《中华人民共和国民法通则》第六十六条之规定，西宁市中级人民法院判决如下：

1. 维持西宁市城中区人民法院（1996）中经初字第104号民事判决。

2. 五金厂在信托公司设立的414资金账号自本判决书送达之日起予以注销。

本案二审案件受理费4230元，由信托公司承担，一审案件受理费按原判执行。

（七）解说

《深圳证券交易所业务规则》第三十三条规定，证券商于接受委托证券买卖时，必须先由委托人办妥受托契约，未经办妥受托契约者证券商不予受理。委托人须亲自签订委托契约并交验居民身份证和股东代码卡正本。委托人为法人者，应附法人登记证明文件影印本，合法的授权书与被授权人居民身份证正本……《上海证券交易所交易市场业务试行规则》第五十六条规定，法人名册登记应提供法人证明，并载明法定代表人及证券交易执行人的姓名、性别，留存法定代表人授权证券交易执行人的书面授权书。

首先，本案中被告信托公司系深圳证券交易所和上海证券交易所的会员，在办理有关手续时，应严格遵守上述规定。但被告信托公司在原告没有出具书面委托书及有关证照影印本的情况下，将被告王家齐确定为原告的证券交易执行人，使被告王家齐能自由支取、使用原告的资金。被告信托公司的行为为被告王家齐非法侵占、动用原告的资金创造了条件。如果被告信托公司不擅自将王家齐确定为原告的证券交易执行人，那么，被告王家齐就无法实现侵占、动用原告资金的目的。既然原告将32万元资金存在被告信托公司处，被告信托公司就有义务认真保管，由于被告信托公司的过错和被告王家齐利用了这种过错，给原告造成损失，那么，被告信托公司就应当赔偿由其过错给原告造成的损失。

其次，被告王家齐虽系原告的工作人员，但原告并未委托他为证券交易执行人，王家齐以原告委托代理人的名义将原告的资金转到自己账户上的行为，系无权代理行为，其行为同样侵害了原告的财产权。被告王家齐从原告账户上提、转款后，将其中18．35万元交给原告，原告对此认可，此行为系原告对被告王家齐取款行为的追认。余款13．65万元原告不予认可，对此，无权代理行为应由王家齐承担民事责任。《民法通则》第六十六条第四款规定："第三人知道行为人没有代理权、超越代理权或者代理权已经终止还与行为人实施民事行为给他人造成损害的，由第三人和行为人负连带责任。"该案中被告信托公司应当知道王家齐无代理权，应该知道而不知道不能作为拒绝承担责任或免除其责任的理由。

第三，根据侵权损害民事责任的四个构成要件，本案中由于二被告的过错，造成原告的损失，二被告的侵权行为和损害事实间有着直接的关系，二被告的行为均为我国法律所禁止。又据《民法通则》第一百三十条"二人以上共同侵权造成他人损害的，应当承担连带责任"之规定，二被告在主观上有共同的过错，其违法行为造成原告的损害结果。所以，一、二审法院判决二被告共同赔偿原告损失是正确的。

第四，该案涉及到王宁的犯罪和王家齐的行为是否亦为犯罪的问题。王宁利用被告信托公司的过错，违法操作原告414账户，其行为具有欺诈性，破坏了证券市场的正常经营秩序，应由有关部门追究刑事责任。对此被告信托公司应向有关部门报案。王家齐作为原告的工作人员，未经授权，动用原告资金占为已有，根据全国人大常委会《关于惩治违反公司法的犯罪的决定》第十条，公司董事、监事或者职工利用职务上或者工作上的便利，侵占本公司财物，数额较大的，处五年以下有期徒刑或者拘役；第十四条，有限责任公司、股份有限公司以外的企业职工有本决定第五条、第十条、第十一条规定的犯罪行为的，适用本决定。被告王家齐的行为已构成侵占财产罪，应依法追究其刑事责任，根据最高人民法院、最高人民检察院、公安部《关于审理经济纠纷案件中发现经济犯罪必须及时移送的通知》第三条之规定："人民法院在审理经济纠纷案件中，发现经济犯罪时，一般应将经济犯罪和经济纠纷全案移送……如果经济纠纷与经济犯罪必须分案审理的……可只移送经济犯罪部分"，据此，对本案中的犯罪问题，在审结了经济纠纷后对犯罪部分送检察机关依法查处。

第五，存在的问题。一是案由二审定为股票侵权纠纷，但从全案事实看，原告没有购进股票，故不存在股票侵权的问题。本案中原告的损失就是其开设的账户上的资金被王家齐侵占，一审确定损害赔偿不甚明确。该案应定为侵权赔偿纠纷为妥。二是二审在认定事实部分认定被告王家齐成为原告的股票交易执行人，如果认定王家齐是股票交易执行人，那么被告王家齐从414户上取、转款就属合法，被告信托公司就不应承担任何责任，这与维持一审判决的结果是矛盾的。三是二审判决注销原告开设的414资金账户亦属不当，因为给原告造成了损失后，原告是否继续买卖股票，是否继续用414户，是原告的权利。法院不能因为在414户上给原告造成了损失就将该户注销，也不能就此认为原告已不能运作414户。

（马文礼　曹秀兰　杨文忠）

73. 江都国际经济贸易公司诉中国建设银行南京分行第二支行等损害赔偿案

（一）首部

1. 判决书字号

一审判决书：江苏省南京市玄武区人民法院（1996）玄经初字第445号。

二审判决书：江苏省南京市中级人民法院（1996）宁经终字第722号。

2. 案由：票据案。

3. 诉讼双方

原告（被上诉人）：江都国际经济贸易公司（以下简称江都国贸公司）。

法定代表人：朱广衷，经理。

被告（上诉人）：中国建设银行南京分行第二支行（以下简称建行二支行）。

负责人：徐福然，行长。

委托代理人：夏建松，南京银建经济咨询事务所干部。

第三人（上诉人）：南京中鼎服饰工艺品有限公司（以下简称中鼎公司）。

法定代表人：彭子攸，董事长。

委托代理人：孙志伦，南京南斗律师事务所律师。

委托代理人：刘辉，南京南斗律师事务所律师。

4. 审级：二审。

5. 审判机关和审判组织

一审法院：江苏省南京市玄武区人民法院。

合议庭组成人员：审判长：丁璇；审判员：陈荣；代理审判员：孙金凤。

二审法院：江苏省南京市中级人民法院。

合议庭组成人员：审判长：沈涌；审判员：严云林、马淑琴。

6. 审结时间

一审审结时间：1996年9月18日。

二审审结时间：1996年12月23日。

（二）一审情况

1．一审诉辩主张

（1）原告江都国贸公司诉称：其于1994年11月14日签发50万元银行汇票一张，收款人为朱广衷。因业务关系，将该汇票交由中鼎公司保管，但中鼎公司却擅自将该汇票交由建行二支行承兑。建行二支行在收款人朱广衷未背书的情况下，将50万元汇票兑付给中鼎公司，造成原告损失。现要求建行二支行偿还已经错误兑付的50万元人民币及82300元利息损失。同时要求中鼎公司承担连带责任。

（2）被告建行二支行辩称：江都国贸公司并非本案所涉汇票的收款人，不应作为原告向其主张权利。其在办理该笔银行汇票业务时，朱广衷称此款系中鼎公司所有，并提供了中鼎公司介绍信和其本人身份证复印件。且汇票上收款人账号栏填写的是中鼎公司的账号，故有理由认为汇票收款人系中鼎公司。请求受诉法院驳回原告的诉讼要求。

（3）第三人中鼎公司辩称：其取得该份汇票是基于与原告的转让协议，在转让协议履行过程中，经与朱广衷协商，才将该50万元打入中鼎公司账号。事后，原告也收下了其开出的正式收据。故不同意承担返还责任。

2．一审事实和证据

南京市玄武区人民法院受理本案后，经公开开庭审理查明：1994年11月14日，江都国贸公司向中国工商银行江都市支行（下称江都工商行）出具一份银行汇票委托书。江都工商行当日按委托书的要求开出华东三省一市银行汇票一张（号码为IXIV24668371）。该汇票记载兑付地点为南京，兑付行为市建行，金额为50万元，收款人为朱广衷（江都国贸公司法定代表人），收款人账号或地址栏未记载，汇票第二联的背面即背书栏系空白。此后，朱广衷将该汇票交给中鼎公司。中鼎公司在汇票背书栏中加盖了中鼎公司支票专用章、法定代表人彭子攸私章后，持汇票及中鼎公司介绍信至中国人民建设银行南京分行第二营业部（后更名为中国建设银行南京分行第二支行，以下统一简称建行二支行），称介绍朱广衷前去联系汇票进中鼎公司账户一事，并附朱广衷居民身份证复印件。建行二支行接受汇票时，汇票收款人账号或地址栏中记载了中鼎公司在该行所开设的账号。同年11月22日，建行二支行将该汇票款50万元划至中鼎公司账户。1995年1月19日，中鼎公司将该汇票款连同江都国贸公司另外支付的12万元以中介费为收款事由一并开具了一张62万元收据交给江都国贸公司，江都国贸公司收到收据后未持异议。1996年3月，江都国贸公司以建行二支行违反《银行结算办法》错误承兑、中鼎公司以欺诈手段获得50万元为由诉至原审法院要求处理。一审审理期间朱广衷明确表示其取得汇票未支付对价，是代表江都国贸公司行使持票人权利。

以上事实有下列证据证明：

（1）1994年1月14日银行汇票、汇票委托书。

（2）1994年11月24日银行进账单。

（3）中鼎公司介绍信。

（4）朱广衷居民身份证复印件。

3．一审判案理由

南京市玄武区人民法院鉴于以上事实认为：

（1）建行二支行在收款人未背书的情况下，仅以中鼎公司的介绍信及有关身份证复印件即将汇票款项划至中鼎公司账户，违反了有关银行结算规定，对纠纷的产生负有主要责任。

(2) 中鼎公司在银行汇票背书栏中加盖其公司公章，且由于建行二支行的疏漏，以此汇票取得50万元，不符合有关规定，对纠纷的产生负有相应责任。

4. 一审定案结论

南京市玄武区人民法院根据所认定的事实、证据和上述判案理由，于1996年9月18日依照《中华人民共和国民法通则》第一百三十四条第一款第（四）项、第（七）项，《中华人民共和国民事诉讼法》第一百二十八条之规定，判决：

(1) 建行二支行应返还江都国贸公司因其错误承兑的银行汇票金额50万元，赔偿利息损失96187.5元，于判决生效之日起十日内付清。

(2) 中鼎公司应返还建行二支行本金50万元，承担经济损失96187.5元，于判决生效之日起十日内付清。

案件受理费15000元，由建行二支行及中鼎公司各承担7500元。

（三）二审诉辩主张

1. 上诉人建行二支行上诉称：原判认定诉讼主体错误，因该汇票的收款人不是江都国贸公司。本案中汇票收款人应是中鼎公司，汇票收款人账号系中鼎公司的，并有中鼎公司介绍信和朱广衷身份证复印件为证。中鼎公司取得该款具有法律依据，根据有关规定，只有因错付或被冒领，造成客户资金损失，才要负责赔偿。现不存在资金损失，故其不应承担还款责任。请求二审法院依法改判。

2. 中鼎公司上诉称：本案所涉的50万元系江都国贸公司按中鼎公司与江都国贸公司间转让协议书支付的转让费，此后，江都国贸公司又向中鼎公司交纳12万元转让费，中鼎公司已向江都国贸公司开具了收到62万元转让费的正式收据。中鼎公司是依其他合法方式取得汇票权利的。原判认定事实不清，适用法律不当，请求二审法院撤销原判，将票据纠纷与双方间转让合同的转让费用纠纷合并审理。

3. 被上诉人江都国贸公司辩称：原判认定诉讼主体正确，本案所涉汇票的收款人是朱广衷，朱在一审审理过程中证明，该汇票所涉50万元系被上诉人所有。朱是代表被上诉人行使持票人权利。本案案由是票据纠纷，建行二支行在收款人未背书的情况下，仅以中鼎公司的介绍信及有关身份证复印件即将汇票款划至中鼎公司账户，违反了有关银行结算规定，承兑是错误的，中鼎公司取得该款也是不当的。两上诉人所称转让协议与本案无关。一审判决认定事实清楚，请求二审法院驳回上诉。

（四）二审事实和证据

江苏省南京市中级人民法院经二审审理，确认了一审法院认定的事实和证据。另查明事实如下：

1994年10月27日，中鼎公司（甲方）与江都国贸公司（乙方）签订了一份转让协议书，主要内容如下：甲方负责将pp编织袋业务转让300万条给乙方自行加工销售结汇，甲方必须自转让协议律师签证后15天内将外商不可撤销的信用证打到乙方指定的银行。乙方收到信用证后经银行密押相符后应将转让费1017900元付给甲方。乙方如果在交货时需要延长交货期，甲方则负责协同做好与外方对信用证的延期事宜。协议对其他事项也作了约定。协议签订后，江都国贸公司将本案所涉汇票交给中鼎公司。1995年1月19日，该协议由南京市第三律师事务所律师孙志伦、张辉见证。

外商已于1994年12月1日向江都国贸公司开出信用证。因该信用证最后期限为1995年2月18日，江都国贸公司以加工生产工厂限期其预付货款，不修改信用证将无法向银行贷款，为避免不预付货款导致工厂停产造成延期交货后果为由，多次与外商及中鼎公司协商要求修改信用证。

1995年2月21日及3月26日，江都国贸公司又给付了中鼎公司13万元和20万元转让费，并收下了中鼎公司以收款事由为服务费等出具的收据。

以上事实有下列证据证明：

1. 中鼎公司与江都国贸公司签订的转让协议书。

2. 有关修改信用证的往来函件。

3. 中鼎公司于1995年2月21日、3月26日开具的收据。

（五）二审判案理由

二审法院认为：本案所涉汇票将收款人填为朱广衷，是汇款人江都国贸公司不确定收款人而将该公司法定代表人作为指定人员填写的。朱广衷虽持有汇票，但票据并未脱离江都国贸公司的占有。朱广衷将未经背书的汇票交给中鼎公司与江都国贸公司履行转让协议有关，应属职务行为。中鼎公司虽占有未经背书的汇票，但并不享有票据权利。建行二支行在该汇票没有经朱广衷背书的情况下向中鼎公司承兑，违反了《银行结算办法》的有关规定，存有结算差错。江都国贸公司明知中鼎公司收到50万元系建行二支行结算差错所致，却不提出异议，且收下了中鼎公司为此开出的收据，并在中鼎公司实际收到50万元中介费的基数上继续支付转让费，足以表明其认可了建行二支行错付的50万元实际充抵其根据转让协议应向中鼎公司给付的转让费。故建行二支行的错付行为并未造成江都国贸公司的资金损失，依法不应承担赔偿责任。至于中鼎公司依据其与江都国贸公司的转让协议是否应返还已取得的转让费系另一法律关系，本案不作处理，江都国贸公司可依据转让协议另行向中鼎公司主张权利。江都国贸公司要求建行二支行及中鼎公司承担结算差错的损害赔偿责任，因缺乏事实依据，其诉讼请求应予驳回。原审判决建行二支行承担返还错付款责任及中鼎公司向建行二支行承担返还责任不当，应予纠正。

（六）二审定案结论

南京市中级人民法院根据所认定的事实、证据和上述判案理由，依照《银行结算办法》第二十四条、《中华人民共和国民事诉讼法》第一百五十三条第一款第（二）项的规定，判决：

1. 撤销南京市玄武区人民法院（1996）玄经初字第445号民事判决。

2. 驳回江都国贸公司的诉讼请求。

本案一、二审案件受理费各15000元，均由江都国贸公司承担。

（七）解说

1. 本案的主体问题。

银行汇票是银行签发给汇款人持往异地办理转账结算或支取现金的票据，本案所涉汇票系江都国贸公司委托银行出具的，在不确定收款人的情况下，江都国贸公司指定其法定代表人朱广衷作为收款人，朱广衷取得汇票未支付相应对价，朱广衷本人亦明确表示其代表公司行使持票人权利，故票据权利仍属于江都国贸公司所有。江都国贸公司有权提起诉讼。

建行二支行认为中鼎公司是票据权利人的主张不能成立。票据是文义证券，当事人的一切权利义务必须以票据记载为准，而不能以票据上记载的文义以外的事项来认定票据上的权利义务。本案所涉汇票记载的收款人是朱广衷，而非中鼎公司，朱广衷亦未背书转让。而我国法律又不承认交付方式的转让，故中鼎公司虽持有票据，却不享有票据权利。建行二支行以中鼎公司的介绍信及朱广衷的身份证复印件等票据以外的证据认定是朱广衷要求其将款汇入中鼎公司缺乏依据。

2. 本案纠纷的性质。

江都国贸公司以票据纠纷为由诉至法院，认为建行二支行错误兑付汇票造成其损失应承担责任，中鼎公司因建行二支行的疏忽取得汇票款也应承担连带责任。综合其诉讼请求及案件所涉法律关系分析，本案并不是单纯的因票据权利行使受到妨碍提起的诉讼，而是票据关系因票据的错误兑付而消灭后权利人诉请法院作事后救济，其实质是由于建行二支行的汇票结算差错引起的损害赔偿纠纷。

3. 关于本案责任的承担。

按《银行结算办法》(本案是《中华人民共和国票据法》颁布施行后诉至法院的，但发生在《票据法》生效之前，故只能参照《票据法》的有关精神并适用《银行结算办法》)规定，银行办理结算中，因错付或被冒领的，如造成客户资金损失的，要负责资金赔偿。由此可见，建行二支行在本案中承担责任须具备两个前提：一是存有结算差错；二是造成江都国贸公司的资金损失。建行二支行没有收款人朱广衷的背书即予兑付汇票，显然违反《银行结算办法》的有关规定，存有明显过错。但是，江都国贸公司明知建行二支行错付，却不提出异议，且收下了中鼎公司为此出具的收据，足以证明其认可了建行二支行的错付行为，同意将汇票款折抵中鼎公司的转让费。故建行二支行虽有过错却未造成江都国贸公司的资金损失。既然不存在损害结果，就毋需承担赔偿责任。同理，中鼎公司取得汇票款虽缺乏依据，但向江都国贸公司收取转让费却是有约可循的，江都国贸公司对汇票款充抵转让费予以认可，则中鼎公司就无返还汇票款之义务。故江都国贸公司的诉讼请求因缺乏依据而不能成立。原审法院注重于建行二支行的过错行为而忽视了并无损害后果这一事实，判决建行二支行向江都国贸公司承担返还责任，中鼎公司向建行二支行承担返还责任欠妥。

4. 应否将本案与转让协议纠纷案合并处理。

江都国贸公司只对汇票所涉权利提起诉讼，中鼎公司也未就转让协议转让费用纠纷提起反诉。关于转让协议的履行情况，中鼎公司与江都国贸公司又各执一词，故江都国贸公司与中鼎公司间的转让协议虽与本案有一定关系，但属另一法律关系，法院未将此一并纳入本案审理范围是合适的。

(沈涌　刘天兴)

74. 中国航空工业总公司第六一五研究所诉启东市电子仪器厂计算机软件等著作权侵权赔偿案

（一）首部

1. 调解书字号：上海市黄浦区人民法院（1996）黄经初字第 555 号。

2. 案由：计算机软件等著作权侵权赔偿案。

3. 诉讼双方

原告：中国航空工业总公司第六一五研究所，地址：上海市淮海西路 432 号。

法定代表人：聂万福，所长。

委托代理人：夏华龙，该所研究室副主任。

委托代理人：黄昏，上海市中广律师事务所律师。

被告：启东市电子仪器厂，地址：江苏省启东县永隆沙。

法定代表人：茅振飞，厂长。

委托代理人：张建良，启东市农业良种繁殖场法律服务所法律工作者。

4. 审级：一审。

5. 审判机关和审判组织

审判机关：上海市黄浦区人民法院。

合议庭组成人员：审判长：卞爱生；审判员：张惠根、黄清鸿。

6. 审结时间：1996 年 10 月 18 日。

（二）诉辩主张

1. 原告诉称：被告生产、销售的 DSG－ICE－8C 仿真机，在软件程序、硬件产品设计图（电子线路图、元器件排列图及机箱的形状大小三视图）、文字作品等多项上抄袭了原告产品 AEDK5198 仿真开发机，侵害了原告的著作权。故向法院起诉，要求被告立即停止生产、销售侵权产品，销毁侵权产品，赔偿原告经济损失人民币 40 万元，并刊登致歉启事。

2. 被告辩称：被告虽然仿制了原告 AEDK5198 仿真开发机，并全文照抄 AEDK5198 仿真开发机的用户手册，但原告诉称之软件未经软件登记管理机构核准登记，不享有软件著作权，故无权提起诉讼；另原告诉称之电子线路图、元器件排列图等不受法律保护。

（三）事实和证据

上海市黄浦区人民法院审理查明：原告研制设计的 AEDK5198 仿真开发机（以下简称 AEDK 机）是一种计算机（单片机）应用开发工具；该机于 1991 年 12 月通过了上海市航空工业公司组织的产品鉴定，此后原告将该产品在国内外市场上销售。AEDK 机获上海市 1992 年优秀产品二等奖，1993 年上海科技进步三等奖和国家级重点新产品称号，但 AEDK 机的软件部分未经国家软件登记管理机构核准登记。1995 年，被告在市场上购买了 AEDK 机，对 AEDK 机进行了反向测绘，绘制出 AEDK 机的产品设计制造图，并解密复制了 AEDK 机的软件程序，仿制出与 AEDK 机完全相同的 DSG－ICE－8C 仿真机（以下简称 DSG 机）；被告在 1995 年至 1996 年期间加工生产了 DSG 机 150 台，并在上海、四川、哈尔滨等地销售。DSG 机与 AEDK 机比较有下列相同点：

1. 硬件:DSG 机的电子线路图、元器件排列图及机箱形状大小三视图与 AEDK 机相同。

2. 软件：DSG 机的仿真监控软件（EPROM 程序）和 PC 机联机软件（磁盘程序）复制了 AEDK 机的相同的软件。

3. 用户手册:DSG 机的用户手册整本抄袭了 AEDK 机的用户手册(其中包括对软件程序的使用说明及硬件操作的使用说明)。

以上事实有下列证据证明：

1. 上海航空工业公司对 AEDK5198 仿真开发机（产品鉴定）编号为（91）沪航技鉴定13 号的科学技术成果鉴定证书。

2. 国家科委、技术监督局颁发的 AEDK5198 仿真开发机被评为 1992 年度国家级新产品的证书。

3. 上海市经济委员会于 1993 年 3 月颁发的 AEDK 仿真机荣获 1992 年上海市优秀新产品二等奖的奖状。

4. 上海市人民政府于 1993 年 10 月颁发的 AEDK5198 仿真开发机获上海市科学技术进步三等奖的奖状。

5. 被告在上海市外滩仪表电子电器招商市场销售 DSG－ICE－8C 仿真开发机的发票、包修单。

6. 昆山市千灯印制线路板厂出具的被告在该厂加工印制线路板 155 块的证明。

7. 当事人的陈述笔录。

（四）判案理由

上海市黄浦区人民法院认为：

1. 原告对其研制的 AEDK 机的软件（EPROM 程序和磁盘程序）享有著作权。

我国《著作权法》规定：作品不论是否发表，依法享有著作权。虽然国务院颁布的《计算机软件保护条例》规定向软件登记管理机构办理软件著作权登记，是提出软件权利纠纷行政处理或者诉讼的前提，但在 1993 年最高人民法院关于深入贯彻执行《中华人民共和国著作权法》几个问题的通知中明确规定：凡当事人以计算机软件著作权纠纷提起诉讼的，经审查符合《中华人民共和国民事诉讼法》第一百零八条规定的，无论其软件是否经过有关部门登记，人民法院均应予以受理。所以，由于软件作品享有著作权项下的各项权利，而是否登记又不作为人民法院受理该类案件的前提，故原告设计的软件虽未履行软件登记，仍依法享有著作权，依法受保护。

2. 原告对 AEDK 机的产品设计图享有著作权。

依照我国《著作权法》的规定，产品设计图是《著作权法》保护的客体，原告对其设计的 AEDK 机的硬件产品设计图（电子线路图、元器件排列图、机箱形状大小三视图）享有著作权。被告通过反向测绘，绘制成 AEDK 机的产品设计图（并用以制成产品），是对原告产品设计图的著作权的侵害。

3. 原告对其 AEDK 机的用户手册享有《著作权法》规定的文字作品的权利。

AEDK 机的用户手册，不仅含有对该机软件程序的说明，而且还包括对该机硬件部分的产品说明，根据我国《著作权法》的有关规定，产品设计图纸及其说明受我国《著作权法》的保护。故被告整本抄袭了 AEDK 机的用户手册，是对原告产品说明文字作品的著作权的侵害。

（五）定案结论

上海市黄浦区人民法院依照《中华人民共和国著作权法》第二条第一款、第三条第六项、第八项、第四十六条第一项，《计算机软件保护条例》第三十条第一款第六项的规定，在查明事实，分清责任，确认被告侵权的基础上，依照《中华人民共和国民事诉讼法》第八十五条、第八十八条的规定，主持调解，原、被告双方自愿达成如下协议：

1. 被告启东市电子仪器厂应立即停止对原告中国航空工业总公司第六一五研究所的AEDK5198仿真开发机的软件、产品设计图及用户手册的著作权的侵害，销毁侵权产品DSG－ICE－8C仿真机的印制线路板，并应于1996年12月30日前在《电子技术应用》刊物上刊登启事向原告赔礼道歉。

2. 被告应赔偿原告经济损失人民币5万元。

3. 案件受理费8760元，财产保全费1520元，其他诉讼费500元，合计10980元，由被告负担。

（六）解说

本案涉及到以下几个法律问题：

1. 原告研制设计的AEDK机的软件（EPROM程序和磁盘程序）未经软件管理部门登记，是否享有著作权。

我国《著作权法》对于创作作品采用自动保护的原则，即作品不论是否发表，一经创作完成，依法享有著作权。计算机软件是作品的一种形式，依法享有著作权项下的各项权利。软件作品是特殊的工业版权，它的创作的目的主要是应用于工业，它界乎于传统版权与工业产权之间。我国《计算机软件保护条例》规定向软件登记管理机构办理软件著作权登记，是提出软件权利纠纷行政处理或者诉讼的前提，这一规定，虽然考虑到了计算机软件市场的特殊情况，但也侧重了软件的工业产权的属性。《计算机软件保护条例》的这一规定，与日后我国知识产权保护的国际化进程的发展不相适应。1992年1月17日，中美达成的知识产权谅解备忘录规定：对于计算机程序按保护文学艺术作品伯尔尼公约的文字作品保护，不要求履行手续；同年9月25日，我国在《实施国际著作权条约的规定》中，规定外国计算机程序作为文字作品保护，可以不履行登记手续。1993年12月，最高人民法院关于深入贯彻执行《中华人民共和国著作权法》几个问题的通知规定：凡当事人以计算机软件著作权纠纷提起诉讼的，经审查符合《中华人民共和国民事诉讼法》第一百零八条规定的，无论其软件是否经过有关部门登记，人民法院均应予以受理。未经软件管理部门登记的软件，亦可就著作权受到侵害提起诉讼，而不应以是否经软件登记为前提。由此可见，本案原告对其AEDK机的软件作品享有著作权，依法受保护；被告的行为构成对原告著作权的侵权。这对于制止软件侵权，规范软件市场具有积极的意义。

2. 被告反向测绘绘制出原告AEDK机的产品设计图，是否侵害原告的著作权。

产品设计图为我国《著作权法》所保护，权利人依法享有著作权项下的复制的权利，权利人以外的任何人未经权利人许可，不得擅自自行复制权利人的作品。按照《中华人民共和国著作权法实施细则》的解释，复制是指以印刷、复制、临摹、拓印、录音、录像、翻录、翻拍等方式将作品制作一份或多份的行为。AEDK机的产品设计图的著作权为原告所享有，如该设计图尚未公开，仍处秘密阶段，则原告（权利人）享有着双重的权利，即版权与商业秘密的权利，这一阶段权利人在其权利受到侵害时，可根据侵权人的侵权动机及其结果，选择以何种理由起诉。该产品设计图公开（不论其形式）后，权利人仍然有权排斥权利人之外的任何主体用任何方式复制使用其产品设计图。故它与单纯的商业秘密（如配方）不同，单纯的商业秘密权利主体，无权禁止权利主体之外的其他主体以逆向工程的形式取得与权利人所掌握的相同的商业秘密。被告购买 AEDK 机后，以该机为参照物测绘并绘制出 AEDK 机的产品设计图（电子线路图、元器件排列图、机箱形状大小三视图，测绘的目的是为了制成与原告相同的产品），是对原告 AEDK 机产品设计图的特殊形式的复制（从立体再现平面），所以，被告的行为构成对原告产品设计图著作权（复制权）的侵害。

3. 被告整本抄袭了原告 AEDK 机的用户手册是否侵害了原告的文字作品的著作权。

中美知识产权保护备忘录以及我国《实施国际著作权条约的规定》均将计算机软件的保护限定在程序这一范畴里，这符合国际知识产权保护的趋势，因为软件中的文档（程序设计说明图、流程图、用户手册）部分可以作为一般的文字作品予以保护。但我国《计算机软件保护条例》将软件作为保护对象，故其中的文档部分可不单列为文字作品予以保护。本案原告所诉之用户手册，不仅含有文档文字部分，而且还含有对 AEDK 机硬件的使用说明，这一部分的文字说明，应当作为文字作品予以保护。故原告对其用户手册仍享有一般文字作品的著作权。被告整本抄袭了原告 AEDK 机的用户手册，侵害了原告的著作权。

（卞爱生）

75. 赵英威诉北京市蓟门蔬菜种子公司销售伪劣荷兰豆种子损害赔偿案

（一）首部

1. 判决书字号

一审判决书：河北省丰宁满族自治县人民法院（1995）丰经初字第 1 号。

二审判决书：河北省承德市中级人民法院（1996）承经终字第 31 号。

2. 案由：损害赔偿案。

3. 诉讼双方

原告（被上诉人）：赵英威，男，1954 年生，满族，农民，住河北省丰宁满族自治县凤山镇白营村。

被告（上诉人）：北京市蓟门蔬菜种子公司。

法定代表人：赵月华，经理。

4. 审级：二审。

5. 审判机关和审判组织

一审法院：河北省丰宁满族自治县人民法院。

合议庭组成人员：审判长：郎志芳；审判员：张国喜、褚新兰。

二审法院：河北省承德市中级人民法院。

合议庭组成人员：审判长：龚翠兰；审判员：田万臣、刘素芬。

6. 审结时间

一审审结时间：1995 年 10 月 30 日。

二审审结时间：1996 年 5 月 10 日。

（二）一审诉辩主张

1. 原告诉称：1993 年 10 月 11 日，原告从被告处以每公斤 18 元的价格购买荷兰豆种子 160.5 公斤，播种 43 亩，开花结荚期发现荷兰豆秧苗有问题，后经有关部门监督检验，种子纯度只有 11.59%，为伪劣种子。经交涉，被告答应给调换种子，但被告未能及时调换，延误了播种期，未能收获。要求被告赔偿损失 361536.71 元。

2. 被告辩称：原告在我处购买荷兰豆种子，有种子合格证，不存在质量问题。该豆正进入开花结荚期，原告认为长势不好，将秧苗拔掉，这种损失与种子无关，不存在侵权问题。两级检验单位证明没有事实依据，向我索赔理由不能成立。

（三）一审事实和证据

一审法院经审理查明：1993 年 10 月 11 日，原告赵英威从被告北京市蓟门蔬菜种子公司购买荷兰豆种子 160. 5 公斤，每公斤 18 元，合款 2889 元。原告于 1994 年 5 月 2 日播种 43 亩，1994 年 6 月 16 日左右，原告发现荷兰豆秧苗有问题，即要求被告到当地勘验。被告代表人因故推脱未到实地查验。1994 年 6 月 30 日经河北省丰宁满族自治县种子监督检验站进行农作物良种田间检验，检验证书载明："繁种单位：丰宁满族自治县凤山镇白营村赵英威；作物种类：豆类；品种名称：荷兰豆；品种来源：北京市蓟门蔬菜种子公司；繁种面积：43 亩；取样四点，品种纯度 11.59%，异品种 88.41%，田间检验结果纯度达 11.59%。"后经承德市农作物种子监督检验站复检，其结果为"纯度 11.87%，为伪劣种子"。1994 年 7 月 13 日，经协商，原告从被告介绍的通县宋庄镇种子公司取回荷兰豆种子 165 公斤，并出具了收据，播种后因季节已过未能收获。根据原、被告提供的证据证明，荷兰豆的平均亩产量为 966 公斤，1994 年 7 月至 1994 年 8 月份承德市场荷兰豆售价为每公斤 9 元。原告先后通过中国消费者协会调处未果。

上述事实有下列证据证明：

1. 赵英威购荷兰豆种子凭证。

2. 丰宁满族自治县种子监督检验站检验证书。

3. 承德市农作物种子监督检验站复检证书。

4. 双方当事人陈述笔录。

5. 证人证言。

6. 承德市荷兰豆售价证明。

（四）一审判案理由

一审法院认为：原告赵英威在被告北京市蓟门蔬菜种子公司处购买荷兰豆种子 160. 5 公斤，播种土地 43 亩，经有关部门鉴定，该种子为伪劣种子。原告因伪劣种子而遭受财产损害，应由被告承担赔偿责任。

（五）一审定案结论

一审法院依照《中华人民共和国民法通则》第一百三十四条第一款第（二）项、第（七）项，《中华人民共和国种子管理条例农作物种子实施细则》第七十五条、第八十三条及《中华人民共和国消费者权益保护法》的有关规定，判决如下：

1. 被告赔偿原告赵英威播种其伪劣荷兰豆种子 43 亩的可得利益，按亩产 966 公斤，单价每公斤 9 元计算，合款 373842 元；返还原告赵英威购种子费用 2889 元。两项合计 376731 元，限判决生效后十日内付清。

2. 驳回原告赵英威其他诉讼请求。

案件受理费 8160 元，由被告负担。

（六）二审情况

1. 二审诉辩主张

上诉人（原审被告）上诉称：原判决认定荷兰豆亩产为 966 公斤无事实依据，原告所购种子 160. 5 公斤不足以种植 43 亩土地；原判决计算可得利益损失有误。要求二审予以改判。

被上诉人（原审原告）答辩称：该荷兰豆种子已经过两级法定种子监督检验机构鉴定，确认为伪劣种子是正确的；荷兰豆亩产数量有关资料已证实，并已得到上诉人公司技术人员认可；可得利益损失计算有法律依据，应予维持。

2. 二审事实和证据

二审法院经审理确认了一审法院认定的荷兰豆种子系伪劣种子的事实，同时根据有关资料记载证实：荷兰豆每亩播种量 8 公斤，亩产鲜豆荚 1000 公斤，据调查 1994 年 7 月至 1994 年 8 月份，承德市场荷兰豆价格每公斤为 9 元。

上述事实有下列证据证明：

（1）承德市农作物种子监督检验站农艺师李天亮调查笔录。

（2）丰宁县凤山镇白营村主任刘振廷、书记赵井方调查笔录。

（3）农业部全国农业技术推广服务中心经济作物栽培技术处调查笔录。

（4）《中国蔬菜栽培学》第十八章第四节。

3. 二审判案理由

二审法院认为：

上诉人售给被上诉人的荷兰豆种子为伪劣种子。被上诉人发现其所购种子可能为伪劣种子后，及时报告了丰宁满族自治县农作物种子监督检验站，该站按照合法程序作田间检验之后，为保证检验结论的法律效力，又提请农业部在全国范围内指定的有法定鉴定资格的承德市农作物种子监督检验站进行复检，复检后出具的标准认证标记的检验报告，确认该批种子为伪劣种子，法院予以认定。

上诉人应赔偿因伪劣种子给被上诉人造成的直接损失和可得利益损失，但赔偿数额应重新确定。依照有关权威论证，每亩应需荷兰豆种子 8 公斤左右，此为理论指标，照此推算，被上诉人所购种子仅可播种 20.06 亩。在无确凿证据证实其确已播种 43 亩的情况下，只能确认该 160. 5 公斤种子播种 20.06 亩。

4. 二审定案结论

二审法院依照《中华人民共和国民事诉讼法》第一百五十三条第一款第（二）项之规定，判决如下：

1. 撤销丰宁满族自治县人民法院（1995）丰经初字第 1 号民事判决第一项。

2. 维持丰宁满族自治县人民法院（1995）丰经初字第 1 号民事判决第二项。

3. 上诉人返还被上诉人赵英威购种款 2889 元，赔偿被上诉人 20.06 亩经济损失，以亩产 1000 公斤，单价每公斤 9 元计，合款 180562 元，两项合计 183451 元。于判决生效后十日内一次付清。

一、二审案件受理费计 12360 元，由上诉人负担 9096 元，被上诉人负担 3264 元。

（七）解说

贩卖伪种子、伪农药、伪化肥等坑农害农案件，近年来屡有发生，因此，各级各地法院都将其作为打击重点。人民法院应在查清事实的基础上，依照有关法律，给制伪贩伪者以严厉制裁，性质恶劣、情节严重的，应及时移交公安机关处理。伪种子等严重坑害了广大农民消费者的合法权益，给受害农民造成了巨大经济损失，本案就是一例。就本案来讲，农民赵英威为扩大生产规模，租赁、平整了本村农民承包的 43 亩好地，为此支付了大量的租金和用工费用。赵将从北京市蓟门蔬菜种子公司购进的荷兰豆种子播种后，一无所获，其所遭受的经济损失及精神损失非常严重。因此，两级法院在查清事实后，依据《中华人民共和国消费者权益保护法》、《种子管理条例》、《农作物种子实施细则》以及《民法通则》的有关规定，判令销售方赔偿赵的经济损失，这无疑是正确的。

荷兰豆又名大荚豌豆，其原为引进品种，我国北方地区是近年来才少有引种，所以无论是农民个人，还是审判组织，甚至是当地种子管理部门，对荷兰豆种子的种植栽培技术也知之不多。在这种情况下，二审法院不单纯依据赵个人所提供的数据，在不排除赵有另购种子种植的情况下，走访了农业部，在全国农业技术推广服务中心经济作物栽培技术处和中国科学院蔬菜研究所有关专家指导下，依据荷兰豆种子的理论种植亩数确定赔偿基础，从而重新确认了赔偿经济损失数额，也是符合法律规定的。

（白俊福　丛云峰）

七、海事海商案例

76. 五矿东方贸易进出口公司诉罗马尼亚班轮公司海上货物运输损害赔偿案

（一）首部

1. 判决书字号

一审判决书：广州海事法院（1993）广海法商字第119号。

二审判决书：广东省高级人民法院（1996）粤法经二上字第49号。

2. 案由：海上货物运输损害赔偿案。

3. 诉讼双方

原告（被上诉人）：五矿东方贸易进出口公司。

法定代表人：赵侠喜，总经理。

委托代理人：梁山、张昭辉，均为广州理论律师事务所律师。

被告（上诉人）：罗马尼亚班轮公司。

法定代表人：保尔·丁细列斯库，总经理。

委托代理人：林一华，广州市衡平海商顾问有限公司经理。

4. 审级：二审。

5. 审判机关和审判组织

一审法院：广州海事法院。

合议庭组成人员：审判长：张伯仁；代理审判员：王榕、王玉飞。

二审法院：广东省高级人民法院。

合议庭组成人员：审判长：欧阳振远；审判员：郑舜贤；代理审判员：施适。

6. 审结时间

一审审结时间：1995年12月14日。

二审审结时间：1996年12月2日。

（二）一审情况

1. 一审诉辩主张

原告诉称：1993年4月10日、12日，被告的“柯兹亚”轮签发出两套提单，上面载明“柯兹亚”轮装运盘元4578.545吨，角钢6162.150吨，扁钢2000.26吨，从罗马尼亚康斯坦萨港开往中国黄浦港。原告通过银行向托运人支付了上述钢材的货款后，取得了被告签发的两套提单。由于“柯兹亚”轮在开航之前、开航当时以及开航之后，一直处于不适航状态，该轮抵达黄埔港的时间比正常航行时间晚了 6 个月。因被告没有尽到谨慎处理以使船舶适航的基本义务，导致原告蒙受了损失。原告要求被告赔偿货物市场损失、违约金损失、银行贷款利息、货损损失共计 227000 美元及人民币 20850136 元，并承担诉讼费用、证据保全及财产保全等费用。

被告辩称：原告在本案的诉讼中并未获得充分的诉权。根据被告的调查，原告据以主张权利的 1、2 号提单，原告已向港方提取了货物。此提单记载的收货人为“凭指示（TO ORDER）”，但 2 号提单并未经有关方的背书。根据提单转让的有关原则，原告尚不能根据 2 号提单向被告主张任何权利。原告与被告并未约定交货时间，被告也从未保证过船舶抵达的时间，因此“柯兹亚”轮不存在延误的问题。“柯兹亚”轮在开航前和开航时，持有全套有效的各种证书，船上亦按规定配备了足够的人员，因此，“柯兹亚”轮是适航的。至于右主机在开航后几个小时出现排气温度过高的现象，并不能推定船舶在开航时不适航。“柯兹亚”轮主机的故障，完全是无法预见的，是由其潜在缺陷造成的。康斯坦萨港务监督在当时向“柯”轮签发了离港证，这一文件证明港口当局认为船舶是适航的。1994 年 5 月 11 日，中国船级社对该轮的试航报告亦证明该轮的右主机并不存在明显的问题，主机的所谓故障是偶然的，因此，该轮在开航前及开航当时是适航的。原告的损失是不存在的，其请求金额是不合理的。在任何情况下，被告有权享受运费限额的责任限制，责任限制金额为 403774.4 美元。

2. 一审事实和证据

一审法院经审理查明：原告向罗马尼亚布加勒斯特克莱圣特商务航运（塞浦路斯）有限公司购买的线材、扁钢和角钢货物，于 1993 年 3 月 23 日至 4 月 12 日由卖方在罗马尼亚康斯坦萨港托运装船，装上被告所属的“柯兹亚”轮（M. V. COZIA），由船长签发了 1 号、2 号正本提单。两份提单的背面条款中均载明：1924 年《关于统一提单的某些法律规定的国际公约》（即“海牙规则”）的条款作为提单条款的一部分，并入提单。

“柯兹亚”轮为普通杂货船，装有两部四冲程船用主柴油机，通过齿轮减速离合器，双主机共同（或单机）驱动一条推进轴，该轮持有的各种证书均在有效期内。据“柯兹亚”轮船长发给被告的电报称，该轮上一航次仅使用右主机。该轮抵达康斯坦萨港后，于 3 月 17 日向 Arm ars S. A. 公司提交了两分修理清单，要求该公司对包括主机在内的各处机舱设备及船舶其他部分进行检修，检修内容共 68 项。

“柯兹亚”轮装货完毕后，多次移泊，并继续对船舶主机及其他机器设备进行检修。同年 5 月 13 日，被告的机务管理人员与“柯兹亚”轮高级船员共同签署了船舶设备状况表，认为该轮状态已适于计划中的航行。5 月 14 日 0 时，该轮取得港口当局签发的离港签证后启航，于 11 月 10 日抵达黄埔港锚地。期间，“柯兹亚”轮曾经多次对主机进行了修理。

1993 年 11 月 11 日，中国船级社对“柯兹亚”轮的主机和推进装置进行了技术状况检验，并出具检验证书认为：没有任何证据可以证明“柯兹亚”轮在 1993 年 5 月 15 日开航前是处于适航状态；“柯兹亚”轮从康斯坦萨至黄埔港的整个航程，其所持的船级证书和构造证书与原发证条件是不相符的。1994 年 5 月 7 日，中国船级社对该轮进行了航行试验，结果左主机起启动正常，右主机需转车至某一、二个位置才能启动。

“柯兹亚”轮抵达黄埔港后，原告持“柯兹亚”轮船长签发的 1 号和没有经过托运人背书的 2 号提单向被告在黄埔港的船务代理广东船务代理公司办理了提货手续。被告的代理人对于2号提单的合法性问题没有提出异议。

"柯兹亚"轮在黄埔港卸货完毕后，中国外轮理货公司广州分公司于1993年11月15日出具了货物残损单，其中记载，共有615捆线材、165捆角钢发生锈蚀。根据原告的申请，广东进出口商品检验局对货物进行检验并于1993年12月15日出具了编号为4400/93M 8146A、4400/93M 8147A检验证书，载明：因受海水浸蚀，615捆327.18吨线材表面严重锈蚀，估损率为65%；165捆418.245吨角钢估损率为70%。

另查明：在1993年2月10日，原告与江苏省常州新技术产业远东对外贸易公司（简称常州公司）签订购销合同，约定：由原告销给常州公司线材1万吨，单价为每吨4000元人民币；角钢1万吨，单价为每吨4800元人民币；规格为40×10的扁钢527吨，单价为每吨3600元；规格为50×10的扁钢1485吨，单价为每吨3600元。上述货物在1993年5月中旬前分批交清。同时还约定：原告委托常州公司向常州市工商银行贷款400万美元用于信用证付款，由原告提供担保并承担还本付息责任。

原告所购买的线材，单价为USD 242.50/MTFOBST Constanza；所购买的角钢，单价为USD 275.00/MTFOBST Constanza，均以信用证方式结算货款。所购买的扁钢共2000.26吨，单价分别为USD 170/MT和USD 240/MT，价格条件均为FOBST Constanza。1993年3月3日，原告所委托的开证行交通银行北京分行向化学银行罗马尼亚布加勒斯特分行开出LCC0939031号信用证，总价值5175000美元，其项下买卖货物为线材和角钢共20000吨，1993年4月26日，交通银行北京分行承兑了信用证部分款项共USD 2804888.41。原告于同年4月26日向交通银行北京分行付款，取得了被告签发的1号提单。1993年4月28日，原告通过中国银行电汇的方式向其卖家付款375802.30美元，并通过中国驻罗马尼亚大使馆商务处外交人员从罗马尼亚IM PALA IM PEX S.R.L.公司处取得了被告签发的2号提单。

1993年11月19日，原告出售部分钢材给广州白云南方水利电力实业公司，其中线材2200吨，单价为每吨3200元；角钢1000吨，单价为每吨2700元；已锈蚀的角钢220吨，单价为每吨2000元。同年11月20日，原告出售部分钢材给广州保税区华海贸易公司，其中线材2000吨，单价为每吨3200元；已锈蚀线材327吨，单价每吨2000元；角钢1000吨，单价为每吨2700元；已锈蚀的角钢200吨，单价为每吨2000元。同年12月15日，原告将剩余的角钢3700吨卖给广州市黄埔区物资总公司，单价为每吨2700元。至此，原告已将到港的钢材全部卖出。

1993年11月11日，原告向本院申请诉前证据保全，请求责令"柯兹亚"轮船长、船员提供本航次的航海日志、轮机日志、船舶的各种证书和来往电报等文件，并申请对"柯兹亚"轮进行检验；同年11月16日，原告向本院提出诉前财产保全申请，请求扣押被告所属的"柯兹亚"轮；1994年2月7日原告又向本院申请拍卖被扣押的"柯兹亚"轮。本院均予以准许。本院于同年5月18日公开拍卖"柯兹亚"轮。香港金全海运有限公司以241.8万美元最高报价成交。扣除拍卖船舶发生的拍卖费用12.9万美元，执行监护发生的执行费用107520美元后，余款2189580美元存放于本院指定的银行账户。原告支付了证据保全申请费人民币5000元、执行费人民币5000元以及财产保全申请费5000元。

原告于1993年12月16日向本院起诉，以被告提供的船舶不适航，抵达黄埔港的时间比正常航行时间晚了6个月，从而造成其损失为由，请求被告赔偿货物市场损失至少1765

万元人民币，由于不能履行与常州公司的合同而支付违约金损失 137.55 万元人民币；由于不能及时偿还银行贷款的利息损失 22.70 万美元，以及部分货物受海水腐蚀削价出售的损失人民币 1825136 元。以上合计人民币 20850136 元、美元 22.70 万元。

3. 一审判案理由

广州海事法院审理认为：原告、被告一致同意“海牙规则”作为解决本案纠纷的法律。原告、被告双方选择法律适用的意思表示，不违反中国法律，应确认其效力。但是，该公约对于违约损失的计算没有明确规定，因此，有关赔偿范围及损失的计算应适用中华人民共和国法律。

原告在对外贸易活动中，与罗马尼亚卖方签订购买钢材的合同，并在付出货款后，取得“柯兹亚”轮船长签发的提单。尽管其中 2 号提单未经背书，但原告提货时，被告的代理人并未提出异议，故原告亦有权就提单项下货物的延期运到所遭受的损失向被告提出索赔。

被告作为承运人没有履行保证船舶适航和合理速遣的义务。虽然“柯兹亚”轮持有全套有效的各种证书，但船舶是否适航或者说是否具备安全航行的能力是一个事实问题，应以船舶的实际状况为准。中国船级社对“柯兹亚”轮主机和推进装置进行技术状况检验，证明“柯兹亚”轮本航次所持的船级证书和构造证书与原发证条件不相符。原告的货物比正常时间晚到 6 个月，如此长时间的延误给货主造成重大的经济损失。被告应对原告所遭受的货损损失、货物市场损失，以及因索赔发生的费用损失承担赔偿责任，而且无权享受赔偿责任限制。原告所索赔的市场差价、银行利息损失合理，应予认定。原告的违约金损失与被告的过失无直接的因果关系，不予认定。

4. 一审定案结论

广州海事法院依照“海牙规则”第三条和《中华人民共和国民法通则》第一百一十一条、第一百一十二条、第一百四十五条的规定，判决：

(1) 被告赔偿原告的货物市场损失 1533 万元、货损损失 183 万元以及贷款利息损失 20.5 万美元，以及上述款项自 1993 年 12 月 1 日起至付款之日止按中国人民银行同期流动资金贷款利率所计算的利息。

(2) 被告赔偿原告为诉前证据保全、诉前财产保全及申请拍卖“柯兹亚”轮而缴付的申请费、执行费人民币共计 1.5 万元。

(3) 拍卖“柯兹亚”轮发生的拍卖费用 120900 美元和扣船期间执行监护发生的执行费用 107520 美元，由被告负担。

(4) 驳回原告的其他诉讼请求。

本案一审诉讼案件受理费 4802 元，由被告负担。

(三) 二审诉辩主张

1. 上诉人上诉称：(1) 被上诉人并没有合法取得 2 号提单下的物权。因为提单没有经过合法背书。(2)“柯兹亚”轮在开航前开航时是适航的。右主机的故障，完全是意外事故，是由其潜在缺陷引起的。(3) 中国船级社的检验报告的编号说明该报告性质是检验人员的个人意见，不具有公证鉴定的性质，该报告实际上是一推论性文件，上诉人出示的附件已证明这一份报告的结论是错误的。(4) 被上诉人的损失是不存在的，或者不应由上诉人承担赔偿责任。根据原审认定，被上诉人的违约罚金损失不是因为上诉人的过失造成的，也就是说不是因为“柯兹亚”轮的延误直接造成的。(5)本案本院认为计算损失及赔偿问题适用中国法律，但根据《中华人民共和国海商法》第五十七条的规定，上诉人有权对因延误而引起的索赔限制其责任。责任限制的金额为有关提单项下的运费总共USD478970.07。一审法院没有事实根据强行剥夺上诉人享受责任限制的行为是极不公平的。(6)一审法院适用法律错误，上诉人已经充分克尽职责地履行了“海牙规则”第三条(1)至(8)款规定的义务，上诉人对船舶适航的义务，只能限制在开航前开航时，上诉人不应对事实上的适航与否承担责任。一审法院引用《民法通则》第一百一十一、一百一十二条作为判决依据不当。根据以上理由，请求二审法院撤销原判，驳回被上诉人的诉讼请求。

2. 被上诉人答辩称：一审判决认定事实清楚，适用法律正确，处理恰当，请求二审予以维持。

(四) 二审事实和证据

二审法院确认了一审法院认定的事实。在本案二审庭审期间，上诉人向二审法院提交了一份埃及船级社于1993年8月15日代表船东保赔协会对“柯兹亚”轮所作的检验报告，其中述及右主机出现的故障与凸轮轴及传动装置有关。上诉人与被上诉人均表示同意以“海牙规则”作为解决本案纠纷的法律。

(五) 二审判案理由

广东省高级人民法院认为：本案是运输合同纠纷。证明上诉人与被上诉人之间存在运输合同关系的证据就是上诉人所签发的提单。该提单经托运人背书转让已被被上诉人接受并依提单主张权利，因此，作为受让人的被上诉人应受提单条款的约束。本案的目的港、卸货港、被上诉人住所地以及被上诉人主张的损失的产生等因素均在我国境内，依最密切联系原则，本案应适用中华人民共和国法律处理。本案所涉提单载明将“海牙规则”并入使之成为提单条款一部分，此项约定不违反我国法律规定，应为有效。托运人接受了2号提单后，虽未经背书，但已以实际交付的方式将该提单转让；被上诉人向托运人支付了该提单项下货物的货款后接受了提单，并依该提单向上诉人提取货物，上诉人并未提出异议。因此，托运人与被上诉人之间以实际交付的方式转让了提单中约定的权利和义务，而且这种转让得到了上诉人的认可。上诉人须对被上诉人承担履行提单中约定义务的责任。也就是说，被上诉人可依据该提单向上诉人主张权利，包括提起诉讼。因此，上诉人第一点上诉理由不成立。

根据“海牙规则”的规定，克尽职责使船舶在开航前和开航时适航是承运人的基本义务。“柯兹亚”轮在上一航次过程中，主机运转已发生故障，机舱日志上已有记载。但上诉人在装船前持续近一个月的检查修理中，并没有对主机推进系统进行全面检查。特别在装船后至离港前长达一个月的时间里，“柯兹亚”轮主机推进系统处于不良的工作状态，但上诉人没彻底检查原因，反而决定离港远航，上诉人的决定是轻率的和不负责任的。事实证明，“柯兹亚”轮在本航次中是不适航的。由于该轮的不适航，导致货物装船后长达半年时间不能被卸下交付给被上诉人，使船上所装载的钢材不同程度地受到锈蚀，使钢材的价值受到贬损，该损失与上诉人的船舶不适航有直接的因果关系。而上诉人不能举证证明其对于该损失可以免责，因此，上诉人应依照“海牙规则”第三条第一款和第四条第一款的规定，对因船舶不适航造成的货物灭失和损害负赔偿责任。“柯兹亚”轮在到港卸货时由中国外轮理货公司广州分公司出具了残损单，证明有小部分线材、角钢发生锈蚀；广东进出口商品检验局也出具了检验证书，证明了损失比例。上述证据应具有证明效力。上诉人对于上述损失，应按照货物的到岸价值，即按照成本加运费加保险费共计 152787.42 美元予以赔偿。原审判决认定损失以市场跌价来作为依据欠妥。

被上诉人向上诉人索赔违约金损失，要求赔偿银行利息和罚息损失缺乏事实和法律依据。

被上诉人索赔的市场跌价损失，并不是上诉人迟延交付货物的必然结果，该损失与市场价格波动有关，钢材价格的下跌，并不是承运人签订运输合同时所能合理预见的，而且被上诉人在订立合同时并没有将迟延交付货物会使其遭受市场跌价损失的特殊情形告知上诉人，为此双方订立一个特别条款，因此，由上诉人承担被上诉人的市场跌价损失是不公平的。故此，对于被上诉人该项诉讼请求，不予支持。

（六）二审定案结论

广东省高级人民法院根据《中华人民共和国民事诉讼法》第一百五十三条第一款第（二）项之规定，判决如下：

1. 维持原审判决第（三）判项，撤销其余判项。

2. 上诉人应赔偿被上诉人货损损失 152787.42 美元，以及赔偿该款项自 1993 年 12 月 1 日起至付款之日止按中国银行同期流动资金贷款利率所计算的利息。

3. 驳回被上诉人其他诉讼请求。

本案诉前证据保全、诉前财产保全和拍卖船舶申请费，以及一、二审案件受理费共计人民币 304604 元，由上诉人负担 30460.4 元；由被上诉人负担 274143.6 元。

（七）解说

这是一个一、二审法院争议相当激烈的案件。双方争议的焦点主要集中在船舶晚到 6 个月与钢材市场跌价是否有因果关系的问题上。一审法院认为有因果关系，因而判决上诉人赔偿被上诉人的市场跌价损失 1533 万元，二审法院则认为二者之间没有因果关系，因而对一审判决予以改判，驳回被上诉人的该项诉讼请求。

考究违约行为与损害结果是否有因果关系，离不开所适用的法律环境。本案属涉外经济纠纷，由于本案的目的港、卸货港、被上诉人住所地以及被上诉人主张的损失的产生等因素均在我国境内，依最密切联系原则，本案应适用我国法律处理。同时，本案所涉提单载明将“海牙规则”并入使之成为提单条款的一部分，此项约定符合《中华人民共和国民法通则》第一百四十五条的规定，亦应为有效。但是，“海牙规则”对违约损失的计算没有明确规定，因此，有关赔偿范围及损失的计算应适用我国法律。《中华人民共和国涉外经济合同法》第十九条规定：当事人一方违反合同的赔偿责任，应当相当于另一方因此所受到的损失，但是不得超过违反合同一方订立合同时应当预见到的因违反合同可能造成的损失。可见，我国对违约行为与损害结果之间是否有因果关系，采取的是可预见性理论，即合同当事人将对其应当预见到的损害负赔偿责任，只有当因违约所造成的损害是可以预见的情况下，才能认为违约与损害结果之间具有因果关系；如果损害是不可预见的，则不存在因果关系，违约当事人也不应承担对这些损失的赔偿责任。

本案中，作为承运人的上诉人，其义务主要是使船舶适航并谨慎地装载、积载、运输和保管货物，将货物安全及时地运到目的港交付给收货人。其应能合理预见的只是货物的灭失或者损坏，对货物的市场跌价，双方当事人并没有明确约定，也并非承运人所能合理预见。市场本来就是盈利和损失并存，二者随时都可能发生。从实际看，1993年的钢材市场价格由涨转跌，是我国的经济环境所致，当事人双方均不可能预见到。经济政策的宏观调控是造成钢材市场跌价的直接原因，二者才具有直接的因果关系。把市场跌价归于上诉人的迟延运到，有违法律的规定，也极不公平。假如承运人迟延交付时正赶上钢材价格猛涨时，依一审法院的观点，货主所赚取的市场差价就应归承运人所有而不能归货主所有，承运人均可以二者有直接因果关系为由起诉货主并获得胜诉。显然，这个结果是十分荒谬的。

可见，广东省高级人民法院的二审改判是正确的，它符合我国的法律规定，保护了外国当事人在我国的合法权益。

（施　适）

77. 汕头经济特区龙南经济发展公司诉宁德市第三海运公司航次租船合同案

（一）首部

1. 判决书字号

一审判决书：厦门海事法院（1995）厦海法商初字第58号。

二审判决书：福建省高级法院（1996）闽经终字第41号。

2. 案由

一审案由：海上货物运输合同案。

二审案由：航次租船合同案。

3. 诉讼双方

原告（上诉人）：广东省汕头经济特区龙南经济发展公司。

法定代表人：章列坤，经理。

委托代理人：刘绍刚，吉林省四平市第二律师事务所律师。

委托代理人：章秋景，该公司粮贸部经理。

被告（被上诉人）：福建省宁德市第三海运公司。

法定代表人：郑文和，经理。

委托代理人：陈开梓，该公司法律顾问。

4. 审级：二审。

5. 审判机关和审判组织

一审法院：厦门海事法院。

合议庭组成人员：审判长：萧言金；代理审判员：周城友、刘新平。

二审法院：福建省高级人民法院。

合议庭组成人员：审判长：魏光钰；代理审判员：薛奇、黄继业。

6. 审结时间

一审审结时间：1995年12月25日。

二审审结时间：1996年4月10日。

（二）一审诉辩主张

1. 原告汕头经济特区龙南经济发展公司（以下称汕头龙南公司）诉称：原告与被告福建省宁德市第三海运公司（以下称宁德海运公司）于1993年7月14日签订一份海上货运合同。约定，由被告所属“和宁”轮承运玉米4000吨，起运港营口鲅鱼圈港，目的港汕头港，受载日期预计为1993年7月25日±5日左右，运费为71万元（人民币下同），原告应于合同签订当日预付运费的65%作为定金，预付15.4万元作为滞期保证金。7月16日，原告委托代理人锦西港务局货运总公司电汇55万元给被告。但被告经原告多次催告，仍无故拒不按期派船抵港受载。原告认为被告应对其违约行为承担违约责任，为此请求判令被告：(1) 双倍返还定金92.3万元；(2) 返还滞期保证金8.85万元及利息2.1万元；(3) 偿付违约金42.6万元；(4) 赔偿原告所支付的购买玉米的定金28万元及利息6.7万元；(5) 赔偿原告为处理纠纷所支付的费用4210.30元。

2. 被告宁德海运公司辩称：自双方合同纠纷产生之日起至原告起诉之日已逾时2年又2个月，且在此期间未发生诉讼时效中断事由，因此，原告起诉已超过诉讼时效期间，应予驳回。另被告之所以未按合同约定的受载日期派船抵港，是因为被告在知道原告货源落空，要求原告保证货源而原告故意不作答复的情况下，为避免扩大损失而未按约定日期派船抵港。因此被告认为原告违约在先，其诉讼请求应予驳回。

（三）一审事实和证据

一审法院查明：1993年7月14日，原告汕头龙南公司通过其委托的货运代理人锦西港务局货运总公司与被告宁德海运公司签订海上货运合同。合同约定，由被告所属“和宁”轮承运原告所订购的玉米4000吨，受载日期预计为1993年7月25日±5日，起运港为营口鲅鱼圈港，目的港为汕头港，运费71万元，原告应于合同签订之日预付65%的运费作为定金，另付15.4万元滞期保证金。7月16日，原告委托锦西港务局货运总公司汇款55万元给被告。7月26日，原告传真通知被告务必于7月27日派船抵港，被告复电申明合同约定的受载日期是7月25日±5日左右，并要求原告确认，原告未予确认。之后，被告接到葫芦岛船舶代理公司（该公司成立后，本案所涉海上货运合同的代理业务由该公司承接）经理杜柱告知原告货物落空的电话，被告随后与营口港务局货商处电话联系，证实原告确无货物到港。7月29日，原告电报告知被告，若7月30日船未到港，则解除合同。同日，被告复电要求原告确认货源是否落空，并提供保证，但原告未予答复。据此，被告拒不派船抵港，也不返还定金及滞期保证金，1995年9月22日原告诉至厦门海事法院。

上述事实有下列证据证明：

1. 海上货运合同。

2. 寻船协议。

3. 原、被告传真各二份。

4. 收款凭证。

5. 法院调查笔录等。

（四）一审判案理由

厦门海事法院认为，原告汕头龙南公司于1993年7月29日电报告知被告宁德海运公司如果7月30日船不抵港，则解除运输合同，而被告于7月30日确实未派船抵港。因而，1993年7月30日应视为双方合同纠纷产生之日，也是原告知道其权利受侵害之日。原告汕头龙南公司于1995年9月22日向本院起诉，已超过诉讼时效期间，且在此期间，原告未提起诉讼或提交仲裁，被告也未承诺返还定金和滞期保证金，也即诉讼时效并未中断。因此，原告汕头龙南公司在超过诉讼时效期间提起诉讼，已丧失胜诉权。

（五）一审定案结论

一审法院根据《中华人民共和国海商法》第二百五十七条之规定，判决：

驳回原告汕头龙南公司的诉讼请求。

案件受理费1.95万元及财产保全费9570元由原告汕头龙南公司负担。

（六）二审情况

1. 二审诉辩主张

一审判决后，汕头龙南公司不服，上诉称：首先，本案系航次租船合同纠纷，不适用《海商法》的有关规定，原判适用《海商法》第二百五十七条，显然适用法律不当。其次，自1993年7月30日以来，上诉人曾多次以电话、电报、面谈等方式与宁德海运公司协商返还定金、赔偿损失等。1995年7月24日，上诉人向大连海事法院起诉，后移送厦门海事法院，因此，上诉人认为诉讼时效已中断。再次，原判认定上诉人的代理人葫芦岛船舶代理公司曾将货源落空情况电话通知宁德海运公司与事实不符。故上诉人请求二审法院撤销原判，支持上诉人的诉讼请求。

被上诉人宁德海运公司辩称：原判认定事实清楚，适用法律正确，故请求二审法院依法驳回上诉，维持原判。

2. 二审事实和证据

二审法院对诉讼时效问题，所查明的事实与一审相同。

在二审诉讼期间，汕头龙南公司提交了一份大连海事法院于1996年1月4日出具的证明书（便笺）载明：该院于1995年7月24日受理了汕头龙南公司诉宁德海运公司返还定金一案，经审查认为该案不属于本院管辖，故告知汕头龙南公司向厦门海事法院起诉。

3. 二审判案理由

二审法院认为，该案所涉及的“海上货运合同”的内容更接近了“航次租船合同”，上诉人的“航次租船合同”纠纷提起上诉，被上诉人亦不否认该合同为“航次租船合同”，故本案案由应定为航次和租船合同的定金、滞期保证金返还纠纷，根据有关规定该诉讼时效应为2年。上诉人认为自1993年7月30日起曾多次向被上诉人追讨定金和滞期保证金，但被上诉人予以否认。上诉人在2年期间提交的大连海事法院出具的证明，不能证明该时效之中断，而向厦门海事法院起诉时已超过2年诉讼时效，因此，上诉人已丧失本案的胜诉权。上诉人上诉无理，应予驳回。

4. 二审定案结论

二审法院依照《中华人民共和国海商法》第二百五十七条第二款、第二百六十七条和《中华人民共和国民事诉讼法》第一百五十三条第一款第（一）、（二）项之规定，判决：

驳回汕头龙南公司的上诉，维持原判。

二审案件受理费1.95万元由上诉人汕头龙南公司负担。一审案件受理费及财产保全费按原判执行。

（七）解说

该案双方当事人争议的焦点在于：第一，诉讼时效是否超过；第二，违约责任应该由谁承担。

1. 该案是否适用《海商法》规定的时效制度。对于该案是否适用《海商法》的规定，存在两种不同的观点。持肯定态度者认为，《海商法》第二条规定该法第四章不适用于国内沿海货物运输，并没有排除其他章、节对国内沿海货物运输的约束力，因此，作为调整海上货运合同关系的特别法——《海商法》应适用于本案；持否定态度者认为，既然《海商法》第四章不能作为调整国内沿海货物运输合同当事人的行为规范，那么其他章节也就当然不适用于国内沿海运输，否则就破坏了法律适用的统一性，因此，本案不应适用《海商法》。

我们认为，本案应适用《海商法》的时效规定。第一，调整国内沿海货物运输合同关系的法律、法规，对返还定金及滞期保证金的诉讼时效均无明确规定，仅有“按有关规定办理”的规定。就“有关规定”究竟为何法之规定，作为授权解释《水路货物运输实施细则》的交通部并无明确的解释。因此，该案没有明确无误而得以直接利用的法律，只能在相关法律、法规中寻找联系较为密切的法律、法规。第二，可供选择适用于该案的法律为《民法通则》和《海商法》。《民法通则》是调整平等民事主体之间财产关系的民事普通法，而《海商法》则是调整海上运输关系的民事特别法，依照特别法优于普通法这一法律适用的一般原则，该案应适用《海商法》。第三，从《海商法》的立法意图来看，除第四章外，其他章节应适用于国内沿海运输。该法第二条第二款规定“本法第四章海上货物运输合同的规定，不适用于中华人民共和国港口之间的海上货物运输”。它并没有排除其他章节的规定对国内港口之间的海运合同的适用。从法条的语言逻辑上分析，该条则蕴含着一项默示条款即其他章节的规定仍适用于国内港口之间的海上货物运输，否则，该条则应如此叙明：本法不适用于中华人民共和国港口之间的海上货物运输。第四，从诉讼时效制度设立的目的和时效期间划分的标准看，该案也应适用《海商法》的时效规定。时效制度设立的目的在于加速商品流通，稳定交易秩序，促使当事人及时行使民事权利，也利于法院公正裁判，时效期间的长短则主要是依据民事法律关系的性质和特点来确定的。由于国内沿海货物运输与远洋货运一样，具有专业性强、单纯化程度高、业务运转速度快、风险性大、国际惯例适用范围广等特点。因此，国内沿海货物运输合同关系与《民法通则》所调整的一般财产关系相比而言，具有其自身的独特性，如果仍适用《民法通则》规定的普通民事诉讼时效制度，则不利于航运秩序的稳定，也不利于航运业务的快捷流转，更不利于人民法院查证和裁判。也正因为如此，笔者认为有关国内沿海货物运输合同的请求权的诉讼时效应与远洋货物运输合同一样适用《海商法》规定的特殊时效制度。故本案适用《海商法》第二百五十七条的规定符合有关诉讼时效制度的法律，其法律适用的正确性应予肯定。

2. 本案另一个关键问题是：诉讼时效是否中断。根据《海商法》第二百六十七条的规定，诉讼时效中断的法定事由为请求人提起诉讼、提交仲裁或被请求人同意履行义务。但请求人撤回起诉、撤回仲裁或者起诉被裁定驳回的，时效不中断。一审时，汕头龙南公司称自 1993 年 7 月 30 日起曾多次向宁德海运公司追讨定金和滞期保证金，但宁德海运公司均予以否定，且汕头龙南公司未提供宁德海运公司同意返还定金和滞期保全金的承诺的证据，因此，汕头龙南公司以曾主张权利为由主张本案时效中断，没有法律依据，不予支持。二审时，汕头龙南公司提交的大连海事法院的证明，只能说明汕头龙南公司在知道该案不属于大连海事法院管辖后，即撤回了起诉，而撤回起诉时效并不中断。因此，一、二审法院认定本案诉讼时效没有中断，汕头龙南公司超过时效期间起诉已丧失胜诉权，并作出驳回汕头龙南公司的诉讼请求的判决是正确的。

虽然本案因原告汕头龙南公司起诉超过时效期间而以判决驳回其诉讼请求而结案，但就本案所涉合同履行情况又引发了一个颇有争议的问题，那就是被告未按合同约定的时间派船抵达装运港的行为是否构成违约？应否承担违约责任？

根据法院查明的事实，被告宁德海运公司在接到原告汕头龙南公司的代理人葫芦岛船舶代理公司经理林柱告知原告货源落空的电话后，又与营口港务局货商处联系，证实原告确实无货到港。为此被告宁德海运公司致电原告要求其保证货源作为派船条件，但原告汕头龙南公司不作答复。在这种情况下，被告未派船是否构成违约，值得探讨。应该说这是一个海上货运合同当事人能否行使不安抗辩权的新问题。

所谓不安抗辩权是指双务合同成立以后，后履行一方当事人财产状况恶化，可能危及先履行一方当事人债权的实现时，后履行一方当事人在对方未履行对待给付或提供担保前，得拒绝自己债务的履行，其目的在于预防因情势变更致一方遭受不利的后果。依照传统的民法理论，发生不安抗辩权须：(1) 在双务合同成立后对方发生财产状况恶化；(2) 须对方财产显然减少有难为给付之虞，这种传统的不安抗辩权的理论在立法上已被逐步摒弃。如我国《涉外经济合同法》已不再把不安抗辩权行使的条件局限于对方财产的减少，而只要当事人一方有另一方不能履行合同的证据，对不能履行合同的原因可以不问，只须不能履行合同的证据确切即可，在另一方对履行合同提供了充分的保证时，应当履行合同，如另一方未提供充分的保证则有权中止履行合同。对本案而言，《涉外经济合同法》虽然不能适用，但却为确定本案当事人不安抗辩权的行使正确与否提供了法理参考。

本案被告宁德海运公司在掌握原告不能履行运输合同的确切证据后，要求原告保证货源，在得到原告保证之前，拒不派船，应视为被告合理地行使了不安抗辩权，因为其行使该权利的条件合理、行使权利的方式得当。因此，被告在没有得到原告的保证之前拒不派船抵港不构成违约，也不应承担任何合同不能履行的违约责任，因为被告对合同最终没有履行没有过错。反之，如果被告宁德海运公司在明知原告汕头龙南公司无法准备货源的情况下，仍依照合同约定的时间派船，那么被告派船的行为实际上是扩大损失，新扩大的损失又应由谁承担呢？根据我国经济合同法的规定，当事人新扩大的损失应自行承担责任，这样显然对被告显失公平，因此被告拒不派船以免扩大损失的行为作为承运人而言是合情合理的，应受法律保护，这也符合市场经济体制下的法律的社会经济价值取向即合理使用社会资源。

不安抗辩权在海上货物运输合同中行使，无论在立法上，还是在司法实践中，尚无先例，其理论上的科学性及实践中的可行性，有待进一步考证。

（刘新平）

78. 揭阳市榕城区粮食总公司诉中国人民保险公司仪征市支公司水上货物运输保险合同案

（一）首部

1. 判决书字号

一审判决书：厦门海事法院（1995）厦海法商初字第083号。

二审判决书：福建省高级人民法院（1995）闽经终字第2号。

2. 案由：水上货物运输保险合同案。

3. 诉讼双方

原告（被上诉人）：广东省揭阳市榕城区粮食总公司。

法定代表人：江伟全，总经理。

委托代理人：黄烈城，该公司经营部副经理。

委托代理人：刘桂东，揭阳市榕城经济贸易律师事务所律师。

被告（上诉人）：中国人民保险公司仪征市支公司。

法定代表人：嵇宽兆，经理。

委托代理人：李为民、赵阿宝，南京金陵律师事务所律师。

4. 审级：二审。

5. 审判机关和审判组织

一审法院：厦门海事法院。

合议庭组成人员：审判长：张希舟；代理审判员：黄建群、田兴玉。

二审法院：福建省高级人民法院。

合议庭组成人员：审判长：魏光钰；代理审判员：薛琦、黄继业。

6. 审结时间

一审审结时间：1995年10月18日。

二审审结时间：1996年3月6日。

（二）一审诉辩主张

原告诉称：1995年1月6日，原告购买了500吨大米，并就货物从仪征至溪湖的运输向被告投了水路货物运输综合险。并依约支付了保险费。1995年2月11日，货物在运输中因承运船“宁发167”轮沉没而发生全损，原告向被告提出索赔，但被告迄今仍不赔付。故提起诉讼，请求判令被告赔偿其货物保险金额120万元（人民币）及逾期赔付该款所造成的利息（按其向榕城区财政局周转金借贷月利率2%计）损失，并承担本案诉讼费。

被告辩称：被告委托国家海洋局厦门海洋工程勘察设计中心地质工程部按照原告提供的沉船方位于1995年6月20日进行了探测，但并未发现沉船迹象，因此船货沉没的事实不清。另外，根据《水路、陆路货物运输保险条款》第十四条规定，原告应首先向承运人“宁发167”轮船东索赔。

（三）一审事实和证据

厦门海事法院审理查明：原告（下称粮食总公司）向仪征市粮贸公司（下称粮贸公

司）购买了一批大米共500吨，价值127万元，并委托粮贸公司代办货物运输和保险事宜，粮贸公司将货物交由南京建宁船务海运部“宁发167”轮承运，并于1995年1月6日向被告（下称仪征保险公司）投保了水路货物运输综合险，保险金额120万元，保险费为7200元，货物起运地点仪征，到达地溪湖港，仪征保险公司就此出具了保险单。但投保单上投保人记载为“广东揭阳荣城区粮食局”。原告得知“宁发167”轮行至福建晋江海面沉没，货物随船灭失的消息后，立即通知了被告，同时提出索赔，并陆续提供了发货明细表和福建省平潭县工程打捞队受“宁发167”轮船东委托对该轮进行水下勘探后于1995年3月21日所作《沉船勘探报告》，泉州港务监督1995年4月12日对事故所作的调查结论。仪征保险公司收到上述材料，但迄今尚未赔付。另查明，本航次货运保险单上所载的“广东揭阳荣城区粮食局”系“广东揭阳榕城区粮食局”（以下称粮食局）的笔误。粮食局与原告粮食总公司在经济上未相互独立，实际上为同一单位，对外经营一般以粮食总公司名义，但粮贸公司在出售大米及代办运输、保险等事项时未将二者予以区分。被告仪征保险公司在本案理赔过程中也以粮食总公司作为其相对方称呼，未对原告身份表示异议。

上述事实有下列证据证明：

1.《购买大米合同》。

2.《保险合同》。

3. 沉船勘探报告、泉州港务监督出具的调查结论。

4. 有关索赔函件。

（四）一审判案理由

厦门海事法院认为：原告粮食总公司为本航次货物保险的实际投保人和被保险人，其与被告间成立的保险合同，依法具有法律效力。“宁发167”轮于运输途中因“不明原因”沉没，已经国家海上交通安全主管机关泉州港监调查确认。被告辩称经委托国家海洋局厦门海洋工程勘察设计中心地质工程部（下称工程部）进行探测未发现沉船迹象，但未提交相应的证据，故其主张不能成立。原告保险货物遭受损失，属于本航次水路货运综合险的保险范围，被告应按保险金额承担赔偿责任。《水路、陆路货物运输保险条款》第十四条规定“如被保险人提出要求，保险人也可以先予赔偿，但被保险人应签发权益转让书给保险人，并协助保险人向责任方追偿。”原告向被告提供了有关的索赔单证后，被告未能及时予以赔偿，应承担逾期赔款的利息损失，但原告所主张的按其所贷财政周转金贷款利率每月2%计算，因其与本案无因果关系，故不予支持，应以中国人民银行同期一年期的贷款利率为准。

（五）一审定案结论

厦门海事法院依照《中华人民共和国海商法》第二百三十七条、第二百三十八条、《中华人民共和国民事诉讼法》第一百三十条之规定，作出如下判决：

被告于本判决生效之日起10日内赔偿原告120万元及该款自1995年5月11日起至实际支付之日止，按中国人民银行同期一年期贷款利率计算的利息。诉讼费1.7万元，由被告负担。

（六）二审情况

1. 二审诉辩主张

上诉人（原审被告）仪征保险公司上诉称：（1）关于一审程序方面的错误问题。1）上诉人代理律师李为民等二人参加两个货运险的开庭，难以出席厦门的庭审活动，并发出加急电报申请延期开庭。一审判决“被告经合法传唤无正当理由不到庭”，不符合最高法院通知的有关规定。2）一审判决上诉人未提交相应证据，探测未发现沉船迹象的主张不能成立的观点缺乏证据。3）一审法庭《开庭通知书》通知开庭审判，但是并未开庭以致上诉人一行 6 人花费 11879 元差旅费。(2) 关于一审实体方面的错误问题。1）沉船的事实不清，证据不足；2）沉船性质不明，原因不清；3）举报电话、匿名信不断，难以排除承运人制造假案的可能性；4）船长林守保证词证明，“宁发 167”号轮不仅违反船舶运行规定，而且有涉嫌人为制造沉船的可能；5）在合同中承运方系“宁发 167”号轮，却无具体合法主体，使保险人无法向承运人追偿，应按《海商法》第二百三十条规定，保险人可以扣减保险赔偿。(3) 请依法将“宁发 167”号轮所有人与承运人列为本案第三人参加诉讼。

被上诉人（原审原告）粮食总公司答辩称：“宁发 167”号轮运输途中沉没属实，泉州港监已于 1995 年 4 月 12 日作出确认，其结论具有法律效力，应作为本案认定事实的依据。至于“宁发 167”号轮沉没的原因不是涉及本案赔偿的主要问题。该公司只要举证船舶的沉没属实，则已符合保险条款的向上诉人要求赔偿的条件。上诉人认为，本案不属于意外事件，而且涉嫌人应为沉船的可能性承担举证责任。该公司为保证上诉人以后能顺利行使代位追偿的权利，在法定期限内，已依法向承运人声明保留向其追偿的权利，履行了被保险人的应尽义务。原审判决符合法律规定审理程序，在认定收集证据的程序方面同样是正确、合法的，请求二审法院驳回上诉人的请求，维持原判决。

2. 二审事实和证据

福建省高级人民法院审理查明的事实和证明该事实的证据，基本上与一审相同。

3. 二审判案理由

福建省高级人民法院审理认为，当事人提出延期开庭的申请未被采纳，仍应参加开庭，一审对被告的不出庭所作缺席判决，并无不当。粮食总公司经泉州港监确认“宁发 167”轮沉没，并经先向承运人索赔后，根据该公司与仪征保险公司签订的保险合同要求索赔符合有关法律规定。被保险人的利益应予保护。仪征保险公司在赔偿被保险人的损失后，依法取得代位求偿权，可向责任方追偿。原审判决正确。

4. 二审定案结论

福建省高级人民法院依照《中华人民共和国民事诉讼法》第一百五十三条第一款第（一）项之规定，判决：

驳回上诉，维持原判。

本案一、二审诉讼费各 1.7 万元，由仪征保险公司负担。

（七）解说

本案上诉人的上诉理由和争议焦点如下。

1. 一审的程序问题。仪征保险公司认为代理律师由于另案开庭，难以出席本案的庭审活动，并发出加急电报申请延期开庭，一审法院仍缺席判决是错误的。对此，一审是否违反了程序？代理律师因故不能出庭，可以做为向法院请求延期开庭的理由，但并不是法院就必须延期开庭的理由。法院在接到此类申请后，在可能的情况下应当尽量照顾，并做好另一方的工作，通知各方延期开庭。但是，一旦这种延期开庭的请求因故无法得到采纳，当事人或代理人（包括另聘代理人）应当遵照法庭决定准时出庭。当事人或代理人在法庭没有允许其延期开庭申请的情况下不到庭，法庭所作出的缺席判决，没有违反法律程序。在证据采用上。仪征保险公司单方自行委托工作部所做的未发现沉船迹象的证据，与国家海上交通安全主管机关泉州港监确认的证据，从效力上应当是不同的。当然，泉州港监出具的证据，并不一定就是确定最后赔偿责任的依据。但是，本案情况属于《水路、陆路货物运输保险条款》规定的“保险人也可以先予赔偿”的范畴。一审对于仪征保险公司单方自行委托所得到的证据不予认定，而依据泉州港监出具的结论，作出保险人先予赔偿的认定，在证据使用的原则上看，也是符合法律规定的。至于仪征保险公司在与原审经办人员在电话中因未弄清是“开庭”还是“审判”而花费的路费，并没有证据证明其是法院的责任。

2. 一审的实体问题，也就是沉船的事实和赔偿的关系问题。粮食总公司做为被保险人，其投保的货物灭失是不争的事实。该公司在获悉“宁发167”轮在福建晋江海面沉没，货物随船灭失后，立即通知仪征保险公司，并陆续提供“发货明细表”，打捞队的《沉船勘探报告》，泉州港监的“调查结论”，要求仪征保险公司按保险的有关规定赔偿。同时向承运人声明保留保险公司向其代位追偿的权利。仪征保险公司以其未经核实确定的朦胧事实，即沉船事实不清、原因不明、举报电话、匿名信不断，难以排除承运人制造假案的可能性等做为拒绝赔偿的抗辩理由，显然并不能对抗“可以先予赔偿”的理由。当然，仪征保险公司在赔偿之后，如果有充分证据表明该责任应由承运人承担，则可以代位向承运人追偿，这也是保险人的应有权利。但并不能要求被保险人先去弄清沉船不是承运人的责任后再进行赔偿。

3. 追加第三人的问题。本案审理的是保险合同法律关系，其诉讼主体是粮食总公司与仪征保险公司。保险合同与水上货物运输合同是两个不同的法律关系，并非必须并案审理的不可分之诉。一审根据案情先审理保险合同，有利于促进生产和保护被保险人的利益，也没有违反法律规定。因此，在二审中仪征保险公司提出追加承运人为第三人的理由不能成立。

（魏光钰）

79. 烟台市食品进出口公司诉威海威东航运有限公司无正本提单放货案

（一）首部

1. 判决书字号

一审判决书：青岛海事法院（1995）青海法海商初字第88号。

二审判决书：山东省高级人民法院（1996）鲁经终字第144号。

2. 案由：无正本提单放货案。

3. 诉讼双方

原告（上诉人）：烟台市食品进出口公司（以下简称“烟台食品公司”）。

法定代表人：王喜开，总经理。

委托代理人：周广林，烟台食品公司副总经理。

委托代理人：赵小虎，山东省捷世律师事务所律师。

被告（被上诉人）：威海威东航运有限公司（以下简称“威东航运公司”）。

法定代表人：刘学德，董事长。

委托代理人：刘正江，青岛海师律师事务所律师。

委托代理人：杨禾青，青岛海师律师事务所律师。

4. 审级：二审。

5. 审判机关和审判组织

一审法院：青岛海事法院。

合议庭组成人员：审判长：崔文忠；审判员：薛九江；代理审判员：朱海林。

二审法院：山东省高级人民法院。

合议庭组成人员：审判长：冷绍民；代理审判员：赵童、赵星。

6. 审结时间

一审审结时间：1995 年 9 月 28 日。

二审审结时间：1996 年 5 月 7 日。

（二）一审诉辩主张

1. 原告烟台食品公司诉称：1994 年 5 月，原告先后与韩国大映国际商事株式会社（以下简称“韩国大映公司”）签订销售羽绒服和防寒服三份出口合同，价格条件为 CIF 或 FOB 即期信用证付款，合同总金额 610031.62 美元。为履行销售合同，原告与被告联系租船订舱事宜，由被告销售合同项下货物。原告分别将 20 个集装箱的货物交至被告，并取得被告签发的八份清洁提单，货物发票总金额共计 530296.32 美元，原告将全套正本提单在内的信用证单据提交银行结汇，由于种种原因，信用证单据均先后被银行退回。然而，货抵目的港，被告未凭正本提单将货物放行给韩国大映公司，该公司拒不向原告支付货款，原告因此遭受巨大经济损失，被告未凭正本提单放货，侵犯了提单持有人原告的权益，原告多次向被告要求返还货物或赔偿货款未果，请法院依法判决。

2. 被告威东航运公司辩称：原告诉状中称，“由被告销售合同项下货物”属于诬告，原告与被告从未达成由被告销售原告合同项下的货物的协议。被告 1994 年 7 月、8 月间为原告承运的以信用证方式结算的出口至韩国的八票货，其中有 1994 年 7 月 28 日二票，1994 年 7 月 22 日一票，已过诉讼时效，原告无权提出请求。被告为原告承运的八票货物，存放在韩国海关监管的由收货人指定的保税仓库，原告指定的收货人韩国大映公司，凭伪造银行进口许可证以及原告向大映公司提供的提单副本和发票等直接从海关仓库将货不法提走，被告从未向收货人签发过任何提货单，不存在无正本提单放货，货物被收货人提走，被告不应承担责任。原告未曾凭正本提单向被告主张提单权利，而是采用贸易纠纷的解决途径，于 1995 年 6 月 8 日在韩国汉城与韩国大映公司签订了协议书，确认了双方 1994 年度进行服装贸易中，韩国大映公司欠原告的款项和货物存在的质量问题造成的损失和分担的数额，以及韩国大映公司分期向原告付款的具体时间和数额，双方还订立了仲裁条款，事实表明，韩国大映公司已实际履行付款义务，原告知道韩国大映公司实际控制货物后，以国际贸易合同的卖方与买方交涉付款并达成协议，货款的支付由跟单信用证方式改变为买方直接汇款，原告向被告索赔不能成立，请求法院驳回原告的起诉。

（三）一审事实和证据

青岛海事法院经审理查明：1994 年 7 月至 8 月间，原告将八份提单项下的（提单号为：YKLA WQIN—E121058、121057 和 YKLA WWHI—123062、125061、125062、129065、

129064、133061）羽绒服和防寒服，总金额530296.32美元，分别在青岛港和威海港交被告所属的“新金桥”轮承运至目的港韩国仁川，提单通知收货人为韩国大映公司，原告将全套正本提单（清洁提单）在内的信用证单据递交银行结汇，因单证不符银行退单。被告先后承运原告的八份提单项下的货物至目的港，将货物存放由韩国大映公司指定的海关监管仓库保管，韩国大映公司未到银行赎单，亦未持有正本提单将货物非法提走后通知了原告，原告得知韩国大映公司实际控制货物后，没有立即向被告主张提单的权利。

又查明，被告为原告承运的八票货物是原告在1994年度出口给韩国大映公司的服装中的一部分，韩国大映公司均未持有正本提单将全部货物提走。原告多次与韩国大映公司协商付款，1994年9月28日韩国大映公司向原告电汇货款20万美元，至1994年12月22日韩国大映公司尚欠原告918106.32美元。1995年3月10日原告又分别收到韩国大映公司汇款266352.93美元和151689.60美元，上列汇款中包括被告承运的部分货物的货款。原告与韩国大映公司于1995年6月8日在韩国汉城达成还款协议书，确认了双方在1994年度进行的服装贸易中韩国大映公司尚欠原告服装款554872.80美元，韩国大映公司保证最晚不迟于1995年11月31日前将所欠余款全部付清，协议书还订立了仲裁条款：“在执行协议中，如双方发生争执通过协商解决，协商不成，任何一方都有权向北京中国国际贸易仲裁委员会提出仲裁，该委员会的裁决是最终的，对双方均有约束力。”该协议规定经双方签字生效后，双方之间以前的一切合同均告失效。

（四）一审判案理由

青岛海事法院认为，本案的法律事实涉及相互关联的两个法律关系：一是原告与被告和韩国大映公司之间的海上货物运输无提单放货、提货损害赔偿的法律关系；二是原告与韩国大映公司之间的国际贸易合同的法律关系。当货物存放韩国海关监管仓库时，原告持有正本提单，是提单项下货物的所有权人。被告在未收回正本提单的情况下，没有实际控制住货物，违反了国际航运惯例构成侵权，韩国大映公司未通过合法途径取得提单，而提取并实际控制货物亦违反了国际航运惯例构成侵权，侵害了本案提单在当时作为物权凭证的法律地位。原告作为提单持有人，在知道韩国大映公司未付货款而提取货物以后，应立即主张提单权利，通过法律程序向被告提出索赔。但原告却以国际贸易合同卖方身份与国际贸易合同的买方韩国大映公司交涉，双方达成协议，将支付货款的方式由跟单信用证方式改变为银行电汇，并以此方式韩国大映公司向原告支付了部分货款。本案事实证实，韩国大映公司原本是本案涉及的国际贸易合同的买方，其无提单提货在主体上没错误，原告在事后认可了韩国大映公司无提单提货和被告在未收回正本提单的情况下保管好货物的侵权行为。特别重要的是，原告与韩国大映公司协议改变了支付货款方式和解决纠纷方式(仲裁解决)，这就表明该提单在本案不再具有物权凭证的效力。原告所持有的正本提单只能作为海上货物运输合同的证明和交付货物的凭证，故原告依据不再是具有物权效力的提单，向被告索赔货款及利息损失，本院不予支持。原告与韩国大映公司的货款纠纷应通过双方协议选择的仲裁方式解决。

（五）一审定案结论

青岛海事法院根据《中华人民共和国民法通则》第七十二条的规定，判决：

驳回原告烟台市食品进出口公司的诉讼请求。

案件受理费人民币82503.68元，由原告承担。

（六）二审情况

1．二审诉辩主张

烟台食品公司不服原审判决，上诉称：上诉人得知韩国大映公司实际控制货物后，及时充分地向被上诉人主张了提单权利；韩国大映公司的两笔汇款与本案无关；一审认定上诉人在事后认可了韩国大映公司和被上诉人的共同侵权行为与事实不符；支付货款方式与解决纠纷方式的改变并不影响上诉人享有提单项下货物所有权的事实，也不能改变提单的物权凭证的效力；原审适用法律不当，案件受理费收取不符合法律规定，请求二审法院予以改判。

威东航运公司辩称：被答辩人在得知韩国大映公司未付款而已实际控制了货物的情况下，发函至韩方，同意其先付部分货款，其他货款同意暂缓支付；韩国大映公司的两笔汇款中含有答辩人承运的部分货物款项，有货票及答辩人与韩国大映公司的还款协议为据；韩国大映公司是收货人在主体上是没有错的；原审法院适用法律得当，请求二审法院驳回上诉，维持原判。

2．二审事实和证据

山东省高级人民法院查明：1994年7月至8月间，烟台食品公司分别在青岛港和威海港将羽绒服和防寒服20个集装箱交由威东航运公司所属的"新金桥"轮承运至目的港韩国仁川。威东航运公司签发八份提单（提单号为"YKLA WQIN－E121058、121057和YKLA WWHI－123062、125061、125062、129065、129064、133061"），托运人为烟台食品公司，收货人凭韩国汉城国民银行指示，到货通知人韩国大映公司。该货物发票总金额为530296.32美元。烟台食品公司将全套正本提单（清洁提单）在内的信用证单据交银行结汇，后因单证不符，银行于1994年10月19日退单。威东航运公司将该八份提单项下的货物运至目的港后，将货物存放由韩国大映公司指定的海关监管仓库保管。韩国大映公司在未持有正本提单的情况下，将货提走，并通知了烟台食品公司。该公司在得知韩国大映公司未付款而已实际控制了货物后，多次与韩国大映公司协商付款。1994年9月28日韩国大映公司向烟台食品公司电汇货款20万美元。1994年12月8日烟台食品公司致函威东航运公司称，由于收货人拒不付款赎单，正本提单仍控制在我方手中，要求威东航运公司退还所承运的全部货物。1994年12月22日，烟台食品公司函告韩国大映公司称，我公司于10月25日向贵方发货后，贵方仍未向我方付清前期发运的30多万美元，迫使我方不得不向贵公司追索。我方要求贵方首先将我方10月25日所发货物的587810美元立即付清，另外的30多万美元，请贵方提出一个付款时间表，经我方同意后，我方可暂停向贵公司追索。1995年3月10日烟台食品公司分别收到韩国大映公司货款266352.93美元和151689.60美元。1995年6月8日烟台食品公司与韩国大映公司在韩国汉城达成协议，确认双方在1994年度进行的服装贸易中韩国大映公司尚欠烟台食品公司服装款554872.80美元，其中防寒服款332103.76美元，DANNP差价13685.04美元，辅料款79084美元，灯芯绒长裤款13万美元。韩国大映公司保证最晚不迟于1995年11月31日前将所欠余款全部付清。该协议书订立的仲裁条款规定，在执行协议中，如双方发生争执通过协商解决，协商不成，任何一方都有权向北京中国国际贸易仲裁委员会提出仲裁，该委员会的裁决是最终的，对双方均有约束力。该协议还规定，经双方签字生效后，双方之间以前的一切合同均告失效。后因韩国大映公司未按协议付款，烟台食品公司诉至法院。

3. 二审判案理由

二审法院认为，对于托运人烟台食品公司来说，凭借其正本提单主张权利，不论是向承运人威东航运公司还是向收货人韩国大映公司，均能得到保护，这是托运人的选择权利。本案所涉及的一个重要事实是，烟台食品公司在发现承运人威东航运公司无单放货，货被其贸易合同的买方韩国大映公司提走后，没有直接向威东航运公司主张权利，而是在收到韩国大映公司的部分货款后，直接向韩国大映公司主张权利。双方经协商达成协议，确定了欠款数额，变更了付款方式和付款期限，同时，还约定了解决该协议纠纷的仲裁条款。烟台食品公司选择了向收货人主张权利，这是烟台食品公司对自己民事权利的处分。上述事实表明，烟台食品公司认同了威东航运公司无单放货的行为。烟台食品公司与韩国大映公司就无单提货后的付款问题达成的协议，意味着烟台食品公司放弃了凭借正本提单向威东航运公司主张权利。烟台食品公司，在韩国大映公司不履行付款协议的情况下，应按双方约定的仲裁条款申请仲裁机构仲裁。其再以提单向威东航运公司主张权利，与法无据，本院不予支持。原审法院认定事实清楚，适用法律得当。但诉讼费计算收取数额有误，应予纠正。

4. 二审定案结论

山东省高级人民法院根据《中华人民共和国民事诉讼法》第一百五十三条第一款第（一）项之规定，作出终审判决：

驳回上诉，维持原判。

一、二审案件受理费各 31221.85 元，均由烟台食品公司负担。

（七）解说

1. 关于选择诉权问题。

本案的法律事实涉及相互关联两个法律关系：一是海上货物运输无提单放货、提货损害赔偿的法律关系；二是国际贸易合同的法律关系。本案正本提单合法持有人既可依《海商法》和运输合同追究承运人无单放货的违约责任，又可依我国《民事通则》和我国加入的有关国际公约以及国际贸易合同追究无单提货人，即国际贸易合同中的买方韩国大映公司迟延付款的违约责任。这两个请求权都是由相关的法律赋予的。这样，正本提单合法持有人自然有权选择两者中有利于自己的一种诉因，提起诉讼，而不能行使双重请求权，得到双重赔偿。这是从法律的公平出发，对选择诉权的一种限制。本案中，烟台食品公司与韩国大映公司就无单放货后的付款问题达成协议，意味着烟台食品公司放弃了凭借正本提单向威东航运公司主张权利，其无权再向法院起诉要求保护。

2. 关于诉讼费问题。

当事人进行民事、经济、海事和行政诉讼，应当向人民法院交纳案件受理费。最高人民法院《人民法院诉讼收费办法》（1989 年 6 月 29 日最高人民法院审判委员会第 411 次会议讨论通过）中所规定的收费标准，各级法院必须严格执行。其速算公式为：应收案件受理费＝诉讼标的额×该级距费率＋该级距速算增加额。本案的诉讼标的额为 530296.32 美元，应首先按预交诉讼费当日的外汇牌价将美元数额折合成人民币，然后乘以该级距费率，再加上速算增加额，最后得出当事人起诉时应预交的诉讼费数额。原审法院将该诉讼标的额的美元数额直接代入速算公式，最后按外汇牌价折合成人民币。这种做法不符合法律规定，应予以纠正。

（赵　星）

80. 万宝集团广州菲达电器厂诉美国总统轮船公司海上货物运输无提单放货案

（一）首部

1. 判决书字号

一审判决书：广州海事法院（1995）广海法商字第66号。

二审判决书：广东省高级人民法院（1996年）广经终字第35号。

2. 案由：海上货物运输无提单放货案。

3. 诉讼双方

原告（被上诉人）：万宝集团广州菲达电器厂。

法定代表人：邓少怡，总经理。

委托代理人：许光玉，广州海上安全监督局处长。

委托代理人：林一华，珠江保险顾问公司总经理。

被告（上诉人）：美国总统轮船公司（American President Lines Limited）。

法定代表人：黄伟民，董事会授权代表。

委托代理人：靳庆军，深圳信达律师事务所律师。

委托代理人：林彬，深圳信达律师事务所律师。

第三人（被上诉人）：菲利（广州）工业有限公司。

法定代表人：卢仲和，董事长。

委托代理人：许光玉，广州海上安全监督局处长。

委托代理人：林一华，珠江保险顾问公司总经理。

第三人（被上诉人）：中国长城工业广州公司。

法定代表人：杨小虎，经理。

委托代理人：许光玉，广州海上安全监督局处长。

委托代理人：林一华，珠江保险顾问公司总经理。

4. 审级：二审。

5. 审判机关和审判组织

一审法院：广州海事法院。

合议庭组成人员：审判长：王玉飞；代理审判员：詹卫全、赖尚斌。

二审法院：广东省高级人民法院。

合议庭组成人员：审判长：郑舜贤；代理审判员：邓燕辉、施适。

6. 审结时间

一审审结时间：1995年12月11日。

二审审结时间：1996年9月5日。

（二）一审诉辩主张

原告诉称：1993年7月28日，原告与新加坡艺明灯饰公司（下称“艺明公司”）签订一份协议书，由原告向“艺明公司”出口一批灯饰。原告委托第三人中国长城工业广州公司（下称“长城公司”）及广州外资企业物资进出口公司办理出口手续。1993年8月14日，“长城公司”代原告向被告托运一个集装箱，价值96448.45美元。8月21日，第三人菲利（广州）工业有限公司（下称“菲利公司”）代原告向被告托运另一个集装箱，价值66480.35美元。货物运抵新加坡后，被告没有凭正本提单交付货物，违反了运输合同下的有关义务或保证，侵害了原告作为上述货物合法所有人的利益。请求判令被告向原告赔偿经济损失共162928.80美元及其利息，并承担本案诉讼费。

被告辩称：被告签发的两套正本提单均为记名提单。该提单首要条款中所约定适用的法律为美国法，因此，美国法应作为本案争议的准据法。根据美国《1936年海上货物运输法》，记名提单的收货人可不凭正本提单提货。记名提单是不可转让的单据，不是物权凭证，而仅是一份货物收据和运输合同的证明，承运人只能将货物交给托运人指定的收货人。被告已将货物交给提单上记载的收货人“艺明公司”，并取得其担保函，已履行承运人交付货物的义务，不应承担无正本提单放货的责任。美国律师行和新加坡律师行出具的意见书都认为，只要收货人身份得到充分证实，被告就应交付货物，而毋需提交正本记名提单。同时，原告与“艺明公司”就该提单项下货物的买卖合同已在新加坡法院进行诉讼。因此，请求法院驳回原告的诉讼请求，或者中止诉讼，或者追加“艺明公司”作为第三人参加诉讼。

两个第三人称：第三人所托运的货物属于原告所有。第三人受原告的委托，负责办理原告货物出口报关、托运及结汇手续。被告在没有收回正本提单的情况下，将货物交给他人，侵害了原告的货物所有权。第三人支持原告的合法请求。

（三）一审事实和证据

广州海事法院经审理查明：

1993年7月29日，原告与“艺明公司”（GBLOGHTING SUPPLIER）以传真的方式签订一份协议书，由原告向“艺明公司”出口一批灯饰。双方约定：原告发货后以传真的形式将提单发出，“艺明公司”须在三天内将货款全数汇出；原告收到汇款通知副本，再将提单正本交付“艺明公司”；若有违法提货行为，以诈骗论。由于没有出口经营权，原告委托“长城公司”、广州外资企业物资进出口公司办理出口手续。1993年8月14日，“长城公司”接受原告委托，将合计910纸箱照明灯具及变压器装入一个40英尺的集装箱，箱号为APLU701135，并以托运人的名义向被告托运，在黄埔港装上被告所属的“EAGLE WAVE V.002”轮。被告签发一式三份记名提单，提单编号APLU023158043。1993年8月21日，广州外资企业物资进出口公司接受原告的委托，由其下属公司“菲利公司”负责办理原告货物出口手续。菲利公司将合计783纸箱照明灯具、变压器和灯罩装入另一个40英尺的集装箱，箱号为LCSU2302804，以托运人的名义向被告托运，在黄埔港装上被告所属的“EAGLE COMET V.112”轮。被告签发一式三份记名提单，提单编号为APLU023157949。该两套提单均记载，承运人为被告，收货人为“艺明公司”，装货港为黄埔，卸货港为新加坡，运费预付。中华人民共和国黄埔海关提供的《出口货物报关单》证实，原告的APLU023158043和APLU023157949号提单项下货物的价格条件为FOB，价值分别为58994.148美元和39669美元。

货物运抵新加坡后，“艺明公司”未依协议向原告付款。在没有取得正本提单的情况下，“艺明公司”先后于1993年9月16日、9月17日致函被告，要求被告将提单APLU023158043、集装箱号APLU701135和提单号APLU023157949、集装箱号IC-

SU2302804 的两票货物交给其陆路承运人 Yung Xie 运输（私人）有限公司承运，车号为 13445880000C，并保证承担由此可能产生的任何后果。经新加坡港务当局证实，该两批货分别于 1993 年 9 月 16 日、17 日放行。

原告仍持有被告签发的上述两套正本提单。该提单的首要条款规定：货物的收受、保管、运输和交付受本提单所证明的运输协议的条款调整，包括……（3）美国《1936 年海上货物运输法》或 1924 年“海牙规则”。

（四）一审判决理由

广州海事法院认为：本案所涉提单首要条款规定，因本提单而产生的争议适用美国《1936 年海上货物运输法》和 1924“海牙规则”。该规定是原、被告双方选择法律适用的意思表示，没有违反中国法律，应确认其效力。但是，美国《1936 年海上货物运输法》和 1924 年“海牙规则”均未对承运人能否不凭正本提单向记名收货人交付货物作出明确规定。因此，本案应适用中国法律和有关国际航运惯例解决。

原告委托两个第三人办理货物出口手续。根据《中华人民共和国海商法》第四十二条关于托运人的规定，应认定原告系 APLU023158043、APLU023157949 号记名提单项下货物的托运人。原告委托他人办理货物托运，并取得被告签发的记名提单，是合法的提单持有人。

提单是据以交付、提取货物的凭证。被告作为承运人，在核实记名提单上收货人的身份后，按照国际惯例仍应凭正本提单放货。被告未征得托运人同意，在没有收回正本提单的情况下将货物交给非提单持有人，违反了承运人应凭正本提单交付货物的基本义务，侵害了原告作为货物所有人的物权。被告应当对无正本提单放货造成原告的损失承担赔偿责任。原告出口货物的价值应以海关确认的价格认定。原告请求超出海关确认的货物出口价值的部分经济损失，因证据不足，不予支持。被告认为原告与“艺明公司”就货物买卖纠纷已在新加坡法院起诉缺乏事实依据。被告要求中止诉讼或追加“艺明公司”作为第三人参加诉讼缺乏法律依据，不予采纳。

（五）一审定案结论

根据《中华人民共和国海商法》第七十一条和《中华人民共和国民法通则》第一百零六条、第一百一十七条的规定，以及国际航运惯例，广州海事法院于 1995 年 12 月 11 日作出判决如下：

被告美国总统轮船公司赔偿原告万宝集团广州菲达电器厂货物损失 98666.148 美元及其利息，于本判决发生法律效力之日起 10 日内付清。利息从 1993 年 9 月 17 日起至本判决生效之日止按中国人民银行企业流动资金同期美元贷款利率计算。

本案诉讼费人民币 41490 元，由原告负担 16360 元，被告负担 25130 元。

（六）二审情况

1. 二审诉辩主张

总统公司不服一审判决向本院上诉称：本案所涉提单首要条款规定，因本提单而产生的争议适用美国《1936 年海上货物运输法》或“海牙规则”。该约定是当事人真实的意思表示，合法有效。因此，本案无正本提单放货纠纷应适用美国法律或“海牙规则”。根据美国律师的意见，按照美国法律，在记名提单的情况下，承运人只须把货物交给记名提单所记载的收货人而无须收回正本提单。一审判决没有适用美国法律处理本案是错误的。即使不适用美国法，也应适用行为发生地新加坡的法律。根据新加坡律师的意见，只要收货人身份得到充分的证实后，承运人即应交付货物而无须提交正本记名提单作为交换。同时，一审判决适用中国法律以及国际惯例认为上诉人无正本提单放货侵害了菲达电器厂作为所有人的物权也是错误的。因为中国法律以及国际惯例所说的凭正本提单放货只是针对作为物权凭证的指示提单而言，对非物权凭证的记名提单，并无如此规定。另外，一审判决所认定的被上诉人的损失也没有证据。即使有损失，也是被上诉人自己的原因造成。如果被上诉人没有收到货款，其完全可以要求上诉人签发不记名提单；上诉人签发了记名提单后，其也可以通知上诉人暂停向记名提单记载的收货人交货。被上诉人没有行使上述权利，显然是放任损失的发生，后果应自负。综上可见，一审判决不当，请求二审予以改判。

菲达电器厂、菲利公司、长城公司共同答辩称：本案所涉提单上的首要条款，是选择性条款，既可以选择美国《1936 年海上货物运输法》，也可以选择“海牙规则”，我们选择“海牙规则”。根据“海牙规则”的规定，承运人有凭正本提单放货的义务。即使适用美国《1936 年海上货物运输法》，上诉人也无法举证证明该法哪一条规定记名提单的情况下可以无正本提单放货。上诉人所提供的所谓美国律师出具的意见，未经公证和鉴证，没有法律效力，不能作为定案依据。而且，根据该意见，也只是说在某些情况下可以不凭正本记名提单放货。但是，这不等于说承运人这样做无须承担任何责任。实际上，承运人无正本提单放货是要承担很大风险的。本案中，上诉人在没有收到正本提单的情况下，把被上诉人的货物交给了他人，侵犯了被上诉人的所有权，是明显的侵权行为。对此，上诉人应负赔偿责任。被上诉人的损失是客观存在的，上诉人称没有证据，才是毫无依据的。一审判决认定事实清楚，适用法律正确，处理恰当，请求二审予以维持。

2. 二审事实和证据

二审法院确认了一审法院认定的事实和证据。

3. 二审判案理由

二审法院认为：本案为涉外经济纠纷。菲达电器厂向广州海事法院起诉，被告没有异议，广州海事法院对本案行使管辖权符合法律规定。原告对被告提起的是侵权之诉，侵权行为而产生的权利义务关系非合同约定的权利义务关系，不受上诉人与被上诉人原有运输合同的约束。根据《中华人民共和国民法通则》第一百四十六条的规定，侵权行为的损害赔偿，适用侵权行为地法律。可见，对于侵权之诉，当事人无权选择适用法律。被告上诉称当事人已在提单中选择适用美国《1936 年海上货物运输法》，故应适用美国法的主张，因与中华人民共和国的冲突规范相违背，故不予支持。本案的侵权结果发生地是中华人民共和国，且原告的住所地、提单的签发地等均在中华人民共和国境内，较侵权行为实施地新加坡而言，中华人民共和国与本案具有更密切联系。因此，广州海事法院适用中华人民共和国法律并无不当。根据《中华人民共和国民法通则》第一百四十二条第三款的规定，中华人民共和国法律和中华人民共和国缔结或者参加的国际条约没有规定的，才可以适用国际惯例。记名提单的情况下，承运人是否应凭正本提单交付货物，《中华人民共和国海商法》已有规定，因此，本案应依该规定处理而无需考虑适用国际惯例。

4. 二审定案结论

广东省高级人民法院依照《中华人民共和国民事诉讼法》第一百五十三条第一款第（一）项的规定，判决如下：

驳回上诉，维持原判。

二审案件受理费人民币 41490 元，由被告美国总统轮船公司负担。

（七）解说

本案为涉外海事案件，主要涉及以下两个问题：

1. 法律适用问题。

本案所涉提单规定："因提单产生争议适用美国《1936 年海上货物运输法》或"海牙规则"。一审法院将本案纠纷定性为合同纠纷，并承认提单的法律选择条款，只是由于提单所选择的法律对记名提单情况下承运人能否不凭正本提单交付货物没有作出明确规定，而适用中国法律解决本案争议。二审法院否定了一审法院对案件的定性，从而否定了提单的法律选择条款，认为无正本提单放货是侵权行为，侵权纠纷应适用侵权行为地法，不允许当事人作出选择。本案侵权行为结果地在中国，因而应适用中国法。尽管结果一致，但理由不同。一审法院认为无正本提单放货是违约行为，二审法院则认为是侵权行为。对此，理论界素有争议，本案一、二审判决理由反映了这一争议，最终的终审判决肯定了无正本提单放货为侵权行为的观点。

2. 记名提单问题。

中国《海商法》第七十一条规定："提单是指用以证明海上货物运输合同和货物已经由承运人接收或者装船，以及承运人保证据以交付货物的单证。"提单具有物权凭证的性质，代表着提单项下货物的物权，只有提单持有人凭其合法取得的提单才能证明其对货物享有物权。记名提单是提单的一种，同样具有物权凭证的性质，同样是承运人据以交付货物的凭证。本案被告向记名提单的收货人交付货物，从交货对象上看并没有错误，但在交付货物时没有收回正本提单，在手续上是错误的。这种错误给收货人（货物买方）提供了逃避付款的可乘之机，侵犯了原告（货物卖方，提单持有人）根据其持有的提单对货物享有的物权，致使原告既收不回货款，又无法控制货物。本案一、二审法院判决被告承担责任，符合提单的法律属性，也符合承运人交付货物凭正本提单的国际航运惯例。

（杨　慧）

81. 中石化（香港）有限公司诉海南南洋船务海运公司海上货物运输合同损害赔偿案

（一）首部

1. 判决书字号

一审判决书：海口海事法院（1995）海商初字第 087 号。

二审判决书：海南省高级人民法院（1996）琼经终字第 55 号。

2. 案由：海上货物运输合同损害赔偿案。

3. 诉讼双方

原告（被上诉人）：中石化（香港）有限公司［SINOPEC（HONG KONG）LIMITED］。

法定代表人：吕德泉，董事。

委托代理人：符笛筠，女，28岁，海南南方海商咨询服务有限公司经理。

委托代理人：陈向勇，广东海事律师事务所律师。

被告（上诉人）：海南南洋船务海运公司。

法定代表人：唐开兴，总经理。

委托代理人：冯建成，男，40岁，广州美年泰海事顾问公司经理。

委托代理人：王琳，海南怡光律师事务所律师。

4. 审级：二审。

5. 审判机关和审判组织

一审法院：海口海事法院。

合议庭组成人员：审判长：伍载阳；代理审判员：王雪林、骆志鹏。

二审法院：海南省高级人民法院。

合议庭组成人员：审判长：崔兰；审判员：王志刚；代理审判员：皮修雁。

6. 审结时间

一审审结时间：1995年12月28日。

二审审结时间：1996年7月24日。

（二）一审诉辩主张

原告中石化（香港）有限公司诉称：1995年4月26日，原告与被告海南南洋船务海运公司签订运输合同，约定由被告所属的"南洋二号"轮将原告的1500吨柴油从福建省肖厝港承运至深圳蛇口妈湾港，中途经香港转换提单。4月29日，"南洋二号"轮实际装载1496.984吨柴油后驶离肖厝港开往香港。4月30日，被告传真通知原告，称"南洋二号"轮于当日凌晨0340时与一艘不明真相之船碰撞，导致第二货柜油品漏入海里。由于"南洋二号"轮已不适航，被告改派其所属的"海鹭"轮过驳了"南洋二号"轮上剩余的柴油，并签发了转换提单。转换提单记载的柴油重量与收货人在蛇口港收到的柴油重量均为766.73吨，比在装货港装船的重量短少730.254吨。对本次海损事故的真实性，原告持怀疑态度。被告负有严格的举证责任，以证明其短少的柴油确系船舶碰撞所致。由于原、被告双方已约定其运输"合同未及之处以交通部有关规定为准"，请求法院依照交通部《水路货物运输规则》第五十一条的规定判令被告赔偿原告上述短交柴油的价款122682.67美元及利息，并承担本案诉讼费用。

被告辩称：（1）本案是一起涉港经济（海事）纠纷，而原告提及的交通部《水路货物运输规则》只"适用于中华人民共和国沿海、江河、湖泊以及其他通航水域中一切从事营业性的货物运输"，故不能适用于本案。本案得适用交通部《关于海损赔偿的几项规定》，因为该规定可适用于中国境内外的海上货物运输；同时，本案亦可适用《中华人民共和国海商法》或有关国际惯例。（2）本次海损事故发生时，由于天黑雾大，加上对方船舶肇事后迅速掉头逃走，故"南洋二号"轮船员未能看清对方船名，但该次碰撞事故确实存在，其客观真实性不容置疑，被告在这方面所持有的证据是充足、有效的，被告没有隐瞒事实，也无作案时间。（3）事故发生之前和发生之时，"南洋二号"轮船员尽到了谨慎驾驶和妥善地、谨慎地照料和保管货物的法定责任，不存在故意或者明知可能造成损失而轻率地作为或者不作为的任何事由；即使船员存在某种过失，也是属于驾驶或者管理船舶的过失。（4）无论是依照交通部《关于海损赔偿的几项规定》第三条的规定，还是依照我国《海商法》第五十一条的规定，或者依照国际惯例，被告对由于本次海损事故而给原告造成的一切损失不负任何赔偿责任。因此，请求法院依法驳回原告的诉讼请求。

（三）一审事实和证据

海口海事法院经审理查明：1995年4月26日，原告与被告采用传真方式签订了1995琼南船油第071号《运输合同》，约定由被告提供载货量为1700吨的“南洋二号”油轮一次承运原告的1500吨柴油，装货港是福建省肖厝港，卸货港是蛇口妈湾港，并经香港转换提单，“合同未及之处以交通部有关规定为准”。4月28日，被告所属“南洋二号”油轮抵达肖厝港锚地，次日0041时靠上该港福建炼油码头装油，0515时装油完毕，1542时启航驶离该港锚地。同日，福建省进出口商品检验局在对该轮所载油品进行检验后，出具了N03－E195－685号《重量证》，确认该轮所载油品名为0号柴油，岸罐输出货物数量为1396.984吨，此即为船载数量。据此，中国泉州外轮代理公司翁国泉作为被告（承运人）的代理人，于同日签发了P－1号提单。提单载明，托运人为福建省炼油厂，收货人为中石化（香港）有限公司（原告），装货港为泉州，卸货港为香港，货物重量为1496.984吨，体积为1792.365M^3。

4月30日，原告收到被告用传真件发来的通知，称“南洋二号”轮于“今天凌晨03时40分在N23°38.6′/117°36.8′海面被一艘不明真相之船碰撞，导致第二货油舱油品漏入海里”，“该轮现已处于不适航状况，无能力续航香港，我司决定另调我司油轮（1300吨级）‘海鹭’轮驳载所剩油品去香港”。又据“南洋二号”轮和“海鹭”轮航海日志记载，4月30日0340时。“南洋二号”轮在23°38′60″N、117°36′80″E海域与他船发生碰撞事故；2015时，“海鹭”轮被派至出事海域；5月1日1020时，“海鹭”轮靠妥“南洋二号”轮左舷，1040时开始过驳油品，1230时过驳完毕，两轮均于当日开往东山港，“南洋二号”轮在该港进行临时检修，“海鹭”轮则在5月3日在该港锚地通过了福建进出口商品检验局的检验。该局于5月4日出具NO.4995302《检验证书》，确认该轮装载油品重量为766.73吨，此即为从“南洋二号”轮上过驳载运的重量。5月6日1725时，“海鹭”轮从东山港锚地启航，次日1520时抵香港。5月8日，南洋国际船务有限公司代表被告签发了95/039号提单，载明托运人为原告，收货人为深圳南山石油公司，装货港为香港，卸货港为中国蛇口，货物名称为散装0号柴油，重量为766.73吨，提单签发地点为香港。同日1345时，“海鹭”轮从香港启航，并于1555时抵达蛇口港油船锚地，后将所载油品交付收货人。

在上述海损事故发生后，“南洋二号”轮船长于5月2日向厦门港务 监督东山监督站提交了《船舶海事报告表》，陈述了事故原因、经过和损失情况，并称对方船舶“撞到我船右舷第二、三货油舱之间，然后掉头逃走，我轮CH16频道呼叫未理，至今去向不明。当时雾浓看不清该船船名”。11月22日，厦门港务监督就此函复被告：“该起事故我监督正在调查中。”

“南洋二号”轮在东山港检修期间，福建省船舶检验局于5月18日签发了XM950037号检验报告，称该局“验船师于1995年5月30日及以后诸日登该轮，对该轮由于碰撞导致的右舷损坏进行了检验，以确定损坏范围及修理要求”，并逐项列明了该船船壳板、主甲板、2号和3号货油舱受损部位的具体情况和修理要求，拍摄了船舶受损部位的照片，确认该轮受损处位于右舷第2、3舱交界部位。5月25日，该局签发了XM950039号证书，称该局验船师在对“南洋二号”轮进行了上述临时检验，该轮已在东山港进行了临时性修理，并

"同意该轮在6级风以下、单程一水由东山航行至厦门船坞进行永久性修理"。11月20日，该局再次签发XM95104号检验报告，确认"南洋二号"轮"海损后在厦门造船厂进行了永久性修理。从损坏部位及碰撞凹陷情况分析，……该船船长所称与他船碰撞而造成的损坏事实是可以接受的"。

关于原告托运的1496.984吨柴油在"南洋二号"轮5个油舱中各油舱的积载数量，被告未能提供该轮本航次的积载图予以具体说明，而是只提供了该轮在一般满载情况下的配载图。根据该配载图计算，该轮第2、3舱的载重量占全轮载重量的42.49%。该轮各油舱中部均有一道油密纵向隔舱壁将各油舱一分为二，纵向隔舱壁左、右两侧空间的容积和载重量均是相等的。各纵向隔舱壁底部均有阀门，供需要时开启（装油时）或关闭（装油完毕时，以保持自由液面和船舶稳性）。被告单方称该轮在装油完毕后，由于船员疏忽，纵向隔舱壁阀门未予关闭，但无直接证据支持。另外，根据原告与收货人深圳南山石油公司于1995年4月25日签订的《成品油买卖合同》第五条价格条款和原告开出的发票，该批柴油运抵目的港的价格为每吨176美元CIF蛇口，扣除原、被告在《运输合同》中约定的运价8美元/吨，其成本价为168美元/吨。

上述事实有下列证据证明：

（1）原、被告签订的《运输合同》。

（2）被告签发的两套提单。

（3）货物在装船港的重量证。

（4）原告与收货人签订的成品油买卖合同。

（5）商检证书。

（6）航海日志。

（7）船舶海事报告。

（8）船检证书、检验报告和照片。

（9）厦门港务监督海事复函。

（10）原、被告往来函件。

（11）被告所属船舶资料。

（12）法庭询问调查笔录等。

（四）一审判案理由

海口海事法院认为：原、被告双方在平等、自愿的基础上签订的《运输合同》合法有效，应予确认和保护。该合同中关于"合同未及之处以交通部有关规定为准"的约定，是对适用于该合同的实体法律的选择，符合我国《民法通则》第一百四十五条"涉外合同的当事人可以选择处理合同争议所适用的法律"的规定，应予支持。所谓"交通部有关规定"，显指以我国交通部之名发布的有关法规，故被告认为我国《海商法》乃至国际惯例亦可适用于该合同之说不能成立；本案所涉运输关系属涉港运输，而非国内沿海运输，"合同未及之处"应适用交通部关于非国内沿海运输的有关规定，故原告要求将交通部《水路货物运输规则》这一仅适用于国内沿海运输的法规适用于该合同之说亦不能成立。对于非国内沿海运输，交通部将其与国内沿海运输相结合，于1959年发布了《关于海损赔偿的几项规定》，故本案运输"合同未及之处"应适用这项规定。根据该规定第三条第一款第八项关于承运船舶由于"船长、船员、引水员驾驶或者管理船舶的行为或过失"发生海损事故，以致本船承运货物遭受损害，承运人不负赔偿责任的规定，“南洋二号”轮所遭遇的船舶碰撞事故应属船长、船员驾驶或者管理船舶的行为或过失所致，由此而引起的部分船载柴油的损失，被告不负赔偿责任。尽管就法律事实而言，被告在船舶碰撞法律事实问题上尚有进一步完善其所举证据的义务，但因其所举证据已经能够证明该次海损事故的存在及其真实性，故而原告对其真实性的怀疑因缺乏事实根据和相反的证据，本院不予支持。由于本次海损事故导致“南洋二号”轮右舷第 2、3 舱交界部位受损，而各舱纵向隔舱壁均完好无损，因此各纵向隔舱壁左侧油舱装载的柴油不应当因海损事故受损；被告提出纵向隔舱壁阀门在开航时及航行中均处于开启状态，纵向隔舱壁左、右两侧相通，只能证明船长或船员在装载货物时未尽谨慎处理之责，从而使得该船不能保持其自由液面和船舶稳性，使船舶处于不适航状态。根据交通部《关于海损赔偿的几项规定》第二条关于船舶由于船长或其他船员在装载货物中的行为或者过失发生海损事故，“以致本船承运货物遭受损害，除承运人谨慎处理不能避免的外，都应当由承运人负责赔偿”的规定，纵然船舶纵向隔舱壁未密封，其左侧的柴油受损也是船长或船员在装载货物时未尽谨慎处理的义务而造成的，更何况这仅为被告单方的辩解，而无证据证明这一事实，故承运人对该项损失不能免责。由于被告未能举证证明“南洋二号”油轮在本航次中各油舱的装载数量，因此该轮第 2、3 舱的实际载油量只能依据该两舱载重量所占全轮载重量的百分比（42.49%）计算，其数额应为 636.120 吨（即 1496.984 吨×42.49%）。而被告实际短交的油量为 730.254 吨，因此其差额 94.134 吨（即 730.254 吨－636.120 吨）应视为被告对其他油舱所载柴油的短交数额，此项损失亦应由被告承担赔偿责任。

（五）一审定案结论

海口海事法院依照《中华人民共和国民法通则》第一百一十一条、第一百四十五条的规定，判决如下：

海南南洋船务海运公司赔偿中石化（香港）有限公司柴油损失 69248.59 美元［即（636.120 吨×1/2＋93.134 吨）×168 美元/吨］及其利息 3708.27 美元（即 69248.59 美元×8.5%×0.63 年），两项合计 72956.86 美元。

案件受理费 4046.09 美元，由中石化（香港）有限公司承担 1762.26 美元，由海南南洋船务海运公司承担 2283.83 美元。

（六）二审情况

1. 二审诉辩主张

上诉人海南南洋船务海运公司上诉称：“南洋二号”轮船员在装货时因疏忽而忘记关闭第 2、3 舱左右相通管道的阀门，致使发生碰撞事故后，左侧舱的货油可经管道流到右侧，再从破洞流失。而忘关阀门不构成对装载货物的过失，属于管理和照料船舶的过失，与左侧舱货油流失不存在因果关系，承运人可以免责。故请求撤销原判，改判驳回中石化（香港）有限公司的诉讼请求。

被上诉人中石化（香港）有限公司答辩称：一审判决认定事实和适用法律基本正确，但“南洋二号”轮在碰撞事故发生后的第三天，即 1995 年 5 月 2 日，私卖和隐藏该船承运的柴油，被公安边防部门查获并受处罚，表明上诉人一再声明的除过驳部分外的第 2、3 舱共 700 多吨柴油全部泄露的主张是虚假的；上诉人称船员忘关第 2、3 舱左右两侧间的管道阀门，根据交通部《油船安全生产管理规则》的规定，属于装载货物过失，不能免责。

2. 二审事实和证据

海南省高级人民法院经审理查明：一审法院认定事实属实。另查明，1995 年 5 月 2 日凌晨 5 时许，福建省东山县公安海上缉私中队在东山港 3 号锚地海面执勤时，当场查获“南洋二号”轮在该锚地擅自出售保税运输的柴油 10.3 吨，上船检查又发现该轮藏匿保税柴油 60.388 吨，并依照《中华人民共和国海关法》规定，作出没收柴油及卖油得款、并罚款12.8万元的［95］东公字第 057 号《决定》。交通部《油船安全生产管理规则》第二十五条规定：（油船）装卸完毕后，必须关妥所有油舱口和输油管线阀门，并擦尽现场油污。上诉人对其主张的船员未关闭输油管线阀门之事实，不能举证证实。

上述事实，有被上诉人向二审法院提供的东山县公安海上缉私中队处罚《决定》及二审法院调查、取证、询问笔录等证实。

3. 二审判案理由

海南省高级人民法院认为：妥善、谨慎地装载所运货物，是承运人的责任。在船舶开航前和开航当时，应当谨慎处理，使货舱和其他载货处所适于并能安全接受、载运和保管货物，是承运人所承担的适航义务。上诉人称船员在装载时因疏忽而忘记关闭输油管线阀门，表明其未尽上述责任和义务；而在其他舱油经管线流到被碰撞破损舱并流失的过程中，未关闭输油管线阀门则又成为其他舱油损失的主要原因。此外，上诉人在“南洋二号”轮擅自出售和隐匿所承运的保税柴油 70.688 吨、被公安机关依法处罚后，还称该轮无作案时间，700 多吨柴油全部泄露出海，属故意隐瞒事实。上诉人的上诉请求不能成立，原审判决正确。

4. 二审定案结论

海南省高级人民法院依照《中华人民共和国民事诉讼法》第一百五十三条第一款第（一）项的规定，判决如下：

驳回上诉，维持原判。

二审案件受理费 4046.09 美元，由上诉人海南南洋船务海运公司承担。

（七）解说

本起海上货物运输合同损害赔偿案，在以下两个方面表现出了其独特性。

1. 当事人履行举证责任的程度对认定损害事实的影响。

在本案原告中石化（香港）有限公司与被告海南南洋船务海运公司签订《运输合同》后，被告依约负有将船载货物安全、如数地运往目的港的基本义务。但很显然，被告在目的港短交 730.254 吨柴油这一事实表明，被告对该项义务的履行不符合合同的约定和法律的规定。对此，被告辩称，造成这一事实的原因在于发生了船舶碰撞并直接导致船载货物部分流失之法律事实，并称被告对这一事实所致原告之损害免于承担赔偿责任。根据我国《民事诉讼法》第六十四条第一款的规定，被告对自己提出的上述主张，有责任提供证据，以证明：(1) 船舶碰撞事实的客观、真实性；(2) 船舶碰撞之甲事实直接导致“南洋二号”轮泄漏 730.254 吨柴油入海之乙事实的发生。关于甲事实，尽管被告未能提供碰撞事故中对方船舶的任何证明材料，从而影响了其对船舶碰撞这一法律事实的完整性（包括产生的原因、经过及后果）的证明，但其已提供的证据（船舶受损照片、船检局检验报告等）足以证明船舶碰撞这一法律事实的客观真实性，加上原告又提不出有力的反证来推翻被告所主张的船舶碰撞事实，因此，原告对船舶碰撞事实的疑义没能得到法院的支持。关于乙事实，法院对其客观真实程度作了两层分析：第一，受损的第2、3舱实际装载的柴油数量是否等于被告短交的柴油数量？法院认为，由于被告未能证明该两舱的实际载油量，这个数字只能从该两舱载重量所占全船载重量的比例来推算，这完全符合法律的公平原则，原、被告均表示诚服。经推算，实载量（636.120吨）小于短交量（730.254吨），结果如被告所称，该两舱柴油因碰撞而全部泄漏，泄漏量和短交量均应是前者而不是后者。据此，法院认为，上述两个数额之差（即94.134吨柴油），应当装载于未因碰撞受损的其他舱内，且不会因碰撞而泄漏流失。对于该项非因碰撞事故或任何其他免责事由造成的损失，被告应负当然的赔偿责任。第二，第2、3舱实际装载的636.120吨柴油是否应因碰撞事故而全损？被告辩称，其船员因疏忽而忘记关闭输油管线阀门，与船舶因碰撞而受损一样，均属驾驶或管理船舶的行为或过失，应予免责。但由于被告未能举证证明该阀门确实处于开启状态，故在事实上存在两种可能：一种可能是该阀门确实未关闭，那么该行为（不作为）违反了交通部《油船安全生产管理规则》关于装卸完毕后必须关妥所有输油管线阀门的规定，属于装载货物时的过失，直接导致了纵向隔舱壁左侧油舱柴油流失，依照交通部《关于海损赔偿的几项规定》第二条关于船长或船员在装载货物中的行为或过失发生海损事故，致使船载货物受损，除承运人谨慎处理不能避免的外，都应当由承运人负责赔偿的规定，第2、3舱纵向隔舱壁左侧柴油的损失，正是船长或船员在装载货物中的过失造成的，且经谨慎处理完全可以避免，不属于船长或者船员驾驶或管理船舶的行为或过失造成的。因此，被告对该项损失不能免除赔偿责任。另一种可能是输油管线阀门确实已关闭，那么纵向隔舱壁左侧油舱装载的柴油就不可能泄漏入海，被告没有任何理由将这些柴油短交（除非隐匿），但事实上被告确实短交了这些柴油，故应依法承担赔偿责任。综上，不论输油管线阀门是否关闭，被告均应对其所短交的纵向隔舱壁左侧油舱装载的柴油负赔偿责任。

可见，由于被告属于举证责任不充分，对法院认定损害事实造成了较大的影响。但即便如此，法院也应对被告已提供的证据进行分析和推定，以确定法律事实发生的确切程度。事实上，尽管原告直至二审阶段才找到被告私吞并盗卖部分柴油的证据，但这恰好证明了被告为什么不敢或不能在一审阶段全面而完整地履行其举证责任，从而也映证了一审法院作出的柴油实际泄露量小于短交量、即被告所短交的730.254吨柴油不可能因碰撞事故而全损之推定的正确性。

2. 关于法律适用条款的确切含义。

在一般情况下，合同中的法律适用条款所指向的准据法都是明确、具体的，只要该条款合法、有效，法院可径行适用该准据法（某一国家、地区的法律或某一国际公约、国际惯例），似无重大分歧。但在本案中，尽管运输合同中的法律适用条款并不失为明确、具体，却在双方当事人之间引起了较大的分歧，双方均从有利于维护自身利益的角度出发，对该条款作出不同的解释。由于交通部颁布的《水路货物运输规则》（简称《货则》）并未规定承运人对其船长、船员等在驾驶或管理船舶中的行为或过失而给货主造成的损害可以免责，意即本案被告不能因碰撞事故而对原告免责，因此原告力主本案应适用《货规》；被告当然不同意原告的主张，而要求适用交通部《关于海损赔偿的几项规定》，因为依照该规定，被告可享受免责，但其出发点在于维护被告自身的利益，故其所提出的理由并未能正确说明为什么应适用该规定而不能适用《货规》，从而更得出了本案亦可适用《海商法》及国际惯例的结论——据此被告亦可同样享受免责，意即凡是规定承运人对其船长、船员等在驾驶或管理船舶中的行为或过失而给货主造成损害的均可免责的所有法律均可适用，这是典型的从结果找原因，其立论的基础是不正确的。对此，一审法院在正确分析合同准据法（“交通部的有关规定”）的特殊性后，剖析出本案合同法律适用条款所包含的两层含义：第一，本案应适用“交通部的有关规定”，故凡不是以交通部的名义发布的任何法律或规定（如《海商法》或国际惯例）都不能适用；第二，交通部对海损赔偿的规定有两个，一是《货规》，二是《关于海损赔偿的几项规定》，前者仅适用于国内水路运输，后者则不受限制，对国内与非国内运输均可适用，而本案属非国内运输，因此，究竟是前者还是后者适用于本案，结论不是昭然若揭吗？可见，本案究竟应适用交通部哪项规定，起决定作用的不是某一方当事人自身的利益，而是案件所包含的法律事实的具体情况。脱离了这一点，是不可能得出正确结论的。

（王雪林）

82. 海南南光进出口公司诉中国太平洋保险公司深圳分公司海上货物运输保险合同案

（一）首部

1. 判决书字号：海口海事法院（1996）海商初字第04号。

2. 案由：海上货物运输保险合同。

3. 诉讼双方

原告：海南南光进出口公司。

法定代表人：云勇，总经理。

委托代理人：松涛，大公律师事务所律师。

被告：中国太平洋保险公司深圳分公司。

法定代表人：李世献，总经理。

委托代理人：宗士才，男，31岁，该公司法律顾问。

委托代理人：李荣，男，33岁，该公司龙岗支公司经理。

4. 审级：一审。

5. 审判机关和审判组织

审判机关：海口海事法院。

合议庭组成人员：审判长：伍载阳；审判员：陈转润；代理审判员：王雪林。

6. 审结时间：1996年3月14日。

（二）诉辩主张

1. 原告诉称：1995年5月29日，原告为其由GOODPAL（“挚友”）轮装载自伊里杰夫斯克（ILLICHVSK）港至海口港的2161捆计9964.13吨螺纹钢向被告投保，被告为此签发了IMLGHK 950007—08号保险单，险别为平安险和短量险。合同签订后原被告双方均无异议。7月15日，原告上述投保货物在卸货港即海口港短卸，经理货公司理货和商检局检验，短少41捆，短少重量为184.249吨。对此，原告依据保险单向被告多次索赔未果，故诉诸法律，请求海口海事法院判令被告赔偿其投保货物短量损失438949元及其利息损失

2.4 万元。

被告辩称：其一，本案保险单是被告代理人海南五矿乐海有限公司（下称乐海公司）与原告签订的，该保单倒签日期，被告对此有理由认为是其代理人乐海公司在出险后才出的保单，这是保险欺诈，该保单为无效保单；其二，钢材买卖合同的买方为乐海公司，原告对该批钢材没有保险利益，因而不具备被保险人资格；其三，原告从未向被告提出索赔，更没有向责任方追偿，因而原告不具备诉权；其四，原告提出的损失缺乏依据。故请求法院驳回原告的起诉。

（三）事实和证据

海口海事法院经审理查明：1995 年 5 月 5 日，被告与乐海公司就海上货物运输签订了一份《代理货物运输保险协议》，协议约定：甲方乐海公司同意将自营的或受托代办的不带保险价格成交的进口货物、带保险价格成交的出口货物及国内运输货物全部代理乙方（即被告）办理保险手续。乙方对于甲方代理保险的货物，在发生保险责任范围内损失时，均按保险条款规定给予赔偿。本协议自双方签章后生效，其有效期为 1995 年 5 月 1 日至 1995 年 12 月 31 日。嗣后，甲乙双方对协议又作某些补充：对其保险费，双方约定按保险标的金额的千分之二点三计收，其间千分之二为乙方收取，千分之零点三为甲方代理费；对其进口货物保险的签单日期，则以提单签发日期为保单签发日期；对其出险理赔期限，在事实清楚、索赔单证全齐的情况下，原则上在 1 个月时间内赔付。

1995 年 6 月 5 日，原告即提单持有人就其“挚友”轮从乌克兰伊里杰夫斯克港运至海口港的 2161 捆计 9964.13 吨螺纹钢向被告投保，对此，乐海公司依据代理协议代为被告制作、签发了日期为 1995 年 5 月 29 日、号码为 PSZ016/IMLCHK 950007－08（下称 07 号保单和 08 号保单）且有被告法定代表人李世献签名的海上货物运输保险单，并作出了如投保货物出险，在事实清楚、索赔单证齐全的情况下保险公司在 1 个月内赔付的承诺。保险单载明，被保险人为海南南光进出口公司即原告，07 号保单所保货物的发票号码为 1511500，保险货物为螺纹钢，包装及数量为 1945 捆计 8997.526 吨，保险金额为 23494159.98 元，装载运输工具是“挚友”轮，开航日期为 1995 年 5 月 29 日自乌克兰伊里杰夫斯克港至中国海口港，承保险别为平安险和短量险（保险条款规定保险责任起讫为“仓至仓”责任）。08 号保单所保货物发票号则为 1511504，包装及数量为 216 捆计 966.613 吨，保险金额为 2312196.33 元，其他内容与 07 号保单同。上述保单均载明，所保货物如遇出险，本公司凭本保险单及其他有关证件给付赔款。同日，被告代理人以被告名义向原告发出交付保费通知书，据此，原告于 6 月 26 日委托海口创业发展公司通过银行按保险标的金额的千分之二点三比例向被告代理人乐海公司交付了 59354 元保费，乐海公司依据代理协议留取了保险代理费（保险标的金额的千分之零点三）后，于 8 月 17 日将此保费中的 5.16 万元转交与被告。

7 月 5 日，运载原告投保货物的“挚友”轮抵海口港，7 月 15 日货卸毕，经中国外轮理货公司海口分公司理货发现货物短少，遂于当日作出短少货物所属 2 号提单项下的理货清单。由于“挚友”轮未经签单就擅自于 7 月 15 日 2300 时离港去汕头，于是经理货公司将理货清单在汕头交由“挚友”轮船长确认签字后于 7 月 28 日交与原告。在原告发现货物短量前后，通过被告代理人将货物可能短量以及理货公司去汕头找船长确认短量等情况分别于 7 月 14 日和 7 月 24 日及时电告及传真与被告经办人江滨。江滨对此出险未作任何处理意见，只是催告其代理人速转其保费。理货清单载明：载货清单件数1945捆，短卸件数41捆，“挚友”轮船长在该清单上批注：“货物短卸。”7月31日，经海南进出口商品检验局检验，其结果是：到货共2120捆，经以校准之衡器全批过重，货物总重量为9779.89吨，发票列明重量为9964.139吨，短少重量184.249吨，结论：上列到货重量短少系捆数短卸所致。损失金额为US＄52695.214。为此，原告本人或通过被告代理人分别于1995年8月2日、8月7日、10月6日、10月26日和10月31日向船东和被告交涉并提出索赔。其间，原告将保单正本、提单、发票、装箱单、理货清单、商检证书、索赔清单以及权益转让证书等全套索赔单证于8月7日交与被告代理人，乐海公司即日又将此全套索赔单证用特快专递寄与被告。12月4日，被告以其龙岗支公司名义通知其代理人，以保单倒签为由对原告拒赔。原告由此起诉来院。

还经查明，为了进口螺纹钢材，乐海公司受海口创业发展公司委托于1995年5月5日与德国汉莫爱克公司签订了一份钢材购销合同。合同约定，合同标的1万吨螺纹钢，其中，11.7m规格的9000吨，CNF FO CQD中国海口US＄286/T；4m～8m规格的1000吨，US＄262/T。对此，汉莫爱克承租“挚友”轮运载该批货物，同时由船东分别签发了2号和3号提单。提单载明：委托人为汉莫爱克，收货人凭指示，通知人即原告。2号提单螺纹钢1945捆，毛重9000.878吨；3号提单螺纹钢为216捆，毛重966.986吨。2号提单装箱单为：总数量1945捆，净重8997.526吨，毛重9000.878吨，其发票号为1511500，单价US＄286/T，装箱单和发票抬头均为原告。被告向原告签发的07号保单所载发票号、标的、重量均与原告2号提单及其装箱单、发票所载内容一致。3号提单的装箱单为：总数量216捆，净重966.613吨，毛重966.986吨，其发票号为1511504，单价US＄262/T，被告向原告签发的08号保单所载发票号、标的、重量均与原告3号提单及其装箱单、发票所载内容一致。原告所保货物出险仅涉及2号提单及07号保单项下货物。

以上事实，有当事人保险单、保费通知书、保费收据、保险代理协议、提单、发票、装箱单、理货清单、商检证书、合同、索赔报告、权益转让证书、银行进账单、汇款凭证、来往函件、传真、法庭调查笔录、庭审笔录以及证人证言等证据证明。

（四）判案理由

海口海事法院认为，本案系属海上货物运输保险合同纠纷，其法律关系及法律事实的发生是在1995年10月1日即《保险法》实施之前，因而调整该法律关系应适用我国《海商法》和《民法通则》等有关法律规定，而不适用《保险法》。

原告向被告投保，被告为此签发保单，在未有其他明确的保险合同的情况下，该保单即为原被告之间的保险合同。双方签订保险合同基于平等自愿，且内容不违反法律规定，因而该保单合法有效，对原被告双方即具有拘束力。虽然，该保单形式上为被告代理人制作签发，但在本质上实为被告签发，因为代理人乐海公司的代理行为归属于被代理人即被告。根据《民法通则》第六十三条“被代理人对代理人的代理行为承担民事责任”的规定，签发保单的行为为被告的行为而非代理人行为，其行为后果应归属于被告，因而被告在其责任期间内只因所保货物出险而单方否认其保单效力缺乏事实根据和法律依据。

虽然，本案所涉保单载明的签发时间与实际制作签发的时间不尽一致即所谓倒签，但其用意旨在与原告所投保货物装船的提单签发日期一致，符合被告及其代理人间既有的约定。原告投保货物之所以出险，其原因不在于保单时间的倒签，而在于承运人即船东的过错和责任。因为承运人收到托运人所交付的货物而签发的提单，“构成承运人据以交付货物的保证”（《海商法》第七十一条）。原告投保货物经我国理货公司和法定商检部门理货、检验，货物短量41捆，短重184.249吨，这是不容置疑的客观事实及认定出险的事实依据。被告否认这一客观事实缺乏相反的证据。被告代理人实际签单时间是在6月5日，而货物出险时间是在7月15日，签单在前，出险在后，无任何证据证明原告与被告代理人之间存在保险欺诈。被告代理人倒签保单与出险本身没有任何联系，更不具有法律上的因果关系，因而被告所称倒签保单为保险欺诈的辩解不能成立。原告为提单持有人，以提单项下货物向被告投保海上货物运输险，具有保险利益，被告所称原告不具保险利益及诉权之说也不能成立。

原告在被告及其代理人签发保单后，依据其通知支付保费并将出险情况及时通知被告，表明原告已经履行了《海商法》第二百三十四条和第二百三十六条所规定的支付保费和及时告知的被保险人的义务。原告投保货物出险，是在被告承保险别范围和责任期间内，因而原告请求赔偿货物短量损失及其延付利息损失，符合法律的规定和被告所签保单的约定，本院予以支持。

（五）定案结论

根据《中华人民共和国民法通则》第六十三条、《中华人民共和国经济合同法》第六条和《中华人民共和国海商法》第二百三十七条的规定，海口海事法院于1996年3月14日作出如下判决：

被告中国太平洋保险公司深圳分公司偿付原告海南南光进出口公司保险赔款438951.13元（286/T×184.249×8.33）和从1995年10月15日起算的利息损失包括：5761.23（438951.13×2.625‰×5），两项合计444712.36元。该款在判决生效之日起10日内支付。

案件受理费9335元由被告承担。

宣判后，原被告均未上诉。

（六）解说

1. 关于案件性质及其法律适用。本案属海上货物运输保险纠纷，定性准确。其法律关系和法律事实发生在1995年10月1日即《保险法》施行之前，因而适用《海商法》是正确的。虽然《海商法》关于“海上保险合同”的规定与《保险法》精神一致，但具体规定有所不同，直接适用《海商法》不仅简捷明了，同时也符合《保险法》第一百四十七条关于“海上保险适用海商法的有关规定”的规定。其合同及保单的签发和代理关系，则应适用《民法通则》及《经济合同法》的有关规定。

2. 关于时间倒签的保单效力认定。通观本案，在查明事实的基础上，双方当事人争执的焦点是保单的效力问题。对保单效力的不同认定，则将导致当事人双方截然不同的法律后果。如何认定时间倒签的保单的效力，惟一的途径只能依据事实和法律。

从理论上讲，保单是保险合同的表现形式，而保险合同系属经济合同的范畴。正如其他经济合同一样，合同应当载明签约的实际时间。如果合同载明的签约时间与实际时间不一致，通常并不影响其合同的效力。这是因为，法律并没有规定合同及保单时间的倒签为无效。对于民事行为及经济合同的无效，《民事通则》第五十八条、《经济合同法》第七条仅仅规定了“欺诈”、“胁迫”、“乘人之危”、“恶意串通损害国家、集体或者第三人利益”等行为及合同为无效；没有法律的明文规定，仅仅是保单时间上的倒签，则不属于合同无效的范畴。

而该保单之所以倒签，旨在与原告所投保货物的装船时间即提单签发日期相一致，符合被告及其代理人间既有的约定即商业习惯做法，而非损害他人或保险人的利益。

既然上述情况不能否定该保单的效力，那么能够影响保单效力的关键问题就是保单的签发是否存在保险代理人与原告勾结和欺诈的事实了。对此，经审理查明，本案签单在前，出险在后，其出险原因不是在于保单的倒签而是在于承运人的短卸及过错，因而倒签保单与出险之间没有因果关系。原告投保系正常的商业行为，其与被告代理人间既没有保险欺诈的动机和目的，也无保险欺诈的事实和行为，因而该保单虽属时间上的倒签，但不能以此认为该保单无效。既然如此，为了保护当事人之间的正常的商业贸易关系，就应确认其效力。

3. 关于原被告保险关系的权利和义务。法律关系说到底，就是一种权利义务关系。既然合同有效，原被告双方就应依照合同享有和承担合同约定或法律规定的权利和义务。就本案看，原告不是违反而是依约履行了合同约定或法律规定的被保险人的义务，因而原告享有所投保货物出险即应获得赔偿的权利。而被告在其所承保险别范围和责任期间内拒绝原告对其所投保货物的索赔，因而违背了法律的规定及保单约定的义务。对此，被告不仅应依约履行赔付的义务，同时还需承担因违反其义务所致之原告损失的责任，这个责任主要体现在被告对其承诺赔付期限而迟延赔付的利息上。

至于说被告所称原告未向责任方追偿即无权向被告索赔的辩解，违背了法律的规定和合同的约定，因为被保险人向保险人的索赔不以其是否向责任方的追偿为条件。否则，就没有商业保险的存在或者说被保险人就没有去为其财产投保的必要。相反，保险人依约赔付被保险人后并未因此而丧失其应有的权利，这个权利就是依法取得了对责任人的代位追偿。

（伍载阳）

83. 中国外运南京公司诉南京扬子江砂石开发公司及江苏省消防实业公司船舶租购合同案

（一）首部

1. 判决书字号：武汉海事法院（1996）武海法商字第93号。

2. 案由：船舶租购合同案。

3. 诉讼双方

原告：中国外运南京公司。

法定代表人：陈宁生，总经理。

委托代理人：朱扣明，该公司干部。

委托代理人：黄和新，南京正达律师事务所律师。

被告：南京扬子江砂石开发公司。

法定代表人；秦荣礼，总经理。

委托代理人：王桂淳，南京南斗律师事务所律师。

被告：江苏消防实业公司。

法定代表人：赵福宽，总经理。

委托代理人：戈晓春，南京南斗律师事务所律师。

4. 审级：一审。

5. 审判机关和审判组织

审判机关：武汉海事法院

合议庭组成人员：审判长：解湘滨；代理审判员：蔡四安、李旭海。

6. 审结时间：1996年9月28日。

（二）诉辩主张

原告诉称，原告与第一被告于1995年10月5日签订船舶承包合同，由原告购置吸砂船一艘交与该被告经营。合同约定了被告在承包期间的租金总额及支付方式。该合同由第二被告出具不可撤销担保，并经南京公证处公证。第一被告自接收船舶始，未付租金。虽经原告与二被告多次交涉，但二被告拒不履行合同及三方有关协议，拒付租金且不返还船舶。原告认为上述合同及补充协议有效，二被告应依照约定严格履行相应义务。诉请判令二被告共同承担支付租金140万元及利息损失，船舶修复费共15万元以及差旅费3万元的赔付责任。

第一被告辩称，其不支付租金的原因是原告首先违约，未提供适航和能正常出产的船舶，致使被告自身蒙受巨大损失。

第二被告辩称，因原告的违约行为致使承包合同无法履行，且原告故意拖延合同中止时间，有意扩大损失，故被告不能承担保证责任。

（三）事实和证据

武汉海事法院经审理查明：1995年10月5日，原告与第一被告经协商签订“承包合同”。合同约定，原告出资150万元购置吸砂船一艘交第一被告承包经营。承包期限为三年。在承包期内，被告应履行下列义务：交付租金350万元，第一年上交200万元，按月上交20万元，第二年上交100万元，按月上交10万元，第三年上交50万元，按月上交5万元；船舶维修、保险、经营等一切费用由其承担；在有效期满后，如未交齐350万元，则放弃本合同终止时所享受的权益，并无条件服从原告处理该吸砂船；如连续两个月未完成上交利润，则原告有权终止合同并收回吸砂船。被告在承担上述义务的同时，享受如下权利；按合同履行义务后，取得该船的所有权。同日，第二被告向原告开立不可撤销担保书。担保书载明担保金额为200万元，含承包合同项下所发生的款项和承包收入；第一被告不履行义务，第二被告则承担相应连带责任。

1995年10月14日，第一被告以购方名义与卖方签订吸砂船售购合同。合同明确了船舶售价、价款支付方式及交接条件，并约定该船如在试用期内出现质量问题，则由卖方负责修理。10月18日，原告与第一被告及船舶卖方办理了船舶属具的交接手续。此后，第一被告又与卖方签订关于该船质量问题的二份补充协议。10月30日当地船舶检验机构出具船舶检验证书，认定该船有关检验项目符合规定，准予航行。11月5日，第一被告通知原告，该船出现质量问题。因第一被告未付租金，原告多次通知二被告，要求限期交清租金，否则将解除合同。1996年4月5日，三方以会谈纪要方式达成补充协议。协议在继续履行合同情况下，明确了二被告的责任。5 月 9 日，原告收取租金 1.2 万元。

另查明，该吸砂船售购价为 185 万元，由原告实际支付。原告于 1996 年 6 月 6 日向武汉海事法院申请诉前保全，要求收回该船。1996 年 6 月 13 日，法院将该船自安徽芜湖县强制开回南京。因该船在租用期间损坏严重。法院委托中国船舶检验局南京分局对该船的损坏状况进行勘验，提出修复意见并作出相应估价，在此基础上，委托有关修理厂家进行了修理。修理费及添置费用计 14381.5 元。

（四）判案理由

武汉海事法院鉴于上述事实认为：

1. 原告与第一被告签订的“承包合同”的内容具有船舶买卖和租赁的双重特征，应为船舶租购合同。该合同的形式和内容符合法律规定及有关的租购惯例，为有效合同。第二被告出具的担保书及三方之间的补充协议亦具有法律效力。

2. 原告依据合同享有向第一被告请求支付租金及其利息和赔偿船舶损失的权利。因合同约定的租金含有船舶租赁费用和船价的分摊部分，故原告按合同原订标准收取租金的请求不合理，应根据船舶租购的特征及船舶已收归己有的事实，每月以合同约定的租金扣除总租金中的船款在租期内的平均分摊部分计算。起止时间为 1995 年 10 月 18 日（双方办理交接手续时间）至 1996 年 6 月 13 日（船舶收回之日），同时扣除原告已收取的租金；原告另外请求的差旅费中的部分费用因缺乏法律依据，法院不予保护。

3. 第一被告以原告提供船舶不适航、影响生产为由，认为可不支付租金的主张不能成立。该船虽由原告出资购买，但第一被告自始至终参与了该船的购买及检验过程，在其与卖方签订的协议中对该船的质量问题作了认可，并且该船的适航状况已于船舶营运前得到了船舶检验机构的肯定，故其将船舶发生质量问题归责于原告，缺乏依据，被告应承担支付租金及赔偿船舶修理费用等责任。

4. 第二被告应依据其出具的担保书对第一被告上述赔付责任承担连带责任，其提出的抗辩事由因证据不足不能成立。

（五）定案结论

依照《经济合同法》第六条关于“经济合同法依法成立，即具有法律约束力，当事人必须全面履行合同规定的义务，任何一方不得擅自变更或解除合同”；第十五条关于“经济合同当事人一方要求保证的，可由保证人担保。被担保的当事人不履行合同的，按照担保约定由保证人履行或者承担连带责任”；《民法通则》第四条关于“民事活动应当遵循自愿、公平、等价有偿、诚实信用的原则”，第一百一十二条第一款关于“当事人一方违反合同的赔偿责任，应相当于另一方因此所受到的损失”等规定，武汉海事法院于 1996 年 9 月 28 日作出判决：

1. 第一被告付给原告租金 89.75 万元，并支付自 1996 年 6 月 13 日至判决之日的利息 5.12 万元。

2. 第一被告赔偿原告船舶修复费 143813.5 元，差旅费 29120 元。

3. 第一被告付给原告代垫的诉前保全执行费 15800 元。

4. 案件受理费 1.8 万元，其他诉讼费 8800 元，诉前保全申请费 13500 元，共计 40300 元，由原告承担 6700 元，第一被告承担 33600 元。

5. 以上 1、2、3 项及第 4 项中第一被告应承担部分合计 1171033.5 元，由第一被告于本判决生效之日起10日内一次性付给原告。

6. 第二被告对第一被告承担的第5项所列的赔偿责任承担连带责任。

（六）解说

船舶租购合同作为一种无名合同，是近年来在我国出现的新的合同类型。该类合同在国际租船界应用广泛，在国内还没有引起足够的重视，国内法律法规对此类合同尚无明确的规定，亦未形成具体的司法实践，甚至学术界的研究也很少见，仅有几种新编海商法教材出现船舶租购合同专节，但相当笼统。船舶租购合同具有明显的船舶租赁和买卖的双重特征，这是其与传统的租船合同或买卖船舶合同的最重要区别，由此也决定了签约当事人特殊的权利义务关系，简单适用关于租赁或买卖的有关法律加以处理，势必造成违背当事人签约意愿和损害一方当事人利益的后果。

本案系武汉海事法院受理的首例船舶租购合同纠纷，基于该类合同上述的立法及司法背景，对其的审理首先面临的是新型疑难案件如何解决的难题。本案要解决的首要问题是，在无法律规定的情况，如何正确运用法律处理纠纷。对此，有人担心如适用法律不当或处理失误则必造成错案，建议改定其他案由如租船合同，则不存在上述困难和风险。合议庭经反复论证，认为基于双方当事人签约的意愿和合同的内容，本案应为船舶租购合同纠纷；作为审判机关，面对市场经济在发展中出现的新型纠纷，不应局限于已定的纠纷类型而否定新型纠纷的存在，不能简单地履行审判职责而忽视在法律原则下对疑难案件进行研究探索从而推进我国法制建设的作用；至于本案的适用法律问题，可在有关经济合同法律的基本原则下，正确运用公平合理原则，尊重双方当事人的约定，参考其他类似纠纷的处理方式，正确地解决纠纷。武汉海事法院在本案的二个问题上进行了有益的探索突破。一是合同约定租金问题。原告基于合同有效的前提，认为被告应严格按合同约定的租金标准支付租金。在一般租船案件中，这是正确的。但在船舶租购合同中，其租金的构成有其特殊之处，即包含了租船利润和船价在租期内的分摊。在原告已收回船舶的情况下，按原订租金标准计算租金，显然对被告不公平。法院认为基于公平合理原则，被告支付租金仅应是原订租金标准扣除船价的分摊部分。第二个问题是船舶的质量问题。被告认为其承租的船舶不适航，影响其生产，该责任应由提供船舶的原告承担。被告的主张在租船合同中同样是成立的，租船合同下，出租人在交船时负有保障船船适航的绝对责任，但本案正因为双方签订的合同为船舶租购合同，被告承租船舶的目的是为了在付清租金后取得该船的所有权，所以被告在合同履行前以购方名义参加船舶买卖过程，原告仅负支付船款的义务。在此情况下，要求原告承担船舶不适航的责任于理不通，但此问题如何依据现有的法律或有关规定解决，困难很大。法院最终认为，此问题可通过援用相似的合同纠纷的有关处理原则予以认定。与船舶租购合同最相似的合同为融资租赁合同。两合同除合同主体的差异外，其内容具有极大的相似性，在此不多作评述。融资租赁合同中，出租人应承担租赁物质量问题的条件，最高人民法院在《关于审理融资租赁合同纠纷案件若干问题的规定》的第十三条规定了三种情况，除该三种情况外，出租人对租赁物的质量问题不承担责任，根据该规定，除外情形指租赁物是由承担人自己决定选购，而出租人未参与的情况。那么按此原则，本案原告亦不应对船舶的质量问题承担责任。当然，对此问题的处理方式类似采用类推适用，此种适用法律的方式已被新的刑法所摒弃，但在经济纠纷中，处理疑难问题是否可用此原则是一个值得研究的课题。

众所周知，我国作为成文法国家，其立法尚不完善。一是立法中法律条文原则性强，弹性条款多，不便审判机关具体操作；二是在市场经济条件下，我国的法制建设是自上而下，而非西方国家基于各种经济现象而由国家机关加以规范，其立法具有滞后的缺陷。在此背景下，众多在市场经济发展中出现的新的经济纠纷，如何援用现有法律予以公正、合理地处理，成为审判机关面临的日显严重的难题。正因如此，武汉海事法院审理此起船舶租购合同纠纷，其意义不只体现于保护当事人的合法利益，维护市场经济的正常秩序，更重要的是法院在此案中表现出的探索精神及采用的处理方式，必定有益于对我国审判机关如何审理疑难案件的研究，并为船舶租购合同的日后立法及此类纠纷的审理提供应有的参考和借鉴作用。

（解湘滨　侯振坤）

八、涉外经济案例

84. 徐来祥诉厦门可口食品有限公司借款案

（一）首部

1. 裁判书字号

一审判决书：福建省厦门市集美区人民法院（1995）经初字第 42 号。

二审裁定书：福建省厦门市中级人民法院（1996）经终字第 9 号。

2. 案由：借款案。

3. 诉讼双方

原告：徐来祥，男，1939 年 12 月 14 日，台湾省台南县人，住台南县仁饶乡土库村太乙路 26 号。

委托代理人：洪秋生，洪秋生律师事务所律师。

委托代理人：朱树亭，洪秋生律师事务所律师。

被告：厦门可口食品有限公司。

法定代表人：徐来祥，董事长。

特别授权代理人：蔡连凿，总经理。

委托代理人：陈旭俊，厦门市第一律师事务所律师。

4. 审级：二审。

5. 审判机关和审判组织

一审法院：福建省厦门市集美区人民法院。

合议庭组成人员：审判长：陈杰明；审判员：黄钢山；代理审判员：洪丽霞。

二审法院：福建省厦门市中级人民法院。

合议庭组成人员：审判长：周红岩；代理审判员：江伟、曹发贵。

6. 审结时间

一审审结时间：1995 年 12 月 11 日。

二审审结时间：1996 年 1 月 25 日。

（二）一审诉辩主张

1. 原告诉称：被告厦门可口食品有限公司在经营过程中，因资金周转困难，于 1993 年 12 月 29 日，1994 年 8 月 1 日、9 月 21 日，1995 年 1 月 16 日先后四次向原告个人借款合计 11 万美元，有被告的四份收款收据为证。原告多次催讨未果，遂诉诸法院，请求判令厦门可口食品有限公司归还借款本金 11 万美元，并承担全部诉讼费用。

2. 被告厦门可口食品有限公司辩称：(1) 原告所诉的四份收款收据属实，但该11万美元原告是假以借款之名，实为解决公司流动资金不足，作为股东在注册资本以外的投资。(2) 原告的起诉行为属复代理行为。(3) 应依据被告的公司章程处理纠纷。

（三）一审事实和证据

福建省厦门市集美区人民法院经公开开庭审理查明：

被告厦门可口食品有限公司在经营过程中，因资金周转困难，于1993年12月29日，1994年8月1日、9月21日，1995年1月16日先后四次向原告徐来祥个人借款合计11万美元，并出具给徐来祥四份收款收据，收据上写明是借款，且有该公司的公章、公司总经理蔡连凿的签名及会计的作账。另查明，厦门可口食品有限公司系台商独资企业，注册登记的股东有徐来祥、蔡连凿、邱木青、庄锡山、吴基正五人（实际投资者仅是徐来祥、蔡连凿、邱木青三人）。徐来祥任该公司的董事长，即当然的法定代表人。

上述事实有下列证据证明：

1. 厦门市统一收款收据四份，收据号分别为1915975、2465755、2465767、2465785，证明了借款之事属实。

2. 厦门市工商局的登记材料，证明了被告的企业性质、注册登记的股东人数、法定代表人等情况。

3. 法庭审理笔录及调查笔录，证明了被告的实际投资者人数。

（四）一审判案理由

福建省厦门市集美区人民法院依据上述事实与证据，认为：

1. 原、被告之间的借款关系成立，被告应承担还款责任。原告徐来祥虽为被告厦门可口食品有限公司的法定代表人，但他以个人名义借款给公司且有被告出具的收款收据为证，原、被告之间的借款关系成立。被告至今尚未还款，应承担还款责任。

2. 原告作为自然人，有权主张债权，不存在复代理行为。

3. 被告提出原告借款给公司，是假借款，实为投资款，但未能举证，理由不充分，不予采纳。

（五）一审定案结论

福建省厦门市集美区人民法院根据《中华人民共和国民法通则》第八十四条、第九十条、第一百零八条之规定，判决如下：

1. 被告厦门可口食品有限公司应于判决生效后10天内偿还尚欠原告徐来祥的借款11万美元。

2. 本案案件受理费人民币14140元，诉讼保全费人民币4560元由被告厦门可口食品有限公司负担。

（六）二审情况

一审判决后，被告厦门可口食品有限公司不服判决，上诉于厦门市中级人民法院，上诉称：(1) 被上诉人诉请人民法院保护的“借款”，实质上是被上诉人作为被告法定代表人、股东，为了解决公司生产流动资金不足，在注册资本以外的投资。(2) 其他股东类似被上诉人以借款形式向被告注入资金所产生的权益，应当得到人民法院的同等保护。(3) 根据经过审批机构批准生效的《厦门可口食品有限公司章程》规定，各股东的合法权利亦应得到确认和保护。(4) 被上诉人与被告法定代表人为同一人的复代理行为，必将产生无效的诉讼结果。请求撤销原审判决，依法判定驳回被上诉人原审的诉讼请求。

福建省厦门市中级人民法院经审理认为：上诉人提出上诉后，未在法定期限内交纳案件受理费，也未提出缓交诉讼费的申请。据此，依照《中华人民共和国民事诉讼法》第一百零七条第一款、第一百四十条第一款第（十一）项之规定，裁定如下：本案按自动撤回上诉处理。

（七）解说

本案是一起涉台借款纠纷案件，它的特殊性在于：原告徐来祥具有双重身份，既是合法权益受侵害，要求法律保护的自然人，又是被诉法人厦门可口食品有限公司的董事长及法定代表人。那么，本案应由谁代表被告应诉，是否存在复代理？本案的诉讼标的 11 万美元，是徐来祥作为股东的投资款，还是其作为自然人的借款？则存在着争议。

首先，本案应由谁代表被告参加诉讼？在审理中存在着三种意见：第一种意见认为，可由徐来祥作为公司的法定代表人委托诉讼代理人参加诉讼；第二种意见认为，被告的实际经营者是总经理蔡连凿，可由他代表被告参加诉讼；第三种意见认为，应由全体股东（股东会）或董事会决定，授权诉讼代理人参加诉讼。由于原告徐来祥具有双重身份，若采纳第一种意见，由徐来祥委托诉讼代理人代表应诉，而原告又是徐来祥本人，显然存在着复代理的行为，有悖于民事法律的一般原则，故这种意见不能成立。若采用第二种意见，依据我国《公司法》第五十条的规定，总经理的职权源于董事会的授权，因此总经理代表公司应诉，须经董事会的授权，故第二种意见也不能成立。合议庭采纳第三种意见，认为依照我国《公司法》第三十七条、第四十六条的规定，股东会是公司的权力机构，董事会对股东会负责，是其执行机构。故当公司的法定代表人的本人利益与公司利益发生冲突并产生民事诉讼法律关系时，法定代表人实际上已不能正常行使其职权，由公司最高权力机构股东会或其执行机构董事会决定、授权参加诉讼的诉讼代理人是合法、合理的。本案一审过程中，经被告厦门可口食品有限公司的全体股东即三个实际投资者意思表示一致，授权由该公司的总经理蔡连凿代表公司参加诉讼是正确的。

其次，本案的诉讼标的 11 万美元是徐来祥作为股东的投资款，还是其作为自然人的借款？这个问题涉及本案的定性与实体处理。若为投资款，则属于外资企业法调整范畴的合作投资经营纠纷。剖析原告的“借款 11 万美元”，我们看到，股东增加投资，是公司的重要事项，依据我国公司法或外资企业法的有关规定，须经全体投资者或公司董事会协商一致，并报审批机关批准后方具有效力。本案被告若因资金困难而必须由各股东增加投资来支持，应由董事会决议或股东协议决定。被告辩称原告借款给公司，是假借款，实为投资款，但未能提供这方面的证据，且在其出具给原告的收款收据上明确写明是“借款”。此外，我国法律并无明文规定公司的法定代表人不能将个人的钱款借给公司，原告在作为被告公司的股东之一和法定代表人的同时，他是一个独立的自然人。依据最高人民法院 1991 年 7 月《关于人民法院审理借贷案件的若干意见》第一条和第十五条的规定，公民可以是借贷关系中的出借方；公民、法人、其他组织和合伙能够成为借款方。因此，原告徐来祥可以成为借款给自己公司的主体，也有权主张自己的债权。

因此，一审法院的认定是正确的。

（陈杰明　吴晖暖）

85. 新加坡万裕（一九七八）私人有限公司诉香港松星贸易公司等橡胶所有权案

（一）首部

1. 判决书字号

一审判决书：广西壮族自治区防城港市中级人民法院（1994）防中法经初字第101号。

二审判决书：广西壮族自治区高级人民法院（1996）桂经终字第7号。

2. 案由：橡胶所有权案。

3. 诉讼双方

原告（被上诉人）：新加坡万裕（一九七八）私人有限公司。

代表人：周再发，董事长。

委托代理人：唐晓东，广西至诚律师事务所律师。

被告（上诉人）：香港松星贸易公司。

代表人：高青松，经理。

委托代理人：张茹，华联经济律师事务所律师。

被告（被上诉人）：新疆维吾尔自治区粮油食品土产医药保健品进出口公司乌市分公司。

代表人：王宗来，经理。

委托代理人：李绍卫，广西钦州市律师事务所律师。

被告：广西梧州市乡镇企业供销公司。

法定代表人：杨高新，经理。

委托代理人（一审）：霍寿延，住梧州市新兴一路125号。

委托代理人（一审）：张国强，梧州市乡镇企业供销公司职员。

委托代理人（二审）：翁继，广西正大律师事务所南宁分所律师。

被告（上诉人）：广西农垦商业总公司防城分公司。

法定代表人：利德权，经理。

委托代理人（一审）：黄海冬，广西防城港市中南律师事务所律师。

委托代理人（二审）：张洪祥，广西远东商务律师事务所律师。

委托代理人（二审）：刘金岭，广西远东商务律师事务所律师。

被告：广西钦州市（原钦州地区）农业生产资料公司。

法定代表人：石思勇，总经理。

委托代理人（一审）：邓合，公司副总经理。

委托代理人（二审）：林亚寿，公司副总经理。

委托代理人（二审）：李月德，公司综合部经理。

第三人（被上诉人）：广西进出口贸易股份有限公司南宁市发展公司。

法定代表人：宋挺烈，经理。

委托代理人（一审）：李雁军，公司副经理。

委托代理人（一审）：张金水，广西至诚律师事务所律师。

委托代理人（二审）：黄平，公司进口部副经理。

委托代理人（二审）：田旷，广西正大律师事务所律师。

4. 审级：二审。

5. 审判机关和审判组织

一审法院：广西壮族自治区防城港市中级人民法院。

合议庭组成人员：审判长：农春雨；审判员：姚佩衡；代理审判员：李云鹏。

二审法院：广西壮族自治区高级人民法院。

合议庭组成人员：审判长：陆寿仁；审判员：梁洪源；代理审判员：林兵。

6. 审结时间

一审审结时间：1995 年 7 月 27 日。

二审审结时间：1996 年 12 月 4 日。

（二）一审情况

1. 一审诉辩主张

原告新加坡万裕（一九七八）私人有限公司（下称万裕公司）诉称：其于 1994 年 5 月 23 日、26 日与新加坡达利产地私人有限公司订立了两份购销橡胶协议。约定由达利公司通过印尼的四个生产厂家供给其 20 号标准橡胶 2400 箱（合计 3024 吨），上述四个厂家于同年 7 月下旬将该 3024 吨 20 号标准橡胶在印尼巴东港装上“角宿一”号轮交给我公司，我公司于 7 月 29 日取得正本提单，但该船在驶向防城港途中失踪，后于同年 9 月 17 日和 19 日发现被告香港松星贸易公司（下称松星公司）作为托运人用“桂海”472 号，“海翔”401 号及“海港”1121 号轮运载的 1518.34 吨橡胶存放在防城港码头。这些货物在唛头、包装内厂家密码、货物本身及货物的表面状况等方面与其交付“角宿一”号轮运输的货物完全相同。这批货物是其丢失的货物，而被告松星公司已将这批货物卖给新疆维吾尔自治区粮油食品土产医药保健品进出口公司乌市分公司（下称乌市公司），乌市公司又将部分货物转卖给广西梧州市乡镇企业供销公司（下称梧州公司）及广西钦州市农业生产资料公司（下称钦州公司）。请求法院确认讼争货物所有权属其公司，并判被告松星公司赔偿因其侵权行为而给原告造成的经济损失。

被告松星公司未作书面答辩。但在庭上辩称，原告已失去货物的确权资格；其卖给乌市公司的货物是从印度尼西亚布奇特阿默科萨马公司买的，有合同、产地证书、通知书、装箱单、运输报关费用等证明。原装运港是印尼，后改为新加坡。所卖给乌市公司的货物共签发了三份提单，用“海港”1121 号、“桂海”472 号及“海翔”401 号轮从香港运到防城港。

被告乌市公司辩称：其与松星公司的贸易已按各自所在地的法律及国际货物买卖合同公约的规定办理了正当、合法的出入境手续，产权来源明确。松星公司也已将三船橡胶的三份正本提单交给其及其代理人，其已取得该批货物的所有权。而且其所购买的橡胶是通过贸易手段善意取得，应受法律保护。原告请求理由不成立，请求法院驳回原告的请求，并判原告赔偿其经济损失。

被告梧州公司辩称，其所取得的该批橡胶，是防城港市耀华贸易公司（下称耀华公司）抵押给其的。因该公司欠其款，而于 1994 年 11 月 11 日以每吨 1.2 元作价交付给其。

其属于善意、有偿提取这批橡胶，应受法律保护。请求法院驳回原告起诉，并赔偿其经济损失。

被告广西农垦商业总公司防城分公司（下称防城公司）不作书面答辩。但在庭上辩称，耀华公司因与其订立棕榈油合同后不能供货，而将约定的413.28吨橡胶抵偿所欠其定金，其也已将该批橡胶从402号仓库提出或移到320号堆场，因此，货物所有权已合法转移，其属善意、有偿取得的。其还分别将该批橡胶出卖。

被告钦州公司辩称，其和防城公司一起与耀华公司订立棕榈油合同。因该公司无货可供，由防城公司将橡胶交给其，其所取得的151.2吨橡胶属善意、有偿取得，应受法律保护。请求法院驳回原告请求，并赔偿其经济损失。

第三人广西进出口贸易股份有限公司南宁市发展公司（下称南宁公司）提出独立诉讼请求称，其于1994年5月23日与万裕公司签订购销橡胶合同后，于7月11日申请中国银行广西分行开具不可撤销信用证，12月底支付完信用证项下款项给万裕公司，取得了上述合同项下的货物正本提单。现原被告所讼争的货物不论在唛头、包装中的厂家密码、货物本身及货物包装的表面状况与其在海上运输途中丢失的货物完全相同。因此，这批货物正是其与万裕公司所订合同项下的货物，所有权应归属其。应判决确认讼争的货物所有权归属其所有，并判松星公司因侵权而赔偿其经济损失。

2.一审事实和证据

防城港市中级人民法院经公开审理查明：1994年5月23日，原告向第三人南宁公司的前身广西壮族自治区进出口贸易公司南宁市分公司（下称南宁市分公司）发出售货要约，提出向南宁市分公司销售印度尼西亚产SIR20橡胶3024吨，并约定了单价、装船期限、支付方式和包装要求。南宁市分公司承诺，并达成CFS2301/2302号FOB橡胶买卖合同。同年5月23日及26日，原告与印度尼西亚的四家公司的新加坡销售总代理新加坡达利产地私人有限公司（下称达利公司）达成两份橡胶买卖合同。经原告申请，新加坡达利银行分别于同年7月18日和19日向印尼PT银行DAGANG (PERSER) PADANG AZIZCHAN分行开出受益人为印尼的凡米利拉雅公司等四个厂家的四份不可撤销信用证。原告在此之前的同年7月6日与尼欧船务代理公司签订一份租船合同，租用该公司的“角宿一”号轮（实体控制者为新加坡海王船务公司），新加坡海王船务公司于8月2日收到原告保函后开出了编号为PADFANG－01/04号不记名提单，载明托运人为原告，通知为南宁市分公司，装运港为印尼巴东，目的港为中国防城港，货物唛头为GZA2301/2302GUANGXI，产地为印尼，总数2400箱，每箱净重1260公斤，总净重302.4公斤。而南宁市分公司于同年7月11日向中国银行广西分行申请开具受益人为原告的不可撤销信用证后（第三人南宁公司已于同年5月26日变更为现名），由于迟迟未见船抵达目的港防城港，故不向银行付款赎单，直至同年12月21日才支付完货款并取得止本提单一式三份。

被告松星公司称其于1994年8月10日与印度尼西亚布奇特阿默科萨马公司（下称萨马公司）订立一份橡胶买卖合同，约定由萨马公司供给松星公司印尼产SIR20橡胶1500公吨。其已付款并取得八份提单，均为不记名提单，托运人为马来西亚天然SDN BHP，通知人为松星公司，装运港为新加坡港，卸货港为香港，产地为越南，装运船为山河2E船。此外还提交证明该批货物后用驳船分别装上“桂海”472号、“海港”1121号及“海翔”401号轮运经防城港。

1994年8月16日，乌市公司与松星公司签订一份买卖橡胶合同，约定由松星公司供给乌市公司印度尼西亚产SIR20橡胶2000吨。乌市公司付部分款后，松星公司通过海富船务有限公司签发三份提单给乌市公司，乌市公司已取得其中一份，另两份在其代理人手中。这三份提单项下的货物分别由“海港”1121号、“桂海”472号及“海翔”401号轮运抵防城港。乌市公司委托与其联营的耀华公司进行报关。耀华公司于同年9月15日、26日分别与防城公司、梧州公司签订合同，后将其中的403.2吨及296.1吨交付给防城公司及梧州公司，防城公司又将85.4吨交付给了钦州公司。

一审法院于1994年11月30日裁定变卖已查封的橡胶，并委托拍卖机构公开拍卖。

3. 一审判案理由

广西壮族自治区防城港市中级人民法院经审理认为：

南宁公司提交的进口橡胶买卖合同及其持有的PADFANG－01/04号提单中列明托运人为万裕公司，通知人为南宁市公司，货物唛头为GZA2301/2302 GUANGXI，产地为印尼，每箱净重为1260公斤；乌市公司提交的三份提单均列明唛头是：S.K FANG CHENG SIR20，没有包装件数和重量及产地。而万裕公司所购买的橡胶在买卖合同号、提单列明的唛头、产地及包装都与双方讼争的橡胶相同，内包装标志与印尼凡米利拉雅等四家公司的产品包装相同。乌市公司提交的提单有约定的唛头，但所购进的橡胶没有该提单所列明的唛头，已被涂掉的唛头却是南宁公司所持提单所列的唛头。因此由“桂海”472号等三艘轮运抵防城港的橡胶属万裕公司从印尼凡米利拉雅等四家公司购买的橡胶，即属于PADFANG－01/04号提单项下的货物，这批货物属于该提单持有人所有。南宁公司向银行赎单后，取得争议货物正本提单，属争议货物的所有权人。松星公司提供的八份提单列明橡胶产地是越南，无唛头，而讼争的橡胶产地是印尼，唛头是：GZA2301/2302 GUANGXI（已被涂掉），故可确认松星公司提供的八份提单不真实。松星公司出售无权出售的货物违反了卖方应保证其出售的货物，任何第三方都不能就该项货物向买方主张权利的国际贸易惯例。因此，松星公司与乌市公司的买卖行为无效。乌市公司通过与其联营的耀华公司将货物抵押给梧州公司、防城公司，防城公司转卖给钦州公司，均属非法占有人非法转移财产，占有人应返还该财产给所有人。

4. 一审定案结论

防城港市中级人民法院根据《中华人民共和国民法通则》第五十八条、第六十一条的规定及参照有关国际贸易惯例，作出如下判决：

（1）本案争议的橡胶1401.645吨属于南宁公司所有。

（2）被告乌市公司应返还橡胶702.34吨、梧州公司应返还橡胶296.1吨、防城公司应返还橡胶317.8吨、钦州公司应返还橡胶85.4吨给第三人南宁公司，橡胶原物已不存在，上述四被告应按拍卖实价每吨8568.54元折价返还。

（3）驳回原告万裕公司的诉讼请求。

（4）驳回第三人南宁公司的其他诉讼请求。

本案原告起诉受理费104148元，财产保全费94658元，其他诉讼费19881元，第三人起诉费用124029元，合计342716元，由原告万裕公司负担124029元，被告松星公司负担140955.5元，被告乌市公司负担60409.5元，第三人南宁公司负担17322元。

（三）二审诉辩主张

上诉人（原审被告）松星公司上诉称，本案争议的橡胶是其从印尼萨马公司购买并支付了全部货款，然后再卖给乌市公司的，与南宁公司无关。南宁公司丢失货物，应向卖方或船东保险公司追索。其所提供的提单不是伪造的，南宁公司持废旧公章、营业执照签订合同是虚假行为。

上诉人（原审被告）防城公司上诉称，其取得 317.8 吨橡胶是善意的，具有无可争辩的所有权，一审法院确认属于南宁公司所有错误，请求撤销一审判决，确认属其所有，并判令万裕公司承担因查封、拍卖橡胶而给防城公司造成的损失 8112021 元，南宁公司、广西化轻建材柳州公司、松星公司及乌市公司负连带责任。

被上诉人（原审第三人）南宁公司辩称其支付完信用证项下的货款取得提单后，也即取得了争讼橡胶的所有权。因此，一审判决正确，应予维持。

被上诉人（原审被告）乌市公司辩称，其是通过正当、合法的买卖关系取得了讼争橡胶的所有权，并且已取得该批货的三份正本提单，该批货物产权来源明确，其也按规定办理了合法的出入境手续，因此，该批橡胶所有权属其公司，应撤销一审判决。

被上诉人（原审原告）万裕公司辩称，其所卖给南宁公司的橡胶来源合法，在南宁公司赎单后，其已将正本提单交付南宁公司，因此，该批橡胶的所有权已从其公司手中转给南宁公司，一审判决正确，应予维持。

（四）二审事实和证据

广西壮族自治区高级人民法院公开审理查明：1994 年 5 月 23 日，南宁公司与万裕公司签订购销合同一份，约定由万裕公司卖给南宁公司印度尼西亚产 SIR20 橡胶 3024 吨，单价 870 美元/吨，FOB 巴东，装船期为当年 7 月，每箱净重 1260 公斤，共 2400 箱等。同年 7 月 6 日，万裕公司与尼欧船务代理公司签订了一份租船合同，约定该船务公司租用船只将货物由印尼巴东港运往中国防城。7 月 18 日该船务公司确定由国籍为伯利兹的“角宿一”号轮承运，该轮实际控制者新加坡海王船务公司。货物装船后，同年 8 月 2 日，海王船务公司开具编号为 PADFANG－01/04 号提单。提单载明：托运人为万裕公司，通知人为南宁公司，装运港为印尼巴东，目的港为中国防城，唛头为 GAZ2301/2302 GUANGXI，产地为印尼，总数 2400 箱，每箱净重 1260 公斤，总净重 302.4 万公斤。

承运橡胶的“角宿一”号轮在印尼巴东装船后，于 7 月 29 日启航开往目的港中国防城。但到 8 月 13 日该船与外界不再有任何联系，南宁公司迟迟未见船抵达目的港，不向银行付款赎单，诉讼中，直至 12 月 21 日才支付完货款并取得正本提单。

还查明，同年 9 月 11 日，17 日，21 日，分别由“海港”1121 号、“桂海”472 号及“海翔”401 号轮将一批橡胶净重 1401.645 吨运抵中国防城港。产地为印度尼西亚，唛头为 GZA2301/2302 GUANGXI（已被涂掉，但检查货物的包装箱及箱板，覆盖在涂料之下的唛头仍见）。同年 9 月 9 日，松星公司向乌市公司发出“桂海”472 号轮的装箱单及开出 476910 美元的发票，9 月 9 日、12 日海富船务有限公司签发三份提单给乌市公司，均载明：唛头 S.K FANG GHENG SIR20，其中 HK/FC9409 号、HK/FC94078 号、HK/FC94079 号提单货物重量分别为 306.18 吨（没有净重），散件 148 件，397.425 吨，散件 15 件。乌市公司以上述三份提单委托其联营单位耀华公司进行报关，提取了由“海港”1121 号、“桂海”472 号、“海翔”401 号轮运抵防城港的 1401.645 吨橡胶。

1994 年 9 月 26 日，耀华公司与梧州公司签订了一份抵押协议书，根据双方于 9 月 20

日订立的购销棕榈油合同，耀华公司用存放于防城港务局 402 仓库的 20 号标准橡胶作抵押，抵押数量为 300 吨，每吨价格为 1.2 万元。协议签订后，梧州公司付了棕榈油定金 350 万元给耀华公司，耀华公司因没有棕榈油供给梧州公司，因而于同年 11 月 11 日以每吨 1.2 元将所抵押的橡胶 296.1 吨（235 件）交给梧州公司，价款共 3553200 元。梧州公司于当天将这批橡胶从 402 号仓库提到 302 号堆场存放。

耀华公司还于同年 9 月 15 日与防城公司签订购销棕榈油合同并于当天又订立“关于订购棕榈油对保书”作为棕榈油合同附件。约定防城公司将定金付给耀华公司，该公司以存放在防城港码头仓库的 20 号标准橡胶作为定金担保，在无法供棕榈油的情况下，防城公司以每吨 1.2 万元按定金的 200%提取耀华公司的 500 吨橡胶。该合同及对保书签订后，防城公司依约付了 300 万元给耀华公司，耀华公司因到期无棕榈油可供，于同年 11 月 11 日以每吨 1.2 万元将 403.2 吨（320 件）橡胶交给防城公司，价款 4838400 元。防城公司将 317.8 吨橡胶从 402 号仓库提到 302 号堆场存放，另有 85.4 吨橡胶转给钦州公司。

1994 年 8 月 23 日，防城公司与钦州公司签订购销棕榈油合同一份，约定由防城公司供给钦州公司 672 万元的棕榈油，钦州公司付 40%定金。同年 8 月 31 日供货，合同签订后，钦州公司根据防城公司的委托，于同年 8 月 24 日将 268.8 万元定金付给耀华公司作为防城公司付给耀华公司的定金。合同履行期过后，防城公司无棕榈油供给钦州公司，于同年 11 月 13 日通知钦州公司将前述 151.2 吨橡胶交给其作为履行合同。钦州公司于同年 11 月 18 日从 402 仓库提了 85.4 吨橡胶到其仓库存放。

此外还查明，承运橡胶的“角宿一”号轮航行中失去联系后，经国际海事调查局调查确认，由“桂海”472 号、“海翔”401 号、“海港”1121 号轮运抵防城港的 1401.645 吨橡胶是万裕公司所有，属 1994 年 7 月 29 日在巴东装上“角宿一”号轮货物的一部分。“海港”1121 号轮的提单表明托运人是松星公司，香港海运部门的记录表明该船从未到香港港口装载所述货物，提单作了虚假陈述，是伪造的。

1994 年 11 月 19 日，万裕公司要求确认运抵防城港码头的 1401.645 吨橡胶属其所有，向一审法院起诉，并申请查封了该批橡胶。1995 年 1 月 6 日，南宁公司以取得该批橡胶正本提单为由，向一审法院起诉主张所有权，一审法院合并审理。诉讼中，一审法院依法拍卖了该批橡胶，扣除各种税费后，实得价款 11956069.3 元，现保存于一审法院。二审诉讼中，根据南宁公司申请，本院裁定先予执行给南宁公司橡胶款 3848159.19 元。

上述事实有下列证据证明：

1. 万裕公司提供的售货要约和购货承诺、万裕公司申请的信用证、装船指示、租船成交备忘录及明确装货船只到港时间通知、海王公司签发给万裕公司的提单。

2. 南宁公司提供的售货发票及购货承诺、南宁公司申请的信用证及提单。

3. 松星公司提供的付款发票、装箱单、提单八份、运输证明。

4. 乌市公司提供的合同及补充协议、委托代理函、联营协议书、提单。

5. 梧州公司提供的抵押协议书、付款凭证、装货单。

6. 梧州公司提供的购销棕榈油合同、付款收据、提货通知。

7. 国际海事调查局的调查报告等。

（五）二审判案理由

广西壮族自治区高级人民法院认为：一审法院确认本案诉讼为货物所有权争议；松星

公司通过“海港”1121号、“桂海”472号、“海翔”401号轮运抵中国防城港1401.645吨橡胶属于PADFANG－01/04号提单项下货物，南宁公司向银行赎单后，取得了该货物正本提单，南宁公司为争议货物所有权人；万裕公司请求确认争议货物的所有权归其所有理由不成立，不予支持；松星公司以提供不真实的提单为手段，出售无权出售的货物，判定其行为无效是正确的。松星公司主张该批橡胶是其从萨马公司购买并取得了正本提单，然后卖给乌市公司的。经查，该橡胶是万裕公司1994年7月29日在印尼巴东港装上“角宿一”号轮货物的一部分。松星公司的提单是伪造的。因此，松星公司不是该批橡胶的所有权人，其上诉理由没有事实根据，依法予以驳回。乌市公司虽与松星公司签订购销橡胶合同，但其所持提单记载的唛头、包装件数及重量与实际提取货物不符有过错，且经查实该批橡胶不是松星公司有权出售的货物，所有权属南宁公司，乌市公司应将其占有的702.345吨橡胶返还给南宁公司。梧州公司、防城公司、钦州公司通过抵债方式取得橡胶，且不知道橡胶来源，并无过错。但参照最高人民法院1958年7月14日《关于不知情的买主买得的赃物应如何处理问题的复函》及最高人民法院、最高人民检察院、公安部、财政部1965年12月1日《关于没收和处理赃款赃物若干问题的暂行规定》的有关规定，对南宁公司因本案橡胶纠纷而造成的损失，梧州公司、防城公司、钦州公司应与南宁公司分担，按各自取得的橡胶吨数退还一半给南宁公司。乌市公司应返还橡胶702.345吨，梧州公司应退还橡胶148.05吨，防城公司应退还橡胶158.9吨，钦州公司应退还橡胶42.7吨，原物已不存在，应按一审法院拍卖所得价款平均每吨8530.03元计算价金付给南宁公司。余下橡胶共349.65吨中，属梧州公司所有48.05吨，属防城公司所有158.9吨，属钦州公司所有42.7吨，由一审法院从拍卖保存的价款中付给。南宁公司的其他损失，因其与万裕公司约定的是FOB价款条件，按国际惯例卖方将货物装船越过船舷后，视其履行交货义务，万裕公司不再承担货物灭失或损坏的一切风险。至于松星公司与乌市公司、乌市公司与耀华公司、耀华公司与梧州公司及防城公司、防城公司与钦州公司之间的购销合同或联营合同关系，属另一法律关系，本案不予处理，当事人可另行起诉。

（六）二审定案结论

广西壮族自治区高级人民法院根据《中华人民共和国民事诉讼法》第一百五十三条第一款第（一）、（二）项的规定，作出如下判决：

1. 撤销中华人民共和国广西壮族自治区防城港市中级人民法院（1994）防中法经初字第101号民事判决第一、第二项及诉讼费负担。

2. 乌市公司返还橡胶款5991023.9元、梧州公司退还橡胶款1262870.9元，防城公司退回橡胶款1355421.8元，钦州公司退回橡胶款364232.3元给南宁公司。

3. 乌市公司对梧州公司、防城公司、钦州公司退还南宁公司橡胶款负连带责任。

4. 拍卖橡胶所得价款中，有1262870.9元归梧州公司所有，1355421.8元归防城公司所有，364232.3元归钦州公司所有。

5. 维持中华人民共和国广西壮族自治区防城港市中级人民法院（1994）防中法经初字第101号民事判决的第三、四项。

一审诉讼费，万裕公司预交部分共218687元，由万裕公司负担43737.4元，松星公司负担131212.2元，乌市公司负担43737.4元；南宁公司预交部分124029元，全部由万裕公司负担；二审诉讼费124029元，由万裕公司负担24805.8元，松星公司负担74417.4元，乌市公司负担 24805.8 元。松星公司欠交的诉讼费 81600.6 元，付给南宁公司 55485.8 元，付给万裕公司 26114.8 元，乌市公司欠交的诉讼费 68543.2 元付给南宁公司。

上述应付款项，义务人应于判决送达之日起 10 日内付清，逾期则加倍支付迟延履行期间的债务利息。权利人可在判决规定的履行期限的最后一日起 6 个月内向一审人民法院申请强制执行。

（七）解说

本案诉讼为货物所有权争议。一、二审判决对此也已予确认。因所讼争的货物涉及国际贸易，且属国际远洋运输的货物，故提单是该货物的物权凭证，谁的提单真实，谁就拥有货物的所有权。因此，认定谁的提单真实，成为本案的关键。

1. 橡胶所有权归属问题。一种观点认为所争议的橡胶归乌市公司所有，这种观点的理由是：乌市公司是依据合同关系，通过正常的贸易手段进口该批橡胶的，而且提供了提单，提单约定有唛头，虽所购进的橡胶没有唛头，但这是被涂掉的，原本实际是有唛头。退一步来说，即使所进来的橡胶无唛头，过错也不是乌市公司，而是松星公司，至于松星公司是怎样购进的货物，是否合法，不属我国法律调整范围。此外南宁公司的橡胶是在海上运输途中丢失的，其所购买的橡胶价格条件是 FOB，按照国际惯例，应找船东或保险公司索赔。我们不同意这种意见，认为一、二审对橡胶的确权是正确的。因为它解决了以下两个问题。首先，橡胶的来源问题。万裕公司通过“角宿一”号轮承运的橡胶在海上运输途中失踪后，经国际海事调查局调查确认，松星公司通过“桂海”472 号等三艘轮船运抵防城港的橡胶属万裕公司所有；而松星公司称其卖给乌市公司的橡胶是从印尼的布奇特阿默科萨马公司购买的，但所提供的提单列明橡胶产地是越南，与运抵港的橡胶产地不符，其出售来源不明的货物。还有其提供的提单也无唛头，这都说明这些提单是伪造的，其出售了无权出售的货物，违反卖方应保证其出售的货物，任何第三方都不能就该项货物向买方主张任何权利的国际贸易惯例。其次，货物与单证是否相符问题。南宁公司向银行赎单后，取得了正本提单，也取得了原属万裕公司所有的货物所有权。因其提单列明的货物唛头产地及包装均与松星公司销售给乌市公司的橡胶相同；而乌市公司提供的提单列明的唛头与所进港的橡胶唛头（没有唛头）不相符，其提单没列明有包装件数的重量及产地，因此其单证与货物不相符。

2. 非所有人取得的橡胶是否应予返还的问题。一种观点认为，梧州等三家公司通过抵债方式提取的橡胶，属善意、有偿取得，且不知道橡胶来源，并无过错，所有权应归其所有；另一种观点认为，松星公司将非法占有的货物非法转让给乌市公司，乌市公司又非法转让给梧州等三家公司，属非法占有人非法转移财产，因此，梧州等三家公司应将取得的橡胶返还给所有人南宁公司。我们不同意这两种观点，认为二审的判决是正确的。理由：梧州等三家公司是通过抵债方式取得橡胶的，只知道乌市公司进口的橡胶有必要的手续，不可能也无需查清国外橡胶的来源，并无过错。但参照最高人民法院、最高人民检察院、公安部、财政部等关于如何处理赃款赃物问题的有关规定，对南宁公司本案橡胶造成的损失，梧州等三家公司应与南宁公司分担，按各自取得的橡胶数量退一半给南宁公司。而南宁公司与万裕公司约定的价格条件是 FOB，按照国际惯例，其另一半损失由其自行承担。

（李云鹏）

86. 厦门经济特区友利贸易有限公司诉匈牙利金星国际贸易有限公司、吴丹霞买卖运动服合同案

（一）首部

1. 判决书字号

一审判决书：福建省厦门市中级人民法院（1995）厦经初字第30号。

二审判决书：福建省高级人民法院（1996）闽经终字第166号。

2. 案由：买卖运动服合同案。

3. 诉讼双方

原告（被上诉人、反诉被告）：厦门经济特区友利贸易有限公司。

法定代表人：王中生，总经理。

委托代理人：赵小冰，厦门经济特区友利贸易有限公司部门经理。

委托代理人：吴希忠，厦门市方正律师事务所律师。

被告（上诉人、反诉原告）：匈牙利金星国际贸易有限公司。

法定代表人：吴丹霞。

委托代理人：许琼琳，厦门市自立律师事务所律师。

被告：吴丹霞，女，1958年出生，中国国籍，住匈牙利1135布达佩斯十三区费朗盖潘街50—56号（1135 Budapest，xlll ker Frangepan u．50—60）。

委托代理人：许琼琳，厦门市自立律师事务所律师。

4. 审级：二审。

5. 审判机关和审判组织

一审法院：福建省厦门市中级人民法院。

合议庭组成人员：审判长：黄金治；审判员：周红岩；代理审判员：何培明。

二审法院：福建省高级人民法院。

合议庭组成人员：审判长：魏光钰；审判员：陈明；代理审判员：薛琦。

6. 审结时间

一审审结时间：1996年4月24日。

二审审结时间：1996年12月31日。

（二）一审诉辩主张

1. 原告厦门经济特区友利贸易有限公司（下称友利公司）诉称：其与被告匈牙利金星国际贸易有限公司（下称金星公司）签订了一份《成交确认书》，约定由其提供各种规格的美人绸运动衫给金星公司，总货款为102600美元。其又与被告吴丹霞签订一份抵押协议：约定以吴丹霞在中国银行龙岩分行的10万美元存款作抵押，如在装船后60天未收到金星公司的付款凭证，其有权提取存款以抵货款。之后，其装船发货，金星公司却未依约付款，故请求判令被告：（1）偿付所欠货款102600美元；（2）承担利息损失2265.17美元（利率为1.1%，计至1994年11月10日）；（3）承担因拖欠货款造成美元汇率差损失人民币3078元；（4）承担本案全部诉讼费用。庭审中，友利公司变更诉讼请求第二项为利息损失计至

实际还款日。

2. 金星公司辩称：其与友利公司除签订《成交确认书》外，还以传真方式告诉朱小惠，请友利公司委托 MAERSK、SEALAN 两家信誉好的船运公司承运，朱小惠电话称已按其所指定的船运公司运输，但收到提单后，才知并非按其指定的船运公司运输，致使该批服装从 7 月 9 日起一直到 10 月 14 日才进入其仓库，已超过其与客户约定的交货时间和当地夏季服装销售季节。对此，双方已通过传真调整合同为先行接受货物，后再协商降价，最终仅是货款支付时间意见不一，因此，友利公司以《成交确认书》为依据，要求其支付全部货款理由不足。而且友利公司提供的服装经匈牙利商会损失保险赔偿评估者协会鉴定有 60%有质量问题，不符货物的使用目的，故提起反诉，请求判令：(1) 友利公司违反成交确认约定，不按其要求的航船航线运输货物，不能按合同约定最后交货时间交货，致使货物错过销售季节，且货物有严重质量问题，友利公司应全部收回货物自行处理；(2) 交付的第二柜服装 50%以上有严重质量问题，其已支付了 106380 美元，对不合格的其愿承接，但友利公司应退回 28350 美元货款；(3) 友利公司中途搁置协调，对货物不作任何处理指示，致使两柜货物存放租用仓库，租金 18137.9 美元由友利公司承担；(4) 友利公司承担反诉诉讼费。庭审后，金星公司于 1996 年 4 月 15 日以反诉的第 2 条诉讼请求已另行起诉为由请求撤回第 2 条并变更第 3 条中的租金为 12115.93 美元。庭审中，金星公司以朱小惠既代表匈方，又代表原告，对查明事实有重大关系为由，申请追加朱小惠为本案第三人参加诉讼。

3. 吴丹霞辩称：其为之担保的合同不届支付条件，即出现货物未到，付款时间已届的付款条件不能成就的现象，双方又协商未果，因此，其无须承担担保责任，将其列为共同被告无据，冻结其银行存款亦无据。

4. 反诉被告友利公司辩称：金星公司的反诉不能成立，《成交确认书》没有约定最后的交货时间，事后双方也没有修改或约定新的交货时间，"不能按合同约定最后交货时间交货"没有根据；双方约定"服装质量按样验收，以卖方封存的两套样品为验货样品"，金星公司已委托朱小惠全权负责处理验收事宜，且服装为法定商检，出口时已经商检认定，《成交确认书》没有约定收货人在目的港可以复验，故金星公司没有复验权。因此，请求驳回金星公司的反诉请求。

（三）一审事实和证据

福建省厦门市中级人民法院经审理查明：1994 年 4 月 26 日，友利公司与金星公司在厦门签订了一份《成交确认书》，约定由友利公司提供一批各种规格的美人绸运动服装 21600 套给金星公司，每套 CIF 布达佩斯 4.75 美元，总值 102600 美元，由厦门至布达佩斯，允许转运。还约定装船期限另行通知，买方凭卖方通知须于货物装船之日起 60 天电汇货款给卖方，品质、数量以卖方所出之证明书为最后依据，服装质量按样验收，以卖方封存的两套样品为验货样品；抵押协议书为该合同的不可分割部分，合同以抵押手续办妥后即生效等。

同年 4 月 25 日，友利公司与吴丹霞签订了一份《抵押协议》，主要内容为：友利公司向金星公司出口美人绸运动服以货到付款方式结算，吴丹霞愿以其在中国银行龙岩分行的 10 万美元存折作抵押，金星公司保证在装船之日起 60 天内支付货款，如友利公司在装船 60 天后未收到金星公司的付款银行电汇回执传真，有权提取该存款，以抵出口货款。

成交确认书和抵押协议签订后，金星公司的法定代表人吴丹霞陆陆续续发传真给介绍该单生意的介绍人朱小惠，其中4月27日传真请朱小惠一定要为其把好服装质量关；5月23日传真要求工厂能在6月20日交货，否则将错过销售季节，请朱小惠与友利公司联系，告知工厂交货期及装船期；6月29日又传真请朱小惠通知友利公司尽早安排好船期，并请求此货委托“MAERSK”船运公司承运。同日，朱小惠传真给吴丹霞，称金星公司的名牌商标在商检处还未过关，为尽快过关，请吴丹霞出具一份“兹委托朱小惠小姐代表本公司负责检验美人绸服装的一切事宜，可全权负责处理”的委托书。同日，金星公司即出具以上内容的委托书传真给朱小惠，朱小惠以金星公司代表的名义出具确认书给厦门商检局，确认书称该服装出厂时已经该司检验确认，请予执行。该批服装以客户认可的检验方式通过商检。7月9日，服装装船发运，前一天，朱小惠传真给吴丹霞，通知提单和发票友利公司用快件直接寄出。9月13日，服装尚未抵达布达佩斯，金星公司传真给友利公司，称10月份来临，东欧马上转入冬季，货物已过销售季节，其不能按合同约定的9月10日付款，若友利公司有客户，其无条件转单，或将货运回，等来春销售季节再销售，或大幅度降价抛售等。友利公司则只同意每套降价0.5美元，推迟至11月10日付款。对此，双方未能达成一致意见。服装于10月24日运抵布达佩斯后，金星公司又提出质量异议。友利公司未能收回货款，遂向本院提起诉讼，金星公司则提起反诉。

上述事实有下列证据证明：

1. 友利公司与金星公司签订的《成交确认书》。

2. 友利公司与吴丹霞签订的《抵押协议》。

3. 当事人之间的往来传真件及吴丹霞与朱小惠的往来传真件。

4. 金星公司出具的委托书和朱小惠出具给厦门商检局的确认书及《出口商品检验放行申请单》。

5. 本院庭审笔录中的当事人陈述。

（四）一审判案理由

一审法院认为，友利公司与金星公司签订的成交确认书系双方当事人的真实意思表示，且内容、形式均合法，应认定有效。由于双方在成交确认书中约定的贸易条件为到岸价格(CIF)，在这种价格条件下，双方又未约定服装航运的航船航线，故金星公司无权单方指定运输工具，虽在成交确认书签订之后，金星公司要求走“马士基”航线，但该要求并未获得友利公司的同意，金星公司的要求不构成对成交确认书的变更，故金星公司以友利公司违反约定，致使货物未能按合同交货最后时间交货的答辩理由不能成立；朱小惠既是成交该单业务的介绍人，也是金星公司验收服装的全权委托代理人，本案的处理结果与其并无法律上的利害关系，故金星公司提出追加朱小惠为本案第三人的请求不予采纳；该批服装在厦门装船离港前已经朱小惠以客户认可方式通过厦门商检局出口检验，且双方未约定目的港后买方享有复验权，故金星公司无权对该批服装提出质量异议，金星公司反诉请求退货及赔偿租仓费用不予支持。友利公司依约提供了服装，在金星公司未依约支付货款时要求金星公司履行付款义务并支付延期付款的利息理由成立，应予支持。但在服装抵达布达佩斯后，金星公司以错过销售季节，要求降价时，友利公司同意每套降价0.5美元并推迟两个月付款，应视为对原约定价格和货款支付时间的变更，双方应按变更后的价格和付款期限结算。该单业务系采用美元结算，故友利公司要求赔偿汇率差价损失理由不足，不予支持。吴丹霞为金星公司提供抵押担保意思表示真实，金星公司未依约支付货款，抵押担保条件已成就，吴丹霞应以其抵押的 10 万美元存款负连带清偿责任。

（五）一审定案结论

依照《中华人民共和国涉外经济合同法》第十六条、第二十三条之规定，判决如下：

1. 金星公司应于本判决生效之日起十日内偿付友利公司货款 91800 美元及利息（利息按中国人民银行美元同期贷款利率计，从 1994 年 11 月 10 日计至实际还款日）。

2. 吴丹霞以中国银行龙岩分行的 10 万美元存款对金星公司应付款额承担连带清偿责任。

3. 驳回友利公司的其他诉讼请求。

4. 驳回金星公司的反诉请求。

本诉案件受理费 13829 元，由金星公司和吴丹霞共同负担 12446 元，友利公司负担 1383 元；反诉受理费 14530 元由金星公司负担。

（六）二审情况

1. 二审诉辩主张

金星公司上诉称：（1）本案系中国、匈牙利两国当事人的贸易纠纷，在双方未约定适用法律时，应以双方当事人所在国参加的《联合国国际货物销售合同公约》作为准据法，一审适用《涉外经济合同法》显属不当。（2）上诉人多次交代朱小惠要把好质量关，这并不意味着上诉人授权朱小惠认可货物质量，认定货物是否与样品一致的判定权仍属上诉人。1994 年 6 月 29 日委托书仅为通关之用，一审法院以此判定朱小惠为上诉人验收货物的全权代理人依据不足。（3）本案应以双方成交之前的传真、电话、成交确认书及履行中的传真、电话为届定标准。（4）6 月 29 日，上诉人直接传真被上诉人要求走“马士基”船，被上诉人未以任何文字方式告知上诉人不同意，应视为默认，因此，被上诉人应承担延期交货的违约责任。（5）成交确认书未约定检验条件，那么卖方可以在装船交货前委托有关机构按样验收，买方也可以到岸后委托有关机构按样验收。匈牙利商会损失保险评估者协会是匈牙利依法成立的商会组织，其出具的报告经匈牙利大使馆认证属实，可作为本案审理的依据。1994 年 10 月 6 日被上诉人给上诉人的传真表示双方的贸易行为实际至此终止。因此一审判决认定事实严重失实，适用法律不当，请求二审据实改判被上诉人收回全部货物自行处理，承担仓租费 12115.93 美元及解除对吴丹霞 12 万美元存款的冻结，承担全部诉讼费。

友利公司答辩称：（1）本案双方当事人未选择适用的法律，法院按照最密切联系原则，适用《涉外经济合同法》并无不当。（2）本案中，朱小惠作为上诉人委托代理人的地位是明确的。（3）双方的权利义务关系应以成交确认书为依据，履约中的函电、传真是单方意思表示，不能作为成交确认书的内容。（4）在 CIF 条件下，未经答辩人同意或确认书中特别约定，上诉人在答辩人办理装船期间通过朱小惠提出要走“马士基”航线是没有道理的。原判事实清楚，适用法律正确，请求二审法院驳回上诉人的上诉请求。吴丹霞未作书面答辩。

2. 二审事实和证据

福建省高级人民法院查明：一审查明的事实属实。另查明金星公司在一审期间提供了经公证、认证的匈牙利商会损失保险评估者协会的记录书，以此表明该批服装须淘汰的比例接近60%。

3. 二审判案理由

二审法院认为：原审认定金星公司与友利公司签订的成交确认书合法有效是正确的。由于该成交确认书没有对船公司及航线作出特别约定，根据双方约定的CIF价格条件，友利公司负担货物的风险至货物在装运港船越过船舷时止，故友利公司按约定发运货物后，因船公司的原因致使货物迟延交付，卖方友利公司不负责任。6月29日金星公司传真要求走“马士基”航线，未获得友利公司的同意，因而金星公司上诉称友利公司未改换船公司、延期交货应承担违约责任的理由不能成立，不予采纳。朱小惠具有双重身份，她既是该单业务的介绍人，也是验收服装的委托代理人；在货物发运前，朱小惠确以金星公司代表的名义认可了服装质量，厦门商检局亦以客户认可的方式通过商检，现金星公司以匈牙利商会损失保险评估者协会的记录书为据对该批服装提出质量异议理由不能成立。服装尚未到达以及到达布达佩斯之后，金星公司与友利公司曾对服装如何处理通过传真进行多次协商，但均未达成一致意见，因此双方原有的买卖关系并未至此终止。金星公司与友利公司签订的成交确认书系国际货物买卖合同，双方没有约定法律的适用，依照我国参加的《联合国国际货物销售合同公约》的规定，本案自动适用《联合国国际货物销售合同公约》作为本案的准据法，原判适用《涉外经济合同法》不妥。

4. 二审定案结论

根据《联合国国际货物销售合同公约》第一条第一款第（a）项、第五十三条、第六十二条、第七十八条和《中华人民共和国民事诉讼法》第一百五十三条第一款第（一）项的规定，判决如下：

驳回上诉，维持原判。

本案二审诉讼费28359元，由金星公司负担；一审诉讼费按原判执行。

（七）解说

本案是一起涉外案外，首先要解决的是如何适用法律即选择哪一国家的法律为准据法来审理案件，以便对案件实体作出判决。金星公司与友利公司所签订的《成交确认书》是双方当事人买卖美人绸运动服装所依据的基本法律文件。该确认书并没有约定选择哪一国家的法律来解决双方当事人在该国际贸易中所产生的争议。按照国际上的冲突法理论原则，在选择准据法时，法院首先考虑的是双方当事人是否对发生争议适用哪一国家的法律处理进行了约定，如果有约定，通常是依照双方当事人的约定处理，除非所约定国家的法律违反了受诉法院国家的公共利益和善良风俗。其次看双方当事人所在国是否都参加了某一国际条约，如果当事人没有约定选择准据法，则按该国际条约之规定来解决双方当事人的实体争议。本案友利公司和金星公司所在的中华人民共和国和匈牙利均是《联合国国际货物销售合同公约》的缔约成员国，而且双方当事人没有约定选择准据法，因此二审法院适用该公约的有关规定来审理案件是正确的。一审法院在选择准据法时依据了最密切联系原则，该原则虽然是国际上解决法律冲突的基本原则，但它通常是在双方当事人所签的合同没有约定选择准据法，且当事人所在国家没有共同参加的国际条约的情况下适用的，所以一审法院直接援引我国《涉外经济合同法》欠妥。

本案另外一个的重要问题是双方当事人在履约中是否变更、终止了原来的订立的《成交确认书》。金星公司认为其传真告知友利公司走“马士基”船，但友利公司未以任何文字方式告知金星公司不同意，应视为默认，实际上这种推定是没有法律依据的。双方当事人在履约中并没有就变更或终止买卖美人绸运动服达成一致协议。因此原订立的《成交确认书》仍然有效，对双方当事人均具有法律约束力，故金星公司该上诉理由不成立，应予驳回。

（陈朝阳）

九、经济诉讼程序案例

87. 贵阳高强度紧固件厂诉重庆航天物资供销公司购销合同产品质量案（管辖权异议）

（一）首部

1. 裁定书字号

一审裁定书：贵阳经济技术开发区人民法院（1996）筑经开法经初字第12－2号。

二审裁定书：贵州省贵阳市中级人民法院（1996）筑法经终字第45号。

2. 案由：购销合同产品质量案。

3. 诉讼双方

原告（被上诉人）：贵阳高强度紧固件厂。

法定代表人：蒲朝国，厂长。

被告（上诉人）：重庆航天物资供销公司。

法定代表人：徐易成，经理。

4. 审级：二审。

5. 审判机关和审判组织

一审法院：贵阳经济开发区人民法院。

独任审判员：代理审判员：姜毓荣。

二审法院：贵州省贵阳市中级人民法院。

合议庭组成人员：审判长：毛争青；审判员：刘继普、邓维娜。

6. 审结时间

一审审结时间：1996年4月9日。

二审审结时间：1996年6月3日（依法延长审限）。

（二）一审情况

1. 一审诉辩主张

（1）原告诉称：1995年10月原、被告双方口头达成购销钢材协议，原告即携款前往被告处购钢材10.909吨，单价3.3万元/吨，运费为285/吨，原告付清货款后，将钢材运往贵阳（原告自提），经原告委托西南工具总厂质检处抽检，∅14钢材不合格，原告于1995年11月20日将抽检结果函告被告，并 于1996年1月22日派员前往被告处，要求予以解决，而被告拿出生产厂家的一份检验报告，认为∅14钢材是合格产品，双方意见不一，原告又三次自行委托有关单位进行鉴定，结果仍是∅14 钢材不合格，双方协商无果。原告以质量纠纷诉至法院，请求人民法院依法判令被告退还钢材货款、承担银行利息及钢材运杂费、检验费及诉讼费用，并赔偿经济损失 5000 元。

（2）被告辩称：贵阳市经济技术开发区人民法院对贵阳高强度紧固件厂诉重庆航天物资供销公司购销合同一案无管辖权，该案是购销合同纠纷而非质量纠纷，而该购销合同的履行地和本案被告住所地均在重庆市九龙坡区，依照《中华人民共和国民事诉讼法》第二十四条关于“因合同纠纷提起的诉讼，由被告住所地或者合同履行地人民法院管辖”的规定，此案应由重庆市九龙坡区人民法院管辖。

2. 一审事实和证据

贵阳市小河经济技术开发区人民法院经审理查明：

原告与被告双方于 1995 年 10 月达成口头协议，约定：由被告供给原告六种规格的钢材共计 10.909 吨，单价为 3.3 万元/吨，运费为 285 元/吨，原告已经支付完货款，钢材已经运至贵阳，该购销口头协议已经实际履行完毕。后原告在使用过程中发现钢材质量不合格，经双方协商未成，原告遂于 1996 年 2 月 13 日向法院起诉。

上述事实有下列证据证明：

（1）原告、被告双方的陈述，证明双方确实达成口头购销协议。

（2）原告付货款的有关票据。

（3）原告提货的提货单据。

（4）西南工具厂的检验报告。

（5）双方关于发生质量纠纷后曾进行协议的陈述。

3. 一审判案理由

贵阳经济技术开发区人民法院认为：原告与被告双方口头达成的购销钢材协议，由于双方依约定全面履行了义务，因此在原告支付货款，被告交付货物后，合同已实际履行完毕。此后原告在使用过程中发现钢材质量不合格，并以造成损失为由向本院提起诉讼。该纠纷是双方在购销关系结束后发生的产品责任损害赔偿纠纷，因此侵权行为地即损害事实发生地的人民法院对本案有管辖权，被告对本案的管辖权异议不成立，不予支持。

4. 一审定案结论

贵阳经济技术开发区人民法院依照《中华人民共和国民事诉讼法》第三十八条的规定，作出如下裁定：

驳回被告重庆航天物资供销公司对本案管辖权提出的异议。

（三）二审诉辩主张

上诉人重庆航天物资供销公司诉称：1. 原裁定认定的主要事实无依据，且严重失实。原审裁定认定被上诉人在使用过程中发现质量不合格，造成损失而起诉状中并未提及该批钢材已投入何种用途，造成何种损失，贵阳高强度紧固件厂起诉理由是：原告采用自提方式将钢材从重庆运往贵阳后，经委托有关单位复检不合格，被告不派人处理，故诉至法院，要求退货退款，赔偿损失，并未诉称已投入使用。据上诉人了解，这批∅14 钢材并未投入使用，更谈不上有损害。2. 即使已经投入使用，如果仅仅是该批钢材有瑕疵，损失是钢材、运杂费及检验费等，而未直接引发其他财产损失或人身伤害，也不能算是质量纠纷。综上所述，本案是购销合同履行中标的物的质量是否达标引起的合同纠纷，而不是产品质量责任损害赔偿纠纷，根据我国《民事诉讼法》第二十四条的规定，本案应由被告所在地或合同履行地人民法院管辖。请求二审法院撤销一审裁定，将本案向有管辖权的重庆市九龙坡区人民法院移送。

（四）二审事实和证据

贵州省贵阳市中级人民法院在二审中查明：1995年10月，贵阳高强度紧固件厂（需方）与重庆航天物资供销公司（供方）口头协议，约定：需方向供方购买6种规格的钢材共10.909吨，单价为每吨3.3万元，运费为每吨285元，需方付清货款后，将该批钢材提出，从重庆运至贵阳，后委托西南工具总厂质检处抽检，根据检验报告，规格为∅14的钢材不合格，需方将抽检结果于1995年11月20日函告供方，后又派员赴重庆，要求供方解决质量问题，但供方出示生产厂家的检验报告：∅14钢材为合格产品。双方意见不一，后需方又委托三单位进行检验，结论仍不合格，双方协商未成。贵阳高强度紧固件厂遂于1996年2月23日以质量纠纷诉至原审法院，要求判令重庆航天物资供销公司退货还款，赔偿银行利息及运费、检验费、诉讼费、经济损失5000元；重庆航天物资供销公司对本案的管辖权提出异议。

（五）二审判案理由

贵州省贵阳市中级人民法院认为：

1. 根据最高人民法院1993年9月13日《关于对无法定和约定期限的工矿产品内在质量提出异议应如何确定期限问题的复函》法经（1993）195号的规定："在工矿产品购销合同中，当事人对产品的内在质量没有约定提出异议的期限，又无法定期限的，可以比照《工矿产品购销合同条例》第十五条第三项之规定，需方应在收到货物之日起六个月内提出异议。"本案需方贵阳高强度紧固件厂在收到钢材后的第二个月发现质量问题后，立即函告供方重庆航天物资供销公司，随后又派员到上诉人处要求解决质量问题，没有超出6个月的提出异议期限，故本案应属于合同履行中的产品质量纠纷。

2. 被上诉人系携款在上诉人处自提货物，本案合同履行地及被告住所地均在重庆市九龙坡区。因此，贵阳经济技术开发区人民法院裁定"驳回被告重庆航天物资供销公司对本案管辖权提出的异议"于法无据。

（六）二审定案结论

依照《中华人民共和国民事诉讼法》第二十四条"因合同纠纷提起的诉讼，由被告住所地或者合同履行地人民法院管辖"的规定，裁定如下：

1. 撤销贵阳经济技术开发区人民法院（1996）筑经开法经初字第12－2号民事裁定。

2. 本案移送重庆市九龙坡区人民法院审理。

本裁定为终审裁定。

（七）解说

本案涉及地域管辖问题，争议的焦点是：本案是属于产品质量引起的侵权赔偿案件，还是履行购销合同中产生的质量纠纷。

1.《中华人民共和国民法通则》第一百二十二条规定："因产品质量不合格造成他人财产、人身伤害的，产品制造者、销售者，应当依法承担民事责任。"《中华人民共和国产品质量法》第三十一条规定："因产品存在缺陷造成人身、他人财产损害的，受害人可以向产品的生产者要求赔偿，也可以向产品的销售者请求赔偿。"从这些规定可以看出：产品质量引起的侵权赔偿纠纷是指消费者、用户因使用了质量不合格的产品、存在缺陷的产品而造成了人身、财产损害，受害人向产品生产者、销售者要求赔偿而产生的纠纷。本案中，原告诉称也没有讲到所购产品已经投入使用，且因使用该批产品使人身、财产受到损失，应不属于因产品质量引起的侵权赔偿纠纷。

2. 购销合同成立后，根据《中华人民共和国经济合同法》第六条规定，当事人必须全面履行合同。本案中，需方如约支付货款，供方如约提供钢材，双方的口头购销合同已经实际履行。但这不等于法律规定的“全面履行”，全面履行必须是需方不折不扣地支付价款，供方提供给需方的货物必须完全符合双方约定的质量标准，必须全部是合格产品；如有产品质量不合格，就不是全面履行，需方有权在约定期限或法定期限内提出产品质量问题的异议，也是履行合同的内容之一。截然割裂开来，认为需方已经付款提货，合同实际履行完毕，以后发生的质量问题的纠纷就是因为产品质量引起的侵权赔偿纠纷，应由侵权行为地或侵权结果地人民法院管辖是不正确的。故二审认定本案系履行购销合同中的质量纠纷，应由合同履行地或者被告住所地人民法院管辖，是正确的。

（施挥法）

88. 海南省船舶工业总公司诉柳晓阳承包经营责任案（主管与管辖）

（一）首部

1. 裁定书字号：海南省海口市振东区人民法院（1996）振经初字第 32 号。

2. 案由：借款案。

3. 诉讼双方

原告：海南省船舶工业总公司。

法定代表人：黄友丰，总经理。

委托代理人：吴荣乾，党委副书记。

委托代理人：陈清明，海口市振东律师事务所律师。

被告：柳晓阳，男，汉族，1949 年 9 月 13 日出生，琼山市人，系海南省船舶工业总公司职工，住海口市锦山里四排 36 号。

委托代理人：姜丹，海南省对外经济律师事务所律师。

4. 审级：一审。

5. 审判机关和审判组织

审判机关：海南省海口市振东区人民法院。

合议庭组成人员：审判长：李朱德；人民陪审员：许光瞳、朱监年。

6. 审结时间：1996 年 10 月 25 日。

（二）诉辩主张

1. 原告诉称：1992 年，原告（原海南省渔船厂）的下属各车间均实行内部承包经营，家具装修车间也不例外。被告当时作为该车间的负责人，在车间承包后，未经车间其他领导或全体职工讨论，便以个人名义于同年 10 月 3 日向厂里借款人民币 20 万元，声称：“前往广西某地购买水泥。”但被告如数借到款额后，不是用于车间集体经营，而是用于自己掌握和支配，到广西等地做水泥和木麻黄板条生意，后来，厂领导多次催促其还款，被告均是拿不清不楚的账单搪塞，至今仅归还部分借款，尚欠本金 17.5 万元未还及其利息未付，且至今不正常到岗上班，特诉请判被告如数给付。

2. 被告辩称：家具装修车间在厂里同样实行内部集体承包后，我作为该车间的负责人，因车间经营需要，经与车间副主任谢祖盛等同志协商后，决定向厂里借款 20 万元。经厂领导同意后才以我个人名义办理了借款手续。但借款全是通过厂里办理汇票，并交给车间的人员带去外地采购水泥，水泥运回来后，也由车间职工一起销售。并且所有生意往来的资金全部都是通过厂里的账号进出的，而厂里也先后多次从我们车间生意往来款中直接扣回了车间的借款及车间承包后应付的各项费用。由此可见，20 万元借款是厂里与车间之间的借款，而不是我个人借款。由此发生的纠纷，原告应按照其制定的“承包责任制方案”自行解决内部债务问题，而不应起诉我个人。

（三）事实和证据

海南省海口市振东区人民法院受理本案后，经公开开庭审理查明：

1992 年 1 月 10 日，海南省渔船厂（现海南省船舶工业总公司）制订了《海南省渔船厂 1992 年基层单位承包经营责任制方案》（下称“方案”）一份。规定，渔船厂 1992 年继续在全厂范围内对基层单位实行一年一度的“包死基数、确保上交、超收多留、欠收自补”的承包经营责任制；承包单位的产品销售结算和货款的收入，均由厂里财会股统一管理、统一收费、统一票据。承包单位在财务方面需绝对服从厂部财会股的统管和监督；各承包单位自 1992 年起使用厂部流动资金一律交利息，月息千分之五，以月末余额计息，由财会股在结算时扣归厂部；借用流动资金和向银行贷款，须经主管厂长批准；如经营不善造成亏损，流动资金损失，由承包的受益者共同承担还本责任，从各个人工资中扣还，不管数额大小，一律扣罚到抵销亏损为止；承包单位原则上是集体承包经营，但承包负责人对本单位有统一管理的权力，有权支配本单位生产（经营）总值千分之三的活动费用，如超过此限额，须事前报告厂长批准追加指标；厂部和承包单位的关系是领导和被领导的关系，厂部的指令性计划安排，各承包单位需绝对服从。之后，原告依方案进行经营流动资金分派。被告柳晓阳作为原告内部木工车间的负责人，因车间经营需要，经与车间副主任谢祖盛等同志协商后，决定向厂里借款 20 万元。经厂里领导同意后，柳晓阳以个人名义办理了借款手续，并通过厂里办理汇票，交给其车间的人员带去广西柳州及河池等地采购水泥和作木麻黄板条生意。承包期间，柳晓阳直接向厂方还款人民币 2.5 万元，木工车间通过第三方前后共向厂方归还人民币 201562 元。原告除按承包方案陆续从中扣收木工车间应缴的水电费、房租、电话费、上缴管理费、税金以及借款利息共计人民币 110620 元，还将其中汇回的 91520 元借给该车间职工吴乾雄。为了统一车间结算处理账目，原告财务科后来又更改将吴乾雄借款户转让记柳晓阳借款户。另外，木工车间通过商谈并经原厂长黄炳贵同意，投入资金人民币 8.7 万多元在厂内建房；承包终止后交回原告；现原告继续出租收取租金。

上述事实有下列证据证明：

1. 海南省渔船厂 1992 年基层单位承包经营责任制方案。

2. 1992 年 10 月 3 日的借款单（三份）。

3. 有关还款的银行电汇、信汇凭证。

4. 1992 年 11 月 18 日吴乾雄的借款单。

5. 1992 年 12 月 15 日、16 日柳晓阳的还款收据。

6. 木工车间承包期间的明细账及移交表。

7. 有关的证人证言以及开庭笔录。

（四）判案理由

海南省海口市振东区人民法院鉴于上述事实认为：被告柳晓阳作为原告内部木工车间的负责人，取得经营资金 20 万元，系依方案而取得用于其所在部门从事经营活动的，并非其个人借款。且从事经营活动中，资金的流向均经原告的账户控制和财务部门的监督和掌握。因此，原、被告之间始终处于领导和被领导、管理和被管理关系，双方形成的是内部承包关系，对外从事民事活动的关系未变，实行的是内部部门岗位责任指标制。因此，原、被告之间的争议不属于平等民事主体之间的民事争议。所以原告提起的诉讼不属于人民法院受理民事案件的法定范围，不符合起诉法定条件，应予驳回。被告辩称的意见，于法符合，于约有据，应予采纳。

（五）定案结论

合议庭依照《中华人民共和国民事诉讼法》第一百零八条的规定，裁定如下：

驳回原告海南省船舶工业总公司的起诉。

本案受理费人民币 5235 元，由原告承担。

上述裁定书送达后，双方当事人均未提出异议。

（六）解说

本案争议的主要焦点是确定该案性质是企业内部承包责任制争议，还是经济合同纠纷，是否属人民法院管辖。

我国目前实行的企业承包经营责任制主要有两种，一是企业内部承包合同制，二是企业内部岗位责任制。企业内部承包合同，是由企业一方和企业内部的劳动组织或个人为另一方，经过协商，双方同意后自愿签订的；合同签订后，双方就产生了权利义务关系；签订合同、履行合同，法律地位是平等的，而不是行政上的领导和被领导关系。而企业内部岗位责任制是企业为了加强经营管理，明确各岗位工作人员的责任而制订的一种行政管理制度，是一种行政管理手段。它不像签订承包合同那样，具有明确的权利义务关系。有的企业在制订岗位责任制时，也发动群众讨论或征求群众意见。但岗位责任制体现的主要是企业领导集体组织的管理企业的意志。它不像承包合同那样，贯彻平等互利、协商一致的原则，不需要每个工作人员签名同意。岗位责任制是作为一种规章制度，一旦颁布，下级机构和工作人员必须执行。而承包合同的履行不是靠行政手段，而是靠法律约束力，靠劳动成果和劳动者经济利益的紧密结合。另外，由于签订合同都是横向经济关系，而不是上下级关系，所以这种在生产流通领域中签订的企业内部承包合同，属于经济合同性质；如发生纠纷，起诉到法院，法院应依法保护当事人的合法权益。而岗位责任制发生了纠纷，这是执行企业内部规章制度过程中产生的问题，主要由其上级行政主管部门来协商解决。本案原告海南省船舶工业总公司与被告柳晓阳的借款纠纷是因原告制订的承包经营方案引出的，而该承包方案争议实质上就是以上所说的企业内部承包责任制争议。因此，原、被告之间的争议，不属于平等民事主体之间的民事争议。因而，原告提起的诉讼不属于人民法院受理民事案件的法定范围，不符合起诉的法定条件，法院根据《中华人民共和国民事诉讼法》第一百零八条的规定，裁定驳回原告的起诉是正确的。

（傅海燕）

89. 利比里亚环球船运有限公司申请诉前证据保全案

（一）首部

1. 裁定书字号：武汉海事法院（1996）证保字第1号。

2. 案由：诉前证据保全案。

3. 双方当事人

申请人：利比里亚环球船运有限公司（GLOBAL TRANS－PORTATION COMPANY. LIBERIA)。

法定代表人：马克姆·纽瑞巴（MAKMUR A NURIMBA）。

被申请人：英属维尔京岛卡布莱尔海运有限公司（CABRAL MARITIME LTD. BRITISH VIRGIN ISLAND)。

法定代表人：安第·马托克斯（ANDY MATTOCKS）。

被申请人：塞浦路斯尼科西亚海上先锋航运公司（MARITIME PIONEER SHIPPING LTD. NICOSIA CYPRUS)。

法定代表人：尼罗斯·格里诺斯（NILOS GLYNOS）。

4. 审级：一审。

5. 审判机关和审判组织

审判机关：武汉海事法院。

合议庭组成人员：审判长：吴明成；审判员：文树林；代理审判员：潘绍龙。

6. 审结时间：1996年2月10日至2月13日。

（二）申请人主张

申请人称：1995年12月6日，申请人以期租方式向二船东卡布莱尔海运有限公司承租“多拉多”（DORADO）轮运载农产品自阿根廷罗萨里奥港至中国南通港。根据该船船长的电传报告，该船于1996年1月23日0800时抵新加坡外海，加完油于1430时离开新加坡开往中国南通港。但根据申请人的查证，该船早于1996年1月23日0800时以前就已抵达新加坡外港，并在申请人所安排的加油船抵达前卸下至少80吨的MFO卖给他人。申请人安排的加油船于1996年1月23日0910时开始加油，于1230时加完油。“多拉多”轮在完成加油后并未马上开航，而是于1300时驶进新加坡内港，于2219时又离开新加坡内港驶往新加坡东面外海继续售卖其船上的MDO（油名）95.101吨和MFO（油名）64.103吨给他船。该船于1996年1月24日1645时驶往南通港。

船东在航行中擅自出售承租人所有的MDO和MFO，又要求承租人付清所有租金，由此产生争议。申请人请船长提供有关航行日记，但船长不予协助。鉴于“多拉多”轮将于2月11日离开南通港，本次航行的有关记录有可能灭失而无法取得，申请人于1996年2月10日向我国海事法院申请将“多拉多”轮该航次的甲板记录、机舱记录、无线电通讯记录进行诉前证据保全。

同日，华洋海事中心向武汉海事法院出具保函，担保申请人如因执行证据保全措施的申请有错误或申请理由不充分而给被申请人造成的损失承担全部责任。

（三）受理与执行

武汉海事法院在接到申请后，认为申请人的申请符合国际惯例和《中华人民共和国民事诉讼法》有关证据保全的立法精神，并且申请人已提供了担保，遂决定受理此案。根据《中华人民共和国民事诉讼法》第七十四条关于“在证据可能灭失或者以后难以取得的情况下，诉讼参加人可以向人民法院申请保全证据。人民法院也可以主动采取保全措施”的规定，于1996年2月11日作出裁定，责令“多拉多”轮向武汉海事法院提供有关该轮自1995年12月10日至1996年2月3日之间的甲板记录、机舱记录和无线电记录，在上述记录提供之前，该轮不得离开南通港。

1996年2月12日武汉海事法院向“多拉多”轮送达民事裁定书，“多拉多”轮船长签收了该裁定。同日，该轮将所有的关于收发加油方面的电传及该航次的甲板记录、机舱记录、无线电通讯记录交与武汉海事法院。武汉海事法院在审查了这些证据之后，对有关的证据进行了复印。1996年2月13日，武汉海事法院口头裁定诉前证据保全执行完毕，归还“多拉多”轮提供的证据，恢复“多拉多”轮的航行自由。

（四）解说

本案系一起申请人和被申请人均为外国人的涉外诉前证据保全案件。在本案中，因申请人怀疑被申请人所有的“多拉多”轮出卖申请人所有的货物，故“多拉多”轮的甲板记录、机舱记录、无线电通讯记录自然成了申请人的怀疑是否成立的关键证据。由于申请人和被申请人来自不同国家，在被申请人的船舶靠泊中国港口时，如不对上述证据进行保全将有可能导致该证据以后难以取得或被涂改，因此，申请人的请求是合理的。

本案所涉的问题属于程序问题。申请人向中国法院申请保全，即在中国领域内进行民事诉讼活动。《中华人民共和国民事诉讼法》第四条规定：凡在中华人民共和国领域内进行民事诉讼必须遵守本法。根据国际私法关于识别的理论，本案适用的准据法应是《中华人民共和国民事诉讼法》。但是，如何由法院来执行诉前证据保全，我国的法律还没有明确的规定。我国《民事诉讼法》第七十四条规定：“在证据可能灭失或者以后难以取得的情况下，诉讼参加人可以向人民法院申请保全证据，人民法院也可以主动采取保全措施。”从该条规定的用词和逻辑结构可以推定出本案规定的证据保全应指诉讼中的证据保全，对该条规定能否适用于诉前证据保全还有待明确。一般认为对证据进行保全应由证据所在地的公证机关执行。但公证机关进行证据保全有其局限性，首先它必须由利害关系人提出申请；其次对申请的公证事项，当事人、利害关系人之间须无争议；再次，公证机关无强制执行的权力。从本案案情看，被申请人不可能主动向公证机关申请证据保全，公证机关也没有权限到被申请人的船上强制执行证据保全。因此，由公证机关来对本案进行证据保全是行不通的，申请人选择中国的海事法院进行诉前证据保全是得当的。我国《民事诉讼法》对法院执行诉前证据保全虽没有明确的规定，但是人民法院通过行使诉前证据保全可以很好地保护当事人的诉权、维护利害当事人的合法权益，有利于将要发生的诉讼的顺利进行，武汉海事法院受理该诉前证据保全案是正确的。

在执行证据保全的措施上，武汉海事法院做到谨慎得当。经耐心地对代表被申请人的“多拉多”轮的船长做法制宣传工作，该船长不但签收了法律文书，而且按裁定书的要求提供了有关的证据，使这一诉前证据保全案得以顺利执行完毕。

世界上国家特别是大陆法系国家的法律对诉前证据保全一般都作了明确的规定，如日本《民事诉讼法》第三百一十四条、法国《民事诉讼法典》第一百四十五条、德国《民事诉讼法》第四百八十六条等。我国民诉法有关证据保全的规定较为原则，对诉前证据保全的规定还有待明确。武汉海事法院受理该诉前证据保全案，并成功地进行了执行，是应该肯定的。

（侯振坤　张江顺）

90. 厦门信福实业股份有限公司申请撤销工商仲裁案

（一）首部

1. 裁定书字号：福建省厦门市中级人民法院（1996）厦经初字第65号。

2. 案由：申请撤销仲裁案。

3. 诉讼双方

申请人：厦门信福实业股份有限公司（以下简称信福公司）。

法定代表人：张晓东，董事长。

委托代理人：王绍凯，中国农村发展信托投资公司福建（集团）公司总经理助理。

委托代理人：庄凤志，厦门信福实业股份有限公司总经理。

被申请人：艺宝建筑装饰装修工程有限公司（下称艺宝公司）。

法定代表人：佘国华，董事长。

委托代理人：薛咏康，艺宝公司职工。

委托代理人：蔡志强，厦门英合律师事务所律师。

4. 审级：一审。

5. 审判机关和审判组织

审判机关：厦门市中级人民法院。

合议庭组成人员：审判长：张东生；代理审判员：颜海防、林丽珊。

6. 审结时间：1996年12月26日。

（二）诉辩主张

申请人诉称：诉争合同中关于“工程造价大包干”的约定是一种工程造价上限的限定，不是彻底的大包干，双方还约定因修改或变更而引起包干造价上下10%范围内浮动不予计较。因合同施工项目的变更和使用材料的不同，整个工程造价远远低于合同约定的267万元包工造价，厦门市工商行政管理局经济合同仲裁委员会（下称工商仲裁委）将有机联系的合同条款进行人为分割并据此作出裁决，在适用法律上是错误的。另外，艺宝公司在实际履行中，并未按合同约定将设计图纸及其修改变更部分交由信福公司认可，工商仲裁委裁决要求信福公司支付土建增加部分，一层工艺品货架及灯具等包干范围内项目的费用是不公平的，艺宝公司未按合同约定提供工程结算书、施工图、竣工图以及统一发票，隐瞒了足以影响公正裁决的证据，工商仲裁委裁决信福公司应支付巨额工程款及利息是不合理的，由于工商仲裁委的不公正裁决，造成了国有资产的流失，工商仲裁委的裁决违背了社会公共利益。因此，申请人依照《中华人民共和国仲裁法》第五十八条、第五十九条、第六十条之规定向法院提出申请，请求撤销工商仲裁委（96）厦工商仲字第1号裁决。

被申请人艺宝公司辩称：信福公司请求撤销工商仲裁委裁决没有事实与法律依据，工商仲裁委的审理和裁决是依据有关法律规定，没有法定应撤销的情况；信福公司对实体方面的裁决的异议，不能成为请求撤销裁决的理由；艺宝公司对实体上的异议与本案的客观事实相违背，艺宝公司所承接的工程已全部完工并验收投入使用，在催讨过程中，信福公司对其拖欠工程款的事实亦没有异议，现要求撤销工商仲裁是没有根据的。

（三）事实和证据

福建省厦门市中级人民法院依法组成合议庭审查了本案，查明：

1994年12月9日，艺宝公司与信福公司签订了一份厦门白鹭洲信福大世界装修工程的建筑工程施工合同，合同约定的承包范围及工程造价为：建筑装修部分的造价采用一次性工料大包干形式，造价267万元；通风空调部分亦采用一次性工料大包干形式，造价643285元；给排水及照明动力系统部分的造价采用按实结算形式；考虑到本项目建筑装修的特异性和可变性，双方同意因修改或变更而引起包干造价上下10%范围浮动不予计较。此外，合同还对质量等级、竣工日期、工程结算等内容作了约定，1995年3月31日，该工程竣工并报请验收，同年6月2日，信福公司与艺宝公司共同委托中国建设银行厦门分行对该装修工程中的电气工程、给排水工程、消防工程和土建装修增加部分进行工程款审核，同时表示“如遇双方有争议部分，以建行审核结果为准，双方无条件服从”。中国建设银行厦门分行经审核确认该三项工程款为1069722.07元，1995年5月20日，艺宝公司提交“一层工艺品货架等十二项工程决算书”（工程款41636元）给信福公司，信福公司的代表在决算表上签字并写明此十二条为合同外增补。1995年6月14日，艺宝公司送“关于信福民族村中庭外墙决算报告”给信福公司，该项工程款为264903.85元，信福公司对艺宝公司要求增补该工程款未提出异议。1995年11月1日，艺宝公司以信福公司无理拖欠工程款1527209.8元为由，向工商仲裁委申请仲裁，要求裁决信福公司承担违约责任和赔偿责任，并立即支付所欠的工程款。1996年12月22日，信福公司在委托厦门市建设工程造价管理站对信福民族村的装修进行工程预算后，向工商仲裁委提交了厦门市建设工程造价管理站作出的厦建价审字（95）070号信福民族村的装修工程预算审核意见书一份，审核的工程造价为1421700元。工商仲裁委员会认为：信福公司与艺宝公司于1994年12月9日签订的白鹭洲信福大世界装修工程施工合同合法有效。工程施工合同约定的一次性工料大包干的形式是由于该工程是以设计方案招标，在没有正规设计图纸的情况下，经双方协商以设计方案确定包干形式和包干价是合适的。艺宝公司已按工程施工合同约定的工程量施工并完工，信福公司对此也已组织验收并投入使用，应依据工程施工合同的约定如数支付工程款。对合同外增加的工程，信福公司在收到艺宝公司要求增补工程款报告和工程结算书后未提出异议，应如数支付。设计费的计取，因该工程是以设计方案为施工基础，边设计边施工的工程，工程施工合同对设计费的计取约定不明确，视为双方对此没有要求。信福公司提交的委托厦门市建设工程造价管理站审核的民族村装修工程的造价，因是信福公司单方面送审，且工程施工合同约定的建筑装修工程为一次性工料大包干，故不予采纳。并依照《中华人民共和国经济合同法》第六条、第三十四条之规定，作出如下判决：信福公司应支付艺宝公司工程款 4620736.56 元，扣除已付工程款 3262337 元，厨灶具及灯笼款 105577 元，未付的工程款计 1252822.56 元及应付的逾期付款利息 138079.24 元，应于裁决书送达之日起 10 日内付清。

（四）判案理由

厦门市中级人民法院认为，信福公司根据仲裁法有关规定要求撤销工商仲裁委（96）厦工商仲字第 1 号裁决，而其提出的申请理由明显与上述法律规定不符，其既不能证明该裁决所根据的证据是伪造的，也不能举出充分的证据证明艺宝公司隐瞒了足以影响公正裁决的证据，且该裁决亦未违背社会公共利益，故工商仲裁委（96）厦工商仲字第 1 号裁决没有法定撤销情形，信福公司申请撤销该裁决理由不能成立，应予驳回。

（五）定案结论

厦门市中级人民法院根据《中华人民共和国仲裁法》第六十条、《中华人民共和国民事诉讼法》第一百四十条第一款第（十一）项的规定，于 1996 年 12 月 26 日作出如下裁定：

驳回信福公司提出的撤销工商仲裁委（96）厦工商仲字第 1 号裁决之申请。

案件受理费 5181 元由信福公司负担。

（六）解说

我国仲裁法颁布实施后，赋予了人民法院对终局仲裁裁决的司法监督权。一般说来，法院对仲裁裁决的司法审查监督的范围仅限于程序事项是否违法以及仲裁员或当事人一方是否具有不当行为，而不对仲裁裁决的实体性内容行使司法审查权，但裁决违反公共利益的除外。

本案申请人信福公司认为艺宝公司至今仍未提供工程结算书、施工图、竣工图及统一发票，隐瞒了足以影响公正裁决的证据，故工商仲裁委裁决信福公司支付巨额工程款及利息是不合理的，而且工商仲裁委在裁决本案时在适用法律上有误，所以，工商仲裁委的裁决有《仲裁法》第五十八条第一款第（四）、（五）项规定的情形，依法应予撤销。法院认为，仲裁法第五十八条明确规定了申请撤销裁决的条件，它包括了五个方面的内容，因此，人民法院对申请人之申请的审查，亦应根据这五个条件进行。对本案申请人提出的隐瞒证据的问题，法院只能根据现有的证据，从程序上进行审查认定。经查，信福公司在纠纷发生前，始终未要求艺宝公司提供上述材料，仲裁庭亦未要求艺宝公司提供，因此，艺宝公司并无隐瞒证据之故意，也没有伪造证据的行为；且这几份材料的提供与否并不直接影响工程价款的变更，即使艺宝公司有隐瞒，该证据亦不足以影响公正裁决。信福公司认为仲裁裁决存在被撤销条件的理由不能成立。另外，信福公司以裁决认定的价款与工程造价站的审核结果相差巨大及与合同约定的大包干条款不符提出工商仲裁委裁决适用法律错误，应予撤销。虽然，依照《中华人民共和国民事诉讼法》第二百一十七条之规定，仲裁裁决适用法律确有错误的，法院可裁定不予执行，但仲裁法关于申请撤销裁决的条件却将此排除在外，而《民事诉讼法》第二百一十七条却是对人民法院如何执行仲裁裁决的审查问题作出的规定，不能适用在申请撤销裁决案。因此，仲裁裁决适用法律是否正确，不属法院审查申请撤销仲裁裁决案的范围。至于信福公司提出由于该仲裁裁决的不公，该裁决亦违背了社会公共利益，却无法提供相应证据加以证明，故法院对该申请理由不予支持。所以，法院根据仲裁法的有关规定驳回信福公司的撤销裁决的申请是正确的。

（颜海防）

91. 宁波振华电工设备厂诉海南统一国际金融商品期货交易服务有限公司借款合同案（管辖权异议）

（一）首部

1. 裁定书字号

一审裁定书：海南省海口市新华区人民法院（1995）新经初字第145号。

二审裁定书：海南省海口市中级人民法院（1996）海中法经终字第35号。

2. 案由：借款合同案。

3. 诉讼双方

原告（被上诉人）：海南统一国际金融商品期货交易服务有限公司（简称统一公司）。

法定代表人：李锦荣，董事长。

被告（上诉人）：宁波振华电工设备厂（简称振华厂）。

法定代表人：张跃清，厂长。

4. 审级：二审。

5. 审判机关和审判组织

一审法院：海南省海口市新华区人民法院。

合议庭组成人员：审判长：叶世宽；代理审判员：王晓；代理审判员：陆知信。

二审法院：海南省海口市中级人民法院。

合议庭组成人员：审判长：黄文侦；代理审判员：郭朝阳；代理审判员：陈伟。

6. 审结时间

一审审结时间：1995年12月21日。

二审审结时间：1996年3月25日。

（二）一审诉辩主张

1. 原告诉称：1994年5月18日，原告与被告签订《借款合同》一份，约定被告向原告借款人民币200万元，期限3个月，月利率千分之十九点八。次日，原告向被告开出一张金额为人民币196万元的银行汇票。被告收款后至今分文未还，原告经多次催收未果后诉至法院，请求判令被告还本付息并承担本案的诉讼费用。

2. 被告辩称：我厂向原告借款200万元属实，但我厂的住所地为宁波市，本案应由宁波市中级人民法院管辖。

（三）一审事实和证据

海南省海口市新华区人民法院查明：1994年5月18日，原告统一公司与被告振华厂签订《借款合同》一份，约定振华厂向统一公司借款人民币200万元，期限3个月，月利率千分之十九点八。次日，统一公司向振华厂开出一张金额为人民币196万元的银行汇票。振华厂在收款后，未按合同约定履行还款义务。借款期限届满后，统一公司经多次催收未果后成讼。

上述事实有下列证据证明：

1. 原告统一公司与被告振华厂签订的《借款合同》一份。

2. 原告统一公司于 1994 年 5 月 19 日开出的银行汇票一张。

3. 统一公司催款通知书三份。

（四）一审判案理由

海口市新华区人民法院认为：原被告签订的是借款合同。根据民事诉讼法的规定，合同履行地和被告住所地的人民法院都有管辖权。本院的履行地在本院管辖范围内，本院对该案有管辖权，被告提出的管辖异议不成立，应予驳回。

（五）一审定案结论

依照《中华人民共和国民事诉讼法》第三十八条的规定，裁决如下：

驳回被告宁波振华电工设备厂对本案管辖权提出的异议。

（六）二审情况

1. 二审诉辩主张

被告宁波振华电工设备厂不服一审裁定提起上诉。上诉称：本厂与被上诉人之间属借款合同纠纷，根据民事诉讼法的规定，合同履行地和被告住所地的人民法院有管辖权。本案被告（即我厂）的住所地在宁波；合同履行地也在宁波，故本案的管辖权属宁波市中级人民法院，请求海口市中级人民法院将本案移交宁波市中级人民法院审理。

被上诉人海南统一国际金融商品期货交易服务公司辩称：上诉人与被上诉人是在海口签订借款合同，款是从海口汇出的，因此，借款的履行地是海口市。故请求海口市中级人民法院驳回上诉人的上诉。

2. 二审事实和证据

海南省海口市中级人民法院查明的事实和证据与海口市新华区人民法院查明的事实和证据无异。

3. 二审判案理由

海南省海口市中级人民法院认为：上诉人振华厂与被上诉人统一公司签订的借款合同系双务合同。根据民事诉讼法的规定，合同履行地和被告住所地的人民法院均有管辖权。依照 1993 年 11 月 17 日最高人民法院《关于如何确定借款合同履行地问题的批复》即法复[1993] 10 号文的规定，本案借款合同中的出借人为被上诉人，被上诉人借给上诉人之款系从被上诉人开户在海南汇通国际信托投资公司的账户中划出，故该案的履行地应确认为海口市。上诉人以合同履行地是浙江省宁波市为由提起上诉无理，不予支持。原审裁定驳回上诉人提出的管辖异议正确，应予维持。

4. 二审定案结论

海南省海口市中级人民法院根据《中华人民共和国民事诉讼法》第一百五十四条的规定，裁定如下：

驳回上诉，维持原裁定。

（七）解说

本案原告统一公司就其借款给被告振华厂一事提起诉讼，被告在答辩期内提出管辖权异议，涉及到了程序问题。根据《中华人民共和国民事诉讼法》的有关规定，对这种情况必须先就程序问题作出裁定，然后再进入实体审理。那么，海口市新华区人民法院对本案有没有管辖权，是否应将本案移送宁波市中级人民法院审理，这是双方争议的焦点。原被告双方在海口签订合同，所借的款项是从海口汇出。依照1993年11月17日最高人民法院《关于如何确定借款合同履行地问题的批复》即法复（1993）10号文的规定，借款合同的履行地，除当事人另有约定外，应确定为贷款方所住地。本案双方当事人对合同的履行地未作约定，因此本案的履行地应是海口市。依照《中华人民共和国民事诉讼法》第二十四条的规定，海口市新华区人民法院和宁波市中级人民法院对本案均有管辖权。本案原告统一公司向海口市新华区人民法院起诉，符合《中华人民共和国民事诉讼法》第三十五条的规定，故一、二审法院裁定驳回被告振华厂的管辖权异议是正确的。

（黄文侦　欧丽珍）

92. 台湾富源企业有限公司诉厦门维哥木制品有限公司购销柏木板合同案（管辖权异议）

（一）首部

1. 裁定书字号

一审裁定书：福建省厦门市开元区人民法院（1995）开经初字第364号。

二审裁定书：福建省厦门市中级人民法院（1995）厦经告字第18号。

2. 案由：购销柏木板合同。

3. 诉讼双方

原告：台湾富源企业有限公司（简称富源公司）。

法定代表人：蔡宇忠，董事长。

委托代理人：高燧涛，厦门对外经济律师事务所律师。

被告：厦门维哥木制品有限公司（简称维哥公司）。

法定代表人：许人燧，董事长。

委托代理人：彭琰，北京市安平城律师事务所律师。

4. 审级：二审。

5. 审判机关和审判组织

一审法院：福建省厦门市开元区人民法院。

合议庭组成人员：审判长：王宇凡；审判员：单为民；代理审判员：詹锦林。

二审法院：福建省厦门市中级人民法院。

合议庭组成人员：审判长：谢水胜；审判员：张珠香；代理审判员：陈丽端。

6. 审结时间

一审审结时间：1995年10月27日。

二审审结时间：1996年7月2日（报最高法院复核，依法延长审限）。

（二）一审情况

1. 一审诉辩主张

（1）原告诉称：原告与被告于1995年4月25日在厦门签订了一份编号为95－04－25

的柏木板购销合同。合同约定由被告维哥公司向原告富源公司出售600立方米的福建柏木(单价每立方米160美元)，并对柏木的质量以及验货方式进行了约定。合同同时还规定了解决合同纠纷的方式，即“双方进行友好协商解决或以国际商会仲裁为准”。合同签订后，原告富源公司依合同规定开出了总金额为9.6万美元的信用证，履行了买方的全部合同义务。但是，当富源公司派员到被告维哥公司要求验货时，发现维哥公司未按双方的约定履行合同，双方遂发生纠纷。故请求法院判令被告返还货款31180美元并赔偿损失27520美元；支付验货费用9.8万港元和公证费3000港元。

(2)被告辩称：双方在所签订的合同第七条中明确约定了解决合同纠纷的方式，即“双方进行友好协商解决或以国际商会仲裁为准”。请求法院依法驳回原告起诉。

2. 一审判案理由

一审法院经审理认为：原、被告在购销合同中，虽就解决合同纠纷的方式作了规定，但未就具体的仲裁委员会或仲裁机构作出明确约定，嗣后，双方亦未就解决合同纠纷协商一致，故被告厦门维哥木制品有限公司提出的管辖权异议的申请不能成立。

3. 一审定案结论

福建省厦门市开元区人民法院依照《中华人民共和国民事诉讼法》第三十八条规定于1995年10月27日作出裁定：

驳回被告厦门维哥木制品有限公司对管辖权提出的异议。

(三)二审诉辩主张

上诉人(原审被告)及其委托代理人诉称：双方签订的合同对解决纠纷的方式已约定“以国际商会仲裁为准”,原审认定合同未就具体的仲裁委员会或仲裁机构作出明确约定,显然是错误的，请求依法裁定将此案提交国际商会仲裁。

被上诉人(原审原告)及其委托代理人没有提交答辩状。

(四)二审判案理由

福建省厦门市中级人民法院经审理认为：双方在所签订的合同第七条中明确约定“解决合同纠纷的方式为双方进行友好协商解决或以国际商会仲裁为准”.此仲裁条款对仲裁委员会的约定是明确的，理由是：依据国际商会仲裁规则第一条“国际商会仲裁院是附属于国际商会的国际仲裁机构……仲裁院的任务是按照本规则以仲裁方式解决国际性商事争议”和第八条“双方当事人约定提交国际商会仲裁时，则应视为事实上接受本规则”之规定，国际商会仲裁院是执行国际商会仲裁规则的惟一仲裁机构。故双方当事人在合同中签订的仲裁条款实际约定了由国际商会仲裁院依据国际商会仲裁规则对本案当事人之合同纠纷进行仲裁。该仲裁条款明确有效，人民法院对本案没有管辖权。

(五)二审定案结论

福建省厦门市中级人民法院依照《中华人民共和国民事诉讼法》第一百五十二条的规定，于1996年7月2日裁定：

1. 撤销厦门市开元区人民法院(1995)开经初字第364号民事裁定。

2. 驳回原告台湾富源企业有限公司的起诉。

本裁定为终审裁定。

(六)解说

本案是《仲裁法》实施后我院受理的首起涉及仲裁协议是否有效的管辖权异议案。

仲裁协议是指合同双方当事人在签订合同时或纠纷发生后自愿将合同纠纷交由仲裁机构仲裁的书面意思表示。我国《仲裁法》第五条规定："当事人达成仲裁协议，一方向人民法院起诉的，人民法院不予受理，但仲裁协议无效的除外。"可见，有效的仲裁协议排除了人民法院的管辖，任何一方当事人均不得向人民法院起诉。但是，如果仲裁协议无效，则人民法院有权依法受理当事人一方的起诉。根据《仲裁法》的规定，认定仲裁条款是否有效，应主要从其须具备的三个要件进行判别，即是否有：请求仲裁的意思表示、明确的仲裁事项和选定的仲裁委员会。

本案合同中的仲裁条款具备前两个要件，对此合同双方皆无异议，但该仲裁条款是否约定了具体的仲裁委员会，既是仲裁条款的核心所在，亦是本案争议的焦点。一种意见认为，本案对仲裁委员会的约定不明确，理由是：(1) 国际商会是指哪个国家或地区的，不明确。因为许多国家和地区都有国际商会，比如我国就有"中国国际商会"；(2) 国际商会不是仲裁委员会。依照《仲裁法》第十八条的规定："仲裁协议对仲裁事项或仲裁委员会没有约定或约定不明确的，当事人可以补充协议；达不成补充协议的，仲裁协议无效。"本案当事人在事后没有达成补充协议，因此该仲裁条款无效。

另一种意见（即二审法院的处理意见）认为，对于涉外经济合同中约定由外国仲裁机构仲裁的仲裁条款，不能机械地仅从字面上去理解，而应实事求是地分析条款中的准确含义，把握当事人的真实意思表示。本案对仲裁机构的约定是明确的，理由是：(1) 国际商会是由美国商会发起的国际性民间组织，它在58个国家和地区设有分会委员会，总部设在巴黎。因此，若"国际商会"前面没有冠上任何国家或地区的名称，在后面也没加上"××分会"或其他字样，则专指总部设在法国巴黎的国际商会。(2) 依据《国际商会仲裁规则》第一条之规定："国际商会仲裁院是附属于国际商会的国际仲裁机构……仲裁院的任务是按照本规则以仲裁方式解决国际性商事争议。"国际商会仲裁院是执行国际商会仲裁规则的惟一仲裁机构。因此，合同中约定由国际商会仲裁，实际上就是约定由国际商会仲裁院仲裁。(3) 依照国际商会仲裁规则第八条之规定："双方当事人约定提交国际商会仲裁时，则应视为事实上接受本规则。"

综上，双方当事人在合同中签订的仲裁条款实际约定了由国际商会仲裁院依据国际商会仲裁规则对本案当事人之合同纠纷进行仲裁。该仲裁条款明确有效，本案应由国际商会仲裁院管辖，人民法院没有管辖权。二审法院据此裁定撤销原审法院的裁定是正确的。

（谢水胜　黄应生）

93. 海南省琼山府城金海城市信用社与公安部金盾文化影视中心海南基地借款合同纠纷执行案

（一）首部

1. 执行案号：海南省海口市中级人民法院（1996）海中法执字第13－2号。

2. 案由：借款合同执行案。

3. 申请执行人和被申请执行人

申请执行人：海南琼山府城金海城市信用社。

被申请执行人：公安部金盾文化影视中心海南基地。

4．执行机关：海南省海口市中级人民法院。

5．结案时间：1996 年 5 月 2 日。

（二）主要案情

海南琼山府城金海城市信用社（下称金海信用社）与公安部金盾文化影视中心海南基地（下称海南基地）分别于 1995 年 5 月 11 日和 1995 年 6 月 2 日签订一份《财产担保借款保证书》和《借款合同》约定：海南基地向金海信用社贷款人民币 500 万元，月利率千分之十五，借款人海南基地应于 1995 年 12 月 20 日归还贷款本息。应双方申请，海口市公证处于 1995 年 6 月 20 日对上述两份文件以（1995）市证经字第 20 号公证书进行了公证。由于债务人海南基地未能依约还款，1995 年 12 月 5 日，金海信用社向海口市中级人民法院提出申请，要求强制执行海口市公证处（1995）市证经字第 20 号公证债权文书，海口市中级人民法院受理了此案，于 1996 年 1 月 4 日向海南基地发出执行通知书，限其在规定期限内主动履行还款义务。海南基地收到执行通知书后即向法院执行人员和申请执行人提出异议，认为海口市公证处（1995）市证经字第 20 号公证书并非赋予强制执行效力的公证债权文书，因而不能作为法院执行的根据，要求法院裁定不予执行。1996 年 1 月 24 日，申请执行人金海信用社又向海口市中级人民法院提交一份海口市公证处 1996 年 1 月 19 日制发的（1996）市证经字第 03 号强制执行公证书，请求法院强制执行。被执行人海南基地则认为这份强制执行公证书是金海信用社单方面向公证处申请办理的，违反了《公证暂行条例》和其他法律的有关规定，应裁定不予执行。

（三）处理结果

海口市中级人民法院查明：金海信用社与海南基地签订的借款合同于 1995 年 6 月 2 日经海口市公证处以（95）市经字第 20 号公证书公证，但公证时并未在公证书载明强制执行条款，因此该书并没有强制执行效力。而海口市公证处 1996 年 1 月 19 日（1996）市证经字第 03 号强制执行公证书，系债权人金海信用社在索债无果的情况下，单方向海口市公证处申请办理的，该公证文书虽注明有强制执行效力，但违反了《中华人民共和国公证暂行条例》和《公证程序规则（试行）》的有关规定，显属误发。因此海口市中级人民法院根据《中华人民共和国民事诉讼法》第二百一十八条第二款之规定，于 1996 年 5 月 2 日以（1996）海中法执字第 13－2 号民事裁定书裁定不予执行。

（四）解说

公证机关赋予强制执行效力的公证债权文书作为法院强制执行的根据之一，其目的在于迅速执行、减少讼案。不仅能够保证公证的严肃性，也能大大减轻人民法院的审判负担。但根据《民事诉讼法》第二百一十八条规定，能够交由法院执行的公证文书必须经由公证机关证明有强制执行的效力，同时符合《公证暂行条件》第四条第十项的规定。本案中，海口市公证处（1995）市证经字第 20 号公证书公证的债权文书虽然符合《公证暂行条例》第四条第十项的规定，即属“追偿债款、物品的，认为无疑义的文书”，但并未载明强制执行条款，说明执行根据尚未成立，法院不能予以强制执行。本案中的债权人后来又到公证处申请办理强制执行公证，海口市公证处根据其申请又制发了（1996）市证经字第 03 号公证书，赋予其强制执行效力。但这次公证并未得到债务人同意，并非双方共同申请进行，只是债权人单方行为。公证机关办理强制执行公证时，必须首先得到债务人愿意接受强制执行的承诺，否则，就说明债务人未放弃诉权，就不宜对其财产直接强制执行。法院依法裁定不予执行是正确的。

（石冰）

94. 中国远东深圳国际贸易公司诉湖南省金蜂音像出版发行总公司合作合同执行案

（一）首部

1. 执行案号：海南省海口市中级人民法院（1994）海中法执字第 177 号。

2. 案由：合作合同执行案。

3. 申请执行人和被申请执行人

申请执行人：中国远东深圳国际贸易公司。

法定代表人：刘元鹏，总经理。

被申请执行人：湖南省金蜂音像出版发行总公司。

法定代表人：刘炳煌，副总经理。

4. 执行机关：海南省海口市中级人民法院。

5. 结案时间：1996 年 7 月 18 日。

（二）主要案情

原告中国远东深圳国际贸易公司（下称远东公司）与被告海南省百花科技艺术音像中心、第三人湖南省金蜂音像出版发行总公司（下称金蜂公司）合作合同纠纷一案，业经海南省海口市中级人民法院一审，第三人金蜂公司不服一审判决，提起上诉。在二审过程中，经法院主持调解，远东公司与金蜂公司自愿达成协议，海南省高级人民法院于 1993 年 6 月 2 日作出（1993）琼经上字第 19 号民事调解书，内容如下：1. 金蜂公司于 1993 年 4 月 15 日前支付远东公司酬金 50 万元（已支付）。2. 金蜂公司应向远东公司提供《中国有个五十条》交通法规宣传录像带销售后尚未收回款项共计 174.73 万元的真实有效债权凭证，委托并协助远东公司将该笔款项收回作为远东公司应得酬金。3. 综合 1、2 项，金蜂公司共应支付远东公司酬金人民币 224.73 万元。远东公司放弃其他诉讼请求，收款中发生的费用自负。

该民事调解书发生法律效力后，因金蜂公司无法根据该调解书第 2 项内容向远东公司提供关于 174.73 万元录像带购销款的真实有效的债权凭证，使远东公司无法收回该款。远东公司要求金蜂公司偿还该款项未果后，于 1993 年 11 月 6 日向海口市中级人民法院申请执行。在执行过程中，由于被执行人金蜂公司仍拒不履行还款义务，海口市中级人民法院在被执行人所在地法院长沙市中级人民法院的协助配合下，于 1995 年 1 月 5 日查封了被执行人的两套进口录音带复录制带机器，价值约人民币 200 余万元。被执行人金蜂公司及该公司上级主管部门湖南省广播电视厅提出：由于法院查封的机器是金蜂公司乃至全湖南省生产录音盒带的重要设备，正在运作生产，而且公司流动资金基本都用于生产投入和职工工资、福利发放，如果执行该设备或资金都会给被执行人造成严重后果，因此请求法院解除查封并中止执行。

（三）处理结果

法院执行人员在查明被执行人及其主管部门反映情况基本属实的情况下，对该生产设备实行就地查封，允许被执行人继续使用、生产，并敦促其主动履行生效民事调解书规定的义务。1995 年 12 月 12 日，被执行人金蜂公司向法院请求暂缓执行，同时由湖南东方广告投资有限公司以自有的长沙市火车站电视广告墙予以担保，如被执行人在 1996 年 3 月 31 日前未能偿还欠款，则将该担保财产交予法院执行。申请执行人对此表示同意。法院决定暂缓执行此案，暂缓执行期限至 1996 年 3 月 31 日。

1996 年 6 月 8 日，由于被执行人金蜂公司仍未履行还款义务，担保人湖南东方广告投资有限公司同意将担保财产长沙市火车站电视广告墙直接交给申请执行人以抵偿被执行人债务，申请执行人也同意接受担保财产。1996 年 7 月 11 日，海口市中级人民法院依法裁定将此担保财产抵给申请执行人远东公司。各方于 1996 年 7 月 18 日在法院监督下签订财产移交确认书，该案执行完毕。

（四）解说

人民法院在执行中既可以通过强制义务人履行义务来保障法律文书所确定的权利人合法权益得以实现，又应对被申请执行人的利益给予应有的保障。在采取强制执行措施时，应实事求是，考虑被执行人的实际情况，为其保留必要的生产资料和生活必需品，以保证被执行人能维持正常的生产和生活。在本案的执行中，如果执行人员强行对被执行人正在生产运作的机器设备予以扣押、处理，或扣划其生产资金和职工工资福利费用，则势必会造成企业失去继续生产、生存的能力，把企业逼上停产甚至破产的绝路，这与法院审判工作维护社会稳定，促进经济发展的宗旨不相容，也与强制执行工作的目的、意义不相容。在这种情况下，执行人员采取灵活手段，动员其上级主管部门和其他有关单位积极参与协调，在被执行人提供担保人和担保财产的情况下，依照《民事诉讼法》第二百一十二条的规定暂缓执行案件，并最终以执行担保财产的方式顺利执结此案，这种做法就较为妥当。因此，在执行中用好、用活强制执行措施，全面保护当事人的合法权益，做到执行效应和执行效果并重，是当前人民法院执行工作中具有指导性作用的重要原则。

（石　冰）

95. 厦门信达股份有限公司申请确认仲裁协议效力案

（一）首部

1. 裁定书字号：福建省厦门市中级人民法院（1996）厦经初字第 231 号。

2. 案由：申请确认仲裁协议效力案。

3. 诉讼双方

申请人：厦门信达股份有限公司。

法定代表人：高晓，董事长。

委托代理人：陶春明，北京市商海律师事务所律师。

被申请人：香港雅捷实业有限公司。

法定代表人：朱汝勤。

4. 审级：一审。

5. 审判机关和审判组织

审判机关：福建省厦门市中级人民法院。

合议庭组成人员：审判长：黄国滨；审判员：周红岩；代理审判员：曹发贵。

6. 审结时间：1996 年 10 月 3 日。

（二）诉辩主张

1. 申请人诉称：其于 1993 年 3 月 3 日与被申请人在厦门签订了中英文对照的买卖 1500 吨钢材合同 [合同编号 CI（9302）G016 号]。货到厦门后，经商检发现存在严重质量问题。双方产生纠纷。合同关于仲裁条款的中英文约定不一致。中文条款约定争议应提交双方同意的美国具有法律效力的仲裁机构，按有关国际仲裁条例进行仲裁，仲裁地点在美国；英文条款规定纠纷应提交中国国际经济贸易仲裁委员会仲裁解决，仲裁地点在中国北京。双方没有达成新的协议。

申请人认为：仲裁条款中文无效，英文部分有效，请求确认英文条款的效力。

2. 被申请人没有答辩。

（三）事实和证据

福建省厦门市中级人民法院经审理查明：1993 年 3 月 3 日，申请人厦门信达股份有限公司（下称信达公司）与被申请人香港雅捷实业有限公司（下称雅捷公司）在厦门签订一份中英文对照的买卖 1500 吨钢材合同，合同关于仲裁条款的约定中英文不一致。中文条款约定争议应提交双方同意的美国具有法律效力的仲裁机构按有关国际仲裁条例进行仲裁，仲裁地点在美国；英文仲裁条款约定纠纷应提交中国国际经济贸易仲裁委员会（下称仲裁委）仲裁解决，仲裁地点在中国北京。合同项下的货物到达厦门后，信达公司按合同约定进行了复检并发现存在严重质量问题。信达公司于今年 3 月 1 日向仲裁委申请仲裁。雅捷公司 3 月 25 日提出管辖权异议。信达公司在对该管辖权异议的答辩中要求由仲裁委驳回对方的异议，但又于 8 月 14 日申请将仲裁协议效力问题交由厦门市中级人民法院处理。仲裁委于 8 月 16 日作出了管辖权决定。信达公司于 8 月 26 日向厦门市中级人民法院申请确认仲裁协议效力，但隐瞒了仲裁委已就此作出决定的事实。

（四）判案理由

福建省厦门市中级人民法院经审查认为：本案仲裁协议效力问题与管辖权异议问题是同一法律问题，信达公司在收到仲裁机关有关本案的管辖决定之后，又向人民法院申请确认仲裁协议效力。该申请不符合《中华人民共和国仲裁法》（下称《仲裁法》）第二十条规定的条件。

（五）定案结论

依照《仲裁法》第二十条、《中华人民共和国民事诉讼法》第一百四十条第一款第（十一）项之规定，厦门市中级人民法院于 1996 年 10 月 3 日裁定如下：

驳回申请人信达公司的确认仲裁协议效力的申请。

案件受理费 100 元由申请人信达公司负担。

（六）解说

由人民法院对仲裁协议效力进行确认，是《仲裁法》赋予人民法院的一项新的审判权力。但是，《仲裁法》并未规定确认仲裁协议效力的案件适用何种诉讼程序。实践中有人主张申请确认仲裁协议效力是一种确认之诉，故应适用普通程序，实行二审终审制，当事人的列法为“原告、被告”；合议庭认为此类案件应参照仲裁委员会对此实行一级终审的规定。因此，当事人的列法应为“申请人、被申请人”。因为对仲裁协议效力的确认，是一种对当事人协议解决合同纠纷的方法的确认，不涉及实体问题。

《仲裁法》第二十条规定，当事人对仲裁协议有异议的，一方向仲裁委请求仲裁，一方向人民法院请求裁决，由人民法院裁定。这里确认了人民法院在处理此类案件时的最高裁决权。但是本案的申请人已向仲裁委请求仲裁，对方当事人在提出管辖权异议的情况下，申请人仍答辩要求仲裁委驳回对方的异议。可见，申请人的意思表示是选择仲裁委仲裁的这一救济途径。因此，当仲裁委依法作出决定后，其不得再向人民法院申请确认仲裁协议效力。对于《仲裁法》所赋予的选择由仲裁委或人民法院对管辖权问题作出处理的权利，当事人一旦作出抉择，就没有反悔的权利。本案管辖权问题由仲裁委作出决定之后，信达公司即丧失了再向人民法院请求确认协议效力的权利。

（曹发贵）

96. 四川省岳池县肉联厂银行承兑汇票被盗申请公示催告案

（一）首部

1. 判决书字号：四川省岳池县人民法院（1996）岳民经催字第1号。

2. 案由：申请公示催告案。

3. 诉讼当事人

申请人：四川省岳池县肉联厂。

法定代表人：廖建平，厂长。

4. 审级：一审。

5. 审判机关和审判组织

审判机关：四川省岳池县人民法院。

合议庭组成人员：审判长：刘孝成；审判员：谭俊斐、廖蓉。

6. 审结时间：1996年3月4日。

（二）诉辩主张

申请人四川省岳池县肉联厂诉称：1995年12月28日上午，四川省长江边贸公司在中国工商银行四川省分行国际业务部办理银行承兑汇票，金额1982242.48元，汇票承兑日期1996年3月28日，用于偿还申请人岳池县肉联厂货款。四川省长江边贸公司办好银行承兑汇票后，将银行承兑汇票交给申请人。同日下午，申请人岳池县肉联厂业务员随身携带的汇票被小偷盗去，造成申请人无法向支付银行即岳池县工商银行请求支付，故向人民法院申请公示催告，以保障其合法权益免遭损失。

（三）事实和证据

四川省岳池县人民法院查明：1995 年度，四川省岳池县肉联厂与四川省长江边贸公司发生业务往来，四川省长江边贸公司尚欠申请人货款 1982242.48 元。同年 12 月 28 日，四川省长江边贸公司与中国工商银行四川省分行国际业务部签订银行承兑协议（编号：P521，交易合同号码：QCEP5－18－062），四川省长江边贸公司将所欠申请人的货款委托中国工商银行四川省分行国际业务部汇往四川省岳池县肉联厂。同日，中国工商银行四川省分行国际业务部向四川省长江边贸公司开出了于 1996 年 3 月 28 日到期的银行承兑汇票，汇票编号 03992051；汇票单位：四川省长江边贸公司；账号 2410036297；出票人中国工商银行四川省分行国际业务部；收款单位：四川省岳池县肉联厂；账号 2250040495；受票人是中国工商银行岳池县支行，汇款金额 1982242.48 元。该张银行承兑汇票开出后，四川省长江边贸公司将汇票交给四川省岳池县肉联厂。同日下午，四川省岳池县肉联厂业务员随身携带的银行承兑汇票被小偷盗去，致使四川省岳池县肉联厂无法向中国工商银行岳池县支行请求支付；故此，四川省岳池县肉联厂依照《中华人民共和国民事诉讼法》第一百九十三条之规定，向法院申请公示催告，请求法院宣告银行承兑汇票无效。

法院受理申请后于 1996 年 1 月 2 日发出公示催告，催告利害关系人在 60 日内申报权利。公示催告期间已满，无人向法院提出申报。

上述事实有下列证据证明：

1. 银行承兑汇票（卡片）第一联。
2. 银行承兑汇票（存根）第四联。
3. 银行承兑协议（编号 P521）。
4. 申请人陈述。
5. 申请人业务员陈述。
6. 四川省岳池县人民法院（1996）岳民经催字第 1 号《公告》。

（四）判案理由

四川省岳池县人民法院认为：申请人四川省岳池县肉联厂申请宣告票据无效一案，经本院受理后依法发出公告，催促利害关系人限期申报权利。现公示催告期间已满，无人向法院提出申报，依法应宣告该汇票无效。

（五）定案结论

四川省岳池县人民法院依照《中华人民共和国民事诉讼法》第一百九十七条之规定，作出如下判决：

1. 宣告四川省长江边贸公司 1995 年 12 月 28 日通过中国工商银行四川省分行国际业务部汇往中国工商银行岳池县支行支付给四川省岳池县肉联厂的货款 1982242.48 元的银行承兑汇票（汇票到期日为 1996 年 3 月 28 日）无效；

2. 自本判决公告之日起，申请人四川省岳池县肉联厂有权向支付人请求支付。

（六）解说

公示催告程序是适应商品经济发展的需要而制定的一种新的诉讼程序，《民事诉讼法》第 18 章专章作了规定。公示催告程序是指丧失票据的持票人在票据丧失后，申请人在法院宣告票据无效，而使票据权利与票据相分离的一种制度。具体地讲，可以背书转让的票据被盗、遗失或者丢失后，票据持有人可以向票据支付地的基层人民法院提出申请，由法院发出公告，催促利害关系人申报权利。在催告期间，法院通知票据支付人停止支付，并且在此期间转让票据权利的行为无效。在公示催告期间，如果有利害关系人申报权利，法院下裁定终结公示催告程序，并通知申请人和支付人。申请人或申报人都可以确认自己对票据的权利而向法院起诉；如果没有人申报权利，公示催告期满后，法院应当作出除权判决，宣告票据无效。除权判决是人民法院对票据无效的宣告，经过除权判决宣告后，使票据权利与原票据相分离，持有票据的人丧失票据上的权利，不能再依据主张权利；丧失票据的权利人，即公示催告程序的申请人，可以不凭票据行使权利。根据人民法院的判决，在自判决公告之日起，申请人有权向支付人请求支付，支付人也有义务按照人民法院的除权判决向申请人兑现票据上的权利。

我国已颁布并于 1996 年 1 月 1 日起实施的《票据法》规定了支票、汇票和本票可以转让，可以流通。因而，当本案持票人丢失票据后，盗贼就有可能持该票到付款人处要求支付，付款银行只要见到汇载事项齐备的汇票，就应无条件地予以支付，其后果将给持票人岳池县肉联厂带来上百万元的损失。对此，为了保障持票人的合法权益，确保票据流通正常秩序，《票据法》第十五条规定了挂失支付、公示催告、提起诉讼三种补救办法，《民事诉讼法》第 18 章对公示催告程序作了具体规定。本案持票人岳池县肉联厂依法及时地向付款地法院申请公示催告，是维护自己权益的最好途径。

（王正力）

十、其他经济纠纷案例

97. 湖南省娄底地区邮电局诉曾太平移动电话号码拍卖合同案

（一）首部

1. 判决书字号

一审判决书：湖南省娄底市人民法院（1995）娄法经初字第 85 号。

二审判决书：湖南省娄底地区中级人民法院（1996）娄中经终字第 109 号。

2. 案由：移动电话号码拍卖合同。

3. 诉讼双方

原告（被上诉人）：湖南省娄底地区邮电局。

法定代表人：杨如心，局长。

委托代理人（一审）：杨时秀，该局干部。

委托代理人（一审）：李星航，该局干部。

被告（上诉人）：曾太平，男，1956 年 10 月 14 日出生，汉族，湖南省娄底汽车改装有限公司总经理。

委托代理人（一审）：潘汉平，湖南省娄底市第二律师事务所律师。

4. 审级：二审。

5. 审判机关和审判组织

一审法院：湖南省娄底市人民法院。

独任审判：审判员：刘协平。

二审法院：湖南省娄底地区中级人民法院。

合议庭组成人员：审判长：邹寿堂；审判员：高益中；代理审判员：魏正宇。

6. 审结时间

一审审结时间：1996 年 6 月 10 日。

二审审结时间：1996 年 8 月 29 日。

（二）一审情况

1. 一审诉辩主张

原告诉称：1992 年 10 月 24 日，被告曾太平以竞买人的身份参加了原告举行的“移动电话特殊号码和吉祥号码公开拍卖”活动，经过几轮竞价，被告以 102800 元的价格竞买了吉祥号码“904888”，原、被告当即签订了拍卖成交协议，并经公证部门公证，但被告接收了移动电话后仅交纳了本机款 14500 元，竞价款经原告多次催讨却拒不交纳。为此请求判令被告支付原告拍卖号码款102800元，承担违约金51400元及按同期银行贷款利率支付利息，并由被告承担诉讼费。

被告辩称：电话号码不是商品，原告擅自高价拍卖移动电话特殊吉祥号码，没有法律根据，且属显失公平；有关行业如公安部曾明令禁止对特殊车牌号码予以拍卖，对此举措人民群众深表赞许。因此，原、被告签订的拍卖成交协约为无效，被告没有向原告支付竞价款的义务，亦不应承担违约罚金及利息。

2. 一审事实和证据

湖南省娄底市人民法院经审理查明：1992年12月24日，原告湖南省娄底地区邮电局举办移动电话特殊号码和吉祥号码公开拍卖会，被告曾太平报名登记后，进入会场参加了"904888"移动电话吉祥号码的竞购。主拍人唱报该号码起价为8800元，经过几个回合竞价后，被告以102800元竞价成交。即日双方签订了成交协约，协约约定：竞买人应在拍卖结束后肆天内办清交费手续，否则按拍卖成交额百分之五十收取罚金。湖南省娄底市公证处对此协约予以了现场公证。被告曾太平从原告处接收一台编号为904888的移动电话后交纳了移动电话本机款14500元，吉祥号码竞价款经原告多次催讨未予偿付。

上述事实有下列证据证明：

(1) 1992年10月24日诉讼双方签订的吉祥号码公开拍卖现场成交协约。

(2) 湖南省娄底市公证处 (1992) 娄公证字第437号公证书。

(3) 移动电话特殊号码和吉祥号码公开拍卖会简章。

(4) 被告提供的"拍卖现场记录"。

(5) 当事人陈述。

3. 一审判案理由

湖南省娄底市人民法院经审理认为："904888"移动电话号码具有易记、易说的特殊使用价值，同时包含一定的广告价值，这种特殊性使之具备了商品的某些属性，通过拍卖方式转让应予准许。被告通过竞价购得该电话号码，意思表示真实，不构成法律上的"显失公平"。双方当事人签订的成交协约未违反国家法律和行政法规的规定，没有损害国家、集体和他人利益，因此，该协约具有法律效力，当事双方应遵照履行。

4. 一审定案结论

湖南省娄底市人民法院依照《中华人民共和国民法通则》第四条、《中华人民共和国经济合同法》第六条、第二十九条第一款、第三十一条之规定，作出如下判决：

(1)原告湖南省娄底地区邮电局与被告曾太平于1992年10月24日达成的拍卖成交协约有效。

(2)由被告曾太平于判决生效后10日内支付原告湖南省娄底地区邮电局移动电话竞价款102800元、滞纳金66306元（滞纳金按每日万分之五自1992年11月1日起至1996年5月31日止）。

诉讼费5000元，由被告曾太平承担。

（三）二审诉辩主张

上诉人（原审被告）上诉称：被上诉人湖南省娄底地区邮电局公开拍卖吉祥号码明显带有迷信色彩，有悖于社会主义公共道德，属违法行为，双方依此所订立的协约因违反法律规定，不具有法律约束力，原审判决上诉人支付竞价款系错误，且显失公平，请求撤销原判，驳回邮电局的诉讼请求。

被上诉人（原审原告）未作书面答辩。

（四）二审事实和证据

湖南省娄底地区中级人民法院经审理确认了一审法院认定的事实和证据。

（五）二审判案理由

湖南省娄底地区中级人民法院经审理认为：因数字编排的电话号码不是智力成果，故其本身不具有交换价值，邮电局将吉祥号码投入市场拍卖于法无据；同时，拍卖吉祥号码行为明显带有迷信色彩，与我国社会公德和精神文明建设相悖。因此，湖南省娄底地区邮电局与曾太平所签移动电话吉祥号码拍卖成交协约属无效民事法律行为，对当事双方不产生法律约束力。原判决适用法律错误，应予纠正。

（六）二审定案结论

湖南省娄底地区中级人民法院根据《中华人民共和国民法通则》第六条、第七条、第五十八条第一款第（五）项和《中华人民共和国经济合同法》第七条第一款第（四）项以及《中华人民共和国民事诉讼法》第一百五十三条第一款第（二）项之规定，判决如下：

1．撤销湖南省娄底市人民法院（1995）娄法经初字第85号民事判决。

2．驳回湖南省娄底地区邮电局的诉讼请求。

一、二审诉讼费1万元，由湖南省娄底地区邮电局、曾太平各承担5000元。

（七）解说

本案案情较简单，一、二审判决的分歧之处在于移动电话号码拍卖协约的效力问题。邮电局举行特殊吉祥电话号码拍卖会，曾太平自愿参与拍卖竞价，竞价成功后，即签订了拍卖成交协约，该协约经公证部门进行了公证，从签约全过程来看，双方意思表示真实，遵循了平等、等价有偿及诚实信用等民法基本原则，从形式上看协约是具有法律效力的。我们通过形式来看内容，本案拍卖标的系由数字组合而成的电话号码，而数字排列系众所周知的常识，非人类创造性的智力成果，那么，电话号码本身没有价值，不是法律意义上的财产，显然，将无价值的电话号码用于市场流通于法无据。同时，民事活动中"当事人意思自治"并非当事人约定即高于一切，民事主体仍应遵守"权利不得滥用"的基本原则，即国家对民事活动仍有适当干预，这种干预表现在：（1）民事活动必须遵守国家法律，法律没有规定的，应当遵守国家政策；（2）民事活动不得损害社会公共利益，必须尊重社会公德。本案邮电局将吉祥电话号码予以公开拍卖，这种活动具有浓厚的迷信色彩，与社会主义公德和精神文明建设相悖，所以，双方就此而签订的协约应确认无效。综上所述，二审判决驳回邮电局的诉讼请求是正确的。

（阳　彪）

98．青岛市气象科技服务中心等诉青岛东岳时通电讯公司天气预报侵权案

（一）首部

1．判决书字号

一审判决书：山东省青岛市市南区人民法院（1994）南江经初字第88号。

二审判决书：山东省青岛市中级人民法院（1995）青经二终字第342号。

2. 案由：天气预报侵权案。

3. 诉讼双方

原告（被上诉人）：青岛市气象科技服务中心。

法定代表人：孙孔贤，主任。

委托代理人：于海涛，青岛中信律师事务所律师。

原告（被上诉人）：青岛市气象台。

法定代表人：乔建荣，台长。

委托代理人：史仲璇，青岛经济律师事务所律师。

被告（上诉人）：青岛东岳时通电讯公司。

法定代表人：白永贵，总经理。

委托代理人：陶虹，青岛江河海律师事务所律师。

委托代理人：戴朋文，青岛江河海律师事务所律师。

4. 审级：二审。

5. 审判机关和审判组织

一审法院：山东省青岛市市南区人民法院。

合议庭组成人员：审判长：王雷；审判员：荆佩琳；代理审判员：李萍。

二审法院：山东省青岛市中级人民法院。

合议庭组成人员：审判长：曲敏慧；代理审判员：许凌屏、王树亭。

6. 审结时间

一审审结时间：1995年4月4日。

二审审结时间：1996年11月1日。

（二）一审诉辩主张

1. 原告诉称：青岛市天气预报是原告的科技产品和智力劳动成果，按照气象条例及有关政策规定，任何单位和个人均不得擅自通过宣传媒介转播和转登天气预报。被告为经营单位，自开台以来，未经原告许可就在其无线电寻呼业务中，播放天气预报，且不向原告交纳天气预报制作费，侵犯了原告天气预报的统一发布权及技术劳动成果，合法使用天气预报产品取得收益的权利。对此，原告多次派人与被告协商交费事宜，被告均以种种借口推辞，故原告诉请人民法院判令被告停止侵害，并按每台传呼机每月二元向原告支付天气预报制作费，共计12万元。

2. 被告青岛东岳时通电讯公司辩称：原告的主张没有事实依据，本公司于1992年12月开台，业务内容是为用户提供寻呼服务。1993年8月，应用户要求，于每日早6时至7时将中央气象台通过宣传媒介已经发布给社会公众的天气预报记录下来，告知用户。原告从未向我公司提供任何气象服务，无权向我公司索取所谓“制作费”。天气预报是气象台制作，经宣传媒介发布的公共信息，不属原告所有的财产。原告的主张没有法律依据，若干规定性文件都明确规定，气象服务分为公益服务和专业专项服务，气象部门通过广播、电视、报刊、自动应答系统等手段向社会提供的气象服务属无偿的公益服务，不得收费，而对于专业专项服务，应本着平等自愿的原则，向特定的使用人收费。依照上述规定，公司将气象台无偿服务而发布的天气预报转告用户，不必向任何人交费。原告没有向我公司提供任何服务，自立项目，自定标准向我公司收费属乱收费。我公司为社会提供公益服务无可指责，应加以表扬。原告诉我公司侵权无事实和法律依据。

（三）一审事实和证据

山东省青岛市市南区法院经调查和审理查明：被告青岛东岳时通电讯公司于1992年12月开业，经营无线寻呼机，向其用户提供当日青岛市天气预报。当时其中文寻呼机数量为306台，数字寻呼机数量为420台。到1994年8月中文寻呼机数量为1042台，数字寻呼机数量为969台；至1995年3月10日止，中文寻呼机数量为2300台，数字寻呼机数量为1900台。

原告青岛市气象科技服务中心是青岛市气象局开办的事业法人单位，被授权和分工从事青岛市气象专业有偿服务业务。青岛市每日天气预报是由青岛市气象科技服务中心和青岛市气象台各自通过仪器设备和气象专业技术知识获得各种气象资料、数据后并由各自气象专业人员共同会商制作得出。

《中华人民共和国气象条例》规定，气象预报和灾害性天气警报，由国务院气象主管机构所属的各级气象台站按照职责公开发布，其他组织和个人不得通过宣传媒介向社会公开发布，通过广播、电视、报刊、电话等方式向社会公开发布的天气预报和灾害性天气警报，必须是国务院气象主管机构所属的各级气象台站提供的适时气象信息。国家对气象预报实行统一发布制度。

该条例还规定，气象服务分为无偿气象公益服务和有偿专业气象服务。气象公益服务是指为各级人民政府指挥生产、组织防灾、抗灾和为军事、国防科学试验及其他特殊任务提供的气象服务以及通过广播、电视、报刊等方式向社会提供的天气预报。

以上事实，有当事人陈述及调查笔录记录在卷及有关法律、法规为证。

（四）一审判案理由

山东省青岛市市南区人民法院根据上述事实及证据认为：青岛市每日天气预报是由原告青岛市气象台、青岛市气象科技服务中心通过地面测试、雷达高空探索、卫星接收设备等科学技术手段搜集得出天气图、传真图、雷达资料、卫星云图、实况资料等各种气象数据，经各自专业人员会商、分析整理而加工制作得出。属通过智力劳动得到的技术产品，具有无形财产的属性，对该技术产品，两原告共同享有民事权利，在法律、法规规定的范围内应当享有占有、使用、收益、处分的权利。

被告青岛东岳时通电讯公司是从事无线寻呼机服务的经营单位，不属于无偿气象公益服务的对象。其如若使用原告制作的天气预报，应通过设立合同关系取得使用权，而被告未经原告许可，通过经营无线寻呼机将每日青岛市天气预报传送给其用户，客观上已构成对原告的民事侵权，应当承担侵权民事责任，理应停止使用并适当赔偿原告的经济损失。

（五）一审定案结论

根据《中华人民共和国民法通则》第五条、第六条、第一百零六条第二款、第一百三十四条第一款第（一）项、第（七）项的规定，山东省青岛市市南区人民法院于1995年4月4日作出如下判决：

1. 被告青岛东岳时通电讯公司于本判决生效之日起停止通过无线寻呼机向其用户传送使用原告青岛市气象台、青岛市气象科技服务中心加工制作的青岛市每日天气预报。

2. 被告赔偿原告经济损失人民币 36170 元整，于本判决生效后 10 日内付清。

案件受理费人民币 4000 元整，由被告青岛东岳时通电讯公司负担 3000 元，原告负担 1000 元。

（六）二审情况

1. 二审诉辩主张

一审法院判决后，被告青岛东岳时通电讯公司不服，提出上诉称：原审法院确认诉讼主体有误，两被上诉人不符合起诉的基本条件。上诉人向用户传播的青岛市天气预报系中央气象台制作发布的，上诉人与两被上诉人没有任何法律关系。原审法院认定上诉人使用两被上诉人的预报产品，没有事实根据。《中华人民共和国气象条例》第三十八条对气象公益服务的对象及内容有明确分类，一类是享有无偿气象服务的特定对象，另一类是享有无偿天气预报的全社会。原审法院混淆了"气象预报"和"天气预报"的概念，将气象服务所含有的特定对象和天气预报服务的不特定对象混为一谈。认为上诉人无偿地将属于公益服务的天气预报传播给社会，其行为本身是一种公益服务，是气象部门公益服务的延伸。原审法院认定其民事侵权没有事实和法律依据，请求驳回两被上诉人的起诉。

被上诉人青岛气象科技服务中心和青岛市气象台辩称：青岛市天气预报是其共同享有民事权利的科技产品和智力劳动成果。每日向青岛发布并报送中央气象台向全国发布。上诉人无论从何渠道获得的青岛市天气预报，在经营活动中擅自播放都是侵犯两被上诉人的共同权利，依法应承担侵权的法律责任。

原审认定上诉人侵权是有充分的事实根据和法律根据的，适用法律适当。《中华人民共和国气象条例》第三十八条对"气象预报"与"天气预报"用语之间的关系和"气象公益服务"的界定都是很明确的，按该条例和有关政策文件规定，任何单位播放天气预报均应经气象部门批准，且播放的天气预报必须是直接从中国气象局所属的各级气象台、站获得的适时天气预报。上诉人是从事无线寻呼机服务的经营单位，不是公益服务单位，上诉人在享受宣传媒介提供的天气预报方面是不特定对象，在经营活动中播放天气预报方面又属特定的对象，应根据国务院国办发（1985）25 号文，山东省鲁政办发（1993）41 号文和《气象条例》等有关规范性文件的规定，通过签订合同取得天气预报产品的使用权，否则就是侵权。上诉人把自己标榜为公益服务单位，称他们擅自播放天气预报是公益服务的延伸，没有事实和法律根据。

2. 二审事实和证据

二审法院受案后，经审理查明：青岛东岳时通电讯公司于 1993 年 8 月至 1995 年 3 月期间，每天早 6 时至 7 时通过无线寻呼机向其用户播放当日青岛市天气预报。青岛东岳时通电讯公司总经理白永贵承认以上事实，并有记录在卷佐证。

青岛市天气预报是由青岛市气象科技服务中心和青岛市气象台的专业人员共同会商制作得出，每日向本市发布并传输到中央气象台，向全国发布，均属事实。有青岛市气象科技服务中心主任孙孔贤、青岛市气象台台长乔建荣陈述及国家气象局关于向国家气象中心传输部分城市天气预报的通知复印件存卷为证。

另有国务院办公厅国办发（1985）25 号文件转发国家气象局关于气象部门开展有偿服务和综合经营的报告第一条规定了"有偿专业服务包括为农业、工矿、城建等行业的企事业单位和个人提供的各种专业专项服务"，收费的原则是"由供需双方协商，合理收费"。

国家物价局、财政部（1992）价费字128号通知第一条收费范围中规定，各级气象部门“提供的各种专业专项服务，并符合自愿、互利原则的，属于有偿服务，可以收费”。

山东省人民政府办公厅转发省气象局关于加强天气预报发布管理工作的报告第七条指出：经营性广播、电视、报刊及无线传呼等媒体，需播放、刊登天气预报内容的，应根据国办发（1985）25号文件规定，向气象部门交纳天气预报制作费。

青岛市人民政府办公厅青政办发（1995）6号文关于认真贯彻实施《气象条例》的通知第四条规定“其他单位或个人需传递气象预报，须到当地气象部门登记备案，并由当地气象台站直接提供”，防止“失时，失误”。

根据上述规定，青岛市气象科技服务中心可以通过签订合同向青岛东岳时通电讯公司提供适时的天气预报并合理收费，获得财产权益。

3. 二审判案理由

山东省青岛市中级人民法院认为：原审法院确认诉讼主体得当。上诉人青岛东岳时通电讯公司即使从中央气象台发布的天气预报中获取的青岛市天气预报，该预报产品仍是青岛气象台和青岛气象科技服务中心制作的成果，原审法院认定上诉人使用了被上诉人制作的天气预报产品事实清楚，证据确凿，上诉人所称其行为是无偿地将属于公益服务的天气预报传播给社会，是一种公益服务没有法律依据。根据《中华人民共和国气象条例》的有关规定，对天气预报的发布应由国务院气象主管机构所属的各级气象台站按照职责公开发布，上诉人青岛东岳时通电讯公司擅自通过宣传媒介向社会发布天气预报的行为是不允许的，应当制止。两被上诉人根据有关法律和行业法规有权通过向企事业单位有偿提供各种专业专项气象服务，获得财产权益。上诉人虽有权享有了解每日青岛市天气预报的权利，但不享有擅自以播放青岛市每日天气预报，作为经营寻呼机的一种服务手段的权利，因而其侵犯了被上诉人合法使用天气预报产品取得收益的权利。上诉人对其侵权行为应承担一定的赔偿责任。原审法院认定事实清楚，判决得当，应予维持。

4. 二审定案结论

依照《中华人民共和国民法通则》第五条、第六条、《中华人民共和国气象条例》第十四条、《中华人民共和国民事诉讼法》第一百五十三条第一款第（一）项之规定，二审法院于1996年11月1日作出如下判决：

驳回上诉，维持原判。

二审诉讼费4000元由上诉人承担。

（七）解说

本案涉及擅自通过经营性无线寻呼机传播天气预报是公益服务还是侵权；天气预报是否具有知识产权（无形财产）的属性；在未订立合同的情况下，经营性使用天气预报，制作人可否向使用人收取制作费，以及经济赔偿的数额的认定等有关法律、法规问题。

1. 是公益服务还是侵权。

判断上诉人将其每天从广播中听到的天气预报记录下来传播给其BP机用户的行为为公益服务的延伸，还是侵权，必须依据法律、法规、规章的规定。《气象条例》明确规定“气象预报必须是国务院气象主管机构所属的各级气象台站按照职责公开发布，其他组织和个人不得通过宣传媒介向社会公开发布”和“通过广播、电视、报刊、电话等方式向社会公开发布的气象预报必须是国务院气象主管机构所属的各级气象台站提供的适时气象信息”。另外，在国务院办公厅转发国家气象局《关于气象部门开展有偿专业服务和综合经营的报告》对于无偿的公益服务明确指出：是指为各级党、政、军领导机关指挥生产、组织防灾、抗灾而提供的气象服务和为军事、国防科学试验而提供的天气预报以及通过广播、电视、报刊、自动应答系统等手段向社会提供的气象服务。

上诉人青岛东岳时通电讯公司不具备气象公益服务的条件，其通过BP机向社会发布天气预报，是一种经营手段，因而其擅自通过BP机向社会发布天气预报只能是一种侵权行为，而不是公益服务的延伸。

2. 天气预报是否具有知识产权（无体财产）的属性。

知识产权须经法律直接规定并由国家主管机关依法确认。对知识产权的确认和保护，须有国家立法直接而具体的规定，知识产品经法律确认后才能成为无形财产，创造者才可以拥有排他性、专有性的人身权利和财产权利。“天气预报”是使用了先进的科学仪器和技术，依照一定的规则和方法获得的适时的气象信息，是真实的客观反映。按《知识产权保护条例》规定，天气预报不能成为无形财产，所以对本案的处理不能依照对知识产权保护法规处理。

3. 在未订立合同的情况下，“天气预报”的制作人可否向非法使用人收取制作费。

根据有关法规，上诉人使用“天气预报”可以按照自愿互利的原则，协商签订由被上诉人提供适时天气预报并合理收费的合同，获得收益。上诉人擅自使用被上诉人制作的“每日青岛天气预报”，作为其经营BP机向用户提供服务的手段，被上诉人依照有关规定多次上门协商有关提供有偿服务事宜，遭到上诉人拒绝，而上诉人使用天气预报是经营性的，在其使用天气预报期间，其BP机用户快速增长，不能排除与其此项服务的关系。上诉人既已使用了被上诉人的产品用于经营活动，而此产品又是允许用于有偿服务的，根据公平原则，上诉人应当支付适当数额的费用。

（曲敏慧）

99. 上海远东塑料厂诉上海浦东新区远东塑料厂企业名称权案

（一）首部

1. 判决书字号：上海市浦东新区人民法院（1995）浦经初字第1036号。

2. 案由：企业名称权案。

3. 诉讼双方

原告：上海远东塑料厂。

法定代表人：任福荣，厂长。

委托代理人：鲁炳荣，上海远东塑料厂工作人员。

委托代理人：何仲尧，上海市申华律师事务所律师。

被告：上海浦东新区远东塑料厂。

法定代表人：黄伟国，厂长。

委托代理人：计国林，工作人员。

委托代理人：张克平，上海市正成律师事务所律师。

4. 审级：一审。

5. 审判机关和审判组织

审判机关：上海市浦东新区人民法院。

合议庭组成人员：审判长：徐亚丽；代理审判员：黄磊、姚萍。

6. 审结时间：1996 年 3 月 20 日。

（二）诉辩主张

1. 原告诉称：1994 年 9 月，原告收到上海市技术监督局出具的《上海市产品质量监督抽查不合格通知书》(以下简称《通知书》)，确认原告生产的聚乙烯塑料拖鞋为不合格产品，经查，此系被告在其产品上冒用原告企业名称所致。此外，被告还在厂牌、信笺、名片、《中国工业企业全集（上海卷）》等处冒用原告企业名称。1993 年起，原告还收到大量有关被告的应聘、其产品的订货、退货电话等。被告的行为侵犯了原告企业名称专用权，损害了原告的声誉。为此请求法院判令被告停止侵害、公开赔礼道歉、消除影响、赔偿名誉损失、精神损失 40 万元并承担本案诉讼费。

2. 被告辩称：诉讼前并不知道原告企业名称，其使用“上海远东塑料厂”是简称，厂牌上使用简称是为排版美观，在产品上使用简称是因为塑料鞋底面积太小，《中国工业企业全集（上海卷）》介绍被告时使用了原告企业名称，被告从不知晓，因此，被告没有冒用原告名称的故意，不构成侵犯原告的企业名称专用权。

（三）事实和证据

上海市浦东新区人民法院经公开审理查明：

原告自 1985 年 9 月开业至今经核准使用企业名称是“上海远东塑料厂”；被告自 1990 年 10 月开业至今，经核准使用的企业名称变更过两次，依次为“上海川沙远东塑料制品厂”、“上海川沙远东塑料厂”、“上海浦东新区远东塑料厂”。被告在其厂牌、信笺、产品百吉牌塑料鞋鞋底和产品目录上均使用“上海远东塑料厂”，《中国工业企业全集（上海卷）》中介绍原、被告的条目，均使用“上海远东塑料厂”这个名称。1994 年，被告将其产品百吉牌塑料鞋发货给河南郑州商业大厦洛阳购物中心，包装箱上发货人名称填写为“上海远东塑料厂”。洛阳市技术监督局在 1994 年第三季度外省市流通领域质量监督抽查中确认该批产品不合格，并通报上海市技术监督局。上海市技术监督局误以为是原告产品而向原告发出《通知书》，遂成本案诉讼。

又查，原告生产专供卷烟厂使用的塑料盘和用于盛装油漆等物的容器，被告只生产塑料鞋，原告在本市武宁路设有广告牌宣传其产品，还在上海烟机零配件服务中心的介绍中插入其产品广告。

审理中，被告已将厂牌、信笺、产品和产品目录上企业名称纠正为“上海浦东新区远东塑料厂”。

上述事实有下列证据证明：

1. 证人证言。

2. 有关书证、物证。

3. 法庭调查笔录。

（四）判案理由

上海市浦东新区人民法院认为：被告经核准的名称是“上海浦东新区远东塑料厂”，应完整、准确、全面使用该厂名；被告在其厂牌、信笺、产品目录、产品上未规范使用其名称，以致与原告名称相一致，并引起他人对原、被告的混淆和原告产品质量的误解，其行为侵犯了原告企业名称专用权，应承担民事责任。被告的辩称不是其使用“上海远东塑料厂”名称的合法理由。鉴于被告在审理中即停止侵害，且原、被告产品不同、不属同区和原告实际知名度等情况，被告可酌情赔偿原告经济损失并公开赔礼道歉。原告关于赔偿精神损失的诉讼请求无法律依据，不予支持。

（五）定案结论

根据《中华人民共和国民法通则》第九十九条第二款、第一百零六条第二款、第一百二十条、第一百三十四条第一款第二项、第九项、第十项、《企业名称登记管理规定》第二十七条之规定，判决如下：

1. 被告应于判决生效之日起1个月内，在上海市一市级报刊上刊登致歉启事，就其侵犯原告企业名称专用权的行为澄清事实，赔礼道歉。启事内容须经法院审定。逾期法院将刊登相关内容的告示。费用由被告承担。

2. 被告应于判决生效之日起10日内赔偿原告损失1万元。

案件受理费8610元，原告承担2583元，被告承担6027元。

（六）解说

本案关键在于原、被告名称存在相近似的情况下，被告不明知、或者原告没有证据证明被告明知原告的名称而未完整、准确使用其名称，致使与原告名称混同是否构成对原告企业名称专用权的侵犯。乍看起来，原、被告名称本身相近似，且不同行业、产品不同、相距又远、原告亦没有相当的社会知名度，按被告的辩称来说，确实没有故意冒用原告名称的理由和利益。但是，企业名称是政府给予企业区别于其他企业的符号，企业一旦拥有自己的名称就享有使用的权利和排他使用的权利，它的使用同时必须是准确、完整的。而被告未规范使用核准的名称，其行为本身不能说是善意的，换句话说，被告不规范使用其核准的名称就存在得不到法律完全保护的可能或者侵犯其他企业名称的可能，而被告行为的结果造成他人对原、被告的混同和对原告产品质量的误解，对此，被告应承担侵权的民事责任。《企业名称登记管理规定》第二十七条规定侵犯企业名称权的行为包括擅自使用其他企业核准的名称，这一规定对被告的行为是适用的。但是，在具体处理中，应当充分考虑被告侵权的程度、危害结果等具体情况，赔偿数额应当从轻。

（黄　磊）

100. 成田化工（深圳）有限公司诉吉林省大展实业有限公司等欠款案

（一）首部

1. 判决书字号

一审判决书：吉林省长春市中级人民法院（1994）长经初字第308号。

二审判决书：吉林省高级人民法院（1995）吉经终字第329号。

2. 案由：欠款案。

3. 诉讼双方

原告（被上诉人）：成田化工（深圳）有限公司（下称成田公司）。

法定代表人：赵进荣，董事长。

委托代理人：方伟练，业务经理。

委托代理人：宋乃刚，长春市律师事务所律师。

被告：吉林省大展实业有限公司（下称大展公司）。

法定代表人：孟昭林，总经理。

委托代理人：羿德忠，经理。

被告（上诉人）：长春商品交易所。

法定代表人：杨烈欣，总裁。

委托代理人：王晓初，该所法律顾问。

4. 审级：二审。

5. 审判机关和审判组织

一审法院：吉林省长春市中级人民法院。

合议庭组成人员：审判长：黄德成；审判员：范维；代理审判员：王志录。

二审法院：吉林省高级人民法院。

合议庭组成人员：审判长：刘连功；代理审判员：林丽艳、王丹秋。

6. 审结时间

一审审结时间：1995 年 8 月 18 日。

二审审结时间：1996 年 4 月 25 日。

（二）一审诉辩主张

原告诉称：被告大展公司的朋友向原告介绍说，长春商品交易所委托他的朋友孟昭林准备来深圳招募会员，并将长春商品交易所的《委托书》和交易所的“暂行办法”等材料交给原告。并对原告说，想成为可转让会员，可将公司执照、财务报表等材料寄给孟昭林。孟昭林答复说：“只要一次性交足 80 万元人民币就可成为可转让会员，并让原告将钱汇到大展公司账户”。这样，原告分四次将 80 万元人民币汇到被告大展公司账户。可是，当原告于 1994 年 2 月 22 日接到交易所财务部通知后，方知被告大展公司只替原告向长春商品交易所交了 20 万元的保证金和 5 万元的 1994 年的席位费，余下 55 万元被大展公司占为己有。原告多次索要未果，诉到法院。原告要求二被告返还 55 万元人民币及占款期间的利息，承担案件受理费。

被告大展公司辩称：我公司在长春商品交易所组建过程中做了大量的工作，为此，长春商品交易所邢副总裁代表交易所给了我们 5 个席位，可由我公司自营，也可以转让他人。我公司是以会员身份以 80 万元价格转让给原告的，价格是双方自愿商定的。孟昭林个人受交易所委托招募会员与大展公司和成田公司之间转让会员席位是性质不同的两回事；会员席位价值不仅包括交易所按规定收取的费用，还包括会员单位在该席位的经营权，而这部分受供求关系影响，其使用价值会大大超过其自身价值，55 万元是收取的转让费，是公司的合法收入。

被告长春商品交易所辩称：在本交易所创业之初，的确委托过孟昭林为本交易所招募会员，但未与大展公司发生过委托关系，因此，成田公司与大展公司之间买卖席位与本交易所无关；本交易所当时由刑副总裁决定确实送给大展公司5个席位，并允许其炒卖。

（三）一审事实和证据

吉林省长春市中级人民法院经公开审理查明：1993年11月，被告大展公司的法定代表人孟昭林将被告长春商品交易所的《公权招募委托书》、《长春商品交易所会员管理暂行办法》（下称暂行办法）、《申请成为长春商品交易所会员须知》（下称会员须知）等有关材料交给原告，征求原告是否加入该商品交易所，成为其会员。原告看过上列有关材料后表示，愿意加入该商品交易所。孟昭林让原告一次性交足80万元，即可成为可转让会员，并将钱汇到大展公司账户。原告按被告大展公司的法定代表人孟昭林所指定的账户，从1993年12月至1994年1月底，汇入被告大展公司账户人民币50万元，港币15万元，合计人民币672500元。1994年1月份孟昭林到原告处带回现金人民币127500元，总计80万元。此间，被告大展公司将其中的25万元交到被告商品交易所，为原告交纳了保证金及1994年的会员席位费，余下55万元被被告大展公司占有。

上述事实有下列证据证明：

1. 孟昭林邮寄给原告的长春商品交易所委托孟昭林为该交易所招募会员的《委托书》、《长春商品交易所会员管理暂行办法》、《申请成为长春商品交易所会员须知》。上列材料均未标明每个席位的价格。

2. 银行汇票及孟昭林给原告出具的收据载，1993年12月至1994年1月大展公司收到原告入会款80万元。双方对上述事实均无异议。

3. 二被告承认大展公司将原告的25万元交到长春商品交易所（保证金及1994年会员席位费）的事实。

4. 原、被告均承认1994年原告成为长春商品交易所会员（第22号会员）的事实。

5. 长春商品交易所给成田公司颁发的22号席位会员证、验资报告。

（四）一审判案理由

吉林省长春市中级人民法院经审理认为：被告大展公司主张“收原告的55万元是席位转让费”没有证据证明。“会员须知”第四条第一款规定：“会员可转让席位并退会，但须提前一个月提出申请并经交易所批准，如交易所不批准，不得转让。”被告大展公司既没有转让申请，又没有交易所准许转让的手续。“暂行办法”第十六条规定：“会员证的转让。要转让会员证的会员，应向本所提出申请；双方经会员资格审查委员会批准后，方可办理会员证转让手续，会员证转让价格由双方商定。”该办法第十八条规定：“席位的转让。席位在会员之间转让，转让后要向交易部备案。席位转让价格由双方商定，但每个会员至多只能拥有两个席位。”上列规定明确规定了会员证和会员席位转让的具体条件、方法和必须履行的手续。但大展公司举不出证据证明自己的主张（原告现有的22号是被告大展公司转让给原告的）；同时，也没有证据证明原告的22号席位在原告取得前的所有权是被告大展公司所有。相反，22号席位的席位费、保证金、会员证、验资报告等证据材料均证实席位是原告的。因此，大展公司的主张不予支持。

被告商品交易所在答辩中说：由本所刑副总裁决定送给被告大展公司5个席位，并允许其炒卖。这种做法是否真实合法，从长春商品交易所的规定中，找不到可以将席位无价送给他人后并允许其转让炒卖的规定。另外，长春商品交易所举不出任何证据证实其行为的真实合法性。因此，被告长春商品交易所的这种说法与该所的规定相抵触，是一种违规行为。其辩解理由不能成立。

被告长春商品交易所给被告大展公司的法定代表人孟昭林出具招募会员委托书，被告大展公司的法定代表人孟昭林接受了委托，并履行了委托书所规定的招募会员事宜，二被告间是委托与被委托关系，其委托与被委托是在双方自愿、认可的条件下进行的，此委托关系成立。被告大展公司的法定代表人孟昭林接受被告商品交易所的委托后，在招募会员中让原告将款汇到被告大展公司的账户上，该款汇到大展公司账户后，由其占有、支配、使用。因此，大展公司显系本案的被告，由其承担法律后果责任并无不当。

综上，原告的诉讼主张合理合法，应受到法律的保护。被告大展公司占有、支配、使用原告的55万元实属不当，是一种侵权行为，应返还给原告；被告大展公司与被告商品交易所的委托与被委托关系明确成立，合法有效。被告商品交易所将5个席位无偿给予被告大展公司的说法是违规行为，是无效的。二被告应共同承担法律后果责任。

（五）一审定案结论

吉林省长春市中级人民法院依照《中华人民共和国民法通则》第一百一十七条的规定，作出如下判决：

1. 被告大展公司返还给原告55万元及该款的银行利息85552.50元（计息起止时间为1994年2月1日至1995年7月31日）。

2. 被告长春商品交易所负返还该款的连带责任。

案件受理费1.1万元、财产保全费3515元由被告负担。

（六）二审情况

1. 二审诉辩主张

长春商品交易所上诉称：

（1）长春商品交易所与大展公司不存在委托关系。长春商品交易所在建所之初，的确委托过孟昭林代为招募会员，但没有委托过大展公司，而是委托孟昭林个人。

（2）大展公司卖给成田公司席位，系两个企业间的行为，并非基于交易所的委托而产生的。因为，首先成田公司将款汇到大展公司，并未汇给商品交易所；其次，大展与成田之间的席位买卖始终以大展公司名义进行，并非以孟昭林或商品交易所名义进行。

（3）一审判决书中认定："由刑副总裁决定送给大展公司5个席位，并允其炒卖"，"是一个违规行为"问题。这种认定既不符合逻辑，又不符合法理，是不能成立的。因为，长春商品交易所规定中虽没规定可以无偿送给他人席位，但也没规定不允许，属法理中的任意性规范，不属违规行为，判决书中并未指出违的什么法。

成田公司辩称：我方成为长春商品交易所的会员，一切活动都基于长春商品交易所开给孟昭林的"全权招募委托书"，我方将款汇入大展公司也是基于孟昭林的指定，我们认为这是长春商品交易所的意思。我方与孟昭林不存在转让关系，而是由孟昭林介绍成为长春商品交易所的会员，我方与大展公司发生的惟一关系，即是将款汇入大展公司，不存在转让关系。当时，长春商品交易所仅有68席，副总裁就私自送出5个，令人难以置信，且大展公司没有任何手续，长春商品交易所一审期间虽有认可，但这种做法是违法、无效的，对其他会员也不公平。

2. 二审事实和证据

吉林省高级人民法院经审理查明：1993 年 11 月间，大展公司的法定代表人孟昭林受长春商品交易所的委托，持有长春商品交易所的《委托书》、《长春商品交易所会员管理暂行办法》和《申请成为长春商品交易所会员须知》等有关材料，与成田公司联系，征求其是否愿意成为长春商品交易所的会员，成田公司看过上列材料后，表示同意加入长春商品交易所。其后，孟昭林让成田公司一次性交足 80 万元人民币，即可成为可转让会员。成田公司依孟昭林的要求，于 1993 年 12 月至 1994 年 1 月间分 4 次汇入大展公司账户 50 万元人民币和 15 万港元，合计人民币 67.25 万元。1994 年 1 月间，孟昭林又到成田公司处取回现金 12.75 万元人民币。至此，成田公司共计支付 80 万元人民币。在此期间，大展公司支出 25 万元转至长春商品交易所账户，长春商品交易所为成田公司办理了会员证，使其获得了长春商品交易所第 22 号席位。其余的 55 万元人民币被大展公司占用至今。当成田公司得知其支出的 80 万元人民币中仅向长春商品交易所交了 20 万元人民币的保证金和 5 万元人民币的 1994 年的席位费后，多次向大展公司催要 55 万元，均未果，遂成讼。

3. 二审判案理由

吉林省高级人民法院经审理认为：长春商品交易所的委托书是出具给大展公司的法定代表人孟昭林个人的，而非大展公司，所以委托与被委托关系发生在长春商品交易所与孟昭林之间，孟昭林招募会员的行为应视为长春商品交易所的行为；大展公司并未依据长春商品交易所的有关规定取得会员席位，所以，大展公司与成田公司之间不可能存在买卖席位的问题，大展公司占有、使用、支配成田公司的 55 万元实属不当，是一种侵权行为，应返还给成田公司；因长春商品交易所出具给孟昭林的委托书授权不明，致使孟昭林以办理“可转让会员”为由，多收成田公司 55 万元，故长春商品交易所对大展公司返还占用的 55 万元应承担连带责任。

4. 二审定案结论

吉林省高级人民法院依照《中华人民共和国民法通则》第六十九条第三款、第一百一十七条和《中华人民共和国民事诉讼法》第一百五十三条第一款第一项的规定，作出如下判决：

驳回上诉，维持原判。

本案二审案件受理费 1.1 万元，由长春商品交易所承担。

（七）解说

1. 关于成田公司取得该席位是大展公司转让还是长春商品交易所委托孟昭林招募会员通过孟昭林从长春商品交易所取得的问题。

这是原、被告双方争议的焦点，对此问题的解决，主要依据民事程序法去衡量。《中华人民共和国民事诉讼法》第六十四条第一款规定：“当事人对自己提出的主张，有责任提供证据。”如果当事人对自己的主张提供不出证据证明，人民法院也调查收集不到相关证据证明当事人的主张的，那么这一主张就不会得到人民法院的支持。本案中二被告主张该席位是长春商品交易所送给大展公司，大展公司有偿转让给成田公司的。对这一主张，二被告提供不出该 22 号席位在原告取得前的所有权是大展公司所有的书证和其他证据，又没有提供出按长春商品交易所“会员须知”的规定准许转让的合法手续，因而，对二被告的这一主张法院不能支持。相反，成田公司主张该 22 号席位是长春商品交易所委托孟昭林招募会员，成田公司通过长春商品交易所的代理人孟昭林从长春商品交易所处取得的。这一主张有孟昭林交给成田公司的《全权招募委托书》、《长春商品交易所会员管理暂行办法》、《申请成为长春商品交易所会员须知》等书证证明。因而原告的主张成立，一、二审法院对其主张予以支持是正确的。

2. 关于孟昭林超越代理权，谁承担民事责任的问题。

本案在审理中，有两种不同的意见：一种观点认为：长春商品交易所与孟昭林个人是代理关系，而且委托事项是明确的，是为长春商品交易所招募会员，但孟昭林在代理行为中，对每席位80万元的价格的说明，并不是被代理人的意思，属于代理人超越代理权的行为，《中华人民共和国民法通则》第六十六条第一款规定："没有代理权、超越代理权或者代理终止后的行为，只有经过被代理人的追认，被代理人才承担民事责任。未经追认的行为，由行为人承担民事责任。"因此，孟昭林的超越代理权的行为后果，应由孟昭林本人承担，与被代理人长春商品交易所无关。第二种意见认为，孟昭林有长春商品交易所的《全权招募委托书》、《长春商品交易所会员管理暂行办法》、《申请成为长春商品交易所会员须知》等材料，足以有充分理由使成田公司相信孟昭林的所有行为就是长春商品交易所的真实意思表示，对孟昭林在席位价格上的超越代理权行为是无从得知的，所以，长春商品交易所对孟昭林越权代理所产生的法律后果，应承担民事责任，代理人孟昭林负连带责任。这正是一、二审判决的观点。

上述两种意见均承认孟昭林行为属超越代理权的行为，不同的是，前者为狭义上的越权代理，而后者则是表见代理，笔者认为后一种意见是正确的。

（冯彦彬）

101. 贵州先锋发展有限责任公司诉贵州省航空公司包机合同案

（一）首部

1. 判决书字号

一审判决书：贵州省贵阳市中级人民法院（1995）筑法经初字第121号。

二审判决书：贵州省高级人民法院（1996）黔经终字第33号。

2. 案由：包机合同案。

3. 诉讼双方

原告（反诉被告、上诉人）：贵州先锋发展有限责任公司（简称先锋公司）。

法定代表人：曾永智，经理。

委托代理人（一审）：赵雷，贵州先锋发展有限责任公司副经理。

委托代理人（一审）：戴国忠，贵州省行政经济法律服务中心工作人员。

委托代理人（二审）：双临午，贵州天平法律咨询服务中心法律顾问部主任。

被告（反诉原告、被上诉人）：贵州省航空公司（简称贵航公司）。

法定代表人：段延辰，总经理。

委托代理人（一审）：肖强，贵州省第一联合律师事务所律师。

委托代理人（二审）：陈朝洁，贵州省天职律师事务所律师。

委托代理人（一、二审）：吕治新，贵州省航空公司副总经理。

4. 审级：二审。

5. 审判机关和审判组织

一审法院：贵州省贵阳市中级人民法院。

合议庭组成人员：审判长：绪晓栋；审判员：李鸣、冯其平。

二审法院：贵州省高级人民法院。

合议庭组成人员：审判长：许肖玉；代理审判员：房波、邵霞。

6. 审结时间

一审审结时间：1995 年 12 月 13 日。

二审审结时间：1996 年 4 月 1 日。

（二）一审诉辩主张

原告先锋公司诉称：原告先锋公司与被告贵航公司于 1995 年 6 月 7 日签订包机协议，由被告贵航公司提供 BAE146－300 型飞机一架，原告先锋公司为其包销贵阳至广州的飞机票。若包销的机票不足 75％客座率由原告先锋公司补足差额给被告贵航公司，超出 75％客座率所赚利润则归原告先锋公司所有。原告先锋公司向被告贵航公司交纳 5 万元保证金后，双方即履行了协议。但当协议履行至第四个月时，被告贵航公司拒不支付原告先锋公司应得利润 4 万元，并于第五个月即协议尚未到期的情况下，单方面停止飞行。由于被告贵航公司的违约行为严重损害了原告的利益，因此请求法院判令：(1) 终止双方签订的包机协议；(2) 由被告贵航公司向原告先锋公司支付违约金 30.36 万元；(3) 由被告贵航公司退还原告先锋公司保证金 5 万元；(4) 由被告贵航公司支付原告先锋公司应得收入 4 万元。原告先锋公司同时声称：若法院判决确认双方签订的包机协议无效，即应判决被告贵航公司赔偿其因促销机票造成的损失 28 万元。

被告贵航公司辩称：被告贵航公司与原告先锋公司于 1995 年 6 月 7 日签订包机协议属实。但该协议是在被告贵航公司对原告先锋公司主体资格疏于审查的情况下所签订。根据民用航空运输销售代理业管理规定和经营包机业务的有关规定，原告先锋公司在未取得国内航空运输销售代理经营许可证和经营包机业务的前提下与被告贵航公司签订的包机协议，应属无效。因此请求驳回原告先锋公司支付违约金的诉讼请求。同时，被告贵航公司反诉请求判令原告先锋公司向被告贵航公司支付 1995 年 10 月份应交包机款 161466 元。被告贵航公司还表示：(1) 原告先锋公司主张的 5 万元保证金和其应得的包机盈利 4 万元可予退还和支付，但要从被告贵航公司应得的包机款中扣出；(2) 原告为促销机票所支出的正常费用被告愿予赔偿，但原告要有足够的证据证实。

（三）一审事实和证据

贵州省贵阳市中级人民法院经审理查明：贵航公司是合法成立的地方性航空公司，先锋公司是未取得包机资格的企业。1994 年 12 月 27 日，贵航公司与西北航空公司签订飞机租赁合同，由西北航空公司出租 BAE146－300 型飞机两架给贵航公司，湿租期 2 年，第 1 年每架飞机月租金为 22 万美元，第 2 年每架飞机月租金为 24 万美元；干租期 10 年，每架飞机月租金为 19.1 美元。贵航公司取得其中一架飞机后（另一架飞机实际未租用），于 1995 年 6 月 7 日与先锋公司签订包机合同。该合同约定：(1) 由原告包租被告 BAE146－300 型飞机，执行贵阳至广州的包机任务，并由被告贵航公司负责申请航路及其他有关事宜，由原告先锋公司协助被告贵航公司安排包机飞行计划，协助组织客源，促销客票；时间从1995年6月10日至1996年6月10日。(2) 先锋公司以每趟航班75%客座率包干，即为人民币37950元；但考虑到首期宣传等费用，第一个月以每趟航班70%的客座率包干，即为人民币35420元，超出部分归先锋公司所有，不足部分由先锋公司补足；代理费由贵航公司支付。从1995年7月1日起公布价与折扣价差按210元额定，收入先锋公司占40%，贵航公司占60%。票价提高，航线包机费用基数相应提高。(3) 货运部分，考虑到贵阳至广州段目前实际情况，需做大量工作方有可能改观，扣出代理费35%后收入部分由双方按五五比例分成。(4) 先锋公司于首航前一周内向贵航公司交纳保证金5万元。(5) 由于不可抗力造成航班不正常，费用由贵航公司承担。(6) 财务结算按民航总局规定，每月5日结清上月款项。(7) 双方任何一方违约，需按月包机金额向对方支付违约金300360元，但不可抗力除外，等等。合同签订后，先锋公司按合同约定向贵航公司交纳了保证金5万元，并积极组织客源。同年9月，因原告不能以75%客座率组织客源、促销机票，双方口头变更了合同中7、8两个月以75%客座率结算的约定，以70%的客座率结清了6、7、8三个月的包机款，同时贵航公司向先锋公司支付了包机盈利款12398元人民币。10月16日，先锋公司与贵航公司仍以合同约定的75%客座率进行结算，先锋公司应盈利83766元。但由于贵航公司账上资金不足，仅向原告支付了43766元人民币，剩余4万元迄今未付。10月20日，贵航公司通知先锋公司：BAE146－300型飞机因冬春季航班计划调整，原订包机合同从1995年12月29日起，暂不执行。10月25日，西北航空公司向贵航公司发出传真电报，决定将出租给贵航公司的BAE146－300型飞机从贵阳磊庄机场调至西安咸阳机场。10月29日，西北航空公司机组人员将BAE146－300型飞机从贵阳开回西安。至此，10月份BAE146－300型共飞行十六班次，售出飞机票总价值为461106元。10月底，先锋公司与贵航公司因停飞等事宜发生纠纷，先锋公司于1995年11月2日向本院提起诉讼。

上述事实有下列证据证明：

1. 双方当事人签订的包机合同。

2. 双方当事人的付款凭证。

3. 双方当事人的营业执照。

4. 贵航公司与西北航空公司签订的飞机租赁合同。

5. 双方当事人的陈述。

（四）一审判案理由

原告先锋公司与被告贵航公司签订的包机合同，双方虽意思表示真实，但其行为却违反了中国民航总局的有关行业管理规定。先锋公司在未取得民航地区管理局和工商行政管理部门批准从事包机业务的情况下，与被告贵航公司签订的包机合同应为无效。因此对先锋公司诉请的30.36万元违约金和贵航公司反诉请求的161466元包机应得款，均不予支持。根据《民法通则》有关规定，因无效协议取得对方财产，应各自返还，由于过错给对方造成损失的应予赔偿。因此原告先锋公司和被告贵航公司因该无效合同相互收取的盈利款56164元和包机保证金5万元，应各自返还给对方。而原告先锋公司主张由被告航空公司赔偿其因促销机票造成的损失，因不能举证，不予支持。

（五）一审定案结论

一审人民法院依照《中华人民共和国民法通则》第五十八条第一款第（五）项、第二款、第六十一条的规定，作出判决：

1. 解除原告先锋公司与被告贵航公司签订的包机合同。

2. 由原告先锋公司返还被告贵航公司包机盈利款人民币 56164 元。

3. 由被告贵航公司返还原告先锋公司包机保证金人民币 5 万元。

以上第二、三项自本判决生效之日起 15 日内履行。

本诉费 8405 元由原告先锋公司负担；反诉费 4739.32 元由贵航公司负担。

（六）二审情况

1. 二审诉辩主张

一审判决后，先锋公司不服，提起上诉。上诉称：其与贵航公司签订的包机合同具有中介合同的性质，其在该合同中起到的只是中介人的作用，因此该合同是有效合同。请求撤销原判，并判令贵航公司支付违约金或赔偿损失。

贵航公司辩称：先锋公司不具备签订包机合同的主体资格，合同应属无效，其不应支付违约金。而先锋公司主张的损失属举证不能，请求驳回先锋公司的上诉，维持原判。

2. 二审事实和证据

二审法院经审理认定了一审的事实和证据。

3. 二审判案理由

二审法院认为：先锋公司经营包机业务，未经民航地区管理局审批，亦未办理经营包机业务的工商登记手续，故其与贵航公司于 1995 年 6 月 7 日签订的包机合同违反了中国民用航空总局的有关规定，应属无效。对此双方均有过错，均应承担相应责任。先锋公司为贵航公司包销机票，盈亏由包销机票的效益决定，其行为不符合中介服务的法律特征。先锋公司上诉主张其与贵航公司签订的包机合同系中介服务合同应为有效，其理由不能成立，不予采纳。原审认定事实清楚，适用法律正确，审理程序合法，应予维持。

4. 二审定案结论

贵州省高级人民法院根据《中华人民共和国民事诉讼法》第一百五十三条第一款第（一）项之规定，判决如下：

驳回上诉，维持原判。

一审案件受理费 8405 元由先锋公司负担，反诉费 4739.32 元由贵航公司负担；二审案件受理费 8405 元由先锋公司负担。

本判决为终审判决。

（七）解说

包机纠纷案件，是一种新类型案件，也是当前贵州省处理的仅有的一起，在全国也并不多见。目前我国关于包机的法律、法规乃至规章的制定相对滞后，但我们仍可见到对包机公司和从事包机业务的企业和个人的一些文件精神和规定。例如，中国民航总局企管司于 1994 年 6 月 9 日向民航管理部门发出的《关于对包机公司加强管理的通知》的传真第一条就指出：开办包机公司必须经过申请、批准和办理工商登记程序。经营国内包机业务的由民航地区管理局审批；经营国际包机业务的由民航总局审批。而在此之后，中国民航总局又以民航体发（1995）153 号文件发出《关于印发 1995 年民航体制改革工作要点等七个文件的通知》。该通知指出：各地区管理局对现有经营包机业务的企业（个人），要重新按规定进行审查，凡不符合条件和要求的，由地区管理局予以停止。符合条件的由地区管理局报民航总局确认。今后，凡经营包机业务的企业都要经过地区管理局的审核和民航总局的批准，不得为销售代理企业随意划设经营包机业务的经营范围。以上通知和文件，是我们目前仅见的关于对包机活动的规定。由于通知和文件不具有法律上的约束力，而法律、法规和规章又未作任何明文规定，这就给审理本案带来了极大的难度。笔者认为，处理好本案，关键是要把握住以下三个方面。

1. 本案的定性问题。

本案是包机纠纷还是上诉人在上诉时所称的中介服务合同纠纷是我们首先要明确的。给本案准确定性，找准法律关系，是处理好本案的基础。而什么又是“包机”呢？考虑中国民航总局的有关解释和文件并结合出现包机业务的实践，我们仍可以揭示出“包机”一词的内涵。在我国计划经济体制下，包机仅指单位或个人向民用航空运输部门包一趟或一趟以上的飞机使用，那时包机的单位或个人不能利用所包飞机从事盈利活动。而当我国进入社会主义市场经济后，“包机”一词又注入了“包飞机航线”和“包机票促销”等新的含义。由此可见，“包机”一词的外延正逐步扩大。因此，当前“包机”和内容较之以往更加丰富，它是社会主义市场经济条件下产生的新的民事法律关系，它既有别于中介的民事法律关系，也不同于承包的民事法律关系。由于本案争议的协议中，先锋公司为贵航公司包销机票，盈亏由包销机票的效益决定，这显然不具备中介服务合同的性质。审理本案的人民法院将本案定为包机纠纷，其定性是准确的。

2. 确认包机合同的效力，是处理好本案的关键。

对包机合同效力的确认，在我国法律、法规上至今没有具体的明文规定。但我国《民法通则》规定的民事活动应当遵守国家政策、尊重社会公德、不得损害社会公共利益、扰乱社会经济秩序的规定，却为人民法院确认包机合同的效力问题提供了法律依据。本案中，先锋公司不按照中国民航总局“经营国内包机业务的由民航地区管理局审批并办理工商登记”的规定办理包机手续，而与贵航公司签订包机合同并予实施，双方的行为都扰乱了社会经济秩序。理由有三。第一，包机行业是纳入民用航空管理的特殊行业，理应遵循民用航空管理部门的有关规定并接受其管理。第二，民航总局是国家的一个职能管理部门，它的任何规定在本部门都应具有一定的约束力，它对包机行业进行的宏观性指导，有利于包机行业朝着健康有序的方向发展，并使其规范化、法律化。第三，民航总局对包机主体加以严格限制，可较好地避免为促销机票而采取给回扣等非法手段的产生，从而使包机行业的不正当竞争降低到一定限度。因此人民法院根据《民法通则》关于无效行为确认的有关规定，判决双方签订的包机合同无效是正确的，是对《民法通则》原则的具体运用。

3. 案件的处理结果，是切实保护当事人合法权益，维护法律严肃性的保障。

根据我国《民法通则》第六十一条第一款规定：“民事行为被确认无效或者被撤销后，当事人因该行为取得的财产，应当返还给受损失的一方。有过错的一方应当赔偿对方因此所受的损失，双方都有过错的，应当各自承担相应的责任。本案中，双方当事人从事的包机行为是无效行为，人民法院依照上述法律规定，判决先锋公司返还收取的包机盈利款和贵航公司返还收取的包机保证金，是正确的。而贵航公司未向先锋公司收足的10月份包机款和先锋公司为促销机票所支付的一切费用，因双方对导致包机合同的无效都有过错，故上述损失应由双方各自承担。因此二审人民法院在此所作的判决，无疑也是正确的。

（绪晓栋）

102. 曹承贵诉福建省平潭县液化石油气有限公司确认人事任免行为无效案

（一）首部

1. 判决书字号

一审判决书：福建省平潭县人民法院（1996）岚经初字第45号。

二审判决书：福建省福州市中级人民法院（1996）榕经终字第248号。

2. 案由：确认人事任免行为无效案。

3. 诉讼双方

原告（被上诉人）：曹承贵，原任福建省平潭县液化石油气有限公司董事、经理。

委托代理人：丁茂福、陈晖，福州东南律师事务所律师。

被告（上诉人）：福建省平潭县液化石油气有限公司（以下简称公司）。

法定代表人：林坚钊，董事长。

委托代理人：潘传勤，福州东南律师事务所律师。

委托代理人：陈国平，福州海天律师事务所律师。

被告：林坚钊，公司董事长。

4. 审级：二审。

5. 审判机关和审判组织

一审法院：福建省平潭县人民法院。

合议庭组成人员：审判长：任小平；代理审判员：周而增、林爱萍。

二审法院：福建省福州市中级人民法院。

合议庭组成人员：审判长：李杰；审判员：张信发；代理审判员：高艳芳。

6. 审结时间

一审审结时间：1996年9月27日。

二审审结时间：1996年12月29日。

（二）一审诉辩主张

原告诉称：原告是被告公司的股东、董事、经理，在公司中享有40%的股份。公司其余的股份为：国家股20%，个人股林坚钊12%；高名良、施修诚、林从官、林崇堂、林光樽、陈大明、林耿雄、蔡秀芳、俞建生、林桂生、林秀清、李立华、郑红英、林同鸣各2%。1996年2月29日，被告在未按规定召开股东会（指28日股东会议）的情况下，由董事长林坚钊和国家股股权代表林文惠两人恶意串通，以股东大会名义无故解除林碧华的公司董事职务，并同时聘任林文惠为公司董事。3月8日，被告以董事会名义违法免去林碧华的董事和出纳的职务。3月21日下午，董事长林坚钊竟然临时通知林文惠和原告召开所谓的"股东会"，提出解聘原告的经理职务，由自己兼任公司经理，聘任林文惠和原告为副经理，并于次日以被告及其董事会名义发出解聘、聘任通知。4月2日通知林雄接任出纳职务。现诉请法院：1. 依法确认被告解除林碧华公司董事、聘任林文惠为公司董事的行为无效。2. 依法确认被告解聘原告经理、聘任林坚钊为公司经理、林文惠和原告为公司副经理的行为无效。3. 依法确认被告招聘林雄为出纳的行为无效。

两被告以同样理由辩称：1. 施修诚、林从官等14人集体委托指定林坚钊为他们股东代表有表决权，其出资额由林坚钊收取，以林坚钊名下投入公司，公司股本经审计，工商登记核定，林坚钊占40%是合法的。2. 林文惠同志是根据1996年1月15日县财政局岚政国资（96）8号通知更换俞兆友后为公司合法的国家股股东代表。3. 更换林碧华董事，是根据国务院国法（78）104号文件的“女工人年满50周岁退休”的精神，且该人有违反财务纪律的行为。2月13日通知2月28日召开股东会，针对原告私自占用公司资产资金等违法违纪行为，一致通过对林碧华退休及免去董事、出纳和推选林文惠为公司董事决定，并议定会议不必签字。事后，原告出尔反尔，不予承认。但占有60%股东签字同意，根据《中华人民共和国公司法》（以下简称《公司法》）第三十八条、第一百零六条，《公司章程》第十三条和1992年9月17日人事部、国家体改委发出的《股份制试点企业人事管理暂行办法》第五条规定，股东会、董事会决定更换林碧华董事，林文惠当选为董事，解聘原告经理职务，聘任林坚钊兼公司经理，聘任原告和林文惠为副经理，招聘林雄为出纳的决定，无论从程序上，还是从实体上看均符合《公司法》的规定，且原告起诉没有法律依据，本案不属人民法院受理范围，应依法裁定驳回原告的起诉。

（三）一审事实与证据

福建省平潭县人民法院经审理查明：被告公司于1994年10月由原来平潭县液化石油气供应公司改制而成，公司由国家股和个人股组成，原告曹承贵、被告林坚钊均为公司股东。公司董事长由林坚钊担任，原告曹承贵为公司董事、经理，林碧华（女，原国家股代表俞兆友之妻）为公司董事。1996年1月15日，由县财政局根据县政府文件下文解除俞兆友国家股代表，任命林文惠为国家股代表。据林坚钊提供的记录1996年2月28日召开股东扩大会议（会议通知于2月13日发出，通知上除原告无签名外，其他人有签名），股东代表林坚钊、曹承贵、林文惠参加了会议。会议形成免去林碧华董事兼出纳职务，由国家股代表林文惠接任董事，出纳由林雄接任的决定。但本次股东会议的三个股东各自记录，没有三个股东统一签名的专人记录。2月29日，公司以董事会名义发出“关于更换公司董事的通知：由于林碧华同志已超过退休年龄，故经1996年2月28日股东会研究决定免去林碧华的公司董事职务，会议选举林文惠为公司董事”。林坚钊、林文惠在该通知上签名，原告拒绝签名及否认28日开过股东会议。3月8日，公司以董事会名义免去林碧华出纳职务，公司于4月2日通知林雄接任出纳职务。3月17日，县政府召开有关领导会议，决定责成财政局撤销选派林文惠为国家股代表的决定，以县政府会议纪要发文。3月18日，公司召开董事扩大会议，通知在3月3日发出，又没有曹承贵签名，会议形成解聘原告经理职务，改聘副经理职务，原告反对。3月21日下午，公司继续召开股东（董事）扩大会议，会议形成解聘原告曹承贵公司经理，由林坚钊兼任经理，聘任曹承贵、林文惠为副经理的决定，会议又无统一记录，原告也无签名此次会议记录。3月22日，公司根据21日会议决定发出通知：解聘曹承贵经理，由林坚钊兼任经理，聘任曹承贵、林文惠为副经理的职务。4月2日，县政府又召集有关单位领导会议，宣布撤销林文惠的国家股代表，责成林坚钊无条件执行3月17日的县政府会议决定，撤销公司的人事变动，归还经理的公司公章，又以会议纪要发文。

（四）一审判案理由

福建省平潭县人民法院认为：

1．根据《公司法》第一百一十一条规定：股东会、董事会的决议违反法律、行政法规，侵犯股东合法权益的，股东有权向人民法院提起要求停止该违法行为和侵害行为的诉讼。此条文虽是规定适用在股份有限公司，但是没有限制有限责任公司的股东不能向法院起诉股东大会、董事会的违法侵害行为，因为《公司法》是商法，也属于民法调整范畴，所以，本案人民法院可以受案。

2．公司的法人组织是董事会，董事长是公司的法定代表人，依法规、章程规定行使职权，以公司的名义所做出的行为，其后果应由公司承担。因此，本案林坚钊个人不应为被告主体。

3．根据《公司法》第四十四条第二款规定："股东会应当对所议事项的决定作成会议纪录，出席会议的股东应当在会议记录上签名。"该《公司章程》第十八条也作同样规定。而本案2月28日股东会的三个股东均无统一会议记录签名，被告在违反《公司法》及《公司章程》有关规定的情况下，即以股东会决定、董事会名义发出更换董事会名义的通知，以致在发生争议时无法核查其真实性和合法性。所以，应认定此次的股东会更换董事行为无效，由此林文惠以董事身份参加董事会的表决也自然无效，更换林碧华的董事和招聘出纳的行为也无效。

（五）一审定案结论

根据《中华人民共和国公司法》第四十四条第二款（条文内容上面已述）、《中华人民共和国民法通则》第五十八条第一款第（五）项关于"下列民事行为无效：违反法律或者社会公共利益的"的规定，平潭县人民法院于1996年9月27日作出判决：

1．被告公司解除林碧华公司董事职务，聘任林文惠为公司董事的行为无效。

2．被告公司解聘原告曹承贵公司经理，聘任林坚钊为经理，曹承贵和林文惠为副经理的行为无效。

3．被告公司招聘林雄为公司出纳的行为无效。

案件受理费2150元及诉讼活动费1000元由被告公司负担。

（六）二审情况

1．二审诉辩主张

一审判决后，被告公司不服，以"1．《中华人民共和国公司法》并未规定有限责任公司的股东对股东会、董事会的决议可以向法院提起诉讼，被上诉人的起诉没有法律依据，本案不属于人民法院受理范围；2．股东会更换董事，董事会解聘、聘任经理、副经理，辞、聘出纳的决议无论从程序上还是从实体上看均符合《公司法》、《公司章程》规定，请求二审法院撤销原判，改判驳回被上诉人的起诉或诉讼请求"为由，向福建省福州市中级人民法院提起上诉。

被上诉人辩称：有限责任公司股东会、董事会的决议属一般民事行为，在受《公司法》调整的同时，也受民法调整；上诉人没有依《公司法》规定召开股东会和董事会，所进行的更换公司董事、经理，聘任副经理、出纳的行为，侵犯了被上诉人作为公司股东、董事及经理的合法权益，被上诉人可以依据《民法通则》和《民事诉讼法》的规定请求人民法院的保护，原审判决正确，请求驳回上诉，维持原判。

2．二审事实和证据

福建省福州市中级人民法院所查事实与原审认定事实基本相同外，还查明以下事实：《公司章程》和《股东协议书》均规定：出资额占总股本10%以上的出资人才称为公司股东。并约定股东为：国家股出资10万元，占总股本的20%；个人股林坚钊出资20万元，占总股本的40%；个人股曹承贵出资20万元，占总股本的40%。《公司章程》中还规定“本章程有关事项与登记主管机关核准登记注册事项相抵触的，以登记主管机关核定为准”。1994年11月16日公司分别向李立华、郑红英等14名出资人出具了出资收款收据，注明交款项目为“平潭县液化石油气有限公司股份出资本金”，金额“壹万元”。并备注：“待公司董事会成立时发给正式股份出资证明”。同时，上诉人向平潭县工商行政管理局提交并经工商局核实的《公司设立登记申请书》中所载明的公司股东、出资额、出资比例情况为：国家股出资10万元，占20%；曹承贵出资20万元，占40%；林坚钊出资6万元，占12%；高名良、施修诚、林从官、林崇堂、林光樽、陈大明、林耿雄、蔡秀芳、俞建生、林桂生、林秀清、李立华、郑红英、林同鸣均出资1万元，各占2%。1996年6月5日，出资人李立华声明其为公司股东，且未授权林坚钊代其在股东会上行使表决权（其他人均有授权）。

3. 二审判案理由

福建省福州市中级人民法院认为：本案讼争的法律关系为被上诉人曹承贵要求确认上诉人公司所作出民事行为无效的确认之诉。由于上诉人为非全资的有限责任公司，具有资合和人合性质，其内部人事任免行为应为一般民事行为，属《公司法》调整范围，法院审理由此发生的争议，法律未作禁止性规定，上诉人提出本案不属法院受理范围理由不足，不予支持。上诉人无足够的证据证明：召开1996年2月28日的股东会已于15日前通知全体股东参加，股东会议所议事项的决议作成会议记录，并由出席会议的股东在会议记录上签名。故上诉人依该股东会决议作出更换董事的行为违反法定程序，应认定为无效民事行为。依此于3月21日林文惠以董事身份参加的董事会的表决也自然无效；招聘出纳的行为也因经理更换的无效而无效。上诉人上诉所称股东会更换董事，董事会任免经理、副经理，辞、聘出纳的决议合法的主张，本院不予支持。

4. 二审定案结论

1996年12月29日，福建省福州市中级人民法院根据《中华人民共和国公司法》第三十七条和第四十四条第一款，《中华人民共和国民事诉讼法》第一百五十三条第一款第（一）项的规定，作出如下判决：

驳回上诉，维持原判。

二审诉讼费2150元由上诉人公司负担。

（七）解说

1. 处理该案的关键问题在于确认公司内部的人事任免行为是否符合《公司法》的规定。如果符合规定，无疑是合法的民事行为，反之，则任免行为为违法民事行为，应认定为无效。从一、二审法院查明的事实来看，公司的行为是不符合公司法规定的，由此而产生的法律后果当然归于无效。

2. 本案还有一个重要问题即它是否属于人民法院的受案范围。我们认为公司内部组织机构和人员任免问题是《公司法》的一个极为重要的组成部分，这种行为属于民事行为，而不是行政行为，因此一、二审法院受理该案是正确的。

（周而增）

103. 海南华正集团有限公司诉海南国邦企业股份有限公司债务转移协议案

（一）首部

1. 判决书字号：海南省海口市秀英区人民法院（1996）秀法经初字第44号。

2. 案由：债务转移协议案。

3. 诉讼双方

原告（反诉被告）：海南华正集团有限公司（简称华正公司）。

法定代表人：孙政，董事长。

委托代理人：李一鸣，总经理。

委托代理人：邓锐，该公司法律顾问。

被告（反诉原告）：海南国邦企业股份有限公司（简称国邦公司）。

法定代表人：丰博，董事长。

委托代理人：肖金泉，北京南方律师事务所律师。

第三人：海南天地龙房地产开发有限公司（简称天地龙公司）。

法定代表人：赖庆春，经理。

委托代理人：张国勇，该公司法律顾问。

第三人：海口广湛电视器材贸易公司（简称广湛公司）。

法定代表人：赖庆春，经理。

委托代理人：张国勇，该公司法律顾问。

4. 审级：一审。

5. 审判机关和审判组织

审判机关：海南省海口市秀英区人民法院。

合议庭组成人员：审判长：李家林；审判员：聂小桥；代理审判员：王凌宇。

6. 审结时间：1996年12月31日。

（二）诉辩主张

1. 原告（反诉被告）诉称：1994年7月25日，原告、被告以及第三人四家单位共同签订了《关于150万元借款及利息的返还协议》。该协议约定：由原告代替第三人天地龙公司偿还150万元给被告，被告将第三人的抵押房产海口市滨景花园别墅B15栋的产权转给原告。协议订立后，原告于1994年7月31日向被告支付了人民币100万元，但被告没有依约将该幢的产权过户到原告名下。由于被告与第三人天地龙公司于1994年1月10日签订的《借款合同》属企业之间拆借资金，违反了国家法律和金融法规，系无效经济合同。同时，被告与第三人广湛公司签订的《抵押协议》，既是《借款合同》的从合同，又未到有关部门办理他项权利登记，因此，《抵押协议》也是无效的。可见，原告与被告、第三人四家依据《借款合同》、《抵押协议》签订的《返还协议》也是无效的。因此，被告应将100万元返还原告，并赔偿原告的利息损失215330元，并承担本案的诉讼费用。

被告（反诉原告）辩称：原告以被告及第三人签订的《借款合同》及《抵押协议》违

反国家法律规定属无效协议为由，进而推出《返还协议》无效的主张是不能成立的。第三人天地龙公司与被告借款逾期未还，原告愿意代其还款，因此签订的《返还协议》应该是有效的。该协议跟《借款合同》与《抵押协议》是否有效没有关联性。因此，这完全是基于已发生的新的法律事实和债权债务关系而订立的清偿协议，是完全合法有效的。原告没有按照此协议全部将 150 万元及 30 万元利息于 1994 年 10 月 10 日前还给被告，显然已经违约。因此，被告提出反诉，要求原告继续履约，向被告支付 50 万元本金和 30 万元利息以及自 1994 年 10 月 10 日至 1996 年 7 月 10 日的利息 115290 元，并承担本案的全部诉讼费用。

反诉被告（本诉原告）辩称：由于《借款合同》是主合同，而《返还协议》是从合同，由于主合同无效，从合同也当然无效。因此，反诉被告不能再继续履行该合同。此外，反诉被告代为偿还借款本息是附条件的，在条件没有成就的情况下，我公司有权拒绝偿还借款。

第三人天地龙公司和广湛公司述称：第一，本案的债权债务已发生转移，返还协议约定由原告代偿第三人的借款本息，为此，债务人已变为原告华正公司。第二，由于原告已代第三人偿还债务，第三人与本案已没有任何法律关系，因此，我方不宜作为本案的第三人参加诉讼。

（三）事实和证据

海南省海口市秀英区人民法院经公开审理查明：1994 年 1 月 20 日，第三人天地龙公司与被告国邦公司签订一份《借款合同》，由天地龙公司向被告国邦公司借款人民币 150 万元，用于海甸岛白沙门东侧“教科文中心”项目（后改名“顶好花园”）的开发，借款时限为 5 个月，利息按国家规定的 5 个月定期存款利率计算。第三人广湛公司（与第三人天地龙公司是一套人马，两块牌子）以其位于海口市疏港大道东侧东方洋的别墅一幢（面积 240 平方米，房产证号 9248）作为抵押担保。被告国邦公司与第三人天地龙公司、广湛公司三方即订立了《抵押协议》，随后三方又订立《补充协议》，约定第三人广湛公司将 9248 号房产证原件直接交给被告国邦公司保管，《抵押协议》即生效，不再要求到房管局办理抵押登记。当天，第三人广湛公司将 9248 号房产证交给被告国邦公司，次日，被告国邦公司即付 150 万元借款给第三人天地龙公司。但到 1994 年 6 月 10 日借款期限届满后，第三人天地龙公司不能按时还款。在此前，原告华正公司经第三人广湛公司许可在 9248 号别墅内居住。第三人广湛公司和天地友公司便提出如原告华正公司代为偿还被告国邦公司的 150 万元借款后，该幢别墅即归原告华正公司所有。原告华正公司表示同意。因此，原告、被告和第三人四家于 1994 年 7 月 25 日签订了《关于 150 万元借款及利息的返还协议》，该协议主要条款约定：1. 丙方（原告华正公司）代替甲方（第三人天地龙公司）立即返还 100 万元给乙方（被告国邦公司），其余 50 万元在 1994 年 10 月 10 日前返还；2. 甲乙丙三方确认，至 1994 年 10 月 10 日止，150 万元借款的利息为 30 万元，此利息将在乙方属下公司海南国邦物业代理有限公司代理甲方销售顶好花园后，连同代理费并以代理费名义一起由甲方、丙方联合或单独交付给乙方。3. 自丙方支付 100 万元到乙方账户之日止，乙方立即将丁方（第三人广湛公司）名下的房产证（9248 号）交给中国法律事务中心，由该中心负责将产权证转到丙方名下，丙方确认 9248 号房产证转到其名下后，房产证仍然由中国法律事务中心保管，该房产仍抵押给乙方，直至丙方代为还清甲方所欠乙方的全部借款本息；4. 本协议生效后，甲方与乙方所订的《借款合同》及乙方与丁方所订的《抵押协议》为本协议所代替；5.中国法律事务中心在收到乙方表示丙方已支付完乙方全部款项的文件或通知后，方可将9248号房产证或改名后相应的房产证交由丙方保管。因办理产权转名及律师保管产权证而发生的一切费用由丙方承担。中国法律事务中心未在该协议上签字盖章。协议订立后，原告华正公司即于1994年7月31日转给被告国邦公司100万元。次日，被告国邦公司将9248号房产证交给中国法律事务中心海南办事处（现已撤销），但中国法律事务中心至今未将该房产证过户至原告华正公司名下，1996年6月，原告华正公司以返还协议无效为由提起诉讼。

上述事实有下列证据证明：

1.1994年1月10日，第三人天地龙公司与被告国邦公司签订的《借款合同》。

2.1994年1月10日，第三人天地龙公司与广湛公司和被告国邦公司签订的《抵押协议》。

3.1994年1月12日，第三人天地龙公司与广湛公司和被告国邦公司签订的《补充协议》。

4.1994年1月13日，第三人收到被告国邦公司150万元的“收据”。

5.1994年7月25日，原告、被告、第三人四家订立的《关于150万元借款及利息的返还协议》。

6.被告国邦公司1994年8月17日收到原告100万元的收款“收据”。

7.中国法律事务中心海南办事处1994年8月1日收到9248号房产证的“收据”。

8.当事人的营业执照等。

（四）判案理由

海南省海口市秀英区人民法院认为：

1.原告、被告和第三人四方订立的《返还协议》实质是一个债务转移的协议。即第三人天地龙公司和广湛公司（负连带责任）将其所欠被告国邦公司的债务（150万元借款本息）在经债权人国邦公司和债务转受人即原告的同意转移给原告负担，原告因此取得一幢240平方米的房产，这种债务转移行为符合公平、自愿、合法的原则，属有效的民事法律行为。原告据此向被告履行还款义务，其还款行为也是合法有效的。

2.第三人与被告签订的《借款合同》，由于被告不具有经营金融贷款业务的权利，其对外借款显然违反了国家有关金融法规和政策，该借款合同是无效的。第三人负有还款的义务。但第三人的债务在自愿公平的基础上原告愿意代为清偿，法律并无禁止规定。借款合同与代为返还即债务转移协议并非主从合同关系，原告主张其《返还协议》无效，显然没有法律根据，其要求被告退还100万元借款的诉讼请求不应支持。

3.《返还协议》中约定的权利义务尚未履行的部分应继续履行是无疑的。但由于尚未履行的义务是附条件的，因此，必须当条件成就时方予履行。原告未将尚欠的50万元借款及30万元利息返还被告，是由于两个还款条件尚未成就。一是利息部分，返还协议中约定30万元利息应在甲方天地龙公司的顶好花园项目销售后，方与销售代理费一起付；二是尚欠的50万元借款，返还协议中也约定，中国法律事务中心应将9248号房产证的所有权人更名即过户到原告名下后，其余这50万元借款原告方还给被告。至今，中国法律事务中心未将产权人过户到原告名下，原告也就有权利不付余下的50万元借款。因此，被告反诉要求原告立即支付尚欠的借款50万元及利息也不应得到支持。

4. 由于《返还协议》中约定有中国法律事务中心的义务，但该中心又未参加该协议的订立，显然，原告、被告和第三人四方在协议中规定中国法律事务中心应尽的任何权利义务均不能体现是该中心的真实意思表示。因此，该协议对中国法律事务中心没有法律约束力。被告国邦公司作为9248号房产证的保管人（抵押权人），应负有向中国法律事务中心海南办事处索要房产证并办理过户之义务，在此义务未尽之前而要求原告继续履行还款义务是没有道理的。

（五）定案结论

根据《中华人民共和国民法通则》第五十七条、第六十二条的规定，判决如下：

1. 驳回本诉原告华正公司的诉讼请求。

2. 驳回反诉原告国邦公司的诉讼请求。

本案的起诉费18586元由本诉原告华正公司负担，反诉费14162.90元由反诉原告国邦公司负担。

案件宣判后，原、被告均未上诉。

（六）解说

这起债务转移纠纷案件从一个侧面反映了海南房地产业前几年从高潮步入低谷时企业与企业之间的经济关系。当时，为取得合作开发房地产项目或为买到自己并不急需使用的现房、期房而不惜投入巨资。而当宏观调控银根紧缩时，为了收回资金则又往往借口合同无效而诉诸法律。本案原告华正公司正是这样。为了取得第三人开发的顶好花园项目和9248号别墅，自愿为第三人偿还被告国邦公司的借款。而当房地产低潮时为收回资金又以返还协议无效为由要求被告归还已经支付的100万元借款。但是，《中华人民共和国民法通则》第五十七条规定："民事法律行为从成立时起具有法律约束力。行为人非依法律规定或者取得双方同意，不得擅自变更或者解除。"据此，在返还协议并未违法的前提下，原告要求收回这100万元是没有理由的。法院依法驳回其诉讼请求是正确的。一般来讲，既已驳回了原告的诉讼请求，则返还协议应继续履行，被告的反诉请求似应得到支持。但是返还协议中约定原告履行支付其余50万元借款及30万元利息时是有条件的，当条件没有成就时，原告有权拒不履行。因此《民法通则》第六十二条规定："民事法律行为可以附条件，附条件的民事法律行为在符合所附条件时生效。"显然，原告代偿50万元借款和30万元利息的条件还没有成就，而被告在本案中要求原告立即支付其余50万元借款及30万元利息，其反诉请求也是不能得到支持的，故法院驳回被告的反诉请求也是正确的。本案看似简单，但涉及多方当事人和多种法律关系，合议庭能透过现象看本质，揭示了返还协议实为债务转移关系的实质，否定了原告关于借款协议与返还协议存在主从合同关系的主张。

（李家林）

104. 海南大信(集团)有限公司诉海南本海兴乐业有限公司解除会员关系退款案

（一）首部

1. 判决书字号

一审判决书：海南省海口市中级人民法院（1996）海中法经初字第 38 号。

二审判决书：海南省高级人民法院（1996）琼经终字第 79 号。

2. 案由

一审案由：返还投资款案。

二审案由：解除会员关系退款案。

3. 诉讼双方

原告（被上诉人）：海南大信（集团）有限公司（简称海南大信公司）。

法定代表人：杨叶，公司董事局主席。

原告（被上诉人）：三亚大信实业有限公司（简称三亚大信公司）。

法定代表人：徐青岗，经理。

原告（被上诉人）：海口新技术租赁公司（简称新技术公司）。

法定代表人：徐青岗，经理。

原告（被上诉人）：杨叶，男，汉族，北京市人，1963 年 9 月 15 日出生，住所地北京市海淀区海淀南大街 68 号。

以上四原告（被上诉人）在一审中共同委托的代理人朋海松，系正达律师事务所律师；谢从斌，系海口实银城市信用社副主任。在二审中共同委托的代理人为朋海松。

被告（上诉人）：海南本海兴乐业有限公司（简称本海公司）。

法定代表人：大久保芳和，董事长。

委托代理人：叶安新，海口市新华律师事务所律师。

4. 审级：二审。

5. 审判机关和审判组织

一审法院：海南省海口市中级人民法院。

合议庭组成人员：审判长：李其生；代理审判员：符平山、胡曙光。

二审法院：海南省高级人民法院。

合议庭组成人员：审判长：崔兰；审判员：王志刚；代理审判员：皮修雁。

6. 审结时间

一审审结时间：1996 年 4 月 4 日。

二审审结时间：1996 年 8 月 29 日。

（二）一审诉辩主张

四原告诉称：1992 年，被告在海口筹建海南高尔夫球场项目，原告投资人民币 250 万元购买了该项目俱乐部会员证 10 个，但被告一直未能取得该项目建设用地的土地使用权，被告所售会员证成为一张废纸。请求人民法院判令被告退还原告投资款 250 万元及利息 52.65 万元，并承担本案诉讼费。

被告辩称：原告所述是事实，但本公司高尔夫球场项目用地申请权被收回主要责任在海口市政府。

（三）一审事实和证据

海南省海口市中级人民法院经调查和审理查明：1992 年 6 月，被告在海口申办一高尔夫球场项目，经有关方面批准立项后，被告即于 1993 年 7 月 13 日向原告发出接纳其入会的通知，并请原告汇款或以支票方式付款。原告于同年 8 月 6 日从海南教育投资发展公司账户转款人民币250万元给被告，汇款用途注明为投资款。被告收到该笔款后，当日即向海南大信公司（3张）、三亚大信公司（3张）、新技术公司（3张）、杨叶（1张）等四原告发放“海南高尔夫俱乐部”会员证书共计10张。尔后被告一直未能取得该项目建设用地的土地使用权。直至1995年7月17日，被告与海口市政府会谈最后明确：鉴于本海公司在支付征地投资金方面出现困难，虽经政府适当延缓时间，但本海公司未能按规定时间支付项目征地款，海口市政府依法收回该项目用地申请权。至此，原告认为行使作为会员所享有的权利已无保障，遂诉至法院。

上述事实有下列证据证明：

1. 会员保证金证明书10份。

2. 原告付款的转账支票。

3. 海南高尔夫球场项目遗留问题会谈备忘录。

4. 庭审笔录。

5. 当事人陈述。

（四）一审判案理由

海南省海口市中级人民法院认为：被告接纳原告为本公司“高尔夫球场”项目的会员，并接受原告入会的投资款，但被告该项目至今未能落实，不能保证原告会员的权利予以实现，是一种违约行为，应承担返还原告投资款及其利息的民事责任。

（五）一审定案结论

依据《中华人民共和国民法通则》第一百零六条第一款之规定，海南省海口市中级人民法院于1996年4月4日判决如下：

由被告本海公司在本判决生效之日起10日内返还原告投资款共计人民币250万元及利息（利息从1993年8月6日起，以月利率千分之十点九八计付至判决执行完毕时止）。逾期付清，则按中国人民银行规定的同期贷款最高利率加倍支付迟延履行期间的债务利息。

本案诉讼费25143元由被告承担。

（六）二审情况

1. 二审诉辩主张

一审判决后，被告本海公司不服，以“大信集团、实业公司、租赁公司和杨叶入会所交的款项是入会费和会员保证金，不是投资；按通行惯例，入会费不应退还，会员保证金在终止会籍时退还，也不计利息；认为原审判决认定事实错误，判决结果也未解决会员关系问题”为由，向海南省高级人民法院提起上诉，请求撤销原判，改判只退保证金187.5万元本金。

海南大信公司、三亚大信公司、新技术公司和杨叶共同答辩认为：本海公司的项目用地申请权已被海口市政府依法收回，其所谓“海南高尔夫俱乐部”也从未真正存在过，无法否定其退款责任。我们所付250万元款项，其中62.5万元是入会费，187.5万元为保证金。保证金实际上具有定金性质，请求二审法院判令本海公司除退还入会费及利息外，双倍返还保证金375万元。

2. 二审事实和证据

海南省高级人民法院经审理查明：本海公司所发“海南高尔夫俱乐部”会员证中“会员保证金证明书”部分载明：该保证金10年内为俱乐部有限公司全权拥有，如果10年后会员想终止会籍，该保证金将在交回本证书和会籍证明时退还；该保证金将不会附加利息。

以上事实有“会员保证金证明书”证明。

3. 二审判案理由

海南省高级人民法院认为：上诉人本海公司与被上诉人海南大信公司、三亚大信公司、新技术公司及杨叶基于申请入会、交付会员费和保证金而取得“海南高尔夫俱乐部”会员证的事实，证明双方所设立的法律关系是会员关系，而不是投资关系。原审判决确定案由不当，应予纠正。会员证对会员保证金特别约定的内容，表明该项保证金并不具有定金性质。海南大信公司、三亚大信公司、新技术公司和杨叶未提出上诉，其在第二审程序中提出的双倍返还保证金的诉讼请求于法无据，本院不予支持。本海公司关于入会费不应退还的上诉请求，所依据的“通行惯例”，不能举证证明。其关于保证金只退本金不退利息的上诉请求，是在会员权利能正常行使的条件下，俱乐部对会员退会的特别约定。但在本海公司高尔夫球场项目用地申请权被海口市政府依法收回的情况下，其所属“海南高尔夫俱乐部”已根本无法履行对会员的义务，该俱乐部已丧失与其会员间会员关系存在的基础。造成这一后果的原因在于本海公司不能支付项目征地款。故本案当事人间的会员关系应予解除；本海公司关于不退入会费及不付保证金利息等上诉请求，本院不予支持。原审判决本海公司退款及付息正确，但未判决解除会员关系及退还会员证不当。

4. 二审定案结论

1996 年 8 月 29 日，海南省高级人民法院依照《中华人民共和国民事诉讼法》第一百五十三条第一款的规定，作出如下判决：

(1) 维持海南省海口市中级人民法院 (1996) 海中法经初字第 38 号民事判决。

(2) 解除上诉人本海公司以“海南高尔夫球俱乐部”名义同被上诉人海南大信公司、三亚大信公司、新技术公司和杨叶间的会员关系，各被上诉人应于本判决送达后 10 日内将会员证退还上诉人。

二审案件受理费 25143 元由上诉人本海公司负担。

(七) 解说

综观本案，笔者认为本案的焦点主要体现在以下几个方面。

1. 对本案原、被告之间法律关系的认定。海南大信公司等四原告因其加入被告本海公司申办的“海南高尔夫俱乐部”的申请得到本海公司的同意而向本海公司付款 250 万元，本海公司收款后即向四原告发出会员证，会员证上明确载明了“海南高尔夫俱乐部”与会员的权利义务关系内容，对双方的权利义务都作了限定，由此可以看出，原、被告双方所设立的法律关系应为会员关系，而非投资关系。

2. 原告交付给被告的款项性质应如何认定。原告诉称此款为投资款，且汇款用途亦注明为投资款，但这仅是表象，实质上原告之所以从被告处取得会员证，系由于原告先行付款所致，且该会员证中附有“会员保证金证明书”，其内容证明原告所付款项系入会费和保证金，对此原告在二审中也承认，他们所付款项为入会费和保证金。如按投资款处理，那么势必涉及到返还投资款及利润，共担风险等问题，但这又与实际不符。二审法院基于事实将此款性质认定为入会费和保证金是正确的。

3. 被告是否应退还原告所付的入会费、保证金及该款利息。由于本海公司不能支付征地款而导致其申办的高尔夫球场项目用地申请权被海口市政府依法收回，所谓“海南高尔夫俱尔部”实际上并不存在，无法履行其对会员的义务，亦无法保证会员权利的正常行使，故依法应将入会费和保证金退返原告并偿付该款利息予原告。被告提出的入会费不应退还和保证金应只退本金不退利息的上诉请求，由于理由不充分和所依据的“通行惯例”不能举证证明，被二审法院予以驳回。

另外，四原告在第二审程序中提出的双倍返还保证金的诉讼请求在第一审程序中并未主张，四原告对一审判决也未提出上诉，且关于保证金已在会员证中作出特别约定。因而该保证金不具有定金性质，不能适用双倍返还之原则。

（冯达升）

105. 蓬莱市登州镇西庄村委会诉长岛县海运公司海上采矿赔偿案

（一）首部

1. 判决书字号

一审判决书：青岛海事法院（1994）青海法海事初字第54号。

二审判决书：山东省高级人民法院（1996）鲁经终字第196号。

2. 案由：海上采矿赔偿案。

3. 诉讼双方

原告（被上诉人）：蓬莱市登州镇西庄村委会。

法定代表人：李本贵，主任。

委托代理人（一审、二审）：张青，青岛市博爱律师事务所律师。

委托代理人（一审）：宫水冰，青岛国际经济贸易律师事务所律师。

委托代理人（二审）：崔德珉，蓬莱市矿产开发公司经理。

被告（上诉人）：长岛县海运公司。

法定代表人：胡雨田，经理。

委托代理人：苏永红，长岛县第一律师事务所律师。

委托代理人：佟德重，长岛县第一律师事务所律师。

4. 审级：二审。

5. 审判机关和审判组织

一审法院：青岛海事法院。

合议庭组成人员：审判长：黄永申；审判员：潘心苏、兴伟。

二审法院：山东省高级人民法院。

合议庭组成人员：审判长：冀怀民；代理审判员：孙丹一、赵童。

6. 审结时间

一审审结时间：1995年12月26日。

二审审结时间：1996年7月31日。

（二）一审诉辩主张

原告蓬莱市登州镇西庄村委会诉称：被告长岛县海运公司自1985年起，在未办理任何手续的情况下，私自在蓬莱登州浅滩进行采砂作业，该作业一直进行到1991年5月21日，原告在登州浅滩扣押了被告的采砂船及拖船后方停止。自被告在该浅滩采砂后，原告所在地的海岸开始出现被海浪侵蚀的现象，且侵蚀速度逐步加剧，大量的土地被侵蚀，房屋被冲倒，许多设施被冲毁。原告认为，根据国家海洋局第一海洋研究所的科学调查研究与结论，证明原告的沿海海岸被严重侵蚀的原因是被告在登州浅滩大量采砂所致。由于其采砂行为破坏了登州浅滩原有的海底地型、地貌，使该浅滩失去了原有的阻挡波浪直接冲击海岸的天然屏障作用，从而造成海岸被海浪大量侵蚀。原告请求法院判令被告赔偿经济损失430万元，并支付护岸工程费650万元，同时要求判令被告承担本案的诉讼费用。

被告长岛县海运公司辩称：原告对登州浅滩的砂石既无所有权，亦无专有使用权，我公司挖砂是经过上级有关部门批准的，根本没有侵害原告的合法权益，也与原告无关；即使原告与挖砂有利害关系，根据《民法通则》的规定，该案也已超过诉讼时效；我公司在登州浅滩的潮待洲采砂与海岸侵蚀无关。根据国家海洋局烟台管区的调查报告和有关专家对该报告的评审意见，原告的海岸侵蚀是多年自然演变、暴风浪及人为岸边挖砂所致。被告请求法院驳回原告的起诉，并保留向原告反诉的权利。

（三）一审事实和证据

青岛海事法院经公开审理查明：蓬莱市区西侧的海域中，有一条东南至西北向的浅滩，该浅滩与海岸的夹角约45度，其东南端与原告西庄村相对，相距约1.5公里；西北端与蓬莱市的栾家口村相对，相距约7.5公里。浅滩的长度约为6.6公里，平均宽度约为0.6公里。当地群众习惯称该浅滩为“砂岗”。该浅滩由四人洲、二日洲、潮待洲和新井洲组成。根据1974年版海图，浅滩的最小水深为1.1米，在5米等深线范围内，其平均水深为3.2米，面积为3.96平方公里。

被告长岛县海运公司自1986年7月开始用数条船在登州浅滩采砂，作业时间一般为每年3月中旬左右至11月初。该浅滩的潮待洲、二日洲是当地的渔场，被告挖砂作业的船舶常因损坏当地渔民的网具而发生纠纷。1989年9月16日，被告经当地矿产主管机关批准，并取得了为期两年的“临时采矿许可证”[长临采证材字（1989）第001号]，该采矿许可证规定的矿山地址为“登州浅滩潮待洲砂点”，范围为“以东经129°39′00″北纬37°51′00″为圆心，半径为壹公里范围内”。1991年1月10日，烟台市矿产资源管理局（以下简称烟台矿管局）发布通告，决定自1991年2月1日起，严禁任何单位和个人在登州浅滩一带海上采砂，同时禁止在蓬莱县西庄至栾家口范围内的海岸和滩涂采砂。公告发布后，被告继续在登州浅滩采砂，直至1991年5月21日，原告方村民扣留其船只。据查，被告自1987年至1991年在登州浅滩采砂总量为969849吨（1986年未统计）。

同在登州浅滩采砂的单位，除本案的被告外，还有长岛县鹊嘴海运公司和烟台港修建公司。经查，长岛县鹊嘴海运公司自1988年下半年至1991年5月，烟台港修建公司于1988年下半年均曾在该浅滩采过砂，但其采砂量低于被告。

根据国家海洋局第一海洋研究所1990年11月和12月的现场实测，登州浅滩5米等深线以内的面积由1974年的3.96平方公里缩小为0.5平方公里，其平均水深也降低了1.1米。

自蓬莱西庄村至栾家口一带有一条长约10公里的海岸沙滩，西庄村位于该沙滩的最东端。历史上，沿岸群众建房等零星用砂一直从该沙滩采挖。自70年代后，原告即组织部分村民在沙滩挖砂，并用马车拉出外卖。80年代初，改用小型拖拉机拉砂。沿岸其他村民也有类似情况。1986年，蓬莱市政府发布公告，禁止在沙滩取砂。自此，原告即停止采挖。因原告和其他村村民在该沙滩采砂的历史很长，难以统计其准确的采砂量。原告承认，在70年代其每年采砂量约为3000吨左右，1981年至1986年每年采砂量约为5000吨。

原告所述的海岸侵蚀加剧现象主要发生在80年代后期，而在此之前，虽经过台风和大风袭击，海岸并无大的变化。据当地群众反映，这种侵蚀最初表现为海岸沙滩不再像往常一样上砂，滩沙变窄，至1989年春，许多地段的沙滩已不复存在，海浪开始侵蚀海岸。1990年1月29日、30日及2月23日、24日两次强烈的偏北风（分别为5～6级和6～7级），使原告及以西海岸受到严重侵蚀，原告所在地段数十米海岸被侵吞，土地被冲毁，沿岸的两户民房倒塌，其他沿岸民房和工厂设施受到严重威胁。自此，原告即不断上访，要求有关部门查清原因，由责任方赔偿损失。与此同时，原告方组织村民构筑护岸石墙，以保护受到威胁的民房，但因措施不当，该护墙建成不久，即被海浪冲倒。1990年11月，原告根据专家论证，在烟台市和蓬莱市及登州镇三级政府的大力支持下，沿岸又重新建起了400米长的护岸工程，基本防止了海浪对村庄的威胁，但其他未采取防护措施的岸段，海岸侵蚀仍在继续。

根据蓬莱市土地矿产管理局1993年进行的土地利用现状变更调查，1985年至1993年，原告沿海的土地面积减少了165.29亩，其中滩涂为120.7亩，耕地28.26亩，农村道路11.46亩，农村居民点4.87亩。

原告因海岸侵蚀遭受的损失是巨大的。依据蓬莱市人民政府蓬政发（1992）第143号文件规定的土地价格计算，原告因土地面积减少遭受的直接经济损失即达343.65万元。根据海军北海舰队工程设计处1991年10月的工程预算，在西庄沿海村界内修建1980米护岸工程，其费用将达567.20万余元（每米2864.67元）。

西庄海岸遭受剧烈侵蚀后，当地镇政府、蓬莱市政府和烟台市政府均十分重视。烟台市政府于1990年4月18日派出联合调查组，对海岸侵蚀的原因进行调查。因长岛和蓬莱两县对海岸侵蚀是否与海上采砂有关存在两种对立的意见，联合调查组建议烟台市政府召集两县领导研究如何进行科学论证，搞清海岸侵蚀的原因。烟台市政府通过与两县政府协商，决定聘请国家海洋局烟台海洋管区（以下简称烟台海洋管区）对此进行调查论证。同年8月烟台海洋管区对蓬莱市西庄以西海岸侵蚀情况进行了调查分析，于9月上旬完成了调查报告，即《蓬莱县西庄以西海岸侵蚀的调查研究》（以下简称烟台海洋管区报告）。9月中旬，烟台市政府邀请了11位海洋方面的专家组成评审委员会对该报告进行了评审。评审中，对报告的结论虽有过不同意见，但该评审委员会最终还是一致通过了评审意见，并由各位专家签字。评审意见认为，烟台海洋管区的报告提出的以下两点结论是正确的，即：（1）登州镇西庄以西（至栾家口）海岸遭受侵蚀是多年自然演变、暴风浪及人为岸边挖砂所致；（2）从保护海岸角度出发，严禁在登州镇西庄以西岸边沙滩取砂，也不宜在登州浅滩的四人洲、二日洲取砂。评审意见还认为，根据报告中“登州浅滩存在具有一定的减弱波浪、流和风暴浪袭击海岸的作用，潮待洲及以西浅滩因距离岸远，作用微小”的结论，在潮待洲、新井洲两地采砂，规模应予控制。据此，烟台市政府于1991年1月采取了以下四条措施：（1）市矿管局以烟矿管（1991）第4号文发出了关于《蓬莱长岛两县海上采砂争议处理意见的通知》；（2）市矿管局以烟矿管（1991）第6号文吊销了长岛县砂石供销公司的采矿许可证；(3) 蓬莱、长岛两县及市直有关单位发布了禁止在西庄以西海岸、滩涂和登州浅滩海上采砂的“通告”；(4) 防止海岸继续侵蚀，并对居民因侵蚀造成的经济损失，从民政救灾款项中给予一定的补助。

原告方对烟台海洋管区报告评审委员会提出的评审意见表示异议，对烟台市政府的处理意见亦不满意。原告认为，烟台海洋管区的海上调查时间短，仅用了3天，对挖砂位置、数量和海水深度的变化都没有调查；评审中受到了行政干预，评审结论不伦不类；经请教国家的许多海洋部门和院校的专家，均认为，海岸侵蚀与登州浅滩挖砂有绝对关系。原告要求“确认长岛有关单位在浅滩挖砂违法，并应负有法律责任”；“赔偿造成的损失，采取应急措施，防止损失扩大”；“采取措施，着手做好海蚀原因考察、海蚀程度预测、海蚀防护措施及对策的研究和落实”。(见1991年1月5日和3月1日上访书)

蓬莱市人民政府为了解西庄至栾家口岸线侵蚀的原因，掌握岸线侵蚀的可能程度，探讨解决该段岸蚀和保护海岸的可行性方案，于1990年11月15日出具委托书，委托国家海洋局第一海洋研究所(以下简称“海洋一所”)对“海岸侵蚀的原因”、“海岸侵蚀发展的可能程度”及“解决海蚀的主要对策和方法”进行研究。海洋一所向山东省科学技术委员会申报了该课题。该课题被纳入“山东省1991年科学技术发展规划”。该所经过两年的实地勘察，分析论证，于1992年12月提出了《蓬莱西庄至栾家口海岸侵蚀原因及治理对策研究》的报告。该报告由一个综合报告和十三个专题报告组成。其结论是，西庄至栾家口海岸侵蚀的原因是自然侵蚀、岸边取砂和登州浅滩的破坏。其中登州浅滩挖砂是该段海岸侵蚀加速的主要原因。山东省科委1993年5月4日组织了10名专家对该报告进行鉴定，并颁发了(93)鲁科成鉴字109号《科学技术成果鉴定证书》。专家的鉴定意见认为，“该报告对研究水动力环境、泥沙冲淤、沉积地貌、水深变化及近期岸线动态等进行了实地调查、观测和计算，大部分资料是在该区第一次测得。所获资料丰富、数据可靠”。“该报告找出了西庄至栾家口海岸侵蚀的原因、强度和动力机制，预测了未来侵蚀的趋势，提出了治理对策。同时研究了登州浅滩的成因及其对临近海岸的防护功能，首次从理论上分析了登州浅滩的发育过程”。“该课题在理论上和实践上都取得了重要进展，达到了国内领先水平”。原告据此于1994年3月15日向法院提起诉讼，要求被告长岛县海运公司赔偿损失。

鉴于该案不仅涉及非常复杂的专业问题，而且存在两个结论不同的专家报告，一审法院于1994年10月18日委托中国科学院海洋研究所进行科学鉴定。该所指派了在海洋环境、海洋波浪、海流、海岸工程地质和海洋地质等方面的5位研究员和副研究员进行鉴定，并于1995年5月15日出具了《中国科学院海洋研究所关于蓬莱西庄一带海岸侵蚀加剧原因的鉴定报告》。该报告认为，蓬莱市登州镇西庄一带海岸由疏松的黄土状岩层组成，本身极易遭受侵蚀，其所以能够长期保持稳定，完全是由于登州浅滩、海岸沙滩保护和少量河流输沙补充的结果。报告在分析该三项因素对海岸侵蚀的影响时认为：60年代修建龙山、平山两座水库后，造成该段海岸陆源供沙减少，使该处海岸处于弱侵蚀状态，但由于有登州浅滩和海岸沙滩的保护，海岸并没有明显发生强烈的侵蚀；西庄海岸沙滩挖砂会使海岸动力平衡环境遭到破坏，但由于原沙滩规模较小，沙滩挖砂所造成的海岸侵蚀是有限的；西庄海岸侵蚀加剧的主要原因是登州浅滩的消退，而登州浅滩消退的直接原因是人为在登州浅滩大量挖砂所致。报告在分析海岸沙滩与登州浅滩对西庄海岸保护程度的关系时指出，如果登州浅滩完好而海岸沙滩被破坏，则海岸只能遭受波高较小的波浪冲击，海岸侵蚀加剧的程度较小；如果海岸沙滩没有破坏，而登州浅滩被破坏，这时，由于登州浅滩对外海波浪的防浪、消浪作用减小，使外海较大的波浪大部分未经破碎而越过登州浅滩，传向并直接冲击海岸，这样到达海岸的大波浪能大致相当于登州浅滩未被破坏时的2～10倍以上，从而导致海岸侵蚀明显加剧。显然，登州浅滩的破坏导致西庄海岸侵蚀的加剧要比海岸沙滩的破坏所产生的影响大得多。该报告还认为，国家海洋一所的报告“实测数据较多，论述与分析较全面，其中有关海岸侵蚀原因分析、波浪与海岸侵蚀、海岸侵蚀后退的原因、水深分析研究、沉积物特征与海岸侵蚀及登州浅滩成因等篇章的论述较为客观”。

上述事实有下列证据证明：

1. 长岛县土地矿产管理局颁发的长临采证材字（1989）第001号“临时采矿许可证”。

2. 烟台市矿产资源管理局严禁任何单位和个人在登州浅滩及蓬莱县西庄至栾家口范围内海滩和滩涂采砂的“通知”及烟矿管（1991）第4号、第6号文件。

3. 1974年版海图。

4. 国家海洋局第一海洋研究所1990年11月、12月的现场实测记录。

5. 蓬莱市登州镇西庄村一带海岸侵蚀的现场照片及录像资料。

6. 蓬莱市土地矿产管理局1993年土地利用现状变更调查报告及蓬莱市政府蓬政发（1992）第143号文件。

7. 海军北海舰队工程设计处1991年10月拟制的西庄沿海村界护岸工程预算书。

8. 国家海洋局烟台海洋管区1990年9月作出的《蓬莱县西庄以西海岸侵蚀的调查研究》报告。

9.《山东省1991年科学技术发展规划》及山东省科委（93）鲁科成鉴字109号《科学技术成果鉴定证书》。

10. 国家海洋局第一海洋研究所1992年12月作出的《蓬莱西庄至栾家口海岸侵蚀原因及治理对策研究》报告。

11. 中国科学院海洋研究所受法院委托，于1995年5月15日出具的《中国科学院海洋研究所关于蓬莱西庄一带海岸侵蚀加剧原因的鉴定报告》。

12. 受诉法院的调查笔录、庭审笔录。

（四）一审判案理由

青岛海事法院在查清上述事实后认为：

中国科学院海洋研究所是我国海洋科学研究的权威性机构；其指派的鉴定人均具有鉴定能力，且人员构成合理；鉴定人员在鉴定过程中不仅对原、被告双方举证的专家报告及所依据的资料进行了认真的研究和审查，而且参加了本案的法庭调查和辩论，听取了双方有关专家的陈述意见和双方的辩论意见。因此，其作出的结论，审慎认真，客观全面，科学公正，可以作为本案认定事实、采纳证据和划分责任的依据。

被告长岛县海运公司自1986年7月至1991年5月21日一直在登州浅滩大量采砂，根据中国科学院海洋研究所的鉴定结论，该行为与原告海岸侵蚀造成的损失存在直接的因果关系。被告所谓“登州浅滩采砂与海岸侵蚀无关”的理由，不能成立。

被告长岛县海运公司开始采砂时，《中华人民共和国矿产资源法》虽已颁布，但尚未实施（1986年10月1日正式实施），该被告没有意识到，也不可能意识到其行为会给原告造成损失，因此，其主观上不存在过错。《中华人民共和国矿产资源法》生效后，该被告补办了采矿许可证，符合该法第五十条的规定，其采矿行为不应视为非法。但该被告在烟台市矿管局发布禁止在登州浅滩采砂的通告后，仍继续采砂，显属违法行为（对此，烟台市政府已作过处理）。根据《中华人民共和国矿产资源法》第三十条第三款“开采矿产资源给他人生产、生活造成损失的，应当负责赔偿，并采取必要的措施”的规定，被告长岛县海运公司应当赔偿原告因其采矿行为造成的损失，并承担为采取必要措施，防止损失扩大而应支出的费用。

在原告的索赔项目中，网具损失不属原告的损失，而应属公民个人的财产损失，故不应列为本案的赔偿范围；其管道损失，证据不足，不予认定；护岸工程的维护费用，缺乏计算依据，亦不予认定；原告第一次修建护墙，因缺乏科学性，建成不久即倒塌，未起到应有的作用，其支出的费用应由原告自行承担。原告索赔的土地损失，证据充分，依据合理，可以认定；护岸工程为防止损失扩大所必需，其应支出的费用可以列入本案的赔偿范围。

依据原告提供的专家报告和鉴定人的鉴定报告，本院认为，原告因海岸侵蚀遭受的损失是弱侵蚀和侵蚀加剧共同造成的结果，引起这两种侵蚀的原因则是多方面的，既与修建龙山、平山水库有关，也与原告和其他村民岸边采砂有密切的关系。登州浅滩遭到破坏是侵蚀加剧的主要原因，但并不是海岸侵蚀的惟一原因。即使登州浅滩的破坏，也并非被告一方所为。因此，本案认定的损失和支出费用，不应由被告全部承担，被告只能承担与其行为相应的责任。

对本案的诉讼时效，本院认为，原告自遭受损失后，一直要求政府有关部门予以解决，直至扣留了被告的船舶，根据《中华人民共和国民法通则》第一百三十五条、《中华人民共和国环境保护法》第四十二条和《中华人民共和国民法通则》第一百四十条的规定，原告对被告长岛县海运公司的诉讼并未超过时效，其权利应予保护。

（五）一审定案结论

依照《中华人民共和国民法通则》第一百零六条第二款和第三款、第一百三十一条和第一百三十四条及《中华人民共和国矿产资源法》第三十条第三款的规定，青岛海事法院于 1995 年 12 月 26 日作出如下判决：

1. 被告长岛县海运公司赔偿原告蓬莱市登州镇西庄村委会因海岸侵蚀造成的土地损失 94.5 万元人民币；其他损失由原告自行承担。

2. 被告长岛县海运公司补偿原告蓬莱市登州镇西庄村委会 155.98 万元人民币，作为其采取必要措施、防止措施进一步扩大的护岸费用。

本案的案件受理费 64010 元和鉴定费 1.5 万元人民币，由原告蓬莱市登州镇西庄村委会承担 57282.25 元，由被告长岛县海运公司承担 21727.75 元。

（六）二审情况

1. 二审诉辩主张

一审判决后，长岛县海运公司不服，向山东省高级人民法院上诉称：原审判决依据的鉴定报告没有经过事实验证，缺乏客观性；鉴定报告对诸多因素如建港、海上养殖、挖砂数量对登州浅滩的影响，挖砂开始时间等未考虑，缺乏科学性；鉴定报告是个别人的意见，不能代表科学院海洋所，缺乏可靠性，并提出申请重新鉴定的请求，要求依法改判。

被上诉人西庄村辩称：原审判决依据的鉴定结论科学公允，判决合法正确，要求驳回上诉，维持原判。

2. 二审事实和证据

经二审查明，登州浅滩的自然变化情况、海岸侵蚀加剧的状况及造成的损失，上诉人海运公司在登州浅滩采砂的时间、数量和被上诉人西庄村组织村民挖砂的数量；烟台管区、海洋一所调查报告的内容及科学院海洋所的鉴定结论内容均与原审相同。

以上事实均有有关部门出具的资料、证明、调查报告及当事人的陈述笔录在卷为证，并已经过开庭质证和审查。

3. 二审判案理由

山东省高级人民法院经审理后认为：中国科学院海洋研究所是我国海洋研究的权威性机构，其受一审法院委托对烟台管区和海洋一所两份调查报告的科学性进行的鉴定无论从程序上、形式上都是合法的，可以作为本案认定事实、采信证据、划分责任的依据。上诉人海运公司提出该鉴定是个别人的意见，不能代表科学院海洋所的主张没有证据，本院不予支持。上诉人海运公司以鉴定内容不全面，没有经过实践检验，学术界认识不一致为由对科学院海洋所鉴定报告的科学性持怀疑态度的理由不充分，其要求重新委托鉴定的申请应予驳回。原审判决认定事实清楚，适用法律正确，应予维持。

4. 二审定案结论

山东省高级人民法院依照《中华人民共和国民事诉讼法》第一百五十三条第一款第（一）项之规定，判决如下：

驳回上诉，维持原判。

二审案件受理费 64010 元由上诉人长岛县海运公司负担。

（七）解说

海岸侵蚀是全世界普遍存在的问题，由于海水对海岸的侵蚀不断加剧，导致许多良田、道路被毁，城市受到威胁，严重地影响了人类的生存环境。我国具有漫长的海岸线，北起鸭绿江口，南至海南岛，由于各种原因，海岸侵蚀现象也非常严重。因为本案是国内第一例因进行海上采矿而提起的对海水侵蚀海岸造成的损失要求赔偿的诉讼案件，因而引起了社会各界的广泛注意，被称之为“中国海蚀第一案”。本案的典型意义在于，在造成海水侵蚀加剧的诸多因素中，能否确定人为的因素，从而进一步增强人们的环境意识和因环境遭到破坏后用法律手段保护自己权利的观念。

受诉法院在审理本案中，主要抓住了两个关键问题：

1. 被告长岛海运公司在距原告蓬莱市登州镇西庄村委会所在海岸 1.5 公里之外的登州浅滩采砂，是否是导致登州浅滩消退、西庄一带海岸遭受海水严重侵蚀的原因。或者说，被告长岛海运公司是否应对西庄海岸遭受严重海水侵蚀负赔偿责任。

原告蓬莱市登州镇西庄村委会为主张被告长岛海运公司应负赔偿责任，向法庭提交了国家海洋局第一海洋研究所 1992 年 12 月所作的研究报告；被告长岛海运公司为反驳原告的主张，向法庭递交了国家海洋局烟台海洋管区 1990 年 9 月所作的调查报告进行抗辩。面对这两个相互矛盾的报告，受诉法院没有从两份报告完成的时间上、委托人的资格上去简单的否定或肯定其可靠性、真伪性，进而确定其作为证据的效力，而是根据本案涉及非常复杂的专业问题这一特殊情况，将两份结论不同的报告委托我国海洋科学研究的权威性机构——中国科学院海洋研究所进行鉴定。中国科学院海洋研究所接受委托后，指派了在海洋环境、海洋波浪、海流、海岸工程地质和海洋地质等方面的5位研究员和副研究员，在对两份报告及有关资料作详细调查研究，并且参加了本案的庭审，听取了双方及有关专家的陈述意见和辩论意见后，经过长达7个月之久的专门研究，出具了《中国科学院海洋研究所关于蓬莱西庄一带海岸侵蚀加剧原因的鉴定报告》。该鉴定报告从程序上、形式上都是合法的，其结论客观全面、科学公正、审慎认真，具有权威性，完全可以作为定案的依据。受诉法院依据该鉴定结论依法确定了被告长岛海运公司应承担赔偿责任是正确的。

2. 被告长岛海运公司赔偿原告损失的数额应如何确定。原告蓬莱市登州镇西庄村委会请求被告赔偿经济损失430万元，并支付护岸工程费650万元，共计1080万元。但根据中科院海洋研究所的《鉴定结论》，导致原告所处海岸遭受海水严重侵蚀的原因是多方面的，其中包括自然因素、人为因素，如内陆兴建水库、陆上河源减少，在海滩挖砂，登州浅滩消退等。其中登州浅滩消退是造成水海岸侵蚀加剧的主要原因，而登州浅滩消退的直接原因是人为大量挖砂所致。根据以上鉴定结论和在登州浅滩挖砂并非只有被告这一事实，受诉法院确定了以下比例：(1) 自然因素15%；(2) 人为岸边挖砂占30%；(3) 登州浅滩消退占55%，其中被告挖砂占27.5%，其他单位挖砂占27.5%。受诉法院在此基础上，依据有关法律规定进行了判决，体现了公平、公正的原则。

（冀怀民）

106. 黄兴忠、张敏华等诉苏志惠、古世斌返还传销床垫款案

（一）首部

1. 判决书字号：广西壮族自治区鹿寨县人民法院（1996）鹿经初字第257号。

2. 案由：返还传销床垫款案。

3. 诉讼双方

原告：黄兴忠，男，30岁，农民，住广西鹿寨县中渡镇大兆村桐木屯。

原告：张敏华，男，26岁，个体户，住广西鹿寨县中渡镇新街。

原告：刘光宗，男，31岁，个体户，住广西鹿寨县中渡镇西街48号。

原告：韦松寿，男，33岁，干部，住广西鹿寨县中渡镇新街。

原告：罗德峰，男，33岁，个体户，住广西鹿寨县中渡镇新街50号。

原告：莫邦英，男，32岁，工人，住广西鹿寨县城金鸡路37号。

原告：张锦生，男，29岁，个体户，住广西鹿寨县阀门厂宿舍。

原告：覃德礼，男，61岁，退休干部，住广西鹿寨县城十字街37号。

委托代理人：韦金新，广西鹿寨县天明律师事务所律师。

被告：苏志惠，女，42岁，个体户，广西北流市金志惠磁性健康服务部业主，住北流市城中路190号。

委托代理人：李能，广西鹿寨县律师事务所律师。

被告：古世斌，男，33岁，个体户，住广西鹿寨县中渡镇新街。

4. 审级：一审。

5. 审判机关和审判组织

审判机关：广西壮族自治区鹿寨县人民法院。

合议庭组成人员：审判长：陈可坚；审判员：伍圣生、罗祖平。

6. 审结时间：1996 年 11 月 8 日。

（二）诉辩主张

1. 原告诉称：1995 年 7 月、8 月间，经被告苏志惠、古世斌多次游说，我们参加了"日宝来福"产品传销组织在南宁、玉林、柳州等地召开的几次传销会议，听信了他们带欺骗性的宣传，认为搞传销有利可图，就分别以 8000 元至 21250 元的不同价格向二被告购买了"日宝来福"单人床垫 6 张，双人床垫 2 张，共计货款 133150 元。我们也因此成为"日宝来福"多层次传销组织的业务员。最近，我们得知传销"日宝来福"床垫是非法的。遂要求二被告退回我们的购床垫款项，我们愿将所购床垫退回给二被告，但二被告不同意。我们不得不诉至法院，请法院确认我们的买卖关系无效，判令被告退回购床垫款 133150 元，并承担本案全部诉讼费。

2. 被告苏志惠、古世斌辩称：我们与原告的"日宝来福"床垫买卖是在诚实信用、等价有偿的基础上进行的。我们推销"日宝来福"床垫，并没有搞传销。原告是在几次到南宁等地考察"日宝来福"公司的产品后，才与我们购买床垫的，并已买了一年之久，现在提出买卖关系无效是没有道理和法律依据的。请求法院驳回原告的诉讼请求。

（三）事实和证据

广西壮族自治区鹿寨县人民法院经公开开庭审理查明：1995 年 7 月、8 月间，被告苏志惠、古世斌多次在鹿寨县县城、中渡镇等地宣传"日宝来福"床垫的性质及好处。介绍、带领原告黄兴忠等人到南宁、玉林、柳州等地参加所谓"高科技说明会"。会上，有关人员除介绍"日宝来福"产品的性能特点外，还着重介绍了传销该产品的方法及好处。原告都通过与会从被告手上得到了一套"日宝来福"产品介绍书及有关传销方法的材料。会后，被告又分别做原告等人的思想工作，动员原告购买"日宝来福"床垫并加入该床垫的传销网。被告声称这是一个发财致富的大好时机，只要花 1.6 万元或 2.1 万元购买一张"日宝来福"床垫，就可以成为业务员。往后，凡介绍他人购买该床垫，发展新的业务员都可获得销售款 9%的提成。个人销售额达到 6 万元就可由业务员升为主任，可获销售款 18%的提成。销售额达到 20 万元就可升为经理，获 28%的提成，以此类推，逐步升级。并声称这一制度 20 年不变。而且还可把销售业绩传给下一代继承。听了这样的宣传后，原告黄兴忠、张敏华各以 1.67 万元、莫邦英以 1.5 万元、张锦生以 1.3 万元、刘光宗以 8000 元的价格向苏志惠购买单人"日宝来福"磁性健康床垫各一张；原告覃德礼以 21250 元的价格向苏志惠购买双人"日宝来福"磁性健康床垫一张；原告韦松寿、罗德峰亦分别以 21250 元的价格向被告古世斌购买双人"日宝来福"磁性健康床垫各一张。古世斌将所收款项全部交给了苏志惠。原告购床垫后，二被告与八原告分别签订了《合同制职员聘用合同》，规定原告成为被告黄志惠的雇员并发给工作证。八原告购买"日宝来福"床垫后才得知该产品不能用于传销，遂感上当，诉至法院，要求确认买卖无效，判令二被告退回所收取的床垫款 133150 元。

另查明："日宝来福"磁性健康床垫系深圳日宝来福磁性健康用品有限公司生产的产品。该公司不属国家工商局批准的可从事传销业务的公司，且该公司生产的"日宝来福"磁性健康床垫属医疗器械新产品，二被告人销售该产品未到鹿寨县医药卫生管理部门和工商行政管理部门办理审批手续。

上述事实有下列证据证明：

1. 证人覃忠明、蓝春、韦万山、伍时德、廖云初、卢桂芳、黎庆尤等人的证言。

2. 广东省医药管理局颁发的医疗器械新产品鉴定审批粤医械准字(95)第326146号证书及被告人出具的收款收据等书证。

3. 有双方当事人的陈述。

（四）判案理由

广西壮族自治区鹿寨县人民法院认为：被告苏志惠、古世斌向原告黄兴忠、张敏华、刘光宗、韦松寿、罗德峰、莫邦英、张锦生、覃德礼8人销售“日宝来福”磁性健康床垫并发展他们为“业务员”，这一行为具有多层次传销的性质。被告向原告传销不属国家工商局批准的可从事传销业务的公司的产品，且传销的床垫属医疗器械，未经医药、卫生管理部门审核同意，亦未经工商行政管理部门核准经营，被告的行为违反了国家工商行政管理局《关于制止多层次传销活动中违法行为的通告》和国药联研字（84）第224号《关于城乡集体和个体企业经营医药商品的意见》第一条之规定，属违法行为。被告发展原告为“业务员”，并签订《合同制职员聘用合同》，未经劳动管理部门批准，违反了桂政劳办字(1989)14号文的规定。因此，被告苏志惠、古世斌用传销方法向原告销售“日宝来福”磁性健康床垫的行为是违法的、无效的。被告及其委托代理人关于他们是推销“日宝来福”磁性健康床垫，不是传销，买卖是在诚实信用、等价有偿基础上进行的意见不能成立，本院不予采纳。

（五）定案结论

广西壮族自治区鹿寨县人民法院依照《中华人民共和国民法通则》第五十八条第五款、第六十一条的规定，判决如下：

1. 被告苏志惠返还购床垫款90650元给原告黄兴忠、刘光宗、张锦生、张敏华、莫邦英、覃德礼6人。其中，返还给黄兴忠、张敏华各16700元，返还给覃德礼21250元，返还给莫邦英1.5万元，返还给张锦生1.3万元，返还给刘光宗8000元。上列六原告将与被告购买的床垫返还给被告苏志惠。

2. 被告古世斌返还床垫款42500元给原告韦松寿、罗德峰（每人21250元），被告苏志惠负连带责任；韦松寿、罗德峰将从被告购买的床垫返还给被告。

上述款项限被告在判决生效后10日内付清给原告；原告在被告付清款项的当日把床垫返还给被告。

案件受理费5460元，其他诉讼费1621元，合计7027元，由被告苏志惠负担4791元；被告古世斌负担2236元，苏志惠负连带责任。

（六）解说

这是一起因传销引发的纠纷。传销是近几年新出现的事物，审理该纠纷的关键是确定苏志惠、古世斌的行为是否合法。

1994年8月11日，国家工商行政管理局发布的《关于制止多层次传销活动中违法行为的通告》第一条明确规定：坚决取缔擅自开展的多层次传销活动。苏志惠、古世斌传销不属国家工商行政管理局批准的可从事传销业务的深圳日宝来福磁性健康用品有限公司的产品，显然违反了该《通告》第一条的规定，属于擅自开展的多层次传销。且传销的磁性健康床垫属医疗器械新产品，根据国药联研字（84）第224号《关于城乡集体和个体开业经营医药商品的意见》第一条的规定，经营此类商品，必须经当地医药、卫生管理部门审查同意，工商行政管理部门核准，发给营业执照，方准经营。但苏志惠、古世斌传销该产品未经当地医药、卫生管理部门审查，未取得营业执照。所以，他们的行为是违法的。《中华人民共和国民法通则》第五十八条第五款明确规定：违反法律或者社会公共利益的民事行为无效。法院依据《中华人民共和国民法通则》的这一规定认定苏志惠、古世斌的行为无效，并依据《中华人民共和国民法通则》第六十一条的规定作出判决是正确的。

（雷添裕）

行政审判案例卷

一、公安行政管理案例

1. 王玉蕊诉昆明市公安局官渡公安分局不履行法定职责案

（一）首部

1. 判决书字号：云南省昆明市中级人民法院（1996）昆法行初字第8号。

2. 案由：要求履行法定职责案。

3. 诉讼双方

原告：王玉蕊，女，27岁，汉族，官渡区福海乡陆家营办事处人，农民，住陆家营村。

委托代理人：王祥，男，云南工具厂退休工人，住陆家营村，系王玉蕊之父。

被告：昆明市公安局官渡公安分局。

法定代表人：李志，局长。

委托代理人：祝德，该分局户政科科长。

委托代理人：王昆军，该分局干部。

4. 审级：一审。

5. 审判机关和审判组织

审判机关：云南昆明市中级人民法院。

合议庭组成人员：审判长：马勇；代理审判员：聂红宾、付星。

6. 审结时间：1996年11月25日。

（二）诉辩主张

1. 被诉具体行政行为：王玉蕊于1995年8月19日生育一婴儿谭铭珲后，曾多次向官渡公安分局户政科申请婴儿落户。被告昆明市公安局官渡分局依据昆公官户（1993）第2号通知规定，认为王玉蕊未能提交有关证明，落户手续不全，未给其婴儿办理落户。

2. 原告诉称：原告王玉蕊所生婴儿是合法生育，且按国家法律政策的规定落户手续齐全，应给予落户。因此，官渡分局以手续不全迟迟不办落户是违反国家法律的，请求官渡分局依法办理落户手续，并通知所在村里赔偿因不出具证明给其造成的经济损失。

3. 被告辩称：按国家法律规定王玉蕊所生婴儿符合落户条件，但依照我局昆公官户（1993）第2号《关于农村户口移交公安派出所管理的通知》规定，王玉蕊未能按该规定提交有关证明，属手续不全，故不能办理落户；对原告提出赔偿的问题，认为不在公安机关的职责范围内，不作答复。

（三）事实和证据

昆明市中级人民法院经审理确认：王玉蕊与城镇居民谭兆周婚后于1995年8月19日

生育一婴儿谭铭珲，随后王玉蕊及其亲属曾多次持准生证、出生证、身份证等向官渡区公安分局户政科申请婴儿落户。因王玉蕊未按其所在福海乡陆家营村委会制定的村规民约规定，交纳招女婿上门婴儿落户的村镇建设基金2000元人民币，该办事处未出具证实王玉蕊姓名、性别、年龄、工作单位的证明，故官渡公安分局以手续不全未给办理落户。

上述事实有如下证据证明：

1. 王玉蕊及其亲属提交官渡公安分局户政科的落户申请。证明王玉蕊及其亲属向官渡公安分局提出过落户申请。

2. 原、被告双方的陈述。证明本案事实的客观存在。

3. 原告提交法院的准生证、出生证、户口簿、身份证。证明王玉蕊是福海乡陆家营办事处的村民，并证明身份证与准生证、户口簿相一致。

以上证据经庭审质证予以确认。

（四）判案理由

昆明市中级人民法院认为：《中华人民共和国户口登记条例》第三条第一款、第七条及国务院批转公安部《关于解决有关农村落户问题的请示的通知》第三条规定：办理落户是公安机关的法定职责；且要坚持新生婴儿随母落户的原则。农村妇女与城镇职工、居民结婚所生子女，不论出生地在哪里，都应在其母常住户口所在地申报出生登记。婴儿出生后一个月以内，由亲属、抚养人或邻居向婴儿常住地户口登记机关申报出生登记。本案原告王玉蕊系合法生育，所生婴儿手续齐全，符合法定落户条件。而官渡公安分局依照该局昆公官户（1993）第2号通知认为王玉蕊未能提交乡办事处的证明，以手续不全不给予落户无法律依据。不能因王玉蕊未交2000元的村镇建设基金，从而拿不到办事处的证明就不予落户，否则，势必将法律赋予公安机关的法定职责转移给办事处，形成法律、法规规定以外的落户附加条件。况且王玉蕊的身份证足以证明与准生证、户口簿相符这一事实。因此，王玉蕊要求给予落户的诉讼请求本院予以支持。公安机关应对其合法所生婴儿准予落户。至于原告请求赔偿一节，因不属本案审理范围，其请求本院不予支持。

（五）定案结论

昆明市中级人民法院根据《中华人民共和国户口登记条例》第三条第一款、第七条及《中华人民共和国行政诉讼法》第五十四条第（三）项、第七十四条，参照国务院批转公安部《关于解决有关农村落户问题的请示的通知》第三条之规定，判决如下：

被告昆明市公安局官渡公安分局在本判决生效之日起一个月内，给予原告王玉蕊所生婴儿谭铭珲办理落户手续。

案件受理费人民币400元，由被告昆明市公安局官渡分局负担。

（六）解说

1. 制定村规民约应该符合法律规定。本案原告王玉蕊所在官渡区福海乡陆家营村，村民委员会制定的村规民约中关于“招婿上门须交2000元人民币村镇建设基金，所生婴儿才可落户”的规定无法律根据，不符合法律规定。按国家法律法规规定，王玉蕊所生婴儿已符合法定落户条件，应给予落户。而该村规民约的此项规定，显然违背了我国《婚姻法》一贯遵循的“男女平等”的原则，是对女村民的歧视，侵犯了公民落户的合法权利。

2. 官渡公安分局明知王玉蕊所生婴儿按国家法律规定符合落户条件，仍依照该局昆公官户（1993）第2号通知规定，要求王玉蕊必须出具办事处证实王玉蕊身份的有关证明，才给办理落户。这一行为将法律赋予公安机关办理落户的法定职责转移一部分给乡、镇办事处，形成法律法规规定以外的落户附加条件，扩大了法律规定应准予落户的法定条件范围。况且王玉蕊的身份证足以证明与准生证、户口簿相符这一事实。所以，官渡公安分局不履行法定职责无法律依据，显属违法。

3. 官渡公安分局依据的昆公官户（1993）第2号通知仅是公安机关内部的一个规范性文件，且这一文件的一些规定与国家的行政法律法规相悖。如：该文件第六条及第七条第（二）项中规定："……乡、镇政府负责对出生、迁入审批；……新生婴儿落户持准生证、出生证和有关证明即可到派出所办理落户手续。"（文件中所规定的"有关证明"是指女方所在单位出具的证明女方身份的有关证明。）公安机关以此文件作为行为依据，法院不能支持。我国《行政诉讼法》第五十二、五十三条分别规定："人民法院审理行政案件，以法律和行政法规、地方性法规为依据。""参照国务院部、委根据法律和国务院的行政法规、决定、命令制定、发布的规章以及省、自治区、直辖市和省、自治区的人民政府所在地的市和经国务院批准的较大的市的人民政府根据法律和国务院的行政法规制定、发布的规章。"由此可以看出，官渡公安分局依据的是规范性文件，在行政诉讼中人民法院有权拒绝运用。

（付　星）

2. 周明俊不服青浦县公安局扣押财产强制措施案

（一）首部

1. 判决书字号：上海市青浦县人民法院（1996）青行初字第16号。

2. 案由：不服扣押财产强制措施案。

3. 诉讼双方

原告：周明俊，男，63岁，汉族，陕西省汉中市石材矿产有限公司工作，住上海市镇宁路405弄168号。

委托代理人：杨幼敏，上海市第七律师事务所律师。

被告：上海市青浦县公安局。

法定代表人：沈永根，局长。

委托代理人：王继江，该局工作人员。

委托代理人：张国民，该局工作人员。

4. 审级：一审。

5. 审判机关和审判组织

审判机关：上海市青浦县人民法院。

合议庭组成人员：审判长：陈桂云；代理审判员：吴小龙、孙文萍。

6. 审结时间：1996年12月6日。

（二）诉辩主张

1. 被诉具体行政行为：1994年12月8日，原告因犯有变造公文、证件、印章罪，经青浦县人民检察院批准被被告依法逮捕。被告在侦查过程中，于同月16日扣押原告所有的日币130万元。

2. 原告诉称：被告在侦查原告变造公文、印章罪一案中，将与其所侦查的刑事案件无关的原告所有日币 130 万元扣押，并调解处理原告与蔡启守间的经济纠纷，后又对扣押物擅自作了处理。被告的具体行政行为，超越了公安机关的职权，无法律依据，侵犯了原告的合法权益，请求判令撤销被告扣押原告所有的日币 130 万元的具体行政行为；返还原告日币 130 万元，赔偿利息损失日币 1383.50 元。

3. 被告辩称：被告未对原告所有的日币 130 万元作出扣押等具体行政行为，在原告被羁押期间，原告与蔡启守提出一系列请求，被告出于尽义务来维护双方正当的合法权益，但从未参与调解、处理，原告的诉请不符合法律规定，请求驳回原告的诉讼请求。

（三）事实和证据

法院经审理查明：1993 年 4 月左右，原告在日本工作的儿子周文托日籍华人蔡启守（因蔡启守与原告合作经营）带给周明俊日币 130 万元，蔡启守接受后未及时转交原告。后蔡启守与周明俊产生纠纷，蔡启守于 1994 年 2 月至被告处控告原告，被告以构成变造公文、证件、印章罪对原告立案侦查，并经检察院批准逮捕原告。1994 年 12 月 16 日，被告从日籍华人蔡启守处将与其所侦查的刑事案件无关的原告日币 130 万元予以扣押，并出具收条。因原告曾从蔡启守处取得铂金戒指 192 枚，且与中国嵩海实业总公司上海经营部和王莲芬间存在经济纠纷，1995 年 3 月 2 日，被告将日币 726289 元交给中国嵩海实业总公司上海经营部，将美元 4250 元（折合日币 423711 元）交给王莲芬，分别换得铂金戒指 80 枚、90 枚，其余 15 万日元交还蔡启守。

另查明：1994 年 8 月 2 日，陕西省汉中市人民检察院认定原告构成挪用公款罪，立案侦查。1995 年 4 月 30 日，青浦县人民检察院将原告变造公文、印章案移送汉中市人民检察院一并侦查。1996 年 2 月 28 日，汉中市人民检察院认定原告不构成挪用公款罪、变造印章罪，决定对周明俊不予起诉。

上述事实有如下证据证明：

1. 1994 年 12 月 16 日被告收取的 130 万元日币收据。
2. 1994 年 12 月 8 日被告发出的（94）第 75 号逮捕证。
3. 1996 年 2 月 28 日汉中市人民检察院汉市检刑不诉（1996）01 号不起诉决定书。
4. 中国嵩海实业总公司上海经营部和王莲芬出具的收据。
5. 蔡启守、王伯根询问笔录。
6. 吴志民、翟炜情况说明。

（四）判案理由

法院认为：被告在明知原告与他人有经济纠纷的情况下，将与其所侦查原告变造公文、证件、印章罪无关的原告所有的 130 万元日币予以扣押，调解原告与他人间的经济纠纷，并擅自对该款作出处理，事实清楚，证据确凿。公安部明确规定公安机关绝对不得介入债务、经济合同等经济纠纷，被告无视上述规定，实施了无权实施的具体行政行为，是一种超越职权的行为。被告认为未调解、处理原告与他人间的经济纠纷及已将日币 130 万元退还蔡启守，未能提供确凿的事实证据，法院不予采信；原告提出的赔偿利息损失缺乏依据，法院不予支持。

（五）定案结论

青浦县人民法院依照《中华人民共和国行政诉讼法》第五十四条第（二）项第四目、

《中华人民共和国国家赔偿法》第五条第（三）项、第二十八条第（二）项的规定，作出如下判决：

1．撤销被告青浦县公安局1994年12月16日扣押原告周明俊日币130万元的具体行政行为。

2．被告青浦县公安局于判决生效后十日内返还原告周明俊日币130万元（若无法返还则按1994年12月16日外汇牌价赔偿人民币110006.13元）。

3．原告周明俊其余诉讼请求不予支持。

案件受理费人民币3767.70元，由被告负担。

（六）解说

本案被告对原告采取的强制措施（财产）是刑事侦查措施，还是属具体行政行为，这是本案审理中一个十分重要的问题。按照法律规定，公安机关既是有行政管理职能的行政机关，又是负责刑事案件侦查、拘留、预审的刑事侦查机关，而在实施这两种性质不同的职能时，其刑事侦查行为和具体行政行为往往交织在一起。被告在侦查原告变造公文、证件、印章案中，明确知道130万元日币属原告所有，且与其所侦查的刑事案件无关联，仍运用其特殊身份的职权扣押原告合法所有的日币130万元。这一行为虽然以开具收条的形式出现，但实质上是一种强制扣押的具体行政行为，符合具体行政行为的特点，不是刑事侦查强制措施。

同时，被告从他人处收取原告所有的日币130万元也不是财产保管行为。本案中，原告没有将自己所有的130万元日币交与被告保管的意思表示，也没有将日币130万元交付被告，而是他人将属于原告所有的财产交付被告，也未言明交付被告的目的。被告在无任何事实和法律依据的情况下予以扣押，所实施的行为同样不是民事法律行为。

公安部曾三令五申严禁公安机关插手经济纠纷。被告明知原告与蔡启守等存在经济纠纷，仍将属于原告的钱款交与他人用于解决经济纠纷，是一种越权的违法行为，其产生的法律关系，为我国《行政诉讼法》所调整。被告的行为侵害了原告的合法权益，依法应该承担相应的法律后果。

本案中，被告实施扣押原告财产的具体行政行为时，原告的钱款未存入银行或进行投资经营活动，原告所提出的利息损失，是一种可能得到的利益，它不同于既得利益，原告并未实际取得，所以不是因被告侵权而产生的现实的损害。原告提出的赔偿利息损失不具备国家赔偿的条件，据此，法院判决不支持原告要求被告赔偿利息的请求。

（吴小龙）

3．杨汉杰不服范洼乡派出所治安管理处罚案

（一）首部

1．判决书字号

一审判决书：河南省睢县人民法院（1996）睢行初字第10号。

再审判决书：河南省睢县人民法院（1996）睢行再初字第1号。

2．案由：不服治安管理处罚案。

3. 诉讼双方

原告：杨汉杰，男，67 岁，回族，睢县帝丘乡造纸厂技术员，住宁陵县乔楼乡吴庄村。

一审委托代理人：蒋成治，49 岁，汉族，农民，住睢县阮楼乡蒋坟村。

一审委托代理人：王传林，商丘三友律师事务所律师。

再审委托代理人：胡进功，商丘平民律师事务所律师。

被告：睢县范洼乡派出所。

法定代表人：邢正，所长。

抗诉机关：河南省人民检察院商丘分院；检察员：袁广业。

4. 审级：再审。

5. 审判机关和审判组织

一审法院：河南省睢县人民法院。

合议庭组成人员：审判长：王明礼；审判员：经太力、阮传超。

再审法院：河南省睢县人民法院。

合议庭组成人员：审判长：李广福；审判员：唐从刚、郭志红。

6. 审结时间

一审审结时间：1996 年 3 月 15 日。

二审审结时间：1996 年 11 月 1 日。

（二）一审诉辩主张

1. 被诉具体行政行为：杨汉杰之妻生一男孩，经人介绍，由林友良抱养，林友良先后给杨汉杰之妻送去现金 4000 元作为补养身体及医疗费用。睢县公安局范洼乡派出所以杨汉杰出卖亲生子女没收其 3000 元的非法所得。杨汉杰不服，向公安局申请复议，在法定期限内公安局没有作出答复，杨汉杰以范洼乡派出所侵犯其财产权向法院提起诉讼。

2. 原告诉称：1995 年 8 月，妻子生一男孩，由于自己年龄大，抚养有困难，经人介绍把孩子给林友良收养。后来林友良得知我妻身体有病，两次送来 4000 元钱，作为治疗和补养身体之用，我们再三推辞不要，林友良硬把钱扔下就走。对此，构不成出卖亲生子女。范洼乡派出所罚没 3000 元后，我多次向其索要治安管理裁决书，范洼乡派出所至今未送达。要求范洼乡派出所退还罚款 3000 元。

3. 被告辩称：1995 年 8 月，杨汉杰以 4000 元将亲生子女出卖给他人，被告依据《中华人民共和国收养法》予以处罚。杨汉杰所交 3000 元不是罚款，而是没收的非法所得。被告认定事实清楚，适用法律正确，要求法院维持该处罚。

（三）一审事实和证据

河南省睢县人民法院经公开审理查明：1995 年 8 月，杨汉杰之妻生一男孩，经人介绍由林友良抱养。在去抱小孩的当天，林友良给杨汉杰之妻 1000 元钱作为小孩生母补养身体费用，此后林友良得知杨汉杰之妻身体有病，又送去 3000 元的补养及治疗费。范洼乡派出所接到举报，便传讯杨汉杰，以杨汉杰出卖亲生子女为由没收 3000 元非法所得。杨汉杰不服，向公安局申请复议，在法定期限内公安局没有作出答复，杨即以范洼乡派出所侵犯其财产向本院提起诉讼，要求依法追回范洼乡派出所罚没的 3000 元。

以上事实有下列证据证明：

1. 当事人的陈述。

2. 林友良证言及有关证人证言均可证明：送给杨汉杰之妻4000元钱是作为补养身体和治病的费用。

（四）一审判案理由

睢县人民法院认为：范洼乡派出所以杨汉杰出卖亲生子女没收3000元的非法所得，没有法律依据，要求维持其罚没的具体行政行为，理由不足，本院不予支持。

（五）一审定案结论

睢县人民法院根据《中华人民共和国行政诉讼法》第五十四条第（二）项第二目之规定，判决如下：

撤销范洼乡派出所没收杨汉杰3000元的非法所得的行政行为，范洼乡派出所退还杨汉杰3000元。

诉讼费130元，由被告负担。

（六）再审情况

1. 再审诉辩主张

河南省人民检察院商丘分院认为：(1) 杨汉杰的行为确属出卖亲生子女，睢县公安局根据《中华人民共和国收养法》第三十条对其所作出处罚决定有法可依，睢县人民法院(1996) 睢行初字第10号判决书认定事实错误，判决不当。(2) 该案中原审法院把范洼乡派出所列为被告不当，被告应当是睢县公安局。

2. 再审事实和证据

睢县人民法院经再审查明：1995年农历6、7月份，杨汉杰得知妻子张巧云（已有一儿一女）所怀的是一男孩后，找到宁陵县交通局职工薛冰及其丈夫郭礼富，让其帮忙将小孩以4000元送人。经薛介绍，想要男孩的宁陵县刘楼村的雍性仁找到杨汉杰，双方协商雍性仁先拿押金1000元，如果生的是女孩，杨退还押金，如是男孩，雍再加3000元。商定后雍在薛家将1000元押金交给杨汉杰。此后，雍性仁得知其妻有生育能力，便把小孩介绍给睢县周堂镇曹吉屯村的林友良，价格不变。1995年农历8月18日，杨汉杰之妻生下一男孩，林友良将4000元交给雍性仁。两天后，雍扣下自己预先所交1000元押金，将下余的3000元在杨汉杰单位交给杨，当天雍将小孩抱给林友良。范洼乡派出所接到举报调查取证后，以杨汉杰出卖亲生子女报请县公安局“处以1000元罚款，没收非法所得3000元”，但局领导只批示“同意罚款1000元”。后范洼乡派出所在没有制作、送达裁定书的情况下，却对杨汉杰处以没收3000元非法所得的处罚，在接收杨3000元时，范洼乡派出所没有依法开具收据。

以上事实有下列证据证明：

(1) 原审原告杨汉杰的陈述。

(2) 原审被告睢县公安局范洼乡派出所负责人邢正的陈述。

(3) 雍性仁、林友良、薛冰、郭礼福等人的证言。

3. 再审判案理由

睢县人民法院认为：法人资格与诉讼主体资格是法律上两个不同的概念，具备法人资格就相应地具备诉讼主体资格，但具备诉讼主体资格的并非都具备法人资格。《中华人民共和国治安处罚条例》第三十三条第二款规定，“警告、50元以下罚款，可以由公安派出所裁决”，这就从法律上赋予了不具备法人资格的公安派出所，对自己依职权作出的具体行政行为有权以自己的名义参加行政诉讼的诉讼主体资格。范洼乡派出所违背县公安局领导对杨汉杰罚款 1000 元的批示，而对杨汉杰处以没收 3000 元非法所得的处罚，该行为不应认定为睢县公安局的具体行政行为，原审对被告主体资格的认定正确。河南省人民检察院商丘分院认为应以县公安局为被告缺乏事实根据，该理由不能成立。范洼乡派出所辩称所依据的规范性条款是《中华人民共和国收养法》第三十条、《中华人民共和国治安处罚条例》第七条及公安部发布的内部规定，而这些法律条款没有赋予公安派出所没收非法所得之职权，因此，范洼乡派出所对杨汉杰处以没收 3000 元非法所得具体行政行为，既适用法律法规错误，又滥用了法律赋予的职权。原审虽然认定事实有误，但以范洼乡派出所适用法律法规不当为由判决撤销其具体行政行为的判决结果正确，其判决结果依法应予维持。

4. 再审定案结论

睢县人民法院根据《中华人民共和国行政诉讼法》第五十四条第（二）项第二目、第五目之规定，判决如下：

维持本院（1996）睢法行初字第 10 号行政判决结果，即撤销睢县公安局范洼乡派出所没收杨汉杰 3000 元非法所得的行政行为，范洼乡派出所退还给杨汉杰 3000 元。

原审诉讼费 130 元，由原审被告睢县公安局范洼乡派出所负担。

（七）解说

本案是在贯彻执行《收养法》过程中，人民法院受理的出卖亲生子女人不服治安管理处罚的案例，焦点问题是被告所处没收非法所得款的行政行为是否合法和本案派出所是否具备被告资格。

1. 原告杨汉杰因出卖亲生子女，被睢县公安局范洼乡派出所处以治安管理处罚是应该的，但是，根据《中华人民共和国收养法》第三十条规定：“出卖亲生子女的，依照本条第二款规定处罚”（即由公安部门处 1000 元以下罚款。情节恶劣的按《刑法》第一百八十三条追究刑事责任），该派出所作出“处以 1000 元罚款，没收非法所得 3000 元”，经报请睢县公安局批示“同意罚款 1000 元”。在实施具体行政行为时派出所没收杨汉杰非法所得 3000 元，没有制作、送达裁定书，也没有依法开具收据。因此，睢县公安局范洼乡派出所的行政行为属于超越法律赋予的职权范围和违法没收。

2. 根据《中华人民共和国行政诉讼法》第二十五条“公民、法人或者其他组织直接向人民法院提起诉讼的，作出具体行政行为的机关是被告”，《中华人民共和国治安管理处罚条例》第三十三条“违反治安管理行为的处罚，由县、市公安局、公安分局或者相当于县一级的公安机关裁决。警告、50 元以下罚款，可以由公安派出所裁决；在农村，没有公安派出所的地方，可以由公安机关委托乡（镇）人民政府裁决。”本案睢县公安局范洼乡派出所虽不具备法人资格，但是《治安管理处罚条例》赋予其一定的行政处罚权力，对其依职权作出的具体行政行为，有权以自己的名义参加行政诉讼。原告认为该派出所在行政职权中的具体行政行为侵犯其合法权益，以该派出所为被告向人民法院提起诉讼，人民法院依法将作出具体行政行为的派出所列为被告是正确的。

本案经检察机关抗诉提起再审。经再审查明，原审法院虽然在认定事实上有误，但是判决结果是正确的，故再审法院在依法重新确认案件事实的基础上，维持原判决也是正确的。

（阎泉水）

4. 糜顺康不服上海市公安局普陀分局收容审查及扣押财产案

（一）首部

1. 判决书字号：上海市普陀区人民法院（1995）普行初字第19号。

2. 案由：不服收容审查及扣押财产案。

3. 诉讼双方

原告：糜顺康，男，1948年10月26日生，汉族，上海大渊贸易有限公司职员，住本市长宁路1759弄94支弄82号。

委托代理人：孙进丰，上海高桥律师事务所律师。

委托代理人：王燕华，上海高桥律师事务所律师。

被告：上海市公安局普陀分局。

法定代表人：张明芳，局长。

委托代理人：沈望云、于凤美，该分局干部。

4. 审级：一审。

5. 审判机关和审判组织

审判机关：上海市普陀区人民法院。

合议庭组成人员：审判长：夏舒；代理审判员：冯鹤、张文忠。

6. 审结时间：1996年5月10日（依法延长审限）。

（二）诉辩主张

1. 被诉具体行政行为：被告于1995年6月4日，以原告有收赃行为为由，对原告作出收容审查一个月的具体行政行为，并扣押原告财产人民币50000元、霸伏助动车一辆、数字BP机一只。原告对这两项具体行政行为不服，分别向法院提起诉讼。

2. 原告诉称：其并无收赃行为，亦无其他轻微违反犯罪行为，被告对其收容审查，侵犯了其人身权。被告以追吊赃物为名扣押原告财物，无事实依据和法律依据，侵犯了其财产权，故请求撤销被告作出的收容审查及扣押财产的具体行政行为，返还财产。

3. 被告辩称：对原告收容审查，事实清楚，证据充分，请求维持。对原告财产的扣押是追吊赃物的刑事侦查措施，不属于具体行政行为，不应纳入人民法院行政诉讼受案范围。

（三）事实和证据

上海市普陀区人民法院经审理查明：被告于1994年5月17日受理上海台阳食品有限公司控告陆一鸣诈骗大力士奶糖价值人民币70000元的刑事案件。1995年2月5日受理了乐康综合经营部对朱环虹诈骗他人货款的控告并以一般刑事案件立案侦查。1995年6月3日，被告对原告进行传唤，认定原告有多次收购朱环虹诈骗所得赃物大力士奶糖等总价值人民币30余万元的收赃行为，决定对其收容审查，并扣押原告财物人民币50000元、霸伏助动车一辆、数字BP机一只。收容审查至6月26日解除。被告将人民币42000元发还上海台阳食品有限公司，将人民币3000元发还上海中百洗涤化妆用品公司，将人民币5000元发还上海市开达贸易服务公司经营部，将霸伏助动车及数字BP机移送上海市南汇县公安局。

上述事实有下列证据证明：

1.1995 年 2 月 14 日一般刑事案件立案报告表。

2.1995 年 6 月 3 日收容审查呈批表。

3.（87）0002467 号追吊赃物清单。

4.1995 年 6 月 3 日询问糜顺康记录，其中糜承认曾以市场批发价 90%的价格收购朱环虹卖出的物品。

5.询问朱环虹记录。

另查，被告没有对原告糜顺康刑事立案。被告对原告是否明知朱环虹所卖物品为诈骗所得赃物一节不能举证。对追吊的人民币 50000 元及霸伏助动车、数字 BP 机是否属朱环虹诈骗所得赃物不能举证。

（四）判案理由

法院认为：根据《国务院关于将强制劳动和收容审查两项措施统一于劳动教养的通知》（即国发〔1980〕56 号文）第二条对收容审查范围的规定，只有具备“一个前提，四种对象”才符合收容审查范围，不具备轻微违法犯罪行为这一前提就不能进行收容审查。被告认定原告应当明知朱环虹诈骗犯罪且收购的是诈骗犯朱环虹诈骗所得赃物一节，主要证据不足，不符合具有“轻微违法犯罪行为”的前提条件。被告在作出收容审查的同时，采用刑事侦查手段追吊赃物、扣押财产，其行为无论从事实上或者法律上均不属于《刑事诉讼法》所规定的侦查措施，原告就扣押财产提起行政诉讼，符合《行政诉讼法》第十一条第一款第（二）项所规定的受案范围。由于被告认定原告明知朱环虹诈骗犯罪且所扣财产系朱环虹诈骗所得赃物的事实不清，主要证据不足，故该扣押财产行为无法律依据，应予撤销。

（五）定案结论

上海市普陀区人民法院根据《中华人民共和国行政诉讼法》第五十四条第（二）项第一目、第六十七条第一款，《中华人民共和国国家赔偿法》第四条第（二）项、第九条、第二十五条第二款、第二十八条第（二）项之规定，作出如下判决：

1.撤销被告上海市公安局普陀分局于 1995 年 6 月 4 日对原告糜顺康作出的第 0748 号收容审查的具体行政行为。

2.撤销被告上海市公安局普陀分局于 1995 年 6 月 3 日以编号（87）0002467 号追吊赃物清单扣押原告糜顺康人民币 50000 元、霸伏助动车一辆和数字 BP 机一只的行为。

3.被告上海市公安局普陀分局应返还原告糜顺康人民币 50000 元、霸伏助动车一辆及数字 BP 机一只，上述财产自本判决生效之日起十日内履行完毕。

两案受理费共人民币 2484 元，由被告负担。

（六）解说

收容审查是公安机关对于具有轻微违法犯罪行为又不讲真实姓名、住址、来历不明的人或者有轻微违法犯罪行为，又有流窜作案、多次作案、结伙作案嫌疑需要查清罪行的人所作出的行政强制措施。被收容审查对象，其前提必须是具有轻微违法犯罪行为，同时又具备四个必要条件之一。本案原告虽有收购诈骗嫌疑人朱环虹诈骗所得财物的行为，但并无证据证明原告已明知朱环虹手中的物品为诈骗所得赃物而仍予以收购。因此，原告的行为尚不具备“轻微违法犯罪行为”这一前提，故被告作出收容审查决定，于法无据。至于被告作出的扣押财物行为，在时间上，是在查明朱环虹诈骗犯罪事实之前，扣押的亦非犯罪分子诈骗所得赃物，因而该行为不具有刑事强制措施的法定特征。且该扣押行为与收容审查基于同一事实和理由，两者具有密切的关联，理应共同纳入行政诉讼的受案范围。被告以原告有收赃行为而扣押原告财产，既无证据证明原告已明知所收之物为赃物，扣押的亦非原告收买的赃物，因此该扣押行为认定事实不清，证据不足。综上，法院撤销被告作出的收容审查及扣押财物的具体行政行为是正确的。

（陆为民）

二、工商行政管理案例

5. 高勇不服上海市长宁区工商行政管理局验照决定案

（一）首部

1. 判决书字号

一审判决书：上海市长宁区人民法院（1995）长行初字第12号。

二审判决书：上海市第一中级人民法院（1995）沪中行终字第17号。

2. 案由：不服工商验照决定案。

3. 诉讼双方

原告（上诉人）：高勇，男，1961年3月11日生，汉族，无业，住上海市万航渡路1049号。

一审委托代理人：丁宝成，上海市第二律师事务所律师。

二审委托代理人：沈菊林，上海市高桥律师事务所律师。

二审委托代理人：钱顺妹（高勇之妻），1962年6月18日生，汉族，无业，住上海市万航渡路1049号。

被告（被上诉人）：上海市长宁区工商行政管理局。

法定代表人：张路加，局长。

一、二审委托代理人：潘志明，上海市新华律师事务所律师。

一审委托代理人：蒋荷娣，上海市新华律师事务所律师。

第三人：孔兰英，女，1942年3月24日生，汉族，个体工商户，住上海市万航渡路1049号。

一审委托代理人：徐兆铭，上海市第七律师事务所律师。

一、二审委托代理人：陶自立，上海市第七律师事务所律师。

二审委托代理人：钱善炳（孔兰英之夫），1939年2月19日生，汉族，无业，住上海市万航渡路1049号。

4. 审级：二审。

5. 审判机关和审判组织

一审法院：上海市长宁区人民法院。

合议庭组成人员：审判长：沈恒德；审判员：张旭；代理审判员：齐敏音。

二审法院：上海市第一中级人民法院。

合议庭组成人员：审判长：吴政权；审判员：陈亚娟；代理审判员：丁正阳。

6. 审结时间

一审审结时间：1995 年 7 月 28 日。

二审审结时间：1996 年 1 月 19 日（依法延长审限）。

（二）一审诉辩主张

1. 被诉具体行政行为：被告上海市长宁区工商行政管理局于 1995 年 3 月 10 日对第三人孔兰英持有的 050334 字 93462 号临时营业执照作出 1995 验照决定，同意第三人继续经营。

2. 原告诉称：第三人在上海市万航渡路 1049 号内无常住户口，不享有居住权，不具有经营场所，被告未按规定，确认第三人的经营地址在上海市万航渡路 1049 号，其作出准予验照决定是违法的行政行为，请求予以撤销。

3. 被告辩称：第三人在上海市万航渡路 1049 号具有公安机关出具的寄住证及房屋管理部门出具的居住用房改为非居住用房的证明，确认第三人经营地址在上海市万航渡路 1049 号，其作出的准予验照决定认定事实清楚，证据充分，原告的诉请是没有道理的，请求驳回原告的诉请。

4. 第三人述称：其于 1987 年 8 月 6 日已领取了临时营业执照，属验照范围且办理了验照的有关手续，被告对其作出的准予验照决定合法有效，请求维持验照决定。

（三）一审事实和证据

上海市长宁区人民法院经审理查明：上海市万航渡路 1049 号前间居住面积 13.6 平方米，房屋承租人系第三人之公爹钱庆生，该房原由第三人及其公爹用于踏鞋帮，1983 年 1 月 19 日钱庆生死亡后，第三人继续使用该房屋。1985 年第三人领取寄住证，并向工商局申请，改变了经营范围，在该处经营水果、饮料。1987 年 6 月，第三人经申请取得了该房屋由原来的居住用房改变为非居住用房的证明，1987 年 8 月 6 日领取临时营业执照。1987 年 12 月该房屋的承租人由原钱庆生改为原告高勇之岳母王静娣。王静娣之公爹系钱庆生之兄。

被告认定第三人证据有：

1. 具有公安机关 1985 年颁发的寄住证。

2. 具有房管部门 1987 年出具的居住用房改为非居住用房的证明。

3. 1987 年已领取了临时营业执照。

被告根据上海市工商行政管理局沪工商（94）第 528 号《关于做好 1995 度个体工商户验照工作的通知》（以下简称《通知》）中对验照对象的实际经营情况与核准登记项目进行认真的检查与核对的规定，认为第三人具有经营地址，实际经营情况与核准登记项目等符合验照规定并且交纳了验照的有关费用，作出准予验照决定。

上述事实有下列证据证明：

1. 居住用房改为非居住用房的证明。

2. 第三人的寄住证。

3. 营业执照。

4. 个体工商户验照自查表。

5. 个体验照贴花。

（四）一审判案理由

法院经审查认为：《通知》规定“凡 1994 年 12 月 31 日前在本市申领营业执照的城乡

个体工商户均应参加验照。”第三人自1987年起持有营业执照，属验照对象。第三人的经营地址、经营范围等实际经营状况与登记项目相符。第三人交纳了验照所需的有关费用。

综上所述，被告对第三人的主体资格、实际经营状况、办理验照手续等方面进行了核对与检查，作出准予验照决定，事实清楚，证据充分，程序合法。

（五）一审定案结论

上海市长宁区人民法院根据《中华人民共和国行政诉讼法》第五十四条第（一）项、国务院《城乡个体工商户管理暂行条例》（以下简称《条例》）第六条、第十条的规定，作出如下判决：

维持被告上海市长宁区工商行政管理局1995年3月10日对第三人孔兰英持有的050334字93462号临时营业执照作出的准予1995年验照决定。

本案受理费人民币100元，由原告高勇负担。

（六）二审情况

1. 二审诉辩主张

（1）上诉人高勇及其委托代理人诉称：其在上海市万航渡路具有常住户口，孔兰英只持有在该房屋的寄住证，对该房屋孔与房管部门无合法的租赁关系，因此孔在万航渡路1049号无经营权。长宁工商局准予孔1995年验照，侵犯了其在该房屋申请个体经营的权利，请求撤销原审判决和该具体行政行为。

（2）被上诉人上海市长宁区工商行政管理局坚持一审辩称意见。

（3）第三人孔兰英坚持一审述称意见。

2. 二审事实和证据

二审法院经审理查明：孔兰英自1987年8月6日已取得由长宁区工商行政管理局颁发的在上海市万航渡路1049号临时营业许可证，现孔在该处具有寄住证，孔持有的050334字93462号临时营业执照，经营期限至1996年12月31日止，属1995年验照范围。经孔自查及主管部门检查核对，长宁工商局作出准予1995年验照的决定。

上述事实的证据与一审相同。

3. 二审判案理由

孔兰英在上海市万航渡路1049号有经营地址、营业执照，长宁工商局在孔自查的基础上对孔实际经营情况与核准项目进行检查与核对后，认为孔兰英符合验照的规定，作出1995年验照决定，原审法院判决维持具体行政行为是正确的。上诉人以孔只有寄住证，孔与房屋管理部门对经营用房没有租赁关系，对孔准予验照，侵犯其申请个体经营的权利为由，请求撤销原审判决和长宁工商局对孔准予1995年验照决定，于法无据，不予支持。

4. 二审定案结论

上海市第一中级人民法院根据《中华人民共和国行政诉讼法》第六十一条第（一）项的规定，作出如下判决：

驳回上诉，维持原判。

上诉案件受理费人民币100元，由高勇负担。

（七）解说

根据《城乡个体工商户管理暂行条例》第六条第一项“国家工商行政管理局和地方各级工商行政管理局对个体工商户履行以下行政管理职责：即‘对从事个体工商经营的申请

进行审核、登记、颁发营业执照'”，第十条“个体工商户应当每年在规定时间内，向所在地工商行政管理机关办理验照手续”，又根据《通知》“凡1994年12月31日前在本市申领营业执照的城乡个体工商户均应参加验照”的规定，长宁工商局对孔兰英持有的050334号93462号临时营业执照进行验照是其法定职责，其主体资格依法成立。另外，孔自1987年8月6日起就已取得长宁工商局颁发的在上海市万航渡路1049号临时营业许可证，故孔属1995年验照对象。根据上述《通知》规定的验照内容，“对验照对象的实际经营情况，与核准项目进行认真的检查与核对，凡发现擅自改变登记项目的，要及时处理”，长宁工商局在孔自查的基础上，对孔的经营范围、经营地址、经营方式等实际经营情况与核准登记项目进行检查、核对，认定孔的实际经营情况符合验照规定，同时认定孔在上海市万航渡路1049号有公安部门出具的寄住证，有房管部门出具的居住用房改变为非居住用房的证明，取得的临时营业执照是合法的。故长宁工商局对孔持有的050334字93462号临时营业执照作出准予1995年验照决定事实清楚，证据充分。原告认为，第三人不是系争房屋的租赁人，第三人在该房屋不具有经营场所。这是原告混淆了工商行政管理部门的法定职责，因为房屋管理和公安户籍管理的内容，不是工商行政管理的范围，也不是本案审查的范围。工商行政管理部门验照只要对个体经营者的主体资格、实际经营情况与核准项目进行检查与核对，认为符合验照的规定，就可作出验照决定。

综上所述，长宁工商局对孔持有的050334字93462号临时营业执照作出准予1995年验照决定认定事实清楚，证据充分，适用法律正确，上海市长宁区人民法院判决予以维持，上海市第一中级人民法院判决驳回上诉，维持原判是正确的。

（齐敏音）

6. 龙岩地区科技印刷厂不服龙岩市工商行政管理局没收及罚款处罚案

（一）首部

1. 判决书字号：福建省龙岩市人民法院（1996）龙行初字第8号。

2. 案由：不服工商没收及罚款处罚案。

3. 诉讼双方

原告：福建省龙岩地区科技印刷厂。

法定代表人：王宏斌，厂长。

被告：龙岩市工商行政管理局。

法定代表人：张柏雄，局长。

委托代理人：张树民，该局市管股股长。

委托代理人：刘湖海，龙岩正平律师事务所律师。

4. 审级：一审。

5. 审判机关和审判组织

审判机关：福建省龙岩市人民法院。

合议庭组成人员：审判长：邓天奎；审判员：王碧华、王晓明。

6. 审结时间：1996 年 6 月 21 日。

（二）诉辩主张

1. 被诉具体行政行为：1995 年 11 月 20 日，被告龙岩市工商行政管理局在对原告龙岩地区科技印刷厂进行执法检查时，发现原告在未办理合法手续的情况下，于 1995 年 6 月、10 月分别以每本 1 元至 1.5 元的价格从广东、浙江购进挂历膜片、衬纸 1.5 万本，雇请工人私下拼装 1996 年挂历，并以每本 3.7 元至 4.8 元的价格销售 6200 本，总价款为 22940 元，并印售 21 家企业一次性广告挂历 5000 本，从中牟利。1996 年 1 月 10 日，被告扣留了原告拼装的挂历 8800 本，并根据相关的法律法规，于同月 12 月作出（96）龙工商经字第 001 号关于对龙岩地区科技印刷厂擅自拼装、销售挂历的处罚决定：（1）对所扣留的 8800 本挂历予以没收，交市宣传部处理；（2）对拼制销售挂历处总定价两倍的罚款计 45880 元；（3）对擅自印售一次性广告挂历处罚款 3000 元。原告不服该处罚，申请复议，1996 年 3 月 25 日，龙岩地区工商行政管理局作出维持原处罚的复议决定。原告仍不服，依法向龙岩市人民法院提起行政诉讼。

2. 原告诉称：龙岩市工商行政管理局（96）龙工商经字第 001 号处罚决定书认定其制作、销售挂历的行为属投机倒把行为定性不准。其一，该处罚所适用的《投机倒把行政处罚暂行条例》是 1987 年发布的，当时挂历不属出版物范畴，且该条例亦未对非法出版物明确界定。而 1992 年 2 月 1 日施行的《福建省图书报刊出版管理条例》已有明示，由此推定非法出版物系指黄色、淫秽、反动的出版物，而非一般有益无害的非法出版物，根据新法优于旧法的原则，龙岩市工商行政管理局本处罚决定定性不准。其二，《投机倒把行政处罚暂行条例》无本案的处理依据，而《福建省图书报刊出版管理条例》第五条规定："县级以上新闻出版行政管理部门为本辖区的新闻出版主管部门，行使新闻出版行政管理职权"，第六条规定："各级文化、公安、工商……等行政管理部门应配合……" 被告不是新闻出版的主管部门，其所作的处罚决定属越权行政。其三，在处罚决定书中认定的销售挂历 6200 本中，应包括批准制售的永定县金丰中学 2000 余本挂历，及在 1996 年 1 月 10 日被告雇请三轮车工人搬运挂历时被工人私藏 2000 余本，实际销售为 800 本。请求法院撤销该处罚决定。

3. 被告辩称：根据国发（1987）65 号《国务院关于严厉打击非法出版活动的通知》第一、二条，《福建省图书报刊出版管理条例》第十一、二十三、二十四、三十七、三十九条之规定，原告超越经营范围，未办理有效证照擅自拼装、销售的挂历，属非法出版物。原告为牟取非法利润而销售传播非法出版物的行为属投机倒把行为，依法应受处罚。该处罚决定定性准确。工商行政管理部门履行在处理新闻出版行政中的相应职责，对违反工商行政管理规定的，工商行政管理部门有权处理。根据《投机倒把行政处罚暂行条例》第三条第一款第七项之规定及该条例施行细则第十五条第一款第十项之规定，《广告管理条例》第六条及其施行细则第二十一条之规定，处罚决定事实清楚，证据确凿，定性准确，处理恰当，没有超越职权。为维护法律尊严，请求法院予以维持。

（三）事实和证据

龙岩市人民法院经审理查明：原告龙岩地区科技印刷厂系全民所有制企业，持有龙岩地区工商行政管理局核发的企业法人营业执照，其营业执照写明经营方式为印刷，经营范围为主营内部资料印刷。该厂 1993 年由王宏斌承包，期限三年。1995 年 11 月 20 日，被告龙岩市工商行政管理局对该厂进行执法检查时，发现原告在未持有新闻出版行政管理部门审批的图书印刷、发行业务的经营许可证及工商行政管理部门颁发的营业执照的情况下，购进画面为自然风光、盆景、世界风光、财神等品种的挂历膜片、衬纸1.5万本，自1995年6月开始雇用工人拼装1996年挂历并以每本3.7元至4.8元的价格进行销售，当即查封了拼装挂历的车间及尚未拼装的挂历膜片、衬纸。1996年1月10日，被告发现所查封的车间已被打开，当场扣留剩下的用上述被查封的膜片、衬纸装订成册的挂历88000本。同时，被告还发现原告未经登记核准擅自印售21家企业一次性广告挂历5000本。同年1月12日，被告作出（96）龙工商经字第001号处罚决定。庭审中，原告对该处罚决定中的第一条、第三条没有异议。另查明，由原告拼装的永定县金丰中学校庆用的挂历画面为该学校风貌，并于执法检查前的11月19日已取走。原告主张拼制的2000余本挂历被盗，未向本院提供向公安机关报案材料及其他足以认定该行为发生的事实依据。

上述事实有下列证据证明：

1.（96）龙工商经字第001号处罚决定书。

2.龙工商经通字（1996）第001号工商行政管理机关扣留财物通知书。

3.原告的企业法人营业执照。

4.原告拼装上述画面各品种挂历、永定县金丰中学校貌挂历的照片。

5.原告1995年11月20日的书证，11月27日的陈述。

6.永定县金丰中学的证人证言、书证。

7.双方当事人的庭审陈述。

（四）判案理由

龙岩市人民法院认为：原告为牟取非法利润，在未取得图书印刷、发行许可证及工商营业执照的情况下，擅自拼装并销售的挂历属非法出版物，其销售非法出版物的行为属投机倒把行为，原告未经登记核准私自印售21家企业一次性广告的行为是违法的，依法应受处罚。原告主张其销售挂历数量中应包括永定县金丰中学挂历的理由不能成立，主张挂历被盗证据不足，不予采信。被告作出的处罚决定认定事实清楚，证据确凿，适用法律法规准确，符合法定程序。

（五）定案结论

龙岩市人民法院依照《福建省图书报刊出版管理条例》第十一条、第二十四条、第三十七条、第三十九条，国发（1987）65号《国务院关于严厉打击非法出版活动的通知》第二条，《投机倒把行政处罚暂行条例》第三条第一款第七项及该条例施行细则第六条、第十五条第一款第十项，《广告管理条例》第六条及该条例施行细则第二十一条，《中华人民共和国行政诉讼法》第五十四条第（一）项的规定，判决如下：

维持龙岩市工商行政管理局1996年1月12日作出的（1996）龙工商经字第001号处罚决定书。

本案案件受理费1965元，由原告龙岩地区科技印刷厂负担。

（六）解说

本案是一起涉非法出版物的工商行政处罚案。原、被告对处罚内容争议的主要焦点在于非法出版物的界定及被告是否越权。对此，法院在审理中主要注意把握以下三点：

1.未经合法审批拼装、销售的挂历是否非法出版物。图书、报刊、音像制品等是进行社会主义精神文明建设的重要载体，优秀的作品将起到鼓舞人心向上的作用。我国对出版物的出版、印刷、发行作了强制性规定，国发（1987）65号《国务院关于严厉打击非法出版活动的通知》第二条规定："任何国营、集体、个体印刷（装订）厂，均不得承印（装订）非法出版物"，这是制止非法出版物流入市场的强有力措施。1992年2月1日施行的《福建省图书报刊出版管理条例》这部地方性行政法规，就本省范围从事图书、报刊的出版、印刷、发行作了一系列强制性规定，规定图书、报刊的出版、印刷、发行必须办理相关审批手续。该《条例》第十一条规定："挂历、年历画……作为正式出版物，应当由规定的专业出版单位出版。承印上述出版物应按国家有关规定办理审批手续。"第二十三条规定："印刷企业不得从事出版发行业务……"第三十九规定："本条例所称的图书是指书籍、挂历……等"，第三十七条规定："本条例所称的非法出版物指：（一）非出版单位或个人印制的社会上公开发行的图书、报刊；（二）淫秽出版物。"从该法规条款可以看出，挂历作为正式出版物必须办理合法的审批手续才能出版发行，而且出版发行主体必须具备合法资格，不具备这两项合法条件而出版发行的图书、报刊就是非法出版物。可见，非法出版物并不局限于淫秽、反动的出版物。本案原告是主营内部资料印刷的企业，在不具备出版发行合法主体资格的条件，未办理相关审批手续的情况下，私下雇人拼装并销售挂历，该挂历虽无淫秽、反动等内容，但违反法规规定，属非法出版物，原告主张挂历是小商品，不是出版物，于法无据。

2. 原告的行为是否构成投机倒把行为。根据《投机倒把行政处罚暂行条例》第三条第一款规定："印制、销售、传播非法出版物（包括录音录像制品），获得非法利润的"属投机倒把行为之一。原告低价购进挂历膜片、衬纸，违反国家法规，私下雇人拼装，并以每本3.7元至4.8元销售，牟取非法利润，构成《暂行条例》确认的投机倒把行为。

3. 被告的具体行政行为是否超越职权。行政职权是行政机关实施国家行政管理活动的资格及权能，是依法行政的基础。《福建省图书报刊出版管理条例》第六条规定："各级文化、公安、工商……等行政管理部门应配合新闻出版行政管理部门依法履行各自在新闻出版行政管理工作中的职责。"第三十二条规定："从事图书、报刊的出版、印刷、发行的活动，违反工商行政管理规定的，由工商行政管理部门依法处理……"该法规授予了本省工商部门在本省新闻出版管理活动中履行工商职责的权力，职权来源合法。本案被告在执法检查时，发现原告拼装、销售挂历，牟取非法利润，构成投机倒把行为，违反了工商行政管理法律规范，根据《投机倒把行政处罚暂行条例》及其施行细则，依法对原告违反工商行政管理法规的行为予以处罚，事实清楚，证据确凿，程序合法，处罚适当，并无超越职权。

（王碧华　张意文）

7. 上海延长机械刀片厂不服上海市普陀区工商行政管理局工商变更登记行政决定案

（一）首部

1. 判决书字号

一审判决书：上海市普陀区人民法院（1994）普行初字第9号。

二审判决书：上海市第一中级人民法院（1994）沪中行终字第68号。

2. 案由：不服工商变更登记行政决定案。

3. 诉讼双方

原告（上诉人）：上海延长机械刀片厂。

法定代表人：韩美丽，厂长。

一、二审委托代理人：张仲达，上海市尔立律师事务所律师。

被告（被上诉人）：上海市普陀区工商行政管理局。

法定代表人：梅杰，局长。

一、二审委托代理人：司彦博，该局干部。

一、二审委托代理人：庄为民，该局干部。

第三人：上海延长刀片厂。

法定代表人：叶尧骏，厂长。

一、二审委托代理人：李松为，上海市国鑫律师事务所律师。

4. 审级：二审。

5. 审判机关和审判组织

一审法院：上海市普陀区人民法院。

合议庭组成人员：审判长：许晓宁；审判员：夏舒；代理审判员：陆为民。

二审法院：上海市第一中级人民法院。

合议庭组成人员：审判长：吴政权；审判员：徐瑞珍、陈亚娟。

6. 审结时间

一审审结时间：1994年8月15日。

二审审结时间：1996年2月7日。

（二）一审情况

1. 一审诉辩主张

（1）被诉具体行政行为：1992年10月23日，普陀区工商行政管理局作出将上海延长机械刀片厂变更登记为上海延长刀片厂，将法定代表人韩美丽变更登记为叶尧骏的具体行政行为。

（2）原告诉称：延长机械刀片厂系合法登记，是取得企业法人资格的组织，韩美丽为现任法定代表人。上海升华工业公司与延长机械刀片厂属平等民事主体。1992年10月20日，普陀工商局根据升华工业公司的要求和申请，非法将其企业名称、法定代表人予以变更，违反法律法规的规定，侵犯其经营自主权，请求判令撤销普陀工商局的具体行政行为。

（3）被告辩称：提起企业名称、法定代表人变更登记申请的是延长机械刀片厂。由于原法定代表人韩美丽未将企业公章移交给新任法定代表人，使该厂不能在企业申请变更登记注册书上盖章，因而延长机械刀片厂采取由升华公司出面办理的方法。其根据新任法定代表人叶尧骏于1992年10月20日签署、由升华工业公司加盖公章并注有说明的企业申请变更登记注册书以及法定代表人任免职文件等材料办理变更登记。并称法定代表人的任免决定以及延长机械刀片厂申请变更登记均得到该厂的上级主管部门普陀集管局的审批同意。故其作出的核准变更登记申请是合法的，请求予以维持。

2. 一审事实和证据

一审法院经审理查明：1992年10月20日，叶尧骏以延长机械刀片厂法定代表人的身份，向普陀工商局提出变更企业名称和法定代表人的申请，并签署了企业申请变更登记注册书。升华工业公司在该注册书上加盖公章并注明延长机械刀片厂申请变更由该公司盖公章的原因系原法定代表人韩美丽未将企业公章移交给新任法定代表人，申请人延长机械刀片厂的申请得到上级主管部门普陀区集管局的审批同意。原法定代表人韩美丽于1992年8月17日被免去延长机械刀片厂厂长职务，新任法定代表人叶尧骏于1992年10月20日被任命为该厂厂长。上海升华公司受普陀集管局的委托对延长机械刀片厂厂长进行任免，该任免决定亦于1992年10月21日得到普陀集管局的认可。普陀工商局于同年10月23日受理该变更登记申请，并于当日作出核准变更登记的具体行政行为。

3. 一审判案理由

叶尧骏被上海升华公司任命为延长机械刀片厂厂长，并得到普陀集管局的认可，是企业的新任法定代表人。其签署的企业申请变更登记注册书，是代表延长机械刀片厂的有效文件。该申请亦得到上级主管部门的审批同意。延长机械刀片厂企业章程中关于厂长产生程序的规定，是企业意志的体现，亦未超出现行法律法规规定的范围，该企业章程中明确厂长产生程序的规定是合法有效的。新任法定代表人的任命符合有关法律法规和规章规定的条件。变更后的企业名称也符合《企业名称登记管理规定》。

4. 一审定案结论

一审法院根据《中华人民共和国行政诉讼法》第五十三条、第五十四条第（一）项、《中华人民共和国企业法人登记管理条例》第十七条，参照《中华人民共和国企业法人登记管理条例施行细则》第四十条、《企业名称登记管理规定》第七条、《企业法人的法定代表人审批条件和登记管理暂行规定》第五条、第七条、第八条、第九条之规定，作出判决：

维持普陀区工商局1992年10月23日作出的将原上海延长机械刀片厂变更登记为上海延长刀片厂，将原法定代表人韩美丽变更登记为叶尧骏的具体行政行为。

案件受理费100元，由原告负担。

（三）二审诉辩主张

1. 上诉人上诉称：提出变更登记的申请人为上海升华公司，上海升华公司与延长机械刀片厂属平等民事主体，非延长机械刀片厂的上级单位，故该变更登记申请主体不合法。普陀工商局提交的升华公司分别于1992年8月17日和10月20日对韩美丽免职、叶尧骏任职的决定，均系升华公司的无权行为，普陀集管局于1992年10月21日给升华公司关于同意更改厂名及法定代表人的批复，系对无职能的升华公司作出的任免职决定的无效批复。且韩美丽免职及叶尧骏任职的程序均违反《中华人民共和国城镇集体所有制企业管理条例》有关集体企业厂长任免程序的规定。延长机械刀片厂无企业章程。普陀工商局的具体行政行为，侵犯了上诉人的经营自主权。请求撤销原判和普陀工商局的变更登记行为。

2. 被上诉人辩称：原延长机械刀片厂法定代表人韩美丽和新任法定代表人叶尧骏分别被升华公司免职和任职，并得到普陀集管局的同意。变更登记的申请是由新任法定代表人叶尧骏代表延长机械刀片厂提出的，升华公司隶属于普陀集管局，受该局委托，管理延长机械刀片厂，是该厂的上级单位。因本市尚未制定与《中华人民共和国城镇集体所有制企业管理条例》中有关集体企业厂长产生程序相配套的贯彻实施规章，故应依照延长机械刀片厂企业章程中所明确的厂长由上级主管部门任免。被上诉人作出变更登记的事实清楚，证据充分，适用法律法规正确，执法程序合法。要求维持原判和其具体行政行为。

（四）二审事实和证据

二审法院经审理查明：普陀工商局于1992年10月23日作出将原延长机械刀片厂变更登记为延长刀片厂，将法定代表人韩美丽变更登记为叶尧骏的具体行政行为。普陀工商局认定升华公司受普陀集管局的委托分别于1992年8月17日和10月20日对原法定代表人韩美丽、新任法定代表人叶尧骏予以免职和任职，并得到普陀集管局的认可；叶尧骏以延长机械刀片厂法定代表人的身份，向其提出变更企业名称和法定代表人的工商变更登记的申请，并签署了企业申请变更登记注册书；升华公司在注册书上加盖公章的原因系原法定代表人韩美丽未将企业公章移交给新任法定代表人，该申请得到普陀集管局的审批同意。普陀工商局认定上述事实，有企业申请变更登记注册书、1992年8月17日升华公司关于免去韩美丽厂长职务的决定、1992年10月20日升华公司关于叶尧骏任厂长的决定、1992年10月21日的普陀集管局给升华公司关于同意更改厂名及法定代表人的批复、1989年8月延长机械刀片厂（原为延长综合厂）的企业组织章程、叶尧骏的履历表等证据为证。普陀工商局认定升华公司受普陀集管局的委托管理延长机械刀片厂，未提供相应证据予以证实。上诉人原延长机械刀片厂除对企业组织章程认为是普陀工商局提供的伪证外，对其余证据均无异议。

（五）二审判案理由

二审法院认为：根据《中华人民共和国企业法人登记管理条例》第十七条、《中华人民共和国城镇集体所有制企业条例》第十五条之规定，参照《中华人民共和国企业法人登记管理条例施行细则》第四十条之规定，申请变更登记应由申请变更的企业法人提出。普陀工商局提供的企业申请变更登记注册书及有关文件，申请人均为升华公司，而非延长机械刀片厂。普陀工商局以韩美丽未交出公章，而盖了升华公司的章，申请变更主体应为延长机械刀片厂的理由不能成立。普陀工商局称升华公司受普陀集管局委托管理延长机械刀片厂，缺乏依据。故升华公司申请变更登记，该申请主体不合法。根据《中华人民共和国城镇集体所有制企业条例》第二十八条第二项、第三十二条第一款之规定，集体企业厂长任免的职权均由企业职工代表大会行使。叶尧骏、韩美丽的任免均由升华公司、普陀集管局决定和认可，该任免和认可于法无据。普陀工商局以本市尚未制定与《中华人民共和国城镇集体所有制企业条例》配套的有关厂长（经理）选举和招聘的具体办法为由，依据延长机械刀片厂企业章程所明确的主管行政机关对该厂厂长有任免权，认为对叶、韩的任免程序合法，与法相悖。原审判决对主要证据不足、适用法律法规错误的普陀工商局作出的变更登记行为予以维持，系认定事实不清，适用法律法规错误，上诉人的上诉请求成立，应予支持。

（六）二审定案结论

二审法院根据《中华人民共和国行政诉讼法》第五十四条第（二）项第一、二目、第六十一条第（三）项之规定，作出判决：

1. 撤销普陀区人民法院（1994）普行初字第9号行政判决。

2. 撤销普陀工商局1992年10月23日作出的将原上海延长机械刀片厂变更登记为上海延长刀片厂，将原法定代表人韩美丽变更登记为叶尧骏的具体行政行为。

一、二审案件受理费200元，由普陀工商局负担。

（七）解说

本案是一起因不服工商管理部门变更企业名称、法定代表人引起的行政诉讼案。对该具体行政行为的合法性审查，主要从以下两个方面进行：

1. 审查提出变更登记申请的主体是否合法。

根据《中华人民共和国企业法人登记管理条例》以及施行细则的规定，申请变更企业名称、法定代表人等登记，应由企业法人自己提出，并附有原任或新任法定代表人的签字及经有关主管部门批准。本案中工商管理部门依据的登记注册书证明，申请人企业名称为上海升华公司，而非延长机械刀片厂本身。普陀工商局称升华公司受普陀集管局的委托管理延长机械刀片厂，缺乏依据。即使有委托关系，应以委托人的名义申请，亦非升华公司。况且升华公司与延长机械刀片厂系有平等民事地位的主体。本案中以升华公司作为申请人申请变更延长机械刀片厂的企业名称、法定代表人的主体是不合法的。普陀工商局根据升华公司的申请，对延长机械刀片厂作出变更登记行政行为，应予判决撤销。

2. 审查对企业法定代表人的任免职是否合法。

根据《中华人民共和国城镇集体所有制企业条例》第二十八条规定，“集体企业的职工代表大会在国家法律、法规规定范围内行使下列职权：……（二）按照国家规定选举、罢免、聘用、解聘厂长、副厂长”。该条例第三十二条第一款规定：“厂长由企业职工代表大会选举或者招聘产生。选举和招聘的具体办法，由省、自治区、直辖市人民政府规定。”因此法规明确规定了关于集体企业厂长任免的职权均由企业职工代表大会行使。普陀工商局则以本市尚未制定与条例配套的有关贯彻实施的规章，故以企业章程明确主管行政机关有任免权为由，从而认定叶尧骏、韩美丽的任免程序合法。法院认为，普陀工商局的这一观点于法无据。第一，即使集体所有制的企业，虽在企业章程中规定了主管行政机关有任免权，但现行的行政法规已排除了主管行政机关任免的权力。企业章程中有关这样的条款，显然已不符合法律规定。对于这样的企业，有关工商行政管理机关，应该主动要求企业修改章程。工商部门更不能依照违法的企业章程，作为核准变更登记法定代表人的理由。第二，《行政诉讼法》明确规定，人民法院审理行政案件，以法律和行政法规、地方性法规为依据。我们审查延长机械刀片厂法定代表人的任免应以《城镇集体所有制企业条例》所明确规定的条款内容为依据。况且延长机械刀片厂的企业章程制定于条例实施前，其内容与法规相抵触。由此认定本案的原法定代表人韩美丽免职及新任法定代表人叶尧骏任职的程序均系违法，普陀工商局的变更登记行为的实质要件不合法。

综上所述，根据《行政诉讼法》第五十四条第（二）项第一、二目、第六十一条第（三）项之规定，普陀工商局的具体行政行为和原审判决均是错误的，应予撤销。

（陈亚娟）

8. 河北华芝电池有限公司不服廊坊市技术监督局假冒商品标识处罚案

（一）首部

1. 判决书字号

一审判决书：河北省廊坊市安次区人民法院（1996）安行初字第2号。

二审判决书：河北省廊坊市中级人民法院（1996）廊行终字第2号。

2. 案由：不服假冒商品标识处罚案。

3. 诉讼双方

原告（上诉人）：河北华芝电池有限公司。

法定代表人：王振明，总经理。

一、二审委托代理人：周立峰，厂长助理。

一、二审委托代理人：朱观云，河北省东光县云星律师事务所律师。

被告（被上诉人）：廊坊市技术监督局。

法定代表人：王克礼，局长。

一、二审委托代理人：李立秋，该局干部。

一审委托代理人：孙海山，该局干部。

4. 审级：二审。

5. 审判机关和审判组织

一审法院：河北省廊坊市安次区人民法院。

合议庭组成人员：审判长：姚宝茹；审判员：高井怀；代理审判员：方振勇。

二审法院：河北省廊坊市中级人民法院。

合议庭组成人员：审判长：孙朝勇；审判员：李振芝；代理审判员：刘长江。

6. 审结时间

一审审结时间：1996年5月9日。

二审审结时间：1996年8月8日。

（二）一审情况

1. 一审诉辩主张

（1）被诉具体行政行为：河北华芝电池有限公司于1996年1月24日到廊坊销售电池，被廊坊市技术监督局查获该公司生产的标有“北京京都永盛电池厂”、“北都”牌标志的电池328箱，认定原告河北华芝电池有限公司自1995年至1996年元月假冒北京京都永盛电池厂厂名生产“北都”牌一号电池进行销售，并认定该产品无生产日期及合格证。廊坊市技术监督局认为原告的行为已触犯《河北省对生产经销假冒伪劣商品行为处罚暂行规定》第六条第一款、第七条第四款、第八条之规定，对原告作出行政处罚：责令河北华芝电池有限公司消除假冒标志，降价出售其生产的电池；处罚款人民币2万元整。原告不服，向廊坊市安次区人民法院提起诉讼。

（2）原告诉称：原告到廊坊销售的电池是北京京都永盛电池厂委托加工的“北都”牌电池，且并未售出，决非是生产销售假冒伪劣商品行为。另外原告受委托加工生产的“北都”牌电池标有生产日期标志和合格证。被告对原告处以罚款2万元却让原告交纳3万元，只开2万元收据，另1万元被执法人员私分。请求法院撤销被告所作出的处罚决定，退回罚款3万元并赔偿原告经济损失2625元。

（3）被告辩称：对原告作出的处罚决定事实清楚，证据确凿，适用法律得当，程序合法，原告称其执法人员私分1万元纯系诽谤，请求法院予以维持。主要理由是：原告自1995年至1996年元月假冒北京京都永盛电池厂厂名生产“北都”牌一号电池并进行销售，该产品既无生产日期又无合格证。其行为已违反《河北省对生产经销假冒伪劣商品行为处罚暂行规定》的有关规定，给予原告罚款及责令降价出售其生产的电池是正确的。

2. 一审事实和证据

一审法院经审理查明：河北华芝电池有限公司于1996年1月24日，派业务员宋国栋押车到廊坊市兴安市场郭宝贵处销售电池，当车行至廊坊市制动空压机厂东侧时被被告方的执法人员发现。查获原告生产的标有“北京京都永盛电池厂”、“北都”牌标志的假冒电池328箱，共78720只。1996年1月27日被告以原告生产经销冒牌电池为由，对原告作出行政处罚决定，1月28日收取原告2万元罚款。

上述事实有如下证据为证：

（1）当事人宋国栋、郭宝贵证言。

（2）罚没收据。

（3）实物。

（4）廊坊市技术监督局给予原告的行政处罚决定书。

（5）《河北省对生产经销假冒伪劣商品行为处罚暂行规定》。

3. 一审判案理由

一审法院认为：被告廊坊市技术监督局对原告作出的行政处罚决定，认定原告生产经销（尚未售出）冒牌电池328箱，共78720只，证据充分，但认定该产品无生产日期与事实不符，对原告处以2万元罚款证据不足。适用法律法规除《河北省对生产经销假冒伪劣商品行为处罚暂行规定》第七条第四款不妥外并无不当。原告请求返还罚款3万元和赔偿经济损失2625元的证据不足，不予支持。

4. 一审定案结论

一审法院依据《中华人民共和国行政诉讼法》第五十四条第（二）项第一目之规定，判决如下：

（1）维持廊坊市技术监督局（冀廊）技监罚字（96）第2—002号行政处罚决定中的第一项，即责令相对人河北华芝电池有限公司消除假冒标志降价出售其生产的电池。

（2）撤销廊坊市技术监督局（冀廊）技罚监字（96）第2—002号行政处罚决定中的第二项，即处罚款人民币2万元整。

案件受理费1300元，由原、被告各负担650元。

（三）二审诉辩主张

1. 上诉人河北华芝电池有限公司诉称：自己制作和运输“北都”牌电池的行为是定做方履行合同义务，既非假冒也非销售。要求撤销一审判决第一项。

2. 被上诉人廊坊市技术监督局辩称：一审判决并无不当，请求二审驳回上诉。

（四）二审事实和证据

廊坊市中级人民法院经审理查明：“北都”标识是北京京都永盛电池厂报请待批的电池商标品牌。自1995年5月该厂就与上诉人有委托制作电池的业务往来。当时双方签有书面合同，上诉人随后在河北省东光县工商行政管理局备案并得到核准。按合同规定上诉人制作电池，以及按委托厂要求印制电池标识及包装，并负责在一定距离内代为北京厂方送货。1996年1月24日上诉人雇车前往北京厂方指定的廊坊销售点时，被被上诉人扣押。被上诉人以上诉人生产经销冒牌电池为由，对上诉人作出行政处罚决定：责令相对人河北华芝电池有限公司消除假冒标志，降价出售其生产的电池；处以罚款人民币 2 万元。

上述事实有以下证据证明：

1. 书面委托制作合同。

2. 业务结算票据。

3. 东光县工商局出具的证明。

4. 电池行业国家标准和被扣电池出厂合格的原始质检测定记录。

5. 证人张书阁等人能相互印证的证言。

（五）二审判案理由

廊坊市中级人民法院通过审理认为：上诉人制造并运送“北都”牌电池是履行合同义务的民事法律行为，并非假冒标识。对其以假冒加以认定缺乏事实和法律依据，一审判决第一项适用法律不当。上诉人之上诉理由成立。

（六）二审定案结论

廊坊市中级人民法院根据《中华人民共和国行政诉讼法》第六十一条第（一）、（二）项之规定，判决如下：

1. 撤销廊坊市安次区人民法院（1996）安行初字第 2 号判决第一项，即“维持廊坊市技术监督局（冀廊）技监罚字（96）第 2－002 号行政处罚决定中的第一项”；维持第二项，即“撤销廊坊市技术监督局（冀廊）技罚监字（96）2－002 号行政处罚决定中的第二项”。

2. 撤销被上诉人（冀廊）技监罚字（96）第 2－002 号行政处罚决定第一项，即：“责令相对人河北华芝电池有限公司消除假冒标志，降价出售其生产的电池”。

一案案件受理费 1300 元及二审案件受理费 1300 元，均由被上诉人负担。

（七）解说

这是一起被一审法院部分维持部分撤销，被二审法院全部撤销的行政案件。我们认为，二审法院的判决是正确的，二审法院撤销廊坊市技术监督局处罚决定的主要理由是：被上诉人（原审被告）认定上诉人（原审原告）假冒商标缺乏事实和法律依据。《河北省对生产经销假冒伪劣商品行为处罚暂行规定》第六条，对什么是假冒伪劣商品作了规定。假冒是行为人违反商标法的有关规定，损害商标所有权人利益的一种侵权行为，这里指的商标权，必须是已经申请并核准注册的商标。本案中，上诉人的行为不是该规定列举的生产假冒商品的行为。北京京都永盛电池厂使用的“北都”标识只是已经申请，并未批准注册。而且上诉人河北华芝电池有限公司生产“北都”电池是基于其与北京京都永盛电池厂订立的合同实施的，且经过了上诉人所在地工商行政部门的批准。因此，被上诉人认定上诉人假冒商品标识不能成立，其处罚决定适用法律不当，是应当被撤销的行政处罚决定。

（韩春来　贺莉）

9. 银川时新服装厂工人代表不服银川市人民政府经济委员会企业合并决定案

（一）首部

1. 裁定书字号：宁夏回族自治区高级人民法院（1996）宁法行字第 7 号。

2. 案由：不服企业合并决定案。

3. 诉讼双方

原告：原银川时新服装厂工人代表：

徐琪：女，46 岁，银川原时新服装厂工人。

李素莲：女，原银川时新服装厂工人。

方秀云：女，46 岁，原银川时新服装厂工人。

王秀珍：女，48 岁，原银川时新服装厂工人。

白玉凤：女，44 岁，原银川时新服装厂工人。

委托代理人：吴家麟，宁夏怀远律师事务所律师。

委托代理人：李志银，宁夏怀远律师事务所律师。

被告：银川市人民政府经济委员会。

法定代表人：董亚政，主任。

第三人：银川服装工业集团公司。

法定代表人：王学武，总经理。

4. 审级：一审。

5. 审判机关和审判组织

审判机关：宁夏回族自治区高级人民法院。

合议庭组成人员：审判长：吕秉岐；审判员：庞鸿儒、李素仙。

6. 审结时间：1996 年 7 月 23 日。

（二）诉辩主张

1. 被诉具体行政行为：1994 年 1 月 20 日和 1994 年 7 月 19 日，被告银川市人民政府经济委员会先后下发了银经发［1994］019 号《关于成立银川市服装工业集团公司报告的批复》和银经发［1994］067 号文件。前者批准由银川服装鞋帽皮革工业公司、银川红旗服装厂和银川时新服装厂三家合并成立银川市服装工业集团公司，性质为全民所有制，集体企业原身份不变。后者则是下令撤销了银川时新服装厂，取消了该厂法人地位。这两个文件都是为银川市服装鞋帽皮革工业公司背着银川时新服装厂给银川市经委的“三家企业合并报告”而发的。这两个文件不仅违反了国务院发布的《城镇集体所有制企业条例》的有关规定，而且严重侵犯了银川时新服装厂的财产所有权、经营自主权和民主管理权。银川时新服装厂是 1952 年由手工业作坊合并成立的集体所有制企业。是一个现有 200 多名职工、有 40 多年历史的老厂。工人们不服这两个文件，在他们派代表多次找市长并向多家新闻单位请求支持而无结果的情况下，无可奈何，只得诉诸法律，向银川市城区人民法院提起行政诉讼。后因案情重大复杂，由自治区高级人民法院裁定自行管辖。

2. 原告诉称：

原银川时新服装厂是 1952 年由手工业作坊合并成立的集体所有制企业。全厂有工人 240 多名（其中已退休工人 92 人），在银川鼓楼南街闹市区建起营业大楼两处，面积约 3000 平方米。拥有资产 300 万元。1993 年 8 月，全国服装行业不景气工厂面临困难的情况下，全厂职工共同集资准备装修大楼，扩建商场，实行产供销一体化，实行以工促商、以商养工的方针。

时新服装厂的主管部门是银川市经济委员会下属的服装鞋帽皮革工业公司。这是一个行业管理公司。1993年中央提出撤销此类公司，而服装鞋帽皮革工业公司为了给自己找出路，就派该公司副经理徐辉到银川时新服装厂同厂长商谈合并事宜，遭到了拒绝。于是服装鞋帽皮革工业公司副经理徐辉兼任了时新服装厂的厂长职务，将原任厂长免去。这样徐辉一人身任两个企业的厂长经理，背着全厂广大职工向银川市经济委员会递交了《关于成立银川服装工业集团公司的报告》。1994年1月20日，银川市经济委员会下发了银经发［1994］019号文件，错误地批准了该报告，由银川服装帽皮革工业公司、红旗服装厂（国营）、时新服装厂（集体）合并，成立银川服装工业集团公司；1994年7月19日又发出了［1994］067号文件，撤销了银川时新服装厂并由工商局注销其法人资格。银川市经济委员会下发的这两个极端错误的文件，导致了一个有40多年历史的集体企业的财产权、经营权、民主管理权的丧失。被告制发上述两个文件实属违法的具体行政行为，是无效的。理由是：

（1）国务院颁布的《中华人民共和国城镇集体所有制企业条例》规定：决定经营管理和重大问题的权力必须由厂职代会行使，厂长无权擅自决定。然而上报合并成立服装工业集团公司，既未开过一次职代会讨论通过，也未向全厂工人通报过，都是徐辉一人所为，从而既违反了上述法规，又严重侵犯了一个集体企业的民主管理权。

（2）被告市经委的决定侵犯了时新厂的财产权。时新厂是集体企业，其财产权归集体所有，市经委文件改变了企业性质，把时新厂集体财产收归全民企业所有。《城镇集体所有制企业条例》第二十一条规定："集体企业对其全部财产享有占有、使用、收益和处分的权利，拒绝任何形式的平调。"第五十五条规定："任何政府部门及其他单位和个人不得改变集体所有制性质和损害集体企业的财产所有权。"集团公司成立后将时新厂的两幢营业大楼变为集团公司所有，侵犯了时新厂合法的财产权。

（3）被告市经委的决定违反了有关成立集团公司的规定条件。《城镇集体所有制企业条例》第十六条规定："集体企业的合并分开应当遵照自愿平等原则，由有关各方依法签订协议。"国务院［1996］36号文件也规定："各种经济联合，都要以合同协议关系确定下来。""要维持企业横向经济联合的自主权，允许企业按照协议和章程的规定，自愿参加和自愿退出。"国家体改委、国家经委《关于组建和发展企业集团的几点意见》中规定："集团公司必须具有共同遵守的章程"。组建银川服装工业集团公司，一无协议，二无章程，以行政手段，强行组建，违反了上述规定。

（4）被告市经委［1994］067号文件中关于撤销银川时新服装厂的决定是违法的。《城镇集体所有制企业条例》第六条规定："集体企业依法取得法人资格，以其全部财产独立承担民事责任。"银川时新服装厂依法取得了法人资格，有国家工商行政管理局颁发的营业执照。被告银川市经委以文件强制命令撤销该厂，是对时新厂法人地位的侵犯。

根据以上事实和法律法规的规定，被告银川市经委的文件违反了法律规定，侵犯了银川时新服装厂的经营自主权，实属无效。原告提出的诉讼请示是：判令撤销被告银川市经济委员会［1994］019号和067号文件；判令恢复时新服装厂原有的法人资格，由厂职代会依法产生法定代表人；判令第三人银川服装工业集团公司将时新服装厂大楼（现改名华夏服饰商厦）归还给时新服装厂，并返还非法经营期间的租金收入169.5万元；判令被告承担本案诉讼费用及一切由此引起的损失费用。

3. 被告辩称：

（1）我市有20多家服装生产企业，多为城镇集体所有制，年产值不足3000万元。近年来服装行业出现全行业性的亏损，其原因主要是企业规模小，产品单一，技术水平低，资金短缺，自我改造和自我发展的能力弱，在市场经济中缺乏有效的竞争机制和竞争能力，以至于出现停产、半停产局面，市场占有率不足10%。为了改变这种困境，必须走企业改组之路，转换经营机制，优化组合，合理配置，做到优势互补，扬长避短，充分利用现有设备、技术和场地，形成规模经营和多元化发展，以适应市场竞争的需要，提高经济效益，扭转亏损局面。在这种情况下成立银川市服装工业集团公司，是全市服装行业改革的一大创举。

（2）银川市服装鞋帽皮革工业公司党委于1993年11月2日成立了转换经营机制领导小组，专门研究了各家联合成立服装工业集团公司问题，商议由三家服装企业合并成立。一是银川服装鞋帽皮革工业公司，该公司是联合企业性质，不是单纯性管理公司；二是银川红旗服装厂，系全民所有制企业；三是银川时新服装厂，系集体所有制企业。三家企业的领导人经过协商，决定成立服装工业集团公司，并向市政府写了报告，市经委批准成立。第一步先由服装鞋帽皮革工业公司和时新服装厂两家合并，第二步再与红旗服装厂联合。我们认为组建集团公司方向是正确的，对全市服装工业企业是有利的，应当给予支持和法律保护。至于在深化企业改革过程中某些做法不完善，可以逐步完善。

（三）事实和证据

原银川时新服装厂是1952年由手工业作坊合并成立起来的集体所有制企业，地处银川市鼓楼南街繁华地区，具有优越的经营条件，现有在职职工152人（另有退休工人104人）。40多年来，靠全厂工人劳动就地建起了两座营业大楼，从事服装加工和服装销售业务，拥有各种服装专用设备100多台，资产343万多元。1993年8月，服装行业不景气，企业面临亏损和困难，全厂职工自愿共同集资20多万元，计划装修大楼，扩建商场，实行产供销一体化。当时银川时新服装厂的行政主管部门是银川市经委下设的从事企业行业管理的原银川市服装鞋帽皮革工业公司。该工业公司派其副经理徐辉到时新服装厂提出同该厂联营，遭厂长殷连芳的拒绝。1993年11月10日银川服装鞋帽皮革工业公司以银服党字[1993] 006号文件任命该公司副经理徐辉兼任银川时新服装厂厂长、党支部书记，撤销了由职工代表大会选举产生的厂长殷连芳的厂长职务。由徐辉一人既代表时新厂又代表服装鞋帽皮革工业公司，背着时新厂职工给银川市经委写了由两家联合成立服装工业集团公司的报告。于是银川市服装鞋帽皮革工业公司成立了经营机制转换领导小组，提出要和银川红旗服装厂（国营企业）、银川时新服装厂合并，给银川市经委写了三家企业合并的报告，银川市经委即于1994年1月20日下发了银经发[1994] 019号《关于成立银川市服装工业集团公司报告的批复》文件，批准由银川服装鞋帽皮革工业公司、银川红旗服装厂、银川时新服装厂三家合并成立银川市服装工业集团公司，性质为全民所有制，集体企业原身份不变。并于1994年7月19日以银经发[1994] 067号文件，下令撤销了银川时新服装厂，取消了该厂法人地位，由工商行政管理机关注销了营业执照，接着将时新服装厂包括两座大楼和100多台机器设备在内价值300多万元资产收归国营企业所有。时新服装厂一座营业大楼房产所有权人也被更换为银川市服装工业集团公司，性质由集体变为国有。这座大楼被出租，一年多来租赁费200多万元由服装工业集团公司收取入账，时新厂100多名工人靠自已双手揽作缝纫挣钱餬口（红旗服装厂未参加集团公司）。工人们气愤至极，派代表多次找市长，要求归还他们的“三权”（财产所有权、经营自主权、民主管理权），并向报社等新闻单位写信请求支持，均未见结果。于是广大工人开会商量决定派代表投诉法院。选出以徐琪等5名老工人为代表，以银川市经委为被告，以侵犯经营自主权为由，向银川市城区人民法院提起行政诉讼，要求撤销银川市经委银经发［1994］019号文件和银经发［1994］067号文件，归还原时新厂财产，退还租赁费，赔偿因此造成的经济损失。

上述事实有银川服装鞋帽皮革工业公司关于免去殷连芳时新服装厂厂长职务，任命该公司副经理徐辉兼任时新厂厂长的通知，给市经委的由时新厂、红旗厂两厂和该公司合并成立服装工业集团公司的报告，银川市经济委员会关于成立银川市服装工业集团公司的批复，任命书，撤销银川时新服装厂的通知及两座营业大楼的房产证等书证为证。

（四）判案理由

银川时新服装厂是一个由城镇街道居民白手起家，创建40多年发展起来的集体企业，其财产所有权应当受到法律的保护。银川市服装鞋帽皮革工业公司是个行业管理公司，利用职权将工人选举产生的厂长免职，把自己公司副经理徐辉派出兼任该厂厂长，然后由徐辉一人操纵，背着时新服装厂广大工人，给市经委写报告搞强行联合。银川市经委不作调查，不顾法律规定，在既无联合协议，又未经职工代表大会讨论通过的情况下，下文批准联合成立集团公司，将集体财产收归国有，违反了国务院颁发的《城镇集体所有制企业管理条例》关于集体企业财产管理经营自主权、民主管理等项权利的规定，侵犯了银川时新服装厂的合法权益。银川市经委下发的有关撤销时新服装厂联合成立服装工业集团公司等文件，违反法律规定，应予撤销，对此给银川时新服装厂造成的经济损失，应当承担行政赔偿责任。

在审理中，被告认识到自己的行为违法，于1996年7月3日下发了银经发［1996］031号文件，撤销银经发［1994］019号及银经发［1994］067号文件，同意银川时新服装厂从银川服装工业集团公司退出，恢复银川时新服装厂名称及法人地位；对因强行联合给银川时新服装厂造成的经济损失同意承担赔偿责任，银川服装工业集团公司成立合并时原银川时新服装厂的财产全部退还给时新服装厂；案件诉讼费由被告承担。至此，取得了原告的谅解。

（五）定案结论

1. 由于被告在审理中认识到了自己作出的具体行政行为侵犯了一个集体企业的经营自主权，并且采取了一系列的补救措施，纠正了自己的错误决定，主动承担了赔偿给银川时新服装厂造成的经济亏损80万元的行政侵权责任，取得了时新服装厂广大工人的谅解，广大工人看到自己的“三权”得到了保护，诉讼请求实现，诉讼目的达到，故向宁夏回族自治区高级人民法院提出撤诉申请，宁夏回族自治区高级人民法院根据《中华人民共和国行政诉讼法》第五十一条的规定，于1996年7月23日作出了宁法行字第7号行政裁定书，准许原告撤诉。

2. 原告与第三人的财产纠纷，经高级人民法院从中调解，双方达成了协议。因原时新厂的营业大楼联合后，集团公司支付100多万元装修大楼，租赁费收入160多万元，双方其他债权债务相抵后，由银川时新服装厂向银川服装工业集团公司支付297943.92元。

3. 案件受理费23794元，财产保全费18545元，共计42339元，双方各承担50%。

（六）解说

1. 银川市经济委员会的行为，严重违反了有关集体企业的法律规定，侵犯了一个集体企业的财产管理权、经营自主权、民主管理权。1991 年 9 月 9 日国务院颁发的《城镇集体所有制企业条例》第二十一条规定了城镇集体企业对其全部财产享有占有、使用、收益和处分的权利，拒绝任何形式的平调，自主安排生产、经营、财务活动等十项权利。银川市服装鞋帽皮革工业公司是行业管理公司，以其行业管理职权，先是免去银川时新服装厂厂长职务，后派其副经理徐辉任该厂厂长，徐辉一人既代表时新厂又代表服装鞋帽皮革工业公司，未经时新厂职代会讨论通过，也未签订联营合同，以行政命令强行把一个集体企业的财产全部合并到一个行业管理公司。

银川市经济委员会是企业的主管机关，未对其下属单位上报的联合报告是否合法进行审查，盲目批准合并成立集团公司，侵犯了时新厂对自己财产的所有权和使用权。

《城镇集体所有制企业条例》第五十五条规定："国家保护集体企业的合法权益，任何政府部门及其他单位和个人不得改变集体企业的集体所有制性质和损害集体企业的财产所有权……不得干预集体企业的生产经营和民主管理。"银川市经济委员会的批复和决定，违反了上述规定。国家体改委、国家经委《关于组建和发展企业集团的几点意见》第四条规定："组建企业集团要坚持自愿互利的原则，由企业自主组建集团，可以加入和退出。各级政府和行业管理部门不得采取行政手段自上而下地强行组织。"银川时新服装厂被合并到集团公司里，并没有达到自愿，厂长不同意，又未经职代会讨论通过，而是行政命令强行组建的，组建后更没有实现互利。时新厂的财产被合并到集团公司，财产的所有权、使用权、受益权完全由集团公司享有。时新厂的工人仍是集体工，集团公司不给发工资，由他们自己揽作缝纫挣钱餬口。这种做法违反了国家体改政策和法律的规定。

《城镇集体所有制企业条例》第三十二条规定："厂长经理由企业职工代表大会选举或招聘产生"。有关规定都给城镇集体企业的自主经营和民主管理提供了法律保护。银川市经济委员会的批复和决定，下令撤销银川时新厂，免除厂长职务，违反了上述法律规定，是利用行政权力干预企业的生存和发展的违法行政行为，严重侵犯了银川时新服装厂的经营自主权和民主管理权。

2. 此案在审理程序上，先是由银川市城区人民法院受理，因阻力太大，审理困难，原告提出申请后，经自治区高级人民法院审委会研究认为本案案情重大复杂，裁定由自治区高级人民法院管辖，反映了自治区高级人民法院积极支持原告诉讼请求，保护企业法人合法权益的积极态度，为企业的生存与发展保驾护航。

3. 此案关于银川时新服装厂与银川市服装工业集团公司之间因合并引起的财产权益纠纷通过什么程序审理是一个难题。原告向自治区高级人民法院民庭写了民事诉状。我们认为可以一并审理，故通知银川市服装工业集团公司作为第三人参加诉讼。对原、被告之间的行政纠纷，由于原告已申请撤诉，法院作出准许撤诉的裁定；时新厂与集团公司之间的财产纠纷属民事性质，法院作了大量调解工作，终于使双方达成调解协议，下了调解书。这样既可减少当事人的讼累，也减轻了法院的审理负担，简化了繁琐程序。

（吕秉岐）

三、物价行政管理案例

10. 肖桂生等13人不服建阳市物价委员会调整液化气零售价格案

（一）首部

1. 判决书字号

一审判决书：福建省建阳市人民法院（1995）潭行初字第6号。

二审判决书：福建省南平市中级人民法院（1996）南行终字第6号。

2. 案由：不服调整液化气零售价格案。

3. 诉讼双方

原告（上诉人）代表人：肖桂生，男，50岁，福州市人，建阳市协作公司干部，住西桥新村1号楼。

一、二审委托代理人：李高荣，南平市律师事务所律师。

被告（被上诉人）：建阳市物价委员会。

法定代表人：尧金生，主任。

一、二审委托代理人：郭建新，男，32岁，莆田市人，建阳市物价检查所干部，住西桥新村一号楼。

4. 审级：二审。

5. 审判机关和审判组织

一审法院：福建省建阳市人民法院。

合议庭组成人员：审判长：叶祖光；审判员：刘礼火；代理审判员：郑丽华。

二审法院：福建省南平市中级人民法院。

合议庭组成人员：审判长：许裕华；审判员：胡志飞、许秀平。

6. 审结时间

一审审结时间：1995年12月28日。

二审审结时间：1996年4月5日。

（二）一审情况

1. 一审诉辩主张

（1）被诉具体行政行为：被告福建省建阳市物价委员会根据本市液化气经营单位《关于要求调整液化气零售价格的报告》，于1995年5月18日作出潭价（1995）047号《关于调整液化气零售价格的批复》。其中规定：凡1995年5月20日以前开户的用户，不论已供气时间长短，三年期的供应价调为每瓶38元，五年期的供应价调为每瓶40元；每户年供气调为10瓶，每瓶净重14.5公斤，允许正、负0.5公斤误差等。对此，原告肖桂生等13人不服，于1995年7月24日向建阳市人民法院提起诉讼。

（2）原告肖桂生等13人诉称：被告建阳市物价委员会所作的潭价（1995）047号《关于调整液化气零售价格的批复》,以行政职权单方强行推翻原告与液化气经营单位已订立的供气合同的部分内容，其行为是越权行为，而且侵犯了原告的合法权益。为此，请求法院依法判决撤销被告潭价（1995）047号《关于调整液化气零售价格的批复》。

（3）被告建阳市物价委员会辩称：液化气是国家管理的商品，对液化气价格进行调整是物价管理机关的职责，建阳市物价委员会的潭价（1995）047号文批复是以《经济合同法》为法律依据的，是抽象的行政行为，且肖桂生等13人不是合同的当事人，也就不是具体行政行为的相对人，不具备原告资格，故被告调整液化气价格的行为不属于行政案件的受案范围。

2. 一审事实和证据

福建省建阳市人民法院于1995年12月20日对本案进行了公开审理，查明：原告肖桂生等13人曾于1993年2月与建阳市液化气供应公司签订了供气合同，合同规定：每户开户费850元，保价供气五年，每年供气12瓶，每瓶价格25元等，尔后双方均按合同履行约定。1995年5月18日，被告根据本市液化气经营单位《关于要求调整液化气零售价格的报告》，认为液化气出厂价格不断上涨，运杂费用不断提高，经营成本加大，经政府同意，遂作出潭价（1995）047号《关于调整液化气零售价格的批复》，对液化气零售价格和送气费收费标准作了规定，其中第一条关于液化气零售价格规定为：（1）凡1995年5月20日以后新开户的用户，每户开户费400元，每瓶供应价45元，不受年限限制，长期供气。（2）凡1995年5月20日以前（不含当天）开户的，不论是三年期还是五年期的，不论已供气时间长短和所交开户费多少，在原合同期内，三年期的供应价调为每瓶38元，五年期的供应价调为每瓶40元；原合同期满后一律按长期供应价每瓶45元执行，不再交纳开户费。（3）未交开户费或超定量购气的，一律按议价供气每瓶55元执行。（4）今后遇政策调价，以上价格也应作相应调整。（5）每户年供气10瓶，不满10瓶不补，超过10瓶按议价供应。（6）每瓶净重14.5公斤，允许正负0.5公斤。1995年5月20日建阳市液化气供应公司依据被告下发的047号批复文件的具体规定，单方强行变更与原告订立的原合同内容，每年每户供气12瓶改为10瓶，每瓶单价25元改为40元。在本案一审审理过程中，被告建阳市物价委员会又于1995年10月5日作出潭价（1995）070号《关于调整液化石油气零售价格的通知》，其中第四项规定：潭价（1995）047号《关于调整液化气零售价格的批复》10月10日停止执行。

认定上述事实的证据有：

原告起诉状，被告答辩状，被告提供的潭价（1995）047号批复原件和双方当事人陈述笔录。

3. 一审判案理由

建阳市人民法院认为：被告建阳市物价委员会作为人民政府物价管理机关，根据国务院国发（1994）16号《关于加强对居民基本生活必需品和服务价格监审的通知》的规定，对建阳市液化石油气的零售价格进行价格监审是合法的，应予以支持和维护。被告所作出的潭价（1995）047号批复文件，其中第一条第二项、第五项、第六项规定，是针对与液化气经营单位有合同关系的特定的公民、法人或者其他组织作出的具体行政行为，该行为是超越职权的行政行为，但被告现已自行停止执行，其具体行政行为已不存在，故原告的诉讼请求不符合起诉的条件。

4. 一审定案结论

福建省建阳市人民法院根据上述认定的事实和判案理由，依照《中华人民共和国行政诉讼法》第四十一条的规定，作出判决：

驳回原告肖桂生等 13 人的起诉。

（三）二审诉辩主张

福建省建阳市人民法院一审判决后，原告肖桂生等 13 人不服，上诉于福建省南平市中级人民法院。

1. 上诉人（原审原告）肖桂生等 13 人诉称：（1）一审判决认定建阳市物价委员会潭价（1995）047 号文件中调整原合同期内液化气价格，系超越职权，这是正确的；但又判决驳回上诉人的起诉，则是错误的，是程序违法。（2）建阳市物价委员会潭价（1995）047 号文中调整液化气供应瓶数及充装量，缺乏法律依据。

2. 被上诉人（原审被告）建阳市物价委员会辩称：（1）物价部门有权调整液化气的价格，根据法律规定，液化气价格实行国家定价。（2）调整液化气价格是依据《经济合同法》第十七条第三项的规定。（3）被上诉人是依据南委潭价（1995）070 号文调整液化气的充装量。

（四）二审事实和证据

二审法院确认了一审法院认定的事实和采纳的证据。

（五）二审判案理由

福建省南平市中级人民法院二审认为：液化石油气是居民基本生活必需品，国家物价部门有权依法对液化石油气商品实行定价、管理。对经营单位与消费者已签订价格协议的，如双方签订价格未超过当地物价部门的定价，在签约有效期内，原则上供气价格不作变动。建阳市物价委员会潭价（1995）047 号文第一条第二项的规定，系针对已与液化气经营单位有合同关系的特定的公民、法人或其他组织作出的具体行政行为，其调整合同供气价，侵犯了上诉人的合法权益。上诉人请求撤销被上诉人潭价（1995）047 号文第一条第二项的规定，予以采纳。被上诉人的潭价（1995）047 号文第一条第一项、第三项的规定，未涉及到上诉人的权利义务，以及第一条第四项、第五项、第六项、第二条是具有普遍约束力的条款，上诉人的请求法院不予采纳。原审法院对被上诉人作出的超越职权调整合同供气价的具体行政行为，未予判决撤销不当。

（六）二审定案结论

福建省南平市中级人民法院根据上述确认的事实和判案理由，依照《中华人民共和国行政诉讼法》第十二条第（二）项、第五十四条第（二）项之规定，作出判决：

1. 撤销建阳市人民法院 1995 年 12 月 28 日作出的（1995）潭行初字第 6 号行政判决。

2. 撤销建阳市物价委员会 1995 年 5 月 18 日潭价（1995）047 号《关于调整液化气零售价格的批复》第一条第二项的规定。

（七）解说

本案在处理过程中，主要涉及以下几个问题：

1. 一审法院以被告已自行停止执行潭价（1995）047号批复，具体行政行为已不存在为由，判决驳回原告肖桂生等13人的起诉，是否正确。

最高人民法院《关于贯彻执行〈中华人民共和国行政诉讼法〉若干问题的意见（试行）》第六十二条规定："被告行政机关在第一审程序中，改变其所作的具体行政行为，如果原告申请撤诉未获准许，或者原告不申请撤诉的，人民法院应继续审理被诉的原具体行政行为。"根据这一规定，虽然建阳市物价委员会已停止执行潭价（1995）047号批复，但原告未申请撤诉，一审法院应继续审理，对超越职权所作的具体行政行为应予以撤销。一审法院违反这一规定，驳回原告的起诉是错误的。二审法院撤销一审法院的判决是正确的。

2. 建阳市物价委员会作出潭价（1995）047号批复，是制定规范性文件的抽象行政行为，还是针对特定的人和事设定权利义务的具体行政行为。

应当说建阳市物价委员会的行为中，既有抽象行政行为，又有具体行政行为。潭价047号批复的第一条第二项规定："凡1995年5月20日以前（不含当天）开户的用户，不论是三年期还是五年期，不论已供气时间长短和所交开户费多少，在原合同期内，三年期的供应价调为每瓶38元，五年期的供应价调为每瓶40元。"该条款虽没有具体地列出用户的姓名，也不是针对某一个人，但该条款是针对1995年5月20日以前开户的在原合同期内的用户，这部分用户是特定的、不可改变的、可统计的，故该条针对的对象是特定的，建阳市物价委员会作出这一规定是具体行政行为。一、二审法院也是围绕这一部分进行审理判决的。潭价047号批复的其他条款针对的对象是不特定的，它针对的对象既包括签有合同的用户，也包括未签合同的用户，甚至还包括将来可能成为用户的这一部分人，是具有普遍约束力的条款，故建阳市物价委员会作出这部分规定是抽象行政行为，原告对此没有诉权。

3. 肖桂生等13人是否具备原告的主体资格。

本案中，供气合同是建阳市经济协作公司与液化气经营公司签订的。肖桂生等13人并没有与液化气经营公司签订合同，那么肖桂生等13人是否不是合同的当事人而不具备原告的主体资格呢？经济协作公司是肖桂生等13人的所在单位，它与液化气经营公司签订的合同是代表该单位的用气户与液化气经营公司签订的。合同上的16户用气户也包括了肖桂生等13户。且每个用户手中都有一本供应证，证中注明"保价供气五年，每年供气12瓶，每瓶价格25元"等条款，故肖桂生等13人与液化气经营公司存在合同关系，是合同的当事人，因而也就是建阳市物价委员会的具体行政行为的管理相对人，从而具备原告的主体资格。

4. 建阳市物价部门作出的潭价047号批复中第一条第二项规定调整合同期内供气价格是否越权。

液化气是居民基本生活必需品，国务院国发（1994）16号《关于加强对居民基本生活必需品和服务价格监审的通知》将液化石油气的出厂价和零售价格列为监审范围。《福建省液化气价格管理暂行办法》第六条明确规定："液化石油气的价格实行国家定价。"该办法还对计价办法、质量和计量标准等都作了明确的规定，说明国家物价管理部门有权依法对液化石油气商品实行定价、管理。但是《福建省液化气价格管理暂行办法》第二条第三项规定："对经营单位与消费者已签订价格协议的，如按本规定计算的价格超过现行价格，为取信于民，在签约期内原则上供气价格不作变动。如现行价格高于按本规定计算的价格，应按本规定计算的价格执行，以维护消费者的利益。”建阳市液化气经营公司与用户签订的合同价格低于按《福建省液化气价格管理暂行办法》规定的计价办法计算的价格，按规定应不作变动。建阳市物价委员会的潭价 047 号批复第一条第二项把签有三年合同和五年合同用户的供气价分别提高到每瓶 38 元和 40 元，违反了这一规定，属于超越职权的具体行政行为，侵犯了消费者的合法权益，应予以撤销。

（吴良福）

11. 江门市礼乐镇向民塑料厂不服江门市物价检查所物价管理处罚案

（一）首部

1. 判决书字号：广东省江门市江海区人民法院（1996）江海法行初字第 1 号。

2. 案由：不服物价管理处罚案。

3. 诉讼双方

原告：江门市礼乐镇向民塑料厂（简称向民塑料厂）。

法定代表人：刘锡炎，厂长。

委托代理人：吴达能，新会市育才学校教师。

被告：江门市物价检查所。

法定代表人：罗伯军，所长。

委托代理人：胡影儿，江门市江海区物价检查所副所长。

委托代理人：严文标，江门市华南律师事务所律师。

第三人：江门市外海东南塑料丝花综合加工厂（简称东南丝花厂）。

法定代表人：伍梦雄，厂长。

委托代理人：陈策兴，江门市对外经济律师事务所律师。

4. 审级：一审。

5. 审判机关和审判组织

审判机关：广东省江门市江海区人民法院。

合议庭组成人员：审判长：黄昌权；审判员：寇青、张福彬。

6. 审结时间：1996 年 7 月 4 日。

（二）诉辩主张

1. 被诉具体行政行为：1995 年 10 月 5 日，东南丝花厂向江门市江海区物价检查所投诉，称向民塑料厂擅自提高电价和加收电费。江海区物价检查所根据举报予以立案查处，认定原告未经业务主管部门同意，于 1994 年 12 月至 1995 年 9 月期间，擅自提高和加收电费共计人民币 108275.09 元，属重大价格违法行为，根据《中华人民共和国价格管理条例》和国家物价局《关于价格违法行为的处罚决定》，对原告向民塑料厂作出了处罚：将多收金额 108275.09 元于 1996 年 1 月 10 日前上缴国库；对原告免于罚款。原告不服，向江门市物价检查所申请复议，市物价检查所复议认为，本案原处理决定事实清楚，证据确凿，适用价格法规、政策正确，但处理欠当，于是作出复议决定：维持江海区物价所原作出的（对原告）免于罚款的决定；变更原关于将多收金额上缴国库的决定，改为将多收电费108275.09元全部退还第三人东南丝花厂。原告不服复议决定，向江门市江海区人民法院提起行政诉讼。

2. 原告诉称：被告作出的复议决定，要求我厂退回多收的电费108275.09元给东南丝花厂，违反了宪法关于权利义务相一致的原则，因为我厂投入巨额资金架设电线路，购置变压器，支付增容费等义务，得不到相应的经济补偿的权利，而东南丝花厂不是合法的电力消费者和用电户却受到保护，该复议决定是错误的。另我厂与东南丝花厂之间不属电价管理问题，而是用电管理问题，应由电力管理部门主管。故复议决定依据不足，适用法律错误，超越职权，应予撤销。

3. 被告辩称：原告擅自改变国家定价的电价收费标准，多收东南丝花厂电费，事实清楚，证据确凿，其多收电费的行为构成价格违法行为。我所对原告的价格违法行为作出的具体行政行为于法有据，处理恰当。请求法院依法驳回原告的诉讼请求，裁决维持被告作出的复议决定。

（三）事实和证据

法院经审理查明：1994年5月7日，原告向民塑料厂与第三人东南丝花厂签订了场地、厂房、电力租赁合同，合同约定：租赁期限五年（从1994年6月1日起），原告保证电力190千瓦供应东南丝花厂使用，电费从使用当月起按礼乐供电所的收费标准每月结算一次。双方都依约履行。同年9月双方又签订了关于东南丝花厂电费收取的补充协议，协议约定：鉴于近期省电网调整电价，双方协商后，原告依据江门礼乐供电所的二类电表收费标准，向东南丝花厂收取电费。原告本属一级表用户，独立变压器，但从1994年12月起向东南丝花厂按二级表收取电费并加收变损、力率调整、镇街灯等费用，至1995年9月，10个月共多收取电费人民币108275.09元。1995年10月，江门市江海区物价检查所根据举报予以立案查处，并于1995年12月26日作出江海价检字（1995）2号的处罚决定书，认定原告未经业务主管部门同意擅自提高电价和加收镇街灯费，共多收金额108275.09元，其行为已构成重大价格违法案件，根据《中华人民共和国价格管理条例》第三十条和国家物价局《关于价格违法行为的处罚决定》第十条的规定，对原告作出了将多收金额如数于1996年1月10日前上缴国库的处理，并决定免于罚款。原告不服，向江门市物价检查所申请复议，市物价检查所复议认为：电价是属于物价部门管理，电价违纪行为应由物价检查机构查处，本案原处理决定事实清楚，证据确凿，适用价格法规、政策是正确的，但处理欠当，于1996年3月4日作出江价检复字（1996）2号复议案件决定书及1996年5月13日的补充说明，维持江海区物价所原作的免于罚款的决定，变更其关于将多收金额上缴国库的决定，改为将多收电费108275.09元全部退还东南丝花厂。

以上事实有下列证据证明：

1. 原告与第三人签订的场地、厂房、电力租用合同和电费收取的补充协议。

2. 原告向第三人收取电费的情况表。

3. 广东省江门市区电价价目表。

4. 江海区物价检查所江海价检字（1995）02号处罚决定书。

5. 江门市物价检查所江价检夏字（1996）2号复议案件决定书。

（四）判案理由

江门市江海区人民法院认为：

1. 被告对原告的价格违法行为进行查处是正确的。原告在出租厂房（场地）期间，擅自将一类表用户的收费标准提高为二类表用户收费标准向第三人收取电费，其行为违反了《中华人民共和国价格管理条例》关于价格的制定和管理的有关规定，已构成重大价格违法案件。江海区物价检查所有权依职权对其进行查处。被告在复议时认定原处罚决定事实清楚，适用法律正确，同时针对第三人属来料加工企业，其没将多支付的电费计入生产成本这一事实，将原处罚处理上缴国库变更为退回给第三人，其复议决定是正确的。

2. 原告以被告违反宪法权利义务相一致原则，以及第三人不是合法用电户和电价问题不属物价部门调整为由，请求撤销复议决定，其理由不成立。因为：(1) 电价是国家实行统一政策、统一定价、分级管理的，任何单位和个人都不得擅自提价和在电费中加收其他费用。同时《广东省农村用电和电价管理办法》已明确规定："省物价局和各级物价部门是农村电价管理的主管部门。"原告为尽快收回其电力设备的投资利益，而采取提高电价和加收其他费用的方式来补偿，其行为是违法的，物价部门有权对其进行查处。(2) 第三人的用电及原告的转供电是否合法应由供电部门调整，不属本案的调整范围。

3. 被告作出的具体行政行为，认定事实清楚，适用法律正确，处理恰当，且程序合法，应予维持。原告请求撤销复议决定，理由不成立，不予采纳。

（五）定案结论

江门市江海区人民法院根据《中华人民共和国行政诉讼法》第五十四条第（一）项的规定，判决如下：

维持江门市物价检查所 1996 年 3 月 4 日江价检复字（1996）2 号的复议决定及其 1996 年 5 月 13 日的补充说明。

本案诉讼费 3675 元，由原告负担。

（六）解说

本案是一起新型的行政案件，主要涉及以下几个问题：

1. 原告向民塑料厂的行为是否应承担价格法律责任。

《中华人民共和国价格管理条例》第八条规定："国家定价是指由县级以上各级人民政府物价部门、业务主管部门按照国家规定权限制定的商品价格和收费标准。"第十条规定："制定、调整商品价格和收费标准，必须按照国家规定的权限和程序执行。任何地区、部门、单位和个人，都不得超越权限擅自制定、调整商品价格和收费标准。"本案的原告向民塑料厂，在租用厂房、电力设备给第三人东南丝花厂期间，未经批准就擅自将一类表用户的收费标准提高为二类表用户收费标准向第三人收取电费。而电价是国家实行统一政策、统一定价、分级管理的，任何单位和个人都不得擅自提价和在电费中加收其他费用。原告的行为严重违反了价格法律、政策的规定，同时也损害了第三人东南丝花厂的利益，已构成价格违法案件，其理应承担价格法律责任。

2. 本案是应由电力部门查处还是应由物价部门查处的问题。

本案原告的违法事实涉及电价问题，而不是转供电方面的问题，且被告又是在职责范围内依法行政，依照《中华人民共和国价格管理条例》第二十条规定："各级物价部门的物价检查机构，依法行使价格监督检查和处理价格违法行为的职权。"《广东省农村用电和电价管理办法》第三条规定："省物价局和各级物价部门是农村电价管理的主管部门。"据此，电价违纪行为应由物价检查机构依法进行查处。所以，江海区人民法院认定江门市物价部门依职权对原告向民塑料厂的查处是正确的。

3. 关于多收的电费应如何处理的问题。

原告于1994年12月至1995年9月共计10个月多收第三人的电费108275.09元，而第三人属来料加工企业，又没将多支付的电费计入生产成本。根据国家物价局《关于价格违法行为的处罚决定》第五条规定："物价检查机构应责令有非法所得的价格违法单位或个人，在处理通知规定的期限内，将非法所得退还购买者。"原告多收第三人的电费属非法所得，江门市物价检查所作出的将原告多收的108275.09元电费退第三人的处理，是依照上述规定贯彻执行的。所以江海区人民法院维持江门市物价检查所这一处理决定，是完全正确的。

（吕韶海　寇青）

12. 厦门市鼓浪屿水族博物馆不服厦门市鼓浪屿区地方税务局征税案

（一）首部

1. 裁定书字号：福建省厦门市鼓浪屿区人民法院（1996）厦鼓行初字第1号。

2. 案由：不服征税案。

3. 诉讼双方

原告：厦门市鼓浪屿水族博物馆。

法定代表人：孙孟雄，馆长。

委托代理人：黄华福，该馆职员。

委托代理人：陈光耀，该馆馆长助理。

被告：厦门市鼓浪屿区地方税务局。

法定代表人：吴开盛，副局长。

4. 审级：一审。

5. 审判机关和审判组织

审判机关：福建省厦门市鼓浪屿区人民法院。

合议庭组成人员：审判长：薛学佐；审判员：林鸿斌；代理审判员：张彦全。

6. 审结时间：1996年12月23日。

（二）诉辩主张

1. 被诉具体行政行为：原告于1996年2月份经厦门市工商行政管理局核准登记为"厦门市鼓浪屿水族博物馆"，同年6月10日以博物馆属于免征营业税范围为由向被告申请减免营业税。8月16日，被告以《关于厦门市鼓浪屿水族博物馆有关税收政策问题的函》通知：对原告应按文化体育业征收营业税。原告不服，向福建省厦门市地方税务局申请复议。该局于1996年11月25日作出厦地税复［1996］002号复议决定书，维持被告作出的征税通知。原告不服该复议决定，遂于1996年12月5日诉至厦门市鼓浪屿区人民法院。

2. 原告诉称：厦门市地税局的复议决定书是依据《中华人民共和国营业税暂行条例》第

六条第一款第（六）项及其实施细则第二十六条第（五）项作出的，并没有明确阐明原告不符合免征营业税的有关法规条款，该复议决定书没有法规依据。故请求法院判令撤销厦门市地税局厦地税复［1996］002号复议决定书关于维持被告作出的征税通知；确认原告的门票收入属于《中华人民共和国营业税暂行条例》规定的免征营业税的项目；被告应退还原告按通知已缴纳的门票税款10647.65元。

3. 被告辩称：原告提出的第一、二项诉讼请求，均属同一税收政策问题，被告对原告门票收入征税是有法律依据的。在原告提起诉讼前，被告已将博物馆免税范围界定问题向市地税局报告。市地税局于1996年10月8日向国家税务总局请示。国家税务总局于同年11月21日作出国税函［1996］678号批复，对"免征营业税的博物馆"范围进行界定。原告不具备国税函［1996］679号批复规定的条件，应依法缴纳营业税。鉴此，原告的第三项诉讼请求亦不成立。

（三）事实和证据

原告厦门市鼓浪屿水族博物馆是主营水族生物展览、兼营零售工艺美术品等的企业。1996年6月10日，原告以其可以依照《中华人民共和国营业税暂行条例》第六条第一款第（六）项关于博物馆免税的规定享受免征营业税待遇为由，向被告厦门市鼓浪屿区地方税务局提出减免税申请。同年8月16日，被告以《关于厦门市鼓浪屿水族博物馆有关税收政策问题的函》通知原告：企业名称不能作为界定征免税的标准；对原告应按文化体育业征收营业税。原告不服该通知，向福建省厦门市地方税务局申请复议。1996年11月25日，该局以《中华人民共和国营业税暂行条例》第六条及其实施细则第二十六条为依据，作出厦地税复［1996］002号复议决定书：原告不符合有关博物馆项目的免税规定，维持鼓浪屿区地税局作出的征税通知；门票收入应按规定如实申报纳税。原告不服该复议决定，遂于1996年12月5日向法院提起行政诉讼，并提交下列证据材料：

1. 原告的营业执照。

2. 原告关于减免营业税的申请书。

3. 被告《关于厦门市鼓浪屿水族博物馆有关税收政策问题的函》。

4. 厦门市地方税务局厦地税复［1996］002号复议决定书。

5. 税收缴款书。

厦门市鼓浪屿区人民法院受理此案后，于1996年12月16日向被告送达起诉状副本，并依照《行政诉讼法》的规定，要求其承担举证责任。12月18日，被告提交答辩状和下列证据材料：

1. 被告《关于厦门鼓浪屿水族博物馆门票征收营业税的请求》（1996年6月17日）。

2. 厦门市地税局《关于厦门水族博物馆征税问题的函》（1996年7月4日）。

3. 厦门市地税局厦地税政一［1996］011号《关于对"博物馆"免税范围界定问题的请示》（1996年10月8日）。

4. 国家税务总局国税函［1996］678号《关于对"博物馆"免税范围界定问题的批复》（1996年11月21日），规定："'免征营业税的博物馆'，是指经各级文物、文化主管部门批准并实行财政预算管理的博物馆"，"对其他虽冠以博物馆的名称，但不符合上述条件的单位，不得给予免征营业税的照顾"。

5. 厦门市地税局厦地税复［1996］002号复议决定书。

1996年12月20日，厦门市鼓浪屿区人民法院向原告送达答辩状副本并出示国家税务总局《关于对“博物馆”免税范围界定问题的批复》。原告阅后，认为该批复符合《中华人民共和国营业税暂行条例实施细则》第三十五条的规定，其理应依法纳税，同意按该批复缴纳门票营业税，并向法院申请撤回起诉。

（四）判案理由

法院认为：原告认识到其不具备国家税务总局国税函［1996］678号批复规定的“免征营业税的博物馆”的条件，表示愿意按该批复缴纳门票营业税，服从被告征税通知及厦门市地税局复议决定。经审查，原告提出申请撤诉的事实和理由符合法律规定，应予准许。

（五）定案结论

厦门市鼓浪屿区人民法院依照《中华人民共和国行政诉讼法》第五十一条之规定：裁定如下：

准许原告厦门市鼓浪屿水族博物馆撤回起诉。

案件受理费300元，由原告负担。

（六）解说

这起行政诉讼的起因在于双方当事人对“博物馆”的含义有不同理解。《中华人民共和国营业税暂行条例》第六条第一款第（六）项规定：“纪念馆、博物馆、美术馆、展览馆、书画院、图书馆、文物保护单位举办文化活动的门票收入，宗教场所举办文化宗教活动的门票收入”，免征营业税。该条例实施细则第二十六条第（五）项对前述条款作如下限定：“纪念馆、博物馆……举办文化活动，是指这些单位在自己的场所举办的属于文化体育业税目征税范围的文化活动。”该条例及实施细则均未进一步明确“博物馆”的内涵和外延，当事人双方因而产生歧义。原告认为其经营的“水族博物馆”展出其饲养的热带、亚热带观赏鱼类及海螺、海贝、珊瑚、龟类等标本，与《汉语大词典》对“博物馆”的释义相符，故应按“博物馆”的免税规定予以免征营业税。厦门两级地税局则从立法精神、企业性质以及营业税特征来理解“免征营业税的博物馆”：(1) 上述条例第六条第一款第（六）项所规定的部分免税项目，都是从扶持发展文化事业的角度出发而制定的优惠政策。(2) 企业名称不能作为界定征免税的标准。原告虽陈列一些海生物标本，但它实际起双重作用：一是作为经营场所场景的布置物，二是增加观赏物，并作为商品出售。因此，应该否定原告属“博物馆”，不予免税。(3) 营业税作为行为税，是针对发生某种应税劳务行为来确定征税的。原告主营范围是“水族生物展览”，其实际行为是饲养观赏鱼类以供游客参观，其业务归口管理属市旅游局。因此，应认定其属“经营游览场所的业务”，应按文化体育业税目征税。国家税务总局的批复对“免征营业税的博物馆”的范围作出了明确界定，弥补了税法的不足，从而有利于税务机关今后的执法。

关于行政解释在行政诉讼中的地位和作用。全国人大常委会《关于加强法律解释工作的决议》规定：“不属于审判和检察工作中的其他法律、法令如何具体应用的问题，由国务院及主管部门进行解释。”行政解释系有权解释之一种，对行政机关具体应用法律产生拘束力。在实践中，行政机关许多情况下作出具体行政行为的直接依据是行政解释。本案国家税务总局的批复即是行政解释，是因税法规定的“博物馆”概念过于宽泛、不符合立法本意而对其进行限缩解释；原告申请撤诉的理由之一在于《营业税暂行条例实施细则》第三十五条规定：“本细则由财政部解释，或者由国家税务总局解释”，亦是以其为有权解释之故。在行政诉讼中，行政解释是被告作出具体行政行为的一项依据，属被告应当向法庭提供的“规范性文件”之一。法院在审理行政案件时，应以法律法规为依据，以行政规章为参照。但鉴于法院审理行政案件的核心是审查具体行政行为的合法性，而行政解释对于行政机关作出具体行政行为具有拘束力，所以法院对行政解释亦应进行鉴别和评价，确定其是否合法有效，进而认定具体行政行为是否合法。而本案国家税务总局的批复尽管符合立法本意、便于执法，但在合法性上却略有缺陷。首先，国务院办公厅《关于行政法规解释权限和程序问题的通知》规定：“凡属于行政法规条文本身需要进一步明确界限或者作补充规定的问题，由国务院作出解释。”本案如属“需要进一步明确界限的问题”，则解释权主体是国务院。其次，本案中国家税务总局的批复是对《营业税暂行条例》进行解释，而该条例第十六条规定的解释权主体是财政部而非国家税务总局。第三，《营业税暂行条例实施细则》第三十五条虽然规定国家税务总局也有解释权，该批复也是“经商财政部研究”后作出的，但财政部能否将国务院授予的解释权转授其他部门值得探讨；再则，国家税务总局的解释权限只能在《营业税暂行条例实施细则》规定的范围内，如对“文化活动”或“售票收入”进行解释。行政解释必须由享有行政解释权的行政机关作出，否则没有效力。因此，本案被告还应继续提供有关规范性文件。

（李辉东）

13. 向迎庆不服孝感市孝南区税收财政物价大检查行政处理决定案

（一）首部

1. 判决书字号

一审判决书：湖北省孝感市孝南区人民法院（1996）孝南行初字第 4 号。

二审判决书：湖北省孝感市中级人民法院（1996）孝行终字第 78 号。

2. 案由：不服行政处理决定案。

3. 诉讼双方

原告（上诉人）：向迎庆，男，34 岁，汉族，孝感市孝南区供电局路灯工区职工，住孝感市孝南区十千伏开关站。

被告（被上诉人）：孝感市孝南区人民政府税收财务物价大检查办公室（以下简称孝南区“三查办”）。

法定代表人：丁校生，主任。

一、二审委托代理人：周正天，孝感市孝南区第一律师事务所律师。

第三人（被上诉人）：孝感市孝南区供电局。

法定代表人：杨会如，局长。

一、二审委托代理人：陈付华，该局干部。

4. 审级：二审。

5. 审判机关和审判组织

一审法院：孝感市孝南区人民法院。

合议庭组成人员：审判长：舒艮钟；审判员：陈继平、涂自敏。

二审法院：湖北省孝感市中级人民法院。

合议庭组成人员：审判长：李华立；审判员：熊善初；代理审判员：陈萍。

6．审结时间

一审审结时间：1996年10月16日。

二审审结时间：1996年12月17日。

（二）一审情况

1．一审诉辩主张

（1）被诉具体行政行为：1995年8月被告根据举报对孝南区供电局路灯工区的财务账进行了检查，检查结果是路灯工区的确设有账外账，没有纳入本单位的财务账内进行核算。根据《中华人民共和国税收征收管理办法》、《中华人民共和国个人所得税法》、《国务院关于违反财政法规处罚的暂行规定》以及财政部财监字（1995）39号文件的有关规定，被告孝南区“三查办”作出（95）孝南检办处字第10号检查处理决定，其中第三、第四条的内容为：对违反财经纪律滥发钱物128315.70元按照国办发（1995）29号文件精神，征收个人所得税25663.14元（128315.70×20%）；对违反规定擅自用公款给职工安装住宅电话10部，开支22000元全部收回（由单位负责落实）并处以20%的罚款4400元。路灯工区对处理决定的无异议。原告向迎庆对处理决定的第三、四条不服，向孝感市孝南区人民法院提起行政诉讼。

（2）原告诉称：（95）孝南检办处字第10号检查处理决定书中针对个人的两条意见，适用法律错误，认定事实失实，请求法院撤销被告作出的处理决定，要求第三人返还已扣发的2500元工资款和电话机一部，其理由如下：

①认定事实有误。处理决定书中认定第三人所属路灯工区滥发钱、物给原告的有12831.57元。事实上，原告从1994年元月至1995年8月根本没领到1万余元的钱、物。此间领到的钱、物也是原告自己的劳动所得，而不是从滥发钱、物所得。不仅如此，本原告并不知单位有“小金库”。因此，处理决定中认定原告从滥发的钱、物中领取钱、物是无辜的。理应对单位进行处罚。

②没收原告电话机一部也是错误的。原告在1995年2月用自己的钱安装电话机一部，并没有占用单位的资金。

③按20%收取原告个人所得税没有法律依据，个人所得税是在个人每月超过800元以外的部分征收，且税率为5%，因此应征收我的个人所得税12831.57×5%＝641.58元。

（3）被告辩称：1995年8月，我们按到举报后及时对孝南区供电局路灯工区的财务账进行了检查，检查结果表明路灯工区在1994年元月至1995年8月期间，擅自扩大经营范围，采取收入账不计入本单位的财务账内的办法，利用收入的资金给单位职工发钱、物折人民币128315.70元，且在1995年2月，又给每位职工安装电话一部。我们依据有关的法律法规给路灯工区下达的处理决定是正确的，请人民法院依法判决予以维持。

2．一审事实和证据

一审法院经审理查明：1995年8月，孝南区“三查办”接到举报后，依照国办发（1995）29号文件精神，对第三人所属的路灯工区的财务账进行了检查。1994年元月至1995年8月，路灯工区利用现有的人、财、物扩大业务范围，所收入资金达29万余元，未纳入本单位的财务账内进行核算，且利用这些资金给本单位职工发放钱、物折人民币12万余元；1995年2月又给每位职工安装程控电话一部，用去资金22000元。根据国务院办公厅国办发（1995）29号文件关于违反国家财政法规及其他有关规定的，凡截留国家和单位收入未列入本单位财务账内进行核算或私存、私放的各项资金均属于“小金库”的具体规定，认定孝南区供电局路灯工区账外存放的299135.66元属“小金库”，路灯工区对检查结果予以认可。在孝南区“三查办”检查之前，孝南区供电局已责成路灯工区对财务账进行过自查，自查后，孝南区供电局已对主要责任人及其职工进行了查处。据此，孝南区“三查办”按照“自查从宽，被查从严”的原则，对路灯工区动用“小金库”及尚存的资金，根据《中华人民共和国个人所得税法》、《国务院关于违反财政法规处罚的暂行规定》以及财政部财监字（1995）39号文件的有关规定，作出了四条处理意见。

以上事实有路灯工区主管会计的证言在卷，有单位职工领取钱、物的领条以及给每位职工报销安装电话的发票等在卷佐证，还有路灯工区对账务自查后供电局所下的通知等证据证实。

3. 一审判案理由

孝感市孝南区人民法院认为：孝南区“三查办”认定路灯工区私设“小金库”的事实清楚，向迎庆从“小金库”中领取现金1万余元，且将自己家安装电话的费用从“小金库”中予以报销的事实属实，孝南区“三查办”1995年9月1日作出的（95）孝南检办处字第10号检查处理决定书第三条、第四条，涉及到对向迎庆的处罚，事实清楚，适用法律准确。向迎庆提出的诉讼请求没有事实和法律依据，不予支持。

4. 一审定案结论

一审法院依照《中华人民共和国行政诉讼法》第五十四条第（一）项的规定判决如下：

维持孝南区人民政府税收财务物价大检查办公室作出的孝南检办处字第10号检查处理决定书中第三条、第四条涉及到对原告向迎庆的处罚决定。

案件受理费300元，由原告向迎庆承担。

（三）二审诉辩主张

上诉人向迎庆诉称：孝南区“三查办”征收个人所得税是无法律和事实依据的，没收电话也是违法的，请求撤销一审判决及撤销被上诉人作出的处理决定。

被上诉人持原答辩理由进行答辩。

（四）二审事实和证据

二审法院肯定了一审法院认定的案件事实和采用的定案证据。

（五）二审判案理由

被上诉人孝南区“三查办”认定孝南区供电局路灯工区将其收入未列入单位财务账内而私自存放的29万余元，属“小金库”，其定性是准确的，其额度也是属实的，路灯工区对动用该资金用于给个人发放钱、物已予认可，且无异议。本案所争议的行政处理决定中涉及对上诉人向迎庆的处理意见，所依据的法律法规是适当的。原审判决正确，应予维持，上诉人的上诉理由不能成立，本院不予支持。

（六）二审定案结论

根据《中华人民共和国行政诉讼法》第六十一条第（一）项的规定，判决如下：

驳回上诉，维持原判。

上诉案件受理费300元，由上诉人向迎庆承担。

（七）解说

被告孝南区“三查办”在接到举报路灯工区设有“小金库”之前，孝南区供电局已发现了路灯工区设有账外账，滥发钱、物这一现象，并由局财务科对路灯工区的财务账进行了清查，清查后作出了处理意见，要求每位职工退钱2500元，已安装的电话如退钱2000元则电话保留使用，不退钱者退还电话，绝大多数职工已照办，有通知在卷。

上诉人向迎庆既未退钱，也未退电话，供电局凭安装电话发票到邮局退了已安装的向迎庆的电话。向迎庆为此起诉过市邮电局，要求邮电局重新安装擅自取消的电话，法院依法驳回向迎庆的起诉。

孝南区“三查办”的处理意见也是基于孝南区供电局的清查处理意见作出的，其处理是从宽的，比较合理。

（陈　萍）

14. 福建省官头海运总公司不服福建省莆田县国家税务局扣押轮船行政强制措施案

（一）首部

1. 判决书字号：福建省莆田市中级人民法院（1996）莆市法行初字第04号。

2. 案由：不服税务行政强制措施案。

3. 诉讼双方

原告：福建省官头海运总公司。

法定代表人：林财龙，总经理。

委托代理人：温玉发，福州协和律师事务所律师。

委托代理人：郑友雄，福州协和律师事务所律师。

被告：福建省莆田县国家税务局。

法定代表人：陈国珍，局长。

委托代理人：郑俊荣，该局稽查分局局长。

委托代理人：范少杨，莆田恒升律师事务所律师。

4. 审级：一审。

5. 审判机关和审判组织

审判机关：福建省莆田市中级人民法院。

合议庭组成人员：审判长：陈永霖；审判员：吴明贤；代理审判员：郑炳荣。

6. 审结时间：1996年11月25日。

（二）诉辩主张

1. 被诉具体行政行为：1996年3月25日，被告福建省莆田县国家税务局下属稽查分局以原告福建省官头海运总公司的“中钢10号”轮船运载的南京扬子石化公司780吨PTA化工原料没有纳税证明为由，扣押了原告“中钢10号”轮船和所运载的PTA化工原料780吨。原告不服，于1996年4月17日向法院提起诉讼。

2. 原告诉称：1996 年 2 月 28 日，原告所属“中钢 10 号”轮船运载扬子石化公司的化工原料 PTA 驶往海南，途经莆田南日岛避风时，被南日岛边防派出所以运单填写不规范和没有增值税发票随船为由加以扣押。3 月 8 日，莆田县地方税务局介入扣船事件，在边防及地方税务机关放行之际，被告于 3 月 25 日未告知任何理由而接管这一扣船事件，出具了暂扣收据。经交涉，被告在要求原告提供 50 万元押金的前提下，于 3 月 28 日放行了“中钢 10 号”轮船。被告扣押原告“中钢 10 号”轮船没有任何事实和法律依据，请求法院依法撤销被告扣押原告所属“中钢 10 号”轮船和违法要求原告提供 50 万元押金的具体行政行为，判决被告赔偿原告的经济损失 6 万元。

3. 被告没有作出书面答辩，但在开庭审理中，被告以原告的诉讼请求不能成立，扣押原告轮船是正确的等进行答辩。

（三）事实和证据

莆田市中级人民法院经审理查明：1996 年 2 月 27 日，原告所属“中钢 10 号”船运载中国扬子石化公司 PTA 化工原料 780 吨从南京前往海南，途经莆田南日岛附近海面时，遇到八级左右的大风，“中钢 10 号”轮船于当日下午 5 时 5 分进入南日岛石盘澳口抛锚避风。次日上午，莆田县公安局南日岛边防派出所到“中钢 10 号”船检查时，发现船长在盖有中国扬子石化公司印章的空白水路货物运单上填写承运人、托运人、到达港等项。莆田县公安局南日岛边防派出所即以“中钢 10 号”船所运载货物没有运单及增值税发票为由，扣押了“中钢 10 号”船及所运载货物，并书面通知“中钢 10 号”船在 3 月 4 日前由货主出具合法证明、证件来验单。3 月 5 日，莆田县公安局南日岛边防派出所收到货主邮寄的货物证明材料后，以该材料有待落实清楚为由，继续扣押船只、货物。3 月 25 日，被告福建省莆田县国家税务局稽查分局接收了莆田县公安局移送的案件，以原告“中钢 10 号”船所运载 PTA 化工原料 780 吨没有携带增值税发票为由，扣押“中钢 10 号”船及其运载货物，并出具了扣押清单给原告。经原告交涉，被告要求原告提供 50 万元押金才能放行船只及货物。3 月 28 日，原告电传给被告 50 万元汇票的复印件后，被告作出了（96）稽税第 001 号解除查封（扣押）通知书给原告，并放行了“中钢 10 号”轮船及所运载的货物。原告船、货获得放行后，没有将 50 万元款项转到被告账户。为此，被告要求原告履行担保义务，原告不服提起诉讼。

以上事实有以下证据佐证：

1. 南京市水路运输货物交接清单（代运单）。
2. 水路货物运单。
3. 扬子石化运输公司调度科证明。
4. 莆田县国家税务局稽查分局扣押商品、货物、财产专用收据。
5. 莆田县国家税务局稽查分局解除查封（扣押）通知书。
6. 中国工商银行汇票。
7. 扬子石化公司石化产品出库通知单。
8. 扬子石化公司产品销售合同。

（四）判案理由

莆田市中级人民法院认为：被告福建省莆田县国家税务局下属稽查分局在没有查清货主有否逃避纳税义务，运输工具是否应缴纳增值税的情况下，就作出扣押“中钢 10 号”轮船及所运载的货物的决定，其所作的具体行政行为缺乏事实根据和法律依据；且在作出扣押的具体行政行为时，未经县以上税务局长批准，未制作查封（扣押）证，违反了《中华人民共和国税收征收管理法》第二十六条之规定，所作出的具体行政行为应予撤销。造成原告方的直接经济损失应予赔偿。

（五）定案结论

莆田市中级人民法院依照《中华人民共和国行政诉讼法》第五十四条第（二）项、第六十七条第一款，《中华人民共和国国家赔偿法》第二十八条第（七）项之规定，作出如下判决：

1. 撤销被告福建省莆田县国家税务局于 1996 年 3 月 25 日作出的扣押原告“中钢 10 号”轮船及要求原告履行缴纳 50 万元押金的具体行政行为。

2. 被告福建省莆田县国家税务局应赔偿给原告福建省官头海运总公司“中钢 10 号”轮船被扣押期间的直接经济损失 3683.25 元人民币，限在本判决生效后十日内付清。

案件受理费 2310 元，由被告福建省莆田县国家税务局负担。

（六）解说

本案审理过程中主要涉及以下两个问题：

1. 被告莆田县国家税务局扣押原告福建省官头海运总公司“中钢 10 号”轮船是否具有法律依据。

《中华人民共和国增值税暂行条例》第一条规定：“在中华人民共和国境内销售货物或者提供加工、修理修配劳务以及进口货物的单位和个人，为增值税的纳税义务人，应当依照本条例缴纳增值税。”原告福建省官头海运总公司“中钢 10 号”轮船是运输工具，运输部门不属《中华人民共和国增值税暂行条例》第一条所规定的增值税的纳税义务人。虽然原告“中钢 10 号”轮船运载的 PTA 化工原料是属于《增值税暂行条例》所规定的增值税纳税范围，但增值税纳税义务人是南京扬子石化公司即货主。根据国家税务总局发布的《增值税专用发票使用规定（试行）》第七条规定：专用发票的基本联次统一规定为四联，各联次必须按以下规定用途使用：第一联为存根联，由销货方留存备查。第二联为发票联，购货方作付款的记账凭证。第三联为税款抵扣联，购货方作扣税凭证。第四联为记账联，销货方作销售的记账凭证。而原告福建省官头海运总公司与货主南京扬子石化公司发生的运输 PTA 化工原料，是依据双方签订的运输合同和交通部门规定的运输票据（货物运单、货票和客票）来进行运输，增值税发票的持有者是购销双方之间的问题，运输单位无权也无法取得所运货物的增值税发票，目前还没有法律、法规、规章规定运输部门要携带增值税发票。所以说被告莆田县国家税务局以原告福建省官头海运总公司“中钢 10 号”轮船运载 780 吨 PTA 化工原料没有随船携带增值税发票为由作出扣押“中钢 10 号”轮船是缺乏法律依据的。

2. 被告莆田县国家税务局扣押原告福建省官头海运总公司“中钢 10 号”轮船的行政强制措施是否不符合法定程序。

《中华人民共和国税收征收管理法》第二十六条规定：“税务机关有根据认为从事生产、经营的纳税人有逃避纳税义务行为的，可以在规定的纳税期之前，责令限期缴纳应纳税款；在限期内发现纳税人有明显的转移、隐匿其应纳税的商品、货物以及其他财产或者应纳税的收入的迹象的，税务机关可以责成纳税人提供纳税担保。如果纳税人不能提供纳税担保，经县以上税务局（分局）局长批准，税务机关可以采取下列税收保全措施：……（二）扣押、查封纳税人的价值相当于应纳税款的商品、货物或者其他财产。”本案中，被告莆田县国家税务局仅凭公安机关移送的材料，未经调查和责令纳税人限期缴纳应纳税款以及未经县以上税务局（分局）局长的批准，即以税务局稽查分局的名义，对不具有缴纳增值税的义务人采取查封扣押的行政强制措施，且在采取税收保全措施后，才责成运输部门提供担保，在程序上违反法律法规的有关规定，因而被告的具体行政行为违反法定程序。

（吴明贤）

15. 陈国花不服祁阳县国家税务局税务罚款决定案

（一）首部

1. 判决书字号：湖南省祁阳县人民法院（1996）祁行初字第09号。

2. 案由：不服税务罚款决定案。

3. 诉讼双方

原告：陈国花，女，1955年5月25日生，汉族，湖南省祁阳县潘家埠镇中洲村第七组村民，住祁阳第七中学。

委托代理人：曾石山，1950年1月28日生，汉族，祁阳县第七中学教师，系原告丈夫。

委托代理人：邹天翔，祁阳县祁诚（原第二）律师事务所律师。

被告：湖南省祁阳县国家税务局。

法定代表人：易开祯，局长。

委托代理人：廖春元，祁阳县祁诚（原第二）律师事务所律师。

委托代理人：易宝华，该局干部。

4. 审级：一审。

5. 审判机关和审判组织

审判机关：湖南省祁阳县人民法院。

合议庭组成人员：审判长：谭经建；审判员：李茂林、周耀斌。

6. 审结时间：1996年4月11日。

（二）诉辩主张

1. 被诉具体行政行为：1996年1月12日，祁阳县国家税务局以陈国花1995年1月至9月欠税2161.02元不缴纳，且于1995年12月4日阻碍税务人员扣押财物，殴打税务人员，煽动不明真相的群众围攻、谩骂、限制税务人员人身自由，其行为已构成抗税为由，依照《中华人民共和国税收征收管理法》第四十五条的规定，对陈作出（96）税字第1号税务行政处理决定，处以罚款3522元。

2. 原告诉称：被告作出处理决定没有事实依据，国税局来扣押彩电时，我并未采用暴力和威胁的方法，因此抗税事实不能成立，请求法院撤销被告作出的（96）税字第1号处理决定。

3. 被告辩称：陈国花暴力抗税，事实清楚，证据确凿，我局对陈的暴力抗拒缴纳税款行为所作出的处理决定适用法律准确，请求法院依法驳回原告的诉讼请求，并对我局的处理决定依法予以维持。

（三）事实与证据

法院经审理查明：1995年，陈国花承包祁阳县七中学校内商店，该店未申请工商登记，陈也未自觉申报纳税。1995年10月25日，祁阳县国税局依法核定其1月至9月纳税额为2161.02元，次日下达了应纳税额核定通知书，限在10月28日前缴纳入库。逾期，陈之夫留置400元于局负责人住处（此款后准缴税款处理），未缴纳税款。11月1日、11月9日分别发送催缴通知书，催其按通知后3日内全部缴纳，陈置之不理。1993年12月4日上午，县国税局5名税务干部开专车至商店催收，陈推卸责任不管，税务人员即依法扣押其价值相当于税款的1台长虹彩电和10条长沙香烟，扣物上车时，陈上前阻止，争夺彩电，争夺中陈用手推冲一税务干部，致该税务干部受伤，后经法医鉴定为：下嘴唇肿胀3.0×3.5cm，伴相应部位口腔粘膜破损瘀血，结论为轻微伤。陈还躺在小车前面，阻住车辆行驶，同时大叫："税务干部抢我的东西，还打我。"在学校里的不明真相的学生、教职员工约40余人闻讯而至上前围观，有的跟着喊：税务干部抢电视机和香烟，有的骂："哈巴狗"。致使税务人员被围困4个小时。

上述事实有如下证据为证。

1. 被告的工作人员包括受害税务干部等人陈述。
2. 核定缴税通知和催交税款通知书以及行政处罚决定书的送达证。
3. 证人郑福星、杨元君、黄后强、赵尚林等人证言。
4. 法医鉴定书。
5. 原告本人当庭供述。

（四）判案理由

法院认为：原告拖欠税款是实，经多次催收未缴纳，税务机关依法扣押其价值相当于税款的物资是合法的。在扣押中，陈予以阻止，拖抢被扣押的物资，又用双手推冲税务人员致其轻微伤；陈还采用威胁方法躺在装运扣押物资的专车前进的路上，阻住去向，同时使用煽动语言，唤来几十个不明真相的群众，围困税务人员达几个小时，其行为已构成抗税。被告国税局按《中华人民共和国税收征收管理法》第四十五条的规定，对原告处以欠税两倍的罚款适用法律正确。

（五）定案结论

祁阳县人民法院依照《中华人民共和国行政诉讼法》第五十四条第（一）项的规定，作出判决如下：

维持被告祁阳县国税局作出的（96）税字第1号对原告处以抗税1761.02元两倍罚款的处理决定。

案件受理费140元，由原告承担。

（六）解说

本案诉讼是由行政机关申请法院强制执行引起的。抗税事实发生以后，被告国税局依照《中华人民共和国税收征收管理法》第四十五条的规定，作出对陈处以罚款的决定，制作了税务行政处罚报批表二份，并由主管局领导签发了意见，于1996年1月12日将其中的一份报批表代替行政处理决定书发送给陈。1996年1月29日，国税局写出强制执行申请书，并移送本案材料，申请祁阳县人民法院强制执行。祁阳县人民法院经审查后认为，国税局向陈送达的是一份报批表，不是行政处罚决定书，报批表既未交待复议权也未交待诉讼权，不能作为执行的依据，也不具有法律强制力，国税局申请法院强制执行税务行政处罚报批表是错误的，是不符合法律规定的，根据最高人民法院《关于贯彻执行〈中华人民共和国行政诉讼法〉若干问题的意见（试行）》第八十五条之规定，经院长批准，裁定不予执行并将申请材料退回县国税局。县国税局收到退回的申请材料后，便采取措施，收回发出的税务行政处罚报批表，按照法律程序，立即制作并送达（96）税字第1号税务行政处理决定书。决定书送达以后，原告不服，即向法院提起行政诉讼。法院通过开庭审理认为，被告的处理决定事实清楚，适用法律正确，作出维持决定的判决。由于这一诉讼两次受合法性审查，使原、被告双方得到了启迪，原告增强了自觉纳税的法律意识，被告从中明确了税务行政必须依照法律的规定，严格执行税法。人民法院对税务行政既做到了依法监督，又依法予以了支持。

（蒋崇和）

五、房地产行政管理案件

16. 徐宝根不服上海市杨浦区规划土地管理局限期拆除违章建筑工程决定案

（一）首部

1. 判决书字号：上海市杨浦区人民法院（1996）杨行初字第26号。

2. 案由：不服行政处罚决定案。

3. 诉讼双方

原告：徐宝根，男，70岁，汉族，浙江省定海市人，上海市第一粮食仓库退休职工。

委托代理人：徐亮，上海市第三百货商店职工，原告之子。

委托代理人：赵琳，上海市第四律师事务所律师。

被告：上海市杨浦区规划土地管理局。

法定代表人：熊培茵，局长。

委托代理人：陆阳，该局工作人员。

委托代理人：丁立春，上海市杨浦区人民政府大桥街道办事处工作人员。

4. 审级：一审。

5. 审判机关和审判组织

审判机关：上海市杨浦区人民法院。

合议庭组成人员：审判长：朱一平；审判员：杨安定、张胜凤。

6. 审结时间：1996年12月26日。

（二）诉辩主张

1. 被诉具体行政行为：上海市杨浦区规划土地管理局于1996年10月15日作出杨桥限字（96）第09号限期自行拆除违章建筑工程决定，认定徐宝根在眉州路420弄8号106室东墙外附墙体搭建建筑物、外扶梯共39.38平方米，违反了《上海市城市规划条例》第三十二条之规定，属违章建筑，依据该条例第六十三条、第七十二条第二款的规定，限期于1996年10月30日前自行拆除，逾期不拆除，依法执行。

2. 原告诉称：原告没有搭建该建筑物，也没有使用该建筑物，被告认定的被处罚主体错误；被告没有依据《行政处罚法》的规定找原告谈话，仅找了原告之子徐亮谈话，在谈话中也未提出处罚的理由，在行政处罚程序上错误；上述建筑物对城市没有造成严重影响，未达到必须拆除的地步，被告认定该建筑物对城市建设有严重影响，依据《上海市城市规划条例》第六十三条第一款第一项的规定对原告作出处罚，缺乏事实依据。请求撤销被告作出的具体行政行为。

3. 被告辩称：原告未经申请批准，擅自在眉州路420弄8号106室东墙外侧搭建39.38平方米建筑物，违反了《上海市城市规划条例》第三十二条的规定，属违章建筑；该建筑物对道路交通、公共安全等造成严重影响，依据该条例第六十三条的规定，属必须要拆除的。请求维持被告作出的具体行政行为。

（三）事实和证据

上海市杨浦区人民法院经公开审理查明：眉州路420弄8号106室房屋为私有房屋，所有权人为原告徐宝根，徐亮系徐宝根之子、同住人。1996年6月前后，徐亮未经办理建筑工程许可手续，擅自在居住房屋东墙外搭建建筑物、外扶梯，共计39平方米左右，对公共安全等有严重影响。1996年8月9日，被告找徐亮谈话，并作了笔录。1996年10月15日，被告对徐宝根作出杨桥限字（96）第09号限期自行拆除违章建筑工程决定，认定上述建筑物属违章建筑，对道路交通、公共安全等有严重影响，依据《上海市城市规划条例》第六十三条的规定，限期于1996年10月30日前自行拆除，逾期不拆除，依法执行。

上述事实有下列证据证明：

1. 沪房杨字第04984号房产证，房屋所有权人为徐宝根。

2. 被告于1996年8月8日作出的违章建筑案件登记表（附现场查勘）和违章建筑处理送审单。

3. 1996年8月9日被告找徐亮谈话的笔录，徐亮承认搭建了上述违章建筑。

4. 被告提供所拍摄的关于建筑物的照片等，证明建筑物对公共安全有严重影响。

5. 《上海市城市规划条例》第六十三条关于违章建筑工程对城市规划、管理有严重影响的，责令限期拆除的规定。

6. 被告于1996年10月15日对徐宝根作出的杨桥限字（96）第09号杨浦区规划土地管理局限期自行拆除违章建筑工程决定书。

（四）判案理由

法院认为：被告认定本市眉州路420弄8号106室东墙外依附墙体所搭建的建筑物系未经申请批准，擅自搭建的违章建筑，该建筑物对公共安全等有严重影响，事实清楚，证据确凿，应予确认。依据《上海市城市规划条例》第六十三条第一款第一项的规定，应予拆除。但是，被告认定搭建违章建筑物的行为人系原告，对原告作出限期拆除行政处罚，事实不清，证据不足。被告在对原告作出限期拆除行政处罚决定之前，未依照《中华人民共和国行政处罚法》第三十一条、第三十二条之规定，告知原告作出行政处罚决定的事实、理由及依据，未听取原告的意见和申辩，根据该法第四十一条之规定，被告对原告作出的行政处罚不能成立。

（五）定案结论

上海市杨浦区人民法院根据《中华人民共和国行政处罚法》第四十一条、《中华人民共和国行政诉讼法》第五十四条第（二）项第一目、第三目的规定，作出如下判决：

撤销被告上海市杨浦区规划土地管理局于1996年10月15日对原告徐宝根作出的杨桥限字（96）第09号限期拆除的行政处罚决定；被告应在本判决生效之日起二个月内重新作出具体行政行为。

本案受理费人民币100元，由被告负担。

（六）解说

《上海市城市规划条例》第六十三条第一款第一项规定，未取得许可证或未按照许可证的规定进行建设的，有关规划管理部门应当责令其停止施工，并视违章建筑工程对城市规划和城市管理的影响程度，按照规定给予处罚，列有三种处罚规定，其中只有有严重影响的，才责令限期拆除，属其他二种的，以其他方式处罚。本案中的建筑物，在建设前后均未申请取得许可证，属无证建设，对公共安全等城市管理有严重影响，属于上述规定中限期拆除处罚之列。法院之所以不判决维持被告作出的行政处罚决定，主要是被告未依据法律的规定作出行政处罚。首先，被告作出的行政处罚决定违反了法定程序。《行政处罚法》自 1996 年 10 月 1 日起施行。行政机关自这天起作出行政处罚，必须依该法规定实施。被告对本案的立案日虽在该法施行之前，但作出行政处罚在该法施行之后，被告在作出限期拆除处罚决定之前，未依照该法第三十二条、第三十一条规定，告知原告作出行政处罚决定的事实、理由及依据，未听取原告的意见和申辩，根据该法第四十一条之规定，被告作出的行政处罚便不能成立。其次，被告作出处罚的对象错误。眉州路 420 弄 8 号 106 室房屋所有权人系原告徐宝根，但是搭建的建筑物在 106 室东墙外，搭建的行为人是谁？被告未调查清。经查，该建筑物既不是原告搭建，也不是原告所有和使用，即使该建筑物应当限期拆除，但是被告作出限期拆除处罚的管理相对人错误，作出的行政处罚决定也就错误。

上述建筑物确属违章建筑，对公共安全等城市管理有严重影响，违法行为不能不受处罚，因此，法院在判决撤销被告作出的行政处罚的同时，限被告在二个月内重新作出具体行政行为。

《行政处罚法》为行政机关在对公民、法人和其他组织作出行政处罚决定前设定了“告知”前置程序，对保护公民、法人和其他组织的合法权益，保障和监督行政机关依法行政具有重要意义。在本案中，被告如果按照《行政处罚法》的规定与被处罚人徐宝根谈话，就可以调查清搭建建筑物的行为人，纠正原来所设定的处罚对象的错误，正确地作出具体行政行为。

（杨安定）

17. 许勇不服泸州市龙马潭区罗汉镇人民政府收回承包土地使用权案

（一）首部

1. 判决书字号：四川省泸州市江阳区人民法院（1996）泸江初判字第 10 号。

2. 案由：不服收回承包土地使用权案。

3. 诉讼双方

原告：许勇，男，1979 年 4 月 5 日出生，汉族，泸州市龙马潭区人，四川省经济管理学校学生。

法定代理人：许纯清，男，1945 年 6 月 7 日出生，汉族，泸州市龙马潭区罗汉镇丘坪村五社农民。

委托代理人：李培江，泸州市江阳区北城律师事务所律师。

被告：泸州市龙马潭区罗汉镇人民政府。

法定代表人：裴世德，镇长。

委托代理人：冯正江，副镇长。

委托代理人：郑德华，罗汉镇人民政府秘书。

4. 审级：一审。

5. 审判机关和审判组织

审判机关：四川省泸州市江阳区人民法院。

合议庭组成人员：审判长：王莉；代理审判员：程方铭、刘时彦。

6. 审结时间：1996年12月6日。

（二）诉辩主张

1. 被诉具体行政行为：1996年4月30日，被告龙马潭区罗汉镇人民政府以原告户籍已迁出本地，并由农业人口转为非农业人口为由，将原告承包的1.2亩土地收回划拨给他人耕种，并派镇治安员执行了收地决定。原告许勇不服，于1996年5月25日，向泸州市江阳区人民法院提起行政诉讼。

2. 原告诉称：原告于1995年8月考入四川省经济管理学校，同年将户籍从泸州市龙马潭区罗汉镇丘坪村五社迁入该校。之后，被告违反有关法律政策规定，不顾原告是在校生，仍享有土地承包权的实际情况，以原告户籍已迁出本地为由，强行将原告承包的土地收回，致使原告丧失经济来源，给学习和生活造成了很大影响。为此，请求法院撤销被告收回承包地的错误决定，赔偿原告少收一季小春作物所造成的实际损失1000元，并赔偿原告精神损失费2000元。

3. 被告辩称：被告属城郊乡镇，人多地少，特别是可耕种土地严重紧缺，为缓和用地矛盾，被告根据原泸州市市中区人民政府《关于完善农村双层经营体制若干问题的意见》（泸市府发［1987］175号）精神，制定了本镇《关于完善农村双层经营体制若干问题的决定》，规定凡户籍已迁出和死亡的人口，属于应调出土地的对象。原告因升学其户籍已于1995年8月迁出本镇，不再是本镇农村集体经济组织的成员，被告按照上述规定，并综合考虑本镇的实际情况，收回原告承包的土地是合理合法的，请法院维护被告依法作出的收地决定，驳回原告的诉讼请求。

（三）事实和证据

四川省泸州市江阳区人民法院受理此案后，经审理查明：原告许勇原系泸州市龙马潭区罗汉镇丘坪村五社人。1989年3月，许勇家与罗汉镇丘坪村五社签订了从1989年起至2000年止的联产地承包合同，原告承包的土地份额为1.2亩。1995年7月，原告在罗汉镇中学初中毕业后，于同年8月考入四川省经济管理学校，户口随之转入该校。1995年11月，被告以原泸州市市中区委、区政府《关于完善农村双层经营体制若干问题的意见》（泸区委发［1988］23号文）及罗汉镇乡府发［1989］9号文件精神为据，认为原告户口迁出本地，不再是农村集体经济组织的成员，无权继续承包土地，遂决定将原告承包的1.2亩土地调整给另一村民耕种。原告及家人即以四川省国土局制定的《四川省土地管理实施办法》有关规定为据，拒绝执行被告的收地决定。此后，原告承包的1.2亩土地仍由其家庭耕种。1996年3月，原告所在村社应划地而未划地的5个新进村民要求被告划拨承包地，为此，被告决定通过召开社员大会解决是否收回原告及另一学生承包的土地问题（该社另有一名在校大专生，与原告同一年迁出户口，但该生未起诉)。1996 年 4 月 26 日，丘坪村五社以发包方的身份召开村民大会。到会的 47 户村民中，有 27 户同意原告继续耕种承包地。同年 4 月 30 日，被告按其制定的乡府发［1989］9 号文中“凡死亡和迁出的人口，都应退出承包地”的规定作出决定，书面通知原告及家人退出原告承包的 1.2 亩土地，并当即执行了收地决定。收地时，原告承包地内种植的小春作物长势良好，但被告未对此作出估价和赔偿即把土地调整给了他人。原告不服，遂请求人民法院依法撤销被告作出的收地决定。

在本案审理期中，经法院及有关部门协调，被告已于 1996 年 10 月将收回的土地退还原告耕种，并提供了原告少收一季小春作物所造成的实际损失数额折价为 350 元的事实依据。

同时又查明：现龙马潭区罗汉镇人民政府原属泸州市市中区人民政府管辖，1996 年 7 月，泸州市人民政府按照国务院批准的方案调整行政区划，新增设了龙马潭区人民政府，并将原泸州市市中区政府所辖的罗汉镇划归龙马潭区人民政府管辖。

上述事实有下列证据证明：

1. 1987 年 7 月 2 日由四川省人大常委会通过的《四川省土地管理实施办法》第四十九条：“本办法具体应用中的问题，由四川省国土局解释。”

2. 四川省国土局制定的《四川省土地管理实施应用中若干问题解答的通知》(川国土法［1989］第 1 号) 第二十七条：“大、中专在校学生虽然户口、粮食关系已转到学校，但需要家庭负担，原定承包的土地面积可不退还农村集体经济组织。毕业分配后，当地土地所有者可将其土地收回，另行调整承包经营面积。”

3. 泸州市中区委、区政府《关于完善农村双层经营体制若干问题的意见》(泸区委发［1988］23 号文)“……参加本次调整承包地的人员有：凡死亡和迁出的人口，都应退回承包地”。

4. 罗汉镇人民政府《关于完善农村双层经营体制若干问题的规定》“……今后承包期内应退出承包地的人员：死亡和迁出的人口”。

5. 罗汉镇人民政府关于收回许勇承包地的通知书。

6. 罗汉镇人民政府秘书郑德华证实：原告少收一季小春作物所造成的实际损失，按全镇平均亩产值折价，应为 350 元左右。

7. 双方当事人陈述。

（四）判案理由

四川省泸州市江阳区人民法院根据上述事实和证据认为：

1. 被告作出的收地决定违反有关法规规定。原告考取四川省经济管理学校后，虽然其户口和粮食关系已迁出原籍，但原告系在校生，主要任务是读书学习，因而在经济上仍不能自立，还需要家庭负担。土地是农村的重要生产资料，是农民生活的主要来源，根据有关法规规定，原告在原籍所承包的土地，可以耕种至毕业分配后，以使其学习和生活有相应的保障，故被告收回原告承包地的行为与法相悖，应予撤销。

2. 原告要求赔偿损失应予支持。由于被告上述违法行政行为造成了原告少收一季小春作物的损失，侵害了原告的合法权益，被告依法应承担赔偿责任。被告提供的具体赔偿数额，是罗汉镇 1996 年小春作物的平均亩产值，客观、真实，应予采纳。而原告请求赔偿的数额过高，与实际损失不符，故对超过的部分不应采纳。

3. 原告要求被告赔偿精神损失费无事实及法律依据，法院不予支持。

（五）定案结论

四川省泸州市江阳区人民法院依照《中华人民共和国行政诉讼法》第五十四条第（二）项第二目、第六十七条第一款之规定，作出如下判决：

1. 撤销被告龙马潭区罗汉镇人民政府于1996年4月作出的收回原告联产地使用权的行政决定。

2. 被告赔偿原告经济损失336元，在本判决发生法律效力后5日内付清。

本案诉讼费100元，由被告龙马潭区罗汉镇人民政府承担。

（六）解说

1. 关于适用法律问题。本案双方当事人对案件事实无争议，只是在处理结果上，对法规的适用各执己见。被告作出收回原告承包地的决定，是依其制定的乡府发［1989］9号文件的规定，而此文件又是以原泸州市市中区委、区政府［1988］23号文件为据制定的。一般情况下，这类政策性文件在本行政辖区内执行是有效的。但《四川省土地管理实施办法》是由四川省人大常委会批准实施的，此法规在四川省范围内具有普遍的法律约束力。按照适用法律、法规、规章及其他规范性文件应遵循的原则，即法律效力高于行政法规与地方性法规；行政法规与地方性法规效力高于部门规章和地方政府规章；部门规章和地方政府规章效力高于其他规范性文件。显然，四川省土地管理法规的效力高于泸州市各级政府有关文件的效力，所以，处理本案的法律依据，应当是四川省人大常委会批准实施的土地管理法规，而不是泸州市各级政府的有关文件。因此，法院认定被告作出收回原告承包地的决定属适用法律错误，并依法予以撤销是正确的。

2. 关于赔偿问题。本案原告提出的赔偿请求，既有经济损失赔偿，又涉及精神损害方面的赔偿。对经济损失的赔偿，确实存在因被告违法行政行为导致原告经济利益减少的客观事实，人民法院根据《中华人民共和国行政诉讼法》第六十七条第一款关于"公民、法人或者其他组织的合法权益受到行政机关或者行政机关工作人员作出的具体行政行为侵犯造成损害的，有权请求赔偿"的规定，判决被告赔偿原告的实际经济损失是合理合法的。至于原告要求行政精神损害赔偿问题，目前我国行政法律尚无明确规定，但根据行政法理论，提起行政精神损害赔偿的范围仅限于侵犯公民的名誉权、荣誉权、人身权等案件，本案是联产地使用权纠纷，不属精神损害赔偿的案件范围，也不存在侵犯原告上述几项权利的情况，因此，原告要求被告承担收回联产地使用权对他造成的精神损害赔偿责任，显然于法无据。人民法院结合本案实际情况，不支持原告这一主张是正确的。

3. 关于本案管辖问题。泸州市调整行政区划的时间是1996年7月，原泸州市市中区政府（现江阳区）所辖的罗汉镇被划归龙马潭区政府管辖。原告1996年5月向原泸州市市中区人民法院（现江阳区人民法院）提起诉讼，是在行政区划调整之前，因此，本案由江阳区人民法院审理，符合《中华人民共和国行政诉讼法》的有关规定。

（赖永芬）

18. 周至县富仁乡新农村村民委员会等不服陕西省人民政府土地确权案

（一）首部

1. 判决书字号

一审判决书：陕西省西安市中级人民法院（1990）行初字第5号。

二审判决书：陕西省高级人民法院（1996）行终字第1号。

2. 案由：不服土地确权案。

3. 诉讼双方

原告（被上诉人）：周至县富仁乡新农村村民委员会。

法定代表人：穆君省，主任。

二审委托代理人：穆江涛，该村村民。

原告（被上诉人）：周至县水电局。

法定代表人：刘吉仓，局长。

一审委托代理人：张谆，周至县司法局干部。

二审委托代理人：尚建林，周至县水电局干部。

被告（上诉人）：陕西省人民政府。

法定代表人：程安东，省长。

一、二审委托代理人：谭道发，陕西省土地管理局副局长。

一、二审委托代理人：王周户，陕西省第四律师事务所律师。

第三人（上诉人）：兴平市汤坊乡龙兴村村民委员会。

法定代表人：杨宽道，主任。

一审委托代理人：岳武云，该村村民。

二审委托代理人：尹明辉，该村村民。

第三人（被上诉人）：周至县人民政府。

法定代表人：任文斌，县长。

一、二审委托代理人：许江民，周至县工商行政管理局副局长。

二审委托代理人：张谆，周至县人民政府法制办公室干部。

第三人（被上诉人）：兴平市人民政府。

法定代表人：任新昌，市长。

一、二审委托代理人：蔡子昭，兴平市土地管理局干部。

一、二审委托代理人：彭耀祖，兴平市政协干部。

4. 审级：二审。

5. 审判机关和审判组织

一审法院：西安市中级人民法院。

合议庭组成人员：审判长：李志强；审判员：杨桂全、崔战友；代理审判员：邵永利、李玲。

二审法院：陕西省高级人民法院。

合议庭组成人员：审判长：李如山；审判员：傅深铭、宋龙凌。

6. 审结时间

一审审结时间：1995 年 12 月 25 日（依法延长审限）。

二审审结时间：1996 年 8 月 29 日（依法延长审限）。

（二）一审情况

1. 一审诉辩主张

(1) 被诉具体行政行为：1989 年 8 月，原告周至县富仁乡新农村（以下简称新农村）与兴平县汤坊乡龙兴村（以下简称龙兴村）为两县交界处渭河南岸的 1083 亩耕地的权属争议发生群众性的械斗。陕西省人民政府经过调查后，于 1990 年 10 月 5 日作出《关于新农村与龙兴村渭河南岸滩地权属争议问题的处理决定》。该决定确认渭河南岸的 1083 亩滩地属龙兴村集体所有，新农村在其中占用的 95 亩滩地归还龙兴村；为减少护堤与耕作的矛盾，周至县在争议地上修建的 1700 米河堤，由兴平县人民政府管理。原告新农村对该决定不服，向西安市中级人民法院提起行政诉讼。西安市中级人民法院受理后又追加周至县水电局为本案的共同原告。

(2) 原告新农村诉称：新农村在渭河南岸的 95 亩滩地，自祖辈时就由其耕作。被告处理决定将该地确认给龙兴村所有缺乏事实依据，请求依法予以撤销。原告周至县水电局诉称：渭河南岸的 1083 亩争议地，在 1978 年修堤前属国有滩涂。被告处理决定将国有土地确认为龙兴村集体所有，将周至县修建的河堤无偿划给兴平县管理，侵犯了周至县水电局对国有土地及河堤的行政管理权，请求撤销被告的处理决定。

(3) 被告陕西省人民政府辩称：处理决定确认 1083 亩争议地属龙兴村集体所有，证据充分，事实清楚。行政区划和河堤管理权争议不属行政诉讼受案范围，周至县水电局不具备原告主体资格。请求法院依法维持被诉处理决定，驳回周至县水电局的诉讼请求。

(4) 第三人周至县人民政府述称：根据周至、兴平两县 1958 年的协议，兴平县在渭河南岸的耕地自 1961 年后就应属周至县管辖。被告处理决定将周至县境内的耕地与河堤确定给兴平县管辖，违反了有关行政区划管理法规的规定。

第三人龙兴村和兴平市人民政府认为省政府的处理决定是正确的，请求予以维持。

3. 一审事实和证据

西安市中级人民法院经审理查明：新农村所属富仁乡原归兴平县管辖，1958 年 8 月，经省民政厅同意，兴平县将富仁乡划归周至县管辖。同年 9 月 2 日，兴平、周至两县达成移交协议，兴平县人民委员会以（58）兴会民字 211 号文报告省民政厅。省民政厅于同年 10 月 14 日以（58）民民字 96 号文正式通知将富仁乡划给周至县管辖，并抄报国家内务部备案。1961 年 9 月，周至县按照周至、兴平两县 1958 年协议的规定，将渭河北岸的耕地移交给兴平县，但兴平县未履行协议将渭河南岸的耕地移交给周至县，引起南岸土地权属纠纷。1962 年 12 月 15 日，咸阳专署召开周至、兴平和户县区划会议，达成协议。协议规定考虑到跨河种地习惯和现在耕种情况，河滩地仍归原生产队耕种，不再变动。周至、兴平两县 1958 年协议与此协议精神抵触者，以此协议为准。1964 年省民政厅作出（64）民民字 47 号《关于武功、周至两县之间渭河滩地纠纷处理原则的通知》，规定以后均不得越河种地，如再有渭河滩地纠纷，均采用以主流为界的原则处理。此后，渭河南岸的争议滩地长期由兴平县耕种。1978年，周至县人民政府组织群众修建渭河南堤并管理至今，但周至、兴平两县的滩地权属纠纷从未休止。

上述事实有下列证据证明：

(1) 兴平县人民委员会 (58) 兴会民字87号《关于调整行政区划问题的报告》。

(2) 1958年9月2日周至、兴平两县《关于移交宋滩、富仁两乡中一些问题的协议》。

(3) 兴平县人民委员会 (58) 兴会民字211号报告。

(4) 省民政厅 (58) 民民字96号通知。

(5) 1962年12月15日周至、兴平、户县区划会议达成的协议。

(6) 省民政厅 (64) 民民字47号通知。

3. 一审判案理由

一审法院认为：1958年9月2日周至、兴平两县达成的协议，经省民政厅核准，且报国家内务部备案，是真实有效的。1962年12月15日咸阳专署的会议协议部分否定周至、兴平两县1958年协议不当。省政府处理决定中引用的证据，只能证明有关争议滩地的历史状况，不能作为确权的依据。故省政府的处理决定认定事实不清，证据不足，应予撤销。周至县水电局不具备原告主体资格，故其起诉应予驳回。新农村的诉讼请求证据充分，应予支持。

4. 一审定案结论

一审法院根据《中华人民共和国行政诉讼法》第四十一条、第五十四条第（二）项第一目的规定，判决如下：

1. 撤销陕西省人民政府 (1990) 第177号《关于兴平县汤坊乡龙兴村与周至县富仁乡新农村渭河南岸滩地权属争议问题的处理决定》。

2. 驳回周至县水电局之起诉。

本案诉讼费11700元，由陕西省人民政府承担。

（三）二审诉辩主张

1. 上诉人（原审被告）陕西省人民政府诉称：(1) 处理决定以能够证明争议地的历史状况和现实状况的证据材料作为确认争议地权属的依据是正确的。一审判决既认为这些证据能证明争议地的历史状况，却又认为不能作为确权的依据是自相矛盾的；(2) 咸阳专署作为周至、兴平两县的上级机关，有权根据中央政策对其1958年协议中不恰当的内容予以纠正；(3) 新农村在诉讼中始终未能提供争议地属其所有的有效证据，一审判决认定新农村诉讼请求证据充分没有根据。

2. 上诉人（原审第三人）龙兴村诉称：周至、兴平两县1958协议中三年后互交渭河南、北岸耕地的约定，既未经省民政厅核准，也没有报内务部备案，周至县亦未履行。一审判决对上述事实认定错误，请求二审法院予以纠正。

3. 被上诉人（原审原告）新农村辩称：争议地解放前就由其耕种，不存在占用龙兴村耕地的问题。一审判决正确，请求二审维持。

4. 被上诉人（原审原告）周至县水电局辩称：争议地原属国有滩涂。龙兴村提交的土地证所记载的四至不清，提交的农业税土地清册、土地清丈单等历史资料不能作为争议地属其所有的依据。省政府处理决定将国有土地确认给集体所有，将周至县修建的河堤确认给兴平县管理，违反了土地管理法和行政区划管理法规的规定。一审判决撤销被诉处理决定是正确的，但驳回周至县水电局的起诉不当，请求二审予以纠正。

5. 被上诉人周至县人民政府同意新农村和周至县水电局的答辩。

（四）二审事实和证据

陕西省高级人民法院经公开开庭审理查明：周至、兴平两县原同属咸阳地区，兴平县的富仁、宋滩两乡位于渭河以南与周至县毗邻，兴平县汤坊乡龙兴村在渭河南岸亦有耕地。1958年8月，经省民政厅批准，兴平县将富仁、宋滩两乡移交周至县管辖。同年9月2日，两县对移交后的遗留问题进行协商，达成了《关于移交宋滩、富仁两乡中一些问题的协议》。该协议第二条规定：周至、兴平两县以渭河为界，现在属渭河北岸兴平社员所有的渭河南岸耕地，以及属渭河南岸周至社员所有的渭河北岸耕地，仍由原社继续耕种，三年后分别移交耕地所在县接管。9月21日，兴平县人民委员会向省民政厅呈报了（58）兴会民字第211号《关于宋滩、富仁两乡划归周至管辖移交情况的报告》，将两县协议作为该报告的附件之一同时上报。10月14日，省民政厅对将富仁、宋滩乡划归周至管辖，以（58）民民字96号文通知省各厅、局、委，并抄报国家内务部。1961年9月，周至、兴平均未履行1958年协议中两县互交渭河南、北岸耕地的约定。1962年12月15日，咸阳专署召开户县、周至、兴平三县区划会议。会议形成的决议规定：查田定产时经过丈量的有证滩地，均按跨河种地习惯和现在耕种情况归原生产队耕种，不再变动；公购粮由耕种土地的生产队向本县政府缴纳；1958年周至、兴平两县交接富仁、宋滩两乡协议如与此决议精神抵触者，以决议为准。1964年，省民政厅作出（64）民民字47号《关于武功、周至两县之间渭河滩地纠纷处理原则的通知》，规定今后渭河两岸有争议的滩地采用以主流为界的原则处理，现渭河南、北岸无争议的耕地仍由原耕种的生产队继续耕种。1978年，周至县政府组织群众修建渭河南岸河堤，新农村与龙兴村为渭河南堤内的1083亩土地的权属发生纠纷，新农村占种了其中的95亩土地。此后，周至县划归西安市管辖，两村的土地权属争议愈演愈烈。

1989年9月，省政府组织调查组对新农、龙兴两村土地权属争议进行调查。龙兴村提供出1952年兴平县政府颁发的五张土地证，该村1955年、1964年、1976年的农业税土地清册，以及1960年、1961年、1964年、1965年和1976年全村耕地面积丈量统计资料等证据，证明其一直耕种的1083亩滩地属龙兴村集体所有的土地。经省政府调查组查证，五张土地证的持证人系龙兴村村民，土地证所载的13块滩地的坐落位置在争议滩地的范围之内，与13块滩地四至毗邻的滩地耕种人共23户，亦均为龙兴村村民。龙兴村提供的农业税土地清册与土地面积丈量统计资料，所记载的滩地面积及增减情况基本一致，特别是1964年“四固定”中的耕地丈量资料，对该村在渭河南岸滩地的数量、位置、地点等记载得比较详细。其中，滩地的南北距离、地面四至参照物，与省测绘局绘制的1964年渭河治理规划现状图和1969年至1975年农业规划现状图中现争议地上的地物图例基本相符。新农村亦向省政府调查组提供了土地证和土地登记资料，经查证，土地证及登记资料记载的土地，均不在现争议滩地的范围之内。省政府根据调查组查证的事实作出处理决定，新农村不服，向西安市中级人民法院提起诉讼。该院1992年1月13日以有关部门正在协调本案争议为由，裁定中止对本案的审理。1995年10月30日追加周至县水电局为共同原告，恢复对本案的审理。

上述事实有下列证据证明：

1. 1958年9月2日周至、兴平两县签订的《关于移交宋滩、富仁两乡中一些问题的协议》。

2. 省民政厅（58）民民字96号通知。

3.1962年12月15日咸阳专署户、周、兴三县区划会议决议。

4.1964年省民政厅民民字47号通知。

5. 龙兴村提供的土地证、农业税土地清册和耕地面积丈量统计资料。

6. 省测绘局绘制的1964年渭河治理规划现状图和1969至1975年农业规划现状图。

（五）二审判案理由

陕西省高级人民法院认为：龙兴村与新农村的滩地权属争议是历史遗留下来的问题，对该争议滩地的权属应当依据历史客观事实及现实状况综合分析认定。龙兴村提供的争议滩地在土地改革、农业合作化以及"四固定"等时期的证据材料，证明争议滩地一直由其所有并耕种，省政府处理决定据此确认1083亩滩地属龙兴村集体所有是正确的。原审判决认为处理决定引用的证据能证明争议滩地的历史状况，却不能作为确权的依据显属错误。1958年周至、兴平两县协议曾作为兴平县人委（58）兴会民字第211号文的附件上报省民政厅，但省民政厅随后作出的（58）民民字第96号通知中，并未对该协议中两县互交渭河南、北岸耕地的约定予以核准，也未将该协议抄报国家内务部备案，原审判决对此事实的认定是错误的。咸阳专署作为周至、兴平两县的上级机关，有权依照中央当时纠正"一平二调"的农村政策，在周至、兴平两县协商一致的基础上，对其1958年协议中不恰当的规定予以纠正。原审判决认定咸阳专署1962年会议决议部分否定周至、兴平两县1958年协议不当缺乏根据。省民政厅（64）民民字第47号通知，虽确定以主流为界的原则处理以后发生的渭河滩地纠纷，但同时规定当时渭河两岸无争议的耕地仍由原生产队耕种，当时已有争议的耕地在处理时亦不受不得越河种地规定的限制。龙兴村在渭河南岸的1083亩滩地在1978年争议发生前，一直由该村耕种，1958年周至、兴平两县的行政区划变动并未使该地的权属转移。周至县政府及水电局认为省政府的处理决定改变本县的行政区划，侵犯其对国有土地和堤坊工程的行政管理权，属行政机关之间的职权划分争议，不属《行政诉讼法》规定的受案范围，原审法院对被诉处理决定中有关堤坊工程管理及行政区域管辖等决定一并审查并判决撤销，超越了行政诉讼的司法审查范围。周至县水电局不具备行政诉讼原告主体资格，原审法院追加其为本案的共同原告违反法定程序，但判决驳回其起诉是正确的。综上，原审判决认定事实不清，证据不足，适用法律错误，应予纠正。上诉人上诉理由成立，请求合法，应予支持。

（六）二审定案结论

二审法院依照《中华人民共和国行政诉讼法》第六十一条第（三）项的规定，作出如下判决：

1. 撤销西安市中级人民法院（1990）行初字第5号行政判决第一项。

2. 维持陕西省人民政府（1990）177号处理决定第二项，即1083亩滩地为龙兴村集体所有的土地，新农村在其中占用的95亩滩地归还给龙兴村。

3. 维持西安市中级人民法院（1990）行初字第5号行政判决第二项，即驳回周至县水电局的起诉。

一、二审案件受理费各100元，由周至县新农村和周至县水电局各承担50元。

（七）解说

本案在审理过程中，争议较大的有以下三个问题：

1. 除土地证外其他土地权属证据材料的效力问题。

龙兴村提交的土地权属证据材料中，土地证只有五份，证上所载的土地与争议地面积相差较大。但该村提交的在农业合作化、特别是“四固定”时期的农业税土地清册、土地登记清丈单等证据材料，上面所记载的滩地面积、四至位置等，与争议地基本相符。一审法院认为土地确权应以土地证为依据，其他权属证据材料虽能证明争议地的历史状况，但不能作为确权的依据。二审法院认为此种认识不能成立，理由是：对历史遗留下来的土地权属争议，应依据各类相关证据材料综合分析认定。土地证无疑是土地确权的重要依据，但不是惟一的依据。因为土改后，我国农村的土地在合作社、人民公社、特别是“四固定”时期进行了较大的调整，现在农村集体所有的土地，并不等于土地证上土地的简单相加。孤立、静止地用土地证确认农村集体土地的权属，难免以偏概全。另外，土改至今已 40 多年，当时颁发给农民的土地证大部分已经灭失，仅以土地证来确认土地权属也是不现实的。国务院（1980）国办发 135 号《关于批转广西处理土地、山林、水利纠纷情况报告的通知》规定，处理土地、山林等权属纠纷，一般应以土改、合作化、“四固定”时的定论为依据。一审法院认为土地确权只能以土地证为依据与此规定精神相悖。

2. 土地权属与行政区划的关系问题。

周至、兴平两县 1958 年调整行政区划时确定两县以渭河为界，但兴平县移交周至县管辖的只限于富仁、宋滩两乡，对汤坊乡龙兴村在渭河南岸的 1083 亩土地的权属并未变更。一审法院之所以认为将争议地确认为龙兴村集体所有是错误的，一个很重要的理由就是认为土地权属与行政区划应该是一致的，即土地在谁的行政区域内就应归谁所有，行政区划的变动必然会引起土地权属的变更，这种认识显然难以成立。土地权属和行政区划属两个范畴的不同性质的问题，不能将二者混为一谈。由于确认土地权属与划分行政区域的目的、依据以及标准均不相同，行政区域与土地权属的界限不可能、也没有必要重合一致。事实上，我国目前行政区划与土地权属不相一致的“插花地”及“飞地”现象仍较为普遍地存在。龙兴村在渭河南岸周至县境内的 1083 亩耕地，在没有相应数量、质量的土地予以对调的情况下，不能像国有土地那样随行政区划的变动划拨给周至县。国家土地局《关于确定土地权属若干问题的意见》第十条第三款规定：“行政区划变动后未变更土地权属的，原土地权属不变。”一审法院认为行政区划的变动必然导致土地权属的变更是没有根据的。

3. 行政职权划分争议是否属于行政诉讼受案范围问题。

周至县水电局认为其具备行政诉讼原告主体资格的理由是，被诉处理决定侵犯其对国有土地和堤防工程的行政管理权。周至县政府也以被诉处理决定改变了周至、兴平两县的行政区划为由，要求法院撤销该处理决定。根据《行政诉讼法》第十一条的规定，人民法院主要受理公民、法人或其他组织认为具体行政行为侵犯其人身权和财产权的案件。认为具体行政行为侵犯其他权益的能否提起行政诉讼，取决于相应法律法规有无可以起诉的规定。堤防工程管理权和行政区划争议，属行政机关之间的行政职权划分争议，该内部行政行为不涉及具体相对人的权益，故不可能有合格的行政诉讼原告。行政管理权与公民、法人或其他组织的人身权、财产权是两个不同性质的法律概念，不存在谁包容谁的问题。一审判决将被诉处理决定中有关堤防工程管理及行政区域管辖的决定一并撤销，显然超出了行政诉讼的司法审查范围。同理，一审法院追加周至县水电局为本案的共同原告，既违反了法定程序，也违反了《行政诉讼法》关于受案范围的规定。

（宋龙凌）

19. 高鸿道等不服上海市静安区房产管理局拆迁裁决案

（一）首部

1. 判决书字号

一审判决书：上海市静安区人民法院（1996）静行初字第11号。

二审判决书：上海市第二中级人民法院（1996）沪二中行终字第61号。

2. 案由：不服房屋拆迁裁决案。

3. 诉讼双方

原告（上诉人）：高鸿道，男，69岁，汉族，上海港务局退休人员，住上海市新闸路1451弄4号。

原告（上诉人）：李根娣，女，56岁，汉族，康华电线厂退休，住上海市新闸路1451弄4号。

原告（上诉人）：高跃年，男，35岁，汉族，公交电车一场工人。住本市新闸路1451弄4号。

一、二审委托代理人：朱德亮，男，上海市静安区工商行政管理局工作人员，住上海市万春街162弄70号102室，代理以上三原告诉讼。

被告（被上诉人）：上海市静安区房产管理局。

法定代表人：徐顺虎，局长。

一、二审委托代理人：厉敏，女，该局干部。

第三人：上海市静安区中心医院。

法定代表人：谢荣康，院长。

一、二审委托代理人：胡志豪，男，该院干部。

4. 审级：二审。

5. 审判机关和审判组织

一审法院：上海市静安区人民法院。

合议庭组成人员：审判长：严民昌；审判员：刘黎；代理审判员：符德强。

二审法院：上海市第二中级人民法院。

合议庭组成人员：审判长：蔡廷家；审判员：钱锡青；代理审判员：殷勇。

6. 审结时间

一审审结时间：1996年6月19日。

二审审结时间：1996年9月10日。

（二）一审情况

1. 一审诉辩主张

（1）被诉具体行政行为：上海市静安区房产管理局于1996年4月12日对高鸿道等三

原告作出（96）静房裁字第88号房屋拆迁裁决，限高鸿道等在收到裁决书之日起5日内搬出所租住的上海市新闸路1451弄4号，搬至上海市淞虹路715弄23号204室二室一厅（居住面积24.5平方米）新建住宅居住，原住房交静安中心医院拆除。

（2）原告诉称：其居住的上海市新闸路1451弄4号房屋类型为新式里弄公房，而不是旧式里弄公房，具体行政行为认定事实错误，故请求依法撤销（96）静房裁字第88号房屋拆迁裁决。

（3）被告辩称：对高鸿道、李根娣、高跃年作出的拆迁裁决认定事实清楚，证据确凿，适用法律正确，程序合法，请求法院依法维持。

（4）第三人述称：高鸿道、李根娣、高跃年以其住房是新式里弄为由，坚持要在上海市静安区内安置住房，属要求过高，故请求法院依法维持具体行政行为。

2. 一审事实和证据

法院经审理查明：高鸿道租赁本市新闸路1451弄4号旧式里弄公房，居住面积36.9平方米，同住人李根娣、高跃年。1995年8月，第三人上海市静安区中心医院经静安房产局沪房静拆许字（95）第47号房屋拆迁许可证批准在本市新闸路1451弄3号至21号、2号至6号的地块实施拆迁，建造静安中心医院住院病房大楼。高鸿道所住房屋属拆迁范围。为此，第三人提供上海市长风新村三室一厅新建住宅及其他安置房让高鸿道选择。因高鸿道要求过高，双方无法达成一致意见，第三人上海市静安区中心医院于1996年3月28日，向上海市静安区房产管理局申请裁决。上海市静安区房产管理局曾分别于同年4月2日、8日进行调解未果。同年4月12日，上海市静安区房产管理局对高鸿道及同住人作出（96）静房裁字第88号房屋拆迁裁决，限高鸿道等在收到裁决书之日起5日内搬出所租住的本市新闸路1451弄4号，搬至上海市淞虹路715弄23号204室二室一厅（居住面积24.5平方米）新建住宅居住，原住房交静安中心医院拆除。

上述事实有如下证据为证：

（1）上海市计划委员会沪计投（1995）207号《关于静安区中心医院住院大楼建设项目立项批复》。

（2）上海市静安区规划土地管理局核发沪地（95）008号建设用地规划许可证。

（3）上海市静安区规划土地管理局核发沪土用（静安）字（1995）第7号上海市建设用地许可证。

（4）上海市静安区房产管理局沪房静拆许字（95）第47号房屋拆迁许可证。

（5）上海市静安区公安分局康定路派出所出具的高鸿道户户籍证明材料。

（6）上海市静安区房产管理局康定路房产管理所出具的高鸿道租赁的本市新闸路1451弄4号公房租赁资料。

3. 一审判案理由

法院认为：第三人上海市静安区中心医院为社会公益事业依法拆迁，并对高鸿道户作了妥善安置。高鸿道等三人提出过高要求，迟不签约，为保障城市建设的顺利进行，上海市静安区房产管理局依据《上海市城市房屋拆迁管理实施细则》第四十四条、第四十九条、第五十一条之规定，作出房屋拆迁裁决，认定事实清楚，适用法律正确，执法程序合法。高鸿道等三人提出的其房屋类型属新式里弄等证据，不符合证据要件，不予采信。

4. 一审定案结论

一审法院依照《中华人民共和国行政诉讼法》第五十四条第（一）项第一目之规定，作出如下判决：

维持上海市静安区房产管理局作出的（96）静房裁字第88号裁决。

案件受理费人民币100元，由高鸿道、李根娣、高跃年共同负担。

（三）二审诉辩主张

1. 上诉人高鸿道、李根娣、高跃年上诉称：其租住的本市新闸路1451弄4号房屋类型属新里弄，居住面积为41.9平方米，静安房产局作出的房屋拆迁裁决认定该房为旧里弄，事实不清，适用法律不当，请求撤销原判和静安房产局作出的具体行政行为。

2. 被上诉人上海市静安区房产管理局辩称：其对高鸿道等三人作出的房屋拆迁裁决认定事实清楚，证据充分，适用法律正确，执法程序合法，要求维持原判和具体行政行为。

3. 第三人述称：上海市静安区房产管理局对高鸿道等三人作出的房屋拆迁裁决合法，请求维持原判和具体行政行为。

（四）二审事实和证据

上诉人高鸿道等提供了1996年4月24日摘自上海市静安区房产管理局资料室的有关房屋资料，证实本市新闸路1451弄4号房屋类型为新式里弄。

1996年6月20日，上海市房屋土地管理局以沪房地技（1996）496号《关于对新闸路1451弄4号房屋类型认定的复函》中确认本市新闸路1451弄4号房屋为新式里弄。

（五）二审判案理由

二审法院认为：被上诉人静安房产局对上诉人高鸿道等三人提供的本市新闸路1451弄4号房屋类型为新里弄的证据材料未提供新的证据，足以推翻上诉人的证据，且上海市房屋土地管理局确认本市新闸路1451弄4号房屋类型为新里弄的事实清楚。故被上诉人静安房产局对上诉人作出的房屋拆迁裁决中认定上诉人原住房屋类型为旧里弄，证据不足。原审判决维持具体行政行为属认定事实不清，适用法律不当，上诉人高鸿道等三人的上诉请求，应予支持。

（六）二审定案结论

上海市第二中级人民法院根据《中华人民共和国行政诉讼法》第六十一条第（三）项之规定，作出判决：

1. 撤销上海市静安区人民法院（1996）静行初字第11号行政判决。

2. 撤销上海市静安区房产管理局于1996年4月12日作出的（1996）静房裁字第88号房屋拆迁裁决。

一、二审案件受理费人民币200元，由上海市静安区房产管理局负担。

（七）解说

1. 本案的关键是对上诉人高鸿道等三人租赁居住的上海市新闸路1451弄4号房屋类型为新式里弄还是为旧式里弄这节事实的认定。根据《中华人民共和国行政诉讼法》第三十三条的规定，被告负举证责任，应当向法院提供作出具体行政行为的证据和所依据的规范性文件。在法庭审理中，作为被告的上海市静安区房产管理局虽提供了高鸿道等三人租住房屋所在地上海市静安区房产管理局康定路房管所出具的证实该房类型为旧式里弄的证明材料，但是，高鸿道等三人提供了摘自上海市静安区房产管理局资料室的证实该房类型为新式里弄的证据，对此，上海市静安区房产管理局却不能提供新的证据，以推翻高鸿道等三人所提供的证据证明的事实。故上海市静安区房产管理局作出的具体行政行为认定本市新闸路 1451 弄 4 号房屋类型为旧式里弄证据不足。

2. 上海市房屋土地管理局作为被告上海市静安区房产管理局的上级主管机关，于 1996 年 6 月 20 日作出沪房地技（1996）496 号《关于对新闸路 1451 弄 4 号房屋类型认定的复函》，认定本市新闸路 1451 弄 4 号房屋类型为新式里弄。故上海市静安区房产管理局对高鸿道等三人作出的房屋拆迁裁决认定高鸿道等三人租住的本市新闸路 1451 弄 4 号房屋类型为旧式里弄事实不清，证据不足。因此，原审判决维持具体行政行为属认定事实不清，适用法律不当，应予改判。

（殷　勇）

20. 仇金宝等不服上海市房屋土地管理局房屋确权决定案

（一）首部

1. 判决书字号：上海市长宁区人民法院（1995）长行初字第 36 号。

2. 案由：不服房屋确权决定案。

3. 诉讼双方

原告：仇金宝，男，1938 年 4 月 24 日生，汉族，天原化工厂工作，住上海市天山一村 93 号 7 室。

原告：仇金龙，男，1952 年 10 月 6 日生，汉族，江西省乐安县核工业部国营 721 矿工作，暂住上海市中山西路中华新村 603 号。

原告：仇九妹，女，1950 年 9 月 4 日生，汉族，新中华刀剪厂工作，住上海市新泾一村 92 号 504 室。

原告：仇宝妹，女，1954 年 11 月 15 日生，汉族，上海长顺石棉厂工作，住上海市长宁路 949 弄 900 号。

四原告委托代理人：华信江，上海市公民律师事务所律师。

四原告委托代理人：房建，华东政法学院工作，住上海市万航渡路 1575 号。

被告：上海市房屋土地管理局。

法定代表人：蔡育天，局长。

委托代理人：仇笑芳，女，上海市长宁区房产管理局工作人员。

委托代理人：杜世杰，男，上海市长宁区房产管理局工作人员。

第三人：仇珊宝，男，1945 年 4 月 15 日生，汉族，上海铝线公司工作，住上海市中山西路中华新村 603 号。

委托代理人：王加虎，上海市中大律师事务所律师。

第三人：仇金根，男，1939 年 11 月 3 日生，汉族，内蒙古呼和浩特市新城区车站东街 9 号楼 43 号。

4. 审级：一审。

5. 审判机关和审判组织

审判机关：上海市长宁区人民法院。

合议庭组成人员：审判长：沈恒德；审判员：张旭；代理审判员：齐敏音。

6. 审结时间：1996年1月26日。

（二）诉辩主张

1. 被诉具体行政行为：被告上海市房屋土地管理局于1991年9月26日核发了沪房长字第12538号房屋所有权证，将上海市中山西路中华新村603号建筑面积33.2平方米二层及底层北间房屋所有权确认给第三人仇珊宝所有。

2. 原告诉称：上海市中山西路中华新村603号私房系父母遗产。1985年，仇珊宝擅自处分部分房屋，并隐瞒事实情况，谎称其为惟一继承人，向房管部门办理了房地产登记手续。被告未严格审查产权来源及产权人情况，将上述房屋所有权确认给仇珊宝，侵犯其合法权益，是不合法的，要求判决撤销被告核发的房屋所有权证。

3. 被告辩称：第三人仇珊宝于1986年办理了房地产登记手续，已实际成为房屋的产权人，其根据仇珊宝的申请及有关材料，经过勘丈审核后予以确权是合法的，请求维持其核发的房屋所有权证。

4. 第三人述称：上海市中山西路中华新村603号房屋确系父母遗产，但经家庭协商确定，该房由第三人仇珊宝一人继承，故其于1986年处分部分房屋后，办理了房地产登记手续。现被告向其核发上述房屋所有权证是合法的，要求判决予以维持。

（三）事实和证据

上海市长宁区人民法院经公开审理查明：四原告与两第三人系兄弟、兄妹关系。上海市中山西路中华新村603号底层及二层房屋系四原告及两第三人父母仇惠卿、方惠莲于1958年在空地自建。1985年，仇惠卿、方惠莲相继去世，四原告与两第三人因意见不合，对遗产房屋继承问题协商未成。不久，第三人仇珊宝擅自将该房底层南间出售给他人，嗣后，又隐瞒了其余继承人的情况，谎称其为“独苗”继承父母遗产，并提供有关单位在不明事实真相情况下所出具的证明，向房管部门办理了该房底层北间及二层房屋的房地产登记手续。1990年9月，仇珊宝以已办理了房地产登记手续为由，向被告申请核发上述房屋的所有权证。被告经过勘丈审核，认定上海市中山西路中华新村603号二层及底层北间建筑面积为33.2平方米房屋，系第三人仇珊宝于1958年自建，并于1985年办理了房地产登记手续，成为实际产权人。故根据城乡建设环境保护部《城镇房屋所有权登记暂行办法》第一条、第三条、第八条，上海市房产管理局、上海市房产登记发证办公室《上海市城镇房屋产权登记暂行办法》第二条、第四条、第六条、第十一条等有关规定，向仇珊宝核发了房屋所有权证。四原告得知后不服，诉至法院。

上述事实有下列证据证明：

1. 户籍资料，证明四原告及两第三人系仇惠卿、方惠莲的子女。

2. 私房出卖协议，证明仇珊宝擅自处分遗产房屋。

3. 私房产权转移委托代办表，证明仇珊宝隐瞒其余继承人情况，申请办理房地产登记手续。

4. 有关单位证明，证明仇珊宝隐瞒事实，谎称其为“独苗”继承父母遗产。

5. 房地产登记收件收据，证明仇珊宝办理了房地产登记手续，房管部门审核后予以认可。

6. 房屋产权登记申请书，证明仇珊宝以产权人身份申请核发所有权证所填写的内容。

7. 房屋产权登记审核表，证明被告确权的审核过程。

8. 墙界表，证明房屋的四至情况。

9. 勘丈图，证明房屋的建筑面积。

（四）判案理由

1. 上海市中山西路中华新村 603 号底层北间及二层房屋系四原告和两第三人父母仇惠卿、方惠莲于 1958 年在空地自建。被告在确权时认定该房系第三人仇珊宝于 1958 年自建，在认定权属来源上事实不清。

2. 父母故世后，四原告与两第三人作为法定继承人，均享有继承权，且四原告与第三人对遗产房屋的继承，因意见不合，始终未协商一致，四原告一直未放弃主张权利，因此，对于该房产权的争议客观存在。被告在产权有争议的情况下确权，不符合法律规定。

3. 仇珊宝采取隐瞒欺骗方法，办理了房地产登记手续，其所取得的房地产登记收件收据不具有法律上的证明效力。被告却以此认定仇珊宝已成为房屋的实际产权人，显然证据不足。

因此，被告的确权决定是不合法的，依法应予撤销。

（五）定案结论

上海市长宁区人民法院根据《中华人民共和国行政诉讼法》第五十四条第（二）项规定，作出如下判决：

撤销被告上海市房屋土地管理局 1991 年 9 月 26 日核发的沪房长字第 12538 号房屋所有权证。

本案受理费人民币 100 元，由被告上海市房屋土地管理局负担。

（六）解说

城乡建设环境保护部颁布的《城镇房屋所有权登记暂行办法》第八条规定：登记机关依照申请人的申请进行产权审查，凡房屋所有权清楚，没有争议，符合有关法律和政策，证件齐全，手续完备的，应发给房屋所有权证。这是行政机关在核发房屋所有权证时所依据的法律规定。本案被告在确权时存在如下问题：

1. 认定房屋权属来源事实不清。房屋所有权属来源是指取得房屋的途径。本案系争房屋坐落于上海市中山西路中华新村 603 号，系四原告与两第三人父母仇惠卿、方惠莲于 1958 年在空地自建，这一事实，四原告与两第三人均无异议。仇珊宝在办理房地产登记手续时，也承认该房系父母所建，其作为继承人，取得的房屋所有权属来源，应该是继承，而非自建。但被告在确权时，认定该房系仇珊宝于 1958 年自建，显然是混淆了仇珊宝与其父母取得房屋所有权属的途径，在认定房屋所有权属来源上事实不清，是不合法的。

2. 在产权有争议的情况下错误确权。仇惠卿、方惠莲相继去世，四原告与两第三人作为法定继承人，对父母遗留的房屋，均享有继承的权利。由于四原告与两第三人意见分歧，在遗产房屋的继承分割问题上始终协商不成，且四原告一直未放弃对遗产房屋继承的权利主张，所以，四原告与两第三人对房屋产权存有争议的事实客观存在。在这种情况下，被告予以确权，将房屋所有权确认给继承人之一的仇珊宝，侵犯了其余继承人的合法权益，也是不合法的。

3. 以与事实不符的房地产登记收件收据作为确权依据，证据不足。被告以仇珊宝取得的房地产登记收件收据为主要证据，认定仇珊宝实际成为产权人，显然是证据不足的。因为，该房地产收件收据作为一种证据材料，从形式上看，可以证明仇珊宝确已办理过房地产登记手续，并经房管部门审核予以认可，但从实质上看，它是仇珊宝采取欺骗手段，提供不实之词，使有关单位在不明事实真相情况下出具证明，致使房管部门审核有误而取得的。应此，该房地产登记收件收据在内容上缺乏客观性、真实性和合法性，既不能证明仇珊宝办理的房地产登记手续是合法的，也不具有法律意义上的证明效力，被告以此为主要依据进行确权，证据不足。

综上所述，被告在认定所有权属来源上事实不清，在产权有争议及确权主要证据不足的情况下，核发房屋所有权证，是不合法的。人民法院经过审理，依法判决撤销被告核发的房屋所有权证，是正确的。

（张　旭）

六、卫生行政管理案例

21. 朱智强诉雅安市卫生局不予颁发医疗执业许可证及不服医疗卫生行政处罚案

(一) 首部

1. 判决书字号：四川省雅安市人民法院（1996）行初字第5号。

2. 案由：请求颁发医疗执业许可证及不服医疗卫生行政处罚案。

3. 诉讼双方

原告：朱智强，男，现年55岁，汉族，四川省雅安市人，无业，住雅安市沙湾路14号。

委托代理人：李银富，雅安市法律服务所法律工作者。

委托代理人：曾崇德，都江堰市重德律师事务所律师。

被告：雅安市卫生局。

法定代表人：温世镕，局长。

委托代理人：刘世振，雅安市法律服务所法律工作者。

委托代理人：张学东，该局副局长。

4. 审级：一审。

5. 审判机关和审判组织

审判机关：四川省雅安市人民法院。

合议庭组成人员：审判长：陈昌鑫；审判员：姜国清、付永秀。

6. 审结时间：1996年7月30日。

(二) 诉辩主张

1. 被诉具体行政行为：雅安市卫生局在对原告继续设置个体医疗诊所并从事执业活动的合法性进行审核时，经专家评审，并结合原告在执业期间的各种现实表现，认为原告的从医资格、诊所选址均不符合《医疗机构管理条例》、《四川省医疗机构管理条例》、《医疗机构管理条例实施细则》，于1995年7月6日对原告依法作出不予换发新证的决定，即不批准原告继续设置医疗机构，不颁发给原告医疗机构执业许可证，并于7月12日书面通知了原告。同年7月至1996年4月，原告朱智强在未取得医疗机构执业许可证的情况下，私自执业行医，雅安市卫生局根据群众和有关单位投诉，组织医疗监督队伍，依法对原告无证行医、违法收治精神病人的行为进行了现场调查后，对其非法行医使用的仪器进行了封存，并对其违反《医疗机构管理条例》、《四川省医疗机构管理条例》、《医疗机构管理条件实施细则》的行为分别作出了行政处罚：(1) 责令立即停止无证执业活动；(2) 没收非法所得46400元；(3) 处以罚款1万元。

2. 原告诉称：原告从1968年以来，针灸治疗精神病疗效显著。1990年8月，原告向被告雅安市卫生局申办了个体开业行医证，业务范围是针灸治疗精神病。1993年2月，被告雅安市卫生局仍换发个体开业行医证给原告。1995年7月，雅安市卫生局利用换证之机，不批准原告医疗执业；1996年4月，又以原告未取得医疗机构执业许可证擅自执业9个月为由，作出处罚决定。被告雅安市卫生局不批准原告医疗执业及其对原告的处罚，在事实上和适用法规上显属错误，为此，请求法院撤销被告雅安市卫生局所作出的具体行政行为。

3. 被告辩称：被告为了贯彻国务院制定的《医疗机构管理条例》，依法对原告继续设置并从事执业活动的合法性进行审核，经省、地有关专家组成的评审小组和雅安市医疗机构评审委员会的评审，均认定原告所开设的医疗机构在执业人员的资格、技术水平、药剂知识及设备配置等方面都不符合有关规定。根据《医疗机构管理条例》、《四川省医疗机构管理条例》、《医疗机构管理条例实施细则》的有关规定，被告不批准原告进行医疗执业。此后，原告在未取得医疗执业许可证的前提下，擅自执业9个月，非法所得46400元。被告依照《四川省医疗机构管理条例》的有关规定，对原告作出了处罚。

（三）事实和证据

四川省雅安市人民法院经公开审理查明：原告朱智强于1990年8月30日向被告雅安市卫生局申办了个体开业行医证，并于1993年2月2日办理了换证手续，有效期截至1995年元月底。1994年9月1日，国务院《医疗机构管理条例》正式实施，雅安市卫生局为建立并规范本市医疗秩序，于1995年4月至7月对全市提出执业登记申请的各类社会办医医疗机构进行了审核，通过由省、地有关专家组成的评审小组和雅安市医疗机构评审委员会对朱智强开设的医疗机构评审认定，其执业人员资格、技术水平、药剂知识及设备配置等均不符合《医疗机构管理条例》、《四川省医疗机构管理条例》及《医疗机构管理条例实施细则》的有关规定，结合原告在执业期间屡次违反当时执行的《四川省社会办医管理办法》有关条款的行为，被告雅安市卫生局于1995年7月15日作出了关于不批准朱智强进行医疗执业的通知。此后，原告在未取得行医执照的情况下，于1995年7月至1996年4月，私自执业行医，被告雅安市卫生局在对原告擅自无证行医的行为进行现场调查核实后，按《四川省医疗机构管理条例》的有关规定实施行政处罚。

以上事实有如下证据证明：

1. 原告未取得医师职称，无医师执业证书，无相应的国家承认的学历证明，无通过地区卫生行政部门考试或考核的合格证明。

2. 原告执业地址在雅安地区精神病院附近，不符合《雅安市医疗机构设置规则》中关于有医院的地段不再设置医疗机构的规定。

3. 经省级医疗机构华西医科大学附一院精神科专家组成的评审组和地区医院中医、针灸、神经外科专家组成的临时评审小组的分别评审和雅安市医疗机构评审委员会的现场评审，均认定原告所开设的医疗机构无论在执业人员的资格还是技术水平、设备配置上都不符合卫生部颁布的《医疗机构基本标准（试行）》中关于“中医诊所”或“精神卫生诊所”的基本标准。

（1）华西医科大学附一院精神科专家刘协和、朱昌明、杨彦春对原告的医疗机构及原告医疗技术水平的评审意见，主要内容为：原告未接受过正规的中医、针灸或西医培训，无关于精神病学的基本知识，无正规的病情病历记录，医疗设备简陋，收费不合理。

（2）雅安地区精神病院证明：该院经人推荐曾请朱智强来院开展治疗工作，朱在该院针灸治病的同时超常规给病人服用西药，造成病人体位性低血压，并私自向病人索取高额治疗费。

（3）雅安地区医院中医、针灸、神经外科专家组成临时评审小组，对原告的医疗机构进行调查审核的评审意见，主要内容为：原告不了解中医针灸的基本理论，无精神病学的基本知识，针灸治疗同时加用西药，并违反常规用药，无消毒观念，无正规病历病情记录。

（4）病人家属投诉信件数封。反映原告医疗技术差，设备简陋，收费不合理。

（5）雅安市卫生局数次要求原告对擅自改变医疗地址、私设招牌、收费不合理等问题进行整改的通知。

（四）判案理由

四川省雅安市人民法院根据上述事实和证据认为：本案双方争执焦点是被告雅安市卫生局不颁发医疗执业许可证的合法性是否成立。原告以被告1990年颁发了医疗执业许可证为由，证明其行医合法的观点，本院未予采纳。首先，被告雅安市卫生局根据当时实施的《四川省社会办医管理办法》的规定给原告核发了行医许可证，该证是行政文证，其效力仅只证明原告获得了行医许可，并非是原告行医技能的证明。且该证注明了有效期截至1995年元月底。1994年9月国务院《医疗机构管理条例》正式实施，四川省也制定了相应的《四川省医疗机构管理条例》，此前适用的《四川省社会办医管理办法》不再使用。而雅安市卫生局根据以上两个条例及实施细则对全市申请医疗执业许可证的医疗机构和个人进行审核，其行为是合法的，其审核程序也是依法进行的，并有相应的事实证据证明。雅安市卫生局根据审核的事实作出了不颁发医疗执业许可证给原告的行政决定，事实清楚，引用法规正确，本院采纳了被告答辩事实，肯定了雅安市卫生局不颁发医疗执业许可证的合法性。基于该具体行政行为的合法成立，雅安市卫生局于1996年4月对原告无证行医所作的行政处罚相应成立，本院予以维持。

（五）定案结论

四川省雅安市人民法院根据《中华人民共和国行政诉讼法》第五十四条第（一）项之规定，判决如下：

1. 维持雅安市卫生局关于不批准朱智强进行医疗执业的通知。

2. 维持雅安市卫生局卫医罚字（1996）第01号行政处罚决定书。

案件受理费及其他诉讼费3000元，由原告朱智强承担。

（六）解说

本案原告朱智强1990年取得了个体开业行医证，1993年并换发新证，原告在行医期间擅自将行医证核定的行医地点由雅安市八步乡六村七组搬迁至市郊沙弯路，并私设床位，私立招牌，在报刊上刊登失实的报道，对此，雅安市卫生局屡次作出了限期整改，吊销营业执照等处理决定，但原告屡改屡犯。雅安地区精神病院出于正当的舆论监督曾在《健康报》撰文披露了原告医疗诊所存在的问题。1995年4月至7月间，雅安市卫生局依据《医疗机构管理条例》、《四川省医疗机构管理条例》、《医疗机构管理条例实施细则》，对全市申办社会医疗机构的单位和个人进行审核。对原告医疗机构依法作出了不颁发医疗执业许可证的处理。但该处理决定的不足之处是未向原告交待申请复议或起诉的权利。雅安市人民法院本着维护行政机关依法行政的精神，作出了维持其行为的判决，并及时向雅安市卫生局提出了司法建议。

（程冰梅）

22. 穗丰大酒店不服江永县食品卫生监督检验所食品卫生行政处罚案

（一）首部

1. 判决书字号

一审判决书：湖南省江永县人民法院（1995）永行初字第49号。

二审判决书：湖南省永州市中级人民法院（1996）永中行终字第8号。

2. 案由：不服食品卫生行政处罚案。

3. 诉讼双方

原告（上诉人）：江永县城关粮店穗丰大酒店（以下简称穗丰大酒店）。

法定代表人：周竹秀，经理。

一、二审委托代理人：佘国华，零陵地区（永州市的前称，下同）第二律师事务所律师。

一审委托代理人：郭文斌，零陵地区第二律师事务所律师。

二审委托代理人：高武，零陵地区第二律师事务所律师。

被告（被上诉人）：江永县食品卫生监督检验所（以下简称食卫检验所）。

法定代表人：蒋融富，所长。

一、二审委托代理人：戴菊芳，零陵地区卫生防疫站副站长。

一审委托代理人：李小林，江永县律师事务所律师。

二审委托代理人：李遵迪，零陵地区卫生防疫站站长。

第三人：钟建生等115名中毒者。

代表人：何国顺，江永县水利水电局干部，住该局宿舍。

代表人：钟建生，江永县高泽源林场干部，住该县水利水电局宿舍。

一审委托代理人：义先福，江永县高泽源林场职工。

4. 审级：二审。

5. 审判机关和审判组织

一审法院：湖南省江永县人民法院。

合议庭组成人员：审判长：唐建兴；审判员：何振高、卿建生。

二审法院：湖南省永州市中级人民法院。

合议庭组成人员：审判长：谭兴伟；代理审判员：唐小红、许新生。

6. 审结时间

一审审结时间：1995年12月14日。

二审审结时间：1996年6月10日。

（二）一审诉辩主张

1. 被诉具体行政行为：1995年5月30日，江永县食卫检验所以永卫食监罚字

(1995) 第2号卫生行政处罚决定认定，穗丰大酒店于1995年5月21日中午，为钟建平承办婚宴，宴后进餐人员中有115人（含死亡1人）相继出现以腹泻、腹痛、头痛、恶心、呕吐、发热为主的肠道症状。经零陵地区卫生防疫站、江永县卫生防疫站联合调查组进行流行病学调查及实验室检验，证实为一起因进餐食物污染了沙门氏菌而引起的食物中毒。县食卫检验所认为穗丰大酒店的行为违反了《中华人民共和国食品卫生法（试行）》第七条第（三）项之规定，依据该法第三十七条第（四）项之规定，对穗丰大酒店罚款10000元。

2. 原告诉称：县食卫检验所的卫生行政处罚决定认定的事实不清，中毒者病因不明、不清；死者周长英并非中毒死亡，其死亡原因是其自身有疾病、抢救不力、治疗不当造成的；处罚决定所依据的证据严重不足、自相矛盾；处理程序违法，取证与取样检验不全面、不客观。请求人民法院依法撤销县食卫检验所的卫生行政处罚 决定，并赔偿因此而造成的经济损失40000元。

3. 被告辩称：发生在穗丰大酒店的食物中毒事件，其事实是不容否定的；根据流行病学调查，从宴后出现的中毒人数、时间、病状而言，与沙门氏菌食物中毒完全吻合；且依法进行了现场卫生监督笔录、食品餐具封存、样品提取、检测鉴定、个案调查；由三名副主任医师以上的专家进行了鉴定。其处罚决定认定的事实清楚，证据充分。请求人民法院依法维持永卫食监罚字（1995）第2号食品卫生行政处罚决定。

4. 第三人陈述：同意被告的辩护意见，并要求人民法院判决由穗丰大酒店赔偿第三人各项经济损失103007.80元。

（三）一审事实和证据

法院经审理查明：1995年5月21日中午，穗丰大酒店为钟建平承办婚宴25桌。就餐人员约225人，分别来自江永县城关、源口、桃川、允山、粗石江等乡、镇30多个单位和村、组。婚宴的肴蔌均由穗丰大酒店提供，还提供了部分米酒；其余水果、饮料、糖、米酒由钟建平自备。就餐后，就餐人员先后有115人出现不同程度的腹泻、腹痛、头痛、恶心、呕吐、发热症状（其中已死亡1人）。有上述病症的人员中，男性58人，女性57人（其中14岁以下的10人）；在24小时内发病的有49人；在24至48小时内发病的有49人；在48至72小时内发病的有17人。事发后，县食卫检验所在同月23日接到报案，立即组织了联合调查小组，先后对穗丰大酒店的部分餐具、食物进行了封存，对食品加工操作过程制作了现场监督笔录，对114人进行流行病学个案调查，并分别提取了食品样、餐具样、粪便样、死者尸解样共38个，分别作了检查鉴定结论。在对提取的38个样品进行检查时，经对香酥鸭样品进行增菌、转种培养、血清学鉴定，结论为：香酥鸭被鼠伤寒沙门氏菌污染。同月27日又由三名副主任以上的医师对该事件进行鉴定认为：该事件中已造成115人有不同程度的发热、恶心、呕吐、腹痛、腹泻、乏力等消化道症状，人与人之间无传染性，从剩余食品中分离出鼠伤寒沙门氏菌，故认为是一起由鼠伤寒沙门氏菌污染食物而引起的重大食物中毒事故。同月30日，县食卫检验所对穗丰大酒店作出永卫食监罚字（1995）第2号卫生行政处罚决定书，决定对穗丰大酒店罚款10000元。穗丰大酒店不服，向人民法院提起诉讼。

上述事实有以下证据证实：

1. 有婚宴主家和穗丰大酒店对婚宴所用食品来源的情况在卷证实。

2. 有卫生防疫部门对114名中毒人员的个案调查情况，其发病的时间、症状、年龄、性别等均有记载。

3. 有对穗丰大酒店的部分餐具、食物封存的依据，及对食品加工操作过程的笔录在卷证实。

4. 有卫生防疫部门对依法提取的38个样品分别进行检验的结论在卷证实。检验结论表明：食品香酥鸭被鼠伤寒沙门氏菌污染。

5. 有三名副主任以上的医师的鉴定在卷。

（四）一审判案理由

法院认为：县食卫检验所在处理穗丰大酒店承办宴席而发生食物中毒的案件中，认定事实清楚，证据充分，程序合法，适用法律法规正确。

（五）一审定案结论

法院根据《中华人民共和国行政诉讼法》第五十四条第（一）项之规定，并经审判委员会讨论决定，判决如下：

维持县食卫检验所永卫食监罚字（1995）第2号卫生行政处罚决定。

案件受理费2050元，由原告承担；其他诉讼费600元，分别由原告承担300元，被告承担200元，第三人承担100元。

（六）二审情况

1. 二审诉辩主张

上诉人辩称：原审判决认定的事实不清、严重失实，证据不足，适用法律不当，判决不公，请求二审撤销原判。

被上诉人辩称：穗丰大酒店的违法事实存在，处罚决定证据充分，程序合法，一审判决正确，请予维持。

第三人认为：一审判决正确，请求维持原审判决。

2. 二审事实和证据

永州市中级人民法院通过公开开庭审理，除肯定了一审法院对事实和证据的认定以外，还查明了县食卫检验所的罚款决定已报经县人民政府批准，有县人民政府批准的材料在一审案卷中证实。

3. 二审判案理由

（1）穗丰大酒店为钟建平承办婚宴时，其食物被鼠伤寒沙门氏菌污染的事实存在；餐后导致了来自不同乡、镇的人员分别出现了食物中毒症状，其发病的潜伏期、症状符合鼠伤寒沙门氏菌中毒的症状，且经三名副主任以上的医师进行了鉴定，并在食品香酥鸭中检出了鼠伤寒沙门氏菌。

（2）县食卫检验所处罚时认定的事实清楚，证据确凿，对其处以10000元之罚款正确。

（3）原判认定的事实清楚，证据确凿，审判程序合法，适用法律正确。

（4）穗丰大酒店上诉提出的理由不能成立，本院不予采纳。

4. 二审定案结论

二审法院依照《中华人民共和国行政诉讼法》第六十一条第（一）项之规定，判决如下：

驳回上诉，维持原判。

二审诉讼费2050元，由上诉人承担。

（七）解说

1. 行政执法中经“批准”的法定程序问题。该案中，江永县食卫检验所对穗丰大酒店的罚款已达到10000元，按照《中华人民共和国食品卫生法（试行）》第三十七条第二款规定，“吊销卫生许可证或者罚款5000元以上的，必须经县以上人民政府批准。”由此可见，“批准”程序在该案的行政处罚中是一个法定程序。从该案的实际情况来看，县食卫检验所在作出具体行政行为的处理意见后，在下达处罚决定之前，已报经县人民政府批准同意，其“批准”的证据已在一审中提供。这一“批准”的程序既是行政执法程序的法定要求，也是人民法院对行政执法程序是否合法进行审查的内容。而本案在一审判决书的查明事实部分没有明确地表达这一情节，实为该案的不足之处。但二审通过开庭查明了这一情节，就行政执法的程序是否合法而言，起到了“画龙点睛”的作用，弥补了一审的不足。

2. 受害者应如何请求赔偿的问题。《中华人民共和国食品卫生法（试行）》第三十九条第一款规定：“违反本法，造成食物中毒事故或者其他食源性疾患的，应当负损害赔偿责任。”该法第四十条第一款规定：“损害赔偿要求，由县以上卫生行政部门处理，当事人不服的，可以向人民法院起诉；也可以由受害人或者其他代理人直接向人民法院起诉。”以上规定明确表明了受害人有权请求赔偿，并且明确了请求赔偿的两种方式，即：由行政处理后再进入行政诉讼的方式；直接进入民事诉讼阶段的方式。在该案中，受害人以第三人身份直接在行政诉讼中请求法院判令赔偿的要求，显然违反上述规定，法院对其诉讼请求不予支持是正确的。若受害人按前两种方式中的一种提出损害赔偿，他将获得《中华人民共和国食品卫生法（试行）》第三十九条第二款规定的赔偿内容，即“医疗费、误工工资、生活补助费、丧葬费、遗属抚恤费”。

（陈扬革　谭兴伟）

23. 史旭昆不服皇姑区卫生事业管理局对孙桂英死亡不构成医疗事故处理决定案

（一）首部

1. 判决书字号：辽宁省沈阳市皇姑区人民法院（1995）皇行初字第9号。

2. 案由：不服医疗事故处理决定案。

3. 诉讼双方

原告：史旭昆，男，40岁，沈阳市人，沈阳飞机制造工业集团公司工人，住沈阳市皇姑区三台子210栋7号（系死者孙桂英之子）。

被告：沈阳市皇姑区卫生事业管理局。

法定代表人：陈刚，局长。

委托代理人：王青，该局医政科科长。

4. 审级：一审。

5. 审判机关和审判组织

审判机关：辽宁省沈阳市皇姑区人民法院。

合议庭组成人员：审判长：杨林；审判员：车永福、杨晓红。

6. 审结时间：1996年10月8日。

（二）诉辩主张

1．被诉具体行政行为：原告母亲孙桂英因心脏病在七三九医院住院过程中死亡。沈阳市皇姑区医疗技术鉴定委员会于1990年6月作出鉴定结论为：不属医疗事故。皇姑区卫生局据此作出处理意见：对孙桂英之死应定为严重医疗差错。原告不服向法院提起行政诉讼。

2．原告诉称：请求撤销皇姑区卫生局对其母的处理决定，主张构成医疗责任事故并要求医院赔偿及追究责任者的刑事责任。

3．被告辩称：自己的处理决定认定事实清楚，适用法律正确，请求法院予以维持。

（三）事实和证据

沈阳市皇姑区人民法院经开庭审理查明：

原告史旭昆之母孙桂英，女，62岁，系沈阳飞机制造公司配件厂退休职工。早在1987年4月5日，孙桂英曾因下壁心梗被收入七三九医疗治疗，之后出院。1989年6月28日孙桂英以阵发性心前区疼痛的主诉被收入七三九医院内科病房，入院时诊断为冠心病，陈旧性下壁心肌梗塞，不稳定性心绞痛。入院当天该院对症治疗，病情尚稳定。次日，孙桂英心绞痛频繁发作，以后每日发作两三次，该院按急性心肌梗塞抢救治疗，症状明显缓解。7月30日午后，该患者心前区呈持续性疼痛；该院给患者口服硝酸甘油两片后症状仍不见缓解，立即肌肉注射杜冷丁0.5克，又口服活心丹两粒后，症状缓解。次日1时30分，患者出现恶心呕吐等症状，当日3时50分患者神志不清，该院立即肌肉注射强尔心、呼吸兴奋剂及静滴扩容升压药物并进行胸外按摩，患者于4时25分心跳停止死亡。死因诊断为：猝死、心力衰竭、呼吸衰竭。孙桂英死亡后，其家属以七三九医院在治疗过程中某些医务人员责任心不强，未积极救治为由，提出病人之死属医疗事故。院方对此予以否认，双方产生争执，并向皇姑区卫生行政部门提出进行医疗鉴定的请求。沈阳市皇姑区医疗技术鉴定委员会于1990年6月作出鉴定结论为：不属医疗事故。区卫生局根据此结论作出如下处理意见：该院在治疗措施上存在明显缺陷，对心肌严重缺血、频繁出现心前区疼痛的病人没有给予必要的吸氧属常规治疗中的严重失误。同时，医院在管理上存在问题，由于抢救设备摆放不妥，给抢救带来困难。根据上述问题及有关规定，对孙桂英之死应定为严重医疗差错，并建议七三九医院对在该病人治疗过程中的有关责任者给予纪律处分。家属对该处理意见不服，以七三九医院为被告向沈阳市皇姑区人民法院提出诉讼，要求按医疗事故判定七三九医院予以民事赔偿。根据国发（1987）63号《医疗事故处理办法》规定，医疗事故鉴定分为县（区）、市、省三级鉴定，省级为终局鉴定。区级鉴定后，原告内心存有顾虑，未向市级提出鉴定要求，但仍主张其母死亡为医疗事故。为了弄清事实真相，法院经多次与市卫生局联系，该局才同意接受法院委托进行鉴定。1994年5月30日沈阳市医疗事故鉴定委员会作出结论：不构成医疗事故，但允许在15日内向省级提出重新鉴定。由于原告对两级鉴定存有疑问仍不服，但坚决不同意到行政部门再次鉴定，不相信行政鉴定，要求法院委托有关鉴定机关鉴定，法院只好委托中国医科大学法医学系进行鉴定并于1994年7月25日作出结论为：本例临床诊断明确，陈旧性心肌梗塞，不稳定性心绞痛，随时有死亡的可能，但在治疗护理上存有缺欠与死亡有关，根据国务院（1987）63号文件构成医疗事故。最后法院以此鉴定结论认定七三九医院存有过错，判令七三九医院赔偿死者家属损失费共计5500余元。宣判后七三九医院以中国医大法医系无鉴定权为由，向沈阳市中级人民法院提出上诉。沈阳市中级人民法院经审理认为此案未作省级终局鉴定，系属医疗事故确认争执，应按行政案件审理，故判决撤销原民事判决，移交行政庭审判。沈阳市皇姑区人民法院行政庭于1995年8月受理此案，为了最终弄清事实只好作省级鉴定，为此多次与省卫生厅联系进行鉴定。1996年7月辽宁省卫生厅医疗事故鉴定委员会组织专家进行鉴定，其鉴定意见如下：1. 该患者为冠心病陈旧性下壁心梗，不稳定性心绞痛之诊断正确。2. 治疗中存在的问题：1989年7月18日心绞痛发作频繁，治疗措施不完善，观察不细，特别是7月30日突然心前区剧烈疼痛，持续不缓解，未引起医师的高度重视。该院对患者无心电图检查记录，抢救措施不到位，吸氧过晚。由于该院对该患者的治疗没有引起高度重视，抢救措施不到位，抢救力度不够，最终导致患者死亡。患者死亡与医院抢救措施不及时有一定关系。根据《医疗事故处理办法》即国发（1987）63号及《辽宁省医疗事故处理实施细则》规定，属于一级技术事故。

上述事实有下列证据证实：

1. 死者孙桂英住院病志。

2. 原、被告双方当事人陈述。

3. 省级终局医疗事故鉴定结论。

（四）判案理由

国务院发布的《医疗事故处理办法》规定省级鉴定委员会的鉴定为最终鉴定，它的鉴定是处理医疗事故的根据。现辽宁省医疗事故鉴定委员会对七三九医院在患者孙桂英的治疗过程中存在的问题，鉴定结论为：属一级医疗技术事故。经审查该鉴定客观公正，故被告关于孙桂英与七三九医院医疗纠纷一案的处理意见不当，而原告主张构成医疗事故的主张合法，应予支持。

（五）定案结论

本院根据《中华人民共和国行政诉讼法》第五十四条第（二）项、第（三）项之规定，判决如下：

1. 撤销被告沈阳市皇姑区卫生事业管理局关于孙桂英与七三九医院医疗纠纷一案的处理意见。限被告于一个月内重新作出处理决定，逾期未履行按《中华人民共和国行政诉讼法》第六十五条第三款第（二）项执行。

2. 鉴定费450元，由被告承担。

案件受理费100元，由被告承担。

（六）解说

本案是一起医疗纠纷，对是否构成医疗事故双方存有争执，尤其鉴定结论不一，更增加了审理这类案件的难度。本案在处理中涉及以下几个方面的问题，有必要予以说明。

1. 关于医疗事故的分类及其区别。

我国《医疗事故处理办法》第二章第五条规定医疗事故根据其性质分为责任事故和技术事故两类，但在审判实践中如何区分这两类医疗事故以及各自的表现方式，该行政法规未作规定，因此有必要予以明确。医疗责任事故是指在诊疗护理工作中，因医务人员工作失职或违反规章制度和诊疗护理常规，发生诊疗护理错误，直接造成病员死亡、残废、组织器官损伤导致功能障碍的后果。而医疗技术事故是指在诊疗护理工作中，医务人员虽然遵守了医疗规章制度和诊疗护理常规，但由于业务技术水平和医院设备条件的限制，发生了诊断、治疗、护理等方面的过失，直接造成病员死亡、残废、组织器官损伤导致功能障碍的不良后果。从上述可以看出，医疗责任事故是由于医务人员责任过失所致，但责任者主观上并无故意，否则就不是医疗责任事故的性质，而是构成其他违法犯罪行为。医疗责任事故产生的主要原因是失于职守，不认真履行职责，不认真执行卫生行政法规和医院规章制度，不按医疗护理常规和技术操作规程办理，过分自信和疏忽大意，以致使病员产生了不良后果。实践中常见的责任事故的表现形式有以下几种情况：对危重病员借故推诿，拒收拒治，不负责任地将危重病人转科、转院，以致丧失或延误抢救时机，造成不良后果；诊治工作主观臆断，明知病情疑难而不请示上级医师或不执行上级医师的指导，擅自盲目处理；上级医师接到下级医师报告病员情况后不及时处理，发生不良后果；因医务人员擅离职守去办私事而贻误诊治抢救时机；手术中因大意开错部位，错摘器官或误伤其他主要器官或术后在体内遗留异物的；由于失职而选错麻醉方式，用错麻醉药者；在诊治及护理中，不认真执行查对制度，不按规定交接班或违反制度造成不良后果；违反药物过敏试验或使用的规定，药剂工作中配错处方，发错药，写错用法；在各种检查中因不负责而发生错误；不执行消毒隔离制度造成交叉感染；医院行政后勤人员不积极配合救治，对能解决的药品及设备不及时解决，影响有效治疗时机的。而所谓医疗技术事故，主要是因医务人员技术上的过失所致，即责任者在诊治护理过程中已尽了职责，亦未违反工作制度和技术操作规程，仅由于医院设备条件或医务人员技术水平的限制，以致发生诊疗护理错误，给病员带来了不良后果，常见的主要有以下几种：病员病情复杂，由于技术水平或设备条件而难以确诊，导致治疗不力发生不良后果的；急重病员虽已明确诊断，但因技术条件不够完善，导致病情恶化；因手术者技术水平所限，误伤重要脏器；由于医生缺乏临床经验而对术后发生的并发症鉴别失误，延误丧失抢救时机等等。本案中，医院对患者诊断是正确的，由于医院管理上存有问题且医务人员临床经验技术水平所限，导致病员死亡，纯属技术过失所致，故该终局鉴定为医疗技术事故是正确的，原告史旭昆主张责任事故是没有根据的。分清责任事故与技术事故，对于确定责任者过错大小以及是否承担刑事责任是至关重要的，因此，按《医疗事故处理办法》第二十四条，医务人员由于极端不负责任，致使病员死亡，情节恶劣构成犯罪的，对直接责任人员由司法机关依法追究刑事责任。本例中七三九医院的医务人员是有责任心不强的表现，但尚未达到极端不负责任的严重程度，故家属要求追究刑事责任，无法律根据。

2. 关于医疗纠纷中行政案件与民事案件的区分问题。

医疗纠纷案件中的民事案件与行政案件有时相互交叉不易分别，根据最高人民法院(1989) 63号复函："当事人仅要求医疗单位赔偿经济损失向人民法院提起诉讼的，按民事案件立案受理。如果当事人对卫生行政机关作出的医疗事故处理决定不服依法向人民法院提起行政诉讼的，人民法院应当受理。"根据这一答复意见可以看出，当事人仅要求医院赔偿病员损失的，不主张确认医疗事故的，应按民事案件受理，因此民事案件中的被告应是医疗单位；如果病员或其家属就卫生行政部门对医疗纠纷的处理意见不服，而以行政机关为被告的，那么就应按行政案件予以受理。本案死者家属是以医院为被告，既要求确认医疗事故，又要求赔偿损失，因而开始法院按民事案件受理，从形式上讲是符合民事立案条件的，因为区卫生局已处理认定为严重医疗差错，而死者家属没有再申请上一级鉴定，但仍对鉴定不服，从本质上讲是由于当事人史旭昆不了解行政诉讼法律所致。因为本案的主要争议是不服区卫生局的处理意见，理应以卫生局为被告提起行政诉讼。法院民庭受理后经审查认为实质是要求确认医疗事故争议时，不宜进行处理，应告知其另外提起行政诉讼，对民事案件终结审理。因为原告对于区卫生局组织的鉴定有争议，因而这个鉴定不能作为处理事故的依据，尽管当事人没有提出重新鉴定，也不能因此视为其默许已作的鉴定。因为法律规定医疗事故鉴定省级才为终局鉴定。从这一案件的处理过程可以看出，凡是病员家属对鉴定或卫生行政处理有意见而起诉的，一般均应按行政案件处理，只有对事故的鉴定结论没有争议仅争执赔偿问题的，才能按民事案件处理。

3. 关于医疗事故确认上存在的问题。

我国《医疗事故处理办法》第十三条规定：鉴定委员会负责本地区医疗单位的医疗事故的技术鉴定工作，省、自治区、直辖市级鉴定委员会的鉴定为最终鉴定。它的鉴定为当地处理医疗事故的依据。地区（自治州、市）、县（市、市辖区）鉴定委员会的鉴定，在没有争议的情况下，也是处理医疗事故的依据。这一规定的内容说明，医疗事故的确认权，原则归省、市、县（区）三级鉴定委员会，其中省级为终局鉴定，也就是说一起医疗纠纷是否是医疗事故，最终还是取决于省级鉴定，而这三级鉴定委员会的组织者均为三级卫生行政机关组织。按照我国医疗行政法规规定，当事人对医疗技术鉴定委员会所作的结论，或者对卫生行政部门所作的处理不服的，病员及家属和医疗单位均可在接到处理决定起15日内向上级重新申请鉴定或者向上一级卫生行政部门申请复议，也可以向当地人民法院起诉。如果当事人选择向法院起诉，其目的就是要求法院通过行政审判撤销其处理决定。法院在审理中，主要是审查其具体行政行为是否合法。而医疗行政机关对医疗纠纷所作的处理主要是根据鉴定结论，即如果鉴定正确，随之具体行政行为就正确，否则就没有根据。鉴定是专项技术，法院只有委托权威鉴定部门才能弄清事实，但根据有关规定，只能委托各级政府所组织的鉴定委员会，因此对行政机关监督力度不大，不利于保护当事人的权利。有人主张凡对鉴定有争议的，必须经过省级终局鉴定后方可诉至法院，否则法院也无法处理，这种观点值得商榷。人民法院的行政审判是审查行政机关的具体行政行为是否合法，试想如果三级鉴定仍存有问题的话，谁来纠正？因此一种意见主张，在医疗事故确定的问题上，为体现公正监督作用，应从法律角度赋予法院重新另行组织专家进行鉴定的权力，这样当事人提起行政诉讼才有实质意义。否则，法院的审查只能是形式上而不能是实质上的审查。因为鉴定是确认医疗事故的依据，若不赋予法院进行司法鉴定的权力，那么法院在行政诉讼中的司法审查权就没有实质意义，对行政机关组织的鉴定就没有监督力度。对此有人主张，规定省级鉴定为终局鉴定与我国法律是相悖的，因为我国法律赋予当事人申请司法鉴定的权利，乃是三大诉讼法作为基本法作出规定的，国家的行政法规的效力不能大于国家法律。从保护当事人的诉讼权利方面看，当事人对各级政府组织的鉴定存有疑问，从有利于监督的角度应由当事人申请法院委托组织专家鉴定，这样既起到了监督作用，又减少了医疗纠纷中病员及家属对医疗行政机关的对抗情绪。本案先后四次鉴定，前两次均不认定构成医疗事故，而中国医科大学法医学系鉴定后认为构成医疗事故，由于医疗事故的最终确认权在省级鉴定委员会，因而中国医大的鉴定只能作参考。最后法院经与省卫生厅多次联系要求其协助鉴定，经省级终局鉴定确认孙桂英死亡构成一级技术事故，法院以此为依据认定该鉴定客观公正，区卫生局原处理意见存在问题，故判决撤销区卫生局的处理决定是正确的。

（周廷昌）

24. 徐惠琴等不服福建省卫生厅医疗卫生行政处理决定案

（一）首部

1. 判决书字号

一审判决书：福建省福州市鼓楼区人民法院（1996）鼓法行初字第22号。

二审判决书：福建省福州市中级人民法院（1996）榕行终字第90号。

2. 案由：不服医疗卫生行政处理决定案。

3. 诉讼双方

原告（被上诉人）：徐惠琴，女，1945年2月6日生，汉族，厦门市人，福建省诏安县医院医生，住诏安县南诏镇澹园街江厝前路65号。

原告（被上诉人）：陈耀清，男，1946年1月29日生，汉族，诏安县人，福建省诏安县医院医生，住诏安县南诏镇澹园街江厝前路65号。

一、二审委托代理人：吴剑平，福州华辉律师事务所律师。

一、二审委托代理人：林毅成，福州华辉律师事务所律师。

被告（上诉人）：福建省卫生厅。

法定代表人：魏忠义，厅长。

一、二审委托代理人；陈敬波，该厅干部。

一、二审委托代理人：潘晖，福建对外经济律师事务所律师。

4. 审级：二审。

5. 审判机关和审判组织

一审法院：福建省福州市鼓楼区人民法院。

合议庭组成人员：审判长：吴灵；审判员：黄娟；代理审判员：谢晓芳。

二审法院：福建省福州市中级人民法院。

合议庭组成人员：审判长：谢红波；审判员：陈钟华；代理审判员：林羽。

6. 审结时间

一审审结时间：1996年9月6日。

二审审结时间：1996年12月26日。

（二）一审诉辩主张

1. 被诉具体行政行为：1995年3月10日，原告徐惠琴、陈耀清以其子陈智峰在协和医院做心脏手术，因医院过失，损伤腹膜，造成其子腹腔大量出血，在医治过程中，感染上很难治愈的霉菌性心内膜炎，经治疗一年无效，现已死亡等为由，向福建省卫生厅提交了鉴定申请书。1995年10月16日，福建省医疗事故技术鉴定委员会作出医疗事故（事件）鉴定报告书，该报告书的鉴定结论为：本病例不属于医疗事故。1996年2月2日，福建省卫生厅作出闽卫医字004号处理决定，认为“陈智峰的医疗事件经省医疗事故技术鉴定委员会鉴定不属医疗事故，故无须按医疗事故处理”。

2. 原告诉称：被告所作出的处理决定主要依据是福建省医疗鉴定委员会作出的医疗事故（事件）鉴定报告书，而该报告书的形式不合法，无鉴定委员会主任签字；参加鉴定的委员殷××、魏××属回避对象却没有回避；鉴定报告书中的病历摘要在关键性部分有遗漏与失真。因此，该鉴定报告书中鉴定结论的取得违反法定程序，鉴定结论所依据的材料是不真实的，该鉴定结论不能作为被告作出处理决定的依据，故请求法院依法撤销被告作出的闽卫医字 004 号处理决定。

3. 被告辩称：被告作出闽卫医字 004 号决定的依据是省级鉴定委员会的鉴定，是符合法律规定的；原告对鉴定结论有异议，人民法院应不予受理，因此，原告的诉讼请求应予驳回；鉴定报告书没有负责人签章，不会对鉴定结论的正确性、合法性产生任何影响。请求法院维持被告的处理决定。

（三）一审事实和证据

1995 年 3 月 10 日，原告徐惠琴、陈耀清以其子陈智峰在协和医院做心脏手术，因医院过失，损伤腹膜，造成其子腹腔大量出血，在医治过程中，感染上很难治愈的霉菌性心内膜炎，经治疗一年无效，现已死亡等为由，向福建省卫生厅提交鉴定申请书，被告受理后，即委托福建省医疗事故技术鉴定委员会进行鉴定。1995 年 9 月 12 日，福建省医疗事故技术鉴定委员会办公室依据鉴定记录作出鉴定委员会分析意见及结论，并要求鉴定委员会成员在其发出的鉴定委员会分析意见及结论的函上签名，福建省医疗事故技术鉴定委员会根据鉴定委员会成员在其意见函上的签名，于 1995 年 10 月 16 日作出医疗事故（事件）鉴定报告，并作出鉴定结论：本病例不属于医疗事故。参加本起医疗事故技术鉴定活动的成员中有鉴定委员会主任殷××、委员魏××分别受聘于协和医院肝胆外科和泌尿外科。1996 年 2 月 2 日，被告作出闽卫医字 004 号处理决定，认为“陈智峰的医疗事件经省医疗事故技术鉴定委员会鉴定不属医疗事故，故无需按医疗事故处理”。另外，被告向法庭声明其无权调取病人陈智峰的病历。

上述事实有如下证据为证：

1. 陈智峰的医疗事故（事件）鉴定记录。
2. 陈智峰的医疗事故（事件）鉴定报告书。
3. 参加陈智峰医疗事故（事件）鉴定专家名单。
4. 福建省卫生厅闽卫医字 004 号处理决定。
5. 当事人的陈述。

（四）一审判案理由

由于被告拒绝向法院提供病人陈智峰的病历，福建省医疗事故技术鉴定委员会所作出的鉴定结论缺乏事实依据。根据福建省卫生厅闽卫医［1989］469 号文件所附医疗事故（事件）鉴定报告书格式要求，应有鉴定委员会负责人签章一栏，而本案涉及的鉴定报告不具有鉴定委员会负责人签名一栏，因而该鉴定报告不具备被告所作出的规范性文件所要求的形式要件。参加本起事件鉴定会的殷××主任和魏××委员分别就职于协和医院副院长廖××（本起医疗事件的直接责任者）分管的肝胆外科和泌尿外科，都应属回避对象，却没有回避；福建省医疗事故技术鉴定委员会所作的鉴定记录未载明鉴定时间、地点、主持人、记录人、表决情况、鉴定结论以及没有鉴定委员签名等内容，违反法定程序。综上，福建省医疗事故技术鉴定委员会所作出的鉴定报告不具备规范性文件所要求的形式要件，鉴定程序违法，其作出的鉴定结论缺乏事实依据，因而该鉴定结论不具有证明力，故被告依据此鉴定结论所作出的具体行政行为，主要事实不清，证据不足，应依法予以撤销。

（五）**一审定案结论**

一审法院根据《中华人民共和国行政诉讼法》第五十四条第（二）项第一目的规定，判决：

1．撤销被告1996年2月2日作出的闽卫医字004号处理决定。

2．限被告在三个月内重新作出处理决定。

本案诉讼费100元，由被告福建省卫生厅负担。

（六）**二审情况**

1．二审诉辩主张

（1）上诉人上诉称：上诉人根据卫生部（1988）卫医字第20号文件第三、四项和《福建省〈医疗事故处理办法〉实施细则》第九条的规定，向原审法院提出就地调阅的请求，但原审法院不予采纳，因此原审法院认定上诉人拒绝提供病历与事实不符；根据卫生部文件规定，鉴定委员会的鉴定结论要求鉴定委员会盖章，没有要求鉴定委员会负责人签章，原审法院以形式要件不合法来否定鉴定结论的合法性是没有依据的；根据卫生部文件的规定，鉴定委员会的殷××主任和魏××委员既非事件直接责任者的亲属，亦非直接责任者的科室负责人和专业组负责人，不属回避对象；鉴定记录是鉴定委员会秘书为方便整理鉴定分析意见而进行记录的，没有任何规范性文件要求鉴定委员会成员须在鉴定记录上签字，鉴定委员会委员已分别在鉴定分析意见上签字，原审法院认定鉴定记录无效，从而推出鉴定结论无效是错误的。请求二审法院撤销原判，维持上诉人作出的具体行政行为，并判决由被上诉人承担诉讼费。

（2）被上诉人辩称：根据《行政诉讼法》的规定，上诉人对作出的具体行政行为负有举证责任，原审法院有权向上诉人调取病历，上诉人有义务向法院提供病历；福建省卫生厅闽卫医［1989］469号文件附表6中规范了医疗事故（事件）鉴定报告书的格式要求，并规定了应有鉴定委员会负责人签章一栏，与卫生部的有关规定并不违背；鉴定委员会殷××主任和魏××委员虽然均已退休，但仍受聘于协和医院，且在本起事故直接责任者廖××副院长分管的外科就职，有利害关系应属回避对象却没有回避，违反法定程序；根据福建省卫生厅闽卫医［1989］469号文件附表4中对医疗事故（事件）鉴定记录（首页）的格式要求，应有鉴定时间、主持人、记录人、表决情况、鉴定结论、参加鉴定人员签名等内容，而本起事故的鉴定记录均无上述内容，不符合该规范性文件要求。因此原审法院认定事实清楚，适用法律法规正确，请求二审法院维持原审法院判决。

2．二审事实和证据

二审法院基本肯定了一审法院认定的案件事实和采纳的证据。

3．二审判案理由

根据福建省卫生厅闽卫医［1989］469号文件附表4对医疗事故（事件）鉴定记录（首页）的格式要求，应有鉴定时间、主持人、记录人、表决情况、鉴定结论、参加鉴定人员签名等内容，而本起事故（事件）的鉴定记录缺少上述条件，不符合该规范性文件要求，故福建省医疗事故鉴定委员会以此为依据制作医疗事故（事件）鉴定报告书没有合法依据；且该报告书没有闽卫医［1989］469号福建省卫生厅文件规定的鉴定委员会负责人签章，违反法定程序，上诉人依据该鉴定报告书作出的闽卫医字004号处理决定缺乏事实依据。原审法院认定鉴定委员会殷××主任、魏××委员属于回避对象依据不足；根据《福建省〈医疗事故处理办法〉实施细则》第九条规定，法院可行使调阅病历的权力。原审认定上诉人拒绝提供病历不当，予以指正。上诉人的其他上诉理由不成立，本院不予采纳。原审认定事实基本正确，适用法律基本正确。

4. 二审定案结论

依照《中华人民共和国行政诉讼法》第六十一条第（一）项的规定，判决如下：

驳回上诉，维持原判。

本案诉讼费 100 元，由上诉人福建省卫生厅负担。

（七）解说

本案主要涉及行政执法程序制度和法院审判方式问题。

1. 关于本案的鉴定报告书能否作为医疗事故行政处理决定依据的问题。

根据《中华人民共和国行政诉讼法》第五条的规定：人民法院审理行政案件，对具体行政行为是否合法进行审查。本案被告作出具体行政行为的依据是鉴定报告书，法院在审理时，必须对鉴定依据的材料进行审查。

为了使全省各级行政部门及医疗单位处理医疗事故工作规范化，被告下发了福建省卫生厅闽卫医［1989］469 号文件，规定了具体的操作程序。本案中，鉴定记录、鉴定报告书均不具有上述文件所规定的形式要件，鉴定记录没有鉴定时间、主持人、记录人、表决情况、鉴定结论、鉴定时间、参加鉴定人员签名等内容，无法反映其真实性、可靠性；福建省医疗事故鉴定委员会依此作出的鉴定报告书没有合法依据，且该报告书没有鉴定委员会负责人签名，故鉴定报告书不合法。被告作出的具体行政行为正是依据了该不合法的鉴定报告书，导致了具体行政行为的证据不足，失去合法性。被告关于取消鉴定委员会负责人签名一栏是考虑到有关专家的人身安全问题的理由不具有否定规范性文件规定的效力，被告的该项上诉理由不成立。综上，二审法院维持了一审法院撤销被告的处理决定的判决。

2. 关于本案判令被告重新作出具体行政行为是否符合法律规定的问题。

《中华人民共和国行政诉讼法》第五十四条第（二）项规定：“具体行政行为有下列情形之一的，判决撤销或部分撤销，并可以判决被告重新作出具体行政行为：1. 主要证据不足的。……”本案福建省卫生厅所作出的闽卫医字 004 号处理决定因主要证据不足被依法撤销后，原告申请鉴定的请求并未实现。因此，人民法院判决被告重新作出具体行政行为，这样，既可以纠正原违法的具体行政行为，又可以使行政机关重新作出合法的具体行政行为。判决在一定时间内重新作出具体行政行为，既防止行政机关久拖不决，也保护了当事人的合法权益。人民法院的判决是符合法律规定的。

综上所述，本案所涉及的鉴定记录、鉴定报告书均不具备规范性文件所要求的形式要件，鉴定程序违法，福建省医疗事故鉴定委员会依此作出的鉴定结论不具有证明力，被告根据此鉴定结论作出的具体行政行为主要事实证据不足。因此，人民法院撤销了被告的具体行政行为，并判令被告重新作出具体行政行为。

（谢红波）

七、文化出版教育行政管理案例

25. 德化县兴达瓷厂不服福建省版权局行政处罚案

（一）首部

1. 裁定书字号：福建省福州市鼓楼区人民法院（96）鼓法行初字第35号。

2. 案由：不服版权行政处罚案。

3. 诉讼双方

原告：福建省德化县兴达瓷厂。

法定代表人：陈斯顷，厂长。

委托代理人：林柏东，福州市协和律师事务所律师。

委托代理人：陈崇，福州市协和律师事务所律师。

被告：福建省版权局。

法定代表人：林爱枝，局长。

委托代理人：郑守衍，该局处长。

委托代理人：蔡纪万，该局编辑。

4. 审级：一审。

5. 审判机关和审判组织

审判机关：福建省福州市鼓楼区人民法院。

合议庭组成人员：审判长：陈工建；审判员：吴灵；代理审判员：谢晓芳。

6. 审结时间：1996年12月23日。

（二）诉辩主张

1. 被诉具体行政行为：1996年6月7日，泉州南方礼品有限公司（以下简称南方礼品公司）向福建省版权局申诉称：德化兴达瓷厂侵犯其树脂工艺品的版权，要求省主管行政机关进行调查处理。省版权局查明：1996年5月1日，兴达瓷厂的业务员曾锦鸿向泉州浮桥龙阳树脂工艺品厂提供了由南方礼品公司享有版权的四款“熊家伙”树脂工艺品的样品，并与该厂签订了委托加工合同，约定：每件价格3元，生产24048件，总金额72144元，产品加工完成后由兴达瓷厂收购并出口。省版权局认为，兴达瓷厂在明知该套树脂工艺品并非自己开发设计且享有版权的情况下，擅自委托加工厂复制生产由南方礼品公司享有版权的树脂工艺品，并进行销售，已构成侵权。根据《中华人民共和国著作权法》第四十六条第（二）款和《中华人民共和国著作权法实施条例》第五十条、第五十一条第（二）款和第五十三条之规定，对兴达瓷厂作出行政处罚决定：（1）罚款1万元人民币；（2）责令向泉州南方礼品有限公司赔偿2万元人民币。上述罚款的款项，在3个月内通过当地银行缴交建设银行福建省分行营业部；赔偿款项，在3个月内转账到泉州市海滨城市信用社南方礼品公司陈荣峰户头。

兴达瓷厂对省版权局的处罚不服，向人民法院提起诉讼，请求依法判决撤销被告的行政处罚决定。

2. 原告诉称：兴达瓷厂是生产陶瓷小工艺品的厂家，多年来都是与国外客商交易。1996年4月6日，美国客商来样25种工艺品，议定由兴达瓷厂生产，定期交货。其中四种"熊家俬"树脂小工艺品一批，因兴达瓷厂需要重新筹建设备和购买原材料，来不及按时交货，所以即将上述客商来样交由龙阳树脂工艺品厂加工生产。被告在未查明案件事实，弄清侵权者究竟是谁的情况下，即认定原告构成版权侵权行为，对原告作出行政处罚。被告的具体行政行为认定事实不清，适用法律不当，请求法院判决予以撤销。具体事实和理由是：

(1) 该套树脂工艺品的版权属泉州市百源树脂工艺品厂所有，南方礼品公司根本就不享有版权。被告认定该套工艺品版权归南方礼品公司所有并责令原告赔偿该公司损失2万元是错误的。

(2) 该套工艺品的版权登记并未向社会公开，被告认定原告"明知"他人享有版权，缺乏事实根据。

(3) 被告认定原告"擅自委托加工生产……并进行销售，已构成侵权"不符事实。原告委托龙阳工艺品厂生产的树脂"熊家俬"产品尚未完成，即被被告没收，故并无产品出售。实际上原告既无获利，也没有给所谓版权所有者造成实际损失。

(4) 该套工艺品样品系国外来样加工，外商来样，厂家加工生产，已成惯例。如果指控侵权，责任应归美国客商永扬公司，且原告也没有直接加工生产该工艺品，而是转给龙阳工艺品厂生产。因此，原告既没有侵权的主观过错，客观上也没有复制发行该工艺品的侵权行为，不应承担侵权法律责任。

3. 被告辩称：这套"熊家俬"树脂工艺品的版权，早就向省版权局提供过设计者及其设计的证明材料和样品，登记在案。1996年6月间，被告接南方礼品公司申诉后，既进行调查，经对龙阳工艺品厂生产的样品与南方礼品公司登记的样品反复比较，认定两套产品是相同的。为此，被告首先制止了龙阳工艺品厂的侵权行为，查扣了其生产的侵权工艺品产品；在该厂未能举证其产品是合法的之后，决定没收并销毁了该批侵权工艺品产品。根据龙阳工艺品厂系从兴达瓷厂来样订货加工生产的事实，被告又到原告处进行调查，并就原告与南方礼品公司侵权赔偿问题主持调解，调解未果。被告鉴于原告构成版权侵权行为，对原告作出罚款1万元和责令赔偿南方礼品公司2万元的行政处罚。被告的具体行政行为证据充分，适用法律正确，程序合法，请求法院依法判决维持。具体事实和理由是：

(1) 原告委托龙阳工艺品厂生产的树脂工艺品，确系版权侵权的工艺品。

(2) 原告在被告对版权侵权问题进行近两个月的调查期间，开始拒绝而后也未能提供充分证据证实版权侵权的工艺品的侵权法律责任应由外国企业承担。

(3) 被告认定原告"在明知该套树脂工艺品并非自己开发设计且享有版权的情况下，擅自委托加工厂复制生产由南方礼品公司享有版权的树脂工艺品，并进行销售，已构成侵权"，是符合事实的，表述也是明确的。

(4) 根据《中华人民共和国著作权法》及其实施条例的有关规定，对原告的行政处罚适用法律法规是正确的，处罚也是适当的。

（三）事实和证据

福州市鼓楼区人民法院经公开开庭审理查明：1996年6月间，被告福建省版权局根据泉州南方礼品有限公司（该公司系由泉州市百源树脂工艺品厂与香港南方礼品实业有限公司共同投资举办的中外合资经营企业）关于其“熊家伙”树脂工艺品的版权被侵权，要求依法进行查处的申诉，经组织办案人员进行调查，查明南方礼品公司的合营者泉州市百源树脂工艺品厂早已就该套树脂工艺品向省版权局提供设计者及其设计的证明材料和样品，申请登记，省版权局登记在案，该公司享有版权。1996年5月1日，兴达瓷厂向泉州浮桥龙阳树脂工艺品厂提供了南方礼品公司享有版权的该套树脂工艺品的样品，并与该厂签订了委托加工合同，约定：以每件3元的价格生产24048件，总金额72144元，产品加工完成后由兴达瓷厂收购并出口。省版权局认定：兴达瓷厂在明知该套树脂工艺品并非自己开发设计且享有版权的情况下，擅自委托加工厂复制生产由南方礼品公司享有版权的树脂工艺品，并进行销售，已构成侵权。被告根据上述调查事实和结论，首先制止龙阳工艺品厂生产侵权树脂工艺品的行为，查扣并没收销毁了该厂生产的树脂工艺品；随后主持原告兴达瓷厂与南方礼品公司就侵权赔偿问题进行调解，未能达成协议。被告根据《中华人民共和国著作权法》及其实施条例的有关规定，作出了对原告罚款1万元和责令向南方礼品公司赔偿损失2万元的行政处罚决定。

以上事实有以下证据佐证：

1. 泉州市工商局鲤城分局关于泉州市百源树脂工艺品厂与香港南方礼品实业有限公司共同投资举办中外合资经营企业——泉州南方礼品有限公司的注册证明及企业法人营业执照。

2. 福建省版权局关于泉州市百源树脂工艺品厂树脂工艺品版权登记证书。

3. 兴达瓷厂与龙阳树脂工艺品厂的产销合同。

4. 福建省版权局没收龙阳工艺品厂“熊家伙”树脂工艺品产品的样品和票据。

5. 福建省版权局闽权（1996）014号对德化兴达瓷厂行政处罚决定书。

6. 当事人的陈述。

7. 有关证人证言。

（四）判案理由

福州市鼓楼区人民法院经两次公开开庭审理后，在宣告判决之前，原告德化兴达瓷厂向法院申请撤回起诉。法院审查认为，原告在本案审理过程中认识到其委托他人加工生产树脂工艺品的行为不当，并愿意接受被告福建省版权局作出的行政处罚，现在申请撤回起诉，符合《行政诉讼法》的规定，应予准许。

（五）定案结论

福州市鼓楼区人民法院依照《中华人民共和国行政诉讼法》第五十一条之规定，作出行政裁定：

准许原告撤回起诉。

本案诉讼费200元，由原告德化兴达瓷厂负担。

（六）解说

本案审理过程中，主要涉及以下问题：

1. 本案原告委托龙阳工艺品厂加工生产“熊家伙”树脂工艺品是否构成对他人版权侵权。

这是本案所争议的焦点之一。这一问题包括两个方面含义：一是龙阳工艺品厂受委托加工生产该套树脂工艺品是否构成版权侵权，对于这一点，随着案件审理的进展，查明该套“熊家伙”树脂工艺品的版权所有者早已向省版权局提供设计者及其设计的证明材料和样品，并登记在案。这里必须特别指出的是，法律没有要求版权所有者必须申请登记，更无需向社会公布，是否申请登记，版权所有者可以选择，其版权都得到法律的保护。本案中，被告经对该套工艺品样品与龙阳工艺品厂生产的工艺品认真比较鉴定，确认两套样品是相同的。因此，构成版权侵权行为，诉讼双方认识趋于一致。二是原告委托龙阳工艺品厂生产的该套树脂工艺品是否对南方礼品公司构成版权侵权。对此原告坚持认为该套工艺品版权登记者是泉州市百源树脂工艺品厂，版权应属该厂所有，因此，被告认定原告构成对南方礼品公司版权侵权不能成立。本案中，鉴于百源树脂工艺品厂与境外企业举办合资经营企业——南方礼品公司后，该套工艺品的版权已为该公司承受。因此，根据《著作权法》第四十六条“未经著作权人许可，以营利为目的，复制发行其作品的”是侵权行为的规定，被告认定原告委托龙阳工艺品厂加工生产该套工艺品对南方礼品公司构成版权侵权，是正确的。

2. 本案被告确认的对南方礼品公司的版权侵权行为法律责任是否应由原告承担。

这是本案争议的核心问题。谁侵权谁承担法律责任，这是法律原则。本案中，原告认为其主观上没有侵权的过错，客观上也无直接加工生产该套树脂工艺品的“复制发行”侵权行为，因为侵权产品的样品由外商来样订货加工，而原告又是转给龙阳工艺品厂加工生产的。因此，原告不应承担侵权的法律责任，被告对原告实施行政处罚，缺乏事实根据和法律依据。原告的这种主张是难以成立的。首先，本案中龙阳工艺品厂是受原告委托加工生产该套工艺品的，对此原告有着难以推卸的责任；其次，原告又不能举出充分证据证实该套工艺品是外商来样加工订货生产的。因此，侵权的责任只能由原告承担。被告认定原告构成了侵权行为，根据《著作权法》第四十六条关于未经著作权人许可，以营利为目的，复制发行其作品的侵权行为，承担停止侵害、消除影响、公开赔礼道歉、赔偿损失等民事责任，并可以由著作权行政管理部门给予没收非法所得、罚款等行政处罚的规定，以及《著作权法实施条例》第五十三条关于“著作权行政管理部门在行使行政处罚权时，可以责令侵害人赔偿受害人的损失”的规定，被告对原告给予罚款 1 万元和责令对被侵权人南方礼品公司赔偿 2 万元的行政处罚，是合法、恰当的。

3. 法院对本案裁定准予原告撤回起诉是否符合法律规定。

《中华人民共和国行政诉讼法》第五十一条规定：“人民法院对行政案件宣告判决或者裁定前，原告申请撤诉的，或者被告改变其所作的具体行政行为，原告同意并申请撤诉的，是否准许，由人民法院裁定。”福州市鼓楼区人民法院经审理查明案件情况之后，于宣告判决之前，鉴于原告申请撤诉，并接受被告的行政处罚，审查认为原告申请撤诉出于真实意思表示，撤诉不损害国家、集体和他人的利益，不违反法律法规的规定，因此，依法裁定准许原告撤诉，是符合法律的有关规定的。

（刘希星）

26. 黎大俊不服江安县文化旅游风景区管理局没收处罚案

（一）首部

1. 判决书字号：四川省江安县人民法院（1996）江行初字第 3 号。

2. 案由：不服没收处罚案。

3. 诉讼双方

原告：黎大俊，男，26 岁，汉族，农民，住江安县大井乡中坝村马道子组。

委托代理人：邓治良，江安县红桥法律服务所法律工作者。

委托代理人：刘明清，江安县红桥法律服务所法律工作者。

被告：江安县文化旅游风景区管理局（以下简称景区管理局）。

法定代表人：黄德生，局长。

委托代理人：严明三，江安县律师事务所律师。

第三人：江安县大井乡人民政府（以下简称乡政府）。

法定代表人：罗一文，乡长。

委托代理人：林树华，该乡乡镇企业办公室干部。

4. 审级：一审。

5. 审判机关和审判组织

审判机关：四川省江安县人民法院。

合议庭组成人员：审判长：肖霞明；审判员：钟小平、向力。

6. 审结时间：1996 年 7 月 16 日。

（二）诉辩主张

1. 被诉具体行政行为：1994 年 10 月 30 日，江安县景区管理局依据国务院《风景名胜区管理暂行条例》第八条第二款“风景名胜区内的一切景物和自然环境必须严格保护，不得破坏或随意改变”；建设部《风景名胜区管理暂行条例实施办法》第十四条“风景名胜区的土貌必须严加保护，禁止开山采石、挖沙取土等经营活动”；四川省人大《四川省风景名胜区管理条例》第十八条“禁止任何单位和个人在风景名胜区内从事开山采石，改变地貌、破坏环境、景观的活动”；江安县政府江府通（1994）002 号《通告》第六条“风景区内不准开山采石”等规定以及四川省建委法发（1996）408 号《关于蜀南竹海风景名胜区管理机构收缴违法工具有关事宜的批复》明确“江安县村民黎大俊属违法行为；江安县文化旅游风景区管理局有权对黎大俊的违法行为责令纠正；在对景区地貌造成重大损害时，将其作案工具予以收缴并移送有关部门处理”的批示，作出了对黎大俊没收处罚的行政决定。原告黎大俊因此不服，于 1996 年 1 月 20 日，向江安县人民法院提起行政诉讼。

2. 原告诉称：所承包的大井乡政府林、茶场内，有一石厂是该乡政府行文批准开办的，承包合同规定“承包方可以发展多种经营”，为此，其即雇请工人开采石头出售。江安县人民政府将其所承包的大井乡政府林、茶场地列归风景区后，无任何部门通知停止采石。被告景区管理局工作人员，趁石厂无人时，先后两次收缴该厂工具，行为侵犯了其财产权，为此，向江安县人民法院提起诉讼，请求法院撤销景区管理局的没收处罚决定，以维护合法权益。

3. 被告辩称：原告黎大俊在蜀南竹海江安风景名胜景区内开山采石的行为，违反了《四川省风景名胜区管理条例》的有关规定。据此，景区管理局责令其停止违法活动，又经教育无效的情况下，收缴了原告继续实施违法行为的作案工具，其是依法行使行政职权的合法具体行政行为。因而，景区管理局的处罚决定是正确的，请求法院判决维持没收处罚决定。

第三人未予答辩。

（三）事实和证据

四川省江安县人民法院审理查明：第三人大井乡政府为加强该乡中坝村、马道子村属林、茶场的管理，曾于 1990 年 5 月，书面通知原承包人，“承包人需在承包林、茶场内开山采石，应提出申请，经乡政府批准方能采石”。原告黎大俊与大井乡乡镇企业办公室于 1992 年 5 月签订了承包合同后，以该合同中第六条“乙方在承包期间，在管好林、茶场的同时，可以发展多种经营”为由，在其承包经营的林、茶场内进行开山采石活动，增加收入。江安县人民政府为了加强蜀南竹海风景区的保护和管理，于 1994 年 4 月，以江府通（1994）002 号发布了《关于加强蜀南竹海江安风景区保护管理的通知》，指出：“蜀南竹海是国家级风景名胜区，全国旅游胜地四十佳之一。”根据国务院《风景名胜管理暂行条例》规定，原告黎大俊所承包经营的大井乡林、茶场地属蜀南竹海江安风景区的规划保护范围，因此，禁止在规划保护区范围内开山采石。之后，被告景区管理局工作人员发现原告黎大俊实施在景区内开山采石的行为时，在对其进行法制宣传和责令停止开山采石活动无效的情况下，先后于 1997 年 7 月和 10 月两次收缴了原告黎大俊的采石工具。原告对此不服，诉请法院依法判决。审理中，川建委法发（1996）408 号《关于蜀南竹海风景名胜区管理机构收缴违法工具有关事宜的批复》指出：“村民黎大俊在景区内开山采石违反了国务院《风景名胜区管理暂行条例》第八条，《四川省风景名胜区管理条例》第十八条，属违法行为，依照国 务院《风景名胜区管理暂行条例》第十五条，建设部《风景名胜区管理处罚规定》第六条，《四川省风景名胜区管理条例》第四十六条等规定，蜀南竹海风景区管理局，有权对黎大俊的违法行为责令纠正。在其违法行为对景区地貌造成重大损害时，将其作案工具予以收缴并移送有关部门处理。”据此，足以佐证景区管理局的没收处罚的正确性。

上述事实有下列证据证明：

1. 双方当事人的陈述及知情人的证言和佐证。

2. 原告黎大俊与大井乡乡镇企业办公室签订的承包合同。

3. 江安县人民政府江府通（1994）002 号《关于加强蜀南竹海江安风景区保护管理的通告》。

4. 国务院《风景名胜管理暂行条例》。

5. 四川省政府《四川省风景名胜区管理条例》。

6. 建设部《风景名胜区管理处罚规定》。

7. 四川省建委川建委法发（1996）408 号《关于蜀南竹海风景名胜区管理机构收缴违法工具有关事宜的批复》。

8. 江安县景区管理局对原告黎大俊的没收处罚决定书。

（四）判案理由

四川省江安县人民法院根据上述事实和证据认为：原告黎大俊提出第三人乡政府曾发文批准在风景名胜区内开山采石，无事实依据可证实，不予认定。原告黎大俊又以承包经营合同约定“可以发展多种经营”为由，在风景名胜区内进行开山采石，其行为超出双方合同规定的范围，其责任应由原告承担。应当指出，凡属损害国家利益的合同或协议行为，都是无效的。被告景区管理局依职权对风景名胜区内不可再生的、珍贵的自然资源进行保护，在对原告黎大俊进行法制宣传无效的情况下，收缴其开山采石工具的行为，于法有据，应予支持。

（五）定案结论

四川省江安县人民法院根据《中华人民共和国行政诉讼法》第五十四条第（一）项、第七十四条之规定，判决如下：

维持被告江安县文化旅游风景区管理局收缴原告黎大俊石工工具的没收处罚决定。

案件受理费和其他诉讼费 300 元，由原告负担。

（六）解说

本案在四川省尚属首例风景区行政诉讼案，社会影响较大，在审理中涉及如下问题：

1. 被告景区管理局的没收处罚具体行政行为是否侵犯原告黎大俊的财产权。为了加强对全国旅游胜地四十佳之一的国家级风景名胜区蜀南竹海的管理，1993 年 7 月，经批准，江安县政府设立了江安县文化旅游风景区管理局，依照国务院《风景名胜区管理暂行条例》，四川省人大《四川省风景名胜区管理条例》和江安县政府江府通（1994）002 号《关于加强蜀南竹海江安风景区保护管理的通告》的规定，依法行使对蜀南竹海江安景区的保护、管理、建设的职权。江安县景区管理局是法定风景名胜区的执法机关，对于损坏风景名胜资源、破坏自然景观、改变地形地貌和毁灭植被等违法行为，有职责、有义务对行为人进行行政处罚，以维护国家的利益，并达到发展地方经济的目的。因此，被告景区管理局在职权范围内没收处罚的具体行政行为没有侵犯原告黎大俊的财产权。

2. 被告景区管理局的具体行政行为 所依据的事实是否清楚。根据江安县政府规定，蜀南竹海江安风景区的保护范围内的地形、地貌、自然景观、文物古迹等严禁改变，不准开山采石、挖沙取土等破坏性行为。但原告黎大俊无视法规、规章等禁止性规定，组织石工，在蜀南竹海保护区内违法开山采石，破坏自然景观，损毁植被，至泥沙流滑，使东大门整体景观受到严重影响，若不及时制止，危害将更大。因此，被告景区管理局会同原告黎大俊所在大井乡政府有关人员，向原告宣传法规和规章，并责令停止违法行为。然而，原告却置若罔闻，继续组织工人开山采石，景区管理局为了有效制止原告，在经批评教育，责令停止等措施均未见效的情况下，收缴了原告用于违法采石的部分工具，并通知其到景区管理局办公室听候处理。但是，被告仍然在明知违法的情况下，继续组织工人违法采石，为此，被告景区管理局再次到原告违法行为地，收缴了采石工具，并当即责令原告写出书面检讨，恢复植被，听候处理。上述事实有原、被告双方的陈述；有收缴工具清单，以及证人证言等佐证，足以认定。因此，被告景区管理局的具体行政行为所依据的事实是清楚的，作为风景名胜区执法机关，在对原告黎大俊多次教育批评均不能奏效的情况下，依据业已查明的事实，收缴原告正在实施违法行为的作案工具，其具体行政行为是建立在证据确凿、事实清楚的基础之上的。

3. 被告景区管理局的具体行政行为适用法律法规是否正确。原告黎大俊的行为，违反了国务院《风景名胜区管理暂行条例》第八条第二款"风景名胜区内的一切景物和自然环境必须严格保护，不得破坏或随意改变"；建设部《风景名胜区管理暂行条例实施办法》第十四条"风景名胜区的地貌必须严加保护，禁止开山采石、挖沙取土等经营活动"；四川省人大《四川省风景名胜区管理条例》第十八条"禁止任何单位和个人在风景名胜区内从事开山采石，改变地貌和破坏环境、景观的活动"；江安县政府江府通（1994）002号《通告》第六条"风景区内不准开山采石"等有关法规和规章的规定，因此，被告景区管理局依法确认原告的开山采石活动属违法性质，所适用的法律法规正确。同时，其具体行政行为合法也是不容置疑的，针对原告黎大俊的违法行为，被告景区管理局依照法律法规，对原告作出了责令纠正，批评教育，恢复植被的具体行政行为的同时，采取有效措施，收缴了原告的违法作案工具。被告根据《四川省风景名胜区管理条例》第五十三条授权省人民政府建设行政主管部门负责解释的规定，向宜宾地区建委请示后转报省建委。经研究，四川省建委川建委法发（1996）408号《关于蜀南竹海风景名胜区管理机构收缴违法工具有关事宜的批复》，明确没收处罚的合法性。

4. 原告黎大俊的诉讼请求能否成立。原告以承包合同为开山采石的依据显然是不合法的，任何合同或协议均不得损害国家利益，不得违反法律、法规和规定。否则，都是无效合同。被告景区管理局在现场和办公室多次对原告进行批评教育，宣传法制，在确认其行为违法的情况下，收缴了违法采石工具，程序合法。至于风景保护区的范围已向全社会公布，任何公民或组织都必须遵守，原告黎大俊以不知为由，纯属推辞。原告以大井乡政府同意开山采石为借口，系捏造事实。而大井乡政府在事情发生后，积极协助被告景区管理局教育批评原告，支持执法工作，表现了对国家自然资源保护的责任感。另外，原告用于开山采石的工具，是实施违法行为的作案工具，也是证明违法行为的物证，因此，也就不存在返还或赔偿的问题，理应收缴。

综上所述，被告景区管理局系风景名胜区执法机关，主体合法，所作出的具体行政行为，依据的事实清楚，适用法规、规章正确，符合法定程序，江安县人民法院根据《中华人民共和国行政诉讼法》第五十四条第（一）项的规定，依法维持被告收缴原告黎大俊石工工具的具体行政行为是正确的。

（周培西）

27. 刘国聚等不服平顶山煤矿技工学校责令退学注销学籍案

（一）首部

1. 判决书字号

一审判决书：河南省平顶山市湛河区人民法院（1996）湛行初字第19号。

二审判决书：河南省平顶山市中级人民法院（1996）平行终字第042号。

2. 案由：不服责令退学注销学籍案。

3. 诉讼双方

原告（被上诉人）：刘国聚，男，18 岁，汉族，平顶山煤矿技工学校学生。

法定代理人：刘宗禹，男，49 岁，汉族，平顶山煤业（集团）六矿职工，系刘国聚之父，住六矿家属院。

原告（被上诉人）：王云，男，17 岁，汉族，平顶山煤矿技工学校学生。

法定代理人：王传海，男，42 岁，汉族，平顶山煤业（集团）大庄煤矿职工，系王云之父，住大庄矿家属院。

原告（被上诉人）：张芳，女，16 岁，汉族，平顶山煤矿技工学校学生。

法定代理人：张聚才，男，44 岁，汉族，平顶山煤业（集团）二矿职工，系张芳之父，住二矿家属院。

原告（被上诉人）：马超，男，16 岁，汉族，平顶山煤矿技工学校学生。

法定代理人：马胜文，男，44 岁，汉族，平顶山煤业（集团）煤机厂职工，系马超之父，住煤机厂家属院。

一、二审委托代理人：郜元俊，平顶山市人民政府务工办干部。

被告（上诉人）：平顶山煤矿技工学校，住所地：平顶山市湛河区北渡乡北渡村。

法定代表人：胡泽林，校长。

一审委托代理人：刘训海，平顶山铭镜律师事务所律师。

一、二审委托代理人：程远凯，平顶山煤矿技工学校纪检组书记。

二审委托代理人：沈宏奇，平顶山铭镜律师事务所律师。

4. 审级：二审。

5. 审判机关和审判组织

一审法院：河南省平顶山市湛河区人民法院。

合议庭组成人员：审判长：刘文须；审判员：张力；代理审判员：马众庆。

二审法院：河南省平顶山市中级人民法院。

合议庭组成人员：审判长：万军涛；审判员：武炳耀；代理审判员：盛少飞。

6. 审结时间

一审审结时间：1996 年 8 月 30 日。

二审审结时间：1996 年 10 月 11 日。

（二）一审诉辩主张

1. 被诉具体行政行为：1996 年 5 月 3 日，平顶山煤矿技工学校以原告刘国聚、王云、张芳、马超期中考试作弊为由，根据劳动部颁发的《技工学校学生学籍管理规定》作出平煤技校（1996）18 号文《关于责令刘国聚、王云、张芳、马超四名学生退学、注销学籍的处理决定》。四名学生不服，依法向湛河区人民法院提起诉讼。

2. 原告诉称：虽然我们四名学生在期中考试中抄纸条作弊，但已向学校写出书面检查，承认错误，而被告仍作出开除学籍的处罚属处分过重，侵犯了未成年学生受教育的合法权益，且处理决定程序违法，请求法院依法撤销被告的处分决定，限期恢复我们四人的学籍。

3. 被告辩称：作出《关于责令刘国聚、王云、张芳、马超四名学生退学、注销学籍的处分决定》是学校内部的管理行为，技工学校不属国家行政机关，原告无权提起行政诉讼。请求依法驳回四原告的起诉。

（三）一审事实和证据

平顶山市湛河区人民法院经审理查明：1995 年 9 月 4 日，刘国聚、王云、张芳、马超经考试被平顶山煤矿技工学校录取。同时，该校与原告家长所在单位分别签订了定向招生、分配合同，并收取刘国聚、张芳学杂费各 3540 元；王云、马超学杂费各 4340 元。入学后刘国聚、王云在该校井电一班、二班学习，张芳在厨工班学习，马超在维修班学习。王云、张芳 1996 年 4 月 30 日上午在数学科目考试中，刘国聚、马超 5 月 2 日上午在电子技术、机械基础科目考试中，均因抄纸条作弊，学校即日公告开除四人学籍。该校又于 1996 年 5 月 3 日以平煤技校（1996）18 号文对刘国聚、王云、张芳、马超作出责令退学、注销学籍的处分决定。

上述事实有如下证据证明：

1. 平煤技校（1996）第 18 号处理决定。

2. 平顶山煤矿技工学校与四名学生家长单位签订的招生定向分配合同书。

3. 平顶山煤矿技工学校收取刘国聚等四名学生的学杂费收据。

4. 平顶山煤矿技工学校考场处理规定、监考记录、作弊纸条。

5. 刘国聚、王云、张芳、马超的书面检查。

（四）一审判案理由

平顶山市湛河区人民法院认为：平顶山煤矿技工学校属法律授权的组织，是本案适格的被告，原告起诉完全符合《行政诉讼法》受案范围。该校以考场作弊为由对刘国聚等四名学生作出的责令退学、注销学籍的处理决定，违反了劳动部颁发的《技工学校学生学籍管理规定》第二十七条、第二十八条的规定，其处理程序违法，显失公正，且超越职权。据此，对原告的起诉理由应予支持。

（五）一审定案结论

平顶山市湛河区人民法院依照《中华人民共和国未成年人保护法》第十四条，《中华人民共和国行政诉讼法》第五十四条第（二）项第三目、第四目，参照中华人民共和国劳动部颁发的劳培字（1990）第 6 号《技工学校学生学籍管理规定》第二十七条、第二十八条规定，判决如下：

撤销被告平顶山煤矿技工学校 1996 年 5 月 3 日对原告刘国聚、王云、张芳、马超作出的责令退学、注销学籍的平煤技校（1996）第 18 号处理决定。

在本判决生效之日起三日内被告平顶山煤矿技工学校恢复四名原告的学籍。

案件受理费 300 元，由被告平顶山煤矿技工学校负担。

（六）二审诉辩理由

1. 二审诉辩主张

上诉人上诉理由及被上诉人答辩理由均与一审诉辩理由相同。

2. 二审事实和证据

二审法院肯定了一审法院认定的案件事实和采纳的证据。

3. 二审判案理由

平顶山市中级人民法院认为，根据《中华人民共和国教育法》第二十八条第四项之规定，学校及其他教育机构，有权对受教育者进行学籍管理，实施奖励或处分。上诉人平顶山煤矿技工学校是法律授权的组织，能够成为行政诉讼的被告。上诉人根据劳动部颁发的《技工学校学生学籍管理规定》对管理相对人刘国聚等四名学生作出的责令退学、注销学籍的处理决定是具体的行政行为，一审法院依法受理此案完全符合《行政诉讼法》立法宗旨和受案范围。该行政处理决定虽然认定事实清楚，但处罚畸重，显失公正，且超越权限范围，违背法定程序，应予撤销。一审法院判决正确，上诉人的上诉理由不足，不予采纳。

4. 二审定案结论

平顶山市中级人民法院根据《中华人民共和国行政诉讼法》第六十一条第（一）项之规定，作出如下判决：

驳回上诉，维持原判。

上诉案件受理费300元，由上诉人平顶山煤矿技工学校负担。

（七）解说

平顶山煤矿技工学校以（1996）18号文对刘国聚、王云、张芳、马超四名学生作出的责令退学、注销学籍的处理决定，是否属具体行政行为，是本案争议的焦点。

四原告在期中考试中作弊，属于违纪行为，根据《中华人民共和国教育法》第二十八条第四项规定："学校及其他教育机构有权对受教育者进行学籍管理，实施奖励和处分。"因此，该校虽然不属行政机关，但它是法律授权的组织，依法能够行使对学生的奖励、处分和学籍管理权，故被告依照中华人民共和国劳动部颁发的《技工学校学生学籍管理规定》对四原告作出责令退学、注销学籍的处理决定，是其在行政管理活动中依法行使的行政职权，是具体的行政行为，并不是内部管理行为。最高人民法院《关于贯彻执行〈中华人民共和国行政诉讼法〉若干问题的意见（试行）》在受案范围中明确规定："具体行政行为就是国家行政机关、行政机关工作人员，法律法规授权的组织，行政机关委托的组织或者个人在行政管理活动中行使行政职权，针对特定的公民、法人或者其他组织，就特定的具体事项作出的有关公民、法人或者其他组织权利义务的单方行为。"该校所作的处理决定是对管理相对人刘国聚、王云、张芳、马超所作的单方行为，已形成具体的行政法律关系，产生了相应的法律后果，在行政诉讼中已具备行政诉讼权利能力的被告资格。故该校称其行为是对学校学生实施的处罚，属内部行为，不属具体行政行为的理由不能成立。而该校不具备被告主体资格的上诉理由亦不能成立。原告的起诉符合《行政诉讼法》立案条件，属于行政诉讼案件的受案范围，一审法院受理此案是正确的。劳动部颁发的《技工学校学生学籍管理规定》第二十七条规定："对违犯纪律和犯错误的学生，学校应进行批评教育，情节严重或屡教不改者，可给予警告、严重警告、记过、留校察看、责令退学或开除学籍等纪律处分。"四原告均系未成年人，考场作弊尚属首次，在考试中违犯了考场纪律，但能主动写出检查，认识错误，改正错误，具有从轻处理情节，并未达到情节严重和屡教不改的程度，该校应对四原告进行批评教育，给以重新改正的机会，而不应开除学籍，剥夺未成年人受教育的权利。《中华人民共和国未成年人保护法》第十四条规定："学校应当尊重未成年学生的受教育权，学校不得随意开除未成年学生。"该校责令四原告退学、注销学籍，违背或偏离了法律的目的，属显失公正。原告考场作弊事发后，该校在没有对其进行批评教育的情况下，当日公告开除学籍，此后再作出责令退学、注销学籍的处理决定，违反了《技工学校学生学籍管理规定》第二十八条的规定："处分学生必须经过校务会议讨论，校长批准执行，其中责令退学和开除学籍处分，需报学校主管部门批准并报劳动部门备案。"而被告置法定程序于不顾，事先公告开除学籍，而后才召开校务会议讨论，且作出的处理决定也未报主管部门批准，其行为既违反了法定程序，又超越了职权，故其处理决定是违法的具体行政行为，应予撤销。

（王合洲　万军涛）

28. 汪道生不服昆山市文化局行政处罚案

（一）首部

1. 判决书字号

一审判决书：江苏省昆山市人民法院（1995）昆行初字第7号。

二审判决书：江苏省苏州市中级人民法院（1996）行终字第2号。

2. 案由：不服文化管理行政处罚案。

3. 诉讼双方

原告（上诉人）：汪道生，男，1948年6月生，昆山市陆家悦来娱乐室业主，住昆山市陆家镇陆粮新村302室。

被告（被上诉人）：昆山市文化局。

法定代表人：顾鹤中，局长。

一、二审委托代理人：曹昌荣，该局干部。

4. 审级：二审。

5. 审判机关和审判组织

一审法院：江苏省昆山市人民法院。

合议庭组成人员：审判长：庄金泉；审判员：吴为群；代理审判员：纪珍。

二审法院：江苏省苏州市中级人民法院。

合议庭组成人员：审判长：顾建华；审判员：丁惠良；代理审判员：林小丽。

6. 审结时间

一审审结时间：1996年2月17日。

二审审结时间：1996年4月3日。

（二）一审诉辩主张

1. 被诉具体行政行为：汪道生系陆家悦来娱乐室个体经营者，经营桌球、游戏机等。1995年以来，汪不按规定交纳文化市场管理费，昆山市文化局文化市场管理站曾分别于1995年2月6日、5月17日、6月16日发出催交通知书，并多次找其谈话要求按规定交纳文化市场管理费，但汪仍拒不交纳。昆山市文化局于1995年9月5日作出吊销文化经营许可证的处罚决定。汪道生不服，申请复议，苏州市文化局经复议，作出维持原处罚决定的复议决定。汪道生仍不服，依法向昆山市人民法院起诉，请求撤销被告所作的处罚决定。

2. 原告诉称：要求法院撤销昆文（1995）第46号处罚决定。具体理由是：根据国务院《城乡个体工商户管理暂行条例》第十三条、第二十六条及《城乡个体工商户管理暂行条例实施细则》第五条、第二十二条规定，将个体工商户中“个人经营或家庭经营的文化体育娱乐……行业的管理费的收费标准，专项授权于国家工商局和财政部共同制定”，昆山市文化市场向个体工商户收取管理费是越级（权）收费。

昆山市文化局文化市场管理人员三次书面催交文化市场管理费每月250至300元。本人两次到文化市场管理处表示无法接受，7 月 2 日本人表示愿意每月交纳 50 至 100 元，市场管理人员作了记录。1995 年 9 月 5 日，昆山市文化局即作出吊销文化经营许可证的处罚决定是不当的。

3. 被告辩称：昆山市文化局根据江苏省第八届人大常委会第十次会议于 1994 年 9 月 29 日通过的《江苏省文化娱乐市场管理条例》第十九条第七项及江苏省财政厅、文化厅、物价局《关于文化娱乐业管理收费的暂行规定》的收费标准，并持有物价部门核准颁发的江苏省收费许可证，向昆山市从事文化娱乐业经营活动的单位和个人收取文化市场管理费是合法的、正当的。

根据《城乡个体工商户管理暂行条例》第十八条规定："除法律、法规和省级人民政府另有规定者外，任何单位和个人不得向个体工商户收取费用。"《江苏省文化娱乐市场管理条例》属地方法规，本局以此行政执法是完全合法的，与《城乡个体工商户管理暂行条例》的规定并无矛盾。

原告拒不交纳文化市场管理费，本局在向原告发出催交通知书及找原告谈话均无效的情况下，依照《江苏省文化娱乐市场管理条例》第十九条第七项和第三十四条规定，给原告以警告并加收滞纳金。但其仍拒不缴纳，显属情节严重，故作出吊销文化经营许可证的行政处罚决定。原告违法事实清楚，处罚决定适用法律法规正确，符合法定程序，恳请法院依法予以维持。

（三）一审事实和证据

法院经审理审明：原告汪道生系陆家悦来娱乐室个体经营者，经营桌球（二台中型，按规定每台每月收 30 元）及游戏机（八只中型游戏机，按规定每只每月收 30 元）娱乐。1995 年以来，原告不按规定交纳文化市场管理费（每月 250 至 300 元）。昆山市文化局文化市场管理站分别于 1995 年 2 月 6 日、5 月 17 日、6 月 16 日向原告汪道生发出催交文化市场管理费通知书，要求其按规定交纳文化市场管理费，并多次找原告汪道生谈话，进行宣传教育，但原告拒不交纳。被告昆山市文化局于 1995 年 9 月 5 日依照《江苏省文化娱乐市场管理条例》第十九条第七项、第三十四条的规定，对原告汪道生作出吊销文化经营许可证的处罚决定。原告不服被告的处罚决定，于 1995 年 9 月 24 日向江苏省苏州市文化局申请复议，苏州市文化局经复议，于 1995 年 11 月 6 日以苏文市字（1995）第 99 号作出行政复议决定，维护昆山市文化局昆文（1995）第 46 号行政处罚决定。汪道生仍不服，于 1995 年 11 月 21 日向昆山市人民法院提起行政诉讼。

上述事实有原告汪道生的陈述、催交文化市场管理费通知书、昆山市文化局昆文（1995）第 46 号行政处罚决定书、苏州市文化局苏文市字（1995）第 99 号行政复议决定等证据证实。

（四）一审判案理由

被告昆山市文化局向原告汪道生收取文化市场管理费是根据《江苏省文化娱乐市场管理条例》并持有江苏省收费许可证而实施的。原告汪道生认为昆山市文化局无权收取管理费及收费过高没有法律依据，不予支持。

（五）一审定案结论

昆山市人民法院根据《中华人民共和国行政诉讼法》第五十四条第（一）项规定，作出如下判决：

维持昆山市文化局昆文（1995）第46号关于吊销陆家悦来娱乐室文化经营许可证的处罚决定。

案件受理费人民币100元，由原告汪道生负担。

（六）二审情况

一审宣判后，汪道生持与其一审时诉称相同的理由，向江苏省苏州市中级人民法院提起上诉。被上诉人昆山市文化局则持一审时辩解的理由进行答辩。

苏州市中级人民法院经审理，肯定了一审判决所认定的事实和证据，认为一审判决适用法律法规正确审判程序合法，依据《中华人民共和国行政诉讼法》第六十一条第（一）项的规定，作出终审判决：

驳回上诉，维持原判。

二审案件受理费人民币100元，由上诉人汪道生负担。

（七）解说

本案的争议问题有两个：一是被上诉人昆山市文化局是否越权向上诉人收取文化市场管理费及是否超过收费的标准；二是昆山市文化局吊销汪道生的文化经营许可证的行政处罚是否合法。

第一，被上诉人昆山市文化局收取文化市场管理费是根据江苏省第八届人大常委会第十次会议于1994年9月29日通过的《江苏省文化娱乐市场管理条例》的地方法规的规定，而收费标准是根据江苏省财政厅、文化厅、物价局根据该法规制定的《关于文化娱乐业管理收费的暂行规定》的规定，执法人员持有物价部门核准颁发的江苏省收费许可证向从事文化娱乐业经营活动的单位和个人收取文化市场管理费。因此，被上诉人收取文化市场管理费是地方法规授权的，是合法的，且收费标准是按规定收取并未超过收费标准，也是合法的。

《城乡个体工商户管理暂行条例》第十八条规定："除法律、法规和省级人民政府另有规定者外，任何单位和个人不得向个体工商户收取费用。"被上诉人根据地方法规收费，与该规定也是不矛盾的。

第二，根据《江苏省文化娱乐市场管理条例》第三十四条："违反本条例第十九条第七项规定，不按期交纳管理费的，由文化行政管理部门给予警告……情节严重的吊销文化经营许可证。"被上诉人昆山市文化局因上诉人1994年拒交管理费而于1995年1月11日给上诉人处以警告并加收的滞纳金。1995年以来上诉人仍拒不交纳管理费，被上诉人又分别于1995年2月6日、5月17日、6月16日先后三次发出催交通知书，并多次进行教育无效，故于9月5日作出吊销文化经营许可证的处罚决定。该处罚决定事实清楚，适用法律法规正确，符合法定程序，是合法的具体行政行为。

（陈长奉）

八、其他行政管理案例

29. 武宣县港航服务有限责任公司不服武宣县航务管理所水路运输行政处罚案

（一）首部

1. 判决书字号

一审判决书：广西壮族自治区武宣县人民法院（1996）武行初字第3号。

二审判决书：广西壮族自治区柳州地区中级人民法院（1996）柳地行终字第26号。

2. 案由：不服水路运输行政处罚案。

3. 诉讼双方

原告（上诉人）：武宣县港航服务有限责任公司（下称武宣港航公司）。

法定代表人：彭建，经理。

一、二审委托代理人：卢秀香，柳州港航监督处办公室主任。

一、二审委托代理人：潘志嵩，柳州地区经济律师事务所律师。

被告（被上诉人）：武宣县航务管理所。

法定代表人：张桂凤，所长。

一审委托代理人：谭超典，柳州地区交通局干部。

4. 审级：二审。

5. 审判机关和审判组织

一审法院：广西壮族自治区武宣县人民法院。

合议庭组成人员：审判长：甘绍权；审判员：陈新兰、覃泽智。

二审法院：广西壮族自治区柳州地区中级人民法院。

合议庭组成人员：审判长：张帆；代理审判员：方虹、张信生。

6. 审结时间

一审审结时间：1996年6月17日。

二审审结时间：1996年9月24日。

（二）一审情况

1. 一审诉辩主张

（1）被诉具体行政行为：武宣县航务管理所经查认定：武宣港航公司未经交通主管部门或航管部门批准，于1996年元月12日至1996年2月29日，以武宣港航公司的名义，擅自在武宣县向社会营运船舶开具运办单，收取业务代办费共计17656.03元，违反了《中华人民共和国水路运输管理条例》第二章第八条的规定，属于非法经营。根据交通部第22号令《水路运输违章处罚规定（试行）》第三章第十六条第一款规定，作出武航管（96）第1号水路运输违章处罚决定：责令停止营业；没收非法收入1万元；罚款2万元。武宣港航公司不服，向柳州地区航务管理处申请复议。柳州地区航务管理处复议认为，申请人在未经交通主管部门批准的情况下，擅自设立水路运输服务业务，从事“船代”、“货代”营业性服务，向船主、货主收取业务代办费17656.03元的事实清楚。被申请人作出的处罚决定适用法规正确，处罚适当。复议决定：维持被申请人1996年2月29日对申请人作出的武航管（96）第1号水路运输违章处罚决定。申请人不服处罚决定，向武宣县人民法院提出起诉。

（2）原告诉称：被告的处罚决定缺乏事实依据，请求法院判决撤销其处罚决定。主要理由是：被告无权作出这样的处罚；本公司无被告在处罚中所称的违法行为，故被告对本公司进行处罚，无事实依据。

（3）被告辩称：原告的违法事实清楚，证据确凿。被告为维护正常的水路运输经营管理秩序，依法作出（1996）武航管第1号水路运输违章处罚决定，是合法的，请求法院判决维持该行政处罚决定。主要理由是：被告具有法定的行政处罚权。根据交通部《水路运输违章处罚规定（试行）》第三条的规定：“各级交通主管部门或其设置的水路运输管理部门是本规定的执行机关，在管辖范围内，依照本规定实施处罚”，决定了被告在武宣县管辖区内的行政处罚权。被告作出的行政处罚决定有事实根据和法律依据。首先，原告有违法事实。原告未经交通主管部门或航管部门批准，于1996年元月12日至2月29日，以武宣港航公司的名义在武宣县向社会营运船舶开具运单，收取业务代办费共计17656.03元。其次，被告的行政处罚程序合法。被告先后于1996年元月23日和27日二次到原告办公室检查，发现原告只办有水路运输许可证，而未办理水路运输服务许可证，因此，认定原告不具备水路运输服务资格。被告按规定向原告发出水路运输违章记录，依法将水路运输违章处罚决定书送达原告，且适用法律法规正确，处罚适当。

2. 一审事实和证据

法院经审理查明：原告武宣港航公司经武宣县工商行政管理局注册登记，于1994年8月18日成立。其经营范围为：港口、船务技术咨询服务、水路货物运输、购销农副产品（除棉花、烟叶）、建筑材料、船舶配件及设备、通信设备。1995年8月4日，该公司经有关部门批准成立船队，经营范围为：水路货物运输。另查明：柳州港航服务公司在武宣、草鱼塘码头中转的部分货物，从1996年元月1日起委托（书面）原告武宣港航公司代办水路货物运单及有关运输业务手续。原告于1996年元月12日至2月29日，用柳州市水路货物运单在武宣县向社会营运船舶开具运单，收取业务代办费17406.03元。被告于1996年元月23日、27日，依职权检查原告的行为，发现原告未经交通主管部门批准，擅自办理水路运输服务业务，当即向原告送达水路运输违章记录。同年2月29日，被告报经柳州地区航务管理处审批同意，对原告作出水路运输违章处罚决定：责令停止营业；没收非法收入1万元；罚款2万元。原告不服，申请复议，柳州地区航务管理处于1996年4月25日作出复议决定：维持被申请人1996年2月29日作出的武航管（1996）第1号水路运输违章处罚决定对申请人的行政处罚。

上述事实有下列证据证明：

（1）交通部珠江航务管理局发给武宣港航公司的水路运输许可证。

（2）武宣县工商行政管理局发给武宣港航公司的企业法人营业执照。

（3）柳州港航服务公司出具给武宣港航公司的委托书。

（4）武宣港航公司为柳港司018号船开具的水路货物运单复印件。

（5）武宣港航公司收取广驳运254号等船舶代办费的收款收据。

（6）武航管（96）第1号水路运输违章处罚决定书。

（7）武宣航务管理所的水路运输违章记录和水路运输违章处罚申报书。

（8）柳州地区航务管理处的柳地航复决字（1996）第1号交通行政复议案件复议决定书。

3. 一审判案理由

法院认为：原告未经有关部门批准，不具备水路运输服务资格，擅自从事水路运输服务。原告虽接受柳州港航服务公司的委托，办理水路货物运单及有关运输业务手续，但原告的行为已超越委托范围，在武宣向社会营运船舶开具运单，收取代办费。原告的行为违反了《中华人民共和国水路运输管理条例》第二章第八条的规定，超越经营范围，其行为属于非法经营。被告根据交通部第22号令《水路运输违章处罚规定（试行）》第三章第十六条第一款之规定作出的处罚，认定事实清楚，证据确凿充分，适用法规正确，程序合法，应予维持。原告要求撤销被告的处罚决定，理由不充分，法院不予支持。

4. 一审定案结论

武宣县人民法院根据《中华人民共和国行政诉讼法》第五十四条第（一）项之规定，判决如下：

维持武宣县航务管理所1996年2月29日作出的武航管（96）第1号水路运输违章处罚决定。

案件受理费1800元，由原告负担。

（三）二审诉辩主张

1. 上诉人（原审原告）武宣港航公司诉称：上诉人是受柳州港航服务公司的委托开具水路货物运输单和收取代办费，上诉人的行为是合法的。上诉人是根据交通部《水路货物运输规则》第一章第四条的规定接受柳州港航服务公司的委托，在武宣为与柳州港航服务公司有承运水泥业务的船舶开具运单，同时是以运单为依据开具收据，让船主到柳州结算运费时交中转费和代办费。上诉人并未开具与柳州港航服务公司不相关的水路货物运单，未超出委托人所委托的权限范围。因此，请求二审法院撤销一审法院判决，撤销被上诉人对上诉人的处罚决定，维护上诉人的合法权益。

2. 被上诉人武宣县航务管理所辩称：上诉人未经交通主管部门审核批准，未取得水路运输服务许可证，擅自向社会营运船舶办理代理业务的违法事实清楚，被上诉人对上诉人的违法行为依法进行处罚，所适用的法规正确，程序合法，处罚适当，请求二审法院维持一审判决。

（四）二审事实和证据

二审法院在审理中除查明一审法院认定的事实和证据外，另查明：

委托人柳州港航服务公司具备水路运输服务资格，该公司于1996年元月1日与广东珠海鱼峰建材有限公司签订运输水泥合同。柳州港航服务公司负责将广东珠海鱼峰建材有限公司在柳州水泥厂购买的一批水泥从柳州运至广东珠海，柳州港航服务公司为了便于将水泥在武宣县码头由陆路中转水路上船，即书面委托上诉人在武宣为其办理水路货物运单及有关运输业务的手续。上诉人即于1996年元月12日至2月29日在武宣向运输水泥的船舶（这些船舶均与柳州港航服务公司签订了合作运输散装水泥的协议）开具了63份运单及收取代办费15322.25元。

以上事实有下列证据证明：

1. 柳州市航务管理处发给柳州港航服务公司的水路运输服务许可证。

2. 柳州市工商行政管理局发给柳州港航服务公司的企业法人营业执照。

3. 柳州港航服务公司与澳门宏信建筑材料行（珠海鱼峰建材有限公司全权代理）签订的承运水泥协议书。

4. 柳州港航服务公司与武宣087号船等船主签订的合作运输散装水泥的协议。

5. 柳州港航服务公司制作的水路货物运输台账。

6. 武宣县兴达航运有限责任公司出具的其公司071、095、097号船参加柳州港航服务公司运输散装水泥在上诉人处开具水路货物运单的证明。

（五）二审判案理由

二审法院认为：上诉人武宣港航公司给为柳州港航服务公司运输水泥的船舶开具水路货物运单和收取代办费，是受柳州港航服务公司的委托，以该公司的名义对外实施民事活动，该行为属代理行为。上诉人是在代理权限范围内实施的民事行为，应予允许。被上诉人以上诉人“未经交通主管部门或航管部门批准，擅自在武宣向社会营运船舶开具运单，收取业务代办费17406.03元”，认定事实有误，所作处罚缺乏事实根据，原审判决维持该行政处罚，纯属错判，应予纠正。上诉人的上诉理由成立，法院应予支持。

（六）二审定案结论

二审法院根据《中华人民共和国行政诉讼法》第五十四条第（二）项第三目、第六十一条第（三）项之规定，判决如下：

1. 撤销武宣县人民法院（1996）武行初字第3号行政判决。

2. 撤销武宣县航务管理所1996年2月29日作出的武航管（96）第1号处罚决定。

一、二审案件受理费各1260元，其他诉讼费各540元，由被上诉人武宣县航务管理所负担。

（七）解说

首先，在本案中要确定武宣港航公司的代理行为是否合法的问题。一审法院同意被告的观点，认为原告未经交通主管部门批准，未取得水路运输服务许可证，即原告不具备水路运输服务资格，擅自从事服务性质的业务是违法的。应该认为，武宣港航公司的行为属于民事代理行为，是合法的。理由是：柳州港航服务公司具备水路运输服务资格，而武宣港航公司是以柳州港航服务公司名义开具水路货物运单，因为运单中“托运人”一栏内盖的是柳州港航服务公司的印章。根据《水路货物运输规则》第一章第四条第（四）项之规定，“托运人”是指：1. 本人或者委托他人以本人名义或者委托他人为本人与承运人订立运输合同的；2. 本人或者委托他人以本人名义或者委托他人为本人将货物交给与货物运输合同有关的承运人的人。这里所指的“人”，即武宣港航公司，它只是代表柳州港航服务公司与承运人（船主）签订水路货物运输合同，其行为应视为柳州港航服务公司的行为。

其次，武宣港航公司的代理行为是否超越了代理权限。这是本案争议的又一问题。从被告提供的证据材料上看，武宣港航公司开出的水路货物运单共63张，承运人均是与柳州港航服务公司签订了合作运输散装水泥协议的船主，所运货物都是散装水泥。这就说明了武宣港航公司是按照柳州港航服务公司的委托权限行事的，并未超越代理权限。据此，二审法院依法撤销了一审判决和被上诉人的处罚决定，是正确的。

（张信生）

30. 香港华联实业有限公司不服厦门海关行政处罚案

（一）首部

1. 判决书字号

一审判决书：福建省厦门市中级人民法院（1995）厦行初字第2号。

二审判决书：福建省高级人民法院（1996）闽行终字第7号。

2. 案由：不服海关行政处罚案。

3. 诉讼双方

原告（上诉人）：香港华联实业有限公司，住所地：香港皇后大道西－12号联发商业中心403－404室。

法定代表人：周小涛，公司董事。

一、二审委托代理人：应松年，男，中国政法大学教授。

一、二审委托代理人：田建华，女，北京法大律师事务所律师。

被告（上诉人）：厦门海关，住所地：厦门市海后路34号。

法定代表人：杨前线，关长。

一、二审委托代理人：张伟，男，厦门海关法律室主任。

一、二审委托代理人：吴续峰，男，厦门海关干部。

第三人（被上诉人）：郑志平，男，46岁，漳州轮船公司“芝山一号”轮船长，住漳州市前峰新村10幢206室。

4. 审级：二审。

5. 审判机关和审判组织

一审法院：福建省厦门市中级人民法院。

合议庭组成人员：审判长：刘建元；审判员：黄伟民；代理审判员：纪赐进。

二审法院：福建省高级人民法院。

合议庭组成人员：审判长：陈传桄；代理审判员：吴声鸣、王珩。

6. 审结时间

一审审结时间：1995年12月25日。

二审审结时间：1996年3月29日。

（二）一审诉辩主张

1. 被诉具体行政行为：1994年12月27日，厦门海关以第三人郑志平驾驶“芝山一号”轮，在福建东山附近海域运载大量国家限制进口的机电产品，无合法证明为由，根据《中华人民共和国海关法行政处罚实施细则》第四条第（一）项和第五条第一款第（三）项的规定，作出处罚决定：(1) 没收上述在扣走私货物；(2) 科处郑志平罚款人民币 2 万元。郑志平不服厦门海关的处罚，于 1995 年 1 月 20 日向海关总署申请复议，海关总署经过审理于 1995 年 2 月 29 日作出（95）署复字 6 号复议决定书，维持厦门海关（93）厦关查字第 02－012 号处罚决定。原告不服，在法定期限内向福建省厦门市中级人民法院起诉。

2. 原告诉称：厦门海关处罚事实证据不足，适用法律不当，并侵犯了原告的财产权。请求法院撤销海关的处罚决定，并返还原告被查没的财产。其主要理由是：(1)“芝山一号”的运输具有合法证明，所运载的货物也具备合法证明，未能办理手续部分，是厦门海关扣船后被迫中止的，责任不在郑志平。(2)“芝山一号”轮第 9308 航次承运的香港华联实业有限公司的货物，从香港至福建东山途中被厦门海关拦截扣压。该轮有货物装运单、货物提单、码头收据、香港海关报关单等，并在扣压时当即提供给海关。该轮离开香港时还有船舶出境签证，因未抵达目的港即被海关扣压而无进港签证。按国际惯例填写报审进口货物监管手册应在办理通关手续时进行。

3. 被告辩称：原告与被诉具体行政行为没有法律上的利害关系，不具有起诉的资格，请求法院依法驳回当事人的诉讼请求。其主要理由是：华联公司是依据《海关法》第五十三条提起诉讼的，该条规定“当事人不服向人民法院起诉”，这里当事人系指直接承受海关行政处罚并在处罚通知书当事人一栏中列名的主体。本案当事人为郑志平，而华联公司则不是，因此，作为本案行政诉讼的原告是不适格的，法院应当驳回原告的起诉。本案厦门海关对郑志平的处罚，认定事实的证据充分，适用法律正确，处罚适当，程序合法，因而该行政处罚是合法正确的。

（三）一审事实和证据

法院经审理查明：1993 年 5 月 8 日由香港华夏企业有限公司代理的漳州轮船公司所属的“芝山一号”轮第 9308 次航次，承运了香港华联实业有限公司“支架沙板连顶”58 箱，示波器 125 箱，传呼机及配件 1003 件，示波器配件 746 箱，单放机 5000 箱，汽车配件 53 箱等机电产品；随船承运的还有 19.57 吨杂货，从香港驶往福建省东山，在东经 117°23′24″、北纬 23°30′26″即在东山附近海面被告监管区被厦门海关 805 艇查扣。第三人郑志平船长向厦门海关提交了驶离香港水域许可证、航行香港、澳门小型船舶海关监管簿、轮船航行签证簿、船员名单、两份码头收据、两份落货纸和货物提单、一份载货清单及一份贝雕画载货清单、货物许可证。其中进口货物许可证，对外成交单位是中原国际经济贸易公司，收货单位为河南省汽车工业公司，而该船载货清单、货物提单等，成交单位是香港华联实业有限公司，收货单位是东山对外贸易公司；且许可证商品规格、型号栏里标明是汽车支架沙板连顶，与厦门海关查扣的除轮胎未装上的整车，证货不符；该许可证上所述的商品名称写明是其他非限制进口商品，也说明该许可证不能进口国家限制进口商品。“芝山一号”轮所运载的单放机、示波器等国家限制进口货物没有进口许可证；载货清单只有一方签名，提单上没有任何单位盖章和任何人的签名，没有合同，没有买主，所运载的货物在海关监管簿和航行签证簿里只载明载货重 19.57 吨手续合法的货物，未将其他机电产品如实载明。

上述事实有以下证据佐证：

1. 随船货物清单、货物提单。

2. 驶离香港水域许可证。

3. 中华人民共和国进口货物许可证。

4. 华联实业有限公司落货纸。

5. 船舶航行签证簿。

6. 海关监管簿。

7. 厦门海关（93）厦关检字 001－017 号检查记录。

8. 厦门海关 067468 号扣单。

9. 厦门海关（93）厦关查字 02－012 号海关扣留物品凭单。

10. 厦门海关（93）厦关查字 02－012 号处罚通知书。

11. 海关总署（95）署复字第 6 号关于郑志平走私案复议决定书。

12. 有关证人的证言。

13. 有关当事人的陈述。

（四）一审判案理由

厦门市中级人民法院认为：郑志平船长驾驶“芝山一号”轮从香港驶往福建东山所承运的大量机电产品属于国家限制进口物品。同时其提供的随船单证证货不符，其他单证也不具有真实、合法、有效性。其行为已违反《中华人民共和国进口货物许可证制度暂行条例》第二条的规定。被告厦门海关作出的行政处罚事实清楚，证据充分，适用法律并无不当，应予维持。

（五）一审定案结论

厦门市中级人民法院根据《中华人民共和国行政诉讼法》第五十四条第（一）项的规定，判决如下：

维持被告厦门海关 1994 年 2 月 27 日（93）厦关查字第 02－012 号处罚决定。

诉讼费人民币 175000 元，由原告香港华联实业有限公司承担。

（六）二审情况

1. 二审诉辩主张

上诉人华联实业有限公司诉称：“芝山一号”轮此次航次运输具有合法证明，所运载的货物具有合法证明，一审未查清基本事实，厦门海关未提供与本案有关的全部证据。厦门海关滥用职权，破坏、伪造证据。原审判决对本案的事实明显作出错误认定，证据不足，适用法律法规有误。请求撤销一审判决，撤销厦门海关的处罚决定，返还被查扣货物。

被上诉人厦门海关辩称：根据海关总署（89）署调字第 500 号文中关于“合法证明”的解释，郑志平于当时提交答辩人的随船单证，经审查不是其运载大量进口机电产品的合法证明。原审判决认定事实清楚，证据充分，适用法律正确，请求二审驳回上诉，维持原判。

被上诉人郑志平未提出答辩。

2. 二审事实和证据

福建省高级人民法院二审确认：1993 年 5 月 8 日被上诉人郑志平驾驶“芝山一号”轮在我国内海（东经 117°23′24″、北纬 23°30′26″）运输汽车组装件 58 套、汽车发动机 14 台、电子计算机 353 台、计算机显示器 552 台、电子计算机配套设备 1898 件、放像机 5000 台、彩色电视机 44 台、传呼机及配件 1003 件，以及监视器、打印机、传真机、建伍音响及配件等 20 台我国限制进口的货物，被厦门海关缉私艇查获；船长郑志平当时向厦门海关提交了随船携带的驶离香港水域许可证、航行香港、澳门小型船舶海关监管簿、轮船航行签证簿、船员名单、落货纸和货物提单、载货清单、进口货物许可证等单证材料，同一审法院认定的事实和采用的证据基本相同。

3. 二审判案理由

福建省高级人民法院认为：郑志平船长驾驶“芝山一号”在内海运输大量国家限制进口的货物，在海关查获时所提供的各种证明材料，有的没有记载有关运输货物的实际情况，有的证明材料与运输货物的实际情况不符，有的不是有效文件，均不具有合法证明效力。被上诉人对其作出行政处罚适用法律正确，处理正确。原审判决认定的基本事实清楚，证据充分，适用法律正确，程序合法，应予维持。上诉人认为被上诉人厦门海关滥用职权，破坏、伪造证据，缺乏根据，不予确认。上诉人的上诉请求不予支持。

4. 二审定案结论

福建省高级人民法院根据《中华人民共和国行政诉讼法》第六十一条第（一）项规定，判决如下：

驳回上诉，维持原判。

二审诉讼费175000元，由华联实业有限公司负担。

（七）解说

这是一宗福建省标的最大且涉港有较大影响的行政案件。本案争议主要涉及以下两个问题：

1. 华联公司是否具有原告主体资格。

法院认定华联公司具有原告主体资格。其主要理由是：厦门海关的处罚决定共有两项：一是没收上述在扣走私货物；二是科处郑志平罚款人民币2万元。郑志平虽是行政处罚的当事人，但他只是承运货物者，并不具有所运货物的所有权。处罚没收走私货物，其直接承受人是货主华联公司。因此，根据《行政诉讼法》有关规定：公民、法人或者其他组织认为行政机关和行政机关工作人员的具体行政行为侵犯其合法权益，有权依照本法向人民法院提起诉讼，其中包括对没收财物等行政处罚不服的。华联公司作为与海关行政处罚有直接利害关系的法人，其认为被告厦门海关的具体行政行为侵犯了该公司的合法权益，向人民法院提起行政诉讼，其起诉符合《行政诉讼法》第四十一条规定的起诉条件。因此，华联公司享有诉权，将其列为原告予以立案受理是正确的。

2. 被告认定原告无合法证明有无根据。

原告有无合法证明，这是本案事实认定的关键。所谓合法证明，是指当事人所持有的真实的并且与实际运输、收购、贩卖的有关货物及物品相符，足以证明合法性的有效运输凭证及商品单据、文件等证明材料。“所持有的”是指当事人当时携带并向海关呈验的各种证明材料，不包括事后补交的证明材料。如离港许可证、货物装仓单、提货单、运货单、运输合同、汇款方式或收据等，且上述单证都必须签名或盖章。首先，本案原告提供的证据“芝山一号”所运载的货物在海关监管簿和航行签证簿上只载明19.57吨货物，未将其他机电产品如实载明；提单上没有单位盖章和签名，载货清单上只有一方签名，没有合同等。其次，原告提供的一份进口货物许可证，其商品规格、型号栏标明是汽车支架沙板连顶，而被告厦门海关查获的是汽车组装件，其证货不符；许可证的商品名称写明其他非限制进口商品，说明该许可证不能进口国家限制进口商品。第三，原告提出尚未抵达目的港，所以货物其他手续无法提供；按照国际惯例，填写报审进出口货物和监管手册应在办理通关手续时进行，因而未能办理手续责任在于厦门海关，系因海关的扣船而被迫中止。原告的这种理由也是不能成立的。根据《中华人民共和国进口货物许可证制度暂行条例》第二条规定："中华人民共和国实行进口货物许可证制度"；第十三条规定："违反本条例规定，事先没有申请领取许可证而擅自进口货物的，海关可以没收货物或责令退运"。海关总署、国务院机电设备进口协调办公室、对外经济贸易部下发的署监（1992）1277号《关于加强对进口汽车关键件管理有关问题的通知》也规定，1995年签发的汽车支架沙板等机电设备许可证必须重新审批，补办有关手续，提交有效许可证，上述文件对国家限制进口货物作了明确的规定。因此，原告进口汽车整车组装件、发动机等物必须遵守国家许可证制度，没有有效的进口货物许可证就不能进口上述货物，不存在船未抵达目的港，无法提供有效证明，更不是无法报关的问题。原告的申辩显然是没有道理的，被告认定原告没有合法证明是正确的。

（黄伟民）

31. 石永轩不服四川省开江县林业局林业行政处罚案

（一）首部

1. 判决书字号

一审判决书：四川省开江县人民法院（1995）行初字第4号。

二审判决书：四川省达川地区中级人民法院（1995）行终字第22号。

2. 案由：不服林业行政处罚案。

3. 诉讼双方

原告（上诉人）：石永轩，男，42岁，汉族，住四川省开江县永兴镇街道5组，个体工商户。

一、二审委托代理人：沈仁仕，四川省开江县法律服务中心法律工作者。

一审委托代理人：李明耀，四川省开江县团委干部，兼职律师。

被告（被上诉人）：四川省开江县林业局。

法定代表人：刘兴权，局长。

一、二审委托代理人：胡长明，四川省开江县人民政府法制科科长。

一、二审委托代理人：肖学富，该局林政科科长。

第三人（上诉人）：四川省开江县工商行政管理局。

法定代表人：张明龙，局长。

一、二审委托代理人：王世奎，该局个体股股长。

一、二审委托代理人：刘恒江，四川省开江县律师事务所律师。

4. 审级：二审。

5. 审判机关和审判组织

一审法院：四川省开江县人民法院。

合议庭组成人员：审判长：王兴；审判员：黄远进；代理审判员：杨俊福。

二审法院：四川省达川地区中级人民法院。

合议庭组成人员：审判长：寇长荣；审判员：黄仁富；代理审判员：冯浩。

6. 审结时间

一审审结时间：1995 年 6 月 22 日（依法延长审限）。

二审审结时间：1996 年 5 月 24 日（依法延长审限）。

（二）一审诉辩主张

1. 被诉具体行政行为：1994 年 5 月 25 日，被告四川省开江县林业局对原告石永轩无木材经营许可证经营、加工木材的行为作出（1994）开林罚字第 09 号林业行政处罚决定：(1) 对石永轩无证经营、加工木材的违法行为处以 100 元罚款，并责令其立即停止违法活动；(2) 没收石永轩违法所得利润 4600 元，并处以违法所得两倍罚款；(3) 在扣留木材期间发生的看守费、装卸费（138 元）由石永轩承担；(4) 对石永轩无证经营尚未销售的木材（19.778 立方米）按石永轩自购价（每立方米 785 元）强制收购，交木材专业公司经销。

2. 原告诉称：被告四川省开江县林业局作出（1994）开林罚字第 09 号林业行政处罚决定，是违法的行为，应予撤销。其理由是：(1) 第三人四川省开江县工商行政管理局给原告石永轩核发木材贩运、销售临时营业执照，并没告诉和要求原告石永轩先到被告四川省开江县林业局处办理经营、加工木材许可证。(2) 原告石永轩贩运、销售木材，持有第三人四川省开江县工商行政管理局依法核发的贩运、销售木材临时营业执照。(3) 按照四川省人民政府川府发（1993）144 号文件《关于征收恢复森林资源专项资金的通知》规定“对未办理经营、加工木材许可证的单位和个人，责令补办经营、加工许可证；对拒不办理的，应提请工商行政管理部门吊销营业执照”。被告四川省开江县林业局对原告石永轩无木材经营许可证，而持营业执照贩运木材的行为，不但没责令原告石永轩补办木材经营许可证，相反却作出了超越职权重罚原告石永轩的具体行政行为。为此，请求法院根据《中华人民共和国行政诉讼法》第五十四条第四款规定，对“超越职权”的“具体行政行为”，“判决撤销”，判令被告四川省开江县林业局返还原告石永轩贩运的木材，赔偿原告石永轩由此而造成经济损失。

3. 被告辩称：被告四川省开江县林业局依法对原告石永轩作出（1994）开林罚字第 09 号林业行政处罚决定，没有超越职权，是合法的具体行政行为，请求人民法院支持。其理由是：(1) 四川省第七届人民代表大会第五次会议 1991 年 1 月 25 日通过的《四川省绿化条例》第二十五条规定，经营木材的单位和个人必须凭县林业行政主管部门发给的经营木材许可证，向县工商行政主管部门申请办理营业执照；第四十一条规定，无证经营竹木和收购无证竹木的，责令其停止违法活动，可处以 50 元至 100 元的罚款；已获利的，没收违法所得，并处以违法所得二至三倍的罚款。(2) 四川省林业厅川林政函（1993）25 号文件《对执行〈四川省绿化条例〉第四十一条有关具体的答复》答复如下：对无证经营竹木尚未销售或未销售完的竹木，林业行政主管部门可按其收购价格强制收购，木材交林业部门的专业公司经营。(3) 林业部 1990 年制发的《木材运输检查监督办法》第十一条第二款规定：在扣留期间所发生的木材经营费、装卸费由货主承担。

4. 第三人述称：第三人四川省开江县工商行政管理局给原告石永轩颁发木材贩运、加工临时营业执照，有法律依据，是合法的行为，与原告石永轩受到的林业行政处罚无关，不应被列为第三人参加诉讼。其理由是：(1)《城乡个体工商户暂行条例》及其实施细则、《四川省个体工商户条例》及其应用解释和中共四川省委、省人民政府川委发(1993)20号文件《关于大力发展个体私营经济的决定》等法律、法规和规范性文件，对行业许可作了专门规定，虽然都强调工商行政主管部门要把国家规定的特定条件和行业主管部门批准，作为登记发照的依据，但是在具体列举的行业许可中，都未列举或是明确地排除了林业许可。(2)被告四川省开江县林业局对原告石永轩无许可证经营木材作出(1994)开林罚字第09号林业行政处罚，是原告石永轩违法经营木材造成，并非第三人四川省开江县工商行政管理局依法颁发临时营业执照造成。

(三)一审事实和证据

四川省开江县人民法院经审理查明：1994年5月15日，原告石永轩持第三人四川省开江县工商行政管理局核发的木材贩运、加工临时营业执照，在四川省达川地区林产品公司购圆木19.778立方米，运至开江县宝塔乡三岔路处，被告四川省开江县林业局工作人员拦车检查，以石永轩无木材经营许可证为由，当即扣留了石永轩所运木材，填发了林业行政扣留证。5月20日石永轩到四川省开江县林业局处接受处理，在处理过程中，四川省开江县林业局查明石永轩1993年9月1日至1994年4月8日，与四川省开江县永兴镇孙福林持临时营业执照，合伙经营、加工木材，个人获利4600元。5月25日，四川省开江县林业局根据《四川省绿化条例》第二十五条、第四十一条之规定，作出(1994)开林罚字第09号林业行政处罚决定：(1)对石永轩无证加工、经营木材的违法行为处以100元罚款，并责令其立即停止违法活动；(2)没收石永轩违法所得利润4600元，并处以违法所得两倍罚款；(3)因扣留木材发生的看守费、装卸费由石永轩承担；(4)对石永轩无证经营尚未销售的19.778立方米木材，按石永轩自购价(每立方米785元)强制收购，并交木材专业公司经销。5月27日，四川省开江县林业局将强制收购的木材交四川省开江县财贸经营部销售。

以上事实有下列证据证实：

1.原告石永轩承认自己一直持四川省开江县工商行政管理局颁发的临时营业执照经营、加工木材，从未向县林业主管部门申办木材经营许可证。

2.第三人四川省开江县工商行政管理局于1993年9月14日、1994年4月8日分别向石永轩颁发了[开江工商个(93)临字第079号]、[开江工商(94)临字第013号]贩运、加工木材临时营业执照。

3.原告石永轩1994年5月15日从达川地区林产品公司购回的木材，发票载明材积是19.778立方米，购价是每立方米785元。1994年4月8日，开江县法律服务中心主持石永轩与孙福林调解达成的协议载明：石永轩与孙福林在1993年9月1日至1994年4月8日期间合伙经营、加工木材分利4600元。

4.被告四川省开江县林业局扣留石永轩所运木材，向石永轩填发了林扣证字第62号林业行政扣留证，对石永轩作出林业行政处罚，向石永轩制发了(1994)开林罚字第09号林业行政处罚决定书。

5.《四川省绿化条例》第二十五条规定，经营木材的单位和个人必须凭县林业行政主管部门发给的经营木材许可证，向县工商行政主管部门申请办理营业执照。第四十一条规定，无证经营竹木和收购无证竹木的，责令其立即停止违法活动，可处以50元至100元的罚款；已获利的没收非法所得，并处以违法所得二至三倍罚款。

（四）一审判案理由

四川省开江县人民法院依据以上事实和证据认为：《四川省绿化条例》作为四川省地方法规，四川省行政区域内任何单位和个人都必须遵守。被告四川省开江县林业局依据《四川省绿化条例》第二十五条、第四十一条规定，对原告石永轩无木材经营许可证而进行经营、加工木材的行为，作出（1994）开林罚字第09号林业行政处罚决定，主要证据充分，程序合法，适用法律得当，是正确的行政行为，应予支持。原告石永轩在未取得木材经营许可证的情况下，只向第三人四川省开江县工商行政管理局申办木材贩运、加工临时营业执照后，即从事木材经营、加工活动，直接违反了《四川省绿化条例》第二十五条之规定，系违法行为，其诉讼请求不予支持。第三人四川省开江县工商行政管理局在原告石永轩未取得木材经营、加工许可证的情况下，给石永轩核发了贩运、加工木材临时营业执照，也直接违反了《四川省绿化条例》第二十五条之规定，是违反法定程序的违法行为。且其颁证行为，与被告四川省开江县林业局对原告石永轩所作的具体行政行为有行政法上的利害关系，应将其作为第三人参加诉讼，对其违法行政行为所导致的法律后果应承担一定的行政赔偿责任。

（五）一审定案结论

四川省开江县人民法院根据《中华人民共和国行政诉讼法》第五十四条第（一）项第一目之规定和第六十八条第一款之规定，经院审委会讨论决定，作出如下判决：

1. 维持被告四川省开江县林业局（1994）开林罚字第09号林业行政处罚决定书。

2. 由第三人四川省开江县工商行政管理局赔偿原告石永轩经济损失4600元。

案件受理费、其他诉讼费共计800元，由原告石永轩负担500元，第三人四川省开江县工商行政管理局负担300元。

（六）二审情况

1. 二审诉辩主张

（1）一审判决后，原告石永轩、第三人四川省开江县工商行政管理局不服，向四川省达川地区中级人民法院提起上诉。石永轩上诉理由是：上诉人石永轩依法申办了营业执照，并持营业执照经营、加工木材，没有行为过错。四川省人民政府川府发（1993）144号文件明确规定“未办理木材经营许可证的，责令补办，对拒不补办的，应提请工商行政管理部门吊销营业执照”。被上诉人四川省开江县林业局对上诉人石永轩无证经营、加工木材，作出林业行政处罚严重超越职权，违反法定程序。本案应适用《城乡个体工商户管理暂行条例》和四川省人民政府川府发（1993）144号文件，一审法院只适用《四川省绿化条例》不当。上诉人四川省开江县工商行政管理局诉称：我局依照《城乡个体工商户暂行条例》等工商行政管理法规给石永轩颁发临时营业执照，且与四川省开江县林业局对石永轩作出林业行政处罚没有行政法上的利害关系，也未侵犯石永轩的合法权益。本案应适用《城乡个体工商户管理暂行条例》等工商行政管理法规，一审法院适用《四川省绿化条例》，把四川省开江县工商行政管理局列为第三人不当。

（2）被上诉人四川省开江县林业局辩称：《四川省绿化条例》作为地方法规，四川省行政区域内任何单位和个人都必须遵守。上诉人石永轩无许可证经营、加工木材，直接违反《四川省绿化条例》第二十五条之规定，被上诉人依法对其作出林业行政处罚是合法的行政行为。上诉人四川省开江县工商行政管理局不严格审查石永轩经营、加工木材的先决条件，给石永轩颁发营业执照，也直接违反了《四川省绿化条例》第二十五条之规定，是违背法定程序的违法行为，与被上诉人四川省开江县林业局作出林业行政处罚行为有行政法上利害关系，给石永轩造成了经济损失。一审法院判决适用法律正确，请二审法院依法维持。

2. 二审事实和证据

四川省达川地区中级人民法院经审理基本上确认了一审认定的案件事实和证据。

3. 二审判案理由

四川省达川地区中级人民法院认为：被上诉人四川省开江县林业局认定上诉人石永轩违法经营、尚未销售的木材19.778立方米和1993年9月1日至1994年4月8日期间与他人合伙及个人单独违法经营、加工木材，个人获取违法利润4600元的事实清楚、属实。《四川省绿化条例》第二十五条规定：经营木材的单位和个人，必须凭县林业主管部门发给的经营木材许可证，向县工商行政管理部门申请办理营业执照。上诉人石永轩在未先向被上诉人四川省开江县林业局申领木材经营许可证，即未取得木材经营许可证的情况下，便实施经营、加工木材的行为，显属违法行为，应受到法律制裁。被上诉人四川省开江县林业局对石永轩所实施的违法行为，依据《四川省绿化条例》第二十五条、第四十一条的规定，作出（1994）开林罚字第09号林业行政处罚决定，证据充分、确实，程序合法，适用法律正确，系合法的具体行政行为，应予支持。上诉人四川省开江县工商行政管理局在石永轩未取得县林业主管部门经营木材许可证的前提下，给石永轩颁发了贩运、加工木材的临时营业执照，违反了《四川省绿化条例》第二十五条的规定，是违反法定程序的颁照行为，其违法颁照行为给石永轩造成了经济损失，依法应承担相应的行政赔偿责任。同时，因四川省开江县工商行政管理局实施的颁照行为与四川省开江县林业局作出林业行政处罚决定具有行政法上的利害关系，原审法院依法将其作为本案第三人参加诉讼并无不当。据此，原审判决认定事实清楚，证据确实、充分，适用法律正确，审理程序合法，应予维持。上诉人四川省开江县工商行政管理局向本院提起上诉后，在二审审理期间书面申请撤回上诉。

4. 二审定案结论

四川省达川地区中级人民法院依照《中华人民共和国行政诉讼法》第六十一条第（一）项之规定，判决如下：

（1）准予上诉人四川省开江县工商行政管理局撤回上诉。

（2）驳回上诉人石永轩的上诉，维持原判。

二审案件受理费、其他诉讼费共计800元，由上诉人石永轩负担。

（七）解说

解决四川省开江县工商行政管理局给石永轩颁发营业执照和四川省开江县林业局对石永轩作出林业行政处罚两个具体行政行为在适用法律上是否正确的问题，是审理本案的关键。

四川省开江县工商行政管理局给石永轩颁发营业执照，适用的法律是《城乡个体工商户管理暂行条例》及实施细则、《四川省个体工商户条例》及应用解释等法律法规。这些法律法规都强调了把国家规定的特定条件及需行业主管部门批准作为工商行政管理部门登记发照的依据。虽然在具体列举行业许可时，这些法律法规都未列举林业许可，但也都未明确排除，也就是说仍存在林业许可的可能性。《四川省绿化条例》第二十五条明确规定了林业许可，即“经营木材的单位和个人，必须凭县林业主管部门发给的经营木材许可证，向县工商行政管理部门申办营业执照”。这一规定与国家法律法规包括上述工商行政管理法规并不相抵触，在四川省行政区域内是有效法规，任何单位和个人都必须遵守，开江县工商行政管理局、石永轩也不例外。石永轩在未取得经营木材许可证的情况下，即向四川省开江县工商行政管理局申办营业执照，并持营业执照经营、加工木材，严重违反了《四川省绿化条例》第二十五条之规定，显属违法行为，理应受到法律制裁。四川省开江县工商行政管理局对石永轩申办营业执照的先决条件未进行严格审查，在石永轩未提供木材经营许可证的前提下，即给石永轩颁发了木材贩运、加工临时营业执照，也是违反《四川省绿化条例》第二十五条规定的行为，是违反法定程序的颁照行为，且与四川省开江县林业局作出（1994）开林罚字第09号林业行政处罚决定有行政法上的利害关系，对石永轩的经济损失，依法应承担相应的行政赔偿责任，应列为本案第三人参加诉讼。

四川省开江县林业局对石永轩无许可证经营、加工木材作出（1994）开林罚字第09号林业行政处罚决定，适用的是《四川省绿化条例》第四十一条“无证经营竹木和收购无证竹木的，责令其停止违法活动，可处以50至100元的罚款；已获利的没收违法所得，并处以违法所得二至三倍的罚款”；林业部《木材运输检查监督办法》第十一条第二款“在扣留期间所产生的木材看守费、装卸费由货主承担”；四川省林业厅川林政函（1993）25号文件关于“无证经营竹木尚未销售的或未销售完的竹木，林业行政主管部门可按其购价强制收购，木材交林业主管部门的专业公司经营”。石永轩要求适用的规范性文件四川省人民政府川府发（1993）144号文件虽有“对未办理经营、加工木材许可证的单位和个人，责令补办经营许可证；对拒不办理的，应提请工商行政管理部门吊销营业执照”的规定，但该规定并未排除在责令补办木材经营许可证的同时，林业主管部门可视其情节依法给予行政处罚。如果排除，则该文件将与地方性法规相抵触，根据《中华人民共和国行政诉讼法》第五十二条、第五十三条规定的法律适用原则：地方性法规法律效力高于本行政区域内任何部门或机关制定的规范性文件的效力，故该规范性文件亦不能作为法院判案依据。因此，四川省开江县林业局适用《四川省绿化条例》、《木材运输检查监督办法》等法规作出（1994）开林罚字第09号林业行政处罚决定适用法律正确，是合法的具体行政行为。石永轩仅以四川省人民政府川府发（1993）144号文件有关规定而拒绝接受并请求人民法院判决撤销四川省开江县林业局依法作出的行政处罚决定，理由不成立。

（唐其安）

32. 姜玉全不服丰县民政局殡葬管理处罚案

（一）首部

1. 判决书字号

一审判决书：江苏省丰县人民法院（1996）丰行初字第4号。

二审判决书：江苏省徐州市中级人民法院（1996）徐行终字第30号。

2. 案由：不服殡葬管理处罚案。

3. 诉讼双方

原告（上诉人）：姜玉全，男，48岁，汉族，江苏省丰县人，农民，住丰县单楼乡田楼村东北队。

一审委托代理人：洪秀芹，女，汉族，江苏省丰县人，住丰县单楼乡田楼村东北队，系原告之妻。

一审委托代理人：姜照运，男，28岁，汉族，江苏省丰县人，住丰县单楼乡田楼村东北队，系原告之子。

二审委托代理人：陈万军，徐州市彭城律师事务所律师。

二审委托代理人：杨方明，徐州市彭城律师事务所律师。

被告（被上诉人）：丰县民政局。

法定代表人：赵福信，局长。

一、二审委托代理人：陈广明，该局干部。

一审委托代理人：董公海，该局干部。

二审委托代理人：于世海，丰县单楼乡殡葬改革办公室副主任。

4. 审级：二审。

5. 审判机关和审判组织

一审法院：江苏省丰县人民法院。

合议庭组成人员：审判长：李红英；审判员：张新华、王光友。

二审法院：江苏省徐州市中级人民法院。

合议庭组成人员：审判长：王辉；审判员：梁华；代理审判员：宋新河。

6. 审结时间

一审审结时间：1996年6月5日。

二审审结时间：1996年8月8日。

（二）一审诉辩主张

1. 被诉具体行政行为：原告姜玉全之父姜艳玲于1993年10月病逝后，至今未落实火化，被告丰县民政局于1995年12月15日依据《徐州市殡葬管理办法》第二十二条、徐州市民政局（1995）99号文第三条作出“姜玉全负担调查、起尸、工时等费用1355元，对其罚款6775元，共计人民币8130元”的处罚决定。原告不服，向丰县人民法院起诉。

2. 原告诉称：原告之父已于1993年12月15日在安徽省砀山县火化场火化，骨灰寄存在该场殡仪馆。被告对原告处罚没有事实根据，请求法院撤销被告销误的处罚决定。

3. 被告辩称：原告在其父病逝后进行土葬，又弄虚作假出具假的火化证明，经调查核实，原告之父并没在安徽省砀山县殡仪馆火化，对原告的处罚事实清楚，证据充分，请求法院维持对原告的处罚。

（三）一审事实和证据

法院经审理查明：原告之父姜艳玲于1993年农历9月17日病逝，原告违反殡葬管理有关规定将其父尸体入棺偷埋。埋后约三天，又将尸体移到砀山县八里井村土葬。1993年12月25日再次将尸体移往另地后，主动向被告提供砀山县殡仪馆的火化费收据。1994年3月，被告调查核实该收据是假火化证明。1995年7月25日上午，被告根据群众举报找到了原告之父土葬的确切地点，但原告乘被告准备下午到现场起尸火化之际又起尸用棺材转移他处，至今不交待尸体埋葬地点。1995年12月15日，被告依据《徐州市殡葬管理办法》第二十二条、徐州市民政局徐民（1995）99号文第三条规定作出丰民字第10号行政处罚决定，责成姜玉全负担调查、起尸等费用1355元，并处以五倍罚款6775元。

上述事实有以下证据为证：

1. 砀山县殡仪馆出具的证明开具的火化费收据系伪证的书证。

2. 丰县民政局提供的起尸、工时费发票。

3. 丰县民政局给予原告的殡葬管理处罚决定书。

4. 证人证言。

5. 当事人陈述。

（四）一审判案理由

法院认为：原告之父去世后入棺土葬，又多次移尸藏匿，违反了《徐州市殡葬管理办法》的有关规定；在诉讼中，原告向法院提供的其父已在砀山县殡仪馆火化的证据经本院核查确属伪证，原告的诉讼请求本院不予采纳。被告丰县民政局依据《徐州市殡葬管理办法》第二十二条、徐州市民政局徐民（1995）99号文第三条规定作出的丰民字第10号行政处罚决定认定事实清楚，证据充分，适用规章正确，程序合法，应予支持。

（五）一审定案结论

丰县人民法院依据《中华人民共和国行政诉讼法》第五十四条第（一）项规定，判决如下：

维持丰县民政局1995年12月15日作出的丰民字第10号违反殡葬管理规定行政处罚决定。

案件受理费80元，由原告负担。

（六）二审情况

1. 二审诉辩主张

（1）上诉人姜玉全诉称：上诉人之父尸体已在砀山县殡仪馆火化；被告丰县民政局（1995）丰民字第10号殡葬管理处罚决定适用法律法规错误。请求二审法院撤销一审判决和被上诉人（1995）丰民字第10号殡葬管理处罚决定。

（2）被上诉人辩称：上诉人违反殡葬管理法规，拒不将其父尸体起尸火化，在群众中造成恶劣影响。为维护殡葬管理法规的严肃性，消除不良影响，请求二审法院驳回原告上诉，维持原判。

2. 二审事实和证据

二审法院确认了一审法院认定的事实和证据。

3. 二审判案理由

上诉人姜玉全将其父尸体偷埋并提供伪证，其行为违反殡葬管理有关法律规定。上诉人行为虽然发生在1993年下半年，但此后又多次转移尸体，至今仍不交待尸体下落，也未火化，因此被上诉人适用1995年4月5日实施的《徐州市殡葬管理办法》有关规定，给予行政处罚并无不当。原审法院认定事实清楚，适用法律正确，上诉人上诉理由不能成立。

4. 二审定案结论

徐州市中级人民法院依据《中华人民共和国行政诉讼法》第五十三条、第六十一条第（一）项规定，判决如下：

驳回上诉，维持原判。

上诉案件受理费80元，其他诉讼费用20元，由上诉人姜玉全负担。

（七）解说

本案中原告提供的证明其父尸体已火化的火化费收据，经法院核查确为伪证，被告处罚决定认定事实清楚，证据充分。被告适用徐州市人民政府1995年4月5日颁布实施的《徐州市殡葬管理办法》对原告1993年发生的违法行为进行处罚是否正确，是本案主要争议焦点。江苏省徐州市是经国务院批准的有权制定地方法规、规章的较大的市，《徐州市殡葬管理办法》是徐州市人民政府依据国务院1985年颁布的《关于殡葬管理暂行规定》，结合本地实际情况制定的，经审查两者无冲突，因此该规章是有效的。原告的违法行为虽发生在1993年下半年，但此后原告为逃避强行起尸体火化，多次转移隐藏尸体，并于1995年7月25日乘被告准备强行起尸火化之际再次将尸体转移他处，至今未将尸体火化，其违法行为具有连续性，被告于1995年12月15日依据本市殡葬管理办法对原告从重处罚并无不当。一审法院认定事实清楚，参照适用规章正确，二审法院判决维持原判决是正确的。

（袁宗民　祁贵明）

33. 张义成等不服仪征市青山乡人民政府征收计划外生育费案

（一）首部

1. 判决书字号：江苏省仪征市人民法院（1996）仪行初字第16号。

2. 案由：不服征收计划外生育费案。

3. 诉讼双方

原告：张义成，男，68岁，汉族，江苏省仪征市人，仪征市粮食局退休职工，青山面粉加工厂私营业主，住青山乡街道。

原告：王秀英，女，63岁，汉族，江苏省仪征市人，住仪征市青山乡街道，系张义成之妻。

委托代理人：谭平德，扬州市天宁律师事务所律师。

委托代理人：傅深勇，江苏省六合县东红中学教师。

被告：仪征市青山乡人民政府（以下简称青山乡政府）。

法定代表人：赵云，乡长。

4. 审级：一审。

5. 审判机关和审判组织

审判机关：江苏省仪征市人民法院。

合议庭组成人员：审判长：许晓东；审判员：杜龙田；代理审判员：蔡抗美。

6. 审结时间：1996年12月23日。

（二）诉辩主张

1. 被诉具体行政行为：青山乡政府以张义成、王秀英非法收养为由，于1996年8月20日作出（96）仪青政计生罚字第2号违反计划生育条例行为处罚决定书，对两原告征收计划外生育费77719元。

2. 原告诉称：1993 年 11 月 7 日下午，两原告在青山面粉厂附近抱养一弃婴，次日即向青山乡政府报告此事，乡民政助理员委托两原告先予抚养，并作出书面证明。两原告年近古稀，生有三子一女均已成家立业，儿孙满堂，抱养弃婴系出自积德行善，不构成非法收养，亦不应受到罚款。原告代理人在庭审辩论中提出原告张义成系个体工商户，其实际年经济收入应由经营所在地的工商行政管理机关或税务部门提供，被告核算的金额不符。故诉请法院撤销原处罚决定。

3. 被告辩称：两原告收养一弃婴是客观事实，但未向民政部门登记，其行为属非法收养。两原告称于收养次日向乡政府报告并经乡民政助理员刘中山同意委托其代为抚养无事实根据，原告提供的刘中山证明系于 1996 年补写的，是虚假的，乡政府未委托其收养。关于处罚金额的计算，因工商税务现均是包干纳税，无法计算原告张义成的实际年收入，乡政府可以通过生产耗电量与加工关系计算产量及利润。处罚决定是正确的，请予维持。

（三）事实和证据

仪征市人民法院于 1996 年 11 月 18 日受理本案后，于同年 12 月 5 日经公开开庭审理查明：原告张义成、王秀英夫妻生有三子一女（均已成年），1993 年 11 月 7 日，两原告在仪征市青山面粉厂附近又抱养一弃婴。1994 年夏，原告女婿王××邀请其战友青山乡干部王××、沈××、芦××和民政助理员刘××等四人至两原告家吃晚饭，席间发现两原告家有一女婴，即追问其来由，两原告称是其抱养的弃婴，并要求刘××为其证明。刘在原告张义成多次要求下，1996 年 6 月为其出具证明一份，其内容为委托张义成、王秀英抚养小孩，证明时间为农历 1993 年 9 月 28 日。1996 年 8 月 2 日被告以两原告非法抱养一弃婴为由，以乡政府工作人员查核的原告张义成年经济收入计算征收金额，根据《江苏省计划生育条例》第三十条规定，作出（96）仪青政计生罚字第 2 号违反计划生育条例行为处罚决定书，对两原告给予处罚 77719 元。两原告对此不服，向仪征市人民政府提出复议申请，仪征市人民政府于同年 10 月 24 日复议维持原决定。

以上事实有原、被告双方陈述，证人证言及书证为证。

（四）判案理由

法院认为：两原告收养一女婴的行为不符合《中华人民共和国收养法》的规定，两原告未向民政部门登记，亦不具备《收养法》规定的收养条件，收养条件第一项即是“无子女”，而两原告有子女却收养女婴，属非法收养，其行为违反了《江苏省计划生育条例》第三十一条“凡不按《收养法》及有关规定收养孩子者，比照计划外生育处理”的规定，应当受到处罚。原告诉称其收养的女婴是受当地政府的委托，缺乏事实根据，本院不予采纳。但被告在决定征收金额时，对原告年经济收入核算未经工商行政管理或税务部门提供，不符合《江苏省计划生育条例实施细则》第三十五条的规定，应予撤销。

（五）定案结论

仪征市人民法院依照《中华人民共和国行政诉讼法》第五十四条第（二）项第三目的规定，作出如下判决：

1. 撤销仪征市青山乡人民政府（96）仪青政计生罚字第 2 号处罚决定书。

2. 由仪征市青山乡人民政府对张义成、王秀英非法收养的行为重新作出计划生育处罚决定。

本案案件受理费及其他诉讼费 3000 元，由被告仪征市青山乡人民政府负担。

（六）解说

1. 两原告收养行为涉及的法律与道德问题。本案原告捡拾弃婴、私自收养的情况在我国一些地区并不鲜见，他们自认为是在积德行善，不但不应受到处罚，还应当受到表扬和奖励；周围群众对他们受到计生处罚也是议论纷纷。诚然，救助弃婴是人道主义的体现，符合中华民族的传统美德，应当提倡与鼓励；但私自收养则违反了我国现行法律法规的规定，同时也有违社会主义道德，这是因为：(1) 我国《收养法》对收养规定了严格的条件，原告有三子一女共四个成年子女，自身不符合收养人条件，其四个子女也无一符合收养人条件，私自收养规避了收养登记的规定，违背了《收养法》所要求的“收养不得违背计划生育”的规定。(2) 原告私自收养，客观上造成公安、民政部门无法及时查找弃婴生父母，也就无法及时制裁他们的遗弃犯罪；同时，也为他们逃避计生处罚和再生育创造了条件。目前社会上也确有一些重男轻女的人通过弃婴来达到生育男孩的目的，逃避计生处罚，私自收养助长了这股歪风。有鉴于此，《江苏省计划生育条例》中将不按《收养法》收养孩子者比照计划外生育处罚。(3) 私自收养行为对弃婴本身是没有保障的，在合法收养中，收养人与被收养人产生拟制血亲关系，他们之间的权利义务适用《婚姻法》对父母子女关系的有关规定，受法律强制力的保护。所以《收养法》对收养从实体到程序均作了严格要求，就是为了被收养人的生活有更可靠的保障。而在私自收养中，收养人往往是一时冲动而没有充分考虑自己的收养目的、经济保障、家庭意见等因素，一旦经济状况、家庭结构、对被收养人的好恶等发生变化，被收养人的生活就得不到保障，势必重新被推向社会或生活在艰难的境遇中，私自收养对弃婴是不人道、不公平的。综上所述，原告私自收养弃婴行为不符合《收养法》及其他收养规定，应当受到计生处罚。

2. 被告决定处罚金额的依据是否合法。根据《江苏省计划生育条例实施细则》第三十五条规定，“系个体工商户的，（实际年经济收入）由经营所在地的工商行政管理机关或税务部门提供”。原告张义成是私营企业业主，其年经济收入亦应由工商或税务部门提供，但被告却是由其工作人员通过向原告及供电部门调查，核算出其实际年经济收入，从而确定处罚金额。被告在宣判前向法庭提供了江苏省人民政府法制局所作的《关于如何确定个体工商户实际年经济收入的批复》，该批复对上述《实施细则》第三十五条作了扩大解释：“如果在实际工作中有确凿证据证明工商、税务部门提供的某个体工商户的年经济收入与其实际收入状况差距过大的，可以按照其实际收入来征收计划外生育费。”这实际上涉及到该批复的效力及适用问题，法院审查认为：(1) 省法制局对《实施细则》无权解释，一般来讲，对地方法规的解释权，一般只有省一级的地方政权机关才具此项职权，省级以下的地方政权机关则无权解释，对规章的解释只能由作出该规章的行政机关作出，只有在规章的明确授权情况下，其他机关的解释方为有权解释。《实施细则》未规定法制局的解释权，故其所作批复为无权解释。(2) 即便省法制局的批复为有权解释，被告适用该批复的程序也是不正确的。本案被告事先未向工商或税务部门调查原告的年经济收入，根本无从比较差距是否过大，径自按其查核的原告实际年经济收入确定处罚金额，于批复精神亦不符。故被告决定处罚金额的依据不合法。

仪征市人民法院撤销被告的处罚决定，判决其对原告非法收养行为重新作出处罚是恰当的。

（许晓东　李忠雪）

34. 李鸿雁不服海东地区审计局审计复议决定案

(一) 首部

1. 判决书字号

一审判决书：青海省海东地区中级人民法院（1995）东行初字第1号。

二审判决书：青海省高级人民法院（1996）青行终字第1号。

2. 案由：不服审计复议决定案。

3. 诉讼双方

原告（上诉人）：李鸿雁，女，生于1964年3月，汉族，大专文化程度，系乐都县人民法院干部。

一、二审委托代理人：许正明，乐都县律师事务所律师，系李鸿雁丈夫。

被告（被上诉人）：海东地区审计局。

法定代表人：海润玮，局长。

一、二审委托代理人：刘秀英，该局综合科科长。

一、二审委托代理人：王淑桂，乐都县审计局干部。

4. 审级：二审。

5. 审判机关和审判组织

一审法院：青海省海东地区中级人民法院。

合议庭组成人员：审判长：拉有珍；审判员：李养虎；代理审判员：魁文俊。

二审法院：青海省高级人民法院。

合议庭组成人员：审判长：钱成杰；审判员：陈文珍、魏庆林。

6. 审结时间

一审审结时间：1995年12月25日。

二审审结时间：1996年4月26日。

(二) 一审诉辩主张

1. 被诉具体行政行为：乐都县审计局于1995年7月31日对乐都县人民法院1993年至1994年预算内、外资金及办案收费、罚没收支情况进行了审计，并作出了乐审决字(1995) 11号审计决定。该决定共有五条，其中第三条中“李鸿雁同志短款1518.69元，由本人赔偿”的决定，李鸿雁不服，于1995年8月18日向海东地区审计局申请复议，海东地区审计局于1995年9月4日以东审复决(1995) 01号作出了关于乐都县人民法院李鸿雁复议申请的复议决定，内容如下：对执行庭李鸿雁1991年8月至1994年在乐都县人民法院告申庭收诉讼费期间短少诉讼费1650.12元，根据财政部1989年制定的事业行政单位预算会计制度的规定，应由本人赔偿，限于1996年6月底前向本院交清。法院应将宁新海多交的120元退还本人。

2. 原告诉称：(1) 短款数额不一致，乐都县审计局认定的数额为1518.69元，海东地区审计局认定的数额为1650.12元；(2) 短款的责任不在本人，主要是其中有一笔1600.92元是本人交给出纳李怀莲的现金，不是存折上的数。请求法院查明事实后，撤销海东地区审计局的审计复议决定。

3. 被告辩称：短款中一笔 1600.92 元，原告交的不是现金，而是存折上的钱款。

（三）一审事实和证据

青海省海东地区中级人民法院经审理查明：李鸿雁同志在 1991 年 8 月至 1994 年 12 月（其中 1992 年 8 月至 1993 年元月休产假）在乐都县人民法院告申庭管理诉讼费期间，依据海东地区审计局提供的证据，这四年共收诉讼费 53971.04 元，利息收入 55.55 元，上交财务47772.70元，撤诉退款 1896.50 元，交出纳存折金额 2700.92 元，实际短少 1656.47 元；减去存折现有余额 6.35 元，真正短款 1650.12 元，乐都县审计局计算时有误。原告争执的是 1992 年 10 月 21 日第 6 号单据上的 1600.92 元是交的现金，被告认定的是存折上的金额。经核对，原告休产假时交给出纳存折金额为 2700.92 元，宁新海经管时进入存折 2220 元。存折上有金额 4920.92 元，从 1992 年 7 月 30 日至 10 月 21 日出纳开具的五笔单据上均注明“存折取”字样，合计金额 3320 元，余额为 1600.92 元，金额与账面平衡。因此审计局认定事实是正确的。

（四）一审判案理由

法院认为：根据《审计法》规定，审计的主要对象是单位，被告在审计单位的诉讼费账户时，进行全面审计是正确的，符合法定程序，而且查明原告在收取诉讼费期间确实短少了 1650.12 元，本应建议由单位负责追回。被告引用财政部 1989 年制定的事业行政单位预算会计制度（无具体条文），直接作出限期赔偿的决定缺乏法律依据，属于适用法律法规错误。

（五）一审定案结论

青海省海东地区人民法院根据《中华人民共和国行政诉讼法》第五十四条第（二）项第二目的规定，并经本院审判委员会讨论决定，作出判决如下：

撤销海东地区审计局东审复决（1995）01 号复议决定，重新作出具体行政行为。

案件受理费 100 元，由被告承担。

（六）二审情况

1. 二审诉辩主张

（1）上诉人李鸿雁不服原审判决，上诉称：原判决认定事实错误，出纳开具的 1992 年 10 月 21 日第 6 号单据（金额 1600.92 元）上并未注明“存折取”字样，认定这 1600.92 元是存折中的余额是一种假设；原审判决未适用《中华人民共和国行政诉讼法》第五十四条第（二）项第四目“超越职权”的规定不当，请求二审法院公正处理。

（2）被上诉人辩称：被上诉人根据上诉人短款事实，以会计制度对原告进行处理是正确的，请求二审法院依法维持东审复决（1995）01 号复议决定。

2. 二审事实和证据

青海省高级人民法院经审理查明：1995 年乐都县审计局根据《中华人民共和国审计法》第十四条和有关财经法规的规定，对乐都县人民法院 1993 年至 1994 年预算内、外资金及办案收费、罚没收支进行了审计，同年 7 月 31 日作出乐审决字（1995）11 号审计决定。李鸿雁对第三条“根据《现金管理条例》的规定，李鸿雁同志短款 1518.69 元，由其本人赔偿”的决定不服，于同年 8 月 18 日向海东地区审计局申请复议。海东地区审计局经复议，于 1995 年 9 月 4 日作出东审复决（1995）01 号关于对乐都县人民法院李鸿雁复议申请的复议决定，认定李鸿雁于1991年8月至1994年（其中1992年7月至12月休产假）在乐都县人民法院告申庭收诉讼费期间，短少诉讼费1650.12元，根据财政部1989年制定的事业行政单位预算会计制度的规定，作出由李鸿雁本人赔偿、限于1996年6月底向本院交清的复议决定。

3. 二审判案理由

青海省高级人民法院认为：《中华人民共和国行政诉讼法》第五条规定："人民法院审理行政案件，对具体行政行为是否合法进行审查。"根据《中华人民共和国审计法》规定，审计的对象是单位。被上诉人引用财政部1989年制定的事业行政单位预算会计制度，直接对李鸿雁本人作出限期赔偿的决定，属于适用法律法规错误、超越职权的具体行政行为，理应依法予以撤销。至于短款问题，应当由上诉人所在单位查清后处理。原审法院依照《中华人民共和国行政诉讼法》第五十四条第（二）项第二目之规定，撤销海东地区审计局东审复决（1995）01号复议决定是正确的，但未适用《中华人民共和国行政诉讼法》第五十四条第（二）项第四目之规定，且判决重新作出具体行政行为不当；原判决认定从1992年7月30日至10月21日出纳开具的五笔单据上均注明"存折取"字样有误，应予纠正。上诉人上诉有理，应予采纳。

4. 二审定案结论

青海省高级人民法院依照《中华人民共和国行政诉讼法》第六十一条第（一）、（二）项之规定，判决如下：

维持海东地区中级人民法院（1995）东行初字第1号关于撤销海东地区审计局东审复决（1995）01号复议决定的判决。

本案一审、二审诉讼费各100元，均由海东地区审计局负担。

（七）解说

本案中需要说明的问题是：根据《审计法》的规定，审计的主要对象是单位，对被审计单位违反《审计法》的行为，审计机关有权予以纠正、制止，并可追究被审计单位的法律责任。然而，被审计单位的违法行为不是孤立的、纯粹的单位行为，实际上往往与被审计单位的有关人员的故意或过失有关。因此，对被审计单位违反《审计法》的行为负有直接责任的个人，也应承担相应的法律责任。按照《审计法》的规定，主要有四种行为承担法律责任：一是拒绝或拖延提供与审计事项有关的资料的行为；二是拒绝、阻碍审计检查的行为；三是转移、隐匿、篡改、毁弃会计凭证、会计账簿、会计报表以及其他与财政收支有关的资料的行为；四是转移、隐匿违法取得的资产的行为。《审计法》第四十二条第二款和第四十三条第二款，对上述三、四项行为都作了明文规定，即对直接责任人员依法应当给予行政处分的，建议给予行政处分，构成犯罪的，建议追究刑事责任。但一般不追究民事责任。而且行政责任（处分）和刑事责任审计机关不直接追究。为此，本案中，对李鸿雁的短款审计机关直接作出责令赔偿的决定，缺乏法律依据，属于适用法律法规错误、超越职权的具体行政行为，理应予以撤销。关于短款问题，应当由上诉人所在单位查清后处理，故一审判决中的"重新作出具体行政行为"的判决不当。二审对一审判决的纠正是正确的。

（杨文忠）

35. 金城江面条厂黄炳尤等53名职工及家属不服金城江镇人民政府企业财产行政处理决定案

（一）首部

1. 判决书字号

一审判决书：广西壮族自治区河池地区中级人民法院（1995）河中行初字第1号。

二审判决书：广西壮族自治区高级人民法院（1996）桂行终字第4号。

2. 案由：不服企业财产行政处理决定案。

3. 诉讼双方

原告（上诉人）：广西壮族自治区河池市金城江面条厂黄炳尤等53名职工及家属。

代表人：蒙静，女，39岁，金城江面条厂职工，住河池市金城江镇解放南路68号。

代表人：余吉枝，女，39岁，金城江面条厂职工，住河池市金城江镇汽车总站水洞修理厂宿舍。

代表人：谢金玉，女，46岁，金城江面条厂职工，住河池市金城江镇民族路89号。

代表人：黄启同，男，77岁，金城江面条厂职工，住河池市金城江镇工农路。

一、二审委托代理人：王振坚，广西壮族自治区河池市律师事务所律师。

一、二审委托代理人：蓝继和，广西壮族自治区河池市律师事务所律师。

被告（被上诉人）：广西壮族自治区河池市金城江镇人民政府。

法定代表人（一审）：杨殿姣，镇长。

法定代表人（二审）：莫耀辉，镇长。

一审委托代理人：罗政岐，广西壮族自治区河池地区经济律师事务所律师。

一审委托代理人：韦铁民，广西壮族自治区河池地区经济律师事务所律师。

第三人（被上诉人）：梁福生，金城江面条厂厂长。

第三人（被上诉人）：赖静林，金城江面条厂会计。

4. 审级：二审。

5. 审判机关和审判组织

一审法院：广西壮族自治区河池地区中级人民法院。

合议庭组成人员：审判长：卢炳宇；审判员：言经超；代理审判员：黎启华。

二审法院：广西壮族自治区高级人民法院。

合议庭组成人员：审判长：李友信；审判员：覃启成；代理审判员：陈光。

6. 审结时间

一审审结时间：1995年10月28日。

二审审结时间：1996年12月28日。

（二）一审诉辩主张

1. 被诉具体行政行为：

(1) 1994年7月6日，被告广西壮族自治区河池市金城江镇人民政府与中国共产党广西壮族自治区河池市金城江镇委员会联名作出金发（1994）9号《关于镇面条厂职工要求退职的批复》，该文件决定：同意原镇面条厂（即金城江面条厂，下同）12名职工的退职要求，每人按工龄每年支付退休金400元，不足部分由镇企业办公室（即金城江镇人民政府乡镇企业办公室，下同）支付。职工退职后，该厂的所有房产、财产归全镇人民所有，移交镇企业办公室，由镇企业办公室管理使用。该文件没有讲明作出上述决定的理由，也没有讲明这些决定是依据哪些法律、法规的规定作出的。

（2）1994年7月15日，被告广西壮族自治区河池市金城江镇人民政府作出金政发（1994）22号《关于镇面条厂要求撤厂的批复》，该文件认定，镇面条厂设备陈旧，食品生产加工不符合卫生法的要求，又无资金对企业进行技术改造或改行，因而决定：镇面条厂撤销；该厂财产移交给镇企业办公室管理；同时，同意该厂现有的13名职工全部退职，退职金先从镇面条厂现有资金中支付，不足部分暂由镇企业办公室支付。该文件没有讲明作出上述决定是依据哪些法律、法规的规定作出的。

2. 原告诉称：金城江面条厂是城镇集体经济组织，其固定资产和流动资金全部是该企业职工劳动积累所创，在本厂职工全体退职、企业完全终止时，应由全体职工民主协商处理该厂财产。同时，该厂职工退职时，并未表示放弃本企业财产，而金城江镇人民政府却用行政命令手段，将该厂全部资产收归全镇人民所有。镇人民政府的这些行为，违反了《中华人民共和国民法通则》第七十四条第一款第（二）项、第（三）项的规定，也违反了《中华人民共和国城镇集体所有制企业条例》第四条、第十八条、第十九条、第三十七条和第五十八条的规定，属行政侵权行为。请求人民法院依法撤销被告上述金发（1994）9号文件和金政发（1994）22号文件，将金城江面条厂的财产退还原告，由原告民主处分这些财产。

3. 被告辩称：金城江面条厂是金城江镇人民政府的前身——金城江镇人民公社革命委员会于1971年组织筹建的，该厂属集体企业，不是个人合伙企业。原告方都是金城江面条厂的退职职工及其家属，这些人与该厂已经没有关系，他们对本案没有诉权。原告方依照《中华人民共和国民法通则》第三十二条、第七十四条的规定起诉被告是错误的。被告方在金城江面条厂职工全部退职，工厂已无法经营、无人管理的情况下，为了保障公共财产免受瓜分、流失，而按照《中华人民共和国城镇集体所有制企业条例》第十五条、第十九条、第五十二条和第五十三条的规定，作出金发（1994）9号文件和金政发（1994）22号文件，上述行政行为是正确、合法的。同时，金发（1994）9号文件是党委、政府联合作出的，该文件不是人民法院行政案件的审查范围。请求人民法院维持本府作出的具体行政行为，驳回原告的诉讼请求。

4. 第三人未作答辩。

（三）一审事实和证据

一审法院经审理查明：1969年由黄炳尤组织金城江镇河北街道的部分闲散居民组建了河北面条加工组。1971年金城江镇人民公社革命委员会将该加工组并入“五七”农场，更名为“金城江镇面条加工厂”。此时，由“五七”农场垫资3600元购买了位于现南新西路赵、刘两家的民房作为面条厂的作坊（后赵家通过诉讼，向面条厂要回了其出卖的民房）。1973年“五七”农场解散，另成立“五七”服务站，金城江镇面条厂也随之独立。该厂独立不久，就将3600元购房款归还给“五七”服务站。1976年，该厂出资4000多元购得陈英文家民房（该房与上述所购买的南新西路赵、刘两家民房相邻）。此后，面条厂使用本厂公积金修缮、改建这些房屋，逐步建成拥有六间平房和一栋三层楼房的第一生产车间。1975年，金城江镇人民公社革命委员会将位于南新东路的原金城江镇玻璃厂房屋划拨给面条厂作第二生产车间。接收房屋后，面条厂分期支付现金 8222.4 元给镇玻璃厂作为购房费用。同时，面条厂对所购的镇玻璃厂房屋进行修缮、扩建，不久建成拥有一间瓦房、三间平房和一栋二层楼房的第二生产车间。面条厂为本厂生产车间房屋办理了房屋产权证。1986 年，面条厂因资金困难，将第二生产车间的一栋二层楼房作价 55000 元卖给金城江镇人民政府乡镇企业办公室，并于 1992 年办理了房屋产权转移手续。面条厂成立至今，该厂厂房和其他固定资产设备，均是由厂里公积金购得。面条厂招收工人的程序是：本人必须具备金城江镇城市户口，经本人申请，镇人民政府和工厂同意后，就到工厂上班。该厂厂长产生的程序是：先由厂里全体职工推荐，后经金城江镇人民政府任命，即可任职。在 70 年代，面条厂人数不断增多，最多时达 60 人。进入 80 年代后，面条厂经济效益不断下降，有的职工自动退职。到 1993 年，该厂已先后有 52 名职工退职，全厂仅剩下厂长梁福生等 13 名职工。在 1993 年以前，面条厂职工退职时，均由厂里发给退职金，退职金标准为按本厂工龄每人每年 40 元。1994 年 5 月，厂长梁福生向镇企业办公室提出退职申请，厂里余下的 12 名职工中有 10 名也在退职申请书上签名要求退职。被告接到面条厂职工的退职申请后，于 1994 年 7 月 6 日和 1994 年 7 月 15 日先后作出了金发（1994）9 号和金政发（1994）22 号文件。1994 年 7 月 15 日，广西壮族自治区河池市工商行政管理局根据金城江镇人民政府的上述两个文件，将面条厂的集体所有制企业法人营业执照予以注销。1994 年 7 月 26 日，金城江镇人民政府乡镇企业办公室接收了面条厂的全部财产。面条厂移交财产时无债权债务，所移交的财产未经有关部门评估，该厂自估这些财产价值为 56 万元。

上述事实，有金城江面条厂的 10 张房屋产权证，财产移交清单，证人蓝云芝、张树发、宋如贤的证言，以及当事人的陈述等证据证实。

（四）一审判案理由

金城江面条厂属城镇集体所有制企业，其财产属于集体组织所有。在企业全体职工退职，该厂无人管理的情况下，其财产应由政府组织管理处分。被告金城江镇人民政府作出的金发（1994）9 号和金政发（1994）22 号文件，对面条厂的财产进行处分，是行使其政府管理职权的行为。原告要求撤销上述两个文件，把面条厂的财产交由其民主处分没有法律依据，其诉讼理由不能成立。

（五）一审定案结论

河池地区中级人民法院根据《中华人民共和国行政诉讼法》第五十四条第（一）项之规定，判决如下：

维持金城江镇人民政府金发（1994）9 号《关于镇面条厂职工要求退职的批复》和金政发（1994）22 号《关于镇面条厂要求撤厂的批复》。

案件受理费 3000 元，由原告负担。

（六）二审情况

1. 二审诉辩主张

（1）上诉人金城江面条厂 53 名职工及家属上诉称：一审判决认定事实错误，请求上级法院依法予以撤销。同时要求撤销金城江镇人民政府的金发（1994）9 号和金政发（1994）

22 号文件，将面条厂的财产确认为本企业集体所有。其理由是：第一，金城江镇人民政府没有投入分文资金或任何实物到面条厂，因此，它对该厂财产没有处分权。第二，金城江面条厂是全厂职工自筹资金组建的集体企业，其财产应归本企业劳动群众集体所有。第三，面条厂撤厂后，其遗留的财产应由全厂职工民主处分。第四，金城江镇人民政府的金发（1994）9 号和金政发（1994）22 号文件，将面条厂的财产改变为全镇人民所有，这是平调企业财产的行为，违反了《中华人民共和国城镇集体所有制企业条例》第五十六条第二款的规定。

（2）被上诉人金城江镇人民政府辩称：第一，金城江面条厂是 1992 年 1 月 1 日以前成立的城镇集体所有制企业，对该厂产权的认定不适用《中华人民共和国民法通则》中有关产权取得的规定。第二，被上诉人的金发（1994）9 号和金政发（1994）22 号文件是依据《中华人民共和国城镇集体所有制企业条例》第十九条的规定作出的，因而是合法的。第三，上诉人要求处分面条厂的财产没有法律依据。面条厂撤厂后的剩余财产交由金城江镇人民政府乡镇企业办公室接管是合法的。以上情况说明，被上诉人所作出的金发（1994）9 号和金政发（1994）22 号文件是合法的，一审判决维持上述两个文件是正确的。请求二审法院依法驳回上诉人的上诉，维持原判。

2. 二审事实和证据

二审法院经审理查明：金城江面条厂前身为广西壮族自治区河池县金城江镇河北街道面条加工组，于 1969 年由黄炳尤等 8 位街道居民自筹资金合伙开办。1971 年河北街道面条加工组被并入金城江镇“五七”农场，更名为“金城江镇面条加工厂”，但其生产和分配是独立的。1973 年金城江镇“五七”农场解散，金城江镇面条厂随之独立。此后，该厂经营方式一直是自收自支、独立核算、自负盈亏，其分配方式主要是记分（记件）工资制和承包工资制。1982 年，金城江镇面条厂更名为金城江面条厂。被上诉人金城江镇人民政府与金城江面条厂的关系是行政上的领导与被领导关系。金城江面条厂自成立以来，就开始使用本厂公积金逐步购置固定资产，到 1985 年已拥有比较完整的面条机械加工设备和 2 栋楼房、10 多间瓦房、面积共 1000 多平方米的生产用房。金城江面条厂在撤厂前，有关部门未对该厂作债务清算、资产评估和产权界定。二审肯定了一审认定的其他事实和证据。

3. 二审判案理由

二审法院经审理认为：金城江面条厂是城镇集体所有制企业。该厂资产来源主要是本企业按自愿组合、自筹资金及其积累所形成，还有的是用本企业集体资产购买他人财物而形成。这些资产依法应当属于金城江面条厂集体所有。在撤厂时，有关方面应当依法对该厂进行产权界定、资产评估和债务清算。金城江面条厂撤厂清算后所剩余财产，依法应由企业的上级管理机构（金城江镇人民政府或其授权的单位）代管，这些财产要专门用于本厂职工的福利性开支，不得挪作他用或者瓜分。金城江镇人民政府的金发（1994）9 号文件和金政发（1994）22 号文件，将金城江面条厂的全部财产确认为金城江镇全镇人民所有，这一确认缺乏主要证据；将金城江面条厂撤厂后的全部财产交由金城江镇人民政府乡镇企业办公室使用，这一处理不符合法律规定。一审判决仅认定金城江面条厂财产属于集体所有，但未明确这些财产究竟属于哪一类集体组织所有；认定金城江面条厂撤厂后遗留财产应由政府处分，这一认定无法律依据；对金城江镇人民政府错误的具体行政行为仍适用《行政诉讼法》第五十四条第（一）项判决维持，这属于适用法律错误。上诉人要求确认金城江面条厂依靠本厂公共积累所形成的那部分财产属于本企业劳动群众集体所有，要求确认被上诉人金城江镇人民政府的金发（1994）9号和金政发（1994）22号行政处理决定违法，应予支持。

4. 二审定案结论

广西壮族自治区高级人民法院依照《中华人民共和国城镇集体所有制企业条例》第二条、第四条、第八条、第十七条、第十八条、第十九条和第二十五条的规定，依照《中华人民共和国行政诉讼法》第五十三条，参照中华人民共和国轻工业部、中华全国手工业合作总社制定的《轻工业企业集体资产所有权界定的暂行规定》第七条第一项、第五项的规定，依照《中华人民共和国行政诉讼法》第五十四条第（二）项第一目、第二目和第六十一条第（三）项的规定，判决如下：

（1）撤销广西壮族自治区河池地区中级人民法院（1995）河中行初字第1号行政判决。

（2）撤销广西壮族自治区河池市金城江镇人民政府金发（1995）9号《关于镇面条厂职工要求退职的批复》和金政发（1994）22号《关于镇面条厂要求撤厂的批复》。

（3）限广西壮族自治区河池市金城江镇人民政府自收到本判决之日起三个月内对本案重新作出处理。

一、二审案件受理费6000元，均由金城江镇人民政府负担。

（七）解说

这是一起在建立社会主义市场经济体制过程中发生的新型案件。审理好这类案件，依法保护企业的合法权益，维护和监督政府对经济的宏观调控，对社会主义市场经济体制的形成将起到积极的推动作用。

此案争议的焦点是：金城江面条厂在撤厂后，其遗留财产的所有权应当属于谁，是属于金城江镇全镇人民集体所有，还是属于金城江面条厂劳动群众集体所有。这个问题涉及到原告方的根本利益，处理好了，就能有效地保护他们的合法权益；处理不好，就会使他们的合法权益受到侵害。解决这一问题的关键是：正确适用我国当前有关企业产权界定方面的法律、行政法规和行政规章，对金城江面条厂撤厂期间的全部财产进行产权界定。从总体上说，我国的民事法律对平等主体之间的财产关系的规定是比较完备的，但对于不平等主体之间的财产关系（如国营企业、集体企业与主管它们的行政机关之间的财产关系），则基本上没有作出规定。因此，本案中金城江面条厂的财产所有权归属，只能依照行政法规、行政规章的规定来确认。金城江镇人民政府的两个批复（即行政处理决定），都将金城江面条厂的财产确认为金城江镇全镇人民所有，这种确认不符合我国行政法规和行政规章的有关规定，因而是错误的。金城江面条厂的财产状况是：该厂最初由街道居民自筹资金合伙开办，现有的财产都是该厂成立以来依靠本厂公共积累而形成，被告金城江镇人民政府自始至终对该厂没有资金投入。《中华人民共和国城镇集体所有制企业条例》第三十七条规定："集体企业的公共积累，归本企业劳动群众集体所有。"中华人民共和国轻工业部、中华全国手工业合作总社制定的《轻工业企业集体资产所有权界定的暂行规定》第七条规定："轻工集体所有制企业单位中下列资产属轻工集体企业所有：1. 企业遵循自愿组合、自筹资金及其积累所形成的全部资产；……5. 企业用集体资产兼并、购买其他单位的资产产权所形成的资产；6. 其他依法应当属于集体企业所有的资产。"根据以上行政法规和行政规章的规定，金城江面条厂的财产应当属于本企业劳动群众集体所有。金城江镇人民政府的两个批复，将该厂财产确认为全镇人民所有，侵犯了该厂的合法权益，是一种行政侵权行为。一审判决维持被告的上述行政处理决定是错误的。

该案在程序上有个问题值得探讨。这一问题是：金城江面条厂的营业执照被工商部门注销后，它能否以自己的名义起诉。对此，有两种意见：一种认为不可以，即企业被行政机关撤销后，它不能再以自己的名义起诉行政机关；另一种认为可以，即企业被行政机关撤销后，它仍可以以自己名义起诉行政机关。持“不可以”意见的理由是：从行政法律关系上讲，企业被行政机关的具体行政行为撤销（包括企业被吊销、注销、吊扣营业执照，被兼并、取缔、关闭、查封等）后，这个企业在行政法律关系上已不存在，即它不是独立的行政法主体了，所以它不能再以自己的名义进行行政诉讼活动。上述理由又来源于行政行为合法性先定原则。根据这一原则，所有的具体行政行为一经作出，它就是合法的，相对人对该具体行政行为所确定的义务必须履行。只要承认行政行为合法性先定原则，就不能承认被行政上撤销的企业还存在，因而也不能承认其还有诉权，还可以以自己的名义起诉行政机关。持“可以”意见的理由是：企业在被具体行政行为撤销后，虽然它在行政法上被剥夺了权利能力和行为能力，但它在诉讼法上的权利能力和行为能力还存在。已被行政上撤销的那些企业的上述诉讼权利来源于宪法的规定，而源于宪法的诉讼权利，其效力就应高于行政法的效力。所以，企业被行政撤销后，它仍可以以自己的名义起诉行政机关。这种观点来源于行政权要接受司法监督的原则。根据这一原则，任何公民、法人和其他组织，只要认为行政机关或行政机关的具体行政行为侵犯了自己的合法权益的，都可以依照《行政诉讼法》的规定提起诉讼。我国《行政诉讼法》第十一条已经把吊销营业执照（即撤销企业的一种方式）纳入可诉范围，这就说明，我国《行政诉讼法》仍明确赋予被行政撤销的企业以诉权，即这些企业是诉讼法律关系的主体，它们仍可以以自己的名义行使诉权。同样道理，不允许被行政撤销的企业以自己的名义起诉行政机关，这种做法不符合《行政诉讼法》的规定。如果不允许被行政撤销的企业以自己的名义起诉，只允许承受其权利义务的组织起诉，在现实中势必出现以下两种情况：一是承受被撤销企业的权利义务的组织因与行政机关有利害关系而不起诉；二是行政机关在撤销该企业时没有指定承受其权利义务的组织。这两种情况都导致一个结果：被行政撤销的企业无法得到司法救济。在本案审理过程中，被告方也曾以原告方都是面条厂退职职工，他们与原企业已没有关系为由，否认原告的诉权。受案人民法院根据金城江面条厂营业执照已被注销，该厂职工已全部退职（当地规定，这类企业职工只能退职，不能退休），厂长又不愿作为法定代表人以工厂名义起诉的情况，从有利于保护行政相对人诉权考虑，否定了被告方的上述意见，对该案予以立案受理。受案人民法院的这种做法符合《行政诉讼法》的规定。

（覃启成）

36. 李明芳不服金华县水利电力局行政处罚决定案

（一）首部

1. 裁判书字号

一审判决书：浙江省金华县人民法院（1995）金行初字第10号。

二审裁定书：浙江省金华市中级人民法院（1996）金中行终字第11号。

2. 案由：不服水政行政处罚案。

3. 诉讼双方

原告（被上诉人）：李明芳，男，1958年10月24日出生，汉族，金华县人，农民，住金华县淦浦镇湖北行政村周里自然村。

一、二审委托代理人：严新华，男，农民，住金华县淦浦镇湖北村。

被告（上诉人）：金华县水利电力局。

法定代表人：朱志龙，局长。

一、二审委托代理人：王有实，该局工作人员。

一审委托代理人：张国华，金华联合律师事务所律师。

第三人（被上诉人）：金华县淦浦镇人民政府。

法定代表人：潘根芳，镇长。

一审委托代理人：王卯信，该镇副镇长。

一审委托代理人：张锦根，该镇工作人员。

第三人（被上诉人）：金华县城乡建设环境保护局。

法定代表人：季炳松，局长。

一审委托代理人：程绍明，该局工作人员。

第三人（被上诉人）：金华县土地管理局。

法定代表人：胡瑞奥，局长。

一、二审委托代理人：蒋跃明，该局工作人员。

4. 审级：二审。

5. 审判机关和审判组织

一审法院：浙江省金华县人民法院。

合议庭组成人员：审判长：傅坚政；审判员：黄金土、郎锦惠。

二审法院：浙江省金华市中级人民法院。

合议庭组成人员：审判长：陆润友；审判员：陈振升、郑永强。

6. 审结时间

一审审结时间：1995年12月26日。

二审审结时间：1996年3月26日。

（二）一审诉辩主张

1. 被诉具体行政行为：被告金华县水利电力局水罚字第9513号违反水法规行政处罚决定通知书称，原告李明芳在本村西 汗右岸堤防上建住房侵占河道23平方米，严重违反了《中华人民共和国水法》第二十四条和《中华人民共和国河道管理条例》第二十四条，根据《浙江省实施〈河道管理条例〉办法》第三十条，对原告李明芳处以罚款2000元，并按《浙江省实施〈水法〉办法》第七十二条的规定，限期拆除所建的违章建筑。

2. 原告诉称：原告建房经淦浦镇人民政府批准，领有县城建局颁发的建设许可证和县土管局颁发的建设用地使用证。定点丈量时，被告所属淦浦水利中心站站长朱××到场参与丈量。原告为建房曾向被告提交申请报告，被告的工作人员朱××表示同意。故原告在该地段建房是合法的。被告虽送达过停建通知书，但下达停建通知后三个月多未作出是否准建的书面意见。原告建房房基虽堵塞周里桥东头从无流水的“龙渎”桥洞，但对排捞泄洪无妨碍。请求法院撤销被告的处罚决定。若法院判决维持被告的处罚决定，由于原告是经批准建房，则要求批准单位特别是被告予以赔偿损失。

3．被告辩称：原告李明芳所建住房侵占河道23平方米属实。其建房未经河道主管部门批准，系违章建筑，被告对此作出处罚决定，适用法律法规正确，程序合法，请求法院判决维持被告的具体行政行为。至于被告工作人员的过错，愿意承担相应的法律责任。

4．第三人淦浦镇政府诉称：镇政府对原告的建房问题处理是慎重的，在颁发有关证书前，曾召集了规划、土管、水利等部门的工作人员一并到实地踏勘，其中淦浦水利中心站站长朱××及水管员等二人也在场，对原告建房的四至未提出异议并参与了丈量。镇政府认为，朱是县水电局的工作人员，其行为即是被告的行为。因此，原告建房可视为已经被告同意，是合法的。况且从该处实际情况看，建房护堤后，对河道整治有利而无弊，故要求法院撤销被告的处罚决定。若维持，镇政府因无过错，不承担赔偿责任。

5．第三人金华县城乡建设环境保护局诉称：第三人金华县城乡建设环境保护局的诉讼代理人参加了原告建房定点丈量工作，当时因被告的工作人员朱××表示此处建房不影响泄洪，可以建房，故按现在所建的位置放样。朱是代表水电局的，由此而产生的责任应由被告承担。

6．第三人金华县土地管理局诉称：原告建房的地基是宅基地，按有关法律规定审批权在乡镇人民政府，土管局是最后予以确认。若不影响泄洪，则要求撤销被告的处罚决定，若影响泄洪则可收回土地使用证。

（三）一审事实和证据

法院经审理查明：1994年12月11日，金华县淦浦镇人民政府批准同意原告李明芳在该镇湖北村西汗东岸周里桥头旁建造住房，占地面积100.70平方米。同日，县城乡建设环境保护局和县土地管理局分别颁发了村镇规划建设许可证和集体土地建设用地使用证。因他人举报，被告金华县水利电力局于同年12月22日派员到淦浦镇察看现场，认为批准地涉及河道管理范围，应经河道主管部门即被告批准同意，否则不能建房。以上意见告知了有关人员。原告即于12月24日向被告提出书面申请，要求建房，将申请报告交至被告下属淦浦水利中心站。该站站长朱××口头答复表示同意，未将原告的申请报告呈送其上级。12月31日，镇政府会同有关部门工作人员到原告建房处定点放样，在场有关人员包括被告工作人员朱××等均未提出异议，朱××等人还直接参与了丈量工作。定点后原告即动工兴建至基础部分完工（房屋基础部分实际侵占河道约13平方米）。1995年1月13日，被告向原告送达了水责字第34号责令停止水事违法行为通知书，要求立即停工，听候处理。原告停工。此后原告多次要求被告同意其建房，被告未同意并要求拆除侵占河道部分，但未形成书面意见送达原告。同年4月，在有关人员的唆使下，原告再次动工建成砼地圈梁。被告发现后又予阻止。此后，镇政府、淦浦水利中心站及湖北村委于5月10日经协商达成一协议，主要内容是要求原告将所建房屋前至周里桥头侵占河道部分清出（约10平方米），在此前提下，同意原告继续建造住房。此协议被告未予认可。在此情况下，原告再次动工建房至一层。被告遂于1995年6月7日向原告送达了水罚字9513号行政处罚决定。原告不服，诉至法院。诉讼期间，一审法院委托金华县价格事务所对原告拆建房屋可能造成的损失进行鉴定。鉴定称，损失费用为21349元。

以上事实，有原告陈述、被告提供的证据材料及有关批准证件、证人证言等在卷佐证。

（四）一审判案理由

建房涉及河道，根据法律规定应经河道主管部门批准同意。原告在未经被告正式批准前即动工兴建房屋并侵占了河道属违法行为。被告根据有关法律法规规定给予行政处罚，主要证据确凿，适用法律法规正确。各第三人在明知原告建房侵占河道而又未获被告的正式批准前，同意原告建房，造成原告经济损失，应承担相应的法律责任。被告对其工作人员的过错行为也应承担法律责任。原告提出的赔偿要求部分合理，予以支持。

（五）一审定案结论

一审法院依照《中华人民共和国行政诉讼法》第五十四条第（一）项、第六十八条第一款的规定，判决如下：

1. 维持金华县水利电力局水罚字第9513号行政处罚决定。

2. 因执行水罚字第9513号行政处罚决定，原告所受损失除由原告自行承担部分外，由县水电局承担11223元，淦浦镇政府承担5333元，县城建局承担2045元，县土管局承担1033元。

本案诉讼费用1670元，鉴定费780元，合计2450元，由原告李明芳负担516元，被告县水电局负担935元，淦浦镇政府负担575元，县城建局负担275元，县土管局负担149元。

（六）二审情况

1. 二审诉辩主张

（1）上诉人金华县水电局上诉称：原审既已认定被告的处罚决定正确，又判令被告赔偿原告的经济损失是自相矛盾，无法律依据。原告的经济损失和被告工作人员朱××的行为没有法律上的因果关系。被告的具体行政行为不可能给原告带来经济损失。造成的经济损失应由原告自己承担。要求二审撤销原判赔偿部分，予以改判。

（2）被上诉人李明芳辩称：被上诉人经批准建房但被处罚，完全是由于各行政职能部门未能协调一致所致。被上诉人对上诉人所作的处罚决定并不服，但服从一审法院的判决。请求维持原审法院判决。

（3）被上诉人第三人仍坚持原审所诉理由。

2. 二审定案结论

在二审审理过程中，上诉人金华县水利电力局又以同意按原审判决执行为由，申请撤回上诉。二审法院认为，其撤回上诉符合法律规定，依据《中华人民共和国行政诉讼法》第五十一条的规定，作出如下裁定：

准许上诉人金华县水利电力局撤回上诉，双方当事人按原审判决执行。

二审案件受理费835元，由上诉人金华县水利电力局负担。

（七）解说

1. 本案中三个第三人及各自的责任承担问题。一种观点认为，本案原告的诉讼请求是要求撤销被告的具体行政行为，并未涉及其他行政机关的批准行为（实际上原告是认为这些行政机关的批准行为是正确的，应予支持）。法院在审理时只要审查被告的具体行政行为是否合法即可，若合法则维持，若不合法则撤销，并不需要审查其他行政机关的具体行政行为是否合法正确。再则，若维持被告的具体行政行为而造成原告的经济损失，可由原告单独向有关行政机关提出赔偿请求。另一种观点认为，按上述观点处理并不违法，也是可行的。但是本案原、被告之间争执的关键问题是是否要拆除侵占河道部分的建筑，对于罚款处罚争议不大。而所涉建筑是经有关部门批准过的，若判决维持了被告的处罚决定，则就说明有关行政机关批准原告建房的具体行政行为不合法或至少部分不合法，无需另案审查。鉴于原告已建造的事实，若拆除必定有损失，由有关行政机关予以赔偿是必然的。在这种情况下，由原告另行主张赔偿请求是不符合诉讼经济原则的，而且在实际生活中，难度很大，给当事人增加诉累，不利于保护当事人的合法权益。根据《行政诉讼法》第二十七条的规定，本案将有关批准机关列为行政诉讼第三人是正确的。

由于原告建房地基是宅基地而非耕地，根据法律规定其批准权在乡镇人民政府，事实上原告建房用地也是镇政府批准同意的，那么县土管局是否要承担法律责任？一种观点认为，虽然县土管局颁发了土地使用证，但并非其批准，只是履行了备案性质的手续而已，无需承担法律责任。另一种观点则认为，虽然批准权在镇政府，但本案县土管局向原告颁发了土地使用证，确认了原告具有土地使用权，是一种行使行政职权的行为，应对此承担相应的法律责任。事实上若土管部门及时发现镇政府的批准行为有误，完全有权拒颁土地使用证，以纠正其错误行为。当然，在后果的责任承担上，应与其直接批准并颁发土地使用证有所区别。本案的判决结果令县土管局承担相应责任但相对较轻是正确的。

2. 对被告及其工作人员的数次行为，在法律上如何认定其效力并承担其责任，争议较大。在本案中，被告及其工作人员先后主要实施了以下几个行为：一是口头告知非经批准不得建房。二是口头表示同意原告建房并参与定点放样工作。三是送达停建通知书。四是与有关单位达成书面协议，协议的一个中心内容是不拆所建房屋。五是送达引起诉讼的行政处罚决定书。由于被告的不同的工作人员实施了几个截然相反的行政行为，有的是口头的，有的是书面的，有的经过被告法定代表人同意，有的未经其同意，因此，对于其行政行为效力的认定成为本案的争执焦点。被告在诉讼中认为，口头表示无效，以书面表示为准。法院根据本案实际原则上采纳了此意见，但由于无效的具体行政行为所带来的不利后果，被告仍应承担相应的法律责任。

3. 被告对原告作出拆除违法建筑的行政处罚决定是否合法，这是本案诉讼的中心，在诉讼过程中形成两种相反的意见。一种观点认为，被告作出处罚决定的法律依据是《中华人民共和国水法》第二十四条“未经有关部门批准，不得在河床、河滩内修建建筑物”；《中华人民共和国河道管理条例》第二十四条“……在堤防和护堤地，禁止建房……”。故据此作出拆除的决定是合法的，应予维持。另一种观点则认为，从《水法》第十九条、第四十一条、第四十二条、第四十五条以及《河道管理条例》第十二条、第二十五条、第二十九条、第四十四条等条文规定看，河道滩地并非绝对禁止建房，只是要求经河道主管部门批准并且要符合国家防洪标准。在建筑物建造违法时，也未要求一律实施拆除的处罚。本案原告建房未经被告正式行文批准属实，但根据被告提供的有关证据及实地踏勘来看，并未违反国家的防洪标准。鉴于已建造至一层，拆除带来的损失较大，以采取其他补救措施为上，这符合立法原意。故应判决撤销拆除的决定，判令重作具体行政行为。本案判决采纳了前一种观点，这并非不合法，从严格执法的角度上讲也是对的，但从判决执行的实际效果和社会影响来看，不是最理想的。

4. 行政处罚的作出程序，违反了行政规章，能否认定违反了法定程序？本案中，被告的上级部门国家水利部水政（92）7号文件《河道管理范围内的建设项目管理的有关规定》

指出：河道主管机关应在接到申请之日起60日内将审查意见书面通知申请单位。作出不同意建设的决定，应当在批复中说明理由和依据。被告在处理本案原告违法建筑过程中显然没有做到这一点。那么能否认定其违反法定程序？本案判决考虑到被告违反的是规范性文件规定，并未认定其违反法定程序。但从严格依法行政的角度看，认定其违反法定程序也未尝不可。

（傅坚政）

37. 古田县服装厂不服古田县二轻工业局侵犯企业经营自主权案

（一）首部

1. 判决书字号：福建省古田县人民法院（1996）古法行初字第1号。

2. 案由：侵犯企业经营自主权案。

3. 诉讼双方

原告：古田县服装厂。

负责人：曾根先。

委托代理人：郑洪田，宁德众兴律师事务所律师。

被告：古田县二轻工业局。

法定代表人：胡元波，局长。

委托代理人：王冬松，该局副局长。

委托代理人：余新星，宁德立胜律师事务所律师。

4. 审级：一审。

5. 审判机关和审判组织

审判机关：福建省古田县人民法院。

合议庭组成人员：审判长：郑守云；审判员：兰茂然；代理审判员：吴雅珍。

6. 审结时间：1996年4月10日。

（二）诉辩主张

1. 被诉具体行政行为：1995年10月25日，古田县二轻工业局通过考核，经局务会议研究决定，以古二轻人（1995）第23号文任命郑富年兼任古田县服装厂厂长职务。古田县服装厂不服，行文向县委、县府、县人大、县总工会等部门及县主要领导申诉，要求召开全厂职工大会依法产生新任厂长，未果。据此，古田县服装厂向古田县人民法院提起诉讼，请求法院撤销古田县二轻工业局直接任命古田县服装厂厂长的具体行政行为。

2. 原告诉称：原告系于1955年建厂的城镇集体所有制企业，经营服装制造加工。近年来，由于领导班子软弱涣散，企业经营管理不善，车间基本停产，职工离散，工厂濒临倒闭。1995年5月间，经被告同意决定由曾根先负责主持古田县服装厂工作。曾根先主持工作五个月来，各项工作刚有眉目，被告却于1995年10月25日任命原古田县钟表刻印社主任郑富年兼任原告厂长职务，其行为违反了《中华人民共和国城镇集体所有制企业条例》的有关规定，被告越权任命原告厂长，侵犯了原告的企业经营自主权。

3. 被告辩称：对原告厂长的直接任命，是按干部任免规定，经考核由局务会议研究决定作出的具体行政行为，程序合法，请求法院判决予以维持，其主要理由是：

（1）作为原告主管局有权依照人事任免规定，直接任命下属企业的厂长，其行为不属于侵犯企业经营自主权。考核任命下属企业厂长、经理并无违法之处。因为原告属我县二轻集体联社开办的集体企业，并非原告单独投资开办，其企业用地仍属国有，被告有权依照规定任免原告主管人员。

（2）依照本县历来的做法，二轻系统企业的厂长、经理均由被告考核任免。鉴于古田县服装厂内部机构不健全，生产经营状况不好，职代会等组织处于瘫痪状态，才对原告厂长进行直接任命。

（三）事实和证据

古田县服装厂建于1955年，属于城镇集体所有制企业，主要经营服装制造加工。该厂现有在职职工149名，退休职工104名。被告古田县二轻工业局系原告古田县服装厂的主管行政机关。近年来由于行业竞争激烈，该厂经营管理不善，连年亏损，职工生活困难，出现集体上访现象；为了摆脱企业困境，经该厂管委会决议请老厂长曾根先复出主持服装厂工作，并报告被告。被告古田县二轻工业局于1995年5月间下文决定由曾根先负责主持古田县服装厂全面工作。同年10月间，被告认为曾根先主持古田县服装厂工作以来，企业生产经营状况仍无改变，从报表体现亏损额扩大。据此，考核后经局务会议研究决定，以古田县二轻工业局古二轻人（1995）23号文任命原古田县钟表刻印社主任郑富年兼任古田县服装厂厂长职务。原告接到该任命决定后即向被告提出异议，要求依照法律规定的程序产生原告厂长，经多次交涉，被告不予接受。该厂主持工作的曾根先，拒绝与郑富年进行交接工作，致使该厂正常工作秩序受到严重冲击，职工队伍更加涣散。同年12月间，被告又以古二轻人（1995）第27号文督促原告方主持工作的曾根先按被告的决定尽快与郑富年做好交接工作。1996年元月，原告以古服（1996）字第1号文件向被告及县委、县人大、县政府、县政协、县政法委、县总工会和县有关领导申诉，要求召开全厂职工大会，按法定程序通过产生新任厂长，未果。原告遂向古田县人民法院提起行政诉讼，要求法院依法判决撤销被告超越职权侵犯企业经营自主权，直接任命原告厂长的具体行政行为。

上述事实有如下证据佐证：

1. 古田县二轻工业局古二轻人（1995）第23号文关于郑富年兼任古田县服装厂厂长职务的任命通知。

2. 古田县二轻工业局古二轻（1995）第9号文关于曾根先负责主持古田县服装厂工作的通知。

3. 古田县服装厂企业法人营业执照。

4. 古田县二轻工业局古二轻（1995）第27号文关于督促县服装厂尽快做交接工作的通知。

5. 古田县服装厂古服（1996）第1号文关于要求召开全厂职工大会通过新任厂长的报告。

6. 古田县服装厂工会委员会组织民意测验调查统计情况报表。

7. 其他有关人员对上述事实的证言。

（四）判案理由

原告古田县服装厂系城镇集体所有制企业，集体企业实行厂长负责制，厂长必须由企业的职工代表大会选举或招聘产生。被告古田县二轻工业局直接任命郑富年兼任原告古田县服装厂厂长职务，其行为侵犯了原告的经营管理自主权，违反了《中华人民共和国城镇集体所有制企业条例》第二十八条第一款第（二）项、第三十二条第一款之规定。因此，被告直接任命城镇集体所有制性质的企业古田县服装厂厂长的具体行政行为，缺乏事实根据和法律依据，明显超越职权范围，是违法行为，应予撤销。

（五）定案结论

古田县人民法院根据《中华人民共和国行政诉讼法》第五十四条第（二）项之规定，作出判决：

撤销被告古田县二轻工业局古二轻人（1995）第23号文关于任命郑富年兼任古田县服装厂厂长职务的决定。

本案诉讼费100元，由被告古田县二轻工业局负担。

（六）解说

本案争议的焦点，是原告古田县服装厂属于什么性质的企业，被告古田县二轻工业局的具体行政行为是否有事实根据和法律依据。原告古田县服装厂建厂于1955年，根据档案记载和古田县工商行政管理局企业法人营业执照（注册号15762839－6－1）证实，原告企业性质属于城镇集体所有制。被告辩称原告系古田县二轻集体联社开办的企业，但始终不能向法庭提供任何证据予以证实。根据法律规定的举证责任原则，被告古田县二轻工业局应对自己提出的这一待证事实负举证责任，而被告不能举证，所以其主张不能成立。被告也不能举出原告系“投资主体多元化的集体企业，其中国家投资达到一定比例的，其厂长（经理）可以由上级管理机关按照国家规定任免”的证据。因此，原告作为城镇集体所有制性质的企业，被告作出直接任命厂长的行政行为，缺乏事实根据和法律依据。

本案原告的企业性质既然属于城镇集体所有制，那么被告直接任命城镇集体所有制企业性质的原告厂长的行为，也就理应依法确认为侵犯企业经营自主权的具体行政行为。根据我国法律法规的规定，企业经营自主权由人事权、财物权、组织生产经营权这三个方面的权能组成。企业的人事管理权是指企业按照德才兼备、任人唯贤的原则和责任与权利相统一的要求，自主行使对其管理人员和技术人员的管理权利。就本案而言，也就是说属于什么性质的企业，其厂长、经理就应根据我国现行的法律法规规定来任免。原告古田县服装厂属城镇集体所有制企业，其厂长就要根据国务院1991年6月21日颁发的《中华人民共和国城镇集体所有制企业条例》的有关规定，由原告古田县服装厂的职工代表大会民主选举产生，而后报其主管行政机关备案。所以，被告发文直接任命原告厂长的这一具体行政行为，超越了职权范围，侵犯了原告企业经营自主权。

根据《中华人民共和国行政诉讼法》第十一条第一款第（三）项之规定，人民法院对公民、组织认为行政机关侵犯了法律规定的经营自主权的案件，应当受理。根据《中华人民共和国城镇集体所有制企业条例》第九条、第二十条第一款第（二）项和第三十二条第一款之规定，被告直接任命原告厂长的行为，违反了上述《条例》有关条款的规定。因此，人民法院在对其具体行政行为进行合法性审查后，依照《行政诉讼法》第五十四条第（二）项的规定，判决撤销被告的具体行政行为，是正确的。

（郑守云）

38. 中国交通进出口总公司不服中华人民共和国常州进出口商品检验局检验结论并要求行政赔偿案

（一）首部

1. 裁定书字号：江苏省常州市中级人民法院（1995）常行初字第4号。

2. 案由：不服商品检验结论并要求行政赔偿案。

3. 诉讼双方

原告：中国交通进出口总公司。

法定代表人：梁晓东，总经理。

委托代理人：姬兵，该公司高级经济师。

委托代理人：陈海生，北京市中合律师事务所律师。

被告：中华人民共和国常州进出口商品检验局。

法定代表人：杨怀义，局长。

委托代理人：徐示先，常州市第一律师事务所律师。

委托代理人：沈义峰，江苏对外经济律师事务所律师。

4. 审级：一审。

5. 审判机关和审判组织

审判机关：江苏省常州市中级人民法院。

合议庭组成人员：审判长：潘桂林；代理审判员：张少平、王碧野。

6. 审结时间：1996年6月26日。

（二）诉辩主张

1. 被诉具体行政行为：1995年1月7日，原告中国交通进出口总公司（以下简称中交公司）与江苏常州经济技术开发区兴聪物资总公司（以下简称兴聪公司）签订工矿产品订货合同一份，由兴聪公司供给原告纯干度羊肠衣套管120万条，货款总金额为人民币555.6万元。合同规定，由原告"凭国家商检局和卫生检疫局签发的商检证书、卫生检疫证书及出库时抽检验收"，凭增值税专用发票一次付清货款。1995年1月23日，兴聪公司以中交公司名义向中华人民共和国常州进出口商品检验局（以下简称常州商检局）申请对该批羊肠衣套管进行检验。经检验，常州商检局于1月28日向中交公司签发了该批货物为合格产品、品质和规格与合同要求相符的第3204/C950043号商品检验证书。后由于港商对该批货物质量提出异议，拒绝接收货物，中交公司遂于1995年3月10日向江苏省商检局申请复验，复验结论为该批货物品质、卫生均不符合国家颁发的GB7740－87标准和合同规定。

2. 原告诉称：被告常州商检局对出口商品进行检验的行为属具体行政行为。该批货物经被告检验后，申请人以检验结果为据，认为该货是符合合同规定的合格产品。因商检检验合格系交货和付款之条件，常州商检局已出具检验符合要求的证书，具备了双方约定的付款条件，原告便于1月29日自兴聪公司手中接收了货物，并依约向兴聪公司付清了全部款项555.6万元。该批货物在广州正式出货前，外商以货物质量不符要求为由拒收货物，导致原告对被告出具的检验证书的内容表示疑问，遂向江苏省商检局申请复检，经复验确认该批货物品质、卫生均不符合标准及合同规定，从而证明了被告的检验结论完全是错误的，并证明该批货物系伪劣商品。被告的检验行为直接导致原告接收了该批货物，从而给原告造成了如下经济损失：(1)货款555.6万元；(2)货物运输、保险、仓储已发生费用15714.88元；(3)业务费、差旅费148600元；(4)占用资金利息（以银行贷款年利率12.078%，占用一年计）671053.68元。原告认为，上述损失系被告未依法履行其职责所致，故诉请人民法院依法审理，判令被告赔偿原告全部经济损失。

3. 被告辩称：原告与兴聪公司签订的工矿产品订货合同和原告与香港中兴公司订的对外售货合同，前一份合同是国内双方法人所订，后一份合同是国内法人与香港法人所订。所以，原告遇有关问题，应按合同约定去找兴聪公司（包括其主管单位），也可按对外合同及有关证据去找香港中兴公司，这些法人不找，而来找我们是不妥的。一切延误责任均由原告承担。至于我们接受原告委托，进行抽样商检，是一种民事行为。鉴于本案涉及刑事犯罪，目前公安机关正在处理。我们认为应等刑事案件了结后再作结论。

（三）事实和证据

法院经审理查明：1995年1月7日、8日原告中交公司分别与兴聪公司和香港中兴公司签订了国内购货合同和外贸供货合同。购货合同约定，兴聪公司供应给原告干羊套管肠衣120万条，价值555.6万元；原告预付货款50万元；凭商检局、卫生检疫局出具的检验证书、卫生检疫证书，并在兴聪公司协办完所有商检、卫检、运输及保险手续后，再凭兴聪公司提供的增值税发票由中交公司一次性付清其余货款。1月12日，原告支付兴聪公司预付货款50万元，1月23日原告在兴聪公司协助下申请被告对120万条干羊套管肠衣进行检验，并出具了委托书。委托书载明："今委托常州进出口商品检验局办理出口商品商检事宜，请支持为盼。"当天，被告在兴聪公司仓库对该批货物按照IBB45003－87规定及GB7740－87标准，从120万条干羊套管肠衣所分装的480箱中任意抽样10箱进行品质和卫生检验。根据国家商检局颁布的IBB45003－87《干羊套管肠衣检验方法》规定，被检的480箱商品应抽检数为51箱。经被告检验，该批货物规格宽度为6.5cm～8cm，长度为40cm～45cm；数量为1200000条/480箱，气味为正常；颜色为褐、灰色；质地特征为干燥、无霉变和虫蛀。根据订货合同规定，该批货物长度应为40cm～45cm，宽度为7cm～8cm。28日，被告向原告签发了"以上商品均与要求一致"的3204/C950043－1品质检验证书和"本批产品来源于安全并无传染病地区，并在适宜的卫生条件下加工"的3204/C950043－2卫生检验证书。29日原告凭上述商检证书及增值税发票向兴聪公司支付了其余货款，并从兴聪公司仓库提取了全部货物，经上海空运至广州。3月9日，原告在香港中兴公司提出质量异议，拒绝接收货物且开具的信用证已过期的情况下，申请江苏省进出口商品检验局对该批货物重新进行检验。3月25日、26日，省商检局派出的专家组在广州对该批干羊套管肠衣依照IBB45003－87规定的方法和GB7740－87检验标准，从480箱货物中任意抽样51箱重新进行检验。检验结果为：品质方面，长度<40cm～45cm，宽度<7cm～8cm，占抽样数量的40.98%；破洞占抽样数量的9.07%；麻筋占抽样数量的4.93%；裂缝占抽样数量的0.48%；卫生方面生霉的占19.6%，变质异味的占7.84%；数量上共短少1137条。31日，省商检局向原告出具了检验结论为"该批货物之品质、卫生不符合GB7740－87标准和合同规定"的3200/F95001检验证书。自被告对该批货物商检后，原告共支付货物运输、保

险、仓储等费 44932.48 元，业务、差旅费 148363.38 元。该批货物已完全丧失其价值。

另查明：武进市公安局于 1995 年 5 月 11 日立案侦查了一起由境内外不法商人相勾结，诈骗国内三家进出口公司货款 1200 余万元的特大案件。经侦查，本案原告中交公司系被骗单位之一，一系列的购销合同纯粹是由少数诈骗分子所导演的一场骗剧。其中供货给兴聪公司的常州鑫旗物资公司总经理顾榴珍、兴聪公司总经理吉艰奋、所谓的香港中兴公司经理王健荣是主要策划人和参与者。香港中兴公司也是不存在的。顾榴珍、王健荣已被武进市公安局捉拿归案。兴聪公司现已无承担经济责任的能力。武进市公安局从追回的赃款中发还给中交公司人民币 30 万元，追赃工作已经结束。

法院于 1995 年 11 月 10 日依法立案受理此案，11 月 13 日向被告送达起诉状副本和应诉通知书，11 月 22 日，被告向法院提交有关证据材料和法律、法规依据。1996 年 6 月 7 日，被告同意补偿原告经济损失 20 万元，原告中交公司向本院申请撤回起诉。

上述事实有下列证据证明：

1. 双方当事人的陈述。

2. 中交公司与中兴公司、兴聪公司分别签订的售货合同和工矿产品订货合同。

3. 中交公司出具的申请商检委托书及兴聪公司的出口商品检验申请单。

4. 常州商检局和江苏省商检局的检验证书。

5. 有关费用的发票、报销凭证。

6. 双方的有关信件、函。

（四）判案理由

法院认为：

1. 本案被告实施的商检行为属于可诉的具体行政行为。首先干羊套管肠衣属于羊肠衣类，肠衣又是属于可食用的动物肠器。《中华人民共和国食品卫生法（试行）》第二十九条规定，出口食品由国家商检部门进行卫生监督、检验。海关凭国家商检部门的证书放行。1992 年 4 月 1 日施行的《中华人民共和国进出境动植物检疫法》第三条第二款规定，贸易性动物产品出境的检疫机关，由国务院根据情况规定；第四十六条规定，动物产品包括已经加工或未经加工的动物肠器。1991 年 11 月 15 日，国务院关于贸易性动物产品出境检疫管理体制的通知规定，贸易性动物产品出境检疫工作仍由国家商检部门承担。据此，干羊套管肠衣应属国家商检部门的法检商品。原告虽向被告出具过要求检验的委托书，但被告出具的是检验证书，而非鉴定证书。对进出口商品进行检验是国家商检部门的法定行政管理职能。被告以该检验行为系接受原告委托所实施的民事鉴定行为的理由不能成立。

2. 被告所实施的商检行为不合法。依照国家商检局 IBB45003－87《出口干肠衣检验方法》抽样比例规定，被告对本案检验商品的抽样数量应为 51 箱，但被告实际只抽检 10 箱，严重违反检验方法规定，且检验结论与商品实际品质、卫生状况严重不符，被告检验的该批商品的规格也与合同要求不符，却在检验结论上写明“符合合同要求”，显然也是不当的。省商检局的检验结论则进一步证实了被告所作出的检验证书是不合法的。

3. 被告的商检行为与原告扩大的经济损失之间存在直接因果关系。由于被告对该批不合格商品检验为合格，导致原告在接收货物后对该货物进行了运输、保险、仓储，并支付了有关费用，扩大了原告的经济损失，被告的商检行为与原告扩大的这部分经济损失之间存在直接因果关系。如果被告对该批不合格商品检验为不合格，则原告就不会为继续履行其外贸合同而支付运输、保险、仓储等费用。原告依据与兴聪公司签订的内贸合同接收该批货物，支付货款（包括预付货款），系正常履行合同行为。虽然内贸合同双方商定商检合格为付款的必备条件之一，但由于商检只对进出口商品进行商检，对外贸合同负责，故双方在内贸合同中确定的这一付款条件对商检局并无约束力，且被告在实施商检行为时也不知道原告与兴聪公司之间的这一约定，故被告的商检行为与原告因支付货款而造成的经济损失之间无直接因果关系。

（五）定案结论

法院认为：根据行政赔偿诉讼可适用调解的原则，被告在认识到自己在商检工作中失误的同时，愿意补偿原告经济损失20万元，为此原告同意并申请撤回起诉是符合法律规定的，应予准许。法院依照《中华人民共和国行政诉讼法》第五十一条的规定，裁定如下：

准许原告中国交通进出口总公司撤回起诉。

（六）解说

1．被告向原告颁发商检证书的行为究竟是否属具体行政行为。

诉讼中，被告认为商检机构的检验行为不具备行政行为的特征，它不是发生在行政管理领域内的行政职权行为，也没有为原告设定任何权利和义务，完全是一种受委托所实施的民事行为。我们认为这种观点是不能成立的。本案中，区分民事行为还是行政行为的一个重要标志是：被告对肠衣的商检是因双方自愿达成的协议而进行的商检，还是该肠衣由原告申请后是否必须由被告进行检验。根据《中华人民共和国进出口商品检验法》第五条规定，列入《种类表》的进出口商品和其他法律、行政法规规定须经商检机构检验的进出口商品，必须经过商检机构或者国家商检部门、商检机构指定的检验机构检验，前款规定的出口商品未经检验合格的，不准出口。据此，法检商品应包括两类，一类是指列入《种类表》的商品，另一类是法律、行政法规规定的其他必检商品。《中华人民共和国出口食品卫生管理办法》、《中华人民共和国食品卫生法（试行）》均规定，一切出口食品都必须通过检验，未经检验和检验不合格，不准出口；出口食品由国家进出口商品检验部门进行卫生监督检验，海关凭国家进出口商检部门的证书放行。同时规定出口食品包括各种供人食用、饮用的成品和原料。本案中，干制羊肠衣是用来制作食用肠的，它是食用肠的不可缺少的组成部分，同时也可以是供食用的部分，因而干制羊肠衣应属于食品类，应属商检部门的法检商品。

原告的委托行为不能改变被告商检行为的具体行政行为性质。被告商检行为的性质主要应从其行为本身特征来认定。本案中，被告作出的是检验行为，出具的是检验证书，而非鉴定证书，如果被告根据原告委托作出鉴定行为，则可以认定为民事行为。

商检部门对进出口商品进行检验是国家对进出口商品进行贸易管制的手段之一。商检局作为国家行政管理机构对进出口商品进行检验是其履行正常的行政管理职能，也是国家赋予其最主要的行政管理手段。如果国家规定将进出口商品的检验一律交由另外的中介权威检验机构检验，将现行的进出口商品检验局改为进出口商品检验管理局，将对商检的管理与商检行为本身相分离，真正实现政企分开，那么这一检验机构的检验行为可视为民事行为。当然这涉及到国家整个商检体制的改革问题。

由于被告认为省商检局对该批商品进行检验已超过申请复检的时间，不承认省商检局的检验结论为复验结论，故原告在提起诉讼时诉请法院撤销被告的检验证书并附带提起行政赔偿之诉，我们认为原告提出的这两个诉是成立的，也利于法院对本案作全面审查和处理。

2. 被告错误颁发出口商品检验证是否构成侵犯商检申请人的合法权益。

这一问题在我国目前的行政诉讼法律法规及国家赔偿法中均无明文规定，但在实践中却越来越突出，矛盾也越来越明显。构成行政侵权赔偿的要件应该是：第一，有违法实施的具体行政行为；第二，有合法人身权或财产权受到侵害的事实；第三，该损失结果与违法的具体行政行为存在因果关系。对于国家行政机关在颁发许可证、执照或类似效力的证书、文件时的侵权行为，我国现行立法将重点放在了行政机关以不作为方式侵犯具体行政行为相对人的权利上，而忽略了当行政机关以完全合法的形式，颁发实质内容完全虚假的证书、许可证及其他赋权文件时对相对人权利所造成的侵害，这种侵权是以作为的方式并在形式上满足相对人要求的情况下所实施的特殊侵权行为。我们认为，从立法的根本目的看，这种作为行为显然也是违反法律规定的。国家行政机关应当忠实地依照法律规定的标准和程序实施具体行政行为，当它仅按法律规定程序而不按法律规定的标准实施管理行为时，其危害性、违法性是显而易见的，由此给相对人造成的合法权益的损害应由其承担相应责任。

3. 本案直接经济损失的认定。

《中华人民共和国国家赔偿法》第二十八条第七款规定，国家行政机关“对财产权造成其他损害的，按照直接损失给予赔偿”。直接损失是界定违约与侵权行为赔偿范围的概念。它既可适用于民事也可适用于行政侵权赔偿。所谓直接损失是指由于侵权人的行为给被侵权人造成的现有财产的减少，它排除了被侵权人就可得（可希望）利益的损失（即间接损失）提出赔偿请求的权利，而被侵权人现有财产的减少应理解为被侵权人在具体行政行为作出之前已有的财产因违法具体行政行为的实施而毁损或灭失。此外，在具体行政行为作出之前已经造成的财产损失不能列入请求赔偿范围。

目前我国法律尚未对《国家赔偿法》第二十八条第七款所称的直接损失作出明确的范围界定，但《赔偿法》第二十八条的规定集中体现了一个原则，即行政机关的赔偿是要使相对人的财产状况在受偿后恢复到被侵权之前的状态，也即所谓的“恢复性赔偿”。这也是“不因国家赔偿而获利”原则的具体体现。

本案中，中交公司与常州市兴聪公司所签订的内贸合同中约定中交公司凭商检证书等接收货物、支付货款，这一约定对合同双方当事人具有约束力，但商检局只对外贸出口合同的出口商品负责检验并对检验结果负责。如商检局正确履行其职责，则中交公司就不会继续履行其外贸合同，故中交公司在履行外贸合同中所支出的有关费用应视为商检局不适当履行检验行为所造成的直接经济损失。而中交公司履行内贸合同中所受的经济损失与商检行为之间只能认定为有一定联系，且这种联系尚不具备法律上的直接因果关系，故商检局对这一损失不负直接赔偿责任。

4. 应进一步健全对行政执法机关和行政执法人员滥执法的追究制度，以保护相对人合法权益不受侵害。

国家进出口商品检验局作为国家的商检执法机构，对进出口商品的检验、鉴定负有庄重的义务，商检机构应忠实地履行好自己的法定职责，依法检验，严格执法，这对于保证人民健康生命安全，维护中国企业对外形象具有重要意义。

本案的标的与其他一些经济纠纷案件比起来并不算大，原告通过本案审理所获得的赔偿金额也不算多，但它作为全国首例就国家进出口商品检验局出具的商检证书的行为提起的行政诉讼却意义重大。它有助于国家进出口商品检验局清醒地认识到自己的执法行为是严肃的并受法律约束的，依法对出口食品进行法定检验是国家法律赋予其的职权，同时也是其应尽的法律义务。如果其滥用或不适当地履行了这一职权，必将承担相应的法律责任。同时，本案也提示我们，随着法制的不断健全，我国立法必将进一步完善对行政执法机关和行政执法人员滥执法的追究制度，以切实有效地保护公民、法人和其他组织的合法权益不受违法行政行为的侵害。

（潘桂林　刘天兴）

39. 蔡根发不服上海市专利管理局专利处理决定案

（一）首部

1. 判决书字号

一审判决书：上海市第一中级人民法院（1995）沪一中行初字第 4 号。

二审判决书：上海市高级人民法院（1996）沪高行终字第 3 号。

2. 案由：不服专利处理决定案。

3. 诉讼双方

原告（上诉人）：蔡根发，男，1952 年 5 月 27 日生，汉族，上海瑶发实业有限公司经理，住上海市南陈路小石桥 44 号。

一审委托代理人：姚镇贤，上海市第八律师事务所律师。

二审委托代理人：汪瑜，上海市一平律师事务所律师。

被告（被上诉人）：上海市专利管理局，地址：上海市湖南路 121 号。

法定代表人：俞子清，局长。

一审委托代理人：陈耀忠，男，该局工作人员。

二审委托代理人：刘敏虹，女，该局工作人员。

第三人：中国船舶工业总公司第七研究院第七〇八研究所，地址：上海市新肇周路 1340 号。

法定代表人：孙松鹤，所长。

委托代理人：励德法，男，该所工作人员。

委托代理人：徐申民，上海公信律师事务所律师。

4. 审级：二审。

5. 审判机关和审判组织

一审法院：上海市第一中级人民法院。

合议庭组成人员：审判长：吴政权；审判员：宇晓华；代理审判员：邱燕。

二审法院：上海市高级人民法院。

合议庭组成人员：审判长：胡卫卫；代理审判员：惠开磊、李健。

6. 审结时间

一审审结时间：1996 年 5 月 8 日。

二审审结时间：1996 年 8 月 12 日。

（二）一审情况

1. 一审诉辩主张

（1）被诉具体行政行为：被告上海市专利管理局（以下简称上海专利局）应中国船舶工业总公司第七研究院第七〇八研究所（以下简称七〇八所）请求，于 1995 年 8 月 1 日作出沪专法字（95）第 07 号处理决定，认定七〇八所于 1987 年 6 月完成“泵式抽水马桶”的设计，设计人为巴本隆、俞伟成、王子龙等；蔡根发申请的“电动化粪便器”是通过不正当手段取得的七〇八研究所的“泵式抽水马桶”的设计图纸完成的，蔡根发申请的“电动化粪便器”是七〇八所职工的职务发明；根据《中华人民共和国专利法》第六条之规定，决定：“电动化粪便器组件”实用新型专利（专利号 93226698）应归七〇八所持有；案件受理费人民币 100 元由蔡根发负担。蔡根发不服该处理决定，向上海市第一中级人民法院提起行政诉讼。

（2）原告蔡根发诉称：我早在 1985 年就开始研制电泵抽水马桶，而七〇八所于 1987 年才开始研制。在技术上我帮助过七〇八所试制产品电动机和提高产品质量；在法律上我于 1994 年 10 月 6 日依法取得了实用新型专利证书；在产品结构上双方产品中的绝大部分零件不能通用，主要部件、工作方法也不一样。被告没有证据能够证实原告通过不正当手段取得七〇八所的设计图纸。为此，请求判决撤销被告所作处理决定，消除不良影响，并赔偿人民币 5 万元整。

（3）被告上海专利局辩称：蔡根发获得的专利中有三张图纸，均取自于七〇八所：图 1 是取自七〇八所的泵式抽水马桶布置图；该图完成时间为 1987 年 6 月 30 日，且上面的图号也是七〇八所下属单位的专用号。专利图 2 中，结构形状与七〇八所的泵式抽水马桶化粪泵、化粪泵箱电动化粪泵和化粪箱开关盒基本相同。原告专利图 3 中与七〇八所的图纸虽有一些不同之处，但没有实质性差别，不影响技术方案实施目标。由此可见，被告在处理决定中认定原告系抄袭了七〇八所的图纸，认定原告取得的专利明显取自于七〇八所的事实清楚，证据确凿，作出的处理决定程序合法，适用法律正确，请求法院判决维持沪专法字（95）第 07 号处理决定。

（4）第三人七〇八所辩称：同意被告上海专利局的处理决定，请求维持被告作出的具体行政行为。

2. 一审事实和证据

法院经审理查明：所争议的实用新型专利，七〇八所在 1987 年 6 月就制订了科研课题任务书，1988 年 7 月通过上海科学院技术鉴定，1989 年取得了上海科学院科技进步二等奖。原告申请专利所用的图纸，取自七〇八所的发明创造，其主要表现是：蔡根发获得的专利中共有三张图纸，图 1 是取自七〇八所，对此，蔡根发亦予承认。图 2 中泵箱、网罩、离心泵、排粪管、箱盖、鼓膜、推杆、单向阀等主要构件的结构形状，所处位置均与七〇八所的泵式马桶化粪泵箱、化粪泵箱电动化粪泵和化粪泵箱开关盒基本相同，组件形状结构、位置一一对应，工作方式也如出一辙。图 3 与七〇八所的图纸虽有不同，但没有实质性差别，仍是相同的方式，具备相同的功能，达到相同的效果。对此，原告也已承认；虽然认为该相同之处的技术系其合法取得，但未能提供相应证据证实。庭审中原告坚持认为：图

1 反映的是抽水马桶的外型，不是专利所要保护的内容；图 2、图 3 中的设计同七〇八所的设计也不一样，还认为被告上海专利局无权处理本案。被告则提出完全相反的观点。庭审中原告还认为被告提供的匿名信和电话录音不能作为本案证据。双方对行政执法程序均无异议。以上事实有被告上海专利局提供的图纸，调处笔录，鲁少华、余伟成、谭德安、张汉臣的陈述笔录所证实，且与七〇八所提供的蔡凤珠、施永生、高恳海的陈述笔录以及上海市第二中级人民法院的庭审笔录相印证。原告蔡根发本人也作了部分承认。

3. 一审判案理由

法院认为：原告蔡根发申请专利所提供的三张图纸，一张是七〇八所所有，另二张也系取自于七〇八所。被告上海专利局认定原告蔡根发申请专利中的图纸，均取自于七〇八所的事实正确。被告上海专利局所提供的匿名“检举信”和电话录音证据，虽不能作为定案依据，但并不影响对上述事实的认定。原告蔡根发诉称其在 1985 年完成“电泵抽水马桶”构思，但未能提供当时的设计图纸和最后完成设计的证据，故原告主张“电动化粪便器”的专利应属于他所有的理由不充分。原告蔡根发认为其所申请专利的说明书摘要附图 1 不是专利保护对象的理由不能成立，原告蔡根发申请专利的图纸与七〇八所设计的图纸相比，不影响技术方案要实施的目标，故原告蔡根发提出所争议的专利应属其发明创造的理由于法相悖。原告蔡根发认为被告上海专利局无权处理专利权属纠纷的理由不能成立。行政赔偿请求的理由不能成立。被告上海专利局所作处理决定，认定事实清楚，证据确凿，程序合法，适用法律正确。

4. 一审定案结论

上海市第一中级人民法院根据《中华人民共和国行政诉讼法》第五十四条第（一）项、第六十七条之规定，判决如下：

（1）维持被告上海专利局 1995 年 8 月 1 日作出的沪专法字（95）第 07 号处理决定。

（2）驳回原告蔡根发的赔偿请求。

案件受理费人民币 100 元，由蔡根发负担。

（三）二审诉辩主张

1. 上诉人（原审原告）诉称：上海专利局认定上诉人是根据通过不正当手段取得的设计图纸完成专利设计，专利技术明显取自七〇八所的“泵式抽水马桶”的设计图纸，并认定该专利是七〇八所职工的职务发明，属认定事实不清。上诉人确在专利申请阶段使用了七〇八所“泵式抽水马桶”的外型示意图，但该图只是现有技术，法律对现有技术的使用未作限制。上诉人取得该图纸是通过正当手段得到的。故要求判令撤销（1995）沪一中行初字第 4 号行政判决与上海专利局沪专法字（95）第 07 号处理决定。

2. 被上诉人（原审被告）辩称：1995 年 8 月 1 日所作沪专法字（95）第 07 号处理决定合法，原审法院判决正确，要求维持原审判决。

（四）二审事实和证据

法院经审理查明：被上诉人于 1995 年 5 月 10 日立案受理七〇八所请求调处电动化粪便器组件专利权属纠纷一案。请求人七〇八所认为被请求人蔡根发通过不正当手段偷盗复制该设计图纸，并因此取得专利号为 93226698 的实用新型专利。请求上述专利归七〇八所持有。被上诉人对纠纷双方进行调解未果，遂于 1995 年 8 月 1 日作出沪专法字（95）第 07 号专利管理处理决定。处理决定已分别送达纠纷双方当事人。上诉人不服该处理决定，向原审法院提起行政诉讼，请求撤销上述处理决定，并请求行政赔偿人民币5万元整。

被上诉人作出上述处理决定时认定：1.请求人于1987年6月完成“泵式抽水马桶”的设计，设计人为巴本隆、余伟成、王子龙等。该项目于1989年9月获得上海科学院科技进步二等奖。2.被请求人所称于1985年6月设计的“电泵马桶”泵箱与其申请专利的“电动化粪便器”泵箱在结构上是不同的。3.被请求人申请专利的“电动化粪便器”是被请求人根据通过不正当手段取得的请求人的上述“泵式抽水马桶”的设计图纸完成的，“电动化粪便器”的总体外观设计完全照搬七〇八所“泵式抽水马桶”的设计，其各结构部件包括泵体也是完全按照七〇八所“泵式抽水马桶”有关部件图纸再设计的，其“电动化粪便器”设计最终体现在上述专利权利要求中的技术方案与“泵式抽水马桶”完全相同。被上诉人据此认为：被请求人的上述专利明显取自请求人的“泵式抽水马桶”的设计图纸，被请求人申请专利的上述“电动化粪便器组件”是七〇八所职工执行本单位的任务所完成的职务发明创造，决定：“电动化粪便器组件”实用新型专利（专利号93226698）应归七〇八所持有，本案受理费人民币100元由蔡根发负担。

诉讼中，被上诉人向法院提交的证据材料包括：七〇八所1987年6月18日的科研课题任务书，沪科院鉴(88)03号技术鉴定书，授予七〇八所研制DBT电泵抽水马桶项目1989年上海科学院技术进步奖二等奖的奖状等，以证明七〇八所研制“电泵抽水马桶”并获奖的事实。同时提供了由上诉人于1995年7月18日绘制的其1985年10月完成的电泵马桶样机草图和上诉人申请上述专利时使用的说明书附图，以证明上诉人前后设计的两种泵箱在结构上是不同的。被上诉人提交的证据材料还包括，上诉人申请该项实用新型专利的申请文件，七〇八所设计的“泵式抽水马桶”的相关图纸，根据何思远与王寿华电话通话录音整理的书面材料，1995年12月12日对谭德安、马维麟、张汉臣的调查笔录，以证明上诉人通过不正当手段取得七〇八所“泵式抽水马桶”设计图，并使用该技术取得前述专利。

上诉人对被上诉人认定的事实和提供的证据持有异议，认为“泵式抽水马桶”是仿制国外同类产品，因此不属发明创造，国外同类产品介绍材料可予证明。其1985年的电泵马桶只是初步设计，通过改进后用以申请专利的设计与原设计不同是正常的。其使用的七〇八所“泵式抽水马桶”外观设计图是通过帮助七〇八所下属工厂试制泵箱电机而取得的；其取得专利的“电动化粪便器组件”在设计上与七〇八所“泵式抽水马桶”存在多处不相同；何思远未经王寿华同意所作的电话录音，不能作为证据使用。对此，上诉人提供了上海伟星电机厂与七〇八所八〇工厂就单相电容运转电机签订的工业产品购销合同书，两种设计的技术与结构对照表，对郭美箐、周坚的调查笔录和最高人民法院法复[1995]2号批复为证。

诉讼中，第三人七〇八所认为被上诉人作出的前述处理决定是合法的，并向法院提交了1995年2月22日对施永生、高垦海的询问记录和1995年5月9日对施永生、1995年9月19日对高垦海的询问记录，证明周坚曾将七〇八所“泵式抽水马桶”全套设计图纸由施永生处拿到高垦海处进行复印。

以上证据材料法庭进行了审核，查明何思远将其与王寿华的电话通话进行录音，没有取得王寿华的同意；前述工业产品购销合同中不存在关于提供设计图纸的内容；七〇八所在被上诉人作出处理决定前，未向被上诉人提供对施永生、高垦海的询问记录。

（五）二审判案理由

法院认为：被上诉人作出上诉人取得的专利号为93226698的“电动化粪便器组件”实用新型专利应归七〇八所持有的处理决定，认定的主要事实是上诉人通过不正当手段取得七〇八所“泵式抽水马桶”的设计图纸，并以该图纸作为再设计的技术基础，完成其申请专利的“电动化粪便器组件”技术设计；上诉人的专利技术方案明显取自七〇八所的“泵式抽水马桶”设计。被上诉人证明上述事实的证据有三。其一，上诉人申请专利使用的图纸之一与七〇八所的相应图纸完全相同；图纸之二、之三的设计，在结构上与七〇八所的相应图纸完全相同。这一证据虽能证明“电动化粪便器组件”设计最终体现在专利权利要求中的技术方案与“泵式抽水马桶”完全相同，但不足以证明这种相同与上诉人通过不正当手段取得七〇八所设计图纸有直接关系。其二，何思远与王寿华的电话通话录音材料。根据最高人民法院法复［1995］2号批复，未经对方同意而录制的录音，不能作为证据。上诉人对这一录音证据材料的异议成立。其三，1995年12月12日对谭德安、马维麟、张汉臣的调查笔录。此证据虽可证明与上诉人通过不正当手段取得七〇八所“泵式抽水马桶”设计图纸相关的部分事实，但此证据取得于被上诉人作出被诉处理决定之后，不能用以证明被上诉人作出被诉处理决定时所认定的事实。本案诉讼中，第三人七〇八所向法庭提供的对施永生、高垦海的询问记录，可以证明其“泵式抽水马桶”设计图纸被非法复制的过程。但第三人在被上诉人作出被诉处理决定前未提供给被上诉人，故不足以作为被上诉人作出被诉处理决定认定事实清楚的根据。因此，被上诉人作出被诉处理决定的主要证据不足，应予撤销，并应重新作出具体行政行为；一审法院在被诉具体行政行为主要证据不足时，判决维持被诉处理决定不当，应予改判。因上诉人放弃行政赔偿请求，本院对此不再处理。

（六）二审定案结论

上海市高级人民法院根据《中华人民共和国行政诉讼法》第五十四条第（二）项第一目、第六十一条第（三）项的规定，判决如下：

1. 撤销上海市第一中级人民法院（1995）沪一中行初字第4号行政判决。

2. 撤销上海市专利管理局1995年8月1日作出的沪专法字（95）第07号专利管理处理决定。

3. 上海市专利管理局于收到本判决书之日起三个月内，重新作出处理决定。

一审案件受理费、上诉案件受理费人民币各100元，由上海市专利管理局负担。

（七）解说

上海市专利管理局处理的是一起专利权属争议，作为行政案件，一、二审法院都紧紧围绕着专利局的处理决定进行审查是正确的，而一、二审法院判决相佐的根本原因还是在于对事实和证据的分析与认定。

上海专利局认定蔡根发所称的于1985年6月设计的“电泵马桶”泵箱与其申请专利的“电动化粪便器”泵箱在结构上是不同的，并对这一事实提供了以下证据：1995年6月8日对余伟成的调查笔录、余伟成所写的情况说明、1995年7月7日对鲁少华的询问笔录、蔡根发于1995年7月18日在上海专利局调解时所画的其1985年制作的“电泵马桶”样机草图一张、申请“电动化粪便器组件”实用新型专利说明图一份等。上海专利局所举的这些证据，能够得到的惟一结论是，两种电泵便器结构上明显不同，蔡根发亦承认当时是初步方案。

上海专利局认定蔡根发申请专利的“电动化粪便器”是根据通过不正当手段取得的七

〇八所的"泵式抽水马桶"的设计图纸完成的，"电动化粪便器"的总体外观设计完全照搬七〇八所"泵式抽水马桶"的设计，其各结构部件包括泵体也是完全按照七〇八所"泵式抽水马桶"有关部件图纸再设计的，其电动化粪便器设计最终体现在上述专利权利要求中的技术方案与"泵式抽水马桶"完全相同。由此得到的结论是，蔡根发的上述专利明显取自七〇八所的"泵式抽水马桶"的设计图纸。上海专利局为证明此节事实，提供了两份证据，一是一份不署名的检举信，二是根据何思远与王寿华的电话通话录音整理的材料。匿名检举信因无法质证核实不能作为证据；何思远在未经王寿华同意的情况下，对双方通话进行录音，根据最高人民法院法复［1995］2号批复："未经对方当事人同意私自录制其谈话，系不合法行为，以这种手段取得的录音资料，不能作为证据使用。"基于上述理由，一、二审法院均没有采信上述证据是正确的。尽管在诉讼中，七〇八所向法庭提供了1995年12月对谭德安和张汉臣的调查笔录，1995年2月、1995年5月对施永生的询问记录，1994年9月对高垦海的询问记录，这些材料能够说明蔡根发是如何通过七〇八所周坚，将"泵式抽水马桶"的全套设计图纸复印后，再根据该图纸部分改变设计的。但这部分证据都没有在专利局调处过程中提交，属于上海专利局处理后才获得的证据材料，不能作为上海专利局的定案证据。因此，关于蔡根发以不正当手段取得七〇八所"泵式抽水马桶"设计图纸的事实不能认定，仅根据双方设计基本相同的情况，不能得出图2、图3是按七〇八所相应图纸再设计的结论。

一审法院所认定的蔡根发申请的图纸与七〇八所设计的图纸相比，不影响技术方案要实施的目标，故蔡根发提出所争议的专利应属其发明创造的理由与法相悖。上述认定概念模糊，且未针对具体行政行为是不正确的。

二审法院主要基于以上理由认为，一审法院所作判决认定事实不清，主要证据不足，依法予以改判，同时判决被上诉人重新处理。

（袁　玮）

40. 吴捷辉不服奇台县专卖事业管理局处罚决定案

（一）首部

1. 判决书字号

一审判决书：新疆维吾尔自治区奇台县人民法院（1995）奇行初字第7号。

二审判决书：新疆维吾尔自治区昌吉回族自治州中级人民法院（1996）昌中行终字第8号。

2. 案由：不服烟草行政处罚决定案。

3. 诉讼双方

原告（上诉人）：吴捷辉，男，汉族，37岁，奇台县城镇广联综合商店业主，住奇台镇三会八组101号。

一、二审委托代理人：高金龙，新疆维吾尔自治区吉木萨尔县律师事务所律师。

被告（被上诉人）：新疆维吾尔自治区奇台县专卖事业管理局（下称专卖管理局）。

法定代表人：李凤成，局长。

一、二审委托代理人：张新生，乌鲁木齐市第一律师事务所律师。

一、二审委托代理人：聂立春，乌鲁木齐市第一律师事务所律师。

4. 审级：二审。

5. 审判机关和审判组织

一审法院：新疆维吾尔自治区奇台县人民法院。

合议庭组成人员：审判长：李勇德；审判员：石长宽、丁国成。

二审法院：新疆维吾尔自治区昌吉回族自治州中级人民法院。

合议庭组成人员：审判长：史孝功；审判员：李海州、谢永德。

6. 审结时间

一审审结时间：1996 年 2 月 2 日。

二审审结时间：1996 年 9 月 19 日。

（二）一审情况

1. 一审诉辩主张

（1）被诉具体行政行为：1993 年 8 月，被告专卖管理局指出原告吴捷辉在销售烟草制品过程中有批发销售行为，要其交待有无违法经营情况并写出书面检查。原告未予理睬。1995 年 4 月 27 日，被告与其他有关单位联合对原告的经营烟制品情况进行检查，扣押了原告的卷烟 357 件，并于同年 9 月 25 日作出了关于对吴捷辉违法经营烟草专卖制品一案的处理决定书，对原告进行了没收假冒烟、罚款和强行收购、扣押卷烟等四项处罚。原告对被告的处罚决定不服，向奇台县人民法院提起诉讼。

（2）原告吴捷辉诉称：被告对其的处罚决定，无事实根据，适用的法律也是错误的，属于违法具体行政行为，请求法院予以撤销，并判令被告赔偿经济损失。

（3）被告专卖管理局辩称：我局对原告的处罚决定，有充分的事实根据和法律依据，是合法的具体行政行为，请求人民法院予以维持，驳回原告的诉讼请求。

2. 一审事实和证据

奇台县人民法院经审理查明：1991 年，原告吴捷辉经向被告专卖管理局申请，领取了烟草专卖零售许可证，并开始经销烟草制品。到 1993 年 8 月，被告在准备给原告办理换发新的许可证时，向原告指出其在销售烟草制品过程中有批发行为，责令原告在烟草专卖证年表上填写有无违法经营的情况并写出书面检查，于两日内交给被告。原告没有按被告的要求填写烟草专卖证年表和写出书面检查，也没有去被告处换新的烟草经营许可证。此后，原告在无烟草零售许可证的情况下继续经销烟草制品有一年零七个月时间。期间，被告对原告无证经营烟草制品的违法行为曾予以制止，但原告自恃有有关机关发给的营业执照（该执照有经营烟草制品的项目）而不予理睬。1995 年 4 月 27 日，被告专卖管理局与乌鲁木齐烟草专卖局等五个单位在联合检查奇台县烟草市场中对吴捷辉的商店进行检查，以吴捷辉无证非法经营烟草制品为由扣押吴的价值 3 万元的卷烟。1995 年 5 月 29 日，被告会同有关部门在对原告吴捷辉进行询问、调查时，吴承认其无证经营烟草制品一年零七个月，年批发额 30 万元，月销售卷烟 18 件。随后，被告于 1995 年 9 月 25 日作出了关于对吴捷辉违法经营烟草专卖制品一案的处理决定书，认定：（1）吴捷辉违反了国家烟草专卖局（1992）56 号文件和（1993）24 号文件规定，从非法渠道购进卷烟假冒烟 357 件，价值 47.5 万元；（2）吴捷辉对全部非法购进的卷烟的运送，均没有向烟草专卖部门办理准运证，属无证运输，违反了《中华人民共和国烟草专卖法》第三十三条的规定；（3）吴捷辉在非法经营烟草专卖制品过程中，无证批发卷烟306件，总价值为47.53万元，违反了《中华人民共和国烟草专卖法》第三十三条的规定；（4）吴捷辉非法购进特种烟“马歇尔”卷烟282条，违反了《中华人民共和国烟草专卖法》第三十四条及国家烟草专卖局、国家工商局、公安部、海关总署《关于打击卷烟走私整顿卷烟市场的通告》第二款、第四款的规定。据此，被告专卖管理局对原告吴捷辉作出处罚决定：（1）依据《烟草专卖行政处罚规定》第十四条，处以非法渠道进货总额10%的罚款，即47.5万元×10%＝47 500元；没收黄红梅卷烟68条、红塔山卷烟2条。（2）依据《烟草专卖行政处罚规定》第八条，处以20%的罚款，即47.5万元×20%＝95 000元，按照国家规定的价格70%收购扣押的卷烟2196条。(3)依照《烟草专卖行政处罚规定》第十条，处以批发总额20%的罚款并没收非法所得，即47.5万元×20%＝95 000和23 750元。（4）依据国家烟草专卖局、工商局、公安部、海关总署的通告第二、四款之规定，处以特种烟货值5倍的罚款，没收非法经营的货物及违法所得，即282条×5元＝1410元×5倍＝7050元；没收特种烟“马歇尔”282条；没收违法所得18条×6元＝108元。上述处罚总额为268 408元，限一个月内交专卖分局。

上述事实有下列证据证明：

（1）双方当事人的陈述。

（2）被告专卖管理局作出的关于对吴捷辉违法经营烟草专卖制品一案的处理决定书》。

（3）工商行政管理机关给吴捷辉制发的营业执照。

（4）专卖管理局给吴捷辉制发的烟草专卖零售许可证。

（5）吴捷辉购烟批发发票。

3. 一审判案理由

奇台县人民法院经审理认为：原告吴捷辉在1993年换证时，未取得新的烟草专卖零售许可证，继续经营烟草制品一年零七个月，其行为属无证经营烟草制品的违法行为。被告专卖管理局对吴捷辉无证经营烟草制品采取扣留措施是合法的；认定吴捷辉无准运证非法运输烟草制品和无烟草专卖批发许可证的情况下批发卷烟价值475000元的事实正确，依据《烟草专卖行政处罚规定》第八条、第十条之规定作出处罚并无不当。专卖管理局认定吴从非法渠道购进卷烟、假冒烟357件并对吴作出处罚，证据不足，适用法律不当；专卖管理局扣押吴捷辉的“马歇尔”卷烟282条、黄红梅卷烟68条、软盒红塔山卷烟2条，经有关部门鉴定为“没有注册的卷烟”和“假冒他人注册的卷烟”，其鉴定结论有效，但根据《中华人民共和国烟草专卖法》第三十六条之规定，对该行为的行政处罚权属工商行政管理机关，专卖管理局对吴捷辉作出处罚属越权行为。

4. 一审定案结论

奇台县人民法院根据《中华人民共和国行政诉讼法》第五十四条第（一）项和第（二）项之规定，判决如下：

1. 维持被告奇台县专卖事业管理局（1995）001号处理决定书第二、三项对原告吴捷辉的处罚。

2. 撤销被告奇台县专卖事业管理局（1995）001号处理决定书第一、四项对原告吴捷辉的处罚。

本案受理费6530元，原告承担4830元，被告承担1700元。

（三）二审诉辩主张

1. 上诉人吴捷辉诉称：1993 年 8 月，我将烟草专卖零售许可证交予专卖管理局审查，专卖管理局在没有任何证据的情况下，说我变相批发卷烟，要我写检查，否则不给我换证。我因没有批发过卷烟，就没有写检查。在一年多时间里，我多次要求专卖管理局给我换证，均被拒绝，我只好一边卖烟一边与专卖管理局交涉，在这期间没有任何人制止我卖烟。我不是无证经营卷烟，我根本没有批发过卷烟。1995 年 5 月 30 日专卖管理局在对我传讯、非法拘禁时，我曾承认每年批发卷烟金额有 30 万元，此供认是违心的，决不能作为定案的依据。专卖管理局认定我无准运证非法运输烟草制品价值达 47.5 万元，是错误的，我从奇台县、吉木萨尔县烟酒公司进烟，无需准运证，且不是在运输过程中被查获的。请求二审法院依法撤销原审判决中的第一项，同时撤销奇台县专卖管理局（95）001 号决定中第二项、第三项对我的处罚。

2. 被上诉人专卖管理局辩称：本局 1995 年 4 月对吴捷辉经营烟草制品检查时，查实吴有以下严重违法行为：无证经营烟草制品一年零七个月；从非法渠道进卷烟，且未向烟草专卖管理机关办理准运证而从事无证运输；购销假冒他人注册商标卷烟；无证批发卷烟等。上诉人的上述行为，严重违反《烟草专卖法》第二十二条、第二十四条、第三十一条、第三十三条及有关政策法规。我局对吴捷辉作出的（1995）001 号处理决定是完全正确的，合法有效的。我局认为，一审判决撤销（1995）001 号处理决定第一项是错误的，望二审法院予以纠正。

（四）二审事实和证据

二审法院经审理查明：上诉人吴捷辉经向工商行政管理局申请，于 1992 年 5 月 11 日领取了个体营业执照，编号为奇个字第 610 号，经营范围有糖果、调味品、烟酒等。1995 年 1 月 2 日，工商行政管理机关因吴捷辉的申请，对该营业执照作了变更登记，核发了新的营业执照，号码为 94040068 号，名称为奇台县广联综合经销中心，资金 5 万元，经营范围有烟酒、糖果、乳制品等，经营方式为批量经销和零售，有效期从 1995 年 1 月 2 日至 1998 年 12 月 31 日止。1992 年 9 月 15 日，吴捷辉又向被告专卖管理局申请领取了烟草专卖个体零售许可证，编号为奇烟专个字第 627 号，经营范围为卷烟、雪茄。1993 年 8 月，专卖管理局根据自治区烟草专卖局《关于换发烟草专卖许可证的通知》的要求，在审验换发吴捷辉的烟草专卖零售许可证时，认为吴捷辉有变相批发卷烟的行为，告知吴捷辉写出检查才能换证。吴捷辉认为其没有批发过卷烟，拒写检查，被告即不给吴捷辉换发新的烟草专卖零售许可证。吴捷辉认为其营业执照上有经营烟酒之项目，继续经营卷烟。

1995 年 4 月 27 日，乌鲁木齐烟草专卖管理分局与奇台县专卖管理局联合进行执法检查时，把吴捷辉列为重点检查的对象，对吴捷辉经营的商店全面检查，当即扣押吴捷辉经营的各类卷烟 2478 条。1995 年 5 月 19 日，乌鲁木齐烟草专卖局出具证明称，奇台县专卖局送检的黄红梅 68 条、软盒红塔山 2 条，经检测为“假冒卷烟”；送检的“马歇尔”卷烟为“没有注册的卷烟”。1995 年 6 月 20 日，玉溪卷烟厂烟草质量检测站出具鉴定证明称，奇台县专卖管理局送检的黄红梅卷烟及软盒红塔山卷烟为“假冒伪劣卷烟”。专卖管理局扣押吴捷辉各类卷烟 2478 条，扣押“马歇尔”卷烟 282 条，自行认定这些卷烟的价值为 36267 元。1995 年 9 月 25 日，专卖管理局作出（1995）001 号关于对吴捷辉非法经营烟草专卖制品一案的处理决定。

二审法院认定的证据与一审法院认定的证据相同。

（五）二审判案理由

二审法院经审理认为：原审判决以证据不足、适用法律不当和超越职权为由，依法撤销奇台县专卖管理局作出的（1995）001号处理决定中第一项、第四项对吴捷辉的行政处罚是正确的，应予维持。吴捷辉在未取得新的烟草专卖许可证的情况下，经销卷烟，属违反《中华人民共和国烟草专卖法》的行为，应由有关行政执法机关依法处理。玉溪卷烟厂烟草质量检测站对专卖局送检的黄红梅、软盒红塔山、"马歇尔"卷烟所作出的鉴定结论应予采信。专卖管理局认定吴捷辉从非法渠道购进卷烟357件、价值认定为47.5万元，没有充分证据证实，而只有吴捷辉在1995年5月30日凌晨被联合执法检查人员传到奇台宾馆后承认其变相批发卷烟一年零七个月、年批发额30万元的言词，但后来其否认所承认的事实。管理局没有向法庭提供证据证实吴捷辉有违反上述规定的行为。参照自治区烟草专卖局1995年8月21日作出的新烟专办字（1995）25号《关于区内案件处罚审批权限的通知》的规定，处罚金额在10万元以上50万元以下或者违法经营额在20万元以上100万元以下的案件，必须报自治区烟草专卖局审批。但专卖管理局对吴捷辉处罚金额达268408元，未有证据证明是经区烟草专卖局审批的，实属越权行为。吴捷辉上诉部分理由成立，本院予以采纳。原审判决维持管理局（95）001号处理决定第二项、第三项不当，应予更正。

（六）二审定案结论

昌吉回族自治州中级人民法院依照《中华人民共和国行政诉讼法》第六十一条第（三）项、第五十四条第（二）项第一、二、四目和最高人民法院《关于贯彻执行〈中华人民共和国行政诉讼法〉若干问题的意见（试行）》第七十九条之规定，判决如下：

1. 维持奇台县人民法院（1995）奇行初字第7号行政判决书的第二项。

2. 撤销奇台县人民法院（1995）奇行初字第7号行政判决书的第一项。

3. 撤销奇台县专卖事业管理局作出的（1995）001号处理决定书的第二项、第三项对吴捷辉的处罚。

4. 由奇台县专卖事业管理局在两个月内重新作出具体行政行为。

本案一审受理费6530元，二审案件上诉费6530元，由奇台县专卖事业管理局负担。

（七）解说

本案被告对原告作出的处罚决定，属于违法具体行政行为。

1. 主要证据不足。《中华人民共和国行政诉讼法》第三十二条规定："被告对作出的具体行为负有举证责任，应当提供作出该具体行政行为的证据和所依据的规范文件。"根据此规定，被告作为行政机关，对其作出的具体行政行为是否合法负有举证责任，如果不能举出相应的证据，被告就要承担败诉的后果。本案被告作出处罚决定，认定原告从非法渠道购进卷烟357件后进行批发销售，认定原告无证运输这些卷烟，并据此予以处罚，其应该根据《中华人民共和国行政诉讼法》的规定，向法院提供相应的证据证明原告确实有这些违法行为。但从一、二审法院查明的情况看，被告并没有掌握能够证明原告有这些违法行为的证据，而只是根据原告被限制人身自由时的违心的供认所作出一种推测，这显然不能作为处罚的证据。因此，被告认定原告有批发销售、无证运输卷烟的违法行为并予处罚，主要证据不足。

2. 适用法律、法规错误。适用法律、法规错误，一般表现在被诉具体行政行为适用了不应当适用的法律、法规规范和没有适用应当适用的法律、法规规范。本案被告对原告的处罚决定，第一项是“依据《烟草专卖行政处罚决定》（下称《决定》）第十四条，处以非法进货总额10%的罚款”。该《决定》第十四条规定：“不按规定跨省购销卷烟、雪茄烟的，对购销双方各处以相当批发总额10%以上、20%以下的罚款。”原告是从本自治州内的奇台县、吉木萨尔县购烟，不存在“跨省购销烟”的问题，被告依据上述《决定》第十四条对原告处罚显属适用法规错误。被告的处罚决定第二项是依据《决定》第八条，对原告处以20%的罚款，按国家规定的价格70%收购扣押的卷烟2196条。该《决定》第八条第一款规定：“无准运托运证、自运烟草专卖品，依照《中华人民共和国烟草专卖法》第三十一条规定处罚的，按照其违法运输的烟草专卖品总值20%以上、50%以下的标准处以罚款；并可以按照国家规定的价格的70%或者当地市场价的70%收购违法运输的烟草专卖品。”《中华人民共和国烟草专卖法》第二十二条规定：“托运或者自运烟草专卖品必须持有烟草专卖行政主管部门或者烟草专卖行政主管部门授权的机构签发的准运证；无准运证的，承运人不得承运。”根据这些规定，无准运证长途运输烟草专卖品，并且在运输过程中查获的，才能被认为是无准运证运输烟草专卖品的违法行为。原告从邻近的县市将卷烟购回，不属长途运输卷烟，而且被告也不是在原告运输过程中查获了原告的卷烟，而只是在其商店将卷烟扣押。因此，被告根据《决定》第八条对原告予以处罚，显然属适用法律、法规错误。

3. 超越职权。本案被告对原告作出的处罚决定，超出了法律、法规授予的权限，存在纵向的越权问题。新疆维吾尔自治区烟草专卖管理局1995年8月21日发出的《关于区内案件处罚审批权限的通知》明确规定：“处罚金额在10万以上50万元以下或者违法经营额在20万元以上100万元以下的案件，必须报经自治区烟草专卖管理局审批。”被告的处罚决定认定原告违法经营额475000元，对原告的处罚金额达268408元，根据上述通知的要求，被告对原告的处罚，必须报经自治区烟草专卖管理局审批后方可行使。但被告没有这样做，应认为是一种纵向超越职权的表现。

综上分析可见，被告对原告的行政处罚决定，存在主要证据不足、适用法律、法规错误和超越职权的问题，属于违法具体行政行为。一审法院根据《中华人民共和国行政诉讼法》第五十四条第（一）项和第（二）项规定，判决部分维持和部分撤销被告的处罚决定不妥；二审法院根据《中华人民共和国行政诉讼法》第六十一条第（三）项、第五十四条第（二）项第一、二、四目和最高人民法院《关于贯彻执行〈中华人民共和国行政诉讼法〉若干问题的意见（试行）》第七十九条之规定，对原审判决撤销被告的处罚决定第一、四项的部分予以维持，对原审判决维持被告的处罚决定第二、三项的部分予以撤销，并确定由被告在两个月内重新作出具体行政行为，是适当的。

此外，原告销售“倒卖卷烟”和“没有注册的卷烟”，应认定是违法行为，根据《中华人民共和国烟草专卖法》第三十六条的规定，这种违法行为应由工商行政管理部门查处。但从整个案件情况看，原告的这种违法行为没有受到工商行政管理部门的处理，这不能不认为是行政执法不严的表现。法院在审理此案中，应该就这个问题向有关部门提出书面司法建议。

（杨善明）

九、国家赔偿案例

41. 牛建宇请求北京市海淀区人民政府八里庄街道办事处行政赔偿案

（一）首部

1. 判决书字号

一审判决书：北京市海淀区人民法院（1996）海行初字第2号。

二审判决书：北京市第一中级人民法院（1996）一中行终字第23号。

2. 案由：请求行政赔偿案。

3. 诉讼双方

原告（被上诉人）：牛建宇，男，28岁，北京市西城区工商行政管理局干部，住北京市西城区铁路巷5号楼1单元303室。

被告（上诉人）：北京市海淀区人民政府八里庄街道办事处，住所地：北京市海淀区北洼路36号。

法定代表人：张忠，主任。

一、二审委托代理人：林德江，男，该办事处副主任。

4. 审级：二审。

5. 审判机关和审判组织

一审法院：北京市海淀区人民法院。

合议庭组成人员：审判长：王燕；人民陪审员：施燕涛、陆友才。

二审法院：北京市第一中级人民法院。

合议庭组成人员：审判长：刘景文；代理审判员：吴月、李正旺。

6. 审结时间

一审审结时间：1996年3月20日。

二审审结时间：1996年5月7日。

（二）一审诉辩主张

1. 被诉具体行政行为：北京市海淀区八里庄街道办事处（以下简称八里庄办事处）于1995年8月25日，在未通知牛建宇到场的情况下，将牛建宇的报刊亭拆除存放他处，对亭内报刊未予登记，亦未指定专人保管，造成物品灭失。

2. 原告诉称：原告承包经营北京华兴开发公司所属位于被告所辖定慧寺东里5号楼前

的报刊亭，各种证、照手续齐全、有效。1995年8月21日，被告违法将其报刊亭拆走，亭内待售书刊、物品及亭体不知去向。其系承包经营，书刊、物品皆系个人出资所购。事后，其多次要求被告予以赔偿，均遭拒绝。请求法院判令被告赔偿其财产损失、无法经营丧失的收入13200元。

3. 被告辩称：原告经营的报刊亭系私搭乱建的棚亭，该办事处依据区政府的指示予以拆除，系依法行政，原告的索赔理由不成立，请求法院驳回原告的起诉。

（三）一审事实和证据

法院经审理查明：牛建宇原系北京华兴开发公司的职工，承包经营该公司所有的位于海淀区定慧寺东里5号楼前的报刊亭。根据租赁承包协议，华兴公司为牛建宇提供报刊亭及各种许可证，牛建宇自负盈亏，自行交纳水、电费及占地费，且每月应向华兴公司交纳租金、管理费、税金共计600元。华兴公司仅于1993年向公安交通管理部门领取了当年有效的临时占用道路执照，1994年、1995年两年均未领取棚、亭、阁临建占路许可证。1995年8月17日，牛建宇对报刊亭内的待售书刊进行清点后暂停营业，经清点书刊码洋为8097.03元。当月，八里庄办事处根据海淀区政府的要求对辖区内定慧寺小区的环境进行整治，对其认定为违法建设、违法占地的，通知房主限期拆除；违者，则由其会同规划局、综合治理办公室依法强制执行拆除，损失自负。由于牛建宇当时未营业，八里庄办事处未通知到其本人，而是将载有上述内容的紧急通知贴在报刊亭上。同年8月25日，在牛建宇未到场的情况下，八里庄办事处将报刊亭拆除存放他处，对亭内书刊、杂物未予登记，未指定专人看管，上述物品现已灭失。另查，当时北京图书批发市场通行的批发折扣率为75%。

上述事实有如下证据为证：

1. 营业执照。

2. 新闻出版局经营许可证。

3. 企业代码证书。

4. 灭失财物清单。

5. 证人证言。

6. 当事人陈述。

（四）一审判案理由

法院认为：被告作为区人民政府的派出机关，应在其辖区内依法行使法律赋予的行政管理职能。现行法律、法规、规章均未规定被告拥有对违法建设、违法占地的处罚权和强制拆除权。被告将原告经营承包的报刊亭予以拆除，超越法定权限，系越权、违法的行政行为；而且，被告在拆除过程中，对亭内原告所有的书刊、杂物不予登记、保管，以致遗失，应当承担由此给原告造成的实际损失。其中书刊损失应从总码洋中扣除批发折扣，杂物损失本院予以酌情认定。原告连续二年未持有占道许可证，其经营手续不齐全，其要求被告赔偿经营性收入损失及生活费用的请求证据不足，本院不予支持。

（五）一审定案结论

北京市海淀区人民法院依照《中华人民共和国行政诉讼法》第五十四条第（二）项第四目、《中华人民共和国国家赔偿法》第四条第（四）项的规定，于1996年3月20日作出如下判决：

1. 确认被告北京市海淀区人民政府八里庄街道办事处拆除原告牛建宇承包经营的报

刊亭的行为违法。

2. 被告北京市海淀区人民政府八里庄街道办事处赔偿原告牛建宇经济损失 6622.77 元。

诉讼费 628 元，原告牛建宇负担 263.09 元，被告北京市海淀区人民政府八里庄街道办事处负担 364.91 元。

（六）二审情况

1. 二审诉辩主张

上诉人八里庄办事处诉称：被上诉人拒不执行限期拆除的政府通知，本办事处组织有关部门对该报刊亭强行拆除是合理合法的，由此造成的一切损失应由其自负。请求二审法院撤销原判，确认该办事处的拆除行为合法并驳回被上诉人的赔偿请求。

被上诉人牛建宇同意原判。

2. 二审事实和证据

被上诉人原系北京华兴开发公司的职工，承包经营该公司所有的位于海淀区定慧寺东里 5 号楼前的报刊亭，由其自行缴纳水、电费及占地费，同时每月向公司交纳租金、管理费和税费共计 600 元。该公司负责为其提供报刊亭和办理经营所需的各种许可证，并在交通管理部门办理了该报刊亭 1993 年当年有效的临时占地许可证，但 1994 年、1995 年的占地手续没有办理。1995 年 8 月，被上诉人对其报刊亭内的书刊进行清点，码洋为 8097.03 元，随后暂停营业。当月，上诉人对其辖区内定慧寺小区进行整治，对其认定为违法建设、违法占地的，责令房主限期拆除，违者，则由其会同规划局、综合治理办公室依法强制拆除，损失自负。上诉人对被上诉人承包经营的报刊亭发出了限期拆除的通知，并分两次张贴于报刊亭上。因被上诉人未营业，没有收到该通知。同月 25 日，上诉人在被上诉人未到场的情况下，将报刊亭拆除存放他处，对报刊亭内的书刊、杂物未予登记、保管，现已灭失。另查明，目前北京市图书批发市场通行的批发折扣率为 75%；报刊亭内杂物估算价值为 550 元。

3. 二审判案理由

上诉人八里庄街道办事处作为北京市海淀区人民政府的派出机关，应在法律赋予的职权范围内依法行政，其强行拆除被上诉人承包经营的报刊亭的行为，没有明确的法律授权，属于超越职权的违法行政行为；由此给被上诉人造成的直接经济损失应予赔偿。一审判决适用的书刊折扣方法、杂物酌情赔偿及因经营手续不齐全而对经营损失不予考虑是正确的。原审判决认定事实清楚，适用法律并无不当，程序合法，应予维持。

4. 二审定案结论

北京市第一中级人民法院依照《中华人民共和国行政诉讼法》第六十一条第（一）项的规定，作出如下判决：

驳回上诉，维持原判。

二审案件受理费 628 元，由上诉人北京市海淀区人民政府八里庄街道办事处负担。

（七）解说

本案有两个问题值得分析。

1. 对被告的行为性质的分析与评价。

一段时期以来，街道办事处参与查处违法建设、拆除违法建设的事例频频见诸报端，对这种行为如何评价，是处理本案的核心问题。

依法行政是各级行政机关实施行政管理行为时必须遵循的准则。依法行政是指行政机关行使行政权力、管理公共事务必须由法律授权并依据法律规定。依法行政的首要内容是职权法定。职权法定要求行政机关必须在法律规定的职权范围内活动，凡是法律没有授予职权的，行政机关不得为之。

《中华人民共和国地方各级人民代表大会和地方各级人民政府组织法》第五十九条第三款规定："市辖区、不设区的市的人民政府，经上一级人民政府批准，可以设立若干街道办事处，作为它的派出机关。"这就明确了街道办事处是基层人民政府的派出机关，它不是一级政府，它的职能应是协助政府对本辖区进行管理，起到上令下传、下情上达的桥梁作用。然而，随着社会的飞速发展，城市规模的不断扩大，管理对象的日益繁杂，街道办事处所管理的事务已远远超出了派出机关所应承担的范围，这一情形在北京市这样的直辖市表现得更为突出。但是，无论街道办事处的事务如何繁多，机构如何膨胀，它作为政府的派出机关的性质没有改变，在法律授予的权限内进行管理活动的原则不能突破。

本案中，八里庄办事处认为牛建宇使用的报刊亭属于违法建设，责令其在限期内拆除。根据《中华人民共和国城市规划法》的规定，对违法建设，由县级以上地方人民政府城市规划行政主管部门进行处罚；当事人拒不拆除的，由规划部门申请人民法院强制拆除。《北京市城市规划条例》也只是要求街道办事处应当加强本辖区的城市规划管理工作，有关业务工作受区、县规划局领导，并没有将对违法建设的处罚权和强制拆除权授予街道办事处。所以，八里庄办事处认为牛建宇使用的报刊亭为违法建设，对其实施处罚，并予拆除，显然是越权行为。

牛建宇使用的报刊亭为整体放置于地面之上的轻型结构，设置报刊亭这种行为更为准确地应属于临时占道的行为，而不属于规划上的建设行为。华兴公司仅在1993年为牛建宇使用这个报刊亭向主管部门办理了临时占道许可证，其后两年未续办许可，牛建宇继续占道经营，其行为已构成了违章占道，应当由公安交通管理部门依照《北京市临时占用道路管理办法》的规定责令清退。八里庄办事处对此也无权处罚，其行为仍是越权行为。

从以上分析可以看出，八里庄办事处的行为虽然是奉上级指示而为，但因其超出了法定职权，违反了依法行政的原则，形成了越权行为，因而不能得到法律的支持。

2. 对牛建宇的赔偿请求如何裁判。

本案是行政赔偿之诉，在审理中应首先解决赔不赔的问题，也就是对被告行为是否合法进行认定；然后，再解决赔多少的问题，确定赔偿数额。如前所述，被告八里庄办事处的行为是越权行为，因而是违法行为，这就解决了赔不赔的问题。对于赔偿数额的确定，则是基于以下考虑：《中华人民共和国国家赔偿法》规定国家机关及其工作人员违法行使职权侵犯公民的合法权益造成损害的，公民有权申请赔偿。原告牛建宇请求赔偿的范围包括二项，即书刊、经营用具等财产损失和未能经营丧失的收入。原告没有当年的临时占道许可证，其占道经营不具有合法性，经营收入的损失不能视为合法权益，且未实际发生，因而对此项请求不予考虑。书刊、经营用具为原告出资购入的合法财产，应予保护，对此部分应按实际发生的损失数额予以赔偿。书刊部分，原告的实际损失数额应按照灭失书刊的总码洋乘以通行的批发折扣率的方式来计算；对于经营用具，应予折旧，酌定数额。

（王　燕）

42. 张子华请求武义县公安局行政赔偿案

（一）首部

1. 判决书字号：浙江省武义县人民法院（1996）武行初字第11号。

2. 案由：请求行政赔偿案。

3. 诉讼双方

原告：张子华，男，汉族，农民，住武义县王宅镇马府下村。

被告：武义县公安局。

法定代表人：吕小东，局长。

委托代理人：王福月，女，该局法制科科长。

委托代理人：徐雄，男，该局干部。

4. 审级：一审。

5. 审判机关和审判组织

审判机关：浙江省武义县人民法院。

合议庭组成人员：审判长：钟庆海；审判员：皇甫坚、陈慧芝。

6. 审结时间：1996年10月29日。

（二）诉辩主张

1. 被诉具体行政行为：1995年11月8日，被告武义县公安局所属的下杨派出所接到王宅信用社关于原告张子华驾驶拖拉机撞人致伤的报案后，立即赶赴现场，以该拖拉机系犯罪工具为由，责令原告将拖拉机开往下杨派出所予以扣留，并将原告随身携带的100元人民币作为医药费支付给伤者，同时对原告张子华作出了拘留15天的处罚。原告拘留期限届满释放后，被告未及时将拖拉机返还原告，原告遂于1996年4月以被告扣押拖拉机给其造成巨大损失为由向被告提出赔偿申请，被告于5月30日作出不予受理的决定。原告遂向武义县人民法院提起赔偿诉讼。

2. 原告诉称：(1) 被告在未办理任何法定扣押手续的情况下，强行扣押原告拖拉机及现金100元的行为违法。(2) 被告强行收取保管费200元的做法于法无据，该拖拉机系被强行扣押，而非委托保管，故不应交纳保管费。(3) 被告非法扣押拖拉机96天，使我不能正常营运，造成可得营运收入损失9600元，上缴规费损失262.48元，被扣期间拖拉机轮胎腐化，电瓶报废，零件灭失损失1500元。为此，要求法院判令被告赔偿原告损失11362.48元，返还现金100元和保管费200元。

3. 被告辩称：(1) 我局下杨派出所之所以将原告的拖拉机留置在所内，是因为张驾车撞人被处以治安拘留处罚后，该车一直无人保管，我局本着对公民财产高度负责的态度，代其进行保管，主观上并无过错。(2) 既然是代为保管，就应收取保管费，故下杨派出所向原告收取保管费200元并无不当。(3) 原告拘留期满获释后，我局曾多次口头通知其领取拖拉机，但其一直未来领取，致使该拖拉机在派出所内存放时间长达96天，该损失系原告自行造成，对此我局不应承担任何过错责任。为此，请求法院驳回原告的诉讼请求。

（三）事实和证据

武义县人民法院经公开审理查明：1995 年 11 月 8 日，武义县王宅信用社工作人员陈勤、夏程良、任孝文、谢震东等四人前往原告张子华家催收贷款，在马府下村公路上遇到原告后，即向其填发了催款通知书，并要其在通知书送达回执上签字，因张拒签并驾车欲离去，陈勤等四人上前阻拦，从车窗爬入驾驶室与张争夺方向盘，车失控，冲入路旁菜地，夏程良、谢震东的手脚被擦伤。被告武义县公安局下属的下杨派出所接到报案后，即派员赶赴现场将张子华传唤到派出所，同时责令张将拖拉机开至下杨派出所，并以该拖拉机系犯罪工具为由予以扣留，但未办理任何手续。次日，被告对张子华作出治安拘留 15 天的处罚。但拘留期限届满后，被告未及时将拖拉机返还原告。1996 年 2 月 14 日，原告张子华向下杨派出所取回拖拉机时，该所向其收取了保管费 200 元。另查明：拖拉机被扣期间，一只电瓶损坏报废，损失 350 元，被扣期间原告上缴养路规费等法定费用 262.48 元，原告提供的因四只轮胎报废所造成损失 1100 元的票据系伪造，且未能提供部分随车物件灭失的证据。1996 年 4 月，张子华以拖拉机被非法扣押造成巨大经济损失为由向被告提出赔偿申请，被告于同年 5 月 30 日作出不予受理的决定，原告遂向武义县人民法院提起诉讼。

上述事实有下列证据证明：

1. 下杨派出所干警林建国、吴林江证言证明事发当日派出所认为张子华以车撞人，故将拖拉机作为犯罪工具予以扣留的过程。

2. 证人颜小华证言，证明原告到其商店虚开发票伪造轮胎损失的经过。

3. 证人涂建青证言，证明原告向派出所领回拖拉机情况。

4. 证明拖拉机电瓶受损情况的发票。

5. 武义县公路运输管理所交费证明及机动车辆保险证，证明拖拉机被扣期间原告交纳的费用数额。

6. 下杨派出所出具的收款收据，证明该所向原告收取保管费的事实。

7. 夏程良、谢震东病历及领款收据，证明夏、谢两人受伤情况及原告向两人赔偿医药费 100 元的事实。

8. （武公）不受字第 1 号通知书，证明原告已向被告提出赔偿申请但被告未予受理的经过。

9. 原告关于拖拉机被扣经过、受损情况的陈述及被告对案件起因、经过的陈述。

（四）判案理由

1. 被告将原告所有的拖拉机予以留置的行为是行政扣押行为而非民事代保管行为，被告关于该行为系民事代保管行为的辩解不能成立。理由如下：（1）将拖拉机开至下杨派出所并非出于原告自愿，而是在下杨派出所指令下实施的。（2）原告被迫将车开至下杨派出所后，并无该车需人代为保管的意思表示，更未委托被告代为保管。（3）被告对该拖拉机予以扣押的意思表示明确，被告虽未办理任何法定扣押手续，但下杨派出所两名干警均明确表示，该拖拉机系犯罪工具，应予扣押。（4）原告获释后，被告未及时将该拖拉机返还原告，故其关于因拖拉机无人管理而代为保管的辩解不能成立，其辩称曾多次通知原告取回拖拉机缺乏证据。

2. 被告扣押原告所有的拖拉机的行为违法。（1）被告认定原告驾车撞人证据不足，故其以该拖拉机系犯罪工具为由予以扣押缺乏事实根据。（2）被告实施该扣押行为时未办理任何扣押手续，违反了法定程序。

3.被告违法扣押原告所有的拖拉机，侵犯了原告的财产权，该行为具备了国家赔偿责任的构成要件，原告有取得赔偿的权利。（1）被告的违法行为已经给原告造成了损失，表现在：车辆被扣期间，一只电瓶报废，损失350元；被扣期间原告已交纳的养路费等法定费用262.48元；原告领回拖拉机时，被强行收取保管费200元。（2）上述已发生的损失系原告的合法权益。（3）原告所受损失与被告的违法行为之间存在着因果关系。

4.被告赔偿的范围仅限于原告所受的直接损失。《中华人民共和国国家赔偿法》（以下简称《国家赔偿法》）第二十八条第（三）项规定："应当返还的财产损坏的，能够恢复原状的恢复原状，不能恢复原状的，按照损害程序给付相应的赔偿金。"第（七）项规定："对财产权造成其他损害的，按照直接损失给予赔偿。"从赔偿法的这条规定可看出，国家对违法的具体行政行为侵犯公民、法人和其他组织财产权的，赔偿范围仅限于直接损失。按照赔偿法及相关司法解释的规定，在本案中，属于原告直接损失的包括：（1）被扣期间电瓶损害相应应支付的赔偿金。（2）车辆被扣期间必须支付的费用，即原告已上缴的养路费等法定应上缴的费用。（3）违法收取的200元所谓的"保管费"。而原告要求赔偿的被扣期间的营运收入，因营运收入仅仅是一种预期可得的利益，不是现有或必然取得的财产的灭失或减少，不属于直接损失，故不应纳入赔偿范围，其要求赔偿营运收入的请求应予驳回。

5.原告要求被告返还支付给夏程良、谢震东100元医药费的请求无理，不予支持。理由如下：（1）被告责令原告赔偿夏、谢两人医药费并无不当。夏、谢两人手脚擦伤属实，且两人伤势与原告驾车离去的行为有因果关系，原告对此主观上具有过错。（2）该赔偿款已当场兑现，原告在起诉前对此一直无异议。（3）该款是原告赔偿夏、谢两人的款项，而非被告扣押的款项，故原告要求被告返还主体不符。

6.原告要求赔偿报废轮胎及灭失物件的请求应予驳回。上述两项损失虽属直接损失，但原告提供的轮胎报废的证明系伪造所得，灭失物件又未能有证据证明，故该请求依法不能支持，应予驳回。

（五）定案结论

武义县人民法院依照《中华人民共和国国家赔偿法》第四条第（二）项、第（三）项、第七条第一款、第二十八条第（一）、（二）、（六）项之规定，作出如下判决：

1.被告武义县公安局赔偿原告张子华直接经济损失612.48元，返还收取的保管费200元，合计812.48元，上述款项限被告于判决书生效后十日内履行。

2.驳回原告其他诉讼请求。

（六）解说

1.该案的争执焦点之一是被告实施的留置拖拉机的行为是民事行为还是行政行为。弄清此问题的关键是要弄清民事行为和行政行为之间的区别。被告公安局作为一个国家行政机关，既可以作为民事主体实施民事行为，也可以作为行政主体实施行政行为，但实施两种行为时的特征是不同的，主要表现在：（1）民事行为可分为单方民事行为和双方民事行为，除单方民事行为外，双方民事行为必须有两个意思表示相一致才能成立，而行政行为是行政主体单方作出的能够直接产生法律后果的行为。（2）民事行为具有平等性，而行政行为具有强制性。作出行政行为的一方无须征得另一方的同意。（3）行政行为是行政主体行使行政职权的行为，而民事行为即使有行政机关参与，也是在行政管理领域外的行为。在本案中，被告的行为符合行政行为的特征，表现在：(1) 留置拖拉机的行为完全是被告单方作出的决定而不是双方的意思表示，对留置的时间、地点、报酬等双方均未进行协商。(2) 留置拖拉机的决定带有强制性，事先未征得原告同意，事后也未得到原告认可。(3) 该行为是被告接到王宅信用社报案赶赴现场后实施的，显而易见是一种职务行为。而非发生在行政管理领域外的民事行为，因此，武义县人民法院据此认定该行为系行政行为是正确的。

2. 被告主观上有无过错不能作为是否承担赔偿责任的先决条件。被告在庭审答辩中一再声称，其之所以将原告的拖拉机留置是因为抱着对人民财产高度负责的精神，对该留置行为主观上无过错，故不应对此引起的损失承担赔偿责任。要搞清这个问题，关键还是要搞清作为确定国家承担赔偿责任的违法原则与民法上承担赔偿责任的过错原则的区别。在国家赔偿法中，违法是一个客观标准，而不是主观标准，民法上的过错原则在多数情况下被解释为行为人主观上的故意或过失。但违法原则并不过问行为人主观上处于何种状态，而仅仅是以法律规范作为客观标准来衡量行为。即如果该行为违背了法律，不论行为者主观上是善意还是恶意，都视为违法。对违法的行为，国家就有可能要承担赔偿责任。因此，在确定国家是否承担赔偿责任时，行为人主观上有无故意或过失并不重要。因此，本案被告一再辩称的将该拖拉机留置的行为主观上是从保护公民财产的角度出发并无过错这一观点不能成立，该行为在客观上已违反了法律规定，系行政违法行为，故被告应对该违法行为承担赔偿责任。

(舒旭霞)

43. 赵汉萍不服云南省国家安全厅划拨存款并请求赔偿案

(一) 首部

1. 判决书字号：云南省昆明市中级人民法院 (1996) 行初字第 3 号。

2. 案由：不服划拨存款并请求赔偿案。

3. 诉讼双方

原告：赵汉萍，女，33 岁，汉族，武汉市人，玉溪皇光珠宝城经理，住玉溪市工商局。

委托代理人：李燕松，恒鑫律师事务所律师。

被告：云南省国家安全厅。

法定代表人：张崧，厅长。

委托代理人：官振贵，该厅行政诉讼复议办公室主任。

委托代理人：孔钜，云南实力律师事务所律师。

4. 审级：一审。

5. 审判机关和审判组织

审判机关：云南省昆明市中级人民法院。

合议庭组成人员：审判长：吕召；审判员：马勇；代理审判员：付星。

6. 审结时间：1996 年 8 月 23 日 (依法延长审限)。

（二）诉辩主张

1. 被诉具体行政行为：1996年4月8日，被告云南省国家安全厅以（1996）法执字第17号协助划拨（提取）存款通知书，在昆明市岔街城市信用社以赵汉萍存款中含有国家安全工作业务经费为由，划走原告赵汉萍在该信用社的存款230万元。原告对此不服，向昆明市中级人民法院起诉。

2. 原告诉称：根据《中华人民共和国国家安全法》第六条、第十三条、第二十三条之规定，云南省国家安全厅划拨原告账户之款项是超越职权、滥用职权的违法行为，因此根据我国《行政诉讼法》的有关规定，请求人民法院纠正被告违法划拨的具体行政行为，并由被告承担由此产生的一切经济损失。事实和理由是：1996年3月28日原告在昆明市岔街城市信用社开设账户，同年4月2日云南怒江州烟草公司将2306059.46元货款电汇至原告账户，这是合法款项，根本不是国家安全工作经费。但是被告在无任何事实和法律依据的情况下，于4月8日以同国家安全工作经费有关为由，非法划拨原告存在该社的货款230万元。请求人民法院依法保护原告这一合法权益。

3. 被告辩称：赵汉萍不是被划拨款项的所有权人，其无资格作为行政诉讼原告起诉。该笔被划拨款项是云南国宏房地产发展公司（注：系被告安全厅所办公司）与云南省人事厅所属云南社会发展公司的合作资金，但社会发展公司却将此款投入烟草活动，怒江州烟草公司又将此款转汇给赵汉萍，被告为避免安全工作经费流失才划拨此款的。根据《国家安全法》及其《实施细则》的规定，安全机关有权采取查封、划拨的行政措施，被告在采取该项措施时并无不当，是一种维护国家安全工作利益的合法行为，请法院予以维持。

（三）事实和证据

昆明市中级人民法院经公开审理查明：1996年4月2日，云南烟草怒江州公司汇款2306059.46元至原告赵汉萍在昆明市岔街城市信用社其个人账户上。同年4月8日，云南省国家安全厅以该笔款项含有国家安全工作业务经费为由，以（1996）法执字第17号协助划拨（提取）存款通知书划走款项230万元至安全厅账户上。经查，该2306059.46元款项系赵汉萍等人以怒江州烟草公司名义违法收购烟叶被云南省烟草专卖局依法查处后剩余的购烟叶投资款。

上述事实有下列证据证明：

1. 银行电汇凭据，证明云南烟草怒江州公司1996年4月2日汇款2306059.46元给赵汉萍。

2. 划拨存款通知书，证明被告1996年4月8日从信用社划走原告账户内款项230万元。

3. 云南烟草专卖局处罚决定书，证明原告等人违法收购烟叶并被处罚的事实。

4. 双方当事人的陈述和证人证言，证实本案涉及款项系购买烟叶的投资款。

（四）判案理由

法院认为：

1. 被告划拨原告在信用社存款的行为，系单方作出并针对特定公民财产采取的强制措施，其内容涉及该公民财产权益，符合行政法上具体行政行为的特征。

2. 对于被告提出原告无起诉资格问题，因被告具体行政行为直接划拨原告在信用社账户内的款项，故原告便成为该具体行政行为所直接指向的行政管理相对人，根据《中华人民共和国行政诉讼法》第二条、第四十一条的规定，赵汉萍是本案适格原告，有权提起行政诉讼。至于原告对被划款项是否享有真正的所有权，属于另一法律关系解决的问题，不能作为原告在本案中能否起诉的条件。因此，被告认为原告无起诉资格的理由不能成立，其要求驳回原告起诉的请求法院不予支持。

3. 被告划拨原告 230 万元存款的理由是该存款含有国家安全工作业务经费。但庭审中，被告仅向法庭提供云南省人民政府关于同意成立云南国宏房地产发展公司的批复（云政复［1993］64 号）、中华人民共和国国家安全部催促云南省安全厅归还逾期借款 200 万元的通知（［1995］国安［综预］字 186 号）及云南国宏房地产发展公司与云南社会服务公司矿产品经营部联营并出资 200 万元的证据，上述三证据只能证明被告所属公司的成立情况和投资情况，不能证明被划拨款项是国家安全经费。被告当庭还提供了云南社会服务公司矿产品经营部出具的国宏公司投入的 200 万元联营款，已被其以怒江州烟草公司名义购成烟叶交到玉溪卷烟厂的证明，但该证明与怒江州烟草公司出具的“我公司从未与云南国宏房地产公司及云南社会发展公司有过业务交往，更不存在收取上述二公司任何款项”的证明相抵触，且无其他证据相印证，故该证据的证明力法院不予采信。因此，被告未能向法庭举出证明被划拨款项是国家安全业务经费的主要证据，其诉讼辩解不能成立。

4. 原告赵汉萍等人筹资购买烟叶虽然违反《烟草专卖法》，但并未触犯《国家安全法》，不具有危害国家安全的行为。但被告却以涉及国家安全为由作出具体行政行为，因此，其行为超出《国家安全法》法定的国家安全机关的工作权限范围，同时违背了《国家安全法》的立法目的和原则，系违法行政。

5. 被告作出具体行政行为时未援引所适用的法律，庭审中向法庭声明其所依据的法律是《国家安全法实施细则》第二十一条，但其声明所适用的法律，一是适用法条的内容与本案事实不符，二是适用该条文与立法本意相悖，属适用法律错误。

（五）定案结论

昆明市中级人民法院根据《中华人民共和国行政诉讼法》第五十四条第（二）项、第六十八条及第七十四条之规定，作出如下判决：

1. 撤销云南省国家安全厅（1996）法执字第 17 号协助划拨（提取）存款通知书。

2. 被划拨的 230 万元恢复原状，由被告在判决生效后 10 日内将 230 万元返还原告赵汉萍。

3. 由被告按同期银行个人存款利率支付赵汉萍存款被划拨期间的利息，时间自 1996 年 4 月 8 日起至判决执行之日止。

本案诉讼费 21540.28 元，由被告云南省国家安全厅负担。

（六）解说

1. 本案的案件背景是原告赵汉萍与云南玉溪综合化工厂、玉溪天利公司、云南国宏房地产发展公司、昆明赛联经济发展公司等单位在没有烟草专卖许可证的情况下，由云南烟草怒江州公司非法为其提供有关手续和证件，筹资 300 余万元违法收购初烤烟叶交玉溪卷烟厂复烤加工，从中获取利润，该违法行为被云南烟草专卖局发现后，查封了已交到玉溪卷烟厂的 3000 多担烟叶，并按《烟草专卖法》有关规定，扣缴了该批烤烟的增值部分，对怒江州烟草公司进行了处罚，余款 2306059.46 元退给怒江州烟草公司。各投资方经过协商，决定按出资多少分配这笔款项，损失自负。本来，此时云南国宏房地产公司按协商分回自己应得款项，事情也就了结，但国宏公司自恃属安全厅所办公司，一口咬定投入云南社会发展公司的200万元也用于这笔烟草交易中，并认为安全部门拨款办公司的经费，也就是国家安全经费，因此，以涉及国家安全工作业务经费为名，并以被告的名义强行划拨了本应几家分配的这笔巨款。国家安全机关是国家安全的主管机关，其职责是维护国家安全，换句话说，只有当涉及国家安全的行为存在或发生时，安全机关才依法可以行使其行政职权。而本案不过是一个经济纠纷，充其量是一个违法的经济活动，并不涉及危害国家安全问题，国宏公司在当中与其他投资方地位是平等的，法律地位也是一样的。被告本应采取其他方法解决这一问题，却以行政手段强制划拨款项，这与《国家安全法》的立法目的和原则相悖，行为也明显地不合理。

2. 本案被告作出具体行政行为时没有适用有关法律法规，但庭审中声明所适用的法律是《国家安全法实施细则》第二十一条。这在行政审判中也是一个值得注意的问题。实践中，不少行政机关作出具体行政行为时不援引有关法律法规或引用不全，在诉讼过程中再行补充或说明，这种补充适用能否允许？我们认为不能允许。理由是行政机关作出具体行政行为时，必须认定事实有相关证据，适用有关法律法规，并按一定程序进行。况且，如果作出具体行政行为时不适用法律或适用不全，行政管理相对人也无法从法律的角度来提出复议或诉讼的理由，从一定意义上来说，等于剥夺了相对人的一部分复议权和诉权。因此，对行政机关事后补充适用法律法规的行为应该认定为违法。当然，本案由于被告主要违法是超越职权，因此，既便声明适用法律是哪条，也必定是适用错误，因此，判案理由中对其声明加以说明，目的在于对被告的辩解加以驳斥，使判决理由更加充分。

（吕　召）

44. 王安妹请求冷水滩市公安局行政赔偿案

（一）首部

1. 判决书字号

一审判决书：湖南省冷水滩市人民法院（1995）冷行初字第17号。

二审判决书：湖南省零陵地区中级人民法院（1996）零行终字第15号。

2. 案由：请求行政赔偿案。

3. 诉讼双方

原告（上诉人）：王安妹，女，48岁，湖南省冷水滩市人，农民，住零陵地区水电设备厂职工宿舍。

被告（被上诉人）：湖南省冷水滩市公安局。

法定代表人：何德国，局长。

4. 审级：二审。

5. 审判机关和审判组织

一审法院：湖南省冷水滩市人民法院。

合议庭组成人员：审判长：丁魁；审判员：李青松；代理审判员：周恩组。

二审法院：湖南省零陵地区中级人民法院。

合议庭组成人员：审判长：蒋崇和；代理审判员：唐小红、吴玲君。

6. 审结时间

一审审结时间：1995年12月20日。

二审审结时间：1996年4月22日。

（二）一审诉辩主张

1. 被诉具体行政行为：1995年4月25日湖南省冷水滩市公安局决定以扰乱社会生产秩序，故意毁损公私财物，对王安妹进行收容审查。王安妹不服，于同年7月6日向零陵地区公安处申请复议，要求撤销冷水滩市公安局对其收审的决定，并赔偿因收审所造成的损失。湖南省零陵地区公安处作出撤销冷水滩市公安局对王安妹的收审决定之后，王安妹以口头形式向冷水滩市公安局提出赔偿请求，要求公安干警赔礼道歉和赔偿一切经济损失，除按照法律规定赔偿被错误收审15天的费用外，还要求赔偿向法院起诉的100元诉讼费及200元律师代理费，向公安处交的40元复议费，其儿子将王安妹从看守所担保出来的担保金、医药费及往返冷水滩市人民法院、地区公安处、上访北京的车票等费用3886元。1995年10月16日，湖南省冷水滩市公安局作出了冷公行赔决字（1995）第1号国家行政赔偿决定书，根据《中华人民共和国国家赔偿法》第三条、第二十六条、第十三条的规定，决定赔偿王安妹被超范围收审15天的赔偿金150元，医药费310元，向公安处交的复议费40元，往返冷水滩市人民法院、地区公安处等地的车费36元，共计536元，并且派代表向王安妹当面赔礼道歉。王安妹不服，向湖南省冷水滩市人民法院提起诉讼。

2. 原告诉称：冷水滩市公安局在无任何理由的情况下，就抓她去非法拘留15天，使其身体受到了严重的损害，应按《国家赔偿法》的规定予以赔偿各种费用3886元，并要求赔礼道歉。

3. 被告辩称：本局冷公行赔决字（1995）第1号国家行政赔偿决定书是合法合理的，且对王安妹是有利的，请法院公正判决。

（三）一审事实和证据

1995年4月25日，湖南省冷水滩市公安局决定以扰乱社会生产秩序，故意毁损公私财物，对王安妹收容审查。原告王安妹不服，于同年7月6日向零陵地区公安处申请复议，要求撤销冷水滩市公安局对其收审的决定，并赔偿因收审所造成的损失。地区公安处作出撤销冷水滩市公安局对王安妹的收审决定。事后，王安妹以口头形式向冷水滩市公安局提出赔偿请求，要求公安干警赔礼道歉和赔偿一切经济损失，除按照法律规定赔偿被错误收审15天的赔偿金外，还要求赔偿向法院起诉的100元诉讼费及200元律师代理费，向地区公安处交的40元申请复议费，其儿子将王安妹从看守所担保出来的担保金、医药费及往返冷水滩市人民法院、地区公安处、上访北京的车票等费用3886元。1995年10月16日，冷水滩市公安局作出了冷公行赔决字（1995）第1号国家行政赔偿决定书，根据《中华人民共和国国家赔偿法》第三条、第二十六条、第十三条的规定，决定赔偿王安妹被收审15天的赔偿金150元，医药费310元，向公安处交的申请复议费40元，往返冷水滩市人民法院、地区公安处等地的车费36元，共计536元，并且派代表向王安妹当面赔礼道歉。

冷水滩市公安局认为，复议前，王安妹向冷水滩市人民法院起诉所交的100元诉讼费，王安妹自称法院已经退还，向律师交的200元代理费，据王安妹出示的字据，该律师的领导已明确批示要律师退还，故不应由我局给予赔偿；王安妹1995年8月份上访北京之事，其上访是在公安处依法复议期间所为，不是我局指使，故我局不应赔其上访北京所花的一切费用；王安妹自称其儿子向冷水滩区派出所交了担保金，经查，冷水滩区派出所及我局其他任何单位均没有收取过此笔担保金，王本人也拿不出证据证明，故我局对此不予采纳；经地区公安处查明，王安妹在被收审期间，没有遭受虐待、刑讯逼供及人身伤害的事实。因此，对王安妹赔偿金的计算不适用《中华人民共和国国家赔偿法》第二十七条。

上述事实有下列证据证明：

1．零陵地区公安处撤销冷水滩市公安局对王安妹收容审查的决定。

2．冷水滩市公安局对原告王安妹的处理决定及赔偿 536 元的单据。

3．一审法院退还原告王安妹的诉讼费及二审法院免交诉讼费用的凭证。

4．原告王安妹出示的证明律师免收其代理费的批示条。

（四）一审判案理由

法院认为：原告王安妹因扰乱社会生产秩序，故意毁损公私财物的违法行为，被被告冷水滩市公安局收容审查。因不符合收审范围，地区公安处作出了撤销被告冷水滩市公安局对王安妹的收容审查的决定。根据《国家赔偿法》的有关规定以及原告王安妹被超范围收审所造成的损害事实，被告愿意依法予以赔偿，具体赔偿项目有：原告王安妹被被告超范围收审 11 天，属于公民人身自由受到侵犯，依照《中华人民共和国国家赔偿法》第二十六条之规定，参照全市统计局公布的国有单位 1994 年平均工资 3630 元的统计数据，核对应付给王安妹赔偿金 150 元；原告王安妹在被收审期间出现癔病复发症状，解审后，住院治疗癔病，被告决定全部承担癔病复发的全部医疗费 310 元（以原始发票为准）；赔偿原告王安妹申请复议费 40 元；赔偿原告王安妹在申请复议期间往返冷水滩市人民法院、地区公安处等地车费 36 元，共计 536 元。对原告王安妹的其他要求，不予认可。其理由是：1．被告超范围收审原告王安妹，被地区公安处撤销，为此，被告已派代表当面向原告王安妹赔礼道歉。按照《中华人民共和国国家赔偿法》的有关规定，赔偿义务机关是冷水滩市公安局而不是其个人。王小伟、屈柏生是奉命执行公务，依法行政，不应承担赔礼道歉和赔偿损失的责任。2．依法复议前，原告王安妹向冷水滩市人民法院起诉所交的 100 元诉讼费，法院已经给予免交，向律师交的 200 元代理费，据原告王安妹出示的字据，该律师的领导已明确指示要该律师给予退还，故不应由被告给予赔偿。3．原告王安妹 1995 年 8 月份上访北京所花费用之事，是在地区公安处依法复议期间所为，而不是被告指使其上访，故被告不应赔偿其上访北京所花费的一切开支。4．原告王安妹自称其儿子向冷水滩区派出所交了担保金，经查，冷水滩区派出所及被告其他单位均没有收取此笔担保金；王安妹本人也拿不出任何证据证实，被告人对此不予采纳是正确的。5．经地区公安处查明，原告王安妹在被收审期间，没有受到虐待、刑讯逼供，没有造成人身伤害。因此，对原告王安妹赔偿金的计算不适用《中华人民共和国国家赔偿法》第二十七条。

（五）一审定案结论

根据《中华人民共和国国家赔偿法》第三条、第十三条、第二十六条，应由被告冷水滩市公安局一次性赔偿原告王安妹 536 元。被告冷水滩市公安局所作的国家行政赔偿决定书，事实清楚，程序合法，适用法律、法规正确。冷水滩市人民法院根据《中华人民共和国行政诉讼法》第五十四条第（一）项规定，判决如下：

维持冷水滩市公安局冷公行赔决字（1995）第 1 号国家行政赔偿决定书。

本案受理费100元，由原告王安妹承担，鉴于王家的实际困难，该费用实际上也已退还给王本人。

（六）二审情况

1. 二审诉辩主张

王安妹不服冷水滩市人民法院（1995）冷行初字第17号行政判决，向湖南省零陵地区中级人民法院提出上诉，请求撤销一审判决，重新审理。

2. 二审事实和证据

二审法院肯定了一审法院认定的案件事实和证据。

3. 二审判案理由

二审法院认为：冷水滩市公安局以王安妹扰乱社会生产秩序、故意毁坏公私财物，对王安妹收容审查，违反了国务院《关于强制劳动和收容审查两项措施统一于劳动教养的通知》和公安部《关于严格控制使用收容审查的通知》规定，经零陵地区公安处复议，撤销了冷水滩市公安局对王安妹收容审查的决定。王安妹请求赔偿正确，但要求赔偿3886元的依据不足。冷水滩市公安局作出的冷公行赔决字（1995）第1号行政赔偿决定书正确，本院予以支持。王安妹提出的上诉理由，不能成立，本院不予采纳。原审法院认定事实清楚，证据充分，审判程序合法，适用法律、法规正确。

4. 二审定案结论

根据《中华人民共和国行政诉讼法》第六十一条第（一）项规定，零陵地区中级人民法院作出如下判决：

驳回上诉，维持原判。

（七）解说

国务院和公安部早在1980年9月29日和1985年7月31日相继颁发了《关于强制劳动和收容审查两项措施统一于劳动教养的通知》和《关于严格控制使用收容审查的通知》两个通知，通知明文规定：收容审查对象应严格控制在流窜作案、多次作案、结伙作案嫌疑的人，或有轻微违法犯罪行为又不讲真实姓名，住址、来历不明的人这个范围之内。原告王安妹不在这个范围之内，而冷水滩市公安局却将她收容审查，并造成其损失，理应给予原告王安妹合理的赔偿。

对于原告王安妹不合理的赔偿要求，冷水滩市公安局有权不予赔偿。原告王安妹在行政复议期间，到北京上访的花费，是其自身的原因造成的损失，不属于《国家赔偿法》所规定的赔偿范围，故其要求冷水滩市公安局赔偿没有法律根据，所以一、二审法院认定的事实是一致的，也都是正确的。

《国家赔偿法》第二十六条规定："侵犯公民人身自由的，每日的赔偿金按照国家上年度职工日平均工资计算。"这里的国家上年度职工日平均工资是指全国职工的日平均工资。一审法院参照冷水滩市国有单位职工平均工资计算赔偿额与《国家赔偿法》的规定不符。

（蒋崇和　盘树高）

45. 胡保三请求上海市劳动教养管理委员会行政赔偿案

（一）首部

1. 判决书字号

一审判决书：上海市黄浦区人民法院（1995）黄行赔初字第 30 号。

二审判决书：上海市第二中级人民法院（1995）沪二中行赔终字第 1 号。

2. 案由：请求行政赔偿案。

3. 诉讼双方

原告（上诉人）：胡保三，男，48 岁，汉族，江苏省邱州市人，农民。

一审委托代理人：邹福昌，上海市浦江律师事务所律师。

被告（上诉人）：上海市劳动教养管理委员会。

法定代表人：薛明仁，主任。

一、二审委托代理人：倪步鸿、张君，该委员会干部。

4. 审级：二审。

5. 审判机关和审判组织

一审法院：上海市黄浦区人民法院。

合议庭组成人员：审判长：王卫民；审判员：周奇；代理审判员：朱亚辉。

二审法院：上海市第二中级人民法院。

合议庭组成人员：审判长：钱锡青；代理审判员：王锦萍、殷勇。

6. 审结时间

一审审结时间：1995 年 10 月 12 日。

二审审结时间：1996 年 1 月 26 日。

（二）一审诉辩主张

1. 被诉具体行政行为：被告于 1995 年 6 月 20 日作出（95）沪劳委复赔字第 66 号行政赔偿决定，认定对原告的劳动教养决定经被告复查业已撤销，原告实际被限制人身自由 417 天。被告根据和参照《中华人民共和国国家赔偿法》第二十六条之规定，决定支付原告 1995 年被限制人身自由 114 天的赔偿金人民币 1410 元；1994 年被限制人身自由 303 天的赔偿金人民币 2800 元；共计支付原告赔偿金人民币 4210 元。

2. 原告诉称：被告对原告作出的劳动教养决定，已由被告自行撤销。由于被告作出错误的劳动教养决定，侵犯了原告的人身自由权和名誉权。另外，公安机关在执法中实施了殴打原告的暴力行为，造成原告身体受到伤害，并丧失了劳动能力。现被告仅同意赔偿原告被限制人身自由所造成的经济损失及赔偿金额均是不合法的，且也没有为原告消除影响，恢复名誉。故起诉要求被告赔偿原告被限制人身自由及身体受到伤害所造成的经济损失人民币 4 万元，并为原告恢复名誉，消除影响。

3. 被告辩称：被告撤销了对原告的劳动教养决定后，已将复查决定告知了原告居住地的有关部门，事实上已为原告恢复了名誉，消除了影响。被告对限制原告人身自由所造成的经济损失，同意依法赔偿，但赔偿天数应从作出劳动教养决定之日起计算。不应将劳动教养决定之前的收容审查期间计算在内。至于原告认为被民警殴打致伤，要求赔偿一事，因缺乏证据，且承担赔偿义务主体不符，故被告不同意赔偿。

（三）一审事实和证据

上海市黄浦区人民法院经公开审理查明：1994年3月4日，上海市公安局虹口分局对原告作出收容审查决定，并予以羁押。同年4月25日，被告对原告作出了收容劳动教养二年的决定，该决定明确劳动教养期从宣布执行之日起算，宣布执行前羁押一日折抵劳教期一日，即自1994年3月4日至1996年3月3日止。原告被收容劳动教养后提出申诉，经被告复查认为原劳动教养决定认定事实证据不足，故于1995年4月10日作出了复查决定，撤销了对原告收容劳动教养的决定。同月24日，原告恢复了人身自由。原告实际被羁押天数为417天，即从1994年3月4日至1995年4月24日止，其中，1994年被羁押303天，1995年被羁押114天。1995年5月6日，原告向被告提出赔偿请求，被告于同年6月20日作出了行政赔偿决定，同意支付给原告被限制人身自由的赔偿金人民币4210元。同月26日，被告向原告居住地的公安部门及村委会说明了原告被错误收容劳动教养的有关情况。审理中，被告又当庭向原告赔礼道歉。又查明：1994年度全国职工年平均工资为人民币4538元。

上述事实有下列证据证明：

1. 被告对原告作出的劳动教养决定书。

2. 被告对原告作出的复查决定书。

3. 被告对原告作出的行政赔偿决定书。

4. 国家统计局公布的资料。

5. 原、被告双方的陈述。

（四）一审判案理由

上海市黄浦区人民法院认为：公民的人身、名誉权受法律保护。被告对原告作出收容劳动教养的行为，已被确认违法，该确认并无不当。被告侵犯了原告的人身自由，依法应当承担行政赔偿责任。赔偿天数应按原告实际被羁押时间进行计算，其中，1995年度限制原告人身自由，应依据法律规定给予赔偿，1994年度限制原告人身自由，也应根据有关规定酌情给予赔偿。被告认为赔偿天数应从作出劳动教养决定之日起计算缺乏依据，法院不予采纳。另外，被告向原告所在地的有关部门说明了原告被错误收容劳动教养的有关情况，应认定被告已在侵权行为所造成影响的范围内，为原告消除了影响，恢复了名誉，且被告又当庭向原告赔礼道歉，故原告要求被告为其恢复名誉，消除影响的诉讼请求，法院不予支持。至于原告认为被民警殴打致伤，要求被告赔偿身体受到伤害所造成经济损失的诉讼请求，因赔偿义务机关不符，且也不符合法律规定的起诉条件，故法院不予处理。

（五）一审定案结论

上海市黄浦区人民法院根据《中华人民共和国国家赔偿法》第九条第一款、第二十六条之规定，作出如下判决：

1. 被告上海市劳动教养管理委员会在本判决生效之日起十天内给付原告胡保三被限制人身自由的赔偿金人民币6620元。

2. 原告胡保三的其他诉讼请求不予支持。

（六）二审情况

1. 二审诉辩主张

(1) 上诉人胡保三诉称：上海市劳动教养管理委员会作出错误的劳动教养决定，侵犯了其人身自由权和名誉权，且民警在执法中实施殴打，致其身体伤害，要求上海市劳动教养管理委员会赔偿人民币4万元。

(2)上诉人上海市劳动教养管理委员会诉称：对胡保三宣布执行劳动教养之前，即1994年3月4日至1994年5月24日，系上海市公安局虹口分局对胡保三收容审查期间，上海市劳动教养管理委员会不能作为赔偿义务机关。另外，根据《中华人民共和国国家赔偿法》第二十六条之规定，1994年度限制胡保三之人身自由所造成的损失，应以1993年全国职工年平均工资标准计算，故请求撤销一审判决，依法改判。

2. 二审事实和证据

二审法院确认了一审法院认定的事实和证据。

3. 二审判案理由

上海市第二中级人民法院认为：上海市劳动教养管理委员会依法撤销了对胡保三作出的劳动教养二年的决定事实清楚。上海市劳动教养管理委员会作为赔偿义务机关，依法应当承担赔偿责任。赔偿天数应从1994年3月4日起算至1995年4月24日共计417天。对限制胡保三人身自由，应依据《中华人民共和国国家赔偿法》第二十六条及有关规定予以赔偿。上诉人胡保三以被民警殴打，要求上海市劳动教养管理委员会赔偿人民币4万元，缺乏依据。原审法院的判决并无不当，上诉人胡保三及上海市劳动教养管理委员会的上诉请求，法院均不予支持。

4. 二审定案结论

上海市第二中级人民法院根据《中华人民共和国行政诉讼法》第六十一条第（一）项之规定，作出如下判决：

驳回上诉，维持原判。

（七）解说

1. 被告上海市劳动教养管理委员会作出的劳动教养决定书上，明确教养期从宣布执行之日起算，宣布执行前羁押一日折抵劳教期一日。即自1994年3月4日至1996年3月3日止，也就是劳教期包括了上海市公安局虹口分局作出的收容审查期间。所以，被告上海市劳动教养管理委员会对宣布劳动教养决定之前即上海市公安局虹口分局对原告胡保三收容审查期间应作为赔偿义务机关承担赔偿责任。

2. 根据最高人民法院《关于〈中华人民共和国国家赔偿法〉溯及力和人民法院赔偿委员会受案范围问题的批复》第一条关于“国家机关……侵犯公民、法人和其他组织合法权益的行为……发生在1994年12月31日以前，但持续至1995年1月1日以后，并经依法确认的，属于1995年1月1日以后应予赔偿的部分，适用《国家赔偿法》予以赔偿；属于1994年12月31日以前应予赔偿的部分，适用当时的规定予以赔偿；当时没有规定的，参照《国家赔偿法》的规定予以赔偿”的规定，被告上海市劳动教养管理委员会对1994年3月4日至1994年12月31日限制原告胡保三人身自由，应适用当时的规定予以赔偿；当时没有规定的，参照《国家赔偿法》的规定予以赔偿。那么，当初是如何规定的呢？根据最高人民法院《关于贯彻执行〈中华人民共和国行政诉讼法〉若干问题的意见（试行）》第一百一十四条规定：“人民法院审理行政案件，除依照行政诉讼法的规定外，对本规定没有规定的，可以参照民事诉讼的有关规定。”《行政诉讼法》及该规定未明确如何赔偿，但根据民事诉讼的有关规定，主要是赔偿直接经济损失，因原告胡保三系农民，无法确认其固定的经济收入，那只能参照《国家赔偿法》第二十六条的规定，每日的赔偿金按国家1994年度职工日平均工资计算。

（周　奇）

46. 陈可栋等请求连江县马鼻镇人民政府行政赔偿案

（一）首部

1. 判决书字号

一审判决书：福建省连江县人民法院（1996）连行初字第5号。

二审判决书：福建省福州市中级人民法院（1996）榕行终字第103号。

2. 案由：请求行政赔偿案。

3. 诉讼双方

原告（上诉人）：陈可栋，男，1948年11月13日出生，汉族，连江县人，住连江县马鼻镇玉井村马头石33号。

原告（上诉人）：陈本英，男，1952年8月10日出生，汉族，连江县人，住连江县马鼻镇玉井村马头石79号。

一审委托代理人：谢琼书，福州广达律师事务所律师。

二审委托代理人：黄雪英，女，福州求实律师事务所律师。

被告（被上诉人）：连江县马鼻镇人民政府。

法定代表人：张金潮，镇长。

一、二审委托代理人：李珍华，男，连江县马鼻镇法律服务所司法助理员。

一审委托代理人：黄乐金，男，连江县马鼻镇人民政府干部。

二审委托代理人：陈题，福州三通律师事务所律师。

4. 审级：二审。

5. 审判机关和审判组织

一审法院：福建省连江县人民法院。

合议庭组成人员：审判长：陈斌；代理审判员：陈溶、兰江。

二审法院：福建省福州市中级人民法院。

合议庭组成人员：审判长：陈钟华；代理审判员：谢红波、许永东。

6. 审结时间

一审审结时间：1996年11月8日。

二审审结时间：1997年2月20日。

（二）一审情况

1. 一审诉辩主张

（1）被诉具体行政行为：1995年间，福建省连江县马鼻镇人民政府为拓宽改建未经审批的“马松”公路和建造烈士纪念碑，先后于同年6月和12月间砍除了陈可栋、陈本英已产果的桔树计402株，并拆除其看管房二座、粪池一口。马鼻镇人民政府按镇办公益事业每株桔树赔青款人民币10元的惯例，对陈可栋、陈本英在改建“马松”公路中被砍的桔树355株给予赔偿3550元人民币；对在建造烈士纪念碑中被砍除的47株桔树以及被拆除的看管房和粪池，除其材料归还上诉人外，均未予赔偿。

（2）原告陈可栋、陈本英诉称：被告拓宽改建“马松”公路和建造烈士纪念碑，未经审批和办理征地手续，强行征用原告承包经营的部分桔园地面积5.71亩，共砍掉已产果的桔树402株（陈可栋254株、陈本英148株），拆除看管房二座和粪池一口。而被告仅赔偿原告桔树损失人民币3550元，不符合法律规定。原告曾于1996年1月6日和3月6日分别以书面向马鼻镇人民政府和连江县人民政府请求赔偿经济损失和申请复议，均未得到答复。现诉请法院依法判决被告赔偿原告的经济损失。

（3）被告辩称：原告与玉井村委会所签订的承包该责任田合同已于1995年元月到期，被告使用该地不存在赔偿问题。被告拓宽改建“马松”公路砍除原告的桔树，已按镇办公益事业每株桔树赔青款人民币10元的惯例付给原告，原告亦已领回了该款，不存在再赔偿的问题。原告的看管房和粪池系违章建筑，不在赔偿范围。

2. 一审事实和证据

1985年1月30日，陈可栋向本村即玉井村民委员会承包了坐落于辰山洋下土湾村的责任田10.4亩，承包期限10年。当年的下半年，陈可栋同陈本英在该责任田上种植了桔树，品种有马鼻蜜桔和福桔。同时，陈可栋、陈本英未经审批，在责任田上建造两座看管房和一口粪池。1995年元月，承包期限届满后，该责任田继续由陈可栋、陈本英承包种植。同年5月，连江县马鼻镇人民政府决定拓宽改建“马松”公路，经连江县公路局测定，改线后的“马松”公路需从陈可栋、陈本英承包的桔园中间通过。6月中旬，连江县马鼻镇人民政府的两名工作人员将此情况口头通知陈可栋、陈本英，并组织人员砍除了陈可栋的桔树229株，拆除其看管房一座、粪池一口；砍除陈本英的桔树126株，拆除其看管房一座；共占用桔园地面积4.88亩。连江县马鼻镇人民政府按镇办公益事业每株桔树赔青款人民币10元的惯例给予赔偿，对被拆除的未经审批的看管房和粪池，除其材料归还陈可栋、陈本英外，不予赔偿。陈可栋、陈本英对该赔偿不同意，并分别于同年8月4日和25日向连江县马鼻镇人民政府领回了桔树赔偿金人民币2290元和1260元。同年12月，连江县马鼻镇人民政府建造烈士纪念碑，再次分别砍除陈可栋、陈本英桔树25株、22株，占用桔园地面积0.83亩，未予赔偿。陈可栋、陈本英分别于1996年1月6日和3月6月书面向连江县马鼻镇人民政府和连江县人民政府请求赔偿经济损失和申请复议，均未得到答复，遂于1996年5月16日诉至法院，请求法院判令被告赔偿经济损失人民币26万元。

上述事实有如下证据为证：

（1）原告与玉井村委会签订的责任田承包合同。

（2）玉井村委会出具的关于由原告继续承包该责任田的证明。

（3）原告向被告领回被砍桔树的赔偿金的领款单。

（4）原、被告开庭陈述笔录。

3. 一审判案理由

福建省连江县人民法院审理认为：被告拓宽改建“马松”公路和建造烈士纪念碑，系镇办公共设施和公益事业建设。被告按镇办公益事业每株桔树赔青款人民币10元的惯例对原告在拓宽改建"马松"公路中被砍的桔树给予赔偿，已履行了赔偿义务。原告领取赔偿金的行为可视为同意被告赔青惯例，并已履行完毕，属于一种积极的默示行为。被告建造烈士纪念碑砍除原告桔树47株未予赔偿，原告可继续向被告申请赔偿。原告被拆除的看管房两座、粪池一口未经审批，系违章建筑，其赔偿要求不符合法律规定。

4. 一审定案结论

一审法院依据《中华人民共和国行政诉公法》第五十四条第（一）项规定，判决如下：

驳回原告陈可栋、陈本英的诉讼请求。

（三）二审诉辩主张

1. 上诉人诉称：被上诉人为拓宽改建未经审批的"马松"公路和建造烈士纪念碑，强行占用上诉人承包的桔园地5.71亩，砍掉上诉人的桔树402株（陈可栋254株、陈本英148株），拆除上诉人的看管房二座和粪池一口，被上诉人只对其中的355株桔树按其每株赔青10元的惯例给予赔偿，违反了《土地管理法》和《国家赔偿法》的有关规定，且对上诉人的其余被砍桔树及被拆除的看管房和粪池均未予赔偿。原审认定上诉人的看管房和粪池是违章建筑不符合历史事实，原判决显失公正。请求撤销原判，并按照《中华人民共和国土地管理法》第二十七条、第二十八条和《福建省土地管理实施办法》第十五条的规定，由被上诉人赔偿上诉人经济损失人民币721040元。

2. 被上诉人连江县马鼻镇人民政府辩称：其拓宽"马松"公路砍除上诉人的桔树，已按历来镇办公益事业赔青赔偿规定，对上诉人予以赔偿，两上诉人均已领走了该赔偿金，说明上诉人对此赔偿并无异议，且已超过起诉期限。拆除的看管房属违章建筑，其材料已归还上诉人所有。请求维持原判。

（四）二审事实和证据

二审法院肯定了一审法院认定的案件事实和采纳的证据。此外，证据方面还有：1. 连江县农业局所作的《关于陈本英、陈可栋桔树被砍的鉴定》；2. 连江县价格事务所出具的价格证明书；3. 开庭审理中上诉人和被上诉人所陈述的笔录。

（五）二审判案理由

福建省福州市中级人民法院审理认为：被上诉人连江县马鼻镇人民政府修建公路和烈士纪念碑占用上诉人承包经营的责任田，未经有关部门审批，其砍除上诉人陈可栋、陈本英桔树的行为属于行政侵权行为。被上诉人对上诉人在拓宽"马松"公路中被砍除的桔树每株按10元赔青惯例给予赔偿，没有法律依据，其对上诉人陈可栋、陈本英被砍除的全部桔树应当依法赔偿。本案上诉人提出的赔偿请求属行政赔偿，而不是征地补偿。因此，其赔偿应依照《中华人民共和国国家赔偿法》第二十八条第（七）项的规定进行，即按照直接损失给予赔偿。上诉人提出其损失应按《中华人民共和国土地管理法》第二十七条和《福建省土地管理实施办法》第十五条的规定予以赔偿的理由不能成立，本院不予采纳。根据连江县农业局的《关于陈本英、陈可栋桔树被砍的鉴定》，上诉人的桔树1996年的每株平均产量约为15公斤；又据连江县价格事务所的价格证明书，1995年，福桔价格每公斤为1.24元、蜜桔价格每公斤为3元，蜜（福）桔十年树龄树苗，每株成本价平均90元。综上，上诉人的直接损失为其被砍桔树的当年收成损失和桔树苗成本价共计48963.60元。上诉人被拆除的看管房二座和粪池一口，因未经审批，系违章建筑，且所拆除的材料已归上诉人所有，故不应予以赔偿。上诉人于1995年8月间领回被上诉人给予的每株桔树赔偿10元的人民币后，被上诉人未告知上诉人有关复议及起诉期限。上诉人向被上诉人和连江县人民政府提交的请求赔偿和申请复议书，内容涉及拓宽“马松”公路和修建烈士纪念碑两次被砍除桔树的总数。因此，原判将原告领取被砍桔树每株10元的赔偿金认定为“视为同意”不当。上诉人在向被上诉人及连江县人民政府申请赔偿和复议而未获答复后，向人民法院提起诉讼，并未超过起诉期限。因此，被上诉人关于“上诉人该部分的起诉已超过起诉期限”的理由不成立。

（六）二审定案结论

二审法院依据《中华人民共和国行政诉讼法》第六十一条第（二）项和《中华人民共和国国家赔偿法》第二十八条第（七）项的规定，判决如下：

1. 撤销福建省连江县人民法院（1996）连行初字第5号行政判决。

2. 被上诉人连江县马鼻镇人民政府应在接到本判决之日起一个月内，赔偿上诉人陈可栋、陈本英直接损失共计人民币48963.60元（扣除已付给的3550元，还应付给赔偿款人民币45413.60元）。

（七）解说

本案属行政赔偿诉讼案件。一、二审法院认定事实和采纳的证据基本上是一致的，但判决的理由和处理结果却截然不同。本案关键在于弄清以下几个问题：

1. 关于原告的起诉是否超过起诉期限的问题。《中华人民共和国国家赔偿法》第十三条规定：赔偿义务机关应当自收到申请之日起两个月内依照本法第四章的规定给予赔偿；逾期不予赔偿或者赔偿请求人对赔偿数额有异议的，赔偿请求人可以自期间届满之日起三个月内向人民法院提起诉讼。本案中，被告始终不认为其占用原告承包的土地，砍掉原告所种桔树的行为是行政侵权行为，在案件审理中，被告仍认为已付给原告的款项是赔青款。既然被告不认为自己对原告有行政侵权行为，那么在被告看来其所给付原告的自然不是侵权损害赔偿款。因而这里的赔青款，应理解为是“青苗补偿费”的俗称。因此，被告按照每株桔树赔青款人民币10元的惯例所给付原告的款项，并非法律意义上赔偿。本案中，被告不存在合法的征地行为，被告对其违法行政给原告造成的损害应当负的是赔偿责任。原告虽向被告领取了每株桔树赔青款人民币10元，但仍有权向被告提出其全部损失的赔偿请求。对此，原告分别于1996年1月6日和3月6日书面向被告和连江县人民政府请求赔偿经济损失和申请复议，其申请内容中涉及拓宽“马松”公路和建造烈士纪念碑两次被砍桔树的总数，说明原告的主张是要求被告对其所遭受的全部损失进行总体赔偿。《中华人民共和国国家赔偿法》对行政赔偿没有复议的规定，原告在1996年1月6日向被告请求赔偿而未获答复后，又于1996年3月6日向连江县人民政府申请复议的行为，应视为原告向行政机关主张其受偿权的行为，是其请求赔偿义务机关履行赔偿义务的继续。同时，《中华人民共和国国家赔偿法》对赔偿请求人行使求偿权的次数，及每次请求间的间隔均没有限制性规定，因此，本案原告可以就其所遭受的总体损失一并提出赔偿。被告拒不赔偿或者不予答复，原告提起行政赔偿诉讼的期限，应当从最后一次递交赔偿申请书之日起计算。本案原告最后一次向行政机关递交赔偿申请书的日期为1996年3月6日，那么，依照《中华人民共和国国家赔偿法》第十三条的规定，被告应于1996年5月6日前作出关于赔偿或不予赔偿的决定，逾期不作的，原告在1996年8月6日前均可向人民法院提起行政赔偿诉讼。本案原告于1996年5月16日向连江县人民法院起诉，并未超过起诉期限。因此，被告辩称的“原告该部分的起诉已超过起诉期限”的理由是不成立的。原审认为“原告领取赔偿金的行为可视为同意被告赔青惯例，属于一种积极的默示行为”的判决理由，是不当的。

2. 关于连江县马鼻镇人民政府使用原告承包的土地并砍除原告桔树的行为是否合法的问题。《中华人民共和国土地管理法》第四十条规定：乡（镇）村公共设施、公益事业建设，需要使用土地的，经乡级人民政府审核，报县人民政府批准。被告连江县马鼻镇人民政府拓宽改建“马松”公路和建造烈士纪念碑占用原告承包的责任田，未经有关部门审批和办理征地手续，其用地行为不合法，砍除原告桔树的行为属于行政侵权行为。

3. 关于被告对原告所作的每株桔树付赔青款10元人民币是否有法律依据的问题。被告对原告在拓宽改建“马松”公路中被砍的桔树每株按10元人民币的赔青惯例付给原告，没有法律依据。原审对此节的认定性质欠妥，且原审对于原告所诉的其在被告建造烈士纪念碑中被砍除桔树部分的赔偿请求未作出赔偿处理，亦是不当的。被告对原告所砍除的全部桔树应负依法赔偿的责任。

4. 关于本案赔偿的法律依据及其计算标准问题。《中华人民共和国国家赔偿法》第四条第（四）项规定，行政机关及其工作人员在行使行政职权时有侵犯财产权，造成财产损害的其他违法行为的，受害人有取得赔偿的权利。由于本案的被告使用原告所承包的桔园地未经有关部门审批，其用地行为属于非法占用；其砍除原告桔树的行为属侵犯财产权行为，原告有获得依法赔偿的权利。正是基于被告的上述行为，因而本案争议的标的并非征地安置补偿纠纷，而是行政侵权损害赔偿纠纷。原告所获得的应当是损害赔偿金，而不是征用土地的土地补偿费和安置补助费，因此，对原告的赔偿金不能按照《中华人民共和国土地管理法》第二十七条、第二十八条和《福建省土地管理实施办法》第十五条的规定处理，而应根据《中华人民共和国国家赔偿法》第二十八条第（七）项的规定，按照直接损失给予赔偿。根据连江县农业局所作的《关于陈本英、陈可栋桔树被砍的鉴定》，原告的桔树1996年的每株平均产量约为15公斤；又据连江县价格事务所所作的价格证明书，1995年，福桔价格每公斤为1.24元、蜜桔价格每公斤为3元，蜜（福）桔十年树龄树苗，每株成本价平均90元。综上，原告的直接损失为其被砍桔树的当年收成损失和桔树苗成本价共计48963.60元。

5. 关于原告被拆除的看管房二座和粪池一口应否赔偿的问题。原告被拆除的看管房二座和粪池一口，因其系未经审批的违章建筑，不受法律保护，且所拆除的材料已归还原告所有，故不应予以赔偿。

综上，二审根据上述理由，判决连江县马鼻镇人民政府应赔偿陈可栋、陈本英直接损失共计人民币48963.60元（扣除已付给的3550元，还应付给赔偿款人民币45413.60元），是正确的，从而维护了被侵害当事人的合法权益。本案属行政赔偿诉讼案件，故一、二审未收取诉讼费。

（陈钟华）

47. 余建成请求秭归县人民检察院错误逮捕刑事赔偿案

（一）首部

1. 判决书、决定书字号：

确认判决书：湖北省秭归县人民法院（1995）秭刑重字第38号。

赔偿义务机关决定书：湖北省秭归县人民检察院秭检不赔字（1995）第1号。

复议机关决定书：湖北省宜昌市人民检察院宜市检刑赔复字（1996）第01号。

赔偿委员会决定书：湖北省宜昌市中级人民法院（1996）宜市法国赔字第1号。

2. 案由：请求刑事赔偿案。

3. 诉讼双方

赔偿请求人：余建成，男，生于1970年2月17日，汉族，湖北省秭归县人，农民，住秭归县沙镇溪镇殷家坡村四组。

赔偿义务机关：湖北省秭归县人民检察院。

法定代表人：崔永瑜，检察长。

委托代理人：向培焕，该院副检察长。

4. 审判机关和审判组织

审判机关：湖北省宜昌市中级人民法院。

赔偿委员会组成人员：胡兆满、姚世铸、焦光文、商仕和、陈三红。

5. 审结时间：1996年6月4日。

（二）诉辩主张

1. 赔偿请求人余建成诉称：1994年6月18日沙镇溪镇殷家坡村张其明的房屋被人炸损后，秭归县公安局于7月22日对申请人进行收审，并由秭归县人民检察院批准逮捕和以爆炸罪提起公诉。经一审、上诉和重审，秭归县人民法院于1995年6月5日判决请求人无罪。请求人人因无罪被羁押319天，根据《国家赔偿法》的相关规定，赔偿义务机关秭归县人民检察院应对请求无罪被羁押造成的误工损失，种植、养殖减少的收入，影响身体健康的医疗费，房屋失修的损失费和旅差费予以赔偿，除误工损失依规定计算外，其他各项损失费小计3800元。另外，赔偿义务机关对请求人进行公捕的情况在秭归县电视台作了报道，为此，应为请求人消除影响，恢复名誉。

2. 赔偿义务机关秭归县人民检察院辩称：请求人余建成爆炸一案，已经法院审理确认无罪，赔偿义务机关对其被羁押的319天造成的误工损失费3862元应承担赔偿责任；对请求人请求的其他损失的赔偿因没有法律依据，赔偿义务机关不应予以赔偿；另外，赔偿义务机关对其公捕情况未进行过报道，不存在造成请求人名誉权受损害的后果，因此，不应承担对其消除影响，恢复名誉的责任。

（三）事实和证据

1994年6月18日晚，秭归县沙镇溪镇殷家坡村村民张其明的住房被人用炸药爆炸致损两处，秭归县公安局接到报案后即赴现场，组织侦查，经过对嫌疑人员的讯问，认为此爆炸系余建成所为，7月22日，以94077号收审决定书决定对余建成进行收容审查，8月

9日向秭归县人民检察院提请逮捕。县检察院以余建成已构成爆炸罪，于8月27日以秭检刑捕字第097号批准逮捕决定书批准逮捕。8月29日，县公安局在沙镇溪镇人民政府组织召开的公捕、公判大会上，以秭公捕字第109号逮捕证对余建成执行逮捕。9月24日，县检察院以秭检刑起字（1994）第74号起诉书对余建成以构成爆炸罪向秭归县人民法院提起公诉。县人民法院经审理，认为起诉书所指控的爆炸罪，事实不清，证据不足，根据《中华人民共和国刑事诉讼法》第一百零八条规定，以（1994）秭刑初字第118号退回补充侦查决定书将该案退回县人民检察院。县人民检察院经过补充调查后，于11月10日仍以原起诉书提起公诉。11月19日，县人民法院经审理对该案作出判决，认定余建成用爆炸的方法危害公共安全，其行为已构成爆炸罪，根据《中华人民共和国刑法》第一百零五条规定，以（1994）秭刑初字第134号刑事判决书，判处余建成有期徒刑三年。余建成不服，以原供述不实，自己未实施爆炸行为为由，于12月17日向宜昌市中级人民法院提起上诉。二审法院经审理，于1995年2月17日以（1995）宜市中法刑终字第21号作出刑事裁定书，以原判决认定被告余建成犯爆炸罪的事实不清，证据不足为由，根据《中华人民共和国刑事诉讼法》第一百三十六条第（三）项规定，裁定撤销原判，发回重审。县人民法院接到二审裁定后，经研究，于3月8日将该案再次退回县人民检察院补充侦查。经县检察院、县公安局补充调查并对作案工具进行技术鉴定后，县检察院对余建成仍以爆炸罪提起公诉。1995年5月9日，县人民法院经重新审理，以（1995）秭刑重字第38号刑事判决书判决，认为余建成爆炸一案经上级人民法院发回重审后，公诉人仍然未能查清起诉书指控被告人犯爆炸罪的目的和动机，并以被告人余建成犯爆炸罪缺乏犯罪构成必要的主观要件为由，判决被告人余建成无罪，并于6月5日宣判，当日释放余建成。

1995年6月15日，余建成向县人民检察院书面申请赔偿各项经济损失费共计9560元，并要求为其恢复名誉，消除影响。县人民检察院于9月12日以秭检不赔字（1995）第1号决定书决定：赔偿请求人余建成故意作虚伪供述，导致县人民法院作出无罪判决，根据《中华人民共和国国家赔偿法》第十七条第一款规定，决定对余建成不予刑事赔偿。余建成不服，于9月19日向宜昌市人民检察院申请复议。市人民检察院于1996年2月8日以宜市检刑赔复字（1996）第01号作出复议决定，决定以余建成爆炸一案的事实不清，证据不足，秭归县人民法院对其判决无罪得当，赔偿请求人余建成请求刑事赔偿的理由成立为由，根据《中华人民共和国国家赔偿法》第十五条第（二）项、第十九条第三款、第二十二条第一款、第二十五条第一款、第二十六条之规定，决定撤销秭归县人民检察院（1995）第1号不予刑事赔偿决定书，同时责成县人民检察院以支付赔偿金的方式支付余建成被羁押期间的赔偿金。县人民检察院收到复议决定后，先后于1996年3月11日和3月19日就赔偿问题与余建成进行协商，因双方对赔偿范围、金额及承担责任的形式不能达成协议，余建成于1996年4月12日向宜昌市中级人民法院赔偿委员会申请作出赔偿决定。

上述事实有下列证据证明：

1. 收容审查决定书。

2. 批准逮捕决定书。

3. 逮捕证。

4. 起诉书。

5. 退回补充侦查决定书。

6. 判决书、裁定书、申请书。

7. 赔偿决定及复议决定书。

8. 证人证言笔录等。

（四）判案理由

本案经赔偿委员会讨论，认为赔偿义务机关秭归县人民检察院对赔偿请求人余建成以爆炸罪批准逮捕并提起公诉，已经秭归县人民法院审理对余建成作出了无罪判决，其错误逮捕已被依法确认，余建成依法享有请求刑事赔偿的权利。余建成在向赔偿委员会申请作出赔偿决定前，已经过了向赔偿义务机关申请赔偿和复议的法定前置程序，赔偿委员会依法应当受理。余建成因爆炸一案被错误逮捕羁押实际时间319天，其中《国家赔偿法》实施前被羁押163天，因当时对此类情况的赔偿无明确规定，按照最高人民法院《关于〈中华人民共和国国家赔偿法〉溯及力和人民法院赔偿委员会受案范围问题的批复》即法复（1995）1号规定，可以连同《国家赔偿法》实施后被羁押的156天一并依照《国家赔偿法》第二十六条规定计算赔偿；其赔偿金额按照国家统计局颁布的1994年度全国职工平均工资额和国家统计局对最高人民法院关于职工日平均工资计算问题的复函规定计算。对余建成申请赔偿的其他事项，因不是赔偿义务机关行使职权造成的直接损失，依法不予赔偿。对余建成以赔偿义务机关对其逮捕情况在县电视台进行了报道为由，请求决定由赔偿义务机关为其消除影响，恢复名誉，经核实，赔偿义务机关及其工作人员均未对其逮捕情况进行过宣传报道，余建成也不能提供证据证明，因此，该项请求没有事实依据，不能予以支持。

（五）定案结论

宜昌市中级人民法院赔偿委员会根据《中华人民共和国国家赔偿法》第十五条第（二）项、第十九条第三款、第二十六条规定作出决定：

由赔偿义务机关秭归县人民检察院赔偿请求人余建成因错误逮捕被羁押319天造成的直接损失费5695.53元，赔偿义务机关应在收到本决定书后30日内履行完毕。

（六）解说

本案赔偿义务机关对赔偿请求人以爆炸罪批准逮捕并提起公诉，经法院审理判决宣告无罪，确认了赔偿义务机关作出的逮捕决定错误，由此对请求人的羁押侵犯了人身自由权，请求人可以根据《国家赔偿法》的相关规定，行使宪法赋予的权利，请求赔偿义务机关对其错误逮捕造成的损失予以赔偿和申请复议及申请赔偿委员会作出赔偿决定，运用法律的手段来保护自己的合法权利。

关于本案的赔偿义务机关和对赔偿请求人适用的赔偿程序问题，赔偿委员会在讨论中有不同意见：一种意见认为，本案中的赔偿义务机关除批准逮捕的县检察院外，还应包括作出收容审查的县公安局。理由是：根据国务院《关于强制劳动和收容审查两项措施统一于劳动教养的通知》即国发（1980）56号文规定，赔偿请求人不属收容审查的对象，县公安局对其收审属违法行为。因收审对其羁押37天造成的损失，应由县公安局作为赔偿义务机关承担法律责任。在适用赔偿程序上，因收审的性质是行政强制措施，属于具体行政行为，因具体行政行为违法造成损害的，受害人应依照《行政诉讼法》和《国家赔偿法》中规定的行政赔偿程序请求赔偿。本案中因收审违法造成的损害行政赔偿部分，应告知请求人按照行政赔偿程序解决，赔偿委员会只对刑事赔偿部分作出决定。另一种意见主张应根据本案的实际情况，避免诉累，简化程序，及时保护请求人的合法权益，认为本案中的赔偿义务机关在赔偿决定中只能列县检察院，理由是请求人在请求赔偿时请求的赔偿义务机关是县检察院，没有请求县公安局赔偿。根据《国家赔偿法》第十条规定，赔偿请求人可以向共同赔偿义务机关中的任何一个赔偿义务机关要求赔偿，该赔偿义务机关应先予赔偿。本案中请求人请求由县人民检察院对其造成的全部损失予以赔偿，因此，赔偿委员会在作出赔偿决定时，可以以县人民检察院为赔偿义务机关，对请求人因爆炸一案被羁押的319天造成的直接损失作出赔偿决定。本案采纳了后一种意见。

（汪本雄）

48. 郑传振请求福建省南平市中级人民法院刑事赔偿案

（一）首部

1. 决定书字号：福建省高级人民法院（1995）闽法委赔字第1号。

2. 案由：请求刑事赔偿案。

3. 诉讼双方

赔偿请求人：郑传振，男，1944年生，汉族，福建省福清市人，原系福建省泰宁县国营北斗林业采育场驻邵武晒口中转发货场负责人，现住泰宁县小北斗采育场。

委托代理人：伍业兴，泰宁县律师事务所律师。

赔偿义务机关：南平市中级人民法院。

法定代表人：许枝聪，院长。

4. 审级：一审。

5. 审判机关和审判组织

审判机关：福建省高级人民法院。

审判组织：福建省高级人民法院赔偿委员会。

6. 审结时间：1996年12月7日。

（二）诉辩主张

1. 赔偿请求人郑传振，于1995年6月15日以南平市中级人民法院错判其犯盗窃罪，造成经济损失为由，要求南平市中级人民法院赔偿因错判被羁押的赔偿费和退还被追缴的赃款以及被公安机关扣押的货款和现金等物品。具体事实和理由是：1989年7月27日，请求人郑传振因投机倒把罪被逮捕。1991年邵武市人民法院作出一审刑事判决：郑传振犯盗窃罪，判处有期徒刑七年；犯投机把倒罪，判处有期徒刑一年，合并执行七年六个月；赃款4392.16元，发还南平地区乡镇建筑建材公司。请求人不服，向南平地区中级人民法院提出上诉。1991年7月22日，南平地区中级人民法院作出二审刑事裁定，除发还郑传振被扣押的超出赃款部分款项5700元以外，驳回上诉，维持原判。请求人不服二审裁定，多次向福建省高级人民法院提出申诉。福建省高级人民法院依照审判监督程序作出再审刑事判决，撤销了邵武市人民法院刑事判决和南平地区中级人民法院刑事裁定中对郑传振盗窃罪的判决部分。为此，请求人由于不构成盗窃罪被无辜关押达57个月。根据《国家赔偿法》第十五条第（三）项、第二十六条、第十九条之规定，要求赔偿义务机关南平市中级人民法院给予赔偿 22800 元。

2. 赔偿义务机关南平市中级人民法院认为，根据《国家赔偿法》关于刑事赔偿范围的规定和福建省高级人民法院的再审刑事判决，省高级人民法院再审判决只撤销郑传振的盗窃罪，并没有改判郑传振无罪，亦即仍维持郑传振的投机倒把罪。因此，依照《国家赔偿法》第十五条第（三）项和第十六条第（二）项之规定，于 1995 年 6 月 15 日作出拒绝给予赔偿的决定。

3. 赔偿请求人郑传振不服，向福建省高级人民法院赔偿委员会提出申请。请求人认为，本案是数罪并罚，而一罪（盗窃罪）不成立，只另一罪（提机倒把罪）成立。省高级人民法院再审判决撤销了盗窃罪，因此就盗窃罪而言，即是无罪的，应当给予赔偿。南平市中级人民法院拒绝赔偿，既违背《国家赔偿法》的立法本义，也不符合《国家赔偿法》的具体规定。因此，请求上一级人民法院根据事实和法律，对造成请求人的损失给予赔偿。

（三）事实和证据

福建省高级人民法院赔偿委员会审理查明：

1991 年 5 月 14 日，邵武市人民法院作出（1991）邵法刑字第 037 号刑事判决，认定被告人郑传振在 1988 年 11 月无证收购转手倒卖木材 29.923 立方米的行为，构成投机倒把罪，判处有期徒刑一年；在 1988 年 12 月 27 日将原建阳地区乡镇建筑建材公司的杂木 33.142 立方米卖给安徽省凤台县木器厂的行为，构成盗窃罪，判处有期徒刑七年，总和刑期八年，决定执行七年六个月（即自 1989 年 10 月 30 日起至 1997 年 4 月 29 日止）；追缴被告人郑传振赃款 4292.16 元发还南平地区乡镇建筑建材公司，没收非法所得 2124.89 元及从凤台县木器厂追回的款项 1331.60 元，上缴国库。

1991 年 7 月 22 日，南平地区中级人民法院作出（1991）南地法刑一裁字第 40 号刑事裁定：驳回上诉，维持原判。

1995 年 3 月 15 日，福建省高级人民法院依照审判监督程序作出（1995）闽刑再终字第 5 号刑事判决，认定原判在没有完全排除郑传振误卖木材的情况下，即认定郑传振伙同潘国铭盗卖木材，显属证据不足，原判据此认定郑传振构成盗窃罪不当，应予纠正。郑传振进行木材倒卖的行为属实，构成投机倒把罪，应予维持。据此，维持了邵武市人民法院（1991）邵法刑字第 037 号刑事判决及南平地区中级人民法院（1991）南地法刑一裁字第 40 号刑事裁定中对郑传振犯投机倒把罪判处有期徒刑一年及追缴郑传振赃款的判决部分；撤销了对郑传振犯盗窃罪判处有期徒刑七年的判决部分。1995 年 4 月 24 日，赔偿请求人郑传振在福建省建阳监狱被释放。郑传振因错判被羁押 1638 天。

1995 年 6 月 15 日，赔偿请求人郑传振向赔偿义务机关南平市中级人民法院提出赔偿申请。1995 年 7 月 4 日，南平市中级人民法院作出南中法（1995）刑赔字第 1 号拒绝赔偿理由书，拒绝给予赔偿。

以上事实有下列证据佐证：

1. 邵武市人民法院（1991）邵法刑字第 037 号刑事判决书。

2. 南平地区中级人民法院（1991）南地法刑一裁字第 40 号刑事裁定书。

3. 福建省高级人民法院（1995）闽刑再终字第 5 号刑事判决书。

4. 福建省建阳监狱释放证明书。

（四）判案理由

福建省高级人民法院赔偿委员会认为：1995 年 3 月 15 日省高级人民法院再审判决，维持了对郑传振投机倒把罪判处有期徒刑一年和追缴赃款的部分，撤销了对郑传振盗窃罪判处有期徒刑七年的部分。本案虽不属于全案宣告无罪，但盗窃罪不能成立，原判郑传振盗窃罪被撤销，其盗窃罪已执行刑罚，请求人依法有取得国家赔偿的权利。对此，南平市中级人民法院应当承担赔偿责任。对 1995 年 1 月 1 日以后羁押的部分，按《国家赔偿法》的规定予以赔偿，对《国家赔偿法》实施之前羁押的部分，参照《国家赔偿法》的规定按郑传振羁押期间国家统计局公布的当年职工年平均工资额计算予以赔偿。郑传振提出的其他赔偿请求，因不符《国家赔偿法》规定的申请赔偿条件，不予支持。

（五）定案结论

福建省高级人民法院赔偿委员会根据《中华人民共和国国家赔偿法》第十五条第（三）项、第十九条第四款、第二十六条之规定，决定如下：

1. 撤销南平市中级人民法院 1995 年 7 月 4 日作出的南中法（1995）刑赔字第 1 号拒绝赔偿理由书的决定。

2. 南平市中级人民法院赔偿郑传振赔偿金人民币 16501.12 元。

3. 驳回赔偿请求人郑传振关于退还已追缴的赃款和被扣押财产的申请。

（六）解说

在本案审理过程中，主要涉及以下几个问题：

1. 关于对郑传振的刑事赔偿请求适用《国家赔偿法》处理是否违反法不溯及既往原则的问题。

法不溯及既往原则，是指新的法律不适用于其颁布生效前的事件和行为，而只对其颁布生效后的事件和行为具有效力，除非法律有特别的规定方为例外。根据这一原则，对本案是否应当适用《国家赔偿法》进行处理，存在不同的看法。一种意见认为，根据《国家赔偿法》以及最高人民法院《关于〈中华人民共和国国家赔偿法〉溯及力和人民法院赔偿委员会受案范围问题的批复》的有关规定，《国家赔偿法》不溯及既往，即国家机关及其工作人员行使职权时侵权公民、法人或者其他组织合法权益的行为，发生在 1995 年 1 月 1 日以前的，不能适用《国家赔偿法》的规定进行处理，而应当依照以前的有关规定进行处理。本案发生法律效力的二审刑事裁定是于 1991 年 7 月 22 日发生的，人民法院以盗窃罪判处郑传振有期徒刑七年，即侵权行为发生在《国家赔偿法》实施之前，因此不能适用《国家赔偿法》的规定处理郑传振的赔偿请求问题。也就是说，对郑传振要求依照《国家赔偿法》的规定给予刑事赔偿的申请，应不予受理，拒绝给予赔偿。否则，即是违反了法不溯及既往的原则。另一种意见认为，本案福建省高级人民法院系于 1995 年 3 月 15 日依照审判监督程序再审改判撤销了原审对郑传振盗窃罪的判决部分，郑传振因盗窃罪被错判，羁押至 1995 年 4 月 24 日，应视为侵权行为持续至 1995 年 1 月 1 日以后，所以郑传振的刑事赔偿申请，属于人民法院赔偿委员会的受案范围，可以适用《国家赔偿法》的有关规定进行处理。上述第二种意见是正确的。故福建省高级人民法院赔偿委员会依照《国家赔偿法》的规定立案受理，并不违反法不溯及既往的原则。

2. 关于请求人郑传振要求的刑事赔偿是否属于《国家赔偿法》规定的赔偿范围，给予赔偿是否违反无罪羁押赔偿原则的问题。

我国《国家赔偿法》实行无罪羁押赔偿的原则。换言之，有罪公民被羁押，无论是轻罪重判或者是超期羁押，还是构成犯罪但并不追究刑事责任情况下的羁押，国家都不承担赔偿责任。也就是说，根据《国家赔偿法》第十五条的规定，刑事赔偿并不全部贯彻违法归责原则，即并非与行使国家机关职权有关的违法行为所造成的损害，国家都无一例外地承担赔偿责任。本案是否属于《国家赔偿法》规定的赔偿范围，应否给予郑传振赔偿，存在两种不同意见。一种意见认为，福建省高级人民法院再审判决并未全案撤销原判，宣告被告人郑传振无罪，而是维持郑传振的投机倒把罪，只撤销原判盗窃罪的部分。因此，郑传振仍属于有罪被羁押。根据《国家赔偿法》对刑事赔偿采取无罪羁押赔偿的原则，其不属于《国家赔偿法》刑事赔偿范围，应当拒绝赔偿。另一种意见认为，福建省高级人民法院再审判决，维持了对郑传振投机倒把罪判处有期徒刑一年的部分，撤销了对郑传振盗窃罪判处有期徒刑七年的部分。虽不属全案宣告无罪，但再审撤销盗窃罪不是因为情节显著轻微，而是因为事实不清、证据不足，盗窃罪不能成立，不属于《国家赔偿法》第十七条规定的国家免责情形。《国家赔偿法》第十五条第（三）项规定：依照审判监督程序再审改判无罪，原判刑罚已经执行的，受害人有取得赔偿的权利。这一规定应理解为是针对具体个罪而言的。郑传振盗窃罪被撤销，其盗窃罪已执行的刑罚，依法有取得国家赔偿的权利。上述第二种意见是正确的，符合《国家赔偿法》的立法本意。因此，本案属于国家赔偿的范围，福建省高级人民法院赔偿委员会作出决定给予郑传振赔偿，是正确的，并不违背《国家赔偿法》关于无罪羁押赔偿的原则。

3. 关于对郑传振的刑事赔偿应如何根据《国家赔偿法》的规定具体计算赔偿金进行赔偿的问题。

本案应如何适用《国家赔偿法》的规定对郑传振进行赔偿？《国家赔偿法》第二十六条规定："侵犯公民人身自由的，每日的赔偿金按照国家上年度职工日平均工资计算"；最高人民法院《关于〈中华人民共和国国家赔偿法〉溯及力和人民法院赔偿委员会受案范围问题的批复》的司法解释中规定：对 1995 年 1 月 1 日以后羁押的部分按《国家赔偿法》的规定予以赔偿；对《国家赔偿法》实施之前羁押的部分，适用当时的规定予以赔偿，当时没有规定的，参照《国家赔偿法》的规定予以赔偿。所以，对此问题法律和司法解释基本上有了比较明确的规定。但是，在处理本案时，对如何执行"每日的赔偿金按照国家上年度职工日平均工资计算"的规定，由于国家统计局现有的劳动统计中没有设置"职工日平均工资"指标，也不计算"职工日平均工资"，而只有"职工年平均工资"的指标，因此，对如何确定职工日平均工资，具体计算对郑传振的赔偿金数额，也存在不同的意见。有的认为，按照《中华人民共和国劳动法》第五十一条关于"劳动者在法定休假日和婚丧假期间以及依法参加社会活动期间，用人单位应当依法支付工资"的规定，职工的年平均工资已包括了法定休假日等期间的工资，所以职工日平均工资应以职工年平均工资除以全年天数来计算。换言之，如果按照职工年平均工资除以全年法定工作日数的方法计算，将造成职工日平均工资高，而因被错误羁押一年所获得的赔偿金将超过职工年平均工资的数额，这样进行赔偿是不符合国家赔偿立法精神的。另一种意见认为，国家上年度职工日平均工资数额，应当以国家统计局公布的职工年平均工资除以全年法定工作日数的方法计算。因为，休息权是劳动者的一项基本权利，受到法律保护。公民因被错误羁押，人身自由受到限制，不能自由地行使国家法定休假日休息的权利，因此应当按照上述方法计算的职工日平均工资进行赔偿。上述后一种意见是正确的，这样做才能体现《国家赔偿法》立法的初衷。最高人民法院对于职工日平均工资计算方法问题也作出了以职工年平均工资除以全年法定工作日数的方法计算的司法解释。因此，福建省高级人民法院赔偿委员会作出决定对郑传振在1995年1月1日以后被错误羁押的部分，按照上述职工日平均工资的计算方法，计算赔偿金给予赔偿；在1995年1月1日以前被错误羁押的部分，参照有关规定给予赔偿。

（刘希星）

图书在版编目（CIP）数据

中国审判案例要览：1997年经济审判案暨行政审判案例卷
中国高级法官培训中心，中国人民大学法学院编
北京：中国人民大学出版社，1998

ISBN 7-300-02965-5/D·370

Ⅰ．中…

Ⅱ．①中… ②中…

Ⅲ．①审判-案例-汇编-中国-1997
②经济纠纷-审判-案例-汇编-中国-1997
③行政诉讼-审判-案例-汇编-中国-1997

Ⅳ．D925.05

中国版本图书馆CIP数据核字（98）第37415号

中国审判案例要览
（1997年经济审判暨行政审判案例卷）
中国高级法官培训中心
中国人民大学法学院 编

出版发行：中国人民大学出版社
（北京海淀路157号 邮码100080）
经　　销：新华书店
印　　刷：涿州市星河印刷厂

开本：787×1092毫米 1/16 印张：40 插页2
1998年12月第1版 1998年12月第1次印刷
字数：963 000

定价：90.00元
（图书出现印装问题，本社负责调换）